학교폭력 안내서

본 저서는 전 세계적으로 만연한 학교폭력에 대한 포괄적인 검토와 분석을 제공한다. 또한 본 저서는 문화적 및 지역적 이슈가 학교폭력에 어떤 영향을 미치는지 처음으로 통합하여 제시한 책이기도 하다. 이 책은 전 세계 학자들의 통찰을 담았으며, 아래와 같은 영역에서 우리의 이해를 확장하고자 한다.

- 학교폭력에 대한 이론과 경험적 토대
- 학교폭력의 평가와 측정
- 연구 기반의 예방과 개입 방법

본 저서의 주요 특징은 아래와 같다.

포괄적 구성 – 본 저서는 그간 산발적으로 이루어져 왔던 학교폭력 연구 자료들을 토대로 개념적, 방법론적, 예방적 결과물을 도출한다. 이를 통해 본 저서는 학교폭력 연구에서 진정 무엇이 중요한지 안내하고, 이를 통해 학교폭력 연구가 여러 학문 분야와 통합적이며 체계적인 분야로 성장할 수 있도록 한다.

국제적 관점 – 본 저서의 4할은 미국 이외의 지역에서 시행된 학교폭력 평가, 예방 및 개입 노력에 대해 다루었다.

챕터 구성 – 본 저서의 일관성을 위해 모든 챕터 저자는 공통된 구성 방식을 따랐다. 모든 챕터는 서론, 이론적 기초, 챕터별 논점 사항이나 특정 프로그램 설명, 현행 연구물에 대한 검토, 향후 연구를 위한 시사점으로 구성하였다.

실무를 위한 제언 – 각 챕터의 핵심을 표로 요약하였다..

전문성 – 본 저서의 편집자와 기고자는 세계 각국에서 학교폭력 근절을 위해 중요한 역할을 담당하고 있는 연구자, 교사, 출판물 저자들로 이루어져 있다.

학교폭력 안내서
HANDBOOK OF BULLYING IN SCHOOLS

국제적 관점에서
AN INTERNATIONAL PERSPECTIVE

저 자
SHANE R. JIMERSON
SUSAN M. SWEARER
DOROTHY L. ESPELAGE

역 자
서 영 은

Routledge
Taylor & Francis Group
New York London

(주)아이엠이즈컴퍼니

학교폭력 안내서
국제적 관점에서

2019년 3월 25일 찍고
2019년 3월 30일 펴냄

저 자 _ Shane R. Jimerson, Susan M. Swearer, Dorothy L. Espelage
역 자 _ 서 영 은

펴낸이 _ 김 인 수
펴낸곳 _ (주)아이엠이즈컴퍼니
주 소 _ 04314 서울 용산구 원효로 89길 18-8 중앙빌딩
　　　　전화 : 02-717-5511 / 전송 : 02-717-5515

이메일 _ ml@smileml.com
출판등록 _ 2007년 6월 12일 제2007-000034호

♣ 값은 뒤 표지에 적혀 있습니다. 잘못된 책자는 교환하여 드립니다.

ISBN　978-89-94958-45-3

HANDBOOK OF BULLYING IN SCHOOLS

Copyright © 2010 Taylor & Francis
All Rights Reserved.
Authorized translation from English Language edition published
by Routledge, an imprint of Taylor & Francis Group LLC

Korean translation Copyright © 2018 by iMiS Company
Korean translation rights arranged with Taylor & Francis Group through EYA (Eric Yang Agency).

이 책의 한국어판 저작권은 EYA(Eric Yang Agency)를 통해
Taylor & Francis Group사와 독점계약한
(주)아이엠이즈컴퍼니에 있습니다.
저작권법에 의하여 한국 내에서 보호를 받는 저작물이므로 무단전재 및 복제를 금합니다.

늘 힘이 되어 줬던 우리 가족과 특별한 인연을 맺었던 이들에게 이 책을 바칩니다.

    Gavin & Taite Jimerson
    Kathryn O'Brien
    Catherine & Alexandra Napolitano
    Scott Napolitano
    MacKenzie Hardesty
    Ray Musleh

또한 학교폭력 예방을 위해 현장에서 헌신하는 전문가들, 학교폭력의 이론적 토대와 적절한 측정법 개발과 학교폭력 예방 프로그램 개발과 평가에 노력해 주신 여러 학자들에게도 이 책을 바칩니다. 우리는 전 세계 학자들의 노력이 모여서 우리 아이들이 건강하게 친구들과 지낼 수 있기를 기원합니다.

역자 서문

　5년 전 박근혜 정권에서는 국정 과제 중 하나로 학교폭력을 선정했다. 내가 몸담고 있는 보건복지부 국립춘천병원도 국정 과제를 수행하기 위해 어떤 역할을 맡아야 할지 고민했었다. 물론 학교폭력 문제에 있어 제일 주무부처는 교육부긴 하지만, 우리 병원에서 감당할 수 있는 사회적 역할이 어떤 것이 있을지 고민했었다. 특히, 마음건강과 관련된 부분에 있어서는 우리 병원이 전문성을 발휘할 수 있다고 믿었다. 그래서 우리 병원은 학교폭력이 일종의 심리적 문제의 연장선이라고 보고 치유 프로그램과 정신건강의학과 원스톱 진료 서비스 등을 마련했었다. 하지만 실제로 학교폭력 근절과 예방을 위해 무슨 사업을 어떻게 꾸려 나가야 되는지에 대한 구체적인 지침은 별로 없었다.

　더 나은 세상을 만들겠다는 뜻을 품는 것도 고귀한 일이지만, 더 나은 세상을 만들 방법을 아는 것도 못지않게 중요하다. 그래서 우리 병원이 하고 있는 사업이 최선인지, 효율적인지, 효과가 있는 것인지, 다른 기관과 어떤 차별점과 연계점을 가져야 되는지 알기가 힘들었다. 의사 입장에서는 이런 사업이 당혹스러운데, 의학은 질병의 원인부터 치료법까지 근거가 많이 쌓여 있어 진료 지침이 잘 정립되어 있기 때문이다. 분명 열심히 노를 젓고 있는데 배가 산으로 가는지 바다로 가는지 알 수가 없다면 문제다. 이 책을 발견하게 된 것도 현장을 접하면서 쏟아지는 여러 의문에 대한 답을 찾기 위해서였다. 마침내 책을 덮을 때쯤, 분명 이 책은 나와 같이 고민하는 수많은 실무자들에게 좋은 지침이 되리라 확신하게 되었다.

　물론 내가 이 책을 찾게 된 계기는 병원 실무자로서 하던 고민을 해결하기 위함이긴 했지만, 사실 이 책은 학교폭력으로 고민하는 사람 모두를 위한 책이다. 혹 개인적인 처세술을 알고 싶은 독자들은 일견 이 책에 실망할 수도 있다. 왜냐하면 이 책은 겉으로는 학교폭력의 정책과 프로그램에 대해서 다루는 것처럼 보이기 때문이다. 물론 이 책은 '우리 아이 이렇게 키우면 학교폭력 당하지 않습니다.'와 같이 자기계발서 같은 코칭은 없다. 하지만 학교폭력을 겪어본 학생이나 학부모님은 학교폭력 문제가 결코 개인적인 문제가 아니라는 점을 알 것이다. 가해자든 피해자든 학생 개인뿐 아니라 학부모, 교사, 또래, 정부, 정신건강 전문가 등이 모두 관여되어 있고, 그 모든 사람들이 각자의 역할을 잘 감당할 수 있어야 학교폭력으로부터 안전한 학교가 만들어질 수 있다. 따라서 개인적으로 학교폭력 문제를 극복하고자 하시는 독자 입장에서도 이 책을 통해 학교폭력을 둘러싼 큰 맥락을 이해함으로써 보다 현명한 대처를 하실 수 있으리라 믿는다. 나아가서 일반 국민들이 학교폭력 문제에 대해서 사회와 정부에 목소리를 높이고 싶을 때, 비판하기는 쉽지만 구체적인 대안을 제시하는 일은 어렵다. 이 책을 통해 그동안 여러 선진국이 남긴 발자취를 보고, 우리도 우리나라에 필요한 대안을 개발해 낼 수 있을 것이다.

이 책은 총 3부로 구성되어 있다. 1부는 학교폭력의 이해를 담았다. 2부는 학교폭력의 평가와 측정을 다루고 있다. 3부는 세계 각국에서 학교폭력 근절과 예방을 위해 어떤 노력을 했는지 기술되어 있다. 이 책은 교과서처럼 구성되어 각자 필요한 부분부터 발췌해서 읽어도 상관은 없지만, 웬만하면 1부부터 읽어야 2부와 3부의 내용도 잘 소화할 수 있다. 비록 이 책은 교과서에 준하는 전문적인 내용을 담고 있지만, 1부는 큰 부담 없이 학교폭력에 대한 다양한 상식을 얻어갈 수 있다. 2부는 학교폭력 정책이나 프로그램을 기획하고자 하는 분들에게 필수적인 정보를 담고 있다. 특히 우리가 적절한 평가 및 측정 도구를 선택하지 못한다면, 실태 조사 결과와 현실은 괴리가 생길 수밖에 없다. 3부는 학교폭력을 위해 구체적으로 어떤 노력을 해야 하는지 궁금한 분들에게 매우 좋은 예시가 될 것이다.

아울러 작은 양해 말씀을 드리는 것으로 끝맺음하고자 한다. 이 책은 심리학과 뇌과학 외에도 교육학, 사회학, 철학, 통계학, 행정학 등이 다양하게 융합되어 있다. 따라서 정신건강의학과 전문의인 역자의 전문성과 매우 다른 영역의 학문까지 포함된 내용들이 많아 인터넷 검색을 통해 최대한 각 학문에서 공식적으로 쓰이고 있는 우리말 용어로 번역하였다. 하지만 실제 각 학계나 학회에서 쓰고 있는 용어와 다를 수 있다는 점을 양해 당부 드리고, 되도록 오해의 여지가 없도록 원어도 병기하였다. 또한 일부 행정용어도 실제 교육부 혹은 해당 부처에서 쓰는 관용적 표현과 맞지 않을 수 있음을 양해 당부 드린다.

카페 누림마루에서
서 영 은

Contents

1   국제적 학술 교류로 학교폭력에 대한 과학과 현장 기술을 발전시키다   1
SHANE R. JIMERSON, SUSAN M. SWEARER, AND DOROTHY L. ESPELAGE

1부 학교폭력 이해를 위한 기초   7

2   학교폭력에 대한 이해와 연구법   9
DAN OLWEUS

3   학교폭력에 대한 비교문화 연구   35
ROSALIND MURRAY-HARVEY, PHILLIP T. SLEE, AND MITSURU TAKI

4   긍정적 학교 분위기 만들기와 사회적 역량 개발하기   49
PAMELA ORPINAS AND ARTHUR M. HORNE

5   학교폭력 예방과 개입을 위한 사회–생태적 모델: 학생 생태계에 대한 어른의 영향력   61
DOROTHY L. ESPELAGE AND SUSAN M. SWEARER

6   방관자의 역할–사회구조적 측면에서 방관자는 지역사회와 학교에서
어떻게 폭력을 조장하는가?   75
STUART W. TWEMLOW, PETER FONAGY, AND FRANK C. SACCO

7   유치원에서 보이는 가해자, 피해자, 가피해자의 사회적 행동과 또래관계   91
FRANCOISE D. ALSAKER AND EVELINE GUTZWILLER-HELFENFINGER

8   학교폭력과 도덕성: 착한 아이가 어떻게 나쁜 짓을 하는지 이해하기   105
SHELLY HYMEL, KIMBERLY A. SCHONERT-REICHL, RINA A. BONANNO,
TRACY VAILLANCOURT, AND NATALIE ROCKE HENDERSON

9   초등학생 가해자의 인기에 대하여: 성별과 인종 측면에서   125
CLAIRE F. GARANDEAU, TRAVIS WILSON, AND PHILIP C. RODKIN

10	초등학교와 중등학교에서의 학교폭력: 심리적 및 조직 구조 비교 PETER K. SMITH	145
11	학교폭력과 스트레스와 스트레스 유발 요인 간의 관계: 여러 국가에서 시행한 횡적 비교 조사를 중심으로 MITSURU TAKI	161
12	학교폭력 피해 경험과 따돌림: 또래배척, 학급활동 참여, 학업성취와 관련하여 ERIC S. BUHS, GARY W. LADD, AND SARAH L. HERALD-BROWN	175
13	인기녀와 야성남: 학교폭력에서 성 역할 ERIKA D. FELIX AND JENNIFER GRIEF GREEN	185
14	학교폭력과 부모자녀 관계 AMANDA B. NICKERSON, DANIELLE MELE, AND KRISTINA M. OSBORNE-OLIVER	199
15	학교 전환기 중의 사회적 지위와 학교폭력 ANTHONY D. PELLEGRINI, JEFFREY D. LONG, DAVID SOLBERG, CARY ROSETH, DANIELLE DUPUIS, CATHERINE BOHN, AND MEGHAN HICKEY	211
16	존경일까? 아니면 두려움일까?: 권력과 가해 행위의 관계 TRACY VAILLANCOURT, PATRICIA MCDOUGALL, SHELLY MUMEL, AND SHAFIK SUNDERAI	223
17	인종, 민족, 이민에 따른 학교폭력 TRACEY G. SCHERR & JIM LARSON	237
18	교실 너머의 학교폭력: 스포츠의 역할 ANNEMATT L. COLLOT D'ESCURY AND AD C. M. DUDINK	251
19	사이버폭력: 새로운 폭력에 대한 고찰. 학교 안과 밖에서 PETER K. SMITH AND ROBERT SLONJE	267

2부 학교폭력의 평가와 측정   283

20	학교폭력의 평가 DEWEY G. CORNELL AND SHARMILA BANDYOPADHYAY	285
21	척도와 설문 조사: 가해 행위 측정과 관련된 몇몇 문제 JAMES A. BOVAIRD	299

Contents • xi

22 학교폭력 피해경험과 또래배척 경험에 대한 신경생물학   **315**
TRACY VAILLANCOURT, JEAN CLINTON, PATRICIA MCDOUGALL,
LOUIS A. SCHMIDT, AND SHELLEY HYMEL

23 가해/피해 사건 평가: 다양한 연구들 및 방법론의 비교성에 관한 문제점   **327**
SUSAN M. SWEARER, AMANDA B. SIEBECKER,
LYNAE A. JOHNSEN-FRERICHS, AND CIXIN WANG

24 학교폭력 평가: 자기보고식 연구 방법에 대한 정확성 증대 필요   **351**
MICHAEL J. FURLONG, JILL D. SHARKEY, ERIKA D. FELIX,
DIANE TANIGAWA, AND JENNIFER GRIEF GREEN

25 다양한 학교폭력 유병률 추정치: 국가 간 및 방법론적 분석   **369**
CLAYTON R. COOK, KIRK R. WILLIAMS, NANCY G. GUERA, AND TIA E. KIM

3부 연구 기반 예방과 개입   **385**

26 학교 분위기 개입 사업–가해자와 피해자보다 방관자에 초점을 맞추어
학교폭력을 감소시키다: Baylor 의과대학과 Menninger 클리닉의
평화로운 학교 만들기 프로젝트   **387**
STUART W. TWEMLOW, ERIC VERNBERG, PETER FONAGY, BRIDGET K. BIGGS,
JENNIFER MIZE NELSON, TIMOTHY D. NELSON, AND FRANK C. SACCO

27 Olweus 학교폭력 예방 프로그램: 20년간의 실행과 평가   **399**
DAN OLWEUS AND SUSAN P. LIMBER

28 학교폭력: 위기인가 기회인가?   **425**
KARIN S. FREY, LEIHUA V. EDSTORM, AND MIRIAM K. HIRSCHSTEIN

29 효과적인 학교폭력 프로그램을 위한 문화적 다양성   **439**
RICHARD J. HAZLER AND JOLYNN V. CARNEY

30 방폭학교 만들기: 존중과 배려의 지역사회 만들기   **453**
WILLIAM PORTER, AMY PLOG, KATHRYN JENS, CARLA CARRITY,
AND NANCY SAGER

31 낙담에서 지지로–또래집단을 중심으로: 이론적 모델과 전국적 학교폭력
프로그램으로 발전한 과정   **463**
CHRISTINA SALMIVALLI, ATTI KARNA, AND ELISA POSKIPARTA

32 교직원을 위한 학교폭력 근절법: 비판적 시각으로   **477**
KEN RIGBY AND SHERI BAUMAN

33	학교폭력과 또래 과정: 예방과 개입 전략 DEBRA PEPLER, WENDY CRAIG, AND PAUL O'CONNELL	491
34	피스팩(PEACE Pack): 우리 학교 학교폭력 감소 프로그램 PHILLIP T. SLEE	503
35	맥케이 학교 안전 프로그램(McKay School Safety Program, MSSP): 두 문화권 출신, 2개 국어를 쓰는 아이들을 위하여 REBECCCA A. ROBLES-PINA, PAULETTE NORMAN, AND CARRIE CAMPBELL-BISHOP	517
36	학교폭력 버스터즈: 교사와 학생의 행동 변화를 통해 ARTHRUR M. HORNE, SUSAN M. SWEARER, JAMI GIVENS, AND CHRISTINA MEINTS	531
37	교내 시스템 측면에서의 학교폭력 예방: 대립적 구조에서 구심적 관계로 PAUL E. DOWNES	541
38	교사를 위한 학급 내 학교폭력의 관리 LAURA M. CROTHERS AND JERED B. KOLBERT	559
39	관심 공유법 KEN RIGBY	571
40	학교폭력 개입 및 예방 프로그램의 유지 AMY PLOG, LAWRENCE EPSTEIN, KATHRYN JENS, AND WILLIAM PORTER	585
41	학교폭력 예방 및 개입에 관한 국제적 시각 SHANE R. JIMERSON AND NAN HUAI	597

편집자 소개	621
기고자 소개	623
색 인	629

1
국제적 학술 교류로 학교폭력에 대한 과학과 현장 기술을 발전시키다

SHANE R. JIMERSON, SUSAN M. SWEARER, AND DOROTHY L. ESPELAGE

학교폭력은 일반적으로 두 집단 간의 힘이나 권력의 불균형 속에 벌어지는 반복적인 폭력적 행위로 정의하고 있다(Nansel 등, 2001; Olweus, 1993). 폭력 행위는 직접적이거나 눈에 쉽게 띄는 형태(예: 때리기, 걸어차기, 별명 부르기, 비웃기)일 수 있으며, 미묘하거나 간접적인 형태(예: 소문 퍼트리기, 따돌림, 이간질, 사이버폭력; Espelage & Swearer, 2004; Olweus, 1993; Rigby, 2002)일 수도 있다. 주목할 만한 점은 전세계 여러 나라에서 학교폭력을 규명하고, 연구를 진행해왔다는 사실이다(예: 호주, 벨기에, 브라질, 캐나다, 중국, 덴마크, 영국, 핀란드, 프랑스, 독일, 그리스, 아일랜드, 이탈리아, 라트비아 공화국, 리투아니아, 일본, 네덜란드, 뉴질랜드, 노르웨이, 포르투갈, 스코틀랜드, 남아프리카 공화국, 대한민국, 스웨덴, 스위스, 터키, 미국). 현재까지 학교폭력에 대해 조사가 이루어진 모든 국가에서 학교폭력 문제를 안고 있는 것으로 확인되었다. 분명, 스웨덴, 노르웨이, 영국, 호주, 일본에서 먼저 학교폭력 연구 분야를 독자적으로 개척한 것은 분명하지만, 현재는 이 연구 분야가 명실공히 국제적인 규모로 성장하였다.

최근 문헌을 보면 학교폭력 개입법에 관한 국제적인 시각에 초점을 맞추기 시작했다(Smith, Pelper, & Rigby, 2004; Ttofi, Farrington, & Baldry, 2008). 또한 학자들은 국가간 연구 결과를 비교하여 학교폭력에 대한 이해를 제공하고 있다. 예를 들어 Smith, Cowie, Olafsson, & Liefooghe(2002)는 14개국에 걸쳐 특정 용어(괴롭히기, 놀리기, 추행, 때리기, 따돌림)들에 따라 학교폭력 유병률 추정치가 어떻게 달라지는지 분석을 하였다. 비록 학교폭력에 관한 연구가 최근에 많이 늘어나긴 했지만, 학교폭력에 대한 평가법 또는 측정법이나 효과적인 예방 및 개입 프로그램을 설계하여 실행시키는 방법에 대해서는 아직 가야할 길이 많이 남은 것도 사실이다. 지난 40년 동안 전세계에서 방대하게 연구가 진행되어 온 만큼 본 저서는 이전에 찾아볼 수 없었던 지침을 제공하고 전세계 대가들의 통찰력을 담았다.

학교폭력에 관한 국제적 관심

연구에 따르면 전 세계 모든 학생들은 정기적으로 학교폭력을 경험하기도 하고 목격하기도 한다(Eslea

등 2003). 예전부터 아이들과 청소년들이 폭력 문제를 겪고 있었지만 지난 30~40년간 국제적으로 꾸준히 관심이 늘어나고 있다. 예를 들어, 호주 어린이는 6명 중 한 명 꼴로 매주 폭력에 노출되는 것으로 집계되고 있다(Rigby 2002). 이보다 앞서 노르웨이와 스웨덴에서 진행된 연구에서는 전체 학생의 15% 정도가 한 달에 2~3번 정도 가해 혹은 피해에 연루된 것으로 보고되었다(Olweus 1993). 미국 학생들은 학교폭력 경험률이 약간 더 높게 나왔는데, 극단적인 피해 사례에 국한 했을 때 10% 정도에서 그렇다고 응답하였으며 (Perry, Kusel, & Perry 1988) 학교 다녔을 때 한 번이라도 학교폭력에 노출되었는 지를 물었을 때는 75%까지 그렇다고 보고하였다(Hoover, Oliver, & Thomson, 1993). 미국 학생 6학년에서 10학년까지 대상으로 한 전국적 연구에서 Nansel 등(2001)은 17%의 학생들이 주기적으로 학교폭력을 경험하였으며, 19%는 다른 학생들을 괴롭힌 적이 있는 것으로 보고했다.

학교폭력은 소아청소년 시기에 정상적으로 거치는 발달과제가 아니다. 오히려 더 심각한 폭력 행위로 이어질 수 있는 전단계로 간주해야 한다(Nansel 등, 2001). 그리고 학교폭력은 학교를 두려움과 위협적인 환경으로 변질 시키는 데에 결정적인 역할을 한다(Ericson 2001). 게다가 수십 년간 축적된 연구들에 의하면 학교폭력을 당한 학생은 심리사회적 기능, 학업, 건강에 심각한 악영향을 받는다는 점이 분명해졌다 (Limber, 2006; Swearer 등, 2001). 이렇게 학교폭력이 근절되지 않고 폐해가 지속되었기 때문에 세계 각국에서는 학교폭력 문제를 다루기 위한 국립 기구를 창설하기에 이르렀다.

학교폭력에 관한 국제적 연구에 대한 최근 메타 분석

Ttofi(스웨덴 국립범죄예방위원회 주관 2008)가 시행한 메타 분석에는 전 세계 30개 학교를 대상으로 한

표 1.1 학교폭력에 대한 국립 기구 예와 그 웹사이트

Australian Bullying, No Way
　http://www.bullyingnoway.com.au
Australia 'National Safe Schools Framework'
　http://www.nssf.com.au 〉
Canada, Promoting Relationships and Eliminating Violence
　http://www.prevnet.ca
European Commission CONNECT project on Violence in Schools
　http://www.gold.ac.uk/connect
International Observatory on School Violence
　http://www.ijvs.org
New Zealand, No Bully-Kia-Kaha
　http://www.police.govt.nz/service/yes/nobully/
South Australia, 'Bullying, Out of Bounds'
　http://www.decs.sa.gov.au/schlstaff/pages/bullying
United States Department of Education
　http://www.ed.gov/admins/lead/safety/training/bullying/index.html
United States Department of Health & Human Service-Stop Bullying Now
　http://stopbullyingnow.hrsa.gov/index.asp?area=main
Substance Abuse and Mental Health Services Administration
　http://mentalhealth.samhsa.gov/15plus/aboutbullying.asp
　http://www.sshs.samhsa.gov/initiative/resources/aspx

학교폭력 예방 및 개입 프로그램 연구물 총 59편을 체계적으로 분석한 내용이 들어있다. 이 메타 분석에는 4가지 유형의 연구를 포함하고 있다.
  1) 무작위 실험
  2) 실험 대조군 비교 연구로 사전 사후 폭력 측정이 이루어진 연구
  (3) 기타 실험 대조군 비교 연구
  (4) 연령에 따른 전향적 코호트 연구로 학교폭력 개입 프로그램을 받은 학생들과 같은 학교 같은 연령의 학생이나 개입 프로그램을 받지 않은 학생과의 비교 연구

  이 분석에 포함된 연구로는 호주, 오스트리아, 벨기에, 캐나다, 체코슬로바키아, 키프루스, 덴마크, 잉글랜드와 웨일즈, 핀란드, 프랑스, 독일, 그리스, 아이슬란드, 아일랜드, 이스라엘, 이탈리아, 룩셈부르크, 일본, 몰타, 뉴질랜드, 북아일랜드, 노르웨이, 포르투갈, 스코트랜드, 스페인, 스웨덴, 스위스, 네덜란드, 미국 연구가 포함되어 있다.

  메타 분석 결과에 의하면 12개의 학교폭력 프로그램이 효과가 있는 것으로 드러났다. 여기에는 Andreou, Didaskalou, Vlachou(2007), Ertesvag & Vaaland(2007), Evers, Prochaska, Van Marter, Johnson, and Prochaska(2007), Melton 등(1988), Olweus/Bergen 2, Olweus/Bergen 1, Olweus/Oslo 1, Olweus/New National, Olweus/Oslo 2, Raskauskas (2007), Salmivalli, Kaukiainen, Voeten(2005), Salmivalli, Karna, Poskiparta가 개발한 프로그램이 있다. 그리고 본 연구에서 각 프로그램들의 핵심 요소를 코드화하여 분석을 해보았을 때, 학교폭력 행위 감소와 관련된 것으로 입증된 핵심 요소로는 부모 훈련, 운동장 지도 감독, 훈계 방법, 학교 회의, 부모를 위한 정보 제공, 교직, 교실 내 학생 관리, 동영상 교육이 있다. 학교폭력 피해자 양산 억제를 위한 핵심 요소로는 동영상 교육, 훈계 방법, 급우들과 함께하는 활동, 부모 훈련, 협력적 집단 활동, 운동장 지도감독이 있었다.

  게다가 Ttofi 등(2008)은 이번 메타 분석을 통해 몇가지 질문을 던졌다. 예를 들어, '왜 나라마다 결과가 다를까? 왜 연구 설계에 따라 결과가 다를까? 왜 더 큰 아이들을 상대로 한 프로그램들이 효과가 좋은 것으로 나타날까? 왜 최근 연구일 수록, 또 더 규모가 큰 연구일 수록 효과가 작은 것으로 나타날까? 왜 가해 또는 피해 측정 도구에 따라 결과가 서로 다르게 나오는 것일까?'

  Ttofi 등(2008)은 1983~2008년간 59개 연구를 종합한 메타분석 결과, 전반적으로 학교 기반 학교폭력 프로그램은 가해 및 피해 사건을 감소시키는 데에 효과가 있었다. 하지만 통계적 유의성에도 불구하고 과연 학생들이 학교를 안전할 뿐 아니라 앞으로도 학교폭력 예방을 담보하는 환경으로 인식할 지는 불분명했다. 추가로 Ttofi는 미국보다 노르웨이에서 더 긍정적인 연구 결과가 나왔다는 점도 강조했다.

  최근에 또 다른 메타 분석 연구도 있는데, 이 연구에서는 1994년에서 2003년 발표된 6개국 16개 연구물을 대상으로 했으며, 다양한 종류의 학교폭력 프로그램들을 다룬 연구들을 분석하였다. 메타분석 결과, 긍정적이든 부정적이든 유의미한 결과는 나오지 않았다(Merrell, Guelder, Ross, & Isava 2008). Merrell 등은 학교폭력 개입 프로그램들은 실제 폭력 행위보다는 지식 수준, 태도, 자기 인식 수준 등에 영향을 주는 경향이 있다고 강조하였다. 행동의 변화가 일어나기 전에 태도의 변화가 일어난다는 점을 생각한다면, 실제 행동 변화 여부를 검증하기에는 기존 프로그램 연구물의 양이 충분치 않았으며, 향후 얼마만큼의 연구가 더 누적되어야 실질적인 행동 변화를 예측할 수 있는지, 또는 얼마만큼 강도 높게 프로그램을 실행해야 행동 변화를 이끌어낼 수 있을지 알아봐야 한다.

  그리고 학교폭력 개입 프로그램에 권장되는 적정 실행 수준과 치료 프로그램의 충실도에 대한 검증을 반드시 해야한다. Ttofi 등(2008)은 학생들과 교사들을 대상으로 한 프로그램 시행 횟수와 프로그램 시행시간과 실행 강도가 폭력 행위 감소와 상관관계가 있다고 지적했다. 최근 교사를 상대로 학교폭력 프

로그램에 대한 충실도를 검증한 연구에서 양적 효과가 입증되기도 하였다(Biggs, Vernberg, Twemlow, Fonagy, & Dill 2008). '평화로운 학교 학습 환경 만들기(Creating a Peaceful School Learning Environment, CAPSLE) 프로그램'에서 나온 결과에 따르면 프로그램 콘텐츠가 많고 교사의 프로그램 실행 충실도가 좋을 수록 초등학교에서는 또래 학생들끼리 더 돕고, 공감력이 나아졌으며, 공격적인 방관자 비중이 감소하는 경향을 보였다. 치료 충실도는 중요한 개념이지만, 아직 연구가 미진한 분야로 남아 있다.

최근 이러한 연구 결과를 비추어보면, 학교폭력에 있어 국제적인 공조가 중요하다는 점을 깨달을 수 있다. 왜냐하면 이런 응용 연구 조사에서는 상당히 다양한 변수들이 존재하기 때문이다. 게다가, 학교폭력 개입법의 효과성을 파악하기 위해 다양한 종류의 분석법을 동원해야 하며, 개인 단위에서부터 또래집단 단위, 학교 단위, 가족 단위, 지역사회 단위 별로 다른 분석법이 필요할 수 있다. 또한 그간 연구를 미루어 보면 연구 설계, 기초이론, 평가 또는 측정법을 어떻게 쓰느냐에 따라 학교폭력 개입 및 예방 프로그램에서 어떤 요소가 실제로 '먹히는 지' 이해하는 데에 중요하다. 지난 30년간 학교폭력에 관해 많은 것을 알아냈지만, 우리는 여전히 갈 길이 멀다.

학교폭력 안내서

이 책은 학교폭력 문제에 대한 국제적인 분석을 담고 있다. 이를 통해 학교폭력 감소를 위한 예방 및 개입 프로그램을 검증하고 또 실행하기 위한 이론적, 경험적, 기술적 근간을 제공한다. 최근 학술 교류를 통해 학교폭력의 예방과 이해를 더하고자 하였다. 하지만 학교폭력 행위의 폐해와 관련 변수를 밝히는데에 주력해왔지만, 문화적 요소나 지역적 특색이 학교폭력에 어떤 영향을 미치는 지에 대해서 알아낸 바는 거의 없다. 따라서 본 '학교폭력 핸드북'은 세계 각지의 전문 요원과 학자들로 부터 귀중한 정보들을 취합하여 학교폭력에 관한 지식과 이해를 진일보시켰다. 이 책에는 학자들과 전문요원들과 기타 전문가들이 관심을 가지기에 충분한 기초 지식들이 포함되어 있다.

이 핸드북은 전 세계 학술 교류로 이뤄진 통찰을 공유하고자 기획된 책으로서 다음과 같은 영역에 대한 이해를 확장하고자 한다.
1) 학교폭력 이해를 위한 이론적 및 경험적 근간
2) 학교폭력의 평가와 측정
3) 근거 중심 예방과 개입법

이 책은 전세계 우수한 학자들과 현장 전문요원들이 학교폭력의 근절을 위해 어떤 노력을 해왔는 지 알려줄 것이며, 이론 정립과 평가 노하우와 개입 기술에 대해 혁신적인 접근법들을 제공하고 있다. 다음은 1부에서 3부까지 어떤 정보를 담고 있는지 개략적으로 안내한 글이다.

학교폭력 이해를 위한 이론적 및 경험적 근간 각 챕터 별로 특정 주제에 관한 주요 근거 이론을 제공하고, 관련된 학문을 소개하며, 향후 어떤 주제의 연구가 필요한 지도 제시하였다. 1부에서 제공하는 지식은 학교폭력 연구를 설계하는 데에 있어서나, 학교폭력 예방 및 개입 프로그램을 실행하는 데 있어 중요한 바탕이 된다.

학교폭력 평가와 측정 각 챕터 별로 학교폭력 측정과 평가에 관한 주요 사안에 대한 논의를 담았다. 기존 연구에 활용되었던 도구들을 소개하고, 각 도구들 간의 유사점과 차별점을 확인해볼 것이며, 이를 통해 얻을 수 있는 시사점이 무엇인 지도 논의할 것이다. 이를 통해 학교폭력에 관한 과학과 실행에 귀중한 기여를 할 것이다.

근거 중심 예방과 개입법 각 챕터 별로 세계 각국에 걸쳐 학교폭력 예방 및 개입 프로그램 실행 노력들이 어떻게 진행되어 왔는 지 간략하게 소개할 것이다. 각 저자들은 각 개별 프로그램 마다 어떤 이론적 근간을 가지고 있는지 자세히 설명할 것이며, 어떤 특정 전략이 프로그램에 활용되었는지 밝힐 것이고, 각 전략들의 효과성과 관련된 연구 결과들을 보여줄 것이다. 또한 기존 전략들의 한계점과 향후 학술 교류가 필요한 분야에 대해서도 소개할 것이다.

이 핸드북의 콘텐츠를 개발하기 위해 적정 범위와 심도를 유지하는 균형 감각이 매우 중요했다는 점을 강조하고 싶다. 이런 노력을 통해 학교폭력의 다양한 측면들을 두루두루 알릴 수 있었다. 이 책의 목적은 학교폭력 예방과 개입 노력에 관한 통합적이고 국제적인 담론을 촉발시키는 데에 있다. 특히, 이 책은 '실무를 위한 제언'을 강조 요약한 표를 수록하였다. 앞으로 다가올 10년간은 이 책에 제시된 지식을 기반으로 하여 학술 교류가 되길 바란다.

참고문헌

Andreou, E., Didaskalou, E., & Vlachou, A. (2007). Evaluating the effectiveness of a curriculum-based anti-bullying intervention program in Greek primary schools. *Educational Psychology, 27*, 693-711.

Biggs, B. K., Vernberg, E. M., Twemlow, S. W., Fonagy, P., & Dill, E. J. (2008). Teacher adherence and its relation to teacher attitudes and student outcomes in an elementary school-based violence prevention program. *School Psychology Review, 37*, 533-549.

Ericson, N. (2001). *Addressing the problem of juvenile bullying.* US Department of Justice, no. 27. Washington, DC: U.S. Government Printing Office.

Ertesvag, S. K., & Vaaland, G. S. (2007). Prevention and reduction of behavioural problems in school: An evaluation of the Respect program. *Educational Psychology, 27*, 713-736.

Eslea, M., Menesini, E., Morita, Y., O'Moore, M., Mora-Merchán, J. A., Pereira, B., et al. (2003). Friendship and loneliness among bullies and victims: Data from seven countries. *Aggressive Behavior, 30*, 71-83.

Espelage, D. L., & Swearer, S. M. (2004). *Bullying in American schools: A social-ecological perspective on prevention and intervention.* Mahwah, NJ: Erlbaum.

Evers, K. E., Prochaska, J. O., Van Marter, D. F., Johnson, J. L., & Prochaska, J. M. (2007). Transtheoretical-based bullying prevention effectiveness trials in middle schools and high schools. *Educational Research, 49*, 397-414.

Hoover, J. H., Oliver, R., & Thomson, K. (1993). Perceived victimization by school bullies: New research and future directions. *Journal of Humanistic Education and Development, 32*, 76-84.

Limber, S. P. (2006). The Olweus bullying prevention program: An overview of its implementation and research basis. In S. R. Jimerson & M. J. Furlong (Eds.), *The handbook of school violence and school safety: From research to practice* (293-308). Mahwah, NJ: Erlbaum.

Melton, G. B., Limber, S. P., Flerx, V., Nation, M., Osgood, W., Chambers, J., et al. (1998). *Violence among rural youth.* Washington, DC: U.S. Department of Justice, Office of Justice Programs, Office of Juvenile Justice and Delinquency Prevention.

Merrell, K. W., Guelder, B. A., Ross, S. W., & Isava, D. M. (2008). How effective are school bullying intervention programs? A meta-analvsis of intervention research. *School Psychology Quarterly, 23*, 26-42.

Nansel, T. R., Overpeck, M., Pilla, R. S., Ruan, W. J., Simons-Morton, B., & Scheidt, P. (2001). Bullying behaviors among US youth: Prevalence and association with psychosocial adjustment. *Journal of the American Medical Association, 285*, 2094-2100.

Olweus, D. (1993). *Bullying at school: What we know and what we can do.* Cambridge, MA: Blackwell.

Perry, D. G., Kusel, S. J., & Perry, C. L. (1988). Victims of peer aggression. *Developmental Psychology, 24*, 807-814.

Raskauskas, J. (2007). *Evaluation of the Kia Kaha anti-bullying programme for students in years 5-8.* Wellington: New Zealand Police.

Rigby, K. (2002). *New perspectives on bullying.* London: Jessica Kingsley.

Salmivalli, C., Kaukiainen, A., Voeten, M. (2005). Anti-bullying intervention: Implementation and outcome. *British Journal of Educational Psychology, 75*, 465-487.

Smith, P. K., Cowie, H., Olafsson, R. F., & Liefooghe, A. P. D. (2002). Definitions of bullying: A comparison of terms used, and age and gender differences, in a 14-country international comparison. *Child Development, 73,* 1119-1133.

Smith, P. K., Pepler, D., & Rigby, K. (Eds.). (2004). *Bullying in schools: How successful can interventions be?* New York: Cambridge University Press.

Swearer, S., Song, S., Cary, P. T., Eagle, J. W., & Mickelson, W. T. (2001). Psychosocial correlates in bullying and victimization: The relationship between depression, anxiety, and bully/victim status. In R. A. Geffner & M. Loring (Eds.), *Bullying behavior: Current issues, research, and interventions* (pp. 95-121). Binghamton, NY: Haworth Press.

Ttofi, M. M., Farrington, D. P., & Baldry, A. C. (2008). *Effectiveness of programmes to reduce school bullying: A systematic review.* The Swedish National Council for Crime Prevention. Retrieved January 9, 2009, from http://www.bra.se/extra/faq/?module_instance=2&action=question_show&id=474&category_id=9.

1부
학교폭력 이해를 위한 기초

2
학교폭력에 대한 이해와 연구법
DAN OLWEUS

초 기

1960년대 후반에서 1970년대 초반, 스웨덴에서는 학교폭력 또는 또래 괴롭힘이라는 현상에 대해 사회적 관심이 뜨거웠다. 당시 이런 현상을 '무리공격(mobbing)'라고 불렀는데, 이 용어는 학교 전담 의사인 Hienemann이 공식 석상에서 밝힌 표현으로 인종차별적 맥락에서 따온 단어였다(Heinemann, 1969, 1972; Olweus, 1973). Heinemann은 오스트리아 출신 생태학자 Konrad Lorenz(1963, 1968)가 출판한 공격성에 관한 저술(스웨덴 번역판)에서 이 표현을 빌려왔다. 생태학에서 무리공격이란 어떤 종의 동물이 다른 종의 동물에 의해 집단적으로 공격 당하는 현상을 일컫는데, 주로 천적 관계에서 나타나는 현상이다. Lorenz(1968)의 저서에 따르면 '무리공격'은 학급이나 군인 집단이 무리를 지어 평균에서 벗어난 개인을 괴롭히는 행위를 지칭하는 데에도 쓰이긴 했다.

'무리공격'이라는 용어는 사회심리학 분야에서 꽤 오랫동안 쓰이긴 했다(Lindzey, 1954). 영어권 국가에서는 일반인들 사이에서도 어느 정도 통용 되기도 했는데, 주로 공동의 목적이나 활동을 위해 군중이나 다수의 개인들이 모여 큰 집단을 형성하는 현상을 묘사하는 데에 쓰였다. 일반적으로 무리란 우연한 기회에 형성되어, 그 조직력이 엉성하고 짧은 시간 동안만 존재한다는 특성이 있다. 사회심리학 문헌에 따르면 무리 유형을 몇 가지로 나누어 분류했는데, 공격적인 무리(린치 무리), 공황 발작형 무리(도주형 무리), 습득형 무리(저장형 무리)로 나누기도 했다. 대체로 무리 속 구성원들은 강렬한 감정을 경험하고, 이들의 행동이나 반응은 흔히 비합리적인 것으로 여겨졌다(Lindzey, 1954).

이런 이슈가 논쟁이 되던 초창기 연구시절부터 나는 이 용어가 학교 환경에서 발생하는 또래 괴롭힘 현상을 기술하는 데에 과연 적절한 표현인지 의문을 제기했었다(Olweus, 1973, 1978). 통상 내가 진행했던 공격성에 관한 연구를 참고하면(Olweus, 1969, 1972), '무리공격'에 포함된 속뜻 때문에 학교폭력 현상에 대해 오해할 수 있으리라 생각한다. 게다가 다음 단락에서 설명하겠지만, 학교폭력의 독특한 속성에 대해서도 간과할 여지도 생긴다.

이 용어와 관련해 우려되는 점들 중 하나는 포커스가 각 개인 보다 집단에 더 실린다는 점이다. 내 관점에서는 '교내 무리공격'이 대체로 동질한 집단이 집단적인 공격성을 드러낸다는 개념이라 각 개별 구성원들의 역할의 중요성이 희석된다는 문제가 생긴다. 더 콕 집어서 이야기하자면, 집단이라는 프레임에 갇혀 폭력 주도자 또는 가해자의 역할에 대해 쉽게 간과할 수 있다. 이런 맥락에서 나는 실제 학교에서 한 명만을 목표로 여러 사람들이 괴롭히는 상황이 얼마나 자주 있을까 의문을 품기도 했다. 만약 소규모 집단이나 한 개인이 일으키는 학교폭력 유형이 더 많다면, '무리공격'이라는 개념으로는 교사들이 교내에서 학교폭력 현상을 감지하는 데에 어려움을 겪을 것이다. 게다가, '무리공격'이라는 개념에서는 집단적인 분노를 자아낸 대상인 피해자에게 문제를 일으킨 장본인이라며 책임을 전가하려는 경향이 생기기 쉽다. 왜냐하면 피해자는 어떤 형태로든 소위 정상적인 다수의 학생들을 짜증나게 만든 사람으로 간주되기 때문이다.

또한 '무리공격'이 주는 개념 때문에 폭력 현상이 일시적이며 그때 그때 다르다는 느낌이 부각되는 경향이 있다: '무리는 갑자기 또는 뜬금없이 순간의 감정에 사로잡혀 어떠한 이유에서든 무리를 짜증나게 혹은 공격적으로 자극한 어떤 개인에게 시선을 돌리게 된다(Olweus, 1978)'. 물론 학교에서도 학생들이 집단을 이루어 일시적으로 감정을 폭발시키는 사례가 있을 수 있다고 생각한다. 하지만 나는 좀 더 다른 상황을 가정해보는 것이 더 중요하다고 생각한다. 만약, 한 학생이 오랜 기간 동안 체계적으로 폭력에 시달리는 상황이라면? 폭력의 주체가 한 개인이든 작은 집단이든 학급 전체이든 상관없이 말이다(Olweus, 1973, 1978).

또 추가적인 문제점은 당시에는 학교폭력 현상을 다룬 경험적 연구 자료도 거의 없었다는 점이다. 이런 당시 상황에 맞서 1970년대 초반 나는-나는 스웨덴 토박이로서 35년 이상 노르웨이에서 생활하였다-스웨덴 최초로 또래들간의 폭력 현상에 대한 체계적인 연구 프로젝트를 시작하였다. 이 프로젝트 결과는 1973년 스웨덴어로 책으로 출판되었다(Olweus, 1973). 1978년 이 책의 확장판을 미국에서 '교내 공격성: 가해 학생과 질질 짜는 소년들(Aggression in the schools: Bullies and Whipping Boys)(Olweus, 1978)' 이란 제목으로 출판하였다. 이 프로젝트를 통해 최초로 교내 또래 괴롭힘 현상에 대해 밑그림을 그려보고 싶었고, 당시 스웨덴에서 공론화 되고 있던 여러 핵심 현안에 대해 경험적인 수준에서라도 최소한의 답을 찾고자 하였다.

지금 와서 생각해보면, 이 프로젝트와 후속 연구 문헌들(Olweus, 1978, 1993, 1994; Farrington, 1993)을 봤을 때 초기에 내가 품었던 의구심이 옳았다고 생각한다. 예를 들어 학급 안에 학생들은 공격성의 정도가 제 각각임에 틀림 없었고, 이 학생들간의 개인차도 오랫동안 안정적으로 유지되는 경향을 보였으며, 심지어 체계적인 개입이 없을 때는 수년간 변하지 않기도 한다(Olweus, 1977, 1979).

이와 마찬가지로 연구 결과에 따르면 다른 경우에 비해 학급 내 학생 몇몇이 더 능동적으로 또래 학생들을 괴롭히고 폭력 행위에 가담하는 것으로 밝혀졌다(Olweus, 1993, 2001). 학교폭력 피해학생들의 보고를 참고하면 피해 학생들은 주로 2~3명 정도의 소규모 집단이 자신을 괴롭힌다고 하며, 이들을 이끄는 -부정적 의미에서의-리더가 있다고 하였다(Olweus & Solberg, 1998). 게다가 피해자의 25~35%가 주로 한 명의 학생한테 괴롭힘 당했다고 밝혔다(Olweus, 1988; Olweus & Solberg, 1998) 영국, 네덜란드, 일본에서 나온 자료를 보더라도 이런 경향은 다른 인종 문화 전통 배경에도 불구하고 대체로 일관되게 나타난다(Junger-Tas & Kesteren, 1998; Morita & Soeda, 1998; Smith 등, 1999). 더 나아가, 다른 자료(Rigby & Slee, 1991)를 참고하더라도 학급 내 상당수의 학생들은 학교폭력에 대해 부정적인 입장을 취하고 있으며, (자기보고식 자료에 따르면) 피해자를 돕고 싶어하거나 실제로 도우려는 노력을 한다고 하였다.

이런 근거 중심의 교내 또래 괴롭힘 조사로 밝혀진 모습은 사회심리학적 또는 생태학적 개념에서 유래된 '무리공격'과는 상당히 상이하다. 또한 '무리공격'이라는 북유럽식 용어 사용이 과학적인 틀에서 벗어난 것일 뿐만 아니라 정통 영어식 화법에서도 벗어나 있다. 이런 점은 북유럽 학생들이 '오늘 걔가 날 무리공격했어 'He/she mobbed me today.'라고 표현할 때 더 분명히 알 수 있다. 분명, 무리공격이라는 단어는 북유럽에서 새로운 의미로 자리잡게 되었고-물론 당시 논문들이 대중적으로 유명해진 탓도 있지만-결국엔 개인이나 소규모 집단이 체계적이고 반복적으로 한 대상을 괴롭힌다는 개념을 담아내는 측면이 약해졌다. 이 용어는 현재 노르웨이, 스웨덴, 덴마크에서 잘 정착이 되었으며, 내가 보기에는 사람들이 이 용어를 바꾸고 싶어하지 않는 것 같다.

게다가 초창기에도 영어권 사람들은 무리공격(mob/mobbing)이라는 표현이 학교폭력을 묘사하는 용어로 적절치 않다는 지적을 하였다. 영어권 사람들은 이 용어를 사회심리학적 또는 생태학적 개념과 직접적으로 연관시키거나, 영어권에서 나름 통하는 뜻으로 자의적으로 받아들이곤 했었다. 이런 경험을 토대로 나는 영문으로 출판할 때는 무리공격이라는 표현 대신 가해자/피해자(bully/victim)이라는 표현을 사용하려했다 (Olweus, 1978). 현재, '가해행위' 또는 '가해/피해 문제'라는 용어는 국제적으로 (특히 영어권에서) 받아들여지고 있다.

가해 행위의 정의

내가 처음 학교폭력에 대한 연구 프로젝트를 시작했을 시절에는 또래 괴롭힘 또는 가해 행위에 대해 엄격한 정의를 내리는 것이 가능하지도 않았고 바랄 수도 없었다. 하지만 1983년 노르웨이에서 정부 주도 학교폭력 반대 캠페인을 성사시키기 위해서는 상대적으로 명확하고 개념의 경계가 뚜렷한 학교폭력 정의가 절실했었다(Olweus, 1986, 1993). 구체적으로 들어가면, 이 캠페인의 중요한 내용 중 하나가 학교폭력 가해자/피해자를 전국 단위로 등록을 시키는 작업이었는데, 그 등록 방법이 내가 개발한 질문지를 이용하는 것이었다. 그 질문지에서는 학교폭력 가해 행위와 또래에게 피해를 주는 행위를 다음과 같이 정의하였다: 어떤 학생이 다른 학생 또는 학생들 집단에 의해서 지속적으로 반복적으로 부정적인 행위에 노출될 때, 그 학생이 학교폭력을 당하고 있다 혹은 피해를 당하고 있다라고 한다. 이 정의 방식에 따르면 오랜 시간에 걸쳐 행한 의도적이면서 반복적인 부정적 혹은 공격적 행위가 곧 학교폭력임을 뜻하고 있다. 더 나아가 한 가지 특성을 더 구체적으로 명시했는데, 학교폭력이 있는 곳에는 권력 혹은 힘의 불균형이 존재한다는 점이다. 그래서 부정적인 행위에 노출된 학생은 자신을 스스로 방어하는 것이 어렵다(Olweus, 1993, 1999a). 학교폭력을 세가지 기준인 의도, 반복성, 권력의 불균형으로 정의하는 방법은 현재 많은 연구자와 현장 전문가들 사이에 널리 받아들여지고 있는 것 같다(Smith & Brain, 2000).

위와 같이, 가해 행위는 공격성 또는 공격적인 행위들의 부분집합으로 다른 개인에게 고의적으로 상해를 입히거나 불쾌감을 초래하기 위한 행동으로 알려져 있다(Olweus, 1972; Berkowitz, 1993). 그러므로 가해 행위는 공격적인 행위들로 반복성과 권력 구도의 비대칭성 등의 특징을 포함하고 있다. 가해 행위, 공격성, 폭력성의 관계는 다른 단원에서 더 자세하게 다루겠다(Olweus, 1999a).

Olweus 학교폭력 질문지(Olweus Bullying Questionnaire, OBQ)로 가해자/피해자 문제 측정하기

내가 처음으로 연구 프로젝트를 시작했을 때, 13~15세 사이의 남학생 900명을 대상으로, 교사가 지명하는 방법과 또래들이 등급을 매기는 방법을 조합하여 학생들을 피해자, 가해자, 대조군으로 분류하였다

(Olweus, 1973, 1978). 이 외에도 다른 종류의 자료도 수집을 하였는데, 자기보고식 자료, 어머니 보고, 스트레스 호르몬 자료, 투사적 검사기법, 심리생리적 측정 자료들을 수집하였다. 비록 자기보고식 질문지에 있는 다수의 항목들이 연구 프로젝트에 나오는 가해/피해 검증 항목과 연관된 부분이 많았지만, 가해자/피해자 분류에는 이 자기보고식 조사 결과를 활용하지 않았다. 하지만, 1983년 전국적 캠페인에서 얻은 방대한 경험과 이와 관련해서 1983년에서 1985년까지 시행하게 된 학교폭력 개입 프로젝트(Olweus, 1991, 2005)에서 얻는 경험을 비추어보면, 나는 세심하게 개발된 질문지가 가해자/피해자 문제를 측정하는데 훌륭한 도구가 될 수 있다고 확신했다.

비록 학교폭력에 대한 기본적인 정의(위에 언급한 세가지 기준)는 변하지 않았지만, 개정판 질문지(the Revised olweus Bullying Questionnaire)(Olweus, 1996, 2007)에는 좀 더 확장적인 표현들을 수록하였다. 제일 최근 버전의 질문지(Olweus, 2007)에 수록한 학교폭력 정의는 아래와 같다

> 우리는 다른 학생이나 다른 몇 명의 학생들이 아래와 같은 행동을 할 때, 어떤 학생이 학교폭력을 당하고 있다고 정의한다
> - 못되고 상처주는 내용의 말을 하거나, 놀리거나, 악의적이고 상처 주는 별명으로 부를 때
> - 완전히 무시하거나 의도적으로 집단에서 배제를 할때
> - 때리거나 걷어차거나 밀어버리거나 혹사시키거나 밀폐된 공간에 가두는 때
> - 거짓말을 하거나 피해 학생에 대한 거짓 소문을 퍼트리거나, 다른 학생들에게 못된 메세지를 보내 피해학생을 혐오스럽게 만드는 때
> - 기타 피해학생에게 상처가 될 만한 행위를 할 때

우리가 학교폭력에 대해서 언급할 때, 이런 사건들이 '반복'해서 발생하고, 당하는 학생 입장에서는 자기 자신을 방어하기 '어려운' 경향이 있다. 우리는 어떤 학생이 악의적이거나 상처가 되는 방법으로 반복적으로 놀림을 당할 때도 학교폭력으로 규정한다. 하지만 우리는 친근하고 재미 있는 방법으로 놀리는 것을 학교폭력으로 간주하지 않는다. 또한 두 학생이 체력이나 권력 수준이 대등한 상태에서 서로 논쟁하거나 싸우는 상황을 두고 학교폭력이라고 하지 않는다(Olweus, 2007).

지난 2~3개월간 학교폭력을 당한 적이 있는 지에 대해 일반적인 질문 항목을 제시한 다음 (또는 질문지 다른 섹션에서 다른 학생을 괴롭힌 적이 있느냐), 질문지에 응답하는 학생들은 9가지 개별 가해 행위 중 어느 유형에 노출되었는지 응답하도록 구성되어 있다. 이런 다양한 학교폭력 행위에는 직접적인 신체적 및 언어적(인종 또는 성차별적인 언사) 괴롭힘, 협박, 강압적 행위도 포함되어 있으며, 의도적인 따돌림, 소문 퍼트리기, 대인관계 이간질과 같은 더 간접적이면서 관계적인 괴롭힘도 포함된다(Bjorkqvist, Lagerspetz, & Kaukiainen, 1992; Crick & Grotpeter, 1995; Underwood, 2003). 그리고 사이버 혹은 디지털 형식의 학교폭력에 대한 질문 항목도 몇개가 포함되어 있다.

질문지는 무기명일 수도 있고(Olweus, 2005), 비밀 보장 형태로도 시행 가능하다(Olweus, 1991; Solberg & Olweus 2003). 무기명 형식에서는 학생들이 성별, 학년, 학교 이름, 학급만 기재하면 된다. 비밀 보장 형식에서는 이름을 기재하되 자료 수집 과정에서 코딩 처리된다. 비밀 보장 형식에 응한 학생은 질문지 응답 후 지속해서 경과 추적이 가능하다. 연구에 필요한 질문 종류에 따라 이런 형식이 덜 중요할 수도 있다(Olweus, 2005).

민감하게 변화 수준을 감지하기 위해 질문 항목에 기간을 한정 짓는 문구가 들어간다. 예를 들면, '지난 2~3개월 간, ~'과 같은 문구들이다. 학생들이 질문지를 작성할 때, 먼 과거나 막연한 기간이 아니라 상

대적으로 짧은 기간 동안 있었던 상황과 반응을 평가해야 한다는 점을 확실히 인지하도록 하기 위해, 대부분의 질문 항목에 이런 기간 조건을 눈에 쉽게 띄도록 명시를 했다. 예를 들면, '지난 2~3개월 동안 당신은 학교에서 얼마나 자주 괴롭힘을 당했습니까?'와 같다. 그리고 각 질문에 속한 선택지에도 이런 기간 조건을 최소 한 군데 이상 명기하였다. 대부분의 질문 항목에 대해, 선택지는 빈도에 대해서 답하도록 되어 있으며, 되도록 구체적으로 표현하였다. 예를 들면, '나는 지난 2~3개월 간 학교에서 괴롭힘을 당한 적이 없다.', '한두번 그런 일이 발생했다.', '한달에 2~3번', '일주일에 한번 정도', '일주일에 3~4번 정도'와 같다. 이런 구체적인 선택지는 '종종', '거의 ~ 않는'과 같은 선택지 보다 더 낫다. 왜냐하면 이런 모호한 선택지는 응답자가 주관적 해석을 할 여지가 많아 측정에서 오차분산(error variance)을 일으킬 가능성이 더 높아진다.

질문지에는 학교폭력에 대한 타인들의 반응을 응답자의 시각에서 기술하도록 한 항목도 몇몇 포함되는데, 여기에는 부모, 또래, 교사들의 태도와 행동 양상이 포함된다. 이런 질문들을 통해 학교가 학교폭력을 상대하기 위해 어떤 노력을 기울이는지 중요한 정보를 얻을 수 있으며, 어떤 분야에서 더 추가적인 노력이 필요한지도 추측할 수 있다.

본 챕터 남은 부분에 대한 개관

지금까지의 내용은 일반적인 배경 지식 정도로 이해할 수 있고, 지금부터는 본격적으로 주요 이슈를 다루어 볼 것이다. 첫째, 나는 학교폭력의 특징 중 하나인 권력 불균형 이슈에 초점을 맞출 것이다. 이후 나는 가해/피해 측정법으로 제일 흔한 두 종류(또래지명법과 자기보고식 조사법)를 서로 비교해보겠다. 먼저 두 측정법의 목표가 각기 어떠한지 설명하고, 두 측정법이 왜 서로 결과가 연동이 되지 않는지에 대해 제법 구체적으로 논의를 할 것이다. 마지막으로 이 두가지 방법이 유병률 측정과 변화도 측정이라는 관점에서 어떻게 다른지 비교해볼 것이다. 본 챕터의 마지막에는 학교폭력에 있어 성별 차이에 대한 대규모 경험적 연구 결과를 제시했는데, 가해자와 피해자 관점을 참고하였으며 동성 및 이성간 가해 행위에 대한 내용도 포함시켰다. 이 자기보고식 연구는 다음과 같은 질문에 초점을 맞추어서 진행되었다. '과연 여학생은 남학생만큼 공격적인가?'

이 챕터를 통해 내가 밝히고자 하는 주된 요점은 측정법에 대한 문제점들이 일부 존재한다는 점이다. 특히 또래지명법에 관련된 문제를 꼽고 싶은데 이 방법에 대해서는 충분히 분석이나 논의조차 되지 않았기 때문이다(Espelage, Mebane, & Swearer, 2004; Ladd & Kochenderfer-Ladd, 2002, Underwood, Galen, & Paquette, 2001). 이 챕터를 통해 학교폭력 조사와 개입법 개발에 수많은 시간과 노력을 기울이는 많은 연구자들에게 도움이 되길 바란다.

권력 불균형은 중요한가?

Olweus 학교폭력 질문지에 권력 불균형이 소개되어 있다. 학생들이 얼만큼 이 개념에 대해 인식을 하는지에 대해 조금이라도 추정을 해보려면, 피해자 집단의 심리적 및 사회적 적응력을 평가해봐야 한다.

대부분 현행 경험적 분석을 사용하면 피해자 집단을 크게 둘로 나눌 수 있다. 수동적 피해자 혹은 순수 피해자 집단과 자극적/공격적 피해자 혹은 가피해자 집단이다(Olweus, 1978; Solberg & Olweus 2003; Solberg, Olweus, & Endresen, 2007a). 통상적으로 지난 2~3개월 간 월 평균 2~3번 정도 괴롭힘을 당했다고 응답한 학생이 피해자로 분류된다. 피해자로 분류된 학생들은 다른 학생들을 괴롭힌 적이 있는 지에 대해 물어보는 후속 질문을 통해 더 세분화 된다. 피해자로 분류된 학생들 중 월 2~3회 이상 다른 학생들을 괴롭혔다고 추가로 응답한 학생들은 가피해자 혹은 자극성 피해자로 분류된다. 다른 학생들을 괴롭히지 않았다고 응답한-전혀 없거나 어쩌다 한 두번 정도 괴롭힌-학생들은 순수 피해자 혹은 소극적 피해자로 분류하였다.

수많은 연구에서 순수 피해자 유형(혹은 소극적 피해자)는 대체로 불안하고 우울하며 부정적 자아상을 지니고 있고, 사회적으로 고립되어 있고 일반적으로 공격적인 성향이 없다고 기술되어 있다(Olweus, 1993; Hawker & Boulton, 2000). 이러한 결과는 순수 피해자 유형의 학생들은 그간 패배자로 살아왔거나 대인관계에서 희생양으로 살아왔다는 방증이기 때문에 권력 불균형이 강력히 시사가 된다.

한편, 일반적으로 가해자 집단은 상당히 규모가 작아서, 어떻게 접근해야 될지 불분명하다(Solberg, 2007a). 하지만 순수 피해자 집단과 마찬가지로 이 집단 역시 자기 보다 더 권력이 센 또래들의 표적으로 살아왔다면 내재화 문제가 상승했을 것이라고 짐작하는 것이 자연스럽다. 물론, 이런 추측이 다양한 경험적 연구에서 입증이 되기도 하였다(Olweus, 1993, 2001; Solberg, Olweus, & Endresen, 2007b). 하지만 이 집단의 학생들은 외현화 문제 또한 명확하기 때문에-다른 학생들을 괴롭힌다고 보고하였으므로 -권력 불균형 관점을 적용시키기에는 개연성이 조금 부족해진다.

전반적으로, 학생들이 권력 불균형 관점에서 학교폭력 개념을 이해했으며 질문지에 그런 이해를 바탕으로 응답을 했다는 가정과 두 피해자 집단의 심리학적 및 사회적 특성들이 서로 일치한다.

최근 논문에 따르면, 영국의 연구자 세 명이 권력 불균형 이슈에 대하여 좀 더 직접적인 질문을 던져보았다(Hunter, Boyle, & Warden, 2007). 8~13세 사이 1400명 학생을 대상으로 자기보고식 연구에서 연구자들은 지난 2주 동안 얼마나 자주 공격적 행위에 노출되었는지를 물었다. 추가로, 연구자들은 응답자에게 공격자들이 자신 보다 더 '영향력'이 있는지도 표시하도록 하였다. 예를 들면, 신체적으로 힘이 더 센지, 더 인기가 높은지, 그 상황에서만큼은 가해자들이 한 집단의 일원으로서 접근한 것인지 물었다. 이런 방식을 통해 반복적으로 공격성에 노출된 집단이 존재한다는 점을 확인했고, 그 규모가 꽤 상당하다는 점을 밝혀냈다. 이 집단을 또래간 피해자 집단으로 명칭을 달았다. 그리고 이 집단에서 또 최소한 한 종류 이상의 권력 불균형 문제로 대인관계적 폭력을 당한 집단을 분리해내었다. 후자 집단의 경우 또래간 피해자 집단의 40%를 차지했으며, 전체 표본의 12%를 차지하였다. 단순히 또래간 피해를 입은 집단과 권력 불균형 관점에서의 가해 행위를 당한 피해자 집단을 비교 분석하였을 때, 후자의 경우 유의하게 위협을 더 많이 느꼈으며 당시 상황에 대해 통제감을 덜 느끼는 것으로 드러났다. 또한 후자 집단의 학생들은 더 우울해하고, 뭔가 도움을 바라는 공상에 잘 빠지며, 사회적 지지를 더 찾는 것으로 밝혀졌다. 결론적으로, 저자는 단순한 또래간 피해경험과 학교폭력을 당한 학생들을 구분짓는 것이 중요하다는 것을 강조하면서, 권력 불균형이 감별 기준이 될 수 있다는 점을 밝혔다. 이 연구의 결과가 분명히 말해주듯, 괴롭힘 당한 학생들의 관점에서 학교폭력은 단순한 또래간 공격성보다 훨씬 더 심각하고 상처가 되는 문제가 된다.

이런 연구 성과 및 개념적 논증을 참고했을 때, 권력의 불균형을 내포한 괴롭힘과 단순히 공격적 행위에 노출된 것을 개념적으로 구분하는 것이 얼마나 중요한지 깨달을 수 있다. 후자의 경우, 만약 추가적인 분석 과정이 없다면, 공격적 행동에 노출되었다는 이유만으로 피해자로 분류할 수 있는지 의문이 든다. 왜냐하면 어떤 학생들은 자신이 먼저 공격적으로 시비를 거는 경우가 있는데 대체로 상대쪽에서도 같은 방식으로 맞대응하면서 공격성에 노출된다. 결과적으로는 이런 학생들이 공격적인 상호작용 속에서 승리자가 되는 경우도 있다. 이런 학생들도 자신 역시 공격성에 노출되었다고 응답하는 것이 맞기 때문에 연구 결과에서는 피해자 집단에 분류되기 마련이다. 하지만 이런 학생들은 권력의 불균형에 의해 괴롭힘

당한 학생들과 공통점이 거의 없다(Hunter 등, 2007).

이런 공격적인 학생들을 '피해자'로 분류한다면, 심리적 및 사회적 적응 측면에서 이질적인 집단이 되어 버리는 꼴이 된다. 또한 가해자와 피해자 간에 중첩되는 인원이 증가하게 될 뿐 아니라 다차원분석에서도 피해 변인과 가해 변인간의 상관관계가 상승하여 가해자와 피해자는 실은 상당히 동일한 집단이며 비슷한 특성을 지니게 된다는 엉뚱한 결론에 이를 가능성이 높다(Solberg 등, 2007a).

앞으로 논의를 진행하면서, 권력의 불균형을 학교폭력의 정의에 명시적으로 표현하거나 직접적인 방법으로 측정할 것이다. 그런데 또래지명법에서 흔히 쓰는 표현법 등을 통해서 권력의 불균형을 간접적으로 물어볼 수 있다는 점도 주지하시기 바란다. 예를 들면, '누가 다른 애들한테 괴롭힘을 당하고 다닙니까?', '누가 업신여김을 당하거나 놀림을 당합니까?', '그 학생은 다른 학생들에게 맞고 다닙니다.'와 같은 형태로, 표적이 된 학생은 자신을 방어하기 힘들다는 뜻이 내포되어 있다. 하지만 이런 몇몇의 질문 기술들 중에서 '동전의 반대편'을 측정하기 위한 문구들이 학교폭력을 콕 집어서 묘사하기 보다는 일반적인 공격적 행위('아무도 아닌데 싸움을 거는 사람이 누구입니까?', '그 학생이 못된 방식으로 이름을 부르던가요?')를 반영하는 경우가 많다. 최근 논문(Solberg 등, 2007a)에서, 우리는 이런 문구를 '공격성 계열'이라고 부르게 되었고, 이와 부분적으로 대비하여 권력 불균형이 강조된 문구는 '학교폭력 계열'로 이름을 지었다.

학교폭력의 피해자들은 또래간 피해자들과 부분적으로 겹칠 수도 있고 이 집단 내에서 독특한 특성을 지닌 하위집단으로 간주될 수도 있다. 이와 마찬가지로 가해자도 공격적인 학생 집단에 부분적으로 중복될 수도 있고 이 집단 내에 독특한 특성을 지닌 하위집단으로 간주될 수도 있다. 비록 공격성 계열과 학교폭력 계열 사이에 중복되는 하위집단이 충분히 발생할 수 있지만, 이들 집단 간에 중요한 구별 기준도 분명히 존재한다. 물론, 이런 구별법과 특성을 잘 파악하기 위해 경험적 연구가 더 많이 필요한 실정이다. 현 시점에서는 이런 차이점에 대해서 명확히 구분 짓는 것이 필요하다는 점을 강조하고 싶고, 우리 연구의 결과를 정확히 기술하고 해석하기 위하여, 경험적인 근거가 충분치 않은 상황에서 유사어를 관련 용어로 취급하지 않도록 해야 한다는 점을 알리고 싶다. 후자의 경우에 대해서, 연구자들은 연구 조사에서 실제 일반적 공격성과 피해 상황을 측정하였는데 이것을 마치 학교폭력에 대한 결과로 발표하지 않도록 매우 조심해야 할 것이다(Hunter 등, 2007).

자기보고와 또래 보고

교내 가해/피해 문제 혹은 이와 관련된 문제를 측정하기 위해 제일 흔히 활용되는 도구가 바로 자기보고법과 또래 보고법이다. 두가지 측정법을 두고 가끔 어느 것이 더 좋을지 논쟁이 일기도 하고, 어떤 저자들은 둘 중 어느 한 방법을 더 선호하기도 한다. 다른 저자들은 둘 다 가치있는 정보를 제공하나 불완전하기 때문에, 두 가지 방법으로 얻은 자료들을 취합하는 것이 제일 좋은 연구법이라고 주장하기도 한다. 하지만 여전히 또 다른 연구자들(Juvonen, Nishina, & Graham, 2001)은 두 방법이 서로 다른 구성을 지니고 있다고 주장하고 있다. 즉, 하나는 응답자 자신의 관점을 알아보는 것이고, 다른 방법은 사회적 평판을 확인하기 위한 것이라는 주장이다. Juvonen 등의 주장에 따르면, 양쪽 방법 모두 신뢰할만 한 정보를 제공하나 서로 다른 지향점을 가지고 있다고 하였다. 이 연구진은 두 측정법에서 얻은 정보를 아무런 검증 없이 단순히 모아서 결론을 내는 방식에 대하여 주의를 해야한다고 주장했는데, 이럴 경우 중요한 상관 관계를 놓칠 가능성이 있기 때문이다.

두 측정법의 관계와 각 특성을 더 잘 이해하기 위해, 두 측정법으로 밝혀내고자 하는 정보의 종류에 대해서 자세히 알아볼 필요가 있고, 이 측정법들을 어떤 용도로 활용할지 꼼꼼히 알아보는 것도 중요하다. 비록 또래지명법과 자기보고법이 다른 용도로 쓰이겠지만, 이번 분석을 위하여 나는 다음과 같은 목표로 알아보는 것이 중요하다고 생각했다.

1) 해당 항목에서 안정적으로 유지되는 개인차를 측정하는 것과 각 극단을 대표하는 집단으로 분류하는 것(예: 순수 피해자, 순수 가해자, 가해-피해자, 학교폭력과 무관한 학생들)
2) 유병률 추정
3) 변화 수준 측정.

첫번째 목표와 관련하여 나는 두 측정법으로 얻은 자료의 일치율과 수렴성에 대해서 검증하고, 일치율을 감소시키는 몇몇 차이점에 대해 집중 조명하려고 한다. 나는 이번 비교 분석에 쓸 자기보고법으로는 내가 개발한 OBQ로 제한하여 비교 분석을 할 것이다. 양쪽 측정법 모두 널리 쓰이는 도구들이고, 나는 주로 10~16세(통상적으로 4~10학년) 학생을 대상으로 한 자료를 토대로 논의를 진행하겠다.

또래지명법

전형적인 또래지명법에서는 응답자들이 반 학생들 명단이나 얼굴 사진 리스트를 받은 후에 질문(또는 여러 항목들)에 해당하는 학생을 지명하는 방식이다. 질문지에 따라 여러 명을 지명할 수도 있고 한 명만 지명할 수도 있고 세 명만 지명하라는 것과 같이 지명 대상 수를 한정하는 경우도 있다. 같은 반 학생이나 같은 학년을 대상으로 지명할 수도 있고, 동성인 경우에는 무한정 지명할 수 있는 경우도 있다. 지명 받은 갯수나 퍼센트를 가지고 그 항목에 대한 점수를 도출한다. 대체로 이 점수는 성별, 학년, 학급 별로 표준화하는 작업을 거치게 된다

또래지명법은 독특한 척도라고 할 수 있다(Guilford, 1954). 이 측정법은 본래 특성 상, 지명 대상이 다른 학생들에게 안정적으로 늘 보여주었던 행동 특성들을 반영하게 된다(Cronbach, 1970; Guilford, 1954). Cairns와 Green(1979)이 이에 대해 자세히 기술한 보고에 의하면, 측정자(지명하는 사람)가 측정대상(지명 대상)에 대해 평가를 할 때 복합적인 인지 처리 과정을 수행한다고 하며, 이런 인지처리 과정 중에 측정자는 지명대상의 전형적인 행동 패턴을 통합하고 축약하는 과정을 거친다고 한다. 또한 이런 지명대상의 행동 패턴을 비교하기 위해 같은 성별이나 나이나 상황에 처한 아이들 집단을 기준 삼아, 암묵적으로 비교를 하는 과정도 거치게 된다고 한다. 이런 방식으로 측정자(지명하는 사람)는 자기가 관찰한 행동들을 설명해줄 수도 있는 사소하면서도 변칙적인 요인들(일시적일 수도 있고, 상대적일 수도 있고, 상황에 따른 것일 수도 있는)에 대해서는 평가에 누락시켜버리는 자체 검열을 할 수도 있는 것이다.

일반화 이론(Cronbach, Gleser, Nanda, & Rajaratnam, 1972)대로 설명하자면, 이런 지명방식을 통해 전체 분산에 대해 '개인분산요소(person variance component)'를 극대화 시킬 수 있다고 한다. 이는 측정법의 신뢰도를 증가시켜주는데, 전체 분산 중의 개인분산요소로 계산하여 수치로 표현할 수 있다(Cronbach, 1970). 이런 결과는 현재형 문구-예를 들면, 누가 어떻고 어떤 특성이 있다-를 통해 표현할 수 있다. 만약 여러 측정자들이 납득할 수준만큼 공통된 응답을 했을때, 응답의 총합은 매우 신뢰성있는 결과물이 될 것이다. 이런 점은 지명된 학생이 특정 항목에서 상당히 개성이 잘 분화된 케이스로 볼 수 있다는 뜻이 된다. 특히, 총점(아마도 변환이 된 점수이겠지만)을 통해 대상 학생을 평균적인 학생에 비해 어느 극단(가해자 집단 또는 피해자 집단)에 더 가깝겠느냐를 판단할 수 있다.

OBQ 역시 목적은 상대적으로 안정되게 나타나는 개성을 측정하기 위함이다. 하지만 또래지명법과 다른 점이 있다면, 각 응답자는 자기 자신이 얼마나 질문지의 내용에 잘 해당되는지 등급화된 점수로 표현하도록 되어 있다. 또한 OBQ는 '지난 2~3개월 동안에~'와 같은 참고 기간을 반복적으로 명시했기 때문에,

또래지명법 보다는 다소 덜 안정적인 행동 특성에 대해 측정할 수 있도록 되었다. 연구 결과, 일반적인 질문에 해당되는 두 가지 항목에서 가치 있는 정보를 밝혀낼 수 있는 것으로 판단된다(Solberg & Olweus, 2003; Solberg 등, 2007b) 특히 이 질문 항목을 넣은 목적은 가해를 당하는 학생인지 다른 학생을 괴롭히는 학생(가능한 모든 유형의 가해 행위를 포함)인지 전반적으로 윤곽을 잡는 것인데, 본래 목적에 잘 맞는 결과가 나오는 것으로 보인다. 그리고 대상 학생을 각 집단으로 분류하는 것도 적절히 이루어지는 것으로 보인다. 또한 다양한 가해/피해 행위(언어적, 신체적, 간접적/관계적, 성적, 인종적 가해 행위 등)에 대해 점수를 취합하거나 총점을 계산하는 것이 가능하여, 아주 높은 신뢰도를 지닌 평균 점수를 도출할 수 있다(내적 일관성 계수 .80~.90)(Olweus, 2006; Kyriakides, Kaloyirou, & Lindsay, 2006).

요약하면, 또래지명법과 OBQ는 가해/피해자에 대한 안정적인 개성을 측정하는 것이 목적이며, 이를 통해 대상 학생을 각 집단으로 분류하기 위함이다. 상기 논의 사항을 토대로, 또한 상기 두 측정법이 참고 기간에서 차이점이 있다는 사실에 유념하면서, 자기보고식 OBQ와 또래 보고가 어느 정도 그 결과가 일치하는지 경험적 연구를 통해 알아볼 것이다.

자기보고와 또래 보고 간의 일치율

그간 OBQ와 특정 또래지명법을 동시에 사용한 체계적 종설 연구는 없었다. 따라서 현재 논의를 위해 나는 Card가 2003년 플로리다에서 열린 아동발달 연구학회(Society for research on child development symposium)에서 발표했지만 아직 출간하지 않은 메타분석 결과에 기대보려고 한다. 이 분석에는 자기보고식 자료와 피해자에 대한 또래 보고식 자료 간의 상관관계를 다룬 21개의 연구를 포함하고 있다. 이중 몇몇 연구에서 OBQ를 사용하였다. 또래 보고는 모두 지명법 또는 채점법이었다. 이런 이질성 때문에 이 연구 자료로 논의를 하기에는 썩 적절하지는 않지만, 그럼에도 불구하고 경험적으로 일치 수준을 가늠해 보는데는 도움이 될 것으로 생각한다.

21개 연구에서 도출한 평균 일치율은 0.37이었다. 메타 분석에 포함된 연구들이 질적으로 다양했으며 이중 몇몇 연구는 두 측정법 간의 일치율을 극대화하기 위해 기획된 것도 아니어서 이 정도 결과면 납득할 만한 수준이다. 지금 이 일치율은 아동행동 문제를 다룬 한 유명한 한 메타분석에서 보고된 자기 및 또래 보고식 자료 간의 상관관계 평균치 보다 분명 높은 수치다(r=.26)(Achenbach, McConaughy, & Howell, 1987). 이 분석 결과의 의미는 가해/피해 문제가 다른 아동 행동 문제 보다 훨씬 쉽게 관찰하고 평가할 수 있다는 뜻이 된다. 하지만, 왜 일치율이 더 높지 않을까 하고 의아해 하실 분도 있다고 생각한다.

일치율 저하에 영향을 준 요인들

이 주제와 관련해서, 두 가지 측정법이 설계된 방식도 다르고 자료가 수집되는 방식도 다르다는 전제 조건이 있기 때문에, 높은 일치율을 기대하기 어려울 만한 이유가 많이 있을 것이다. 지금부터 가능한 이유로 무엇이 있는지 알아보겠다

첫째, 대부분의 가해 행위는 본래 어딘가 미묘하고 비밀스러운 구석이 있어, 또래들은 관찰하기 어려우나 타겟이 된 학생에게는 명확히 느낄 수 있는 무언가가 있다. 따라서 이런 경우에는 OBQ에서 감지될 가능성이 높다(Cairns & Cairns, 1986). 특히 한 학생한테만 집중적으로 괴롭힘을 당할 때 이런 경우에 잘 해당된다고 볼 수 있는데, 이렇게 한 학생에게 피해를 당하는 경우가 흔한 편이다(Olweus, 1988). 이런 사례에서는 다른 학생들은 특정 학생이 실제로 은밀히 괴롭힘을 당하고 있는지 알아채기 어려울 수 있다.

왜냐하면 학교폭력의 피해자들은 피해 경험을 다른 사람에게 잘 알리지 않기 때문이다(Olweus, 1993).

둘째, OBQ에서는 응답자 자신이 피해를 당했거나 다른 학생을 괴롭힌 빈도를 보고하는 한편, 또래지명법에서는 '대표적인 학생'이 얼마나 자주 지명을 받느냐를 측정하지, 가해 행위 자체의 빈도나 심각성을 측정하는 것은 아니다. 물론 대표적인 학생이 높은 지명 점수 또는 지명 비중이 높을 것이라 유추할 수 있고, 이런 점 때문에 심각도나 빈도(주로 보여지는 면에서)라는 측면을 어느 정도 반영한다고 보는 것이 타당할 것이다. 하지만 이 보다 덜 두드러진 학생의 경우에는 평균적인 범위에서 지명을 받았다고 해도 평균적인 수준(빈도/심각도)의 문제 행동을 보인다고 해석하는 것은 타당하지 못하다. 또한 또래지명법 대부분 상당수의 학생들이 지명을 전혀 받지 않았다(Espelage, Holt, & Henkel, 2003) 그래서 이런 0점짜리 지명 점수를 받은 대상자가 나와버리면 추가적인 분석 작업이 동원되지 않는 한, 어떤 소소한 문제점이 있는지 확인할 길이 없다. 이렇게 두드러지지 않은 학생들 사이에서 문제점을 구분해내는 힘이 부족하기 때문에 자기보고와 또래 보고 간의 일치율이 부족할 것으로 생각한다. 게다가 한 학급에서의 지명 결과의 분산과 분포가 측정자의 수(학급의 규모)와 측정자 간의 공감대에 의해 큰 영향을 받는 것으로 밝혀졌다. 이에 따른 영향으로, 학급 규모가 작거나 측정자 간 공감대가 낮으면(대체로 이런 경우 분산이 작아진다) 행동 문제가 크게 두드러지지 않은 학생(예를 들면 평균에 비해 표준점수 +1 만큼 나온 학생)이 어떤 집단의 대표적인 대상자로 선정될 가능성이 높아진다. 보통 이런 기전을 잘 숙지하고 있는 경우가 드문데, 이런 기전으로 인한 효과 때문에 자기보고와 일치율이 떨어질 가능성이 높다.

셋째, 우리 연구에서도 충분히 다룬 내용이지만(Olweus, 1993, 1999b), 가해 사건 중 상당수는 상급 학생이 어린 학생을 상대로 괴롭힌 경우다. 특히 4~6학년이 대상이 되는 경우가 많다. 상급 학생에게 괴롭힘을 당한 학생은 OBQ의 핵심 질문에 응답할 가능성이 높은 반면, 같은 학년이나 같은 학급을 대상으로 한 또래지명법에서는 놓칠 가능성이 높다.

넷째, 또 우리 연구에서도 충분히 다룬 내용이지만(Olweus, 1993, 1999b), 괴롭힘 당한 여학생 대부분은 주로 남학생한테 당했다고 보고한다는 점이다. 이런 이성간 가해 행위는 OBQ의 핵심 질문에 걸러 질 가능성이 높은 반면, 주로 동성간 괴롭힘에 국한해서 조사하는 또래지명법에서는 걸러지지 않을 가능성이 높다. 특히, 남학생한테 괴롭힘을 당하는 여학생과 여학생을 괴롭히는 남학생은 또래지명법으로는 잘 확인이 안 될 가능성이 높다.

다섯째, 또래지명법에서는 학급, 성별, 학년에 따라 통계적인 표준화 작업을 거치는 것이 흔한데, 이런 표준화 작업으로 학급간, 성별간, 학년간에 보일수 있는 유의한 차이점을 놓칠 수 있다. 예를 들면, 4학년과 5학년 간에 가해 학생에 대한 지명 수나 비중이 현저한 차이가 났을 때, 학년 별로 자료를 표준화해버리면 발달과정에 따른 차이점을 깔끔하게 날려버리는 효과가 생긴다. 어느 한 학년이 학교폭력 문제가 더 심각한데도, 두 집단간의 지명 분포가 똑같은 평균값과 표준편차를 보이는 꼴이 될 것이다. 그 결과, 제일 폭력 문제가 많은 학년에서 뽑힌 대표적 대상자가 훨씬 더 많이 지명을 받거나 지명 비중을 차지했음에도, 각 학년에서 제일 대표적인 대상자들은 비슷한 표준화 점수를 받은 것으로 표현될 것이다. 자기보고에서는 이런 문제점 정도의 차이가 식별이 되기 때문에, 자기보고와 또래 보고간의 일치율이 떨어지는 결과를 낳았을 것이다. 또한 지명 대상을 같은 부류(학급, 성별, 학년)로 제한하고 여기에다 지명 대상수를 제한하는(예: 같은 반 같은 성별의 학생 중에 다음과 같은 설명에 부합하는 사람을 고르시오) 방법으로 연구하면 표준화 방식처럼 의미 있는 통찰을 놓칠 수 있는 상황을 초래할 가능성이 생긴다.

하지만, 자기보고와 또래지명법 간의 상관관계를 남여 별로 또 학년별로 따로 계산한 다음 평균을 냈다면, 일치율 관점에서는 표준화 작업이 큰 문제가 되지 않을 수도 있다는 점을 짚고 넘어가고 싶다. 그래도 지금까지 관례적으로 하던 연구 방식 보다는 이런 통계적 및 절차상 표준화 작업이 초래할 수 있는 부정적 결과에 대해 심사숙고 해야 되며, 매너리즘을 허용해서는 안된다.

일반적으로 또래지명법의 신뢰도가 좋다고 여겨도 타당하다. 또래지명법 대다수가 전형적으로 높은 신뢰도를 보이고 있어, 이를 측정법의 타당도가 받쳐준다고 봐도 무난하다. 이와 관련해서, 높은 신뢰도를 끌어내기 위해서는 많은 응답자들의 지명을 모은 합산이 필요하다. 예를 들어 남학생 15명과 여학생 15명으로 이루어진 한 학급에서 또래지명법의 신뢰도가 0.80이라는 좋은 수치가 나타나는 이면에, 측정자간의 평균 의견 일치율이 0.20밖에 되지 않는다(Spearman-Brown formula 'backward'를 사용하였음). 만약 30명의 학생들이 이성간 지명을 할 수 있으면, 측정자간 평균 의견 일치율이 0.12까지 떨어진다. 이런 낮은 측정자간 의견 일치율 때문에 우리가 측정하고자 하는 현실을 제대로 측정했는지 의문이 들게 마련이다. 정신의학적 계측과 관련된 표준 교과서를 보면(Cronbach, 1970; Guilford, 1954), 타당도가 보장된 지명/측정 자료를 얻으려면 측정 항목이 잘 정의되어 있어야 하고 측정자가 평소에 관련 있는 행동에 대해 자주 목격을 해와서 자기가 지명해야할 대상을 잘 알고 있어야 된다는 점을 강조하고 있다. 만약 측정자간 의견 일치율이 0.10~0.20 만큼 낮다면, 이런 상황은 교과서가 기대하던 상황이라고 보기 힘들 것이며, 또래지명법에서 어떤 종류의 혐오 및 배척 정서에 얽힌 중요한 변수가 있으리라 예측하는 것이 합리적일 것이다. 이런 변수가 배척과 관련된 다른 또래 지명 변수와 긴밀한 상관관계를 지니겠지만, 비슷한 변수가 자기보고에 있는 특정 행동/상황 변수와는 상관관계를 가지기 힘들 수 있다.

두 측정법의 결과 일치율에 대한 논의를 정리하자면, 많은 연구를 통해 확실히 중첩되는 영역을 발견했으며, 상관관계의 평균은 0.37로 확인되었다(Card 2003). 두 측정법 간에 어느 정도 결과가 서로 수렴되기를 기대하기 때문에 이 수치는 좋은 징후로 생각할 수 있다. 하지만 더 자세히 비교 검증을 해본 결과, 각 측정법이 측정하고자 하는 대상에서 차이가 있었으며, 원자료를 관심있는 변수로 만들어내기 위해 어떻게 활용되고 '변형'되었는지에도 차이가 분명히 있었다. 그간 여러 연구에서 보고된 것보다 왜 두 측정법 사이의 일치율이 강하지 않은지에 대해 몇 가지 이유를 알 수 있었고, 이는 또래지명법의 독특한 방법론적 맥락에서 기인한다는 점을 설명하였다.

학교폭력의 경험이 다소 주관적이고 고통스러운 경험이라는 점을 감안하면, 또래의 소견 보다는 학생 본인을 최고의 정보 제공자로 간주하는 것이 자연스럽다. 단, 학생이 10세 이상이 되었을 때 적절하다(Ladd & Kochenderfer-Ladd, 2002). 물론, 몇몇 피해자 학생은 자신이 괴롭힘 당하고 있다는 사실을 인정하지 않으려 할 수도 있고, 인지를 못할 수도 있다. 또한 어떤 학생들은 어떠한 이유에서든 그릇된 응답을 할 수도 있다. 하지만 크게 봤을 땐, 우리 경험에는 대부분 학생들이 우리가 제시한 OBQ에 제법 진지하게 임했으며 응답 역시 그에 걸맞게 해주었다.

가해 행위와 관련해서, 우리는 축소 보고 가능성이 있을 수 있다는 점을 인지하고 있다. 하지만 우리는 규칙 위반과 반사회적 행동에 대한 다른 자기보고 결과와 확실한 상관관계가 나오는 것을 보고 놀라지 않을 수 없었는데(Solberg & Olweus, 2003; Bendixen & Olweus, 1999; Solberg 등, 2007b), 학생들이 사회적으로 바람직하지 못한 행동이나 비난받을 행동도 솔직하게 보고한다는 점을 시사한다. 일탈 행동 연구에 활용된 자기보고법에 대한 종설 연구를 참고하면, 이런 추측에 대한 근거를 찾을 수 있다(Farrington 2001).

만약 측정자간 의견 일치율이 적정 수준 이상이고 측정자 집단의 규모가 크다면, 또래지명식 자료도 개인 간의 잘 분화되고 안정적인 특성들을 적절하게 감별해내고 있다고 판단할 수 있다. 물론, 또래지명식으로 밝혀진 가해 행위는 은밀한 행위보다 좀 더 '공공연한' 유형의 가해 행동을 가려냈을 가능성이 높고 지명된 대상자도 그 집단 내에서는 그런 행실로 유명한 학생일 가능성이 높다. 따라서 또래지명법의 강점은 학생들을 문제 행동의 빈도나 심각성 기준으로 줄을 세우는 것보다는 학생들이 어떤 유형에 속하는지 특성을 구분해보는 데에 있다고 본다.

이런 정황을 미루어보면, 또래지명법은 가해/피해 문제에 대해서 자기보고법의 타당도를 판단하는 일차적 기준이 되기에는 분명 적절치 않다. 따라서 관점을 전환하는 것이 자연스러울 것으로 보인다. 그리고 다음과 같은 질문도 해볼 수 있다. '또래지명법은 가해/피해 문제에 대하여 자기보고식 결과를 얼마만큼 예측할 수 있을까? 그리고 어떻게 하면 두 측정법의 일치율을 상승시킬 수 있을까? 물론 이렇게 초점을 바꿨다고해서 자기보고법으로 얻은 학교폭력 자료를 더 심층적이고 더 신뢰성있게 못 만든다는 의미는 아니다. 지금까지의 논의는 전체 자기보고법이 아닌 OBQ에 국한된 이야기였다. 따라서 다른 자기보고법에 대한 추가적인 분석이 없이 이런 논의를 일반화해서는 안 된다.

유병률 추정

학교나 기관에서 학교장, 정치적 혹은 행정적 의사결정자가 가해/피해 실태 수준을 파악하는 것이 중요할 때가 많이 있다(Solberg, Olweus, 2003). 여기에 적절한 측정방식으로 일정 기간을 두고 유병률을 추정해내는 방식이 있는데, 일정 기간 내에 측정 횟수를 계획하여 조사를 실시한 다음, 조사 대상자 중 가해/피해 경험을 겪는 사람들의 비중 혹은 퍼센트를 산출하는 방식이다(Olweus, 1989; Solberg & Olweus, 2003). 이런 측정법은 결과의 의미나 해석도 분명하고, 다른 연구자들이 쉽게 재현해낼 수 있으며, 다른 기간대나 집단끼리 비교하는 것도 의미가 있을 수 있다.

여러 이론에 대한 논의나 경험적 연구를 참고하면, OBQ에 나온 일반적인 질문 항목과 같이 한 변수/항목에 대해 구체적인 선택지들을 제시하는 조사 방식이 유병률 측정에 적절한 것으로 보인다. 예를 들면, 한달에 2~3번 또는 일주일에 한번 정도 와 같이 절단점을 제시하는 것이다(Solberg & Olweus, 2003). 이런 유병률 추정은 이분화된 분산(0/1)의 평균값과 같다. 또한 여러 유형의 가해 행위에 대한 점수를 합산하거나 평균을 낸 총점 혹은 복합 평균점수도 적당한 합리적 의미를 가질 수 있다. 하지만 이런 복합 점수는 다양한 방법으로 산출이 되므로, 이런 자료가 하나의 변수/항목에서 추출한 자료 보다 뭔가 추상적이고 일반적인 느낌을 준다.

또래지명법으로 유병률 측정을 하는 데에는 몇 가지 문제점들이 있다. 첫째, 또래지명법은 특정 행동이나 조건의 빈도를 직접적으로 알려주지 못하고, 대신 어떤 행위에 대해 어떤 학생이 얼마만큼의 지명을 받는지에 대해 알려줄 뿐이다. 우리가 조사하고자 하는 특정 행동의 빈도와 총 지명 횟수/비중과 서로 얼마큼 관련이 있는지에 대해 잘 조사된 적도 알려진 적도 없다. 그리고 또래지명법은 모든 학생에 대해서라기 보다 몇몇 두드러진 학생에 대해 등급화하여 평가하는 것에 포커스가 맞추어져 있기 때문에, 평균 지명횟수와 학교폭력의 유병률 추정이 서로 잘 호환이 되는지가 불분명하다.

또한 또래지명법과 관련된 문제점은 특정 학생을 '피해자' 혹은 '가해자'로 분류하는 기준점 설정이 꽤 복잡하고 재현하기도 어려우며 애매모호한 면이 있다는 점이다. 연구 마다 유병률을 산출하는 과정에서 여러 가지 요인들이 영향을 미칠 수 있는데, 한 학급 내 학생(측정자)의 수, 측정자간의 의견 일치율, 지명 대상 수가 제한되어있는지 여부, 지명 결과가 표준화되었는지 여부 등에 영향을 받게 마련이다. 물론, 불가능하지는 않겠지만 이런 여러 요인들 때문에 다른 연구자들이 특정 연구의 결과를 재현시키거나 기본적으로 비슷한 결론을 도출하기가 어렵다.

게다가 절단점을 사후에 정하는 방식도 모호함을 증폭시키고, 다른 결정 사항들도 어딘가 모호하다. 왜 어떤 연구자는 평균의 표준오차 +1만큼을 절단점으로 삼고, 다른 연구자는 +0.5 만큼으로 삼을까? 또는 왜 어떤 연구자는 피해자로 분류하기 위해 전체 학생의 20%의 지명을 받아야된다고 하면서, 다른 연구자는 35%를 받아야 한다고 설정하였을까? 분명 이런 결정을 내리기까지 통계적인 또는 방법론적인 측면에서 수많은 고민을 거쳤겠지만, 유병률 측정이라는 관점에서는, 어떤 분석 과정을 거쳤느냐에 따라 최종 결과가 상이해질 수 있다. 그리고 어떤 연구 원칙을 선택하게 되었는지에 대한 논의가 없는 경우도 많다.

통계적 혹은 절차상 표준화 작업이 이전 섹션에서 잠재적으로 문제가 있을 수 있다는 점을 지적했는데, 유병률 측정 관점에서는 훨씬 더 문제가 명확해진다. 특히, 또래지명법으로 얻은 자료를 성별, 학년, 연령대 별로 표준화를 하면 발달심리학자나 교육학자들이 관심을 가질 만한 집단 별 특징들이 사라지거나 심각한 수준으로 환원될 가능성이 높다. 게다가 학급내 표준화 작업을 하면, 다중 분석을 통해 학급 간 차이를 분석할 수가 없다(Raudenbush & Bryk, 2002). 일반적으로 하나 또는 그 이상의 분류 항목/요인에 대해 표준화작업을 한 것과 방금 언급한 결과 해석의 문제점까지 고려하면, 최종 분석에서 어떤 것을 실제로 측정하고 비교를 했는지 도무지 알 수가 없는 상황이 생긴다. 이런 점들 때문에 집단간의 유병률 차이나 발달 과정에 따른 유병률 변화를 의미있게 분석해내는 것이 어려워진다. 본 논의의 결론은 또래지명법과 표준화 작업을 통해 얻은 유병률 추정치는 다분히 임의적인 자료일 수 밖에 없다는 점이다.

또래지명법에서 표준화 작업을 시행하는 주요한 이유를 두 가지로 꼽아볼 수 있다:
1) 서로다른 학급/학년/기타 측정자 집단들에서 측정자 집단의 수적 규모가 서로 다른 것을 보정하기 위해
2) 서로 다른 측정 항목에서 나온 점수를 표준화하여 표준편차로 비교할 수 있도록 하기 위해 (이런 경우, 측정도구가 서로 달라서일 수도 있다).

비록 표준화 작업이 어떤 측면에서는 도움이 되지만, 유병율 측정과 유병율 변화 추이라는 관점에서는 이런 작업이 바람직하지 못한 효과를 낼 수 있다.

내가 또래지명법의 표준화 작업에 대해 비판적인 시각을 가질 것을 촉구한다고 해서, 각 집단 별로 대표적인 학생을 지명해 낸 자료들이 각 집단들(예: 순수 피해자 집단, 순수 가해자 집단, 가해-피해자 집단)의 규모나 각 집단들 간 특성의 차이를 비교하는 데에 쓸모가 없다는 뜻은 아니다. 다만, 내가 비판적으로 접근하고 싶은 부분은 구체적으로 학교폭력에 연루된 학생/비연루 학생 집단의 규모를 어떻게 정할 것인지, 기초적인 절단점을 어느 수준으로 할 것인지, 이에 따른 결과의 의미와 재현성이 있는지에 대한 부분들이다.

요약하면, 대부분의 또래지명 형식의 측정 도구들은 유병률 측정에 잘 맞게 설계된 도구들이 아니며, 대부분의 도구에서 일정 형식의 표준화 작업을 거치게 되는데 이는 추후에 더 분석을 복잡하게 만든다. 또래 측정법으로 얻은 유병률 추정치는 분명한 결론을 담고 있지 않으며, 결과를 정확히 재현하기 어렵거나 불가능하고, 어떤 형태로든 임의의 절단점에 기대는 경향이 있다. 이런 측정 방식은 집단간 및 변화 추이에 따른 유병률 비교에 적합하지 못하다. OBQ로 얻은 자기보고식 결과에는 이런 문제들이 거의 없다.

변화 수준 측정

또래지명법과 OBQ 양쪽 다 학교폭력 개입법의 효과를 측정하는 데 쓰일 수 있을 것처럼 보인다. 과연 어떤 도구가 변화 측정에 적합할까? 이 두 측정법이 변화 측정 면에서는 서로 어떤 차이를 보일까?

이전 섹션에서 두 방법 모두 상대적으로 안정적으로 유지되는 개인적 특성을 측정하기 위한 도구임을 밝혔다. 그러나 두 측정법이 이 목적을 달성하는 과정은 서로 상이한데, 바로 이 차이점이 변화 측정에 얼만큼 도움일 될지를 비교하는 중요한 포인트가 된다.

또래지명법의 본래 특성 상, 질문지 묘사에 잘 맞는 학생을 '한번 찍어보세요'와 같은 분위기가 있기 때문에 혹시 지명 대상 학생의 행동 문제에 변화가 실제 있었다고 하더라도, 이를 감지하지 못하면 변화 여

부가 반영 안 될 수도 있다. 학교폭력 개입 프로그램을 통해 전반적으로 문제 행동이 크게 감소하였다고 하더라도, 대부분 가해 학생은 1년 또는 6개월이 지나도 여전히 가해 학생으로 다시 지명될 가능성이 높다. 이런 현상이 발생하는 이유는 개입을 통해 가해 행동을 대폭 개선시켰다고 하더라도 여전히 재측정에서도 똑같은 종류의 집단으로 분류될 학생이기 때문이다. 물론, 피해자 집단에 속한 학생도 마찬가지다. 어떤 측면에서는 또래지명법은 Juvonen 등(2000)이 주장한 대로 학생의 사회적 평판을 반영하는 것이다. 그리고 그런 평판은 그렇게 빨리 바뀌지 않는 법이다.

만약 응답자 보고 정해진 사람들 내에서 지명하라고 하면-대부분 학생들이 원하는 스타일의 측정방식이다-이런 기전의 효과가 한층 더 두드러진다. 이전 섹션에서 지적한 것 처럼 이런 형식이 학급/학년/측정 시점 내에서 표준화 작업을 거친 것과 비슷한 효과를 내기 때문에 변화 사항을 짚어낼 가능성을 차단하거나 대폭 감소시킬 수 있다. 통계적 표준화 작업도 이전에 언급한 대로 비슷한 영향을 줄 수 있다.

반대로, 자기보고식 질문지는 피해 사건에 대한 주관적인 경험을 측정하기 때문에, 만약에 괴롭힘의 수위가 분명하게 이전과 분명하게 달라졌다면, 응답자가 이런 변화를 바로 반영할 것이다. 마찬가지로 가해 학생도 선생님이나 친구들한테 제재를 당했거나 부모님한테 통보가 갔거나 본인 스스로도 후회했다면, 이런 행동 변화에 대해서 기재를 할 것이다.

또 다른 주요 차이점으로는 OBQ에 나온 질문들 중에 '지난 2~3개월 동안에~'라는 조건이 반복적으로 따라다닌다는 점이다. 또래 측정법에는 이런 참고 기간을 명시하지 않는 경우가 많기 때문에 응답자는 안정적 혹은 전형적 행동 패턴이나 상황 패턴에 응답자가 주목할 수 밖에 없다.

이런 맥락에서, 심리학적 측정도구와 교육학적 측정도구의 차이점에 대해 그동안 간과되어 왔는데, 이제 다시 한번 주목해봐도 무리가 없을 것 같다(Carver, 1974; Lipsey, 1983). 심리학적 측정도구는 주로 안정적인 개인의 특성을 측정하기 위한 것인 반면, 교육학적 측정도구는 실제 변화가 발생했을 때 그 변화를 측정하기 위한 것이다. 그간 심리학적 측정도구의 질을 평가하기 위해 수많은 고찰이 이루어졌지만 교육학적 측정도구에 대한 노력과는 대체로 무관하다. 이런 도구의 주된 타당도 기준은 실제 변화가 기대되거나 변화가 이미 확인이 된 상황(반대로 실제 변화가 없었다면 차이가 없다고 분별해 줌)에서 대조군과 개입군의 차이를 분별해주는 능력이 그 기준이 된다. 연령(성장 혹은 건강 증진)에 따른 차이를 신뢰성 있게 반영을 해줄 수 있는 도구의 능력 또한 의미 있는 기준이 된다(Carver, 1974).

이런 관점에서 전형적인 또래지명법은 심리학적 측정도구인 반면, 분명 OBQ는 심리 및 교육학적 측정법 모두 지향하고 있다. 다수의 연구에서도 OBQ의 질문 항목 또는 척도를 통해 대조군과 개입군 간의 경향의 차이를 확실히 예측해서 표현해주는 것으로 입증되었다(Olweus, 1991, 2005). 기존 연구 중에서는 또래지명법으로 학교폭력 개입법의 긍정적 효과를 입증해준다는 근거가 거의 없어 보인다. 그리고 다수의 대규모 연구에서 OBQ를 활용하여 연령별 및 성별에 따른 유의한 차이를 입증할 수 있었다(Olweus, 1993; Solberg 등, 2007a, Smith, Madsen, & Moody, 1999).

조금 다른 시각에서 볼 때, 전형적인 또래지명법은 '성향' 차이를 측정하려고 한다면, OBQ는 '성향'과 '상태' 차이 양쪽에 대해 민감성을 입증했다고 할 수 있다.

지금까지 논의된 것에 따르면, 전형적인 또래지명법은 유병률 추정이나 변화 측정을 목적으로 활용하기에는 적절치 못한 방법이다. 또래지명법은 특정 집단의 학생들(순수 피해자, 순수 가해자, 가해-피해자)을 골라내는 데에 강점이 있다. 물론, 이런 분류도 최소한 공론화된 경우나 학생들 눈에 띈 경우 내에서만 가능한 일이긴 하다. 하지만 이런 방법도 전체 표본이나 인구 집단에 적용해서 안정적인 개인 특성을 측정을 했을 때에도 해석의 문제점이 상당히 있을 수 있다. 통계적인 혹은 절차상의 표준화 작업을 했을 때 흔히 분석이 더 복잡해지기 마련이다.

일반적으로 가해/피해자 문제와 이와 관련된 연구에서 또래지명법의 가치가 어느 정도 과대평가된 면이 적지 않아 보이고, 이런 방법론으로 인한 문제점은 평가절하된 양상이다. 또래지명법이 시간 및 집단 간 평균 값과 유병률 추정치를 비교하는 것을 포함해 발달학적 변화에 대한 연구와 유병률 측정을 하는 데에 유용하게 사용되려면, 방법론적으로 더 많은 기초작업이 강력히 필요하다는 단순한 결론만 남는다.

위와 같은 결론을 이끌어내면서, 나는 사회적으로 바람직하지 못한 행동 패턴(예를 들면 '가장 짜증나는 학생을 지명해보세요')을 측정하고자 또래지명법을 쓰는 것과 같은 윤리적인 문제는 다루지 않았다. 북유럽국가나 호주를 포함한 몇몇 국가에서 이런 방식의 또래지명법을 쓰는데, 이런 연구 프로젝트는 윤리적인 문제로 연구 평가 위원회에서 반려 당할 가능성이 높다. 앞으로 이런 이슈에 대해 더 자세한 연구가 필요하다.

여학생은 남학생만큼 공격적인가?

흔히 남학생이 여학생보다 더 공격적이라고 알려져 있다(Coie & Dodge, 1998). 하지만 이 결론에 대해 회의를 품은 연구물이 1980년 후반과 1990년대에 소개되기 시작했다. 이 연구는 핀란드에서 나왔는데 주로 간접적 공격성에 초점을 맞추었고(Björkqvist, Lagerspetz, & Kaukiainen, 1992; Lagerspetz, Björkqvist, & Peltonen, 1988), 이후 미국에서는 관계적 공격성을 다룬 연구가 나왔다(Crick & Grotpeter, 1995; Crick 등, 1999). 특히 양쪽 연구진에서는 기존에 나왔던 공격성 연구들은 신체적 폭력이나 일부 언어적 폭력에 초점을 맞추고 있기 때문에 남학생의 공격성이 더 부각된 것이라고 주장했다. 더 나아가, 만약 공격성의 정의와 적용 범위를 더 넓힌다면 간접적이고 미묘한 형태의 공격성이 더 포함되기 때문에 기존 연구와 다른 결론이 날 수 있다는 것이다. 이와 관련해서 핀란드와 미국 연구진은 좀 더 파격적인 가설을 세웠는데, 여학생이 남학생 만큼 공격적이라는 것이다. 예를 들면 '중략… 남성이 여성 보다 더 공격적이라는 주장은 거짓으로 보인다'(Björkqvist, Östreman, & Lagerspetz, 1994) 그리고 '중략… 위에 언급한 연구에 따르면 신체적 유형의 공격성과 관계적 유형의 공격성을 함께 고려했을 때 성별에 따른 공격성 차이는 경미한 수준 (또는 아예 없는)이라는 확실한 근거를 찾을 수 있다'(Crick 등, 1999). 비록 상기 저자들이 두번째 주장을 더 조심스럽게 하긴 했어도, 이런 초창기 연구 결과로 형성된 관념은 지금도 꽤 널리 받아들여지고 있다.

비록 다른 용어로 표현하긴 했지만, 간접적 공격성과 관계적 공격성(또한 사회적 공격성)(Cairns, Cairns, Neckerman, Ferguson, & Gariepy, 1989; Galen & Underwood, 1997)은 분명 거의 똑같은 현상을 가리키고 있다(Björkqvist, 2001; Underwood, 2003). 여기에 중요한 요소로는 의도적인 사회적 배제, 소문 퍼트리기, 대인 관계 조종이 있다. 어느 용어가 제일 적당하느냐와 같은 논쟁을 피하기 위해 '간접적/관계적 공격성/가해 행위(괴롭힘)'이라는 용어를 본 챕터 요약표에 기재하도록 하겠다.

간접적 및 관계적 공격성에 관한 '초창기' 연구

그렇다면 여학생이 남학생 만큼이나 공격적이라는 주장에 대한 경험적인 근거는 과연 무엇일까? 비록 Björkqvist 등은 초창기 연구에서 또래 보고식으로 분석했을 때, 전반적으로 여학생이 남학생에 비해 간접적 공격성 항목에서 더 높은 점수가 나왔다(Björkqvist 등, 1992). Crick 등은 관계적 공격성에 대해 비슷한 결과를 확보했지만(Crick & Grotpeter, 1995; Crick 등, 1999), 후속 연구에서는 결과가 일관되지 못했다(Espelage 등, 2004; Underwood, 2003). 지금까지 공개된 근거 자료 내에서는 분명한 결론을 도출할 수 없는 셈이다. 이 쟁점에 대해 내가 직접 도출한 결과를 밝히기 전에, 나는 성별과 공격성에 관한 고정 관념을 탄생시킨 초창기 연구에서 어떤 과정으로 결론이 도출되었는지 비판적인 관점으로 접근하고자 한다.

Björkqvist 연구팀은 자체적으로 또래 평점법을 개발해서 썼는데-비록 자신들은 또래지명법의 일종이라고 불렀지만(Björkqvist, 1992)-이 평점법에서는 응답자가 같은 학급 동성 또래의 공격성에 대해 0점(전혀 아니다)에서 부터 3점(아주 그렇다) 까지 점수를 매기는 방식을 취했다. 질문 항목에는 신체적인 공격성('때리다', '걷어차다')과 직접적인 언어 공격('소리지르다', '다른 이름으로 부르다')과 간접적 공격성('나쁜 또는 거짓 이야기', '다른 학생들에게 재랑 놀지마라고 말하기')이 있다. 이 측정법의 형식은 다음과 같다. '어떤 학생이 같은 반 다른 학생에게 화가 났을 때 어떤 행동을 합니까?'.

나는 이 측정법이 실제 유병률을 혹은 공격적 행동의 수위를 얼마만큼 잘 측정할 수 있을지 우려된다. 이런 걱정을 하게 된 이유로 측정자에게 특정 학생이 화가 나 있어야 된다고 전제를 깔고 있기 때문이다. 내 생각에 이 질문으로 얻을 수 있는 답은 대상 학생이 분노 표현을 주로 어떻게 하는지, 또 선호하는 분노 표현법이 무엇인지 정도가 고작일 것으로 본다. 그래서 실제 양성간의 다양한 형태의 문제 행동이 얼마만큼 자주 측정될지는 의문스럽다. 상기 연구자처럼 '학생 갑이 화가 났을 때 특정 행동을 얼만큼 자주 보이느냐?'와 같이 질문한다고 '학생 갑이 특정 행동을 얼만큼 자주 하느냐?'와는 같은 뜻이 되는 것은 아니다.

게다가 남학생이 여학생에 비해 전반적으로 쉽게 화를 내는 것으로 보고되고 있고(Knight, Guthrie, Page, & Fabes, 2002; Zillman, 1979) 이 측정법에서는 분노를 선행조건으로 제시함으로써 공격성 수준 혹은 유병률에 있어 혹시 있을지 모르는 성별 차이도 축소시키거나 사라지게 만들 수 있고 심지어 역전시킬 수도 있다. 이런 방식으로 남학생과 여학생은 똑같은 수준으로 분노가 발생한다고 전제를 깔아버리는 셈이다. 이런 작업은 통계의 '공분산 보정 작업'을 조사 방법론적으로 구현한 것으로, 다음과 같은 질문을 하는 것과 같은 셈이다: '만약에 어떤 여학생이 남학생 만큼 똑같이 화가 나 있다면, 그 여학생은 어떻게 반응했을까요?'.

더 나아가서 이런 요구사항을 마주했을 때, 응답자들이 한번도 화를 낸 적이 없거나 거의 화를 내지 않았던 학생에 대해서 점수 매길 때 꽤 난감해지는 상황도 발생한다는 점을 숙지해야 한다. 이런 경우 응답자 머리 속에 어떤 인지 과정을 거쳐 응답이 도출되었는지 추정하기 어려울 뿐더러 아마도 대부분의 경우 응답자는 측정 대상 학생이 화가 났을 상황을 가정해 어림짐작을 하든지, 아니면 나름 상상을 해서 답하는 방식에 매달릴 수 밖에 없었을 것이다. 이와 같은 어림짐작을 할 때, 남자 아이들과 여자 아이들의 감정 반응에 대한 고정 관념만 확인해본 꼴이 되었을 가능성이 높다. 따라서, 평균적인 학급에서는 화를 잘 내지 않은 여학생들이 남학생 보다 더 많으므로, 이런 사실은 여자 응답자인 경우 더 문제가 됐을 수 있다. 왜냐하면 이런 점 때문에 여학생에 대해 평점이 더 '잘' 나오게 했을 가능성이 있기 때문이다.

종합해서 Bjorkqvist 팀(1992)이 쓴 측정법에는 몇몇 문제점과 의문점이 있어, 연구팀의 강력한 제언에도 불구하고 결론을 곧이 곧대로 수용하는 것을 경계할 수 밖에 없다. 이 연구의 주요 결과를 보고 우리가 알 수 있는 것은 여학생이 화가 나면 남학생에 비해 간접적인 형태의 공격성을 더 드러낸다는 것이지, '일상적인 상황'에서 여학생이 남학생보다 더 자주 간접적 공격성을 보인다는 뜻으로 볼 수 없다. 그리고 최근에 핀란드 연구진(Salmivalli & Kaukiainen, 2005)은 Bjorkqvist 연구진이 구사한 측정법으로 연구를 시행했는데, 그 결과가 흥미롭다. 그 연구에서는 '연령별로 집단을 나누어 모두 검토해보았을 때, 남학생이 여학생 보다 신체적, 언어적, 간접적 공격성이 모두 더 많이 보인다'라는 결론이 나와, 선행 연구와 같은 결과가 재현되지 않았던 것이다.

Crick과 Grotpeter이 쓴 방법론에도 실제 몇몇 비슷한 문제점이 있다. 이 연구도 마찬가지로 관계적 공격성을 측정하기 위해 또래지명법을 활용하였는데, 일부 항목에서도 분노 발생을 선행 조건으로 내걸고 있다. 예를 들면, '화가 나면, 친구 집단에 끼지 못하게 따돌린다.'(Crick & Grotpeter, 1995, p713). 비록 두 항목에서는 분노를 선행 조건으로 달지는 않았지만, 측정자의 머리 속에는 분노 상황을 전제로 깔고 응답했을 가능성도 충분히 있다. 그런데 상기 연구에 쓰인 또래지명법에서는 가장 대표적인 학생 3명을 꼽는 방식이기 때문에 Bjorkqvist 연구진처럼 동성 대상자(화가 안 난 학생을 포함해서) 모두에 대해 평점을 매기는 방식 처럼 복잡하고 암묵적 조건 때문에 생기는 부작용이 덜 심하다.

한편, 대표적인 학생에 초점을 맞추는 방식에 대해서 이전에 다루었던 논의가 갑자기 떠오르는데, 지명 횟수/비중이 남자와 여자가 있는 집단 전체의 문제점들에 대한 평균치로 볼 수 있는지, 또 성별간 혹은 다른 집단간 비교에 쓸 수 있을만큼 의미있는 결과인지도 의심스럽다. 또래지명법 변수를 만들어 내는 방법이 복잡하다는 점을 떠올리면, 관계적 공격성에서 어떤 성별 차이가 실제로 존재하고 있는지 알기가 어렵다. 게다가 관계적 공격성에 대해 일반적인 결론을 끌어내기 위해 신체적 공격성과 관계적 공격성만 설정하고 있어 그 설정의 폭이 너무 좁다. 따라서 Crick과 Grotpeter이 관계적 공격성을 측정한 방법론에 몇가지 문제가 있기 때문에 향후 더 자세한 연구가 필요하다.

내가 비판적인 분석을 제시하였다고 해서 상기 저자들이 시행한 연구의 중요성을 깎아 내리고자 함은 아니다. 이런 연구들 덕에 좀 더 미묘하고 베일에 가려진 유형의 공격성에 관심을 돌리게 되었다. 실제로, 이런 은밀한 형태의 폭력은 분명히 존재하고 더 철저하게 조사하고 이해할 수 있어야 한다. 한편으로, 이런 결과가 어떻게 도출되었는지 비판적으로 분석하면 훗날 틀렸다고 판명날지도 모르는 명제를 마치 참인양 결론짓는 과오를 예방할 수 있다(Underwood 등, 2001). 우리도 이 주제에 대해 더 잘 이해하고 더 많은 정보를 획득하려면 많은 경험적 자료가 필요하다.

성별과 가해 행위에 대한 경험적 연구

최근에 우리는 많은 연구를 진행시키면서 다양한 형태의 학교폭력(학교 환경 맥락에서의 전형적인 직접적 형태와 간접적/관계적 형태를 포함해서)에 대해 OBQ를 활용해서 자기보고식 자료를 수집해왔다. 우리는 4만 여명에 이르는 학생들의 자료를 수집했으며, 연구 결과가 제법 일관성이 있었다. 독자들의 편의를 위하여, 나는 16,380명의 남학생과 여학생에 대한 연구 자료에 집중하고자 한다. 이 집단은 4학년에서 10학년까지 고르게 분포되어 있다(Olweus, 2005; Solberg & Olweus, 2003).

OBQ를 이용하면 어떤 학생이 피해를 당했는지, 또 여학생한테 주로 당했는지, 아니면 남학생인지, 아니면 남여 모두에게 당했는지에 대해 알 수 있다. 이런 정보를 이용하면 여학생에게 괴롭힘 당한 여학생, 남학생에게 괴롭힘 당한 여학생에 대해 개별적인 분석이 가능해져, 피해자의 관점에서 본 동성 학교폭력에 대한 분석이 가능해진다. 이런 분석을 통해 성별에 대한 정보와 각 성별에 따른 다양한 공격성의 유병률을 알 수 있다. 게다가, 이런 정보를 통해 이성간 학교폭력이(남학생한테 괴롭힘 당하는 여학생, 여학생한테 괴롭힘 당하는 남학생) 얼마만큼 광범위하게 일어나고 있는지 알 수 있는 셈이다.

본 표본으로 참여한 학생들은 노르웨이 내 143개의 초등학교와 하급 고등학교(우리나라의 중학교) 학생들이며, 검사는 노르웨이의 학교폭력 근절을 위한 새로운 정책의 한 과정으로 2003년 봄에 시행되었다(Olweus 2005). 그리고 4개월 후 각 학교에 Olweus 학교폭력 예방 프로그램(Olweus Bullying prevention program, OBPP)이 시행되었다. 이 표본에서 드러난 가해/피해 문제는 전국적인 현실을 대표한다.

다음 제시한 분석에는 우리는 빈번하고 굉장히 악의적인 종류의 공격적 행위에 초점을 맞추었다. 당시 노르웨이 학교에는 이런 류의 품행 문제가 만연했다(Nansel 등, 2001; Olweus, 1993; Solberg 등, 2007a). 대부분 학교폭력은 능동적인 형태로 많이 나타나는데(Coie & Dodge, 1998), 가해 학생 입장에서 보면 자기가 먼저 촉발한 사례인 경우가 많다. 하지만 대부분 가해 학생은 쉽게 화를 내는 스타일이기도 하다 (즉, 반응적 공격 성향이 높다)(Olweus, 1978, 1993). 만약 남학생과 여학생이 똑같이 공격적인지 아닌지 검증하고 싶을 경우, 학교폭력과 관련된 상기 행동 패턴들 간에 상당히 관련성 있다고 생각된다. 이번 연구에서 가해/피해 문제를 측정함에 있어 분노를 선행 조건으로 삼는 것과 같은 전제 조건을 달지 않았다(단, 가해 행위의 일반적인 정의는 질문지 작성 전에 명시했다).

표 2.1과 그림 2.2는 이분화된 유병률 자료로 구성된 결과를 보여주고 있는데, 각종 항목에서 한달에 2~3번 이상이라고 답한 학생의 퍼센트를 표시하였다. Solberg와 Olweus의 2003년 연구에도 나와있지만, '한달에 2~3번'이 적정한 절단점이 되는데, 여기에는 여러가지 이유가 있다. 하지만, 다른 많은 연구에서는 똑같은 질문 항목에 대해 '한달에 한두번'으로 절단점을 잡았는데 결과는 거의 똑같다(하지만 퍼센트 수치는 대체로 더 높은 값이 나온다). 그리고 5점 단위 척도를 사용하여도 결과는 똑같다. 표본의 크기가 크다면, 대부분 연구 분석은 상당히 유의하게 나오는데, 간단하게 설명하기 위해서, 이런 자료들은 이 책에 담지 않았다.

표 2.1에는 4~7학년과 8~10학년 둘로 나누어(노르웨이 학교에서는 자연스러운 구분법이다) 비교한 결과가 나와있다. 결과 중 일부를 발췌하여 표 2.1로 표현하였다. 결과는 4가지 주요 변수에 대해 각각 보여주고 있다

1) 가해 행위-전반적('지난 2~3개월 동안 학교에서 다른 학생들을 괴롭히는데에 얼마나 자주 가담하였나?')
2) 가해 행위-언어적('나는 다른 학생들을 나쁜 별명으로 불렀거나, 놀리거나 조롱거리로 만들었거나, 상처받게끔 불렀다.')
3) 가해 행위-따돌림('나는 일부러 다른 학생을 따돌렸거나, 친구 집단에서 배제시켰거나, 완전히 없는 사람처럼 무시했다.')
4) 가해 행위-소문('나는 다른 학생에 대해 거짓 소문을 퍼트렸고, 다른 학생들이 그 학생을 싫어하도록 노력하였다.')

표 2.1 동성간 및 이성간 다양한 종류의 가해 또는 피해 경험을 보고한 학생들의 비중(%)

	저학년 (4~7)		고학년 (8~10)	
	여학생	남학생	여학생	남학생
전 체				
다른 학생을 가해	2.8	7.0	3.5	9.0
동성 또래에게 당한 피해	1.8	7.2	1.1	5.7
이성 또래에게 당한 피해	5.2	1.0	3.1	0.4
언 어				
다른 학생을 가해	2.0	4.6	2.0	7.9
동성 또래에게 당한 피해	1.7	6.4	0.9	5.4
이성 또래에게 당한 피해	4.2	0.9	3.2	0.5
따돌림				
다른 학생을 가해	1.6	1.9	2.8	3.8
동성 또래에게 당한 피해	1.8	2.5	1.1	1.6
이성 또래에게 당한 피해	1.9	0.5	0.6	0.3
소 문				
다른 학생을 가해	0.7	0.9	0.7	2.1
동성 또래에게 당한 피해	1.7	2.6	1.4	2.0
이성 또래에게 당한 피해	1.7	0.6	1.0	0.4

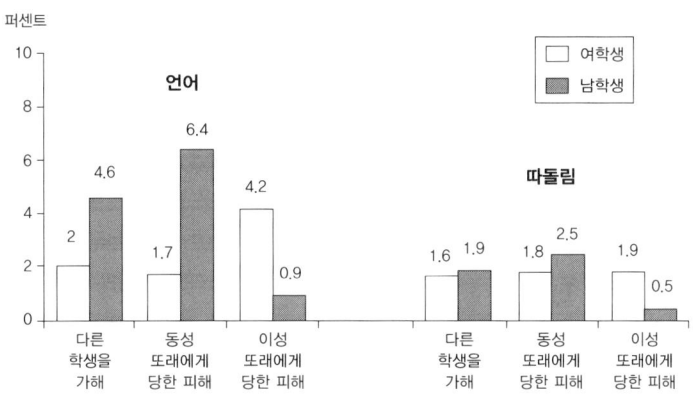

그림 2.1 동성간 및 이성간 가해 및 피해 경험에 있어서의 성별 차이. 직접적 언어 폭력과 간접적·관계적(따돌림) 폭력. 4~7학년(여학생=5396, 남학생=5755).

각종 가해 행위에 대한 질문/설명문의 기초적인 내용은 Björkqvist 팀(1992)과 Crick & Grotpeter(1995) 의 간접적 및 관계적 공격성 측정에 쓴 내용과 아주 유사하다.

표 2.1에 나온 변수들은 모두 자기보고식 자료로 각 칸의 첫 번째 줄은 가해자 관점에서의 자료이고, 두 번째와 세 번째 줄은 피해자 관점을 담은 자료다. 표의 내용을 설명하자면, 표 2.1의 첫 칸의 첫째줄은 각각 저학년과 고학년에서 지난 2~3개월 동안 전반적으로 가해 경험이 있는 여학생과 남학생의 비중을 퍼센트로 표현한 것이다. 결과는 여학생은 저학년 2.8%, 고학년 3.5%이며 남학생은 각각 7.0%와 9.0%이다. 두번째 줄은 동성간에 전반적인 피해 경험이 있는 지를 확인한 자료로, 여학생은 여학생에게(저학년 1.8%, 고학년 1.1%), 남학생은 남학생에게(각각 7.2%, 5.7%) 괴롭힘 당한 경험을 담은 자료다. 세 번째 줄은 이성 간 전반적인 피해 경험이 있는지를 확인한 자료로 여학생은 남학생에게(각각 5.2%, 3.1%), 남학생은 여학생에게(각각 1.0%, 0.4%) 괴롭힘 당한 경험을 담은 자료다. 다른 칸에 있는 변수에 대해서도 같은 구성으로 자료를 보여주었다.

그림 2.1에는 4~7학년 사이에서 직접적 가해 행위의 일종인 '가해 행위-언어적'과 간접적/관계적 가해 행위의 일종인 '가해 행위-따돌림'에 대한 결과를 표시하였다. 첫 번째, 세 번째, 여섯 번째 막대 그래프는 여학생이 가해자인 경우이고, 두 번째, 네 번째, 다섯 번째 막대 그래프는 남학생이 가해자가 되는 경우다. 간접적/관계적 가해 행위의 일종인 사회적 따돌림 항목에 대해서도 똑같은 구성으로 그래프의 오른 편에 표시되어 있다.

본 자료로 내릴 수 있는 결론은 무엇인가?

표 2.1에 의한 자기보고식 가해 행위 자료를 보면-각 변수의 첫 번째 줄-남학생이 고학년이나 저학년이나 가해 행위의 수준이 더 높다고 볼 수 있다. 전반적 가해 행위와 언어적 가해 행위에 대해서는 성별 차이가 확연하고, 간접적/관계적 가해 행위에서는 차이가 좁혀지긴 한다. 하지만 간접적/관계적 항목에서도 남학생이 여학생에 비해 점수가 더 높았으며, 고학년의 경우에는 성별 차이가 더 확연해졌다(따돌림 항목에서 3.8% 대 2.8%, 소문 항목에서 2.1% 대 0.7%). 각 변수의 두 번째 줄에는 동성간 피해 경험에 대한 자료가 나와있다. 전체적으로 가해 경험에 대한 연구 결과나 피해자 입장에서의 연구 결과가 서로 관련성이 높다. 모든 변수 항목에서 남학생한테 괴롭힘당하는 남학생이 여학생한테 괴롭힘당하는 여학생에 비

해 높은 점수가 나왔다. 물론, 간접적/관계적 변수에서는 이런 성별 차이가 줄어들었다.

세 번째 줄에는 이성간 피해 경험에 대한 자료가 나와 있다. 예를 들어, 저학년에서 '가해 행위-언어적' 항목을 보면, 남학생한테 괴롭힘 당하는 여학생(세번째 줄 4.2%: 그림 2.1 중 5번째 막대 그래프)과 여학생한테 괴롭힘 당하는 여학생 자료(두번째 줄 1.7%: 그림 2.1 중 3번째 막대 그래프)를 비교해보자. 여학생들은 주로 남학생한테 더 언어적으로 괴롭힘을 당했다는 점이 자명하며, 이 변수와 학년군에 속한 남학생은 229명이고 여학생은 93명이다. 다른 방식으로 표현하자면, 4~7학년 사이에 여학생한테 언어적으로 괴롭힘을 당한 여학생은 17% 밖에 되지 않는 반면, 남학생한테는 무려 42%나 괴롭힘을 당했다. 이와 마찬가지로, 남학생도 59%는 주로 남학생에게 괴롭힘을 당하였으나 여학생한테 괴롭힘 당한 경우는 9%에 지나지 않는다. '가해 행위-전반적' 변수나 고학년에 대한 결과도 지금 예시와 거의 비슷하다.

나머지 두 변수에 대해서 검증하자면, 여학생의 상당수가 남학생한테 간접적/관계적 공격성(사회적 따돌림, 소문 퍼트리기)에 노출된 것으로 나타났다. 피해 여학생에 따르면, 남학생이나 여학생한테 이런 종류의 괴롭힘을 당한 비율이 거의 비슷하게 나왔다 (저학년에서의 가해행위-따돌림: 1.8% 대 1.9%; 그림 2.1에서 막대 그래프 9, 11번째; 고학년에서 1.1% 대 0.6%) 게다가 남학생이 남학생을 괴롭힐 때도 이런 간접적/관계적 공격성을 비슷한 수준으로 보이거나 어떻게 보면 조금 더 자주 보이는 것으로 판단된다 (저학년 2.5%, 고학년 1.6%; 같은 변수 항목에서의 여학생들의 동성간 가해 자료는 1.8%와 1.1%). '가해행위-소문'에 대해서도 비슷한 결과가 나왔다(남학생 중 각각 학년군 자료는 2.6%와 2.0%; 여학생의 경우 1.7%와 1.4%).

비록 동성간 가해 학생의 수와 이성간 가해 학생의 수를 단순히 더하면 안되겠지만-특히, 여자랑 남자를 동시에 괴롭히는 남학생들이 있어 중복 수치가 될 가능성이 있기 때문에-상기 분석에 따르면 간접적/관계적 공격성에서도 남학생들이 최소한 여학생 정도의 공격성을 보이거나 더 자주 공격성을 드러낸다고 결론을 낼 수 있다. 한편, 반대 결론을 낼 만한 근거는 어떤 변수 항목에서도 보이지 않았지만, 직접적인 가해 유형 보다는 간접적/관계적 가해 유형에서 성별 차이가 줄어드는 것은 확실하다. 이런 소견은 Bjorkqvist 팀 (1992)과 Crick팀(1999)이 제시한 결론과 부분적으로 일치한다.

좀 더 근본적인 논의를 하려면 전반적인 피해 경험에 대한 질문지로 조사를 해야되는데, 이 질문 항목에는 가능한한 모든 종류의 학교폭력 유형을 포괄한다. 우리가 시행한 경험적 연구에서는 OBQ를 통해 9가지 유형의 학교폭력을 측정했고, 각 유형의 자료를 다 합한 결과가 전반적 항목에서 나온 결과와 좋은 상관관계를 보였다. 우리가 시행한 대부분 연구에서 전반적 피해 경험 측면에서는 성별 차이가 상대적으로 적게 나왔다(Olweus, 1993; Solberg, 2007a). 이런 결과는 본 표본에서도 재현이 되는데, 여학생은 10.7%, 남학생은 11.8%의 유병률이 나왔다. 하지만, 좀 더 심층적으로 분석을 진행하면, 각각 위와 같은 수치가 나오게 된 과정이 달랐다. 피해 여학생군에서는 동성에게 전반적인 피해를 당한 여학생이 16%인 반면, 남학생에게 같은 종류의 피해를 당한 여학생은 무려 46%에 이른다. 한편, 남학생 63%는 주로 동성한테 괴롭힘을 당했고, 7%만 여학생에게 괴롭힘을 당했다.

이런 자료를 바탕으로 우리는 양쪽 성별의 학생들에게 여러 형태의 피해를 당한 피해자들의 전체적인 규모나 수를 짐작할 수 있다. 이를 수치로 환산하면, 전체 피해자 수는-양쪽 성별의 학생들에게 동시에 괴롭힘 당한 수는 빼고, 남학생 혹은 여학생에게 주로 피해를 당한 숫자만-1,123명으로 이 중 932명(83%)은 한 명 이상의 남학생에게 주로 괴롭힘을 당하였고, 191명(17%)이 한 명 이상의 여학생에게 주로 괴롭힘을 당하였다. 따라서 더 많은 피해자들은 여학생 보다 남학생에게 훨씬 더 괴롭힘을 당하였다. 또래지명법에서는 그간 이성간 공격성/가해행위 측면은 잘 다루어지지 않았다. 피해 여학생 상당수가 남학생에게 시달리고 있다는 연구 결과가 이전에 발표한 적이 있었다(Olweus, 1993). 하지만 이 연구 결과가 학교폭력 문헌에서 인용된 적이 많지 않았다(Rodkin, Berger는 예외).

비록 본 자료로는 가해 행위를 저지른 여학생과 남학생의 수를 정확히 측정할 수는 없지만-다시 한번 언급하지만 중복 인원이 있을 수 있기 때문에-어느 성별이든 학교폭력에 대한 상대적 관여도를 측정하는 데에 도움이 될 수 있다. 이 그림에 나온 자료는 피해자 시각을 담은 것으로 표 2.1에 나온 자기보고식 가해 행위(전반적 유형)와 잘 일치한다.

여학생이 남학생 만큼이나 공격적인가라는 애초의 질문으로 다시 돌아와 보자. 직접적인 가해 유형과 간접적/관계적 가해 유형에 관한 자료를 포함시켜 봤을 때, 가해자와 피해자의 관점을 담은 자료를 포함시켜봤을 때, 동성간 및 이성간 관계를 담은 자료를 포함시켜봤을 때 위와 같은 결론을 지지할 만한 근거가 없었다. 이 모든 결과를 종합해봤을 때, 남성이 더 공격적인 성별로, 최소한 학교폭력과 관련해서 자기가 먼저 촉발시킨 품행 문제에 관해서는 이런 결론이 타당하다. 또한 남학생이 여학생 만큼 간접적/관계적 공격성이 있거나 심지어 여학생보다 더 심할 수도 있다. 비록 여학생이 전반적으로 남학생에 비해 공격성을 덜 보이긴 하지만-전반적 가해 경험 항목에서나 각 개별 항목에서-여학생들이 남학생에 비해서는 전체 유형 중 간접적/관계적 공격성 유형을 더 많이 나타내는 것으로 밝혀졌다. 하지만 여학생도 직접적 언어 폭력을 쓰기도 한다(표 2.1과 그림 2.1). 이런 결과에 의하면, 간접적/관계적 공격성이 여학생만의 전유물이라고 볼만한 근거도 충분치 않다.

전체적으로 봤을 때, OBQ로 조사한 대규모 표본에서는 여학생이 남학생과 똑같은 수준의 공격성을 보인다는 명제는 참이 될 수 없었다. 이런 주제에 대해서 우리는 여학생이 남학생 보다 사회적 역량과 친사회적 행동과 같은 변수에서 더 높은 점수가 나온다는 사실을 잊어서 안된다. 이런 점 때문에 공격적 행동과는 음의 상관관계가 발생하는 경향이 생기는 것이다.

몇 가지 결론과 핵심 메시지

본 챕터를 통해 '학교폭력'을 측정/연구하고자 하는 사람들은 응답자에게 학교폭력에 대한 명확한 정의를 내려줘야 한다. 이 정의에 따르면 응답자는 가해자와 권력 면에서 비대칭적인 관계에 놓여 있어야 하고 학교폭력도 반복적이고 의도적으로 이루어져야 한다. 이론적인 측면에서나 몇몇 최근 경험적 연구 결과에서 볼 수 있듯이 이런 정의에 잘 부합하는 괴롭힘과 이런 조건과 관계 없이 단순히 공격적 행동에 노출된 사례를 구분하는 것이 중요하다. 특히, 학교폭력은 또래 공격성 중에서도 상처가 되는 심각한 형태의 행위다. 연구자들은 학교폭력에 관해서 발표할 때, 권력의 불균형에 대한 개념을 포함시키지 않은 채 공격성에 대한 단순 노출 사례를 학교폭력 사례로 오인해서는 안된다는 점을 주의해야 한다.

이 챕터의 주제는 가해/피해 문제 측정에 있어 또래지명법의 여러 문제점들과 취약성을 짚어보고 이에 대한 예를 제시하는 것이었다. 이런 취약점은 유병률 측정과 변화 측정과 안정적인 개성 측정 영역에서 두드러졌으며, 정도가 덜 심하지만 학생들을 각각의 집단(순수 피해자 집단, 순수 가해자, 가해-피해자, 무관한 학생 집단)에 분류할 때에도 영향을 주었다. 같은 맥락에서 무비판적으로 통계적 혹은 절차상 표준화 작업을 적용시키는 것에 대해 주의를 주었다. 왜냐하면 학급/성별/학년 간 유의한 차이를 없애버리거나 상당히 환원시켜 버리기 때문이다. 더 나아가서, 일반적인 또래지명법으로 얻은 유병률 측정치는 분명한 결론을 주지 못하고, 결과를 재현시키기가 상당히 어렵거나 거의 불가능하며, 임의적인 절단점에 의존할 수 밖에 없다. 이런 유병률 추정치는 집단간 또는 기간대 별로 유병률 차이를 비교하는 데에는 열악하다.

다른 섹션에서 자가 보고와 또래지명법으로 얻은 자료들 간의 일치율이나 상관관계 정도에 대해 검증하였다. 비록 21개 연구를 분석한 메타 분석에서 평균적인 상관관계 계수가 0.37로 나와 비교적 적당한

표 2.2 학교폭력에 대한 이해와 연구방법: 실무를 위한 제언 및 요약

가해/피해 문제나 학교폭력을 연구/측정하고자 하는 이는 대상자에게 이 현상에 대한 분명한 정의를 제시해주어야 한다. 위 정의에는 대상자와 가해자 간의 권력의 불균형이 포함되어야 하고 가해 행동의 의도성과 반복성이 포함되어야 한다. 권력의 불균형이라는 조건이 들어가지 않으면 가해자와 피해자가 대체로 중복된 집단이며 비슷한 특성을 가진 집단이라는 부적절한 결론에 이르게 된다.

일반적인 또래지명법은 몇몇 취약점이 있어, 유병률 측정과 변화 측정과 안정적 개성 차를 확인하는 데에 적합하지 못하다. 성별/학급/학교 내 통계적인 혹은 절차상(지명 대상의 수를 제한하는 것) 표준화 작업을 시행하면 결과 분석이 더욱 복잡해진다. 또래지명법의 강점은 사회적 평판 혹은 공론화된 행위를 기준으로 한 집단 분류(순수 가해자 집단, 순수 피해자 집단, 가해-피해자 집단 등)에 있을 것이라 생각된다. 하지만, 이런 강점이 있다고 해서 또래지명법을 일반적인 가해/피해 연구에서의 '제1 기준' 혹은 '궁극적 잣대' 즘으로 간주하기에는 근거가 희박하다. 만약 또래지명법으로 유병률 측정과 변화 연구를 의미있게 하기 위해서는 방법론적 기초를 다질 필요가 있다고 판단한다. 또래지명법 때문에 발생할 수 있는 문제점을 겪지 않으려면 잘 설계된 질문지를 사용해야 한다.

마지막 섹션에서는 간접적/관계적 공격성/가해 행위 유형을 참고했을 때 남학생과 여학생이 동등한 수준의 공격성을 보인다는 핀란드와 미국의 일부 연구에 대한 논의를 했었다. Olweus 학교폭력 질문지(OBQ)를 이용한 대규모 경험적 노르웨이 연구와 동성간 및 이성간 관계에 대한 자료, 직접적 및 간접적/관계적 공격성/가해 행위 유형에 대한 자료, 가해자와 피해자의 관점을 반영한 자료를 보면 성별 차이가 없다는 주장을 지지하기 힘들다. 종합하면, 상기 자료를 바탕으로 하였을 때 남성이 더 공격적인 성이다.

수치를 보여줬다고 생각되나, 왜 상관관계가 더 크지 않을까에 대한 의문도 생겼다. 왜 자기보고와 또래보고 사이에 연관성이 그리 강하지 않은지에 대해 여러 이유를 밝혔는데, 주로 또래지명법의 특성과 연관하여 설명하였다. 또래지명법을 '제1기준' 또는 '궁극적 잣대'로 흔히 보지만 본 논의를 통해 꼭 그렇지 않다는 점을 설명했다. 또래지명법 때문에 나타나는 문제를 겪지 않으려면, OBQ와 같이 잘 설계된 질문지를 사용하면 된다. 만약 또래지명법으로 의미있게 유병률을 측정하고 변화를 연구하려면 방법론적 기초를 다질 필요가 있다고 판단한다.

마지막 섹션에서는 초창기 핀란드와 미국의 연구에 몇 가지 방법론적 취약점에 대해서 알아 보았는데, 이 연구에서는 간접적/관계적 공격성을 반영하면 남학생과 여학생이 동등한 수준의 공격성을 보인다는 것이었다. 상기 연구에서 공격성을 측정하는 방법으로는 양쪽 성별 간에 얼마나 자주 다양한 종류의 가해 행위가 발생하겠느냐에 대한 것보다 남학생과 여학생들이 선호하는 분노 표현 또는 전형적인 분노 반응을 측정했을 가능성이 높았다. OBQ를 이용한 대규모 경험적 노르웨이 연구(표본수=16,380명)에서 동성간 및 이성간 관계에 대한 자료, 직접적 및 간접적/관계적 공격성에 대한 자료, 가해자와 피해자의 관점을 반영한 자료를 도출하였으며, 이를 바탕으로 했을 때 성별 차이가 없다는 주장을 뒷받침할 근거가 분명히 없었다. 앞서 언급한 것과 같이, 남학생과 여학생에게 괴롭힘을 당한 피해 남학생과 여학생 수를 더하면 총 1123명으로, 그중 923명(83%)가 주로 한 명 이상의 남학생에게 괴롭힘을 당한 반면, 191명(17%)만 주로 한 명 이상의 여학생에게 괴롭힘을 당했다. 또한 남학생이 여학생과 비슷한 정도로 간접적/관계적 공격성을 보이는 것으로 보였으며, 자료에 따라 남학생이 여학생 보다 더 심한 경우도 있었다. 종합하면, 상기 자료를 바탕으로 하였을 때, 남성이 더 공격적인 성별이다.

참고문헌

Achenbach, T. M., McConaughy, S. H., & Howell, C. T. (1987). Child/adolescent behavioral and emotional problems: Implications of cross-informant correlations for situational specificity. *Psychological Bulletin, 101*, 213-232.

Bendixen, M., & Olweus, D. (1999). Measuring antisocial behavior in early adolescence and adolescence: Psychometric properties and substantive findings. *Criminal Behaviour and Mental Health, 9*, 323-354.

Berkowitz, L. (1993). *Aggression. Its causes, consequences, and control.* New York: McGraw-Hill.
Björkqvist, K. (2001). Different names, same issue. *Social Development, 10,* 272-274.
Björkqvist, K., Lagerspetz, K. M. J., & Kaukiainen, A. (1992). Do girls manipulate and boys fight? Developmental trends in regard to direct and indirect aggression. *Aggressive Behavior, 18,* 117-127.
Björkqvist, K., Östreman, K., & Lagerspetz, K. M. J. (1994). Sex differences in covert aggression among adults. *Aggressive Behavior, 20,* 27-33.
Cairns, R. B., & Green, J. A. (1979). How to assess personality and social patterns: Ratings or observations? In R. B. Cairns (Ed.), *The analysis of social interactions. Methods, issues, and illustrations* (pp. 209-226). Hillsdale, NJ: Erlbaum.
Cairns, R. B., & Cairns, B. D. (1986). The developmental-interactional view of social behavior: Four issues of adolescent aggression. In D. Olweus, J. Block, & M. Radke-Yarrow (Eds.), *Development of antisocial and prosocial behavior.* New York: Academic Press.
Cairns, R. B., Cairns, B. D., Neckerman, H. J., Ferguson, L. L., & Gariepy, J. (1989). Growth and aggression: 1. Childhood to early adolescence. *Developmental Psychology, 25,* 320-330.
Card, N. (2003, April). *Victims of peer aggression: A meta-analytic review.* Paper presented at the biennal meeting of the Society for Research in Child Development, Tampa, FL.
Carver, R. P. (1974). Two dimensions of tests: psychometric and edumetric. *American Psychologist, 29,* 512-518.
Crick, N. R. (1996). The role of relational aggression, overt aggression, and prosocial behavior in the prediction of children's future social adjustment. *Child Development, 67,* 2317-2327.
Crick, N. R., & Grotpeter, J. K. (1995). Relational aggression, gender, and social-psychological adjustment. *Child Development, 66,* 710-722.
Crick, N. R., Wellman, N. E., Casas, J. F., O'Brien, M. A., Nelson, D. A., Grotpeter, J. K., & Markon, K. (1999). Childhood aggression and gender. A new look at an old problem. *Nebraska Symposium on Motivation,* 75-141.
Coie, J. D., & Dodge, K.A. (1998). Aggression and antisocial behavior. In N. Eisenberg (Ed.), *Handbook of child psychology* (Vol. 3, pp. 779-862). New York: Wiley.
Cronbach, L. J. (1970). *Essentials of psychological testing.* New York: Harper and Row.
Cronbach, L. J., Gleser, G. C., Nanda, H., & Rajaratnam, N. (1972). *The dependability of behavioral measurements.* New York: Wiley.
Espelage, D. L., Holt, M. K., & Henkel, R. R. (2003). Examination of peer group contextual effects on aggression during early adolescence. *Child Development, 74,* 205-220.
Espelage, D. L., Mebane, S. E., & Swearer, S. M. (2004). Gender differences in bullying: Moving beyond mean level differences. In D. L. Espelage & S. M. Swearer (Eds.), *Bullying in American schools* (pp. 15-35). Mahwah, NJ: Erlbaum.
Farrington, D. P. (1993). Understanding and preventing bullying. In M. Tonry (Ed.), *Crime and justice: A review of research* (Vol. 17, pp. 348-458). Chicago: University of Chicago Press.
Farrington, D. P. (2001). *What has been learned from self-reports about criminal careers and the causes of offending?* Retrieved DATE, from The University of Cambridge, Institute of Criminology: www.homeoffice.gov.uk/rds/pdfs/Farrington.pdf
Galen, B. R., & Underwood, M. K. (1997). A developmental investigation of social aggression among children. *Developmental Psychology, 33,* 589-600.
Guilford, J. P. (1954). *Psychometric methods.* New York: MaGraw-Hill.
Hawker, D. S J., & Boulton, M. J. (2000). Twenty years' research on peer victimization and psychosocial maladjustment: A meta-analytic review of cross-sectional studies. *Journal of Child Psychology and Psychiatry and Allied Disciplines, 41,* 441-455.
Heinemann, P.-P. (1969). Apartheid. *Liberal debatt,* 3-14.
Heinemann, P.-P. (1972). *Gruppvåld bland barn och vuxna* [Group violence among children and adults]. Stockholm: Natur och kultur.
Hunter, S. C., Boyle, J. M. E., & Warden, D. (2007). Perceptions and correlates of peer-victimization and bullying. *British Journal of Educational Psychology, 77,* 797-810.
Junger-Tas, J., & Kesteren, J. V. (1998). *Cross-cultural study of bully/victim problems in school: Final report for the Netherlands to the Japanese Ministry of Education.* Tokyo: Japanese Ministry of Education.
Juvonen, J., Nishina, A., & Graham, S. (2001). Self-views versus peer perceptions of victim status among early adolescents. In J. Juvonen, & S. Graham (Eds.), *Peer harassment in school* (pp. 105-124). New York: Guilford.
Knight, G. P., Guthrie, I. K., Page, M. C., & Fabes, R. A. (2002). Emotional arousal and gender differences in aggression: A meta-analysis. *Aggressive behavior, 28,* 366-393.
Kyriakides, L., Kaloyirou, C., & Lindsay, G. (2006). An analysis of the Revised Olweus Bully/Victim Questionnaire using the Rasch measurement model. *British Journal of Educational Psychology, 76,* 781-801.

Ladd, G. W., & Kochenderfer-Ladd, B. (2002). Identifying victims of peer aggresion from early to middle childhood: Analysis of cross-informant data for concordance, estimation of relational adjustment, prevalence of victimization, and characteristics of identified victims. *Psychological Assessment, 14*, 74-96.

Lagerspetz, K. M. J., Björkqvist, K., & Peltonen, T. (1988). Is indirect aggression typical of females? Gender differences in 11- to 12-year-old children. *Aggressive Behavior, 14*, 403-414.

Lindzey, G. (Ed.). (1954). *Handbook of social psychology* (Vol. 1). Cambridge, MA: Addison-Wesley.

Lipsey, M. W. (1983). A scheme for assessing measurement sensitivity in program evaluation and other applied research. *Psychological Bulletin, 94*, 152-165.

Lorenz, K. (1963). *Das sogenannte Böse*. [The so-called evil]. Vienna: Borotha-Schoeler.

Lorenz, K. (1968). *Aggression: Dess bakgrund och natur* [Aggression: Its background and nature]. Stockholm: Norstedt & Söner.

Morita, Y., & Soeda, H. (1998). *Cross-cultural study of bully/victim problems in school: Final report for the Netherlands to the Japanese Ministry of Education*. Tokyo: Japanese Ministry of Education.

Nansel, T.R., Overpeck, M., Pilla, R. S., Ruan, W. J., Simons-Morton, B., & Scheidt, P. (2001). Bullying behaviors among US youth. Prevalence and association with psychosocial adjustment. *Journal of the American Medical Association, 285*, 2094-2100.

Lindzey, G. (Ed.). (1954). *Handbook of social psychology*. Cambridge, MA: Addison-Wesley.

Olweus, D. (1969). *Prediction of aggression*. Stockholm: Skandinaviska testförlaget.

Olweus, D. (1972). Personality and aggression. *Nebraska Symposium on Motivation, 20*, 261-321.

Olweus, D. (1973). *Hackkycklingar och översittare. Forskning om skolmobbning* [Hack Chicks and a bully. Research on school bullying]. Stockholm: Almqvist & Wicksell.

Olweus, D. (1977). Aggression and peer acceptance in adolescent boys: Two short-term longitudinal studies of ratings. *Child Development, 48*, 1301-1313.

Olweus, D. (1978). *Aggression in the schools. Bullies and whipping boys*. Washington, DC: Hemisphere Press (Wiley).

Olweus, D. (1979). Stability of aggressive reaction patterns in males: A review. *Psychological Bulletin, 86*, 852-875.

Olweus, D. (1986). *The Olweus Bully/Victim Questionnaire*. Mimeo. Bergen, Norway: Research Center for Health Promotion, University of Bergen.

Olweus, D. (1988). Det går att minska mobbning i skolan [It is possible to reduce bullying at school]. *Psykologtidningen, s*, 10-15.

Olweus, D. (1989). Prevalence and incidence in the study of anti social behavior: Definitions and measurement. In M. Klein (Ed.), *Cross-national research in self-reported crime and delinquency* (pp. 187-201). Dordrecht, The Netherlands: Kluwer.

Olweus, D. (1991). Bully/victim problems among schoolchildren: Basic facts and effects of a school based intervention program. In D. Pepler and K. Rubin (Eds.), *The development and treatment of childhood aggression* (pp. 411-448). Hillsdale, NJ: Erlbaum.

Olweus, D. (1993). *Bullying at school: What we know and what we can do*. Oxford, UK: Blackwell.

Olweus, D. (1994). Annotation: Bullying at school: Basic facts and effects of a school based intervention program. *Journal of Child Psychology and Psychiatry, 35*, 1171-1190.

Olweus, D. (1996). *The revised Olweus Bully/Victim Questionnaire*. Mimeo. Bergen, Norway: Research Center for Health Promotion (HEMIL), University of Bergen, N-5015 Bergen, Norway.

Olweus, D. (1999a). Sweden. In P. K. Smith, Y. Morita, J. Junger-Tas, D. Olweus, R. Catalano, & P. Slee (Eds.), *The nature of school bullying: A cross-national perspective* (pp. 7-27). London: Routledge.

Olweus, D. (1999b). Norway. In P. K. Smith, Y. Morita, J. Junger-Tas, D. Olweus, R. Catalano, & P. Slee (Eds.), *The nature of school bullying: A cross-national perspective* (pp. 28-48). London: Routledge.

Olweus, D. (2001). Peer harassment. A critical analysis and some important issues. In J. Juvonen & S. Graham (Eds.), *Peer harassment in school* (pp. 3-20). New York: Guilford.

Olweus, D. (2005). A useful evaluation design, and effects of the Olweus Bullying Prevention Program. *Psychology, Crime & Law, 11*, 389-402.

Olweus, D. (2006). *Brief psychometric information on the Olweus Bullying Questionnaire*. Unpublished manuscript.

Olweus, D. (2007). *The Olweus Bullying Questionnaire*. Center City, MN: Hazelden.

Olweus, D., & Solberg, M. (1998). Cross-cultural study of bully/victim problems in school: Final report for Norway to Japanese Ministry of Education. In Y. Morita & H. Soeda (Eds.), *School bullying around the world*. Tokyo: Japanese Ministry of Education.

Raudenbush, S. W., & Bryk, A. S. (2002). *Hierarchical linear models*. Thousand Oaks, CA: Sage.

Rigby, K., & Slee, P. (1991). Bullying among Australian school children: reported behaviour and attitudes to victims. *Journal of Social Psychology, 131*, 615-627.

Rodkin, P. C., & Berger, C. (in press). Who bullies whom? Social status asymmetries by victim gender. *International Journal of Behavioral Development*.

Salmivalli, C., & Kaukiainen, A. (2005). "Female aggression" revisited: Variable and person-centered approaches to studying gender differences in different types of aggression. *Aggressive Behavior, 30*, 158-163.

Smith, P. K., & Brain, P. (2000). Bullying in schools: Lessons from two decades of research. *Aggressive Behavior, 26*, 1-9.

Smith, P. K., Madsen, K. C., & Moody, J. C. (1999). What causes the age decline in being bullied at school? Toward a developmental analysis of risks of being bullied. *Educational Research, 41*, 267-285.

Smith, P. K., Morita, Y., Junger-Tas, J., Olweus, D., Catalano, R., & Slee, P. (Eds.). (1999). *The nature of school bullying: A cross-national perspective.* London: Routledge.

Solberg, M., & Olweus, D. (2003). Prevalence estimation of school bullying with The Olweus Bully/Victim Questionnaire. *Aggressive Behavior, 29*, 239-268.

Solberg, M., Olweus, D., & Endresen, I. M. (2007a). Bullies and victims at school: Are they the same children? *British Journal of Educational Psychology, 77*, 441-464.

Solberg, M., Olweus, D., & Endresen, I. M. (2007b). *Bullies, victims, and bully-victims: How deviant are they and how different?* Unpublished manuscript.

Underwood, M. (2003). *Social aggression among girls.* New York: Guilford.

Underwood, M., Galen, B., & Paquette, J. (2001). Top ten challenges for understanding gender and aggression in children: Why can't we just go along? *Social Development, 10*, 248-266.

Zillman, D. (1979). *Hostility and aggression.* Hillsdale, NJ: Erlbaum.

3
학교폭력에 대한 비교문화 연구
ROSALIND MURRAY-HARVEY, PHILLIP T. SLEE, AND MITSURU TAKI

개 관

본 챕터에서 다루게 될 비교문화 연구는 1996년 일본 도쿄의 국립교육정책연구원(the National Institute for Educational and Policy Research, NIER)이 처음 시작하여 10년간 협업한 노력한 끝에 이루어낸 성과물이다. 1996년부터 세계 각국의 연구자들은 관심사를 공유하고 학교폭력과 관련만 있다면 자기 분야를 벗어나서라도 연구 협력을 확대하였다.

현재는 학교폭력에 대한 연구가 본질적인 면에서나 그 파급력을 고려한 예방적인 면에서나 전세계적인 노력이 필요하다는 점에 대해 의문의 여지가 없다(Juvonen & Graham, 2001; Ohsako, 1997; Smith 등, 1999). 이 챕터에는 지난 10년간 태평양 연안 국가에서 시행된 국제적인 연구 협력에 관해서 소개되어 있다. 이런 공조 체계를 통해 상당한 양의 연구를 축적할 수 있었는데, 여기에 참여한 국가로는 호주(Slee, 2005), 뉴질랜드(Sullivan, 2000), 일본(Morita, Soeda, Soeda & Taki, 1999), 대한민국(Slee에 인용된 Sim, Ma, Sim, Taki & Sullivan, 2003), 중국(Slee 등에 인용된 Ma, 2003), 캐나다(Hymel, Rocke Henderson, & Bonanno, 2005; Pepler, Craig, O'Connell, Atlas, & Charach, 2004), 미국(Swearer & Espelage, 2004)이 있다.

학교폭력에 관한 예방 프로그램 및 정책 개발에 관심을 모은 덕분에 상기 국가에서는 높은 수준의 국가 또는 주정부 차원의 예산 지원을 이뤄낼 수 있었다. 일본에서는 주로 국립교육정책연구원과 교육문화체육과학기술부(Ministry of Education, Culture, Sport, and Techonology, MEXT)를 통해서 지원을 확보했으며, 호주에서는 호주 연구협의회(Australian Research Council, ARC)를 통해서 지원을 받았다.

초창기 협업 내용

일본에서는 Morita 연구팀이 이지메(학교폭력)라는 현상을 가지고 연구를 시작하였다(Morita 등, 1999). 1996년 일본에서 학교폭력과 직접적으로 연관된 자살 사건이 많이 발생하자, 일본 교육부에서 학교폭력 연구를 주관하게 되었다. 학교폭력은 심각한 인권 침해이자 용서 받지 못할 행위라는 내용으로 호소가 이루어졌다(Yano, 2005).

  호주에서는 Rigby와 Slee(1991, 1993)가 학교폭력 연구를 제일 먼저 시작했다. 곧이어 1994년에 학교폭력에 대한 호주 연방 상원 조사위원회에서 실태 조사가 이루어졌으며, 이 조사의 결과물인 '막대기와 돌'(Commonwealth Government, 1994)을 통해 학교폭력이 심각한 문제임이 확인되었다.

  일본과 호주, 그리고 그 외의 나라들(몇몇을 꼽자면, 네덜란드, 영국, 미국, 노르웨이 등)이 각각 따로 연구를 진행하다가, 1996년 국립교육정책연구원과 교육문화체육과학기술부가 교육 개혁을 위해 국제적 연구 심포지움 두 군데를 유치하면서 국제적인 연구 공조가 이루어지기 시작했다. 1996년 심포지움의 성과 중 하나는 일본-호주 연합 추적 연구였다. 이 연구를 계기로 태평양 연안의 여러 국가들이 비교 문화 연구에 대해 관심을 갖게 되었다.

이론적 기초

다음은 한 학생이 보낸 편지 중 일부로 학교폭력과 관련된 핵심 관계자들의 마음을 움직였다.

> 학교폭력 문제는 선생님들과 부모님들이 무슨 조치라도 취해야 될만큼 큰 문제입니다. 학교 선생님과 상담선생님께 알리는 애들도 많지만, 대부분 학생들은 아무한테도 얘기를 안 해요. 나도 학교폭력을 당했지만 아무한테도 얘기하지 않았어요. 얘기해야지 하고 생각은 늘 해왔지만, 도저히 용기가 나지 않아요. 학교 선생님들이랑 상담 선생님들은 좀더 적극적으로 우리 이야기를 들어주셨으면 좋겠어요. (13세 남학생)

  그간 연구 협력을 통해 학교폭력에 관해 모두들 깨닫게 된 점이 있는데, 그 내용을 본 챕터에서 기술하고자 한다. 비록 사회적 및 경제적 발전 양상이 상당히 비슷한 나라들이 있긴 하지만, 각 나라에서 아이들이 사회화되고 교육을 받는 양상은 서로 똑같지 않다. 본 비교문화 연구 결과에 따르면 나라마다 사회화 및 교육 방식의 차이가 있기 때문에 학교폭력 양상은 문화권 마다 다른 형태로 나타난다고 한다. 또한 국가마다 학교폭력을 어느 범위까지 규정할 것인지 또는 어느 범위까지 측정할 것인지에 대한 점에서도 다양한 입장을 취하고 있다. 그리고 학교폭력 이면에 깔린 역동을 해석하는 방식도 국가 마다 다양하고, 이 부분은 지금 진행 중이거나 이미 종료가 된 연구들을 참고로 하여 설명하겠다.

학교폭력에 대한 다양한 시각들

초창기 일본-호주 연구 협력을 통해서 두 나라 간의 연구를 서로 비교하여 가해/피해 문제의 유병률을 파악하려고 했다. 뿐만 아니라 심리-병리적 관점에서 가해자와 피해자들의 특성을 이해하고자 하였다. 최근에는 연구의 초점이 사회 시스템 관점에서 학교폭력을 규명해보자는 쪽으로 옮겨갔다. 사회 시스템 관점에서는 학교폭력이 사회적 맥락 내에서 발생한다는 관점을 취하고 있으며, 단순히 이상 행동들의 집합이라고 보지 않는다. 많은 연구자들(Dixon, Smith, & Jenks, 2006; Pelper 등, 2004; Slee, 2001; Swearer & Doll, 201)은 학교폭력을 이해하고자 이런 시스템적 관점을 도입했다는 점을 밝히고 있다.

학교폭력은 복합적인 개념이다.

학교폭력은 복합적인 현상으로, 구성적인 측면에서 이해를 해야지, 단순히 공격적 행동으로 묘사할 것이 아니다. 지난 2001년 5000명이 넘는 일본 학생들과 3000명이 넘는 호주 학생을 대상으로 얻은 일본-호주 연구 자료를 보면, 4가지 유형의 학교폭력 현상에 대해 확인적 요인 분석(confirmatory factor analysis)을 하였는데, 모든 현상이 이런 복합적 구성을 이루는 데에 영향을 끼친 것으로 확인이 되었다. 가해 행위의 하위척도에 대한 확인적 요인 분석 지표를 보면, 호주 자료에서는 CFI(Comparative Fit index)=0.98, RMSEA(the Root Mean Square Error of Approximation)=0.14, SRMR(the Standardized Root Mean Square Residual)=0.05, WRMR(Weighted Root Mean Square)=3.09였으며, 일본 자료에서는 CFI=1.00, RMSEA=0.14, SRMR=0.01, WRMR=0.29로 나왔다. 가중 오메가 계수는 호주 0.88 및 일본 0.83으로 하위척도의 신뢰도가 높다는 점을 시사한다. 따라서 4가지 가해 행위 유형 모두 확인이 되었으며, 특히 서구에서 '가해 행위'로 주로 간주되는 외현화 행동(때리기, 걷어차기, 밀어버리기)이 가장 두드러지게 확인되었고, 같은 정도지만 외현화 행동 유형 보다는 은밀하고 미묘한 행동(무시하기, 따돌리기)도 확인되었다. 피해 현상에 대해서도 비슷한 패턴이 나왔는데, 확인적 요인 분석 결과 4가지 피해 유형이 피해 현상을 규정하는 강력한 지표임을 확인하였다. 피해 현상의 하위척도에 대한 확인적 요인 분석 지표를 보면, 호주는 CFI=0.96, RMSEA=0.19, SRMR=0.07, WRMR=4.27이며, 일본은 CFI=0.99, RMSEA=0.02, SRMR=0.01, WRMR=0.83이다. 가중 오메가 계수는 호주 0.86이고 일본은 0.84로 하위척도의 신뢰도가 높다는 점을 시사한다.

또한 가해-피해 현상이 서로 연결성을 지니고 있다는 연구들이 있어 가해-피해 관계가 복합적인 구성으로 되어 있다는 점을 또 확인할 수 있다. Haynie 등(2001)은 가해자 중 절반 이상이 피해를 당한 적이 있다고 보고하였다. 우리 연구에 따르면 이런 상호 연결성이 일관되게 높게 발견되기 때문에 '가해자-피해자'가 서로 순환되는 개념이라고 생각된다. 따라서 어떤 한 학생을 두고 가해자 아니면 피해자 중 어느 하나에만 속할 것이라고 생각하는 것은 위험할 수 있다.

특정 주제에 대한 논의

문화 별 학교폭력의 정의

비교문화 연구가 가능해지려면 국가 마다 학교폭력을 어떻게 기술하고 정의하는 지 반드시 이해해야 한다(Slee 등, 2003). Smith, Kanetsuna, Koo(2006)의 주장대로 '학교폭력에 있어 어떤 연구자는 서로 다른 문화권 속에서도 본직질적으로 공통점이 있다고 주장을 한다. 하지만 다른 연구자들은 영국에서의 괴롭힘, 일본에서의 이지메, 한국에서의 왕따는 근본적으로 다른 현상이라고 강력히 주장한다(p.4)'. 우리 연구를 통해서도 Smith등의 시각을 인정했다. 이런 맥락에서 중국의 Ma(Slee 등에서 인용, 2003)는 '학교폭력은 중국에서 '키푸' 또는 '키우'라고 불리는데, 서구 문화권의 학교폭력에 대한 정의(상처 주거나 기분을 상하게 하기 위해 찰싹 때리기, 주먹질, 위협, 강탈, 따돌림, 조롱, 악의적 별명 부르기 등)와 거의 같다.'라고 주장하였다. Maharaj, Tie, Ryba(2000, p.9)는 괴롭힘(Bullying)이라는 단어가 사회문화적으로 관대한 용어라서, 학생 사이에서 벌어지는 폭력적이고 위협적인 행동을 개인적인 시각에서만 인식하도록 하는 문제가 있다고 강력히 주장하였다. Cassidy(2000)는 이런 주장과 함께 학교폭력을 심리적이고 행동주의적 구성의 측면에서만 정의하는 탓에 사회적 구성의 측면을 인식하는 데에 실패했다고 주장했다. Yoneyama와 Naito(2003)는 연구자들이 학교폭력 현상을 사회적 맥락에서 바라봐줄 것을 촉구했는데, 특히 학업 지도, 학급 운영과 규칙 설정, 사회적 관계의 본질적 특성 같은 측면을 고려할 것을 주문했다(p.316).

Taki(2001)의 연구에 의하면, 각 나라마다 학교폭력을 어떻게 정의하고 있는지 차이를 알 수 있다. 서구에서 괴롭힘(Bullying)이란 파괴적인 형태의 공격성을 일컫는 말로, 피해자에게 공포, 스트레스, 위해를 가하기 위해 신체적, 언어적, 심리적 공격 또는 위협을 가하는 것이다. 이런 과정 중에 권력의 불균형이 있어 가해자가 유리한 입지를 점하고 있다. 서구에서 널리 받아들여진 학교폭력의 개념에는 권력의 불균형과 오랜 기간 동안의 반복성이 포함되어 있다.

Taki(2001)는 서구의 학교폭력과 일본의 학교폭력이 서로 정의가 다르다는 점을 강조했다. 일본적 괴롭힘(이지메)은 집단내 상호작용의 과정에서 보이는 대인관계를 조종하는 행위로 간주된다. 이지메에서는 어떤 한 사람이 집단 내에 우세한 지위에 있어서 그 집단의 다른 사람에게 정신적으로 혹은 신체적으로 고통을 가하는 현상이다(Smith, Cowie, Olafssom, Lieffoghe, 2002). 비록 이지메가 서구의 학교폭력 개념과 많은 측면에서 비슷한 것 같지만, Taki는 두 가지의 중대한 차이점이 있다고 발표하였다.

첫째, 일본인에게 있어 괴롭힘이 성립되려면, 집단내 상호작용 과정에서 우세한 지위가 결정된다는 개념이 포함된다는 것이다. 이는 신체적 힘이 있다고 우세한 지위를 취할 수 있는 것도 아니고, 단순히 힘의 차이가 존재한다고 성립한다는 것도 아니다. 이는 피해자가 가해자와 상호작용을 할 때, 가해자에 대하여 불평등한 권력 구도에 강제로 편입된다는 점을 뜻한다. Taki는 관계 구도 속의 권력 불균형을 매우 강조하였는데, 일본에서는 평범한 아이가 학교폭력의 주범인 경우가 많기 때문이다. 둘째, 이지메에서는 집단내 상호작용에서 드러나는 물리적 행사에 대한 정신적 또는 정서적 비통함이 중요한 점이라는 것이다.

현재까지 진행된 비교 연구를 보면, 학교폭력에 대한 서구의 시각은 이지메(Slee, 2003)에 비해 더 직접적인 형태를 지칭했다. Yoyoku(2003)와 Treml(2001)은 이지메가 감지해내기가 더 어려운데, 이는 잘 드러나지 않고 간접적인 형태를 띠기 때문이라고 했다. 그럼에도 불구하고, 가해자는 물리적 수단을 동원하지 않아도 피해자에게 정신적인 피해를 주려는 의도를 품고 있다.

호주에서 시행한 우리 연구(Murray-Harvey, Slee, Saebel, & Taki, 2001)에 따르면 간접적(혹은 사회적) 괴롭힘은 잘 숨겨져 있고 축소 보고되는 경향이 있다. 비서구권 연구(Maharaj 등, 2000)에서는 괴롭힘(Bullying)의 개념을 '평균적이지 않은 어떤 학생이 보이는 병리적 행동'에서 사회-문화적 개념으로 재정립해야 한다고 역설한다. 이제 우리 연구를 예로 들어 이 논점에 대해 설명할텐데, 비교문화적 연구 덕에 이제는 사회적 괴롭힘에 대해 더 잘 이해하게 되었다.

예시/적용

정책 및 실행에 대한 적용

그간 연구 협력 체계를 통해 정책 발의가 이미 많이 이루어졌다. 이런 노력의 결실로 학교에는 또래 지지 프로그램들이 많이 생겨났다. Cowie(2003, p.89)는 '또래 지지 개입 프로그램을 통해 어린 학생들이 또래 집단 내에 대인관계 문제가 생겼을 때 도움되는 역할을 찾는 잠재력을 키워준다.'라고 주장하였다. 예를 들면, 호주와 일본과 한국에서, 여러 학교에 또래 지지 프로그램이 많이 확산되어 있다(Kwak, Yano에서 인용됨, 2005; Taki, 2002). 또한 학교폭력 개입 프로그램이 일본에서 시행되는 것으로 확인되고 있고, 외국 프로그램이 일본어로 번역되어 있으며, 또 성과 평가를 하는 것으로 알려졌다(Taki, 1997). 호주에서 국립안전학교 만들기(the National SAFE Schools Framework) 프로그램이 안전한 학습 환경의 제공을 위한 방법을 안착시켰다. 이제 학교는 학교폭력 근절 정책을 내놔야 하고, 고충처리 절차를 만듬과 동시에, 개입 프로그램을 개발해서, 학생들이 안전하고 긍정적인 환경에서 공부할 수 있게 해야 한다.

관련 연구

2000년에서 2001년에 걸쳐, 일본과 호주가 연합하여 연구를 시작하던 초창기(Murray-Harvey 등, 2001)에는 양쪽 국가의 학교폭력에 대한 유병률 측정이 주로 이루어졌었고, 도쿄에서는 18개 초등학교와 중학교(총 5,518명)를, 호주 애덜레이드에서는 22개 초등학교와 중학교(총 3,145명)을 대상으로 하였다. 유병률 측정을 위해 Taki(2001)가 고안한 조사 도구를 사용하였으며, 총 57개의 공통 항목이 포함되어 있다. 일본어 번역가의 도움을 받아 양쪽 언어 때문에 뉘앙스가 차이 나는 항목에 대하여 역번역을 하였다.

양국 연구자들은 '너의 학교 생활' 조사를 시행하는 절차에 대해 논의를 하였으며, 각 국가의 학기제에 맞도록 조사 시기를 설정하였다. 또한 이 프로젝트에 속한 연구 보조원들은 학교에 직접 방문하여 질문지를 시행하고 자료를 수집하는 것을 지도감독하였다. 본 챕터에 언급된 가해 및 피해 현상 8가지는 다음 섹션에 기술되어 있다.

피해 현상과 관련하여 학생들은 4점 단위 리커트 방식으로 응답하도록 하였으며, 1점=전혀 그런적 없다, 2점=1~2번, 3점=한 달에 2~3번, 4점=일주일에 한 번 이상 으로 분류하였다. 그리고 상기 채점 방식을 가지고 학생들은 다음과 같은 질문에 응답하도록 하였다. '당신은 얼마나 자주 다음과 같은 괴롭힘을 당합니까? 1) 따돌림, 무시, 별명 불리기, 2) 남한테 흉을 보임, 3) 의도적으로(장난으로) 맞거나 걷어 차이거나 밀침 당함, 4) 의도적으로 갈취당함'. '장난으로'라는 용어를 사용해서 애매모호한 행동(예: 누군가의 어깨를 툭 치고 지나가는 행동)으로 괴롭히는 것과 의도적으로 상처를 주려고 하는 행동(직접적인 밀침) 간의 미묘한 차이를 담아보려고 했다.

가해 질문 항목에 대해서도 똑같은 방식으로 구성하였다. 학생들은 '위와 같은 행동으로 얼마나 자주 다른 학생들을 괴롭혔습니까'라는 질문에 응답하도록 하였다.

일본과 호주 조사에 얻은 자료로 공통 데이터 베이스를 만들었다. 첫 비교 연구에서 도출된 가해 및

표 3.1 일본과 호주의 5~10학년 학생들을 대상으로 한 자기보고식 가해/피해 빈도(퍼센트)

조사 항목	호 주			일 본		
	자주	가끔	전혀 없음	자주	가끔	전혀 없음
피 해						
따돌림, 무시, 별명	12.2	32.5	55.3	18.0	27.0	55.0
흉 보임	10.1	27.0	62.9	7.8	16.7	75.5
맞기, 차이기(장난으로)	13.2	31.3	55.5	11.5	14.3	74.2
갈취, 맞기(의도적)	3.4	9.7	86.9	4.0	6.3	89.7
가 해						
따돌림, 무시, 별명	9.2	36.7	54.1	17.2	32.3	50.5
흉 보기	7.1	27.8	65.1	3.8	10.9	85.3
때리기, 차기, 밀치기(장난으로)	11.6	28.0	60.4	5.6	11.0	83.4
절도, 때리기(의도적)	2.5	5.6	91.9	1.7	3.0	95.3

표 3.2 일본과 호주의 5~10학년 남학생 및 여학생을 대상으로 한 자기보고식 가해/피해 빈도(퍼센트)

조사 항목	남학생			여학생		
	자주	가끔	전혀 없음	자주	가끔	전혀 없음
피 해						
따돌림, 무시, 별명						
호주	13.0	30.8	56.1	11.6	33.8	54.7
일본	16.6	23.9	59.5	19.5	30.4	50.2
흉 보임						
호주	11.2	27.5	61.3	9.1	26.7	64.2
일본	10.5	18.5	71.0	4.9	14.8	80.3
맞음, 차임, 밀침(장난으로)						
호주	16.3	33.1	50.6	10.7	29.9	59.4
일본	13.9	17.2	68.9	9.0	11.3	79.7
갈취, 맞기(의도적)						
호주	4.9	12.9	82.3	2.2	7.2	90.7
일본	5.3	7.2	87.5	2.6	5.4	92.0
가 해						
따돌림, 무시, 별명						
호주	11.2	39.9	48.9	7.7	34.2	58.1
일본	14.6	29.1	56.3	20.0	35.6	44.4
흉 보기						
호주	9.8	31.0	59.3	5.0	25.2	69.8
일본	6.1	15.2	78.8	1.4	6.5	92.1
때리기, 차기, 밀치기(장난으로)						
호주	15.3	28.4	56.3	8.8	27.6	63.5
일본	8.4	15.5	76.1	2.6	6.2	91.2
절도, 때리기(의도적)						
호주	4.1	8.5	87.3	1.3	3.3	95.5
일본	2.6	4.2	93.2	0.6	1.8	97.6

피해 유병률 자료는 표 3.1에 제시하였다.

표 3.1에 제시된 유병률 자료에 따르면, 호주의 피해자 양상은 일본의 피해자 양상에 비해 좀 더 직접적이고 과격한 가해 행위에 되어 있는 것을 알 수 있었다. 가해 행위에 대해 살펴보면, 일본 학생들은 호주의 학생들에 비해서 따돌림, 무시하기, 별명 부르기로 더 많이 괴롭히는 것으로 나타났다. 그리고 성별 차이에 대한 가능성을 알아보기 위해 표 3.2를 마련하였다. 더 자세한 분석을 통해 성별로 또 국가별로 유의한 차이가 있는지 알아보았다. 본 분석을 위해 효과 크기는 Cramer V 통계법으로 계산되었다.

표 3.2에 나와있듯이 맞음, 차임, 밀침 항목에서는 호주 남학생들이 일본에 비해서 더 높은 수준으로 피해를 당하고 있다. 여학생들에 대해서는 양쪽 국가가 비슷한 수준을 보였다. 흉 보임에 대한 피해 사례는 일본 여학생 보다 호주 여학생에서 더 많았다. 가해 자료를 살펴보면, 호주 학생들(남학생과 여학생 모두)은 일본 학생에 비해 때리기, 차기, 밀치기와 같은 직접적 가해 행위를 더 많이 보이고 있으나, 일본 여학생은 이런 직접적 가해 행위는 거의 하지 않는 것으로 나타났다. 대신 일본 여학생은 따돌림, 무시, 별명 부르기와 같은 가해 행위가 더 빈번하게 나타났다.

일본에서 따돌림, 무시하기, 별명 부르기 항목이 더 두드러진 것으로 나타났고($p<0.001$, ES=0.11), 특

히 일본 여학생들이 다른 종류의 가해 행위에 비해 이 항목에서 더 유의하게 두드러졌지만(p<0.001, ES=0.17), 효과크기를 봤을 때는 양 국가간의 차이가 그리 크지 않았다. 호주 학생들이 일본 학생에 비해서 다른 종류의 가해 행위에서도 더 두드러지는데, 여기에는 흉 보기 항목(p<0.001, ES=0.23)과 장난으로 가볍게 하는 때리기, 차기, 밀치기 항목(p<0.001, ES=0.25)이나 의도적으로 심하게 때리고 갈취하는 항목(p<0.001, ES=0.07)이 있다. 하지만 흉 보기와 장난으로 하는 때리기 등의 가해 행위는 효과크기가 작았으며, 의도적인 갈취 등의 가해 행위도 효과크기가 작아서 양 국가 간의 차이가 미미한 것으로 볼 수 있다. 따돌림, 무시, 별명 부르기와 관련된 가해 현상에 대해 최근에는 관심이 더 모아지고 있다(Crick 등, 1999; Owens, Shute, & Slee, 2004; Underwood, 2003).

따돌림, 무시, 별명 부르기 유형의 가해 및 피해 현상(일명 사회적 가해 행위)을 추적하다 보면, 발달학적 패턴이 있을 것이라는 가설 하에, 5학년에서 10학년까지 유병률 변화 추이를 확인하였다. 그림 3.1에서 양국에서 시행한 자기보고식 피해 사례 빈도를 학년 별로 나타내었다.

그림 3.1에 따르면 5학년에서 9학년에 이르기까지, 일본 학생들은 호주 학생들에 비해 따돌림, 무시, 별명 불리기와 같은 피해 사례를 더 많이 당한 것으로 나타났다. 일본의 경우는 5학년에서 7학년 사이에 피해 사례 빈도가 제일 높게 보고되었다. 호주의 경우, 7학년에서 빈도가 제일 높게 보고되었으며, 이는 Rigby와 Slee(1999)의 연구 결과와도 일치한다. 이 그림을 통해 양국에서 자기보고식 피해 사례는 초등학교 고학년에서 제일 높게 나타남을 알 수 있다.

자기보고식 사회적 가해 행위의 경우, 일본 학생들이 호주 학생들보다 모든 학년에서 따돌림, 무시, 별명 부르기를 더 많이 한 것으로 보고했다(그림 3.2). 일본에서는 사회적 가해 행위가 9학년(중학교)에서 제일 많이 일어났고, 호주에서는 7학년(초등학교 고학년)에서 제일 많이 발생하였다. 양국간의 발달학적 차이가 왜 나는 지에 대한 연구가 활발하게 지속되고 있으며, 학교폭력 개입을 위한 기획과 자원 배분에 있어 중요한 결정 요소가 될 것이다.

비록 일본과 호주는 전국적인 사회 및 경제 발전 양상이 매우 유사함에도, 문화적 배경이 다르기 때문에 두 국가에 대해서 비교 연구를 하는 것이 학생들의 행복을 더 잘 이해하는 데에 도움이 된다. 일본과

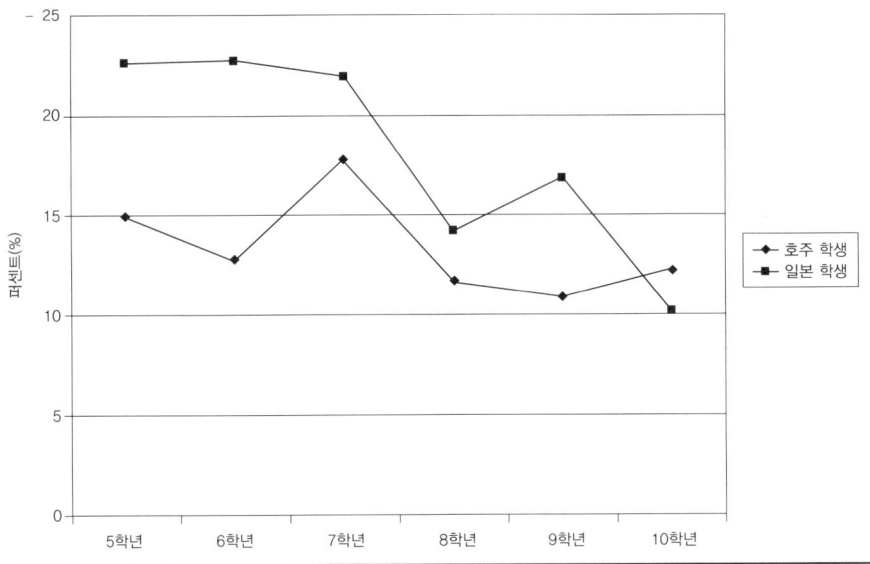

그림 3.1 호주와 일본의 5~10학년 대상으로 한 피해(따돌림과 무시) 사례.

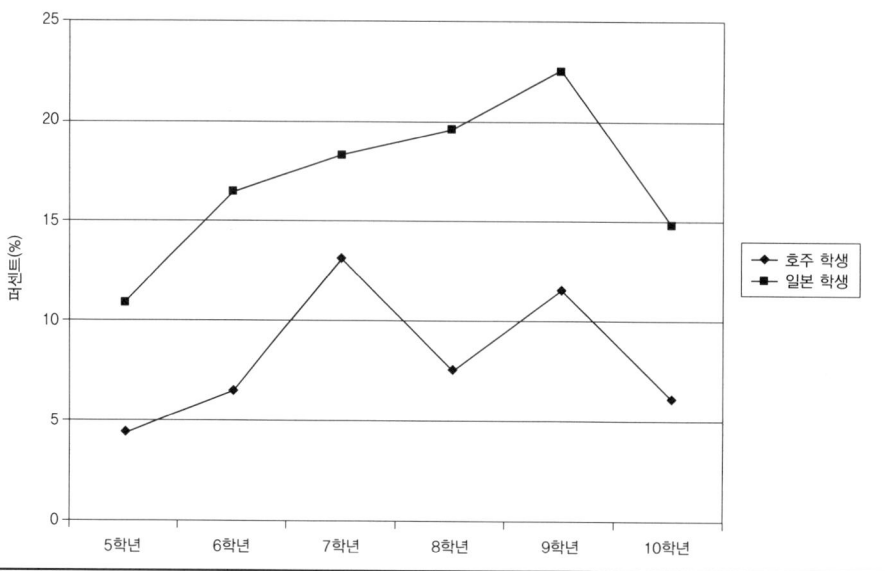

그림 3.2 호주와 일본의 5~10학년 대상으로 한 가해(따돌림과 무시) 사례.

호주에서 수 년간 연구가 진행되면서 '너의 학교 생활' 조사로 연구 자료가 축적이 되었고, 이 자료에 대한 경로 분석(Murray-Harvey, Slee, 2007)을 통해 학교폭력에 영향을 미치는 요인이나 영향을 받는 요인을 찾아내고자 하였다.

표 3.3에 제시하였듯이, 학교폭력과 다음과 같은 다양한 변수와의 상관관계를 제시하였다. 이 변수들에는 1) 학생들의 정신건강(우울증, 공격성, 신체화 증상, 무감동증), 2) 스트레스 요인과 지지 여부(또래, 교사, 부모), 3) 학업성취, 4) 학교에 대한 소속감(Murray-Harvey & Slee, 2006)이 있다.

경로분석을 통해서 부모, 교사, 또래가 학생들의 삶에 스트레스로 작용하면 학생들이 가해나 피해 문제에 더 연루될 가능성이 높다는 점이 더 자명해졌다. 우리는 주변의 지지 체계가 학교 생활에 대한 스트레스를 가중시킬 수도 있고 완화시켜줄 수 있다는 점을 명확히 확인할 수 있게 되었다(Murray-Harvey & Slee, 2007). 또한 경로분석을 통해 피해 사례와 학생의 정신건강 사이에 강한 상관관계가 존재함을 밝혔다(Murray-Harvey & Slee, 2006).

표 3.3 스트레스 요인, 지지 여부, 정신건강, 학업성취, 학교에 대한 소속감 사이의 상관관계

	스트레스 요인	지지 여부	정신건강 손상	학업 성취	학교 소속감	피해 사례
스트레스 요인						
지지 여부	−365					
정신건강 손상	550	−329				
학업성취	−482	270	−511			
학교 소속감	−377	445	−459	291		
피해 사례	481	−132	335	−203	−241	
가해 사례	370	−166	270	−219	−209	394

알림: 상관관계 > 0.10 경우만 보고함; 소수점은 생략됨.

태평양 연안 연구 프로젝트

비록 국가마다-호주, 캐나다, 일본, 한국, 미국-조사 내용이 서로 다르긴 하지만, 모든 조사에 가해/피해 경험에 대한 핵심적인 공통 질문 세트는 다 포함되어 있다. 여기 그림으로 제시된 사회적 가해 행위는 태평양 연안 연구진에서 대체로 공감대가 형성된 가해 유형을 변수로 삼아 결과를 제시하였다(Taki 등, 2006).

5개 국가(총 1,500명 정도)의 5학년(10~11세) 표본에 대한 사회적 가해/피해 경험들에 대한 경향을 그림 3.3과 그림 3.4에 제시를 했다. 이 그림들에서 가해 사례와 피해 사례에 대한 빈도를 나타내었고, 그림 3.5와 그림 3.6에서는 성별과 관련한 빈도를 제시하였다. '가끔'이라고 표시된 항목은 한 달에 2~3번 정도 사회적 가해 행위를 했거나 피해를 당했다는 의미이다.

모든 국가 중에 일본이 사회적 가해 행위의 빈도가 제일 높았으며 한국이 제일 낮았다. 남학생과 여학

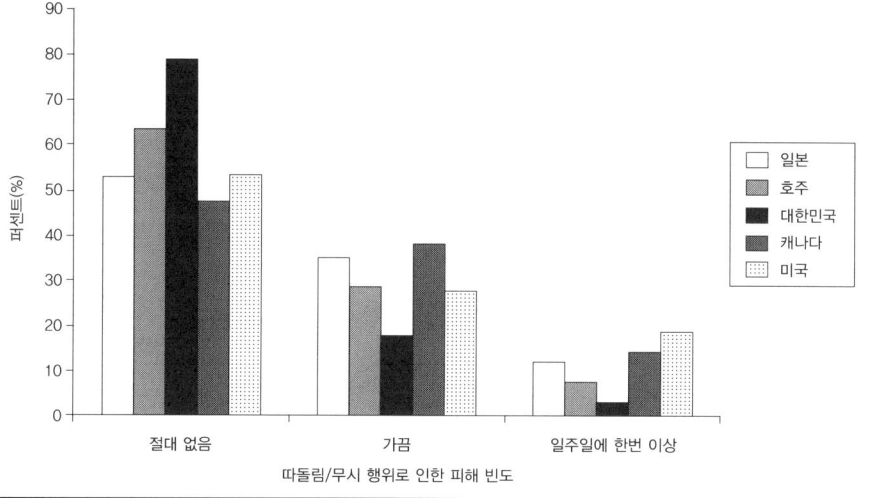

그림 3.3 일본, 호주, 한국, 캐나다, 미국의 5학년 피해 사례 빈도.

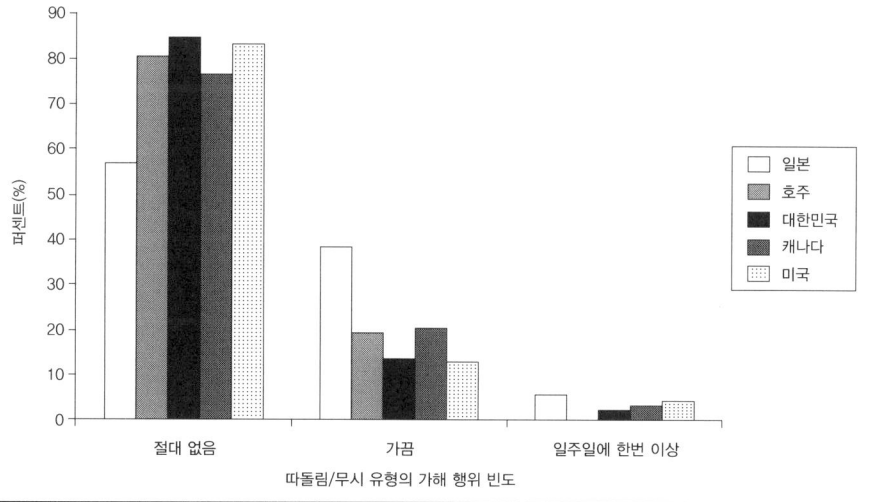

그림 3.4 일본, 호주, 한국, 캐나다, 미국의 5학년 사회적 가해 사례 빈도.

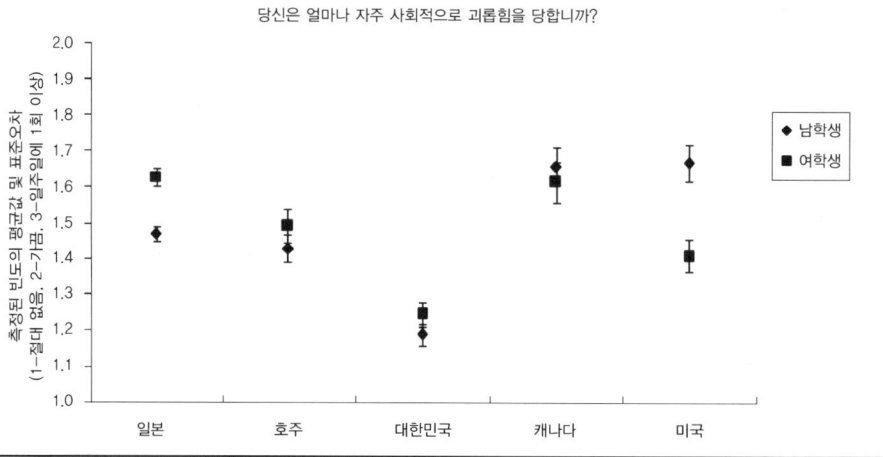

그림 3.5 5개국에 걸친 사회적 피해 사례(배제, 소문 퍼트리기).

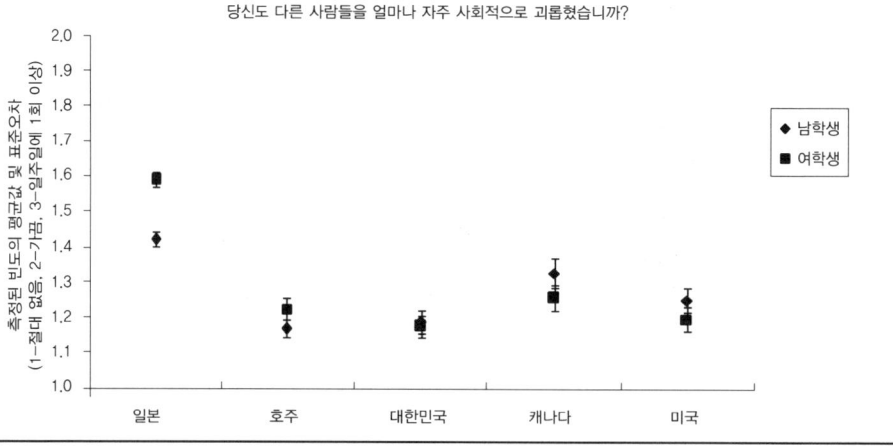

그림 3.6 5개국에 걸친 사회적 가해 사례(배제, 소문 퍼트리기).

생 모두 사회적 가해 행위가 일본에서 제일 높은 빈도를 보였으며($p<0.001$, 남학생 ES=0.14, 여학생 ES=0.22), 호주, 캐나다, 미국은 특별한 차이를 보이지 않았다.

남학생과 여학생 모두, 사회적 피해 사례가 한국에서 제일 낮게 나왔다($p<0.001$, ES=0.14). 남학생에 관해서는 미국과 캐나다의 남학생들이 사회적 피해 사례를 제일 많이 겪은 것에 비해 일본과 호주는 사회적 피해 사례의 빈도가 제일 낮았다. 여학생의 경우, 한국이 제일 낮았고 일본과 캐나다가 제일 높았다.

앞으로의 연구를 위하여

지금까지 태평양 연안 국가들의 비교 연구를 통해, 학교폭력 규명과 이해를 위해 여러 국가들이 얼만큼 정성을 쏟은지 느낄 수 있었다. 일본은 학교폭력 연구 분야에서 제일 긴 연구 역사를 지니고 있으며, 태평양 연안 공조 체계를 통해 학교폭력의 역동에 대해 더 심층적으로 이해하게 되었다. 특히, 호주, 캐나다,

표 3.4 실무를 위한 제언 및 요약표

비교 연구	실무를 위한 제언
Murray-Harvey & Slee (2006)	간접적, 관계적(사회적) 폭력은 학생의 행복에 악영향이 있으므로 반드시 무시하지 말고 반응을 보여야 함.
Owens, Daly, & Slee (2005)	남학생과 여학생은 서로 다른 양상으로 가해/피해 문제를 나타내기 때문에 개입 프로그램 개발에 있어 성별 차이를 고려해야 함.
Rigby & Slee (1999) Alsaker (2004)	초등학교에서 학교폭력의 수준이 높은 것으로 확인 되었으므로, 저학년 초기부터 개입 프로그램이 반드시 가동되어야 함.
Pelper 등 (2004)	학교폭력 문제를 다루기 위해서는 전학교적인 접근이 필요함. 학교폭력은 특정한 비정상적인 개인에 의한 일탈 행동 차원을 초월한 문제이므로, 교사와 부모와 학생들과 학교 간 네트워크 차원에서의 실천이 필요하다.
Murray-Harvey & Slee (2006)	가해/피해 문제에 대한 명확한 규정을 통해 신체적 및 언어적 폭력 뿐 아니라 사회적 폭력도 학교폭력의 한 유형으로 확인하게 됨.
Murray-Harvey & Slee (2006)	학교폭력은 관계의 문제임

중국, 한국, 미국이 서로 연구 자료를 교환함으로써 학교폭력 개입 프로그램과 정책 개발에 지대한 도움이 되었다.

앞으로 지역 사회의 관점에서 학교폭력 문제를 보다 더 광범위하게 규정을 하고 이와 관련해 다양한 연구 협력을 도모한다면 학교폭력에 대해 더 잘 이해할 수 있는 가능성이 열릴 것이다. 특히, 교사들이 일선 교실에서 간접적인 학교폭력 문제를 어떻게 감지하고 대응할 것이냐 하는 문제에 대해 앞으로 연구해 볼 수 있다. 그리고 앞으로 사전에 교사 교육을 실시하면 학교폭력에 대한 경각심을 얼마만큼 일으킬 수 있고, 또한 학교폭력 프로그램과 근절 전략을 얼마만큼 잘 이해할 수 있는 지에 대한 연구도 진행해야 한다. 아직까지는 어떤 나라에서도 다른 나라에 비해 효과적으로 이런 작업을 잘 수행하고 있는지 알 수 있는 자료는 없다. 그리고 어떤 국가에서 프로그램이나 근절 전략이 성공했다고 하더라도 이를 다른 국가에서 이식해본다고 해서 성공한다는 보장은 없다. 하지만 이런 비교 연구를 통해 우리가 공유할 수 있는 학교폭력에 대한 지식은 커지게 된다.

참고문헌

Alsaker, F. D. (2004). Bernese programme against victimisation in kindergarten and elementary school. In P. K. Smith, D. Pepler, & K. Rigby (Eds.), *Bullying in schools: How successful can interventions be?* (pp. 289-307). London: Cambridge University Press.

Cassidy, T. (2000, December). *Challenging the bully: Towards an optimistic future*. Paper presented at the annual conference of the Australian Association for Research in Education, Sydney, Australia.

Commonwealth Government. (1994). *"Sticks and Stones": Report on violence in Australian Schools*. Canberra: Australian Government Publishing Service.

Cowie, H. (2003, May). Peer support: How young people themselves challenge school bullying. Paper presented at the Oxford Kobe Education Seminar, *Measures to reduce bullying in schools* (pp. 88-96). Kobe, Japan: Kobe Institute.

Crick, N. R., Wellman, N. E., Casas, J. F., O'Brien, M. A., Nelson, D. A., Grotpeter, J. K., et al. (1999). Childhood aggression and gender: A new look at an old problem. In D. Bernstein (Ed.), *Nebraska Symposium on Motivation: Vol. 45. Gender and motivation* (pp. 75-141). Lincoln: University of Nebraska Press.

Dixon, R., Smith, P. K., & Jenks, C. (2006). Using systemic thinking to inform research on bullying. In K. Österman & K. Björkqvist (Eds.), *Proceedings of the XVI World meeting of the International Society for Research on Aggression: Vol. 8. Contemporary research on aggression* (pp. 78-85). Vasa, Sweden: The Faculty of Social and Caring Science.

Haynie, D. L., Nansel, T., Eitel, P., Crump, A. D., Saylor, K., Yu, K., & Simons-Morton, B. (2001). Bullies, victims, and bully/victims: Distinct groups of at-risk youth. *Journal of Early Adolescence, 21*, 29-49.

Hymel, S., Rocke Henderson, N., & Bonanno, R. (2005). Moral disengagement: A framework for understanding bullying among adolescents. *Journal of Social Sciences, Special Issue, 8*, 1-11.

Juvonen, J., & Graham, S. (Eds.). (2001). *School-based peer harassment: The plight of the vulnerable and victimized*. New York: Guilford.

Ma, X. (2001). Bullying and being bullied: To what extent are bullies also victims? *American Educational Research Journal, 3*, 351-357.

Maharaj, A., Tie, W., & Ryba, A. (2000). Deconstructing bullying in Aotearoa/New Zealand: Disclosing its liberal and colonial connections. *Journal of Educational Studies, 35*(1), 9-24.

Ministerial Council on Education, Employment, Training and Youth Affairs (MCEETYA) Student Learning and Support Services Taskforce. (2003). *National safe schools framework*. Retrieved June 1, 2007, from http://www.dest.gov.au/sectors/school_education/publications_resources/profiles/national_safe_schools_framework.htm.

Morita, Y., Soeda, H., Soeda, K., & Taki, M. (1999). Japan. In P. K. Smith, Y. Morita, J. Junger-Tas, D. Olweus, R. Catalano, & P. T. Slee (Eds.), *The nature of school bullying. A cross-national perspective* (pp. 309-323). London: Routledge.

Murray-Harvey, R., & Slee, P. T. (December 2006). Australian and Japanese school students' experiences of school bullying and victimization: associations with stress, support and school belonging. *The International Journal on Violence in Schools*. Retrieved June 1, 2007, from http://www.ijvs.org/1-6053-Article.php?id=28&tarticle=0.

Murray-Harvey, R., & Slee, P. T. (2007). Supportive and stressful relationships with teachers, peers and family and their influence on students' social/emotional and academic experience of school. *Australian Journal of Guidance and Counselling, 7*(2), 126-147.

Murray-Harvey, R., Slee, P. T., Saebel, J., & Taki, M. (2001). *Life at school in Australia and Japan: The impact of stress and support on bullying and adaptation to school*. Paper presented at the annual conference of the Australian Association for Research in Education (AARE), Fremantle, Australia. Retrieved May 31, 2007, from http://www.aare.edu.au/01pap/mur01081.htm.

Ohsako, T. (Ed.). (1997). *Violence at school: Global issues and interventions*. Paris: UNESCO International Bureau of Education.

Owens, L., Shute, R., & Slee, P. T. (2004). Girls' aggressive behavior. *The Prevention Researcher, 11*(3), 9-12.

Owens, L., Daly, A., & Slee, P. (2005). Sex and age differences in victimization and conflict resolution among adolescents in a South Australian school. *Aggressive Behavior, 31*, 1-12.

Pepler, D., Craig, W., O'Connell, P., Atlas, R., & Charach, A. (2004). Making a difference in bullying: Evaluation of a systemic school-based program in Canada. In P. K. Smith., D. Pepler, & K. Rigby (Eds.), *Bullying in schools: How successful can interventions be?* (pp. 125-141). London: Cambridge University Press.

Rigby, K., & Slee, P. T. (1991). Bullying among Australian school children: Reported behaviour and attitude toward victims. *Journal of Social Psychology, 131*, 615-627.

Rigby, K., & Slee, P. T. (1993). Children's attitudes towards victims. In D. P. Tattum (Ed.), *Understanding and managing bullying* (pp. 119-133). London: Heinemann Books.

Rigby, K., & Slee, P. T. (1999). Australia. In P. K. Smith., Y. Morita., J. Junger-Tas., D. Olweus., R. Catalano, & P. T. Slee. (Eds.), *The nature of school bullying. A cross-national perspective* (pp. 324-440). London: Routledge.

Slee, P. T. (2001). *The PEACE Pack: A program for reducing bullying in our schools*. Flinders University, Adelaide, Australia.

Slee, P. T. (2003, May). School bullying in Australia: Developments in understanding and intervention initiatives. Paper presented at the Oxford Kobe Education Seminar, *Measures to reduce bullying in schools*. Kobe, Japan: Kobe Institute.

Slee, P. T. (2005). Bullying in Australia. In M. Tsuchiya & P. Smith (Eds.), *Eliminating bullying in schools—Japan and the world* (pp. 65-72). Kyoto, Japan: Minerva.

Slee, P. T., Ma, L., Sim, H., Taki, M., Sullivan, K. (2003). School bullying in five countries in the Asia-Pacific Region. In J. Keeves & R. Watanabe (Eds.), *The Handbook on Educational Research in the Asia Pacific Region* (pp. 425-439). Dordrecht: Kluwer Academic.

Smith, P., Morita, J., Junger-Tas, D., Olweus, D., Catalano, R., & Slee, P. T. (1999). *The nature of school bullying. A cross-national perspective*. London: Routledge.

Smith, P. K., Cowie, H., Olafsson, R. F., & Liefooghe, A. P. D. (2002). Definitions of bullying: A comparison of terms, uses, and age and gender differences, in a fourteen-country international comparison, *Child Development, 73*, 1119-1133.

Smith, P. K., Kanetsuna, T., & Koo, H. (2006). Cross-national comparison of 'bullying' and related terms: Western and eastern perspectives. In K. Österman & K. Björkqvist (Eds.), *Proceedings of the XVI World meeting of the International Society for Research on Aggression: Vol. 8. Contemporary research on aggression* (pp. 3-10). Vasa, Sweden: The Faculty of Social and Caring Science.

Sullivan, K. (2000). *The anti-bullying handbook*. Auckland, NZ: Oxford University Press.

Swearer, S. M., & Doll, B. (2001). Bullying in schools: An ecological framework. *Journal of Emotional Abuse, 2*, 7-23.
Swearer. S. M., & Espelage, D. L. (2004). A social-ecological framework of bullying among youth. In D. L. Espelage & S. M. Swearer (Eds.), *Bullying in American schools. A social-ecological perspective on prevention and intervention* (pp. 1-12). Mahwah, NJ: Erlbaum.
Taki, M. (1997). *The P.E.A.C.E. Pack. A Japanese translation*. Tokyo: Jiji-tsushin.
Taki, M. (2001). Relation among bullying, stress and stressor: A follow-up survey using panel data and a comparative survey between Japan and Australia. *Japanese Society, 5*, 25-41.
Taki, M. (2002). *Changing schools by Japanese peer support—practical methods*. Tokyo: Kaneko Shobo.
Taki, M., Sim, H., Pepler, D., Hymel, S., Slee, P., Murray-Harvey, R., & Swearer, S. (2006, July). *Bullying Research Involving 5 Pacific Rim Countries*. Symposium conducted at the 19th Biennial Meeting of the International Society for the Study of Behavioural Development (ISSBD), Melbourne. Australia.
Treml, J. N. (2001). Bullying as a social malady in contemporary Japan. *International Social Work, 44*, 107-117.
Underwood, M. K. (2003). *Social aggression among girls*. New York: Guilford.
Yano, S. (2005, March). *Foreword. Director General*. International symposium on education reform 2005 (pp. 3-6). The National Institute of Educational Policy Research (NIER). Unpublished symposium.
Yokoyu, S. (2003, May). *Bullying and developmental psychology clinics focusing around how to work on trauma and recovery from bullying*. Paper presented at the Oxford Kobe Education Seminar, Measures to reduce bullying in schools (pp. 49-65). Kobe, Japan: Kobe Institute.
Yoneyama, S., & Naito, A. (2003). Problems with the paradigm: The school as a factor in understanding bullying (with special reference to Japan). *British Journal of Sociology of Education, 24*(3), 315-330.

4
긍정적 학교 분위기 만들기와 사회적 역량 개발하기

PAMELA ORPINAS AND ARTHUR M. HORNE

학교폭력은 복합적인 문제다. 모든 가해 행위는 남에게 상처를 주려는 의도가 있다는 점이 공통적이지만, 가해 행위의 심각도나 종류는 제각각이다. 단순히 깔보는 눈빛에서부터 나쁜 소문을 퍼트리는거나 신체적인 폭력을 쓰는 것까지 그 종류가 매우 다양하다. 이와 마찬가지로, 또래를 괴롭히는 이유도 Dagley(2000)는 4가지 동기를 예를 들어 제시했다: 관심, 복수, 권력, 불충분감. 결과적으로 학교폭력을 근절하기 위해 여러 학교와 다양한 학생들의 특성을 검증하는 종합적인 모델이 필요하다. Orpinas와 Horne(2006)은 '학교 사회적 역량 개발 프로그램(School Social Competence Development)'과 '학교폭력 예방 모델(Bullying prevention Model)'을 개발하여, 학교폭력 예방에 대한 핵심적 사안에 대해 체계적이고 심층적인 식견을 제공해준다. 이 모델에는 두 가지 요소가 있다(그림 4.1 참조). 바깥쪽 원은 학교를 뜻하고 이 원 안에는 긍정적인 교내 분위기를 만들기 위한 8가지 요소를 표시했다. 학생은 원의 중심에 있는데, 학생 개인 수준으로서 필요한 기술이나 인지적 요소 8가지를 또 표시하였다. 본 챕터는 이 모델의 각 요소에 대해 논의를 할 것이다. 그리고 성공적인 사업 실행을 위해 필요한 조건들에 대해 검증하는 것으로 마무리 짓고자 한다.

학교 사회적 역량 개발 프로그램과 학교폭력 예방 모델: 학교 부문

학교폭력을 감소시키기 위한 근본적인 방법 중 하나가 긍정적인 학교 분위기를 형성하여 배려 행위를 촉진시키는 것이다. 사람들이 대부분의 시간을 보내는 일터나 학교의 환경이 사람들의 정신건강과 행동에 중요하다. 기관의 이런 분위기를 형성하는 데에는 기관의 가치, 의사소통과 경영 방식, 규정과 원칙, 윤리적 대응능력, 배려 행위의 촉진, 학업적 성취에 대한 독려, 물리적 환경의 특징과 같은 요소들이 영향을 미친다. 긍정적인 분위기를 조성한 학교는 학생들에게 기꺼이 반응하고, 학생들과 교사들이 최선을 다해 역량을 발휘할 수 있도록 하는 학교다. 이런 환경에서는 또래와의 유대감과 학교에 대한 소속감이 증가하여 학업에 더 몰입할 수 있도록 한다. 따라서 공격적인 행동이 감소하는 것이다(Eisenberg, Neumark-Sztain-

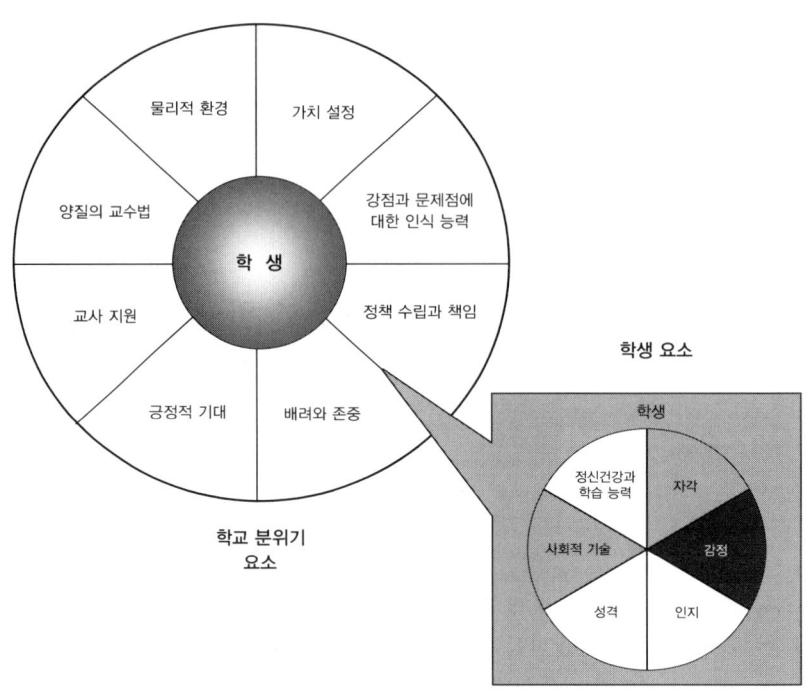

그림 4.1 학교 사회적 역량 개발 및 학교폭력 예방 모델(Orpinas & Horne, 2006).

er, & Perry, 2003; Orpinas, Horne, & Staniszewski, 2003; Resnick 등, 1997). 안타깝게도, 일부 학교는 마치 교정시설처럼 운영되고 있다. 그런 곳은 학생들에 대한 존중도 배려도 부족하고 공포와 위협으로 운영이 되는 곳이다. 분명 학생들은 그런 분위기를 원치 않을 것이다. 만약 이런 식의 분위기가 조성되면 프로그램이든 학업이든 중도 탈락율이 높아질 것이다. 또한 학생들은 이런 분위기 속에서 긍정적인 자질을 배우기보다 힘의 논리를 배워갈 것이다.

사회적 역량 개발 모델 중 학교 요소에 8가지 핵심 영역이 있다. 1) 양질의 교수법, 2) 가치 설정, 3) 강점과 문제점 인식능력, 4) 정책 수립과 책임, 5) 배려와 존중, 6) 긍정적 기대, 7) 교사 지원, 8) 물리적 환경 특성.

양질의 교수법

학업 성취는 학교에서 제일 중요한 목표다. 탁월한 강의 능력, 꼼꼼히 준비한 강의, 학생의 수업 동기를 진작시키는 기술들로 학업 성취를 증진시키고 학급 내 행동 문제를 감소시키며, 긍정적인 학급 분위기를 형성할 수 있다(Hein, 2004; Pianta, 1999; Pierce, 1994). 이 연구는 긍정적 행동 강화와 학업 성취의 필요성을 제시한다(Capra, Barbaranelli, Pastorelli, Bandura, & Zimbardo, 2000). 만약 학생이 교실에서 그릇된 행동을 하면, 그 행동에 대해 지도하느라 더 많은 시간을 할애해야 한다. 하지만 교사들은 진도를 빼야되는 압력도 받고 있는데다 학생들의 사회성을 지도해야 하는 요구도 받게 되기 때문에 종종 곤혹스러울 수 밖에 없다.

양질의 교수법을 터득하려면 교과목에 대해서 숙지를 하고 있어야 할 뿐 아니라 교실내 역동에 대해서도 마스터해야 한다. 교사들은 교과목 내용에 대해서는 비교적 잘 훈련이 되어 있더라도, 교육 전략에 대해 잘 숙지하지 않았다면 학급을 다루는데 힘들 수 있다. 교사들은 기품과 예의를 갖추어 교육시킬 수 있어야 할 뿐만 아니라, 학생들의 학습 스타일을 파악하고 이해와 응용력을 증진시키는 방향으로 수업을 진행할 수 있어야 한다. 물론, 기계적인 학습은 지양해야 한다. 예를 들어, 협력적 학습 그룹을 만들면 저마다 지식 수준들이 다른 학생들이 모여서 같이 학업 과제를 수행한다. 협력적 학습 그룹을 통해서 학업적 성취, 인종 차별 문제, 학교에 대한 긍정적 태도를 향상 시킬 수 있는데, 아직 전국적으로 잘 적용이 안 되고 있는 실정이다(US Department of Health and Human Services, 2001).

가치 설정

긍정적인 학교 분위기를 형성하고 학교폭력 예방에 대한 토대를 마련하기 위해서는 학교도 철학을 가지고 있어야 한다(Horne, Orpinas, Newman-Carlson, & Bartolomucci, 2004; Orpinas, Horne, & Multisite Violence Prevention Project, 2004; Sullivan, 2000). 학교 사회적 역량 개발 모델에서는 교육자와 학생에게 적용 가능한 가치를 제시했다.
1) 모든 학생은 배울 수 있다
2) 학교 공동체에 속한 사람은 누구나 인격적인 대우를 받거나 존중받을 권리가 있다.
3) 학교에서는 폭력, 공격성, 괴롭힘을 용납하지 않는다.

이런 가치관을 지지하고 관심을 모으기 위해서는, 교사와 학교 공동체의 모든 구성원들이 자기 학교의 가치를 수립하는 데에 '반드시 참여' 해야 한다(Bosworth, 2000; Orpinas 등, 2003). 이렇게 정한 가치는 교내 규칙을 정하고 적용하는 데 있어 근간이 된다(Curwin & Mendler, 1997). 교육자들은 항상 이런 가치관에 대해 찬성을 하면서도, 막상 현장에서는 실천하지 않는 경우도 많다. 따라서 그저 좋은 글귀나 적어놓고 고개만 끄덕이게 할 것이 아니라, 실제로 이 가치 설정의 중요성을 자각할 수 있도록 시간을 투자해야 한다. 그리고 교육자들이 이런 가치를 얼마나 현장에서 쉽게 위반할 수 있는 지에 대해서도 사례 교육이 필요하다.

강점과 문제점에 대한 인식 능력

완벽한 학교는 없다. 그렇기 때문에 문제점을 파악해서 해결하고, 강점을 파악해서 변화의 기틀로 삼을 수 있어야 한다. 학교, 부모, 교육자에 대한 설문조사와 질적 평가(모델 집단 선정, 핵심 인물과의 인터뷰 등)를 통해 문제점을 파악하고 해결방법을 도모하며, 해결책을 실행할 수 있는 방법에 대한 단서를 얻을 수 있다. 발전이 필요한 분야와 강점을 탐색하는 과정에서, 교육자들은 자신의 태도에 대해 반성할 수 있어야 된다. 예를 들어 '학교폭력은 아동기에 정상적인 발달 과정일 뿐이야'와 같이 학교폭력을 지지한다던가, '가해자들은 약해 보이는 애들이 자기 스스로 일어설 수 있도록 오히려 도와주는 셈이야.'와 같은 태도 말이다. 또한 '학교폭력은 무시하는 것이 제일이야'와 같은 태도도 반성의 대상이다. 이처럼 학교폭력을 지지하거나 학교폭력 근절의 중요성을 축소시키는 태도는 지양해야 한다(Orpinas & Horne, 2006). 단점에 대해 고민하고 평가해보는 행정은 인기가 없고, 심지어 위협적인 느낌 마저 줄 수 있다. 특히, 학교 운영자는 더 그런 느낌을 받을 수 있기 때문에 이런 행정은 되도록 기피하려는 경향이 있다. 하지만 특정 분야에서 취약점을 파악하지 못한다면, 개선법을 실행하는 데에도 어려움을 겪을 것이다.

정책 수립과 책임

학교폭력과 기타 문제를 예방하기 위한 정책 수립 뿐 아니라 규칙 위반자가 책임을 질 수 있도록 시스템을 구축하는 것이 긍정적인 학교 분위기 형성에 반드시 필요하다. 그런데 이런 목표를 달성하려면, 학교 운영자들은 독재적인 수법으로 정책을 만들어서는 안 된다. 학교 공동체에 속한 '모든' 구성원들이 정책 수립과 관련된 의사결정 과정에 참여를 해야 한다. 특히, 학교 운영자는 위의 모든 과정을 지원하여 학교 분위기와 문제 해결 원칙을 향상시킬 수 있어야 한다. 교사는 매일 학생과 접촉하기 때문에 정책 수립 과정에서 제일 소중한 집단이다. 학교 직원(예: 경비원, 버스 운전기사, 급식직원 등)도 이런 목표를 달성하기 위해 자기 보직에서 생각해낼 수 있는 아이디어를 제시할 수 있어야 한다. 학교 주최로 학부모 모임을 소집하면 학교 정책과 목표 달성에 대해 이해를 구할 수도 있고 지지도 이끌어낼 수 있다. 추가로, 학교 정책, 규칙 설정, 행정 처분은 학교의 가치관에 따라 이루어져야 한다. 그리고 더 중요한 것은 이런 참여 방식을 통해 맹목적 복종보다는 구성원 각각의 책임감을 이끌어내는 것이다.

Curwin과 Mendler(1999)는 '책임 대 복종'이란 두 모델을 비교 분석하였다. 복종 모델의 목표는 학생이 교사에게 복종하고 규칙을 따르는 것이다. 이런 모델에서는 아이들에게 '처벌'이 부과된다. 예를 들면, 정학을 당하거나, '나는 다른 아이들을 괴롭히지 않겠습니다'를 100번 쓰는 것이다. 따라서 학생들이 학교에서 배우는 것은 벌을 잘 주는 교사를 피해다니는 법이나 잘못을 들키지 않는 요령이 된다. 반대로, 책임 모델의 목표는 학생이 각자의 선택에 대해 책임감을 느끼도록 하는 것이다. 만약 학생이 나쁜 결정을 내렸다면, 교육자는 학생이 그 결과로 부터 교훈을 배울 수 있도록 해주고 피해자에게 끼친 손상을 복구할 수 있도록 도와준다. 책임 모델에서 학교폭력으로 걸린 학생이 있다면, 피해자에게 사과를 하고, 앞으로 비슷한 상황에서 어떻게 과거와 다르게 대처를 할 것인지에 대해 고민을 할 수 있도록 한다. 결국 책임 모델에서는 자기가 저지른 죗값을 단순히 갚도록 하기 보다 학생이 자신이 끼친 피해 상황을 복구하고, 가해 학생과 피해 학생 문제에 국한되지 않고 학교 전체 맥락에서 서로 관계를 회복할 수 있도록 하여 문제를 해결하도록 돕는다.

배려와 존중

교육자가 학생들과 긍정적인 라포를 맺고, 존중과 배려의 가치를 소중히 여기며, 적극적으로 실천해 보여줄 수 있다면, 학생들이 적절하게 행동할 수 있는 환경을 만들어낼 수 있다. 왜냐하면 학생들이 행정적 처분을 받기 보다는 서로에 대해 존중 받는다는 것을 인식하기 때문이다(Hein, 2004). 이런 환경을 조성할 수 있는 구체적 전략은 아래와 같다.

1) 학생들간 및 학생과 교사 사이의 유대감을 증진시킬 수 있는 활동을 계획하라: 교사는 학생들의 유대감을 증진시킬 수 있는 방법으로 경쟁 보다는 협력을 증진시키는 것이 필요하다. 협력을 독려하기 위해서는 민주적 의사 결정 방식과 의미있는 의사 결정을 할 수 있는 기회를 부여해야 한다.
2) 교사는 학생들이 존중을 배울 수 있도록, 학생들을 대할 때 존중으로 임하라 : 교육자들은 학생들에게 소리를 치는 것처럼 교사의 품위를 떨어뜨리는 행동을 반드시 지양해야 하며, 냉소적이거나 학생을 무안하게 하는 말은 삼가야 한다. 교사는 학생의 이름을 되도록 정확히 알고, 긍정적인 언어를 사용하며, 학생의 노력을 존중해주는 말을 해야 한다. 이를 통해 학생은 존중을 배울 수 있다.
3) 도덕적 원리를 다루는 노하우를 능동적으로 키워나가라: 대부분의 교사들은 자기가 맡은 교과목

내용에 대해서는 익숙하다. 하지만 도덕적 딜레마를 다루는 능력이 부족해 교사로서의 직무를 충실히 이행하지 못하는 경우도 발생한다. 학급 내 발생하는 갈등을 예방하는 전략을 숙달하여 긍정적인 교실 분위기를 만들고, 학교폭력을 감소시키며, 학습 효과를 끌어올릴 수 있다(Lewis, Sugai, & Colvin, 1998).

4) 학급 내 다양성은 축하할 일이다 : 다양성을 견뎌내야 한다는 수준을 넘어서, 학교는 학급 안에 다양성이 존재하는 것을 오히려 좋은 기회라고 생각할 수 있는 분위기가 형성되어 있어야 되고, 진심으로 다른 문화권에 대해 이해할 수 있는 기회를 독려해야 한다.

긍정적 기대

이런 긍정적 기대가 자기 충족적인 예언이든, 인지적 왜곡이든, 아니면 정말로 정확한 인식이든 간에 상관없다. 교육자는 학생에게 갖는 기대에 따라 학생을 대하는 행동이 달라지고, 결과적으로 학교 내의 학생의 행동에 영향을 미친다(Kolb & Jussim, 1994; Rosenthal, 1994; Trouilloud, Sarrazin, Martinek, & Guillet, 2002). 교사가 어떤 학생이 잘 못 배울 것이라고 생각했다면, 교사는 그런 학생과 보내는 시간이 줄어들게 되어 학생에게 줄 수 있는 피드백까지 줄어들게 된다. 따라서 그 학생에게 단순한 내용 위주로만 가르치게 되면서 그 교사의 자기 예언대로 그 학생은 별 것 아닌 사람이 된다. 반대로 교사가 긍정적인 기대를 가지고 있으면 격려하는 분위기가 생겨 학업 성취를 촉진시킨다. 이런 긍정적 기대는 학교 운영자와 교사들의 관계에서도 중요하다.

교사 지원

교사는 긍정적 학교 분위기를 만드는 데 핵심 멤버이다. 하지만 매일 매일의 스트레스와 교사들한테 쏟아지는 각종 요구사항들 때문에 이런 긍정적 노력을 낼만한 여유가 생기지 않을 수 있다. 교사들도 도움이 필요하다. 교사들도 수업을 기획하기 위한 시간이 필요하고, 문제를 해결하기 위해 동료들과의 만남이 필요하고, 각종 기술 개발 워크샵에도 참석해야 할 수도 있다. 지지 그룹을 통해 교사들은 새로운 기술을 배우거나 학급 운영에 대한 노하우도 전수받을 수 있다(Orpinas 등, 2004; Shapiro, Dupaul, Bradley, & Bailey, 1996). 교사의 소진에 대해 우리가 연구한 바로는 번아웃을 많이 느끼는 교사일 수록 학생들이 더 공격적이고 행동이 통제되지 않는다고 느낀다. 이에 따라 학생들의 성취에 대해 거는 기대가 낮아지는 경향을 발견하였다. 따라서 교사가 학생의 학업과 행동에 대해 긍정적인 기대를 유지하려면, 교사의 정서적 상태가 중요하다(Horne, Orpinas, & Multisite Violence Prevention Project, 2005).

물리적 환경

물론, 대인관계가 긍정적인 학교 분위기를 조성하는 데 제일 중요한 요소이긴 하지만, 안전하고 깨끗하며 미학적으로도 훌륭한 환경도 긍정적인 분위기를 조성하는 데에 도움이 된다. 모든 학교가 새 건물로 되어 있는 것도 아니고 최신 설비에 훌륭한 인테리어가 되어 있는 것은 아니지만, 청결하고 안전하며 매력적인 느낌이 들게 관리는 할 수 있다. 지난 10여년간 여러 학교를 상대로 일을 해보았을 때, 학교의 물리적 환경을 어떻게 관리했는지가 학교 교사, 행정가, 학생들의 자부심이자 만족의 대상이 될 수 있다는 점을 발견하였다. 게다가, 긍정적인 학교에서는 학교 벽에 교사와 학생들이 예술, 스포츠, 학업 분야 등에서 이룩한 각종 상과 기념물들로 전시되어 있었다 (Valentine, Clark, Hackmann, & Petzko, 2004).

학교 사회적 역량 개발 및 학교폭력 예방 모델: 학생 부문

지금까지 긍정적인 학교 환경의 조성에 필요한 특징들을 알아봤다. 학교폭력을 줄이기 위해서는 학생들의 사회적 역량을 증진시키는 것도 마찬가지로 중요하다(Welsh, Parke, Widaman, & O'Neil, 2001). 학생들이 친구를 사귀고, 폭력을 쓰지 않고 갈등을 해결하며, 어른들과 의미있는 대인관계를 유지하고, 미래를 준비하면서, 또래 문화에 대한 압력에도 견뎌내기 위해서는 사회적 기술이 필요하다. 학교 사회적 역량 개발 및 학교폭력 예방 모델에서 학생 부문으로 6가지 영역을 포함하고 있다. 1) 자각, 2) 감정, 3) 인지, 4) 성격, 5) 사회적 기술, 6) 정신 건강과 학습 능력(Orpinas & Horne, 2006). 이 6가지 영역들은 서로 긴밀하게 연결되어 있다. 예를 들면, 한 아이가 화를 분노 폭발로 표현을 할지 아니면 변화를 위한 건설적인 주장으로 승화시킬지는 그 아이의 인지 구조, 가치관, 사회적 기술의 수준, 정신 건강적 특성들이 관여한다. 게다가 이런 분노 표현은 환경의 질에도 큰 영향을 받는다: '좋은 씨앗을 비옥한 화분에 심을 수도 있고, 돌 투성이 화분에 심을 수도 있기 때문에, 씨앗 자체는 똑같더라도 결과는 매우 달라진다 지게 된다(Bosworth, Orpinas, & Hein, 2009, p.231)'. 비록 6가지 영역이 서로 연결이 되었다고 언급했지만, 이해하기 쉽게 우리는 각 영역을 따로 따로 나누어 설명해보겠다.

자 각

대부분 학교폭력 예방 교육 과정에는 문제의 심각성을 일깨우는 것으로 시작한다(Newman, Horne, & Bartolomucci, 2000). 학생들과 교사들은 신체적 폭력은 용납될 수 없는 행동이라는 것은 종종 인정을 한다. 하지만 놀리기, 별명 부르기, 소문 퍼트리기, 따돌림도 용납될 수 없는 행동이라고 인정하는 사람은 드물다. 본 모델에서는 학생들이 신체적, 언어적, 관계적 괴롭힘 각각의 특징들을 인식할 수 있도록 교육 받는다. 또한 학생들은 방관자가 학교폭력에 대한 해결책을 쥐고 있다는 것도 배우게 되고-도움 요청하기, 문제를 분산시키기, 피해자 친구들을 또래 모임이나 기타 집단에 초대하기-방관자가 역시 문제를 가중시키는 역할도 할 수 있다는 점-싸움을 부추기기, 구경하거나 비웃는 것으로 싸움을 강화시키기, 악의적 소문 퍼트리기, 폭력 상황에 아무것도 안하기-도 교육받는다. 이상적으로는 학교에서 공통 용어를 개발해서 모든 학생과 교사들이 학교폭력 현상을 규정하고 인식할 수 있도록 하는 것이 좋다. 이런 자각 증진 프로그램은 기존의 학교폭력 예방 프로그램의 일환으로 시행해도 좋고, 사회 과학이나 국어 수업의 일부로 통합해서 운영할 수 있다.

감 정

학교폭력 문제의 중심에는 학생들의 감정이 자리잡고 있다. Goleman(1995)은 일상 속에서 감정이 얼마나 중요한지를 '정서지능'이란 개념을 통해 알렸다. 정서지능은 인지적 지능과 달리 사회적 상황에서 자신의 감정을 다루는 여러 기술들을 아우른다. 몇 가지 예를 들면, 자신이나 다른 사람의 기분을 인식하는 것, 만족의 지연을 통해 기다릴 줄 아는 것, 충동을 조절하는 것, 삶에 대한 긍정적 시각을 갖출 줄 아는 것, 끈기 있게 목표를 향해 나아가는 것, 스스로에게 동기부여를 할 줄 아는 것 등이 있다. 이번 논의에서

	생각과 행동 A to E
A	Antecedent, the situation or event that occurred(앞선 상황, 벌어진 상황 또는 사건)
B	Beliefs, thought, or attributions about the event or people associated with the event(믿음, 생각, 본인이 생각하는 사건의 원인 또는 사건과 관련되어 책임져야 될 사람)
C	Consistent affect, how one feels about the situation based upon his or her beliefs(일관된 감정 표현, 본인의 믿음에 비추어 마주한 상황이 어떻게 느껴지는지?)
D	Doing, the consequent response to the antecedent event – typically influenced by one's beliefs and consistent affect(행동하기, 앞선 상황에 따른 반응-대체로 본인의 믿음이나 일관된 감정에 영향을 받는다)
E	External outcome, the consequences of one's response(외현적인 결과, 본인 반응에 대한 최종 결과)

그림 4.2 생각과 행동 A to E(Orpinas, P. & Horne, A. M.(2006). *Bullying prevention: Creating a positive school climate and developing social competence*. Washington, D.C.: American Psychological Association. Reproduced with permission.

는 정서지능 중에 제일 중요한 측면 중 하나에 대해 다루어보고자 한다: 자신의 감정을 인식하고 다룰 줄 아는 법, 다른 사람의 감정을 인식하는 법, 인생에 대한 긍정적인 시각을 유지하는 법. Orpinas와 Horne(2006)은 학교폭력 예방과 밀접하게 관련된 3가지의 긍정적 감정으로 1) 차분함, 2) 긍정주의, 3) 또래와 학교와의 유대감을 꼽았다. 이와 반대의 개념으로 분노, 회의주의, 단절성을 들 수 있다. 이런 부정적인 감정은 관계를 파괴시키고 학업 성취를 제한한다.

분노는 부당한 대우를 받거나 무시를 당하거나 공격적인 행동이 들어오면 나타날 수 있는 정상적인 반응이다. 특히나, 방임형 부모와 같이 살거나 폭력적인 주변인들과 함께 사는 아이들은 분노를 품을 만한 명분이 충분하다. 그리고 많은 아이들이 분노를 경험한다고 보고한다: 텍사스주의 중학생들 9,000명을 대상으로 한 조사에서 절반 정도의 학생들이 설문조사 시행 전 일주일 중에 하루는 내내 화가 난 상태였다고 응답하였다(Orpinas 등, 2000. Students for Peace Project에서 인용된 미출간 자료). 비록 몇몇 청소년들이 화가 날 만한 이유가 있으리라 생각하지만, 학생들은 신체적 또는 언어적으로 공격성을 드러내는 방식으로 표현하는 것은 용납될 수 없다는 점을 배워야 한다. 교사들은 다양한 전략을 통하여 학생들이 분노를 인식하고 관리할 수 있도록 지도할 수 있다. 예를 들면, 화가 났을 때 나타나는 신체적 변화(근육 긴장, 심박수 상승)를 인식하는 방법도 있고, 어떤 아이들은 분노를 두려움이나 수치심과 혼동하는데 다양한 종류의 감정들에 대해 익숙해질 수 있도록 돕는 법도 있으며, 화가 잘 나는 상황을 정리해보는 방법도 있다. 또한 분노 촉발을 다루는 방법을 터득해볼 수 있고, 그림 4.2와 같이 인지적 전략을 통해 화가 날 만한 생각을 다시 재구성해보는 법도 있고, 이완 요법을 적용해보든지 아니면 분노를 자비심으로 승화시키는 방법도 있다.

긍정주의적 감각을 키우는 것도 학교폭력을 감소시키는 데에 중요하다. 아이들이 비관적인 시각을 가지고 있을 만한 이유들이 많이 있다. 타고난 기질, 부정적인 가정 환경, 학교 문제, 부정적인 인지 구조 등 이 모든 것이 우울한 감정으로 이어질 수 있다. 우울증은 공격성과 연관되고(Eisenberg, Neumark-Sztainer, & Story, 2003) 물질 사용과도 관련이 있다(Kedler 등, 2001). 교사들은 학생들이 더 긍정적인 방식으로 인과관계를 추론할 수 있도록 도와서 긍정주의와 학교 문화에 대한 긍정적 기대를 품을 수 있도록 할 수 있다. 이를 위해 교사는 성공할 수 있는 기회를 주고, 학생들이 최선을 다할 수 있도록 격려하며, 학생들에게 적절한 인과관계 추론을 통해 어떻게 행동이 달라질 수 있는지를 알려줄 수 있다(Orpinas 등 2006; Seligman, Reivich, Jaycox, & Gillham, 1995).

학생들이 또래, 학교, 가족과 연결되어 있다고 느끼면 자존감이 상승하고 긍정적인 관계를 맺으며 학업 성취도 좋아진다. 이 챕터에서 제일 중요한 점은 '유대감'이 공격성과 피해 사례를 감소시킨다는 사실이다 (Bollmer, Milich, Harris, & Maras, 2005; Fox & Boulton, 2005; Simons-Morton, Crump, Haynie, & Saylor, 1999). 학교 운영자와 교사들은 학생들과 긍정적 관계를 유지하고, 학생들의 노력과 성공 사례를 인정하고, 학생들끼리 서로 잘 알 수 있도록 기회를 주며, 학생들이 서로에 대해 인정할 수 있는 기회를 제공함으로써 유대감을 향상시킬 수 있다.

인 지

사회적 역량을 키우고 학교폭력을 예방하기 위해서는, 적절한 인과 관계 추론을 위해 필요하거나 갈등해소에 도움을 주는 인지적 전략이 매우 도움이 될 수 있다. 생각과 행동 A to E(그림 4.2)는-Ellis(1962), Beck(1972), Maultsby(1984)와 같은 인지 심리학자들의 연구를 근거로 개발되었다-이런 인지적 전략의 한 예가 될 수 있다. 이 인지 전략을 통해 일단 외부의 사건이 어떻게 특정 생각으로 이어지는지를 검토해 본다. 예를 들면, 은아는 영석이에 대한 나쁜 소문을 퍼트렸다→영석이는 은아가 가해자라고 믿고 소문을 만들어낸 죗값을 치루어야 된다고 생각한다. 이런 생각은 영석이의 감정을 불러일으킨다. 예를 들면, 분노나 좌절감 같은 감정들이다. 이런 일관된 감정을 바탕으로 영석이는 행동하기로 결심한다. 예를 들면, 모욕을 주거나 다른 악소문을 만들어낸다. 이런 행동으로 인해 외현적인 결과가 이어진다. 예를 들면, 정학을 당한다든지, 은아 친구들한테 집단 폭행당한다. 생각을 변화시킴으로써 학생들은 뒤따라오는 감정과 행동과 결과를 바꿀 수 있다.

학교폭력 현상과 관련해 또 중요하게 봐야할 인지적 요소는 평화롭게 갈등을 해결하는 방법이다. 어떤 학생들은 특별히 폭력을 사용하지 않고도 갈등을 해결하는 재능을 타고난 경우가 있는데, 대부분은 가정에서 부모를 보고 배웠을 가능성이 높다. 하지만, 대부분 학생들은 갈등을 해결하는 기술도 교육 받아야 할 영역이 된다. 그리고 이 기술을 배우기 위해 계단을 하나 하나 밟아나가듯 단계적인 학습이 필요하다. 갈등을 해결하는 과정은 일반적으로 다음과 같다.

1) 일단 진정한다
2) 문제점을 파악하고 목표를 확인한다
3) 해결책을 만들어 본다
4) 이 해결책이 어떤 결과들을 불러일으킬지 예상해본다
5) 여러 해결책들 중에 하나를 선택하여 실행한다
6) 결과를 평가해본다.

어떤 교과 과정을 보면 이런 전략 과정을 머리글을 딴 단어로 만들어 학생들이 쉽게 기억하고 따라할 수 있도록 하였다. 예를 들면 STOPP(**S**top and calm down; 멈추고 진정해, **T**hink about the problem and goals; 문제점과 목표를 생각해봐, **O**pt for solutions that are possible; 가능한 해결 방법을 선택해봐, **P**lan for possible consequences and do it; 가능한 결과를 계획해보고 행동으로 옮겨봐, **P**lan working? 계획대로 되었니?)(Horne, Bartolomucci & Newman-Carlson, 2003)이나 SCIDDLE(**S**top; 멈춰, **C**alm down; 진정해, **I**dentify the problem and your feeling about it; 문제를 확인하고 네 느낌이 어떤지 알아봐, **D**ecide among your choices; 어떤 선택을 할지 결정해봐, **D**o it; 행동으로 옮겨봐, **L**ook back; 네 선택과 행동이 어땠는지 되돌아봐, **E**valuate; 결과가 어땠어? 평가해봐)(Meyer, Allison, Reese, Gay, & Multisite Violence Prevention Project., 2004)

성 격

학교폭력을 예방하기 위해서 감정, 인지, 행동에 관한 교육에서 더 나아가 성격 교육도 필요하다. 어떤 아이들은 학교폭력은 잘못된 행동인 것을 알고 있고 다른 사람들과 긍정적인 방식으로 지낼 수 있는 사회적 기술도 가지고 있음에도 학교폭력을 저지르는 쪽으로 선택을 한다. 성격 교육은 학생들이 도덕적 및 윤리적 가치에 근거하여 행동할 수 있도록 다양한 방법으로 교육한다(Lickona, 1991; Rusnak, 1998). 공격성을 감소시키는 여러 훈련 프로그램 중에 공감 훈련이 있다. 이 훈련은 프로그램에서 중요한 요소인데 학생들이 친구들에 대해 행동으로나 감정적으로나 잘 이해할 수 있으면, 다른 학생들한테 해를 덜 가할 것이다(Goldstein, 1999).

사회적 기술

사회적인 역량을 키우려면 갈등 해결 기술에서 더 나아가 일반적인 사회적 기술과 학업 기술이 필요하다. 학교폭력을 저지르는 혹은 폭력에 당하는 아이들 중에는 감정 조절 기술(스스로 차분해질 수 있는 자기 조절력)이 부족하거나 다른 사람에게 존중과 관심을 표현하는 기술(예의를 갖추기, 남의 긍정적인 측면을 인정하기)이 부족한 경우가 있다. 또한 언어적 의사소통 기술(대화를 거는 기술, 중간에 방해받더라도 지키는 기술)이 부족하거나 경청하는 기술(시선 접촉을 유지하기)이 부족할 수도 있다. 학업적 기술(시간 관리, 공부 요령)도 학교폭력 예방과 학업성취에도 필요한 기술이다. 어떤 아이들은 이런 기술들이 부족한 것을 덮으려고 더 폭력을 행사할 수도 있다.

정신건강과 학습 능력

긍정적인 학교 분위기와 학생들에게 사회적 기술을 가르친다고 해서 학교폭력 문제가 전부 해결될 수 있는 것은 아니다. 어떤 가해자 학생들은 의학적 혹은 심리학적 치료가 필요하다. 학습장애가 있는 학생들도 별도의 도움이 필요하다. 학습장애 학생도 피해자가 될 가능성이 높기 때문이다.

포괄적 모델의 실행

학교 사회적 역량 개발 및 학교폭력 예방 모델을 성공적으로 실행하기 위한 과정은 다른 포괄적 모델과 그리 다르지 않다. 비록 실행법에 대한 연구가 효과적인 프로그램을 확인해내는 연구에 비해 뒤처져 있긴 하지만(Fixsen, Naoom, Blasé, Friedman, & Wallace, 2005), 성공적인 실행을 위해 우리는 연구자 및 실무자 대부분이 공감대를 이룬 핵심 요소 3가지에 대해 집중적으로 설명하려고 한다.

첫 번째 핵심 요소는 헌신이다. 예방 프로그램, 특히 포괄적 예방 모델은 아무 정성 없이 실행시킬 수 없다. 학교 환경은 프로그램 실행이 얼마만큼 포괄적으로, 또 오랫동안, 또 충실하게 이루어질 것인지에 대하여 아주 중요한 역할을 한다. 무엇보다 학교 행정이 학교폭력 근절과 긍정적 학교 분위기 형성에 반드시 헌신적인 방향으로 뒷받침되어야 한다(Orpinas 등, 1996). 학교 운영자는 각종 자원을 모을 수 있고, 훈련 과정을 제공할 수 있으며, 동기부여를 시킬 수 있다. 또한 학교 공동체와 이해관계를 지닌 다양한 사람들 사이에 공감대를 불러일으킬 수도 있고, 이런 제도 변화가 어떤 과정으로 이루어지는지 설명해줄 수 있

표 4.1 실무를 위한 제언

1. 긍정적 학교 분위기 조성이 학교폭력과 기타 공격성을 예방하는 데에 필수적이다.
2. 학교폭력 예방을 하는 과정에서 특정 교과 과정은 필요할 수도 있고 필요 없을 수도 있다. 어떤 종류의 문제점이 발견되었는 지에 따라, 또 교사 및 학생들의 수요에 따라 달라질 수 있기 때문이다.
3. 학교폭력 문제는 다양한 모습으로 드러날 수 있고, 그 원인 또한 서로 다르기 때문에, 포괄적인 평가를 해야 최선의 예방 프로그램을 기획할 수 있다.
4. 학교 부문에서는 학교폭력 예방을 위해 양질의 교수법이 필수적인 요소다. 다른 요소로는 긍정적 학교 분위기 조성을 위한 가치 정립, 각 학교만의 강점 확인, 문제 해결 중심적 접근, 가해자의 책임감을 증가시키는 정책 개발, 배려와 존중의 환경 조성, 모든 직원과 아이들에 대한 긍정적 기대, 교사 지원 활성화, 자부심을 느끼게 할만한 물리적 환경 조성이 있다.
5. 학생 부문에서는 문제점 자각에 대한 훈련, 갈등 해결 기술 증진, 감정 관리, 다른 학생들을 대함에 있어 존중과 예의를 갖출 수 있는 윤리 의식이 필요하다.
6. 효과적으로 정책이 수행되려면 학교 행정가와 직원들이 헌신해야 하며, 문제점을 늘 성실하게 진단해야 하고, 세심하게 정책을 수행해야 한다. 또한 시간과 예산 지원도 적절하게 배분되어야 한다.

다(Adelman & Taylor, 2003). 교사의 헌신과 이해도 역시 필수다. 이 모델을 실행시키려면, 교사들은 현행대로 학생들을 대하던 방식을 바꿔야 할 때가 종종 있을 것이고, 전문적인 역량 강화 워크숍에 참석해야 할 수도 있다. 무엇보다 교사는 이 모델 실행에서 제일 선봉장 역할을 하게 된다. 일단 학교와 관련된 다양한 이해 관계자들이 긍정적 학교 분위기를 조성하기로 결정하고 학생들의 사회적 기술 개발에 헌신하기로 했다면, 이해 관계자들 사이에 협회를 조성하여 포괄적 모델 실행에 대한 리더십을 발휘해줘야 한다.

두번째 핵심 요소는 문제점에 대한 평가다. 학교폭력 현상 이면에는 다양하고 수많은 배경들이 있다. 예를 들면, 조직 폭력 문제나 연애 폭력을 당연시 하는 사회 분위기나 교내 학습 프로그램에 잘 적응하지 못하는 것들도 포함된다. 따라서 학교폭력을 해결하기 위해 학교는 어떤 원인 때문인지 확인할 필요가 있다. 특히, 학교는 학교폭력 종류 별로 유병률을 측정하고 위험 요인과 보호 요인 등을 분석해야 한다. 평가를 위해 교사, 부모, 학생들을 대상으로 설문하는 것도 좋고, 몇몇 핵심 실무자들과 면담을 하거나 관심군 학생들에 대한 심층 조사도 필요할 수 있다. 또한 교사와 학교 운영자들은 학교 수준에서 분위기 개선에 필요한 그 학교만의 강점을 평가해보는 것도 도움이 된다.

세번째 핵심 요소는 세심한 정책 실행이다. 상기 평가 결과에 근거하여 학교폭력 예방팀은 학교 공동체에게 일반적 및 구체적 목표를 제시하고 전략을 기획할 수 있다. 이런 방식으로 정책을 실행하려면 각 업무 분장에 따라 각각의 훈련 과정이 필요하기도 하고 지원도 필요하다. 평가를 통해 문제점을 확인하는 것도 중요하지만, 계획대로 실행이 되고 있는지(과정 평가)와 기획된 전략이 제대로 효과를 발휘하고 있는지(성과 평가) 검증하는 데에도 중요하다. 전략의 어떤 요소가 효과를 발휘하고 있고 어떤 요소가 효과를 못 내고 있는지 정기적으로 점검해보면 정책 실행에 좋은 피드백이 될 수 있다. 학교 분위기를 변화시킨다는 것은 단순히 '빨리 빨리'식 접근 이상의 의미를 품고 있다. 따라서 학교는 문제점 해결을 위해 단계적인 접근을 취해야 한다. 예를 들면, 어떤 학교가 별명 부르기와 자존심을 뭉개는 언행을 개선시키기로 포괄적인 전략을 수립했는데(Orpinas 등, 2003), 결국 전반적으로 공격성을 줄이는 데에 성공했다.

요약하면, 학교 분위기의 변화와 학교폭력 예방을 위해 헌신이 필요하고, 문제 진단을 늘 성실하게 하며, 전략 실행을 세심하게 해야 한다(표 4.1). 평가를 계속 진행하면 정책 실행에 대한 지침이 되고, 덜 효과적인 전략을 수정하는 데에 도움이 되며, 학교 환경 개선에도 기여를 할 수 있다. 학교 행정가들은 시지푸스 신화처럼 매년 의미도 없는 활동을 반복해서는 안된다.

참고문헌

Adelman, H. S., & Taylor, L. (2003). On sustainability of project innovations as systemic change. *Journal of Educational and Psychological Consultation, 14,* 1-25.
Beck, A. T. (1972). *Depression: Causes and treatment.* Philadelphia: University of Pennsylvania Press.
Bollmer, J. M., Milich, R., Harris, M. J., & Maras, M. A. (2005). A friend in need—The role of friendship quality as a protective factor in peer victimization and bullying. *Journal of Interpersonal Violence, 20,* 701-712.
Bosworth, K. (2000). *Protective schools: Linking drug abuse prevention with student success.* Tucson: University of Arizona, College of Education.
Bosworth, K., Orpinas, P., & Hein, K. (2009). Development of a positive school climate. In M. Kenny, A. M. Horne, P. Orpinas, & L. Reese (Eds.), *Realizing social justice: The challenge of preventive interventions* (pp. 229-248). Washington, DC: American Psychological Association.
Camus, A. (1991). *The myth of Sisyphus and other essays* (Trans. Justin OBrien). New York: Vintage Books.
Caprara, G. V., Barbaranelli, C., Pastorelli, C., Bandura, A., & Zimbardo, P. G. (2000). Prosocial foundations of children's academic achievement. *Psychological Science, 11,* 302-306.
Curwin, R. L., & Mendler, A. N. (1997). *As tough as necessary: Countering violence, aggression, and hostility in our schools.* Alexandria, VA: Association for Supervision and Curriculum Development.
Curwin, R. L., & Mendler, A. N. (1999). *Discipline with dignity.* Alexandria, VA: Association for Supervision and Curriculum Development.
Dagley, J. C. (2000). Adlerian family therapy. In A.M. Horne & J. L. Passmore (Eds.), *Family counseling and therapy* (3rd ed., pp. 366-419). Itasca, IL: F.E. Peacock.
Eisenberg, M. E., Neumark-Sztainer, D., & Perry, C. L. (2003). Peer harassment, school connectedness, and academic achievement. *Journal of School Health, 73,* 311-316.
Eisenberg, M. E., Neumark-Sztainer, D., & Story, M. (2003). Associations of weight-based teasing and emotional well-being among adolescents. *Archives of Pediatrics & Adolescent Medicine, 157,* 733-738.
Ellis, A. (1962). *Reason and emotion in psychotherapy.* (2nd ed.) New York: L. Stuart.
Fixsen, D. L., Naoom, S. F., Blase, K. A., Friedman, R. M., & Wallace, F. (2005). *Implementation research: A synthesis of the literature.* Tampa:, University of South Florida, Louis de la Parte Florida Mental Health Institute, The National Implementation Research Network (FMHI Publication #231).
Fox, C. L., & Boulton, M. J. (2005). The social skills problems of victims of bullying: Self, peer and teacher perceptions. *British Journal of Educational Psychology, 75,* 313-328.
Goldstein, A. P. (1999). *The Prepare Curriculum: Teaching prosocial competencies* (rev. ed.) Champaign, Ill.: Research Press.
Goleman, D. (1995). *Emotional intelligence.* New York: Bantam Books.
Hein, K. (2004). Preventing aggression in the classroom: A case study of extraordinary teachers (Doctoral Dissertation, University of Georgia).
Horne, A. M., Bartolomucci, C. L., & Newman-Carlson, D. (2003). *Bully busters: A teacher's manual for helping bullies, victims, and bystanders* (grades K-5). Champaign, IL: Research Press.
Horne, A. M., Orpinas, P., & Multisite Violence Prevention Project. (2005). *Teacher burnout: Is it the person, the perceived environment, or the "real" environment?* Poster presentation accepted at the 113th Annual Convention of the American Psychological Association Washington, DC.
Horne, A. M., Orpinas, P., Newman-Carlson, D., & Bartolomucci, C. (2004). Elementary school Bully Busters program: Understanding why children bully and what to do about it. In D. L. Espelage & S. M. Swearer (Eds.), *Bullying in American schools: A social-ecological perspective on prevention and intervention* (pp. 297-325). Mahwah, NJ: Erlbaum.
Kelder, S. H., Murray, N. G., Orpinas, P., Prokhorov, A., McReynolds, L., Zhang, Q., et al. (2001). Depression and substance use in minority middle-school students. *American Journal of Public Health, 91,* 761-766.
Kolb, K., & Jussim, L. (1994). Teacher expectations and underachieving gifted children. *Roeper Review, 17,* 26-31.
Lewis, T. J., Sugai, G., & Colvin, G. (1998). Reducing problem behavior through a school-wide system of effective behavioral support: Investigation of a school-wide social skills training program and contextual interventions. *School Psychology Review, 27,* 446-459.
Lickona, T. (1991). *Educating for character: How our schools can teach respect and responsibility.* New York: Bantam Books.
Maultsby, M. C. (1984). *Rational behavior therapy.* Englewood Cliffs, NJ: Prentice-Hall.
Meyer, A. L., Allison, K. W., Reese, L. R. E., Gay, F. N., & Multisite Violence Prevention Project. (2004). Choosing to be violence free in middle school—The student component of the GREAT schools and families universal program. *American Journal of Preventive Medicine, 26,* 20-28.

Newman, D. A., Horne, A. M., & Bartolomucci, C. L. (2000). *Bully Busters: A teacher's manual for helping bullies, victims, and bystanders.* Champaign, IL: Research Press.

Orpinas, P., & Horne, A. M. (2006). *Bullying prevention: Creating a positive school climate and developing social competence.* Washington, DC: American Psychological Association.

Orpinas, P., Horne, A. M., & Multisite Violence Prevention Project. (2004). A teacher-focused approach to prevent and reduce students' aggressive behavior—The GREAT Teacher Program. *American Journal of Preventive Medicine, 26,* 29-38.

Orpinas, P., Horne, A. M., & Staniszewski, D. (2003). School bullying: Changing the problem by changing the school. *School Psychology Review, 32,* 431-444.

Orpinas, P., Kelder, S., Frankowski, R., Murray, N., Zhang, Q., & McAlister, A. (2000). Outcome evaluation of a multi-component violence-prevention program for middle schools: the Students for Peace project. *Health Education Research, 15,* 45-58.

Orpinas, P., Kelder, S., Murray, N., Fourney, A., Conroy, J., McReynolds, L., et al. (1996). Critical issues in implementing a comprehensive violence prevention program for middle schools: Translating theory into practice. *Education and Urban Society, 28,* 456-472.

Pianta, R. C. (1999). *Enhancing relationships between children and teachers.* Washington, DC: American Psychological Association.

Pierce, C. (1994). Importance of classroom climate for at-risk learners. *Journal of Educational Research, 88,* 37-42.

Resnick, M. D., Bearman, P. S., Blum, R. W., Bauman, K. E., Harris, K. M., Jones, J., et al. (1997). Protecting adolescents from harm—Findings from the National Longitudinal Study on Adolescent Health. *Jama-Journal of the American Medical Association, 278,* 823-832.

Rosenthal, R. (1994). Interpersonal expectancy effects—A 30-year perspective. *Current Directions in Psychological Science, 3,* 176-179.

Rusnak, T. (1998). *An integrated approach to character education.* Thousand Oaks, CA: Corwin.

Seligman, M. E. P., Reivich, K., Jaycox, L., & Gillham, J. (1995). *The optimistic child: A proven program to safeguard children against depression and build lifelong resiliency.* New York: Harper Perennial.

Shapiro, E. S., DuPaul, G. J., Bradley, K. L., & Bailey, L. T. (1996). A school-based consultation program for service delivery to middle school students with attention-deficit/hyperactivity disorder. *Journal of Emotional and Behavioral Disorders, 4,* 73-81.

Simons-Morton, B. G., Crump, A. D., Haynie, D. L., & Saylor, K. E. (1999). Student-school bonding and adolescent problem behavior. *Health Education Research, 14,* 99-107.

Sullivan, K. (2000). *The anti-bullying handbook.* Auckland, New Zealand: Oxford University Press.

Trouilloud, D. O., Sarrazin, P. G., Martinek, T. J., & Guillet, E. (2002). The influence of teacher expectations on student achievement in physical education classes: Pygmalion revisited. *European Journal of Social Psychology, 32,* 591-607.

U.S. Department of Health and Human Services (2001). *Youth violence: A report of the Surgeon General.* Rockville, MD: U.S. Department of Health and Human Services; Centers for Disease Control and Prevention, National Center for Injury Prevention; Substance Abuse and Mental Health Services Administration, Center for Mental Health Services; and National Institutes of Health, National Institute of Mental Health.

Valentine, J. W., Clark, D. C., Hackmann, D. G., & Petzko, V. N. (2004). *Leadership for highly successful middle level schools: A national study of leadership in middle level schools* (vol. II). Reston, VA: National Association of Secondary School Principals.

Welsh, M., Parke, R., Widaman, K., & O'Neil, R. (2001). Linkages between children's social and academic competence: A longitudinal analysis. *Journal of School Psychology, 39,* 463-482.

5

학교폭력 예방과 개입을 위한 사회-생태적 모델

학생 생태계에 대한 어른의 영향력

DOROTHY L. ESPELAGE AND SUSAN M. SWEARER

가해 사례와 피해 사례는 단독으로 발생하지 않는다. 일반적으로 학교폭력은 가해자와 피해자 개인적 관계에 한정된 현상도 아니다. 사실, 학교폭력은 각 개인과 또래집단과 학교 환경 사이에서 일어나는 복합적인 사회적 교환 관계로 간주할 수 있다(Swearer & Espelage, 2004). 사회-생태학적 모델은 그간 인류의 행동을 이해하는 데에 중요한 근간이 되어 왔다. 이 모델은 Kurt Lewin이(B=f(P,E))라는 공식을 통해, 인간의 행동은 자신이 처한 환경과의 상호작용의 결과물이라는 개념을 소개하면서 발전하게 되었다(Lewin, 1936). 어린이들 경우, 아이들의 환경은 부모와 보호자가 정해주는대로 고스란히 영향을 받게 되고, 학교에 입학을 하면 어른들의 입김을 많이 타게 된다. 사실, 인생의 첫 18년 동안의 사회-생태계 그림을 결정 짓는 것은 다름 아닌 어른들이다.

사회적 맥락에서의 개인의 상호작용에 관한 학문은 심리학, 사회학, 인류학, 행동학 분야에서 긴 역사를 지니고 있다. 1960년대에 Konrad Lorenz는 On Aggression(1967)을 집필하면서 공격적 행동은 다윈의 자연 선택설에 근거해 대대로 유전이 된다고 가정하였다. 행동학자들은 동물에서 나타나는 공격적 행동에 대해 연구를 했고, 심리학자, 사회학자, 인류학자들이 행동학자들의 연구에 근거해 '왜 인간은 공격적 행동을 하는가'에 대한 답을 찾으려 했다. 사실 이 챕터에서 공격적 행동의 표현과 발생에 대한 다양한 측면의 요인들을 설명하기에는 너무 스케일이 크다. 하지만, 공격성과 관련된 요인들 중에 밝혀진 것들을 꼽자면 개인, 또래, 가족, 학교, 지역사회, 문화권 요인들이 있다.

사회 생태학적 이론

Bronfenbrenner가 제시한 생태학적 모델(1979)에 따르면 여러 시스템의 교차 작용에 의해서 사람들의 행동이 결정된다고 한다. 이런 생태학적 모델의 요소로는 마이크로시스템 또는 즉각적 사회 환경(예: 개인의 역할, 관계, 활동), 메조시스템 또는 간접적 영향을 주는 사회환경(예: 부모의 취업 상태, 교내 행정 현안, 교내 또래집단), 엑소시스템 또는 개인에게 영향을 주는 사건들(예: 부모의 친구; 교내 교사들의 활동), 마크로시스템(마이크로-, 메조-, 엑소시스템 모두를 포괄하는 공통성으로 문화권 전체의 모습; 예: 사회경제적 수준)이 있다. Bronfenbrenner의 사회-생태학적 모델을 통해 인류 행동의 복잡성을 잘 보여주기는 하지만, 경험적인 수준에서 이런 복잡한 모델을 검증 하기는-특히 마크로시스템을-훨씬 더 어렵다. 이렇게 서로 상호작용하는 복잡한 모델을 놓고 볼 때, 현실 속에서 과연 이 모델을 어떻게 검증할 것인지를 고민하는 것이 제일 중요한 과제가 된다.

이 모델을 현실에서 검증을 하기에는 너무 벅찬 일이다. Bronfenbrenner는 본인의 저서에 '사회 변모 실험을 한다면 사회 시스템의 변화와 시스템의 재구성 과정을 겪게 되면서 사회 조직 구성이나 믿음 체계나 특정 문화권 또는 하위 문화권에서의 라이프 스타일도 변하게 된다(p.41)'라고 주장했다. 학교폭력 분야 연구자들에게는 이런 '사회 변모 실험'을 어떻게 기획해서 검증해볼 것이냐가 제일 큰 도전과제가 되었다.

사회-생태학적 모델을 가해 행위에 적용시키기

그간 사회-생태학적 모델을 통해 학교폭력 현상을 이해하려고 노력해왔고(Khoury-Kassabri, Benbenishty, Astor, & Zeira, 2004), 이제 사회-생태학적 이론은 학교폭력 분야에까지 그 영역이 확장되었다(Garbarino, 2001; Newman, Horne, & Bartolomucci, 2000; Olweus, 1993; Swearer & Doll, 2001; Swearer & Espelage, 2004). 이론 뿐 아니라 그간 연구를 비추어볼 때, 학교폭력 가해 사례와 피해 사례도 개인, 가족, 또래집단, 학교, 지역사회, 사회에서 서로 서로 영향을 주고 받는 현상임이 밝혀졌다.

특히, 또래 문화가 학교폭력을 이해함에 있어 중요한 변수로 계속 각광받아왔다. 학회에서는 일부 이론을 대세로 인정하고 있는데, 그 중에 동성친화이론(homophily hypothesis)(Cairns & Cairns, 1994; Espelage, Holt, & Henkel, 2003), 유인이론(attraction theory)(Bukowski, Sippola, & Newcomb, 2000), 지배이론(dominance Theory, Pellegrini, 2002)이 있다. 본 챕터에 소개된 연구에서는 학교폭력과 긍정적 또래, 가족, 학교, 이웃 관계 변수 간의 상관관계를 평가할 것이다. 본 연구에서는 일탈 행동 훈육에 대한 문헌을 근거하여 변인들을 선별하였다. 이 문헌에서는 성장 과정 중에 공격성에 대해 장려받은 적이 있는 지, 물질 사용이나 일탈 행동 경험 있는 지에 대한 조사가 이루어졌었다(Dishion & Owen, 2002).

최근 연구에서 학교폭력에 관한 사회-생태학적 모델을 검증하기 위해, 학교폭력에 관한 또래 태도와 학교 분위기 변수와 이웃 분위기 변수와 가해/피해 현상에 대한 개인의 부정적 감정 변수를 가지고 다항 로지스틱 회귀분석을 실시하였다(Swearer 등, 2006). 비록 전체 모델 자체는 본 분석에서 유의하지 않았지만, 학교폭력에 대한 또래들의 호의적 태도와 부정적인 학교 분위기가 학교폭력 현상과 강한 상관관계를 보였다.

어른들이 학생들의 학교폭력에 미치는 영향

비록 소아청소년들이 일으키는 가해 및 피해 사례들은 학교에서 발생하지만, 최근 연구자들은 가족들의 사회화 과정과 같이 또래관계에 악영향을 미칠 수 있는 초기 발달 과정에 초점을 맞추어 연구를 시작하였다. 가족간 관계가 학교폭력에 어떻게 영향을 미치는 지 알아보기 위해, 본 연구에서는 3가지 영역(애착 관계, 부모 훈육 관계, 사회적 지지 관계)에 대해 알아보았다.

애착 관계와 학교폭력

애착 이론은 양육자와의 관계가 미래의 대인관계 모델이 된다는 가정을 깔고 있다. 따라서 불안정 애착이 형성된 아이는 다른 사람들이 늘 일관성 없고 무감각한 반응을 보일 것이라고 여기게 된다. 반면, 안정애착이 형성된 아이는 다른 사람들이 일관되고 기민하게 대인관계해줄 것이라는 믿음을 갖게 된다(Bowlby, 1969). Troy와 Sroufe(1987) 연구가 널리 인용되고 있는데, 이들은 18개월에 불안정 또는 불안-회피적 또는 불안-저항적 애착 관계를 습득한 아이는 안정 애착을 지닌 아이에 비해 4~5세에서 가해 행위를 보일 확률이 더 높았다고 보고 했다. 피해자의 경우, Perry, Hodges, & Egan(2001)은 불안/저항적 아이들은 쉽게 울음을 터트리는 경향이 있고, 불안을 겉으로 드러내는 경향이 있으며 외부 세계를 탐험하는 것을 주저하는 경향이 있다는 점을 발견했는데, 이 모든 성향이 피해 상황을 조장하는 것으로 지적했다. 게다가 Perry 등(2001)은 저항적 애착 관계를 형성한 아이의 자아상을 조사했을 때, 자기 무가치감과 무력감과 무능감을 지닌 것으로 밝혔고 이런 자아상이 가해자들의 타겟이 되는 경우가 많다고 주장했다.

부모 훈육법과 학교폭력

애착 관계가 미래의 대인관계를 결정짓는 틀이 되겠지만, 부모의 훈육방법이나 양육법도 미래의 대인관계를 결정짓는 요소로 작용한다. 가족 역동 분야에서는 가해자 소아청소년들의 가족 특성이 피해자의 그것보다 더 많이 연구되어 있다(Finnegan, Hodges, & Perry, 1998; Rodkin & Hodges, 2003). Olweus(1993)는 공격적인 성향을 보이는 남학생들의 양육자는 관심과 온정이 결여되어 있고 신체적 체벌과 폭력적인 감정 표출 같이 '힘의 논리'를 사용하는 경향이 있다고 밝혔다. 또한 이들 양육자는 자녀들이 공격적인 행동을 보여도 허용적인 태도를 취하는 경향이 있었다. Bowers, Smith, & Binney(1994)은 이 연구 결과를 다시 확증하였는데, 가해자들의 가족 간에는 힘의 논리가 우세하게 자리잡고 있음을 확인하였다.

일반적으로, 가해자나 피해자나 가피해자는 권위적인 부모를 두고 있다고 알려져 있다(Baldry & Farrington, 2000). 그런데 Bowers 등(1994)의 연구 결과를 보면 이들 부모들의 훈육법도 세부적으로 구분해 볼 수 있다. 예를 들어, 가피해자의 부모는 무관심-방임 스타일을 주로 보인다. 더 구체적으로, 가피해자 아이들은 정이 부족하고 학대를 받는데다 일관되지 못한 훈육 원칙으로 대인관계에 어려움을 겪는다고 보고할 뿐 아니라, 지지도 거의 받지 못한다고 호소하였다. 가해 행위-또는 일반적인 범주로 이야기하자면 반사회적 행동-는 부모들이 없거나 자기 자녀들이 밖에서 무슨 활동을 하고 다니는지 모를 때 잘 발생한다고 한다. 그래서 Olweus(1993)은 자녀들이 학교 밖에서 무슨 짓을 하는지, 또 누구와 어울려다니는 지 부모가 잘 모니터링하는 것이 중요하다고 강조했다. 게다가 부모 간에 부부갈등 수준이 높아도 아이들의 공격적 행동에 영향이 간다고 밝혀지기도 했다(Olweus, 1993).

McFayden-Ketchum, Bates, Dodge, & Pettit(1996)는 부모가 아이들의 공격성을 줄일 수도 있다고 밝혔다. 어머니와 자녀 사이에 애정이 충실하면 공격적 및 파괴적 행동이 유의하게 감소하는 것으로 드러났다. 게다가 이런 긍정적인 유대관계가 장기적인 관점에서 공격적 행동으로 나쁜 결과로 이어지는 것을 억제해주는 효과도 있었다.

가해자 가족에서는 온정과 관심이 부족했던 반면, 피해자 가족에서는 지나친 간섭과 과잉보호하는 어머니가 특징점으로 부각되었다(Bowers 등, 1994; Olweus, 1993). Olweus(1993)는 피해자 남학생들이 다른 남학생에 비해 어머니와 더 긍정적인 관계를 갖긴 하지만, 지나친 통제로 아이의 자신감, 독립성, 자기주장 능력이 잘 발달되지 못하는 결과가 생긴다고 추론하였다. 자신감, 독립성, 자기주장능력 이 세 가지 자질은 긍정적인 또래관계를 만들기 위해 반드시 필요한 요소들이다. 또한 Duncan(2004)은 피해자 아버지들은 비판적이고 덜 친밀한 경향이 있다고 지적하였다.

흥미롭게도 피해자 여학생들의 부모-자식 관계는 남학생의 경우와 다르게 나타났는데, 피해자 남학생들이 과잉보호형 엄마를 둔 경향이 있다면, 피해자 여학생들은 그렇지 않은 여학생들에 비해 어머니에 대한 태도가 부정적인 것으로 나타났다(Rigby, 1993). Finnegan 등(1998)도 이런 차이점을 주장했다. 이들에 따르면 피해자 남학생은 자기 어머니가 과잉보호한다고 여기는 경향이 있고, 피해자 여학생은 자기 어머니가 거부적이라고 여기는 경향이 있다. 피해자 여학생들은 자기가 잘못하면 엄마가 자신을 버린다는 식으로 협박할 것이라고 응답하였다. Finnegan 등(1998)은 어머니와 아들 사이가 과도하게 얽혀있으면 아이의 자율성을 갉아먹어 또래집단에서 자기 입지를 잘 유지하지 못한다고 가정하였다. 여학생의 경우, 어머니가 적대적이고 거절적인 훈육법을 쓰는 탓에 아이는 유대감을 습득하지 못하여 우울증이나 불안증 같은 내재화 문제를 겪을 가능성이 높아져, 결국엔 피해자가 되는 것으로 가정하였다.

가해자 및 피해자의 위험성을 증가시키는 공통적인 요인으로는 부모의 학대로 여기에는 신체적, 성적, 감정적 학대와 방임도 포함이 된다(Shields & Cicchetti, 2001). Shields와 Cicchetti(2001)는 부모의 학대를 통해 아이는 감정 조절에 지장을 겪게 되어 또래와의 관계 맺음에 까지 영향이 간다고 주장하였다. 이와 관련해서, Schwartz, Dodge, Petit, & Bates(1997)은 공격적 피해자가 집에서 자주 학대를 당하는 것으로 주장했다. 그리고 순수한 가해자는 공격적 피해자와 같은 수준의 신체적 학대를 당하지는 않았지만, 공격적인 롤모델에 더 많이 노출된 것으로 측정되었다.

사회적 지지와 학교폭력

가족이 주는 영향과 관련해서 이루어진 연구로 사회적 지지 인식도에 대한 연구가 있다. 라틴 아메리카 중학생을 주로 조사한 한 연구에서 가해자 혹은 가피해자 학생들은 그렇지 않은 학생에 비해 사회적 지지를 덜 받는다고 응답하였다(Demaray & Malecki, 2003). 추가로, 4개 집단에게 사회적 지지의 중요성에 대해 조사를 하였더니 가피해자와 피해자 집단이 가해자와 대조군에 비해서 사회적 지지가 더 중요하다고 응답하였다. 요약하면 피해자와 가피해자는 다른 집단에 비해 사회적 지지를 덜 자주 받는다고 인식하는 동시에 이런 지지가 중요하다고 느끼고 있다고 간주할 수 있다. 사회적 지지 수준과 건강 수준 사이에 상관관계가 이미 입증이 된 상황에, 이 연구 결과는 난해한 구석이 있다. 학교폭력에 제일 고위험군에 속한 아이들이 사회적 지지를 중요하게 생각은 하지만 실제로는 지지를 받지 못하고 있다는 결과 말이다. 비슷한 사례로, Rigby(2000)는 845명의 학생들을 대상으로 또래에게 피해를 당한 경험과 사회적 지지 인식도가 낮은 경우 전반적인 행복 수준이 유의하게 낮았음을 입증하였다. 사회적 지지는 가족과 또래 사이에서 뿐 아니라 학교에서도 제공할 수 있다(Doll, Zucker, & Brehm, 2004).

학생들의 사회-생태계에서 어른의 중요성

학교도 학교폭력 또는 긍정적 사회 관계 조성에 영향을 미친다. 학교 분위기와 관련해서, 학교가 감정적으로 안정된 분위기를 형성하면 학생들의 학업성취와 사회진출이 더 잘 이루어지는 것으로 상관관계가 입증이 되었다(Berenson, Cohen, & Johnson, 2004). 학교폭력에서 학교 분위기가 특히 중요한 데, 학교 분위기를 결정하는 것은 교내에 있는 어른들이기 때문이다. 만약에 교사들이 학생들에 대해 지지적이고 개입에 능동적이라면, 학생들은 잘 성장할 수 있다. 하지만, 교사들이 학생 일에 대해 관심을 끊어버리면,

중학교 학생들 사이에서 가해 행위의 증가와 상관관계가 생겼다(Kasen 등, 2004). 특히 가해 행위는 운동장이나 식당에서 많이 발생하였고(Craig & Pelper, 1997), 이런 장소에서는 학생들이 안전하지 못하고 불안을 종종 느낀다고 한다 (Asotr, Meyer, & Pitner, 2001). 학급 운영 방식과 교사의 태도도 학교 분위기의 한 요소이며 학교폭력의 유병률과 관계 있다. 학급 마다 학생들의 공격성의 수준이 서로 다르지만, 어떤 경우에는 공격성이 조장되기도 한다(Rodkin & Hodges, 2003). 학교폭력이 잘 발생하지 않는 학급은 아이들이 교실 활동에 참여하고 (Newman, Murray, & Lussier, 2001) 교사가 아이들에 대해 따스하게 반응하며 (Olweus & Limber, 1999) 교사가 학교폭력 사건에 재빠르고 효과적으로 반응하는 경우다(Olweus, 1993). 게다가, Hoover와 Hazler(1994)는 학교 직원들이 학교폭력 행위를 보고도 참거나 애써 무시하거나 사건을 망각하면, 학생들에게 학교폭력을 암묵적으로 지원한다는 메세지를 전하는 효과가 생긴다고 주장하였다. 확실히, 어린 학생들의 사회-생태계에서 어른들은 학교폭력과 관련하여 강력한 영향을 미친다.

안타깝게도 기존 연구에서는 이런 복합적인 학교폭력의 요소들을 개별적으로 검증한 연구는 많으나, 모든 요소들을 서로 연결해서 분석한 연구는 거의 없다. 그래서 우리는 아래 연구를 통해 가족, 또래, 학교 이웃들이 학교폭력과 피해 사례 양산에 어떤 영향을 미치는 지를 확인하고, 학교폭력 문제에 대해서는 개인과 또래 간의 사적인 관계 문제 수준을 넘어 더 큰 시야로 조망하는 것이 왜 중요한 지를 설명해 보이겠다.

방 법

참여자

참여자들은 중학생 총 6,612명과 고등학생 14,467명으로, 중서부 지방 38개 중학교 및 고등학교 학생들이었다. 학생들은 2008년 가을 덴마크 지방 청소년 설문조사(Dane County Youth Survey) 수정판을 작성 완료했다(Koenig, Espleage, & Biendseil, 2005). 전체 표본에서 49.7%는 남성이고 50.3%는 여성이었다. 인종은 78.6%가 자신을 백인이라고 응답하였으며, 5.4%가 혼혈, 4.8%가 아시아인, 4.8%가 흑인, 3.6%가 라틴 아메리카 계열이라고 응답하였다. 전체 학생들의 평균 나이는 13.90세였다. 사회경제적 수준은 학교마다 차이가 났다. 특히, 무상 또는 할인 점심 이용 대상자는 학교 마다 17%에서 49%까지 다양하게 나타났다. 능동적 동의서를 받지 않은 점은 임상시험심사위원회의 승인을 받았다.

측정법

2008년 덴마크 지방 청소년 설문조사에 실린 측정법은 2000년에서 2005년까지 데이터를 수집하였고 지난 8년에 걸쳐 타당성을 입증하였다. 이 조사법은 학생들의 견해, 행동, 태도, 수요 같이 광범위한 정보를 얻기위해 시행되었다. 이 조사법에는 7학년에서 12학년 사이에서 자기보고식 피해 경험, 물질 사용 경험, 성행위, 부모와의 관계, 또래와의 관계, 학교와의 관계에 대한 구체적인 정보도 수집했다. 본 조사로 얻은 데이터는 탐색적 요인분석(exploratory factor analysis, EFA)을 거쳐 확인적 요인분석(confirmatory factor analysis, CFA)을 시행해 구인타당도(construct validity)의 근거를 도출하였다. 추가로, 일리노이대학 가해 및 피해 척도(the University of Illinois Bully and Victim scale)도 포함시켰다(Espelage & Holt, 2001).

연구 변수들

인구학적 변수 성별, 학년, 인종, 무상/할인 점심 이용 실태는 자기보고식으로 자료를 수집하였다. 또한 학생들은 부모 중 한 명 이상이 교도소나 유치장에 복역 경험이 있는지, 가족이나 친지 중에 조직 폭력에 가담한 적이 있는지를 응답하게 하였다.

자기보고식 가해 및 피해 경험 일리노이대학 공격성 척도(the University of Illinois Aggression Scales) (Espelage & Holt, 2001)를 통해 또래들 사이의 가해와 피해 경험의 발생률을 측정하였다. 모든 항목에 대해, 학생들은 지난 30일간을 기준으로 항목에서 묻는 행동/사례에 얼마나 자주 노출되었는지 응답하도록 하였다. 질문에 대한 선택지는 0점(절대 아님), 1점(1~2번), 2점(3~4번), 3점(5~6번), 4점(7번 이상)과 같이 구성되어 있다. 여러 연구 결과들에 대해 주축요인분석(principal axis factor analysis)과 확인적 요인분석을 시행했을 때 가해 및 피해 경험에 대한 하위척도는 서로 다른 요인임이 이미 입증되었다(Espelage & Holt, 2001; Espelage, Holt, & Henkel, 2003).

가해 경험에 대해서는 총 9개 항목이 있으며, 놀리기, 사회적 배제, 별명 부르기, 소문 퍼트리기(예: 나는 다른 학생들을 놀린 적이 있다, 나는 다른 학생을 웃음거리로 만들어서 기분을 상하게 만든 적이 있다.) 등이 포함되어 있다. 점수가 높을 수록 자신이 가해 경험의 수준이 높았다고 보고한 것이다. 9개 항목에 대해서 척도 개발 표본에서의 요인부하값(factor loading)은 0.52에서 0.75으로 나왔으며, 31%의 분산을 보였다. Espelage와 Holt(2001)는 알파 계수 0.87이 나왔고 본 가해 경험 척도는 청소년 자기보고 공격성 척도(the Youth Self-Report Aggression Scale)(Achenbach, 1991)와 강한 상관관계를 보여(r=0.65), 수렴타당도가 있는 것으로 간주할 수 있다. 또한 본 척도는 또래지명법 데이터와도 수렴하는 것으로 밝혀졌다 (Espelage 등, 2003). 가해 경험 척도는 피해 척도와 유의한 상관관계가 없어(r=0.12), 변별타당도가 있는 것으로 볼 수 있다. 본 연구에서는 알파 계수 0.90으로 확인되었다

피해 척도에는 총 4개 항목이 있다. 예를 들면 '다른 학생들이 나를 별명으로 부른다.' 또는 '나는 다른 학생한테 맞았다.'와 같은 항목이 있다. 요인부하값은 0.53에서 0.92으로 나왔으며, 6%의 분산을 보였다. 알파 계수는 0.92로 확인되었다(Espelage & Holt, 2001). 본 연구에서 알파 계수는 0.86으로 확인되었다.

부모 변수

2008 덴마크 지방 청소년 설문조사에서 부모 변수에 대한 항목은 총 13개가 있었다. 최우추정 요인 추출법(Maximum likelihood method of extraction)을 동반한 탐색적 요인분석과 Varimax rotation을 활용하여 13개 항목을 분석하였다. Scree plot을 검토해봤을 때 분산의 대부분은 2가지 요인에 기인한다. 요인 1은 가족 생활에 관한 측면으로 아동이 행동 문제나 감정적 어려움을 야기시킬 위험이 있는 요소들이다. 예를 들면, 가정 폭력, 부모들의 알코올 사용과 약물 사용 등이 있다. 요인 1에 대한 고유값(eigen value)은 4.39로 전체 분산의 34%를 설명한다. 요인 2는 지지적이고 배려가 넘치는 부모 훈육법과 자녀에 대한 관심에 관한 요인이다. 요인 2의 고유값은 1.32로 전체 분산의 10%를 설명한다. 확인적 요인분석 결과 두 요인이 데이터와 강력한 적합도를 보였다(RMSEA=0.02; GFI, AGFI, CFI=0.96). 이 두 가지 척도에 대해서는 아래에 자세히 기술하였다.

부정적 가정 생활 이 척도는 7개 항목으로 이루어졌고, 각 항목에 대해 학생들이 얼만큼 동의하냐/부

정하냐에 대해 응답하도록 되어 있다. 선택지는 0점(강력하게 동의못함)에서 3점(강력하게 동의함)까지 있다. 4개 항목은 가정내 성폭력 또는 신체적 폭력에 관한 것이다: '내 부모와 나는 몸싸움을 한다.'; '내 부모님은 서로 몸싸움을 한다.'; '엄마나 아빠 중에 한 명이 당신을 주먹이나 손으로 때리거나 걷어 차기도 합니까? 또는 물건으로 때려서 혹이나 멍자국이 생겼습니까?'; '어른이 성적인 방식으로 당신을 만졌습니까? 또는 그 어른이 당신으로 하여금 성적으로 그 어른의 신체 부위를 만지게 해서, 당신이 안전하지 못하다고 느꼈거나 어떤 형태로든 상처가 되었습니까?' 나머지 2개 항목은 부모의 알코올 사용과 약물 사용에 관한 것이다: '내 부모는 적어도 일주일 한 번 이상 불법 약물을 사용한다.'; '내 부모는 적어도 일주일에 한 번 이상은 술에 취한다.' 마지막 항목은 가출에 대해서 얼만큼 동의하는 지에 대한 것이다. '가끔 집에서 기분이 몹시 나빠져 집에서 도망 나오고 싶다.' 탐색적 요인 분석에서 요인부하값은 0.42에서 0.81까지 나왔으며, 알파 계수는 0.79였다.

긍정적 부모 역할 이 척도는 6개 항목으로 이루어졌고, 각 항목에 대해 학생들이 얼만큼 동의하냐/부정하냐에 대해 응답하도록 되어 있다. 3가지 항목은 행동 관리 또는 모니터링에 대한 질문이다: '내 부모는 내가 할 수 있는 행동과 하지 말아야 될 행동에 대해 명확한 기준을 가지고 있다.'; '내 부모는 내가 규칙을 어기면 반드시 결론을 내고 넘어간다.'; '내 부모는 내가 밖에 놀러갈 때 주로 어디 가있는지 알고 있다.' 나머지 3가지 항목은 의사소통과 배려에 대한 질문이다: '내 부모는 내가 최선을 다하도록 격려해준다.'; '내 부모는 나를 사랑하고 지지한다.'; '내 부모는 내 미래 계획에 대해 나랑 대화를 나눈다.' 탐색적 요인 분석 결과 요인부하값은 0.57에서 0.71 사이로 나왔으며 알파 계수는 0.83이었다.

학교 변수

2008 덴마크 지방 청소년 설문조사에서 학교 활동 참여와 학교에 대한 인식을 조사하기 위한 항목이 11개 있다. 최우추정 요인 추출법을 동반한 탐색적 요인분석과 Varimax rotation을 활용하여 11개 항목을 분석하였다. Scree plot을 검토해봤을 때 분산의 대부분은 2가지 요인에 기인한다. 요인 1은 학교 활동 및 소속감에 대한 인식에 관한 것이다. 요인 1의 고유값은 2.67로 전체 분산의 34%를 설명한다. 요인 2는 얼마나 많이 조직폭력이나 약물 사용이나 학교폭력을 목격했는지에 대한 것으로, 고유값은 1.78이었으며 전체 분산의 23%를 설명한다. 확인적 요인 분석 결과 두 요인이 데이터와 강력한 적합도를 보였다(RMSEA=0.04; GFI, AGFI, CFI=0.97). 이 두 가지 척도에 대해서는 아래에 자세히 기술하였다.

학교 분위기와 활동 참여 이 척도는 6개 항목으로 이루어졌고, 각 항목에 대해 학생들이 얼만큼 동의하냐/부정하냐에 대해 응답하도록 되어 있다. 2가지 항목은 교사와 공정성에 대한 질문이다: '교사와 학교의 다른 성인들은 나를 공평하게 대해준다.'; '내 학교에서는 규칙과 기대 사항들이 분명하게 제시되어 있다.' 3가지 항목은 유대감에 대한 질문이다: '나는 학교 가는 것을 대체로 즐기는 편이다.'; '내가 뭔가 어려움이 있을 때 이런 문제를 털어놓을 수 있는 어른이 학교에 있다.'; '난 이 학교 학생이라는 소속감이 있다.' 마지막 한 항목은 미래의 교육 목표에 대한 것이다: '나는 학교를 졸업해야 할 중요한 이유가 있다.' 탐색적 요인 분석 결과 요인부하값은 0.49에서 0.77 사이로 나왔으며 알파 계수는 0.82이었다.

학교 수준 일탈 행동 이 척도는 5개 항목으로 이루어졌고, 지난 한 해 동안 다음과 같은 상황을 학교에서 얼마나 자주 목격했는지에 대해서 알아보는 질문이다: 술이나 약물을 사용하는 학생을 본 적이 있다;

교내에 폭력 조직이 있다; 담배를 피우는 학생을 본 적이 있다; 몸싸움을 하는 학생을 본 적이 있다; 무기를 소지한 학생을 본 적이 있다. 질문에 대한 선택지는 0점(절대 아님), 1점(1~2번), 2점(3~4번), 3점(5~6번), 4점(7번 이상)과 같이 구성되어 있다. 탐색적 요인 분석 결과 요인부하값은 0.59에서 0.71 사이로 나왔으며 알파 계수는 0.77이었다

다른 변수

알코올과 약물 사용   최우추정 요인 추출법을 동반한 탐색적 요인분석과 Varimax rotation을 활용하여 14개 항목을 분석하였다. Scree plot을 검토해봤을 때 분산의 92%를 1가지 요인에 의한 것으로 나타났으며, 고유값은 14.74였다. 14가지 중 10가지 항목은 지난 12개월 동안 다음과 같은 활동을 얼만큼 자주 했는지 학생들이 응답하도록 하였다: 기분을 업시키려고 처방전 없이 구매할 수 있는 약물을 사용하였다; 기분을 업시키려고 처방전이 필요한 약물을 사용하였다.; 기타 다른 불법적 약물을 사용하였다; 기분 업시키려고 스테로이드를 사용하였다; 유기용제를 흡입하였다; 코담배를 하거나 씹는 담배를 사용하였다; 도수 높은 술을 마셨다; 맥주나 와인을 마셨다; 일반 담배를 흡연하였다; 마리화나를 사용하였다. 질문에 대한 선택지는 0점(절대 아님), 1점(지난달 1~2번), 2점(1~3번/월), 3점(1~3번/주), 4점(4~6번 이상/주), 5점(매일)과 같이 구성되어 있다. 나머지 4개 항목은 학생들이 얼마나 자주 불법적인 약물을 사용했는지, 연속으로 5표준잔 이상 음주를 하였는지, 음주 후에 등교를 했는지, 아니면 마리화나를 복용했는지, 그리고 지난 30일간 도수 높은 술을 마셨는지에 대한 것이다. 질문에 대한 선택지는 0점(절대 아님), 1점 (1~2번), 2점(3~5번), 3점(6~9번), 4점(10~19번), 5점(20~29번), 6점(매일)과 같이 구성되어 있다. 탐색적 요인 분석 결과 요인부하값은 0.94에서 0.98 사이로 나왔으며 알파 계수는 0.98이었다.

긍정적 또래   긍정적인 또래에 대한 영향을 알아보고자 두가지 항목을 통해 평가되었다. 학생들은 '대부분 내 친구들은 술을 마시거나 약물을 사용하지 않는다'와 '대부분 내 친구들은 담배를 피우거나 씹지 않는다'라는 질문에 얼만큼 동의 혹은 부정하는 지를 응답하였다. 질문에 대한 선택지는 0점(강력히 동의 못함)에서 3점(강력하게 동의함)까지 제시되었다. 여기 두 항목은 서로 유의한 상관관계를 보였다 ($r=0.76$, $p<0.001$).

안전한 이웃   이웃에 대한 인식을 조사하고자 3항목을 통해 평가되었다. 학생들은 '대체로 내가 사는 동네는 안전한 곳인 것 같다.'와 '나한테 문제가 생기거나 도움이 필요할 때 대체로 경찰을 믿을 수 있다'와 '동네 어른들은 나를 알고 있다.'라는 질문에 얼만큼 동의 혹은 부정하는 지를 응답하였다. 질문에 대한 선택지는 0점(강력히 동의 못함)에서 3점(강력하게 동의함)까지 제시되었다. 알파 계수는 0.86으로 확인되었다.

결 과

가해와 피해 경험에 있어 인구학적 차이점

성별, 학년, 인종의 차이 때문에 이런 차이 별로 집단을 나누어 따로 분석을 해야할지 검토를 했었다. 성별, 학년, 인종을 독립변수로 두고 가해 및 피해 경험을 종속변수로 두어 다변량 분산분석(multivariate analysis of variance, MANOVA)을 시행하였다. 가해 및 피해 척도 상에서 유의한 효과가 밝혀졌으나, 효과크기 분석 자료를 보면 이런 차이는 작은 것으로 나왔다(성별 Wilks' λ=0.99, p<0.001, η^2=0.001; 학연 Wilks' λ=0.99, p<0.001, η^2=0.003; 인종 Wilks' λ=0.98, p<0.001, η^2=0.009). 일원 혹은 이원 분석에서는 유의미한 상호작용은 발견되지 않았다.

그 다음, 가해 및 피해 척도를 가지고 징역 경험이 있는 부모를 둔 학생과 그렇지 않은 학생들에 대해 평가를 진행하였다. 총 3,298명의 학생들(16%)이 '부모/보호자 중 한 명 이상이 교도소나 유치장에 갇혔던 경험이 있다'에 그렇다고 응답하였다. 징역 경험을 독립변수(예, 아니오)로 두고 가해 및 피해 경험을 종속변수로 두어 다변량 분산분석을 시행하였다. 가해 및 피해 척도에 대해 징역 경험에 따른 유의한 효과가 발견되었다(Wilks' λ=0.95, p<0.001, η^2=0.04). 일변량검증에서는 가해 및 피해 경험 양쪽으로 유의한 효과가 검증되었다(Fs=477.35, 216.60, p<0.001, η^2s=0.04, 0.02). 부모의 징역 경험이 있다고 응답한 학생들은 징역 경험이 전혀 없는 부모를 둔 학생에 비해 유의하게 가해 경험(M=0.55, SD=0.81)과 피해 경험이(M=0.56, SD=0.84) 많았다(가해 M=0.26, SD=0.44; 피해 M=0.33, SD=0.58).

마지막으로 가해 및 피해 척도를 가지고 가족 중에 거리 폭력단에 소속된 사람이 있다고 응답한 학생과 그렇지 않은 학생들에 대해 평가를 진행하였다. 총 1,217명의 학생들(6%)이 가족 중에 한 명 이상이 거리 폭력단에 소속되어 있다고 응답하였다. 폭력단 여부를 독립변수로 두고 가해 및 피해 경험을 종속변수로 두어 다변량 분산분석을 시행하였다. 가해 및 피해 척도 상 폭력단 여부에 따라 유의한 효과가 발견되었다(Wilks' λ=0.91, p<0.001, η^2=0.04). 일변량검증에서는 가해 및 피해 사례 양쪽으로 유의한 효과가 검증되었다(Fs=935.62, 332.49, p<0.001, η^2s=0.08, 0.03). 가족 중 폭력단 소속이 있다고 응답한 학생들은 그렇지 않은 학생에 비해 유의하게 가해 경험(M=0.82, SD=1.02)과 피해 경험(M=0.71, SD=1.02)가 많았다(가해 M=0.26, SD=0.42; 피해 M=0.35, SD=0.58).

가해 사례 예측하기

상관관계 분석과 회귀분석을 통해 가족, 또래, 학교, 이웃 변수와 가해 경험 간에 연관성이 있는 지 분석하였다. 상관관계 분석을 통해 피해 경험 발생은 가해 경험과 강력한 상관관계를 보였다(r=0.65, p<0.001). 이는 가해 사례와 피해 사례 간에 상당한 중복된 부분이 있음을 뜻한다. 가해 경험은 부정적인 가족 환경(r=0.35, p<0.001)과 학교-수준 일탈행동(약물 사용, 싸움; r=0.41, p<0.001)과 유의하나 상관관계를 보였으며, 긍정적 부모 역할(r=-0.27, p<0.001)과 긍정적 또래(r=0.31, p<0.001)와 이웃동네 안전성(r=0.31, p<0.001)과 높은 학교 활동 참여(r=-0.26, p<0.001)와는 상관관계는 적었다.

가해 경험을 예측하기 위해 회귀분석을 시행했을 때, 전체 가해 사례의 분산 36%를 설명하는 모델을 도출했다. 성별이 유의한 예측인자였기 때문에(β=-0.10, p<0.001), 또 남학생이 가해 행위를 더 많이 한다고 응답했기 때문에, 남녀에 따로 회귀분석을 실시하였다. 남학생에 대해서는 가족, 또래, 학교, 이웃 예측인자들이 가해 경험 발생의 39%를 설명하였다. 가해 경험 발생의 가장 강력한 예측 인자는 학교-수준 일탈행

동(β=0.39, p<0.001)과 부정적 가족 환경(β=0.23, p<0.001)이 있고, 그다음 순으로 낮은 학교 참여 활동(β=-0.09, p<0.001)과 낮은 수준의 긍정적 또래(β=-0.10, p<0.001)가 있었다. 여학생에 대해서는 가족, 또래, 학교, 이웃 예측인자들이 전체 분산의 31%를 설명하였다. 가해 사례 발생의 가장 강력한 예측 인자는 학교-수준 일탈행동(β=0.29, p<0.001)과 부정적 가족 환경(β=0.17, p<0.01)이 있고, 그다음 순으로 낮은 학교 참여 활동(β=-0.14, p<0.001)과 낮은 수준의 긍정적 또래(β=-0.10, p<0.001)가 있었다. 긍정적 부모 역할과 이웃 동네 안전성에 대한 인식은 남학생과 여학생 모두 가해 경험 발생에 유의한 예측인자가 되지 못했다. 학년과 술 및 약물 사용도 유의한 예측인자가 아니었다.

피해 경험 예측하기

상관관계 분석과 회귀분석을 통해 가족, 또래, 학교, 이웃 변수와 피해 경험 간에 연관성이 있는지 분석하였다. 상관관계 분석을 통해 피해 경험 발생은 부정적인 가족 환경(r=0.28, p<0.001)과 학교-수준 일탈행동(약물 사용, 싸움; r=0.25, p<0.001)과 유의하나 상관관계를 보였으며, 긍정적 부모 역할(r=-0.16, p<0.001)과 이웃 안전성에 대한 인식(r=0.22, p<0.001)과 학교 활동 참여(r=-0.20, p<0.001)와 긍정적 또래(r=0.14, p<0.001)와는 낮은 수준의 피해 사례 발생과 상관관계가 있었다.

피해 경험 발생을 예측하기 위해 회귀분석을 시행했을 때, 전체 피해 사례의 분산 중 16%를 설명하는 모델을 도출했다. 성별이 유의한 예측인자였기 때문에(β=-0.09, p<0.001), 또 남학생이 피해 경험이 더 많다고 응답했기 때문에, 남녀에 따로 회귀분석을 실시하였다. 남학생에 대해서는 가족, 또래, 학교, 이웃 예측인자들이 피해 사례 발생의 17%를 설명하였다. 피해 사례 발생의 가장 강력한 예측 인자는 학교-수준 일탈행동(β=0.23, p<0.001)과 부정적 가족 환경(β=0.21, p<0.001)이 있고, 그다음 순으로 낮은 학교 참여 활동(β=-0.09, p<0.01)과 낮은 수준의 이웃 안전성 인식도(β=-0.10, p<0.001)가 있었다. 여학생에 대해서는 가족, 또래, 학교, 이웃 예측인자들이 전체 분산의 13%를 설명하였다. 피해 사례 발생의 가장 강력한 예측 인자는 학교-수준 일탈행동(β=0.18, p<0.001)과 부정적 가족 환경(β=0.21, p<0.01)이 있고, 그다음 순으로 낮은 학교 참여 활동(β=-0.10, p<0.001)이 있었다. 긍정적 부모 역할과 학년, 긍정적 또래는 남학생과 여학생 모두 피해 사례 발생에 유의한 예측인자가 되지 못했다.

결론 및 실무에 위한 제언

비록 경험적 근거(Hawley, Little, & Rodkin, 2007; Khoury-Kassabri, Benbenishty, Astor, & Zeira, 2004)와 이론적 근거(Goldstein & Segall, 1983; Lorenz, 1967)를 보면 학교폭력과 공격성은 사회생태학적 원리에 의해 발생한다고 되어 있지만, 사회생태학적 관점에서 일반 성인이 청소년들에게 어떤 영향을 주는 지에 대해 알아본 연구는 극히 드물다. 자명한 이야기지만, 가정 내 어른과 지역 사회의 어른과 학교 운영자와 교사들은 청소년들에게 강력한 영향력을 지니고 있다. 어른들이 지닌 이런 강력한 영향력에도 불구하고, 학교폭력에 관해 부모와 학교와 교사에 대해 연구한 경우가 거의 없다.

본 챕터에 제시된 데이터를 볼 때, 학교폭력에서 사회생태학적 관점이 중요하다는 점을 깨달을 수 있다. 학생의 사회생태계에서 대부분을 차지하는 것은 학교다. 대체로 학생들은 학교에서 6~9시간을 보낸다. 학교에 근무하는 어른들(교사, 운영자, 학교정신보건전문가, 학교보건전문가, 학교자원연계담당, 학교지원담당직원)은 교내 분위기의 색깔을 결정하는 사람들이기도 하다. 교사들이 학교폭력에 대해 능동적으로 참여하고 바람직한 태도를 갖추는 것이 필수적이다(Biggs, Vernberg, Twemlow, Fonagy, & Dill, 2008). 교내 어른들이 학교에 헌신을 하면 학생들이 호응을 할 수 있는 환경을 조성할 수 있다. 반대의 경우, 교내 어른들의 헌신이 없다면, 학생들의 호응은 없을 것이며 학생들은 학교와 유대감을 상실할 것이다. 본 챕터에 제시한 결과에 따르면 학생들이 학교 활동에 호응하지 못하면 가해 및 피해 사례 증가로 이어졌다.

Bronfenbrenner(1979)가 논증한 대로, 사회 생태계 내에 서로 다른 단위 요소끼리 서로 영향을 주고받는다. 경험적 연구 업적들과 본 챕터에서 제시된 자료를 바탕으로 그림 5.1을 통해 이런 상호작용을 그림으로 표현하였다. 이 모델을 설명하기 위해 사례 연구 한가지를 아래에 예시로 제시하였다.

잭은 백인 학생으로 시골학교 8학년에 있는 학생이다. 잭이 다니는 학교는 예산이 넉넉하지 못한데다, 워낙에 이 지역사회도 부족한 것이 많은 동네였다. 잭이 살고 있는 지역 사회에서는 이주가 잦은 편이었고, 이 지역사회의 경제를 떠받치는 산업은 딱 한가지, 바로 히로뽕(메타암페타민) 생산이었다. 잭 아빠는 히로뽕 중독자였고, 교도소도 몇 번 드나든 경험이 있다. 잭 엄마는 자식 셋을 부양하고자 직장을 세 군데나 뛰고 있다. 비록 월세는 감당할 만했지만, 잭이 사는 동네는 이 지역사회 내에서도 제일 최악인 곳이다. 잭은 우울증과 분노 때문에 힘들어 하고 있는데, 어머니도 잭이랑 같은 문제로 힘들어하고 있다. 어머니는 이런 힘든 감정을 달래고자 종종 술을 마신다. 잭은 조용한 학생으로 학교에서 행동이 튀는 스타일은 아니다. 그런 탓에 잭을 뭔가 도움이 필요한 관심군 학생으로 보는 사람은 아무도 없다. 잭이 다니는 학교에서 잘 나가는 학생들은 운동부 애들과 똑똑한 애들이다. 잭은 '있잖아요. 우리학교에서 운동 못하거나 공부 못하면 아무것도 아니에요.'라고 말한다. 잭은 초등학교 때 미식축구를 한 적이 있었는데, 집에서 잭을 청소년 스포츠 프로그램에 등록시켜줄 만한 여력이 되지 않았다. 이미 집안 사정이 복잡했기 때문에 그 누구도 잭이 시합에 나갈 수 있도록 추진해주지 않았다. 잭은 특별히 운동을 타고난 편이 아니라고 여겼기 때문에, 미식축구 연습하는 것은 그만두기로 마음 먹었다. 여기 학교에서는 대세에 끼지 못한 학생들은 겉도는 아이로 전락을 해서 결국에는 비행 청소년 그룹에 끼게 된다. 이 지역 사회에 갱(폭력단)에 발을 들이면 히로뽕 산업까지도 연관이 된다. 이 지역 치안 담당 기관은 그날 그날의 사건 해결도 벅차서 진땀 빼고 있었고, 다른 지역의 사회적 요구도 겨우 충족시켜주는 수준이다. 8학년 중반, 잭 아빠가 다시 교도소에 들어가면서부터 잭은 이 집안에 가장이 되었다. 이후 잭은 비행청소년들과 어울리면서 놀러다니고 술을 마시기 시작했다. 잭은 학교를 빼먹기 시작했고 성적은 떨어졌다. 게다가 잭과 친구들은 하교

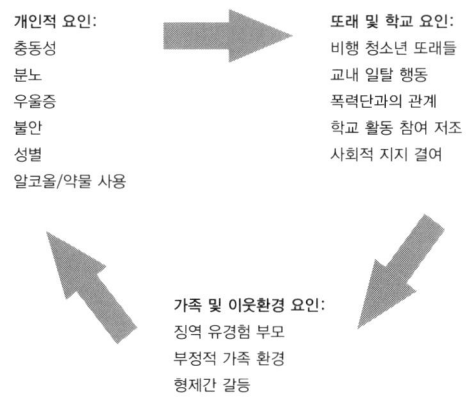

그림 5.1

길에 친구들을 놀리거나 괴롭히곤 했다. 잭은 학교폭력 행동으로 3회차 학교 상담사에 불려다니게 되자 학교에서 예의주시하기 시작했다.

사례에서 제시한 것처럼, 잭이 학교에서 떨어져 나와 학교폭력에 빠지게 된 데에는 많은 변수들이 작용한다. 청소년의 기능 수행에 있어 사회생태계의 역할에 대해 향후 더 연구해볼 가치가 있다. 앞으로 연구에서는 가해 및 피해 사례를 분석할 때 이런 상호작용 기전을 고려해야 하고, 청소년의 사회생태계에 어른들이 어떤 영향을 미치는지 검증해야 한다

참고문헌

Achenbach, T.M. (1991). *Manual for the Youth Self-Report and 1991 Profile*. Burlington, VT: University of Vermont Department of Psychiatry.
Astor, R. A., Meyer, H. A., & Pitner, R. O. (2001). Elementary and middle school students' perceptions of violenceprone school subcontexts. *Elementary School Journal, 101*, 511-528.
Baldry, A. C., & Farrington, D. P. (2000). Bullies and delinquents: Personal characteristics and parental styles. *Journal of Community and Applied Social Psychology, 10*, 17-31.
Biggs, B. K., Vernberg, E. M., Twemlow, S. W., Fonagy, P., & Dill, E. J. (2008). Teacher adherence and its relation to teacher attitudes and student outcomes in an elementary school-based violence prevention program. *School Psychology Review, 37*, 533-549.
Bowers, L., Smith, P. K., & Binney, V. (1994). Perceived family relationships of bullies, victims and bully/victims in middle childhood. *Journal of Social and Personal Relationships, 11*(2), 215-232.
Bowlby. J. (1969). *Attachment and loss: Volume 1*. New York: Penguin Books.
Bronfenbrenner, U. (1979). *The ecology of human development: Experiments by nature and design*. Cambridge, MA: Harvard University Press.
Bukowski, W. M., Sippola, L. K., & Newcomb, A. F. (2000). Variations in patterns of attraction to same- and other-sex peers during early adolescence. *Developmental Psychology, 36*, 147-154.
Cairns, R. B., & Cairns, B. D. (1994). *Lifelines and risks: Pathways of youth in our time*. Cambridge, England: Cambridge University Press.
Craig, W. M., & Pepler, D. J. (1997). Observations of bullying and victimization in the school yard. *Canadian Journal of School Psychology, 13*(2), 41-59.
Demaray, M. K., & Malecki, C. K. (2003). Perceptions of the frequency and importance of social support by students classified as victims, bullies and bully/victims in an urban middle school. *School Psychology Review, 32*(3), 471-489.
Dishion, T. J., & Owen, L. D. (2002). A longitudinal analysis of friendships and substance use: Bidirectional influence from adolescence to adulthood. *Developmental Psychology, 28*(4), 480-491.
Doll, B., Zucker, S., & Brehm, K. (2004). *Resilient classrooms: Creating healthy environments for learning*. New York: Guilford.
Duncan, R. D. (2004). The impact of family relationships on school bullies and their victims. In D. L. Espelage & S. M. Swearer (Eds.), *Bullying in American schools: A social-ecological perspective on prevention and intervention* (pp. 227-244). Mahwah, NJ: Erlbaum.
Espelage, D. L., & Holt, M. L. (2001). Bullying and victimization during early adolescence: Peer influences and psychosocial correlates. *Journal of Emotional Abuse, 2*(3), 123-142.
Espelage, D. L., Holt, M. K., & Henkel, R. R. (2003). Examination of peer-group contextual effects on aggression during early adolescence. *Child Development, 74*(1), 205-220.
Finnegan, R. A., Hodges, E. V., & Perry, D. G. (1998). Victimization by peers: Associations with children's reports of mother-child interaction. *Journal of personality and social psychology, 75*(4), 1076-1086.
Garbarino, J. (2001). An ecological perspective on the effects of violence on children. *Journal of Community Psychology, 29*, 361-378.
Goldstein, A. P., & Segall, M. H. (Eds.). (1983). *Aggression in global perspective*. New York: Pergamon Press.
Hawley, P. H., Little, T. D., & Rodkin, P. C. (Eds.). (2007). *Aggression and adaptation: The bright side to bad behavior*. Mahwah, NJ: Erlbaum.
Hoover, J. H., & Hazler, R. J. (1994). Bullies and victims. *Elementary School Guidance and Counseling, 25*, 212-220.
Kasen, S., Berenson, K., Cohen, P., & Johnson, J. G. (2004). The effects of school climate on changes in aggressive and

other behaviors related to bullying. In D. L. Espelage & S. M. Swearer (Eds.), *Bullying in American schools: A social-ecological perspective on prevention and intervention* (pp. 187-210). Mahwah, NJ: Erlbaum.

Khoury-Kassabri, M., Benbenishty, R., Astor, R. A., & Zeira, A. (2004). The contributions of community, family, and school variables to student victimization. *Journal American Journal of Community Psychology, 34*, 187-204.

Koenig, B., Espelage, D. L., & Biendseil, R. (2005). *The Dane County youth assessment.* Unpublished report. Madison, WI: The Dane County Youth Commission.

Lewin, K. (1936). *Problems of topological psychology.* New York: McGraw-Hill.

Lorenz, K. (1967). *On aggression.* New York: Bantam.

McFadyen-Ketchum, S. A., Bates, J. E., Dodge, K. A., & Pettit, G. S. (1996). Patterns of change in early childhood aggressive-disruptive behavior: Gender differences in predictions from early coercive and affectionate motherchild interactions. *Child Development, 67*(5), 2417-2433.

Newman, D. A., Horne, A. M., & Bartolomucci, C. L. (2000). *Bully busters: A teacher's manual for helping bullies, victims, and bystanders.* Champaign, IL: Research Press.

Newman, R. S., Murray, B., & Lussier, C. (2001). Confrontation with aggressive peers at school: Students' reluctance to seek help from the teacher. *Journal of Educational Psychology, 93*(2), 398-410.

Olweus, D. (1993). Bully/victim problems among schoolchildren: Long-term consequences and an effective intervention program. In S. Hodgins (Ed.), *Mental disorder and crime* (pp. 317-349). Thousand Oaks, CA: Sage.

Olweus, D., Limber, S., & Mihalic, S. (1999). *The Bullying-Prevention Program: Blueprints for violence prevention.* Boulder, CO: Center for the Study and Prevention of Violence.

Pellegrini, A. D. (2002). Affiliative and aggressive dimensions of dominance and possible functions during early adolescence. *Aggression & Violent Behavior, 7*, 21-31.

Perry, D. G., Hodges, E. V., & Egan, S. K. (2001). Determinants of chronic victimization by peers: A review and a new model of family influence. In J. Junoven & S. Graham (Eds.), *Peer harassment in School: Th e plight of the vulnerable and victimized* (pp. 73-104). New York: Guilford.

Rigby, K. (1993) School children's perceptions of their families and parents as a function of peer relations. *Journal of Genetic Psychology, 154*(4), 501-514.

Rigby, K. (2000). Effects of peer victimization in schools and perceived social support on adolescent well-being. *Journal of Adolescence, 23*(1), 57-68.

Rodkin, P. C., & Hodges, E. V. (2003). Bullies and victims in the peer ecology: Four questions for psychologists and school professionals. *School Psychology Review, 32*(3), 384-400.

Schwartz, D., Dodge, K. A., Pettit, G. S., & Bates, J. E. (1997). The early socialization of aggressive victims of bullying. *Child Development, 68*(4), 665-675.

Shields, A., & Cicchetti, D. (2001). Parental maltreatment and emotion dysregulation as risk factors for bullying and victimization in middle childhood. *Journal of Clinical Child Psychology, 30*(3), 349-363.

Swearer, S. M., & Doll, B. (2001). Bullying in schools: An ecological framework. *Journal of Emotional Abuse, 2*, 7-23.

Swearer, S. M., & Espelage, D. L. (2004). A social-ecological framework of bullying among youth. In D. L. Espelage & S. M. Swearer (Eds.), *Bullying in American schools: A social-ecological perspective on prevention and intervention* (pp. 1-12). Mahwah, NJ: Erlbaum.

Swearer, S. M., Peugh, J., Espelage, D. L., Siebecker, A. B., Kingsbury, W. L., & Bevins, K. S. (2006). A socioecological model for bullying prevention and intervention in early adolescence: An exploratory examination. In S. R. Jimerson & M. Furlong (Eds.), *Handbook of school violence and school safety: From research to practice* (pp. 257-273). Mahwah, NJ: Erlbaum.

Troy, M., & Sroufe, L. A. (1987). Victimization among preschoolers: Role of attachment relationship history. *Journal of the American Academy of Child and Adolescent Psychiatry, 26*, 166-172.

6

방관자의 역할
- 사회구조적 측면에서 방관자는 지역사회와 학교에서 어떻게 폭력을 조장하는가?

STUART W. TWEMLOW, PETER FONAGY, AND FRANK C. SACCO

매 분기마다 작문 1등 한 학생에게 금메달을 주던 학교가 있었다. 처음 금메달을 시상하자, 기대했던 건전한 경쟁은 생기지 않았다. 오히려 메달 수여를 놓고 전체 학생들 사이에 논쟁이 일기 시작했고, 전교생에게 시기와 질투와 내분의 바람이 일어났다. 한때 마음의 벗이었던 교우들은 이젠 사나운 라이벌이 되었고, 다음 분기에 다른 학생이 금메달을 가져가면 용서 못할 원수지간이 되었다. 우등생들은 자기 보다 못한 학생들을 공공연하게 헐뜯기 시작했고, 적들이 자신을 추월하지 않았으면 하고 바랬다. 그래서 학생들은 얼마되지 않는 국어 실력으로 남들의 흉보고 악소문을 퍼트리는 헛된 짓을 하게 되었다.

– Robert Coram, *Political Inquiries*(1791)

의심할 여지 없이, 학교폭력은 오랜 시간 동안 학교의 한 풍경으로 자리매김했다. 위 삽화는 본 챕터에서 다룰 학교폭력과 밀접한 이슈를 다루고 있다. 물론 Coram은 학생들 간의 파괴적인 상호작용-마음의 벗에서 사나운 라이벌로 변모하는 과정-을 부각시켰지만, 진짜 문제는 학교 측에 있다. 물론 학교는 작문 실력을 향상을 위해 메달 수여를 기획했기 때문에 언뜻 아무 잘못도 없어 보인다. 앞으로 방관자의 역할론에 대해서 설명하겠지만, 학교 측의 노력이나 교사들의 노력을 보더라도 학교폭력을 조장하고자 하는 악의적인 의도를 찾기 힘들다. 하지만 방관자들 중 일부는 자기 잇속만 차리기 위해 용의주도하게 행동을 하는 경우도 있다. 요지는 대인관계를 이용해서 건강한 경쟁 분위기 조성하려는 의도가 사회적으로 어떤 부정적 영향을 미칠 지, 학교 행정이라는 큰 그림에서 반드시 짚고 넘어 가야 한다는 점이다.

 본 챕터의 목적은 방관자 역할에 대해 조사하는 것이다. 보통 방관자 역할은 교사와 대부분의 학생들이 차지하고 있고, 이들은 학교폭력 현상의 뼈대를 이루는 사람들이다. 하지만 전통적인 학교폭력 프로그램이나 비폭력 캠페인에서는 이들을 개입대상으로 생각하지 않는다. 본 챕터에서 소개하려는 학교폭력 접근법은 이론적으로나 실무적으로나 기존 프로그램들과 다르다. 즉, 가해자와 피해자에 초점을 맞추는 방식도 아니고, 학교 분위기 차원에서 건전한 환경을 조성하고자 하는 방식과도 다르다. 무작위 실험 연구를 통해 검증이 된 사안이지만, 우리는 학교폭력의 청중-즉, 교내 방관자 집단-에 주목을 할 때 정신의학적 개입과 같은 의학적 접근법보다 훨씬 더 효과적으로 학교폭력 현상을 개선한다는 전제를 깔고 있다.

또한 우리는 방관자의 역할을 정신역동적 관점과 방관자에 대한 그간 연구-자료가 얼마 되지는 않지만-를 토대로 정의내려 볼 것이다. 그 다음에 교사들이 본 학생들에 대한 교사들의 폭력 사례가 얼마나 많이 있는지 자료와 일화를 통해 설명할 것이다. 이 일화에서는 학생이 교사를 살해한 사례를 소개했고 어떻게 예방 가능한 지도 설명했다. 정책 결정자들이 방관자 문제를 충분하게 다뤄내지 못했기 때문에, 결과적으로 정책 결정자들이 기권형 방관자로 전락한 꼴이 되었다. 그리고 우리 시각에서는 이런 정책 집행 실패가 학교폭력의 씨앗이자 근본 동력 중 하나가 된다. 본 챕터는 앞으로의 연구 과제에 대해 간략하게 소개하는 것으로 끝맺음했다. 여기에는 지역 사회 폭력에 대한 혁신적 접근법도 함께 담았다.

방관자 관점에서 재정의한 학교폭력

웹스터 백과대사전(Webster's Encyclopedic Unabridged Dictionary, 1996)에서는 방관자(bystander)를 '그 현장에 있으나 관여하지 않는 사람; 구경꾼(onlooker)'(p.165)로 정의내리고 있다. 동의어로 구경꾼(viewer), 관찰자(observer), 목격자(witness), 지나가는 사람(passerby) 정도가 있다. 사회적 맥락에서 맥락(context)이라는 단어는 '함께 하나가 된다'라는 뜻의 라틴어 contextus에서 유래한 말로, 개념적으로 접근하자면 방관자는 자신이 처한 사회적 맥락에서 반드시 어떤 역할을 맡을 수 밖에 없게 된다. 특히, 학교폭력이라는 상황 안에서 이들은 가해자와 피해자와의 상호작용에 관해 자기만의 역할이 분명 존재한다. 즉, 그 상황 속에 있으면서도 그 상황과 무관하다고 생각하는 것 자체가 개념상 논리적 모순이라는 것이다. 방관자 모델에서는 가해자와 피해자와 방관자의 역할은 공동적인 관점에서 형성되는 것이며 서로 변증법적으로 규정이 된다. 이런 상호작용 속에서 마음화 능력(mentalization, 예: 자각, 성찰능력, 자기 주도성, 자신과 다른 이의 마음을 정확하게 파악할 수 있는 능력 등)이 손상된다.

포나기(Fonagy, 2001)가 제안한 마음화 개념은 헤겔의 관점을 바탕으로 한 것으로, 한 개인은 다른 사람들과의 상호작용에서 나오는 사회적 피드백을 통해 자아상을 규정한다는 점을 핵심으로 삼는다. 따라서 자기 자신과 타인에 대한 한 개인의 '마음 이론(theory of the mind)'은 다른 사람과의 상호작용으로 끊임없이 변한다. 예를 들면, 영아의 경우, 만약 양육자가 공감적이고 건설적이며 적절한 방식으로 피드백을 주면 이 아이는 타인의 마음에 대한 마음 이론을 발달시켜 건강하고 적응적인 방식으로 현실을 감당할 수 있게 된다는 것이다. 만약 병리적인 피드백을 받게되면, 이 아이의 마음은 왜곡되기 시작하면서, 성인이 되어서는 정신병리가 겉으로 드러날 수도 있고 속에서 곪을 수도 있다. 그러면서 이 사람은 타인과의 유대감을 상실한 채 아무 제재 없이도 상처를 받을 수도 있는 것이다. 만약 어떤 한 사람이 다른 사람들의 마음 속에 인식이 되지 않으면, 마음화 과정이 실종된 것이라 볼 수 있다. 또한 다른 이들과의 유대감이 사라지는 현장에서는 폭력의 씨앗이 자라는 셈이다. 타인을 비인간화하면서 아무런 제약 없이 상처를 주는 상황이 생겨난다.

정리하자면, 방관자는 능동적 역할을 맡고 있다고 우리는 규정한다. 우리는 방관자가 사회 시스템의 한 일원으로서 개인 혹은 집단이 간접적이고 반복적으로 학교폭력에 참여한다고 본다. 방관 행위는 학교폭력을 조성하기도 근절하기도 한다. 방관자는 피해자와 가해자의 상호작용 가운데 모종의 역할을 떠맡게 되며, 학교폭력 개선에 도움이 되는 방향 혹은 악화시키는 방향으로 3자간 상호작용을 만들어낼 수 있다. 표 6.1에서는 학교폭력에 대한 이원적 및 삼원적 관점에 대해 정리하였다.

표 6.1 학교폭력의 재정의: 실무를 위한 제언

이 원 화	삼 원 화
• 가해자와 피해자가 주된 초점	• 가해-피해-방관자를 잇는 사회적 맥락이 주된 초점
• 가해자 또는 피해자라는 개인의 역할이 고정된것으로 간주	• 가해-피해-방관자 역할은 같이 생겨나서 유동적으로 변화
• 청중은 소극적 관찰자로 간주	• 청중은 폭력 사태에 대해 능동적 역할을 지니고 있는 것으로 간주
• 외현적인 요소에 집중	• 무의식적 권력 역동과 과정에 대해 집중
• 가해-피해는 행동적 역할	• 가해-피해-방관자는 복잡한 역할 분담 및 조합
• 행동 변화가 개입의 주안점	• 마음화 능력 향상이 개입의 주안점
• 개인에 개입의 목표 대상	• 분위기가 개입의 목표 대상

Twemlow, Fonagy, Sacco(2001)의 연구에서는 '권력 역동'이 3자간의 상호작용을 만드는 동력이 된다고 주장하였고, 이런 역동 구조가 각 개인과 집단에 의식적 및 무의식적 압력으로 작용하면서 마음화 능력이 제대로 작동하지 못하게 한다. 가해자와 피해자와 방관자의 역할은 해리 과정이라는 맥락으로 이해해 볼 수 있다. 즉, 피해자란 가해자와 방관하는 지역사회의 관점에서 봤을 때 '우리가 아닌 남'인 사람이자 학교 공동체에서 해리된 사람이다. 지역사회가 방관 행위를 한다면, 기권형 방관자 유형이라고 볼 수 있다. 기권형 방관자는 자신의 권리를 포기함으로써 학교폭력 상황에서 자신에게 주어진 역할 인식을 회피한다. 이런 행위의 이면에 기권형 방관자는 다른 사람에게 잘못을 돌리는 방어 기제인 '투사'를 작동시킨다. 이런 관점을 현실에 접목시키자면, 반드시 방관자를 헌신적인 지역 사회 구성원 또는 능동적 목격자로 바꾸는 과정이 학교폭력 프로그램에 꼭 포함되어야 한다는 뜻이 된다. 우리는 학교폭력 개입의 목적을 해리된 요소와 해리과정을 인식하도록 하는 것이다. 즉, 해리된 요소는 피해자 집단을 지칭하는 말로, 일부 학생들한테는 자신도 피해자로 몰리게 될까봐 불안 심리를 느끼게 된다. 그리고 해리 과정은 가해자로 변하는 과정인데, 피해자로 전락하고 싶지 않다는 방어적 심리가 작용한다. 이런 해리 과정은 방관자가 일부 조장하기도 한다. 따라서 해리와 관련된 과정은 대부분 불안을 다루고자 하는 무의식적 노력이다. 이런 불안은 역기능적이고 갈등적이며 단절된 사회 시스템 속에서 비롯되었다는 것을 이해해야 한다. 그래야 해리과정으로 학생들의 유대감이 손상되는 상황을 억제하여 궁극적으로는 평화로운 교내 학습 환경을 회복시킬 수 있다. 그러므로 이를 깨달은 사람은 전체 시스템 속에서 이런 갈등적 권력 역동을 어떻게 개선시킬 지 전폭적으로 실천해야 한다. 해리는 폭력적인 과정이다. 학교폭력에 개입하고자 하는 목적은 야만적인 권력 구도를 존중과 열정이 담긴 의사소통 구도로 변할 수 있도록 하는 것이다. 이런 중재가 가능하려면 남에게 책임 전가를 용인하는 태도를 지양하고, 방관자가 이타적인 역할을 할 수 있도록 역량을 제공하며, 가해자와 피해자에 대해 의학적 치료를 지나치게 강조하는 관점도 지양할 수 있어야 한다. 따라서 학교폭력과 같은 행동 증상은 학교 행정 시스템 차원에서 다뤄져야 할 사안이다. 즉, 이런 행동 증상은 그저 빨리 끝내버려야 할 문제라기 보다 어떤 근원적 문제를 다루는 과정에서 발생한 역기능적인 해결책 또는 적응 방식의 일종이라는 점을 이해할 수 있어야, 더 고통스럽고 보이지 않는 뿌리에 대해 접근할 수 있다. 기권형 방관자는 학교폭력의 원인으로 가해자와 피해자 문제에만 국한해도 충분하다는 입장이다. 방관자의 각종 역할에 대해 표 6.2에 정리하였다. 그렇지만 병리적인 방관자 역할을 교정하는 데에만 집중하는 것은-가해자와 피해자에 대한 교정을 포함하든 안 하든-우리가 정말 중요하게 여기는 포인트를 놓치는 셈이 된다. 우리가 중요하게 생각하는 것은 방관자들이 이타적이고 사회 시스템에 기여가 될 수 있도록 움직이게 하는 것이다.

그러면 누가 이로운 방관자인가? 학교에 어떤 사람이든 이로운 방관자 역할을 수행할 수 있다(예: 교

표 6.2 방관자 역할

유 형	마음화 수준	주관적 상태	시스템 속의 역할
가해형(공격적) 방관자	마음화 붕괴	흥분, 종종 가학피학적	학교 테두리 내에서 피해자 발생을 유도하는 방법들을 제시함
가해자의 꼭두각시 방관자	진정성 있는 공감력 및 성찰적 능력 붕괴, 감정적 요소를 배제한 공감력과 논리적 계획세우기 능력은 가능	권력에 대한 교만한 과대성	의식적인 조종을 통한 폭력적 결과를 도출하기 위해 헌신
피해자형(수동적) 방관자	마음화 붕괴	두려움, 타인에 대한 무관심, 무력감	두려움과 수동성으로 피해자 되는 과정에 이끌림
회피성 방관자	마음화 능력이 보존되어있으나 방어기제 중 '부정'이 관찰됨	방어적 만족감, 개인적 활동	개인적 책임감 외면을 통해 피해자 양성 촉진
기권형 방관자	마음화 능력이 보존되어있으나 방어기제 중 '투사' 및 '투사적 동일시' 관찰됨	타인의 '열등한' 실력에 대해 분개. 집단 활동의 중개자 역할	타인에게 책임을 전가하는 방식으로 본인의 책임과 권리를 포기
위선적 방관자	마음화 능력 보존	의식적이고 언어적 조종, 세심하고 차분함	피해자가 되거나 피해자 조장 상황에 진정성 있게 가담하지 않으나, 본인의 정치적 동기에 따라 움직임
대리 자아 방관자	마음화 능력 보존	분위기 상 제일 인기있는 집단의 주요 구성원이 되고 싶은 욕구가 있음, 이와 같은 목적을 달성하기 위해 언어적 조종 활용	이 유형은 피해자나 가해자는 아니며, 주로 학교에서 제일 있기 있는 리더의 보디가드 역할을 함. 이를 통해 그 집단 옹호를 도움
이타적 방관자	마음화 능력 성숙됨	자비심, 도움이 됨	개인과 집단에서 성숙하고 효과적인 대처

사, 학생, 일반 직원, 자원봉사자, 학부모). 이런 사람 대부분은 '자연적 리더'로 이기적이지 않으며 사회에 이로운 방향으로 행동한다. 이로운 방관자는 사사로운 이득을 탐하지 않고, 공동체에 기여를 한다는 행동 자체에서 보람을 누린다. 이들은 보통 이상주의적이면서도 현실적인데, 쾌락적 감각에는 덜 민감하다. 학교와 지역사회에서 이들은 위원장이나 반장같이 선거로 선출되는 리더 자리를 차지하는 경우가 드물다. 이들은 자신의 리더십에 대해 회의적일 때가 많으며, 이분들을 공적인 영역으로 나오게 위해서는 상당한 격려가 필요한 경우가 많다. 이들은 다른 사람들의 어려운 점에 잘 관심을 가지는 경향이 있으며, 지시하고 조언을 하기 보다 잘 듣고 마음화 능력을 사용하는 경향이 있다. Shirley Patterson(Patterson, Memmott, Brennan, & Germain, 1992)는 지역사회 속의 '자연적 리더'가 어떤 특징을 보이는지 연구를 했다. Seelig과 Rosof(2001)는 병리적인 이타성에 대해 제시했고, 이런 병리적 이타성 이면에 정신병적 과대성과 사도마조히즘과 신경증적 갈등 심리가 뿌리 내리고 있다고 설명했다. 이런 병리적 동기를 가진 사람은 학교와 지역사회 내에서 활동을 하다보면 결국 자기 자신만 힘들어지는 상황에 치닫게 되는데, 이는 이타적인 자세를 지속적으로 요구 받는 스트레스 때문에 기저에 깔린 정신병리가 밖으로 드러나게 되기 때문이다. 우리가 아는 범위 내에서는 이런 이타적 방관자를 구분해낼 수 있는 근거 기반 측정법을 찾아내지는 못했다. 하지만 상담가나 사회복지사 같이 이런 점을 알아차리고 있는 직원들은 자신의 현장 경험을 통해 이타적 방관자를 구분해낼 수 있다. 표 6.3에 임상적으로 병리적인 카리스마와 건강한 카리스마를 구분할 수 있는 자료를 제시했는데, 우리는 이타적 이로움을 평가하는 데에 매우 도움이 되었다

표 6.3 자연적 리더와 자기애적 리더의 특징

자연적 리더
1) 냉소적이지 않은 공감적 유머를 구사하여 동료들이 자율성과 참여를 독려할 수 있도록 함.
2) 자기와 타인을 돕는 방향으로 동료들의 상황을 공감할 수 있을만큼 유쾌한 사람
3) 그룹 프로젝트와 개별 집단 구성원들의 창의성을 촉진시킬 수 있는 창의적 리더십
4) 동료 집단이 이로운 프로젝트와 활동을 통해서 지역사회에 연결이 될 수 있도록 동료 집단과 접촉하여 격려하는 것을 본인의 보람이라고 생각하는 사람
5) 어린 학생들 중 리더를 발굴해서 양육해내고 멘토링을 하여 미래의 리더가 될 수 있도록 함.

자기애적 리더
1) 비판적이고 냉소적이며 무뚝뚝한 유머로 동료들의 열정을 꺼트리거나 피해를 줌.
2) 타인보다 자신을 앞세운 공감능력으로 결과적으로는 위험하거나 해로운 상황을 만듦
3) 큰 집단이 작은 집단으로 분열되도록 하거나 작은 집단이 따돌림을 당하도록 만드는 창의성
4) 동료 집단을 지배하려는 과정에서 이기적 욕구나 자기애적 리더의 정신병리가 더 악화되는 경우
5) 자신의 관할 영역을 유지하기 위해 후배들이나 어린 학생들을 좌절시키거나 괴롭히는 경우

고 생각한다(Peter Olsson, MD, 개인적 연락으로 얻은 자료임).

비록 본 챕터는 이타주의에 대해 구체적으로 알아보는 자리는 아니지만, 이타주의가 인류와 몇몇 다른 생물 종에서 발견되는 근본적 욕동 혹은 충동이며 단순한 진화론적 부산물이 아니라는 증거가 나와 설득력을 얻고 있다. 따라서 학교폭력을 근절하기 위해 이런 욕동을 활용해볼 수 있다. 비록 이런 접근법에는 종교적 및 영적 리더에게 흔히 필요한 신비주의적 요소 또는 무위자연적인 요소를 담은 것은 아니지만, 이타주의적 개념을 전체 지역사회에 도움이 될 수 있도록 실용적으로 접근해 볼 수 있다. 전체 지역사회를 향한 헌신의 질을 보장한다면 다른 사람들에게 영감을 심어주는 것도 가능하다. 물론 예상을 뛰어 넘는 극적인 시스템 개선을 촉발할 수도 있다. 물론, 작은 규모의 개입 사업과 프로그램을 가지고 사회 시스템에 중요한 변화를 촉진시킨다고 뒷받침할 만한 연구는 거의 없는 실정이다.

어떤 연구자들은 이런 일화를 모아서 이론을 도출하기도 했다(예: the tipping phenomenon of Gladwell, 2000). 자메이카의 한 말썽 많은 학교에서 있었던 경험담을 얘기하자면, 전 시스템적으로 학교 질서가 제대로 회복이 되었던 사례가 있었다. 이 사건은 재미있는 유행어가 생기면서 이로운 방관자 역할이 퍼져나간 사례로, 경찰관 한 명이 이런 이타적 방관자 역할에 대한 아이디어를 제공했다. 남학생들이 좀 더 깔끔하게 다니게 하려고 '셔츠 집어 넣어'라는 유행어를 만들어 내면서, 이 유행어를 가지고 노래랑 유행어도 생겨나고 깔끔함 광풍도 일어나기도 했었다. 며칠 후에는 학교에서 지저분하게 입고 다니는 학생을 찾아볼 수 없었으며, 폭력 사건도 거의 생기지 않았다.

따라서 이로운 이타적 방관자는 다음과 같은 특징을 지니고 있다. 그리고 우리는 이런 특징을 정말 어울리지 않는 상황에서 발견을 했는데, 자메이카에서 경찰은 아주 심하게 부패된 조직임에도 근속 10년이 넘은 베테랑 경찰관들이 자기 본래 업무 분장 외에 별도로 더 이런 봉사 과정에 자원한 것이다. 자메이카 경찰관들은 거의 최저임금 수준의 연봉을 받고 있는데, 미국이었으면 경찰관 지망생들이 거의 나타나지 않을 정도의 급여였다. 이 프로젝트는 Twemlow & Sacco 1996년 연구에 자세히 나와있으며, 이타적 평화주의자 개인적 자질은 아래와 같이 요약하였다.

1) 자기 중심적이기보다 이타적이다.
2) 지역사회 문제에 대해 깨어 있으면서 책임을 감당하고 있다.

3) 평화를 위해 신체적인 위험도 무릅쓸 준비가 되어 있고 쉽게 겁 먹지 않는다.
4) 관계 지향적이면서 인간적이다.
5) 내적 동기가 바탕이 되어 있으며, 다른 사람들에게 동기 부여를 한다.
6) 주변 상황 파악에 기민하며, 강하고 긍정적이다.
7) 주변으로부터의 인정보다는 자기 보람으로 행동하는 사람이다.
8) 균형잡힌 인격의 소유자이다.
9) 취약 집단과 약자에 대한 변호인이자 보호자 역할을 한다.
10) 모든 이의 잠재력과 가능성을 인식할 수 있는 사람이다.
11) 사디즘 성향이 적다.
12) 열정적이고 헌신적인 주도자로 모든 현상의 '원인'에 대해 이해하고자 한다.

방관자라는 관점에서 학교폭력을 다시 보자면, 학교폭력에 대한 기존의 정의를 재정비할 필요가 있다. 학교폭력 연구의 선구자인 영국의 Peter Smith(Smith & Ananiclouk, 2003)와 노르웨이의 Dan Olweus(Olweus, 1999)는 학교폭력을 이원적인 개념으로 정의하고 있다. 이분들의 정의에 따르면, 가해 행위란 반복적이고 해로운 행동으로 힘의 불균형이 존재한다. 가해자는 이런 불균형에서 우세한 자리를 차지해서 이득을 챙기고, 피해자는 자신을 방어하는 데에 어려움을 겪는다. 신체적 상해는 모욕, 추방, 놀리기, 사회적 고립, 흉보기 등에 비해서는 대체로 별 문제도 아니다. 이와 대조적으로 우리는 학교폭력 문제를 삼원화된 개념으로 정의한다. 즉, 가해자와 피해자와 방관자가 서로에게 직접적으로 영향을 미쳐 결과적으로 바람직하지 못한 상황으로 이어진다. 가해자는 마치 복수극의 주인공처럼 개인적으로 움직일 것 같지만 실은 그렇지 않다. 가해자는 방관자를 청중을 삼아 활동을 하며, 극단적으로는 이런 청중들이 더 폭력 상황을 더 증폭시키기도 한다. 우리의 임상 경험에 의하면(Twemlow, 2000; Twemlow 등, 2001), 가해자들은 방관자들이 자기들을 영웅적으로 봐줄 것이라고 판타지화 하는 경향이 종종 있는데, 이런 경향은 방관자들이 옆에 물리적으로 존재하지 않아도 발생한다. 또한 이런 경향을 통해 가해자들 마음 속에는 자기과대성, 사도마조히즘적 경향, 관음증적 요소가 자리잡고 있음을 시사한다. 학교폭력에 대한 전통적인 정의를 삼원화적인 개념으로 다시 정리하자면, 학교폭력은 부정적인 상호작용에 반복적으로 노출되는 현상으로서, 직접적이든 간접적이든 우세한 사람(들)에게 상처를 받는 현상이다. 직접적인 신체적 혹은 심리적 수단을 통해 피해를 당할 수도 있지만, 방관자들의 회피나 응원을 통해 간접적으로 피해를 당할 수도 있다.

그렇다면 방관자 역할이 어떤식으로 일어나게 될까? 아래에 그 사례를 제시해보았다.

사례 연구 1: 병리적 방관자 역할

아이들이 친구나 동맹 세력이나 지지 그룹과 어울리는지 보면 학교나 이웃이나 더 나아가 주요 지역사회 집단에서 어떤 문화적 및 조직적 체계가 존재하고 있는지를 알 수 있다. 다음 사례는 이런 부분을 반영한다.

우리 연구팀이 맡은 학교는 규모가 큰 K-8학교[1]였다. 이 학교는 미동부 연안 매우 가난한 동네에 있었고, 학교 주변으로 범죄 사건이 많이 발생하는 데다, 학교 시설물에 쓰레기가 굴러다니고 있었고 이런 쓰레기 대부분은 쓰다버린 주사 바늘이었다. 게다가 학교 주변으로는 소아 성도착자들이 어슬렁거리고 있

---
1) Kindergarten to 8th grade라는 뜻으로 미국 내 유치원에서 중학교까지 합쳐진 학교.

었다. 우리는 학교폭력 예방 프로그램에 관해 학교측 요구 사항을 알아봐달라는 요청을 받았다. 학생들은 긴 겨울동안 학교 건물 안에 꼼짝없이 붙잡혀 있었다. 교장 선생님은 학교폭력 문제는 거의 없을 거라고 우리한테 장담했다. 식당으로 들어가자마자, 어떤 남학생이 다른 아이 엄마 욕을 늘어놓더니 결국엔 한 대 치고 말았다. 교장 선생님이 부랴부랴 상황을 수습하고 났더니, 이번엔 학교 상담사가 어떤 여학생이 자기 가슴에다가 내용물이 가득 찬 상태로 우유곽를 던졌다면서 씩씩 거리며 지나가고 있었다. 교장 선생님은 유능한 사람으로 자기 학교에 대해 이상적인 구상을 품고 있었다. 그리고 상당히 어려운 환경 속에서 일을 하고 있기도 했다. 이런 점들 때문인 지 학생들 학업 성취도나 행동 문제가 발생하면 해당 교직원에게 불이익을 가하거나 징계를 주는 학교 정책을 만들어서 집행하고 있었다. 덕분에 학교에서는 체벌과 위협의 분위기가 만연해 있었다. 교장선생님은 회피적 방관자 유형에 해당되긴 하지만, 엄격히 말하면 부정이라는 방어기제만 해당되는 것은 아니었다. 좋은 것만 생각하면 나쁜 일은 안 생기겠지 하는 자기보존적 판타지도 깔려 있는 것이다. 좋은 쪽으로 생각하자는 주의는 교사들이 흔히 쓰는 방법이다.

3~4일 후, 봄이 다시 찾아오면서 학생들은 처음으로 밖에서 활동할 수 있게 되었는데, 6학년 학생 2명이 125명의 학생들 앞에서 싸움이 붙었다. 구경하는 학생들은 서로 팔짱을 걸고 서서는 싸움을 응원하고 있었다. 한 학생이 땅 바닥에 쓰러지자, 학생 10명이 달려들어 피해자를 마구 때리는 것이다. 가해자 중 한 녀석이 주먹 너클로 때린 탓에 피해자는 심각한 안면 부상으로 신음하고 있었다. 이 장면은 마치 세계 레슬링 협회 티비 쇼에서 나오던 '더러운 반칙'을 본 느낌이었는데, 가해자들은 이런 너클 사용을 자랑스럽게 떠벌리고 있었다.

교사들은 1분 30초 동안 개입할 수 없었는데, 청중으로 있던 방관자 학생들이 서로 단단하게 팔짱 끼고 싸움꾼들을 둘러싸고 있었기 때문이다. 비록 학생들 사이에 이 날 싸움이 있을 거라는 얘기가 돌았지만, 교사들은 이런 문제가 싹트고 있었는지 몰랐다. 전교생이 둘 중 한명 편을 응원하면서 이 날 내내 흥분의 도가니가 가시지 않았다.

방관자들은 학교 버스 타고 가면서 폭력의 불길에 기름을 더 끼얹고 있는 등 능동적인 역할을 수행하고 있었다. 두 학생들은 개인적인 감정으로 싸웠다기 보다는 소문과 풍문으로 싸움 붙었던 것이다. 즉, 싸움에 대한 또래집단의 판타지가 투영되면서 방관자들이 이 결투를 성사시킨 꼴이다.

학교 갈등 속 방관자 역할에 대한 재조명과 이와 관련된 연구

최근 쏟아지는 학교 총격 사고 소식 때문에 방관자의 역할에 대해서도 객관적인 방향으로 공론화되기 시작했다(Twemlow, Fonagy, Sacco, & Vernberg, 2002). 옆 친구 학생이 총기로 위협할 것을 알았지만 부정이라는 방어기제 아래 아무 행동도 하지 않거나 오히려 뒤로 물러난 학생들과 교사들과 부모들(회피형 방관자)에 집중조명하는 기사도 있었고 또래를 고자질했다는 비난을 받을까봐 두려웠다는 이야기(침묵의 음모)도 다루어졌다. 몇몇 캘리포니아 학교에서는 범인이 총기 사고를 일으키기 전부터 위협을 해왔음에도 이를 보고하지 않았던 방관자도 보호 대상이라고 간주했다(Cable News Network, 2001). 좀 더 긍정적인 예로 몇몇 고등학교는 방관자가 폭력을 예방하거나 저지할 수 있도록 격려하고 있다. 이런 학교에서는 기밀을 유지해주거나 익명의 제보나 전화를 할 수 있도록 하고 있다(Education World, 2000; Sarkar, 2000).

비교적 최근까지, 학계에서는 방관자의 역할에 대해 연구를 소홀히 해온 편이었다. 물론, 방관자 역할이 만성적인 학교폭력 사태를 일으키는 중요한 요인이지만 말이다. 학교에서의 방관자란 가해 행위나 다른 종류의 폭력을 목격하였지만 그들 자체는 가해자나 피해자 역할에 해당되지 않는 경우를 뜻한다

(Twemlow, Sacco, & Williams, 1996). 방관자의 행동들 때문에 가해-피해 양상이 계속 유지될 수 있다. 예를 들면, 소극적인 의미에서 가해 행위를 용인하게 하여 학교폭력 현상이 만연하게 할 수도 있고, 왕따를 하는데에 실제로 동참하는 방식으로 가해 행위를 부추길 수도 있다(O'Connell, Pelper, & Craig, 1999). Henry등(2000)은 교사가 공식적으로 학생들 앞에서 공격성 표출을 지양한다고 밝히면, 학생들은 발달학적으로 해당 연령대 상 평균적으로 예상되는 공격성 보다 더 낮은 수준으로 관리되는 것으로 나타났다. Slee(1993)는 교사가 학교폭력 사건에 개입을 하지 않았을 때 학생들은 피해자를 잘 도우려 하지 않았다. 방관자들이 도움이 될 수 있도록 촉진하는 각종 프로그램에서 효과가 드러나려면 교사들이 어떤 롤모델을 보여주느냐가 절대적으로 중요했다(Hazler, Miller, Carney, & Green, 2001). 이는 우리 연구 조사에서도 드러난 사실이다. 어떤 한 연구에서(Kupersmidt, 1999) 교사와 상담사가 가해 행위와 다른 종류의 갈등 상황을 구분하는 능력을 조사해본 적이 있는데, 교사나 상담사나 둘 다 가해 행위에 대한 이해가 부족했다. 교사는 모든 신체적 갈등 상황을 가해 행위로 분류하는 경향이 있었으나 언어적, 사회적, 정서적 폭력을 가해 행위로 인식하는 경우는 부족했다. Kupersmidt(1999)는 교사들이 가해자와 피해자를 식별할 수 있는 지에 대해 조사를 했으며, 그 결과 중학교 보다는 초등학교 교사가 좀 더 정확하게 식별하는 것으로 나왔다. Haundaumadi와 Pateraki(2001)는 그리스 아이들을 대상으로 한 연구에서 교사들과 학생들은 학교폭력 문제에 대해 교사가 거의 언급하지 않으려 하여 학생들이 자기 부모들과 상의하려는 경향이 생긴다고 하였다. 미국과 마찬가지로 그리스에서도 학생이 자기 문제를 제대로 다뤄내지 못하면 약골로 인식되어 가해 행위를 당할 수 있다는 점을 시사한다. 따라서 개입 프로그램이 효과적으로 문제를 해결하려면 사회적 분위기에 주목하여야 한다. 특히, 아이들 간의 복잡한 또래관계에 대해 파고들 필요가 있다. 이런 개입이 가능하려면 교사 훈련이 필요하고 아이들의 심리적 욕구와 주관적 상태를 파악할 수 있어야 한다(Cohen, 1999). 수백명의 학생을 대상으로 한 핀란드 연구(Salmaivalli, 1995)에서 방관자 역할을 다음과 같이 몇몇 집단으로 분류하였다;

- 피해자를 위한 수호 역할
- 가해자의 보조 역할
- 가해자 격려 집단
- 외부인 집단

남학생은 가해자 역할 집단, 가해자 격려 집단, 가해자 보조 역할 집단과 더 밀접하게 연관되어 있었고, 여학생은 수호자와 외부인 집단과 더 관련되어 있었다. 또 다른 연구에서는 소극적 방관자들은 가해 행위를 잠자코 지켜보는 청중들이 있어주는 탓에 가해 행동을 강화시켜 주는 꼴을 만드는데, 공격성을 드러내도 괜찮다라는 암묵적 메시지가 전달되는 것이라고 지적했다(O'Connell, Pepler, & Craig, 1999; Olweus, 1993). 어린이 방관자들은 폭력 상황을 저지하는 데 효과적이다(Craig, Pepler, 1997; O'Connell, Pepler, & Craig, 1999). 방관자들은 다른 사람들이 아무 것도 안 하고 있으면 잘 나서서 도와주지 않으려 한다는 점이 밝혀졌다(the norm of nonintervention)(Pilivm, Dovidio, Gaertner, & Clark, 1982). 만약 어른들이 학교폭력에 대해 개입하였을 때, 초등학교에서는 공격적인 방관자적 행동 양상이 감소한 것으로 나타났다(Vernberg, Jacobs, Twemlow, Sacco, & Fonagy, 2000). 안타깝게도 이런 결과는 중학교에서는 재현되지 않았다. Zerger(1996)는 도움을 주는 방관자가 누가 될 것인지 알아보는 예측 연구에서 학교폭력에 대해 개입해야 된다고 믿는 청소년들이 결국 이로운 방관자가 되는 점을 발견했고, 공격성도 정당하다고 주장한 청소년들은 결국 학교폭력에 가담하는 경향을 보였다. Cowie(2000)는 성별 차이에 대해서 연구를 했는데, 남학생들로 하여금 이로운 방관자로 바뀔 수 있도록 훈련하는 것이 쉽지가 않았다. 그 이유가 남자들의 마초적인 가치 때문인 데-특히 남성성에 대한 사회적 모델 때문에-이런 개입 프로그램에서 중도탈

락하는 경우가 많았기 때문이다.

교사들이 보는 폭력 교사에 대한 시각

방관자 문제에 대해 진행되었던 또 다른 종류의 연구들도 있다. 학생들을 괴롭히는 교사들에 대해 같은 교사들 끼리 어떤 시각을 지니고 있는지에 대해 연구된 적이 있었고, 7개 초등학교에서 116명의 교사를 상대로 하였다(Twemlow, Fonagy, Sacco, & Brethour, 2006). 이 연구에서 대상자 교사들은 자기가 저지른 가해 행위에 대한 인식과 느낌에 대해서 응답하도록 하고 다른 동료들의 행실로부터 수년 동안 어떤 느낌을 받았는지 익명의 질문지를 통해 기술하도록 하였다. 그 결과, 총 45%의 교사들이 학생들을 괴롭힌 적이 있다고 응답하였으며, 대부분의 교사들은 가해자, 피해자, 방관자 역할은 도덕적 비난을 하기 위함도 아니요 진단적 의미가 있는 것도 아니라는 점은 잘 인식하고 있었다. 또한 이런 역할이 반복적으로 일어나거나 고정이 되는 경향을 보일 때 문제가 된다는 점도 알고 있었다. 본 연구를 바탕으로 생각해볼 때, 교사들 자신의 가해 행위에 대해 개방적인 태도를 보이고 있어 학생들과 교사들과 동료들 사이에 발생하는 학교폭력 문제에 대해 훈련하고 예방하는 것이 꽤 효과적일 것이라고 생각하게 되었다. 또한 현행 교내 정책이나 교사 훈련 프로그램이 이런 특정 문제를 다뤄내는 데에 도움이 된다고 여기는 교사도 소수였다. 학생을 가해하는 경향이 있는 교사들은 자신이 학생이었을 때도 학교폭력을 당한 경험이 있다고 보고하였으며, 다른 교사들도 학생들을 더 많이 괴롭힌다고 믿고 있었다. 그리고 이들은 다른 학생들한테 교실 안에서나 밖에서 피해를 당한 적이 있다고도 보고했다. 가해 교사에서 자주 발견되는 특징으로는 행정적 지원 결여, 훈육 기술 훈련의 부족, 과밀한 학급, 자기 보다 더 똑똑한 학생에 대한 시기 질투 같은 요소가 있다. 수집된 데이터를 가지고 주성분 요인분석(principle component factor analysis)과 varimax rotation을 시행하였다. 이를 바탕으로 도출된 스크린 플롯에서는 두 가지 요인이 전체 분산의 52%를 설명하였다. 첫번째 요인(사디즘적 가해자 요인)은 34%의 분산을 설명하고, 나머지 18%는 두 번째 요인(가해-피해자 요인)에 해당되었다. 사디즘적 교사는 학생들을 조롱하거나 악의적으로 행동하거나 학생들의 기분을 망치는 것을 즐기는 경향이 있다. 가해-피해자 교사는 대응이 필요한 상황에 나타나지 않고, 한계 설정을 잘 못하며, 다른 사람들이 자기 문제를 휘두르도록 놔두는 경향이 있다. 또한 이들은 자기 행동 패턴을 해결하기 위해 학생 훈육 기술 훈련이 필요하다는 인식이 부족하고, 다른 사람 탓으로 돌리는 방법으로 기권형 방관자 역할을 하는 때가 많았다. 이런 부류의 교사들은 분노 폭발하는 때가 종종 있으며, '화가 머리 끝까지 올라왔을 때'에 다른 학생들을 괴롭히는 방식으로 감정을 표현하는 경향이 있다.

본 연구 결과는 매우 민감한 영역을 건드리고 있으며, 학교폭력 문제를 더 복합적인 현상으로 설명하고 있는데다 학교와 지역사회를 잠재적인 기권형 방관자로 끌어들이게 되었다. 우리 경험에 의하면 교장 선생님 대부분은 학생들을 자주 괴롭히는 교사들이 누군지 알고 있고, 또 이런 교사들이 학생들의 특성에 맞게 교사들을 연계시켜 주지 않는다는 점도 알고 있다. 하지만 교장 선생님들은 이런 현실에 대해 공개적으로 논의하는 것을 두려워하는 데, 이는 교조를 자극할까봐 두려운 것도 있고 좋은 교사들을 모집하는 데에 지장이 될까봐 염려하기 때문이다. 따라서 학교 운영자와 학교 정책 결정자들이 이런 이슈에 대해 입 밖에 내는 것을 꺼려해왔다. 만약 어떤 교사가 학생을 괴롭혔지만 아무런 조치가 없었을 때, 아이들은 교사 집단을 방관자로 보게 된다. 가해자 교사들은 동료 교사들에게 '의리 또는 충성심'을 강조한다. 물론 교사들은 이런 가해자 교사들의 행실을 개인적인 차원에서 싫어할 수는 있지만, 공개적으로 비판할 경우 교조 반대파로 몰리게 될까봐 겉으로 드러내지는 않는다. 사실 교사 입장에서 가해자 교사를 막을 수 있는 대안은 거의 없다. 게다가 피해자 역할을 벗어나고자 하는 부모 입장에서도 자녀를 보호하기 위해 막대한 돈을 지출하거나 변호사를 구해야 되기 때문에 현실적으로 대안은 거의 없다. 그리고 교사들이 부모 요청으로 아이들을 보호해준다는 명목으로 뒤로는 가해 행위가 더 늘어나는 것도 어려운 현실을 반영한다. 교조는 몇몇 가해자 교사들을 보호하느라 대부분의 무고한 교사들에게까지 해를 입힐 수 있는데, 이런 경우 교조는 가해자 교사들을 보호해주려는 것이 다른 교사와 학생들에게 어떤 영향을 미칠지에 대해 무시하기 때문이다. 이런 '의리' 문제 때문에 비가해자 교사들은 수동적인 입장(피해자 방관자)이 되고 학교 행정은 기권형 방관자 역할을 맡게 된다. 이런 문제를 직면할 수 있어야 더 좋은 교사들이 행동할 수 있도록 격려할 수 있고 창의적이고 평화로운 학습 분위기를 만들 수 있다.

사례 연구 2: 교사 살해 사건으로 본 학교와 지역사회의 기권형 방관자 역할

2001년 12월 5일, 아프리카계 미국인 가정생활 상담사 겸 목사가 교사 2명과 학생 8명이 지켜보는 가운데 17세 학생에게 칼로 살해를 당했다. 이는 메사추세츠 주에서 학생이 교사를 살해한 첫 번째 사건이 되었다. 이 학생은 2급 살인죄로 종신형을 선고받고 복역 중에 있으며, 15년 후에나 가석방 정도 기대해볼 수 있는 상황에 처하게 되었다. 이 살인 사건은 행동 장애가 있는 청소년을 위해 설립된 대안학교에서 벌어졌다. 아래에 제시한 사례는 목격자 진술을 바탕으로한 경찰 측 보고서에서 발췌했으며, 가해 학생의 임상적 기록도 참고하였다.

살인자 학생은 엄마랑 살다가 할아버지랑 살다가 친구랑 살기를 반복했었다. 이렇게 거처를 자주 옮기게 된 것은 어머니와의 갈등 때문이었다. 이 학생은 어머니를 칼로 찌른 범행 때문에 보호관찰 받던 기간 중에 살인사건을 저질렀다. 보고서에 의하면 학생은 자기 동생 2명을 돌보라고 요구를 받고 있어서 마음의 부담도 심했다고 하며 가족들로 부터 잘 인정 받지 못했다고 한다. 게다가 이 학생은 자기 어머니가 친구들한테 공공연히 자기가 꾸민 속임수를 알려주는 바람에 친구들 사이에서 찬밥 신세가 된 것에 화가 나있기도 하고 후회하고 있다고 했다. 이 학생은 교사를 살해한 것과 소름끼칠 정도로 비슷한 방식으로 작은 칼날로 어머니에게 자상을 입혔다. 이 학생한테는 조롱과 수치심을 처리하는 공포-기반 반응 패턴이 있어 이런 패턴이 반복되고 있는 모양새다. 이런 반응 패턴은 최근 학교 살인 사건에 대한 연구 문헌에서 '비행 모음집'이라는 이름으로 실려 있다(Twemlow 등, 2002).

보고서에 따르면 이 학생은 상담 서비스를 통해 어머니와의 관계를 회복하려고 하였다. 게다가 학생은 개인 정신치료에도 참여했을 뿐 아니라 보호관찰소 직원과 민간 치료사와 공무원들의 사례 관리 도움을 받아 어머니와 좀 더 긍정적인 관계로 회복하고자 하였다. 사실, 살해당한 교사는 지속된 갈등을 겪던 학생에게 적당한 거처를 찾아주려고 하던 차였다. 학생은 장기결석을 반복하였고, 학교에서 제공하는 어떤 긍정적 환경으로도 이어지지 못했으며, 또래와 교사들한테 맨날 놀림 받고 자극받는 느낌이 든다고 호소하였다. 이 학생의 정신과적 과거력은 상대적으로 크게 중요하지는 않았다. 물론 이 학생이 7살 때 유괴당한 트라우마가 있어 그 이후부터 야경증을 겪긴 했었다. 이 학생의 아버지는 거리를 떠도는 범죄자로 실질적으로 없는 사람과 마찬가지였고, 가끔씩 학생 앞에 모습을 나타낼 뿐이었다. 어머니는 사회복지사로 근면성실한 사람이었으나 업무과다로 스트레스를 받고 있었다. 학생은 엄마가 이 사회 시스템 속의 희생양이라고 믿었으며, 종종 의붓아버지와 싸우곤 하였다. 학생은 늘 머리가 덥수룩한 데다 전반적으로 위생이 불량한 상태여서 항상 후드를 쓰고 다녔다. 학생은 이런 자신의 모습을 가지고 다른 사람이 뭐라 할까봐 늘 걱정이었다. 하루는 치료사에게 이렇게 호소를 하였다. '전 다른 애들이 절 병신으로 볼까 봐

싸워야만 했어요.' 학생은 종종 피해자들에 대해 언급하곤 했는데, 자기가 느끼기에는 피해자들이 자신이 저지르지도 않은 일까지 비난하거나 고발할 것 같은 느낌이 들었다고 했다.

위험한 상황은 이 학생이 교실에 들어가면서 부터 생겼다. 바로 직전, 살해당한 교사는 복도에서 이 학생 보고 후드를 벗으라고 지시했다. 학생은 이런 상황을 두고 매일 같이 벌어져서 지겹다고 다른 두 학생한테 언급을 했다.

이 중 한 학생은 이 상황을 이렇게 묘사했다 '우리는 우리 책상에 앉으려고 했는데, 그 학생이랑 선생님이 교탁에서 서로 말다툼하는 것을 들었어요. 그게 복도 근처였거든요. 그 선생님이 학생보고 후드를 벗을 수 없겠냐고 다시 물었어요. 학생은 그냥 자기를 내버려둬라고 대답했어요. 그리고 선생님이 학생을 만질 듯이 움직였는데, 학생은 그러지 말라고 말했어요. 선생님이 '어떻게 해야 해결이 될지, 말지' 같은 말씀을 하신 것 같은데, 학생은 그냥 자기를 건드리지 말라고 했어요. 그 다음에 선생님이 뭐라고 말씀하셨는지 못 알아들었는데, 학생은 선생님 보고 '그런 일로 날 혼자 내버려 둘 수 없을 것'이라는 식으로 대답했어요. 그러자 학생이 후드 달린 코트를 벗어 던졌어요. 마치 싸움 한 판 하자는 식이었어요. 선생님도 째려보는 것 같았어요. 학생이 어깨를 몇 번 으쓱거리더니 양손을 앞으로 들었어요. 선생님은 왼쪽으로 때리는 척을 했어요. 물론 근접하긴 했지만 실제로 때리지는 않았어요. 이순간 부터 둘다 본격적으로 싸우기 시작했어요. 둘다 주먹을 날리기 시작했고, 둘다 맞기도 했어요.' 교사는 복부에 심각할 정도로 칼에 찔렸었다. 물론 관중들 입장에서는 주먹을 날리는 정도로 보였었다고 한다. 처음에는 교사 본인도 심각하게 부상을 당했다고 인식하지 못했던 것 같았다. 교사는 교실을 나왔는데, 여러 사람들이 다가와서 괜찮냐고 물어봤다고 했다. 그러자 교사는 처음에는 괜찮다고 답한 것으로 알려졌는데, 나중에는-학교 간호사의 목격에 의하면-피가 셔츠에서부터 신발까지 흥건히 젖게 되었다. 심폐소생술은 효과 없었으며, 병원에 도착했을 때는 이미 사망한 상태였다.

이후 Frank Sacco와 살해당한 교사의 학급 동료였던 백인 여성과 회의를 잡아, 그 교사가 전날 밤 상태가 어땠는지 재구성해보기로 하였다. 그 교사는 주로 백인 여성들이 많았던 학급에서 상담 이론을 배우고 있었다. 그리고 이 교사는 아이들이랑 잘 지내는 재주가 타고 났었기 때문에 학급 내에서는 인기있는 사람으로 통하곤 했었다. 이 상담과정 학급의 담당 교사는 다소 냉정하고 그다지 너그럽지 않은 스타일이었다. 수업중에 담당 교사는 살해 당한 교사를 종종 비판하곤 했었는데, 그 교사가 자기의 관점을 잘 받아들이지 않았기 때문이다. 담당 교사는 그 교사에게 말하길 '당신은 잘 이해하지 못하고 있군요. 만약 이것을 제대로 배우지 않으면 좋은 상담사가 될 수 없을 겁니다.' 이런 이야기는 학급 내에 모든 사람들도 알고 있었는데, 살해 당한 교사가 이론의 기초를 잘 소화하지 못했기 때문이다. '당신은 좀더 효과적으로 이론에 대해서 공부하도록 해야 해요.'

상담 과정 동료들은 담당 교사가 다른 사람에게는 비판적이지 않았다고 기억했지만, 어쨌든 수업이 끝나면 그 살해 당한 교사 곁에 모여 위로와 지지를 전달하기도 하였다. 우리랑 면담한 한 분은 '아마 다른 사람이라도 그 교사 얼굴을 보면 기분이 상당히 씁쓸해 했다는 것을 쉽게 확인할 수 있었을 거에요. 모두가 보는 앞에 면박을 당했으니 말이죠. 아마 본인도 그렇게 생각할 거에요. 본인이 상담사로서 재능이 없다는 것도 말이죠.' 이어 이분은 살해당한 교사가 상담 과정을 통과하지 못했을 수도 있겠다고 지적하였다. 살인 사건 그 다음날, 상담과정 교사는 냉정하고 지지적이지 않은 방식으로 사건 상황을 간단히 언급한 뒤, 통계 수업에 대해 이어나갔다.

이 끔찍한 사례에서 살해 당한 상담 교사는 아주 난해한 상황에 내던져 졌으며 업무 분장도 명확하지도 않았다. 그래서 학생들도 이 교사가 무슨 역할을 하는지 정확히 이해하지 못했다. 학생들은 이 상담교사를 '상담사 아니면 경비원 즘 되려나' 같은 식으로 부르곤 했었다. 사실상 살해된 교사는 허술한 학교 안전망의 희생양으로 전락해 버린 셈이다. 학교 행정측, 학교 이사회, 지역사회의 시민들 모두가 이 교사에게 이런 불분명한 역할을 부여한 것이며, 이런 과정에서 기권형 방관자 역할을 수행하게 된 셈이었다. 희생당한 교사는 키가 위압적인 느낌이 들 정도로 키가 컸으며 학생들의 행동 문제를 감시함과 동시에 학생들을 상담하고 가르칠 목적으로 모집된 사람이었다. 일반적으로 이런 복잡 난해하고 모순적인 역할 부여를 대처할 수 있으려면 교사의 권위를 갖추고 있으면서도 덩치도 크고 힘이 센 사람이 적당할 것이라 생각된다. 하지만 살해 당한 교사는 이런 위험한 상황을 대처할 수 있도록 훈련 받은 것도 아니었으며, 특히 이로운 방관자 역할을 수행하는 방법도 몰랐다.

학교와 지역사회 폭력에 대한 혁신적 접근법

스포츠 경기 중에 부모들이 과격해져서 살인을 저지르는 것이 가능할까? 실제로 가끔씩 이런 사건이 생기긴 한다. 매사추세츠에서 한 예를 찾아보면, 캠브리지에서 생긴 한 사건을 예로 들 수 있다. 아이스 하키 선수를 아들을 둔 한 아버지가 상대방 아이의 아버지를 죽을 때 까지 때렸던 사건이 2000년 7월 5일에 발생했었다. 이들은 경기 도중 거친 플레이를 가지고 시비가 붙었다. 배심원들은 가해자가 자발적인 범죄를 저지른 것으로 보고 8~12년 형의 유죄를 선고했다.

통상 자녀들의 스포츠 경기에 임하는 부모들은 행실이 좀 미숙해지는 경향이 있다고들 한다. 물론 우리들이 보기에는 부모들이 학교에서 벌어진 사건 조사나 논의 과정에서도 통제력을 쉽게 잃어버리는 모습을 종종 관찰했다. 아이들의 가해 행위는 종종 고도로 숙련된 스포츠 기술이나 언변 기술로 나타나는 경우가 있는데, 아마도 부모가 일찍이 어렸을 때 품었던 소망을 아이들을 통해 대리만족하는 것일 수도 있다. Stuart Twemlow는 가라데 사범의 한 명으로서 자기 아이를 심하게 꾸중하던 아버지와 대화를 나눌 일이 있었다. 아이들은 한 대 맞으면 우는 경우가 많은데, 이런 경우를 보면 아빠들은 자기가 부모라는 사실을 망각한 듯하다. 알력 다툼이 생기지 않도록 유도하는 것이 생각보다 훨씬 쉬울 수도 있다. 그 예로 학교가 후원한 가라데 시합 이야기를 해보려고 한다. 이 대회에는 5개 주에서 총 300명이 참가했다. 이 대회가 다른 대회랑 다른 점은 매 30분 마다 참가자들은 명상을 한다는 점이다. 명상 내용으로는 행동하기 전에 다른 사람에 대해서 생각하기, 다른 이들을 위해 인생을 바친 사람들을 기리기, 또한 이타주의의 자기 희생적인 측면과 나쁜 사람들에게도 이타주의적 마음이 공통적으로 존재한다는 점을 알리려고 애쓴 사람들을 기억하자는 내용이었다. 이 시합은 예정 보다 2시간 먼저 빨리 끝났으며, 시합이나 심판 내용에 대해 단 한 명도 갈등을 일으킨 사람도 없었고, 소아부문에서도 단 한번도 싸움이 나거나 갈등이 생긴 적이 없었다.

비록 큰 그림에서 지역 사회 폭력 현상을 구체적으로 다루는 것은 본 챕터의 취지를 벗어나는 것이지만, 앞으로 학교폭력에 관한 연구를 통해 주변 지역 사회를 이해할 수 있는 토대가 될 수는 있다. 학교는 교육에 있어 학습과 관련된 사회적 분위기와 정서적 분위기가 얼만큼 중요한지 인식이 부족한 편이다. 하지만 행동주의적 훈련 교사-이 부류의 교사들은 병리적 또는 정상적 발달인지 구분하는 것을 중요하게 생각하지 않는다-들이 이런 중요성에 대해 그간 근거를 많이 제시해왔는데, 교사들이 이런 특수 수련 과정을 요청하지 않으면 이런 중요성을 인식하기가 어렵다. 당연히 그간 지식 교육에 치중이 되었기 때문에, 교내 험악한 권력 역동 현상에 대해 주목을 하지 않았다는 점도 놀랍지 않다. 교육에 대한 이런 협소한 시각이 형성된 이유로는 아이들을 가르치고 안전한 학습 환경을 제공해줄 책임을 위임받은 기관들 (교사나 경찰 등)을 지역사회 리더들이 희생양으로 만들어버릴 수 있기 때문이다. 병리적 방관자 역할을

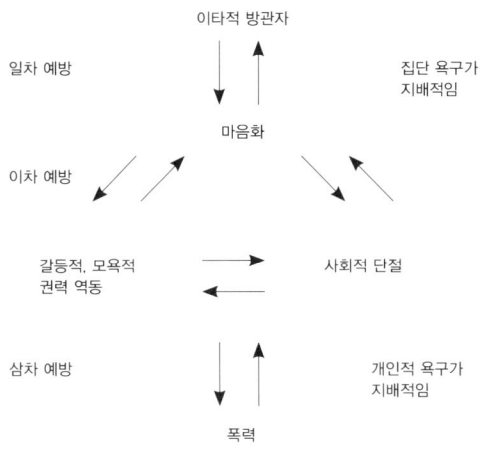

그림 6.1 사회-정신역동적 관점에서의 지역사회 건강 모델.

세심하게 알지 못하면, 문제아들은 불필요하게 의학적 혹은 사법처리 시스템 혹은 특수반 같은 곳으로 '빠져나가' 이상한 아이 혹은 아픈 아이로 취급 받게 된다. 이런 조치는 지역사회에도 상당한 비용 부담으로 돌아올 뿐 아니라, 학교가 어떻게 운영되어야 할지에 대해 지역 사회 모두에게 책임이 있는 데 이런 공통의 책임의식도 희석이 된다. 특히 이런 조치는 기권형 방관자와 같은 패턴으로 우리가 제시한 교사 살해 사건에서도 드러나는 패턴이다. 교육은 단순히 권리 문제나 서비스 문제 수준에 그치지 않고 건강한 사회를 위한 필수조건이다. 교육에서 아이들의 사회적 정서적 욕구가 학교 분위기 형성을 위한 구조적 조치-보안 감시를 늘린다든지, 경찰 인력 배치를 늘린다든지-보다 훨씬 더 중요하고 선행되어야 할 사안이다. Sampson 등(Sampson & Ramedenbush, 1997)이 시카고 지역사회에서 통합적인 효과를 보여준 모델이 적절한 사례로 꼽을 수 있다. 통합적 효과는 지역사회의 학교들이 공동 선을 위해 응집력 있게 개입에 나서는 것을 의미한다. 이 대규모 연구에서 300개가 넘는 시카고 지역에서 폭력 감소와 우리가 언급한 여러 요소들간의 강력한 상관관계 근거를 입증해냈다.

그림 6.1에서는 사회-심리학적 요소들의 변증법적 관계를 묘사한 모델을 제시했다. 이로운(이타주의적) 방관자는 마음화 능력을 촉진한다. 물론 그 반대도 성립한다. 이런 지역 사회에서의 주된 관심사는 사회적 관계와 집단 전체로서의 필요 사항이 된다. 즉, 사람들은 개인의 욕구를 따로 따로 떨어진 측면이 아닌 다른 사람과의 상호의존적인 측면에서 생각하게 된다. 본 챕터에서 소개한 평화로운 학교 프로젝트(the Peaceful Schools Project)에서는 이런 두 가지 요소가 일차예방과 2차예방 과정에 포함되어 있다. Sampson 등의 연구에서 제시한 다른 두 가지 요소는 강압적 및 모욕적 권력 역동(어떤 개인/집단이 다른 개인/집단에 대해 무의식적/의식적으로 모욕을 주거나 힘의 논리를 사용하는 것)과 사회적 단절감(지역 사회에서 의도적으로 분리되어 고립된 느낌)이 있다. 이 Sampson의 연구는 Felton Earls와 공동으로 작업한 연구였으며, 사회과학 측면에서 지역사회 내 폭력 현상 또는 다른 종류의 마찰 현상을 연구하던 맥락에서 나온 결과이다. 이런 요인들 때문에 폭력에 취약한 개개인들이 모여 사회적인 관점에서 하나의 큰 어려움을 겪는 집단으로 커질 수 있다. 이런 문제를 해결하기 위해 2차 예방과정이 필요하다는 결론으로 이어진다. 이런 지역사회에서는 개개인이나 소규모 집단이 각자 도생을 위해 서로 마찰을 일으키거나 싸움을 하느라 더 큰 공동체 형성하는 것에는 관심이 없거나 무시하게 된다. 만약 강압적 권력 역동과 사회적 단절감이 사회 시스템을 운영하는 유일한 법도가 되었을 때, 위험한 폭력 현상이 발생하게 된다. 가

해자 청소년들이 결국 살인사건을 일으켰던 1990년 사례를 두고 이런 방식으로 가설을 세우는 경우도 있었다. 이런 아이들과 피해자들을 치료하는 것이 지역사회 붕괴에 대응하기 위한 3차 예방 과정이 된다.

본 연구는 사회적 조화를 조성하기 위한 시험가능한 모델을 제시한다. 본 연구를 통해 우리 지역사회 내 조화를 만들어내고 학교 학습 분위기를 개선시키며, 모든 지역 주민들이 분열되어 자기 중심적인 소집단으로 있으면서 사태를 방관할 것이 아니라 모두가 열정적이고 헌신적인 구성원이 될 수 있는 방법을 시험해볼 수 있도록 근거를 제공했다. 이런 관점에서 볼 때, 연결되어 있고 마음화 능력이 있는 사람이 더 안전한 지역사회를 만들 수 있다. 만약 지역사회를 배제하면 학교폭력 접근법은 완전히 실패로 끝날 것이다.

학교는 주변 지역사회에 속한 일부임을 반드시 알고 있어야 한다. 특히 버스로 통학하는 것이 이런 통찰에 영향을 미친다. 왜냐하면 바깥 지역에서 버스로 통학하는 아이들은 학교와 유대감을 느끼기가 어렵기 때문이다. 이런 예는 학교폭력 상황에 대해 아무런 셋업을 하지 않은 지역사회들이 앞으로 바꿔나가야 할 여러 일들 중 하나에 불과하다. 가해자와 피해자를 개별 전문 치료자에게 맡기는 것은 단기적 효과가 있지만, 학교 분위기에 대한 장기적 효과는 없다. 본 저서 26장에 수록된 무작위 시험 연구에서 학교가 폭력과 사회적 생존 게임을 하는 곳이 아닌 학업적 성취를 이룰 수 있는 환경으로 변할 수 있다는 가능성이 입증되었다. 프로그램이 시행된 후, 난 첫 학교에 들어갔는데 오후 내내 학교가 문 닫은 줄 알았다. 왜냐하면 너무 조용했기 때문이었다. 이전에 이 학교는 조용할 날이 없었는데, 강간 시도, 고강도 정학, 불량한 학업 성취로 점철된 곳이었다. 그렇지만 지금은 깨끗하고 편안하며 아주 평화로운 곳이 되었다. 학급은 적절하게 운영되고 있었고, 교실은 아름답게 꾸며져 있었다. 학교 분위기 덕에 교내 스포츠 도구를 위험하게 남용하는 일이 없어졌고, 흑인 학생들의 학업 성취도 좋아져서 지금은 백인 학생들 보다 더 수준이 높아졌다. 물론 이런 결과가 가능했던 것은 사회 분위기 개선, 인종 편견 감소 등의 노력이 있었다.

본 챕터에 소개된 연구와 앞으로 풀어야할 흥미로운 과제들은 지난 14년간에 걸쳐 알아낸 것들이다. 우리는 이런 연구와 이론적 방향을 누군가 이어나가줬으면 하고 있다.

감사의 말

본 챕터의 수정판을 2004년 4월 23~26에 개최된 뉴욕과학원 학회(the New York Academy of Sciences)에 청소년 폭력 예방을 위한 과학적 접근(Scientific Approaches to Youth Violence Prevention)이란 주제로 실린 적이 있었고, 뉴욕과학원 연간 학술지(Annals New York Academy of Sciences(2004))에 게재되기도 하였다. 본 연구는 텍사스 휴스턴 Baylor 의과대학 Menninger 정신의학교실의 지원을 받았으며, 텍사스 휴스턴 Menninger 클리닉의 아이들과 가족들이 만드는 평화로운 학교와 지역사회 프로젝트(the Peaceful Schools and Communities Project of the Child and Family Program Menninger Clinic)의 조성기금으로 진행되었다.

참고문헌

Cable News Network (CNN). (2001). *District bars students who allegedly heard of shooters plans.* Retrieved from http://www.cnn.com/2001/us/03/08/shooting.studnts.knew/index.html.

Cohen, J. (Ed.). (1999). *Educating minds and hearts: Social emotional learning and the passage into adolescence.* New York: Teacher College Press.

Cowie, H. (2000). Bystander or standing by: Gender issues in coping with bullying in English schools. *Aggressive Behavior, 26,* 85-97.

Craig, W., & Pepler, D. (1997). Observations of bullying and victimization in the school yard. *Canadian Journal of School Psychology, 13,* 41-59.

Education World. (2000). Anonymity spurs students to report potential violence. Retrieved from http://www.educationworld.com/a_admin/admin202.html.

Fonagy, P. (2001). *Attachment theory and psychoanalysis.* New York: Other Press.

Gladwell, M. (2000). *The tipping point*. New York: Little Brown.
Haundaumadi, A., & Pateraki, L. (2001). Bullying and bullies in Greek elementary schools: Pupils attitudes and teachers'/parents' awareness. *Educational Review, 53*(1), 19-27.
Hazler, R., Miller, D., Carney, J., & Green, S. (2001). Adult recognition of school bullying situations. *Educational Research, 43*(7), 133-147.
Henry, D., Guerra, N., Huesmann, R., Tolan, P., Van Acker, R. & Enron, L. (2000). Normative influences on aggression in urban elementary school classrooms. *American Journal of Community Psychology, 28*, 59-81.
Kupersmidt, S. (1999). Factor Influencing Teacher Identification of Peer Bullies and Victims. *School Psychology Review, 28*(3), 505-518.
O'Connell, P., Pepler, D., & Craig, W. (1999). Peer Involvement in bullying: Insights and challenges for Intervention. *Journal of Adolescence, 22*, 437-452.
Olweus, D. (1993). *Bullying at school: What we know and what we can do*. Cambridge, MA: Blackwell.
Olweus, D. (1999). In P. K. Smith, Y. Morita, J. Junger-Tas, D. Olweus, P. Catalano, & P. Slee (Eds.), *The nature of school bullying: A cross national perspective* (pp. 7-27). London: Routledge.
Patterson, S., Memmott, J., Brennan, E., & Germain, C. (1992). Patterns of natural helping in rural areas: implications for social work research. *Social Work Research and Abstract, 28*, 22-28.
Pilivm, J., Dovidio, J., Gaertner, S., & Clark, R. (1982). Responsive bystanders: The process of intervention. In V. Derlega & J. Grzelak (Eds.), *Cooperation and helping behavior: Theories and research* (pp. 279-304). New York: Academic Press.
Salmivalli, C. (1995). Bullies, victims and those others: Bullying as a groups process. *Psylzologia, 30*(5), 364-372.
Sampson, R., & Ramedenbush, S. (1997). Neighborhoods and violent crime: A multilevel study of collective efficacy. *Science, 277*(5328), 918-925.
Sarkar, D. (2000). Georgia taps web for school safety. Retrieved from http://www.fcw.com/civic/articles/2000/0821/web-georgia-08-23-00.asp.
Seelig, B., & Rosof, L. (2001). Normal and pathological altruism. *Journal American Psychoanalytic Association, 49*(3), 934-959.
Shapiro, Y., & Gabbard, G. (1994). A reconsideration of altruism from an evolutionary and psychodynamic perspective. *Ethics and Behavior, 4*(1), 23-42.
Slee, P. (1993). Bullying: A preliminary Investigation of its nature and the effects of social cognition. *Early Child Development and Care, 87*, 47-57.
Smith, P., & Ananiclou, K. (2003). The nature of school bullying and the effectiveness of school-based interventions. *Journal of Applied Psychoanalytic Studies, 5*(2), 189-209.
Twemlow, S. (2000). The roots of violence: Converging psychoanalytic explanatory models for power struggles and violence in schools. *The Psychoanalytic Quarterly. LXIX*(4), 741-785.
Twemlow, S., Fonagy, P., & Sacco, F. (2001). A social systems—power dynamic approach for preventing school violence. In M. Shafii & S. Shafii (Eds.), *School violence: Contributing factors, management and prevention* (pp. 273-289). Washington DC: American Psychiatric Press.
Twemlow, S., Fonagy, P., Sacco, F., & Brethour, J. (2006). Teachers who bully students a hidden trauma. *International Journal of Social Psychiatry, 52*(3), 187-198.
Twemlow, S., Fonagy, P., Sacco, F., Gies, M., Evans, R., & Ewbank, R. (2001). Creating a Peaceful School Learning Environment: A Controlled Study of an Elementary School Intervention to Reduce Violence. *American Journal of Psychiatry, 158*, 808-810.
Twemlow S., Fonagy P., Sacco F., & Vernberg E. (2002). Assessing adolescents who threaten homicide in schools. *American Journal Psychoanalysis, 62*(3), 213-235.
Twemlow, S., & Sacco, F. (1996). Peacekeeping and peacemaking: The conceptual foundations of a plan to reduce violence and improve the quality of life in a midsized community in Jamaica. *Psychiatry: 59*, 156-174.
Twemlow, S., Sacco, F., & Williams, P. (1996). A clinical and interactionist perspective on the bully-victim-bystander relationship. *Bulletin of the Menninger Clinic, 60*, 296-313.
Vernberg, E., Jacobs, A., Twemlow, S., Sacco, F., & Fonagy, P. (2009). Submitted for publication. Victimization and violence-related cognitions. E. Vernberg (Chair), *Violence against peers: Developmental inevitability or unacceptable risk?* Symposium at Annual Meeting American Psychological Association, Washington, DC.
Zerger, A. (1996). *Bystanders and attitudes about violence during early adolescence*. Unpublished masters thesis, University of Kansas, Lawrence.

7

유치원에서 보이는 가해자, 피해자, 가피해자의 사회적 행동과 또래관계

FRANCOISE D. ALSAKER AND EVELINE GUTZWILLER-HELFENFINGER

아주 어린 학생들의 폭력에 대한 개관

유치원에서 가해/피해 문제를 다룬 연구가 거의 없기 때문에, 우리는 유치원생과 학령기 아이들간의 유사점에 대해 되도록 간결하게 설명하고자 한다. 그 다음 우리는 가해자와 피해자와 가해-피해자(가피해자) 역할에 놓인 아이들이 그렇지 않은 아이들에 비해 어떤 사회적 행동과 또래관계 양상을 보이는 지에 대해서도 다룰 것이다. 이런 논의를 통해 우리는 유치원과 학교 사이의 유사성에 대해서 고찰을 한 다음, 프로그램 실행을 어떻게 차별화할 것인가 논의를 할 것이다.

이론적 기반

예전 연구를 살펴보면 유치원이나 유아원에서 가해/피해 사례가 예전부터 있어왔다는 점을 알 수 있다(Alsaker, 1993; Alsaker & Valkanover, 2001; Kochenderfer & Ladd, 1996). 하지만 이 연령대의 피해 사례에 대한 연구는 여전히 극히 희귀하고, 학령기 아이들 기준으로 만들어진 역할 분류법도 이 연령대에 그대로 적용하는 것도 타당한지 의문이 들 때가 있다. 사실 학교폭력의 정의처럼-특정 아이를 대상으로 한 체계적이고 반복적인 공격적 행위로 가해자와 피해자 사이에 권력의 불균형이 존재한다(Rigby, Smith, & Pepler, 2004; Olweus, 1993)-유치원 폭력에 대해 학자들간 합의된 정의는 전혀 없는 실정이다. 그럼에도 불구하고 이 연령대 아이들이 갈등을 빚으면 종종 공격적인 다툼으로 악화되는 경우가 많은데다가, 유치원에서 가해/피해 문제를 평가하려고 하면 피해 사례와 다양한 종류의 공격적 행위들을 구별해내는 것도 종전과 다른 새로운 과제로 다가온다는 문제도 있다(Alsaker & Valkanover, 2001). 그래서 아이들과 교사들이 이런 구별을 할 수 있도록 훈련시키는 노력도 반드시 필요하다.

　예를 들어, 우리는 연구 조사를 나갔을 때 아이들한테 다양한 종류의 공격적 행동-소문 퍼트리기나 따돌림 같이 간접적인 가해 행위 등도-을 말로도 그림으로도 설명하느라 시간을 많이 썼다. 그리고난 후,

우리는 아이들한테 몇몇 경험담을 들려달라고 요청했고, 그 중 어떤 상황이 가해 상황인지 토론하도록 했다. 이런 절차를 통해 아이들이 자기 스스로한 상황 해석이 정확한지 검증받는 기회가 되었다(Alsaker, 2003; Alsaker & Valkanover, 2001). 이후 아이들은 다른 아이들을 괴롭히는 또래의 사진을 고른 뒤, 그 애한테 피해를 당하는 원생의 사진을 지명하도록 하였다. 이런 순서로 조사 절차를 구성한 것은 유치원생들이 가해자와 가해 행위를 먼저 확인하지 못하면, 피해자 식별을 매우 어려워하는 경향이 있다는 점을 우리가 일찍부터 눈치챘기 때문이다(Alsaker, 1993). 따라서 조사 순서를 만들어 지키는 것이 이 연령대 연구에서는 중요하다. 또한 유치원생들은 스스로를 가해자 보다는 피해자로 더 지명하는 경향이 있었다(Alsaker & Valkanover, 2001; Kochenderfer & Ladd, 1996). 게다가 이 연령대에서는 가해/피해 경험이 얼마나 자주 있었는지-설령 자기 경험에 대한 부분이라도-정보를 모으기가 무척 어렵다. 따라서 우리는 유치원생의 시각을 고려해서 또래지명법을 적극 활용하는 것을 추천한다.

유치원 교사들의 측정 결과도 또래지명법 결과와 상당히 높은 일치율을 보였다. 그리고 요즘에 와서는 이들 조사법에 관한 타당도에 대해서 공감대가 형성되었다(Alsaker & Valkanover, 2001; Griffin & Gross, 2004; Ladd & Kochenderfer-Ladd, 2002). 사실, Perren과 Alsaker(2006)은 유치원 교사의 응답과 또래지명법 결과의 불일치로 유치원 폭력 유형 분류가 안 되는 아이들이 전체 중 5.6%만 해당된다고 보고하였다. 유치원 교사들이 폭력 상황을 식별하도록 훈련을 시킨 다음 질문지에 응답하도록 하면 가해/피해자나 미분류 대상 비중이 부풀려 지는 것을 감소시킬 수 있다(Alsaker & Nagele, 2008).

유치원 폭력과 관련된 또 다른 쟁점은 이 연령대 아이들이 간접적인 유형의 공격성을 알아보고 표현할 수 있겠느냐 하는 것이다. 이 논점은 상당히 중요한데, 학령기 아이들의 학교폭력 문제에서는 간접적인 공격성이 제일 중요한 위치를 차지하고 있기 때문이다. 사실, 몇몇 연구에서 사회적 혹은 관계적 공격성도 유치원생들 사이에서 발견된다고 보고하기도 하였다(Crick 등, 2006; Monks, Smith, & Swettenham, 2005). Olweus가 정의하는 방식으로 집단 따돌림을 평가하였을 때, Alsaker는 유치원 교사와 유치원생들이 이런 가해 행위가 있다고 보고하였다(1993; Alsaker & Nagele, 2008; Alsaker & Valkanover, 2001). 또한 Kochenderfer와 Ladd의 연구(1997)에서도 남자 아이들과 여자 아이들도 이런 가해 행위가 있다고 보고하였다. 실제로, 유치원 교사들도 유치원생 사이에서도 미묘한 관계적 공격성을 많이 경험했다고 하였으며, 물론 이 연령대에서는 신체적 및 언어적 공격성이 더 많긴 하다고 하였다(Alsaker, 2003). 1090명 유치원생들을 대상으로 한 최근 우리 연구에서 이런 맥락과 관련해서 재미있는 결과가 나왔다. 가해자(63%)는 공격적 피해자(31%)에 비해 더 유의하게 따돌림 방법을 사용하였다(Alsaker, 2007). 그러므로 유치원에서 폭력 현상을 평가할 때 간접적인 유형의 가해 행위도 꼭 참고해야 한다.

절단점을 '최소 일주일에 한번'으로 잡았을 때, 교사 측정법 결과와 교사 측정법 및 또래지명법 통합 결과를 분석하면 소극적 피해자의 유병률은 6%, 가해자는 10%로 나왔다(Alsaker & Nagele, 2008). 이 결과는 학령기 아이들의 결과와도 비슷한 양상이긴 하지만 대부분의 학교에서 나온 자료에서는 가해자 유병률이 이 보다는 좀 낮은 경향이 있긴 하다. 위에 언급한 것처럼 유치원 교사들 상대로 질문지 작성 전에 훈련을 시킨다고 하여도 학령기 아이들에 비해서는 가해-피해자 유병률이 7%으로 다소 높게 표현되었다. 이런 결과가 현실적으로 보이는 이유로는 가해자나 피해자로 지명된 아이들이 또래랑 갈등을 빚을 때는 노골적으로 치고 받고 싸우는 스타일을 보이기 때문일 수 있다(Pellegrini, 1993). 하지만 이 챕터에서도 설명하겠지만 가해-피해자로 분류된 아이들이 다른 아이들에 비해 여러 면에서 다르긴 하다. 따라서 유병률이 다소 부풀려진 것처럼 보이겠지만, 이런 연구 결과를 보면 이런 분류법이 타당성이 갖춰진 것으로 볼 수 있다. 결론적으로 우리는 유치원에서 시행한 연구 조사를 참고하면 유치원 폭력도 원생들의 일상 생활 속에 자리 잡혀 있다고 추측할 수 있으며, 학령기 아이들처럼 많은 유치원생들이 관여되어 있을 것이라고 생각한다.

가해 행위가 어떤 특정 사회적 맥락에서 드러나는 상호작용의 일종이라는 점을 생각한다면(Pepler, Craig, & O'Connell, 1999), 개인의 행동은 집단 내 다양한 과정에 영향을 미치는 수 많은 변수 중 단 하나에 불과하다고 이해할 수 있다. 모든 아이들은 이런 집단 과정에 영향을 미칠 수 있는데, 피해자를 돕거나 중재함으로써, 가해자를 지원함으로써, 또 자기들이 목격한 것을 무시함으로써 영향을 줄 수 있다(Salmivalli, Lagerspetz, Björkqvist, Östreman, & Kaukiainen, 1996). 하지만 종전 연구에서는 가해자는 자기한테 위협이 되지 않는 사람을 피해자로 고를만큼 영리하고(Perry, Perry & Boldizar, 1990), 피해자는 가해자로 부터 자신을 방어할 만한 요령이 부족한 것으로 보인다는 보고가 있었다(Egan & Perry, 1998). 따라서 집단 내에서 폭력 상황에 취약할 수 밖에 없는 피해자들의 사회적 행동 변수가 존재할 수 있다. 첫째, 피해자는 지나치게 순응적이거나, 다른 친구들이 자신을 돕기 난처한 방식으로 행동을 취할 수도 있다. 둘째, 가해자들은 피해자에게 위협을 가하는 것 외에도 또래들이 피해자가 아니라 오히려 가해자인 자신들을 지지하도록 동기부여하는 행동 변수가 있을 수도 있다.

대부분의 연구 결과를 보면 피해자가 되는 것과 또래들한테 거부당하는 것 사이에 상당한 상관관계가 있다고 한다(Salmivalli & Isaacs, 2005). Ladd와 Troop-Gordon(2003)은 또래간 거부를 당하면 미래에 학교폭력 피해자가 될 수 있다는 예측이 가능하며, 그 반대도 성립한다고 보고하였다. 피해자 뿐 아니라 가피해자들 역시 친구가 거의 없어서 학교폭력에 대해 자신을 보호하기 힘들어진다(Hodges, Boivin, Vitaro, & Bukowski, 1999; Schwartz, Dodge, Petit, & Bates, 2000). 안타깝게도, 소극적 피해자와 공격적 피해자에 대한 구분을 잘 지은 상태에서 연구가 다 이루어진 것은 아니며, 대부분 학령기 아이들을 상대로 한 것들이 많다.

유치원 내에 피해자와 가피해자와 가해자의 사회적 행동 양상과 또래관계를 이해할 수 있으면 학교폭력에 관해 더 심층적인 이해가 가능하고 효과적인 예방 프로그램을 개발하는 데에도 도움이 된다. 다음 섹션에서는 사회적 행동에 대한 여러 측면에 대해 알아볼 것이다. 특히, 폭력 상황에 타겟이 될 만한 사회적 행동, 폭력 상황으로부터 자신을 방어할 수 있는 행동, 가해자의 행동을 유지시키는 행동, 목격자들이 가해행동에 휩쓸리지 않도록 하는 행동 등에 대해서 알아볼 것이다. 그 후에 유치원 수준에서 우정과 호감이란 측면으로 가해자와 피해자와 가피해자들의 인간 관계에 대해서 논의할 것이다.

가해/피해 패턴에 연루된 아이들의 사회적 행동

몇몇 연구자들은 피해자들이 가해자의 행동을 강화시켜준다고 주장했는데, 이는 피해자들이 자신을 방어하지 못하거나 위축되거나 쉽게 울기 때문이라고 한다(Olweus, 1978; Perry, Willard, & Perry, 1990). Perry, Perry 및 Kennedy(1992)는 공격적인 피해자를 '비효율적 공격자'라고 불렀다. 이는 공격적 피해자들이 자신의 감정 표현을 다스리는 데 어려움이 있어 쉽게 흥분한다는 뜻이다. Schwartz, Dodge, Petit, Bates(1997)는 공격적 피해자들의 과민성 때문에 피해자가 된다고 제안했다. 이번 섹션에서 우리는 또래집단 내에서 관찰되는 여러 종류의 행동들의 긍정적인 및 부정적인 측면을 논의할 것이고, 스위스 유치원에서 시행된 연구 중에서 대표적이고 대단위적인 연구를 소개할 것이다.

피해자가 되는 과정

'피해자가 되는 과정(Pathways to Victimization, PTV)'은 횡적 연구 프로젝트로 아이들과 교사들과 부모들에 대한 정보를 담고 있다. 본 챕터에서는 첫 번째 자료수집에서 얻은 결과를 소개하려고 한다.

스위스 베른주에 있는 67개 유치원을 연구 대상으로 선정했다. 대상 선정 기준으로는 도시 지역이나 시골이냐와 같은 지역 기준과 지역사회의 규모와 사회경제적 수준 등이 포함되었다. 학교 책임자와 교사들과 부모들에게 본 연구에 대한 동의를 구했다. 최종 대상 표본은 총 1,090명의 아이들로 전체 표본의 96%를 차지했고, 이 중 48%는 여자 아이들로 5세에서 7.5세 사이에 있었다. 사전에 훈련된 연구생들이 아이들을 면담하였고, 교사들은 각 담당 학생마다 개별적으로 통합적인 질문지를 작성하도록 하였다. 이 질문지에는 또래집단 내에서의 행동 양상, 인격적인 특징이나 행동적인 특징들, 정서적인 행복 수준도 포함되어 있었다. 본 챕터에서는 주로 교사들이 제공한 정보를 토대로 가해자 및 피해자 분류를 하였다. 각 아동에 대해 가해/피해 상태를 계산하기 위해 총 8항목으로 된 질문지를 교사들이 작성하도록 하였으며, 이 질문지 결과를 통해 피해 사례 또는 가해 사례 별로 따로 계산하였다(Alsaker & Valkanover, 2001; Perren & Alsaker, 2006). 일주일에 최소한 한번 이상 해당 사건이 관찰되는 지를 토대로 아이들을 가해자 혹은 피해자로 분류했다. 만약 별달리 관찰된 사건이 없다면, 결과는 0.5 알파 수준에서 유의하게 나왔다. 모든 분석 과정에서 피해 사례와 성별 간의 관련성도 분석을 하였다. 위에서 언급한 것과 같이, 아이들의 6%는 다른 아이들을 괴롭힌 경험 없이 최소한 일주일에 한 번 이상 피해를 당하는 아이들로 소극적 피해자로 분류되었다. 아이들 중 12%는 피해 당한 경험이 없는 동시에 최소한 일주일에 한번 이상 가해 행위를 한 아이들로 가해자로 분류되었다. 7%는 일주일에 최소한 한 번 이상 가해 및 피해 경험을 겪어서 공격적 피해자로 분류되었다. 20%는 간헐적으로 다른 아이들을 괴롭히기도 괴롭힘을 당하기도 하는 아이들이었으며, 나머지 55%는 폭력 상황에 전혀 연루되지 않았던 아이들이었다.

공격적 행동

가해자와 공격적 피해자는 우선 한 가지 두드러지는 공통적인 특징이 있다: 바로 이런 아이들은 다른 아이들보다 공격적으로 행동하고 일관되게 공격적이라는 사실이다. 그러므로 이 기준은 위와 같은 개념을 현장에 응용할 때 필요한 기준이기도 하다. 하지만 두 역할은 공격성이 표현되는 방식에 있어 서로 차이가 있다고 간주된다. 공격적 피해자에게 공격성은 하나의 감정적 반응이지만, 가해자에게 공격성은 그 보다 자신의 목적을 이루는 수단에 가깝다(Pellegrini 등, 1999). 또한 공격적 피해자들은 가해자들에 비해 공격적인 행동을 더 많이 보이고(Perren & Alsaker, 2006) 반항장애적 행동이 더 많다(Kokkinos & Panayiotou, 2004). 실제로, Salmivalli와 Nieminen(200)은 학령기 공격적 피해자들이 모든 소아청소년 중에서 제일 공격적이며, 이런 공격성은 본인이 주도한 것이나 상대방에 반응한 것 모두 포함된다. 유치원을 대상으로 우리가 조사한 종전 연구에서, 교사들은 양쪽 공격적 아이들 모두 다른 아이들을 괴롭히는 형태가 차이가 나지는 않지만, 공격적 피해자는 가해자에 비해 신체적 공격성을 더 자주 드러내는 것으로 응답하였다(Perren & Alsaker, 2006).

가해 행위 질문 항목들을 제외하고도 PTV에 참여한 교사들은 노골적인 공격성 유형에 대해 3가지 항목에 응답하도록 하였는데, 여기에는 싸움걸기, 깨물기, 기물 파손이 있고, 보통 연구 논문에 많이 인용되는 항목들이다.(Ladd & Profilet, 1996). 결과는 우리가 예상한 대로였다. 여아 남아 모두에서 공격적 피해자들이 제일 신체적으로 공격적인 아이들이었고, 심지어 가해자들에 비해서도 더 유의하게 공격적이었다(F overall=126.95, $p<0.0001$; Post-hoc Bonferroni test, $p<0.0001$, M 가피해자=2.7, M 가해자=2; 척도는 1~4까지였고 비교를 위해 제시하자면 M 무관계자=1.3).

반항적 행동이나 행동 조절 문제에 관한 척도를 활용해도 비슷한 결과가 나왔다(분노 발작, 교사와의 갈등, 지시 불이행). 공격적 피해자는 가해자 보다 훨씬 더 반항적인 아이들이었으며, 물론 소극적 피해자와 무관계자에 비해서도 더 심한 형태였다(F overall=65.89, p<0.0001; Post-hoc Bonferroni test, p=0.003, M 가피해자=2.36, M 가해자=2.05). 게다가 Alsaker와 Nagele(2008)은 공격적 피해자가 과잉행동 주의력결핍장애와 관련된 모든 문제점들에서 가장 높은 점수를 보였으며 이는 행동(충동성, 과잉행동, 부주의) 조절 능력이 부족하다고도 볼 수 있다고 하였다. 이런 결과는 학령기 아이들을 대상으로 한 결과에서도 같게 나왔다. 추가로 가해자들은 가피해자 보다는 신체적 폭력 보다 따돌림을 더 많이 활용하였다(64% 대 31%). 공격적 피해자의 75%는 일주일에 최소한 한번 이상 물리적 수단을 동원하여 아이들을 괴롭히는 반면, 가해자들은 오직 30% 정도만 그러하였다. 또한 공격적 피해자는 가해자들에 비해 다른 아이들의 소유물을 파손하는 적이 유의하게 더 많았다(25% 대 8%). 언어적 공격성 측면에서는 가해자와 피해자 간에 유의한 차이가 없었다(양쪽 그룹 다 65% 정도가 자주 언어적 공격성을 사용하였다).

  종합하면, 유치원에서 얻은 조사 결과는 학령기 아이들을 대상으로 한 연구 결과와도 맥을 같이했다. 가해자들은 공격적 행동의 레파토리가 넓으며, 그 중에서도 사회적 공격성도 활용한다. 그에 비해 공격적 피해자들은 신체적 혹은 물리적 수단을 주로 동원하며 행동 조절에 어려움을 겪는 경향이 있다. 그래서 우리는 행동 조절의 어려움과 신체적 공격성이라는 2가지 특징 때문에 또래들로부터 복수심을 자극해서 체계적인 폭력 상황으로 번지게 되고 다른 아이들이 자신을 방어해주고 싶은 동기를 떨어트리게 되는 직접적인 이유가 될 수 있다고 생각한다. 아마도 대부분 아이들은 가해자의 행동이 납득이 될 만하고 일종의 복수 행위라고 여기는 것 같다. 그런데다가 가해자들의 고도로 공격적인 행동 때문에 본 모습이 감춰질 수 있다. 오히려 어른들 눈에는 가해자가 피해를 받은 아이처럼 보일 수 있다는 것이다.

친사회적 및 협력적 행동

학령기 아이들을 대상으로 한 연구들을 보면 피해자들은 그렇지 않은 아이들에 비해 친사회적 성향이 떨어진다고 한다(Johnson 등, 2002; Toblin, Schwartz, Gorman, & Abou-ezzeddine, 2005). Perren과 Alsaker(2006)는 소극적 피해자 유치원생은 친사회성 만큼은 무관계자 아이들과 같은 수준을 보인다고 주장했다. 이들에 따르면 피해자 유치원생들은 가해자나 공격적 피해자보다 친구들이 필요할 때 도와주고 위로해주기도 하며, 다른 아이들과 자기 소유물을 더 잘 공유한다고 했다. 소극적 피해자들은 협력적인 편으로 조사되었지만, 무관계자 아이들보다는 덜 협력적인 편이라고 한다. PTV 연구에서는 가피해자 보다는 피해자와 가해자들(둘은 비슷한 정도이)이 친사회적이고 협력적이나 무관계자 아이들보다는 못한 편이라고 나왔다(Alsaker, 2007). 결과 중 후자는 학령기 아이들 연구와 일치하는 소견으로, 소극적 피해자들은 다소 친사회적인 편이나-척도 상 평균 수치보다는 넘은 수준으로-무관계자 또래들에 비해서는 낮은 편이다.

  이 결과는 피해자들이 오랜 시간에 걸쳐 괴롭힘을 당하면서 사회성과 협력성이 감소했을 수 있다는 의미가 된다. 피해자들은 남들을 돕고 자기 것을 공유하려는 선한 의지를 가해자와 기타 또래들이 악용한다고 인식했을 가능성이 높다. 물론, 이런 아이들은 친사회적 행동에 대해 보상이 주어지지 않으므로 친사회적 태도를 안 갖추는 쪽으로 학습했을 가능성도 있다(소멸). 이런 주장에 대한 한 가지 한계점으로는 이러한 연구들이 단면적 방법으로 이루어져서, 조사 시점별로 서로 다른 아이들의 상태를 확인한 것이다. 따라서 우리는 사회성이 부족한 청소년이 어렸을 때부터 괴롭힘을 당해왔는지는 알지 못한다. 물론 협력성과 친사회성이 부족한 아이들이 학교폭력에 쉽게 당할 수도 있다. 유치원에서부터 초등학교까지 횡적인 연구를 해야만 이 질문에 대한 답이 될 수 있다.

사회적 위축과 소심한 행동

사회적 위축은 다양한 측면으로 살펴볼 수 있으며, 이런 행동은 여러 요인들의 영향을 받기도 한다. 사회적 위축 행동을 다루는 것은 본 챕터의 취지를 벗어난다. 하지만 이번 단락에서 우리는 소심해서 위축되는 것과 사회적 접촉에서 조용히 있는 것과 관련해 사회적 행동의 여러 측면에 대해 논의하고자 한다. 이런 행동학적 접근을 취한 이유는 우리 생각에 집단적인 문제에 있어 아이들은 다른 아이들이 어떤 행동을 한 동기에 관심을 가지기보다는 행동 자체에 반응하여 행동한다고 생각했기 때문이다. 또래 아이들은 자기들이 직접 보고 경험한 것으로 판단한다.

Asendorf(1998)는 유치원에서부터 학령기까지 소심함으로 억제된 행동과 또래로부터의 거부 사례 사이에는 상관관계가 있다고 발표하였다. Rubun, LeMare, & Lollis(1990)는 2학년에서 4학년까지 위축된 행동 양상에 관해 Asendorf와 일치하는 연구를 내놓았다. 이런 결과를 통해 소심한 혹은 위축된 행동과 또래집단 내에서 부정적인 경험 체험 사이에 악순환이 일어나고 있다고 해석해 볼 수 있다. 그리고 상기 연구자들은 아이들이 나이가 들어갈 수록 위축된 행동을 비정상적이라고 보는 경향이 더 강해졌고, 이런 행동을 보이는 아이들에게 거부적인 태도를 보였다. 결과적으로 그룹 활동에서 위축되는 아이일 수록 대다수 또래들 눈에는 매력적으로 보이지 않을 수 있다. 본 결과는 학교폭력 현상 보다는 사회계측학적 거부 현상에 관계된 자료이다. 그럼에도 불구하고 앞에서 언급한 것처럼 거부 경험과 폭력 피해 경험은 서로 밀접하게 연관되어 있기 때문에, 본 결과는 소심한 아이들이 학교폭력 피해 위험에 노출되어 있다고 볼 수 있다.

소극적 피해자는 연령과 관계없이 다른 아이들보다 훨씬 심한 정도로 또래들로부터 위축된 것으로 나타났다(Olweus, 1978; Perren & Alsaker, 2006). 유치원에서 소극적 피해자는 다른 아이들만큼 또래에게 먼저 다가가지 않으며, 아이들과 어울려 노는 것도 덜 즐기는 편으로 나타났다. PTV 연구에서도 소극적 피해자는 위축성 항목에서 가장 높은 점수가 나오기도 하였다. 즉, 소극적 피해자들은 혼자 놀고 다른 아이들로부터 능동적으로 멀어진다는 뜻이기도 하다. 게다가 소극적 피해자로 분류된 여자 아이들은 또래에 대한 관심이 거의 없는 것으로 기술되기도 했다. 교사들의 평가에서도 소극적 피해자는 상대적으로 소심하게 묘사되었다면, 공격적 피해자들은 그렇지 않았다. 비록 이런 경향이 남아와 여아 모든 성별에서 나타나긴 하지만, 폭력 상황에 전혀 관계되지 않은 남자 아이는 소극적 남자 피해자와 같은 수준의 소심함을 지닌 것으로 나타났다. 게다가 Alsaker(1993)는 주간돌봄센터를 대상으로 한 연구에서 피해자들은 또래를 무서워한다고 말했다고 한다. 종합해보면, 소극적 피해자로 분류된 아이들은 또래들과 함께 하는 사회적 상황에서 매우 불안정하다고 느끼는 것으로 보인다.

하지만 우리가 횡적 연구 결과 자료를 입수하지 못하는 한, 우리는 이런 결과를 두고, 또래집단에서 소심하거나 위축된 행동을 보이는 아이들은 학교 혹은 유치원 폭력의 피해자가 될 가능성이 높다고 추정해 보거나, 추정해볼 수 있다. 아니면 폭력 상황에서 계속 피해를 입는 아이들이 사회적 상황에서 불안정해지거나 또래들을 믿을 수 없다고 학습했다고 추정할 수 밖에 없다. 한 가지는 확실하다. 소심함 자체가 유치원 폭력의 피해 상황을 조장하지 않는다는 사실 말이다. 하지만 가해자들은 쉬운 타깃을 좋아하기 때문에, 가해자들의 눈에는 소심한 아이들이 완벽한 먹잇감으로 인식될 가능성이 있다.

자기주장능력

이미 언급한 내용이지만, Egan과 Perry(1998)는 피해자들이 또래들의 공격으로부터 자신을 방어할 수 있는 기술이 부족하다고 주장했는데, 특히 자기주장능력의 중요성을 강조하였다. 베른 주민을 대상으로 한 종전 연구 결과가 이 가설의 근거가 될 수 있다. 피해자들은 또래들 요구에 한계 설정을 하는 능력이 제일 부족했다(Perren & Alsaker, 2006). PTV 연구에서 제일 눈에 띄는 결과 중에 하나가 가해자 아이들이 다른 모든 아이들에 비해서 자기주장능력이 제일 뛰어났다는 점이었다. 소극적 피해자에 대해서는 성별에 따라 결과를 분류하였다. 여자 아이들의 경우, 소극적 피해자들이 모든 다른 여아들에 비해 자기주장능력이 부족했다. 반면, 남자 소극적 피해자는 공격적 피해자나 무관계자 남아들과 차이가 없었다. 성별과 관계 없이, 공격적 피해자는 자기주장능력이 부족하지 않았다. 그렇다고 공격적 피해자들이 자신을 잘 방어할 수 있을만큼 자기주장능력이 효율적이지는 않았다. 사실, 비폭력적 자기주장능력이 뒷받침 되어야 자신이 피해자로 전락하지 않는 방어적 효과를 체감할 수 있다(Perry, Hodges, & Egan, 2001). 즉, 공격적 피해자들은 자기주장능력과 공격성 차이를 확실히 구분하지 못하는 반면, 가해자들은 이 둘을 구분할 줄 아는 것으로 보인다.

베른 유치원을 상대로 한 종전 연구에서 아이들은 공격적인 행동을 보이는 피해자들이 특정 상황에서 어떤 반응을 보이는지 응답하도록 하였다. 소극적 피해자들은 다른 무관계자 아이들과 다른 점이 없었다. 또래들이 보기에 공격적 피해자들의 30%는 물리적 복수를 감행하는 것으로 응답했다. 또한 소극적 피해자들의 50%는 자기 자신을 방어하려고 노력했었다고 답하였다. 그러므로 우리는 피해자 중 일부는 자기 자신을 방어하려고 하나 충분할 만큼 효과적이지 못했다라고 추정했다(Alsaker, 2003). 다양한 사회적 곤경에서 피해자가 어떻게 대처하는 지에 대한 관찰 연구가 더 진행된다면, 우리가 피해자들이 얼만큼 자기주장능력이 부족한지, 또 가해 행위를 저지하려고 노력함에도 왜 효과가 충분히 좋지 않았는지, 그리고 한계 설정에 어떤 문제가 있는지 이해할 수 있을 것이다. 그리고 복수를 통해 내가 받는 공격을 멈출 수 있겠지만, 장기적인 관점에서는 폭력 상황의 피해자가 될 위험성이 더 커진다는 점을 명심해야 한다(Schwartz, Dodge, & Coie, 1993).

리더십

유치원생이나 학령기 아이들의 리더십 수준은 보통 놀이 활동으로 가늠해볼 수 있다. 이미 소심한 행동 및 사회적 위축에 대한 연구 결과를 봐서 짐작을 할 수 있지만, 스위스 유치원에 대한 양 쪽 연구를 참고할 때 소극적 피해자는 다른 아이들에 비해 리더십 항목에서 더 낮은 점수를 받았다(예: 또래집단 내에서 분위기를 주도한다, 어떤 활동을 제안한다. 등). 이와 반대로 가해자는 다른 모든 아이들에 비해 리더십 면에서 제일 높은 점수를 받았다. 공격적 피해자들은 가해자와 소극적 피해자 중간에 위치해있었으며, 무관계자 아이들과 비슷한 수준으로 나왔다(Alsaker, 2003, 2007).

지금까지 제시한 연구 결과를 봤을 때, 큰 맥락에서 보면 학령기 피해자, 가해-피해자, 가해자 아이들의 모습들이 유치원 상황에서도 재현되는 것을 볼 수 있었다. 지금부터 우리는 또래들의 인정과 상호교류적 우정이라는 관점에서 또래집단 내 이런 아이들의 모습을 통합적으로 설명할 것이다.

가해/피해 양상에서 아이들의 또래관계

우 정

인류가 즐기는 여러 사회적 관계들 중에서 우정은 제일 중요한 관계 중 하나로, 의미 있는 사회적 경험이

자 한 개인의 사회적 기능 발달을 위해 중요하다. 물론 우정이 모든 연령대에서 중요한 경험이 되겠지만 우정의 형태나 작용 방식이나 강도는 그 개인의 연령 별로 달라진다(Hartup, 1992). 유치원과 학교 생활에서의 우정은 한 아이의 개인적 및 사회적 발달과 적응에 상당히 중요하다(Bukowski, 2001; Erdley, Nangle, Newman, & Carpenter, 2001; Hay, Payne, & Chadwick, 2004).

우정이 성립되기 위해 필요한 가장 기초적인 요소로는 상호성과 헌신이 있다. 그리고 유치원과 초등학교 저학년 때는 공통적 대상 추구와 구체적이고 명확한 상호 호혜에 대한 전제를 깐 상태에서 동맹 그룹을 형성하여 공통의 관심사를 표현하는 것이 이 시기 우정의 주된 모습이 된다(Hartup, 1992). 게다가 우정이란 '자발적이고 친밀하며 역동적인 대인관계로 협동과 신뢰를 바탕으로 하고 있다'(Gifford-Smith & Brownell, 2003, p.248). 우정은 평등주의적 관계로 대칭적이고 수평적으로 구성되어 있다. 그래서 우정은 아이들의 발달에 매우 구체적인 맥락을 제공한다(Bukowski, 2001).

우정은 대인관계를 지속적으로 이어나가게 해주는 것 외에도 다양한 기능들이 있다. 우정은 1) 기초적인 사회 기술을 습득하고 개선시켜나가는 과정이고, 2) 자신과 타인과 세계에 대해 정보를 얻을 수 있는 소스가 되며, 3) 정서적 및 인지적 자원 중에 하나이기도 하고, 4) 나중에 마주하게 될 다양한 대인관계의 원형이 되기도 한다(Haertup, 1992). 게다가 우정은 한 개인의 친밀감과 소속감을 충족시켜 주기도 한다(Barr, 1997; Sullivan, 1953). 정서적 및 인지적 자원으로서의 우정에 대해서 Bukowski(2001)는 폭력 상황에서 피해자가 되지 않도록 보호 작용을 해준다는 점을 강조했다. 그러므로 학교폭력 또는 유치원 폭력에 취약한 특징을 지닌 아이들도 친구를 가까이 두면 실제로 보호 받을 수 있다는 뜻이 된다(Hodge 등, 1999; Hodges, Malone, & Perry, 1997; Pellegrini, Bartini, & Brooks, 1999).

아이들이 우정을 형성하고 유지할 수 있으려면 반드시 매우 구체적인 기술을 습득하여 유지해야 한다. 유치원과 초등학교 저학년 때에는 필요한 우정 기술로는 참여(시작하기, 주목하기), 협동(순서대로 돌아가면서 하기, 공유하기), 의사소통(말하기, 듣기), 인정 및 지지(우호적인 태도 보여주기, 다른 사람 바라보기, 미소 지어 보이기, 도움을 제공하기; Oden & Asher, 1997). 유치원 다니는 연령대에도 안정적이고 반영구적인 친구 관계를 만들 수 있다(Howes, 1988).

가해자와 가피해자와 피해자의 친구 관계는 어떨까? 앞서 이야기한 것처럼 친구를 두고 있으면 학교 및 유치원 폭력 상황의 피해자가 될 확률이 줄어들고, 특히 개인적인 위험성(행동적 어려움)과 사회적 어려움(또래 거부)을 같이 지닌 학교폭력에 취약한 아이들한테도 도움이 된다(Hodges 등, 1999). 가피해자와 피해자는 친구가 거의 없는 반면(Boulton & Underwood, 1992; Ray, Cohen, Secrist, Duncan, 1997), 일부 공격적인 아이들은 친구를 만들 줄 알고(Cairns, Carins, Neckermann, Gest, & Gariepy, 1988) 특히 남자 가해자들은 대규모 친구 네트워크를 지니고 있다(Boulton, 1999). 이 결과는 유치원 아이들을 대상으로 한 Perren과 Alsaker 연구(2006)에서도 같은 결과가 입증되었다. 이 연구에서도 피해자와 가피해자는 친구들이 거의 없었지만, 가해자들은 무관계자 아이들 만큼이나 친구가 많이 있었다. 또한 PTV 연구 중 또래지명법으로 한 연구 결과에서도 소극적 및 공격적 피해자들은 상호관계를 맺는 친구들이 가해자와 무관계자 아이들에 비해 유의하게 적었다. 아마도 이 결과는 피해자는 장기간 친구 관계를 유지해 나갈 만한 기술이 부족할 가능성이 있다는 점을 시사한다. 이와 마찬가지로 Champion, Vernberg, Shipman(2003)은 소극적 피해자가 친구들과 갈등이 더 많다고 보고하였으며, Goldbaum, Craig, Connolly(2003)는 피해자들이 친구와 애착도 덜하고 서로 믿음도 부족한 것으로 응답하였다고 밝혔다. 하지만 피해자들이 친구 관계가 부족하다고 해서 일괄적으로 피해자의 행동 탓으로만 돌리는 것은 옳지 않다. 피해자가 친구가 적은 것은 다른 아이들이 자신들도 폭력 상황의 피해자가 될까 봐 두려워, 친구를 원하는 피해자를 외면했을 가능성도 충분하기 때문이다(Perren & Alsaker, 2006; Hodges 등, 1997). 실제로 PTV 연구에서도 교사들은 소극적 및 공격적 피해자들은 친구를 만드는 데에 어려움을 겪고 있는 반면, 가해자와 무관계자 아이들은 그런 어려움이 없는 것으로 응답했다.

집단에서 인정 받는 것에 대하여: 가해자, 피해자, 가피해자는 얼만큼 호감을 받는가?

우정과 가해/피해 문제 간의 관계에 대해 논의할 때, 또 다른 중요한 사회적 구성 요소인 사회적 인정에 대해 빼놓을 수가 없다. 물론 사회적 인정은 아이들 간의 인간 관계를 바탕으로 하지만, 인간 관계 능력을 대변해준다고 여기기 보다는 또래집단 내의 한 아이의 지위나 특권을 나타낸다고 볼 수 있다. 그러므로 '인기'는 '우정'과 종종 대비되는 개념이다. 인기는 일반적이고 집단-지향적인 사회적 구성 요소로써 한 개인에 대한 또래집단의 시각을 반영한다(Bukowski & Hoza, 1989). 비록 인기와 우정은 서로 서로 영향을 받는다고 알려져 있지만, 몇 몇 연구 결과에 의하면 우정과 인기는 서로 독립적인 변수로 인정하고 있다. 따라서 인기 없는 아이들에게도 제일 좋은 친구가 있을 수 있으며, 인기가 많다고 항상 좋은 친구를 옆에 둔 것은 아니다(Bukowski & Hoza, 1989; Howes, 1990).

심리적 장애 발생에 대해 위험성 측면에서 봤을 때, 또래들의 인정은 중요한 역할을 한다. 또래들한테 인정을 받으면 심리적 장애 발생에 대한 위험성이 감소할 수 있으며, 다른 말로는 다른 아이들한테 거부당하는 아이 같은 경우 심리적 장애를 겪을 위험이 커진다(Hay 등, 2004). 게다가 아동의 친사회적 행동 또는 공격성 또는 소심함이 또래집단의 인정을 끌어내는 데에 영향을 미치므로(Newcomb, Bukowski, & Pattee, 1993), 친사회적 행동을 통해 또래들의 인정을 이끌어낼 수 있고, 친사회적 행동이 적으면 아이들의 배척을 받을 가능성이 높다. 추가로 고도로 공격적이거나 소심한 아이들은 또래들한테 호감을 잘 얻지 못한다(Hay 등, 2004).

그렇다면 가해자와 피해자와 가피해자들은 어떨까? 몇몇 연구에서는 소극적 및 공격적 피해자들은 가해자나 무관계자 아이들에 비해 호감을 덜 받는 것으로 밝혀졌다(Alsaker, 2003; Boulton & Smith, 1994). 우리는 유치원에서 각 아이들이 얼만큼 호감을 받는지 알아내기 위해 마분지로 된 버스를 만들어서 활용하였다.

학급에 있는 모든 아이들 사진을 이용해서, 아이들에게 버스 여행에 같이하고 싶은 아이들 6명까지 지명하도록 하였다. 이 또래 지명 개수는 각 집단에서 몇 퍼센트를 차지하는지 계산하였다. PTV 연구에서는 가해자와 무관계자 아이들이 평균적으로 39% 정도의 긍정적 지명을 받은 반면, 소극적 및 공격적 피해자는 유의하게 적은 지명을 받았다(각각 24%와 28%). 이 결과는 유치원을 대상으로 했던 종전 연구 결과와도 일치했고(Perren & Alsaker, 2006), 학령기를 대상으로 했던 종전 연구와도 잘 맞는다.

가해자와 무관계자 아이들에 비해서 공격적 피해자들이 또래들한테 호감을 잘 사지 못하는 현상은 높은 수준의 공격성을 반영한 것일 수도 있고 행동 조절의 어려움을 반영한 것일 수도 있다. 하지만 소극적 피해자에 관한 결과는 이해하기가 어렵다. 지금까지 왜 피해자가 다른 아이들에 비해서 덜 호감을 살 수 밖에 없는지를 설명해주는 연구 결과는 없는 것으로 알고 있다. 앞서 언급했던 소극적 피해자의 위축과 소심함, 또래들 앞에서 힘을 못 쓰는 자기주장능력, 한계 설정 능력 부족 등이 또래집단 내에서 낮은 지위를 차지하게 되는 요인으로 작용하는 듯하다. 이런 낮은 지위 때문에 또래들한테 덜 매력적인 아이로 비춰져 사회계측학적 테스트에서 덜 뽑혔을 수도 있다. 게다가 이런 낮은 지위로 인해 유치원 폭력에 더 취약해져서 더 열악한 사회적 지위로 이어지는 꼴이 된다(Ladd & Tropp-Gordon, 2003).

종합해보면, 상호교류적 우정과 또래들의 인정 여부는 유치원 폭력의 위험 인자와 관련되며, 이는 개인적인 차원에 국한되지 않고 개인과 집단과의 상호작용 속에서 생겨난다. 위에서 언급한 대로, 또래들은 피해자들과 접촉할 때 그들 자신도 피해자가 될까 봐 두려워한다. 더구나 추종자나 패배자와 함께 했을 때보다 리더나 승자와 함께 하는 것이 일반적으로 자아상에 더 긍정적인 보탬이 된다. 결과적으로 어떤 아이가 피해를 당하고 있을 때, 대다수 아이들이 싫어하는 그 피해자를 더 적극적으로 도와주고 싶은 동기가 잘 생기지 않을 수 있다.

또래집단 내에서 가해자들이 높은 수준의 인정을 받는 것도 더 연구가 필요한 사안이다. 유치원을 대상으로 한 연구 결과는 Boulton과 Smith(1994)의 연구 결과와 잘 일치한다. 가해자들은 보통 리더 역할을 맡고, 활동을 주도하며, 한계 설정을 할 줄 알고, 극심할 정도로 공격적이지는 않아 이들 행동은 예측 가능하다. 이들은 일부 아이들한테는 확실히 위협적이지만 모든 아이들에 대해서는 아니다. 또한 Sutton, Smith, Swettenham(1999)이 지적한 대로 사회인지적 기술이 잘 발달된 가해자들은 다른 아이들이 자신들에게 어떤 감정을 느끼게 할 지 잘 조종할 수 있다. 앞서 언급했지만 가해자는 노골적으로 공격성을 드러내기 보다는 사회적 공격성(따돌림)을 주로 사용한다. 그래서 가해자들은 사회인지적 기술이라는 측면에서는 다소 영리한 편이라고도 볼 수 있을 것 같다(Baumgartner & Alsaker, 2008). 게다가 유치원에서 공격성 있는 아이들은 서로 뭉쳐다니기 때문에(Perren & Alsaker, 2006), 가해자들이 받은 긍정적 지명 중에는 다른 공격적인 아이들이 던져준 표도 포함되어 있을 것이다. 종합적으로 보면, 유치원 폭력에 관계된 모든 아이들이 자기 역할(가해자-피해자)에서 탈출을 못하는 것으로 보이며, 가해자의 경우 자기 역할을 유지할 수 밖에 없는 무언의 압력을 받는 것으로 보인다.

결 론

유치원 및 학교폭력은 사회적인 현상으로, 이런 현상이 만성적으로 굳어지기 위해서는 집단 내에 공격적인 아이들이 존재해야 하고 다른 소극적인 아이들과 어른들이 있어야 한다. 한편, 몇몇 개인적 특징들 때문에 폭력 상황에 더 취약해지는 경우도 있다. 소극적 피해자와 공격적 피해자와 가해자들과 관련하여 서로 다른 결과가 나왔으며, 이는 유치원 폭력 피해 위험군과 만성적인 폭력 양상을 예측하는 데에 도움이 될 것이라고 생각한다. 자기주장능력이 부족한 아이, 또래들의 요구에 한계 설정을 잘 못하는 아이, 사회적 상황에서 계속 위축되는 아이들은 폭력 상황에 취약한 것으로 보인다. 첫째, 이들은 가해자에게 쉬운 타깃이 된다. 둘째, 이들은 다른 아이들이 폭력 상황에서 먼저 나서서 지켜줄 정도로 주목을 받거나 인기가 있는 아이가 아닐 것이다. 또한 이들은 또래들 속으로 잘 섞여들어가지 않기 때문에-또래들 사이에 인기가 별로 없기 때문에-친구를 찾는 데에 어려움을 겪고 상호교류적 관계를 맺을 수 있는 친구가 거의 없다. 이런 점들이 복합되어 취약성을 더 키우게 된다.

하지만 불공정과 불균형이 가해 행위에 내포된 속성이며 가해자들은 혼자서 움직이는 법이 거의 없다는 점을 항상 명심해야 한다. 따라서 피해자 입장에서는 스스로를 보호할 수 있는 방법이 별로 없다. 그리고 다른 사회적 맥락에서는 안정감을 느끼는 아이도 어떤 특수한 상황 속에서는 부당한 대접을 받지 않기 위해 친사회적 행동을 줄이고 위축될 수 있으며 불안정하다고 느낄 수 있다. 게다가 아이가 다소 소심하면, 괴롭힘을 당했을 때 더욱 불안정감을 크게 느낄 가능성이 높다.

가피해자 연구와 관련해서 본 유치원 연구는 이들이 상당히 공격적이라는 다른 연구 결과들을 입증하는 계기가 되었다. 구체적으로 말하자면 가피해자는 신체적인 공격성에 감정적 및 행동적 조절의 어려움이 더해져서 유치원 폭력 노출의 위험인자가 된다. 이들은 상당히 예측 불가능하고 또래들 눈에는 매우 거슬리는 아이들로 비춰질 것이다. 게다가 이들은 다른 아이들에 비해 덜 협력적이고 덜 친사회적인 경향이 있어, 또래들이 이들을 보호하기 위해 능동적으로 나서기가 어려워지는데다 쉽게 가해자들 편으로 옮겨 가도록 영향을 받게 된다는 점도 꽤 명확해 보인다. 이들 아이들은 고위험군으로 간주해야 한다.

학령기 아이들(10~16세)과 유치원생(5~7세)에 대한 연구 결과들이 서로 비슷하거나 최소한 맥락이 일치하는 점도 상당히 놀랍다. 특히, 우리는 자료를 얻는 과정과 소스가 달랐기 때문에-자기보고, 교사들의 관찰, 또래지명법-더욱 놀랍다. 유치원을 대상으로 한 결과들이 타당도가 좋기 때문에 학교폭력과 같은 현상이 유치원 수준에서도 똑같이 있다고 간주해도 무방할 것이다. 심지어 소극적 피해자의 퍼센트도 비슷하다. 종합해보면, 두 가지 유형의 피해자는 모두 1) 효율적이고 비폭력적인 자기주장 능력과 행동이 부족하고, 2) 유치원 폭력 상황에 가담하지 않으려는 또래들과 폭력 상황을 효과적으로 멈출 수 있는 또래들의 사회적 지지를 잘 못 이끌어낸다는 특징이 있었다.

본 챕터의 결과를 보면 가해자와 공격적 피해자를 구분하는 제일 중요한 기준은 신체적 공격성을 조절하느냐 못 하느냐에 달려있다. 가해자가 주로 사회적 공격성을 활용한다는 것은 가해자들이 사회적 이해 능력을 갖추고 있어 사회 규범에 대한 지식이 있고 이 규범을 언제 깰 수 있는지 아닌지를 구분할 줄 안다고 볼 수 있다. 다른 말로, 공격적 피해자들은 다소 비효율적이고 자기 조절이 잘 되지 않는 아이로 볼 수 있는 반면(Perry 등, 1992), 가해자는 이에 비해 자기 조절 능력이 더 효율적인 아이라고 볼 수 있다(Sutton 등, 1999).

안타깝게도 피해자와 가피해자와 가해자의 또래관계와 사회적 행동에 대한 본 연구 결과를 미루어봤을 때, 피해자 스스로 폭력 상황을 끝낼 수 있으리라고 믿을만한 근거가 전혀 없었다. 또는 또래들이 폭력 상황에 개입해줄 것이라는 기대도, 가해자들이 스스로 폭력을 멈출 것이라고 기대할 만한 근거도 없었다. 모든 연구에서 이런 폭력 상황이 가해자들의 행동을 강화시켜주는 쪽으로 작용한다고 입증하고 있으며, 가해자들 자신도 피해자들처럼 어른들과 또래들의 도움 없이는 자기 역할에서 빠져나오지 못하는 노예에 불과하다고 밝혀주고 있다.

앞으로의 유치원 연구

초기에 위험인자와 보호인자를 더 잘 파악할수록 예방 프로그램이 더 효과적일 것이다. 이와 관련하여 유치원에서 더 연구가 진행되어야 할 주제들이 있다. 모든 연구 결과들은 공통적으로 가피해자가 다른 가해자나 소극적 피해자와 다른 부류로 간주해야 된다는 점을 시사했다. 이런 구별법에 대한 연구도 유치원 대상으로 진행되어야 한다. 현재 여러 나라에서 PTV를 포함해 횡적 연구가 진행되고 있다. 우리는 피해사례가 생기기까지의 인과관계도 분석해야 되고 유치원 폭력으로 피해자들의 심리사회적 안녕에 어떤 영향을 미치는 지도 분석해야한다. 게다가 아이들에 대한 관찰 연구도 필요한데-예를 들자면 적절한 또는 부적절한 자기주장 방식을 알아보기 위해-실험적 세팅도 필요하고 있는 그대로의 모습을 관찰하는 것도 필요하다.

우리는 가해/피해 문제에 관련해 여러 유형의 아이들이 서로 어떤 차이점을 보이는지 설명했다. 이는 폭력 상황에 취약한 아이들을 조기 발견하고 예방 프로그램을 더 세부적으로 개선시키는 데에 중요한 근거를 제공한다. 마지막으로 유치원 폭력은 이미 아이들의 일상 생활의 일부가 되었다는 점이다. 아이들 혼자 힘으로는 이런 현상을 해결할 수 없다. 그래서 아이들이 건강한 사회 환경을 배우고 발달시키도록 하려면 어른들이 책임지고 나서야 한다.

표 7.1 실무의 위한 제언 및 요약. 취약 아동의 조기 발견과 예방 프로그램의 세부적 개선을 위한 권고

- 폭력 문제는 이미 유치원에서 발생하고 있다. 어린 연령대부터 예방적 노력이 시작되어야 한다.
- 아이들이 유치원 폭력 역동 속에서 자신의 역할을 벗어나는 것은 매우 어렵다. 더구나 교사들을 설득해 유치원 폭력 해결에 시간을 할애하도록 하는 것도 매우 어렵다. 그러므로 유치원 폭력 예방 및 개입 프로그램이 교사들 수련의 필수 과정으로 넣어야 한다.
- 유치원 입학 시기에 고도로 공격성을 보이거나 행동 조절이 안 되는 아이들은 계속 공격적으로 남아 있거나 유치원 폭력의 피해자가 될 위험성이 높다. 이들은 평균적인 아이들 부류에서 급속히 떨어져 나와서 향후 비행 청소년이 되거나 폭력적인 청소년으로 변할 가능성이 높다. 이들은 일반적인 학교폭력 프로그램의 효과를 거의 보지 못한다. 가해자들은 반드시 자신의 행동을 조절할 수 있는 법을 터득할 기회가 있어야 한다. 이런 경우 교사에 대한 개별적 상담이 필요할 수도 있고 아이들과 이들 부모에 대한 개별 치료 혹은 다른 형태의 지원이 필요하다.
- 예방 프로그램은 각 유형에 맞는 내용을 제공해야 한다. 가해자들이 공격적이기는 하나, 가피해자들과 속성이 다르기 때문에 가피해자처럼 사회적 기술 훈련이 필요하지 않다(Baumgartner & Alsaker, 2008).
- 소극적 피해자는 다른 아이들에 비해 더 순응적이고 더 위축되는 경향이 있고 사회성이 부족하다. 이들은 어떤 특수한 훈련이 필요한데, 특히 자기주장 훈련이 필요하다. 이런 훈련을 통해 복잡하고 험난한 또래들과의 관계 문제에 대처할 수 있어야 한다.
- 우리는 유치원 폭력 현상이 이어지는 데에는 또래관계가 중요한 변수로 작용한다는 점을 밝혔다. 실제로 유치원 폭력 문제가 해결되려면 집단 전체(어른들과 아이들)가 나서야 해결이 된다. 유치원 폭력 개입을 할 때 무관계자 아이들에 초점을 맞추는 것도 잊어서는 안된다. 이들은 사회성이 좋고 친사회적인 행동을 많이 하고 공격적이지 않으며 한계 설정을 어떻게 해야하는 지도 알고 있다. 따라서 이들은 유치원 폭력 예방에 중요한 자원을 제공해줄 수 있다.

참고문헌

Alsaker, F. D. (1993). Isolement et maltraitance par pairs dans les jardins d'enfants: comment mesurer ces phénomènes et quelles en sont leurs conséquences [Isolation and maltreatment by peers in kindergarten: how to measure these phenomena and what are their consequences]? *Enfance, 47,* 241-260.

Alsaker, F. D. (2003). *Quälgeister und ihre Opfer. Mobbing unter Kindern—und wie man damit umgeht [Bullies and their victims. Bullying among children—and how to deal with it].* Bern: Verlag Hans Huber.

Alsaker, F. D. (2007). *Pathways to victimization and a multisetting intervention.* Unpublished Report. Swiss National Science Foundation, NFP52.

Alsaker, F. D., & Nägele, C. (2008). Bullying in kindergarten and prevention. In W. Craig, & D. Pepler (Eds.), *An international perspective on understanding and addressing bullying* (Vol. I, pp. 230-252). Kingston, Canada: PREVNet.

Alsaker, F. D., & Valkanover, S. (2001). Early diagnosis and prevention of victimization in kindergarten. In J. Juvonen, & S. Graham (Eds.), *Peer harassment in school: the plight of the vulnerable and victimized* (pp. 175-95). New York: Guilford.

Asendorpf, J. (1998). Die Entwicklung sozialer Kompetenzen, Motive und Verhaltensweisen [The development of social competence, motives, and behavior]. In F. E. Weinert (Ed.), *Entwicklung im Kindesalter* (pp. 155-176). Weinheim: Beltz.

Barr, D. (1997). Friendship and belonging. In R. L. Selman, C. L. Watts, & L. H. Schultz (Eds.), *Fostering friendship: Pair therapy for treatment and prevention* (pp. 19-30). New York: Aldine De Gruyter.

Baumgartner, A., & Alsaker, F. D. (2008). Mobbing unter Kindern und Jugendlichen: Die Rolle von individuellen sozialen Kompetenzen, Gruppenprozessen und sozialen Beziehungen [Bullying among children and adolescents: the role of individual and social competences, group processes, and social relationships]. In T. Malti & S. Perren (Eds.), *Entwicklung und Förderung sozialer Kompetenzen in Kindheit und Adoleszenz* (pp. 70-88). Stuttgart: Kohlhammer.

Boulton, M. J. (1999). Concurrent and longitudinal relations between children's playground behavior and social preference, victimization, and bullying. *Child Development, 70,* 944-954.

Boulton, M. J., & Smith, P. K. (1994). Bully/victim problems in middle-school children: stability, self-perceived competence, peer perceptions and peer acceptance. *British Journal of Developmental Psychology, 12,* 315-329.

Boulton, M. J., & Underwood, K. (1992). Bully/victim problems among middle school children. *British Journal of Educational Psychology, 62,* 73-87.

Bukowski, W. M. (2001). Friendship and the worlds of childhood. *New Directions for Child and Adolescent Development, 91,* 93-105.

Bukowski, W. M., & Hoza, B. (1989). Popularity and friendship. Issues in theory, measurement, and outcome. In T. J.

Berndt & G. Ladd (Eds.), *Peer relationships in child development* (pp. 15-45). New York: Wiley.

Cairns, R. B., Cairns, B. D., Neckerman, H. J., Gest, S. D., & Gariépy, J. (1988). Social networks and aggressive behavior: Peer support or peer rejection? *Developmental Psychology, 24*, 815-823.

Champion, K., Vernberg, E., & Shipman, K. (2003). Nonbullying victims of bullies: Aggression, social skills, and friendship characteristics. *Applied Developmental Psychology, 24*, 535-551.

Crick, N. R., Ostrov, J. M., Burr, J. E., Cullerton-Sen, C., Jansen-Yeh, E., & Ralston, P. (2006). A longitudinal study of relational and physical aggression in preschool. *Journal of Applied Developmental Psychology, 27*, 254-268.

Egan, S. K., & Perry, D. G. (1998). Does low self-regard invite victimization? *Developmental Psychology, 34*, 299-309.

Erdley, C. A., Nangle, D. W., Newman, J. E., & Carpenter, E. M. (2001). Children's friendship experiences and psychological adjustment: theory and research. *New Directions for Child and Adolescent Development, 91*, 5-24.

Gifford-Smith, M. E., & Brownell, C. A. (2003). Childhood peer relationships: social acceptance, friendships, and peer networks. *Journal of School Psychology, 41*, 235-284.

Goldbaum, S., Craig, W. M., Pepler, D., & Connolly, J. (2003). Developmental trajectories of victimization: Identifying risk and protective factors. *Journal of Applied School Psychology, 19*(2), 139-156.

Griffin, R. S., & Gross, A. M. (2004). Childhood bullying: Current empirical findings and future directions for research. *Aggression and Violent Behavior, 4*, 379-400.

Hartup, W. W. (1992). Friendships and their developmental significance. In H. McGurk (Ed.), *Childhood social development: Contemporary perspectives* (pp. 175-205). Hove, UK: Erlbaum.

Hay, D. F., Payne, A., & Chadwick, A. (2004). Peer relations in childhood. *Journal of Child Psychology and Psychiatry, 45*(1), 84-108.

Hodges, E. V. E., Boivin, M., Vitaro, F., & Bukowski, W. M. (1999). The power of friendship: Protection against an escalating cycle of peer victimization. *Developmental Psychology, 35*, 94-101.

Hodges, E. V. E., Malone, M. J., & Perry, D. G. (1997). Individual risk and social risk as interacting determinants of victimization in the peer group. *Developmental Psychology, 33*, 1032-1039.

Howes, C. (1988). Peer interactions of young children. *Monographs of the Society for Research in Child Development, 53*(1), 1-87.

Howes, C. (1990). Social status and friendship from kindergarten to third grade. *Journal of Applied Developmental Psychology, 11*(3), 321-330.

Johnson, H. R., Thompson, M. J. J., Wilkinson, S., Walsh, L., Balding, J., & Wright, V. (2002). Vulnerability to bullying: Teacher-reported conduct and emotional problems, hyperactivity, peer relationship difficulties, and prosocial behaviours in primary school children. *Educational Psychology, 22*, 553-556.

Kochenderfer, B. J., & Ladd, G. W. (1996). Peer victimization: Manifestations and relations to school adjustment in kindergarten. *Journal of School Psychology, 34*, 267-283.

Kochenderfer, B. J., & Ladd, G. W. (1997). Victimized children's reponses to peers' aggression: Behaviors associated with reduced versus continued victimization. *Development and Psychopathology, 9*, 59-73.

Kokkinos, C., & Panayiotou, G. (2004). Predicting bullying and victimization among early adolescents: Associations with disruptive behaviors disorders. *Aggressive Behavior, 30*, 520-533.

Ladd, G. W., & Kochenderfer-Ladd, B. (2002). Identifying victims of peer aggression from early to middle childhood: analysis of cross-informant data for concordance, estimation of relational adjustment, prevalence of victimization, and characteristics of identified victims. *Psychological Assessment, 14*, 74-96.

Ladd, G. W., & Profilet, S. M. (1996). The Child Behavioral Scale: a teacher-report measure of young children's aggressive, withdrawn, and prosocial behaviors. *Developmental Psychology, 32*(6), 1008-1024.

Ladd, G. W., & Tropp-Gordon, W. (2003). The role of chronic peer difficulties in the development of children's psychological adjustment problems. *Child Development, 74*, 1344-1367.

Monks, C. P., Smith, P. K., & Swettenham, J. (2005). Psychological correlates of peer victimisation in preschool: Social cognitive skills, executive function and attachment profiles. *Aggressive Behavior, 31*, 571-588.

Newcomb, A. F., Bukowski, W. M., & Pattee, L. (1993). Children's peer relations: A meta-analytic review of popular, rejected, neglected, controversial, and average sociometric status. *Psychological Bulletin, 113*(1), 99-128.

Oden, S., & Asher, S. R. (1997). Coaching children in social skills for friendship making. *Child Development, 48*, 495-506.

Olweus, D. (1978). *Aggression in the schools: Bullies and whipping boys*. Washington DC: Hemisphere.

Olweus, D. (1993). *Bullying at school: What we know and what we can do*. Oxford, UK: Blackwell.

Pellegrini, A.D. (1993). Elementary-school children's rough-and-tumble play and social competence. *Developmental Psychology, 24*, 802-806.

Pellegrini, A. D., Bartini, M., & Brooks, F. (1999). School bullies, victims, and aggressive victims: factors relating to group affiliation and victimization in early adolescence. *Journal of Educational Psychology, 91*(2), 216-224.

Pepler, D., Craig, W. M., & O'Connell, P. (1999). Understanding bullying from a dynamic systems perspective. In A. Slater & D. Muir (Eds.), *The Blackwell Reader in Developmental Psychology* (pp. 440-451). London: Blackwell.

Perren, S., & Alsaker, F. D. (2006). Social Behaviour and Peer Relationships of Victims, Bully-victims, and Bullies in Kindergarten. *The Journal of Child Psychology and Psychiatry and Allied Disciplines, 47*, 45-57.

Perry, D., Hodges, V. E., & Egan, S. K. (2001). Determinants of chronic victimization by peers: A review and new model of family influence. In J. Juvonen & S. Graham (Eds.), *Peer harassment in school. The plight of the vulnerable and victimized* (pp. 73-104). New York: Guilford.

Perry, D. G., Perry, L. C., & Boldizar, J. P. (1990). Learning of aggression. In M. Lewis & S. Miller (Eds.), *Handbook of developmental psychopathology* (pp. 135-146). New York: Plenum.

Perry, D. G., Perry, L. C., & Kennedy, E. (1992). Conflict and the development of antisocial behavior. In C. U. Shantz & W. W. Hartup (Eds.), *Conflict in child and adolescent development* (pp. 301-329). New York: Cambridge University Press.

Perry, D. G., Willard, J. C., & Perry, L. C. (1990). Peers' perceptions of the consequences that victimized children provide aggressors. *Child Development, 61*, 1310-1325.

Ray, G. E., Cohen, R., Secrist, M. E., & Duncan, M. K. (1997). Relating aggressive and victimization behaviors to children's sociometric status and friendships. *Journal of Social and Personal Relationships, 14*, 95-108.

Rigby, K., Smith, P. K., & Pepler, D. (2004). Working to prevent school bullying: key issues. In P. K. Smith, D. Pepler, & K. Rigby (Eds.), *Bullying in schools. How successful can interventions be?* (pp. 1-12). Cambridge, UK: Cambridge University Press.

Rubin, K. H., LeMare, L. J., & Lollis, S. (1990). Social withdrawal in childhood: Developmental pathways to peer rejection. In S. R. Asher & J. D. Coie (Eds.), *Peer rejection in childhood* (pp. 217-249). New York: Cambridge University Press.

Salmivalli, C., & Isaacs, J. (2005). Prospective relations among victimization, rejection, friendlessness, and children's self- and peer-perceptions. *Child Development, 76*, 1161-1171.

Salmivalli, C., Lagerspetz, K., Björkqvist, K., Österman, K., & Kaukiainen, A. (1996). Bullying as a group process: participant roles and their relations to social status. *Aggressive Behavior, 22*, 1-15.

Salmivalli, C., & Nieminen, E. (2002). Proactive and reactive aggression among school bullies, victims, and bullyvictims. *Aggressive Behavior, 28*, 30-44.

Schwartz, D., Dodge, K. A., & Coie, J. D. (1993). The emergence of chronic peer victimization in boys' play groups. *Child Development, 64*, 1755-1772.

Schwartz, D., Dodge, K. A., Pettit, G. S., & Bates, J. E. (1997). The early socialization of aggressive victims of bullying. *Child Development, 68*, 665-675.

Schwartz, D., Dodge, K. A., Pettit, G. S., & Bates, J. E. (2000). Friendship as a moderating factor in the pathway between early harsh home environment and later victimization in the peer group. *Developmental Psychology, 36*, 646-662.

Sullivan, H. S. (1953). The interpersonal theory of psychiatry. In H. S. Perry & M. L. Gawel (Eds.), *The collected works of Harry Stack Sullivan* (pp. 1-393). New York: Norton.

Sutton, J., Smith, P. K., & Swettenham, J. (1999). Bullying and 'theory of mind': a critique of the 'social skills deficit' view of antisocial behaviour. *Social Development, 8*(1), 117-134.

Toblin, R. L., Schwartz, D., Gorman, H., & Abou-ezzeddine, T. (2005). Social-cognitive and behavioral attributes of aggressive victims of bullying. *Journal of Applied Developmental Psychology, 26*, 329-346.

8

학교폭력과 도덕성
착한 아이가 어떻게 나쁜 짓을 하는지 이해하기

SHELLY HYMEL, KIMBERLY A. SCHONERT-REICHL, RINA A. BONANNO,
TRACY VAILLANCOURT, AND NATALIE ROCKE HENDERSON

학교폭력은 그간 정상적인 성장 과정으로 간주되곤 했었다. 학교폭력은 19세기 청소년 소설에도 등장하기도 했었는데, 그 예로 찰스 디킨스의 올리버 트위스트(1839)와 the Life and adventures of Nicholas Nickleby(1838), Thomas Hughes의 Tom Brown's School days(1857)가 있으며, 이후로도 서양 문학사의 주요 테마로 이어져 내려 오고 있다. Eleanor Estes의 the Hundred Dresses(1944), William G. Golding의 the Lord of the Files(1959), Margaret Atwood의 Cat's eye(1998)가 있고 최근 작품으로는 Nick Hornby의 About a boy(2002)가 있다. 학교폭력은 아동청소년 영화의 주요 주제이기도 하다(Billy Madison, The Mighty, Bully, Ant Bully, Pay It Forward, Mean Girls). 하지만 학교폭력이 학계의 주요 관심사가 된 것은 불과 30년 정도 밖에 되지 않고, 초창기 연구는 북유럽 학자들이 주도했으며, 특히 Dan Olweus는 오늘날 이 분야의 리더로 자리매김을 했다.

몇몇 나라에서는 비극적인 상황이 발생하고 나서야 학교폭력에 대해 진지하게 주목하기 시작했었다(Marr & Fields, 2000). 1982년 노르웨이에서 3명의 남학생(10~14세)이 학교폭력의 피해를 당하고 나서 자살로 생을 마감하자 언론과 대중이 주목을 하기 시작했으며, 1983년 노르웨이 교육부는 학교폭력 근절 캠페인을 전국적으로 벌이기 시작했다(Olweus, 1993, 1999). 일본(Sugimori, 2002)에서는 1986년 13세 학생이 학교폭력으로 자살을 한 후로 대중의 주목을 이끌기 시작했으며 학교폭력에 관해 몇몇 논문이 나오기 시작했으나, 본격적으로 활성화되기 시작한 것은 1994년이었다. 당시 한 학생이 또래들에게 자기 소유물을 강탈 당한 후 자살을 하자 일본 교육부는 학교폭력에 대응하기 시작하였다. 북미 대륙에서는 근 21세기에 다가와서야 학교폭력에 대해 대중들이 주목하기 시작했다. 캐나다에서는 1997년 14세 Reena Virk가 또래 7명(여학생 6명, 남학생 1명)(Godfrey, 2005)에게 잔인하게 고문을 당하다가 살해당한 사건이 생겼으며, 그 후 학교폭력에 시달리던 청소년들이 잇따라 자살하는 사건들이 생겨나자 언론에서 학교폭력을 집중적으로 다루기 시작했다. 미국에서는 1999년 고등학생 Eric Harris와 Dylan Klebold가 3시간 동안 계획적 복수 사건을 일으키면서 한 명의 교사와 12명의 학생을 살해했고 20명이 부상을 입었다. 이 사건은 컬럼바인 총기사건으로 불리며 대중들의 공포와 분노를 자아냈으며, 살인자 2명이 스스로 목숨을 끊고서야 사건이 종결되었다.

학교폭력으로 세계 여러나라에서 비극적인 사망 사건이 생기면서 많은 사람들은 이런 행동에 대한 도덕성을 생각하기 시작했다. 물론 도덕적인 관점에서 학교폭력을 다룬 연구는 거의 없었다. 이런 참사에서 긍정적인 희망을 찾는다면, 이런 참사 탓에 학교폭력이 얼마나 심각한 문제인지 대중들이 인식을 하기 시작했다는 점과 학교폭력과 관련된 경험적 연구가 폭발적으로 많이 늘어났다는 점이다. 우리가 인터넷에서 그간 출간된 연구자료가 얼만큼 되는 지 조사해봤을 때,[1] 1961~1975년 사이에는 단 한 건도 발견하지 못했다. 1976~1985년 사이에서는 12권의 단행본과 3편의 원저가 발견되어 총 15편의 출간물이 있었고, 1986~1995년 사이에는 그 수가 껑충뛰어서 175권의 단행본과 67편의 원저가 나와 총 242편의 출간물이 검색되었다. 1996~2005년 사이에는 폭발적으로 수가 늘어나서 1,039권의 단행본과 609편의 원저가 나와 총 1,600편이 넘는 출간물이 나왔다(Berger, 2007). 비록 그간 연구를 통해서 학교폭력이라는 복잡한 현상에 대해 조금 더 알 수 있게 되었지만, 우리는 이런 방대한 연구 자료에도 불구하고 한 아이가 다른 아이를 지배하는 과정에 대해서 아는 것이 거의 없다.

- 이제 우리는 학교폭력이 대인관계 공격성 중 독특한 한 형태이며, 이는 의도적이고 반복적으로 다른 사람을 괴롭히는 것으로, 이 과정에서 가해자(들)는 권력의 우월함을 즐긴다는 특징이 있다. 비록 권력은 다양한 모습을 하고 있지만(Vailancourt, Hymel, & McDougall, 2003; Vaillancourt, McDougall, Hymel, & Sunderani; 본 저서), 권력의 불균형이야 말로 학교폭력과 기타 공격성을 구별 짓는-최소한 이론적으로라도-중요한 기준이 된다. 이런 점에서 학교폭력 행위는 비난 받아 마땅하고 용납할 수 없다. 하지만 현실에서는 어른이나 아이나 이 둘을 구분하기가 매우 어렵다(Vaillancourt 등, 2008).
- 이제 우리는 학교폭력의 형태가 다양하다는 점을 안다-신체적, 언어적, 사회적(관계적), 디지털(사이버폭력) 폭력 등. 그리고 학교폭력은 다양한 대인관계적 편견 현상과도 맞물린다-인종 차별, 성별, 장애, 체중, 성적 취향 등(Darwich, Hymel, Pedrini, Sippel, & Waterhouse, 2008; Hymel, White, Ishiyama, Jones, & Vaillancourt, 2006; Kowalski, 2000; Pearce, Boergers, & Prinstein, 2002). 한편 학교폭력 행위는 애매모호할 때가 많으며, 특히 외부인 입장에서는 더욱 알아채기 힘들다. 신체적 폭력은 흔히 '난리법석을 피우는 것' 혹은 '거친 장난' 정도로 치부되는 경우가 많고, 언어적 폭력은 친구들 사이에 장난으로 서로 놀리는 것쯤으로 넘어가곤 한다. 그나마 가해자가 '농담이었어'라고 넘겨 버리면 그만이다.
- 그리고 전통적으로 가해자는 사회적 역량이 부족해서 그런 폭력적인 행동에 의존하는 것으로 알려졌지만, 이제 우리는 가해자들이 사회적 기술이나 사회적 지능이 높다는 점을 알게 되었다(Björkqvist, Östreman, & Kaukiainen, 2000; Kaukiainen 등, 1999; Sutton, Smith, & Swettenham, 1999a, b). 사실, 캐나다에서 시행된 한 연구 결과에 따르면, 또래들한테 가해자로 지명된 학생들 절반이 영향력이 있다는 인식이 퍼져있고 자신의 우월한 지위를 즐기는 것으로 조사되었다(Vaillancourt 등, 2003).

---

[1] 출간물 조회는 PsychINFO와 WORLDCAT에서 Bullying, Bully, Bullies, Bullied를 핵심단어로 하여 검색하였다. PsycINFO는 Psychological Abstracts의 온라인 버전으로 심리학 및 심리학적 측면과 관련된 인용출처, 원저의 요약본(1887년부터 현재까지의 원저), 단행본 단원, 단행본, 기술적 보고, 학위 논문을 포함하고 있으며, 1,300 이상의 정기간행물과 25 종류가 넘는 언어로 된 출판물들을 소장하고 있다. WORLDCAT은 도서목록 자료가 제일 풍부하면서도 그 규모 또한 전세계 제일이다. 이곳에는 Online Computer Library Center 소속 대학도서관과 연구기관의 수천개 카탈로그를 소장하고 있어, 57,968,788개의 도서, 시청각자료, 컴퓨터 파일, 인터넷 주소, 기타 다른 미디어 목록을 보유하고 있다(http://www.oclc.org/worldcat/default.htm).

- 비록 정기적으로 학교폭력을 행사하는 학생은 소수이지만(예: 매일/매주 마다), 최소한 가끔씩이라도 학교폭력을 행사하는 학생은 슬프게도 상당하다. 예를 들어, 27개국 13세를 대상으로 한 학교폭력 연구에서(Krug, Dahlberg, Mercy, Zwi, & Lozano, 2002) 소수의 학생들이 자주(일주일에 1회 이상) 학교폭력 행동을 하는 것으로 응답했으며, 국가에 따라 1에서 최대 10%까지 차지하였다. 하지만 나머지 12~64% 학생들은 가끔씩 학교폭력 행동을 한다고 응답하였다. 우리 아이들 대다수가 '가끔씩'이긴 하지만 자기 보다 힘이 없는 아이들을 가지고 재미 보겠다고 응답한 것에 대해 어떤 생각이 드는가?

본 챕터에서 우리는 학교폭력 행위를 이해함에 있어 도덕성이 어떤 역할을 하는 지 알아볼 것이다. 특히 학교폭력 행위 이면에 깔린 아동청소년의 사회 인지적 요소를 연구한 자료들을 검토해볼 것이다. 일단 우리는 도덕성 발달 및 도덕적 판단과 공격적 행위를 연관지은 연구 결과를 검토해볼 것이며, 학교폭력을 저지르는 아이들이 도덕적 판단 능력에 결함이 있는지를 확인해볼 것이다. 그 다음 우리는 태도와 믿음 체계가 어떻게 학교폭력 행동을 유발시키며 또 유지시키는 지에 대한 연구도 검토한다. 그 후 우리는 Bandura(1999, 2002)의 도덕성에 관한 사회인지 이론을 학교폭력 현안에 적용시켜 볼 것이다. 우리는 아이들이 학교폭력을 저지르면서 얼만큼 '도덕적으로 일탈'할 수 있는지도 알아볼 것이다. 그런데 도덕적 일탈은 단순히 한 개인의 특징만은 아니다. Bronfenbrenner의 사회생태학적 모델(1979)에 따르면 한 아이의 행동을 그 아이를 둘러싼 사회적 환경 맥락에서 이해를 할 수 있기 때문에, 우리는 개인적 수준 뿐 아니라 집단적 수준에서의 '도덕적 일탈'에 대해서도 알아보고 어떻게 학교폭력과 연관이 되는지 검토해보겠다. 마지막으로 우리가 알아본 내용을 바탕으로 학교폭력 예방과 실제에 어떻게 적용시킬 수 있는지 알아보겠다.

도덕성 발달과 학교폭력/공격성

다른 아이들을 괴롭히는 아이들은 도덕적으로 뭔가 결핍된 아이들인가?

이들은 다른 사람에 대한 공감 능력이 부족한 것인가?

이 주제에 대해 조사한 연구가 거의 없기 때문에 이 질문들에 대해 확실한 대답을 하기가 어렵다. 이에 우리는 먼저 도덕성 발달과 공격성과의 관계를 조사한 연구들을 검토해볼 것이다. 지난 20여년간 도덕성 발달에 대한 연구는 광범위하게 변화를 거듭해 왔다. 1960년대에서 80년대까지는 Kohlberg의 인지발달 접근(1981, 1984)이 상당한 영향을 주었고, 이를 바탕으로 도덕성에 대한 다양한 대안 이론들이 등장할 수 있었다(Eisenberg & Fabes, 1998; Nucci, 2001; Turiel, 2002). 다양한 이론들 속에서도 공통된 부분이 있었다면 도덕적 판단 능력이 행동-특히, 공격성-에 어떤 영향을 미치는 지에 관심이 많다는 점이다(Berkowitz & Mueller, 1986; Tisak, Tisak, & Goldstein, 2006). 비록 공격성의 정의를 두고 갑론을박이 있긴 했지만(Coie & Dodge, 1998), 본 챕터에서 우리는 공격성의 정의를 '다른 사람들을 신체적으로 또는 심리적으로 상처를 주기 위해 계획된 모든 유형의 행동'으로 정하였다(Berkowitz, 1993, p.3). 바꿔 말하면 도덕성은 '그런 행동이 낳은 해로운 결과'라는 측면에서 생각해 볼 수 있다(Turiel, 1998, p.904). 양쪽 정의 모두 의도적인 상처와 피해 상황을 강조한다(Arsenio & Lemerise, 2004).

물론 일탈 행동과 공격성이 동의어는 아니지만, 공격성과 도덕적 판단 능력의 관계를 다룬 초창기 연구에서는 청소년기 일탈 행동에 초점을 맞추기도 하였다. 1958년 과거 Lawrence Kohlberg의 학위 논문까지 거슬러 올라가 살펴보면, 비행 청소년들의 도덕적 판단 능력에 관한 연구는 수십년간 지속되어, 이후 15년간 총설 몇 편과 메타분석 논문이 등장했고(Nelson, Smith, & Dodd, 1990; Smetana, 1990; Stams 등 2006) 일관된 연구 결과들이 나왔다. 간단하게 정리하자면, 비행 청소년들은 일탈 행동을 하지 않는 다른 청소년에 비해 도덕적 판단 수준이 대체로 낮았다. Stams 등(p.697)이 결론 내린 것처럼, '발달학적으로 도덕성 습득 지연과 청소년기 일탈 행동과 상관관계가 있었으며, 이는 사회경제적 수준, 성별, 나이, 지능을 보정해서 도출된 결론이다.'

일반 인구 집단에서 공격성과 도덕적 판단 능력 사이의 상관관계는 본격적으로 연구된 바가 없었다(Arsenio & Lereise, 2004). 그럼에도 불구하고 아이들의 사회적/도덕적 판단 이면에는 사회-인지적 판단 과정이 작용하고 있다고 주장하는 연구들은 계속 있었다. 이 연구에는 사회적 적응과 관련된 사회적 정보 처리 모델(social information processing model, SIP)(Crick & Dodge, 1994)과 도덕성 발달의 영역 모델(domain model)(Nucci, 2001; Smetana, 1995)이 있고, 이 둘 모두 아이들의 사회적 판단 능력과 학교폭력 가해 행위가 어떤 관계를 갖는 지 개연성 있게 보여준다. 아이들의 공격성과 도덕적 판단능력/발달의 상관관계를 직접적으로 검증한 연구가 없었던 가운데, Arsenio와 Lemerise(2004)는 도덕성이 어떤 방식으로 다양한 형태의 공격성과 연관이 되는지에 대해 여러모로 가설을 세웠다. 특히, 이들은 주도적 공격성-분노에 대한 반응 보다는 보상을 노리고 저지르는 도구적 공격성으로, 이들 연구자들은 가해 행위와 동의어로 간주하였다-이 반응적 공격성(좌절과 분노로 인한 공격성) 보다 도덕적 판단 능력과 좀 더 직접적인 연관성이 있다고 주장했다. 이렇게 생각하게 된 이유 중 하나로 이런 행위 이면에 깔린 판단 과정을 이해하려면 어떤 암묵적인 도덕적 의문이 떠오르기 때문이다. 무슨 말이냐 하면, 주도적 공격성을 쓰는 아이들은 도구적 목표를 달성하기 쉬운 쪽으로 도덕적 규범을 피해나간다는 뜻이다(예: '난 그 녀석 자켓을 원해.'). 이런 가설과 일맥상통하는 또 다른 경우로, 공격성이 있다고 확인된 아이들은 적대적인 인과관계 추론 방식을 사용하는 경향이 있으며 공격적인 반응 패턴을 긍정적인 시각으로 보는 경향이 있다는 연구들도 있다(Crick, Grotpeter, & Bigbee, 2002). 이와 대조적으로 친사회적인 특징을 지닌 아이들은 도구적 목표 보다는 관계적 목표(예: '난 그 애의 친구가 되고 싶어.')를 더 잘 받아들이는 경향이 있다(Nelson & Crick, 1999).

하지만 여전히 Arsenio와 Lemerise(2004)는 도덕적 판단 능력과 주도적 공격성과의 복잡한 상관관계에 대해서 조심스런 시각을 가지도록 경고하고 있다. 이와 관련해서 이들은 주도적 공격성 반응을 활성화시키는 것으로 보이는 내재적 역설적 기전이 있다는 연구를 인용했다. 좀더 구체적으로 설명하자면, 비록 주도적 공격성을 쓰는 아이들이 도구적 이득을 취하기 위해 교묘하게 다른 사람들에게 해를 끼침으로써 의도적으로 도덕적 규범을 어기는 것으로 보이지만, 이런 아이들 또한 다른 사람의 관점을 이해할 수 있는 것으로 보인다는 것이다. 물론 공감이 결핍된 이해 방식이긴 하지만 말이다. 이뿐만 아니라 기존의 사회인지적 가설과 맞지 않은 연구 결과도 있는데, 비록 대다수 공격적 아이들이 사회적 정보 처리 과정에서 인지적 결핍과 왜곡을 보이는 것은 맞지만(Crick & Dodge, 1999), 다른 연구에서는 일부 가해자는 다소 세련된 사회적 판단 능력과 높은 수준의 사회적 지능을 보인 것으로 드러나기도 했다(Sutton 등, 1999a, c). 따라서 공격성과 가해 행위를 둘러싼 기존의 사회인지 가설이 불확실한 모양새가 되었다.

공격성과 도덕적 판단 능력의 연관성을 논증한 몇 안되는 연구 중, Schonert-Reichl(1999)이 108명의 캐나다 초등학생(5~7학년)을 대상으로 한 연구를 보면, 남학생과 여학생에 따라서 상관관계가 상이하다는 것을 알 수 있다. 여학생의 경우 또래들이 본 공격적 행위와 도덕적 판단 능력 사이 유의한 상관관계가 없었다. 남학생의 경우 또래들이 본 공격적 행위와 도덕적 판단 능력 사이 유의한 양의 상관관계가 있었다. 즉, 높은 수준의 도덕적 판단 능력을 보인 남학생이 또래들의 눈에는 더 공격적인 아이로 비춰졌다는 것이다. 어딘가 역설적으로 보이는 이런 연구 결과를 설명하기 위해서 Schonert-Reichl은 남학생들이 마치 '옳은' 이유로 행동을 한 듯, 자신의 공격적 행동을 정당화할 수 있다고 설명하였다. 이런 현상에 대한 또 다른 가능성은 청소년기 남학생들은 워낙 도구적이고 신체적인 놀이에 관심을 가지기 때문에 공격성을 용납하는 것일 수도 있다는 것이다(Crick & Zahn-Waxler, 2003). 이와 관련해서, Pepler와 Craig(2005)는 초기 청소년기 남학생들이 보이는 신체적 공격성은 초등학생 때 거칠게 투닥거리며 노는 행태의 정상적 연장선일 수도 있다고 제안하였다.

Murray-Close, Crick, & Galotti(2006)는 미국 4~5학년 학생 639명을 대상으로 아이들의 도덕적 판단 능력과 신체적 및 관계적 공격성에 대한 또래 및 교사들의 평가 사이의 상관관계를 조사하였다. 그 결과 학생들은 대체로 관계적 공격성에 비해 신체적 공격성을 더 나쁘고 더 해로운 것으로 인식했지만, 그 이후의 결과 분석은 더 복잡했다. 예를 들어, 여학생은 남학생에 비해 공격적 행동을 더 나쁘고 더 해로운 것으로 간주하였다. 물론 남학생과 여학생 모두 신체적 공격성이 해롭다는 점에서는 판단 패턴이 같았지만, 여학생들은 남학생에 비해 관계적 공격성이 더 해로운 것으로 간주하는 경향이 있었다. 도덕적 판단 능력과 공격성의 상관관계와 관련해, Murray-Close 등은 또래들이 보기에 관계적으로 공격적인 아이들이 관계적인 공격성을 나쁜 행위로 보기 보다는 해로운 행위로 보려는 경향이 있다는 점을 발견했다.

Murray-Close 등(2006)은 학생들이 신체적 및 관계적 공격성을 도덕적 문제(옳고 그름의 문제)로 보는지, 사회관습적 문제(사회 구조와 질서를 떠받치기 위한 사회적 규범)로 보는 지, 아니면 개인적 문제(개인적인 취향 및 선택 사양으로, 어떤 옷을 골라 입을 것인가와 같은 문제)로 보는 지를 조사했다. 여학생은 관계적 및 신체적 공격성을 도덕적 문제로 인식했다. 남학생들, 특히 신체적으로 공격적인 성향의 남학생들은 관계적 및 신체적 공격성에 대해서 사회관습적 및/또는 개인적 문제로 인식하였다. 관계적 공격성에 관련해서 여학생한테도 비슷한 결과가 나왔다. 즉, 관계적 공격성을 쓰는 여학생은 관계적 공격성에 대해 사회관습적 시각을 채택하는 경향이 있다는 것이다. 공격적 아이들은 성별에 관계 없이 공격성을 도덕적 문제로 보지 않은 경향이 있었다.

이 모든 것을 종합해보면, 일탈 행동을 일삼는 비행 청소년들이 그렇지 않은 청소년에 비해 낮은 수준의 도덕적 판단 능력을 보인다는 확실한 근거가 있음에도 불구하고, 도덕적 판단능력과 공격성과의 상관관계는 잘 연구되지도 않았고 불분명하기도 했다. 하지만 최근 연구를 보면 이런 상관관계가 상당히 복잡할 가능성이 높고 공격성의 유형에 따라 혹은 성별에 따라 상이할 수 있다는 점이 시사되었다. 안타깝게도 가해자의 도덕적 판단 능력에 모종의 결손이 있는 지 검증해낸 연구는 아직까지 없다.

공감과 학교폭력

도덕적 행위의 제일 핵심 요소는 공감 능력이다(Hoffman, 2000). 공감은 모든 인간 관계에서 중추적인 역할을 한다. 공감은 친사회적인 행동에서도, 사회적 관계 발달을 위해서도, 공격성을 근절시키기 위해서도 필요하다(Eisenberg & Miller, 1987; Schonert-Reichl, 1993). 비록 공감을 어떻게 정의하고 또 어떻게 측정할 것이냐에 대해 논란은 있지만(Zhou, Valiente, & Eisenberg, 2003), 공감이 인지적 요소와 감정적 요소를 포함한 다차원적 구성을 지닌 개념이라고 대체로 받아들이고 있다(Daivs, 1994). 아동청소년에서의 공감과 공격적 행동과의 관계에 대한 연구가 그간 상당한 주목을 받았으며(Cohen & Strayer, 1996;

Miller & Eisenberg, 1988), 공감이 공격성과 공격적 행동에 대해 완충 역할을 할 수 있다는 연구들이 나왔다. 이는 고도로 공감 수준이 뛰어난 사람은 자신의 행동으로 인해 다른 사람이 어떤 해로운 영향을 미칠 지 느낄 수 있다는 사조가 있었기 때문이다(Hoffman, 2000). 게다가 공감의 인지적 및 감정적 요소가 대인관계 상 공격성과 폭력을 완화시켜준다는 연구 결과도 나왔다(Joliffe & Farrington, 2004; Kaukianen 1999; Pedersen & Schonert-Reichle.).

그간 가해자는 야만적인 저능아로 갈등 상황에서 쉽게 불안해하고 불안정감을 느끼며 폭력을 통해 상황을 해결하려는 경향이 있다는 것이 통념이었다(Olweus, 1993). 그래서 남을 괴롭히는 아이들이 다른 사람의 감정을 공감하는 능력에 뭔가 문제가 있다고 생각해도 놀랍지 않다. 하지만 방금 언급한 것처럼 가해자 중 일부는 실제로 높은 수준의 사회적 지능을 지녔다고 주장하는 연구 결과가 최근에 나오고 있다(Sutton 등, 1999). 우리는 공감-가해 행위 간의 상관관계를 경험적으로 검토한 문헌을 찾아봤지만, 3편밖에 발견할 수 없었다. 첫째는 노르웨이 청소년(13~16세)을 대상으로 한 대규모 연구로 Endresen과 Olweus(2001)가 시행한 연구다. 이 연구에서는 자기보고식 공감 반응과 가해 행위 사이에 약한 상관관계가 발견되었다(rs=-0.06~-0.17(남학생), -0.02~-0.19(여학생)). 물론, 이 연구에서 사용한 공감 측정법에는 공감의 다차원적 구성을 반영하지 않았다. 더 최근 연구로는 565명의 미국 중학생(6~8학년)을 대상으로 한 Espelage, Mebane, Adams(2004)의 연구와 318명의 이탈리아 청소년(7~8학년)을 대상으로한 Gini, Albiero, Benelli, Altoe(2007)의 연구가 있다. 양쪽 연구 모두 좋은 공감 측정도구-대인관계반응성 지표(the Interpersonal Reactivity Index, IRI)(Davis, 1983)-를 사용하였고, 이 도구는 감정적 요소(공감적 관심)와 인지적 요소(타인의 시각에서 보기)를 잘 아우르고 있다. Espelage 등의 연구에서는 자기보고식 가해행위와 인지적 요소(r=-0.44) 및 감정적 요소(r=-0.45) 간의 유의한 음의 관계가 관찰되었다. 특히 감정적 요소에 대해서는 여학생 보다 남학생이 더 강한 상관관계를 보이긴 했다. Gini 등의 연구에서는 또래가 본 가해 행위와 인지적 요소 및 감정적 요소 사이에 유의한 음의 관계가 발견되었지만, 오직 남학생한테서만 유의성이 발견되었다(각각 rs=-0.28, -0.19). 공격성과 공감의 연관성을 살펴본 다른 연구에서도 남학생한테서 더 강한 상관관계를 보였다(Miller & Eisenberg, 1988).

종합해 봤을 때, 지금까지의 연구 결과를 미루어보면 다른 아이들을 괴롭히는 아이들은, 특히 남학생의 경우, 낮은 수준의 인지적 및 감정적 공감 능력을 보였다. 흥미롭게도 Endreson 및 Olweus(2001)와 Espelage 등(2004)은 학교폭력에 대한 학생들의 태도가 공감과 가해 행위 간의 관계를 주도한다는 근거를 밝혀냈다. 즉, 공감 수준이 높은 학생은 학교폭력에 대해 부정적인 태도가 있다고 응답하였고, 따라서 가해 행위를 잘 저지르지 않았다. 가해자들의 사회적 지능과 지위에 따라 공감과 가해 행위 사이의 상관관계가 얼만큼 변화가 있을 지에 대해서도 향후 연구가 필요하다(Sutton 등 1999). 일부 가해자는 대인관계 조종에 노련해서 다른 사람의 관점을 이해하면서도, 공감의 감정적인 요소가 부족해 자신의 행동이 다른 사람에게 감정적으로 어떻게 비춰질 지 잘 못 느낄 수 있다.

도덕적 판단 능력 결손 모델을 넘어서

가해자로 확인된 일부 학생들은 실제로 비행청소년이 되어 일탈 행동과 범죄 행위의 위험성이 심각하다는 근거가 있기 때문에(Farrington, 1993; Olweus, 1993), 가해자 중 일부는 도덕적 판단 능력과 공감 수준이 부족하다고 볼 수도 있다. 하지만 도덕적 판단 능력 발달이 지연된다든지 결손이 있다든지 하는 가설만으로는 대다수의 학생들이 가끔씩이라도 다른 아이들을 대상으로 왜 또는 어떻게 힘을 행사하고 싶어하는지 전체 그림을 설명해주지는 못한다. Menesini 등(2003)은 가해 행위를 설명함에 있어 결손 모델은 적합하지 않다고 주장하는데, 그 이유는 앞서 언급했지만 가해자 대부분은 높은 수준의 사회적 지능을 보이기 때문이다. 더 유용한 시각으로는 학교폭력 행위를 합리화시키고자 하는 동기가 있다는 가설이 있다(Smith, 1991; Smith, Bowers, Binney, & Cowie, 1993).

  오랫동안 연구가 진행되면서 공격성에 관한 한 개인의 태도와 믿음 체계가 그에 합당한 행동을 이끌어 내는데에 중요한 역할을 한다는 점을 알게 되었다(Vaillancourt & Hymel, 2004). 공격적인 아이들은 그렇지 않은 아이들에 비해 공격성과 폭력에 대해 더욱 긍정적으로 신봉하는 경향이 있다. 이들은 공격성을 통해 다른 사람들로부터 부정적인 대접을 덜 받게 되며 나아가 이득이 더 많을 것이라 기대한다(Perry, Perry, & Rasmussen, 1986). 또한 공격성을 통해 자존감도 향상시킬 수 있다고 생각한다(Slaby & Guerra, 1988). 공격성을 통해 더욱 긍정적인 상황을 만들 수 있을 것이라는 기대감은 주도적 공격성을 활용하는 아이들한테서 주로 드러난다(Crick & Dodge, 1996). 가해 행위와 관련해서, 우리는 가해자 아이들이 사회적 갈등 상황에서 공격성을 사용하는 것에 대해 더욱 찬성하는 경향이 있다는 것을 알고 있다(Bosworth, Espelage, & Simon, 1999; Olweus, 1997). 한 예로, Bentley와 Li(1995)는 자신이 가해자라고 응답한 학생들은 그렇지 않은 학생들(피해자와 무관계자 다 포함하여)에 비해 가해 행위를 통해 더 긍정적인 상황을 만들어낼 수 있으며, 공격성을 정당한 반응 중 하나라고 여기는 경향이 있고, 어쩔 때는 가해 행위만이 '유일한 선택'이라고 답하였다. 하지만 이런 친공격적 성향만으로 학교폭력에 관한 전체 그림을 설명할 수는 없다.

  공격성을 설명할 수 있는 또 다른 대안으로는 도덕적 작용에 관한 Albert Bandura의 사회인지 이론을 꼽을 수 있다(Bandura 1999, 2002; Bandura, Caprara, Barbarabelli, Pastorelli, & Regalia, 2001). 그는 자신의 이론을 논증하면서, 기존의 도덕성 발달과 도덕적 판단에 관한 논문들을 비판했는데, 이런 이론들은 주로 도덕적 '사고'에만 초점이 맞추어져 있어 도덕적 지식과 판단 능력이 어떻게 '행동'으로 이어지는지에 대한 설명이 부족하다는 것이다. 이와 대조적으로 도덕적 작용에 관한 그의 이론에는 도덕적 판단이 행동으로 변환되는 동안 수 많은 자기조절기전이 작동한다는 내용이 담겨져 있다는 것이다. 이런 자기 조절 기전 또는 자기 합리화 기전을 통해 행동을 위한 동기가 부여되며 도덕적 행위에 대한 인지적 조절이 가능하다는 것이다. 아이들은 자기가 속한 사회집단의 도덕적 기준을 점진적으로 받아들여 이를 바탕으로 옳고 그름을 판단하며, 이 기준을 내재화하여 행위의 지침으로 삼는다(Harris, 1995). 하지만 사람들은 이런 자기 조절 기전을 선택적으로 활성화시킬 수도 비활성화시킬 수도 있다. 이런 지침이 실제 행동에 어떻게 미칠 지, 혹은 영향을 줄지 말지를 결정하는 것도 자기 조절 과정에 영향을 받는다. 구체적으로 설명하자면, Bandura는 한 개인은 자신의 행동을 모니터링하는 과정에서 자신이 선택한 도덕적 기준에 근거해 자신의 행동을 평가하며, 그 행동이 발생한 맥락에 비추어 행동을 평가하기도 한다. 그리고 그런 행동이 자기 가치감을 올려주는 상황으로 이끌지 아니면 자기 비난적인 상황으로 이어질 지 결과를 예측함으로써 행동을 인지적으로 조절한다는 것이다. 따라서 도덕적 작용을 통해 사람은 비인간적인 혹은 비도덕적인 행동을 억제할 수도 있고 개인적 도덕적 기준에 합당한 행동이 나오도록 장려할 수 있다.

  중요한 점은 이런 도덕적 자기 조절 기전이 항상 작동하는 것은 아니며 선택적으로 활성화될 수도 있고 심지어 다양한 사회적 심리적 과정을 거치면서 '비활성화'될 수도 있다는 점이 Bandura의 이론 저변에 깔려있다는 점이다. 사실 그는 한 개인의 도덕적 기준이 실제 행동으로 이어지는 과정에서 탈도덕화 기전이 관여할 수 있다고 주장한다. 예를 들면, 탈도덕화와 군사력 사용에 대한 지지 성명을 조사한 한 연구에서 McAlister, Bandura, Owen(2006)는 2001년 9월 11일 세계무역센터와 펜타곤이 침공을 받고 난 후 미국 성인의 탈도덕화 수준이 상승하는 것을 관찰했으며, 이와 관련하여 군사력 사용에 대한 강력한 지지가 이어졌고 테러리스트 근거지에 대한 복수전 전개와 이라크 공습을 찬성하는 주장이 증가하였다. 구체적으로 Bandura는 4가지 대 분류 밑에 8가지 세부 기전이 존재하고 있음을 확인하였고, 이런 기전들을 통해 사람들은 실제로는 비난 받아 마땅한 행위에 대해서 도덕성을 비활성화시킬 수 있다고 한다.

Bandura(1999, 2002)가 처음 제안했던 3가지 기전은 해로운 행위를 좋아 보이도록 만들어준다. 이를 '인지적 재구성'이라고 부른다. 인지적 재구성의 3가지 기전으로는 1) 도덕적 정당화, 2) 완곡한 표현으로 명명하기, 3) 유리한 방향으로 비교하기가 있다. 도덕적 정당화는 부정적인 행동을 마치 사회적 혹은 도덕적으로 가치 있는 기능이 있는 것처럼 꾸미는 것으로, 좀 더 사람들이 용납하기 쉽게 만드는 것이다. Bandura(1999)는 군사적 움직임이 있을 때 이런 탈도덕화가 잘 나타난다고 했다. 그는 '지난 수 세기 동안 대부분 평범하고 점잖은 사람들이 이상적인 이데올로기를 위하여 혹은 종교적 신념을 위하여 혹은 국가의 명령에 의해 파괴적인 행위를 자행해왔다. 사람들은 자신이 저지르는 싸움에 대해서는 신성시하면서도 적들이 하는 행동은 야만스럽게 보면서 비난을 해왔다. 각자 자기 편이 다른 편 보다 더 도덕적으로 우월하다고 느끼는 것이다.'라고 주장했다(p.195).

학교폭력에 응용을 해보면, 도덕적 정당화 보다는 사회적 정당화 쪽이 더 잘 맞는 개념으로 보이는데, 예를 들면 학교폭력을 '정상적인' 과정으로 간주하여 사회적으로 좀더 쉽게 용인될 수 있도록 하는 것이다. 만약 어른들과 또래들이 학교폭력을 무시하거나 과소평가한다면, 혹은 개입하는 데에 실패한다면, 학교폭력 행위는 적당히 봐주고 넘어갈 수 있는 현상이라는 메시지로 대중들에게 전달된다. 침묵은 곧 범죄다. 또한 아이들은 학교폭력을 친구들이 '강해질 수 있는' 기회를 주는 것이라고 정당화할 수 있으며, 사회적 규범과 기대 사항을 전달하는 효과적 의사소통법이라고 둘러댈 수도 있다. 8~10학년 500여명의 학생들을 대상으로 한 우리 연구에서(Hymel, Rocke, Henderson & Bonanno, 2005), 학생들 64%가 학교폭력을 '그저 정상적인 성장 과정일 뿐'이라는 항목에 동의를 하였고, 28%가 '내가 어울려 노는 그룹에서는 학교폭력을 사용해도 괜찮다.'라고 답했다.

학교폭력처럼 비인간적이면서 부정적인 행동도 완곡한 표현으로 명명하기와 같은 방법으로 재구성이 된다. 이 방법은 부정적인 행위를 그럴싸하게 들리도록 말을 바꾸는 것이다. Bandura(1999)는 군사 작전을 예로 들었는데, 폭격으로 의도치 않게 민간인이 죽은 경우를 가리켜 '부수적 피해'라고 묘사하는 것이다. 학교폭력과 관련해서는 아이들과 청소년들이 언어적 폭력을 '농담이었어요.' 혹은 '장난이었죠.'라고 축소시키는 것으로 예를 들 수 있다. 어른들도 어떤 때는 학교폭력을 두고 '남자는 남자다워야지.'라는 식으로 축소할 때도 있다. 학교폭력이라는 단어 자체도 실제 사건의 심각성을 감출 수 있다.

마지막 인지적 재구성 기전은 유리한 방향으로 비교하기이다. 이것은 어떤 부정적인 행위를 훨씬 더 나쁜 행위와 비교해서 덜 해로워보이도록 만드는 방법이다. Bandura(1999)는 예를 몇가지 제시했는데, 테러리스트 자살 행위를 헌신적 순교주의라고 인식하거나 미국이 베트남을 파괴시키는 것을 공산주의로 부터 세계를 구원하는 것으로 묘사하는 것 등이다. 학교폭력을 저지르는 아이들도 이런 유리한 비교를 하는데, 학교에서 제일 악명 높은 가해자 보다는 자기가 낫지 않냐는 식이다(Festinger, 1954). 또한 일부 청소년들은 대부분의 학교폭력 행위는 불법으로 간주될 수 있다는 점을 잘 모르고 있다. 사실, 우리가 캐나다에 있는 여러 고등학교들을 대상으로 연구 조사를 했을 때, 62~75% 학생들만 일부 학교폭력 행위들이 범죄 행위라고 응답했으며, 25~38%는 이 항목에 동의하지 않았다. 이들에게는 학교폭력 행위보다 범죄 행위가 훨씬 더 비난받을 만한 것이라고 생각하는 것 같았다.

두번째 탈도덕화 과정으로는 '자신의 능동적 역할을 축소하기'가 있다. 여기에는 두 가지 세부적인 기전이 있다. 바로 책임전가와 책임분산이 있다. 수십년전, Milgram(1974)이 보여줬던 유명한 (혹은 악명높은) 학습 실험에서 어느 정도 권위를 가진 사람이 책임만 져준다면 한 개인이 다른 사람에게 상당한 위해를 가할 수 있다는 점이 밝혀졌다. 이 실험에서 실험 대상자가 다른 사람이 문제에 대해 적절한 답을 못했을 경우 언제든지 전기충격을 가하도록 지시를 받았다. 문제를 못 맞힌 사람들이 엄청나게 고통스러워 한다는 것을 보여줘도 대상자 중 1/3만 전기충격을 주는 것을 거부했다. 대상자 대부분은 실험자가 만약 잘못되더라도 자신이 끝까지 책임을 지겠다고 장담하는 만큼 오랫동안 전기충격을 가했다. 실험자에게 궁극적으로 모든 책임이 있다는 인식 때문에 대상자들은 자신의 행위에 대한 책임감을 실험자에게 전가한 것이다. 이런 비슷한 예로 나치의 유태인 캠프 지휘자와 베트남 미라이 학살에 관여한 군인들도 책임전가의 예에 해당된다(Bandura, 1999). 물론, 일생 생활에서는 다른 누군가가 전적인 책임을 져줄 일은 거의 없긴 하다. 하지만 학교폭력에 관해서는 학생들이 학교폭력을 저지른 것을 인정하지 않고 모든 것이 어른 탓이라고 적반하장하는 경우가 종종 있다. Hymel 등(2005)은 한 학교에서 8~10학년 학생들 절반 이상이 학교폭력으로부터 학생들을 보호하는 것은 어른들 책임이라는 항목에 동의했고, 학생 자신이 학교폭력을 목격했을 때 사건 현장에 개입하는 것은 자신의 책임이라는 항목에는 동의하지 않았다.

능동적 역할 축소하기는 책임분산을 통해서도 가능하다. 구체적으로 설명하면, 어떤 부정적인 혹은 위해 행위에 대한 개인적 역할과 책임을 집단 내로 분산시켜 버리면 그 책임을 축소시킬 수도 또 애매모호하게 만들어버릴 수 있다. 이런 집단 자체가 주는 영향력을 입증한 사회심리학적 연구는 차고도 넘친다. 이런 연구에서 중요한 점은 집단 내에 얼만큼 많은 사람들이 있는지도 중요하지만 집단 구성이 어떤 특색을 띠고 있는지가 더 중요하다. 개개인은 한 집단 내에 3~4명 이상의 사람이 있을 때, 집단 전체가 만장일치를 했거나 똘똘 뭉쳐 있을 때(Ash, 1955; Clark & Maass, 1988), 집단 내에 지위가 높은 사람이 있을 때(Driskell & Mullen, 1990) 개개인은 주변과 동화하려는 경향이 있다. 이들 연구 자료는 학교폭력 연구에 있어 상당히 중요한 지침이 되는데, 학교폭력이 집단 현상이라는 특성 때문이다(Lagerspetz, Bjorkqvist, Berts, & King, 1982; Olweus, 1993; Salmivalli, Lagerspetz, Bjorkqvist, Ostreman, & Kaukiainen, 1996). 특히 학교폭력 현상에서는 영향력있고 눈에 띄는 몇몇 우두머리 학생들이 이런 집단 현상을 주도한다. 실제로 Craig와 Pepler(1997; Hawkins, Pepler, & Craig, 2001)는 학교폭력 사건 현장에는 학생들의 85%가 자리를 지키고 있다는 결과를 밝힌 적이 있으며, Vaillancourt 등(2003)은 학교폭력과 인기는 서로 예외적인 관계가 아니라 빛과 그림자처럼 반드시 따라다니는 개념으로 또래들로부터 가해자로 지명된 학생들 절반 이상이 또래들 사이에서 높은 지위를 차지하고 있는 것으로 나타났으며 가해자 중 10% 미만만 낮은 지위에 속한 것으로 밝혔다.

정말 염려가 되는 부분은 몰개성화 과정이다. 또는 자의식의 상실이라고도 볼 수 있고, 집단적 사리분별력의 상실로도 볼 수 있다(Festinger, Pepitone, & Newcomb, 1952). 개개인은 다른 사람들이 하는 행동을 똑같이 하는 경우가 종종 있는데, 막상 당사자는 집단의 일부로서 행동하고 있다고 생각하지 않는 경향이 있다. 왜냐하면 집단 속에 있으면 익명성이 생기면서 자의식이 감소하기 때문이다. 집단 속에서는 아주 사소한 장난 같은 행동도 굉장히 무분별한 행동으로 확대될 수 있고(Diener, 1976, 1979), 보통사람 같이 양심적이고 친사회적인 개인도 다른 학생을 무참히 짓밟고 있는 가해자에게 무자비한 응원을 하고 있을 수도 있다. 이런 주장과 맥을 같이 하는 연구로 Pepler와 Craig(Atlas, Pepler, & Craig, 1998; Craig, Pepler, & Atlas, 2000; Hawkins, Pepler, & Craig, 2001; O'Connell, Pepler, & Craig, 1999)가 시행한 관찰 연구 조사가 있다. 이 연구에서는 또래 학생 중 일부는 가해자의 행동에 긍정적 강화를 시켜준 적이 50%가 넘었다고 한다. 따라서 대부분의 학교폭력 사건에서는 개인적 책임 소재는 축소 되면서 대다수 참여자들에게로 희석된다.

세번째 탈도덕화 과정(구체적 기전으로는 7번째)은 위해 행위의 '부정적인 영향을 무시하거나 왜곡시키려는 경향'이다(Bandura, 1999). 이를 통해 개인은 자신이 일으킨 사건의 해로운 측면과 거리를 둘 수 있고, 나아가 부정적인 결과 보다 긍정적인 측면을 강조할 수 있다. 예를 들어 최근에 한 고등학교 체육교사는 스포츠 세계에서는 '신입생 신고식'이 전통적으로 해로운 행사가 아니며 실제로는 공동체 의식을 키울 수 있는 계기가 된다고 주장했다. 8~10학년을 대상으로 한 우리 연구에서(Hyeml 등, 2005) 우리는 학생들 상당수가 학교폭력의 부정적 측면을 효과적으로 왜곡시킨 문장들에 동의하는 모습을 지켜봤다. 이들은 학교폭력의 긍정적 잠재성을 추켜세우며, 33%는 '학교폭력을 통해 아이들은 집단에서 무엇이 중요한지를 알게 된다'에 동의를 하였고, 44%는 '학교폭력을 통해 사람들이 더욱 강인해진다.'라는 항목에 동의를 하였으며, 21%는 '학교폭력은 문제 상황을 해결하는 데에 실은 좋은 해결책이 된다.'라고 답하였다.

또한 Bandura(1999, 2000)는 피해자의 고통이 눈에 띄지 않았을 경우 위해행동을 저지르는 것이 훨씬 쉽다고 지적하였다. 만약 이 원리가 사실이라면, 간접적 가해 행위와 특히 사이버폭력은 가해자와 피해자 사이에 더 큰 장벽이 있기 때문에 훨씬 더 합리화하기가 쉬워지는 셈이 된다. 역설적으로, 괴롭힘 당하는 피해자들은 자신의 고통과 불편함을 감추려고 하기 때문에, 본의 아니게 가해자들의 탈도덕화에 힘을 실어준 꼴이 된다. 실제로 1999년 Hamed Nastoh라는 학생은 자신의 성정체성 때문에 또래들 사이에서 조롱거리였는데, 이에 대한 마지막 반응으로 결국 자살을 하였다. 당시 이 학생이 학교폭력 때문에 얼만큼 괴로워했는지 아무도 알지 못했다. 심지어 이 학생의 친구들도 이 학생이 놀림을 받을 때 그냥 떨쳐버려내곤 했었다고 말했다. 그래서 이 학생은 학교폭력이 얼만큼 자기를 괴롭게 하는지 보여주지 않았던 셈이 되었다.

Bandura(1999, 2002)가 제안한 마지막 탈도덕화 기전은 비인간화 혹은 피해자를 비난하기이다. 피해자는 학교폭력을 당할 만하다는 인식도 포함되고, 피해자가 불이익 당하는 만큼 그 만한 이유를 스스로 제공했다는 논리도 포함된다. Bandura(2002)는 전쟁 사례를 들어 전투를 치르기 전에 적들을 비인간화시키는 점을 지적했다. 그래야 병사들이 교전하기가 쉬워지기 때문이다. 또 하나 예를 들자면, 1095년 당시 Urbane 교황은 십자군 앞에서 연설을 할 때 무슬림을 야비하고 퇴락한 야만인으로 악마의 노예가 된 민족이라고 묘사했다(p.104). 요즘은 무슬림 극단파들이 지하드를 '퇴폐적인 이교도'로 부터 지켜내자고 주장하고 있다. 비슷한 예로 미국 병사들은 이차대전 때 일본 병사를 보고 '닙스(Nips)'라고 불렀고, 베트남전에서는 베트콩을 '국스(Gooks)'라고 불렀었다. 물론 학교폭력 가해자들은 피해자 보고 '찌질이'나 '루저'라고 부르기도 한다. 중고등학생을 대상으로 한 우리 연구 조사에서(Hymel 등, 2005) 우리는 학생 56%가 '학교폭력을 당하는 학생들 대부분은 스스로가 자초한 것이다.'라는 항목에 동의하였고, 67%는 '학교폭력을 당하는 학생들 일부는 그럴만한 사람이기 때문이다.'에 동의하였다. 대부분 학생들(87%)은 '학교폭력을 당하는 애들은 뭔가 다른 점이 있기 때문이다.'에 동의하였다. 마찬가지로 29%는 '내가 싫어하는 학생이 학교폭력을 당할 때는 가담해도 문제 없다.'라는 합리화 항목에 동의하였다.

한 개인이 타인에 대해 저지른 부정적 행위를 합리화하고 정당화한다는 아이디어는 옛날부터 있었다. 심리학자들은 옛날부터 대다수의-물론 전부 다는 아니겠지만-사람들은 타인과 자신에게 자기 생각과 행동이 합리적이라는 점을 납득시키려고 자기 생각과 행동을 정당화한다는 점을 알고 있다. 자기 정당화는 강력한 동기를 부여한다. 그리고 정당화는 두 종류의 인지가 동시에 경쟁할 때 제일 많이 생겨나는 인지 과정이기도 하다. Festinger(1957)는 두가지 모순된 인지가 서로 충돌하는 경우를 '인지부조화'라고 명명했다. 인지부조화 이론은 학교폭력 연구에서 상당히 중요한 의미를 갖는다. 물론 탈도덕화 이론 체계와도 공통점이 있다. 예를 들면, 인지부조화 이론을 응용하면 거의 모든 아이들과 청소년들은 학교폭력을 저지를 때 말도 안되는 자기 행동을 자신의 입맛에 맞게 또 자아상에 어울리게 정당화할 것이라는 것이 예측된다. 대다수 개인은 자기 자신을 선하고 도덕적인 시민으로 여기고 있기 때문에(자기 만족 편견, Hoorens, 1996; Leary & Baumeister, 2000), 긍정적 자아상에 시험이 될 만한 행동으로 옮기게 될 경우 긴장이 발생하게 되어 인지부조화를 줄이고자 하는 욕구가 발생한다. 다르게 말하면, 학교폭력 가해자들은 자기 자신 뿐아니라 타인까지도 자기 행동이 옳다는 것을 납득시켜야 한다. '나는 좋은 사람이고 누군가를 해칠 때는 다 그만한 이유가 있다. 내가 그녀를 괴롭히는 이유는 그녀가 다른 모든 사람들을 짜증나게 하기 때문이다. 만약 그녀가 짜증나게만 하지 않았어도, 내가 그녀를 괴롭힐 리가 없다.' 이 예에서 보듯이 피해자를 비난함으로써 인지 부조화가 감소되었다. Aronson(1999)은 인지부조화 이론을 통해서 본 인간이란 존재는 합리적이지 않다는 점을 교묘하지만 명확하게 짚어준다(p.185). 부정적인 사고와 행동을 정당화하여 가해자는 스스로를 긍정적인 존재로 느낄 수 있게 되었다. 물론 피해자를 희생시킨 대가로 말이다(Vaillancourt 등, 2008). 물론 인지부조화가 자존감 유지에 좋긴하지만, 장기적인 관점에서 볼 때 적응적이지 못한 처사다. 왜냐하면 부정적인 사고와 행동 방식에 대해 비판적으로 접근하는 것을 계속 외면하면 타인의 권리를 계속 침해하게 되기 때문이다. 요즘 인지부조화와 탈도덕화에 대한 연구가 성인을 대상으로 많이 이루어지고 있다. 이중 일부 연구에서는 탈도덕화와 공격적 행위 사이에 유의한 양의 상관관계가 존재한다고 입증되었었다(Bandura, 1999, 2001, 2002; Bandura, Barbaranelli, Caprara, & Pastorelli, 1996). 우리의 관심은 이 이론들이 학교폭력 현상에도 적용이 가능하겠느냐이다. 우리 관심사를 검증해줄 연구는 별로 없지만(Barchia & Bussey, 2007; Gini, 2006; Hymel, 2005; Marini, 2008; Menesini, 2003; Paciello, Fida, Tramontano, Lupinetti, & Caprara, 2008), 이 모든 연구 결과를 다 종합해보면 탈도덕화가 학교폭력의 핵심 요소일 것으로 보인다.

　Menesini 등(2003)은 학교폭력과 탈도덕화와의 상관관계를 처음으로 검증했으며, 이탈리아와 스페인의 179명의 9~13세 아이들을 대상으로 하였다. 탈도덕화를 측정한 방법은 학생들이 가상의 가해자 역할에 대해서 어떤 감정을 느끼는지를 평가했으며, 무관심과 자부심은 탈도덕화와 연관지었고 죄책감과 수치심은 도덕적 책임감과 연관지어서 평가했다. 또래들이 본 가해자들이 그렇지 않은 아이들에 비해 가상의 가해자 시각을 느껴보도록 했을 때 무관심과 자부심 쪽으로 더 응답하는 경우가 많아, 가해자 쪽에서 더 심한 탈도덕화가 진행되고 있음을 시사했다. 가해자들이 그렇지 않은 아이들에 비해 더 자기중심적인 합리화를 사용하는 것으로 확인되어, 학교폭력을 통한 긍정적 결과나 개인적인 이득을 강조하거나 피해자에 대한 왜곡된 인식을 보이는 등 탈도덕화에 대한 감정을 정당화하는 모습을 보였다.

　Gini(2006)는 204명의 이탈리아 학생들(8~11세)을 대상으로 사회적 인지와 도덕적 감정(죄책감, 수치심)의 관계를 조사하였다. 대상자들은 또래들이 보기에 다소 고정적인 역할을 맡고 있는 아이들로 선발하였으며-가해자, 가해자 보조원, 가해자 강화자, 피해자를 돕는 방어자, 피해자, 무관계자-이들에게 다양한 시나리오 속에서 가해자 입장에서 섰을 때 사회적 인지가 어떤 식으로 변하는지 평가하였다. 연구 결과, 또래들이 본 가해자들은 마음 이론 상 사회적 인지 결손이 발견되지 않았을 뿐 더러 다른 사람들의 감정을 읽어내는 것도 서투르지 않았다. 하지만 또래들이 방어자로 인정한 아이들과 비교했을 때, 가해자와 가해자 보조원과 가해자 강화자들은 유의하게 탈도덕화 수준이 더 높게 측정되었다. 방어자가 제일 낮은 수준의 탈도덕화를 보였다. 따라서 탈도덕화될 가능성이 높은 집단이 가해자 집단에만 국한되지 않았다. 가해자를 돕거나 가해자의 행동을 강화시키는 사람들도 이런 경향을 지니고 있는 것이다.

　캐나다에서 진행된 자기보고식 탈도덕화 연구에서도 유럽 연구 결과와 비슷하게 나왔다. 예를 들어, 494명의 8~10학년 학생들을 대상으로 하였을 때, Hymel 등(2005)은 다른 학생들을 자주 괴롭히는 학생들한테 탈도덕화 수준이 제일 높게 측정되었다고 한다. 물론 다른 사람을 전혀 괴롭혀보지 않았던 학생들 사이에서 탈도덕화 수준이 제일 낮게 측정되었다. 회귀 분석을 실시했을 때, 탈도덕화 변수가 자기보고식 가해 행위 자료 분산 중 38%를 설명하는 것으로 나왔다. 전반적으로 탈도덕화 변수가 주된 영향을 끼치긴 하지만, 학교폭력에서 학생들이 얼만큼 탈도덕화되는지는 통계적으로 유의하게 서로 서로 달랐는데, 적어도 일부 학생들한테서는 이들이 또래들이 얼만큼 학교폭력을 당했는지를 경험했느냐에 따라 탈도덕화의 수준이 달라지는 것으로 확인되었다. 구체적으로 보면, 자주 가해행위를 한 학생들은 피해자에 대한 경험 수준과 관계 없이 높은 수준의 탈도덕화를 보였으며, 다른 학생을 거의 괴롭히지 않았거나 괴롭힌 적이 없었던 학생 역시 피해자에 대한 경험 수준과 관계 없이 일관되게 낮은 수준의 탈도덕화를 보였다. 하지만 '몇번씩' 아니면 '어쩌다가 한번' 괴롭힌다고 응답한 학생들은 학교폭력 피해 사례를 더 많이 경험할 수록, 탈도덕화될 가능성이 줄어들었다.

후속 연구에서도 이런 결과가 계속 재현되었고, 본 연구 결과를 더 확장시켜주었다. 실제로, Barchia와 Bussey(2007)와 Dane 등(2008)은 탈도덕화와 학교폭력의 상관관계는 다양할 수 있는데, 신체적, 언어적, 관계적 유형에 따라 상관관계가 달라지기 때문에, 학교폭력 유형에 따라 서로 다른 인지 처리 방식이 동원되는 것으로 보인다. Barchia와 Bussey는 1,285명의 7~10학년 호주 학생을 대상으로 자기보고식 탈도덕화 연구를 진행했을 때, 자기 스스로 가해자로 응답한 학생들에게서 탈도덕화 수준이 높았으며, 피해자의 입장에서 능동적으로 개입하는 학생들한테는 탈도덕화 수준이 상대적으로 낮았다(Gini, 2006). 16879명의 8~20세를 대상으로 한 캐나다 연구에서는 Dane 등은 가해자와 가피해자가 피해자와 무관계자 보다 다양한 유형의 학교폭력에 걸쳐 전반적으로 더 높은 수준의 탈도덕화를 보였으며, 초등학교 보다는 중고등학교 학생들이 이 차이가 더 심했다. 마지막으로 최근 논문에서 Barchia(2008)는 한 학년 동안 탈도덕화와 공격적 행동과의 상관관계를 연구하였다. 연구 결과 탈도덕화 수준이 높았을 경우 8개월 후 공격성이 더 악화되는 것을 예측할 수 있었으며, 이는 연구 초기 공격성 수준을 감안한 결과다.

종합해보면, 탈도덕화와 가해 행위 사이에 유의미한 상관관계가 있다고 볼 수 있으며, 이런 상관관계는 다양한 방법으로도 검증이 되었고, 다양한 표본과 국가에서도 관찰된 결과였다. 발달학자나 교육자 입장에서 관심이 가는 부분은 이런 학교폭력 행위가 얼만큼 빨리 시작되는가와 어떤 방식으로 드러나는 것인가이다. 탈도덕화는 아주 점진적인 과정을 거쳐 형성된다. 다음은 Bandura(2001)가 지적한 내용이다.

탈도덕화를 경험한다고 인정 많았던 사람이 순식간에 잔인한 사람으로 변하는 것은 아니다. 오히려 변화는 자기 비판적 태도를 조금씩 그리고 천천히 벗어던지는 것부터 시작된다. 처음에 사람들은 조금 불편해도 참을 수 있을 정도로 경한 위해 행동을 해본다. 이런 과정을 반복하다가 보면 자기 성찰적 습관이 사라지면서 점점 더 잔인해져 간다. 그래서 종국에는 처음에 도저히 용납할 수 없었던 행동도 아무런 죄책감이나 번민 없이도 할 수 있게 된다. 비인간적인 행위가 아무 생각 없이 일상화되는 것이다. 도덕적 사고, 도덕적 감정, 도덕적 행위, 그리고 이와 관련된 사회적 인식 간에 상호작용은 개인적인 수준에서 얼마든지 변할 수 있다. 사람들은 도덕적 존재로서 자기가 어떤 모습으로 변모했는지 자기 조차 인식하지 못한다.

탈도덕화의 진행 과정과 공격성 및 청소년 폭력 현상에 대한 관련성을 처음으로 제시한 두 가지 연구가 유럽에서 나왔다. Ortega, Ruiz, Sanchez, & Menesini(2002)는 단면적 연구 방식으로 스페인(59명)과 이탈리아(60명)의 9세와 13세 학생들을 대상으로 탈도덕화에 대해 조사하였다. 대상자는 또래와 자기 스스로가 공격자(aggressor), 피해자, 방관자로 여기는 학생들로 선발되었다. 연구 결과 탈도덕화는 여러가지 요인에 따라 그 정도가 상이했는데, 연령, 국가, 성별에 따라 영향을 받기도 했고, 탈도덕화를 어떤 방식으로 측정하느냐에도 영향을 받았다. 예를 들어 탈도덕화는 공격자와 피해자를 대상으로 했을 때 연령이 증가함에 따라 그 정도가 심해진 반면, 방관자의 경우는 연령이 증가할 수록 그 정도가 덜 심해졌다. 하지만 스페인에서는 9세 학생들이 일반적으로 탈도덕화가 제일 심했고, 이탈리아에서는 13세에서 제일 심하게 나왔다. 연령 별로 탈도덕화의 정도가 차이나는 것은 단순히 발달학적 변화 이상의 무언가가 반영되었을 가능성이 높다.

더 최근에는 Paciello, Fida, Tramontano, Lupinetti, & Caprara(2008)는 횡적 연구를 통해 366명의 이탈리아 학생들을 대상으로 연령에 따른 탈도덕화의 변화를 조사했다. 대상자들은 각각 12세, 14세, 16세,

18세, 20세가 되는 시점에 탈도덕화에 대한 자기보고식 설문 조사를 받도록 했다. 전반적으로 남학생이 여학생에 비해 더 높은 수준의 탈도덕화를 보였다. 마찬가지로 탈도덕화 수준은 연령이 증가할 수록 전반적으로는 감소하는 경향을 보였으며, 14세에서 16세로 넘어갈 때 감소폭이 제일 컸다. 그리고 여학생이 남학생에 비해 이런 감소폭이 더 컸다. 연구자들은 나이가 들면서 탈도덕화 수준이 점진적으로 감소하는 경향은 어느정도 예상 가능한 결과라고 설명하면서, 연령에 따라 자기 조절능력, 타인의 시각으로 보기, 사회적 적응 수준이 개선되어 도덕적 판단 능력과 실행 능력이 향상되기 때문이다(Eisenberg, 2000; Eisenberg, Fabes, & Spinrad, 2006).

이 연구는 기존 연구 결과를 재현했을 뿐 아니라 이전 연구를 더 확장한 것으로, Paciello 등(2008)은 탈도덕화와 공격성/폭력 간에 유의한 상관관계가 있다고 입증하였다. 이 상관관계는 특히 남학생의 현 상태 뿐 아니라 미래에 대한 행동 예측도 가능하다고 주장하였다. 예를 들어, 또래들이 보기에 공격성이 있다고 응답한 경우 14세 경에 탈도덕화가 진행된다는 것을 예측할 수 있고 20세 경에는 신체적 및 언어적 공격성을 보일 것이라는 것을 예측 가능하다. 20세 경에 보이는 폭력성도 6세 경 탈도덕화 여부에 따라 예측이 가능하다. 이 연구진은 잠재적 집단 성장 분석(latent class growth analysis) 결과, 4가지 서로 다른 도덕적 발달 궤적이 존재한다고 주장하였다.

1. '탈도덕화가 없는 집단': 남학생의 19% 및 여학생의 55%에 해당됨. 처음부터 탈도덕화 수준이 낮았으나 시간이 흐를수록 그 수준이 추가적으로 더 감소한 집단
2. '보통 집단': 남학생의 52% 및 여학생의 38%에 해당됨. 처음에는 중등도의 탈도덕화 수준을 보이다가 시간이 흐를수록 그 수준이 추가적으로 더 감소한 집단
3. '단념 집단': 남학생의 8% 및 여학생의 5%에 해당됨. 처음에는 중등도에서 고도의 탈도덕화 수준을 보이다가 14~16세경 그 수준이 더 증가하여 정점을 찍고 16~20세 경에는 탈도덕화 수준이 감소한 집단
4. '만성 집단': 남학생의 21% 및 여학생의 2%에 해당됨. 중등도에서 고도의 탈도덕화 수준을 처음부터 연구 끝까지 보였던 집단

충분히 예상이 되겠지만, 나중 두 집단은 다른 집단에 비해 공격성을 더 많이 보였으며 폭력과 관련된 문제도 더 많이 일으켰다. 물론 만성 집단은 공격성 및 폭력 문제가 지속되었던 것에 비해 단념 집단에서는 그 수준이 나중에는 감소하였다. 비록 만성 집단에 속한 학생들은 보통 집단과 단념 집단의 학생들이 원하는 만큼 개선책이 필요하다고 응답하였으나, 시간이 지남에 따라 이런 개선책에 대한 수요는 점차 감소하였다. 이는 자기 합리화가 점진적으로 더 필요 없어진다는 점을 시사하는 데, Bandura(1999)가 지적한 대로 탈도덕화는 점진적인 과정으로 짐작된다.

개인 차원을 넘어서

지금까지 검토해본 연구들은 주로 개인 차원의 도덕성에 초점을 맞춘 것이다. 최근까지 학교폭력 문제는 개인 차원에서 머무르는 문제라고만 생각해왔었다. 하지만 전 세계적인 연구를 미루어볼 때, 학교폭력은 집단 현상임이 입증되었다(Bukowski & Sippola, 2001; Morita & Kiyonaga, 1986; Salmivalli, Lagerspetx, Björkqvist, Östreman, & Kaukiainen, 1996; Sutton & Smith, 1999). 이와 마찬가지로 탈도덕화도 집단적

특성이라고 간주해볼 수 있다. 실제로, 우리가 중고등학생(8~12학년)을 대상으로 학교폭력에 관한 태도와 믿음 체계를 조사했을 때, 학교폭력에 대한 믿음들이 학교 별로 다르게 나왔다(Hymel, Bonanno, & Rocke Henderson, 2002; Rocke Henderson, Hymel, Bonanno, & Davidson, 2002). 예를 들면, '학교폭력을 당하는 아이들 일부는 당해도 싸다.'라는 항목에서 어떤 학교는 40%가 동의한 반면 다른 학교는 71%가 동의하였다. '학교폭력을 당하는 학생 대부분은 자기 스스로 자초한 것이다.'라는 항목에서는 학교에 따라 최소 37%에서 최대 58%까지 동의하였다. 학교폭력에 대한 정당화도 학교 마다 상이했는데, '어떤 애들은 좀 괴롭혀줘야 제 정신 차린다.'라는 항목에 동의한 학생이 36%에서 51%까지 나왔으며, '학교폭력을 당하면 사람들이 강인해질 수 있다.'라는 항목에는 29%에서 44%까지 나왔다. 이런 결과를 미루어볼 때, 학교폭력과 관련해서 탈도덕화 문제를 집단적 차원에서 고찰해보는 것이 중요해졌다.

   이 단계에서 중요한 연구는 규범적 믿음 체계가 주는 영향에 대한 연구로, 특정 행동을 용납할 것인가 못할 것인가에 대한 개인의 '인지적 기준'을 반영한다(Huesmann & Guerra, 1997). 몇몇 연구에서 공격성에 대한 규범적 믿음 체계가 개인의 믿음 체계에 영향을 미쳐 공격적 행동으로 이어진다고 입증했다(Henry 등, 2000; Huesman & Guerra, 1997; Slaby & Guerra, 1988). 이와 마찬가지로, 학교폭력에 관한 규범적 믿음 체계에 관해 Salmivalli와 Voeten(2004)은 핀란드 4~6학년 학생 1220명을 대상으로 조사했을 때, 교실내 형성된 규범이 학교폭력에 대한 행동 예측을 함에 있어 개인의 태도, 성별, 학년 변수를 뛰어넘어는 것으로 밝혀졌다.

   탈도덕화에 대한 집단적/규범적 믿음 체계가 학교폭력에도 비슷한 원리로 영향을 미칠까? Bandura 등(1996)은 집단적 탈도덕화를 통해 사회적 불의가 조장될 것이라고 주장하였다. 이 질문에 최근에 답을 내놓은 연구가 딱 하나가 있다. Vaillancourt 등(2006)은 다층선형모형(multilevel linear model)을 통해 학교폭력에 대한 개인적 및 집단적 태도가 가해, 피해, 목격자로서의 개인적 경험과 얼만큼 서로 관련성이 있는지 알아보았다. 116개 학교 4~12학년 학생 약 17,000명을 대상으로 조사를 진행하였으며, 탈도덕화와 도덕화 과정은 물론 서로 다른 유형의 학교폭력(신체적, 언어적, 사회적)에 대한 경험을 가해자, 피해자, 목격자 입장으로 나누어 측정하였다. 이 연구의 관심사는 집단적 태도가-특히 더 큰 학교일수록-개인 차원의 태도와 믿음 체계를 뛰어넘는 지 여부였다. 분석 1단계에서는 개인 차원의 정보에 대해 고찰하였고(성별, 우열상태, 탈도덕화/도덕화 수준), 분석 2단계에서는 집단적 태도에 대해 고찰하여 전교생의 탈도덕화/도덕화 평균 수준을 검토하였다. 분석 결과, 집단적 탈도덕화 수준이 높을 수록 학생들이 보고하는 개별적 학교폭력(가해자 및 목격자) 경험의 수준도 높아지는 것으로 나타났다. 하지만 중요한 점은 집단적 탈도덕화 수준이 높을 수록 가해 행위는 통계적으로 유의하게 개인의 믿음과 특성을 뛰어넘어서 예측이 된다는 점이 밝혀졌지만, 피해 사례에 대해서는 그렇지 않았다. 집단적 탈도덕화와 도덕화 수준도 학교폭력 목격 경험에도 유의한 영향을 주었다. 따라서 집단적 탈도덕화 수준이 높을 수록 학교폭력 행동에 영향을 미칠 수 있다.

미래 연구를 위한 제언과 지침

지금까지 검토한 것처럼, 학교폭력에 대한 도덕성 연구가 별로 많지 않기 때문에, 아동청소년의 학교폭력 현상 이면에 있는 도덕적 상태에 대해 결론을 내리는 것이 쉽지 않다. 분명 후속 연구가 매우 필요한 실정이다. 예를 들어, 소아기 가해자들이-이들 대부분이 나중에 범법 행위 고위험군이다(Olweus, 1993)-도덕적 판단 능력에 결손이나 결핍이 있는지 알아보는 것도 필요하다. 물론 이런 결손과 결핍은 비행청소년에서는 검증이 되었다(Stams 등, 2006). 지속적으로 가해 행위를 하고 탈도덕화되어 있는 학생들과 중간에 그만두는 학생들을 구분하는 기준으로 도덕성 발달 지연 여부가 도움이 될 수 있을지도 모른다(Paciello, 2008, 만성집단과 단념집단). 이왕 횡적 연구가 기획된다면 금상첨화가 될 것이다.

하지만 집단 대다수를 차지하고 있는 학생들은 가끔씩 다른 학생들을 괴롭힌다고 답을 했는데, 이들은 도덕적 판단 능력에 결손이 있는 지 근거가 명확하지 않다. 이와 마찬가지로 공감 능력 결핍이 가해자를 구분해내는 기준이 될지 안 될지도 성별에 따라 다르기도 하고 공감과 학교폭력을 어떤 방식으로 측정하느냐에 따라서도 달라진다. 본 챕터를 통해 그간의 연구 족적과 관련해서 앞으로 가장 유망한 연구 분야를 꼽자면 학교폭력과 탈도덕화와의 관련성에 대한 연구이다. 아동청소년들은-어른들도 마찬가지겠지만-학교폭력을 저지를 때 탈도덕화 수준이 높아져 있다. 앞으로 이런 연관성을 탐색할 수 있으면 명확한 인과관계를 밝힐 수 있을 것이다.

탈도덕화 수준이 낮아지면 학교폭력 행동도 같이 감소할 수 있을까? 지금까지의 연구 결과를 바탕으로 명확한 답을 내리기에는 아직 미성숙한 상태에 있다. 하지만 Marini 등(2008)이 시행한 최근 연구 결과를 보면 이 질문에 대해 조금 희망적인 기대를 걸 수 있을 듯하다. 17,000명의 8~20세 캐나다 학생들을 대상으로 한 연구에서 학생들이 학교폭력 반대운동(가정 기반이든 학교 기반이든)에 참여할수록 탈도덕화 수준이 낮아지는 것을 관찰하였으며, 특히 남학생에서 더 강력한 상관관계가 나타났다. 비록 이런 상관관계가 인과관계로 이어지는 것은 아니지만, 이 연구를 통해 사회적 인지 문제가 학교폭력의 원천이라고 주장하는 학부모들과 교사들이 분명 힘을 얻을 수 있다. 이런 관점에서 사회적 및 도덕적 역량 강화뿐 아니라 탈도덕화가 아닌 도덕화를 장려하는 학교 기반 사업이 특히 장래성이 있다고 판단된다.

도덕성 발달에 관한 문헌을 보면, 도덕성 교육자들은 긍정적인 도덕성 함양을 위해 도덕적 딜레마 토론 교육의 가치를 줄곧 주장해왔다(Nucci & Narvaez, 2008; Solomon, Watson, & Battistich, 2001). 지난 수년 동안 학교 기반 보편적 예방 프로그램을 개발해서 학생들의 공감 능력과 사회-감정-도덕적 성장을 촉진시키려고 노력해왔다. 이런 프로그램들은 현재까지도 시행되고 있으며, 성과를 드러내고 있다. 예를 들어 이탈리아에서는 Renati와 Zanetti(2008)가 최근에 교사가 집행하는 학급 기반 프로그램인 '도덕 알파벳(the Moral Alphabet)'을 소개하였다. 이 프로그램은 총 8회기, 3개월간 진행되고 각 회기 마다 2시간씩 도덕적 딜레마에 대해서 토론하도록 하였다. 시행 결과 대조군에 비해서 탈도덕화 현상이 통계적으로 유의하게 감소하였다.

또 다른 사례로는 캐나다에서 개발한 프로그램으로 이름은 '공감의 뿌리(the Roots of Empathy, ROE)(Gordon, 2005; www.rootsofempathy.org)'이다. 공감의 뿌리는 이론적 기반을 둔 보편적 예방적 개입법으로 아이들의 사회-감정적 이해력을 증진시켜 공격성을 감소시키고 친사회적 행동을 장려하기 위해 개발되었다. 이 프로그램의 핵심은 유아와 그 부모가 한달에 한번 방문을 하는 데에 있다. 이런 정기적 방문이 감정에 대한 지식, 타인의 시각으로 바라보기, 유아의 발달에 도움을 주는 디딤돌이 된다. 공감의 뿌리의 효과성에 대해 검증한 여러 연구 결과들을 보면 일관되면서도 상당히 고무적인 결과가 이어지고 있는데, 특히 모든 성별과 연령대에 긍정적인 영향을 미치고 있다(Schonert-Reichl, 2005; Schonert-Reichl, Smith, & Zaidman-Zait, 출간예정; Schonert-Reichl, Smith, & Hertzman, 2007). 공감의 뿌리에 참여한 학생은 그렇지 않은 학생들보다 감정적 및 사회적 이해력이 더 향상되었으며, 아울러 공격적 행동(특히 주도적 공격성)이 감소하였고 친사회적 행동이 증가하였다.

물론 도덕성의 어떤 차원이-예를 들어 공감, 도덕적 판단 능력, 탈도덕화-학교폭력 행위를 억제 또는 악화시킬 지에 대해 상당히 많은 연구가 필요한 실정이지만, 지금까지의 연구 결과를 보면 이 분야가 학교폭력의 기전과 과정을 규명하는 데에 아주 풍부한 자료를 제공해줄 것이라 기대가 된다. 만약 후속 연구가 가능하다면 학교폭력 감소를 위한 예방과 개입 프로그램 기획과 집행에 더 좋은 방향성을 제시해 줄 것이다. 물론, 당연한 이야기지만 아동 청소년 학교폭력을 줄일 수 있는 단 하나의 왕도는 없다. 하지만 학교폭력이라는 난제를 앞에 두고 우리가 지금까지 검토한 도덕성에 관한 내용이 새로운 통찰을 제공해줄 수 있다고 말하고 싶다.

참고문헌

Aronson, E. (1999). *The social animal*. New York: Worth.
Arsenio, W. F., & Lemerise, E. A. (2004). Aggression and moral development: Integrating social information processing and moral domain models. *Child Development, 75*, 987-1002.
Atlas, R., Pepler, D. J., & Craig, W. (1998). Observations of bullying in the classroom. *American Journal of Educational Research, 92*, 86-99.
Atwood, M. (1998). *Cat's eye*. Minneapolis, MN: Sagebrush Educational Resources.
Bandura, A. (1999). Moral disengagement in the perpetration of inhumanities. *Personality and Social Psychology Review, 3*, 193-209.
Bandura, A. (2001). *Selective moral disengagement in the exercise of moral agency*. Paper presented at the Association for Moral Education, Kohlberg Memorial Lecture, Vancouver, BC.
Bandura, A. (2002). Selective moral disengagement in the exercise of moral agency. *Journal of Moral Education, 31*, 101-119.
Bandura, A., Barbaranelli, C., Caprara, G. V., & Pastorelli, C. (1996). Mechanism of moral disengagement in the exercise of moral agency. *Journal of Personality and Social Psychology, 71*, 364-374.
Bandura, A., Caprara, V., Barbaranelli, C., Pastorelli, C., & Regalia, C. (2001). Sociocognitive self-regulatory mechanisms governing transgressive behavior. *Journal of Personality and Social Psychology, 80*, 125-135.
Barchia, K. & Bussey, K. (2007, March). *The role of moral disengagement in bullying and intervention: The development of a moral disengagement scale for bullying*. Paper presented at the biennial meeting of the Society for Research in Child Development, Boston, MA.
Bentley, K. M., & Li, A. K. F. (1995). Bully and victim problems in elementary schools and students' beliefs about aggression. *Canadian Journal of School Psychology, 11*, 153-165.
Berger, K. S. (2007). Update on bullying at school: Science forgotten? *Developmental Review, 27*, 90-126.
Berkowitz, L. (1993). Pain and aggression: Some findings and implications. *Motivation & Emotion, 17*, 277-293.
Berkowitz, M. W., & Mueller, C. W. (1986). Moral reasoning and judgments of aggression. *Journal of Personality and Social Psychology, 51*, 885-891.
Björkqvist, K., Österman, K., & Kaukiainen, A. (2000). Social intelligence-empathy=aggression? *Aggression and Violent Behavior, 5*, 191-200.
Bosworth, K., Espelage, D. L., & Simon, T. R. (1999). Factors associated with bullying behavior in middle school students. *Journal of Early Adolescence, 19*, 341-362.
Bronfenbrenner, U. (1979). *The ecology of human development*. Cambridge, MA: Harvard University Press.
Bukowski, W. M., & Sippola, L. K. (2001). Groups, individuals and victimization: A view of the peer system. In J. Juvonen & S. Graham (Eds.), *Peer harassment in school* (pp. 355-377). New York: Guilford.
Clark, R.D., III, & Maass, S. A. (1988). The effects of majority size on minority influence. *European Journal of Social Psychology, 18*, 381-394.
Cohen, D., & Strayer, J. (1996). Empathy in conduct disordered and comparison youth. *Developmental Psychology, 32*, 988-998.
Coie, J. D., & Dodge, K. A. (1998). Aggression and antisocial behavior. In W. Damon (Series Ed.) & N. Eisenberg (Vol. Ed.), *Handbook of child psychology, Vol. 3: Social, emotional, and personality development* (pp. 779-862). New York: Wiley.
Craig, W. M., & Pepler, D. (1997). Observations of bullying and victimization in the schoolyard. *Canadian Journal of School Psychology, 13*, 41-60.
Craig, W. M., Pepler, D. J., & Atlas, R. (2000). Observations of bullying on the playground and in the classroom. *International Journal of School Psychology, 21*, 22-36.
Crick, N. R., & Dodge, K. A. (1994). A review and reformulation of social-information-processing mechanisms in children's social adjustments. *Psychological Bulletin, 115*, 74-101.
Crick, N. R. & Dodge, K. A. (1996). Social information processing mechanisms in proactive and reactive aggression.

Child Development, 67, 993-1002.

Crick, N. R., & Dodge, K. A. (1999). "Superiority" is in the eye of the beholder: A commentary on Sutton, Smith, and Swettenham. *Social Development, 8*, 128-131.

Crick, N. R., & Zahn-Waxler, C. (2003). The development of psychopathology in females and males: Current progress and future challenges. *Development and Psychopathology, 15*, 719-742.

Crick, N. R., Grotpeter, J. K., & Bigbee, M. A. (2002). Relationally and physically aggressive children's intent attributions and feelings of distress for relational and instrumental peer provocations. *Child Development, 73*, 1134-1142.

Dane, A., Marini, Z., Vaillancourt, T., Short, K., Cunningham, L., & Cura, M. (2008). *Moral disengagement in physical, verbal, social & cyber bullying: Relation to bully/victim status*. Poster presented at the International Society for the Study of Behavioral Development, Wurzburg, Germany.

Davis, M. H. (1983). Measuring individual differences in empathy: Evidence for a multidimensional approach. *Journal of Personality and Social Psychology, 44*, 113-126.

Davis, M. H. (1994). *Empathy: A social psychological approach*. Madison, WI: Brown & Benchmark.

Darwich, L., Hymel, S., Pedrini, L., Sippel, J., & Waterhouse, T. (2008, March). *Lesbian, gay, bisexual, and questionning adolescents: Their social experiences and the role of supportive adults in high school*. Paper presented at the biennial meeting of the Society for Reseearch in Adolescence, Chicago.

Dickens, C. (1838). *The Life and Adventures of Nicholas Nickleby*. London: Chapman & Hall.

Dickens, C. (1839). *Oliver Twist*. London: R. Bentley.

Diener, E. (1976). Effects of prior destructive behavior, anonymity, and group presence on deindividuation and aggression. *Journal of Personality and Social Psychology, 33*, 497-507.

Diener, E. (1979). Deindividuation, self-awareness, and disinhibition. *Journal of Personality and Social Psychology, 37*, 1160-1171.

Driskell, J. E. & Mullen, B. (1990). Status, expectations, and behavior: A meta-analytic review and test of the theory. *Personality and Social Psychology Bulletin, 16*, 541-553.

Eisenberg, N. (2000). Emotion, regulation, and moral development. *Annual Review of Psychology, 51*, 665-697.

Eisenberg, N., & Fabes, R. (1998). Prosocial development. In W. Damon & N. Eisenberg (Eds.), *Handbook of child psychology* (5th ed., Vol 3), *Social, emotional, and personality development* (pp. 701-778). Hoboken, NJ: Wiley.

Eisenberg, N., Fabes, R. A., & Spinrad, T. L. (2006). *Prosocial development*. Hoboken, NJ: Wiley.

Eisenberg, N., & Miller, P. A. (1987). The relation of empathy to prosocial and related behaviors. *Psychological Bulletin, 101*, 91-119.

Endresen, I. M., & Olweus, D. (2001). Self-reported empathy in Norwegian adolescents: Sex differences, age trends, and relationships to bullying. In A. C. Bohart, C. Arthurs, & D. J. Stipek (Eds.), *Constructive and destructive behavior: Implications for family, school, and society* (pp. 147-165). Washington, DC: American Psychological Association.

Espelage, D. L., Mebane, S. E., & Adams, R. S. (2004). Empathy, caring and bullying: Toward an understanding of complex associations. In D. L. Espelage & S. Swearer (Eds.), *Bullying in American Schools*, (pp. 37-61). Mahwah NJ: Erlbaum.

Estes, E. (1944). *The Hundred Dresses*. New York: Harcourt Brace.

Farrington, D. P. (1993). Understanding and preventing bullying. *Crime and Justice, 17*, 381-458.

Festinger, L. (1954). A theory of social comparison processes. *Human Relations, 7*, 117-140.

Festinger, L. (1957). *A theory of cognitive dissonance*. Stanford, CA: Stanford University Press.

Festinger, L., Pepitone, A., & Newcomb, T. (1952). Some consequences of deindividuation in a group. *Journal of Abnormal and Social Psychology, 47*, 382-389.

Gini, G. (2006). Social cognition and moral cognition in bullying: What's wrong? *Aggressive Behavior, 32*, 528-539.

Gini, G., Albiero, P., Benelli, B., & Altoe, G. (2007). Does empathy predict adolescents' bullying and defending behavior? *Aggressive Behavior, 33*, 467-476.

Golding, W. G. (1959). *Lord of the flies*. New York: Penguin.

Gordon, M. (2005). *Roots of empathy: Changing the world child by child*. Toronto: Thomas Allen.

Godfrey, R. (2005). *Under the bridge*. New York: Simon & Schuster.

Harris, J. R. (1995). Where is the child's environment? A group socialization theory of development. *Psychological Review, 102*, 458-489.

Hawkins, D. L., Pepler, D., & Craig, W. (2001). Naturalistic observations of peer interventions in bullying. *Social Development, 10*, 512-527.

Henry, D., Guerra, N., Huesmann, R., Tolan, P., VanAcker, R., & Eron, L. (2000). Normative influences on aggression in urban elementary school classrooms. *American Journal of Community Psychology, 28*(1), 60-81.

Hoffman, M. L. (2000). *Empathy and moral development: Implications for caring and justice*. New York: Cambridge University Press.
Hoorens, V. (1996). Self-favoring biases, self-presentation and the self-other asymmetry in social comparison. *Journal of Personality, 63*, 793-817.
Hornby, N. (2002), *About a boy*. New York: Penguin.
Huesmann, L. R., & Guerra, N. G. (1997). Children's normative beliefs about aggression and aggressive behavior. *Journal of Personality and Social Psychology, 72*, 408-419.
Hughes, T. (1857). *Tom Brown's school days*. London: Seeley Service.
Hymel, S., Rocke Henderson, N., & Bonanno, R. A. (2005). Moral disengagement: A framework for understanding bullying among adolescents. *Journal of Social Sciences, 8*, 1-11.
Hymel, S., White, A., Ishiyama, I., Jones, L., & Vaillancourt, T. (2006). *Bullying among Canadian secondary students: Links to racial discrimination and sexual harassment*. Paper presented to the International Society for the Study of Behavioral Development, Melbourne, Australia.
Joliffe, D., & Farrington, D. P. (2004). Empathy and offending: A systematic review and meta-analysis. *Aggression & Violent Behavior, 9*, 441-476.
Kaukiainen, A., Björkqvist, K., Lagerspetz, K., Österman, K., Salmivalli, C., Rothberg, S., et al. (1999). The relationships between social intelligence, empathy, and three types of aggression. *Aggressive Behavior, 25*, 81-89.
Kohlberg, L. (1981). *The philosophy of moral development: Essays on moral development* (Vol. I). New York: Harper & Row.
Kohlberg, L. (1984). *The philosophy of moral development: Essays on moral development* (Vol. II). New York: Harper & Row.
Kowalski, R. M. (2000). "I was only kidding!" Victims' and perpetrators' perceptions of teasing. *Personality and Social Psychology Bulletin, 26*, 231-241.
Krug, E. G., Dahlberg, L., Mercy, J.A., Zwi, A.B., & Lozano, R. (2002). *World report on violence and health*. Geneva: World Health Organization.
Lagerspetz, K., Björkqvist, K., Berts, M., & King, E. (1982). Group aggression among school children in three schools. *Scandinavian Journal of Psychology, 23*, 45-52.
Lantané, B. (1981). The psychology of social impact. *American Psychologist, 36*, 343-356.
Leary, M. R., & Baumeister, R. (2000). The nature and function of self-esteem: Sociometer theory. In M. Zanna (Ed.), *Advances in experimental social psychology* (Vol. 32, pp. 1-55). New York: Academic Press.
Marini, Z., Dane, A., Vaillancourt, T., Cunningham, L., Short, K., & Cura, M. (2008). *Anti-bullying practices and moral disengagement: Key gender differences*. Poster presented at the International Society for the Study of Behavioral Development, Wurzburg, Germany.
Marr, N. & Fields, T. (2000). *Bullycide: Death at playtime*. Oxfordshire, England: Success Unlimited.
McAlister, A. L., Bandura, A., & Owen, S. V. (2006). Mechanisms of moral disengagement in support of military force: The impact of Sept. 11. *Journal of Social and Clinical Psychology, 25*, 141-165.
Menesini, E., Sanchez, V., Fonzi, A., Ortega, R., Costabile, A., & Lo Feudo, G. (2003). Moral emotions and bullying: A cross-national comparison of differences between bullies, victims and outsiders. *Aggressive Behavior, 29*, 515-530.
Milgram, S. (1974). *Obedience to authority*. New York: Harper and Row.
Miller, P. A., & Eisenberg, N. (1988). The relationship of empathy to aggressive and externalizing/antisocial behavior. *Psychological Bulletin, 103*, 324-344.
Morita, Y., & Kiyonaga, K. (1986). *Bullying: The ailing classroom* [Ijime: Kyoshitsu no yamai]. Tokyo: Kaneko Syobo. [Revised Edition in 1994].
Murray-Close, D., Crick, N. R., & Galotti, K. M. (2006). Children's moral reasoning regarding physical and relational aggression. *Social Development, 15*, 345-372.
Nelson, D. A., & Crick, N. R. (1999). Rose-colored glasses: Examining the social information processing of prosocial young adults. *Journal of Early Adolescence, 19*, 17-38.
Nelson, J. R., Smith, D. J., & Dodd, J. (1990). The moral reasoning of juvenile delinquents: A meta-analysis. *Journal of Abnormal Child Psychology, 18*, 231-239.
Nucci, L. (2001). *Education in the moral domain*. New York: Cambridge University Press.
Nucci, L., & Narvaez, D. (Eds.). (2008). *Handbook of moral and character education*. New York: Routledge.
O'Connell, P., Pepler, D., & Craig, W. (1999), Peer involvement in bullying: Insights and challenges for intervention. *Journal of Adolescence, 22*, 437-452.
Olweus, D. (1978). *Aggression in the schools: Bullies and whipping boys*. Washington DC: Hemisphere Press: Wiley.
Olweus, D. (1993). *Bullying at school: What we know and what we can do*. Oxford, England: Blackwell.

Olweus, D. (1997). Tackling peer victimization with a school-based intervention program. In D. P. Fry & K. Bjorkqvist (Eds.), *Cultural variation in conflict resolution: Alternatives to Violence* (pp. 215-231). Hillsdale, NJ: Erlbaum.

Olweus, D. (1999). Sweden. In P. K. Smith, Y. Morita, Junger-Tas, D. Olweus, R. Catalano, & P. Slee (Eds.), *The nature of school bullying: A cross-national perspective* (pp. 7-27). London: Routledge.

Ortega Ruiz, R., Sánchez, V., & Menesini, E. (2002). Violencia entre iguales y desconexión moral: Un análisis transcultural [Bullying and moral disengagement: A cross-national comparison]. *Psicothema, 14*, 37-49.

Paciello, M., Fida, R., Tramontano, C., Lupinetti, C., & Caprara, G. V. (2008). Stability and change of moral disengagement and its impact on aggression and violence in late adolescence. *Child Development, 79*, 1288-1309.

Pearce, M. J., Boergers, J., & Prinstein, M. J. (2002). Adolescent obesity, overt and relational peer victimization and romantic relationships. *Obesity Research, 10*, 386-393.

Pedersen, C. L., & Schonert-Reichl, K. A. (forthcoming). *Prosocial moral reasoning and empathy-related responding: Relations to prosocial and aggressive behaviors in delinquent and comparison youth.*

Pepler, D. J., & Craig, W. (2005). Aggressive girls on troubled trajectories: A developmental perspective. In D. J. Pepler, K. C. Madsen, C. Webster, & K. S. Levene (Eds.), *The development and treatment of girlhood aggression* (pp. 3-28). Mahwah, NJ: Erlbaum.

Perry, D. G., Perry, L. C., & Rasmussen, P. (1986). Cognitive social learning mediators of aggression. *Child Development, 57*, 700-711.

Renati, R., & Zanetti, M.A. (2008). *The moral alphabet: A moral skills development training to prevent aggressive behavior in school.* Poster presented at the third annual meeting of PREVNet, a Canadian national organization aimed at Promoting Relationships and Eliminating Violence, Toronto, Ontario.

Salmivalli, C., Lagerspetz, K., Björkqvist, K., Österman, K., & Kaukiainen, A. (1996). Bullying as a group process: Participant roles and their relations to social status within the group. *Aggressive Behavior, 22*, 1-15.

Schonert-Reichl, K. A. (1993). Empathy and social relationships in adolescents with behavioral disorders. *Behavioral Disorders, 18*, 189-204.

Schonert-Reichl, K. A. (1999). Moral reasoning during early adolescence: Links with peer acceptance, friendship, and social behaviors. *Journal of Early Adolescence, 19*, 249-279.

Schonert-Reichl, K. A. (2005). Effectiveness of the Roots of Empathy program in promoting children's social and emotional competence. In M. Gordon, *The roots of empathy: Changing the world child by child* (pp. 239-252). Toronto, Ontario: Thomas Allen.

Schonert-Reichl, K. A., Smith, V., & Hertzman, C. (2007, March). *Promoting emotional competence in school-aged children: An experimental trial of the "Roots of Empathy" program.* Poster presented to the Society for Research in Child Development, Boston, MA.

Schonert-Reichl, K.A., Smith, V., & Zaidman-Zait, A. (forthcoming). *Impact of the "Roots of Empathy" program in fostering the social-emotional development of primary grade children.*

Slaby, R.G., & Guerra, N. G. (1988). Cognitive mediators of aggression in adolescent offenders: I. Assessment. *Developmental Psychology, 24*, 580-588.

Smetana, J. (1995). Morality in context: Abstractions, ambiguities, and applications. In R. Vasta (Ed.), *Annals of child development, Vol. 10* (pp. 83-130). London: Jessica Kingsley.

Smetana, J. G. (1990). Morality and conduct disorders. In M. Lewis & S. M. Miller (Eds.), *Handbook of developmental psychopathology* (pp. 157-179). New York: Plenum Press.

Smith, P. K. (1991). Hostile aggression as social skills deficit or evolutionary strategy? *Behavior and Brain Sciences, 14*, 315-316.

Smith, P. K., Bowers, L., Binney, V., & Cowie, H. (1993). Relationships of children involved in bully/victim problems at school. In S. Duck (Ed.), *Understanding relationship processes. Vol. 2: Learning about relationships* (pp. 184-212). Newbury Park, CA: Sage.

Solomon, D., Watson, M., & Battistich, V. (2001). Teaching and schooling effects on moral/prosocial development. In V. Richardson (Ed.), *Handbook of research on teaching* (pp. 566-603). Washington, DC: American Educational Research Association.

Stams, G. J., Brugman, D., Dekovic, M., van Rosmalen, L., van der Laan, P., & Gibbs, J. C. (2006). The moral judgment of juvenile delinquents: A meta-analysis. *Journal of Abnormal Child Psychology, 34*, 697-713.

Sugimori, S. (2002, November). Education, bullying, and school absenteeism: Changing individual-group relationships among Japanese youths after 1990's. Paper presented in the symposium, *Social and political change in the new millennium: Japan and Canada in comparative perspective*, organized by D. Edgington, M. Nakamura, M. Creighton, S. Orbaugh, S. Salsberg, S. Heine, and Y. Tiberghien for the UBC Year of Japan (2002-2003), Centre for Japanese Research, University of British Columbia, Vancouver, BC.

Sutton, J., & Smith, P. K. (1999). Bullying as a group Process: An adaptation of the participant role approach. *Aggressive Behavior, 25*, 97-111.

Sutton, J., Smith, P. K., & Swettenham, J. (1999a). Bullying and "theory of mind:" A critique of the social skills deficit view of anti-social behavior. *Social Development, 8*, 117-134.

Sutton, J., Smith, P. K., & Swettenham, J. (1999b). Social cognition and bullying: Social inadequacy or skilled manipulation? *British Journal of Developmental Psychology, 17*, 435-450.

Sutton, J., Smith, P. K., & Swettenham, J. (1999c). Socially undesirable need not be incompetent: A response to Crick and Dodge. *Social Development, 8*, 132-134.

Tisak, M. S., Tisak, J., & Goldstein, S. E. (2006). Aggression, delinquency, and morality: A social cognitive perspective. In M. Killen & J. Smetana (Eds.), *Handbook of moral development* (pp. 611-629). Mahwah, NJ: Erlbaum.

Turiel, E. (1998). Moral development. In W. Damon (Series Ed.) & N. Eisenberg (Vol. Ed.), *Handbook of child psychology: Vol. 3. Social, emotional, and personality development* (5th ed., pp. 863-932). New York: Wiley.

Turiel, E. (2002). *The culture of morality: Social development, context, and conflict.* Cambridge, England: Cambridge University Press.

Vaillancourt, T., & Hymel, S. (2004). The social context of aggression. In M. Moretti, M. Jackson, & C. Odgers (Eds.), *Girls and aggression: Contributing factors and intervention principles* (pp. 57-74). New York: Kluwer.

Vaillancourt, T., Hymel, S., & McDougall, P. (2003). Bullying is power: Implications for school-based intervention strategies. *Journal of Applied School Psychology, 19*, 157-176.

Vaillancourt, T., Hymel, S., Duku, E., Krygsman, A., Cunningham, L., Davis, C., et al. (2006). *Beyond the dyad: An analysis of the impact of group attitudes and behavior on bullying.* Paper presented at the 2006 International Society for the Study of Behavioral Development conference, Melbourne, Australia.

Vaillancourt, T., McDougall, P., Hymel, S., Krygsman, J., Miller, K., Stiver, M., et al. (2008). Bullying: Are researchers and children/youth talking about the same thing? *International Journal of Behavioral Development, 32*, 502-511.

Zhou, Q., Valiente, C., & Eisenberg, N. (2003). Empathy and its measurement. In S. J. Lopez & C. R. Snyder (Eds.), *Positive psychological assessment: A handbook of models and measures* (pp. 269-284). Washington, DC: American Psychological Association.

9
초등학생 가해자의 인기에 대하여: 성별과 인종 측면에서

CLAIRE F. GARANDEAU, TRAVIS WILSON, AND PHILIP C. RODKIN

누가 괴롭히든 간에 학교에서 괴롭힘 당하는 건 항상 고통스럽기 마련이다. 하지만 같은 반 또래들 대다수한테 지지를 받을 정도로 대단히 인기 있는 또래한테 괴롭힘 당하면, 분명 피해자는 더욱 심한 곤경에 처할 수 밖에 없다. 영향력 있는 또래의 거미줄에 걸려들면, 피해자의 무력감, 고립감, 자존심의 상처는 이루 말할 수 없다. 가해자들이 얻는 인기도 또래들이 학교폭력에 가담하게 되는 요인이자 피해자를 따돌릴 수 있는 동력이 될 수 있다. 사실, 수 많은 연구를 통해 가해자 대다수는 각 학교에서 인기 있는 학생으로 꼽히고 있으며(Rodkin, Farmer, Pearl, & Van Acker, 2000), 가해자는 자기 인맥 내 중심을 차지한다(Xie, Swift, Cairns, & Cairns, 2002). 비록 이들의 사회계측학적 상태나 사회적 호감도를 측정해보면 항상 낮은 수준으로 나오지만(LaFontana & Cillessen, 2002), 또래지명법에서는 이들은 '인기가 많은' 사람으로 종종 뽑힌다.

이제는 학교폭력에서 사회적 지위가 중요한 역할을 한다는 주장을 뒷받침할 만한 근거가 많이 밝혀졌다. 좀 의외의 결과이긴 하지만, 현행 및 향후 공격적 행동에 관련된 연구 결과를 보면 인기도와 호감도는 항상 반비례하는 경향이 있다. 여러 횡적 연구들을 참고하면 또래들 사이에 인기가 높을 것이라고 여겨진 아동 청소년들은 향후 공개적 및 관계적 공격성이 증가할 것이라는 점을 예측할 수 있었다(Cillessen & Mayeux, 2004; Sandstorm & Cillessen, 2006). 이 결과를 미루어 볼 때, 높은 수준의 인기도는 미래 학교폭력 현상을 촉진시킨다고 볼 수 있다. 한편으로는 이런 사회적 지위를 유지하고 싶은 욕구 때문에 또래들을 괴롭히고 싶은 동기가 발생한다고도 볼 수 있다. 이와 대조적으로 호감을 사는 것은 공격성에 대해 완충 작용하는 것으로 보인다. Cillessen과 Sandstrom(2006)은 초등학교 말년에 호감도가 높을 수록 중학교 말년에 공개적 및 관계적 공격성이 낮아진다고 밝혔다.

아이들의 사회적 지위는 아이들이 속한 또래집단의 생태계에 영향을 받는다. 기존의 연구 내용을 보면, 아이들의 사회적 지위는 보통 또래들의 평균적인 인식(또래지명법으로 측정했을 때)에 의해 결정되는 경우가 많았으며, 아이들은 자기가 속한 집단의 상식에 따라 어떤 아이의 행동을 가치있게 평가하기도 하고 혹평을 하기도 한다(Wright, Giammarino, & Parad, 1986). 학교에서는 인종과 성별에 따라 집단이 형성되는 경향이 있다. 성별과 인종이 인생을 통틀어 자신의 정체성을 결정하는 유의미한 요소가 되기 때문이다. 특히, 아동기에는 성차별이 상당히 만연한 현상이다. 이성간 상호작용 보다는 동성간 상호작용이 더 자주 일어나고(Naccoby, 1998) 대부분의 공격성은 동성지간에서 발생한다(Craig, Pepler, Connolly, Henderson, 2001; Pellegrini, 2002; Russell & Owens, 1999). 하지만 아이들은 또래지명법에서 이성 또래를 감성적으로 지명하는 경향을 종종 보였는데, 예를 들면 증오의 대상으로 본다든지(Rodkin, Pearl, Farmer, & Van Acker, 2003), 매력의 대상으로 본다든지(Bukowski, Sippola, & Newcomb, 2000; Rodkin, Farmer, Pearl, & Van Acker, 2006), 여자 아이들을 대상으로는 명랑 괄괄한 대상으로 본다(Dijkstra, Lindenberg, & Veenstra, 2007; Olweus). 인종도 차별의 대상이 되는데(Hallinan, 1982), 이를 통해 부정적 및 긍정적(이상적으로는) 집단간 감성 교류가 일어난다(Rodkin, Wilson, & Ahn, 2007). 또래 생태계에서 인종과 성별은 잠재적인 이합집산의 빌미가 되어(Criswell, 1937) 공격성과 학교폭력과 같은 부정적 집단간 상호작용을 낳을 수 있다는 면에서 중요한 이슈가 된다.

본 챕터를 통해 우리는 인종과 성별에 따라 공격적 행동이 어떻게 보상으로 혹은 억제책으로 작용하는지 알아볼 것이다. 또한 우리는 가해자의 인기가 인종과 성별에 따라 어떤 영향이 있는지 알아볼 것이다. 예를 들어 여학생을 괴롭히는 남학생은 남학생만 괴롭히는 남학생에 비해 인기가 더 많을까(Rodkin & Berger, 2008)? 첫번째 섹션에서 우리는 두 가지의 유형의 공격성과 두 가지 유형의 사회적 지위에 따라 성별 차이가 어떠한지 알아볼 것이다. 그다음, 우리는 가해행위와 이성간 관계에서의 사회적 지위 양상이 어떤 관계가 있는지 알아볼 것이다. 두번째 섹션에서 지위와 공격성 간의 상관관계에서 인종이 어떤 역할을 하는지 알아볼 것이다. 그리고 마지막에 실무를 위한 제언으로 마무리하고자 한다.

성, 사회적 지위, 공격성

공격성의 형태와 사회적 지위에 따른 성별 차이

우리가 궁금한 점은 사회적 지위와 공격성과의 관련성이 남학생과 여학생에서 서로 비슷하게 나타나는지이다. 기존 연구 결과를 종합해보면, 양쪽 성별에서 공격적인 아이들은 호감도는 낮으나 인기는 높은 것으로 나타났다. 하지만 이런 상관관계를 조금만 더 세부적으로 분석을 해보면 성별에 따른 각 유형별 공격성 양상이 그리 단순하지가 않다. 우리 관심영역은 아동기 아이들이지만, 청소년 시기까지의 발달적 경향도 함께 알아보려고 한다.

사회적 호감도: 신체적 공격성이 두드러지는 남학생과 여학생은 모두 또래들이 싫어하는 대상이지만(LaFontana & Cillessen, 2002), 이런 경우는 남학생 보다 여학생이 더 미움을 받는다(Cillessen & Mayeux, 2004). 이런 호감도 차이는 청소년이 되면 더 벌어진다(Cillessen, Kaukiainen, & Lagerspetz, 2000). 그리고 이런 비슷한 패턴이 관계적 공격성 측면에서도 나타난다. 관계적 공격성을 나타내는 아이들은 성별 관계 없이 낮은 사회적 호감도와 관련이 있다고 대부분 연구에서 나왔다. 그런데 이중 여학생의 경우가 더 분명한데, 관계적으로 공격적인 여학생은 훨씬 더 일관되게 미움 받는 것으로 드러났다(LaFontana & Cillessen, 2002). 게다가 시간에 따라 호감도가 점진적으로 감소하는데 여학생의 경우 낙폭이 남학생 경우보다 더 컸다(Cillessen & Borch, 2006).

하지만 남학생에 대해서는 관계적 공격성과 사회적 호감도 간의 관계에 대해 결론 짓기가 더 어렵다. 어떤 연구에서는 관계적으로 공격적인 남학생들이 미움을 받는다고도 하고(Cillessen & Mayeux, 2004),

또 다른 연구에서는 그렇지 않다고 주장하기도 한다(LaFontana & Cillessen, 2002). 청소년기 남학생들에게는 관계적 공격성이 사회적 호감도와 음의 상관관계를 지닌다는 연구도 있고(Cillessen & Mayeux, 2004; Vaillancourt & Hymel, 2006) 관계적 공격성이 또래 남학생들의 인정 수준과 양의 상관관계가 있다고 주장한 연구도 있다(Salmivalli, 2000). 전반적으로 봤을 때, 관계적으로 공격성을 보이는 남학생은 관계적으로 공격적인 여학생 보다는 또래들로부터 덜 미움을 받는다고 볼 수 있다. 아무튼 어떤 유형의 공격성이든 간에 남학생 보다는 여학생이 좀 더 이미지 손상을 받게 되며, 나이가 들면서 이런 경향이 점점 더 뚜렷해진다.

주변에서 인식하는 인기도: 4~5학년 모든 학생의 경우 신체적 공격성과 인기 인식 수준과는 음의 상관관계를 보인다(LaFontana & Cillessen, 2002). 하지만 학년이 올라가면 이런 상관관계가 사라지거나 오히려 양의 상관관계로 역전될 때도 있다(Cillessen & Mayeux, 2004; Vaillancourt & Hymel, 2006). 한편 4~6학년 대상으로 한 그리스 연구에서는 공개적 공격성과 인기 인식 수준이 남학생의 경우에는 양의 상관관계를 보였으나 여학생은 그렇지 않았다(Andreou, 2006). 이렇게 연구마다 결과가 일관되지 못한 것은 공개적 공격성과 관계적 공격성이 서로 중첩되는 부분이 존재하기 때문일 가능성이 있다. Rose, Swenson, Waller(2004)는 공개적 공격성과 인기 인식 수준 사이에 양의 상관관계가 보이는 것처럼 보여도 관계적 공격성 변수를 통제해버리면 상관관계가 사라질 수 있다고 주장하였다. 초등학교에서는 성별에 대한 분명한 차이가 없다가, 청소년기가 되면 신체적 공격성이 남학생의 인기에는 영향이 없지만 여학생에게는 악영향을 미치는 것으로 보인다(Rose 등, 2004). 따라서 공개적인 공격성을 드러내는 것이 여학생한테는 사회계측학적 지표로나 주변의 시선을 참고하면 결정적으로 부정적인 영향을 미친다고 볼 수 있다. 물론 어린 나이에는 이런 영향이 불분명하지만 말이다.

이런 상관관계 패턴은 관계적 공격성과 인기 인식 수준과의 관계와 다른 부분이 있다. 관계적 공격성이 남녀 모두 높은 수준의 인기도를 예측할 수 있는 변수라고 주장한 연구들이 있는데, Andreou(2006)는 4~6학년 학생에서, 또 Cilessen & Mayeux(2004)는 5~9학년 사이에서 예측이 가능하다고 하였다. 반면, LaFontana와 Cillessen(2002)은 4~5학년 사이에 이런 상관관계를 찾을 수 없었다고 밝혔다. 관계적 공격성과 주변에서 인식하는 인기도 사이에는 강한 양의 관계가 있는데, 이런 경향은 학년이 올라갈수록 뚜렷해진다고 볼 수 있다(Cillessen & Borch, 2006; Vaillancourt & Hymel, 2006). 최소 6학년까지는 관계적 공격성이 뚜렷할 수록 주변에서 보는 인기도가 높다고 나오는데, 특히 이런 경향은 남학생보다 여학생이 더 뚜렷하다. 인기 인식 수준에 관련해서 살펴볼 때, 여학생이 아무래도 관계적 공격성으로 더 이득을 본다. 그렇에도 불구하고 공격적인 여학생보다는 공격적인 남학생이 미움을 덜 받는다.

청소년기에는 공격성과 사회적 지위와의 관계는 또래들의 평가 기준에 따라 달라지는데, 또래들의 평가 기준으로는 매력, 운동능력, 스타일이 있다(Vaillancourt & Hymel, 2006). 이런 세 가지 특징을 갖추고 있으면 성별 차이가 더 뚜렷해진다. 전반적으로 이런 특징을 갖추고 있으면 공격적 여학생보다 공격적 남학생이 사회적 지위 상승에 더 도움이 된다. 따라서 그간 연구 결과를 보면 공격적 여학생에 대해 일단 부정적인 평판이 돌기 시작하면 이를 되돌리는 것이 어렵다고 볼 수 있다. 아동기 학생들한테도 이런 또래간 평가 기준이 비슷한 영향을 미치는 지는 추후 연구가 더 필요하다.

가 설

공격성 사용에 대한 대가와 보상이 남녀에서 어떤 차이를 보일까? 아래 소개한 연구 결과는 남학생과 여학생이 받는 사회적 기대와 인기에 대한 개념이 어떻게 서로 일치하지 않는지에 대해 부분적으로 설명을 해주리라 생각한다.

성별에 따른 사회적 목표 차이   사회적 목표를 조사한 연구를 보면, 남학생과 여학생은 또래들과의 관계에서 서로 다른 목표를 추구하고 있다는 것을 알 수 있다. 중기 아동기에서는 여학생은 친밀감 발달과 우정 형성에 주력하는 경향이 있다(Rose & Rudolph, 2006). 남학생 보다 여학생이 주변 사람들에게 지지적으로 다가가는 것과 관계에 힘쓰는 것을 더 중요하다고 응답하는 경향이 있다(Rose & Asher, 2004). 이와 대조적으로 남학생은 여학생에 비해 더 경쟁적이고 높은 사회적 지위에 주력하는 경향이 있다(Maccoby, 1998). Rose와 Asher(1999)는 남학생이 여학생 보다 복수라든가 자기만의 흥미에 파고드는 경향이 더 강하다고 주장했다. 초기 청소년기를 대상으로 한 연구에서도 여학생은 친밀감에 더 신경쓰는 경향이 있었고, 남학생은 지배력과 인기에 더 관심이 많았다(Jarvinen & Nicholls, 1996; Kiefer & Ryan, 2008).

여학생들이 관계적으로 공격적인 동성 또래를 못마땅하게 여기는 것도 여학생들이 친밀감을 중시하는 경향 때문일 수 있다. 왜냐하면 관계적으로 공격적인 아이들이 친구 관계를 깨뜨릴 수 있기 때문이다. 한편, 관계적으로 공격적인 여학생이 인기 있을 때가 많은 것도 설명이 된다. 왜냐하면 관계적인 공격성을 이용해서 자기만의 친구 관계는 안전하게 확보해놓기 때문이다. 이들은 또래집단이 가치있다고 여기는 것을 차지한다. 이와 마찬가지로 관계적으로 공격적인 남학생은 같은 부류의 여학생에 비해 인기가 적은데, 남학생들은 친구 관계를 중요하게 생각하지 않기 때문이다. 그럼에도 불구하고 지배력을 행사하는 남학생들은-예를 들면 신체적 공격성 같은-같은 부류의 여학생만큼 미움을 받지 않는데, 지배권 추구가 남학생들 사이에서는 정상적인 규범처럼 작용하기 때문이다(Dijkstra 등, 2007).

사회적 기대가 남녀간 다르다고 한 연구 결과와 마찬가지로, 남녀 간에 사회적 지위가 주는 영향도 차이가 난다고 밝힌 연구도 있다. 5학년 때의 사회적 지위와 중학생 때의 정서적 적응 간의 상관관계를 분석한 연구에서, 인기 인식 수준이 높을수록 남학생에서는 내현화 심리 문제를 경험할 가능성이 감소하는 한 편, 여학생에서는 그렇지 않았다. 반면, 호감도가 높을수록 여학생은 내현화 심리 문제를 경험할 가능성이 감소하지만, 남학생에서는 그렇지 않았다.

인기에 대한 서로 다른 생각   사회적 지위와 공격성과의 관계가 남녀간 차이가 난다는 연구 결과들을 봤을 때, 인기에 대한 개념도 남녀간 서로 다를 수 있다고 가정해볼 수 있다. 관계적으로 공격적인 여학생이 상당히 인기가 많으면서도 동시에 사회적 호감도가 낮을 수 있다는 점이 상당히 신기하다. 남학생에 대해서는 호감도와 인기 수준 간의 격차가 여학생만큼 그리 크지 않다. 여러 연구에서 일관되게 결과가 나오고 있지만, 두 종류의 사회적 지위 사이의 관련성은 여학생보다는 남학생에게서 더 강하게 나타난다(LaFontana & Cillessen, 2002). 그리고 이런 관련성의 강도는 학년이 올라갈수록 더 뚜렷해진다(Cillessen & Mayeux, 2004; Vaillancourt & Hymel, 2006). 이런 결과로 미루어 보면 남학생 보다 여학생이 인기라는 사회적 지위와 호감도라는 사회적 지위 간에 구분이 더 명확하다고 볼 수 있다(LaFontana & Cillessen, 1998). 사회적 지위에 대한 여학생이 지닌 개념이 남학생의 그것보다 훨씬 복잡하다는 것이다. 즉, 여학생한테는 인기 있는 사람으로 인정받는다고 해서 반드시 그만큼의 사랑을 받는다고 볼 수 없는 셈이다.

학교폭력에 대한 적용

그렇다면 지금까지 연구 결과를 봤을 때, 가해자의 영향력과 피해자의 고통에 대해서 남녀가 어떻게 다르게 받아들일까? 학생들은 성별에 관계없이 공격적인 아이들이 인기가 높다고 인식하고 있었다. 비록 남학생이 여학생에 비해 지배체계가 더 명확히 형성되어 있지만(Maccoby, 1998) 위계 구조 측면에서 볼 때 여학생도 남학생과 비슷한 사회 네트워크를 갖춘 것으로 보인다(Gest, Davidson, Rulison, Moody, & Welsh, 2007). 정말, 인종지학적 연구를 참고하면 어느 성별이건 간에 공격적인 학생이 고도로 계층화된 위계 사회의 꼭대기를 차지하고 있다(Adler & Adler, 1998).

피해자에 대한 지지 공격적 여학생은 공격적 남학생에 비해 동성 집단에서 더 미움을 받기 때문에, 여학생 집단 내에서는 피해자들이 또래의 지지를 더 잘 받을 수 있다. 공격적 여학생이 누리는 특권도 대단하지만 그에 못지 않게 혐오감을 많이 받기 때문에 피해자는 주변 사람의 동정심을 살 가능성이 있다. 실제로 여학생들은 남학생에 비해 주변 사람의 스트레스에 더 민감한 것으로 알려져 있다. Espelage, Mebane, Adams(2004)는 돌봄이나 타인에 대한 역지사지 등 공감 능력에 대한 몇몇 평가에서 여학생이 남학생 보다 높은 점수를 받았으며, 여학생에게서는 이런 공감 능력 때문에 가해 행위가 억제되는 경향이 나타날 수 있다. 그럼에도 불구하고, 관계적으로 공격적인 여학생들이 주로 영향력 있는 사회적 지위를 차지한다는 사실을 미루어보아, 가해자가 그룹에 끼어들면 여학생들 간의 우정이 쉽게 깨질 수 있다는 점을 알 수 있다. Benenson와 Christakos(2003)는 남학생 보다 여학생이 가까운 친구들과 관계를 더 자주 끊고, 친구 관계를 파괴시킬 수 있는 행동을 더 자주하는 것으로 밝혔다. 따라서 여학생들이 지닌 우월한 공감능력에도 불구하고, 여학생들의 친구 관계가 견고하지 않기 때문에 가해 행위와 피해자에 대한 따돌림도 가능한 것으로 보인다.

공격적인 남학생들이 공격적인 여학생들에 비해서는 주홍글씨가 덜한 편이다. 여러 연구에서도 남학생들은 가해 행위에 대해 더 긍정적인 태도를 보이는 경향이 있다고 기술하고 있으며(Crick & Werner, 1998), 남학생들은 가해 행위를 더 인정하는 경향이 있고 피해자에 대해서는 부정적으로 평가하는 경향이 있다고 볼 수 있다. 하지만 다른 연구 결과를 보면 이런 결론을 내리기에는 좀 더 미묘한 구석이 있다. 앞서 언급했지만, 남학생들의 친구 관계는 여학생의 친구 관계 보다는 덜 친밀하지만 더 안정적이고 견고한 측면이 있다. 남학생들의 이런 관계 특성이 가해 행위에 대한 보호 요인으로 작용하기도 한다(Hodges, Bolvin, Vitaro, Bukowski, 1999).

영향이 미치는 과정 여학생에서는 사회적 지위의 세부적 유형에 따른 구분이 명확한데, 이는 학교폭력 상황에서 집단적 행동 과정에 중요한 의미를 제시한다고 볼 수 있다. 제일 중요한 요소는 가해자의 인기 수준인데, 인기를 통해 가해자는 또래들이 다른 아이들을 괴롭힐 수 있도록 유인할 만큼의 권력을 행사할 수 있다. 만약에 인기 있으나 공격적인 아이들이 상당히 미움을 받는다면-관계적으로 공격적인 여학생들처럼-같은 여학생 또래들은 공포심에 의해 다른 아이들을 괴롭히겠지만 내적 동기는 약할 수 있다. 반면, 인기 있으나 공격적인 남학생은 여학생만큼 비호감이 아니기 때문에 남학생은 학교폭력을 행사하면서 내적 불일치감을 덜 느낄 가능성이 있다. 남학생들은 공포심에 쫓겨서 다른 아이들을 괴롭히기 보다는 우월한 지위를 유지하고 싶은 욕동에 이끌릴 가능성이 더 높다(Pellegrini, 2002). 가해자가 또래한테 어떻게 영향력을 발휘하는지와 성별에 따라 이런 기전이 어떤 차이를 보이는 지를 규명하기 위해 더 많은 연구가 필요하다.

학교에 성차별이 만연해있기 때문에, 우리는 남학생과 여학생의 사회적 지위와 공격성 간의 관련성을 조사했고, 또 남학생과 여학생을 비교하였다. 이제 우리는 이런 관련성이 남녀 간에는 어떤 관계로 나타나는지 검토해볼 것이다.

이성이 인식하는 공격적인 또래의 사회적 지위

비록 사춘기 전 남학생과 여학생들은 뚜렷하게 같은 성별 끼리 사회적 네트워크를 형성하긴 하지만, 그렇다고 이성간 교류가 전혀 없는 것은 아니다(Maccoby, 1998). 이 두개의 문화권이 더 큰 사회적 단위(학급 또는 학교) 속에서 가깝게 지내고 있기 때문에, 이성 집단 간의 상호작용이 반드시 생겨날 수 밖에 없다(Rodkin & Fischer, 2003). 안타깝게도 남학생과 여학생의 집단 간 상호작용을 종종 간과하는 경향이 있는데, 공통적인 측정 변수를 쓰기 때문이다. 구체적으로 설명하자면, 공격성과 사회적 지위와의 연관성을 조사한 대부분 연구에서는 아이들의 인기도와 호감도를 도출할 때 모든 성별의 아이들 혹은 동성의 아이들이 지명한 자료를 토대로 평균을 구하기 때문이다. 이런 경우 반대쪽 성별의 아이들의 인식은 확인할 길이 없어진다

하지만 어떤 연구 조사에서는 또래지명법을 성별에 따라 분리해서 측정해서 남학생과 여학생이 서로가 서로에게 어떤 인식을 가지고 있는지 조사해봤다(Card, Hodges, Little, & Hawley, 2005; Dijkstra 등 2007). 그 결과, 여학생들은 일부 공격적 남학생들이 인기가 좋다고 인식했다는 점이다. 이런 경향은 사춘기 때 처음 관찰되고, Coleman(1961)의 사춘기 사회(Adolescent Society)라는 책에서 등장하는 소위 운동 잘 하는 아이(실제 스포츠 유망주가 아닌) 차원에서 여학생의 인기 대상을 생각해볼 수 있다. 더 최근 연구 결과를 보면, Pellegrini와 Bartini(2001)는 공격적인 청소년기 남학생들이 여학생들한테 데이트 신청을 더 많이 받는 것으로 예측할 수 있다고 밝혔다. 이런 사실은 신체적 매력이나 친구들과의 인간관계 변수를 통제해봐도 같은 결과가 나왔다. Bukowski 등(2000)은 여학생들이 중학교로 넘어오면서부터 공격적인 남학생들에게 이끌린다고 밝혔으며, 여전히 공격적인 동성 친구들은 싫어한다는 점을 입증하였다. Rodkin 등(2006)은 4~6학년 여학생들은 공격적인 남학생들이 멋지다고 지명하였지만, 남학생들은 공격적인 여학생들을 긍정적으로 인식한다고 응답한 경우는 거의 없었다.

이러한 연구 결과를 미루어 볼 때, 아이들과 청소년들은 여학생보다 남학생들의 공격성을 더 잘 봐주는 경향이 있다고 볼 수 있을 뿐 아니라, 여학생들은 남학생들의 공격성을 매력 포인트로 느낀다는 점을 알 수 있다. 모든 부모들이 눈치챘겠지만, 바로 이런 점이 걱정스럽기 마련이다. 즉, 가해자 남학생들이 높은 지위를 차지할 수 있게 된 동력이 여러 군데에서 나오기 때문에, 이들의 지위는 견고하다. 공격적인 남학생들이 같은 남학생들 사이에서 미움을 받는다고 하더라도, 일부 여학생이 멋있다고 인정을 해줄 수 있기 때문에 여전히 가해자 남학생들은 사회적 영향력을 유지할 수 있다. 이런 결과를 보면 또 이런 질문을 떠올려 볼 수 있다. 첫째, 공격적인 이성에게 매력을 느끼기 때문에 이성 간 가해 행위로도 연결될 수 있는지? 둘째, 이성 대상을 괴롭히는 가해자들이 동성 대상만 괴롭히는 가해자만큼 인기가 있을지? 바꿔 말하자면 동성 간에 통하던 공격성과 사회적 지위와의 관계가 이성 간에도 통할지? 마지막으로 여학생들은 연상의 비행청소년에게 이끌리는 경향(Caspi, Lynam, Moffitt, & Silva, 1993)이 있는데, 향후 성별 상호작용, 대인관계적 매력, 공격성에 관련해 향후 연구가 이루어질 때 이런 요소가 있다는 점을 항상 고려해야 한다.

여학생을 괴롭히는 남학생

가해자들은 매력적이다, 인기가 좋다, 멋지다 등과 같은 긍정적인 역동 속에 머물러 있을지 모르겠으나, 어른들 세계와 마찬가지로 사회적 지위와 공격성과 관련해서 부정적인 역동 관계에 휩싸일 수도 있다. 안타깝게도 여학생을 괴롭히는 남학생과 그 역에 대해서도 알려진 바가 거의 없다. 물론 본 저서에서 Olweus는 가해자는 보통 남학생인 경우가 많고, 피해자는 여학생인 경우가 많다고 밝혔다(Rodkin & Berger,

2008; Veenstra 등, 2007). 이성 간 가해-피해 관계에 대한 유병률과 특이도에 대해 조사한 연구는 거의 없다. 이런 현상에 대한 이유 중 하나는 이성 간 가해보다는 동성 간 가해 사례가 훨씬 많기 때문이고, 두 번째 이유는 방법론적 문제 때문이다. 대부분의 연구는 가해자와 피해자 각각에 대해 초점을 맞춰 조사하지 가해자와 피해자 간의 이원적 관계 양상에 대해 조사한 경우가 많지 않다. 일단 누가 누굴 괴롭힌다는 관계 문제에 대한 통찰이 있어야 이성 간 폭력에 대한 통찰로 확장될 수 있다(Berger & Rodkin, 2009; Rodkin & Berger, 2008; Veenstra 등, 2007).

이성간 폭력 유병률 이성간 폭력은 드물지 않다. 노르웨이 5~7학년 대상으로 한 연구에서 Olweus(1993)는 피해자 여학생 중 60%는 남학생한테 괴롭힘 당했다고 응답했다. 동성간 및 이성간 학교폭력에 대해 5~8학년을 대상으로 한 연구에서 Craig 등(2001)은 모든 종류의 학교폭력에서 이성간 학교폭력 사례가 조금씩이라도 포함되어 있다. 특히 언어적 폭력에서 여학생들은 남학생이나 같은 여학생한테 괴롭힘 당하는 경우가 비슷하게 많았다.

반감에 대해 조사한 한 연구 결과를 보면 대부분의 남학생과 여학생은 서로에 대해 신경을 끄기 보다는 서로 서로가 적이 된다고 응답한 경우가 상당히 많았다. 6학년을 대상으로 한 대규모 연구에서 대상자 중 37%는 최소한 반감을 품은 이성 또래가 한 명 이상 있다고 응답하였다(Witkow, Bellmore, Nishina, Juvonen, & Graham, 2005). Rodkin 등(2003)은 반감을 가지는 관계에 대해서 연구했는데, 3~4학년을 대상으로 한 또래지명법에서 제일 안 좋아한다고 응답한 학생들 간의 관계를 확인하는 방식을 이용하였다. 평가 기간 3번에 걸쳐 확인했을 때, 전체 반감 관계 중 40~50%는 한 남학생과 한 여학생과의 관계임이 드러났다. 이 결과는 남학생이 여학생을 괴롭히는 현상은 아동 중기로 접어들면서 남학생과 여학생 사이에 긴장된 사회적 분위기가 형성되는 것을 반영할 수 있다. 부정적인 감정이 만연하다는 것은 남녀간 세력 갈등 행위가 만연할 수 있다는 쪽으로 아이들 사이에 불문율이 형성되었다는 것을 뜻한다. 반감 관계가 증가한다는 것은 여학생에서는 관계적 공격성이 증가한다는 것을, 남학생에게서는 신체적 피해 사례가 늘어난다는 것을 예측할 수 있다(Murray-Close & Crick, 2006). 따라서 이런 분위기 속에 또래들 간의 괴롭힘이 자주 발생할 수 있다(Card & Hodges, 2007).

성별에 따른 가해자와 피해자의 인기 이성 또래한테 괴롭힘을 당하는 경험은 동성 또래한테 괴롭힘을 당하는 것과 다른 차원이다. 청소년 사이에는 성별 구분이 상당히 엄격해서 이런 구분을 어길 경우 잘 용납되지 않는 분위기가 형성되어 있다. Sroufe, Benett, Englund, Urban, & Schulman(1993)은 남녀간에 속임수로 또래를 괴롭히는 청소년들은 또래들과 어른들한테 인기가 없는 것으로 밝혔다.

인기 있는 가해자가 사회적 지위가 낮은 또래를 괴롭힌다는 전형적인 패턴도 가해자와 피해자의 성별이 서로 다르면 이야기가 달라진다. Rodkin과 Berger(2008)은 피해자와 가해자의 인기는 가해자-피해자의 쌍방 관계의 성별 비대칭에 의해 영향을 받는다고 했다. Rodkin과 Berger(2008)가 고안한 '누가 누굴 괴롭히는가' 설문 조사에는 대상자가 누가 가해자인지 지명을 하고 그 아이가 제일 많이 괴롭히는 피해자가 누군지도 지명하도록 했다. 이런 측정법으로 유럽계 미국학생 4~5학년을 대상으로 연구했을 때 진정 가해자로 지명된 여학생은 없었다. 따라서 남학생을 괴롭히는 남학생과 여학생을 괴롭히는 남학생을 비교하게 되었다. 남자와 남자 간의 관계를 봤을 때, 가해자는 인기가 있었고 피해자는 인기가 없었다. 이는 가해자-피해자 간의 권력의 불균형 가설을 보여주는 전형적인 예라고 볼 수 있다(Olweus, 1993). 하지만 남학생이 여학생을 괴롭혔다면, 피해자 여학생은 인기가 있고 가해자 남학생은 인기가 없었다. 피해자의 성별과 관계 없이 가해자 남학생은 상당히 공격적이었다. 이런 결과를 보면 최소한 사회적 영향력 측면에서는 가해자가 피해자보다 더 영향력있다고 보는 기존 통념이 항상 참이 아닐 수 있다는 점을 시사한다. 진화론적 관점에서 비춰보면, 가해자가 성별 경계를 넘어서면서까지 공격성을 활용한다고 해서 지위 상승 효과가 발생하지 않는다고 볼 수 있다(Bjorklund & Pellegrini, 2002).

여학생을 괴롭히는 남학생에 대하여 제일 중요한 논점은 이런 남학생의 공격성이 비록 미성숙하긴 하지만 새로운 발달 과정과 대인관계를 맺기 위한 적응적이고 사회적인 조직화를 돕는 기능으로 볼 것이냐 (Berger, Karimpour, & Rodkin, 2008; Hawleyh, Little, & Rodkin, 2007), 아니면 이성간 학교폭력이 나중에 성폭행과 그와 관련된 정신병리로 이어지는 씨앗이 될 것이냐 하는 점이다(Rodkin & Fischer, 2003). 이성간 학교폭력에 관한 연구는 확실히 난해한 구석이 있는데, 남학생과 여학생이 서로 로맨틱하면서도 모호한 관계를 가지기 때문이다. 이성과 접촉을 시도하는 과정에서 청소년들은 어딘가 비밀스럽고 게임 같은 경험을 추구한다. 그래서 아이들은 상대방을 자극하기도 하고, 밀쳐내기도 하며, 쫓아다니기도 하고, 놀리기도 하는데, 이런 과정 속에서 청소년들은 육체적 매력을 가치있게 여기는 경향이 있다. 성적 요소가 전혀 없는 이성간 괴롭힘과 성적인 측면이 부각된 이성간 성희롱은 구별할 필요가 있다. 그리고 장난스런 행동과 실제 괴롭힘을 정확히 구분하는 것도 어려운 작업이다. 이런 구분은 향후 연구 과제로 삼을 만한 부분이다.

성희롱

학교에서 성희롱에 관계된 사람은 누구인가? 성희롱은 한 개인이 다른 개인에게 동의를 구하지 않고 성적인 강제를 가하는 행위라고 정의한다. 고등학교 학생들 중 80% 이상이 최소한 또래한테 성희롱을 당했다고 응답했다. 이들 중 86%는 첫 성희롱 경험을 6학년이 되기 전에 겪었다고 응답하였다(AAUW, 2001). 따라서 유년기 발달 과정에서도 성희롱이 중요한 이슈가 될 수 있음을 시사한다. 모든 성별의 청소년들이 성희롱을 당할 수 있으며, 사춘기를 갓 시작한 청소년들은 성희롱의 위험성이 증가한다(Craig 등, 2001). 중학교 말년에 성희롱의 가해자가 된 남학생들은 초등학교 시절 이성 관계에 흥미가 많은 가해자였을 가능성이 있다(Pellegrini, 2001). Eder, Evans, Parker(1995)가 중학교 학생들을 대상으로 한 연구 결과를 보면 성적으로 공격적인 남학생들이 또래 계층 내에서 최정상 내지는 바닥을 차지한다고 밝혔다.

성적 공격성에 대한 문화 교내 성희롱에 대한 연구를 보면 남자와 여자 관계에 대한 역기능적 믿음과 성에 대한 불평등 문화 속에서 성희롱이 발생한다는 점을 역설하고 있다(Duncan, 1999). Eder 등(1995)은 대부분 남학생들은 여학생들의 성적인 면에 주로 관심을 갖는 것으로 밝혔다. 애초에 여학생에게 감수성 있게 다가가거나 따뜻한 느낌을 전달하던 남학생들도 또래 남학생들을 만나면 공개적으로 놀림을 받는다. 이런 탓에 이성간의 관계가 공격적인 방식으로 바뀌는 측면도 생기고, 성생활도 친밀감에 대한 표현이라기 보다는 시합에 나가서 점수 따기 경쟁하는 것처럼 인식되고 있다(Fine, 1987). 게다가 여학생도 자신들의 성적 자신감 결여 때문에 남학생들의 애를 마르게 하면서 이런 분위기를 더 조장하는 경우도 있다. 성적 공격성과 관련된 전반적인 문화 개선이 예방 차원에서 제일 우선시 되어야 할 목표가 되겠지만, 개개인 마다 성희롱을 경험하는 방식이 다양하기 때문에 실제 개입을 시도하는 것이 쉽지 않다.

정도의 차이, 문제확인, 신고에 관한 이슈 성희롱도 저마다 심각도가 다 다른데, 치마 들추기나 음담패설부터 시작해 노골적으로 음란한 행동을 하거나 신체적인 공격까지 다양하다. 성희롱 중 일부는 외부인이 보기에는 장난 정도로 비춰질 수도 있고 경계 수위를 넘나드는 행동처럼 여길 수도 있다. 하지만 성희롱은 사실 타인에게 해가 되는 행위임을 틀림 없다. 하지만 성희롱으로 얻은 상처가 어느 정도 수준인지를 평가하는 것이 막상 실무에서는 고민거리가 된다. 게다가 성희롱에 대한 해석도 의견이 분분할 수 있다. 실제로 공격적이고 모욕적인 행위도 외부인들은 다소 미숙하게 성적 관심을 표현한 것에 불과할 뿐이라고 일축해버릴 수도 있는 것이다. 남학생한테 성희롱 당하는 여학생 중 일부는 인기가 높기 때문에 다른 사람들이 이런 여학생들을 볼 때는 사회에 잘 적응하고 있으며 배부른 소리에 불과하다는 식으로 간주하기도 한다. 실제로는 공격적인 남학생들한테 괴롭힘을 당하고 있는데도 말이다(Rodkin & Berger, 2008).

성희롱을 정확히 파악하는 것은 어려운데, 그 이유는 어른들의 눈 밖에서 은밀하게 일어나는 경우가 많기 때문이다. 시인성, 즉 얼만큼 사건이 눈에 잘 띄는지도 성희롱 상황에서 중요하다. 만약 성희롱이 연인관계에서 발생했을 때, 성희롱 중재에 대한 반론이 수없이 많을 수 있다. 이런 공격성이 눈에 잘 띄지도 않을 뿐 더러, 피해자도 그런 관계에 얽히게 된 것도 애초에 이런 관계를 허락한 책임도 있다고 여길지도 모른다. 사춘기 여학생들이 공격적인 남학생한테 이끌린다는 연구를 보면(Bukowki, 등 2000; Rodkin, 등 2006), 동성에서는 전혀 용납이 되지 않을 행동도 이성 연예관계에서는 받아들여지는 경향이 있다는 뜻이 될 수 있다. Rodkin과 Fischer(2003)는 교내 성희롱 피해자와 가정폭력 피해자와 얼만큼 유사한지 강조한 바 있다. 여학생과 여성 양쪽 모두 점진적으로 불평등한 관계를 마음속 원칙으로 내재화하게 되면서, 자기 의지를 실천해보이기 보다 타인의 학대에 수동적으로 반응하게 된다. 이런 경우, 피해자는 학교 당국에 성희롱당했다고 신고하는 것을 꺼려하게 된다.

종합하면, 학교 성희롱 문제는 남학생과 여학생 사이에 불평등한 사회적 관계가 존재한다는 분위기와 남녀간 공격성을 당연시 받아들이는 잘못된 상식이 주된 요인으로 작용한다(Rodkin & Fischer, 2003). 무엇보다 중요한 점은 학교에서의 성 불평등 인식은 전체 사회의 분위기를 대변해주는 것일 수 있다는 점이다. 만약 특정 집단이 지역 공동체 내에서 더 큰 권력을 즐기고 있다면, 또래 학생들 생태계에 이에 대한 영향이 가게 된다. 당연히 이런 문제는 성별에만 국한된 것은 아니다. 어떤 인종에 속했느냐도 이와 못지 않게 중요한 문제로, 아이들의 교내 사회적 지위에 영향을 미칠 뿐 아니라 공격적 행위에 대한 인식에도 영향을 미친다.

사회적 지위, 인종, 공격성

미국은 더 다양한 소수인종들이 점점 늘어나고 있다고 자랑한다. 이런 변화의 흐름 속에서, 서로 다른 인종 집단의 실태를 본 섹션에서 가볍게 파악하고 넘어가는 것은 인구학적 복잡성을 외면하는 꼴이 된다. 하지만 한 가지는 분명하다. 아이들은 같은 인종끼리 생활하고, 학교에서 인위적으로 섞어놔도 이런 경향을 보인다는 것이다(DuBois & Hirsch, 1990; Hallinan, 1982; Hallinan & Teixeira, 1987; Rodkin 등, 2007). 게다가 아이들이 다른 인종간 또래관계를 지닌다고 하여도 이런 관계가 같은 인종 관계에 비해서 덜 안정적인 경향이 있으며(Lee, Howe, & Chamberlain, 2007) 관계의 질도 떨어지는 것으로 나타났다(Hallinan & Teixeira, 1987). 그럼에도 불구하고 학교에 인종의 다양성이 어느 정도 받쳐주면, 초등학교 아이들은 남녀가 어울리는 사회적 네트워크를 형성하기 보다는 오히려 다양한 인종이 섞인 사회적 네트워크를 형성하는 쪽으로 기우는 경향이 있다(Singleton & Asher, 1979)

한편으로, 미국 내 아이들은 인종과 관계없이 사회적 기호 스타일이 비슷하고 사회적 지위 패턴도 비슷하게 드러난다. 만약 스포츠를 잘하고 친사회적이며 밝거나 소위 '멋진' 학생이면 흑인 학생이나 백인 학생이나 인기가 좋은 경향이 있고, 내성적이거나 위축된 아이들은 인기가 없는 경향이 있다(Meisinger,

Blake, Lease, Palardy, & Olejnik, 2007). 또 비슷한 연구 결과로 대부분의 아이들은 도움을 잘 주고 친절하고 관대하며 이해심이 많은 또래랑 노는 것을 더 선호한다(Kistner, Metzler, Gatlin, & Risi, 1993). 친사회적 행동과 인기에 대해서는 언제나 일관된 결과가 나오는 것(Wright 등, 1986)과 달리, 아이들이 공격적인 또래를 어떻게 인식하는지는 집단 규범에 더 영향을 받는데(Rodkin 등, 2006), 이 집단 규범은 교내 인종 상황이 어떻게 되어있느냐에 영향을 많이 받는다. 예를 들면, 아프리카계 미국 아이들은 더 공격적인 아이들로 인식되는 경향이 있으며(Graham & Juvinene, 2002), 다른 또래에 비해 피해를 당하는 경우가 적은 것으로 나타났다(Hanish & Guerra, 2000). 유복한 백인 남학생들 사이에 물질 남용은 또래들의 존경심을 자아내는 것과 연관이 되지만, 아프리카계 미국 학생들에서는 이런 연관성이 나타나지 않았다(Becjer & Luthar, 2007). 인종에 따라 공격적인 아이들을 인식하는 경향이 어떻게 서로 차이가 나는지 이해하는 것이 쉽지가 않다. 그 이유로는 다음 4가지가 있다. 1) 인종과 사회경제적 지위 변수가 서로 얽혀 있다. 2) 인종에 따라 개인이 받아들이는 자기 인종에 대한 의미가 다르다. 3) 인종에 따라서 공격성이 사회 적응에 도움이 될 수도 있고 자기 파괴적일 수도 있는데, 이 또한 상황의 맥락에 따라 다르다. 4) 미국에서 더 다양한 인종이 유입되고 있음에도, 인종에 관한 연구는 주로 유럽계 미국인에게 초점이 맞추어져 있고 두 번째로는 아프리카계 미국인에 맞춰져 있다. 우리는 이런 도전 과제를 명시하고, 인종과 공격성과 사회적 지위와의 관계가 또래 생태계 내에서 어떤 식으로 연결되는 지 알아볼 것이다.

사회경제적 지위

가난한 도회지 지역은 미국 소수인종이 유독 더 많이 살고 있는 곳으로 종종 위험한 환경으로 묘사된다. 여기에 사는 아이들은 생존하기 위해 공격적으로 변하는 법을 배우고 그날 그날의 생존 이슈만 생각한다고 일반적으로 알려져있다. 실제로, 이런 불리한 도회지 환경에 사는 아이들은 폭력의 피해자나 가해자가 될 가능성이 더 높고(National Center for Educational Statistics, 2003), 청소년 폭력단에 노출될 가능성도 더 높으며(Stevenson, 1997), 생활 스트레스 요인도 더 많이 지니고 있다. 대부분 수입이 적은 사람들은 지리학적으로 인구밀도가 높은 지역에 몰려 살며, 이 지역은 가난이 집중되어 있는 곳이기도 하다. 소수 인종이 주로 있는 학교에 다니는 학생은 백인 학교에 다니는 학생 보다 고도로 가난할 확률이 16배나 된다(Orfield, Bachmeier, James, & Elite, 1997). 가난은 폭력의 어머니라는 점을 생각해본다면, 가난한 지역에 사는 소외계층 아이들은 인종 차별 경험과 환경적인 위험성에 대한 적응적이고 정상적인 반응으로 공격적으로 변할 수 있다(Stevenson, 1997). 게다가 최근 연구에서는 학교나 교실 같은 더 넓은 상황에서의 인종 실태에 비추어 개인의 인종의 의미를 고려하는 방식을 쓰기 시작하여, 지역사회의 생활 양식을 고려한 인종 차별 문제를 평가하게 되었다(Mouw & Entwisle, 2006).

인종적 맥락

어릴 때부터, 아이들은 자기 자신을 같은 인종 집단의 일원이라는 점을 인지하고, 그 문화에 맞은 믿음과 언행 패턴을 습득한다. 또래관계에 있어 인종 구성을 살펴보는 것이 아이들의 공격성을 이해하는 데에- 나아가서 어떤 아이들을 인기있다고 여기는지에 대해서도-중요하다는 점이 이해가 되는 대목이다.

공격적인 아이들이 어떤 인종 집단에서는 더 인기 있고 다른 집단에서는 그렇지 않을까? 어떤 학급이나 학교에서 특정 인종 집단 비중이 높다고 해서 공격적 아이들이 쉽게 인기를 얻을 수 있을지 아니면 그 반대일지를 예측하는 것이 쉽지가 않다. 대부분의 미국 학급에서는 특정 인종이 주류를 차지하든지 인종 분포가 다양하든지 간에, 스포츠를 잘 하고 친사회적이며 밝고 멋진 아이들이 인기가 많고, 내성적이고 위축된 아이들은 인기가 없다(Becker & Luthar, 2007; Luthar & McMahon, 1996; Meisinger 등, 2007; Wright 등, 1986). 인기의 부정적인 면을 정확하게 규명하는 것은 더욱 어렵다. 어떤 연구 결과를 보면 아프리카계 미국인이 주류를 이루고 있는 학급에서는 공격적인 아이가 인기가 있지만, 유럽계 미국인이 주류를 차지하는 학급에서는 그렇지 않다는 결과도 있다(Meisinger 등, 2007). 다른 연구 결과에 의하면 주로 백인이 많은 근교지 학교와 라틴계와 아프리카계가 많은 도심 학교에서는 인종과 관계 없이 공격적인 또래를 인기있는 학생으로 지명했다(Luthar & McMahon, 1996). 이렇게 애매모호하기 때문에 학생들을 인종이라는 맥락으로 비교하는 것은 현명하지 못한 일이 될 수도 있다. 이런 비교법이 아이들 개개인과 집단이 학교 기반 네트워크에서 어떤 식으로 형성이 되어있는지 차이점을 설명해줄 수도 없거니와 같은 학교 내에서 인종에 따라 인기도와 공격성에서 어떤 다른 패턴이 나올지 예측하는 것도 어렵다.

주류 집단 대 소수 집단

설계가 잘 된 두 연구 결과를 취합해서 보면 아이들이 자기 학교에서 주류 인종에 해당되는지 아니면 소수 인종에 해당되는지에 따라 아이들의 사회적 지위가 어떤 영향을 받는지 잘 나와있다. Coie, Dodge, Coppotelli(1982)는 유럽계 미국학생을 대상으로 주로 연구를 했을 때, 초등학생들은 학급 리더로서 아프리카계 미국학생 보다 유럽계 미국학생을 더 선호하는 경향을 보였다. 하지만 흑인 학생을 주로 대상으로 한 후속 연구에서는 흑인 학생을 리더로 더 선호하는 경향을 발견했다(Coie, Finn, & Krehbiel, 1984, Coie, Dodge, & Kupersmidt, 1990을 재인용함). 두 연구 간의 차이점을 볼 때, 아프리카계 미국학생이 리더로 인식되거나 인기를 많이 받는데에는 인종 자체 보다는 그 학교에서 주류 인종에 편입되었냐 아니냐하는 사회적 지위 문제와 연관이 있다. 다른 연구를 보더라도 소수인종에 편입된 아이들은 사회적 지위가 낮은 경향이 있으며 사회적 동료로 잘 환영받지 못하는 경향이 있었다(Kistner, 1993; Singleton & Asher, 1979).

인기와 공격성과의 관계에 관해서도 비슷한 효과가 작용하는 것으로 보인다. Xie, Li, Boucher, Hutchins, Cairns(2006)는 아프리카계 미국 학생 1학년, 4학년, 7학년을 대상으로 연구한 결과, 1학년과 4학년에서는 친사회적 행동, 외모, 자기 표현능력이 인기 수준과 연관이 있었다. 아프리카계 미국 학생들 사이에 공격성과 인기가 서로 연관이 되려면 아프리카계 미국학생이 소수집단에 속하거나(Rodkin 등, 2000) 다양한 인종 속에 한 부류가 될 때(Ferguson, 2000; LaFontana & Cillessen, 2002; Luthar & McMahon, 1996) 양의 상관관계가 관찰되었다.

아프리카계 미국인 아이들이 학급 내에서 소수 인종이 되느냐 아니면 주류 인종이 되느냐에 따라 어떤 영향을 받는지 알아보기 위해 시행된 한 연구 결과를 자세히 들여다보고자 한다. Rodkin 등(2000)은 개별적 접근을 통해 4~6학년 남학생들 사이에 인기 있는 타입이 어떤지 조사하였다. 이 연구 대상으로 15개 학급은 100% 아프리카계 미국 학생으로 이루어졌고, 35개 학급은 유럽계 미국 학생이 주류를 차지하고 있었다. 인기 유형은 두 부류로 나누었다: 1) 모델형(인기가 좋고 친사회적인 학생들), 2) 터프형(인기가 좋고 반사회적 학생들). 여러 인종들 사이에 인기 있는 남학생 대부분은 모델형 학생이었다. 하지만 유럽계 미국인 학생들은 모델형 학생의 비중이 더 높았고, 아프리카계 미국인 학생들은 터프형 학생의 비중이 높았다. 아프리카계 학생과 유럽계 학생들 사이에 인기 프로파일이 서로 차이가 나는 집단은 주로 아프리카계 미국 학생들이 수적으로 열세인 학급들에 집중되어 있다. 백인 학생이 주류인 학급에서는 아프리카계 미국 학생들이 과도하게 터프형이라고 응답되는 경향이 있었으며, 반면에 전적으로 흑인 학생들로만 이루어진 학급에서 터프형 남학생이 나올 확률은 백인 학급에서 터프형 남학생이 나올 확률과 비슷했다.

아프리카 미국인 학생들 사이에 공격성에 대한 인기 양상이 서로 차이가 나는 이유는 무엇일까? 일각에서는 미국 사회의 인종차별적 분위기와 인종 불평등 문제에 대한 반응으로 아프리카계 미국 학생들은-특히 남학생들은-'저항적' 문화를 품게 되면서 공격성과 같은 반사회적 규범을 채택하고 학업 성취를 폄하하는 분위기가 생겨났다고 한다(Fordham & Ogbu, 1986). 실제로 아프리카계 미국 학생들에게는 백인 주류 학급에서는 적대적인 대우는 안 받는다고 하더라도 환영 받는 분위기는 되지 못한다(Rodkin 등, 2007). 따라서 학급에서 저항적인 견지를 취하는 것은 자기 보호를 위한 적응적 기능으로 볼 수도 있는 셈이다. 그럼에도 불구하고, 이런 저항적 태도가 학업 성취 저하로 연결될까봐 우려스러운 것은 사실이고(Graham & Juvonen, 1998), 특히 이런 태도가 다른 경제적 장벽이나 교육적 장벽과 맞물리면 남학생들은 더 열악한 상황에 처해질 가능성이 높아진다(Mickelson, 1990).

사회문화적 관점을 취하는 학자들은 아이들이 자기 자신의 인종과 다른 인종 집단을 인식할 때는 더 큰 문화적 맥락에서 영향을 받는다고 강력하게 주장한다(Aboud, Mendelson, & Purdy, 2003; Brown & Bigler, 2005). 하지만 Bronfenbrenner(1996)는 또래 생태계와 개인과 밀접한 마이크로시스템의 영향을 더 받는다고 주장한다(Rodkin & Wilson, 2007, p.252). 이런 시각의 차이를 어떻게 받아들여야 할까? 예를 들어 아프리카계 및 유럽계 미국인 학생들이 자기 학교에서 각각 소수 인종 집단에 속한다고 가정했을 때, 이들은 서로 비슷한 사회적 반응을 보이고 비슷한 행동 반응을 나타낼까? 이 문제에 답을 하기 위해서 Jackson, Barth, Powell, & Lochman(2006)은 5학년을 대상으로 57개 학급에 걸쳐 조사를 했다. 아프리카계 미국학생은 각 학급에서 최소 3%에서 최대 95%까지 차지했으며, 학급 내 아프리카계 미국 학생 비중이 높을 수록 아프리카계 미국 학생이 받는 호감도가 상승했으며, 덜 공격적이었고, 리더십이 필요한 지위를 더 잘 맡는 것으로 나왔다. 이와 대조적으로 백인 아이들에 대한 사회적 측정 결과 패턴을 보면 인종 구성에 덜 영향을 받고 전체 학급에 걸쳐 고르게 나왔다.

백인 학생과 흑인 학생에 대한 엇갈린 결과를 보면 가까운 환경이 주는 효과와 멀리 떨어진 환경이 주는 효과가 동시에 작용함을 유추해볼 수 있다(Jackson 등, 2006). 저자들이 추측한대로 '백인 아이들은 학급 내에 소수 인종으로 있어도, 전체 사회에서 갖는 백인의 지위와 영향력을 생각하면서 소수 인종 효과가 완충되는 것으로 보인다.'(p.1333). 이런 최근 연구와 반대로 Kistner 등(1993)은 백인이든 흑인 학생이든 자기가 학급 내에 소수 인종 집단에 속했을 때는 그 학급에서 자신에 대한 선호도가 떨어지는 것으로 결과가 나타나, '아이들이 또래집단에서 어떤 입장을 취하느냐는 인종 자체의 문제라기 보다 자신이 주류 인종에 속했냐 여부에 달려있다' 라고 결론지었다(p.451). 앞으로 연구를 할 때 개인적인 맥락을 검증할 수 있는 설계 토대 위에 사회문화적 관점(Aboud 등, 2003; Brown & Bigler, 2005)을 추가로 적용시킬 수 있으면 초등학교와 중학교에서 학급내 소수 인종이기 때문에 받는 영향과 전체 사회에서 소수 인종이기 때문에 받는 영향 간의 차이를 구분해볼 수 있을 것이다.

만약 아동기에 공격성과 인기 수준과의 관계성이 인종 마다 차이가 정말 난다고 가정했을 때, 아이들이 사춘기에 접어들면 이런 차이가 희석될 가능성은 없을까? Cillessen과 Mayeux(2004)가 5년짜리 횡적 연구를 진행한 결과 반사회적 행동-특히 관계적 공격성-을 또래들이 얼마나 용인을 하는지 조사를 했을 때, 5학년부터 중학교까지 용인률이 상승했다. 이는 발달학적 영향이 인종간 차이에서 오는 영향력을 덮어버린 것으로 보였다. Becker와 Luthar(2007)는 유복하고 근교지에 사는 7학년(주로 백인)과 수입이 적고 도심지에서 사는 7학년(주로 아프리카계 미국인과 라틴계)을 대상으로 연구했을 때 인종적 차이가 사춘기로 접어들면서 약해지는 것으로 밝혔다. Becker과 Luthar(2007)는 경제적 또는 인종적 배경과 관계 없이 청소년들은 친사회적이고 긍정적인 특징을 지닌 또래를 좋아했으며, 타인에게 공격적으로 나가는 또래를 우러러보는 경향이 있었다. 저자들은 결론 내리길 '수입이 적고 도심에 사는 청소년은 유복하고 근교에 사는 청소년들과 비교해서 신체적으로 공격적인 가해 행위를 더 우러러보는 경향이 두드러진 것은 아니었다.'(p.135). 물론, 저자들은 신체적 폭력을 동경하는 분위기는 유복한 청소년이 경제적 및 사회적 안전망 혜택을 더 많이 받고 있기 때문에 가난한 청소년들한테 더 장기적인 위험요소로 다가갈 수 있다고 경고하고 있다.

따라서 공격성에 대한 인기도는 평균적이지 않은 소규모 하위집단이나 저항적 문화에 국한되지 않고, 더 넓은 맥락-남학생과 여학생, 유럽계 및 아프리카계 미국인 아이들, 부자와 가난한 자-의 영향을 받는다고 볼 수 있다(Rodkin 등, 2006). 만약 조화로운 학급 분위기가 정립되지 않으면, 아이들의 사회적 네트워크를 타고 가까운 친구끼리 적응적 공격성에 대한 암묵적 규범이 조성될 수 있다. 이런 규범을 통해 아이들은 공격성과 학교폭력을 동경할 수 있으며, 이런 과정 속에서 인종적 차이와 분열이 복합적으로 작용할 수 있다.

인종적 정체성과 집단내 과정

인종적 정체성은 인종과 공격성과 학교폭력과 인기를 서로 잇는 연결고리가 될 수 있다. 비록 인종적 정체성에 대한 전세계적인 공감대도 없고 단일한 정의도 없지만, 인종적 정체성을 그 인종 집단의 일원으로서의 개인의 정체성과 그 인종 집단에 대한 태도와 그 인종 집단에 얼만큼 충성심을 느끼는지로 이해해볼 수 있다(Phinney, 1990). 그런데 소수 인종의 청소년들 사이에 공격적 행동과 태도가 어떠한지 규명한 연구는 방대하지만, 인종적 정체성과 공격성과의 관계성에 대해 관심을 가진 연구자는 거의 없다(McMahon & Watts, 2002).

하지만 두 연구를 기점으로 이 분야에 대한 개척이 시작되었다. 도회지 중학생 10~13세 라틴계 및 아프리카계 청소년 330명을 대상으로 한 연구에서 Arbona, Jackson, McCoy, Blakely(1999)는 양쪽 인종 모두 인종적 정체성과 비폭력 태도 간에 유의한 상관관계가 있다고 밝혔다. 연구자들은 '기존에 이미 알려진 예측 요인까지 다 포함해서 생각해보면 청소년들이 자기 인종에 대해 자부심과 충성심을 지녔을 때 또래들과 비폭력적인 방향으로 갈등을 해소하려는 경향 및 그런 태도가 나타나는 경향이 있다.'라고 결론내렸다(p.336). 또한 McMahon과 Watts(2002)는 전반적인 자기가치감을 보정한 후에도 아프리카계 미국 청소년들이 인종적 정체성이 확고할 수록 더 능동적인 대처기술을 구사하고 비폭력적 믿음과 행위를 더 많이 나타내는 것으로 밝혔다. 이 대목에서 학교와 지역사회의 인종 구성이 아이들의 인종적 정체성 발달과 공격성과 인기 수준에 어떤 영향을 미치는 지 궁금해진다. 예를 들어 만약 어떤 집단이 그 학교에서 소수 인종 혹은 주류 인종 집단을 형성했다면, 이 아이들은 더 우월하고 공고한 집단을 만들고 인종적 정체성을 수호하기 위해 공격적 태도와 행동을 선택할 것인가? 만약 그렇다면 인종적으로 소수 집단과 주류 집단은 공격성에 대해서 어떤 인식을 가지게 될까? 돌려서 생각해서 인식의 차이가 있다면 소수 집단과 주류 집단의 상호작용에 어떤 영향을 미치게 될 것인가?

인종적 정체성과 밀접하게 관련된 부분인데, 사회적 네트워크와 또래집단 상호작용을 통해 인기와 공격성의 관계가 강화되기도 하고 약화 되기도 한다. 아이들은 자기가 속한 집단 내에서 긍정적인 이미지를 얻고 싶어하기 때문에, 아이들은 사회적 비교를 통해 집단의 규범을 잘 지키는 또래에게 보상을 부여한다(Abrams, Rutland, & Cameron, 2003). 아이들이 이룬 집단은 '충성 효과'가 생기도록 유도한다. 즉, 아이들은 집단 밖 아이들보다 집단 내 아이들을 비교 선호를 함과 동시에 집단 밖 아이들과 어울리는 집단 안 아이들도 배격하기도 하는 것이다(Castelli, DeAmicis, & Sherman, 2007). 이런 과정을 통해 집단 밖 아이들한테 비호감을 받을 각오도 종종 하는 것이다(Bellmore, Nishina, Witkow, Graham, & Juvonen, 2007). 만약 특정 인종 집단 내에서 공격성이 그 집단의 규범이 되면, 충성 효과와 같은 집단내 과정을 통해서 배타적 분위기가 영속하거나 심지어 더 공고해질 수 있다. 공격적인 개인 중 핵심 멤버는 높은 지위를 차지할 테고, 이런 핵심 멤버가 집단의 자부심과 단합력을 대표하는 아이콘이자 집단의 규범을 정하는 기획자 역할도 한다.

인종과 학교폭력

가해 행위와 피해 양상은 인종에 따라 또 학교/학급 내 인종에 관련된 상황에 따라 달라진다. 예를 들면, 아프리카계 미국 학생이 여러 학교 환경에서도 대체로 학교폭력 피해를 당할 확률이 적은 편이긴 하지만(Hanish & Guerra, 2000; Graham & Juvonen, 2002), 이들이 일단 학교폭력 피해자가 되면 상당히 심각한 심리적 피해를 겪는 것으로 나타났다. 이런 현상은 사회 부적합 효과(social misfit effect)로 설명할 수 있다(Wright 등, 1986). 사회 부적합 효과에서는 집단 규범에서 벗어난 개인은 주변 사람들로 부터 배척당할 가능성이 높아진다고 가정한다.

Graham과 Juvonen(2002)은 초기 청소년들에게 인종과 공격성이라는 측면에서 사회 부적합 모델이 적용 가능한지 조사해봤다. 418명의 6~7학년을 대상으로 조사했으며, 아프리카계 미국학생과 라틴계가 주류를 이루고 있었고 백인, 동양인, 지중해 출신은 소수 집단을 형성하고 있었다. 다른 인종 집단과 비교해서 아프리카계 미국 학생들이 유독 공격적인 학생으로 지명된 경향이 있었으며 학교폭력의 피해자로는 잘 지명되지 않는 경향도 있었다. 하지만 아프리카계 미국 학생이 피해자가 되면 라틴계를 비롯한 다른 소수 인종에 비해서 외로움과 불안의 수준이 상당히 높고 자존감도 상당히 낮은 것으로 밝혀졌다. 이런 결과를 미루어보아 집단 규범을 벗어나게 행동했을 때 피해자는 자기 인종 집단에서 사회 부적합 사례로 간주될 수 있다는 점을 알 수 있고, 그만큼 피해자는 더 심각한 정도의 심리학적 부담을 지게 된다. 한단계 더 나아가면, 같은 인종 사이에서 가해자가 인기가 매우 높은 경우, 사회 부적합 현상으로 인한 심리적 영향을 더욱 가중화된다.

교사의 역할

교사들은 또래에 대한 시각을 형성하는 데에 지대한 영향을 미친다. 교사들이 학급 규범을 정하고 조율하는 역할을 하는 것도 이런 영향을 설명하는 이유 중 하나가 될 수 있다(Chang, 2004; Farmer, Xie, Cairns, & Hutchins, 2007). 물론 교사들이 학생들을 개별적으로 만나면서 대인관계를 챙기는 것도 이유가 된다. 교사들이 주는 피드백 자체가 아이들이 어떤 또래를 선호할지 아니면 또래들에 대한 인식을 어떻게 해야할지 상당히 강력한 영향을 미치는 것으로 분석되었다(White & Jones, 2000; White & Kistner, 1992). 또한 교사들은 또래에 대한 아이들의 주요 신념 체계를 바꿀 수 있기도 하다(Costanzo & Dix, 1983). 본 섹션의 취지에 더 밀접한 이야기를 꺼내자면, 아이들이 공격적인 아이들과 위축된 아이들을 수용할지 거부할지에 대해 교사의 믿음이 지대한 영향을 비친다. 예를 들어, 친사회적인 규범을 옹호하는 교사가 맡은 반에서는 공격적인 아이들이 덜 존경을 받게 된다(Chang, 2003). 교사들의 평가와 믿음이 아이들의 사회적 지위와 인식 체계에 영향력이 크기 때문에, 교사와 학생의 인종 조합이 어떤식으로 이루어지느냐에따라 아이들의 사회적 지위도 영향을 받는다. Jackson 등(2006)은 흑인과 백인 아이들은 담임 교사가 같은 인종이었을 때 높은 사회적 지위를 즐길 수 있었고 자신이 리더에 속한다고 느끼는 경우가 더 많았다. 물론 이런 효과는 백인 학생 보다는 흑인 학생에게 더 컸다. 교사와 학생이 같은 인종일 경우 학습과 관련된 아이들의 자기 이미지에도 영향을 미치는 것으로 보고되었다(Mpofu & Watkins, 1997).

실무를 위한 제언

아이들의 행복을 책임지는 학교와 교육 관계자들이 어떻게 하면 이들이 돌보는 아이들을 위해 건강한 사회적 환경을 일궈낼 수 있도록 할 수 있을까? 우리는 생태학에 기반한 중재법을 주장하는 바이다. 이런 관점에서는 교내에 인종과 성별이라는 측면에서 불평등한 사회적 관계에 대한 중재에 초점을 맞춘다 (Cohen & Lotan, 1995). Berger, Karimpour, & Rodkin(2008)은 일차적 예방으로 학교폭력에 관해 더 심층적으로 연구하고 있고, 미래에는 초등학교 현장에서 폭력 자체가 박멸되어야 한다고 주장한다. 이들 연구진이 제시한 일차 예방법은 우리가 본 챕터에서 강조했던 관심사를 반영한 것이 많다.

물론 각 학교 사정에 맞는 개별화된 개입법을 적용하는 것을 추천하지만, 개입법이 효과를 발휘하려면 필수적 조건 네가지를 갖추고 있어야 된다고 본다. 첫째, 학교와 그 교육자들은 학교 구성원이 도출한 운영 철학을 고수해야 된다. 둘째, 학교와 그 교육자들은 교내 사회 생태계의 다양한 측면에 대해서 변화를 일으켜야 된다. 여기에는 아이들의 사회적 네트워크, 교사집단과 직원 간의 공식적 및 비공식적 관계, 교사집단과 학생과의 관계, 지역사회와 학교간의 협력 체계 등이 포함된다. 셋째, 학교와 그 교육자는 학교 운영자, 교사, 학생, 학부모 등이 학교 정책과 학과 과정을 사려 깊게 짤 수 있도록 해야 한다. 넷째, 학교와 그 교육자는 자주 평가를 실시해서 개입법의 성과 수준을 알아봐야 한다. 여기에는 교내 사회적 분위기에 대한 아이들의 인식도, 아이들의 사회적 네트워크와 사회적 지위, 학교폭력 및 성폭력에 대한 경험 수준, 그리고 인종 차별에 관한 것 등도 측정되어야 한다.

효과 있는 개입법을 기획한다는 것은 쉽지 않지만 도전이 되는 일이다. 이런 도전과제를 극복하기 위해 우리는 표 9.1에 개입 목표와 개입 도구에 대해 자세하게 제시하였다. 여기에는 다각적이고 생태학적 관점이 내포되어 있다. 우리는 학생들의 행복을 증진시키기 위해 학교 정책과 교과 과정 집행에 다양한 범주의 이해관계자들이 참여할 것을 제안한다. 우리는 이외에도 우리는 아이들의 인성 교육, 아이들과 어른들 간의 개방적이고 상호 존중이 담긴 의사소통 방식, 아이들이 사회 네트워크와 또래집단 간에 어떤 위치를 차지하고 있는지에 대한 인식도 이런 방식으로 증진되길 원한다. 아직까지는 우리가 제시한 방법 외에 교육 현장(학급 분위기, 학생들간 상식으로 통하는 규범 또는 믿음 체계)과 개인별 적응(성희롱 감소, 학업성취 증진 등) 효과 면에서 개입법의 효과성을 검증한 연구를 대체할 만한 무작위 대조군 연구는 아직 나타나지 않았다.

교육자들이 우리가 언급한 모든 관계 문제에 대해서 헌신하고 사회적 환경 문제에 개탄을 금치 않는 것이어야 말로 이런 개입법의 효과가 지속될 수 있는 원동력이 된다. 어른이나 아이들이나 전 세계 어떤 문화권이나 성별과 인종은 수 없이 다양한 측면으로 인류의 대인 관계 패턴에 영향을 미친다. 긍정적인 이성간 및 인종간 교류가 정립이 되도록 하는 것도 중요하다. 하지만 성별과 인종의 화합에 반하는 강력한 움직임도 있을 수 있지만 때때로 이런 움직임도 가치가 있다. 이런 움직임들은 아이들의 일상 생활과 놀이 문화에서 알아볼 수 있는데, 아이들이 높은 사회적 지위나 사회적 네트워크를 얻기 위해 수고를 아끼지 않는 모습에서 유추할 수 있다. 아이들 생태계 내에서 이런 공통적인 사회적 분열과 상호작용 패턴이 있다는 것을 교육자들이 자각하고 있어야 아동기 사회적 역동을 관리할 기회가 생긴다(Mulvey & Cauffman, 2001). 이런 기회를 만들어야 우리는 더 안전하고 학교를 만들 수 있으며, 이를 바탕으로 아이들은 더 학업에 몰입할 수 있으며 서로서로 유대감을 지닐 수 있다.

표 9.1 생태학적 학교 개입법의 목표와 실행

1. 측 정
- **목표**: 불평등과 같은 교내 분위기로 인해 고통을 받는 집단(성별 혹은 인종 등)을 확인해내고, 이런 부당한 경험의 심각도와 빈도를 알아낸다.
- **방법**: '학교 분위기' 설문 조사를 실시한다. 모든 학생에게 학교폭력이나 다양한 종류의 편견에 시달린 적이 있는 지 조사한다. 예를 들면, 인종 차별과 성차별이 있다. 여러해 걸쳐서 학교 분위기에 대한 학생들의 인식도 변화 추이가 어떠한지 추적한다. 그리고 이 결과를 교내 및 학급 정책 수립에 적절히 반영한다.
아이들의 사회적 지위와 사회적 네트워크를 평가한다. 인기 있는 아이들이 누군지 확인한다. 이들은 아이들 세계의 상식과 규범에 영향을 미친다. 또한 학교폭력의 피해자나 고립되고 거부당한 아이들을 확인한다. 물론, 이런 맥락과 관련하여 피해 당하는 인기 여학생도 확인한다.

2. 제도적 변화를 통해 신고와 능동적 참여를 장려한다
- **목표**: 아이들이 학교폭력과 성희롱을 더 잘 신고할 수 있도록 한다. 건강한 사회 환경을 조성을 위한 능동적 참여 행위를 장려할 수 있는 시스템을 구축한다.
- **방법**: <u>학교 기반 철학을 만든다</u>. 개인 및 학급 단위로 실천을 위한 영감을 불러일으키고, 이런 노력이 공동의 목표로 조화가 되도록 한다.
<u>신고 정책을 집행한다</u>. 아이들과 어른들에게 이런 절차를 소개함과 동시에 성희롱 등에 대해 신고하도록 한다.
<u>학교 직원을 훈련시킨다</u>. 이런 훈련을 통해서 학교폭력, 성희롱, 인종차별 등 여러 유형의 폭력에 대해 정확히 파악할 줄 알게 한다. 그래서 이런 폭력 사건에 대해 피해자와 가해자에게 정확한 상담 서비스를 제공할 수 있도록 한다.

3. 교사를 통한 규범의 변화
- **목표**: 교사의 권위를 활용하여 평등주의와 다양성에 대한 규범을 확산시킨다.
- **방법**: <u>교사를 훈련시킨다</u>. 교사들이 학생들과 상호작용을 할 수록 이런 권력의 불균형 문제를 극복할 수 있음을 인식시킨다. 그리고 다양성의 힘을 실감할 수 있도록 학생들에게 협력적 학습 활동을 제공하고 장려한다.
<u>교사들의 학습 공동체를 조성한다</u>. 교사와 학교 운영자들은 학교 분위기가 학생들의 사회적 및 학습 복지에 어떤 영향을 미치는지에 대한 연구 자료를 탐독하고 이에 대해 논의한다.

4. 학생을 통한 규범의 변화
- **목표**: 아이들의 인기도를 활용해 공격적인 규범을 무력화 시킨다. 다른 성별과 인종 집단에 대한 공감력을 향상시킨다.
- **방법**: <u>아이들의 사회적 지위를 평가한다</u>. 사회적 규범 조성에 제일 영향력 있는 학생들을 알아낸다. 토론과 역할 놀이를 통하여 반대 성과 다른 인종 집단에 대한 <u>지식을 늘리도록 한다</u>.

5. 교과 과정 개입
- **목표**: 지식 교육 못지 않게 인격 교육도 가치가 있다는 것을 느끼게 한다.
- **방법**: 인격 교육 과정을 실행한다. 인격 교육 과정은 양적으로도 풍부해야 할 뿐 아니라 학생들 입장에서도 지적으로 흥미를 가지고 마스터해보려는 노력을 불러일으킬 수 있어야 한다. 아이들에게 건강한 자기 주장 능력(능동적이고 자기 보호적이나 타인을 위험에 빠트리지 않는 방식으로)을 갖출 수 있도록 가르친다. 이를 통해 아이들이 자신이 원하는 목표를 건강하게 이룰 수 있고 갈등을 평화롭게 해소할 수 있도록 한다.

참고문헌

Aboud, F. E., Mendelson, M. J., & Purdy, K. T. (2003). Cross-race peer relations and friendship quality. *International Journal of Behavioral Development, 27*, 165-173.

Abrams, D., Rutland, A., & Cameron, L. (2003). The development of subjective group dynamics: Children's judgments of normative and deviant in-group and out-group individuals. *Child Development, 74*, 1840-1856.

Adler, P. A., & Adler, P. (1998). *Peer power: Preadolescent culture and identity.* New Brunswick, NJ: Rutgers University Press.

American Association of University Women Educational Foundation (2001). *Hostile hallways: Bullying, teasing, and sexual harassment in school.* Washington, DC: American Association of University Women.

Andreou, E. (2006). Social preference, perceived popularity and social intelligence. *School Psychology International, 27*, 339-351.

Arbona, C., Jackson, R. H., McCoy, A., & Blakely, C. (1999). Ethnic identity as a predictor of attitudes of adolescents toward fighting. *Journal of Early Adolescence, 19*, 323-340.
Becker, B., & Luthar S. S. (2007). Peer-perceived admiration and social preference: Contextual correlates of positive peer regard among suburban and urban adolescents. *Journal of Research on Adolescence, 17*, 117-144.
Bellmore, A. D., Nishina, A., Witkow, M., R., Graham, S., & Juvonen, J. (2007). The influence of classroom ethnic composition on same- and other ethnicity peer nominations in middle school. *Social Development, 16*, 720-740.
Benenson, J. F., & Christakos, A. (2003). The greater fragility of females' versus males' closest same-sex friendships. *Child Development, 74*, 1123-1129.
Berger, C., Karimpour, R., & Rodkin, P. C. (2008). Bullies and victims at school: Perspectives and strategies for primary prevention. In T. W. Miller (Ed.), *School violence and primary prevention* (pp. 287-314). New York: Springer.
Berger, C., & Rodkin, P. C. (2009). Male and female victims of male bullies: Social status differences by gender and informant source. *Sex Roles, 61*, 72-84.
Bjorklund, D. F., & Pellegrini, A. D. (2002). *The origins of human nature: Evolutionary developmental psychology.* Washington DC: American Psychological Association.
Bronfenbrenner, U. (1996). Foreword. In R. B. Cairns, G. H. Elder Jr., & E. J. Costello (Eds.), *Developmental science* (pp. ix-xvii). New York: Cambridge University Press.
Brown, C. S., & Bigler, R. S. (2005). Children's perception of discrimination: A developmental model. *Child Development, 76*, 533-553.
Bukowski, W. M., Sippola, L. K., & Newcomb, A. F. (2000). Variations in patterns of attraction to same and other-sex peers during early adolescence. *Developmental Psychology, 36*, 147-154.
Card, N. A., & Hodges, E. V. E. (2007). Victimization within mutually antipathetic peer relationships. *Social Development, 16*, 479-496.
Card, N. A., Hodges, E. V. E., Little, T. D., & Hawley, P. H. (2005). Gender effects in peer nominations for aggression and social status. *International Journal of Behavioral Development, 29*, 146-155.
Caspi, A., Lynam, D., Moffitt, T. E., & Silva, P. A. (1993). Unraveling girls' delinquency: Biological, dispositional, and contextual contributions to adolescent misbehavior. *Developmental Psychology, 29*, 19-30.
Castelli, L., DeAmicis, L., & Sherman, S. J. (2007). The loyal member effect: On the preference for ingroup members who engage in exclusive relations with the ingroup. *Developmental Psychology, 43*, 1347-1359.
Chang, L. (2003). Variable effects of children's aggression, social withdrawal, and prosocial leadership as functions of teacher beliefs and behaviors. *Child Development, 74*, 535-548.
Chang, L. (2004). The role of classroom norms in contextualizing the relations of children's social behaviors to peer acceptance. *Developmental Psychology, 40*, 691-702.
Cillessen, A. H. N., & Borch, C. (2006). Developmental trajectories of adolescent popularity: A growth curve modelling analysis. *Journal of Adolescence, 29*, 935-959.
Cillessen, A. H. N., & Mayeux, L. (2004). From censure to reinforcement: Developmental changes in the association between aggression and social status. *Child Development, 75*, 147-163.
Cohen, E. G., & Lotan, R. A. (1995). Producing equal-status interaction in the heterogeneous classroom. *American Educational Research Journal, 32*, 99-120.
Coie, J. D., Dodge, K. A., & Coppotelli, H. (1982). Dimensions and type of status: A cross age perspective. *Developmental Psychology, 18*, 557-570.
Coie, J. D., Dodge, K. A., & Kupersmidt, J. B. (1990). Peer group behavior and social status. In S. R. Asher & J. D. Coie (Eds.), *Peer rejection in childhood* (pp. 17-59). New York: Cambridge University Press.
Coie, J. D., Finn, M., & Krehbiel, G. (1984). *Controversial children: Peer assessment evidence for status category distinctiveness.* Paper presented at annual meeting of the American Psychological Association, Toronto.
Coleman, J. S. (1961). *The adolescent society: The social life of the teenager and its impact on education.* Glencoe, IL: Free Press.
Costanzo, P. R., & Dix, T. H. (1983). Beyond the information processed: Socialization in the development of attributional processes. In E. T. Higgins, D. N. Ruble, & W. W. Hartup (Eds.), *Social cognition and social development: A sociocultural perspective* (pp. 63-81). Cambridge, England: Cambridge University Press.
Craig, W. M., Pepler, D., Connolly, J., & Henderson, K. (2001). Developmental context of peer harassment in early adolescence. In J. Juvonen & S. Graham (Eds.), *Peer harassment in school: The plight of the vulnerable and the victimized* (pp. 242-261). New York: Guilford.
Crick, N. R., & Werner, N. E. (1998). Response decision processes in relational and overt aggression. *Child Development, 69*, 1630-1639.
Criswell, J. H. (1937). Racial cleavage in negro-white groups. *Sociometry, 1*, 81-89.

Dijkstra, J., Lindenberg, S., & Veenstra, R. (2007). Same-gender and cross-gender peer acceptance and peer rejection and their relation to bullying and helping among preadolescents: Comparing predictions from gender-homophily and goal-framing approaches. *Developmental Psychology, 43*, 1377-1389.

DuBois, D. L., & Hirsch, B. J. (1990). School and neighborhood friendship patterns of Blacks and Whites in early adolescence. *Child Development, 61*, 524-536.

Duncan, N. (1999). *Sexual bullying: Gender conflict and pupil culture in secondary schools.* New York: Routledge.

Eder, D., Evans, C., & Parker, S. (1995). *School talk: Gender and adolescent culture.* New Brunswick, NJ: Rutgers University Press.

Espelage, D. L., Mebane, S. E., & Adams, R. S. (2004). Empathy, caring, and bullying: Toward an understanding of complex associations. In D. L. Espelage & S. Swearer (Eds.), *Bullying in American schools: A social ecological perspective on prevention and intervention* (pp. 37-61). Mahwah, NJ: Erlbaum.

Farmer, T. W., Xie, H., Cairns, B. D., & Hutchins, B. C. (2007). Social synchrony, peer networks, and aggression in school. In P. H. Hawley, T. D. Little, & P. C. Rodkin (Eds.), *Aggression and adaptation: The bright side to bad behavior* (pp. 209-233). Mahwah, NJ: Erlbaum.

Ferguson, A. A. (2000). *Bad boys: Public schools in the making of black masculinity.* Ann Arbor: University of Michigan Press.

Fine, G. A. (1987). *With the boys: Little League baseball and preadolescent culture.* Chicago: University of Chicago Press.

Fordham, S., & Ogbu, J. U. (1986). Black students' school success: Coping with the "burden of 'acting White.'" *The Urban Review, 18*(3), 176-206.

Gest, S. D., Davidson, A. J., Rulison, K. L., Moody, J., & Welsh, J. A. (2007). Features of groups and status hierarchies in girls' and boys' early adolescent peer networks. In P. C. Rodkin & L. D. Hanish (Eds.), *Social network analysis and children's peer relationships* (pp. 43-60). San Francisco: Jossey Bass.

Graham, S., & Juvonen, J. (1998). Self-blame and peer victimization in middle school: An attributional analysis. *Developmental Psychology, 34*, 587-599.

Graham, S., & Juvonen, J. (2002). Ethnicity, peer harassment, and adjustment in middle school: An exploratory study. *Journal of Early Adolescence, 22*, 173-199.

Hallinan, M.T. (1982). The peer influence process. *Studies in Educational Evaluation, 7*, 285-306.

Hallinan, M. T., & Teixeira, R. A. (1987). Opportunities and constraints: Black-White differences in the formation of interracial friendships. *Child Development, 58*, 1358-1371.

Hanish, L. D., & Guerra, N. G. (2000). The roles of ethnicity and school context in predicting children's victimization by peers. *American Journal of Community Psychology, 28*, 201-223.

Hawley, P., Little, T. D., & Rodkin, P. C. (Eds.). (2007). *Aggression and adaptation: The bright side to bad behavior.* Mahwah, NJ: Erlbaum.

Hodges, E. V. E., Boivin, M., Vitaro, F., & Bukowski, W. M. (1999). The power of friendship: Protection against an escalating cycle of peer victimization. *Developmental Psychology, 35*, 94-101.

Jackson, M. F., Barth, J. M., Powell, N., & Lochman, J. E. (2006). Classroom contextual effects of race on children's peer nominations. *Child Development, 77*, 1325-1337.

Jarvinen, D. W., & Nicholls, J. G. (1996). Adolescents' social goals, beliefs about the causes of social success, and satisfaction in peer relations. *Developmental Psychology, 32*, 435-441.

Kiefer, S. M, & Ryan, A. M. (2008). Striving for social dominance over peers: The implications for academic adjustment during early adolescence. *Journal of Educational Psychology.*

Kistner, J., Metzler, A., Gatlin, D., & Risi, S. (1993). Classroom racial proportions and children's peer relations: Race and gender effects. *Journal of Educational Psychology, 85*, 446-452.

LaFontana, K., & Cillessen, A. H. N. (1998). The nature of children's stereotypes of popularity. *Social Development, 7*, 301-320.

LaFontana, K., & Cillessen, A. H. N. (2002). Children's perceptions of popular and unpopular peers: A multimethod assessment. *Developmental Psychology, 38*, 635-647.

Lee, L., Howe, C., & Chamberlain, B. (2007). Ethnic heterogeneity of social networks and cross-ethnic friendships of elementary school boys and girls. *Merrill-Palmer Quarterly, 53*, 325-346.

Luthar, S. S., & McMahon, T. J. (1996). Peer reputation among inner-city adolescents: Structure and correlates. *Journal of Research on Adolescents, 6*, 581-603.

Maccoby, E. E. (1998). *The two sexes: Growing up apart, coming together.* Cambridge, MA: Harvard University Press.

McMahon, S. D., & Watts, R. J. (2002). Ethnic identity in urban African American youth: Exploring links with selfworth, aggression, and other psychosocial variables. *Journal of Community Psychology, 30*, 411-431.

Meisinger, E. B., Blake, J. J., Lease, A. M., Palardy, G. J., & Olejnik, S. F. (2007). Variant and invariant predictors of perceived popularity across majority-Black and majority-White classrooms. *Journal of School Psychology, 45*, 21-44.

Mickelson, R. (1990). The attitude-achievement paradox among black adolescents. *Sociology of Education, 63*, 44-61.

Mouw, T., & Entwisle, B. (2006). Residential segregation and interracial friendship in schools. *American Journal of Sociology, 112*, 394-441.

Mpofu, E., & Watkins, D. (1997). Self-concept and social acceptance in multiracial African schools: A test of the insulation, subjective culture, and bicultural competence hypotheses. *Cross-Cultural Research, 31*, 331-355.

Mulvey, E. P., & Cauffman, E. (2001). The inherent limits of predicting school violence. *American Psychologist, 56*, 797-802.

Murray-Close, D., & Crick, N. R. (2006). Mutual antipathy involvement: Gender and associations with aggression and victimization. *School Psychology Review, 35*, 472-492.

National Center for Educational Statistics. (2003). *Violence in U.S. public schools: 2000 school survey on crime and safety* (NCES Publication No. 2004-314). Washington, DC: U.S. Department of Education.

Olweus, D. (1993). *Bullying at school*. Oxford, England: Blackwell.

Orfield, G., Bachmeier, M., James, D., & Eitle, T. (1997). Deepening segregation in American public schools: A special report from the Harvard project on school desegregation. *Equity and Excellence in Education, 30*, 5-23.

Pellegrini, A. D. (2001). A longitudinal study of heterosexual relationships, aggression, and sexual harassment during the transition from primary school through middle school. *Journal of Applied Developmental Psychology, 22*, 1-15.

Pellegrini, A. D. (2002). Bullying and victimization in middle school: A dominance relations perspective. *Educational Psychologist, 37*, 151-163.

Pellegrini, A. D., & Bartini, M. (2001). Dominance in early adolescent boys: Affiliative and aggressive dimensions and possible functions. *Merrill-Palmer Quarterly, 47*, 142-163.

Phinney, J. S. (1990). Ethnic identity in adolescents and adults: Review of research. *Psychological Bulletin, 108*, 499-514.

Rodkin, P., & Berger, C. (2008). Who bullies whom? Social status asymmetries by victim gender. *International Journal of Behavioral Development, 33*, 473-485.

Rodkin, P. C., Farmer, T. W., Pearl, R., & Van Acker, R. (2000). Heterogeneity of popular boys: Antisocial and prosocial configurations. *Developmental Psychology, 36*, 14-24.

Rodkin, P. C., Farmer, T. W., Pearl, R., & Van Acker, R. (2006). They're cool: Social status and peer group supports for aggressive boys and girls. *Social Development, 15*, 175-204.

Rodkin, P. C., & Fischer, K. (2003). Sexual harassment and the cultures of childhood: Developmental, domestic violence, and legal perspectives. *Journal of Applied School Psychology, 19*, 177-196.

Rodkin, P. C., Pearl, R., Farmer, T. W., & Van Acker, R. (2003). Enemies in the gendered societies of middle childhood: Prevalence, stability, association with social status, and aggression. In E. V. E. Hodges & N. Card (Eds), *Enemies and the darker side of peer relationships* (pp. 73-88). San Francisco: Jossey Bass.

Rodkin, P. C., & Wilson, T. (2007). Aggression and adaptation: Psychological record, educational promise. In P. H. Hawley, T. D. Little, & P. C. Rodkin (Eds.), *Aggression and adaptation: The bright side to bad behavior* (pp. 235-267). Mahwah, NJ: Erlbaum.

Rodkin, P. C., Wilson, T., & Ahn, H-J. (2007). Social integration between African American and European American children in majority Black, majority White, and multicultural elementary classrooms. In P. C. Rodkin & L. D. Hanish (Eds.), *Social network analysis and children's peer relationships* (pp. 25-42). San Francisco: Jossey-Bass.

Rose, A. J., & Asher, S. R. (1999). Children's goals and strategies in response to conflicts within a friendship. *Developmental Psychology, 35*, 69-79.

Rose, A. J., & Asher, S. R. (2004). Children's strategies and goals in response to help-giving and help-seeking tasks within a friendship. *Child Development, 75*, 749-763.

Rose, A. J., & Rudolph, K. D. (2006). A review of sex differences in peer relationship processes: Potential trade-offs for the emotional and behavioral development of girls and boys. *Psychological Bulletin, 132*, 98-131.

Rose, A. J., Swenson, L. P., & Waller, E. M. (2004). Overt and relational aggression and perceived popularity: Developmental differences in concurrent and prospective relations. *Developmental Psychology, 40*, 378-387.

Russell, A., & Owens, L. (1999). Peer estimates of school-aged boys' and girls' aggression to same- and cross-sex targets. *Social Development, 8*, 364-379.

Salmivalli, C., Kaukiainen, A., & Lagerspetz, K. (2000). Aggression and sociometric status among peers: Do gender and type of aggression matter? *Scandinavian Journal of Psychology, 41*, 17-24.

Sandstrom, M. J., & Cillessen, A. H. N. (2006). Likeable versus popular: Distinct implications for adolescent adjustment. *International Journal of Behavioral Development, 30*, 305-314.

Singleton, L. C., & Asher, S. R. (1979). Racial integration and children's peer preferences: An investigation of developmental and cohort differences. *Child Development, 50*, 936-941.

Sroufe, L. A., Bennett, C., Englund, M., Urban, G., & Schulman, S. (1993). The significance of gender boundaries in preadolescence: Contemporary correlates and antecedents of boundary violation and maintenance. *Child Development, 64*, 455-466.

Stevenson, H. C. (1997). "Missed, dissed, and pissed": Making meaning of neighborhood risk, fear and anger management in urban Black youth. *Cultural Diversity and Mental Health, 3*, 37-52.

Vaillancourt, T., & Hymel, S. (2006). Aggression and social status: The moderating roles of sex and peer-valued characteristics. *Aggressive Behavior, 32*, 396-408.

Veenstra, R., Lindenberg, S., Zijlstra, B., De Winter, A., Verhulst, F., & Ormel, J. (2007). The dyadic nature of bullying and victimization: Testing a dual-perspective theory. *Child Development, 78*, 1843-1854.

White, K. J., & Jones, K. (2000). Effects of teacher feedback on the reputations and peer perceptions of children with behavior problems. *Journal of Experimental Child Psychology, 76*, 302-326.

White, K. J. & Kistner, J. (1992). The influence of teacher feedback on young children's peer preferences and perceptions. *Developmental Psychology, 28*, 933-940.

Witkow, M. R., Bellmore, A. D., Nishina, A., Juvonen, J., & Graham, S. (2005). Mutual antipathies during early adolescence: More than just rejection. *International Journal of Behavioral Development, 29*, 209-218.

Wright, J. C., Giammarino, M., & Parad, H. W. (1986). Social status in small groups: Individual-group similarity and the social "misfit." *Journal of Personality and Social Psychology, 50*, 523-536.

Xie, H., Li, Y., Boucher, S. M., Hutchins, B. C., & Cairns, B. D. (2006). What makes a girl (or a boy) popular (or unpopular)? African-American children's perceptions and developmental differences. *Developmental Psychology, 42*, 599-612.

Xie, H., Swift, D. J., Cairns, B. D., & Cairns, R. B. (2002). Aggressive behaviors in social interaction and developmental adaptation: A narrative analysis of interpersonal conflicts during early adolescence. *Social Development, 11*, 205-224.

> # 10
># 초등학교와 중등학교에서의[1] 학교폭력
>## 심리적 및 조직 구조 비교
>
>**PETER K. SMITH**

나는 이 챕터를 통해 초등학교와 중등학교(secondary school) 학교폭력 양상이 어떻게 다른 지 비교해 볼 것이다. 특히, 이 두 영역에서 학교폭력 프로그램의 성공률에서 어떤 차이가 나타나는지에 주목할 것이다. 이와 관련하여 나는 대규모 학교 기반 학교폭력 개입 프로그램의 역사에 대해서 간단히 되짚고 넘어갈 것이다. 1980년대 노르웨이 학교폭력 프로그램부터 시작하여, 1990년대 초 Sheffield 프로그램(영국), 캐나다, 벨기에, 핀란드, 미국, 독일, 스페인, 그외 기타 국가의 프로그램까지 말이다. 그리고 나는 이들 연구에서 밝혀진 각 프로그램 별 성공률을 비교해 볼 것이다. 그리고 사춘기 연령대에서는 학교폭력 프로그램의 효과가 뚜렷하게 떨어진다는 점을 재현한 연구에 대해서도 소개할 것이다. 마지막으로, 나는 사춘기 연령대에서 학교폭력 프로그램의 효과성이 상대적으로 떨어지는 이유에 대해서 추정을 해볼 것인데, 학생들의 발달학적 관점과 학교 조직 구조의 변화에서 그 해답을 찾을 것이다. 또한 학교폭력 개입 프로그램의 효과성 개선을 위해 본 주제에 대한 결론을 도출하고자 한다.

학교 기반 학교폭력 개입법

지난 20여년 동안 학교 기반 학교폭력 개입 프로그램의 수가 폭발적으로 증가하였고, 몇몇은 꽤 규모가 상당했었다(Smith, Pepler, & Rigby, 2004). 현재, 이들 학교폭력 프로그램에 대한 종설 연구도 몇편 출간되기도 하였다(Rigby, 2002; Smith, Ananiadou, & Cowie, 2003; Smith, Schneider, Smith, & Ananiadou, 2004; Baldry & Farrington, 2007). 대다수 유럽 국가와 호주와 북미에서 이런 새로운 개입 프로그램 붐이 일어나게 된 데에는 다양한 요인이 작용했다고 볼 수 있다. 일단, 이 시기에 학교폭력에 대한 지식이 많이 늘어난 탓도 있고, 특히 학교폭력 피해자에 대한 지식이 집중적으로 늘어났고, 학교 공동체에 대한 데이터도 산발적으로 나마 확보하게 된 탓도 있다. 그리고 공론화될 수밖에 없을 정도로 학교폭력 발생률

---

[1] 11세에서 16세 또는 18세까지의 학생들이 다니는 학교.

이 높아진 탓도 있고, 학교폭력으로 인한 학생 자살도 무시할 수 없었다. 또한 피해자와 그 학부모들의 압력도 작용했고 법원 판결도 학교와 교육 당국에 불리한 판례들을 내놓기 시작했다. 게다가 일부 국가에서는 학교폭력에 관해 새로운 법이 입법되기도 제정되기도 했다(예: 1999년부터 영국에서는 학교마다 교내 학교폭력 정책을 반드시 갖추도록 법으로 의무화했다; 상당수의 유럽 국가에서는 영국과 비슷한 법령 체계를 갖추고 있다; Ananiadou & Smith, 2002).

물론 학교폭력과 관계된 개입법에 대해서까지 언급하는 것은 이 챕터의 취지를 벗어난다는 점을 강조하고 싶다. 예를 들면, 부모 훈련, 부모 스트레스 관리, 지역사회 폭력 대응, 매스미디어의 영향 등과 같은 분야 말이다. 또한 몇몇 연구자들은 학교 분위기 개선을 위한 전반적 개입법이 '가해 사건' 자체에 포커스를 맞춘 개입법 보다 더 중요하다고 강조하기도 한다(Galloway & Roland, 2004). 그럼에도 불국하고 학교폭력 개입법 거의 대부분은 가해 사건 자체에 직접적으로 초점을 맞춘 프로그램을 포함시키고는 있다. 이런 직접적 프로그램은 가해 사건의 주요 원인에 대응하는 방식으로 분류해볼 수 있다. 어떤 프로그램은 가해자 아이들에게 포커스를 맞춘다. 이들 아이들은 자기 기질이나 가정 환경이나 또래집단 등 여러가지 이유에서 학교폭력 행위를 만족스럽게 여기거나 보상으로 여기는 경향이 있다고 본다. 또 일부 프로그램에서는 학교폭력 피해 고위험군 아이들에게 초점을 맞추는데, 이들 아이들은 자기 기질이나 가정 환경이나 좋은 친구가 곁에 거의 없거나 장애가 있거나 기타 별난 이유에서 다른 점이 있다고 간주된다. 그리고 어떤 프로그램에서는 학교에 포커스를 맞춘다. 여기서는 학교가 학교폭력 발생을 조장하거나 억제하는 주체라고 간주하며, 학교 운영 철학이나 물리적 환경 변화나 상벌 규정을 통해 학교폭력 현상 발생에 관여한다고 생각된다. 이런 학교 기반 개입법 시행은 25년전까지 거슬러 올라갈 수 있고, 첫 전국 단위 사업은 1982년에서 1984년까지 있었던 노르웨이 중재 캠페인이었다. 그 이후로 대규모 프로젝트가 영국, 아일랜드, 독일, 벨기에, 스페인, 스위스, 핀란드, 이탈리아, 호주, 캐나다, 미국에서 잇따라 시행되었다.

캠페인 마다 성공률은 제각각이었다. Olweus(1993)가 시행했던 첫 노르웨이 캠페인에서 달성한 학교폭력 감소율은 약 50%로 측정되었다. 후속 노르웨이 캠페인에서도 꽤 고무적인 성과를 이뤄냈는데, 대략 35~45% 정도의 감소율을 보였었다(Olweus, 2004). 하지만 다른 대부분의 연구-남부 캐롤라이나와 슐레스비히홀슈타인에서 Olweus 프로그램을 반복시행한 것도 포함하여-에서는 이전 연구에 비해 효과가 그저그런 수준이었다. 일부 소수 연구 사례에서는 되려 부정적인 결과를 나타내기도 하였다(Smith, Pepler, & Rigby, 2004).

이렇게 감소율이 제각각인 이유로는 여러가지가 있을 수 있다. 개입 프로그램의 본질, 개입 프로그램의 시행 기간, 연구진의 지원과 평가 활동의 수준, 프로그램에 대한 학교 측의 관여 수준과 프로그램 실행의 효과성, 학생들의 나이 또는 학년, 주변이웃과 지역사회, 국가적 맥락 등이 이런 이유에 해당될 수 있다 (Smith 등, 2003). 우리는 이 중 나이, 학년, 학생 변수에 초점을 맞추고자 한다.

학교폭력 개입 프로그램에 관한 문헌에서 초등학교와 중등학교를 어떤 식으로 비교가 될까? 몇몇 프로젝트는 초등학교든 중등학교든 어느 하나에만 초점을 맞춘 것들이 있다(호주: Cross, Hall, Hamilton, Pintabona & Erceg, 2004; 미국: Rosenbluth, Whitaker, Sanchez, & Valle, 2004; 스위스: Alsaker, 2004). 서로 다른 급의 학교를 대상으로 연구 했지만, 모든 연구에서 어린 학생들에게서 개입법의 효과가 더 좋았다고 보고되었다. 핀란드에서 Salmivalli, Kaukiainen, Voeten, & Sinisammal(2004)은 개입법의 효과가 5학년(11~12세) 보다는 4학년(10~11세)에서 더 좋게 나왔다고 보고했다. 이탈리아에서는 Menesini, Codecasa, Benelli, Cowie(2003)는 12세 학생들이 13세나 14세 학생들 보다 개입 효과를 더 많이 봤다고 하였다. 다른 몇몇 연구에서는 나이에 따른 효과 차이는 없다고도 보고했다(캐나다: Pepler, Craig, O'Connell, Atlas, Charach, 2004; 미국 : Limber, Nation, Tracy, Melton, Flerx, 2004; 스페인 : Ortega, del Rey, Mora-Merchan, 2004; 핀란드 : Koivisto, 2004; 아일랜드 O'Moore & Minton, 2004). 하지만 초등학교와 중등학교에서의 효과성을 직접 비교할 수 있는 연구도 5 사례나 있다. 이 연구 결과는 차차 검토하도록 하겠다.

Olweus(노르웨이)

Olweus는 노르웨이 베르젠과 오슬로에서 시행했던 Olweus 학교폭력 예방 프로그램에 대한 대규모 연구 자료를 많이 보유하고 있다. 첫 프로그램은 1983년에서 1985년 사이에 시행되었고, 후속 프로그램은 1990년대 후반과 2000년대 초반에 시행되었다. 6차례 프로젝트에 대한 보고서를 보면, Olweus(2005, p.4)는 초등학교에서는 일관되게 긍정적인 결과가 나온 것을 염두해두고 아래와 같이 기록하였다:

> 중등학교 중 저학년에서 명확한 개입 효과를 보였으며, 대략 반 정도의 학생들한테서 효과가 나타났다. 반면, 다른 프로젝트에서는 효과가 이만큼 강하게 나타나지는 않았다… 우리는 저학년에서 효과성 결과가 다양한 데에 대해서는 중등학교 저학년 교육 구성의 영향을 받을 것이라는 점과 학생들이 어른들의 권위에 도전하게 되는 사춘기에 이제 막 진입한 상태라는 점에서 찾을 수 있다고 생각한다. 게다가 우리는 학교폭력 프로그램을 시행하면서 중요한 요소들에 대해서는 초등학교에서 시행한 것만큼 높은 강도로 시행하지 않았다.

Hanewinkel: 슐레스비히홀슈타인 프로젝트(독일)

Hanewinkel(2004)은 37개 초등학교와 중등학교에서 Olweus 프로그램을 시행한 결과를 보고했었다. 이 연구에는 1994년에서 1996년 사이에 3학년에서 12학년(9~18세)을 대상으로 한 연구로 3~4학년은 초등학생, 5~9학년은 중학생, 10~12학년은 고등학생이었다. 학교폭력 개입 프로그램은 Olweus 프로그램을 바탕으로 학교 단위, 학급 단위, 개인 단위로 수정되어 시행되었다. Hanewinkel은 피해 수준을 낮은 수준(가끔 혹은 그 이상)과 높은 수준(일주일에 한 번 이상)으로 분류하였고, 간접적 및 직접적 피해 사례를 따로따로 평가하였다. 사실, 이 프로그램은 간접적 피해 사례에 대해서는 긍정적 효과가 발견되지 않았다. 오히려 일부는 부정적인 결과가 나왔다. 직접적 피해 사례에 대해서 긍정적인 효과를 찾고자 각 피해 수준별 및 학년 별로 평균치를 도출했는데, 낮은 수준의 피해 사례에서는 큰 차이는 발견되지 않았다. 즉, 피해 사례 감소율이 초등학교에서는 12.4%, 중학교에서는 14.4%, 고등학교에서는 11.9% 나왔다. 하지만, 높은 수준의 피해 사례에서는 감소율이 초등학교에서는 13.6%로 중학교 2.1%로 보다 훨씬 더 높았으며, 심지어 고등학교에서는 10.6%나 피해 사례가 되려 증가했다. Hanewinkel은 어린 학년에서 효과가 더 뚜렷했다고 언급했지만 왜 이런 현상이 생겼는지에 대해서는 특별한 언급이 없었다.

Smith & Sharp; Cowie, Boulton, Thompson: 셰필드 프로젝트(영국)

이 프로젝트에서는 셰필드의 23개 학교(16개 초등학교, 8~11세 대상; 7 중고등학교, 11~16세 대상)가 전교 대상으로 학교폭력 정책을 개발하여, 1992년부터 1993년까지 4학기 동안 다양한 종류의 개입 프로그램을 시행하였다. 피해 사례 감소율은 초등학교 14.1%로 중고등학교 6.8%에 비해서 훨씬 더 큰 폭으로 감소하였다(Smith & Sharp, 1994).

Pitts & Smith: 홈 오피스 프로젝트(영국)

영국 리버풀과 런던의 4개 학교(각 도시마다 1개 초등학교와 1개 중고등학교씩)가 1991년과 1993년에 중개입 프로그램에 참여하였다. '전혀 괴롭힘 당하지 않았음'에 응답한 비율의 차이가 초등학교에서는 평균 35%나 되었으나 중등학교에서는 평균 4% 정도였다. 다시 언급하지만, 영국에서 시행된 연구 중 어느 하나도 이런 성공적인 변화에 대해 설명해주는 가설은 제시되지 않았다(Pitts & Smith, 1995).

Stevens, van Oost, de Bourdeaudhuij: 플랑드르 학교폭력 개입 프로그램(벨기에)

이 프로젝트(Stevens, van Oost, de Bourdeaudhuij, 2004)에서는 18개 학교(9개 초등학교, 9개 중고등학교, 10~16세 대상)가 1995년과 1997년에 베르겐과 셰필드 프로젝트를 모델로 삼은 개입 프로그램에 참여하였다. 세 학교는 각각 다음과 같은 조건에서 프로그램을 진행하였다. 1) 지지가 포함된 치료, 2) 지지가 결여된 치료, 3) 통제군. 2년 후 피해자 수 감소율이 다음과 같았다. 지지가 포함된 치료군은 초등학교 3% 및 중등학교 0%, 지지가 결여된 치료군은 초등학교 6% 및 중등학교 1%, 통제군은 초등학교 3% 및 중고등학교 1%로 나왔다. 변화율은 작았지만, 모든 집단에서 효과는 초등학교에서 더 컸다. 이 연구진은 '초등학교와 중고등학교 사이에 확연한 결과 차이를 보였다'라고 코멘트했다(p.206). 연구진은 이 현상을 설명해줄 가설을 인용했는데, 이런 차이가 발달학적 변화 양상과 일치한다는 점과 초등학교와 중등학교의 조직 구성 차이에 기인할 것이라고 제시하였다. 후자의 경우에 대해서 저자들은 중등학교에서는 교사들이 학교폭력에 대등하기에는 시간표도 복잡하기도 하고 더 어려운 점도 많을 것이라고 했으며, 프로그램을 실행하는 것도 녹록치 않을 것이라고 지적했다.

중등학교에서 개입 프로그램 효과가 더 낮은 이유는?

개입 프로그램 효과성 면에서 초등학교와 중등학교를 직접 비교했을 때, 중등학교에서 프로그램 효과성이 더 떨어지는 것은 자명해 보인다. 왜 이런 현상이 일어나는 것일까? 나는 이 질문에 답을 하기 위해 몇몇 근거를 찾아보았다. 2005년에 호주 멜버른에 개최된 학교폭력 국제 연합회(the National Coalition Against Bullying)에서 구해보기도 하였고, Steven 등(2000)의 연구를 참고하기도 했고, 내 종설 연구도 참고했다. 그 후에 나는 이 이슈에 대해서 Olweus에게 직접 자문을 구하기도 하였다(개인적인 연락, 2007; 부록 A에 대화록을 실었음). 그 결과 나는 질문에 대한 답으로 발달학적 변화와 조직 변화를 꼽게 되었다. 중등학교에 들어오면서 아이들은 사춘기를 겪게 된다는 것이 발달학적 변화에 해당하고, 초등학교에 비해 중등학교가 더 규모가 크고 조직 구성이 더 복잡해진다는 것이 조직 변화에 해당된다.

발달학적 변화 전통적으로 사춘기는 질풍노도의 시기라고 여긴다. 그리고 이런 인식을 가지게 된 것은 20세기 초 정신분석 이론에서 시작되기도 하였다. 사춘기 특징을 과하게 강조된 측면이 있지만(Rutter, Graham, Chadwick, & Yule, 1976), 사춘기만의 독특한 특징이 최근 연구에서도 제법 재확인되고 있는 것은 틀림 없다. 예를 들어, Arnett(1999)은 사춘기가 부모와의 갈등, 감정 기복, 위험한 행동 등이 특징적으로 나타나는 시기라고 주장했다; 물론 이런 특징들이 사회화나 문화의 영향을 받아도 이런 특징이 나타난다. 사춘기에 나타나는 생물학적 및 인지적 변화(예를 들어, 신경과 호르몬 변화, 성적 성숙, 인지 변화, 사춘기 특유의 자기중심적 심리와 가상의 청중, 정체성 탐색 등이 있다)가 대인 관계의 변화를 일으킨다. 이런 현상은 진화론적 발달 심리학 관점으로 이해해 볼 수 있다. 즉, 사춘기 청소년들은 이성에게 매력을 어필하기 위해 또래 내에서 일정 지위를 차지하려고 하고 또 부모로 부터 독립을 하고 싶어하기 때문에 광범위하게 보면 적응적인 모습이라는 것이다(Bjorklund & Pellegrini, 2002; Weisfeld & Janisse, 2005). 학교폭력을 이해하기 위해 특히 더 중요한 내용을 꼽자면:

1) 학생과 학생 간의 대인관계 변화
2) 어른과 학교에 대한 학생들의 태도 변화
3) 위험한 행동을 더 많이 하고 반사회적 행위가 일반화됨
4) 나이가 많아지면서 피해자와 가해자의 구분이 일정해짐

조직 변화 중등학교는 초등학교 보다 월등히 규모가 크다. 대부분 국가나 학교 시스템에서는 한 초등학교에 100~200명 정도의 학생이 있지만, 중고등학교는 500~1000명 정도의 규모를 갖추고 있다. 불가피하게 중등학교는 더 복잡한 조직 구성을 갖추고 있고 교사들간에도 위계 질서가 존재하며 전문적이고 특수한 교육 담당 영역이 생긴다. 초등학교에서는 대부분의 수업은 자기 반에서 이루어지므로 또래집단도 학급을 기반으로 형성되어 일정한 양상을 유지하게 되며, 담임 교사는 공식적인 영향력을 지니게 된다. 중등학교에서는 전문 교과 담당 교사가 있고 교양 과목도 있으며, 과목 선택과 학업 우열에 따라 어울리는 경향이 생긴다. 그리고 학생들은 서로 다른 교실에서 수업을 받으며 각각 교과목 수업에서 다양한 또래들을 만난다. 물론 학생들마다 주로 지도해주는 교사가 따로 배정되어 있을 수 있지만, 초등학교 담임 교사 만큼의 영향력을 주는 교사는 없을 가능성이 높다. 이런 특징들 때문에 개입 프로그램은 다음과 같은 변수가 고려되어야 한다.

5) 대규모 조직에서는 변화가 일어나기 어렵고 개입 프로그램도 잘 실행될 가능성이 낮다.
6) 중등학교 교과 과정에서는 전통적인 지식 교육과 시험에 초점을 맞추고 개인 인성과 사회화 교육은 덜 강조된다.
7) 교사의 역할이 서로 다르다. 특히 중등학교 교사는 학교폭력 사안에 대해 여러 교사들에게 책임이 분산되어 있다고 느낄 가능성이 높아, 학교폭력 사건이 발생했을 때 신속하게 대응하는 것이 어렵다

이런 다양한 가설은 차차 다시 다뤄보기로 하고, 어떤 근거들이 있는지에 대해서도 검토해 볼 것이다.

발달학적 변화

학생들이 중등학교에 입학할 즈음은 11세 전후로 사춘기가 이제 막 시작했거나 시작하려는 단계이다. 서구 사회에서 초경은 보통 12~13세 전후로 나타난다(Hermann-Giddens, Slora, & Wasserman, 1997). 남학생들 몽정은 그 보다 18개월 늦게 나타난다. 사춘기는 호르몬이 많이 분비되면서 오기 시작하는데, 특히 성장호르몬과 부신피질 호르몬과 성선자극호르몬의 영향을 많이 받는다. 이들 호르몬의 활동으로 신체 급성장이 일어나고 성적 변화와 성숙도 맞게 된다. 분명 청소년은 이런 변화를 인식하게 되어 행동에도 영향을 받을 것이고, 청소년 그들 자신도 아기를 가질 수 있다는 사실을 인지할 것이다. 하지만 이런 호르몬 변화가 행동에 얼마만큼 직접적으로 영향을 주는지는 지난 수십년간 논란거리였다. 예를 들어, 실제 연령과 관계없이 사춘기가 시작되면 부모-자녀 간의 거리가 더 멀어지고 갈등이 심해지는 것으로 조사되었다

(Steinberg, 1988). 이런 상태로 이르기 까지의 경로는 다양한 것으로 보이며, Buchanan, Eccles, Becker (1992, p.101)는 '우리는 호르몬이 영향을 미치기까지의 다양한 경로와 호르몬이 사람의 기분과 행동에 어떻게 영향을 받는지 이제 막 이해했을 뿐이다.'라고 결론지었다.

  최근 연구를 보면 사춘기와 뇌 발달을 더 강조하고 있다(Blakemore & Choudhury, 2006; Romer & Walker, 2007). 사춘기 직전, 회색질의 양이 늘어나고, 사춘기 후에 주로 전두엽에서 시냅스의 가지치기(synaptic pruning)가 일어나는 시기가 찾아온다. 이런 시기를 거치면서 뇌에 대규모 리모델링이 일어나는 것으로 보이며, 이런 과정을 통해 감정 조절, 반응 억제, 계획세우기, 집행기능에 영향을 주는 것으로 보인다. 그리고 이 시기에 감정 경험을 중재하는 뇌 부위가 인지적 조절을 중재하는 뇌 부위보다 더 빠르게 변한다는 증거도 있다(Monk 등, 2003). 이렇게 차등적인 변화 때문에 사춘기의 자기 중심적 심리와 위험을 감수하는 행동 양상이 나온다고 보고 있다.

  호르몬의 직접적 영향이든 간접적 영향이든 간에 뇌 신경은 발달한다. 또는 사춘기에 대한 고정관념과 예측과 같은 사회문화적 요인 때문인지도 모르겠지만 이 시기는 일반적으로 질풍노도의 시기며, 또래집단의 압력이 더 강해진 시기이고, 어른과의 긴장된 관계를 가지게 되는 시기로 특히 권위적 위치에 있는 부모와 교사들과 마찰을 빚는 시기이기도 하다. 사춘기에 일어나는 여러 변화들 때문에 일부 청소년들이 학교폭력 프로그램 효과를 잘 받지 못하는 것일 수 있다.

학생과 학생 간의 대인관계 변화

사춘기 변화의 특징에는 친구 관계에서 불안도가 더 높아진다는 점과 또래 압력으로 또래 문화에 순응하려는 경향이 있다는 점이 있다. 특히, 이런 경향은 특히 반사회적 상황에서 더 강하게 나타난다. 동성간 및 이성간 또래관계와 또래 내 지위 문제에 대한 염려와 관심이 증가하면서 지위를 향상시키기 위해 가해 행위를 하고 자신의 지위를 방어하기 위해 피해자에게 부정적인 태도를 지닐 수 있다.

친구 관계에서의 불안 증가   친구 관계에서의 불안도는 초기 사춘기 시기에 최정점에 도달한다. 예를 들면 Coleman(1980)은 소규모 사춘기 학생 집단에게 우정에 관한 미완성 문장을 채우도록 하였고, 결과 중 감정적인 내용에 대해서 분석하였다. 친구들에게 거절당할 것 같은 불안과 공포가 11세에서 13세를 지나 15세에 이를 때까지 증가하였고 17세 시점에서는 감소하였다(이런 효과는 남학생보다 여학생에게서 더 뚜렷했다).

또래 압력으로 인한 또래 문화에 대한 순응도 상승, 특히 반사회적 상황에서의 또래 문화에 대한 순응도 상승   옛날 연구 중에서 Berndt(1979)은 또래 태도에 대해서 얼만큼 순응하는지 확인해본 연구가 있었다. 이 연구에서는 중립적 상황(예: 영화관에 가기), 친사회적 상황(예: 아픈 친척 병문안 가기), 반사회적 상황(예: 가게에서 물건 훔치기)를 가정해서 실험을 진행했다. 또래와 똑같이 따라하는 경우는 모든 종류의 상황에서 9세에서 12세를 지나 15세까지 꾸준히 증가하다가 감소한다. 하지만, 특히 이런 증가율은 반사회적 상황에서 더 두드러졌다.

또래집단 내 지위에 대한 염려는 곧 가해 행위에 대한 인센티브   호주 아이들을 대상으로 한 연구에서 Rigby(1997)는 다른 아이들을 괴롭히면 다른 아이들이 자신을 우러러보는 지에 대해서 조사하였다. 이 항목에 동의한다고 표시한 비율은 중등학교에서 더 높게 나왔다. 남학생의 경우, 초등학교에서는 13.9%

였지만 중고등학교는 23.4%에 달했다. 여학생의 경우 초등학교는 9.5%였고 중고등학교는 14.5%였다.
　Pellegrini와 Bartini(2001)와 Pellegrini와 Long(2002, 2003)은 사춘기 시절 공격성/가해 행위는 또래 내 사회적 지위 향상에 도움되며, 특히 이성에 더 효과적이라고 하였다. 이런 이슈는 중등학교 입학한 첫 해에 제일 중요한데, 또래집단 내 지위 이슈에 제일 민감한 시기에 새로운 대인 관계를 맺게 되기 때문이다. 각 성별에 따라 선호하는 가해 행위와 공격성 유형이 있다. Pellegrini와 Long은 미국 12~13세 청소년을 대상으로 이성 교제와 관련된 인기도에 대해 조사하였다. 그 결과, 남학생은 관계적 공격성이 아닌 신체적 공격성이 이성 교제에서 인기를 얻을 수 있는 방법으로 밝혔고, 여학생에 대해서는 신체적 공격성이 아닌 관계적 공격성이 인기를 끄는 교제 방법이었다.

피해자에 대한 부정적인 태도　Rigby와 Slee(1991)는 호주 학생들을 대상으로 피해자에 대한 학생들의 태도를 조사하였다. 일반적으로 대다수의 학생들은 피해자에 대해 동정적인 태도를 지니고 있다고 응답했다. 또한 일부 집단이긴 하지만 많은 수의 학생들은 그렇지 않다고 대답했다. 친피해자적 태도는 남학생 보다 여학생한테서 더 뚜렷했다. 하지만 (남학생이 더 그렇긴 하지만) 모든 성별에서 14~16세 사이에 친피해자적 태도가 제일 낮게 측정되었다. 이런 연령에 따른 태도 변화 패턴은 이탈리아와 영국 학생들한테서도 나타난다(Menesini 등, 1997). 위 연구들은 성별간의 강력한 상호작용이 존재하는 지는 발견하지 못했지만, Olweus와 Endresen(1998)이 노르웨이 학생들을 대상으로 연구한 결과 남학생이 남학생에 대한 공감적 관심은 10세에서 16세로 갈수록 감소하였지만, 남학생이 여학생에 대한 관심과 여학생이 남학생이나 여학생에 대한 공감적 관심을 증증가하였다.

중고등학교 학생들 사이에서 또래 지지에 대한 회의론 증가와 남학생　사춘기 시절 피해자에 대한 부정적인 태도가 증가하는 것 빼고도, 중고등학생들은 또래 지지 시스템에 대해 더욱 회의적으로 본다는, 특히 남학생들이 더 그렇다는 증거가 있다. 또래 지지 시스템은 또재 지지자들이 피해자에게 친구가 되어주고 멘토링을 하며 상담을 해주는 방식을 통해 피해자를 돕도록 마련된 시스템이다. Smith와 Watson(2004)은 영국 20개 학교 834명의 학생들에게 또래 지지 시스템에 대한 태도를 조사하였다. 이 연구에 나온 질문 항목으로는 '당신 학교에 있는 또래 지지 시스템이 좋은 아이디어라고 생각합니까?'가 있었다. 여기에 대해 대다수의 학생들은 '그렇다'라고 응답하였고, 일부 소수의 학생들은 '아니오'라고 답하였다. 초등학교에 비교하면 중고등학교 학생들이 회의적인 응답이 더 많았고, 특히 남학생이 더 그러했다. 표 10.1을 참고하기 바란다.

학교 어른들에 대한 학생들 태도 변화

또래 압력이 증가한 것 외에도 사춘기에는 부모와 자녀 간의 거리가 멀어진다는 점도 잘 확립된 이론이

표 10.1 영국 초등학교(n=455)와 중등학교(n=379)에서 '당신 학교에 있는 또래 지지 시스템이 좋은 아이디어라고 생각합니까?'에 대한 응답(Smith & Watson, 2004)

	그렇다	잘 모르겠다	아니다
초등 남학생	75	23	2
초등 여학생	82	16	1
중등 남학생	59	35	7
중등 여학생	67	30	3

기도 하다. 예를 들어, Rossi와 Rossi(1991)는 대규모 미국 샘플에서 10세, 16세, 25세 대상자들에게 부모와 얼만큼 가까운지 점수를 매기도록 했다. 자료는 부모-자녀 관계를 4개 유형으로 분리해서 수집했으며 (예: 어머니-딸 등), 출생때부터 전향적 연구를 실시해서 얻은 자료도 2종류가 있었다. 1940~50년대에 사춘기를 맞이하는 1925~1939년생들과 1960~70년대 사춘기를 맞이하는 1950~1959년생들을 대상으로 한 것이다. 모든 경우 부모와의 관계가 10세 보다는 16세에서 더 멀어져서 25세에 회복하는 것으로 나왔다. 1950년대 출생 샘플에서 부모와의 간극이 더 먼 것으로 측정되었는데, 아마도 1960년대가 사회적 항거와 동요의 시대였기 때문이라고 생각하고 있다. 하지만 세대별 차이가 두드러진다기 보다 모호한 정도에 그친다고 볼 수 있다

학교 교사나 교내 어른들이나 학교 자체에 대한 학생들의 태도가 연령별로 어떤 변화를 겪게 되는 지에 대한 연구 자료는 거의 없는 것으로 보였다

위험 감수 행동 증가와 전반적인 반사회적 행동 경향

Arnett(1992, 1999)은 무모한 행동 또는 위험 감수 행동을 사춘기의 특징으로 보았다. 이런 사례로는 도전적인 스포츠 활동 같이 사회적으로 용납이 가능한 행위도 있고, 보호 조치가 없는 성관계, 마약 복용, 가게 털기, 폭주족 행위, 예술작품 파괴 행위 같이 사회적으로 용납하기 어려운 행위도 포함된다. 일반적으로 범법률이 10대후반(15~19세; Farrington, 2005)에 최고조에 달한다. 바로 이 대목에서 또래집단이 중요한 영향을 미친다. Berndt와 Keefe(1995)는 13~14세 미국 학생들을 대상으로 한 자기보고식 연구에서 파괴적인 친구를 둔 대상자는 자기도 파괴적인 행동을 한다라고 응답하는 경향이 더 뚜렷했다. 우정의 질이 높은 경우 대체로 덜 파괴적이고 학교 활동에 잘 참여하는 것으로 나타났으나, 파괴적 친구와의 교제 수준이 높은 경우에는 더욱더 파괴적인 양상을 보였다. 평판 향상 이론(Emler 등, 1987; Carroll 등, 1999)에 의하면 '일탈' 청소년과 보통 청소년 집단은 반사회적 행동에 관해 서로 다른 입장을 취한다. 즉, 보통 청소년 집단에게 반사회적 행동이란 집단에서 배제가 되는 이유가 되지만, 일탈 청소년 집단에게는 집단에 소속될 수 있는 이유가 된다. 학교폭력은 분명 반사회적 행동 중 하나이고, 어른들과 학교에서 학교폭력 프로그램을 통해 학교폭력은 금지되어야 할 행위라고 가르친다. 그렇기 때문에 학교폭력 프로그램에 반항적인 입장을 취하는 것이 일탈 청소년 집단에 소속될 가능성을 높여주는 행동 방식이 된다.

연령 증가에 따라 더욱 안정화되는 피해자와 가해자 경향

자기보고식으로 피해 사례 발생율을 측정해보면, 연령이 증가하면서 발생율이 감소하는 것을 관찰할 수 있다. 물론 중고등학교 입학 직후에 잠깐 발생율이 상승하는 경우도 있긴 하다. 그런데 가해 행위 발생율은 줄지 않는다(Smith, Madsen, & Moody, 1999). 한편, 연령에 따라 피해자 발생률은 감소하지만, 중등학교 피해자 학생들은 더욱 심한 곤경에 처한다는 증거도 나와있다. 피해자들은 더욱더 도움을 청하는 것을 꺼려하고, 피해자라는 지위는 더욱더 공고해지는 것으로 밝혀졌다(Boulton & Smith, 1994; Card, 2003). 한번 피해자라는 낙인이 붙으면, 자존감이 저하되고 좋은 친구 사귀기가 어려워지는 악순환에 걸리면서 회복이 정말 어려워지게 된다는 것이다(Graham & Juvonen, 2001). 가해자 역할도 연령이 증가함에 따라 안정화되는 경향이 있다(Monks, Smith, & Swettenham, 2005; Boulton & Smith, 1994). 사춘기 때 공격적인 행동이 늘어나는 경향이 있다는 점 외에도, 나이가 들수록 가해자라는 낙인이 또 붙는데다가 또래집단 내에 지위를 이미 확보했기 때문에 가해자 역할에서 더욱 더 못 벗어나는 이유도 있다.

조직 변화 중등학교는 초등학교와 다르다. 이런 차이점이 학교폭력 프로그램 효과성에 영향을 줄 수 있으리라 생각한다. 특히, 학생들의 발달학적 변화와 무관하게 미치는 영향도 있을 것이라고 추측할 수 있다. 우리는 프로그램 집행에 어떤 영향을 주는지 알아보기 위해서 학교 조직의 규모와 복잡성, 교과 과정의 변화, 교사의 역할 변화에 대해서 알아볼 것이다.

대규모 조직에서는 변화를 실현시키기가 더 어렵다

중등학교는 더 큰 규모를 지니고 있다 중등학교는 더 큰 규모를 지니고 있다 중등학교는 초등학교 보다 대체로 더 큰 규모를 지니고 있다. 하지만 학교폭력 프로그램이 학급 기반 또는 개인 기반으로 이루어진다는 점에서, 또 최소한 학생들 한 명 한 명 얼굴을 맞대고 프로그램을 진행한다는 점에서 학교 규모가 프로그램 효과성 면에서 어떤 영향을 줄지 분명하지는 않다. 사실, 대부분의 근거를 검토해보면 학교 규모는 가해 사례나 피해 사례와 유의한 상관관계가 없다고 나와있다(Olweus, 2004; Whitney & Smith, 1993). 또는 학교 규모와 전반적인 학교폭력 발생율과도 큰 관계가 없다고 한다(Benbenishty & Astor, 2005).

더 복잡한 조직 구성 전형적인 중등학교는 관리층이 더 많이 존재한다. 만약에 상부에서 하향식으로 지시를 전달할 경우, 이런 구조 때문에 학교폭력 프로그램 실행이 어려워지거나 효과성이 떨어질 수 있다. 비록 대부분의 프로그램 진행은 학급 기반으로 이루어지지만, 중등학교에서는 담임교사학급의 역할이 덜 부각된다. 그럼에도 불구하고 노르웨이 학교를 대상으로 Olweus 학교폭력 예방 프로그램에서 학급 기반 개입법을 학교 수준에서 집행 성공률을 분석하였을 때, Olweus(2004)는 개입 프로그램 집행과 효과성을 담보하는 가장 중요한 요인은 의사소통의 개방성과 학교폭력 문제에 대한 학교 측의 경각심이라고 주장하였다. 이런 이슈들이 학교 규모나 조직의 복잡성과 분명 관련이 없는 것으로 보인다. 다만, 이런 이슈들이 학교 분위기와 관련이 있고, 학교폭력 문제가 교사의 업무 중에 얼만큼 우선순위를 가지고 있는지와도 관련있다.

중등학교의 교과 과정은 전통적인 과목 교육에 초점이 맞추어져 있다.

학급 기반 교육이 어렵다 중등학교에서는 한 학급의 교사가 학생들에게 일관된 메시지를 전달하는 것이 어렵다. 왜냐하면 학생들은 서로 다른 다양한 학급에서 수업을 듣기 때문이다. 이런 특징 때문에 학급 기반 교직을 통한 개입 프로그램은 지장을 받을 수 밖에 없다. 특히, Olweus 프로그램이 학급 기반 특징을 지니고 있다. 하지만 대부분의 학교폭력 개입프로그램(특히, 위에서 언급된 셰필드, 영국, 플랜더스 프로젝트)은 학급 기반 사업 보다는 학교 기반 사업을 구성하고 있다. 만약에 학교마다 단일하게 또 합리적으로 정책이 실행된다면, 교육과 수업 구조가 바뀐다고 하더라도 개입법의 효과성에 미치는 영향은 미미할 것으로 보인다.

사회적 관계를 위한 교과 과정이 적다 이 주제에 해당되는 이야기인지 명확하지 않다. 많은 국가에서 개인 인성 교육과 사회 교육을 학교 교과 과정에 포함시켜 놓고 있다(영국에서는 초등학교와 중고등학교에서 의무 교육 사항이다). 이 분야에 새로 편입된 교육 과정(Social and Emotional Aspects of Learning, SEAL; 사회적 및 감정적 학습)은 학교폭력에 관한 부분도 포함되어 있다. 이 신규 과정은 이미 초등학교에는 보급이 되어 있으며, 중등학교 버전도 개발되고 있는 중이다. 게다가 중등학교가 규모가 더 크기 때문에 대인 관계 문제에 대한 전문적인 교사를 둘 수 있을 여지도 있다. 학교 상담 교사가 있을 수도 있고, 영국 경우에는 중등학교 내에 선임 교사 중에 목사와 같은 멘토 역할을 하기도 한다. 이런 인력은 초등학교에서는 찾기 힘들거나 없을 수도 있다.

교사들의 역할이 다르다.

담임 교사 같이 학생들에 대한 책임 소재가 분명한 교사가 중등학교에서는 없기 때문에, 중등학교 교사들은 학교폭력 문제를 두고 교사들간의 책임이 분산되어 있어 문제 대응을 잘 하지 않으려는 경향이 있을 수 있다. Stevens 등(2000)은 이런 사건에 대응하기가 더 어려울 것이라고 주장했다.

책임의 분산 이 가설을 검증한 근거 자료는 거의 없어 보인다. 하지만 Olweus(2004)는 학급 기반 개입 프로그램 집행과 효과성 예측에 대한 연구에서 교사 분야에서 제일 중요한 요인은 직원들의 중요성 인식도(영향력과 책임감), 프로그램에 관한 정보 정독 여부, 학교폭력 수준에 대한 인식도가 있다고 밝혔다. 세 가지 요인 중 첫번째 요인은 책임의 분산에 영향을 받을 수 있어 보인다. 나머지 두 요인은 교사 개인의 헌신도와 더 연관있어 보이지, 학교 조직과는 연관성이 분명해 보이지 않는다. 흥미롭게도 프로그램 효과성 예측과 관련이 없다고 밝혀진 요인 두가지로는 교사와 학교 행정부서의 협력도와 교사와 교사간 협력도가 있었다.

학교폭력 프로그램 실행에서의 교사 참여 이 가설에 대한 자료가 몇몇 있는데, 그 중 영국 셰필드 프로젝트에서 찾아볼 수 있었다(Smith & Sharp, 1994). 표 10.2에 16개 초등학교와 7개 중고등학교 자료를 표시하였고, 각 항목 마다 점수의 범위가 어떻게 되는 지도 표시했다. 직원 관여 항목은 학교에서 정책 개발에 참여하는 직원을 대상으로 면담하여 측정한 값으로, 관여도가 낮으면 1점, 높으면 4점으로 점수를 매겼다. 정책 + 옵션 투입 항목에서는 교내 학교폭력 정책 및 기타 관련된 활동 집행과 준비 과정에 각 학교가 얼만큼 시간과 노력(직원 회의, 직원 역량 강화 회기, 학급 회기 등)을 투자했는지를 측정하였다. 이 항목 만점은 104점이 될 수 있다. 활동 인식도는 학생들을 대상으로 조사한 것으로, 프로그램 직후에 학생들이 학교 측에서 얼만큼 열심히 학교폭력 근절을 위해서 노력하였는지에 대해서 5점 척도로 점수를 매기도록 하였다.

    연구 결과를 보면 초등학교에서 학교폭력 정책 개발에 직원의 관여도가 더 높은 것을 볼 수 있다. 하지만 초등학교에서 정책 개발과 집행에 더 많은 공을 들였다는 증거는 볼 수 없다. 학생들의 인식도에도 미묘한 차이가 있을 뿐이다. 모든 항목에 대해 공통적으로 발견되는 특징은 각 항목의 측정값 범위가 매우 넓다는 것이다. 어떤 경우라도 항목내 차이가 항목간 차이 보다 더 크다.

표 10.2 셰필드 프로젝트에서 학교폭력 프로그램 집행과 관련된 측정값의 평균과 범위(Smith & Sharp, 1994)

	직원 관여도	정책 + 옵션 투입	활동 인식도
초등학교 n=16	2.68 (1.50~3.75)	45.5 (16~73)	1.17 (0.54~1.73)
중등학교 n=7	1.86 (1.10~3.13)	50.4 (20~79)	0.96 (0.58~1.39)

고 찰

본 챕터에서는 학교폭력 프로그램이 왜 초등학교 보다 중등학교에서 효과를 잘 발휘하지 못하는 지에 대한 답을 찾으려고 하였다. 전반적으로 수십 년간 심리학계가 주장해온 개개인의 발달학적 변화가 적절한 답이 되는 것으로 보인다. 학생들이 사춘기에 진입하면서 자신의 독립을 주장하고 어른들과 더욱 마찰을 일으키며 무모하고 위험 감수 행위를 더 많이 하게 된다. 그리고 또래한테 선명하게 자신의 존재감을 각인시키는 것과 또래 내에서 지위를 차지하려는 행동도 중요해지게 된다. 이런 경향을 조장하는 데에는 그 학교 속에 퍼져있는 또래 문화가 영향을 미치고, 더 나아가면 전체 사회 분위기도 영향을 미친다고 볼 수 있다. 하지만 개인적 표현능력과 자율성을 중시하는 서구 문화와 Arnett(1992)이 '넓은 의미의 사회화'라고 칭했던 심리사회적 모라토리엄 기간 때문에 이런 변화를 더 조장한다. 약한 아이들을 괴롭히는 것은 자신의 지위와 권력을 과시하는 방법으로 간주되고 있으며, 개개인으로서는 가해자를 싫어하지만 집단적으로는 가해자를 멋있다고 여기고 인기 있다고 인식할 수 있다. 피해자를 돕는 것은 멋진 행위가 아니며 또래 내 지위를 떨어트릴 수 있다는 위험 부담을 안게 된다. 물론 이런 경향이 고정불변의 것은 아니다. 더 자란 청소년들은 인지적으로 세련되기 시작하면서 다른 이의 처지를 더 잘 이해한다. 그리고 모든 청소년이 일탈 청소년 집단에 가담하는 것은 아니다. 도움을 주고 약자를 보호하는 행위는 사회적으로 기념할만한 행위이며, 일부 청소년들은 더 성숙하고 장기적인 안목을 가질 수 있다. 그리고 이들은 학교에서 내건 삶의 가치를 져버리지 않을 것이다. 하지만 일반적으로 연령에 따른 이런 위험 요소들이 중고등학생에게 더 크게 작용하는 것은 사실이다.

중등학교는 규모가 더 크다. 이런 점도 학생들의 또래관계에 미치는 영향이 있을 건데, 일단 또래집단의 규모도 커진다고 볼 수 있다. 또래집단의 기준도 한 학급이라기 보다 한 학년 단위가 될 가능성이 더 크다. 또래집단이 구성되는 방식 자체도 더 복잡해질 수 있다. 서로 다른 유형의 파벌이 생길 수도 있고, 그 파벌 내에서 갖는 지위도 다양할 수 있다(Cairns, Leung, Buchanan, & Cairns, 1995). 이런 점이 학교폭력에 어떤 영향을 미칠까? 확실히 일부 비행청소년들끼리 뭉칠 기회가 될 수 있다. 하지만 내성적이거나 학교폭력 피해 고위험군 아이들이 자기와 비슷한 학생들을 찾아서 서로 안전감을 확인할 기회가 될 수도 있는 것이다. 이런 점이 전반적으로 학교폭력 프로그램의 효과성이 다양해질 수 있는 이유가 될 수 있다. 하지만 전반적으로 볼 때, 효과성이 큰 폭으로 변화했는지 알기가 어렵다.

다른 학교 조직과 관련된 요인들이 학교폭력 프로그램 효과성에 영향을 미치리라 생각했지만, 이를 입증할 수는 없었다. 사실, 활용할 수 있는 근거가 제한되어 있긴 하다. 하지만 전반적으로 학교 규모(또는 학교 조직 구성) 보다는 학교 분위기가 더 중요해 보인다. 효과적인 리더십 체계와 학교폭력 개입에 대해 호의적인 분위기가 제일 중요한 것으로 보인다. Olweus의 연구 분석과 셰필드 프로젝트 연구 결과를 보면 초등학교 교사들이 학교폭력 문제에 더 직접적으로 관여 및 책임을 지고 있는 것으로 인식하고 있으나, 이런 인식이 꼭 교사들과 학생들에게 피부로 와닿는 구체적 성과로 연결되는 것 같지는 않다. 분명, 중등학교에서 학교폭력 프로그램 효과성이 초등학교에 못 미치는 데에 학교 조직 구성의 차이라는 변수를 무시해서는 안 되겠지만, 발달학적 관점이 더욱 탄탄한 가설임에는 분명해 보인다. 게다가 항목내 차이가 큰 것을 보면 학교 규모나 조직 구성 보다는 각 학교의 리더십 체계와 분위기에 의해 영향을 더 많이 받는 것으로 보인다.

표 10.3 실무를 위한 제언

중등학교에서 학교폭력 문제를 변화시키고자 하는 것은 초등학교에서 보다 더 도전적인 일이 되리라는 점은 인식하고 있어야 한다.

양쪽 학교 모두 효과적인 리더십 체계와 학교폭력 업무에 대한 헌신과 긍정적인 학교 분위기가 성공의 열쇠가 된다.

특히, 중등학교에서는 학생들을 학교폭력 프로그램에 참여시키는 것이 중요하다. 예를 들면 교내 정책 개발이나 또래 지지 시스템 구축 과정에서 말이다.

또래집단 내 지위는 중고등학생들 내에서 매우 중요한 변수가 된다. 또래 지지 시스템은 높은 지위를 지닌 또래들이 지지자가 될 때 효과를 볼 수 있다. 학교폭력 피해자들은 자기주장훈련과 좋은 친구관계 기술 등을 통해 또래집단 내 지위 상승에 도움을 받을 수 있다.

실무를 위한 제언과 요약

본 챕터에서 제시한 소견들은 기존 실무 권고 사항을 더 보강해주는 역할 밖에 되지 않는다. 분명, 학교 안 모든 부처와 구성원간의 좋은 의사소통 방식을 통해 정책을 집행할 수 있어야 한다. 그리고 학교는 학교폭력 문제에 항상 일관된 반응을 보여야 하고, 좋은 학급 분위기와 교사-학생 관계도 장려해야 한다. 그리고 학부모와 지역 사회도 건설적인 방식으로 참여시키도록 해야 한다(표 10.3 참고).

비록 사춘기 발달 시작은 생물학적 관점으로 이해할 수 있으나, 청소년들을 어떻게 사회화 시키느냐도 분명한 효과를 낼 수 있다. 우리는 Arnett(1992)이 '좁은 의미의 사회화'라고 칭한 개념으로 가닥 잡는 것을 원치 않는다. 이는 전통 사회에서처럼 청소년들에게 엄격한 행동 제한을 가하고 자기 표현을 억제하는 방식이기 때문이다. 하지만 학교가 효과적인 학교폭력 정책을 만들어서 학생들이 자발적으로 따르게끔 하는 것은 합당하다. 그리고 학생들이 정책 수립에 참여하고 집행하는 데에 참여하는 것이 더 효과적일 것이다. 특히, 교사들의 영향력이 제한적일 때는 학생들의 자발적 참여가 더욱 중요할 수 있다.

또래 지지 시스템은 이런 목표를 달성하기 위해 명백한 수단이 될 수 있다. 제일 성공적인 또래 지지 시스템이라면 또래집단 내에서 지위가 높고 인기 있는 (되도록 남학생도 충분히 포함해서) 학생들을 또래 지지자가 될 수 있도록 유도할 수 있어야 한다. 정보화 기술을 여기에 접목하는 것도 쓸모있을 수 있다. 예를 들면 교내 인트라넷을 이용한 의뢰 시스템 말이다. 또래 지지 시스템의 효과성을 검증하기 위해서는 더 많은 연구가 필요하고, 성공을 위해서는 많은 복병이 숨어있을 수 있다. 하지만 효과적인 또래 지지 시스템이 있다면 학교 분위기를 향상 시킬 수 있고 또래집단의 가치 체계에 긍정적인 영향을 줄 수 있을 뿐 아니라 피해자를 지원하는 직접적인 기능도 담당할 수 있을 것이다.

사춘기 청소년 집단에서는 지위와 권력의 중요성이 더 커진 만큼, 학교폭력 프로그램 집행의 또다른 중요 포인트는 학교폭력 피해자들이 더 높은 지위와 권력을 습득할 수 있도록 돕는 것이다. 셰필드 프로젝트에서는 자기주장훈련을 시도하여 어느 정도 효과를 봤다(Smith & Sharp, 1994). 캔사스 프로젝트에서는 신체적 교육과 자기방어 교실을 운영하여 자기 조절 기술을 가르쳤다(Twemlow 등, 2001). 또 중요한 것은 우정을 촉진시키고 피해자와 잠재적 피해자에게 사회 기술을 갖추도록 독려하는 것이다(Fox & Boulton, 2005). 광범위하고 더 나은 활동을 할 수 있는 기회를 부여함으로써 잠재적 피해자들이 또래 내 지위를 확보할 수 있도록 돕는다면 절망의 악순환에서 빠져나올 수 있을 것이다. 그리고 실제로 일부 학생은 악순환의 고리에서 탈출하는 길을 알아내기도 했다.

참고문헌

Alsaker, F. D. (2004). Bernese programme against victimisation in kindergarten and elementary school. In P. K. Smith,

D. Pepler, & K. Rigby (Eds.), *Bullying in schools: How successful can interventions be?* (pp. 289-306). Cambridge, UK: Cambridge University Press.

Ananiadou, K., & Smith, P. K. (2002). Legal requirements and nationally circulated materials against school bullying in European countries. *Criminal Justice, 2,* 471-491.

Arnett, J. (1992). Reckless behavior in adolescence: A developmental perspective. *Developmental Review, 12,* 339-373.

Arnett, J. (1999). Adolescent storm and stress, reconsidered. *American Psychologist, 54,* 317-326.

Baldry, A. C., & Farrington, D. P. (2007). Effectiveness of programs to prevent school bullying. *Victims and Offenders, 2,* 183-204.

Benbenishty, R., & Astor, R. A. (2005). *School violence in context: culture, neighborhood, family, school and gender.* Oxford, UK: Oxford University Press.

Berndt, T. J. (1979). Developmental changes in conformity to peers and parents. *Developmental Psychology, 15,* 608-616.

Bjorklund, D. F., & Pellegrini, A.D. (2000). *Evolutionary development psychology.* Washington, DC: American Psychological Association Press.

Blakemore, S. J., & Choudhury, S. (2006). Development of the adolescent brain: implications for executive function and social cognition. *Journal of Child Psychology and Psychiatry, 47,* 296-312.

Boulton, M. J., & Smith, P. K. (1994). Bully/victim problems in middle-school children: Stability, self-perceived competence, peer perceptions and peer acceptance. *British Journal of Developmental Psychology, 12,* 315-329.

Buchanan, C. M., Eccles, J. S., & Becker, J. B. (1992). Are adolescents the victims of raging hormones: evidence for activational effects of hormones on moods and behavior at adolescence. *Psychological Bulletin, 111,* 62-107.

Cairns, R. B., Leung, M-C., Buchanan, L., & Cairns, B. D. (1995). Friendships and social networks in childhood and adolescence: fluidity, reliability, and interrelations. *Child Development, 66,* 1330-1345.

Card, N. (2003, April). *Victims of peer aggression: A meta-analytic review.* Paper presented at Society for Research in Child Development biennial meeting, Tampa, Florida.

Carroll, A., Houghton, S., Hattie, J., Durkin, K., et al. (1999). Adolescent reputation enhancement: Differentiating delinquent, nondelinquent, and at-risk youths. *Journal of Child Psychology & Psychiatry, 40,* 593-606.

Coleman, J. C. (1980). *The nature of adolescence.* London: Methuen.

Cross, D., Hall, M., Hamilton, G., Pintabona, Y., & Erceg, E. (2004). Australia: The friendly schools project. In P. K. Smith, D. Pepler, & K. Rigby (Eds.), *Bullying in schools: How successful can interventions be?* (pp. 187-21). Cambridge, UK: Cambridge University Press.

Emler, N., Reicher, S., Ross, A., et al. (1987). The social context of delinquent conduct. *Journal of Child Psychology & Psychiatry, 28,* 99-109.

Farrington, D. P. (2005). Introduction to integrated developmental and life-course theories of offending. In D. P. Farrington (Ed.), Integrated developmental and life-course theories of offending. *Advances in criminological theory, Vol. 14* (pp 1-14). New Brunswick, NJ: Transaction

Fox, C. L., & Boulton, M. J. (2005). The social skills problems of victims of bullying: Self, peer and teacher perceptions. *British Journal of Educational Psychology, 75,* 313-328.

Galloway, D., & Roland, E. (2004). Is the direct approach to reducing bullying always the best? In P. K. Smith, D. Pepler, & K. Rigby (Eds.), *Bullying in schools: How successful can interventions be?* (pp. 37-53). Cambridge, UK: Cambridge University Press.

Graham, S., & Juvonen, J. (Eds.). (2001). An attributional approach to peer victimization. In J. Juvonen & S. Graham (Eds.), *Peer harassment in school: The plight of the vulnerable and victimised* (pp. 49-72). New York: Guildford.

Hanewinkel, R. (2004). Prevention of bullying in German schools: An evaluation of an anti-bullying approach. In P. K. Smith, D. Pepler, & K. Rigby (Eds.), *Bullying in schools: How successful can interventions be?* (pp. 81-97). Cambridge, UK: Cambridge University Press.

Hermann-Giddens, M., Slora, E., & Wasserman, R. (1997). Secondary sexual characteristics and menses in young girls. *Pediatrics, 99,* 505-512.

Koivisto, M. (2004). A follow-up survey of anti-bullying interventions in the comprehensive schools of Kempele in 1990-98. In P. K. Smith, D. Pepler, & K. Rigby (Eds.), *Bullying in schools: How successful can interventions be?* (pp. 235-249). Cambridge, UK: Cambridge University Press.

Limber, S. P., Nation, M., Tracy, A. J., Melton, G. B., & Flerx, V. (2004). Implementation of the Olweus Bullying Prevention programme in the southeastern United States. In P. K. Smith, D. Pepler, & K. Rigby (Eds.), *Bullying in schools: How successful can interventions be?* (pp. 55-79). Cambridge, UK: Cambridge University Press.

Menesini, E., Codecasa, E., Benelli, B., & Cowie, H. (2003). Enhancing children's responsibility to take action against bullying: evaluation of a befriending intervention in Italian middle schools. *Aggressive Behavior, 29,* 1-14.

Menesini, E., Eslea, M., Smith, P. K., Genta, M. L., Giannetti, E., Fonzi, A., & Costabile, A. (1997). A cross-national comparison of children's attitudes towards bully/victim problems in school. *Aggressive Behavior, 23*, 245-257.

Monk, C. M., McClure, E. B., Nelson, E. E., et al. (2003). Adolescent immaturity in attention-related brain engagement to emotional facial expression. *Neuroimage, 20*, 420-428.

Monks, C.P., Smith, P. K., & Swettenham, J. (2005). The psychological correlates of peer victimization in preschool: Social cognitive skills, executive function and attachment profiles. *Aggressive Behavior, 31*, 571-588.

Olweus, D. (1993). *Bullying in school: What we know and what we can do.* Oxford, UK: Blackwell.

Olweus, D. (2004). The Olweus Bullying Prevention program: Design and implementation issues and a new national initiative in Norway. In P. K. Smith, D. Pepler, & K. Rigby (Eds.), *Bullying in schools: How successful can interventions be?* (pp. 13-36). Cambridge, UK: Cambridge University Press.

Olweus, D. (2005). *New positive results with the Olweus Bullying Prevention Program in 37 Oslo schools.* Unpublished report. Bergen, Norway: HEMIL-Center.

Olweus, D., & Endresen, I. M. (1998). The importance of sex-of-stimulus object: Age trends and sex differences in empathic responsiveness. *Social Development, 3*, 370-388.

O'Moore, A. M., & Minton, S. J. (2004). Ireland: the Donegal Primary Schools' anti-bullying project. In P. K. Smith, D. Pepler, & K. Rigby (Eds.), *Bullying in schools: How successful can interventions be?* (pp. 275-287). Cambridge, UK: Cambridge University Press.

Ortega, R., Del Rey, R., & Mora-Merchan, J.A. (2004). SAVE model: An anti-bullying intervention in Spain. In P. K. Smith, D. Pepler, & K. Rigby (Eds.), *Bullying in schools: How successful can interventions be?* (pp. 167-185). Cambridge, UK: Cambridge University Press.

Pellegrini, A. D., & Bartini, M. (2001). Dominance in early adolescent boys: Affiliative and aggressive dimensions and possible functions. *Merrill-Palmer Quarterly, 47*, 142-163.

Pellegrini, A. D., & Long, J. D. (2002). A longitudinal study of bullying, dominance, and victimization during the transition from primary through secondary school. *British Journal of Developmental Psychology, 20*, 259-280.

Pellegrini, A. D., & Long, J. D. (2003). A sexual selection theory longitudinal analysis of sexual segregation and integration in early adolescence. *Journal of Experimental Child Psychology, 85*, 257-278.

Pepler, D. J., Craig, W. M., O'Connell, P., Atlas, R., & Charach, A. (2004). Making a difference in bullying: Evaluation of a systemic school-based programme in Canada. In P. K. Smith, D. Pepler, & K. Rigby (Eds.), *Bullying in schools: How successful can interventions be?* (pp. 125-139). Cambridge, UK: Cambridge University Press.

Pitts, J., & Smith, P. (1995). *Preventing school bullying.* London: Home Office Police Research Group.

Rigby, K. (1994). Attitudes and beliefs about bullying among Australian school children. *The Irish Journal of Psychology, 18*, 202-220.

Rigby, K. (2002). *A meta-evaluation of methods and approaches to reducing bullying in preschools and early primary schools in Australia.* Canberra: Attorney General's Department, Crime Prevention Branch.

Rigby, K., & Slee, P. T. (1991). Bullying among Australian schoolchildren: Reported behavior and attitudes to victims. *Journal of Social Psychology, 131*, 615-627.

Romer, D., & Walker, E. F. (Eds.). (2007). *Adolescent psychopathology and the developing brain.* Oxford, UK: Oxford University Press.

Rosenbluth, B., Whitaker, D. J., Sanchez, E., & Valle, L. A. (2004). The Expect Respect project: Preventing bullying and sexual harassment in US elementary schools. In P. K. Smith, D. Pepler, & K. Rigby (Eds.), *Bullying in schools: How successful can interventions be?* (pp. 211-233). Cambridge, UK: Cambridge University Press.

Rossi, A. H., & Rossi, P. H. (1991). *Of human bonding: Parent-child relations across the life course.* New York: de Gruyter.

Rutter, M., Graham, P., Chadwick, O., & Yule, W. (1976). Adolescent turmoil: fact or fiction? *Journal of Child Psychology and Psychiatry, 17*, 35-56.

Salmivalli, C., Kaukiainen, A., Voeten, M., & Sinisammal, M. (2004). Targeting the group as a whole: The Finnish anti-bullying intervention. In P. K. Smith, D. Pepler, & K. Rigby (Eds.), *Bullying in schools: How successful can interventions be?* (pp. 244-273). Cambridge, UK: Cambridge University Press.

Smith, D. J., Schneider, B. H., Smith, P. K., & Ananiadou, K. (2004). The effectiveness of whole-school antibullying programs: A synthesis of evaluation research. *School Psychology Review, 33*, 547-560

Smith, P. K., Ananiadou, K., & Cowie, H. (2003). Interventions to reduce school bullying. *Canadian Journal of Psychiatry, 48*, 591-599.

Smith, P. K., Pepler, D. K., & Rigby, K. (Eds.). (2004). *Bullying in schools: How successful can interventions be?* Cambridge: Cambridge University Press.

Smith, P. K., Madsen, K., & Moody, J. (1999). What causes the age decline in reports of being bullied in school? Towards a developmental analysis of risks of being bullied. *Educational Research, 41*, 267-285.

Smith, P. K., & Sharp, S. (Eds.). (1994). *School bullying: Insights and perspectives.* London: Routledge.

Smith, P. K., & Watson, D. (2004). *Evaluation of the CHIPS (ChildLine in Partnership with Schools) programme*. Research report RR570 to DfES. London: HMSO.
Steinberg, L. (1988). Reciprocal relation between parent-child distance and pubertal maturation. *Developmental Psychology, 24*, 122-128.
Stevens, V., de Bourdeaudhuij, I., & Van Oost, P. (2000). Bullying in Flemish schools: An evaluation of anti-bullying intervention in primary and secondary schools. *British Journal of Educational Psychology, 70*, 195-210.
Stevens, V., Van Oost, P., & de Bourdeaudhuij, I. (2004). Interventions against bullying in Flemish schools: Programme development and evaluation. In P. K. Smith, D. Pepler, & K. Rigby (Eds.), *Bullying in schools: How successful can interventions be?* (pp. 141-165). Cambridge, UK: Cambridge University Press.
Twemlow, S. W., Fonagy, P., Sacco, F. C., Gies, M. L., Evans, R., & Ewbank, R. (2001). Creating a peaceful school learning environment: A controlled study of an elementary school intervention to reduce violence. *American Journal of Psychiatry, 158*, 808-810.
Weisfeld, G. E., & Janisse, H. C. (2005). Some functional aspects of human adolescence. In B. J. Ellis & D. F. Bjorklund (Eds.), *Origins of the social mind: Evolutionary psychology and child development* (pp. 189-218). New York: Guilford.
Whitney, I., & Smith, P. K. (1993). A survey of the nature and extent of bullying in junior/middle and secondary schools. *Educational Research, 35*, 3-25.

<부록 A>

2007년 5월 16일 Dan Olweus와 개인적으로 연락을 취해서 고학년 학생한테는 왜 개입법의 효과성이 떨어지는지 질의하였다.

　중등학교 저학년에서 효과성이 다소 부족하게 나온 것에 대해서 말씀드리자면, 일단 저는 첫 베르겐 프로젝트에서 당시 7학년 코호트(중등학교에서 제일 낮은 학년으로, 노르웨이에서는 나중에 8학년으로 학년제가 변경되었다.)에서도 긍정적인 결과를 획득했습니다. 물론, 두번째 베르겐 프로젝트에서 9학년 코호트 결과도 분명히 좋았습니다. 하지만 이 결과를 영문 학회지에 게재하지는 않았고, 노르웨이 학회지에 짧은 보고서 형식으로 알린 적은 있어요. 그렇지만 일반적으로 이 학년대에서는 좋은 결과를 얻기가 꽤 힘들다는 점에 대해서는 저도 동의합니다.

　저는 이점에 대해서 다음 4가지 설명이 가능하다고 보통 알려드립니다.

1) 이 학년대는 교육 지도 구성이 다른 학년과 다르고, 사회적 관계 보다는 주로 교과목에 교육이 치중되어 있다는 점입니다. 일단, 담임 교사의 역할이 덜 중요해집니다. 그리고 학생들 간의 사회적 관계에 대한 책임도 여러 교사들이 관여하는 탓에 희석되지요. 즉, 대부분 교사들은 자기 책임이 아니라고 느낄 가능성이 높습니다.
2) 교사는 가르치는 일이 자신의 업무라고 규정하고 있기 때문에, 학교폭력 문제에 개입하거나 학생들 간의 갈등을 해소하는 일을 자기 일이라고 여기지 않습니다. 그런데 사실 이런 책임감 문제가 2003년 Kallestad & Olweus 연구에서는 프로그램 실행력에 영향을 끼치는 것으로 나왔거든요. 그리고 이런 점 때문에 중등학교에서 프로그램 실행이 상대적으로 덜 충실한 것으로 우리 내부 분석 결과상 나왔습니다. 학급 회의라든가 역할극이라든가 학교폭력 근절 교칙/학급 규칙 등을 집행하는 것처럼 프로그램의 주요 요소들이 상대적으로 부족하게 실행된 면이 있습니다.
3) 학생들이 사춘기에 접어들면서 어른들의 가치관, 세계관, 시각에 저항적으로 변하는 경향이 있습니다. 이런 행동 경향 때문에 학교에서 공격적인 행동 문제를 변화시키고자 노력하는 영역에서 마찰이 발생하게 됩니다. 학생들 대부분이 어른들의 세계에 대해 협력적이거나 친절하거나 곱게 나오려고 하지 않습니다. 학생들은 자기 자신을 독립적이고 도전적이며 저항적인 이미지로 가져가고 싶어해요.
4) 나이가 들면서 기존의 행동 경향이 더 굳어지고 자동화되는 경향이 있습니다. 공격적인 행동 역시 예외가 아니죠. 그래서 공격적인 행동 경향을 지닌 아이들을 변화시키고자 하는 것이 나이가 들 수록 더욱 힘들다고 볼 수 있습니다.

위 소견은 본 사안에 대해 간략하게 요점만 추린 것이다.

11
학교폭력과 스트레스와 스트레스 유발 요인 간의 관계
여러 국가에서 시행한 횡적 비교 조사를 중심으로

MITSURU TAKI

학교폭력의 인과관계를 설명함에 있어 왜 맥락적 요인을 알아보는 것이 필요한가?

1980년대 후반에서 1990년대 초반, 유럽에서 출간된 문헌 중에는 학교폭력의 인과 관계를 강조한 것들이 있다. 이 문헌에서는 학교폭력의 주된 원인으로 가족이나 개인의 내적 요인을 꼽았다. Besag(1989)는 1970년대에서 1980년대에 이루어진 연구들은 주로 가족과 개인의 기질적 요인들이 가해 행위와 피해 사례의 원인이 된다고 설명하고 있었다는 것이다. 비슷한 예로, Smith와 Thompson(1991)도 아이들의 성격, 기질, 가정적 요인이 학교폭력 문제에 영향을 주었다는 연구진들의 소견을 인용하기도 했었다. Olweus(1993)은 1980년대 연구를 근거로 논의하길, 자녀 양육 조건이 아이들의 공격성에 영향을 줄 수 있다고 언급하기도 했다. 이런 인과론 모델들은 현재의 학교폭력 연구 흐름에도 이어져 오고 있다.

기존 연구나 최근 연구는 공통점이 있는데, 1) 아이들을 대상으로 자기보고식 설문지를 이용한 단일 조사라는 점, 2) 응답자의 경험에 따라 가해자, 피해자, 가피해자로 분류하였다는 점, 3) 각 항목에 대해 여러 요인을 비교하였다는 점, 4) 통계적 유의성에만 단순히 의존해서 학교폭력의 인과 관계를 유추했다는 점, 5) 가족, 개인의 내적 요인과 같은 고정 요인들을 학교폭력의 주된 원인으로 결론 내렸다는 점 등을 들 수 있다.

하지만, 이런 성향의 연구자들은 인과론 모델에 대한 연구를 할 때 어떤 암묵적인 전제를 이미 깔고 접근한 것으로 볼 수 있다. 예를 들면, 어떤 특정 시점에 학교폭력을 당했거나 저지른 아이들이 다른 때에도 늘 학교폭력 문제에 연루되어있을 것이라는 가정이 깔려 있다. 다른 말로 표현하자면, 설문 조사 시점 당시에 가해자든 피해자든 어떻게든 분류된 아이들은 과거에도 미래에도 늘 가해자 또는 피해자였고 또 그럴 것이라는 가정이 담겨 있다는 뜻이다. 왜냐하면 이들 연구자들은 가해자 또는 피해자 등으로 분류된 아이들이 가정이나 개인 내적 특징과 같은 특별한 원인의 영향을 받았다고 생각하기 때문이다. 이런 특성은 살면서 쉽게 바뀌지 않기 때문에, 이런 영향을 받은 학교폭력 양상도 안정적일 것이라는 결론이 나온다. 만약 과거 가정 또는 개인 내적 요인이 있다면, 단 한순간의 설문조사만으로도 학교폭력의 유형을 단정 지어도 된다는 관점이 타당하다고 볼 수 있다. 물론 이런 연구 방식으로 도출된 인과관계 또한 타당하다고 간주할 수 있다. 이런 점 때문에 한 순간의 조사만으로 학교폭력 유형의 안정성을 담보할 수 있는 가설은 이것 외에는 다른 대안이 없을 것이라고 생각한다. 나는 학교폭력의 과거 연구에 숨겨져 있었던 이런 가정, 인과 관계 모델, 연구 접근법에 대해서 도전하고자 한다.

횡적인 연구법을 활용하다보면 이런 암묵적인 가정들을 쉽게 확인할 수 있다. Taki(1992)는 1985년에서 1987년까지 일본에서 진행한 횡적 연구 결과를 보면 연구 기간 내내 일관되게 가해자 혹은 피해자로 분류할 수 있는 아이들이 몇 안 되는 것으로 밝혔다. 1998년에서 2000년까지 일본 학생을 대상으로 일 년에 두 번씩 설문조사한 연구에서도 같은 양상의 결과가 반복되었다(Taki, 2001). 두 연구 모두에서 1) 가해 행위는 모든 아이들한테서 두루 나타나는 현상이었고, 2) 시간에 따라 가해자나 피해자의 역할은 변할 수 있었으며, 3) 특정 인물이 계속해서 일관되게 가해 행동을 한다는 증거가 없었다. 이런 연구 결과는 위에 언급된 암묵적 가설을 기각한다. 즉, 기존 암묵적 가정에는 가해자나 피해자는 특수한 가정환경이나 특수한 개인적 요인이 있어서 계속 괴롭힘을 당하거나 남을 괴롭히는 것으로 여겼지만, 본 연구 결과에서는 그렇지 않은 것이다. 물론, 가정환경이 불리하거나 독특한 개인적 요인을 지니고 있으면 학교폭력에 더 취약한 경향을 보이겠지만, 다른 보통의 아이들도 학교폭력에 많이 관여한다. 즉, 이런 특정 요주의 인물이 차지하는 비중은 전체 학교폭력 사례에서 일부에 불과할 뿐이다. 따라서 학교폭력의 인과 관계를 밝히고 연구에 접근함에 있어 특정 인물의 역할을 주요 문제로 보는 시각은 전체 학교폭력 사건을 제대로 설명해주지 못한다. 가정적 요인과 개인 내적 요인은 원인이라기 보다는 하나의 위험 인자로 간주하는 것이 더 낫다. 물론, 이런 위험인자와 학교폭력 경험과는 상당한 상관관계가 존재하긴 하지만 말이다. 그래서 이런 위험 요인을 바탕으로 한 인과 관계 모델과 연구 접근법은 기각되어야 한다.

하지만 위와 같은 근거에도 불구하고, 이런 내적 요인을 중시하는 인과론 모델과 연구 접근법은 오랜 기간 동안 유럽에서 학교폭력 연구 트렌드로 강력히 자리잡고 있었다. 나는 이런 흐름에 대해 두 가지 이유가 존재한다고 생각한다. 첫째, Dan Olweus가 연구 초창기에 활용했던 '무리공격(mobbing)'이란 용어와 학교폭력과 명확한 개념 정의 구분이 잘 되어 있지 않았다. 따라서 무리공격에 관한 이론을 학교폭력에 대한 별도의 연구 없이 학교폭력 연구에 그대로 가져와 이식한 셈이다. 둘째, 유럽에서는 횡적 조사 연구방법론에 대해서는 거의 전무했다. 그래서 암묵적 가정에 대해서 경험적인 자료로 검증한 적이 없었다. 이 두가지 이유에 대해서 앞으로 자세히 논의를 할 것이다.

무리공격에 대한 연구자들은 주로 1970년대 스칸디나비아 반도 출신이다. 비록 당시에는 무리공격을 학교폭력과 동일시 하였지만, 1970년대 연구는 주로 공격적인 남학생들에 초점을 맞췄었다. 특히, 이들 남학생은 문제가 있는 가정에서 자라난 고위험군 집단이었다. 무리공격이 학교폭력과 부분적으로 겹치긴 하지만, 무리공격에 관한 연구는 최근 학교폭력 연구에 접목해서는 안 된다. 그럼에도 불구하고, 1980년대 학교폭력을 연구하던 연구자들 일부는 1970년대 무리공격에 대해 연구하던 사람들이 그대로 이어졌으며, 이들 연구자들은 무리공격과 학교폭력이라는 용어를 동의어로 사용하는 바람에, 본의 아니게 무리공격 연구에 기본 전제였던 인과론 모델과 연구 접근법이 고스란히 학교폭력 연구로 옮겨져왔다. 예를 들어 Olweus(1993)는 주로 남학생을 대상으로 한 연구를 가지고 학교폭력의 인과관계를 살폈으며, 이런 인과론이 남녀 모두에 해당된다고 결론내렸다. 하지만 이런 주장은 1970년대 무리공격에 대한 남학생 연구에 주로 기반을 뒀으며, 1980년대 학교폭력에 대한 연구는 남학생과 여학생 모두에 대해 유효하다고 인용 표시를 했어야 했다. 하지만, Olweus는 남학생들의 무리공격 행위와 남녀 모두의 학교폭력 행위가 어떻게 다른지 설명하지 않은채, 동의어로 다뤘다. 1980년대에서 1990년대에 이르기까지 다른 연구 문헌에서도 특정 고위험군 남학생들의 무리공격과 보통 남학생과 여학생의 학교폭력 행위에 대해 명확한 구분을 짓지 않았다. 따라서 학교폭력과 무리공격에 대한 개념적 구분이 명확하지 않았기 때문에 인과론 모델과 이에 따른 연구 접근 방식에 대해 이때까지 제대로 된 검증을 받지 못했던 것이다.

이런 혼란이 발생한 두번째 이유는 바로 유럽에서는 횡적 조사 연구법을 거의 쓰지 않았다는 점이다. 만약에 학교폭력 문제가 무리공격에서처럼 불우한 가정 속에 성장한 특정 아이들만의 문제라면, 횡적 연구 조사에서 가해자와 피해자가 동일 인물로 계속 감지되었을 것이다. 반대로 이야기하면, 횡적 연구 방법은 학교폭력 문제가 몇몇 특정 개인이 반복적으로 일으키는 문제인지 아닌지를 검증할 수 있는 연구방법이 된다는 뜻이 된다. 하지만, 전통적인 유럽식 학교폭력 조사 방법은 위에서 언급한 대로 대부분 특정 시점에서 단면적으로 정보를 조사하는 방식이었다. 그래서 인과론 모델과 내적 요인을 중시하는 연구 접근법에 대해서 의문을 품기가 어려웠다.

본 챕터의 첫부분에서는 종전 일본 연구 조사(Taki, 1992, 2001) 결과를 최근 호주, 캐나다, 한국, 일본 조사 결과와 비교해 볼것이다. 기존의 인과론 모델과 연구 접근법을 기각하고서 맥락적 요인들을 활용한 새로운 인과론 모델을 제시하여 시간 경과에 따른 경험 변화에 대해 설명할 것이다.

국제적 학교폭력 프로젝트

본 챕터에서는 국제적 학교폭력 조사 프로젝트(the International Bullying Survey Project; NIER Project) 중 일부 자료를 소개하고자 한다. 이 프로젝트에는 두 부분으로 구성되어 있다. 한 부분은 횡적 조사로 3회에 걸쳐 자료 수집을 한다. 일본에서는 학교폭력에 대한 강력한 정책을 실행하고 있었고, 다음과 같이 학교폭력의 심각성에 대해 인식하고 있었다. '어느 학교나 어느 학급이나 어떤 아이들한테서도 심각한 이지메가 발생할 수 있습니다(교육부 장관의 긴급 호소문, 1996).' 이 발표문은 횡적 연구 조사 결과(Taki, 1992)에 근거해서 만들어 졌다. 이 발표문에는 학교폭력 문제가 특정 개인의 문제일 뿐 아니라 평범한 아이들 모두에게도 해당된다는 사실을 강조하고 있다. 하지만, 다른 나라에서는 횡적 연구가 거의 실시된 적이 없어서 학교폭력은 무리공격 연구와 마찬가지로 특정 개인이 만드는 문제로 알려져 있다. 따라서 본 프로젝트에서 18개월 동안 3회에 걸쳐 자료를 수집하는 것은 가해자와 피해자가 특수한 아이들인지 평범한 아이들인지를 구분하는 최소한의 연구 방법이었다.

다른 한 부분은 본 프로젝트에서는 학교폭력의 정의를 새롭게 내렸으며, 영어의 Bullying, 일본어의 이지메, 한국의 왕따와 같은 학교폭력을 지칭하는 직접적인 용어를 포함시키지 않은 새로운 질문지를 도입하였다. 종전 국제적 조사에서는 Olweus 연구에서 쓰던 질문지로 일본, 영국, 네덜란드, 노르웨이를 대상으로 조사를 했으며, 그 결과 유럽 국가에 비해 일본은 신체적 학교폭력이 덜 한 것으로 밝혀졌다(Morita, 2001). 하지만 이 결과가 각 국가의 실제 학교폭력 양상을 정확히 반영했는지 확실하게 하기 위해 더 추가적인 연구 조사가 필요하다. 실제로 Kanetsuna와 Smith(2002)는 일본 아이들은 이지메라는 용어 때문에 신체적 폭력 양상이 희석되는 느낌이 있으며, 유럽과 유럽계 미국 아이들의 경우에는 Bullying이라는 용어 때문에 상대적으로 더 직접적이고 신체적 폭력 양상이 부각되는 것처럼 느껴진다는 것으로 지적했다.

나라 마다 학교폭력에 대한 인식이 차이가 나는 데에는 2가지 이유를 추정해볼 수 있다. 첫번째는 국가 마다 실제 폭력 사건 양상이 차이가 날 가능성이다. 두번째는 학교폭력을 지칭하는 용어 때문에 응답자가 학교폭력의 개념을 왜곡되게 받아들이게 되었을 가능성이다. 따라서 학교폭력을 지칭하는 특정 용어로 조사했기 때문에 왜곡된 응답을 받게 되고, 국가마다 학교폭력 양상이 다른 것처럼 조사되었을 가능성이다. 이런 문제에 대한 해답은 학교폭력을 지칭하던 기존 용어를 쓰지 않고 학교폭력 행위 자체를 묘사한 질문지를 활용하는 것이다.

다른 국가의 연구자들과 협력한 끝에, NIER 프로젝트에서 학교폭력을 지칭하는 기존 용어를 등장시키지 않은 새로운 질문지를 개발해냈다. 학교폭력에 대한 정의는 Taki의 방식을 따랐다(2003):

> '이지메 학교폭력'이란 못된 행동 또는 부정적인 태도로 다른 사람을 당황하게 만들거나 모욕을 줘서 같은 집단 내의 약자에 대해 갑의 지위를 차지하려는 의도가 분명한 경우로 정의한다. 이는 타인의 권리를 침해하는 방식으로 자신의 존엄성을 지키거나 탈환하려는 역동적인 과정으로 간주할 수 있다. 결과적으로 이지메 학교폭력은 주로 타인의 정신적 고통을 유발시키려는 의도가 있는 행위로, 이런 행위의 형태는 신체적이건, 언어적이건, 심리적이건, 사회적이건 상관없다. 심각한 이지메 학교폭력의 세 가지 조건은 1) 멤버십, 2) 지위 변경에 대한 권한, 3) 피해 사례 발생의 빈도가 있다.

위와 같은 '이지메 학교폭력'이란 정의는 일본의 이지메와 유럽의 Bullying을 구분하기 위한 것이다. 일본의 이지메란 용어는 유럽의 학교폭력 개념과 대체로 비슷하지만, 주로 간접적 행위를 지칭한다는 차이가 있다. NIER 프로젝트에서는 '간접적 폭력성'(Lagerspets, Björkqvist, & Peltonen, 1988)이라는 개념도 포함을 시킨 것이다. 따라서 학생들은 질문지 작성에 앞서 다음과 같은 정의에 대해 소개받았다.

> 학생들은 학교에서 서로에게 정말 못되게 굴 때가 있지요. 못되고 부정적인 행동이 반복되고 또 반복되면, 정말 당황스럽고 기분이 상할 수도 있습니다. 이런 행동은 한 사람이 한 것일 수도 있고, 집단 내 서로 다른 사람들이 할 수도 있어요. 우리는 스스로 방어하기 힘들어 하는 학생들을 이용하고 못되게 대하는 학생들이 얼만큼 많이 있는지 알고 싶습니다.

이런 정의를 제시한 후에, 학생들은 자신이 학교폭력을 당했거나 자기가 다른 사람들 괴롭혔던 경험에 대해서든 주어진 질문에 응답하도록 하였다. 학생들에게 여러 유형의 피해 사례를 제시하여, 피해 경험의 정도가 어느 정도인지 척도를 통해 평가하도록 하였다. 총 5점으로 '전혀 없었다'에서부터 '일주일에 3~4번 이상'까지 점수를 부여하도록 하였다. 우리가 제시한 학교폭력의 유형으로는 1) 장난으로 한 신체적 유형 (예: 의도적인 때리기, 걷어차기, 침뱉기, 찰싹 때리기, 밀쳐내기, 기타 신체적 폭력으로 장난으로 한 행위), 2) 가혹한 신체적 유형(예: 의도적인 때리기, 걷어차기, 침뱉기, 찰싹 때리기, 밀쳐내기, 기타 신체적 폭력으로 가혹하게 한 행위), 3) 갈취하기 또는 본인 소유물을 망가뜨린 행위 유형, 4) 사회적 유형(예: 따돌리기, 무시하기, 소문 퍼트리기, 본인이나 다른 아이들에 대한 험담하기, 다른 아이들이 자신이나 다른 특정인(들)을 싫어하도록 유도하기), 5) 컴퓨터, 이메일, 스마트폰 등의 디지털 기기를 이용하여 본인 또는 다른 아이들을 위협하거나 이미지를 나쁘게 만다는 행위 유형이 있다. '장난으로'와 '가혹하게'라는 용어를 넣어서 애매모호한 행동으로 가장된 학교폭력(예: 지나가는 사람과 부딪히기)과 노골적인 폭력 행위(예: 직접 밀쳐버림) 사이 미묘한 차이를 구별해서 잡아내려고 하였다.

참여자 본 프로젝트는 4개 국가(일본, 호주, 캐나다, 한국)의 5학년 학생들을 대상으로 하였다. 일본 823명, 호주 103명, 한국 146명에 대한 자료가 2004년 봄에서 2005년 봄까지 수집되었으며, 캐나다에서는 205명의 자료를 2005년 가을에서 2006년 가을까지 수집하였다.

표 11.1 잦은 피해 경험(일주일에 한 번 이상)의 빈도

국가 및 반복횟수	피해 경험 유형					
	장난으로 맞기	가혹하게 맞기	갈취 당하기	놀림 받기	따돌림 당하기	이메일
일본						
3번	0.9	0.2	0.1	2.1	2.2	0.1
2번	4.3	1.2	1.4	6.7	6.3	0.2
1번	13.2	9.9	2.8	17.9	19.7	1.8
해당 없음	81.6	88.7	95.7	73.3	71.8	97.8
호주						
3번	1.0	0.0	0.0	4.9	1.0	0.0
2번	4.9	5.0	1.0	5.9	2.0	0.0
1번	8.7	1.0	1.9	14.7	13.7	2.0
해당 없음	85.4	94.1	97.1	74.5	83.3	98.0
캐나다						
3번	1.5	0.5	0.0	2.0	1.0	0.0
2번	7.3	4.9	3.4	6.4	6.8	2.4
1번	19.5	10.2	12.2	21.6	23.9	6.3
해당 없음	71.7	84.4	84.4	70.1	68.3	91.2
대한민국						
3번	1.4	0.7	0.0	2.1	0.0	0.0
2번	6.9	0.0	0.0	2.1	1.4	0.7
1번	18.1	7.6	2.1	14.1	4.9	2.1
해당 없음	73.6	91.7	97.9	81.7	93.8	97.2

첫 번째 연구: 누가 학교폭력에 관여하는가? 특정 인물일 것이냐, 아니면 평범한 아이들인가?

표 11.1에서 11.4까지 각 조사 시점에서 아이들이 학교폭력에 관여한 빈도를 나타내었다. 만약 무리공격 연구에서처럼 내적 요인에 근거한 인과론 모델이 옳고 가정이나 개인적인 문제가 있는 특정 아이들이 가해자 또는 피해자가 된다면, 학교폭력 실태가 늘 안정적일 것이다. 다른 말로, 횡적 연구에서 조사 시점 마다 가해자 또는 피해자로 추려지는 대상자가 동일 인물이어야 한다. 첫째, 표 11.1과 11.2에서는 '일주일에 한번 이상' 가해 행위/피해 경험이 있다고 응답한 아이들의 비율만 제시하였다. 이들은 '상습적 가해자' 및 '상습적 피해자'로 명명되었다. 만약 학교폭력이 특정 아이들만 일으키는 문제라면, 이런 아이들은 일주일에 한번 이상 가해/피해 경험이 있다고 응답할 것이다. 둘째, 표 11.3과 11.4에서는 비교를 위해 빈도와 상관 없이 가해/피해 경험이 있다고 응답한 아이들의 비율을 비교한 것이다.

표 11.1에서는 일주일에 한 번 이상 피해를 당했다고 응답한 아이들을 표시했다. '놀리기' 항목을 보면 모든 국가, 모든 조사 시점에서 일주일 이상 피해를 당했다고 보고한 아이들은 일부(2~5%)였다. 하지만 다른 피해 유형 항목에서는 해당되는 아이들이 거의 없었으나(2% 미만), 단 '따돌림' 항목에서 일본은 예외였다. 간단하게 말하자면, 대부분의 상습적 피해자는 3번의 조사 시점 중 한 순간에서만 잦은 피해경험을 겪은 것으로 응답했다. 이 결과로 봤을 때는 한번 피해자는 영원한 피해자라는 명제를 입증하기가 어려워진다. 물론 모든 조사 시점에서 잦은 피해 경험이 있다고 응답한 학생들을 위에서 언급한 특정 개인으로 간주할 수 있다고 하더라도, 이들은 전체 상습적 피해자 중에 아주 적은 일부만 차지하고 있기 때문에 모든 학교폭력 사건을 설명하기에는 불충분한 변수다.

표 11.2 잦은 가해 경험(일주일에 한 번 이상)의 빈도

국가 및 반복횟수	가해 경험 유형					
	장난으로 때리기	가혹하게 때리기	갈취	놀리기	따돌림	이메일
일본						
3번	0.2	0.0	0.0	0.6	0.6	0.1
2번	1.3	0.6	0.1	1.7	3.4	0.1
1번	6.1	3.3	1.3	9.3	11.3	0.6
해당 없음	92.3	96.1	98.6	88.4	84.7	99.1
호주						
3번	1.0	0.0	0.0	1.0	0.0	0.0
2번	1.0	0.0	1.0	1.0	1.0	0.0
1번	7.1	1.0	0.0	2.0	3.0	1.0
해당 없음	90.9	99.0	99.0	96.0	96.0	99.0
캐나다						
3번	1.5	0.0	0.1	0.5	0.0	0.0
2번	2.9	2.0	0.2	2.5	1.5	0.5
1번	13.2	2.9	1.6	7.8	6.3	1.5
해당 없음	82.4	95.1	96.1	89.2	92.2	98.0
대한민국						
3번	0.7	0.0	0.0	0.0	0.0	0.0
2번	4.8	0.7	0.0	0.7	0.7	0.0
1번	19.9	2.8	1.4	8.4	1.4	2.1
해당 없음	74.7	96.6	98.6	90.9	97.9	97.9

표 11.2에서는 일주일에 한 번 이상 다른 아이들을 괴롭힌다고 응답한 아이들의 비율을 표시했다. 이 결과에 따르면, 모든 국가에서, 또 모든 가해 유형에서 전 조사 기간 동안 다른 아이들을 괴롭힌다고 응답한 학생은 2%가 채 되지 않는 소수다. 간단히 말해서, 대부분의 상습적 가해자는 어느 한 조사 시점에서만 가해 경험이 있다는 것이다. 따라서 안정적인 피해자가 있다고 믿기 힘든 것처럼, 한번 가해자는 영원한 가해자가 된다고 보기 어려운 것이다.

표 11.3에서는 빈도와 관계 없이 피해 경험이 있다는 응답한 아이들 모두를 표시하였다(예: '일주일에 한 번 이상' 보다는 '이번 학기 중 한 번 이상'). 이 결과에 따르면 모든 국가에서 일부 유형에서는 어느 조사 시점에서든 많은 수의 학생들(20% 이상)은 피해 경험이 있다고 응답하였다. 예를 들어, '놀리기'와 '따돌림' 항목에서 20~25% 아이들은 반복적으로 피해 경험을 당한 것으로 응답했다. 하지만 같은 폭력 유형에서 대다수의 다른 아이들(70% 이상)은 연구 기간 중 최소 한 차례 이상 피해 경험을 겪은 것으로 응답하였다. 이런 결과는 NIER과 MEXT(Ministry of Education, Culture, Sports, Science and Technology, 2005) 프로젝트 결과와 비슷하다. 이 연구 조사에서는 '따돌림'을 당한다고 반복적으로 응답한 아이들은 조사 횟수가 거듭될수록 그 수가 줄어들었다. 반면, 피해 경험을 겪은 대부분의 아이들은 조사 기간 6년 동안 최소한 한 번 이상의 피해 경험을 겪은 학생들이었다. 비록 '장난으로 때리기'와 '놀리기' 항목에서 호주, 캐나다, 한국에서는 반복적인 피해자 비중이 상대적으로 높은 편으로 나왔지만, 70% 이상의 아이들은 1년 반 동안 한번 이상 겪을 것으로 응답했다. 모든 조사 시점에서 피해를 당했다고 응답한 아이들을 소위 '특정 개인'으로 인정한다고 치더라도, 이들은 전체 학교폭력 사건의 일부를 설명할 뿐이다. 이 결과를 바탕으로 봤을 때 피해 사례에서는 내적 요인을 중시한 인과론 모델과 연구 접근법이 유효하지 않다고

표 11.3 모든 종류의 피해 경험 빈도

국가 및 반복횟수	피해 경험 유형					
	장난으로 맞기	가혹하게 맞기	갈취 당하기	놀림 받기	따돌림 당하기	이메일
일본						
3번	11.9	4.3	3.1	19.9	24.3	0.5
2번	16.8	11.7	8.5	23.8	26.8	2.6
1번	26.8	23.3	16.9	26.6	21.7	6.3
해당 없음	44.5	60.7	71.4	29.7	27.3	90.7
호주						
3번	22.3	5.0	6.8	19.6	12.7	1.0
2번	21.4	4.0	12.6	26.5	19.6	4.9
1번	27.2	24.8	33.0	22.5	30.4	10.8
해당 없음	29.1	66.3	47.6	31.4	37.3	83.3
캐나다						
3번	33.2	7.8	9.8	16.2	20.0	3.9
2번	27.3	23.9	21.0	19.0	29.3	7.8
1번	21.5	27.3	32.2	26.8	24.9	19.5
해당 없음	18.0	41.0	37.1	38.0	25.9	68.8
대한민국						
3번	40.3	2.1	2.8	27.0	2.8	0.7
2번	25.7	12.4	6.3	27.9	16.7	1.4
1번	18.8	17.9	20.8	24.0	26.4	11.1
해당 없음	15.3	67.6	70.1	21.1	54.2	86.8

볼 수 있다.

표 11.4에서는 빈도와 상관없이 가해 경험이 있다고 응답한 아이들의 비율을 표시하였다. 이 결과도 피해 사례와 비슷한 경향을 보였다. 비록 일본에서는 '따돌림' 항목에서, 다른 국가에서는 '장난으로 때리기' 항목에서 반복적 가해자 비율이 상대적으로 높긴하지만, 1년 반 기간 동안 최소 한번 이상 가해 행위를 했다고 응답한 학생은 70%가 넘는다. 가해 사례에서도 기존 인과론과 연구 접근법이 유효하지 않는다는 점을 알 수 있다.

결론적으로, 가정 또는/및 개인적 문제가 있는 특정 인물들이 학교폭력 이슈의 주요 원인이라는 인과론 모델과 연구 접근법은 이 연구에서는 타당치 못하다. 물론 반복적으로 학교폭력에 연루되는 아이들이 존재하긴 하고 가정 또는/및 개인 내적 문제에 있어 유의한 차이를 보인다는 연구 결과도 있지만, 이런 요인은 단순히 위험 요인 정도로 받아들이는 것이 옳다. 우리는 가해자와 피해자들이 평범한 아이들로 구성될 수 있다는 점과 가해자와 피해자 지위가 항상 고정불변이 아닐 수 있다는 점을 가정하고 인과론을 만들어봐야 한다.

새로운 학교폭력 인과론을 위한 스트레스-스트레스 요인 모델 (맥락적 요인을 참고하여)

Taki(1996)는 스트레스 때문에 학생들이 학교에서 부적응을 겪을 수 있다고 주장한다. 종전 연구에서 스

표 11.4 모든 종류의 가해 경험 빈도

국가 및 반복횟수	가해 경험 유형					
	장난으로 때리기	가혹하게 때리기	갈취	놀리기	따돌림	이메일
일본						
3번	6.2	1.6	0.6	10.5	22.7	0.4
2번	11.8	4.8	1.0	16.7	24.7	0.4
1번	20.9	15.6	7.2	27.3	19.8	3.5
해당 없음	61.1	78.0	91.2	45.6	32.8	95.7
호주						
3번	14.1	1.0	1.0	8.1	4.0	2.0
2번	20.2	4.2	0.0	18.2	15.2	2.0
1번	31.3	14.6	10.1	28.3	22.2	9.1
해당 없음	34.3	80.2	88.9	45.5	58.6	86.9
캐나다						
3번	26.8	2.9	1.0	9.8	5.4	1.0
2번	18.5	8.8	3.4	21.1	13.2	3.9
1번	25.4	22.0	16.6	23.0	21.0	12.2
해당 없음	29.3	66.3	79.0	46.1	60.5	82.9
대한민국						
3번	34.2	3.4	0.0	9.8	1.4	0.7
2번	26.0	9.7	2.1	21.0	16.4	0.7
1번	21.2	18.6	11.8	23.8	18.5	6.3
해당 없음	18.5	68.3	86.1	45.5	63.7	92.3

트레스, 스트레스 요인, 학교폭력 간에 서로 관계가 있다는 점이 입증되었다(Taki, 1998). 이 연구 결과에 근거해서 Taki(2001)는 스트레스-스트레스 요인 모델을 개발했다(그림 11.1)

다른 학생들 괴롭히기 가해 행위 6가지 유형 중, '따돌림', '놀리기', '장난으로 때리기' 항목만 본 연구의 척도로 사용되었다. 4개 국가의 자료를 활용하여 요인분석을 실시하였으며, 분석 중에는 이 3가지 항목을 하나의 집단으로 분류하여 분석을 시행하였다.

스트레스-스트레스 증상 스트레스 증상은 Cooper(1981)의 개념을 바탕으로 하였다. 이 개념에 따르면 스트레스는 부정적인 느낌과 심리적 증상으로 일반적으로 우리가 스트레스로 알고 있는 증상들이다. Lazarus와 Folkman(1984)는 똑같은 개념을 '즉각적 스트레스 효과'라고 지칭하기도 했다. 본 연구에서 스트레스를 하나의 일련된 증상군으로 취급을 하자. 내적 상관관계율(internal correlation ratio)이 상당히 높았다. 스트레스 척도 항목은 Okayasu(1997)의 연구에 근거하였고, 각 항목은 다음과 같다. 1) 몸이 아픈 것 같고 지친다. 2) 자주 아파진다. 3) 머리가 아파진다. 4) 쉽게 짜증나진다. 5) 쉽게 화가 나진다. 6) 소리 지르고 싶다. 7) 기력이나 에너지가 별로 없는 것 같다. 8) 재미없거나 흥이 잘 나지 않는다. 9) 학교 수업에 집중할 수가 없다. 10) 여러가지에 대해 걱정이 늘어난다. 11) 아주 외롭다고 느낀다. 12) 침체된다.

스트레스 요인-스트레스 소스 스트레스 소스에 대한 개념도 Cooper(1981)의 연구에 근거한 개념이다. 이 개념은 스트레스의 원인을 지칭하는 용어로 학교나 가정 등 일상생활에서 겪는 귀찮고 신경 쓰는 일

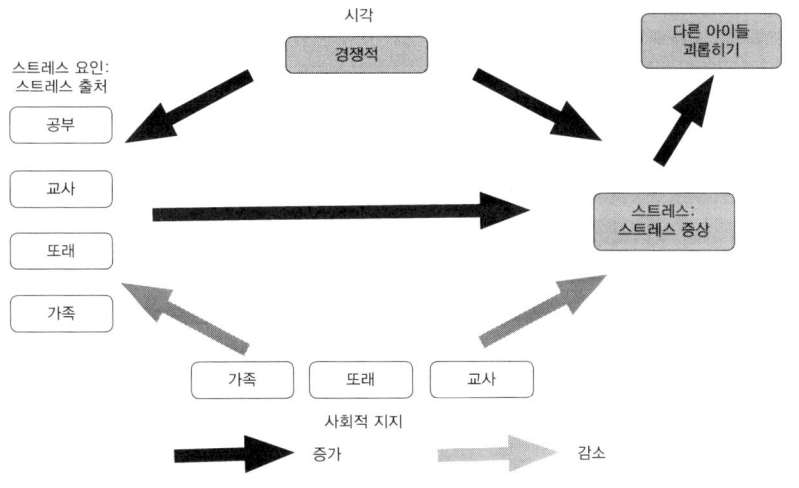

그림 11.1

들로 보면 된다(Lazarus & Folkman, 1984). 본 챕터에서 쓰는 '스트레스 요인'이란 스트레스 경험에 대한 주관적 인식을 담고 있으며, 객관적인 사실 관계와는 무관하다. 즉, 본 챕터에서 스트레스 요인이라는 단어를 만나면 연구 대상자들의 인지 구조를 통해 인지된 스트레스 소스라고 간주하면 된다. 따라서 스트레스 요인을 인지하는 과정에서 대상자는 외부의 사회적 지지 체계에 대한 영향을 고려하게 되고 대상자 본인의 가치체계에도 영향을 받는다. Okayasu(1997) 연구에 근거해서 스트레스 요인에 대한 항목은 다음과 같이 구성하였다. 1) 선생님은 내가 대답 못할 질문을 물어본다. 2) 난 수업 내용을 이해하지 못하겠다. 3) 시험 성적이 좋지 않다. 4) 선생님이 나를 야단친다. 5) 선생님은 나한테 사리사욕을 취한다. 6) 선생님은 나를 공정하게 대하지 않는다. 7) 내 학교 성적 때문에 또래들은 나를 업신여긴다. 8) 내 외모 때문에 또래들은 나를 업신여긴다. 9) 같은 친구들은 나를 별명으로 부른다. 10) 집에서는 내가 학교 공부를 잘 하는 것을 중요하게 생각한다. 11) 우리집은 나한테 바가지 긁는다. 12) 우리 가족은 나한테 너무 많은 것을 기대한다. 3번 항목까지는 공부와 관련된 스트레스 요인 척도, 4번에서 6번까지는 교사 스트레스 요인 척도, 7번에서 9번까지는 또래 스트레스 요인 척도, 10번에서 12번까지는 가족 스트레스 척도에 해당된다.

사회적 지지 사회적 지지는 다른 사람과 긍정적인 관계를 맺는 것을 뜻한다. 여기에 대한 항목으로 1) 내가 무시 받았을 때, 내가 용기를 가질 수 있도록 도와준다. 2) 내가 무슨 표현을 하면, 잘 경청한다. 3) 나를 이해하려고 노력한다. 교사, 또래, 가족에 대해서 1~3번 항목을 각각 적용하였다.

경쟁적 시각 시각은 다분히 개인적이다. 그리고 경쟁적 시각은 '승리냐 패배냐'에 대한 개인적인 시각을 반영한다. 1) 내가 학교에서 더 잘 해내지 못하면 난 불행하다. 2) 내가 또래들에 비해 외모가 더 낫지 않으면 불행하다. 3) 나는 특정 스포츠나 취미 생활에서 더 잘 해내지 못하면 불행하다.

요인들 간의 인과 관계 아이들한테는 일상 생활의 다양한 사건들이 스트레스 요인으로 작용할 수 있다. 예를 들면, 학업, 또래관계, 교사와 가족과의 관계를 들 수 있다. 이런 요인들로 인해 스트레스 수준이 올라갈 수 있다. 하지만 만약 아이들이 사회적 지지를 잘 받고 있다고 인지하면, 아이들은 자기 학업, 또래 관계, 교사, 가족들을 스트레스 요인으로 인지하지 않을 수도 있다. 게다가 사회적 지지 자체가 스트레스

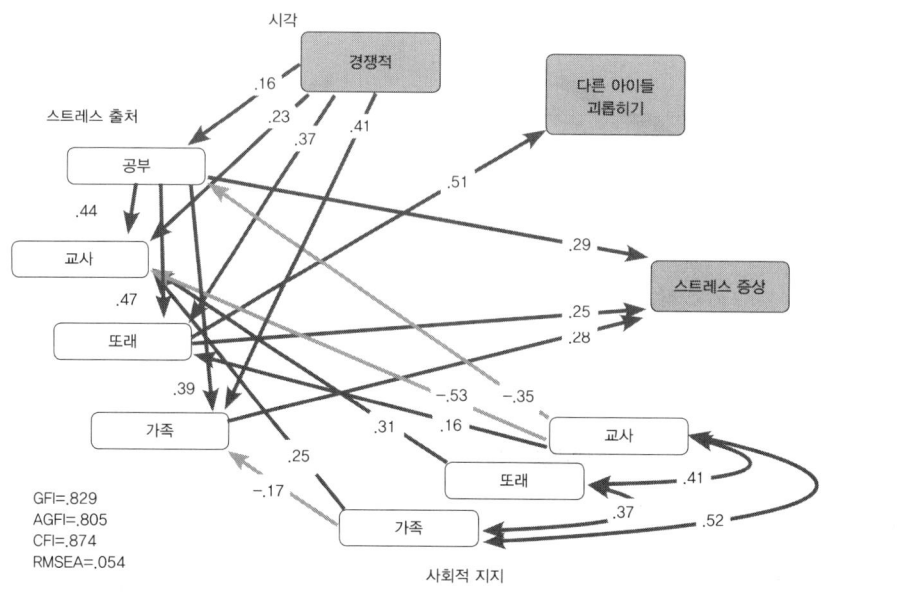

그림 11.2

를 감소시키는 데 직접적인 효과를 발휘할 수도 있다. 한편, 아이들이 경쟁적인 가치를 지니고 있다면, 똑같은 상황에서도 스트레스를 받는다고 느끼게 될 것이다. 사회적 지지와 경쟁적 시각은 스트레스를 줄일 수도 가중시킬 수도 있어서 '완충제(buffer)'라고 부를 수 있다. 마지막으로 스트레스 수준이 높으면 약자에게 못된 행동을 하거나 부정적인 태도를 품도록 조장될 수 있다. 특히 이런 이치는 각종 스트레스 상황에서 자신의 존엄성을 상실한 아이들에게 더 해당된다고 볼 수 있다. 따라서 이들이 자신의 스트레스를 해소하고 존엄성을 회복하기 위한 노력의 일환으로 자신 보다 약한 이들을 괴롭힐 수 있다.

대상자와 방법 2004년 봄에 7학년 남학생 400명과 여학생 414명을 대상으로 하였다. 이 조사는 위에서 언급한 NIER 프로젝트의 일환으로 진행되었으며 똑같은 질문지를 활용하였다. 통계 프로그램 AMOS를 활용하여 본 분석에 대한 계수를 추정하였다.

두 번째 연구: 학교폭력의 주된 원인은 무엇인가?

그림 11.2를 보면 남학생의 경우, GFI, AGFI, CFI, RMSEA의 수치를 보면 남학생이 가해 행위를 하는 과정에 대해 아주 강력한 설명 모델을 추정할 수 있다. 비록 '경쟁적 시각', '사회적 지지', '스트레스 요인'이 '스트레스'에 대해 직접적 및 간접적으로 높은 수준의 영향력을 보여줬지만, '또래 스트레스 요인'만이 '다른 학생들 괴롭히기'에 대해 직접적인 효과가 있는 것으로 분석되었다(0.51). 이 결과에 따르면 남학생들이 가해 행위를 저지르는 주된 이유는 '또래 스트레스 요인'에 대한 직접적인 반응 때문이라고 볼 수 있다. 하지만 '경쟁적 시각'과 '공부 스트레스 요인'은 '또래 스트레스 요인'을 거쳐 '다른 학생들 괴롭히기'로 이어지는 간접적 루트를 통해 상당한 영향력을 미치는 것으로 분석되었다. 결과는 표 11.5에 제시되었다.

그림 11.3을 보면 여학생의 경우, GFI, AGFI, CFI, RMSEA의 수치를 보면 여학생이 가해 행위를 하는 과정에 대해 아주 강력한 설명 모델을 추정할 수 있다. 여학생의 경우, '스트레스'와 '경쟁적 시각'은 '다른 학

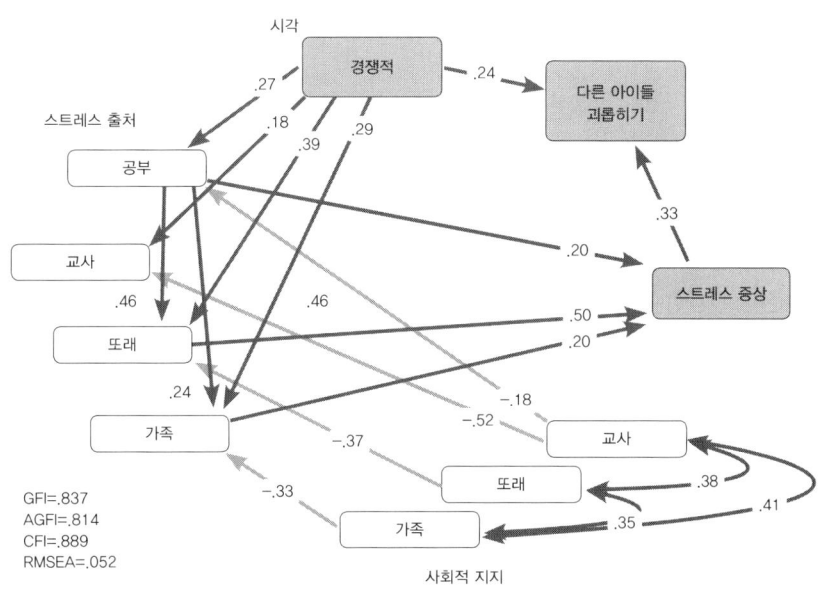

그림 11.3

표 11.5 가해 행위에 대한 각 변수 별 표준화 효과: 7학년 남학생 및 여학생

요 인	남학생			여학생		
	총	직접적	간접적	총	직접적	간접적
스트레스	0.51	0.51	–	0.33	0.33	–
공부 스트레스	0.24	–	0.24	0.14	–	–
교사 스트레스	–	–	–	–	–	–
또래 스트레스	–	–	–	0.17	–	0.17
가족 스트레스	–	–	–	0.07	–	0.07
교사 지지	–	–	–	−0.03	–	−0.03
또래 지지	–	–	–	−0.06	–	−0.06
가족 지지	–	–	–	−0.02	–	−0.02
경쟁적 시각	0.22	–	0.22	0.36	0.24	0.12

생들 괴롭히기'에 대해 직접적인 효과가 있는 것으로 분석되었다(각각 0.33 및 0.24). 이 결과를 바탕으로 볼 때, 여학생은 스트레스와 질투심에 주로 반응해서 학교폭력을 저지르는 것으로 볼 수 있다. '또래 스트레스 요인'은 학교폭력에 대해서는 직접적인 영향이 없었으나 '스트레스'에 대해서는 영향력이 높았다(0.50). '또래 스트레스 요인'은 '스트레스'를 거쳐서 '다른 학생들 괴롭히기'로 간접적인 영향을 미치는 것으로 분석되었다 (0.17). '공부 스트레스 요인'과 '가족 스트레스 요인'은 간접적인 영향을 미치는 것으로 분석되었다(각각 0.14 및 0.07). '경쟁적 시각'은 '다른 학생들 괴롭히기'에 대해 직접적 영향 뿐 아니라 간접적 영향(0.12)도 미치는 것으로 분석되어 총체적 영향력은 가장 높은 것으로 드러났다(0.36)(표 11.5 참조).

결론: 스트레스-스트레스 요인 모델의 효과성

코호트 연구를 진행한지 1년이 지난 시점에서 시행한 추적 분석 결과, 8학년 여학생은 7학년 때와 거의 똑같은 인과 관계 패턴을 갖는 것으로 드러났다. 물론 '다른 학생들 괴롭히기'라고 응답한 집단은 7학년 때와 똑같은 집단은 아니었다. 그런데, 8학년 남학생은 7학년 때와 똑같은 인과 관계 패턴을 가지 않았다. 그럼에도 불구하고, 아이들 구성 맥락에 따라 계수는 변화했지만, 인과 관계는 스트레스-스트레스 요인 모델의 프레임으로 설명이 가능하다. 따라서 모델 내 계수는 어떤 요인 때문에 아이들이 학교폭력 행동으로 이어지는지를 가리킨다. 본 연구가 제시한 강력한 계수 값에 따르면, 어떤 요인의 영향력을 감소시키거나 요인간의 강력한 연결관계를 파괴하는 전략이 필요하다. 스트레스-스트레스 요인 모델은 학교폭력 행동을 감소시키는 데에 더 효과적인 중재 방법을 깨닫는 데에 도움이 된다.

실무를 위한 제언

본 챕터를 통해 나는 특정 아이들 뿐 아니라 평범한 아이들도 학교폭력의 가해자나 피해자가 될 수 있다고 주장했다. 가정 불화나 개인 내적 요인 문제가 있는 특정 아이들만을 대상으로 하는 중재법은 학교폭력 사건의 일부만 감소시킬 뿐이다. 학교폭력을 감소시키기 위해서는 학생 누구든지 상황에 따라 가해자나 피해자가 될 수 있다는 가정 하에 중재법을 개발해야 한다.

본 챕터에서 소개된 스트레스-스트레스 요인 모델은 아이들이 기능을 수행하는 상황에 따른 학교폭력 인과 관계를 제시하였다. 이 모델을 통해 어떤 중재법이 각 학급 단위에서, 각 학교 단위에서, 또 각 국가 단위에서 효과적일 지 판단할 수 있다.

□ 알 림 □

1. 이 프로젝트는 2003년에 시작되었으며, 일본의 국립교육연구원(the National Institue for Educational Research, NIER)의 수석 연구원인 Mitsuru Taki가 책임을 맡고 있다. 프로젝트 1부는 다음과 같은 연구자와 함께 하였다. 일본의 Taki, 호주 Flinders 대학의 Flinders 박사, 캐나다 York 대학의 Debra Pepler 박사, 캐나다 British Colombia 대학의 Shelley Hymmel 박사, 한국 군산대학 심희옥 박사와 서울대학 곽금주 박사. 프로젝트 2부는 협력 범위를 더 확장시켰다. 미국 Nebraska 대학의 Susan Swearer 박사, 중국 홍콩 중국대학의 Wai Ming Tam 박사.

참고문헌

Besag, V. E. (1989). *Bullies and victims in schools*. Buckingham, UK: Open University Press.
Cooper, C. L. (1981). *The stress check: Coping with the stresses of life and work*. Englewood Cliffs, NJ: Prentice Hall.
Kanetsuna, T., & Smith, P. K. (2002). Pupil insights into bullying and coping with bullying: Abi-national study in Japan and England. *Journal of School Violence, 1*, 5-29.
Lagerspets, K. M. J., Björkqvist, K., & Peltonen, T. (1988). Is indirect aggression typical of females? Gender differences in aggressiveness in 11 to 12-year-old children. *Aggressive Behaviour, 14*, 403-414.
Lazarus, R. S., & Folkman, S. (1984). *Stress, appraisal, and coping*. New York: Springer.
Ministry of Education, Culture, Sports, Science and Technology (MEXT). (1997). *Seitosidou jou no Shomondai no Genjou to Monbusyou no Sesaku ni tuite* [Annual report of the actual conditions and the policy on student problems] (pp. 165-166). Tokyo: Author.
Morita, Y. (2001). *Ijime no Kokusai Hikaku Kenkyu* [International comparative survey on bullying: Japan, England, Netherlands and Norway]. Tokyo: Kaneko Shobo.

National Institute for Educational Policy Research (NIER) and Ministry of Education, Culture, Sports, Science and Technology (MEXT). (2006). *The Report of International Symposium on Education 2005: Save children from the risk of violence in school-based on the follow-up study and international comparison.* Tokyo: Author.

Okayasu, T. (1997). Mental health check list (simple version). In *Jidou-Seito no Mondaikoudou ni taisuru Jissenteki Taiouhou no Kaihatsu ni kansuru Kenkyuu* [A study of the development for practical interventions against problematic behaviours in school]. Miyazaki, Japan: Miyazaki University, Department of Education.

Olweus, D. (1993). *Bullying at school: What we know and what we can do.* Oxford, UK: Blackwell.

Smith, P. K., & Thompson, D. (1991). *Practical approaches to bullying.* London: David Fulton.

Taki, M. (1992). 'Ijime' Koui no Hassei Youin ni kansuru Jissyouteki Kenkyu [The empirical study of the occurrence of 'Ijime' behaviour]. *Kyouiku Sgakaigaku Kenkyuu* [The Journal of Educational Sociology], *50*, 366-388.

Taki, M. (1996). *'Ijime' wo Sodateru Gakkyu Tokusei* [Bullying and classroom management]. Tokyo: Meiji Tosho.

Taki, M. (1998). Kodomo no Stress to sono Youin [Child stress and the factors]. *Research Report, 36*, 1-11. Tokyo: The National Institute for Educational Research of Japan

Taki, M. (2001). Relation among bullying, stress and stressor: A follow-up survey using panel data and a comparative survey between Japan and Australia. *Japanese Society, 5*, 118-133.

Taki, M. (2003). 'Ijime bullying': Characteristics, causality and interventions. In St Catherine's College, University of Oxford, Kobe Institute (Ed.), *Oxford-Kobe seminars: Measures to reduce "bullying in schools"* (pp. 97-113). Oxford UK: University of Oxford.

12

학교폭력 피해 경험과 따돌림
또래배척, 학급활동 참여, 학업성취와 관련하여

ERIC S. BUHS, GARY W. LADD, AND SARAH L. HERALD-BROWN

또래들의 영향력

본 챕터에서는 또래 학생들의 배척 행위가 학교폭력과 사회적 따돌림을 통해 어떻게 아이들의 학업 성취와 학급 참여도와 상관이 있는지 경험적 근거를 제시하고 개념적인 틀을 보여주고자 한다. 또래의 배척과 그 후에 나타나는 학교폭력 피해 경험이 어떻게 학교 적응 문제로 연결되는지 자세하게 기술하는 것 외에도, 본 챕터에서는 또래간 따돌림이 학교 적응 문제에 어떤 역할을 하는지도 더 정확하게 설명하려고 한다. 본 챕터에서 나오는 또래 공격성은 꼭 학교폭력 행위와 직접적으로 연결되는 것은 아니지만, 여기서 다루는 또래간 따돌림 행위는 공격적 행위의 한 종류로, 그간 소아청소년 연구 흐름에서 늘 다뤄졌던 학교폭력 문제와 맞닿아있다(예: Sandstorm & Cillessen, 2003; Espelage & Swearer, 2003; Underwood, Scott, Galperin, Bjornstad, & Sexton, 2004). 따라서 본 챕터에서 다룰 모델과 근거들은 또래간 배척 행위와 이와 관련된 학교폭력 행위가 학교 상황에서 어떤 적응 문제를 일으키는 지에 대한 것이다.

또래들의 인정이 아이들의 발달과 적응에 영향을 준다는 가정은 1930년대부터 발달학 연구 흐름으로 이어져 오고 있었고(Ladd, 2003), 그 후 상당한 양의 연구 결과들이 쏟아져 나왔는데 대체로 또래간의 배척 행위가 아이들의 적응상 문제를 일으키는 원인으로 작용한다는 전제를 깔고 있었다(Ladd, Birch, & Buhs, 1999; Parker & Asher, 1987; MacDougall, Hymel, Vaillancourt, Mercer, 2001; Vandell & Henbree, 1994). 최근 횡적 연구 결과를 보면 또래간 배척 행위는 다양한 적응 문제를 낳는 것으로 예측할 수 있다는 근거들이 제시되었는데, 이는 공격적 혹은 위축된 행동 패턴과 같은 위험 요인과 독립적으로 작용하는 것으로 밝혀졌다(Coie, Lochman, Terry, & Hyman, 1992; Ladd & Burgess, 2001). 또래의 배척/인정은 일대일 개인적인 친교 관계와 달리 집단 구성원에 대한 또래들의 감정적 수준(호감도와 비호감도 등)을 대변하는 태도 변수로 간주되어져왔다. 또래 인정 척도는 학급에서 한 아이가 같은 반 친구들한테 얼만큼 평균적으로 호감을 얻는지에 대해 측정한다. 만약 인정 척도에서 낮은 결과가 나왔다면 이는 학교 활동에 대한 불참과 낮은 학업 성취도와 상관 관계가 있다(Buhs & Ladd, 2001; Buhs, Ladd, & Herald, 2006; Ladd 등,

1999; Ladd, Kochenderfer, & Coleman, 1997; Vandell & Hembree, 1994).

또래 배척: 학교폭력 피해, 따돌림, 학급 활동 참여와 어떤 상관 관계를 가지나?

개념적 틀 또래관계에 대한 연구 결과를 찾아보면 또래 배척과 학교 활동 참여 및 학업 성취도는 서로 상관 관계가 있다고 일관되게 나온다. 하지만 또래의 감정적 수준(또래 승인/배척)이 아이들의 행동과 태도에 어떤 영향을 미치는지, 특히 시간에 따라 어떻게 변화하는지에 대해 규명한 연구는 그리 많지 않다. 또래 배척과 관련해 어떤 적응 과정을 거치는 지에 대해 우리 연구 조사는 다음 두 과정을 통해 또래 배척이 학업 성취도에 영향을 미친다고 가정하였다(Coie, 1990). 1) 부정적인 대응 행동을 통해 아이들이 또래로 부터 긍정적인 자원을 공급 받는 것을 차단한다. 2) 이런 대응으로 인해 아이들의 학급 활동 참여 수준이 변한다(그림 12.1)(Buhs 등, 2006). 처음에는 또래들이 어떤 아이를 다른 아이들에 비해 더 부정적으로 대하는 방식으로 자신들의 혐오감을 드러낼 수 있다(예: 가해 행위 등). 즉 이런 부정적 처우를 가지고 집단 내에 또래 배척에 대한 분명한 징표로 삼을 수 있다. 둘째, 특정 아이들이 이런 부당한 대우를 받는 것이 기정사실화되면, 자의에 의해서든 타의에 의해서든 또래집단을 겉돌게 되면서 학급 활동의 주변부로 밀려난다. 즉, 소위 또래한테 '찍힌' 아이들을 회피하고 상종하지 않는다는 뜻이 되고, 이렇게 '찍힌' 아이들 역시 추가적인 학대에서 벗어나기 위해 스스로 또래 활동에서 자기 자신을 소외시킨다. 셋째, 이런 소외 현상으로 학업성취와 학습에 부정적인 영향을 미칠 가능성이 높아진다.

따돌림만이 지니는 독특한 역할이 있는가? 초창기 경험적 연구 결과에 따르면 유치원생을 대상으로한 적응 모델에서 배척 받은 아이들은 학급 또래들한테 피해를 당하는 경향이 있었다(Buhs & Ladd, 2001). 이런 피해 경험은 유치원에 다니는 전 기간에 걸쳐 저조한 학급 참여 수준과도 연결되었다. 이런 저조한 학급 참여도는 결과적으로 부적응과 낮은 성취도로 이어졌다. 그런데 이 초창기 연구에서는 학교폭력 유형별로 적응 문제에 대해 각각 어떤 식으로 독립적인 영향력 혹은 경로를 거치게 되는 지 잘 다루지 않았다. 초창기 연구에서는 또래 가해 행위 변수에 따돌림뿐만 아니라 신체적 및 언어적 폭력 등 다양한 유형을 뭉뚱그려 분석하였다. 즉, 적응 문제와 소외 문제에 대해 학교폭력 유형 별로 어떤 개별적인 영향을 가지고 있는지 분석하지 않았다. 모든 학교폭력 유형 중 따돌림이 제일 강력한 폭력 유형이라는 몇몇 근거가 있기 때문에, 우리는 따돌림이 다른 유형 보다 학업 성취와 참여도에 더 강력한 예측 인자가 되리라 추정하였다. 사회적 따돌림만의 독특한 역할이 있다는 가정은 다른 최근 연구 결과나 개념적 연구 일부에서도 일관되게 제시되고 있다(Bukowski & Sippola, 2001; Sandstrom & Cillessen, 2003; Underwood 등, 2004). 특히, Bukowski와 Sippola는 또래를 능동적으로 고립시키는 행위(예: 따돌림)는 사회적 자원에 대한 접근성을 통제하고 집단 정체성을 유지하기 위한 일반적인 수단이라고 주장했다. 본 챕터에서 소개된

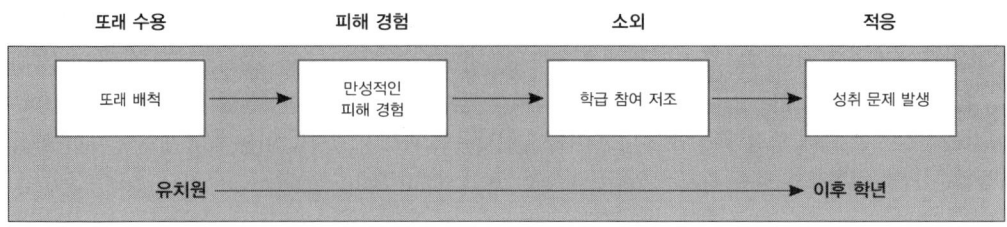

그림 12.1 진행 과정과 연관성에 대한 추정(Buhs 등, 2006).

가정도 일반적으로는 이 주장과 일맥상통한다. 즉, 따돌림을 통해서 특정 아이들이 집단 내 자원과 사회적 활동에 대한 접근을 제한시킬 수 있다고 가정한다.

영향의 범위 더 광의의 개념적 틀이 있다는 점도 여기서 짚고 넘어가고자 한다. 즉, 다른 부정적 사회 및 또래 경험(학교폭력, 따돌림 등을 포함)이 우울증과 불안증과 같은 심리적인 영향으로 이어지는 과정까지 하나의 연결고리로 생각해 볼 수 있다는 뜻이다(Lewinsohn, Hoberman, Teri, & Hautzinger, 1985). 이런 부류의 연구자들은 스트레스를 일으키거나 지지적이지 못한 상호작용 같은 유해한 사회적 경험을 부각시키고, 어떤 특정 상황에서 지지의 결여로 인해 사회적 및 감정적 소외로 이어질 수 있다는 이론을 제시한다(Connell & Wellborn, 1991). 게다가, 이 모델에서는 사회적 배제, 따돌림, 기타 스트레스가 될 만한 사회적 상호작용은 더 큰 적응 문제를 야기하고 만성적인 적응의 어려움을 초래할 수 있다고 간주한다.

따돌림과 학교폭력: 소외와 학교 부적응으로 가는 두 가지 경로에 대한 연구

새로운 모델에 대한 검증 배척 행위와 학교폭력이 학급 활동 및 학업성취 소외로 이어지는 과정에서 따돌림의 영향력을 더 자세히 알아보기 위해서, 우리는 이런 과정에 대한 검증을 확대 및 강화한 두 번째 연구를 시행했다(Buhs 등, 2006). 종전 연구(Buhs & Ladd, 2001)에서는 소외로 이어지는 경로가 두 가지가 존재한다고 제시했었다. 첫째, 아이들은 학급 활동에 능동적으로 참여하는 것이 어려워지는 데, 그 이유는 또래들이 따돌림을 통해 학급 활동 참여를 가로막기 때문이다. 둘째, 피해자들은 이어지는 학대에서 벗어나고자 학급이나 학교 상황을 회피하려는 경향이 생긴다. 우리 연구 디자인을 통해 양쪽 소외 경로가 각각 독립적으로 어떻게 작용하는지 검증할 수 있었다. 물론 횡적 연구 디자인의 한계점으로 취약점도 드러났다. 유치원과 학교 기간 동안 진행한 연구라 짧은 기간 때문에 또래 배척과 관련된 초기 학교폭력 피해 경험이 계속 지속 되는지, 또 만성적인 피해 경험(수년간 지속된)이 더 큰 위험 요인으로 작용하는지에 대한 검증이 어려웠다. 심리학적 위험, 스트레스, 지지 모델에 기반해서(Dohrenwend & Dohrenwend, 1981; Ladd & Troop-Gordon, 2003), 우리는 피해 경험에 더 오래 노출되고 만성적일 수록 소외 심각도가 증가하고 학업 성취도가 감소할 것이라는 가정을 세웠다. 이 논리 구조에 따라, 우리는 따돌림 경험이 학급 활동 소외를 얼만큼 예측할 수 있는 지, 또 일반적인 신체적 언어적 학교폭력 피해 경험이 회피 반응을 예측할 수 있는지 연구해보기로 했다. 우리는 6년 규모의 전향적 연구를 계획하여, 아이들을 유치원때부터 5학년까지 경과 추적을 하였고, 측정 척도로는 또래 인정/배척, 또래 따돌림, 또래 학대/학교폭력 피해, 학급 활동 참여도, 학교 활동 회피도, 학업 성취도가 포함되었다.

방 법 본 연구에서의 또래 인정/배척 척도는 대상자가 학급 또래들한테 얼만큼 호감 또는 비호감을 받는지를 나타낸다. 그리고 이 척도를 통해 유치원 같은 반 또래들한테 사회척도적 자료를 수집하여 평균값을 구했다. 학교폭력의 한 형태인 또래 따돌림은 대상자가 또래들한테 얼만큼 무시, 어울림에 대한 거절, 회피의 대상이 되는지 확인했으며 교사들이 측정하는 방식을 취했다. 또 다른 학교폭력 형태인 또래 학대는 자기보고 방식으로 대상자가 또래들한테 신체적 또는 언어적 폭력에 얼마나 노출되었는지를 확인했다. 학교폭력의 두 유형에 대해 유치원부터 5학년까지 자료를 수집하였다. 학급 소외 척도는 학급 참여도와 학교 회피 지표로 구성되었다. 학급 참여도는 교사 측정 방식으로 아이들의 자율적인 참여(예: 활동을 개시하기, 독립적으로 활동하기, 도전거리를 찾기)와 협력적인 참여(예: 학급 규칙을 준수하기, 적절한 역할 기대; Buhs & Ladd, 2001; Ford, 1985; Wentzel, 1991)로 구성되었다. 학교 회피는 아이들이 얼마나 학교 안 가고 싶어하는 지를 측정하고, 실제로 학교에 안 나가는 지도 측정했다. 성취도는 개별화된 성취도 시험에서 얼만큼 실력 발휘를 하는지로 본다. 아이들의 학급 활동 참여, 학교 회피, 성취도는 3학년과 5학년에서 측정했다. 3학년 측정값과 5학년 측정값은 서로 영향을 주지 않도록 자료를 수집하여 아이들의 성취력 변화를 반영할 수 있도록 하였다(측정법에 대해 자세히 알고 싶으면 Buhs 등, 2006 참고). 게다가 우리는 또래 배척과 학대의 영향을 알기 위해서 일종의 대조군 개념으로 유치원 때의 대상자들의 공격적 및 위축 행동에 대한 자료를 교사 측정 방식으로 수집하였다.

이 모델을 검증하기 위해서 공립학교 10군데에서 유치원 학급 31개 교실, 380명(여아 190명)을 대상으로 5세(유치원)에서 11세(5학년)까지 자료를 수집하였다. 이 아이들이 5학년으로 올라갔을 때에는 32개 학교, 162학급에 걸쳐서 분포해있었다. 조사 초기에 아이들은 거주지 분포에서는 거의 비슷한 비율을 보여 중서부 지방 도심, 근교, 시골에 각각 고르게 분포하였다. 인종은 17.4%는 아프리카계 미국인, 77.1%는 유럽계 미국인, 1.6%는 히스패닉, 3.9%는 기타 인종이 차지하였다. 대상자 가족의 사회경제적 수준 점수 [사회경제적 지표(socioeconomic index, SEI)](Entwisle & Astone, 1994)는 0(실업상태)에서 97.16까지 나왔으며, 평균 점수는 49.14로 나왔다. 참고로 SEI 50점은 행정보조 공무원, 보건의료 기사, 전자제품 판매원 정도에 해당된다.

경로 모델과 결과 구조적 모델(그림 12.2)은 다음과 같이 구성되었다(더 자세한 설명과 분석법은 Buhs 등, 2006 참고). 첫째, 초기 또래집단의 배척 경험이 만성적인 또래 학대(따돌림, 학교폭력)을 조장한다는 가정이 각 경로마다 깔려있다. 따라서 또래 인정 수준이 낮으면 높은 수준의 만성적 또래 따돌림과 학교폭력 피해 경험을 예측할 수 있다. 공격적 또는 위축된 행동 패턴이 또래 배척과 또래 학대에 선행할 경우가 많기 때문에(종설 연구 참고가 필요하면 Ladd, 2003; MacDougall 등, 2001), 이런 행동 문제도 만성적인 피해 경험과 아이들의 학업 성취도를 예측하는 요인으로 포함시켰다. 이런 구성 덕분에 초창기 배

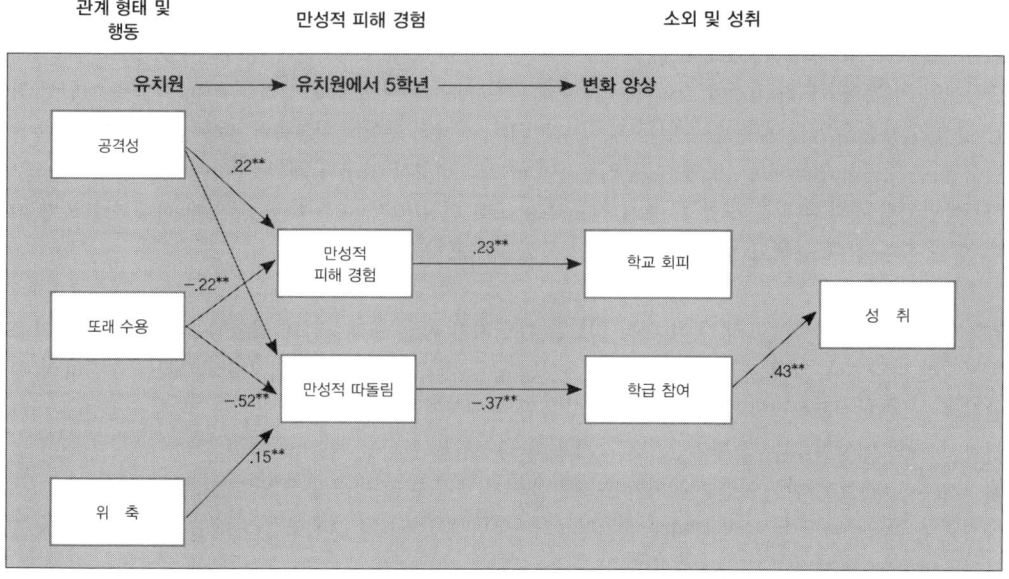

그림 12.2 SEM 결과(간단한 도식을 위해 다른 경로는 생략함. 전체 경로 모델을 알고 싶으면 Buhs 등. 2006을 참고). 참고: *p<0.05, **p<0.01×2 (27, 최소 표본수=320)=50.74, CFI=0.97, RMSEA:0.05(Buhs 등. 2006).

척 경험부터 다양한 맥락을 거쳐 만성적인 학대로 이어지는 경로를 평가해볼 수 있었고, 또래 인정/배척과 또래 학대와 학급 활동 소외가 아이들의 일탈 행동 스타일과 별개로 학업 성취도에 얼만큼 영향을 미치는지 추정해볼 수 있었다. 그 다음, 만성적 따돌림에서 학급 활동 참여로 이어지는 경로를 만들었고, 또 만성적인 피해 경험이 학교 회피로 이어지는 경로도 만들었다. 마지막으로 우리는 학급 소외에서 학업 성취도로 이어지는 경로도 포함시켜, 학급 활동에 소외될수록 낮은 학업 성취도를 예측하는 가설을 검증할 수 있도록 하였다.

우리가 이 모델(LISREL 8)(Joreskog & Sorbom, 2001)을 검증했을 때, 이 모델이 자료와 잘 부합했으며(그림 12.2), 결과 해석하는 데에 도움이 되었다. 그리고 이 자료들은 남학생과 여학생 집단 모두 균등하게 수집한 것들이었다. 이 결과에 따르면 또래 배척은 공격적 또는 위축된 행동과 독립적으로 만성적인 피해 경험과 따돌림을 예측하는 것으로 나타났다. 피해 경험은 학교 회피를 예측하기도 하였고, 또래 따돌림은 학급 활동 참여도 감소를 예측하였다. 하지만 또래 학대가 학급 활동 감소로 가는 경로나 또래 따돌림이 학교 회피로 가는 경로는 분석상 유의하지 않았다. 그런데 성취도에 대한 또래 배척 효과를 통제한 후에도 학급 활동 참여도만이 오직 학업 성취도 수준을 예측하였다. 게다가 간접적 효과를 분석하는 과정에서 만성적 피해 경험, 따돌림과 활동 소외는 또래 배척, 공격성, 위축된 행동 변수를 통제하여도 낮은 학업 성취도와 독립적으로 상관관계가 있었다. 종합하면, 우리가 검증해본 모델에서는 만성적인 피해 경험과 또래 따돌림이 또래 배척과 낮은 학업 성취도 및 학급 활동 참여도를 매개하는 역할을 하는 것으로 나타났으며, 학급 참여도가 만성적 따돌림 및 학대에서 학업 성취도로 이어지는 독립적인 매개변수라는 점이 밝혀졌다.

결 론

행동에 대한 태도 이 연구 결과는 Coie(1990)의 가정을 지지할 뿐 아니라 완성도까지 높여주었다. 즉, 또래 배척은 현재 진행되는 학교폭력과도 연관 있을 뿐 아니라, 다양한 유형의 학교폭력이 수년간 지속될 수 있으며 나아가 적응 문제를 일으킬 수도 있다는 것이다. 이런 연결고리는 초창기 또래 배척이 적어도 두가지 유형의 학교폭력(따돌림, 신체/언어적 학대)와 연관된다는 시각을 지지해줄 뿐 아니라, 이런 유형의 폭력이 각각의 경로로 학교 학 활동 참여도에 영향을 준다는 시각도 지지하고, 만성적인 또래 따돌림이 다른 요인들 보다 아이들의 학업적 성공에 더 악영향을 미친다는 시각을 뒷받침하기도 한다. 종전 연구 중에서는 단일 모델 내에서 혹은 이런 류의 분석에서 이런 연결고리를 밝힌 적이 없었다.

이 연구를 통해서 유치원에서 어떤 아이에 대한 또래의 혐오감이 학교폭력의 동기가 될 수 있다는 몇몇 근거도 밝혀졌다(Buhs & Ladd, 2001; Connell & Wellborn, 1991; Ladd, 2003). 이런 결과는 또래집단이 특정 인물에 대해 혐오감을 더 공유할 수록 학교폭력이 발생할 가능성이 높다는 기존의 가설을 뒷받침하는 것이기도 하다. 본 연구에서는 아이들이 배척받을 수록 또래한테 더 혐오감을 받게 되고, 이런 배척은 그 후에 벌어질 학교폭력을 예측할 수 있게 된다. 아마도 이런 조건에서는 아이들은 많은 또래들이 비슷한 감정을 공유하고 있기 때문에 특정 인물을 괴롭혀도 정당화될 수 있다고 믿고 있거나, 이렇게 공동의 적으로 몰린 아이는 동맹 세력이 거의 없기 때문에 부당하게 대해도 처벌받지 않을 것이라고 생각할 수도 있다.

만성적인 문제 종전 연구 성과에 이어 최근 연구 결과가 더해지면서 학교폭력에 대한 이해의 폭이 넓어졌다. 즉, 유치원에서 아이들이 특정 또래를 싫어한다면 이 특정 아이는 만성적으로 학교폭력 피해를 당할 수도 있고 기타 다른 또래간 문제를 겪을 수 있다는 것이다. Coie(1990)가 관찰한 대로 초창기 학교폭력 경험은 또래집단 내에서 배척 당하고 있다는 분명한 징표가 될 수 있다. 이 연구 결과는 초창기 또래 배척 및 학교폭력 피해 경험 패턴이 반영구적으로 지속될 수 있거나 특정인물에 대한 혐오감이 학대로 이어지는 역동적인 시스템으로 변할 수 있다는 주장을 뒷받침한다. 이뿐만 아니라 집단 내에 학교폭력 현상이 일어나고 있다는 것은 그 집단 구성원에서 피해자가 혐오감을 받고 있다는 메시지를 전달(집단 전염 효과; Group contagion effect)하는 셈이라는 주장의 근거도 된다. 물론 이런 현상이 아이들이 새로운 또래집단 내에서 유리한 지위를 차지하려는 과정에서 생겨날 수도 있지만, 몇몇 과정은 시간이 지나도 사라지지 않고 남을 수 있다. 첫째, 특정 인물에 대한 또래집단의 혐오감은 사회적 평판을 통해 학년이 지나도 지속될 수 있어, 학교폭력의 연속성을 조장하게 된다(Hymel, Wagner, & Butler, 1990). 둘째, 이런 저런 이유로-예: 사회적 행동에 대한 선호 인지적 구조, 보상 강화 히스토리 등-또래들은 나중에 이런 미운 아이들을 다시 만나도 습관적인 감정 및 관계맺음 반응들이 나올 수 있다. 셋째, 새 학년으로 올라갔을 때, 과거의 행동 패턴을 재정립함으로써 또래는 다른 아이들에게 기존의 학교폭력 피해자는 앞으로도 계속 학대를 받아 마땅하다는 식의 암묵적 메시지를 보낸다.

장기적 영향에 대한 별개의 경로들 우리 연구 결과를 봤을 때 만성적으로 따돌림을 당한 아이들은 학급 활동에 덜 참여하는 경향이 있는 것으로 나왔고, 만성적으로 피해 경험을 당한 아이들은 학교를 회피하려는 경향이 있음을 밝혔다. 이 패턴은 위에서 언급한 다른 연구 결과랑 일관된 소견이었으며, 학교폭력 유형이 다르면 아이들의 학교 생활에 대한 영향도 달라질 수 있다는 점도 추정해볼 수 있다. 또래 따돌림은 학교 회피 보다는 학업 성취도와 관련 있는 학교 소외 현상과 상관관계가 있었다. 따라서 비록 혐오감을 받는 아이들이 종종 학교폭력의 대상이 되긴해도, 피해 유형에 따라 학급 활동 참여도나 학업 성취도 면에서 서로 다른 영향을 받을 수 있다(Fonagy, Twemlow, Venberg, Sacco, & Little, 2005). 또래 따돌림이 다른 요인에 비해서 학업 성취 저하와 학교 소외를 예측하는 데에 더 강력한 변수로 보인다. 이 연구 결과는 종전 연구 모델과 일관된 결론인데(Coie, 1990; Wentzel, 1991), 종전 연구에서는 따돌림 때문에 아이들은 학급에서 제공하는 사회적 및 도구적 자원에 접근하지 못하게 제한당하는 꼴이 되고, 다른 학급 동료들은 그 피해자가 자기 집단에 속할 만한 자격이 없다고 인식하게 된다고 하였다. 따돌림 당한 아이들은 학교 교우관계를 맺는 것에 대해 평가절하하면서 학교폭력이 발생했던 학급과 학교에서 점점 멀어진다(Baumeister & Leary, 1995). 이런 일련의 행동 변화 과정 때문에 심각한 학교 부적응 문제를 낳을 수 있다(예: 내현화 문제, 낮은 학업 성취도 등). 본 연구에서 학교폭력 경험(예: 신체적 및 언어적 폭력)은 학업성취도를 독립적으로 예측할 수 있는 변수는 아니었지만, 아이들의 감정적 적응 문제를 일으킬 가능성은 있다(예: 내현화 문제)(Hawker & Boulton, 2000). 이런 결과는 언어적 및 신체적 폭력 같은 유형의 폭력을 당하는 아이들은 따돌림을 당하는 아이들에 비해서는 그래도 일부 학교 활동에 선택적으로 참여할 수 있어서 어느 정도의 학업성취도를 낼 수 있다는 뜻이 될 수도 있다. 또래 배척과 만성적인 학교폭력은 학업성취도와 소외 현상에 대해 각각 독립적인 경로로 영향을 미친다는 다른 연구 결과와도 일치한다. 비록 공격적 및 위축된 행동 패턴은 나중에 학교폭력 피해 경험으로 이어지긴 했어도, 또래 배척과 학교폭력 피해 경험 사이에는 부가적인 상관관계만 있다는 점을 미루어 보면, 공격적 및 위축된 행동을 보인다고 해서 꼭 또래한테 배척받는 것은 아니라는 점을 유추해볼 수 있다(Coie, 1990; Garandeau, Wilson, & Rodkin, 본 저서; Rodkin, Farmer, & Pearl, 2000; Younger, Gentile, & Burgess, 1993).

학교폭력 과정에서 따돌림이 지니는 역할을 확장해서 봐야하는 근거들 최근에 시행된 다른 대다수 연구를 보면, 아이들의 교우관계에 있어 따돌림의 역할에 대해 조사한 것이 많다. 특히, 학교폭력의 한 종류로서 말이다. 이 연구 결과 중 일부는 학교폭력 현상을 정확히 이해하기 위해서는 사회적 배제라는 개념을 잘 이해하는 것이 중요하다고 제안하는데, 특히 학교 상황에서는 사회적 배제로 인해 나중에 저조한 학업 성취도와 사회-정서적 적응 문제로 연결되기 때문이라고 주장한다(Sandstorm & Cillessen, 2003; Underwood 등, 2004). Bukowski와 Sippola(2001)의 학교폭력에 대한 개념적 모델에 따르면, 사회적 배제/능동적 격리는 한 집단의 응집력과 동질성을 유지하기 위한 학교폭력 행위라고 볼 수 있으며, 이에 대한 근거도 제시하였다. 학교폭력 과정에서 사회적 배제가 중심적인 역할을 한다는 이 연구자들의 주장은 더 큰 사회 집단의 멤버십과 관련되어 사회적 배제가 지니는 역할을 생각해 볼 수 있다는 주장과도 일관되고, 사회적 배제 때문에 특정인이 또래집단이라는 더 큰 사회적 단위에서 사회적 및 도구적 자원에 접근할 수 있는 길을 막아버린다는 우리 연구의 가설과도 일치한다(Asher, Rose, & Gabriel, 2001; Wentzel, 1991). Underwood 연구진(Underwood 등, 2004)은 실험적 연구를 통해서 어떤 또래가 활동에 끼려고 하면 어린 청소년들이 그 또래에게 일관되게 언어적 및 비언어적 사회적 배제 행위를 나타내는 것으로 관찰했다. Sandstorm과 Cillessen은 자기보고식 연구를 통해 어린 청소년들, 특히 위축된 아이들은 또래들한테 따돌림 당하는 것은 또다른 차원의 학교폭력이라고 인식하고 있었다고 한다.

종합해보면, 또래 따돌림은 학교폭력의 한 측면으로, 학업 성취도와 심리사회적 적응에 관심 있는 연구자는 반드시 주목해야 할 분야이다. 비록 따돌림이 이전에는 관계적 폭력(학교폭력의 한 형태로 신체적 및 언어적 공격성과 다르게 관계맺음에 손상을 주는 폭력 유형)(Crick & Grotpeter, 1996; Crick 등, 1999)의 한 종류로 인식하긴 했으나, 이런 유형의 폭력이 다른 유형에 비해 어떤 독특한 결말로 이어지는 지에 대해 측정되거나 연구된 적은 없었다. 위에서 언급한 연구 결과를 보면 앞으로는 학교폭력에 대한 개념을 확장하고 사회적 배제가 지니는 잠재적 영향력, 특히 적응 문제에 대한 영향력에 대한 연구 조사가 필요하다. 우리 연구 결과를 보면 아이들이 지속적으로 따돌림을 당하는 것이 얼마나 중요한 사안인 가를 알 수 있다. 물론 따돌림이 언어적 혹은 신체적 폭력처럼 눈에 띄게 해로워보이지는 않지만, 피해자가 학급 활동 참여 동기를 손상시키고 학습 활동에서 소외되도록 조장하는 만큼, 학업 성취도 면에서는 언어적 또는 신체적 폭력 보다 더 큰 충격을 줄 수 있다.

좀 더 시야를 넓혀보면, 우리 연구 결과는 만성적 스트레스 모델에 대한 근거를 제시한 셈이기도 하다

표 12.1 또래 배척, 따돌림, 학교폭력: 실무를 위한 제언

- 만성적 피해 경험과 따돌림은 학교 활동 소외와 저조한 학업 성취도를 예측할 수 있다.
  - 수년간 높은 수준의 학교폭력에 노출된 아이들은 그렇지 않은 아이들에 비해 더 높은 위험에 노출될 가능성이 있으며, 지속적이고 장기적인 지지와 개입이 필요함.

- 따돌림은 학교폭력의 한 유형으로 학교 활동 소외와 저조한 학업성취도를 예측할 수 있다(신체적 또는 언어적 피해 경험과 별개로 작용하며, 더 강한 영향력을 지닌다).
  - 비록 따돌림이 학교폭력 유형 중에서는 잘 관찰되지 않는 유형이지만, 장기적으로는 기존 학교폭력 못지 않게 폐해가 크다. 실무자들은 이런 유형의 행위들을 감지할 수 있도록 세심한 태도를 유지하고 예방할 수 있도록 노력해야 한다.

- 학교폭력 피해 경험과 연관된 소외 현상은 열악한 학업성취도로 이어지는 데에 중요한 영향을 미친다.
  - 피해자 학생들이 학교 활동에 지속적으로 참여할 수 있도록 더 놓은 수준의 지원이 필요할 수 있다. 예를 들면, 대안적인 학급 활동이나 또래집단을 제공하여 학교 경험에 대해 긍정적인 경험을 할 수 있도록 해줘야 한다.

- 피해자가 평상시에 어떤 행동 패턴을 보였던지 간에, 또래 배척과 학대는 소외 문제와 학업 성취도 문제를 일으킨다.
  - 배척과 피해 경험은 공격적 또는 위축된 행동 패턴을 악화시킬 가능성이 있다. 개개인별 행동 패턴에 대한 개입도 중요하지만 대인관계 문제에 대한 개입도 필요하다.

(Dohrenwood & Dohrenwood, 1981; Johnson, 1988). 즉, 만성적인 학교폭력 피해 경험은 학교 소외나 학업 성취 문제와 같은 부적응 문제에 대한 위험요인이 될 수 있다. 위에서 언급한 대로 학교폭력에 대한 다른 연구 결과도 본 연구 결과와 연관될 가능성이 높고, 내현화 문제같은 심리적 영향과도 연결이 된다 (Buhs & Ladd, 2001; Ladd & Troop-Gordon, 2003; Lewinsohn 등, 1985). 종합하면, 이런 연구 결과들을 바탕으로 학교폭력과 같은 만성적으로 부정적인 또래관계 경험에 노출되었을 때 광범위한 적응 상 문제를 겪을 수 있다는 가설을 세워볼 수 있다. 즉, 만성적인 또래 따돌림은 교실 내 사회적 분위기를 바꿔버리면서 동시에 초등학교 재학 기간 내내 적응상 부정적인 영향을 미치게 될 것이다(Doll, Zucker, & Brehm, 2004). 게다가 또래 따돌림은 학교 상황에서 학교폭력 과정을 기술하는 데 있어 핵심적인 위치를 차지한다고 볼 수 있다. 효과적인 경험적 근거 기반 중재 프로그램을 개발하기 위해서는 이런 다양한 학교폭력 유형에 대한 연구 조사가 더 필요하다.

□ 알 림 □

참고문헌에 표시된 일부 연구는 Pathway Project에서 시행된 연구들이다. 이 프로젝트는 국립보건연구원(the National Institutes of Health)에서 지원받아 아이들의 사회적/심리적/교육학적 적응에 대한 횡적 조사 연구로 이루어졌다(1 & 2-R01MH-49223; R01HD-045906 to Gary W. Ladd). 본 챕터에서 인용된 경험적 자료와 분석 결과 일부는 2006년 본 저자가 게재한 2006년도 원저(Peer Exclusion and Victimization: Processes that mediate the relation between peer group rejection and children's classroom engagement and achievement. *Journal of Educational Psychology*, 98, 1-13)에서 발췌하였다.

참고문헌

Asher, S. R., Rose, A. J., & Gabriel, S. W. (2001). Peer rejection in everyday life. In M. R. Leary (Ed.), *Interpersonal rejection* (pp. 105-142). New York: Oxford University Press.

Baumeister, R. F., & Leary, M. R. (1995). The need to belong: Desire for interpersonal attachments as a fundamental human motivation. *Psychological Bulletin*, 117, 407-529.

Buhs, E. S., & Ladd, G. W. (2001). Peer rejection in kindergarten as an antecedent of young children's school adjustment: An examination of mediating processes. *Developmental Psychology*, 37, 550-560.

Buhs, E., Ladd, G., & Herald, S. (2006). Peer exclusion and victimization: Processes that mediate the relation between peer group rejection and children's classroom engagement and achievement? *Journal of Educational Psychology*, 98, 1-13.

Bukowski, W., & Sippola, L. (2001). Groups, individuals, and victimization: A view of the peer system. In J. Juvonen & S. Graham (Eds.), *Peer harassment in school: The plight of the vulnerable and victimized in* (pp. 355-377). New York: Guilford.

Connell, J. P., & Wellborn, J. G. (1991). Competence, autonomy, and relatedness: A motivational analysis of self-esteem processes. In M. R. Gunnar & L. A. Sroufe (Eds.), *The Minnesota Symposia on Child Development: Vol. 23. Self-processes and development* (pp. 43-77). Hillsdale, NJ: Erlbaum.

Coie, J. D. (1990). Towards a theory of peer rejection. In S. R. Asher & J. D. Coie (Eds.), *Peer rejection in childhood* (pp. 365-401). New York: Cambridge University Press.

Coie, J. D., Lochman, J. E., Terry, R., & Hyman, C. (1992). Predicting early adolescent disorder from childhood aggression and peer rejection. *Journal of Consulting and Clinical Psychology*, 60, 783-792.

Crick, N., & Grotpeter, J. (1996). Children's treatment by peers: Victims of relational and overt aggression. *Development and Psychopathology*, 8, 367-380.

Crick, N. R., Werner, N. E., Casas, J. F., O'Brien, K. M., Nelson, D. A., Grotpeter, J. K., et al. (1999). Childhood aggression and gender: A new look at an old problem. In D. Bernstein (Ed.), *45th Annual Symposium on Motivation: Gender and motivation* (pp. 75-141). Lincoln: University of Nebraska Press.

Dohrenwend, B. P., & Dohrenwend, B. S. (1981). Socioenvironmental factors, stress, and psychopathology. *American Journal of Community Psychology*, 9, 128-164.

Doll, B., Zucker, S., & Brehm, K. (2004). *Resilient classrooms: Creating healthy environments for learning*. New York:

Guilford.

Entwisle, D. R., & Astone, N. M. (1994). Some practical guidelines for measuring youth's race/ethnicity and sociometric status. *Child Development, 65*, 1521-1540.

Espelage, D., & Swearer, S. (2003). Research on school bullying and victimization: What have we learned and where do we go from here? *School Psychology Review, 32*, 365-383.

Fonagy, P., Twemlow, S. W., Vernberg, E., Sacco, F. C., & Little, T. D. (2005). Creating a peaceful school learning environment: The impact of an antibullying program on educational attainment in elementary schools. *Medical Science Monitor, 11*, 317-325.

Ford, M. E. (1985). The concept of competence: Themes and variations. In H. A. Marlowe, Jr. & R. B. Weinberg (Eds.), *Competence development* (pp. 3-49). New York: Academic Press.

Hawker, D. S. J., & Boulton, M. J. (2000). Twenty years' research on peer victimization and psychosocial maladjustment: A meta-analytic review of cross-sectional studies. *Journal of Child Psychology and Psychiatry, 41*, 441-455.

Hymel, S., Wagner, E., & Butler, L. J. (1990). Reputational bias: View from the peer group. In S. R. Asher & J. D. Coie *Peer rejection in childhood* (pp. 156-186). New York: Cambridge University Press.

Johnson, J. H. (1988). *Life events as stressors in childhood and adolescence*. Newbury Park, CA: Sage.

Jöreskog, K., & Sörbom, D. (2001). *LISREL 8: Structural equation modeling with the SIMPLIS command language*. Hillsdale, NJ: Erlbaum.

Ladd, G. W. (2003). Probing the adaptive significance of children's behavior and relationships in the school context: A child by environment perspective. In R. Kail (Ed.), *Advances in child behavior and development* (pp. 43-104). New York: Wiley.

Ladd, G. W., Birch, S. H., & Buhs, E. S. (1999). Children's social and scholastic lives in kindergarten: Related spheres of influence? *Child Development, 70*, 1373-1400.

Ladd, G. W., & Burgess, K. B. (2001). Do relational risks and protective factors moderate the linkages between childhood aggression and early psychological and school adjustment? *Child Development, 72*, 1579-1601.

Ladd, G. W., & Troop-Gordon, W. (2003). The role of chronic peer difficulties in the development of children's psychological adjustment problems. *Child Development, 74*, 1344-1367.

Ladd, G. W., Kochenderfer, B. J., & Coleman, C. C. (1997). Classroom peer acceptance, friendship, and victimization: Distinct relational systems that contribute uniquely to children's school adjustment? *Child Development, 68*, 1181-1197.

Lewinsohn P. M., Hoberman, H., Teri, L., & Hautzinger, M. (1985). An integrative theory of depression. In S. Reiss & R. Bootzin (Eds.), *Theoretical issues in behavior therapy* (pp. 331-359). San Diego, CA: Academic Press.

MacDougall, P., Hymel, S., Vaillancourt, T., & Mercer, L. (2001). The consequences of childhood peer rejection. In M. R. Leary (Ed.), *Interpersonal rejection* (pp. 213-247). Oxford, UK: Oxford University Press.

Parker, J. G., & Asher, S. R. (1987). Peer relations and later personal adjustment: Are low-accepted children at risk? *Psychological Bulletin, 102*, 357-389.

Rodkin, P. C., Farmer, T. W., & Pearl, R. (2000). Heterogeneity of popular boys: Antisocial and prosocial configurations. *Developmental Psychology, 36*, 14-24.

Sandstrom, M., & Cillessen, A. (2003). Sociometric status and children's peer experiences: Use of the Daily Diary Method. *Merrill-Palmer Quarterly, 49*, 427-452.

Underwood, M., Scott, B., Galperin, M., Bjornstad, G., & Sexton, A. (2004). An observational study of social exclusion under varied conditions: Gender and developmental differences. *Child Development, 75*, 1538-1555.

Vandell, D. L., & Hembree, S. E. (1994). Peer social status and friendship: Independent contributors to children's social and academic adjustment. *Merrill-Palmer Quarterly, 40*, 461-470.

Wentzel, K. R. (1991). Social competence at school; Relation between social responsibility and academic achievement. *Review of Educational Research, 61*, 1-24.

Younger, A., Gentile, C., & Burgess, K. (1993). Children's perceptions of social withdrawal: Changes across age. In. K. E. Rubin & J. B. Asendorpf (Eds.), *Social withdrawal, inhibition, and shyness in childhood* (pp. 215-235). Hillsdale, NJ: Erlbaum.

13

인기녀와 야성남
학교폭력에서 성 역할

ERIKA D. FELIX AND JENNIFER GRIEF GREEN

성별 차이는 또래 사이에서의 인기도와 학교폭력 문제에서 빼놓을 수 없는 주제다. 건장한 남학생이 친구들의 찬사를 받으면서 자기 보다 약한 또래에게 주먹 세례를 날리는 장면이나, 여학생들이 자기 보다 인기 없는 또래에 대해 각종 루머와 뒷담화 등을 흘리는 전형적인 장면을 떠올려 보시길 바란다. 학교폭력에서의 성별 차이는 아이들한테도 통한다. 예를 들어, 학교 기반 무기명 연구에서 우리는 학교폭력에 대한 경험을 알려달라고 요청했다. 그러자 한 여학생이 아래와 같이 써줬다.

> 내 생각에는 남녀간에 괴롭힌다는 개념이 서로 다르다고 생각해요. 여자들은 독사 같죠. 여자들은 빠르게 치고 들어오기 때문에, 제일 강한 사람만이 견뎌낼 수 있어요. 여자들은 따돌리고 놀리고 교활한 말을 잘 던져요. 반면에 남자들은요…… 곰 같아요. 머리 보다는 근육과 힘을 앞세우죠.

이렇게 남녀간 학교폭력 양상을 선명하게 대비시켜 놓았기 때문에 우리는 학교폭력에 대한 남녀간 차이가 실제 존재하는 것인지 아니면 단순한 믿음에 불과한지 확인하고 싶어졌다. 하지만 어느 쪽으로 결론이 나던 간에, 학생들은 학교폭력을 성정체성(gender) 발달과 연관시켜 생각해주길 바라고 있었다는 점이 중요하다.

하지만 학교폭력과 성정체성과의 관계를 살펴보려면 문화적 및 발달학적 맥락에서 이 관계를 고찰해야 되기 때문에 결코 쉽지 않다. 성정체성 발달 과정이 다양한 문화적 맥락을 반영하는 것처럼 학교폭력과 관련된 역동적인 또래관계는 여러 사회문화적 집단마다 다르게 나타난다. 국제적인 틀 안에서 보면, 마크로시스템(macrosystem)의 여러 특징들이 어떻게 성별과 학교폭력에 영향을 주는지 고려하는 것이 필요하다(Bronfenbrenner, 1986).

성별 차이에 대해서, 기존 연구에서는 생물학적 성만 단독으로 활용해서 연구 대상의 유병율, 사회인지적 변수, 심리사회적 적응 양상의 차이를 보고하는 경우가 많다. 연구 표본을 단순히 생물학적 성으로

만 나눈다는 것은 연구자가 성정체성을 주관적인 변수로 취급한다는 뜻이 된다. 즉, 생물학적 성으로 성정체성을 결정짓는 다는 것은 성정체성을 개인의 내적 및 정적 요소로 간주했다는 뜻이 된다(Matlin, 2000). 성정체성을 이런 방향으로 여기는 것은 흔한 일이지만, 이런 식의 개념은 성역할 발달과 성정체성과 관련된 학교폭력의 역동적 양상을 제대로 묘사하지 못한다는 단점이 있다(Lagerspetz & Bkörkqvist, 1994).

본 챕터에서는 학교폭력 경험에 있어 양쪽 성별이 어떤 상호작용을 거치는 지, 관련 이론과 연구 결과를 제시할 것이다. 또한 본 챕터에서는 성별에 따른 학교폭력 연구에 대한 개념적 기초에 대해 설명하고, 우리가 생각할 때 핵심이 되는 7가지 질문을 제시하며, 학교폭력 연구 및 개입 프로그램 개발에서 연구자들이 반드시 숙지해야할 명제들에 대해 근거 중심적 결론을 제시하고자 한다.

성정체성에 따른 학교폭력 연구의 개념적 기초

물론 공격적 행동 발달에 대한 연구는 옛날부터 주로 남성에 초점이 맞추어져 있지만, 최근에는 여성의 공격적 행동에 대한 관심도 나날이 증가하고 있다(Crick, Bigbee, & Howes, 1996; Lagerspetz & Bjorkqvist, 1994). 최근에 성별과 공격성 발달에 관한 대단위 종설이 몇편 나왔으며, 독자들은 다름과 같은 참고 문헌을 통해 더 자세한 정보를 열람할 수 있다(Crick 등, 1999; Maccoby, 2004; Underwood, 2003). 우리는 이 저자들이 언급한 주요 개념들에 대해 요약해보려고 한다. 아마도 학교폭력에 관한 향후 연구에 도움이 되리라 믿는다.

성별과 공격성과의 관계성에 대한 최근 연구들을 보면 제각기 결과가 다르게 나왔다. 즉, 성별 간 분명히 차이점을 드러내는 부분도 있고 공통 영역도 상당했다. 예를 들어, 남성과 여성 모두 신체적 및 관계적 공격성을 다 지닌 것으로 나타났지만, 공격성 유형별로 활용 빈도는 제각각으로 나타났다. 성별간 차이를 이해하기 위한 개념적 틀을 제시하기 위해, 성정체성 전문 연구자들은 '두 문화 이론'을 개발했다(Maccoby, 1998; Maccoby & Jaklin, 1987; Maltz & Borker, 1982; Thorne & Luria, 1986). Underwood(2003)이 정리한 것처럼, 남자 아이들과 여자 아이들은 성정체성 기준으로 서로 다른 집단으로 나눠지면서 각각 다른 경험을 하고 자라게 되어, 마치 두 개의 별개 문화권에서 지냈던과 같은 효과를 지닌다는 것이다. 이 이론은 초기 및 중기 아동기에서 아이들이 성정체성에 따라 또래집단이 어떻게 나누어지는지, 또한 남자 아이와 여자 아이들의 놀이 문화와 친교관계가 어떻게 되는지 관찰한 비교문화 연구 결과를 바탕으로 하고 있다(Gottman & Mettetal, 1986; Maccoby & Jacklin, 1987; Serbin, Moller, Gulko, Powlishta, & Colburne, 1994). Underwood(2003)가 적은 대로, '두 문화 이론가는 사회적 상호작용 속에서 성별 차이를 형성해나가는 데 있어 또래집단이 중요하다는 점을 일관되게 강조한다.'(P.41). 다음 섹션에서 두 문화 이론과 일관된 개념적 틀을 가지고 성별과 학교폭력 연구에 관한 핵심 질문에 대해 토론하겠다. 특히, 이 이론은 학교폭력과 관련해 성정체성 발달의 문화적 측면을 내포하고 있기 때문에, 국제적 시각에서 학교폭력을 다루고자 하는 본 저서의 취지와도 부합한다.

핵심 질문

1. 성정체성에 따른 학교폭력 유병률 차이가 존재하는가?
이 질문에 대한 대답은 학교폭력을 어떻게 정의하느냐와 학교폭력 현상을 무슨 잣대로 측정할 것인가에 많은 영향을 받는다. 오랫동안 연구자들은 남성이 피해자든 가해자든 모든 유형에서 여성 보다 공격성에 더 많이 연루된 것으로 보고했다. 여성 보다 남성이 가해자/피해자가 더 많다는 보고는 브라질(DeSouza & Ribeiro, 2005), 독일(Scheithauer, Hayer, Peterman, & Jugert, 2006), 이스라엘(Benbenishty & Astor, 2005), 대한민국(Yang, Kim, Kim, Shin, & Yoon, 2006), 스위스(Perren & Hornung, 2005), 터키(Kepenekci & Cinkir, 2006), 미국(Nansel 등, 2001) 연구에서 찾아볼 수 있다. 그리고 또래지명법(Espelage, Holt, & Henkel, 2003)과 관찰적 연구(Craig & Pepler, 1997)방식을 취한 문헌 대부분에서는 계속 일관된 결과가 나왔다. 세계보건기구에서 여러 국가를 상대로한 학교폭력 연구에서 남성이 여성보다 더 가해자가 많은 것으로 조사되었다. 하지만 여성은 남성과 같거나 더 자주 피해를 당하는 것으로 보고했다(Criag & Harel, 2004).

이런 유병률 자료로는 전체 그림을 파악할 수 없다. 왜냐하면 남성과 여성은 서로 다른 형태의 학교폭력에 연루되고 또 경험을 하기 때문이다(Crick & Grotpeter, 1995). 가해 행위(Bullying)이라는 용어에 대해 14개 국가 아이들을 대상으로 연구했을 때, 가해행위라는 단어는 사회적 따돌림 보다 신체적 및 언어적 공격성을 더 많이 연상시키는 것으로 나타났다(Smith 등, 2002). 만약 이게 사실이라면, 남녀간에 학교폭력 가해빈도 및 피해빈도에서 차이가 난다는 연구 결과들은 실제 현상을 반영했다기 보다 연구 방법론적 측면이 반영되었다고 봐야된다. 두 문화 이론과 함께, Lagerspetz와 Björkqvist(1994)는 남성과 여성의 사회적 역할이 다르기 때문에 공격성을 드러내는 양상도 차이가 난다고 가정하였다. 그간 학교폭력 연구의 근간을 이루었던 업적들이 대체로 남성의 피해사례에 초점이 맞추어져 있었기 때문에 여성들에게 더 자주 발생하는 관계적 공격성이라는 개념을 소개하는 것이 성별과 공격성과의 관계성에 대해 연구하는 데에 중요해졌다(Crick 등, 1999).

관계적 공격성은 간접적인 가해 행위로 다른 이들을 거짓말, 소문 퍼트리기, 기존 친구와 멀어지게 만들기 등 관계를 손상시켜 상처를 주는 행위를 말한다(Crick 등, 1996). 일부 학교폭력 연구에 의하면 여학생이 남학생 보다 관계적 피해사례를 더 자주 겪는 것으로 나타난 반면, 남학생은 여학생 보다 직접적 신체적 및 언어적 피해를 더 많이 입는 것으로 나타났다(Crick & Bigbee, 1998; Crick & Grotpeter, 1996; Rivers & Smith, 1994). Crick과 Bigbee(1998)는 관계적 피해 사례에 대한 척도를 포함시키자, 피해자 수가 증가하였으며, 새로 추가된 피해자들 대부분은 여학생들이었다고 주장했다. 학생들은 여학생들 사이에 관계적 공격성이 흔하고, 다른 사람들의 공격성에 대해 정상적으로 보일 수 있는 반응이라고 인식하고 있었다. 그리고 이런 시각은 남학생보다 여학생에서 더 흔했다(Crick 등, 1996). 관계적 공격성이라는 새로운 개념을 이해하게 되면서 특정 가해 행위 유형에만 국한해서 연구를 진행한 탓에 성별에 따른 학교폭력 유병률 차이가 존재한다는 결과로 이어진 것으로 이해하기 시작하였다. 그리고 그간 학계에서 직관적으로 파악했던 것보다 실제 여학생들의 가해 행위 유병률은 더 높을 것이라는 인식이 생겨나기 시작했다. Smith 연구진(2002)이 제시한 것처럼, 아이들은 '가해 행위(bullying)'를 당한 적이 있느냐는 질문을 받으면 과도하게 공격적으로 나대는 남자 아이들을 연상한다는 것이다. 왜냐하면 아이들 대다수는 간접적 공격성을 '가해행위(bullying)'로 생각하지 않기 때문이다.

종합해보면, 공격성을 표현하는 모습이 다양하다는 점은 각 성별마다 고유의 사회화 과정을 거치면서 각자 독특한 또래 역동을 발달시킨다는 현실을 반영한다. 두 문화 이론처럼 남성성과 여성성으로 사회적 구성이 나뉘기 때문에, 학교폭력을 경험하는 방식에도 서로 차이가 난다(Gini & Pozzoli, 2006). 남학생들이 신체적 및 언어적 공격성을 더 잘 쓰는 반면, 여학생은 대인관계적 공격성을 더 쓰는데, 왜냐하면 여학생들은 대인관계적 역동에 더 잘 적응이 되어있기 때문이다(Crick & Grotpeter, 1995). 특히, 여학생들이 남학생보다 친구 관계를 더 타이트하게 가져가려는 경향이 있기 때문에 관계적 공격성이 큰 영향력을 발휘한다고 볼 수 있다(Lagerspetz & Björkqvist, 1994). 학교폭력 현상을 정확히 묘사하기 위해서, 연구자들은 남녀 간 공격성의 양상이 다르게 드러난다는 점을 인식하고 있어야 학교폭력 유형별 유병률을 정확히 해석할 수 있다.

2. 성정체성 사회화 과정 맥락에서 학교폭력을 어떻게 이해할 수 있는가?

여러 문화적 상황을 살펴보면, 성정체성과 성 역할 이면에는 통제와 권력이란 테마가 자리잡고 있다. 아이들이 사회화되는 과정에서 어떤 방식으로 권력을 인지하게 되었는지, 사람들이 어떤 유형의 권력을 추구하는지, 권력을 얻기 위해서 어떤 방법을 동원해야 되는지 파악하는 것이 남성성과 여성성 발달에 영향을 준다(Gini & Pozzoli, 2006). 학교폭력은 그 정의 자체에서 가해하는 이와 피해 당하는 이 사이에 권력의 불균형이 존재한다. 따라서 정의상 피해자는 자기 자신을 방어할 수 없는 입장에 처한다는 것이다(Olweus, 1978). 피해를 당하는 사람은 폭력 상황 발생을 막을 수 있을 만큼의 권력/영향력이 부족하다. 따라서 만성적으로 학교폭력을 당하는 아이들과 청소년에게는 이런 부족한 권력이 그만큼 치명적으로 작용한다. 학교폭력 상황에서의 권력은 다양한 형태로 나타나며, 이 권력의 소스는 외부 관찰자 입장에서는 잘 관찰되지 않는다(Rigby, 2002). 권력의 소스는 신체적 힘이 될 수도 있고, 인기도, 특정 혹은 주류 집단에 대한 소속감, 남들이 부러워할만한 기술들(예 : 스포츠 능력, 학업 성적 등) 등이 될 수 있다.

권력은 학교폭력 역동에서 자주 쓰이는 수단으로 사회 통제의 한 방편이기도 하다. 권력을 통해 아이들은 자신의 지위나 사회적 위계 관계를 보여주기도 하고, 협상하기도 하고, 인정 받으려 하기도 하며 방어하려고도 한다(Mcallister, 2001). Mcallister(2001)의 관찰적 연구자료 및 면담 연구자료에 의하면 지위 및 위계관계는 남성성과 여성성에 대한 사회적 고정관념과도 연결되어 있다. 예를 들어, 희롱하기/놀리기라는 방법을 쓰면 각 성별에 맞게 행동했다는 인식을 강화시키는 쪽으로 작용한다는 것이다. 학교폭력 행위가 일어나는 것도 부분적으로는 각 성별에 따른 사회적 역할을 수행하는 것으로도 볼 수 있다(Mcallister, 2001). 청소년과 성인을 대상으로 한 연구를 보면, 각 성정체성에 맞는 주류 문화에 순응하지 않거나 성정체성과 맞지 않은 행동을 한 사람들, 특히 남성들은 괴롭힘을 당할 가능성이 높아진다(Friedman Koeske, Silvestre, Korr, & Sites, 2006; Erikson & Einarsen, 2004; Lee, 2002; Young & Sweeting, 2004). 성정체성에 맞지 않은 행동을 하면 다른 또래들과 다르게 보이기 때문에 학교폭력 피해에 대한 취약성이 증가한다(Young & Sweeting, 2004). 또한 성정체성에 맞지 않은 활동을 하는 학생들은 동성 또래들과 공통 관심사를 가지기가 어렵다. 학교폭력으로부터 보호받으려면 친구 관계가 잘 되어 있어야 하는데, 이런 학생들은 동성 친구들과 공통점이 부족하기 때문에 친구 관계를 맺는데 어려움을 겪게 된다. Young과 Sweeting은 여학생 보다 남학생이 성정체성에 대해서 더 엄격한 잣대를 가지는 경향이 있다고 보고했다. 또한 성정체성에 적합한 레져활동이나 스포츠를 즐기는 남학생에 비해 그렇지 않은 학생들은 두배 이상 학교폭력 피해를 당할 확률이 높았다. 남학생에게 '남자다움'이란 학교폭력 피해 경험으로부터 보호요인이 되지만, 여학생한테 '남자다움'이란 학교폭력 피해에 대한 위험을 높인다. 즉, 여성에게도 성정체성에 대한 고정관념과 맞지 않게 행동하면 학교폭력을 당할 위험이 있다는 뜻이다(Young & Sweeting, 2004).

성인을 대상으로 한 연구에서도 위와 같은 청소년 대상 연구 결과와 비슷하게 나온다. 성인 게이를 대상으로 한 후향적 연구에서 Friedman 연구진(2006)은 성정체성 불일치 문제와 관련해서 괴롭힘이 늘어나기도 하고 자살에 대한 위험도 올라간다고 보고했다. 또한 성정체성에 잘 어울리지 않는 직업을 가지는 것도 괴롭힘을 당하는 위험요인으로 작용했다. Erikson과 Einasen(2004)은 노르웨이의 간호조무사 상대로 연구하였을 때 남성 간호조무사들이 여성 간호조무사에 비해서 직장 내 괴롭힘을 당할 가능성이 더 높았다. 신뢰할 만한 한 연구 자료에 의하면 성정체성 문제로 괴롭힘을 당하는 경우 부분적으로는 각 성에 적합한 업무 유형이 있다는 판단도 작용하고 이런 사회적 규범을 관철시키고자하는 사회적 압력이 작용하는 것으로 나타났다(Lee, 2002). 관련 근거가 계속 쌓이고 있기 때문에 성정체성이 학교폭력의 권력 불균형 현상에 미치는 영향을 연구하는 것이 더욱 필요하다.

성정체성 관련 피해사례에 대한 일부 연구를 보면 학교폭력과 성희롱간에 중복된 영역이 있지 않나 하는 의문을 품게 된다(Stein, 2003). 특히, 일터에서는 학교폭력에서 이야기하는 괴롭힘(bullying)보다는 성희롱이라는 용어가 많이 알려져있기 때문이다. 또한 학교폭력을 지칭하는 'Bullying'이란 단어는 주로 아이들을 대상으로 한다. 하지만 학령기의 성희롱 경험에 대해서 호기심을 가지는 것은 중요하다. 성인기와 일터 문화에서 괴롭힘(bullying) 현상에 대해 최근에 더 많은 주목을 받는 만큼 말이다.

3. 학교폭력인가 성희롱인가?

최근에는 청소년들 사이에서 성적 모욕감, 음란한 제스처, 성 차별적 태도, 잔인한 농담, 성적 유혹 등이 흔하며, 이런 경험이 성인들이 흔히 얘기하는 성희롱과도 유사하다는 인식이 늘고 있다(Levesque, 1998). 청소년기 또래간 성희롱 사건은 중기 아동기와 청소년기 때 남녀간의 불평등한 사회적 관계를 당연시하는 분위기 속에서 조장된 것이라고 가정하고 있다(Rodkin & Fischer, 2003). 성희롱 발생은 사춘기와 관련이 있으나, 이런 현상이 사회적으로 전형적이지도 적절치도 않기 때문에 정상적인 현상으로 취급해서는 안된다(McMaster, Connolly, Pepler, & Craig, 2002). 비록 청소년들 사이에 흔한 문제이기도 하고 다른 또래간 괴롭힘 사례와도 개념적으로 유사한 부분이 있지만, 성희롱 현상은 학교폭력과는 별개로 연구가 진행되어 왔다.

Stein(2003)은 기존 연구자와 교육자들이 학교폭력이라고 간주했던 현상들이 사실은 대체로 성희롱이었다고 주장했다. Stein은 이런 행위를 단순히 '학교폭력'이라고 명명하는 것은 넓은 의미에서 피해자 학생의 법적 권리를 온전히 보장하지 못한 처사라고 비판했다. 왜냐하면 학교폭력에서는 성적인 개념이 부족하며, 나아가서는 인종과 성정체성에 대한 개념도 결여되어 있기 때문이다. 직장 문화와 관련해서, Simpson과 Cohen(2004)은 괴롭힘(bullying)과 희롱(harassment)을 구분했다. 이 연구진은 희롱은 집단적 특징(예: 인종, 성, 성정체성)에 맞춰져 있는 반면, 괴롭힘은 피해자의 개인적 특징(예: 인격, 업무 능력)에 초점이 맞추어져 있다고 했다.

정의 상, 성희롱은 학교폭력에서의 괴롭힘과 유사하다. 즉, 성희롱도 권력의 불균형이라는 속성을 지닌 공격적 행위 중 하나이다. 다만, 내용이 성적인 요소로 이루어졌거나 피해자의 성정체성에 대한 것일 뿐이다. Fitzgerald, Gelfand, Drasgow(1995)는 성희롱에 세가지 유형이 있다고 하였다. 성정체성 희롱은 상대방의 성정체성에 대해 모욕적이고 적대적이며 폄하하는 태도를 표현하는 것이다. 성정체성 희롱은 일반 언어 폭력과 많이 닮았는데, 언어적 모욕과 별명 부르기로 의도적인 상처를 주기 때문이다. 불필요한 성적 관심은 무례하고 불필요하며 일방적인 언어적 및 비언어적 성적 행위를 포함한다. 신체적 제스처는 상대방이 원치 않는 신체적 접촉 같이 괴롭힘(bullying)과 연관되는 경우가 많으며, 불필요한 성적 관심의 일종으로도 간주할 수 있다. 성적 강압은 힘이나 댓가를 약속하는 방식으로 성적 행위에 협조하도록 강요하는 행위이다. 이는 학교폭력에서 가해자 학생들이 피해자들한테 협박하는 것과 비슷한 상황이다.

성희롱 경험은 직접적 및 간접적 유형의 학교폭력과 상당히 겹친다는 경험적 근거가 많이 누적되고 있다. 예를 들어, Felix와 McMahon(2007)은 대상 학생 49%가 세 가지 유형의 피해(성희롱, 관계적 폭력, 직접적 신체/언어 폭력)를 겪은 것으로 나타났고, 28%는 성희롱과 폭력 중 최소한 한 유형은 겪은 것으로 보고했다. 이런 결과는 다른 연구에서도 일관되게 드러났는데, 학교폭력에 연루된 학생들은 또래 성희롱 사건에도 연관되어 있을 가능성이 높았다(DeSouza & Ribeiro, 2005; Pellegrini, 2001).

청소년을 대상으로 한 연구에서, McMaster 연구진(2002)은 남녀 모두 제일 많이 당한 피해 유형으로 1) 혐오적 동성애자 명칭 부르기, 2) 성적 코멘트, 농담, 제스처, 표정짓기, 3) 특정 신체적 부위에 대한 코멘트나 점수 매기기가 있었다. 제일 흔한 성희롱 경험으로는 1) 혐오적 동성애자 명칭 부르기, 2) 성적 코멘트, 3) 노출당하는 것이 있다. 이 연구 결과는 예상대로 청소년들 사이에서 가해 행위와 성희롱 경험 사이에 관련성이 일관된다는 점을 알 수 있다. 또한 가해자의 78%는 피해 경험이 있다고 보고하였으며, 피해자의 56%는 가해자가 되어본 경험이 있다고 보고하였다(McMaster 등, 2002).

종합하면, 학교폭력과 성희롱은 벤다이어그램 안에 두 개의 별개 집단이 있는데 일부 영역에서 교집합을 보이는 모양새라고 개념을 잡아볼 수 있다. 학교폭력이라고 해서 모두 성희롱은 아니다. 종종 이성 또래에 대한 학교폭력 사건이 생길 수 있지만 성적 요소는 빠져있을 수 있다. 물론, 성희롱이라고 해서 모두 학교폭력은 아니다. 성희롱이 성립되기 위해서 학교폭력에서는 해당되는 반복성과 의도성이 꼭 필요하지는 않다. 하지만 분명 학교폭력과 성희롱 사이에 중복되는 영역이 상당히 존재한다. 특히 후기 청소년기에서는 말이다. 따라서 두 가지 영역 모두에 대해서 평가하는 것이 중요하다.

4. 이성 간 학교폭력과 동성 간 학교폭력에 어떤 차이가 있는가?

우리는 성정체성이 학교폭력과 공격성에 관한 연구에서 어떤 방식으로 피험자 변인로 활용되어 왔는지 알아봤다. 성정체성에 대한 또다른 시각으로는 성정체성을 자극 변인으로 취급해보는 것이다(Matlin, 2000). 즉, 한 개인의 정체성 때문에 주변 사람들이 반응을 달리한다는 것이다. 예를 들면, 사회적 상황에서 어떤 내용의 칭찬을 할 것이냐는 상대방의 성정체성에 따라 달라질 수 있다. 여성에게는 외모에 대한 찬사가 칭찬이 될 수 있고, 남성에게는 업적에 대한 인정이 칭찬의 내용이 될 수 있다. 자극원으로서의 성정체성을 이해하는 것이 오히려 피험자 변인으로 취급하는 것 보다 이성 간 학교폭력과 성희롱과 같은 피해 사례를 이해하는 데에 더 도움이 될 수도 있다.

가해자-피해자 이원화 모델을 바탕으로 자기보고식 학교폭력 연구한 결과를 보면 여학생한테 괴롭힘 당한 남학생은 흔하지 않은 것으로 나타났다(Bentley & Li, 1995). 하지만 여학생은 남학생한테 종종 괴롭힘을 당한다. 영국에서 시행된 한 연구에서는 피해자 여학생 중 31%는 남학생한테서만 피해를 당했고, 36%는 남녀 모두에게 피해를 당했으며, 32.5%는 여학생한테서만 피해를 당했다(Eslea & Smith, 1998). 대조적으로 남학생은 거의 대다수가 다른 남학생한테서 피해를 당한 것으로 보고했다(83.5%; Eslea & Smith). Olweus(1994)는 노르웨이 연구에서 피해 여학생의 60%는 남학생한테서 주로 피해를 당한 것으로 조사했다. 물론 여기서도 여학생한테 괴롭힘 당한 남학생이 일부 존재하나, 피해 남학생 중 80% 이상은 다른 남학생한테서 괴롭힘 당한 것으로 나타났다. 이에 반해, 캐나다에서 진행된 자연적 관찰 연구에서는 남학생이 여학생에게 괴롭힘을 당한 경우가 전체 관찰건수의 52%에 달했다(Craig & Pepler, 1997). 또한 남학생들은 여학생 보다는 다른 남학생을 괴롭히는 경향이 더 뚜렷한 것으로 보고했다.

이성간 폭력 대 동성간 폭력 구도에서 각각 어떤 유형의 가해 행위가 주된 유형으로 나오는 지 평가하기 위해 Felix와 McMahon(2007)은 111명의 도시 중학교 학생을 대상으로 다양한 형태의 피해 사례를 조사했다. 놀리기 또는 성희롱은 남학생들한테는 동성간에서 더 흔히 드러났지만 여학생들한테서는 이성간에서 더 많이 드러났다. 여학생들은 남학생들한테 얻어 맞거나 차이거나 밀쳐짐을 당했다고 보고하지 않았다. 남녀 모두 관계적 폭력, 불필요한 성적 관심, 소유물 갈취 혹은 파손 등의 피해를 다른 남녀 모두한테서 당했다고 보고했다.

　동성 대 이성 간 또래 피해 사례에 대한 이전 연구는 다른 결과를 제시했다. 예를 들어, McMaster 연구진(2002)은 이성 간 성희롱에 비해 동성 간 피해 사례에서는 서로 다른 동기적, 행동적, 맥락적 결정요인이 있다고 지적했다. 이성 간 희롱에서는 성적 호기심이 부분적으로 작용하는 반면, 동성 간 희롱은 종종 언어적 공격성 형태를 띤다고 하였다(예: 남자 아이들은 다른 남자 아이한테 상처를 주기 위해 '게이'라고 부른다). 더 나아가, 사춘기 성 성숙 상태와 또래집단 내 성별 구성은 이성 간 폭력행위 가담과 독립적으로 연관된 것으로 나타났다. 이성 간 희롱은 나이에 따라 증가하는 경향을 보였지만, 동성 간 희롱은 그렇지 않았다. 마지막으로 남학생은 이성 간 희롱보다 동성 간 희롱을 더 많이 경험도 했고 가해 행위를 하기도 했다. 하지만 여학생은 이와 반대였다. 종합해보면, 이성 간 및 동성 간 희롱은 적어도 부분적으로 차별화되며, 학교폭력 연구에서 반드시 고려해야 할 요소라고 볼 수 있다.

　전반적으로, 이전 섹션에서 성정체성과 관련된 피해 양상을 참고했을 때 학교폭력에서의 성정체성 역동에 대해 실무적으로 어떤 시사점이 있었는지 궁금했었다. 본 챕터 나머지 섹션에서는 성정체성이 학교폭력에 어떤 영향을 주는지에 대해 언급할 것이다. 또한 성정체성이 학교폭력의 과정과 결과에 어떤 영향을 미치는지, 또 성정체성이 중재 프로그램에서 어떻게 이용될 수 있는 지 설명할 것이다.

5. 학교폭력에 대한 폐해의 정도가 남자와 여자가 다를까?

학교폭력 현상이 학생들의 안녕에 영향을 끼치는 경로는 여러가지가 있다. 여기에는 사회적 인지 양상, 신체 및 정신 건강, 또래 및 연인 관계, 학교 활동 참여, 학업성취도 등 다양한 경로가 포함되어 있다. 본 섹션에서는 성별에 따른 학교폭력이 사회적 인지 기능, 정신 건강, 인간 관계에 어떤 영향을 미치는 지에 대한 최근 몇몇 연구를 소개하고자 한다.

사회적 인지　피해 경험의 종류는 피해자가 폭력 행위를 용납할 수 있는 지 여부를 결정 짓는 요인이 된다. 예를 들면, Felix와 McMahon(2007)은 성희롱을 당한 남성은 여성이나 다른 종류의 피해 경험을 겪은 남성에 비해 폭력을 쓰는 것이 괜찮다고 여기는 경향이 있었다. 성희롱은 중학교 남학생들한테는 특히나 문제가 되는 폭력 유형인데, 성적으로 아주 민감한 발달 시기에 남성성을 타겟으로 폭력이 이루어지기 때문이다. 앞서 논의했던 것처럼, 성정체성에 부합하지 않는 행동으로 학교폭력의 타겟이 될 수 있으며(Young & Sweeting, 2004), 이 나이 또래 남자 아이들은 공격성을 신봉하고 있기 때문에 향후에 자신을 보호하기 위해 더욱 더 공격적으로 변할 가능성이 있다. 공격적으로 반응하는 것은 미래에 피해자로 전락하는 것을 예방해주는 효과가 실제로 있을 수 있는 데, 공격적인 행동은 남성으로 성정체성에 부합한다고 보기 때문이다.

　사회적 인지와 공격성과의 관계에 대한 성별 차이를 연구한 또다른 문헌을 소개하자면, Musher-Eizenman 연구진(2004)은 남학생과 여학생 간에 공격성과 공격적 행동에 노출되었을 때 이를 처리하는 인지 방식에서 차이가 있다고 보고했다. 여학생들은 공격성과 공격적 행동에 노출되었을 때 복수심이 가장 중요한 인지 매개 요소였다면 남학생들은 자기에 대한 평가가 더 중요했다.

정신 건강　최근 문헌을 보면 만성적인 학교폭력에 시달렸을 때 피해자는 심리학적 및 학업성취적 측면에서 악영향을 받는 것으로 나온다(Craig, 1998, Kochenderfer & Ladd, 1996; Olweus, 1994; Schwartz, Gorman, Nakamoto, & Toblin, 2005). 학교폭력이 심리사회적 적응에 어떤 영향을 미치는 데에 있어 성별에 따른 차이가 어떻게 되는지 최근에 연구가 진행되었다(Felix & McMahon, 2006). 첫째, Felix와 McMahon(2006)은 다양한 유형의 학교폭력 간의 상대적인 관계성에 대해 조사했으며, 여기에는 성정체성과 관련된 폭력인 성희롱과 관계적 폭력도 포함되고, 내현화 문제 및 외현화 문제에 연관시켰다. 성희롱과 노골적인 신체 및 언어적 피해 사례는 내현화 행동 문제와 유의한 상관관계가 있었고, 성희롱은 외현화 행동하고만 유의미한 상관관계를 지닌 것으로 나타났다. 이 연구 결과는 성정체성과 관련된 학교폭력 피해 경험은 청소년 행복에 독특하고 유의미한 관계성을 갖는 것으로 간주할 수 있다.

Felix와 McMahon(2006)은 위 연구 후에 남녀 모두 남학생한테 피해를 당한 것과 여학생한테 피해를 당하는 것을 비교 연구하였다. 양쪽 성별 모두, 여학생한테 괴롭힘을 당할 때에는 내현화 문제나 외현화 행동 문제에 대한 상관관계가 모두 유의하지 않았다. 하지만, 남학생들한테 괴롭힘을 당했을 때는 다음과 같은 결과가 나왔다. 여학생의 경우 남학생에게 성희롱을 당했거나 직접적인 언어 폭력을 당했을 때 내현화 행동 문제와 유의한 상관관계가 있었다. 하지만 외현화 행동 문제와는 상관관계가 없었다. 남학생의 경우, 같은 남자 또래들한테 성희롱을 당했을 때는 외현화 및 내현화 행동 문제 모두 유의한 상관관계가 있었다. 전반적으로, 이 연구결과에 따르면 남학생한테 폭력을 당했을 때 남학생이나 여학생이나 정신건강에 부정적인 영향을 받는 것으로 나타났다. 캐나다에서 시행된 관찰적 연구에서는 남학생이 여학생 보다 학교폭력과 성희롱을 더 자주 하는 것으로 나타났으며(Craig & Pepler, 1997), 공격적 행동에 자주 노출될 수록 내현화 및 외현화 문제 모두 발생 위험도가 올라갔다.

남학생한테는 같은 남자 또래에게 성적으로 괴롭힘 당하는 것이 특히 더 문제가 되는 것으로 보인다. 비록 동성간 성희롱이 더 주목을 받고 있고, 이를 둘러싼 법적 이슈와 관련 보고들이 출판되고 있지만, 남자 피해자의 정서적 안녕에 대한 영향에 대한 자료는 보고되지 않고 있다. 대부분의 학교폭력 예방 프로그램은 성희롱에 대해서는 다루지 않는다는 것이 안타까울 따름이다. River(2004)는 자기 자신을 레즈비언, 게이, 양성애자라고 보고한 성인들을 대상으로 연구했을 때, 이들 성인들은 청소년기 때 성정체성 때문에 괴롭힘 당했던 기억을 보고했으며, 또래로부터 이런 정서적 학대를 받은 경험과 현재 겪고 있는 외상후 스트레스 증상 경험과 관련이 있다고 설명하였다. 또다른 후향적 연구에서는 자신을 게이라고 밝힌 성인 남성들은 초중고등학교 때 학교폭력과 자살 사고를 경험한 적이 있다고 밝혔다(Friedman 등, 2006). Friedman 연구진은 학교폭력 가해 행위가 남성성/여성성과 자살 충동 경향이 서로 이어지도록 하는 매개체로 작용한다고 하였다. 피해 남학생(중고등학생)에서 여성성이 높은 수준으로 나오면 자살 충동 경향을 예측할 수 있었고, 고등학교에서 남성성의 수준이 결여되어 있으면 피해자의 자살 위험이 증가하였다.

연인관계 가해자 청소년은 그렇지 않은 또래에 비해 건강하지 못한 연애를 할 위험도가 더 높았다(Connolly, Pepler, Craig, & Taradash, 2000). Connolly 연구진(2000)은 가해자들은 대조군에 비해 이성친구 교제에 대해 덜 친밀하고, 애정이 덜 가고, 관계가 더 짧게 끝날 것이라고 여기는 경향이 있었다. 가해자들은 이성친구 혹은 그냥 친구들을 자신의 곁에 묶어두기 위해 바람직하지 못한 행동을 한다고 보고하는 경향이 있었다. 마찬가지로, 가해자들은 대조군 청소년들에 비해 연애 관계나 친구 관계에서 권력의 불균형이 있다고 보는 경향이 있었다. 또한 가해자는 대조군에 비해 자신의 친구 관계가 애정이 덜 가고 관계가 더 짧게 끝날 것이라고 여겼다. 이 연구진은 성별에 따른 데이트 폭력 양상의 차이를 발견하지는 못했다. 피해 경험을 겪는 청소년은 다른 여러 상황에서도 피해경험을 겪을 가능성이 있다는 근거를 염두해두면(Finkelhor, Ormrod, & Turner, 2007), 가해 행위는 연인 관계에서 건강하지 못한 행동을 이끌어낸다는 점이 그다지 놀랍지 않으며, 학교폭력 피해자들은 데이트 폭력에 더 노출될 가능성도 높아진다(Espelage & Holt, 2007). 앞으로는 이성간 성희롱과 데이트 폭력에 대한 관련성도 연구되어야 한다.

6. 성정체성이 학교폭력 해결방법에 어떤 영향을 미치는가?

방관자, 가해자, 피해자의 성별은 학교폭력 사건 발생 과정과 해결 과정에 모두 영향을 미칠 수 있다. 예를 들면, 미국에서 유치원생들을 대상으로 한 연구에서 Kochenderfer와 Ladd(1997)는 전반적으로 남학생들은 여학생들에 비해 역으로 싸움을 거는 방식을 많이 선택했다. 전반적으로 여학생들은 남학생들에 비해서 상황을 회피하는 방식으로 나타나는 경향이 더 강했다고 밝혔다. 연구자들은 여학생이 되받아 싸움을 하지 않는 이유는 가해자가 남학생이기 때문이라고 가정했다. 따라서 여학생 입장에서는 갈등을 해소하기 위해서는 대안을 찾을 수 밖에 없을 것 같다는 것이다.

마찬가지로 Elliot과 Faupel(1997)이 한 연구에 따르면 남학생과 여학생에게 학교폭력에 대한 어떤 상황을 가정하고 어떤 해결방법을 선택하겠느냐고 알아봤을 때, 남학생과 여학생은 각각 서로 다른 방법을 선택하였다. 남학생은 처벌 항목과 피해자 반응에 대한 조치가 필요하다고 선택했고, 여학생들은 학교에서 제공하는 모든 종류의 반응에 대해 고른 선택을 하였다. 남학생은 '가해자 변화' 또는 '피해자 지지'와 같은 항목에 대해서는 거의 선택하지 않은 것이다.

게다가, 사람들이 괴롭힘에 대해서 어떻게 대처하는지는 얼만큼 오랫동안 괴롭힘을 당했는가에 영향을 받을 수 있다. 성인을 대상으로 한 업무환경 연구에서, 남성은 여성에 비해 자기주장식 전략을 더 많이 활용하는 경향이 있으며, 회피나 도움 요청은 잘 선택하지 않는 경향이 있었다(Olafsson & Johannsdottir, 2004). 하지만 오랫동안 괴롭힘을 당할 수록 회피나 수동적인 방식(아무 것도 안 하는 것)을 쓰는 것으로 나타났다. 이 결과로 봤을 때는 만성적인 피해에 시달리면 개인의 대처능력이 감소하고 수동적으로 변하게 될 수 있다. 왜냐하면 괴롭힘 문제를 직접적으로 해결하려는 전략이 성공적이지 못하기 때문이다.

우리가 고려해야할 또다른 요인은 가해자와 피해자와의 관계 양상이다. 학교폭력 사건 발생 시 또래들의 자체적 중재에 대한 관찰적 연구에서, Hawkins, Pepler, Craig(2001)는 비록 남학생과 여학생 모두 동등하게 학교폭력 상황에 개입을 하긴 하지만, 남학생은 가해자와 피해자 모두 남성일 때 더 자주 개입하는 것으로 나타났으며, 여학생도 가해자와 피해자 모두 여학생일 때 더 자주 개입하는 것으로 나타났다. 개입을 자처한 여학생은 주로 언어적 주장을 활용하는 것으로 나타났고, 반면 남학생은 신체적 주장이나 신체 및 언어적 주장을 섞어서 활용하는 것으로 나타났다. 이 결과에 따르면 여학생들이 언어적 전략을 활용한다는 측면에서 개입 기술력이나 위로 메시지 전달력이 더 우위에 있다고 볼 수 있다. 하지만 남학생이나 여학생이나 학교폭력 사건을 저지하는 측면에서는 효과가 동등했다. 성별에 따른 개입 전략의 차이에 대한 본 연구 결과는 앞으로 남학생과 여학생에 대한 학교폭력 개입 프로그램을 짤 때 유용할 것으로 본다.

7. 어떤 과정을 통해 성정체성 이슈에 따른 개입 프로그램 편성이 효과를 발휘하는가?

학교폭력이 피해자의 행복에 부정적인 영향을 끼치는 만큼, 우리는 반드시 효과적인 개입법을 개발하고, 또 그 효과성을 평가해야 한다. 우리는 지금까지 성별에 따라 가해 양상과 피해 양상이 어떻게 영향을 받는지 다양한 측면으로 고려해봤다. 여기에는 1) 피해 유형, 2) 성 역할 부합도에 따른 피해 경험 유형, 3) 공격적 행동 유형의 차이 및 공격성을 지지하는 사회적 인지 양상, 4) 학교폭력의 심리학적 영향, 5) 성별에 따른 학교폭력 사건 대응 방식이 있다. 학교폭력 예방 프로그램을 기획하고 실행할 때 이런 모든 요인들이 포함되어야 한다.

역사적으로 남성과 관련된 학교폭력 피해 사례에 대해 더 주목해 온 만큼, 학교폭력 예방 프로그램도 더 외현적인 공격성에 초점을 맞추어온 경향이 있다. 따라서 기존 학교폭력 예방 프로그램은 여성보다는 남성에 더 효과적일 수밖에 없다(예: Eslea & Smith, 1998; Frey 등, 2005). 존중을 향한 발자국(Steps to Respect; 본 저서 28장)이라는 예방 프로그램(Committee for Children, 2001)은 모든 성별에 대체로 고른 효과를 보였으나, 여학생에 비해서는 남학생이 프로그램 실행에 더 많은 득을 본 것으로 나타났다. 특히 남학생은 친사회적 행동의 강화 및 가해 행동에 대한 적절한 자기 주장 훈련을 통해 프로그램 혜택을 본 것으로 나타났다(Frey 등, 2005).

사실, 기존 프로그램들은 여학생들의 학교폭력 피해 사례에 영향을 줄 수 있을 만큼 관계적(사회적) 공격성을 충분히 다뤄주고 있지 못하다고 볼 수 있다. Cappella와 Weinstein(2006)는 이론에 근거한 사회적 공격성 프로그램을 평가했다. 이 프로그램에서는 순수 여학생만을 대상으로 하였으며 소집단에 맞추어진 구성을 지니고 있었다. 이 연구진은 프로그램을 통해 모든 학생들의 사회적 문제 해결 능력이 좋아지는 것을 발견했다. 연구 시작 시점에서 학교 교사들이 사회적 문제가 심각하다고 판단 받았던 아이들이 연구 종료 시점에서는 교사들이 친사회적 행동 항목에서 유의한 개선이 있었다고 평가해 주었다. 이 결과는 관계적 학교폭력 문제 해결에 대한 고무적이고 바람직한 성과로 볼 수 있다.

또한 학교폭력 개입 프로그램을 실행하는 데 있어 성정체성이 어떤 다른 요인에 영향을 주는지-예를 들면 성별에 따라 학교폭력 사건 유무에 대한 응답률이 어떻게 달라지는지-, 아이들이 학교폭력 프로그램에 참여할 수 있도록 하는 전략이 어떻게 달라야되는지, 해결책을 제시함에 어떤 접근법을 취해야 하는지에 대해 고민해봐야 한다.

예를 들어, Cowie(2000)는 초등학교와 중고등학교를 대상으로 또래 지지 개입법을 평가했다. 이 중재법에서는 아이들이 또래에게 지지자가 될 수 있도록 훈련하고, 갈등 상황에 개입하여 갈등 상황을 종식시킬 수 있도록 하며, 또래에 대한 상담을 할 수 있도록 훈련하였다. 학생들을 대상으로 한 면담에서, 연구자는 성별간 큰 차이점을 발견했는데, 여학생들이 또래 지지자 훈련에 능동적이었으며 또래 지지자들로부터 도움을 또 많이 구하는 것으로 나타났다. 이 중재법 모든 과정에서 여학생이 남학생보다는 이 서비스를 훨씬 더 많이 활용하는 것으로 밝혀졌다. 게다가, 학생들은 또래 지지 서비스 제공이나 수여 모두 동성 친구와 함께 하는 것을 더 선호하는 것으로 나타났다.

앞으로의 연구 방향에 대하여

본 챕터를 통해, 우리는 학교폭력 연구 및 개입법 기획에 있어 성정체성이 어떤 중요성을 갖는 지 알아보았다. 물론 학교폭력 이슈에 있어 우리가 성정체성의 중요성을 역설한 최초의 연구자는 아니다(Crick 등, 1999; Lagerspetz & Björkqvist, 1994). 연구자가 연구를 할 때 성별 문제를 잘 통합시키고 싶으면, 성희롱에 대한 측정도-발달학적으로 적절할 때-포함시키는 것도 구체적 실천 방법 중 하나가 될 수 있다. 이런 조치를 통해서 연구자는 아이들이 사춘기에서 성인기로 이행함에 따라 학교폭력의 유형이 어떻게 달라지는 지 알아볼 수 있다. 결과적으로 이런 연구가 기초가 되어 업무 환경에서의 괴롭힘 문제(예 직장 왕따)나 성희롱 문제로도 연결지어 생각해볼 수 있으며, 데이트 및 가정 폭력에서의 이성간 성희롱 문제에도 응용해볼 수 있다. 그간 학교폭력 연구에서 사회적 혹은 관계적 공격성 평가가 정규 평가 항목으로 편입이 된 덕에, 다양한 유형의 공격적 행위에 대한 이해가 크게 향상되었다. 이제는 더 다양한 피해 사례에 대한 이해 증진을 위해 성희롱에 대한 평가도 포함될 필요가 있다.

또한 우리는 성정체성이 프로그램 효과성에도 얼마만큼 심층적으로 영향을 미칠 수 있는 지에 대한 이해도 필요하다. 연구자와 교육자들은 기존의 일반적 프로그램을 가지고 관계적 혹은 사회적 공격성을 예방하느라 힘든 시간을 보내왔다. 사실, 그간 연구를 참고하면 관계적 공격성과 연관된 사회적 인지 문제는 신체적 공격성과 굉장히 다른 차원의 문제일 수 있다고 밝히고 있다(Musher-Eizenmann 등, 2004). 따라서 우리는 관계적 학교폭력 문제를 겨냥한 특화된 개입법이 필요한 것이다. 다행히 희망적인 프로그램들이 몇몇 개발되고 있으며, 우리는 이런 개선 노력을 독려하고 효과성을 검증해 환류할 수 있어야 한다.

그리고 우리는 이런 노력을 성희롱에 대해서도 기울여야 한다. 기존 성희롱 문제를 포함시킨 기존 학교폭력 예방 프로그램에서도 성희롱에 관한 프로그램이나 모듈이 적당치 못한 실정이다. Expect Respect는 예외적이긴 하지만, 이 프로그램에 대한 경험적 연구 자료를 보면 아직까지는 실망스런 수준이다(Whitaker, Rosenbluth, Valle, & Sanchez, 2004). 일부 데이트 폭력 프로그램은 성희롱에 대한 회기를 마련하고 있

표 13.1 실무를 위한 제언 및 요약

이 슈	연구와 실무를 위한 제언
학교폭력의 평가	1) 발달학적으로 적절한 시기라면 성희롱 경험에 대해서 물어보라 2) 학교폭력에 관계된 인물의 성정체성을 물어보라(가해자, 피해자, 가피해자, 방관자, 중재자) 3) 가해자나 피해자 등이 데이트 혹은 성 폭력에도 해당되는 지 물어보라 4) 적절한 맥락에서 피해 경험과 관련해 남성성/여성성, 성적 취향, 성정체성에 적합한/부적합한 행동 양상 여부를 평가하라 5) 성 역할 발달과 관계된 문화적 혹은 개인사적 요인이 있는지 물어보라
개별 학교폭력 가해자 및 피해자와 실무를 진행할 때	1) 피해자 선정 혹은 가해자의 보고 중에 성정체성과 관련된 패턴이 있는지 알아보라 2) 학교폭력 관계 내에 권력의 불균형이 어디서 비롯되는지 탐색하고, 이것이 성정체성이나 성역할과 관련 있는지 검토하라 3) 학교폭력 유형에 대해서 물어보고, 관계적 공격성에 포함되는지, 간접적 공격성에 포함되는지, 성희롱에 포함되는지 분류하라 4) 학교폭력 일화의 내용이 어떠한지 물어보고 성 문제와의 관련성을 검토하라 5) 방관자나 가해자 집단이 존재하는지 주의를 기울이고, 이들의 성정체성과 이에 따른 개입법을 바라보는 시각을 파악하라 6) 학교폭력 현상이 데이트 폭력의 연장선상에서 발생한 일인지를 검토하고 적절한 개입을 받을 수 있도록 교통정리한다. 7) 남학생이 여학생 보다 성적인 문제와 관련된 학교폭력 피해 사례를 잘 공개하지 않고 도움을 더 잘 청하지 않는다는 점에 유의하라
예방과 개입 프로그램 개선 노력	1) 예방과 개입에 있어 신체적 공격성 외에도 관계적 공격성, 간접적 공격성, 성희롱 이슈가 반드시 포함되어 있어야 한다. 2) 학교는 모든 성별의 학생들이 기존의 남성만의 혹은 여성만의 활동으로 여겨졌던 활동에 참여하여 익숙해질 수 있도록 독려하여야 한다. 이런 활동을 통해서 학교는 학생들과 직원들에게 양성평등 문화를 촉진시켜야 한다. 3) 관계적 공격성 및 성희롱에 전문적으로 겨냥한 프로그램을 개발하고 그 효과성을 검증 및 환류할 수 있는 시스템 구축하는 노력을 지속해야 한다. 4) 프로그램 평가 시에 성정체성 이슈를 담은 결과 평가 항목을 포함시켜야 한다. 예를 들면 성역할과 성희롱에 대한 태도, 서로 다른 유형의 학교폭력 피해 경험에 대한 느낌, 동성간 혹은 이성간 학교폭력에 대한 경험 차이 등.

지만, 이 정도의 개입 강도가 적당한지에 대한 경험적 근거도 없는 실정이다. 학교폭력에서의 가해 행위가 성희롱에 대한 위험요인으로 작용할 수 있다는 근거가 누적되고 있으며(Pellegrini, 2001) 연인 관계에도 부정적 영향을 미칠 수 있는 만큼(Connolly 등, 2000), 학교폭력 분야와 데이트 폭력 분야의 연구자와 실무자들은 프로그램 내에 성희롱 이슈를 어떻게 다룰 것인가에 대해 공개적인 논의가 필요한 시점이 되었다.

결 론

사회 내에서 성 불평등이 존재하는 한, 학교폭력에서는 성정체성과 관련된 요소가 들어갈 수 밖에 없다. 왜냐하면 학교폭력이란 개념상 권력의 불평등 요소가 포함되기 때문이다. 청소년기에 성정체성과 관련된 폭력을 경험하게 되면, 한 남성과 여성으로서의 자기 자신을 이해하는 방식에 영향을 미칠 수 밖에 없다. 게다가 이런 경험은 어린 친구들이 가까운 대인관계 내에서 자신의 역할을 자리잡아 나가는 데에 있어 전제 조건이 된다. 우리는 Stein(2003)의 탄식으로 마무리하고자 한다. Stein은 성희롱과 정체성 문제가 충분히 주목받을 만한 이슈임에도 불구하고 학교폭력 상황에서 배제가 된 것에 대해 우려를 표명하였다.

□ 알 림 □

1. '성정체성(gender)'이란 용어는 사회문화적 문헌에 기초한 남성성 혹은 여성성을 지칭한다(Lewine, Thurston-Snoha, & Ardery, 2006, p.1362). 이에 반해 성(sex)은 생물학적 및 신체적 특성을 기반으로 한 남자다움과 여자다움을 지칭한다(Lewine 등, p.1362). 본 챕터의 목적상, 우리는 성정체성이라는 용어를 기본으로 활용하였다.

참고문헌

Benbenishty, R., & Astor, R. A. (2005). *School violence in context*. New York: Oxford University Press.
Bentley, K. M., & Li, A. K. F. (1995). Bully and victim problems in elementary schools and students' beliefs about aggression. *Canadian Journal of School Psychology, 11*, 153-165.
Bronfenbrenner, U. (1986). Ecology of the family as a context for human development: Research perspectives. *Developmental Psychology, 22*(6), 723-742.
Cappella, E., & Weinstein, R. (2006). The prevention of social aggression among girls. *Social Development, 15*(3), 434-462.
Committee for Children. (2001). *Steps to Respect: A bullying prevention program*. Seattle, WA: Author.
Connolly, J., Pepler, D., Craig, W., & Taradash, A. (2000). Dating experiences of bullies in early adolescence. *Child Maltreatment, 5*, 299-310.
Cowie, H. (2000). Bystanding or standing by: Gender issues in coping with bullying in English schools. *Aggressive Behavior, 26*, 85-97.
Craig, W. M. (1998). The relationship among bullying, victimization, depression, anxiety, and aggression in elementary school children. *Personality & Individual Differences, 24*, 123-130.
Craig W. M., & Harel, Y. (2004). Bullying, physical fighting and victimization. In C. Currie, C. Roberts, A. Morgan, R. Smith, W. Settertobulte, O. Samdal, et al. (Eds.), *Young people's health in context: International report from the HBSC 2001/02 survey. WHO policy series: Health policy for children and adolescents* (Issue 4, pp. 133-144). Denmark, Copenhagen: WHO Regional Office for Europe.
Craig, W. M., & Pepler, D. J. (1997). Observations of bullying and victimization in the schoolyard. *Canadian Journal of School Psychology, 13*, 41-60.
Crick, N. R., & Bigbee, M. A. (1998). Relational and overt forms of peer victimization: A multiinformant approach. *Journal of Consulting and Clinical Psychology, 66*, 337-347.
Crick, N. R., Bigbee, M. A., & Howes, C. (1996). Gender differences in children's normative beliefs about aggression: How do I hurt thee? Let me count the ways. *Child Development, 67*, 1003-1014.
Crick, N. R., & Grotpeter, J. K. (1995). Relational aggression, gender, and social-psychological adjustment. *Child Devel-*

opment, 66, 710-722.

Crick, N. R., & Grotpeter, J. K. (1996). Children's treatment by peers: Victims of relational and overt aggression. *Development and Psychopathology, 8,* 367-380.

Crick, N. R., Werner, N. E., Casas, J. F., O'Brien, K. M., Nelson, D. A., Grotpeter, J. K., et al. (1999). Childhood aggression and gender: A new look at an old problem. In D. Bernstein (Ed.), *Nebraska symposium on motivation: Gender and motivation* (pp. 75-141). Lincoln: University of Nebraska Press.

DeSouza, E. R., & Ribeiro, J. (2005). Bullying and sexual harassment among Brazilian high school students. *Journal of Interpersonal Violence, 20,* 1018-1038.

Elliot, H., & Faupel, A. (1997). Children's solutions to bullying incidents: An interpersonal problem-solving approach. *Educational Psychology in Practice, 13,* 21-28.

Erikson, W., & Einarsen, S. (2004). Gender minority as a risk factor of exposure to bullying at work: The case of male assistant nurses. *European Journal of Work and Organizational Psychology, 13,* 473-492.

Eslea, M., & Smith, P. K. (1998). The long-term effectiveness of anti-bullying work in primary schools. *Educational Research, 40,* 203-218.

Espelage, D. L., & Holt, M. K. (2007). Dating violence and sexual harassment across the bully-victim continuum among middle and high school students. *Journal of Youth and Adolescence, 36,* 799-811.

Espelage, D. L., Holt, M. K., & Henkel, R. R. (2003). Examination of peer-group contextual effects on aggression during early adolescence. *Child Development, 74,* 205-220.

Felix, E. D., & McMahon, S. (2007). The role of gender in peer victimization among youth: A study of incidence, interrelations, and social cognitive correlates. *Journal of School Violence, 6,* 27-44.

Felix, E. D., & McMahon, S. D. (2006). Gender and multiple forms of peer victimization: How do they influence adolescent psychosocial adjustment? *Violence & Victims, 21,* 707-724.

Finkelhor, D., Ormrod, R. K., & Turner, H. A. (2007). Poly-victimization: A neglected component in child victimization. *Child Abuse & Neglect, 31,* 7-26.

Fitzgerald, L. F., Gelfand, M. J., & Drasgow, F. (1995). Measuring sexual harassment: Theoretical and psychometric advances. *Basic and Applied Social Psychology, 17,* 425-455.

Frey, K. S., Hirschstein, M. K., Snell, J. L., Van Schoiack Edstrom, L., MacKenzie, E. P., & Broderick, C. J. (2005). Reducing playground bullying and supporting beliefs: An experimental trial of the Steps to Respect program. *Developmental Psychology, 41,* 479-491.

Friedman, M. S., Koeske, G. F., Silvestre, A. J., Korr, W. S., & Sites, E. W. (2006). The impact of gender-role nonconforming behavior, bullying, and social support on suicidality among gay male youth. *Journal of Adolescent Health, 38,* 621-623.

Gini, G., & Pozzoli, T. (2006). The role of masculinity in children's bullying. *Sex Roles, 54,* 585-588.

Gottman, J. M., & Mettetal, G. (1986). Speculations about social and affective development: Friendship and acquaintanceship through adolescence. In J. M. Gottman & J. G. Parker (Eds.), *Conversations of friends: Speculations on affective development* (pp. 192-237). New York: Cambridge University Press.

Hawkins, D. L., Pepler, D. J., & Craig, W. M. (2001). Naturalistic observations of peer interventions in bullying. *Social Development, 10,* 512-527.

Kepenekci, Y. K., & Çinkir, Ş. (2006). Bullying among Turkish high school students. *Child Abuse and Neglect, 30,* 193-204.

Kochenderfer, B. J., & Ladd, G. W. (1996). Peer victimization: Cause or consequence of school maladjustment? *Child Development, 67,* 1305-1317.

Kochenderfer, B .J., & Ladd, G. W. (1997). Victimized children's responses to peers' aggression: Behaviors associated with reduced versus continued victimization. *Development and Psychopathology, 9,* 59-73.

Lagerspetz, K. M., & Bjorkqvist, K. (1994). Indirect aggression in boys and girls. In L. R. Huesmann (Ed.), *Aggressive behavior: Current perspectives* (pp. 131-150). New York: Plenum.

Lee, D. (2002). Gendered workplace bullying in the restructured UK civil service. *Personnel Review, 31,* 205-227.

Levesque, R. J. R. (1998). Emotional maltreatment in adolescents' everyday lives: Furthering sociolegal reforms & social service provisions. *Behavioral Sciences & the Law, 16,* 237-263.

Lewine, R. R. J., Thurston-Snoha, B., & Ardery, R. (2006). Sex, gender, and neuropsyhological functioning in schizophrenia. *Journal of Clinical and Experimental Neuropsychology, 28,* 1362-1372.

Maccoby, E. E., (1998). *The two sexes: Growing up apart, coming together.* Cambridge, MA: Harvard University Press.

Maccoby, E. E. (2004). Aggression in the context of gender development. In M. Putallaz & K. L. Bierman (Eds.), *Aggression, antisocial behavior, and violence among girls: A developmental perspective* (pp. 3-20). New York: Guilford.

Maccoby, E. E., & Jacklin, C. N. (1987). Gender segregation in childhood. In H. W. Reese (Ed.), *Advances in child de-*

velopment and behavior (pp. 239-287). San Diego: Academic Press.

Maltz, D. N., & Borker, R. A. (1982). A cultural approach to male-female miscommunication. In J. A. Gumperz (Ed.), *Language and social identity* (pp. 195-216). New York: Cambridge University Press.

Matlin, M. W. (2000). *The psychology of women, 4th edition*. New York: Harcourt Press.

Mcallister, L. (2001). Good kids, bad behavior: A study of bullying among fifth-grade school children. *Dissertation Abstracts International Section A: Humanities and Social Sciences, 16*(7-A), 2925.

McMaster, L. E., Connolly, J., Pepler, D., & Craig, W. M. (2002). Peer to peer sexual harassment in early adolescence: A developmental perspective. *Development and Psychopathology, 14*, 91-105.

Musher-Eizenmann, D. R., Boxer, P., Danner, S., Dubow, E. F., Goldstein, S. E., & Heretick, D. M. L. (2004). Socialcognitive mediators of the relation of environmental and emotional regulation factors to children's aggression. *Aggressive Behavior, 30*, 389-408.

Nansel, T. R., Overpeck, M., Pilla, R. S., Ruan, W. J., Simons-Morton, B., & Scheidt, P. (2001). Bullying behaviors among U.S. youth: Prevalence and association with psychosocial adjustment. *Journal of the American Medical Association, 285*, 2094-2100.

Ólafsson, R. F., & Jóhannsdóttir, H. L. (2004). Coping with bullying in the workplace: The effect of gender, age, and type of bullying. *British Journal of Guidance & Counseling, 32*, 319-333.

Olweus, D. (1978). *Aggression in the schools: Bullies and their whipping boys*. Washington, DC: Hemisphere.

Olweus, D. (1994). Annotation: Bullying at school: Basic facts and effects of a school based intervention program. *Journal of Child Psychology and Psychiatry, 35*, 1171-1190.

Pellegrini, A. D. (2001). A longitudinal study of heterosexual relationships, aggression, and sexual harassment during transition from primary school through middle school. *Applied Developmental Psychology, 22*, 119-133.

Perren, S., & Hornung, R. (2005). Bullying and delinquency in adolescence: Victims' and perpetrators' family and peer relations. *Swiss Journal of Psychology, 64*, 51-64.

Rigby, K. (2002). *New perspectives on bullying*. London: Jessica Kingsley.

Rivers, I. (2004). Recollections of bullying at school and their long-term implications for lesbians, gay men, and bisexuals. *Crisis, 25*, 169-175.

Rivers, I., & Smith, P. K. (1994). Types of bullying behavior and their correlates. *Aggressive Behavior, 20*, 359-368.

Rodkin, P. C., & Fischer, K. (2003). Sexual harassment and the cultures of childhood: Developmental, domestic violence, and legal perspectives. *Journal of Applied School Psychology, 19*, 177-196.

Scheithauer, H., Hayer, T., Petermann, F., & Jugert, G. (2006). Physical, verbal, and relational forms of bullying across German students: Age trends, gender differences, and correlates. *Aggressive Behavior, 32*, 261-275.

Schwartz, D., Gorman, A. H., Nakamoto, J., & Toblin, R. L. (2005). Victimization in the peer group and children's academic functioning. *Journal of Educational Psychology, 97*, 425-435.

Serbin, L. A., Moller, L. C., Gulko, J., Powlishta, K. K., & Coulburne, K. A. (1994). The emergence of gender segregation in toddler playgroups. In C. Leaper (Ed.), *Childhood gender segregation: Causes and consequences* (pp. 7-17). San Francisco: Jossey-Bass.

Simpson, R., & Cohen, C. (2004). Dangerous work: The gendered nature of bullying in the context of higher education. *Gender, Work and Organization, 11*, 163-186.

Smith, P. K., Cowie, H., Olafsson, R. F., Liefooghe, A. P. D., Almeida, A., Araki, H., et al. (2002). Definitions of bullying: A comparison of terms used, and age and gender differences, in a fourteen-country international comparison. *Child Development, 73*, 1119-1133.

Stein, N. (2003). Bullying or sexual harassment? The missing discourse of rights in an era of zero tolerance. *Arizona Law Review, 45*, 783-799.

Thorne, B., & Luria, Z. (1986). Sexuality and gender in children's daily worlds. *Social Problems, 33*, 176-190.

Underwood, M. (2003). Gender and peer relations: Separate worlds? In M. Underwood (Eds.), *Social aggression among girls* (pp. 35-53). New York: Guilford.

Whitaker, D. J., Rosenbluth, B., Valle, L. A., & Sanchez, E. (2004). Expect Respect: A school-based intervention to promote awareness and effective responses to bullying and sexual harassment. In D. L. Espelage & S. M. Swearer (Eds.), *Bullying in American schools* (pp. 327-350). Mahwah, NJ: Erlbaum.

Yang, S., Kim, J., Kim, S., Shin, I., & Yoon, J. (2006). Bullying and victimization behaviors in boys and girls at South Korean primary schools. *Journal of the American Academy of Child and Adolescent Psychiatry, 45*, 69-77.

Young, R., & Sweeting, H. (2004). Adolescent bullying, relationships, psychological well-being, and gender-atypical behavior: A gender diagnosticity approach. *Sex Roles, 50*, 525-537.

14
학교폭력과 부모자녀 관계

AMANDA B. NICKERSON, DANIELLE MELE, AND
KRISTINA M. OSBORNE-OLIVER

개 괄

다양한 학계 출신 이론가와 연구자들은 아이들의 건강한 성장을 위해 부모-자녀 관계가 중요하다고 늘 강조한다. 학교폭력 문제를 가정, 또래, 학교, 지역사회 요인들로 아우르는 생태학적 관점에서 바라봐야 된다는 인식이 최근에 힘을 얻고 있는데(Espelage & Swearer, 2003; Swearer & Espelage, 2004), 본 챕터는 이런 맥락을 이어받아 학교폭력에서의 부모-자녀간의 관계 문제에 대해 검토해볼 것이다. 우리는 일단 부모-자녀 관계에 대한 여러 서로 다른 여러 이론적 개념에 대해 개괄적으로 소개하는 것으로 시작을 할 것이며, 최신 연구 결과도 곁들여 설명할 것이다. 그 다음, 가해자, 피해자, 가피해자들의 부모-자녀 관계에 대해서 알아볼 것이다. 우리는 주요 연구 결과를 정리하고 이를 바탕으로 실무를 위한 제언 및 향후 연구 방침에 대해서도 제시할 것이다.

부모-자녀 관계에 대한 이론적 개념

부모는 자녀의 인지적, 사회적, 정서적 발달에 있어 중추적 역할을 하게 된다. 애착(attachment), 사회적 지지(social support), 가족 시스템(family system)은 부모-자녀 관계를 설명하는 3가지 주요 이론이다. 덧붙여서, 훈육 방식과 정서적 분위기도 아이들의 행동과 가해 행위와 관련있는 구성 요소로 작용한다.

애 착 영유아와 일차 양육자 사이의 애착 고리는 인생 전체를 통틀어 최초의 유대관계이자 제일 중요한 유대관계이기도 하다. 이 애착 고리는 내적 심리 모델 발달을 촉진하고 미래 대인 관계의 초석이 되기도 한다(Bowlby, 1969). 영유아가 자기 어머니 혹은 애착인물과의 따스하고 친밀하며 지속적인 관계를 경험하는 것이 건강한 정신 기능을 갖추는데 있어 중요하다(Bretherton, 1992). Mary Ainsworth의 낯선 상황 실험(Strange Situation)을 통해 영유아들이 몇몇 종류의 시나리오 속에서 엄마와 어떻게 상호작용을 하는지 관찰함으로써, 안정 혹은 불안정 애착으로 분류를 할 수 있었다(Ainsworth, Blehar, Waters, & Wall, 1978).

안정 애착을 이룬 영유아는 엄마와 분리되었을 때 울지만, 쉽게 달래지고 엄마가 돌아왔을 때에 행복해 한다. 불안정 애착을 지닌 영유아는 양가적이거나 회피적이다. 회피적 영유아들은 엄마가 떠난 것을 못 알아차리는 것 같이 보이고 엄마가 돌아와도 냉냉한 태도를 자주 보인다. 양가적 애착을 지닌 영유아들은 엄마한테 매달려 있으며, 주변을 탐색하는 것을 두려워하고, 엄마가 떠났을 때 울고불고 난리가 나며, 엄마가 돌아와도 쉽게 달래지지가 않는다. 이런 영유아 애착 유형은 기질과 같은 영유아 본인의 특성 보다는 어머니의 감수성과 반응성에 더 강한 연관성을 지니고 있는 것으로 밝혀졌다(Elicker, Englund & Sroufe, 1992).

안정적 애착을 지닌 영유아는 불안정 애착을 지닌 영유아에 비해서 더 즉각적으로 사회화를 받아들일 수 있고 더 큰 역량을 지니는 것으로 나타났다(Ainsworth & Bowlby, 1991; Elicker 등, 1992). 애착에 관한 연구는 영유아-어머니 양자간 관계에서 더 나아가 인생 전체의 친밀한 대인관계에 대한 영역까지 확장되었다. 또한 애착 안전성은 후기 아동기와 사춘기의 사회적 역량, 대인관계 기능, 주관적 행복감에 긍정적인 상관관계를 지니는 것으로 밝혀졌다(Nickerson & Nagle, 2004; Rice, 1990).

사회적 지지 사회적 지지는 폭넓게 정의되고 있는데, 한 개인의 심리적 및 사회적 기능에 영향을 주는 주요 대인관계 양상을 지칭한다(Caplan, 1974). 사회적 지지의 처음 부모에서 비롯되어 아동기에 접어들면 또래집단으로 확장된다(Cobb, 1976). 지지 내용은 여러 종류로 나눠볼 수 있는 데, 1) 정서적 지지, 혹은 애정과 신뢰의 느낌, 2) 정보적 지지, 조언과 가이드 제공, 3) 평가적 지지 혹은 평가적 피드백 제공, 4) 도구적 지지, 예를 들면 특정 개인과 시간을 보내거나 어떤 물품을 제공해주는 것 등으로 나눠볼 수 있다(House, 1981).

사회적 지지가 아이들의 전반적인 심리적 건강을 촉진시키는 지에 대해 두 가지 가설이 제시되었다. 주요 효과 가설(the main effect hypothesis)은 모든 아동과 청소년들은 그간 받은 스트레스 정도와 상관없이 부모나 다른 이들이 제공하는 사회적 지지로부터 혜택을 볼 수 있다고 주장한다. 특히, 안전감, 소속감, 안정감, 자기 가치감에 대해 공급받는 방식으로 말이다(Bal, Crombez, Van Oost, & Debourdeaudhuij, 2003; Cohen, Gottlieb, & Underwood, 2001; Cohen & Wills, 1985). 이와 대조적으로 스트레스-완충 가설(stress-buffering hypothesis)은 사회적 지지는 일종의 완충제 혹은 대처기술로서 작용한다고 주장한다. 이 가설에 따르면 소아나 청소년들이 지지를 받는다고 인식하면 스트레스 상황에서도 긍정적인 대처 전략을 활용할 수 있을 만큼 여유를 가질 수 있도록 하여 부적응적 결과가 초래되지 않도록 예방해준다는 것이다(Cohen 등, 2001; Cohen, & Wills, 1985; Schreurs & de Ridder, 1997). 연구자들은 아이들이 위기 상황을 겪을 때나 스트레스 수준이 매우 높을 때는 부모가 주는 사회적 지지가 매우 중요하다고 역설한다(Frey & Rothlisberger, 1996; Furman & Buhrmester, 1985).

부모의 지지와 아이들의 사회적 적응 결과간의 상관관계는 잘 입증된 부분이다. 부모의 지지 수준이 높다고 보고한 아이들은 학교나 사회에서의 적응이 더 좋고, 스트레스 상황에서도 잘 극복할 만한 정신적 자원을 갖고 있으며, 스트레스를 겪을 가능성이 낮다고 보고했다(Demaray, Malecki, Davidson, Hodgson, & Rebus, 2005; Dubow & Tisak, 1989; Weigel, Devereux, Leigh, & Ballard-Reisch, 1998). 사회적 지지 수준이 높다고 보고한 학생들은 대인관계가 더 나은 경향이 있으며, 자존감과 자기 신뢰감이 더 높은 것으로 보고했다(Demaray 등, 2005). 게다가 아동과 청소년들은 부모의 지원을 잘 받을 때, 인생에 대한 만족감 수준이 더 높은 것으로 드러났다(Young, Miller, Norton, & Hill, 1995). 부모가 제공해주는 사회적 지지가 결여된 경우는 학업 실패와 위험한 행동(예: 흡연, 음주, 마약 복용), 불안, 우울증, 사회적 위축, 낮은 수준의 삶에 대한 만족감과 상관관계가 있는 것으로 나타났다(Domagala-Zysk, 2006; Kashani,

Canfield, Borduin, Soltyz, & Reid, 1994; Riko, 2000).

가족 시스템 가족 시스템 이론은 3가지 원칙을 바탕으로 하고 있다. 1) 대인관계 패턴은 학습이 되며 세대를 걸쳐 전달된다(Klever, 2005); 2) 현재 드러나는 개인과 가족의 행동 양상은 이런 패턴의 결과물이다; 3) 가족 시스템은 항상성을 유지하려는 경향이 있기 때문에, 가족 시스템의 어느 한 부분이 변화하면 다른 부분에도 영향이 간다(Prest & Protinsky, 1993). 가족 시스템 이론에서 문제란 개인 수준에 국한되지 않는다고 본다. 대신 가족 전체의 역기능적 측면이 발생한 것으로 간주한다.

 가족 구성원은 개성과 가족과의 연결성 간에 균형을 이루고자 하는 경향이 있다. 이를 분화(differentiation)라고 부른다. 자기에 대한 분화가 가능하다는 것은 친밀한 관계 맥락 내에 있으면서도 개별적 존재로서 구분된 상태로 남아 있을 수 있다는 것과 모종의 압력이 있을 때도 개인적인 인지 기능을 유지할 수 있다는 것으로 이해할 수 있다(Klever, 2005). 시스템의 문제는 가족 구성원들이 적절한 수준만큼 분화가 되지 못했을 때도 발생할 수도 있고, 아니면 서로 너무 단절이 되었거나 개인화된 경우에도 발생할 수 있다(Charles, 2001). 가족 시스템에 중요한 두 가지 개념으로는 응집성(cohesion)과 밀착성/그물화(enmeshment)가 있다. 응집성은 가족 간의 긍정적이고 지지적인 상호작용을 지칭하는 개념이다. 반대로 밀착성은 지지적 관계의 한 요소로 보기 힘들다. 오히려 밀착성은 가족 구성원의 자율성을 제약하려드는 통제 패턴을 지칭하는 개념이다(Barber & Buehler, 1996).

 사회적 지지 이론은 애착이론이나 사회적 지지 이론보다 연구가 덜 된 분야이긴 하지만, 가족 구성원 간의 분화 수준이에 따라서 정신건강 수준이 달라지는 정도는 확인이 되었다. 즉, 분화 수준이 높을 수록 심리적 증상과 인지된 스트레스 수준이 감소되는 것으로 밝혀졌다(Murdock & Gore, 2004). 게다가, 밀착성은 사춘기 청소년의 외현화 및 내재화 문제와도 상관관계가 있었다(Barber & Buehler, 1996). 밀착성 또는 부족한 분화 수준은 사회적 불안장애와 같은 내현화 문제가 발생할 위험성이 커지는 것으로 나타났다(Barber & Buehler; Peleg-Popko, 2002). 가족관계가 서로 얽혀있는 경우, 특히 부모가 아이의 자율성을 통제하는 경우에는 아이들의 자기 신뢰감을 잠식해 사회적 위축 경향을 만들어내며, 이런 경향은 특히 남자 아이들한테서 두드러진다는 가설이 제시되었다(Barber & Buehler).

아이 행동과 부모 역할

물론 앞서 언급한 이론들은 아이들에 대한 부모의 영향력에 대해 각자 독특한 식견을 제공하고 있지만, 모두 부모-자녀 관계를 통해 아이들의 사회적, 정서적, 행동적 발달에 영향을 준다는 점을 강조한 것은 공통점이다. 부모가 아이들한테 영향을 미칠 수 있는 두 가지 다른 경로로는 훈육 방식과 정서적 분위기가 있다.

 권위적 스타일을 지닌 부모-온정이 있고 적당한 통제 수준을 지닌 부모-를 둔 아이들은 권위주의자(낮은 수준의 온정 및 높은 수준의 통제) 부모나 허용주의자(높은 수준의 온정 및 낮은 수준의 통제) 부모를 둔 아이들에 비해 더 나은 결과를 나타내는 것으로 보였다(Baumrind, 1980; Parke 등, 1998). 게다가, 많은 연구 결과들에서 효과적이지 못한 훈육(예: 아이의 행동 양상에 적절하지 않는 훈육이나 가혹한 훈육)은 아이들의 공격성이나 기피성을 조장하는 것으로 나타났다(예: Patterson, 1986; Vuchinich, Bank, & Patterson, 1992; Weiss, Dodge, Bates, & Petit, 1992).

 가족 내 정서적 분위기도 아이들의 발달에 영향을 미친다. 가정 내에서 긍정적 감정 표현 수준이 높은 경우에는 아이들의 사회적 상황에 대한 긍정적 인식과 상관관계가 있는 것으로 나타났다(Nixon & Watson, 2001). 역으로 부모가 우울한 정서를 보이면 아이들이 정서적인 조절을 어려워하며, 불안정한 애착을 지닐 수 있고, 학업성취나 사회적 및 심리적 문제를 드러낼 위험성이 생기게 된다고 한다(Brennan 등, 2000; Carter, Garrity-Rokous, Chazan-Cohen, Little, & Briggs-Gowan, 2001; Parke 등, 1998).

부모-자녀 관계와 학교폭력

분명히 부모-자녀 관계 중 많은 측면이 아이의 발달에 영향을 준다. 최근에는 부모-자녀 관계가 학교폭력에 어떤 역할을 하는 지에 대한 연구가 누적되고 있다. 학교폭력에서 아이들의 역할에 따라 연구결과가 다양하게 나오기 때문에, 본 섹션에서는 가해자, 피해자, 가피해자에 대한 연구로 나눠서 알아볼 것이다. 가능하면 우리는 앞으로 검토할 연구 결과를 앞서 언급한 부모-자녀 관계(예: 애착, 사회적 지지, 가족 시스템)에 대한 세 가지 이론적 개념 및 아이 행동에 영향을 주는 구체적 요소들(예: 훈육 스타일, 정서적 분위기)과 연관시켜서 논의할 것이다.

가해자 애착이론에 따르면, 안전한 부모-자녀 관계를 경험하는 것이 또래를 포함한 대인 관계에서 건강하게 적응하는 데에 필수라고 보고 있다. 실로, 다른 또래를 괴롭히는 아이들 대부분이 불안정한 애착을 형성한 것으로 연구 결과가 나오고 있다(Monks, Smith, & Settenham, 2005; Troy & Sroufe, 1987). Troy와 Sroufe가 진행한 횡적 연구에서는 다른 또래를 괴롭혔던 모든 아이들은 회피성 애착 유형의 병력이 있어서, 이들 아이들한테는 어머니의 부재 여부가 실지로 중요하지 않게 작용했던 셈이었다고 볼 수 있다. 게다가, 가해자들은 자기 부모들과 손상된 관계로 지내는 것으로 종종 보고하기도 했었다(Rigby, 1993).

가해자 아이들은 부모의 사회적 지지 수준이 낮은 것으로 인지하고 있었으며, 특히 대조군과 비교해보면 정서적 지지 수준이 더 낮은 것으로 밝혀졌다(Demaray & Malecki, 2003; Rigby, 1994a). 더구나, 부모의 사회적 지지 제공 수준이 낮다고 인식한 청소년들은 다른 폭력적 행위에 연루될 수 있음을 예측할 수 있었는데, 예를 들면 학교에 총기를 들고 오는 행동 같은 것들이 있다(Malecki & Demaray, 2003). 물론 가해자 아이들은 부모로부터 사회적 지지를 잘 받지 못한다고 인식하고 있지만, 가해자들이 피해자나 가피해자에 비해서 또래들로부터 더 높은 수준의 사회적 지지를 이끌어낸다는 점은 주목할 만하다(Demaray & Malecki, 2003; Salmivalli, Huttunen, & Lagerspetz, 1997). 가해 행위를 한다고 보고한 아동청소년들은 낮은 수준의 공격적 행동을 자기와 비슷한 빈도로 나타내는 아이들과 친하게 지내는 경향이 있다(Espelage, Holt, & Henkel, 2003). 마찬가지로 가해자들은 또래들 사이에 인기 있는 경우가 많으며, 특히 학교폭력이 또래들 사이에 흔한 현상일 경우에는 더 그러하다(Espelage & Holt, 2001; Espelage 등, 2003; Rodkin, Farmer, Pearl, & Van Acker, 2000; Salmivalli 등, 1997).

위와 마찬가지로 가족 시스템적으로 접근을 해도 가해자의 가족은 피해자나 대조군에 비해서 응집성이 낮고 가족 관계가 더 소원한 경향이 있었다(Berdondini & Smith, 1996; Bowers, Smith, & Binney, 1994). 가해자들은 피해자나 대조군에 비해서 집에 아버지가 없을 가능성이 더 높았다(Berdondini & Smith, 1996; Bowers 등, 1994). 비록 가족 시스템 틀에서 진행된 연구는 아니지만, 한 연구에서는 초기에서 중기 사춘기 시절에 부모의 지도감독이 간헐적으로 이루어지거나 어른들과 보내는 시간이 적을 수록 학교폭력의 가능성이 더 높아지는 것으로 나타났다(Esplage, Bosworth, & Simon, 2000). 뿐만 아니라 사이버 폭력도 증가하는 것으로도 밝혀졌다(Ybarra & Mitchell, 2004).

부모가 신체적인 체벌을 가하거나 힘의 논리로 아이를 설득하려고 하면 아이들의 학교폭력 문제 발생과 상관관계가 있는 것으로 나타났다. 가해자들의 부모는 일차적인 훈육 방법으로 신체적 체벌을 우선 활용하는 것으로 나타났다(Espelage 등, 2000; Schwartz, Dodge, Petit, & Bates, 1997). 권위주의적 부모 노릇과 힘의 논리를 역설하는 것이 아이들의 가해 행위와 상관관계가 있었다(Ahmed & Braithwaite, 2004; Cutner-Smith 등, 2006). 신체적 체벌과 힘의 논리의 가장 극단적인 형태는 아동학대이다. 아동학대를 당한 아이들, 특히 신체적으로나 성적으로 학대를 당한 아이들은 다른 아이들을 괴롭힐 가능성이 더 높다(Shields & Cicchetti, 2001).

가족 내 정서적인 분위기도 위에서 언급한 부모-자녀 관계 이론과 관련지어서 학교폭력 현상을 설명하는 데에 도움이 된다. 다양한 구조적, 정서적, 훈육적 변수에 대한 연구에서, Rigby(1994b)는 가족 내에 부정적인 정서가 사춘기 청소년들의 가해 행동 발생에 제일 강력한 상관관계를 보이는 것으로 밝혀졌다. 가해자는 공감력이 결여된 가족 출신인 경우가 많다(Olweus, 1993). 그리고 타인과 민감하게 상호작용할 수 있는 대인관계 모델을 아이들에게 보여줄 수 없는 가정에서도 가해자가 많이 생겨난다(Oliver & Oaks, 1994). 예를 들어, 자기 자녀들에 대해 공감력이 높은 어머니들의 자녀들은 유치원에서 관계적 및 신체적 가해 행위가 덜했다(Cutner-Smith 등, 2006). 부모의 온정, 애정, 정서적 유대가 결핍이 되면 가해 행위가 증가하는 경향이 있었다(Rigby, Slee, & Cunnugham, 1999). 물론 사이버폭력에 대해서도 같았다(Ybarra & Mitchell, 2004). 부부 갈등도 역시 아이들의 가해 행위와도 상관관계가 있다. 물론 부부 갈등과 가해행위 사이에 아이들 본인 자아상이 매개 변수로 작용하긴 하지만 말이다(Christie-Mizell, 2003).

피해자 학교폭력 피해자에 대하여 부모-자녀 관계의 여러 측면에 대해서 그간 연구가 많이 이루어졌다. Troy와 Sroufe(1987)는 횡적 연구를 통해 피해자 학생 모두 과거 병력 상 불안정 애착이 있었다. 이 연구 결과는 아이들의 욕구에 대한 부모의 반응성이 학교폭력 피해 사례 감소와 상관관계가 있다는 연구 결과와 일맥상통했다(Ladd & Ladd, 1998).

아마도 학교폭력 피해 경험과 부모-자녀 관계에 관한 연구에서 일관되게 발견되는 내용이 바로 밀착성(enmeshment)이다. 구체적으로 부모와 얽힌 관계가 되면-부모 쪽에서 감정적으로 강렬하고 긍정적인 상호작용을 하면서 과잉보호를 하는 경우에-관찰적 연구를 포함한 다양한 방법론의 연구들에서 일관되게 학교폭력 피해 경험이 높은 것으로 나왔다(Ladd & Ladd, 1998). 물론 이런 결과는 아이들의 자기보고식 연구(Bowers 등, 1994; Finnegan, Hodges, & Perry, 1998; Rigby 등, 1999)에도 재현이 되었고 피해 남학생의 부모와의 면담 조사(Olweus, 1991)에서도 결과가 일치되었다. 이런 가족에서는 피해자가 대조군에 비해 다른 가족 구성원과 긍정적이고 강도 높은 간섭을 받는 것으로 보고했다(Bowers 등, 1994).

이런 연구 결과들을 검토해보면, 부모들과의 얽힌 관계는 특히 남자 아이들한테 문제가 되는데, 보통 '수동적' 피해자가 되는 경우가 많다. 이렇게 감정적으로 강렬한 부모-자녀 관계는 남자 아이들이 수동적이고 의존적인 행동이 드러나도록 조장함으로써 학교폭력에 대한 위험성을 키우는 것으로 가정하고 있다(Ladd & Ladd, 1998). 학교폭력 피해 사례의 악순환에 대한 추가적인 근거는 Duncan(1999)의 연구에서도 찾아볼 수 있는데, 이 연구에서는 대학교 신입생을 상대로 후향적으로 조사했을 때, 부모한테 신체적 혹은 정서적으로 학대를 당한 경우 그렇지 않은 경우보다 학교폭력의 피해자가 될 가능성이 더 높았다. 게다가 여학생의 경우, 어머니가 거절에 대한 위협을 가하거나 갈등적이거나 자기 주장 표현에 대해 잘 지지하지 않았을 때, 학교폭력 피해 위험성 증가와 연관되어 있었다(Finnegan 등, 1998).

일부 연구에서는 귀인이론(attribution)이 학교폭력 피해 경험의 발생과 유지에 중요한 역할을 한다고 주장했다(Graham & Juvonen, 1998; Perry, Hodges, & Egan, 2001). 자기 자신을 피해자로 여기는 아이들은 학교폭력 피해 경험의 원인을 자기 탓으로 돌리는 경향이 있었는데, 이들 아이들은 자기에게 안정적으로 내재되어 있으나 자기 자신이 통제할 수 없는 인격 요소의 탓으로 돌리는 경향이 있었다. 그래서 이들은 쉽게 외로움을 타고 불안해 하며 자존감이 낮았다(Graham & Juvonen, 1998). Perry 연구진(2001)은 자기 부모님과 얽힌 관계를 지닌 남자 아이들은 '피해자 스키마'가 생겨나, 부모의 통제에 대해 자신은 무력하다는 정서 패턴을 형성한다고 한다. 그래서 이런 스키마가 또래관계에서도 재현이 되면서 피해 경험을 무력하게 받아들인다는 것이다. 피해자들은 자기 자신을 무력한 존재라고 여기는 경향이 있는데, 그 이유로는 부모-자녀 갈등 중에 자기 자신을 부모의 소유물이라고 느끼게 되었기 때문일 수도 있고, 부모에게 과도하게 감정적으로 의존적인 애착을 형성했기 때문일 수도 있다.

피해자가 인식하는 부모의 사회적 지지 수준에 대한 연구도 흥미로운 결과를 선보였다. 예를 들어, Demaray와 Malecki(2003)는 피해자들이 가해자, 가피해자, 대조군 아이들과 비교해서 부모의 사회적 지지를 제일 많이 받는 것으로 나타났다. 게다가 부모의 지지 수준 인식도가 학교폭력의 피해 경험과 거절 경험과 상관이었으며(Rubin 등, 2004), 긍정적인 부자지간 및 모자지간 관계는 각각 학교폭력 가해행위 경험 및 신체적 데이트 폭력에 대한 보호 요인으로 작용하는 것으로 밝혀졌다(Flouri & Buchanan, 2002; Holt & Espelage, 2005). 비슷한 예로 어머니의 사회적 지지는 기타 유형의 학교폭력(예: 신체적 데이트 폭력 및 감정적 학대)에서 일시적인 중재적 역할을 하며, 불안과 우울증에 대한 보호 요인으로도 작용한다(Holt & Espelage, 2005). 이런 중재 효과는 아프리카계 미국 남학생한테서 두드러졌는데, 이들 남학생들 보고로는 낮은 수준의 신체적 폭력을 경험하였다고 하고 연인 관계에서는 중간에서 낮은 수준의 감정적 학대를 경험하였다고 보고했다. 이 연구 결과는 주목할만한데, 흑인 학생들이 다른 인종 학생들에 비해 학교폭력 가해 및 피해 경험이 더 많은 경향이 있기 때문이다(Espelage & Holt, 2007; Juvonen, Graham, & Schuster, 2003; Peskin, Tortolero, & Markham, 2006). 미국 원주민 출신 학생들은 학교폭력 과정에 쉽게 연루될 수 있는 취약집단인데, 이들 학생들 보고에 따르면 부모, 교사, 또래들로부터 사회적 지지 수준이 제일 낮은 것으로 인식하고 있었다(Demaray & Malecki, 2003).

가피해자 학교폭력 상황에서 가해자와 피해자 모두에 해당되는 학생들의 특징에 대해서도 관심이 높아졌다. 이 부류의 아이들은 그간 자극성향의 피해자, 공격적 피해자, 가피해자로 알려져 있다. 일반적으로 위축되고 수동적인 피해자들과 달리, 이들은 불안하고 공격적인 반응 패턴을 드러냄으로써 또래들의 괴롭힘에 더 많이 또 다양한 유형의 학교폭력(예: 신체적 및 정서적 데이트 폭력, 성희롱)에 노출되는 경향이 있다(Schwartz, 2000; Espelage & Holt, 2007).

가피해자들은 높은 수준의 회피적 애착을 지닌 것으로 밝혀졌다(Ireland & Power, 2004). 가피해자들은 부모들과 더욱 갈등적인 관계를 지니고 있었으며(Bowers 등, 1994), 가해자나 피해자나 대조군 중에 부모의 사회적 지지 수준이 제일 낮은 것으로 나타났다(Demaray & Malecki, 2003). 이 점은 주목할 만한데, 가피해자와 피해자 아이들은 가해자와 대조군 아이들에 비해 부모 및 다른 사람들의 사회적 지지가 더 중요하다고 응답하였다(Demaray & Malecki). 따라서 지금까지의 근거를 종합해보면, 가피해자 아이들은 특히나 더 취약한 집단임을 알 수 있다.

공격적 피해자들은 대조군과 수동적 피해자들에 비해 부부 갈등, 어머니의 적대감, 공격적인 체벌에 더 많이 노출되었다(Schwartz 등, 1997). 가피해자들은 자신의 부모가 온정이 적고 정확한 지도감독을 잘 못하며, 과잉보호와 방임을 반복한다고 한다. 즉, 가피해자들은 적절한 애정이 동반되지 않고 일관되지 못한 훈육을 받는 것으로 보인다(Bowers 등, 1994). 낮은 수준의 부모 지도감독과 애정 결핍 때문에 가피해자 아이들은 자기가 자기 스스로를 챙겨야한다는 느낌을 받았을 것이라고 가정하고 있다. 그리고 가피해자 아이들은 폭력적이고 공격적인 대처 모델을 반복적으로 경험하게 되면서 사회적 상황에 대해 양가적인 감정을 가지게 된다고 하고, 결국에는 갈등적인 행동으로 감정을 드러내는 공격자가 되었다가 무력하고 신체적으로 나약하거나 정서적으로 조절이 잘 되지 않는 피해자로 변하기도 한다는 것이다(Bowers 등, 1994; Perry 등, 2001).

비록 이런 분야가 새로운 영역이긴 하지만, 학교폭력과 부모-자녀 관계에 대한 기존 연구를 보면 몇몇 일관된 흐름을 읽어낼 수 있다. 가해자들은 회피적 애착 유형을 지니는 경향이 있고, 이들 부모들은 대체로 소원하고 지지적이지 않다. 또한 가해자의 부모들은 그렇지 않은 부모들에 비해 훈육 수단으로 신체적인 힘을 쓰는 경향이 있고 애정과 공감력이 부족하다. 피해자들은 불안정한 애착 유형을 지녔고, 회피적이거나 양가적인 유형을 보였다. 가해자들이 부모와 소원한 것과 대조적으로 수동적 피해자들은 부모들과 지나치게 가깝고 감정적으로 강렬한 관계를 지니는 경향이 있다. 가피해자 프로파일을 지닌 아이들 혹은 자극성향의 피해자들은 회피적 애착 유형으로 부모들의 사회적 지지 수준이 낮다고 인식하고 있었다. 이들 부모들은 일관성이 결여된 훈육 스타일을 지니고 있어, 적대감과 방임을 반복하기도 한다.

물론 이 연구 결과를 보고 자녀들이 학교폭력 문제를 겪고 있다고 해서 부모를 탓해야 된다고 해석한다면 오산이다. 사회생태학적 관점을 통해 학생들의 행동에 영향을 줄 수 있는 복잡다양한 체계(가족, 또래, 학교, 지역사회)에 대해 이해를 증진시키고자함을 알아야 한다(Espelage & Swearer, 2003; Swearer & Espelage, 2004). 예를 들어 Brock, Nickerson, O'Malley, & Chang(2006)이 제시한 학교폭력 이론모델에 따르면 내적 위험요인(예: 위축된 혹은 짜증스럽고 부주의한 행동), 부모 역할, 교사와의 열악한 관계, 또래집단 내 자기 확신 부족, 친구관계 부족 혹은 부재 등의 경로를 통해 학교폭력의 피해경험 확률이 올라간다. 따라서 부모-자녀 관계가 아이의 발달에 핵심적인 역할을 하긴 하지만, 또래관계에 영향을 주는 요인은 굉장히 많고 광범위하기 때문에 연구 및 실무에 있어서 이런 요인들을 종합적으로 고려할 수 있어야 한다. 예를 들어, Ahmed와 Braithwaite(2004)가 실시한 경험적 연구에 따르면 어떤 아이가 가해자냐 피해자냐 가피해자가 될 건지 예측하는 데 있어 가족 변수보다는 학교 변수를 보는 것이 더 효과적이라고 주장하였다. 물론, 다른 변수 중에서 학교 변수와 가족 변수 모두 예측 효과성은 우수했다.

실무를 위한 제언

부모-자녀 관계와 학교폭력 간의 상관관계를 확인한 후부터 연구자들은 학교폭력 프로그램에 학부모를 개입시키는 것이 중요하다고 확신하기 시작했다(Nickerson, Brock, Chang, & O'Malley, 2006; Oliver & Oaks, 1994). 또 다른 시각도 존재하는데, 아이들 행동 문제에 대해서는 부모의 영향력이 간접적이기 때문에 아이들 자체에 교육을 집중시키는 것이 더 중요하다는 의견도 있다(Ybarra & Mitchell, 2004). 우리는 가해자와 피해자에 대한 직접 개입 뿐 아니라 부모, 학교, 또래를 상대로한 간접적 개입도 중요하다고 제안한다. 실무에 대한 제언은 표 14.1로 제시하였다.

부모-자녀 관계와 학교폭력 간의 연관성을 검증한 연구 결과들을 종합해 보면, 학교폭력 문제를 겪고 있는 자녀들을 둔 부모들은 학교폭력 개입 프로그램을 통해서 다음과 같은 혜택을 얻을 수 있다. 1) 따뜻하고 공감력 있는 행동 모델을 자녀들에게 제시해줄 수 있다. 2) 적대적이지 않은 훈육 방법을 활용할 수 있다 (3) 지도감독과 적절한 개입을 할 수 있다. 물론, 가해자 부모들 대상으로 한 이런 프로그램의 효과성이 아직 연구를 통해 검증되지 않았지만, 사회적 학습 원리를 응용하여 학부모가 자녀들에 대한 관리 역량을 증진시키는 교육 프로그램(예: 친사회적 행동 강화하기, 문제 해결법 등)을 받으면 이런 문제 행동들이 감소하는 것으로 밝혀졌다(Dishion & Patterson, 1992; Kazdin, 1987).

피해자 학부모에 대한 개입법에는 부모가 자녀들이 위협적이거나 협박받는 상황 속에서도 건설적이면서도 효율적으로 자기 주장을 해낼 수 있도록 능동적으로 돕는 기술에 초점을 맞춘다. 이는 자기 방어기술, 스트레스 관리법, 효과적인 자기 주장 표현하기, 별명에 대한 대처, 자신을 지원해줄 수 있는 또래 친구 구축 등을 통해서 도움을 제공한다(Sharp, 1996). 가족 시스템적 관점에서는 정신보건 전문가가 학교폭력 문제에 영향을 끼칠 만한 패턴(예: 어머니의 과잉보호)을 확인해낸다. 그리고 확인된 문제에 따라 가족 구성원간의 차이점에 대해 공감을 함과 동시에 아이들이 또래들과 함께 하는 가족 외적 활동에 참여할 수 있도록 격려하는 방식으로 중재한다(Oliver & Oaks, 1994; Smith & Myron-Wilson, 1998). 가피해자 아이들은 일관되지 못한 부모-자녀 관계를 가졌다는 연구 결과를 참고하면, 가피해자만의 독특한 문제에 도움이 될 수 있는 개입법을 개발하는 것이 중요해 보인다.

하지만 가족만 대상으로 개입하는 것은 학교폭력 문제에 영향을 주기에 충분치 않을 가능성이 높다(Ahmend & Braithwaite, 2004). 이는 가해자와 피해자에 대해서 직접적으로 개입하는 것뿐만 아니라 부모, 또래, 학교 직원을 상대로 간접적인 개입을 하는 것도 중요하다는 점을 시사한다(Nickerson 등, 2006). 예를 들어, 다른 아이들을 괴롭히는 학생들은 부모로 부터 충분한 사회적 지지와 효과적 훈육을 못 받을 수 있기 때문에, 학교 직원과 교사들로부터 지지와 행동에 대한 한계 설정을 배움으로서 도움을 받을 수 있다. 부부갈등과 자녀들의 가해 행위 사이에 자녀들의 자아상이 중재변수로 작용한다는 연구 결과는 아이들이 자신의 강점을 살려서 열악한 가정 환경으로부터 악영향을 받지 않도록 할 수 있다는 점을 시사한다(Christie-Mizell, 2003).

향후 연구 방향

이 분야는 상대적으로 새로운 영역으로, 앞으로의 연구 트렌드에 대해서는 무수한 가능성이 존재한다. 애착 문제, 가족 시스템 문제, 사회적 지지 문제가 학교폭력 문제와 어떤 연관을 지니고 있는지 더 잘 이해하기 위해서는 더 많은 연구가 필요하다. 가정에서 남성 및 여성 가해자, 피해자, 가피해자들이 겪는 경험들이 서로 다를 수 있다는 연구가 제시되고 있으므로, 향후 연구자들은 이런 성별 관계에 따른 이슈를 검증해볼 필요가 있다. 비록 기존 연구는 주로 어머니를 대상으로 하였지만, 일견 거리가 더 멀어보이는 아버지-자녀 관계가 더 유사점이 있을 수 있고, 또래관계와 같은 가족 외적 관계에도 영향을 줄 수 있다(Ducharme, Doyle, & Markiewicz, 2002). 따라서 학교폭력 문제에 있어 아버지와 자녀 간의 관계 문제에

표 14.1 부모-자녀 관계 및 학교폭력: 실무를 위한 제언

- 학교폭력 문제는 사회생태학적 틀에서 존재한다는 점을 인식해야 한다. 여기에는 가족적 맥락도 포함된다.
- 학교폭력 가해 및 피해 위험성을 증가시키는 요인들에 대해서 부모에게 교육하라
- 가해자 부모에게는 따뜻하고 공감적 반응이 왜 중요한지 알려주라
- 세심한 지도감독 같은 적절한 행동 관리 기술을 부모에게 가르쳐라
- 피해자 부모는 과도하게 친밀하고 긍정적이며 과잉보호하는 상호작용이 자녀들을 학교폭력 피해 위험에 노출될 수 있음을 이해하게 하라
- 피해자 부모가 자녀들이 독립성, 자기 주장 능력, 건강한 또래관계를 형성할 수 있는 활동(예: 스포츠, 동아리 등)에 참여할 수 있도록 격려하라
- 가해자와 피해자에게 적절한 성인 롤모델을 찾을 수 있는 기회를 제공하고 부모 외에도 지지를 받을 수 있는 소스를 안내하라
- 가해자와 피해자가 작업하면서 아동 학대의 징후가 있는 지 촉각을 세워야 한다.

대한 연구도 더 많이 필요하다. 이와 마찬가지로 다양한 가족 구성 및 서로 다른 인종/문화권 가족 구성을 대상으로한 연구로 확장하여 이런 다양한 변수들이 양육자와 자녀 간의 상호작용과 이에 따른 학교폭력 문제에 어떤 영향을 미치는 지 알아볼 필요가 있다. 또한 다양한 방법론을 동원하여, 아이들의 자기보고식 결과와 실제 객관적으로 관찰된 행동 결과와 얼마만큼 차이가 나는지 확인하는 것도 필요하다.

앞으로 부모-자녀 관계와 아이들이 방관자나 방어자 같은 역할을 자처하는 것 사이에 어떤 관계가 있는지 탐색하는 것도 필요하다. 물론 학교폭력 문제는 두 사람간의 상호작용으로 간주되고 있지만, Christina Salmivalli 연구진(Salmivalli, Lagerspetz, Bjorkqvist, Östreman, & Kaukianien, 1996; Salmivalli 등, 1997)은 또래들이 보이는 또 다른 역할도 발견해냈는데, 여기에는 가해 강화자, 가해 보조자, 피해자의 방어자, 외부자 등이 있다. 이런 역할 형성에 영향을 미치는 부모 및 가족 변수를 더 잘 이해할 때 학교폭력 예방 및 개입법 개발에 통합적인 효과를 발휘할 수 있을 것이다.

마지막으로 부모-자녀 관계가 아이들의 행동에 어떻게 영향을 미치는 지에 대해 이론적 모델이 제시되었고, 가해자, 피해자, 가피해자와 같은 역할도 제시가 되었지만, 이는 아직 경험적인 검증이 더 필요하다. 또한 가해자 및 피해자 부모와 가족을 대상으로 한 다양한 중재법에 대한 효과성을 검증하는 것도 매우 중요하다.

참고문헌

Ahmed, E., & Braithwaite, V. (2004). Bullying and victimization: Cause for concern for both families and schools. *Social Psychology of Education, 7*, 35-54.

Ainsworth, M. D. S., Blehar, M. C., Waters, E., & Wall, S. (1978). *Patterns of attachment*. Hillsdale, NJ: Erlbaum.

Ainsworth, M. D. S., & Bowlby, J. (1991). An ethological approach to personality development. *American Psychologist, 46*, 333-341.

Bal, S., Crombez, G., Van Oost, P., & Debourdeaudhuij, I. (2003). The role of social support in well-being and coping with self-reported stressful events in adolescents. *Child Abuse and Neglect, 27*, 1377-1395.

Barber, B. K., & Buehler, C. (1996). Family cohesion and enmeshment: Different constructs, different effects. *Journal of Marriage and the Family, 58*, 433-441.

Baumrind, D. (1980). New directions in socialization research. *American Psychologist, 35*, 639-652.

Berdondini, L., & Smith, P. K. (1996). Cohesion and power in the families of children involved in bully/victim problems of school: An Italian replication. *Journal of Family Therapy, 18*, 99-109.

Bowers, L., Smith, P. K., & Binney, V. (1994). Perceived family relationships of bullies, victims and bully/victims in middle childhood. *Journal of Social and Personal Relationships, 11*, 215-232.

Bowlby, J. (1969). *Attachment and loss*. New York: Basic Books.

Brennan, P. A., Hammen, C., Anderson, M. J., Bor, W., Najman, J. M., & Williams, G. M. (2000). Chronicity, severity, and timing of maternal depressive symptoms: Relationships with child outcomes at age 5. *Developmental Psychology, 36*, 759-766.

Bretherton, I. (1992). The origins of attachment theory: John Bowlby and Mary Ainsworth. *Developmental Psychology, 28*, 759-775.

Brock, S. E., Nickerson, A. B., O'Malley, M., & Chang, Y. (2006). Understanding children victimized by their peers. *Journal of School Violence, 5*, 3-18.

Caplan, G. (1974). *Support systems and community mental health: Lectures on concept development*. New York: Behavioral Publications.

Carter, A. S., Garrity-Rokous, F. E., Chazan-Cohen, R., Little, C., & Briggs-Gowan, J. (2001). Maternal depression and comorbidity: Predicting early parenting, attachment security, and toddler social-emotional problems and competencies. *Journal of the American Academy of Child and Adolescent Psychiatry, 40*, 18-26.

Charles, R. (2001). Is there any empirical support for Bowen's concepts of differentiation of self, triangulation, and fusion? *The American Journal of Family Therapy, 29*, 279-292.

Christie-Mizell, C. A. (2003). Bullying: The consequences of interparental discord and child's self-concept. *Family Process, 42*, 237-251.

Cobb, S. (1976). Social support as a moderator of life stress. *Psychosomatic Medicine, 38*, 300-314.

Cohen, S., Gottlieb, B. H., & Underwood, L. G. (2001). Social relationships and health: Challenges for measurement and intervention. *Advances in Mind-Body Medicine, 17,* 129-142.

Cohen, S., & Wills, T. A. (1985). Stress, social support, and the buffering hypothesis. *Psychological Bulletin, 98,* 310-357.

Cutner-Smith, M. E., Culp, A. M., Culp, R., Scheib, C., Owen, K., Tilley, A., et al. (2006). Mothers' parenting and young economically disadvantaged children's relational and overt bullying. *Journal of Child and Family Studies, 15,* 181-193.

Demaray, M. K., & Malecki, C. K. (2003). Perceptions of the frequency and importance of social support by students classified as victims, bullies, and bully/victims in an urban middle school. *School Psychology Review, 32,* 471-489.

Demaray, M. K., Malecki, C. K., Davidson, L. M., Hodgson, K. K., & Rebus, P. J. (2005). The relationship between social support and student adjustment: A longitudinal analysis. *Psychology in the Schools, 42,* 691-706.

Dishion, T. J., & Patterson (1992). Age effects in parent training outcome. *Behavior Therapy, 23,* 719-729.

Domagala-Zysk, E. (2006). The significance of adolescents' relationships with significant others and school failure. *School Psychology International, 27,* 232-247.

Dubow, E. F., & Tisak, J. (1989). The relation between stressful life events and adjustment in elementary school children: The role of social support and social problem-solving skills. *Child Development, 60,* 1412-1423.

Ducharme, J., Doyle, A. B., & Markiewicz, D. (2002). Attachment security with mother and father: Associations with adolescents' reports of interpersonal behavior with parents and peers. *Journal of Social and Personal Relationships, 19,* 203-231.

Duncan, R. D. (1999). Maltreatment by parents and peers: The relationship between child abuse, bully victimization, and psychological distress. *Child Maltreatment, 4,* 45-55.

Elicker, J., Englund, M., & Sroufe, L. A. (1992). Predicting peer competence and peer relationships in childhood from early parent-child relationships. In R. D. Parke & G. W. Ladd (Eds.), *Family-peer relationships: Modes of linkage* (pp. 77-106). Hillsdale, NJ: Erlbaum.

Espelage, D. L., Bosworth, K., & Simon, T. R. (2000). Examining the social context of bullying behaviors in early adolescence. *Journal of Counseling and Development, 78,* 326-333.

Espelage, D. L., & Holt, M. K. (2001). Bullying and victimization during early adolescence: Peer influences and psychosocial correlates. *Journal of Emotional Abuse, 2,* 123-142.

Espelage, D. L., & Holt, M. K. (2007). Dating violence and sexual harassment across the bully-victim continuum among middle and high school students. *Journal of Youth and Adolescence, 36,* 799-811.

Espelage, D. L., Holt, M. K., & Henkel, R. R. (2003). Examination of peer-group contextual effects on aggression during early adolescence. *Child Development, 74,* 205-220.

Espelage, D. L., & Swearer, S. M. (2003). Research on school bullying and victimization: What have we learned and where do we go from here? *School Psychology Review, 32,* 365-383.

Finnegan, R. A., Hodges, E. V. E., & Perry, D. G. (1998). Victimization by peers: Associations with children's reports of mother-child interaction. *Journal of Personality and Social Psychology, 75,* 1076-1086.

Flouri, E., & Buchanan, A. (2002). Life satisfaction in teenage boys: The moderating role of father involvement and bullying. *Aggressive Behavior, 28,* 126-133.

Frey, C. U., & Rothlisberger, C. (1996). Social support in healthy adolescents. *Journal of Youth and Adolescence, 25,* 17-31.

Furman, W., & Buhrmester, D. (1985). Children's perceptions of the personal relationships in their social networks. *Developmental Psychology, 21,* 1016-1024.

Graham, S., & Juvonen, J. (1998). Self-blame and peer victimization in middle school: An attributional analysis. *Developmental Psychology, 34,* 587-599.

Holt, M. K., & Espelage, D. L. (2005). Social support as a moderator between dating violence victimization and depression/anxiety among African American and Caucasian adolescents. *School Psychology Review, 34,* 309-328.

House, J. S. (1981). *Work stress and social support.* Reading, MA: Addison-Wesley.

Ireland, J. L., & Power, C. L. (2004). Attachment, emotional loneliness, and bullying behaviour: A study of adult and young offenders. *Aggressive Behavior, 30,* 298-312.

Juvonen, J., Graham, S., & Schuster, M. A. (2003). Bullying among young adolescents: The strong, the weak, and the troubled. *Pediatrics, 112,* 1231-1237.

Kashani, J. H., Canfield, L. A., Borduin, C. M., Soltyz, S. M., & Reid, J. C. (1994). Perceived family and social support: Impact on children. *The Journal of American Child and Adolescent Psychiatry, 33,* 819-823.

Kazdin, A. E. (1987). Treatment of antisocial behavior in children: Current status and future directions. *Psychological Bulletin, 102,* 187-203.

Klever, P. (2005). The multigenerational transmission of family unit functioning. *The American Journal of Family*

Therapy, 33, 253-264.
Ladd, G. W., & Ladd, B. K. (1998). Parenting behaviors and parent-child relationships: Correlates of peer victimization in kindergarten? *Developmental Psychology, 34*, 1450-1458.
Malecki, C. K., & Demaray, M. K. (2003). Carrying a weapon to school and perceptions of social support in an urban middle school. *Journal of Educational and Behavioral Disorders, 11*, 169-178.
Monks, C. P., Smith, P. K., & Swettenham, J. (2005). The psychological correlates of peer victimization in preschool: Social cognitive skills, executive function and attachment profiles. *Aggressive Behavior, 31*, 571-588.
Murdock, M. L., & Gore, P. A. (2004). Stress, coping, and differentiation of self: A test of Bowen theory. *Contemporary Family Therapy, 26*, 319-335.
Nickerson, A. B., Brock, S. E., Chang, Y., & O'Malley, M. (2006). Responding to children victimized by their peers. *Journal of School Violence, 5*, 19-32.
Nickerson, A. B., & Nagle, R. J. (2004). The influence of parent and peer attachments on life satisfaction in middle childhood and early adolescence. *Social Indicators Research, 66*, 35-60.
Nixon, C. L., & Watson, A. C. (2001). Family experiences and early emotion understanding. *Merrill-Palmer Quarterly, 47*, 300-322.
Oliver, R., & Oaks, I. N. (1994). Family issues and interventions in bully and victim relationships. *School Counselor, 41*, 199-202.
Olweus, D. (1991). Victimization among school children. In R. Baenninger (Ed.), *Targets of violence and aggression* (pp. 45-102). Amsterdam: Elsevier Science.
Olweus, D. (1993). *Bullying at school: What we know and what we can do*. Malden, MA: Blackwell.
Parke, R. D., O'Neil, R., Isley, S., Spitzer, S., Welsh, M., Wang, S., et al. (1998). Family-peer relationships: Cognitive, emotional, and ecological determinants. In M. Lewis & C. Feiring (Eds.), *Families, risk, and competence* (pp. 89-112). Mahwah, NJ: Erlbaum.
Patterson, G. R. (1986). Performance models for antisocial boys. *American Psychologist, 41*, 432-444.
Peleg-Popko, O. (2002). Bowen theory: A study of differentiation of self, social anxiety, and physiological symptoms. *Contemporary Family Therapy, 24*, 355-369.
Perry, D. G., Hodges, E. V. E., & Egan, S. K. (2001). Determinants of chronic victimization by peers: A review and new model of family influence. In J. Juvonen & S. Graham (Eds.), *Peer harassment in school: The plight of the vulnerable and victimized* (pp. 73-104). New York: Guilford.
Peskin, M. F., Tortolero, S. R., & Markham, C. M. (2006). Bullying and victimization among Black and Hispanic adolescents. *Adolescence, 41*, 467-484.
Piko, B. (2000). Perceived social support from parents and peers: Which is the stronger predictor of adolescent substance use? *Substance Use and Misuse, 35*, 617-631.
Prest, L. A. & Protinsky, H. (1993). Family systems theory: A unifying framework for codependence. *The American Journal of Family Therapy, 21*, 352-360.
Rice, K. G. (1990). Attachment in adolescence: A narrative and meta-analytic review. *Journal of Youth and Adolescence, 19*, 511-538.
Rigby, K. (1993). School children's perceptions of their families and parents as a function of peer regulations. *The Journal of Genetic Psychology, 154*, 501-513.
Rigby, K. (1994a). Psychosocial functioning in families of Australian adolescent schoolchildren involved in bully/victim problems. *Journal of Family Therapy, 16*, 173-187.
Rigby, K. (1994b). Why do some children bully at school? The contributions of negative attitudes towards victims and the perceived expectations of friends, parents, and teachers. *School Psychology International, 26*, 147-161.
Rigby, K., Slee, P., & Cunningham, P. (1999). Effects of parenting on the peer relations of Australian adolescents. *The Journal of Social Psychology, 139*, 387-388.
Rodkin, P. C., Farmer, T. W., Pearl, R., & Van Acker, R. (2000). Heterogeneity of popular boys: Antisocial and prosocial configurations. *Developmental Psychology, 31*, 548-553.
Rubin, K. H., Dwyer, K. M., Booth-LaForce, C., Kim, A. H., Burgess, K. B., & Rose-Krasnor, L. (2004). Attachment, friendship, and psychosocial functioning in early adolescence. *Journal of Early Adolescence, 24*, 326-356.
Salmivalli, C., Huttunen, A., & Lagerspetz, K. M. J. (1997). Peer networks and bullying in schools. *Scandinavian Journal of Psychology, 38*, 305-312.
Salmivalli, C., Lagerspetz, K., Bjorkqvist, K., Östreman, K., & Kaukianien, A. (1996). Bullying as a group process: Participant roles and their relations to social status within the group. *Aggressive Behavior, 22*, 1-15.
Schreurs, K. M. G., & de Ridder, D. T. D. (1997). Integration of coping and social support perspectives: Implications for the study of adaptation to chronic diseases. *Clinical Psychology Review, 17*, 89-112.

Schwartz, D. (2000). Subtypes of victims and aggressors in children's peer groups. *Journal of Abnormal Child Psychology, 28*, 181-192.

Schwartz, D., Dodge, K. A., Pettit, G. S., & Bates, J. E. (1997). The early socialization of aggressive victims of bullying. *Child Development, 68*, 665-675.

Sharp, S. (1996). Self-esteem, response style and victimization: Possible ways of preventing victimization through parenting and school based training programmes. *School Psychology International, 17*, 347-357.

Shields, A., & Cicchetti, D. (2001). Parental maltreatment and emotion dysregulation as risk factors for bullying and victimization in middle childhood. *Journal of Clinical Child Psychology, 30*, 349-363.

Smith, P. K., & Myron-Wilson, R. (1998). Parenting and school bullying. *Clinical Child Psychology and Psychiatry, 3*, 405-417.

Swearer, S. M., & Espelage, D. L. (2004). Introduction: A social-ecological framework of bullying among youth. In D. L. Espelage & S. M. Swearer (Eds.), *Bullying in American schools: A social-ecological perspective on prevention and intervention* (pp. 1-12). Mahwah, NJ: Erlbaum.

Troy, M., & Sroufe, L. A. (1987). Victimization among preschoolers: Role of attachment relationship history. *Journal of the American Academy of Child and Adolescent Psychiatry, 26*, 166-172.

Vuchinich, S., Bank, L., & Patterson, G. R. (1992). Parenting, peers, and the stability of antisocial behavior in preadolescent boys. *Developmental Psychology, 28*, 510-521.

Weigel, D. J., Devereux, P., Leigh, G. K., & Ballard-Reisch, D. (1998). A longitudinal study of adolescents' perceptions of support and stress: Stability and change. *Journal of Adolescent Research, 13*, 158-177.

Weiss, B., Dodge, K. A., Bates, J. E., & Pettit, G. S. (1992). Some consequences of early harsh discipline: Child aggression and a maladaptive social information processing style. *Child Development, 63*, 1321-1335.

Ybarra, M. C., & Mitchell, K. J. (2004). Youth engaging in online harassment: Associations with caregiver-child relationships, Internet use, and personal characteristics. *Journal of Adolescence, 27*, 319-336.

Young, M. H., Miller, B., Norton, M. C., & Hill, E. F. (1995). The effect of parental supportive behaviors on life satisfaction of adolescent offspring. *Journal of Marriage and the Family, 57*, 813-822.

15
학교 전환기 중의 사회적 지위와 학교폭력

ANTHONY D. PELLEGRINI, JEFFREY D. LONG, DAVID SOLBERG, CARY ROSETH,
DANIELLE DUPUIS, CATHERINE BOHN, AND MEGHAN HICKEY

미국을 포함한 세계 각국에서 학교폭력은 너무나도 중요한 문제가 되었다. 저녁 뉴스나 신문의 헤드라인을 차지하는 사건들은 학교폭력 중에서도 제일 쉽게 접하는 유형들이다. 이런 문제들 중 교내 총기 난사 사건이나 학교 자살 사건은 제일 끔찍한 형태다. 실제로 이런 끔찍한 사건의 주동자는 대체로 학교폭력 피해자들인 경우가 많다. 여기에 대해 제일 잘 알려진 예를 하나 들자면, 콜로라도 리틀턴(Littleton)의 시골 청년들이 타겟이 된 사건을 예로 들 수 있다. 이 청소년들은 주변 이웃들이 알고 있기를 다른 특정 청소년들을 놀리고 따돌린 것으로 알려져 있는데, 그 특정 청소년이 역으로 자기를 괴롭혔던 이 청소년들을 학살한 것이다.

사회에서는 이 사건보다는 눈에 덜 띄는 폭력 사건들이 만연해있는데, 유치원 교실부터(Smith & Thompson, 1991) 어른들의 일터까지에 이른다(Cowie, Naylor, Smith, Rivers, & Pereira, 2002). 예를 들어, 그간 체계적 관찰 연구에 의하면 어린 아이들은 다른 또래들을 놀리기도 하고 또래집단에서 한 아이를 따돌리기도 하였다(예: Pellegrini 등, 2007). 사춘기 청소년들도 또래를 괴롭히는데, 점심 식사줄 앞에 새치기를 하거나 이성 또래 앞에서 모욕감을 주는 방식으로 괴롭히기도 한다(Pellegrini & Long, 2003). 대부분의 사례에서 연구자들이 묘사하는 공격적 행동의 주인공들은 적절한 사회적 기술을 발휘하는 데 있어 뭔가가 모자란 듯한 모습을 보인다. 이런 시각이 맞다면, 학교폭력 문제는 가해자에게 일련의 적절한 사회적 기술을 가르쳐서 해결될 수 있는 문제로 볼 수 있다.

학교폭력과 사회적 지배력(Social Dominance)

본 챕터는 다양한 학교 상황에서 관찰되는 학교폭력의 유형을 설명하는 모델을 제시하려고 한다. 여기서 우리는 대부분의 학교폭력 가해 상황에서-물론 전부 다는 아니지만-가해 행위는 능동적인 유형의 공격성을 띤다고 가정한다. 즉, 특정 목적을 달성하기 위해 일부러 공격성을 활용한다는 뜻으로 도구적 공격성이라고도 한다. 이런 예로는 또래 점심 식사비용을 갈취하거나 장난감을 얻기 위해서 의도적으로 공격성을 보이는 사례를 들 수 있다. 이와 같이 어떤 아이들과 청소년들은 자신이 원하는 자원을 얻기 위해 세심하고 신중하게 다른 또래를 괴롭힐 수 있다. 학교폭력에 대한 본 챕터의 논지는 우리가 유치원과 청소년들을 대상으로 한 횡적 연구에 근거하고 있다. 우리 연구에 따르면 가해자들은 특정 자원을 얻기 위해 전략적으로 가해 행위를 이용하는 것으로 밝혀졌다(Pellegrini, 2002). 학교폭력에 대한 이런 시각은 가해자들이 사회적 기술이 결핍된 인물로 규정짓는 기존 시각과 대조된다. 자원을 쟁취하기 위해 경쟁하는 과정에서 한 개인이 다른 개인에게 패배를 안겨주는 능력이 부각되기 때문에 집단 내에 특정 개인은 '사회적 지배력'이라는 면에서 지위의 우열을 매겨볼 수 있다.

이런 경쟁 행위는 교사들이 지켜보는 상황에서 잘 나타나지는 않고 가해자들의 또래가 지켜보는 상황에서 잘 나타난다. 그래서 가해자가 취한 행동의 결과가 바로 또래한테 목격되도록 하여, 가해자들이 또래집단 내에서 영향력이 있다는 점과 중추적인 지위를 차지하고 있다는 점을 각인시킨다. 자원 쟁취를 위한 경쟁과 이에 상응하는 사회적 지배력 다툼은 전학이나 학년 진학 같은 변화가 있을 때 특히 잘 일어난다. 이런 전환 기간 동안 새로 전학온 학생, 어딘가로 전학 가버린 학생, 사춘기 동안 신체적 변화 등으로 집단 내 사회적 위계질서가 유동적으로 변한다. 본 챕터에서는 경쟁적 관계에서의 학교폭력 가해 행위 및 기타 유형의 능동적 공격성이 학교 전환기 중에 특히 더 잘 일어난다는 가정을 뒷받침할 만한 자료를 제시했다. 특히, 유치원에 입학하거나 초등학교에서 중학교로 진학하는 과정에 대한 자료를 제시한다. 이 두 시점은 새로운 사회적 집단을 형성하는 데에 중요한 이정표가 되며, 주로 이 시점에서 사람들은 각자의 사회적 서열을 매기려고 한다. 우리는 일부 아이들은 자신이 속한 새로운 집단 내에서 전략적으로 사회적 지배력을 쟁취하기 위해 학교폭력 가해 행위와 기타 공격적 행동을 활용하는 것으로 가정하였다. 우리 시각에서 학교폭력 가해 행위란 특정 목적을 달성하기 위해 이용되는 도구라고 간주한다. 이에 상응해서 특정 목적이 달성되고 본인이 원하는 사회적 지위를 쟁취하고 나면 공격성의 빈도가 감소할 것이라고 가정했다. 즉, 목적이 달성되기 위해서만 공격성을 사용하다가 일단 달성되고 나면 공격성을 사용하는 게 추가적인 이득이 적어질 것이다. 왜냐하면 이 시점에서는 또래집단이 사회적 지배력을 쥐고 있는 사람이 누구인지도 인식하고 있고, 또 지배력을 쟁취한 사람에게 경쟁 대상이 되는 자원을 양도하는 경향이 생기기 때문이다.

본 챕터의 관점에서는 능동적 공격성과 가해 행위는 사회적 문제 해결 능력에 결핍이 있기 때문에 나타나는 현상이 아니다. 사회적 기술이 떨어지는 공격적 아동은 가피해자 또는 자극적 피해자가 되는 경향이 있으며, 이들의 공격성은 반응적이지 도구적이지는 않다(Schwartz, Dodge, & Coie, 1993). 반응적 공격성 혹은 적대적 공격성은 어떤 자극에 대해 상당히 감정적인 상태가 되었을 때에 주로 나타나는 반응이다(Pellegrini, Bartini, & Brook, 1999; Schwartz 등, 1993). 결과적으로 이런 부류의 아이들은 사회적 지배력을 쥐기 위해 필수적으로 갖춰야할 사회적 기술이 부족하다. 본 챕터에서는 학교폭력의 가해 행위를 정의함에 있어 부분적으로 Olweus가 제시한 정의(1993)를 이용하고자 한다. 즉, 학교폭력 가해 행위는 세심하고 도구적인 유형의 공격성으로 계속 지속되는 경향이 있다는 것이다. 가해 행위는 신체적 위협과 같이 직접적일 수 있고, 관계적 또는 사회적 공격성 같이 간접적일 수도 있다. 그렇다면 가해 행위는 어떤 성과를 이끌어 내기 위한 능동적 유형의 공격성이라고 할 수 있다. 또한 가해 행위는 가해자와 피해자 간의 권력 수준의 차이가 존재한다는 특징도 있다고 볼 수 있다.

이에 따라, 우리는 가해 행위라는 용어를 사회적 지배력을 확립하기 위해 활용되는 도구로 간주해서, 자원을 두고 경쟁하는 관계에서 신체적 또는 관계적 공격성을 사용하는 것을 사회적 지배력을 행사하는 것으로 해석하였다. 주도적 개인은 다른 또래에 비해서 자원을 더 자주 쟁취해내는 사람으로 간주할 수 있다(Hinde, 1976, 1980; McGrew, 1972; Pellegrini 등, 2007). 사회적 지배력 방면에서의 양자간 관계가 이런 학교폭력 상황에 제일 적합한 개념 중 하나로 보인다. 예를 들면, 빈 그네를 두고 두 아이가 경쟁을 하는 상황이 있다. 학생 갑은 자리를 차지했고, 학생 을은 자리를 차지 하지 못했다. 만약 이런 패턴이 시간이 지나도 계속 유지된다면, 또 다른 활동 영역에서도 지속된다면, 학생 갑은 학생 을에 대해서 주도적인(또는 우위적인) 관계를 맺고 있다고 볼 수 있다. 사회적 지배력의 두번째 측면은 집단과 관련된다. 이 수준에서 볼 때, 집단은 지배력과 관련해 특정 구조를 지닌 것으로 보는데, 일정 위계관계가 있어 제일 우월한 사람에서 제일 열등한 사람까지 서열이 있다는 것으로 간주한다. 이런 위계관계는 모든 개인들이 집단에서 서로에 대해 양자간 경쟁을 펼치게 되고, 그 결과로 제일 우월한 사람에서부터 제일 열등한 사람까지 순서가 배정된다는 가정을 품고 있다. 또한 이런 관계는 서로 이행성이 있다고 본다. 예를 들면, 학생 갑이 을을 이겼고, 을이 병을 이겼다면, 갑은 병을 이길 수 있다고 가정한다는 것이다.

우리가 아는 선에서는 적어도 실무에 있어 학급에 있는 모든 학생들이 공격적인 경쟁 행위에 가담하는지는 제대로 검증된 적이 없다. 그리고 이런 가정을 검증하려고 했던 연구에서는 본 가정을 뒷받침할 만한 자료가 나오지 않았다(Pellegrini 등, 2007). 대신, 공격적인 상호작용은 집단 내 모든 개인에 대해 다 관찰되는 것은 아니다. 오히려 이런 상호작용은 특정 개인에게 선택적으로 향해 있다. 예를 들어, 아이들은 탐날 만한 자원을 가진 아이들만 타겟으로 삼거나 자기가 이길만한 상대를 지명하기도 한다(Archer, 1992). 이런 선택적 공격성 활용 현상은 유치원을 상대로 한 연구에서 밝혀졌다(Pellegrini 등, 2007). 또한 사춘기 청소년을 상대로 한 연구(Pellegrini & Long, 2003)에서도 동성간 또래를 선택적으로 지명해 공격성을 드러내는 것으로 보였다. 그리고 초등학교를 상대로한 연구에서 가해자들은 체계적으로 취약한 또래에게 직접적인 공격성을 보이는 것으로 나타났다(Perry, Kusel, & Perry, 1988; Schwartz, Proctor, & Chen, 2001).

다양한 세부 사회적 지배력 이론들을 검토해보면, 학년 초 새로운 또래들처럼 신규 집단이나 갑자기 등장한 집단이 나타났을 때, 처음에는 공격성과 가해 행위가 증가했다가 정점을 찍고 그 이후에는 안정된 양상을 보인다고 가정한다(예: Pellegrini & Long, 2003; Pellegrini 등, 2007; Strayer, 1980). 구체적으로 개개인들이 각자 사회적 지위를 확보하는 과정에서 신규 집단 내의 공격성이 상대적으로 높은 빈도로 관찰되고, 시간이 경과함에 따라 이 빈도는 감소해야할 것이다. 집단 내 사회적 지배 구조는 이런 양자간 관계에서 비롯된다(Berstein, 1981; Hinde, 1978). 이런 경향은 초기 사춘기 학생들이 초등학교에서 중고등학교로 이행하는 과정과(Pellegrini & Long, 2003) 유치원생 사이에서도(Pellegrini 등, 2007) 나타난다고 입증되었다. 공격성 및 가해 행위 빈도 변화가 이렇게 U자를 거꾸로한 듯한 변화곡선을 보이는 것은-그림 15.1 및 15.3 참고-일반적인 가해 행위와 공격성이 보이는 경향과 아주 다르다(그림 15.2). 일반적인 상황에서는 공격성이 연령이 증가함에 반비례해서 일직선상으로 감소하는 경향을 보인다(Olweus, 1978).

학교폭력이 상승선을 탔다가 다시 하향곡선을 보이는 데에는 사회적 지위가 낮은 사람 입장에서 지위가 높은 사람에게 패배할 거라 예상되기 때문에 도전하는 댓가에 비해 이득이 적을 것이라 판단했기 때문일 것이다. 또한 사회적 지위가 높은 사람 입장에서도 아랫사람에게 도전하지 않는 것도 패배에 대한 댓가는 크겠지만 도전에 대한 이득이 별로 없기 때문일 것이다. 따라서 학생들이 학교 상황이 바뀐 이후에는 점진적으로 공격성이 줄어들 것이다. 본 챕터는 아이들이 1) 유치원 들어갈 때와 2) 초등학교에서 중학교로 들어갈 때 어느 정도로 공격성과 가해 행위가 발생하는지 검증해볼 것이다

시간 경과에 따른 공격성 및 가해 행위 감소

학기 중 유치원생의 공격성과 사회적 지배력   일단 유치원을 대상으로 적용한 연구 방법에 대해 기술하겠다. 본 연구에서는 3.2~5.2세 65명을 대상으로 진행하였으며, 원생은 미네소타 대학의 Shirley G. Moore

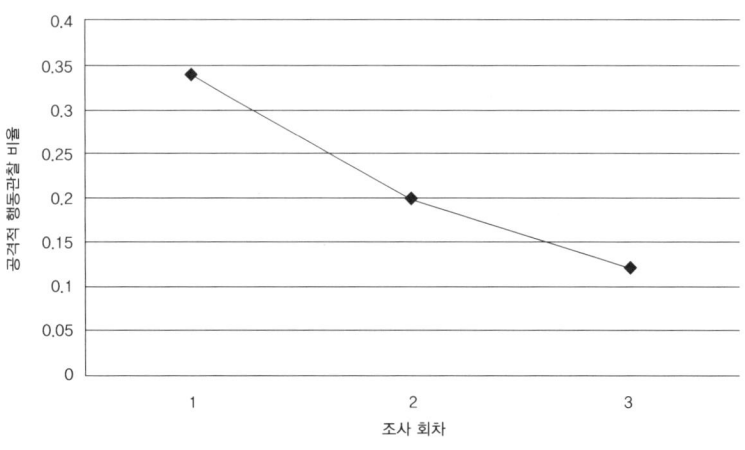

그림 15.1 시간 경과에 따른 유치원생들의 공격적 행동 감소 경향.

Nursery School 학생들이다. 아이들의 사회적 행동은 교육심리학을 전공하는 대학원생들이 관찰팀을 구성해 직접 관찰 평가하였다. 본 챕터에서는 협력적 행동과 총 승리 횟수: 총 공격적 행동 사례 횟수 비율을 보고할 것이다. 즉, 전체 공격적 경쟁 사례 중 승리로 끝난 사례 비율을 제시할 것이다. 교사들은 아이들의 능동적 공격성(3 항목; 싸움을 건다, 위협하거나 괴롭힌다, 다른 이들과 무리지어 괴롭힌다)과 기만 행위(4항목; 거짓 진술, 다른 또래를 조종하기 위한 기만, 무고한 또래를 비난하기 등)와 관계적 공격성(4 항목; 특정 아이와 어울리지 말라고 다른 또래들에게 얘기하기, 다른 이들이 특정 아이를 싫어하도록 하기, 놀이 집단에 특정 아이가 끼지 못하게 하기 등)과 사회적 지배(5 항목; 학급 친구 지배하기, 다른 아이들에게 뭘하라고 지시하는 경우, 자기 스스로를 옹호하기 등)와 가해 행위(1 항목; 자기가 원하는 대로 하기 위해 다른이들을 괴롭히거나 위협하기)에 대해 점수를 매기도록 하였다. 아이들 보고도 자신이 제일 좋아하는 또래와 자신이 제일 싫어하는 또래를 3명씩 지명하도록 하였다.

시간이 지남에 따라 공격적 행위가 줄어들 것이라는 가정은 입증되었다. 그림 15.1에 나타낸 것처럼, 시간이 경과함에 따라 유의하게 감소하는 경향을 보였다(각 자료는 3개월 단위로 측정되었다). 이런 하향세는 사회적 지배력 이론과 일치하였다. 이 이론에서는 시간 경과에 따라 공격적인 경쟁을 펼치는 것에 따른 이득보다 치뤄야 할 댓가가 넘어선다는 것을 가해자들이 알아챌 것이라는 가정이 깔려있다. 이 관점에 따르면, 낮은 지위에 있는 사람이나 높은 지위에 있는 사람이나 각자의 사정으로 경쟁적 도전을 하는 것에 대한 댓가가 더 커진다는 점을 인지할 것이다.

물론 공격성 감소는 다른 요인의 영향을 받았을 수도 있다. 첫째, 사회적 지배력 이론과 관련된 이야기이지만, 학급내 사회적 응집성이 증가하면서 공격성 감소에 부분적으로 영향을 미쳤을 수도 있다. 즉, 교내 인구는 학기 중에 안정적으로 유지된 편이었고, 새로 전학온 사람은 4명 밖에 되지 않았다(인구 중 6% 변화함). 이런 학급내 사회적 구조에 변화가 경미했기 때문에 공격성 수준이 낮게 유지된 것으로 보인다. 이런 해석과 일관되게, McGrew(1972)는 이미 서열 정리가 끝난 유치원 학급에 새로운 학생이 들어온 경우 공격성의 빈도가 어떻게 변하는지 측정했다. 그 결과 새로 들어온 학생을 겨냥한 공격성 수준은 낮았으며, 새로 들어온 아이들도 공격성을 드러내는 수준도 낮았다. 이 연구자는 아이들이 나타내는 공격성의 빈도는 학급의 사회적 규범에 영향을 받는다고 제시하였다.

사회적 규범과 관련된 해석에 따르면 공격성 감소가 아이들이 시간이 지남에 따라 협력적 행동을 장려하고 경쟁적이고 공격적인 행동을 억제하는 교칙에 맞춰 사회화되었기 때문이라고도 볼 수 있다. 교사들의 활동도 이런 해석과 일치되게 이루어졌다. 교사는 관찰된 모든 유형의 공격적 사건 중 41% 사례에서 개입을 하였다. 사회화 가설에 대한 추가적인 근거로는 아이들이 학교에 다니는 개월 수와 관찰된 협력성 사이에 긍정적이고 유의미한 상관관계가 발견되었다(r=0.26, p<0.05). 게다가 만약 사회화 가설이 옳다면, 혹자는 사회적 규범이 명확한 학급에서만 공격성이 줄어들 것이라 짐작할 수도 있다. 이와 마찬가지로, 사회적 규범이 분명치 않은 학교에서는 아이들이 학교가 어떤 체계로 돌아가는지 파악하기 전까지는 공격성이 더 지속될 수도 있고 심지어 증가할 수 있다고도 가정할 수도 있다.

그러므로 집단 응집성과 교사들의 사회화 활동 조합으로 학기 중에 공격성이 감소했다고도 볼 수 있다. 아이들이 교칙에 사회화되는 정확한 기전을 알아보기 위해서 앞으로 교사들이 학생들의 공격성을 최소화하고 협력성을 극대화하기 위해 직접적 전략(반사회적 행동에 대한 징계 및 친사회적 행동에 대한 보상)과 간접적 전략(친사회적 행동을 모델링할 수 있도록 하기)이 어떤지를 명확히 밝혀야 하고, 이런 전략이 어떻게 아이들의 공격적 및 친교적 행위를 조장하는지를 알아내야 한다. 다른 섹션에서는 아이들이 또 다른 전환기, 즉 초등학교에서 중학교로 넘어가는 과정에서 같은 유형의 경향이 관찰되는지 검증해보았다.

초등학교에서 중학교 진학에 따른 학교폭력 중학교 자료는 3년동안 조지아 주의 Jackson County 초등학교와 중학교를 대상으로 수집하였다. 상기 횡적 연구 대상은 주로 백인 중산층으로 조지아주 시골 지역에 거주하는 학생들이었다. 가해 행위는 Olweus(1989)의 자기보고식 Senior Questionnaire를 활용하여 평가하였으며, 5학년 봄(초등학교 마지막 학년)과 6~7학년 봄가을(중학교 첫 2년)에 각각 평가를 시행하였다. 이 연구에는 70명의 남학생과 59명의 여학생이 연구 대상으로 등록되었다.

위에 언급한 것과 똑같은 논리에 따라, 우리는 가해 행위가 초등학교 말에서 중학교 초에 상승하다가 중학교 7학년이 되면 다시 감소할 것이라고 가정하였다. 이 가설에 대한 대안 가설로는 공격성과 가해 행위가 나이가 증가함에 따라 일반적인 감소 추세를 보인다는 것으로 정했고, 이는 그림 15.2에 제시했다. 그림 15.2의 근거가 된 자료들은 영국과 아일랜드 학생들을 대상으로 하였으며, 우리 연구 구성과 비슷하지만 12~14세 학생들을 대상으로 했다는 점이 다르다. 우리 연구 결과를 보면 중학교 진학과 동시에 상승세를 보이다가 그 이후에 감소하는 경향이 있음을 그림 15.3을 통해서 알 수 있으며, 이런 경향은 유치원생을 대상으로 한 연구 결과와도 비슷하다.

유치원과 중학교 대상으로 한 우리 연구 결과가 주는 메시지는 아주 분명하다. 공격성은 연령이 증가

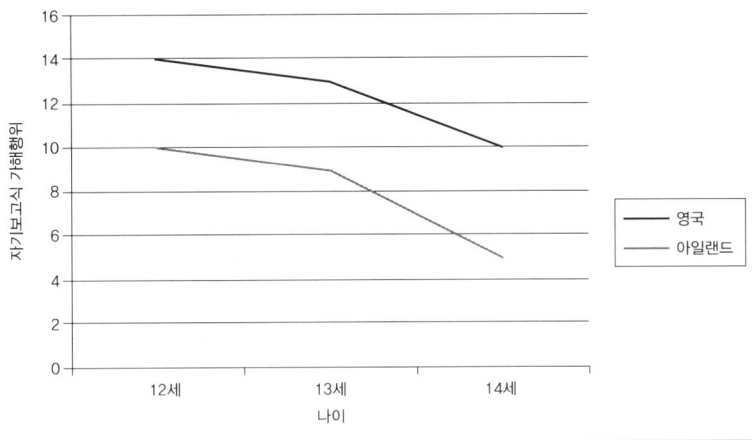

그림 15.2 나이에 따른 가해행위 감소 경향.

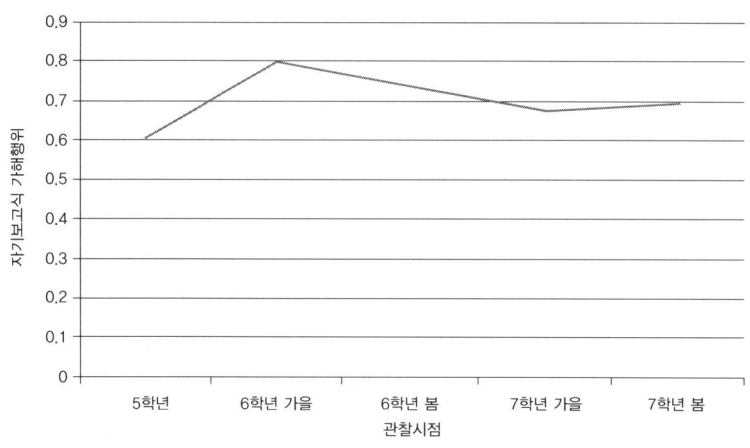

그림 15.3 초등학교에서 중학교 진학에 따른 가해행위 감소 경향.

함에 따라 점진적으로 감소하는 것은 물론) 아이들의 사회적 집단에 변화가 있을 때는 이런 일시적인 상승세가 분명히 나타난다. 이런 변동은 장기적인 방학이나 전학을 가거나 일년 마다 학급이 새로 구성되는 때에도 일어날 수 있다. 이런 변동 상황에 따라 아이들은 자기의 사회적 지위를 확보하기 위해 공격성을 활용하고, 각자 지위가 정리되면 공격성이 감소한다. 다음 섹션에서는 유치원과 중학교 기간 동안 생기는 가해 행위, 공격성, 사회적 지배력 이슈와 관련된 심리적 과정에 대해 논의하고자 한다.

자원을 얻기 위한 공격성 유형

본 섹션에서는 유치원 아이들과 사춘기 청소년들이 각자가 원하는 다양한 목적을 달성하고자 서로 다른 종류의 공격성을 이용한다는 점에 대해 검토할 것이다. 우리는 유치원생이든 중학생이든 자신이 원하는 자원을 얻기 위해서 전략적으로 공격성-가해 행위를 포함해서-을 활용할 것이라 가정했다. 이 시각에 따르면, 이런 학생들은 가피해자처럼 사회적 기술이 결핍된 학생들과 같이 반응적이거나 도발적으로 공격성을 활용하지 않는다(Pellegrini, Bartini, & Brooks, 1999; Schwartz 등, 1993). 대신 이런 학생들은 안정적으로 자원을 확보하고 목적을 성취하기 위해 능동적으로 공격성을 활용한다.

유치원생과 중학교 학생들은 서로 상이한 자원을 향해 경쟁한다. 우리는 연구중에 유치원생 아이들이 간식이나 컴퓨터나 장난감이나 줄서는 것과 같은 자원으로 2명이 서로 공격적 경쟁을 보일 때, 우리는 이 아이들의 유형, 활용된 공격성 유형, 경쟁에서 획득한 자원을 코딩했다.

중학교 학생들의 상호작용은 상당히 달랐다. 초기 사춘기 청소년들은 이성 관계에 관심이 높아지고 있었다(Pellegrini & Long, 출판 진행중). 따라서 이성에 접근할 수 있는 기회가 중요한 자원이었다. 게다가 초기 사춘기에서는 사회적 지위의 중요성이 아동기에 비해 더 높아졌기 때문에 공격성과 가해 행위를 보이는 것은 사회적 지배력 맥락에서 생각해야 된다. 이런 관점에 따르면 사춘기 시절에는 인기가 있으면 학교폭력 피해에 대한 예방이 가능하다고 추측할 수도 있다. 즉, 학교폭력 가해 행위가 사춘기 또래들 사이에 사회적 지위를 극대화시켜주는 데에 활용된다면, 상대적으로 사회적 지위가 높은 청소년들은 쉽게 피해를 당하지 않을 것이라 예측된다.

유치원생의 가해 행위, 공격성, 사회적 지배력   위에서 언급한 대로 우리는 직접 아이들의 공격성을 관

표 15.1 능동적 공격성, 가해행위, 지배력, 공격적 승리쟁취 사례, 협력적 행위, 호감반응, 혐오반응과의 상관관계

		교사 평가				관 찰		또래지명	
		2	3	4	5	6	7	8	9
기만적	1	.48**	.39**	.07	.67**	.71**	.19	.11	.33**
관찰된 승리사례	2		.51**	−.09	.59**	.43**	.31*	.39**	−.09
능동적 공격성	3			−.23	.53**	.34**	.38**	.48**	−.18
관계적 공격성	4				−.10	.12	−.10	−.28	−.14
사회적 지배력	5					.61**	.22	.33**	−.03
가해행위	6						.33**	.17	.41**
협력적 행위	7							.12	−.16
호감	8								−.26*
혐오	9								

p<.05; **p*<.01. †측정항목 1∼5는 교사평정 방식(1∼7점 리커트 척도 방식), 측정항목 6과 7은 직접 관찰해서 도출한 자료, 측정항목 8과 9는 또래지명법 활용

찰했고, 양자 간 공격적으로 경쟁한 총 횟수 대비 승리 횟수 비율도 기록하였으며, 교사들이 준 평점과 또래지명법 결과도 기록하였다. 더 자세한 연구 방법은 Pellegrini 등(2007) 연구를 참고하기 바란다. 이 상관관계 결과는 표 15.1에 제시하였다.

가해 행위에 대한 교사들의 평점은 우리 가설과 잘 일치하지 않았다. 가해 행위에 대한 항목이 하나밖에 없었던 점 때문에 아마도 신뢰도와 타당도를 확보하기에는 적당치 못 했던 것으로 보인다. 하지만, 능동적 공격성에 대한 상관관계 결과는 우리 예측과 가까웠다. 구체적으로, 능동적 및 관계적 공격성과 경쟁적 관계에서 승리 쟁취는 사회적 지배력과 유의한 양의 상관관계가 있었다. 이와 마찬가지로 경쟁적 관계 승리 쟁취 및 관계적 공격성도 교사들의 사회적 지배력 평가 결과와도 상관관계가 나타났는데, 이로써 사회적 지배력이 일종의 자원을 쟁취해내는 권력에 대한 척도가 될 수 있다는 우리 가설을 타당하게 만들어 준 것이다. 제일 흥미로운 부분은 관계적 공격성 및 사회적 지배력은 다른 또래한테 호감을 받는 것과 유의한 양의 상관관계를 보인 부분이랑 기만 행위 및 모든 종류의 공격성이 다른 또래한테 호감을 받는 것과 상관관계가 있다는 점이다.

이 표에서 제시된 중요한 결과는 바로 공격성에 대한 모든 척도와 기만 능력과의 내적 상관관계이다. 다른 말로, 공격적인 아이들은 사회적 인지 능력을 갖춘 것으로 보인다. 즉, 또래한테 호감을 잃지 않으면서도 자신이 원하는 걸 쟁취할 수 있도록 다양한 종류의 공격성을 구사할 수 있다는 뜻이다. 이 연구 결과는 아이들이 공격성을 드러내는 이유가 무슨 결핍이나 결함이 있어서가 아닐 수 있다는 점을 보여준다. 오히려, 아이들은 자신이 원하는 것을 얻기 위해 마키아벨리 방식으로 행동하는 것 같다는 것이다.

중학생들의 가해 행위와 사회적 지배력 위에서 언급한 대로, 사춘기 청소년들은 유치원생에 비해 아주 다른 종류의 자원을 두고 경쟁한다. 아동기에 비해 사춘기 때는 일반적으로 또래관계가 더 중요해지고 구체적으로는 이성간의 관계가 중요해진다. 다음 섹션에서는 초기 사춘기 청소년들이 월례 중학교 댄스 축제 상황에서 이성과의 접촉을 위해 공격성을 어떻게 활용하는지 규명할 것이다.

이 연구에서(Pellegrini & Long, 출판 진행중) 우리는 청소년들의 결합도(integration)와 중학교 1학년 내내 월례 학교 댄스 축제에서 공격성을 활용하는 것을 직접 목격했다. 사회적 지배력 이론 관점에서 봤을 때, 우리는 남학생들의 공격성 빈도가 여학생들과의 결합 빈도를 예측하리라 가정했다. 남학생들에 대해서는 여학생보다 공격성이 결합 정도를 예측하는 데에 있어 더 강력한 영향력을 가져야할 것으로 생각

했다. 또한 우리는 청소년들의 인기도가 학교폭력 피해를 얼만큼 억제해주는 지에 대해서도 검증했으며, 학교폭력 피해 경험은 Olweus(1989)의 자기보고식 Senior Questionnaire를 활용하여 측정하였다.

공격성과 성별 결합도 그림 15.4는 시간 경과에 따른 공격성과 결합도의 평균값을 제시하였다. 남학생에 대한 결합도는 학교 댄스 축제 중 관찰된 남학생 수/(남학생 수+여학생 수)로 정의하였으며, 여학생은 남학생과 마찬가지로 여학생 수/(남학생 수+여학생 수)로 정의하였다. 추가로 공격성 활용에 대해서는 남학생에 대해서만 관찰하였으며, 신체적 공격성을 사용하였을 때 관찰 기록으로 남겼다. 구체적으로, 연구 시점으로부터 1, 3, 6, 7개월에 신체적 공격성을 활용한 남학생의 비율은 각각 6%, 7%, 11%, 6%였다.

표 15.2에서는 무조건회귀모델(unconditional regression model)에 대한 결과를 나열하였다. 그림 15.4에 나와 있듯이 양성적 기울기값을 통해 공격성의 평균적인 경향이 결합도의 평균적인 경향과 비슷한 형태를 띤다는 점을 유추할 수 있다. 양쪽 변수 모두 연구 초기에 상승하는 경향을 보이다가, 중기에는 정체를 이루면서, 후기에는 감소하는 경향을 보였다. 성별 조건을 적용시킨 공격성 모델에서도 이런 경향에 부합하였으나 공격성 활용면에서는 성별 차이가 없다는 귀무가설을 만족시키는 것으로 나타났다.

처음에 가정하기로는 남학생들이 학교 댄스 축제에서 신체적 및 언어적 공격성을 쓰는 것과 여학생들이 신체적 매력을 발산하는 것이 성별 결합도를 예측할 수 있으리라 생각했다. 이전 연구(Pellegrini & Long, 2003)에서는 남학생의 공격성이 이성간 상호작용을 예측하는 것으로 나왔으나, 또래지명법으로 간접적으로 평가된 결과물이었다. 이번 연구에서는 좀 더 직접적으로 평가했는데, 학교 댄스 상황에서 공격성 발생 사건과 이성간 상호작용을 동시에 관찰하는 방식을 취했다. 연구 결과 공격성과 또래간의 결합성은 양쪽 성별 모두 서로 영향을 주는 것으로 보였으며, 가설에 반하는 것으로 나왔다. 이 결과는 남학생이나

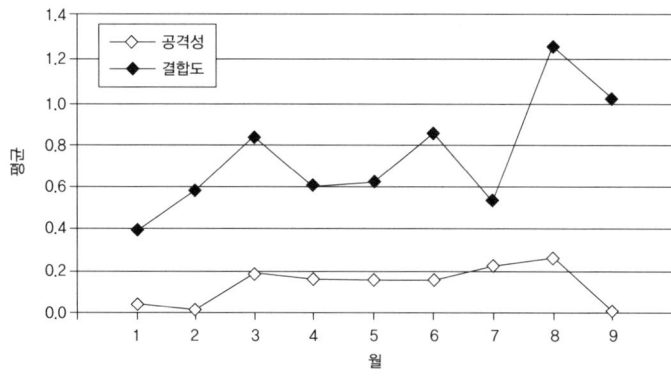

그림 15.4 월별 공격성 및 결합 사례 평균.

표 15.2 결합도 예측력에 대한 공격성 기여분석

효 과	Marginal model			Subject-specific model			Ratio[b]
	Estimate	SE	z-vlaue	Estimate	SE	t-vlaue[a]	
Intercept (β^1)	−.3953	.1309	−3.02**	−.8912	.1499	−5.94***	.44
Slope ($\beta 2$)	.3144	.1405	2.24*	.4039	.2021	2.00*	.78
Var (b_{1i})				1.0895	.2720	4.01***	
Var (b_{2i})				.2797	.2301	1.22	
Corr (b_1, b_{2i})				−.7667	.2392	−3.21**	

Note. [a]df=117 for all t-tests; [b]Ratio=Marginal estimate/subjects-specific estimate; *p<.05, **p<.01, ***p<.001.

여학생이나 시간경과에 따라 비슷한 양상을 보였다. 앞서 언급했듯이, 신체적 공격성만 실제로 관찰하였으며, 남학생에 의한 공격성만 관찰하였다. 다른 결과와 종합해볼 때(Bukowski, Sipola, & Newcomb, 2000; Pellegrini & Long, 2003), 청소년들이 공격적 전략을 취하는 것이 이성 또래에게 인상을 남기는 경향이 있다고 볼 수 있었다. 더 골치 아픈 대목은 여학생들이 이런 공격적인 전략을 쓰는 남학생과 친해지려는 경향이 있다는 것이다(Bukowski 등, 2000; Pellegrini, 2001; Pellegrini & long, 2003).

보호 요인으로서의 인기도(중학교)　　청소년들이 아동기에서 사춘기로 이행하면, 부모 보다 또래집단이 더 중요한 역할을 하게 된다. 따라서 또래집단 내 청소년의 사회적 지위가 당연히 뜨거운 감자가 된다. 사회적 지배력 이론 관점에서는 또래집단 내 지위는 중요한 자원 중 하나이다. 이런 관점에서 볼 때, 집단 내 지위는 학교폭력에 대한 보호 요인으로 작용할 수도, 위험 요인으로도 작용할 수 있다. 또래 경험에 대한 두 측면을 연구한 최근 문헌에서는 친구가 있다는 것과 또래들한테 호감을 받는다는 것, 두가지가 학교폭력 피해 발생을 완충해주는 것으로 밝혔다(Hodges & Perry, 1999; Pellegrini 등, 1999).

친구들은 서로 학교폭력 피해를 당하지 않도록 보호해줄 수 있다. 이런 점은 Perry 및 Hodges(Hodges & Perry, 1999)와 다른 연구(Pellegrini 등, 1999; Slee & Rigby, 1993)에서 뒷받침된다. 또한 다수의 또래에게 호감을 사고 있는 것도 학교폭력 피해 발생을 완충해주는 것으로 보인다. Pellegrini 연구진(Pellegrini 등, 1999)은 또래들에게 '제일 좋아요'라고 지명받은 횟수에 반비례하여 학교폭력 피해 건수가 발생한 것으로 밝혔다. '제일 좋아요' 지명법 결과가 교우관계 측정 결과에 비해서 더 유의한 영향력을 내는 것으로 보였다. 이 연구진은 본 결과를 두고 가해자들에 대항하여 또래들이 일종의 동맹군을 형성한 것과 같은 기능을 발휘한다고 주장하였다. 더 중요한 점은 아마도 가해자들은 또래들 사이에 자신의 지위를 신경쓰고 있기 때문에, 다른 인기 있는 사람을 괴롭힌다고 자신의 사회적 지위에 득이 될 것이 없다고 판단할 가능성이 높다. 따라서 가해자들은 동맹이 있든 다른 유형의 사회적 호감을 사고 있든 이런 인기 있는 학생을 학교폭력 대상으로 삼지 않을 것이다. 물론, 반대 효과도 충분히 생길 수 있다.

친구와 '제일 좋아요' 지명법이 학교폭력 피해 발생에 대한 보호요인으로 작용하는지 본격적으로 검증하기 위해서 우리는 이런 관계성을 횡적으로 연구해보았다(Pellegrini & Long, 2002). 우리가 이 연구 프로젝트를 횡적으로 기획했기 때문에, 각 구성요소가 학교폭력 피해 발생을 얼만큼 강력하게 억제하는 지에 대해 비교평가할 수 있었다. 기존 연구 결과에 근거하여(Hodges & Perry, 1999; Pellegrini 등, 1999), 우리는 특정 개인의 교우관계 수준 뿐 아니라 '제일 좋아요' 지명 횟수가 학교폭력 피해 발생과 음의 상관관계를 지닐 것으로 예측했다. 하지만 기존의 다른 연구(Pellegrini 등, 1999)에 따르면, '제일 좋아요' 지명법 결과가 교우관계 결과보다 더 중요할 것으로 보였다. 단순하게 생각하면, 다수의 또래한테 호감을 사는 게 학교폭력 피해 발생을 막는 데에 영향을 주는데, 또래들의 인식과 지위가 아주 중요하기 때문에 다수의 또래한테 부정적인 평판이 쏟아지는 것이 더 문제가 될 수 있기 때문이다.

우리는 계층적 회귀분석(Hierarchical regression model)을 이용하여 중학교 진학에 따른 학교폭력 피해 경험은 중학교에서의 또래간 친교 수준에 달려있다는 가설을 검증해보았다. 기준변인(criterion variable)과 7학년 말 학교폭력 피해 경험은 자기보고 결과, 또래지명법 결과, 직접 관찰 결과, 7학년 2학기 중에 수집된 일기 척도를 바탕으로 정의하였다. 예측변수(predictor variable)은 5학년 중의 피해 경험으로, Olweus(1989)의 자기보고식 척도를 이용해서 수집되었다. 조절변수(moderator variable)은 7학년 학기초 '제일 좋아요' 지명 횟수 총합으로 계산되었다. 예측변수에서 기준변인으로 가는 경로는 통계적으로 유의한 양의 관계로 나타났으며, 조절 효과는 유의한 음의 관계로 나타났다. 따라서 학교폭력 피해 발생에 대한 조절 가설은 입증되었다.

7학년 학교폭력 피해 발생을 예측하는 조절 모델은 초등학교 말부터 7학년 말까지 학교폭력 피해 경험이 안정적으로 유지된다는 점을 보여준다. 이 안정성은 다른 연구 결과(Olweus, 1993)와도 일치하는 부분이다. 시간이 경과해도, 또 또래집단이 바뀌거나 사회적 상황이 변해도 학교폭력 피해 경험이 잘 바뀌지 않는다는 점은 개인적 수준의 변수가 있을 수 있다고 추정해볼 수 있다. 예를 들어, 단면적 연구에 따르면 학교폭력 피해는 정서와 관련되어 있다(Pellegrini 등, 1999).

우리 연구 결과는 또래집단 내 지위(본 연구에서는 호감에 대한 지명법 형태로 해석한 지위)가 학교폭력 피해 정도를 통제한다. 또래집단 내 인기가 7학년 학교폭력 피해를 억제한다는 결과는 기존 연구 결과를 지지한다(Pellegrini 등, 1999). 다수의 또래한테 인기 있는 아이를 괴롭히면 부정적인 피드백을 받을 수 있다는 점이 가해 행위에 대한 중요한 걸림돌로 작용한다. 왜냐하면 이 시기 학생들은 겉으로 드러난 사회적 지위에 신경을 많이 쓰기 때문이다. 본 결과는 Perry 연구진(1990)이 가해자들은 또래들 사이에 열등하게 취급당하는 아이들을 괴롭히는 경향이 있다고 주장한 것과 일치한다. 그렇기 때문에 이런 아이들을 괴롭힌다고 해서 가해자들이 특별히 불이익 당할 게 없는 것이다.

본 연구 결과의 중요성

본 연구 결과는 교내 학교폭력 유병률을 줄이고자 노력하는 정책 개발자, 운영자, 교사들한테 중요한 의미를 전달한다. 우리 연구 소견에 따르면, 학교폭력 빈도를 감소시키고자 할 때 두 가지 중요한 요인이 작용한다고 볼 수 있다. 즉, 학생들 간의 사회적 응집성과 교사들의 사회화 능력이다.

학생들 사이의 사회적 응집성 수준이 공격성과 가해 행위의 빈도와 관계가 있다. 학생들의 사회적 응집성이 높을 수록 가해 행위는 감소한다. 교내 인구 양상이 안정적인 학교는 학기가 진행됨에 따라 학교폭력이 감소하는 경향을 목격할 수 있는데, 학생들이 사회적 응집성을 유지할 수 있기 때문이다. 기존 집단에 편입되는 새로운 학생이 적을 수록, 사회적 계층에 동요를 일으킬 일이 적어지며, 따라서 공격성과 가해 행위 발생이 줄어든다. 그러므로 교사와 학교 운영자들은 새로운 학생이 전학 내지 편입되었을 때 학교폭력이 발생하는지 유의해야 된다. 또는 교내 사회적 응집성에 동요를 줄 만한 사건이 발생했을 때도 주의를 하고 있어야 한다.

좀 구체적으로, 사회적 응집성이 극대화 되려면 아이들의 사회적 구성을 최대한 보존한 채로 교육 과정을 진행한다. 가능하다면, 아이들과 청소년들이 시간이 경과해도 또래집단의 질적 연속성을 느낄 수 있도록 해줘야 한다. 위에 언급했던 영국과 아일랜드 학교 경우, 초등학교에서 중학교로 학급이 바뀌지 않은 경우에 학교폭력이 최소화되었다. 미국 사례에서도 공통적으로 발견되었지만, 학교가 전환되었을 때 일시적인 상승이 생겼다.

만약 아이들이 학교를 바꿔야 되는 상황이 발생하면, 사회적 응집성이 극대화될 수 있도록 학생들이 안정적인 연속성을 가질 수 있도록 해야한다. 예를 들면, 미니애나폴리스에 있는 일부 중학교에서는 5학년에 접어든 학생들은 중학교 3년 동안 연속성을 가질 수 있도록 조치하고 있다. 이 모델에서는 집단 응집성이 지속적으로 유지되며, 아이들은 또래들과 가까운 관계를 형성할 수 있을 뿐 아니라 교사와의 관계와의 가능하다. 이런 가까운 교우관계는 아이들에게 지지를 제공해주고 아이들이 안전하고 안정된 느낌을 가질 수 있는 환경을 조성해줌으로써 학교폭력 사건을 최소화할 수 있다. 이런 환경에서는 아이들이 괴롭힘 당했다고 하더라도 교사에게 안정적으로 도움을 청할 수 있으며 또래들에게도 도움을 받을 수 있다. 환경은 중요하다. 왜냐하면 학교폭력을 최소화하는 데 있어 중요한 걸림돌 중에 하나가 신고 문제다. 즉, 아이들

표 15.3 실무를 위한 제언

도전과제

1) 기존에는 가해자를 부적응자로 묘사하였지만, 다른 사람들을 괴롭히는 아이들 대부분은 또래집단 내에서의 높은 사회적 지위를 즐기고 있으며, 리더십이나 스포츠 능력 같은 긍정적 특징들을 많이 보유하고 있으며, 사회적 기술도 좋은 편이다.
2) 가해자들은 또래들한테 대체로 인정받고 있으며 또래집단 내에 충분한 권력과 지위를 보유하고 있기 때문에, 이들의 부정적 사회적 행동을 바꾸거나 없애려는 시도는 저항을 맞을 가능성이 높다.
3) 또래들 입장에서는 영향력 있고 지위가 높은 가해자들을 지지하는 것이 사회적으로 유리하다. 그래서 또래 개입 프로그램을 활성화시킬만한 동기를 부여하는 것이 어렵다.

권고사항

1) 또래 주도적 프로그램이나 또래가 직접 개입하는 방식의 지원은 지위가 높되 공격적이지 않은 '친사회적-긍정적 아이들'이 담당하도록 한다. 사실, 우리 생각에는 지위가 높은 친사회적 아이들이 프로그램을 이끌지 않으면 실패로 끝날 가능성이 높다고 본다. Cunnungham 연구진의 연구 결과가 본 권고사항을 뒷받침한다.
2) 권력 구조를 인정하는 개입 프로그램이 필요하다.
3) 아이들의 외현적 또는 내재적 권력 유무를 감지해낼 수 있는 변수를 밝히는 연구가 필요하다.

이 자신이 피해를 당하고 있다는 사실을 교사들에게 알리는 것을 주저한다는 점이다(Eslea & Smith, 1998).

우리 연구에 따르면 교사들은 아이들을 사회화시키도록 적극적인 역할을 감당해야 한다. 그래서 아이들이 학교폭력과 공격성이 문제라고 인식하도록 하고, 규칙을 위반했을때 아이들이 법적 제재를 받을 수 있음을 알며, 더 발전적이고 대안적인 상호작용 방식을 익힐 수 있도록 한다.

사회화 맥락에서, 우리 연구 결과는 대체로 골치 아픈 이야기들이 많은데, 특히, 중학교 학생들은 가해행위에 대해 긍정적인 태도를 지니고 있다는 소견과 공격적인 청소년들이 특히나 또래집단 사이에서 인기가 높다는 점을 예로 들 수 있다. 또래집단, 학교, 가정이 청소년에게는 중요한 사회화 터전이기 때문에, 청소년들은 이런 연구 소견을 자각하고 있어야 한다. 청소년들의 폭력에 대한 이런 시각이 피해자와 다른 사람들에게 부정적인 결과를 야기한다는 점을 청소년들에게 알려야 한다. 청소년들의 이런 시각의 뿌리가 어디에서 발원했는지가 향후 중요한 연구 과제가 되어야 한다. 이런 공격적 행동을 모델링할 만한 소스가 중학교에 존재할까? 실제로 Olweus(1993)의 연구에 따르면 학교 직원들이 가끔 학생들을 위협하거나 하찮게 보는 방식으로 학교폭력의 모델이 되는 경우가 있다고 한다.

앞으로 연구와 정책 방향은 학교폭력과 학생들 간의 친교에 있어 학교 수준의 변수에 대해서 주목해야 한다. 연구자들은 학교폭력에 대한 학교정책, 상담사에 대한 접근성, 또래관계에 대한 어른들의 지도감독, 또래와 친해질 기회 등에 대해서 자료를 수집해야 한다. 이런 변수들을 학생들, 교사들, 중립적 관찰자 등의 서로 다른 다양한 관점에서 이끌어낼 수 있어야 한다. 이 정도 수준의 연구를 통해 청소년들이 긍정적인 또래관계를 맺고 학교폭력 피해를 감소시킬 수 있는 학교를 기획할 수 있을 것이다.

참고문헌

Archer, J. (1992). *Ethology and human development*. Hemel Hemstead, UK: Harvester Wheatsheaf.
Bernstein, I. S. (1981). Dominance: The baby and the bathwater. *Behavioral and Brain Sciences*, 4, 419-457.
Bukowski, W. M., Sipola, L. K., & Newcomb, A. F. (2000). Variations in patterns of attraction to same- and other-sex peers during early adolescence. *Developmental Psychology*, 36, 147-154.
Cowie, H., Naylor, P., Smith, P. K., Rivers, I., & Pereira, B. (2002). Measuring workplace bullying. *Aggression and Violent Behavior*, 7, 35-51.
Eslea, M., & Smith, P. K. (1998). The long-term effectiveness of anti-bullying work in primary schools. *Educational Re-*

search, 40, 203-218.
Hinde, R. A. (1976). Interactions, relationships, and social structure. *Man, 11*, 1-17.
Hinde, R. A. (1978). Dominance and role. Two concepts with two meanings. *Journal of Social Biology Structure, 1*, 27-38.
Hinde, R. A. (1980). *Ethology*. London: Fontana.
Hodges, E. V., & Perry, D. G. (1999). Personal and interpersonal antecedents of victimization by peers. *Journal of Personality and Social Psychology, 76*, 677-685.
McGrew, W. C. (1972). *An ethological study of children's behaviour*. London: Metheun.
Olweus, D. (1978). *Aggression in schools: Bullies and whipping boys*. New York: Wiley.
Olweus, D. (1989). *The Senior Bully-Victim Questionnaire*. Unpublished manuscript.
Olweus, D. (1993). *Bullying at school*. Cambridge, MA: Blackwell.
Pellegrini, A. D. (2001). A longitudinal study of heterosexual relationships, aggression, and sexual harassment during the transition from primary school through middle school. *Journal of Applied Developmental Psychology, 22*, 119-133.
Pellegrini, A. D. (2002). Bullying, victimization, and sexual harassment during the transition to middle school. *Educational Psychologist, 37*, 151-163.
Pellegrini, A. D., Bartini, M., & Brooks, F. (1999). School bullies, victims, and aggressive victims: Factors relating top group affiliation and victimization in early adolescence. *Journal of Educational Psychology, 91*, 216-224.
Pellegrini, A. D., & Long, J. D. (2002). A longitudinal study of bullying, dominance, and victimization during the transition from primary through secondary school. *British Journal of Developmental Psychology, 20*, 259-280.
Pellegrini, A. D., & Long, J. D. (2003). A sexual selection theory longitudinal analysis of sexual segregation and integration in early adolescence. *Journal of Experimental Child Psychology, 85*, 257-278.
Pellegrini, A. D., & Long, J. D. (in press). An observational study of early heterosexual interaction at middle school dances. *Journal of Research in Adolescence*.
Pellegrini, A. D., Roseth, C., Mliner, S., C. Bohn, Van Ryzin, M., Vance, N., Cheatham, C. L., & Tarullo, A. (2007). Social dominance in preschool classrooms. *Journal of Comparative Psychology, 121*, 54-64.
Perry, D. G., Kusel, S. J., & Perry, L. C. (1988). Victims of peer aggression. *Developmental Psychology, 24*, 807-814.
Perry, D., Willard, J., & Perry, L. C. (1990). Peers' perceptions of the consequences that victimized children provide aggressors. *Child Development, 61*, 1289-1309.
Schwartz, D., Dodge, K. A., & Coie, J. D. (1993). The emergence of chronic peer victimization. *Child Development, 64*, 1755-1772.
Schwartz, D., Proctor, L., J., & Chen, D. H. (2001). The aggressive victim of bullying. In J. Juvonen & S. Graham (Eds.), *Peer harassment in school: The plight of the vulnerable and victimized* (pp. 147-174). New York: Guilford.
Slee, P. T., & Rigby, K. (1993), Australian school children's self appraisal of interpersonal relations: The bullying experience. *Child Psychiatry and Human Development, 23*, 273-287.
Smith, P. K., & Thompson, D. (Eds.). (1991). *Practical approaches to bullying*. London: David Fulton.
Strayer, F. F. (1980). Social ecology of the preschool peer group. In W. A. Collins (Ed.), *Minnesota symposium on child development, 13* (pp. 165-196). Hillsdale, NJ: Erlbaum.

16
존경일까? 아니면 두려움일까?
권력과 가해 행위의 관계

TRACY VAILLANCOURT, PATRICIA MCDOUGALL,
SHELLY MUMEL, AND SHAFIK SUNDERAI

학교폭력은 한 개인이 다른 개인 혹은 다수에 의해 의도적이고 반복적으로 괴롭힘을 당할 때 발생한다고 한다. 특히, 괴롭히는 주체는 괴롭힘을 당하는 개인 보다 더 강력한 권력이나 영향력을 갖고 있다고 정의하고 있다(Olweus, 1999). 학교폭력 정의에 있어 제일 핵심적인 측면은 바로 권력의 비대칭이다. 권력은 모든 사회적 관계의 근간이 된다(Emerson, 1962; Russell, 1938). 하지만 가해자와 피해자의 관계를 기술함에 있어 권력의 비대칭은 다른 대인관계적 공격성과 차별이 되는 핵심 요인으로 작용한다. 물론 특출한 영향력이 없는 상태에서 남들을 괴롭히는 것은 불가능하지만, 가해 행위를 '체계적인 권력 남용'으로 이해하는 것이 제일 좋아보인다(Smith & Sharp, 1994, p.2). 그리고 가해자들은 권력을 쥐고 있다는 바로 그 이유 때문에 다른 사람들의 행동, 태도, 가치관에 영향을 줄 수 있다. 학교폭력의 복잡한 본 모습을 전부 파헤쳐내기 위해서, 우리는 무엇보다 학교폭력과 권력이 서로 어떻게 상호작용을 하는지부터 체계적으로 밝혀나갈 것이다. 본 챕터에서는 우리는 가해자와 피해자 간에 권력이 어떤 독특한 역할을 하는지, 또 이런 권력 양상이 학교폭력 문제를 규명함에 있어 어떤 의미를 갖는지 탐색해본다.

권력의 본성

권력은 다양한 형태로 드러날 수 있다(French & Raven, 1959). 사람은 다른 사람에 비해서 나이가 더 많다고, 더 강하다고, 혹은 더 크다는 이유로 다른 사람에게 권력을 행사한다(예: Olweus, 1993, 1999). 물론 그 사람이 응집성 높은 집단 내에 주류 구성원이라는 이유로 권력을 행사기도 하며(Clark & Mass, 1988; Gerard, Wilhelmy, & Conolley, 1968; Rosenberg, 1961), 사회적인 역량이 뛰어나거나 인기가 좋거나 유명세를 타기 때문일 수도 있다(Adler & Adler, 1998; Chance, 1967; Driskell & Mullen, 1990; Friske, 1993; Merten, 1997; Sutton, Smith, & Swettenham, 1999a, 1999b; Vaillancourt & Hymel, 2006; Vaillancourt, Hymel, &

McDougall, 2003). 이렇게 권력의 유형이 다양한데, 학교폭력의 유형도 이와 비슷한 양상이다. 학교폭력에도 신체적 및 언어적 폭력 같은 직접적 폭력도 있고 사회적 및 관계적 공격성과 같은 간접적 유형이 있기 때문이다. 하지만 이런 권력의 유형이 어떻게 나눠지는가보다는 이런 권력이 어떻게 쟁취되느냐를 아는 것이 더 중요할 수 있다.

권력은 다양항 방법으로 쟁취할 수 있으며, 어떤 유형의 권력을 쓰는지에 따라 또래집단 내 개인이 차지하는 지위가 어떠한지 분명히 알 수 있다(Vaillancourt & Hymel, 2006; Vaillancourt 등, 2003). 수십년 전, LaFreniere와 Charlesworth(1983)은 사회적 관계에서 외적 권력과 내적 권력을 구별하였다. 외적 권력은 공격성과 위협적인 방법으로 힘을 이용해 이뤄내는 것이고, 내적 권력은 역량과 자산(예: 매력, 부, 리더십, 사회적 기술)을 키워서 이뤄내는 것이다. 물론 이런 자산은 또래집단의 선망을 살 수 있어야 한다. 외적 권력은 또래집단으로부터 공포, 복종, 순응을 유발해낸다. 그래서 외적 권력은 사회적으로 하위 계층에 있는 또래들의 인정을 받는 것과 관계없으며, 이에 반해 내적 권력은 또래들의 인정에 영향을 받는다(LaFreniere & Charlesworth, 1983). 외적 및 내적 권력에 대한 개념 구분은 1959년 French와 Raven이 내세운 위압적 권력(coercive power; 두려움을 이용한 권력)과 관계적 권력(referent power; 영향력 있는 사람처럼 닮기 위해 행동과 생각을 자발적으로 변화하거나 영향을 줄 수 있는 권력)에 대한 개념 구분과도 일치한다. 어떤 경우에는 남들을 괴롭히는 청소년들의 가해행위가 어떤 종류의 권력을 바탕으로 하고 있는지 구분하기가 쉽지가 않다. 즉, 존경인지, 아니면 두려움인지, 아니면 둘다인지 말이다.

Vaillancourt 연구진(2003)은 외적 및 내적 권력 개념을 가지고 어떤 아동청소년들은 또래집단 내 지위를 즐기는 듯이 보이지만 다른 아이들은 또 그렇지 못한 이유를 설명해보려고 했다. 지난 5년간, 공격성 활용과 또래집단 내 사회적 지위와의 연관성을 밝히려는 연구들이 폭발적으로 늘어났다. 물론, 또래 배척에 관한 연구에서는 공격적 행동이 또래 배척과 인기 손상에 상관관계가 있다고 누누이 강조해왔지만(Rubin, Bukowski & Parker, 2006), 더 최근 연구를 살펴보면 대부분의 경우 또래집단에서 겉도는 아이들이 저지른 가해 행위 및 공격성 사례는 그리 많지 않았다고 보고된다. 물론, 몇몇 아이들은 또래의 혐오감을 사는 방식으로 공격성을 드러내는 경우가 있긴 있다. 오히려, 또래들을 공포에 몰아넣는 주체는 인기가 높은 아동청소년일 경우가 대다수였으며, 이런 인기 있는 가해자들이 인기가 낮은 가해자들에 비해 더욱 공격적이었다(Cillessen & Borch, 2006; deBruyn & Cillessen, 2006a; Estell, Farmer, & Cairns, 2007; Lease, Kennedy, & Axelrod, 2002; Prinstein & Cillessen, 2003; Rodkin, Farmer, Pearl, & Van Acker, 2000; Rose, Swenson, & Waller, 2004; Vaillancourt & Hymel, 2006; Vaillancourt 등, 2003). 도대체 어떻게 된 일일까?

Vaillancourt 연구진(2003, 2006)에 따르면, 아동청소년들은 권력을 이용해서 헤게모니를 쥐고 유지하려고 한다(Adler, Kless & Adler, 1992; Bandura, 1973; Merten, 1997). 하지만 어떤 형태로 드러낼 것인지는 부분적으로는 그 권력을 쟁취한 방식에 영향을 받는다. 한 극단에는 전통적인 가해자상을 떠올려볼 수 있다. 사회적 역량이 부족하고 또래집단에서 겉도는 아이들로, 덩치가 크거나 나이가 많거나 해서 다른 아이들을 물리적으로 자극해 공격적으로 자기가 원하는 것을 이루고자 하는 아이들이다. 이런 부류의 아이들의 가해 행동이란 의미는 외적 또는 위압적 권력만 효과적으로 쓰는 것이라 볼 수 있다. 하지만 권력은 꼭 공격적인 방법을 통해서만 쟁취할 수 있는 것은 아니다. 다른 한 극단에서는 내적 혹은 관계적 권력만 활용하는 집단이 존재한다. 이들은 다른 또래한테 상당한 영향력을 발휘할 수 있지만, 보통 가해자라고 불리기 보다는 '리더'라고 불리는 경향이 있다. 왜냐하면 이들은 위압적 혹은 외적 권력에 의존하지 않기 때문이다. Vaillancourt 연구진(2003)은 이 양극단 사이에 좀 더 현실적으로 흔한 절충형이 존재할 것으로 믿고 있다. 각 개인들은 어느 정도의 권력과 지위를 지니고 있는데, 이런 부분에 대해 다른 사람들도 같은 성질의 질적 특성이나 자산을 갖고자할 수도 있고 자기와 연관시켜 놓으려고도 할 수 있다. 그래서 사람들은 외적 권력과 내적 권력을 함께 이용해 또래집단 내에 자신의 지위를 확보하고 유지하려고 한다. 물론 우리는 외적 권력을 사용하려는 시도는 누구나 할 수 있지만, 관계적 혹은 사회적 가해행위를 하기 위해서는 집단 내 사람들의 인정이나 일정 지위가 반드시 필요하다는 점을 인지하고 있다.

Hawley(2003a, 2003b)는 '이중 전략 통제자(bi-strategic controller)'에 초점을 맞추어 연구를 진행했는데, 이들은 공격적인 수단을 동원해서 자원을 통제했지만 또래집단 내에서 호감을 잃지 않고 주류 구성원으로서 남아 있는 이들이다. 즉, 이들은 공격적 경향(외적 권력)에 더해 사회적으로도 노련하기 때문이다(내적 권력). Vaillancourt와 Hymel(2006)과 진행한 연구에서도 내적 및 외적 권력의 조합을 잘 볼 수 있는데, 소위 간지가 좋고 매력적이며 스포츠 능력이 뛰어난 공격적인 청소년이 또래들 사이에서는 가장 인기가 높고 영향력있다고 인식되었다. 따라서 이들은 내적 및 외적 권력 모두 수준이 높다고 간주할 수 있다. 반면, 제일 영향력이 없고 인기가 낮으며 고도로 혐오감을 받는 청소년들은 또래들이 인정하는 특징을 갖추지 못한 공격적인 청소년들이었다. 즉, 내적 권력 수준은 낮고 외적 권력 수준이 높은 경우에 해당된다(Dijkstra, Lindenberg, Veenstra, Verhulst, & Ormel, 2007).

배척 당하고 인기가 없는 공격자들이 또래들이 인정하는 특징을 갖추지 못했으며, 심리학적으로 손상되어 있는 것으로 나타났다(Vaillancourt 등, 2003). 그리고 우리는 이들이 굉장히 문제를 많이 일으키기도 하지만 아직 그 중요성이 잘 밝혀지지 않은 '가피해자 집단'이지 않을까 추측해봤다(Batsche & Knoff, 1994; Hanish & Guerra, 2004; Kumpulainen & Rasanen, 2000; Nansel, Craig, Overpeck, Saluja & Ruan, 2004; Nansel 등, 2001; Schwartz, 2000). Vaillancourt 연구진(2003)은 권력 수준이 낮다고 분류된 가해자는 전체 중 10%가 채 되지 않는 것으로 조사되었다. 이렇게 권력 수준이 낮은 가해자들은 또래들이 평가하기에 그렇지 않은 가해자에 비해 매력이나 스포츠 능력이 훨씬 뒤떨어지는 것으로 평가되었다. 물론 이들은 권력 수준이 높은 가해자들에 비해 리더십 스킬도 부족한 것으로도 나왔다. 하지만, 이들은 일부 외적 권력을 활용할 수 있기 때문에 다른 또래를 위협하거나 괴롭히기도 한다. 하지만 이미 언급한 대목이지만 이런 유형의 공격자들은 전체 집단 내에 일부에 불과하다. 대부분의 공격자들은 자신의 지위를 획득하고 유지하기 위해 마키아벨리처럼 행동한다(Hawley, 2003a, 2003b; Vaillancourt & Hymel, 2006; Vaillancourt 등, 2003).

분명, 또래집단 내에서 내적 권력을 획득했다고 해서 모두가 권력을 남용하는 것은 아닐 것이다(de-Bruyn & Cillessen, 2006b). 하지만 우리는 권력을 부여받았다고 해서 항상 현명하고 적절하게 권력을 활용한다는 보장이 없다는 점도 강조하고 싶다. 내적 권력을 획득한 사람이 외적 권력을 추가로 더 활용할지 안 할지 여부를 예측하는 요인이 무엇이 있을까? 역사는 반복된다. 특히 권력이 어떻게 부패하는지 잘 알려주고 있고, 어른을 대상으로 한 연구에서 사람이 권력을 가지면 어떤 식으로 변하는지에 대한 경험적 연구도 풍부하다(Keltner, Gruenfeld, & Anderson, 2003, p.266). 성인 남성을 대상으로 한 연구는 30년전에 Zimbardo(1971)와 Kipnis(1972)가 시행했으며, 이 연구에서 권력은 부패한다는 점을 분명하게 보여주었다.

Zimbardo의 고전적 연구 모델에서, 남성 학부 학생들은 무작위로 교도관 혹은 죄수 역할에 배정되었고, 각자 역할에 어울리는 유니폼을 지급 받았으며, 맡은 역할대로 행동할 것을 지시받았다. 첫째 날에는 아무런 일 없이 지나갔지만, 이튿날부터는 분위기가 달라졌다. 교도관들은 죄수들을 깔보기 시작했으며, 악의적이고 모멸감을 주는 소일거리들도 요구했다. 사실, 죄수들에 대한 비인간적인 처우 때문에 연구 분위기가 너무 험악해져서 연구자(교도소 관리인으로 역할함)는 2주짜리 프로젝트를 6일만에 조기 종료할 수밖에 없었다고 한다.

Kipnis(1972)는 남성 참여자들을 무작위로 두 가지 조건으로 배정하였다. 한 집단은 권력을 부여받았고 다른 한 집단은 권력을 부여받지 않았다. 결과는 충격적이었다. 권력을 지닌 참가자 집단은 지속적으로 다른 집단에게 영향력을 행사하려는 노력을 증가시켰으며, 권력이 없는 집단을 '통제의 대상'이라고 인식하였다. 또한 권력을 부여 받은 참여자 집단은 그렇지 않은 집단의 성취에 대해서 평가절하하기 시작했으며, 자기보다 영향력이 부족한 사람들과 거리를 띄우려고 했다. Kipins의 연구 논문 제목은 '권력은 정말로 부패하는가?'라는 질문이었는데, 대답은 '그렇습니다.'였다. 다만, 해결되지 않은 궁금증이 있다면, 이런 권력의 속성이 아이들한테는 얼마만큼 통하는 현상일까 하는 것이다. 특히, 또래집단 내에 가해자로 변모하는 과정에서 말이다. 앞으로 연구에서는 아이들이 발달 과정 및 집단 과정 속에서 긍정적으로든 부정적으로든 권력을 다루는 법을 어떻게 배워나가는지에 대해서 연구가 필요하다.

정리하자면, 공격성과 인기 사이에 복잡한 관계가 있다는 발달학적 연구 결과(Cillessen & Borch, 2006; deBruyn & Cillessen, 2006a; Estell 등, 2007; Olweus, 1977; Prinstein & Cillessen, 2003; Rose 등, 2004; Vaillancourt & Hymel, 2006; Vaillancourt 등, 2003)와 Zimbardo와 Kipnis의 사회심리적 연구를 바탕으로 했을 때, 못된 행동은 못된 마음에서 비롯된다는 통념이 사실 맞는지 의문스럽다. 아마도 이렇게 이야기하는 게 더 옳을 지도 모른다. 모든 인간은 공격적이고 권력을 남용할 여지가 있다고 말이다. 그래서 학교폭력이 아주 끈질기게 발생하는 것일지도 모르겠다.(Craig, 2004; Craig & Harel, 2004). 그리고 학교폭력 문제를 일부 '못된 사람들'만의 문제로 치부할 수 없는 이유가 되기도 한다. 차라리 학교폭력 이슈를 정확히 규정짓자면, 사람들이 자신이 속한 조직 및 집단 체계 내에서(Bernstein, 1981; Buss, 1988; Mazur, 1985) 우월성(Adler, 1930)이나 인기(Adler & Adler, 1998; Butcher& Pfeffer, 1986; Gavin & Furman, 1989; Jarvinen & Nicholls, 1996; Merten, 1997)나 지위(Barkow, 1975; Hogan & Hogan; 1991)를 얻고자 생존 경쟁을 한다는 인간 본성이 부분적으로 드러난 이슈라고 보는 것이 더 정확할 것이다. 가해 행위가 주로 사회적 지위가 높은 아이들(Cillessen & Borch, 2006; deBruyn & Cillessen, 2006a; Prinstein & Cillessen, 2003; Rodkin 등, 2000; Rose 등, 2004; Vaillancourt & Hymel, 2006; Vaillancourt 등, 2003)과 어른들(Baldwin, Daugherty, & Rowley, 1998; Quine, 2002; Manderino & Berkey, 1997; Sofield & Salmond, 2003)이 자행하는 경우가 대다수라는 점을 알면 학교폭력 문제가 유지될 만한 개인 및 또래집단 내 기전에 대한 통찰을 얻을 수 있다.

왜 학교폭력을 근절하는 것이 힘들까?

Vaillancourt와 Hymel(2004, 2006; Vaillancourt 등, 2003)은 학교폭력을 없애는 것이 힘든 이유가 학교폭력이 '먹히기' 때문이라고 주장한다. 즉, 아이들은 남들을 괴롭혔을 때 실제로 자기가 원하는 것을 얻어낸다는 이야기다. 하지만 왜곡된 자기 인지 방식이나 또래와 어른들의 실질적인 지지 혹은 주관적인 지지 인식도에 따라 가해 행위가 더 조장될 수 있다. 대부분의 가해 행위는 등잔 밑에서 이루어진다. 그래서 어른들한테 적발되거나 적절한 벌을 받지 않는 것이다. 한 관찰적 연구에 따르면 어른들이 학교폭력 피해자에 대해 개입하는 비중은 전체 사례의 4% 밖에 되지 않는다고 한다(Craig & Pepler. 1995, 1997; Salmivalli & Voeten, 2004). 그리고 가해자들은 자기 행동 문제로 벌받는 경우가 좀처럼 없기 때문에(O'Connell, Pepler, & Craig, 1999, p.439) 이들의 행동 문제에 아무런 걸림돌이 작용하지 않아, 더욱 피해자들 사정이 어려워지게 된다.

하지만 감시를 피하는 게 학교폭력에서의 유일한 골칫거리는 아니다. 다른 아이들을 괴롭히는 행동을 강화시켜주는 때도 가끔씩 있기도 하지만 심하게는 능동적으로 지지하는 경우도 있는 것이 문제다. 학교폭력은 집단 현상이라는 Olweus(1993)의 견해처럼, 캐나다의 Craig와 Pepler는 학교폭력 사건의 85%에서는 또래들인 현장에 존재하지만, 이들이 피해자를 위해 나서는 경우는 오직 11% 밖에 되지 않았다(Craig & Pepler, 1995, 1997; Hawkins, Pepler, & Craig, 2001). 이 연구에서 더 확장해서 Salmivalli, Lagerspetz, Bjorkqvist, Ostreman, & Kaukiainen(1996)은 아이들 개개인이 가해자 혹은 피해자 중에 어느 쪽에 해당될 것이냐와 같은 이분법적인 차원을 넘어 학교폭력 상황 속에서 서로 다른 다양한 역할에 참여한다는 점을 밝혔다. 구체적으로, 이들은 전체 학생 중 20%는 가해 행위를 적극 강화하는 집단으로 분류할 수 있었으며, 7%는 보조 역할(예: 비웃기, 가해 행동을 부추기기; Salmivalli 등, 1996)을 하는 것으로 나타났다. 이와 마찬가지로 O'Connell 연구진(1999)은 관찰적 연구를 통해 또래들이 수동적으로 관망하는 행동으로 가해 행위를 강화하는 경우가 전체 사건의 54% 정도 차지했으며, 가해 행동을 능동적으로 따라한 경우도 21%에 이른다고 하였다(Salmivalli & Voeten, 2004). 따라서 어른들이나 또래들은 가해 행동에 대해 '그 정도면 괜찮아.'라는 암묵적 피드백을 자주 주는 셈이다. 사실 공격성을 통해 보상을 이끌어낸다는 관념은 전혀 새로운 것이 아니다. 약 30년전, Bandura(1973)는 대다수 사회적 집단에서 공격성은 공리주의적 목적으로 활용된다고 주장했다.

만약 가해자 관점에서 학교폭력 문제를 바라본다면, 우리가 학교폭력을 감소시키려는 최선의 노력에도 불구하고 끈질기게 이어지는 것이 전혀 어색하지 않다는 점을 알 수 있다(예: Smith, Schneider, Smith & Ananaiadou, 2004). 남들을 괴롭히는 아동청소년들은 또래집단 내에서 자신의 지위와 권력을 즐기는 경우가 많으며, 이런 행동 문제로 훈계를 받거나 또래한테 제재를 받는 경우가 거의 없다. 어떤 때는 소수이긴 하지만 상당히 중요한 또래집단으로부터 이들의 부적절한 행동에 대해 격려받기도 한다. 물론 이들의 공격적인 행동은 두려움을 촉발시켜 순응하게 만드는 외적 권력으로 간주할 수도 있지만, 가해자 입장에서는 피해자들이 순응하는 모습을 두고 피해자들이 자신을 존경한다고 해석하는 경우도 있다.

권력을 지닌 사람들은 자존감이 높다는 연구 결과가 있다(Barkow, 1975; Eibleibesfeldt, 1989). 또한 권력을 지닌 사람은 그렇지 않은 또래에 비해 집단에 더 큰 영향력을 행사한다(Bales, Strodtbeck, Mills, & Roseborough, 1951; Berger, Cohen, & Zelditch, 1972; Driskell & Mullen, 1990; French & Raven, 1959; Keltner 등, 2003). 권력자는 더 관심을 받고, 더 인정받으며, 더 존경받는다고 한다(Chance, 1967; Frisk, 1993). 이런 점 때문에 권력자들은 자신이 존경받는다고 해석을 하면서 잘못된 행동을 해도 정당화될 것이라는 믿음을 지속시키는 것이다. 학교폭력은 권력에 대한 문제다(Vaillancourt 등, 2003). 권력은 모두에게 공평하게 돌아가지 않는다. 한 사람이 권력을 가지게 되면 그만큼 다른 누군가는 적게 가지게 된다.

우리가 우리자신을 좋게 보려는 본성과 우리 입맛에 맞는 정보만 들으려는 습관 때문에 학교폭력이 여러 노력에도 잘 근절되지 않는다는 점을 이제 납득할 수 있다.

왜곡된 자기 인지는 역으로 가해 행동을 더욱 악화시킬 수 있다. 사람들이 자기 자신을 어떻게 인지하느냐에 따라 정보를 처리하는 방식이 어떻게 달라지는 지에 대해 사회심리학적으로 연구가 많이 이루어져있다. 예를 들어, 우리는 일반적으로 우리 자신에 대해 관대하게 생각하는 경향이 있다(Meyers & Spencer, 2004). 우리는 우리 인지 방식과 부합하는 정보가 들어왔을 때 더 빠르게 처리하고 또 잘 기억한다(Higgins & Bargh, 1987; Symons & johnson, 1997). 우리는 남들 대부분도 내 의견에 동조하고 비슷하게 행동하리라 생각한다. 그래서 우리는 내 행동과 내 생각에 동조 해주는 사람들을 찾으려고 하는 경향이 있다(Krueger & Clement, 1994; Marks & Miller, 1987). 우리는 우리처럼 생각하고, 우리처럼 행동하는 사람들과 뭉치고 싶어하는 경향도 있다(Myers & Spencer, 2004). 이런 류의 자기 왜곡적 인지가 어떤 기능을 하는지 잘 밝혀져 있다. 즉, 왜곡된 인지 덕에 우리는 우리 자신을 좋은 사람으로 여길 수 있고, 궁극적으로는 우울증에 빠지지 않을 수 있다는 이야기가 된다(Snyder & Higgins, 1988). 하지만 문제는 이런 자기 왜곡 인지 때문에 말도 안되는 행동을 정당화하게 되고, 다른 사람들에게 부정적인 영향을 줘서 탈도덕화 분위기를 조장하고, 이런 문제점에 대해 둔감해지게 되면서 권력 문제가 자꾸 재발된다는 점이다(Bandura, 1999, 2002; Bandura, Caprara, Barbaranelli, Pastorelli, & Regalia, 2001). 한 연구에 따르면 공격성을 잘 활용하는 아이들은 미래에도 공격성을 반복해서 쓸 확률이 높다고 한다(Patterson, Littman, & Bricker, 1967). 또한 아이들은 피해자는 피해를 받아 마땅한 이유가 있다고 믿게 된다고 한다(Hymel, Rocke-Henderson, & Bonanno, 2005; Bandura, 1999, 2002; Bandura 등, 2001). 따라서 다른 이들을 괴롭히는 아이들은, 특히 사회적 지위가 높은 가해자들은 자신의 사회적 행동이 다른 사람들의 순응적 태도를 이끌어내는 데에 효과적이라고 해석할 가능성이 크다. 그래서 두려움 때문에 피해자가 순응하는 것을 마치 피해자가 가해자 자신을 존경해서 순응하는 줄로 착각할 가능성이 높다. 이런 왜곡된 해석 방식과 함께 탈도덕화 경향이 겹치면 가해 행위는 상당히 변화시키기 어려운 상태가 된다.

그런데 이런 파급 효과는 개인적 수준에서 끝나지 않는다. 이런 적대적 상호작용을 정기적으로 목격하는 또래집단은 어떠할까? 이들은 공격성이 효과적으로 작용하는 상황을 목격한 사람들이다. 정확히 말하자면, 또래집단은 영향력 있는 친구가 공격성을 드러내면 오히려 지지를 받는다는 점을 몸소 체험해왔다는 것이다. 아이들은 영향력있고 보상을 잘 받는 누군가를 흉내내려는 경향이 있기 때문에 이런 현실이 골칫거리가 된다(Bandura, 1973). 학교폭력에 관해서, 아이들은 가해자들이 또래집단의 견제를 받는 경우가 거의 없으며 어른들한테 붙잡히는 경우도 거의 없다는 점을 깨닫는다(Craig & Pepler, 1995, 1997; Salmivalli & Voeten, 2004).

집단의 권력

왜 또래집단의 구성원들은 피해자의 편에 서서 폭력 상황에 개입하지 않을까? 더 열악한 예로, 왜 구성원들은 다른 사람을 억압하고 조롱하기도 할까? 여기에 대한 답은 적어도 세가지가 있다. 첫째, 지위가 높은 사람에게 도전하는 것은 아주 위험하기 때문이다. 이런 위험성에는 지위 상실, 인간 관계 상실, 적절한 행동을 했다는 이유로 피해를 받을 수 있다는 가능성 등이 있다. 아동청소년들은 또래집단 내 인기가 제일 중요한 목표 중 하나이기 때문에(Butcher & Pfeffer, 1986; Gavin & Furman, 1989; Jarvinen & Nicholls, 1996; Merten, 1997), 지위 상실이란 필연적으로 위험 요소로 작용할 수 밖에 없다. 심지어 성인들을 대상으로한 연구에서도 사람들은 자기 생각이 아니라고 할지라도 주변 사람들의 승인을 얻고 집단 내에서 배척 받지 않기 위해 수긍하는 태도를 보였다(Miller & Anderson, 1979; Schachter, 1951). 이런 현상을 '규범적 영향(normative influence)'이라고 부른다(Deutsch & Gerard, 1955).

둘째, 권력을 지닌 사람이 어떤 행동을 포기했다면, 그것은 또 다른 권력자가 등장했기 때문이든지(Vaillancourt 등, 2003), 다수의 힘에 제압된 상황이기 때문이다(Vaillancourt 등, 2003). 다른 말로 대다수가 가해자를 지지하는 것으로 비춰지면, 선한 의지를 지닌 개인도 집단의 힘에 의해 변질될 수 있다는 뜻도 된다. 이는 Solomon Asch가 사람들은 서로 서로 모나지 않도록 행동한다는 것을 입증한 고전적 연구에서도 잘 드러난다(1952, 1955, 1957). 이들 연구에 의하면 사람들은 자신의 의견이 옳다고 하더라도 큰 집단 내에서는 이견을 표시하는 것을 꺼리는 경향이 있음을 확실히 확인할 수 있다. 이 연구 결과가 시사하는 바는 집단의 크기가 가해자의 권력을 견제하는 도구로 활용될 수 있다는 점인데, 방관자들이 분위기를 잘 만들어주면 학교폭력을 저지하는 역할을 할 수 있을 것이라는 뜻이된다. 공격적인 무리들이 개인을 괴롭히고 있으면 방관자들이 나서기가 힘들어지는데, 방관자가 치뤄야 할 사회적 대가가 상대적으로 크기 때문이다. 참고로, 방관자들은 주류(예: 무리)에 어울려서 공격적인 무리를 되려 격려하는 역할을 맡을 수 있다. 왜냐하면 방관자 개개인은 이견을 표현하면 안 될 것같은 사회적 압력을 받기 때문이다.

셋째, 단순히 모나게 행동하지 않으려는 경향을 넘어 또래집단 그 자체만으로도 부정적으로 영향력을 발휘한다. 집단에서는 개인의 책임이 희석된다. 그래서 집단 구성원들에 대한 염려와 제재도 감소하는 경향이 생긴다(Festinger, Pepitone, & Newcomb, 1952). 이런 유형의 탈개인화(deindividuation) 때문에 또래집단이 가해 행동에 대해 종종 격려의 신호를 보내는 것이다(Craig & Pepler, 1995; O'Connell 등, 1999; Salmivalli & Voeten, 2004). 집단은 사람들을 익명의 존재로 만들어 버린다. 집단 속 사람들은 자각 수준이 낮아지면서, 양심적인 사람도 학교폭력을 찬양하는 사람으로 변질될 수 있다. 1967년, 한 대학생이 건물 꼭대기에서 자살 시도를 하려는 동안에 200 여명의 다른 학생들이 '뛰어내려. 뛰어내려…'라고 자살을 부추겼다. 결국 그 학생은 학생 집단이 요구하는 대로 행동했다(Myers & Spencer, 2004, p.263). 이 사건은 예외적인 사건이 절대 아니다. 대형 건축물에서 자살 시도한 사례 21개를 분석한 고전적 연구에서, Mann (1981)은 관중들의 규모가 작고 햇빛이 잘 비치는 날에서는 관중들이 자살을 잘 종용하지 않았다. 하지만 야간 같이 어둠에 가려 자신의 정체가 잘 드러나지 않을 때나 관중의 규모가 커지면, 관중들은 자살을 부추기는 것으로 밝혀졌다(Mullen, 1986 regarding lynch mobs).

종합하면, 또래집단의 구성원들은 학교폭력 상황에 개입을 하지 못한다. 그 이유로는 방관자에게 떨어지는 댓가가 너무 크기 때문이며, 집단 내에 이견을 표현하는 것이나 탈개인화되는 과정이 아주 강력하게 작용하여 개인 수준에서는 가해자에 대항하여 입장을 표명하기가 어려울 수 있다. 지금까지 기술했던 기전들이 꼭 같은 사회 집단 내에 속하지 않은 개인 간의 폭력 사건에도 나타날 수 있다. 하지만, 대부분의 갈등상황이나 학교폭력 사건은 서로 관계가 밀접한 사람들 사이나 집단에서 발생하는데, 각 구성원들은 또래집단 내에서 자신의 지위를 확보하고자 노력하기 때문이다(Savin-Williams, 1979). 이제 우리는 더 가까운 또래들이 친구 관계속에서 권력을 남용하는 과정에 대해서 논의할 것이다. 즉, 청소년 폭력단과 우정에 대해서 알아본다.

청소년 폭력단 내에서의 권력 사용

사춘기 시절, 폭력단 구성원을 늘려서 집단 규모를 키우는 것이 권력을 확대하는 데에 효과적인 방법이 된다. 실제로 폭력단을 형성하는 것이 더 강력한 개인에 맞서 피해를 당하지 않기 위한 효과적 전략으로 볼 수 있다. 물론, 반사회적이기도 하고, 이런 연관성을 확인하기 위해서는 더 추가적인 경험적 연구가 필요하다. 캐나다의 대도시 센터를 대상으로 한 연구에서, 78%의 도시 청소년들은 폭력단에 가입하는 주된 이유 중 하나가 '보호'라고 응답했다(Tanner & Wortley, 2002). Tanner와 Wortley는 잘 나가는 건달이라는 명성을 확대해나가려면 가해자 입장에서는 동료 폭력단원을 희생양으로 삼아야될 지에 대해 고민하게 된다는 견해를 유지하고 있다. 가해자 입장에서는 자신에 맞서 일어서려는 집단 또는 자신에게 복수를 하려는 집단과 전투를 치뤄야하는 큰 부담을 안을 수 있어서, 자기 구성원 중 한 명을 희생양으로 삼게 된다. 그런데 일부 경우에 있어서는 권력이 있는 사람들끼리 연합해서 라이벌 폭력단과 서로 경쟁하기도 한다.

물론, 폭력단에 소속되면 힘 있는 개인으로 부터 덜 피해를 당하긴 하지만, 폭력단 가입은 대부분의 학교폭력 피해자들한테는 바람직하지도 적합하지도 않은 선택이다. 피해자들이 폭력단에 참여한다고 해서 '보호' 혜택을 확보할 수 있는 사회적 모임에 낄 수 있다는 보장이 없다. 게다가 피해자들은 폭력단의 생활 방식과 자신의 생활 방식이 서로 잘 맞지 않는다는 점을 깨달을 수 있으며, 본인이 원하지도 않는데도 법적으로 문제가 될 만한 활동에 얽히게 될 수도 있다. 청소년 폭력단 내에서 권력 활용 및 남용 기저에 깔려 있는 기전들을 이해하기 위해 더 추가적인 연구가 필요하다.

친구 관계에서의 권력 남용

우정이란 단어를 들으면 온갖 행복하고 멋지고 공정한 일들만 있을 것만 같은 상상이 든다. 믿을 수 있고, 나를 염려해주고, 재미있는 활동과 사적인 정보도 공유할 수 있는 그 누군가를 떠올리게 된다. 그래서 그런지, 우정의 어두운 측면이 있다고 생각하기가 사실 쉽지가 않다(Berndt, 2004). 그럼에도 불구하고, 상당수의 학생들은 이런 우정 관계에서 학교폭력이 발생한다고 보고했다. Closson, Hymel, Konishi, & Darwich(2007)는 초등학교 4~7학년을 대상으로 제일 마지막으로 학교폭력을 당했던 상황을 묘사해 달라고 요청했었다. 그 결과 35%는 자기 사회적 집단 내에 있는 가까운 누군가에게 괴롭힘을 당했다고 응답했으며, 38%는 가해자가 친구였다고 응답했다. 같은 연구에서 마지막으로 학교폭력을 저지른 상황에 대해 묘사해달라고 요청하자, 28%는 자기 사회적 집단 내에 피해자가 있었다고 답했으며 29%는 피해자는 친구였다고 답하였다. 현실에서는 우정이 이렇게 불평등한 인간관계로 전락할 수 있을까? 그래서 어떻게 해서 지위가 상대적으로 높은 친구가 공격적인 제스처를 보여도 낮은 지위의 친구가 그냥 참고 견디는 방식으로 인간 관계가 만들어졌을까?

우정 관계에서 개인들간의 권력 역동을 이해하는 데에 사회적 교환이론(social exchange theory)이 유용하다(Homans, 1958; Thibaut & Kelly, 1959). 사회교환 이론가들은 사람들의 복잡한 사회적 관계를 이해하는 데에 핵심이 되는 요소는 교환이라고 가정한다. 즉, 사람들은 물건뿐 아니라 인정과 특권을 서로 교환하는 주체라는 것이다. 이상적으로는 대인관계는 상호 공정한 자산 교환이 전제되어 있어야 한다. 하지만 양자가 똑같지는 않기 때문에, 양자간 관계에서 어느 한쪽은 사회적 자산(기술, 인기)이 다른 한쪽 보다 더 많이 보유하게 된다. 이런 권력 배분의 차이 때문에 사회적 자산이 상대적으로 적은 쪽은 사회적 자산이 상대적으로 많아 권위를 지닌 사람에게 부당한 대우를 받을 위험이 생긴다. 즉, 사회적 자산이 많은 사람은 교환 상황에서 유리한 고지를 점하고 있기 때문에 사회적 교환의 불평등이 생긴다고 볼 수 있다.

French와 Raven(1959)의 표현을 빌리자면, 친구 중 어느 한쪽은 다른 친구에게 '보상'을 줄 힘을 가지게 된다는 것이다. 그래서 권력을 지닌 친구는 물리적 또는 정서적 자원을 통제하여 사람들이 매우 탐내는 무언가를 수여할 수 있는 지위를 차지한다는 것이다. 예를 들면, 권력 있는 사람은 어떤 활동을 시작할지 말지를 결정할 수 있고, 사회적 모임을 소집할 수 있기도 한다. 권력에 불균형이 존재한다는 것은 주도권을 쥔 사람이 그렇지 않은 사람들에 비해 대인 관계에 덜 의존해도 된다는 뜻이 된다. 그래서 주도권을 획득한 사람은 그렇지 않은 사람에 비해 어떤 상황이든 특정 인간관계를 소홀히하거나 절교할 자유가 크다는 뜻이 된다. 이와 대조적으로 지위가 낮은 사람들은 관계에 대한 의존도가 높아지기 때문에 권력이 있는 사람들의 요구에 순응하거나 심지어 부당한 대우를 감내하는 방식으로 자신의 부족한 사회적 자산을 메꿔나가게 된다. 이런 종류의 권력 불균형 현상은 '최소 이해 관계의 원칙(principle of least interest)'라고 한다(Blau, 1964; Waller & Hill, 1951). 즉, 이해 관계 면에서 제일 아쉬울 것이 없는 사람이 권력을 쥐고 있는 쪽이라는 뜻이다. 그래서 이런 권력의 불균형이 친구 관계에서 발생하는 여러 부조리를 설명하는 한 요인이 될 수 있다(Grotpeter & Crick, 1996).

실무를 위한 제언

공격성은 부적응적인 행동이며 소수의 문제 있는 사람들이 저지르는 행동이라고 믿게 되면, 묘한 안도감이 생겨나는 것을 느낄 수 있다. 하지만, 학교폭력 분야에서 이런 믿음을 가지게 된다면, 학교폭력 문제를 정신병리적으로 편향된 관점에서만 바라보게 되어, 대부분의 사람들이 자신에게 모종의 이익이 될 것 같으면 공격성을 쓸수도 있다는 진실을 외면하게 된다(Archer, 1988; Daly & Wilson, 1988; Lorenz, 1966; Vaillancourt, 2005). 우리는 특정 개인이 저지른 일부 특정 가해 행위가 정신병리로 설명할 수 있다는 점을 반박하는 것은 아니다. 오히려 우리는 본 연구 결과를 통해 학교폭력 문제를 정신병리적인 관점으로만 바라볼 것이 아니라, 학교폭력이 인류의 보편적인 문제이며 권력의 오남용도 우리 주변에 늘 편재해 있다는 점을 알리고 싶은 것이다.

또한 우리는 본 종설을 통해 새로운 유형의 가해자를 제시하였다. 이는 학교폭력 예방과 개입법 개발과 실행에 매우 중요한 의미를 갖는다. 이 새로운 가해자 유형은 바로 마키아벨리식 가해자로, 또래들 사이에서 인기가 높고 사회적으로 세련되있으며 역량이 있는 사람으로 비춰진다. 이들은 권력을 쟁취하기 위해 공격성을 도구처럼 활용하는 사람들이다. 이들은 자존감이 높으며(Baumeister, Smart, & Boden, 1996), 정신병리 수준이 낮고, 많은 자산(예: 매력 등)을 지니고 있기 때문에 또래들의 선망의 대상이 된다. 다른 사람들을 괴롭히는 학생들 중 최소한 일부는 자신의 행동이 전적으로 타당하다고 믿고 있어, 어떤 경우는 자신의 이득을 위해서라면 대인관계를 조종하는 것이 필요하다고 생각하기도 한다(Sutton & Koegh, 2000). 마키아벨리식 가해자는 미래의 최고경영자가 될 수도 있고 전문적인 스포츠 선수가 될 수도 있으며 세계적 리더가 될 수도 있다. 그리고 이들은 다른 이들을 괴롭히는 대부분의 학생들을 대표하는 모델이 될 수도 있다(예: Cillessen & Borch, 2006; deBruyn & Cillessen, 2006a; Estell 등, 2007; Lease 등, 2002; Olweus, 1977; Prinstein & Cillessen, 2003; Rodkin 등, 2000; Rose 등, 2004; Vaillancourt & Hymel, 2006; Vaillancourt 등, 2003). 마키아벨리식 가해자는 기존의 '고전적' 가해자와 선명한 대비를 이룬다. 기존의 가해자들은 고도로 공격적이고 반응적이며 자존감이 낮고 사회적 기술이 부족하며 역량과 자산이 빈약한 사람들을 지칭했다. 이들은 또래들에게 혐오감을 많이 받고 인기가 없기 때문에 또래들이 선망하는 대상이 되지 않는다(Vaillancourt 등, 2003). 고전적 가해자들은 정신병리 수준도 높고, 공격성을 지속적으로 드러내기 때문에 미래에 형사 처벌을 받을 가능성이 높다. 물론, 고전적 가해자들은 학업적 성취도 좋지 않다(Sourander 등, 2007). 우리는 고전적 가해자가 전체 가해자의 소수에 불과하다고 주장한다. 고전적 가해자 모델은 Moffitt(1993)이 제시한 평생-지속형 공격자 모델에 잘 부합한다고 본다. 평생 지속형 공격자의 특징으로는 높은 수준의 정신병리, 열악한 신경학적 기능, 불량한 장기적 사회 및 학업 성취, 잘 개선되지 않는 공격성 등이 있다. 고전적 가해자와 마찬가지로 평생-지속형 공격자들도 전체 공격자들의 일부에 불과하다. 물론 이런 유형이 일부에 불과해도 제일 큰 골칫거리를 만들어내긴 한다. 향후 본 챕터에 제시한 주장이 타당한지 확인하기 위해 연구가 계속 필요할 것이다.

물론, 우리가 가해자를 마키아벨리식과 고적적 타입으로 분류했지만, 어차피 피해자 입장에서는 달라지는 것은 없다. 우리도 본 연구 결과를 실무에 어떻게 접목시킬 수 있는지 고안하는 것도 어렵다는 점을 인정한다. 아이들과 청소년들은 사회적 지위에 관심이 꽃혀 있고 또래집단 사이에 인기 있는 사람이 되고자 하는 야망이 가득하다(Adler & Adler, 1998; Butcher & Pfeffer, 1986; Gavin & Furman, 1989; Jarvinen & Nicholls, 1996; Merten, 1997). 또 학급 친구들이 우러러보는 인기 있는 아이들은 공격성을 자주 활용한다(Cillessen & Borch, 2006; deBruyn & Cillessen, 2006a, Estell 등, 2007; Lease 등, 2002; Olweus, 1977; Prinstein & Cillessen, 2003; Rodkin 등, 2000; Rose 등, 2004; Vaillancourt & Hymel, 2006; Vaillancourt 등, 2003). 그래서 아이들에게 공격성을 쓰지 말라고 단념시키는 것이 매우 어렵다. 사람들에게 권력을 향한 본성을 바꾸라고 납득시키는 방법이 과연 어떤 것이 있을까? 이런 고민을 더 어렵게 만드는 점은 사람들은 자신의 행동, 태도, 믿음과 부합하는 정보만 '골라서' 받아들인다는 경향이 있다는 점이다. 이 모든 요인들과 더불어 그간 우리들이 가해자가 이질적으로 구성되어 있다는 사실도 몰랐던 것까지 치면, 그간 왜 학교폭력 감소에서 좋은 성적을 거두지 못했는지 이해가 간다(Smith 등, 2004).

우리는 학교폭력의 원동력이 되는 권력 역동을 바꾸기 위해, '집단'에게 역량을 이양해야될 수 밖에 없다고 생각하고 있다. 물론, 우리 구상이 꽤 실현 가능하리라 믿고 있다. 구체적으로 설명하자면, 우리는 학교 안에서나 밖에서나 권력 본능에 맞서 저항할 젊은이들을 찾고 있다. 그래서 이들이 가해자들과 의사소통하여 가해자들의 행위가 앞으로 그 가치를 인정받지 못할 것이며 더 용납되지 않을 것이라는 메시지를 전달시키고자 한다. 캐나다의 동부연안에서 생겼던 사건을 보면, 이런 변화가 학생들 스스로-어른들의 지도 감독 없이도-가능케 할 수 있다는 점을 보여준다. 한 9학년 남학생이 핑크색 셔츠를 입고 왔다는 이유로 놀림을 당하자, 시골의 Nova Scotia 고등학교 졸업반 학생 두 명이 '핑크빛 물결' 운동을 만들어서 학교폭력에 항거했었다. 이 두 학생들은 핑크색 셔츠를 학생들에게 유통시키면서 핑크색 옷을 입을 수 있다는 메시지를 퍼트렸다. 이런 과정을 통해 학생들이 피해자의 편에서 설 수 있도록 동기부여했던 것이다. 이 학생들한테는 우리가 고민하던 문제에 대한 답이 그리 복잡하게 느껴지지 않았던 것 같았다. '만약 당신이 그들과 맞서 많은 사람들을 모을수록… 또 우리가 포기하지 않는다는 것을 보여주고 또 우리끼리 서로 잘 지원한다면, 그들은 자기들이 생각하던 것만큼 대단한 존재가 아니라는 것을 깨달을 수 있다.'(CBC News, 2007). 좀 더 원론적으로 표현하자면, 또래 지간에 학교폭력 문제를 규명하려는 노력 자체가 고무적일 수 있다는 점이 입증된 셈이다. 특히 특정 맥락에서 권력 구성이 어떻게 되어있는지에 적절히 맞춰가면서 '또래 중재자(또는 전파자)'를 선택하는 것이 중요하다. 즉, 또래들이 주도하는 학교폭력 개입 및 또래 중재는 사회적 지위가 높으면서 공격적이지 않은 아이들이 시행해줄 필요가 있다. 실제로 높은 수준의 권위를 지닌 친사회적 아이들이 이끌지 않을 경우 이런 개입법들이 효과를 발휘하기 어렵다는 것이 우리 주장이다. 그리고 우리 주장에 대한 근거는 Cunningham 연구진의 성과로 뒷받침할 수 있다(Cunningham & Cunningham, 2006; Cunningham 등, 1998).

▢ 알 림 ▢

본 챕터는 캐나다 사회 과학 및 인문학 연구 위원회(Social Sciences & Humanities Research)에서 제공하는 지역사회-종합대학 연구협약(Community-University Research Alliance) 보조금의 지원을 받았음.

참고문헌

Adler, A. (1930). Individual psychology. In C. Murchison (Ed.), *Psychologies of 1930*. Worcester, MA: Clark University Press.
Adler, P. A., & Adler, P. (1998). *Peer power: Preadolescent culture and identity*. New York: Rutgers University Press.
Adler, P. A., Kless, S. J., Adler, P. (1992). Socialization to gender roles: Popularity among elementary school boys and girls. *Sociology of Education, 65*, 169-187.
Archer, J. (1988). *The behavioral biology of aggression*. Cambridge, UK: Cambridge University Press.
Asch, S. E. (1952). Social psychology. Englewood Cliffs, NJ: Prentice Hall.
Asch, S. E. (1955). Opinions and social pressure. *Scientific American, 193*, 31-35
Asch, S. E. (1957). An experimental investigation of group influence. In *Symposium on preventative and social psychiatry*. Symposium conducted at the Walter Reed Army Institute of Research, Washington, DC: U.S. Government Printing Office.
Bales, R. F., Strodtbeck, F. L., Mills, T. M., & Roseborough, M. E. (1951). Channels of communication in small groups.

American Sociological Review, 16, 461-468.

Baldwin, D. C., Daugherty, S. R., & Rowley, B. D. (1998). Unethical and unprofessional conduct observed by residents during their first year of training. *Academy of Medicine, 73*, 1195-1200.

Bandura, A. (1973). *Aggression: A social learning analysis.* Englewood Cliffs, NJ: Prentice-Hall.

Bandura, A. (1999). Moral disengagement in the perpetration of inhumanities. *Personality and Social Psychology Review, 3*, 193-209.

Bandura, A. (2002). Selective moral disengagement in the exercise of moral agency. *Journal of Moral Education, 31*, 101-119.

Bandura, A., Caprara, G.V., Barbaranelli, C., Pastorelli, C., & Regalia, C. (2001). Sociocognitive self-regulatory mechanisms governing transgressive behavior. *Journal of Personality and Social Psychology, 80*, 125-135.

Baumeister, R., Smart, L., & Boden, J. (1996). Relation of threatened egotism to violence and aggression: The dark side of high self-esteem. *Psychological Review, 103*, 5-33.

Barkow, J. H. (1975). Prestige and culture: A biosocial interpretation. *Current Anthropology, 16*, 553-573.

Batsche, G. M., & Knoff, H. M. (1994). Bullies and their victims: Understanding a pervasive problem in the schools. *School Psychology Review, 23*, 165-174.

Berger, J., Cohen, B. P., & Zelditch, M. (1972). Status Characteristics and Social Interaction. *American Sociological Review, 37*, 241-255.

Berndt, T. J. (2004). Children's friendships: Shifts over a half-century in perspectives on their development and their effects. *Merrill-Palmer Quarterly, 50*, 206-222.

Bernstein, H. A. (1981). Survey of threats and assaults directed toward psychotherapists. *American Journal of Psychotherapy, 35*, 542-549.

Blau, P. M. (1964). *Exchange and power in social life.* New York: Wiley.

Buss, D. M. (1988). The evolution of human intrasexual competition: Tactics of mate attraction. *Journal of Personality and Social Psychology, 54*, 661-628.

Butcher, P., & Pfeffer, J. M. (1986). The behavioural approach in medical practice. *British Journal of Hospital Medicine, 36*, 209-215.

CBC News. (2007). Bullied student tickled pink by schoolmates t-shirt campaign. Retrieved October 8, 2007, from http://www.cbc.ca/canada/nova-scotia/story/2007/09/18/pink-tshirts-students.html?ref=rss

Chance, M. R. A. (1967). Attention structure as the basis of primate rank orders. *Man, 2*, 503-518.

Cillessen, A. H., & Borch, C. (2006). Developmental trajectories of adolescent popularity: a growth curve modelling analysis. *Journal of Adolescence, 29*, 935-959.

Clark, R. D., III, & Maass, S. A. (1988). The role of social categorization and perceived source credibility in minority influence. *European Journal of Social Psychology, 18*, 381-394.

Closson, L. M., Hymel, S., Konishi, C., & Darwich, L. (2007). *Bullying at School: Differences in Students' Personal and Academic Self-Perceptions.* Paper presented at the annual meeting of the "Investigating Our Practices" conference, Faculty of Education, University of British Columbia, Vancouver, BC, May, 2007.

Craig, W. (2004). Bullying and fighting. In *The Candian World Health Organization Report on the Health of Youth in Canada.* Canada: Health Canada.

Craig, W. M., & Harel, Y. (2004). Bullying and fighting. In *The World Health International Report.* Geneva: World Health Organization.

Craig, W. M., & Pepler, D. J. (1995). Peer processes in bullying and victimization: An observational study. *Exceptionality Education Canada, 5*, 81-95.

Craig, W. M., & Pepler, D. J. (1997). Observations of bullying and victimization in the school yard. *Canadian Journal of School Psychology, 13*, 41-59.

Cunningham, C. E., Cunningham, L., Martorelli, V., Tran, A., Young, J., & Zacharias, R. (1998). The effects of primary division, student-mediated conflict resolution programs on playground aggression. *Journal of Child Psychology and Psychiatry, 39*, 653-662.

Cunningham, C. E., & Cunningham, L. (2006). Student mediated conflict resolution programs. In R. A. Barkley (Ed.), *Attention-deficit hyperactivity disorder* (3rd ed., pp. 590-607). New York: Guilford.

Daly, M., & Wilson, M. (1988). *Homicide.* New York: Aldine de Gruyter.

Daugherty, S. R., Baldwin, D. C., & Rowley, B .D. (1998). Learning, satisfaction, and mistreatment during medical internship: A national survey of working conditions. *Journal of the American Medical Association, 279*, 1194-1199.

deBruyn, E. H., & Cillessen A. H. N. (2006a). Popularity in early adolescence: Prosocial and antisocial subtypes. *Journal of Adolescent Research, 21*, 607-627.

deBruyn, E. H., & Cillessen, A. H. N. (2006b). Heterogeneity of girls' consensual popularity: Academic and interpersonal behavioral profiles. *Journal of Youth and Adolescence, 35*, 412-422.

Deutsch, M., & Gerard, H. B. (1955). A study of normative and informational social influence upon individual judgment. *Journal of Abnormal and Social Psychology, 51*, 629-636.

Dijkstra, J. K., Lindenberg, S., Veenstra, R., Verhulst, F. C., & Ormel, J. (2007). The relation between popularity and aggressive, destructive, and normbreaking behaviors: Moderating effects of athletic abilities, physical attractiveness, and prosociality. *Journal of Research on Adolescence*.

Driskell, J. E., & Mullen, B. (1990). Status, expectations, and behavior: A meta-analytic review and test of the theory. *Personality and Social Psychology Bulletin, 16*, 541-553.

Eibl-Eibesfeldt, I. (1989). *Human ethology.* New York: Aldine de Gruyter.

Emerson, R. M. (1962). Power-dependence Relations. *American Sociological Review, 27*, 31-40.

Estell, D. B., Farmer, T. W., & Cairns, B. D. (2007). Bullies and victims in rural African American youth: behavioral characteristics and social network placement. *Aggressive Behavior, 33*, 145-159.

Festinger, L., Pepitone, A., & Newcomb, T. (1952). Some consequences of deindividuation in a group. *Journal of Abnormal and Social Psychology, 47*, 382-389.

French, J., & Raven, B. H. (1959). The bases of social power. In D. Cartwright (Ed.), *Studies in social power* (pp. 150-167). Ann Arbor, MI: Institute for Social Research.

Friske, M. (1993). School achievement and school adaptation in children in relation to CNS development as assessed by a complex reaction time. *Acta Paediatrica Scandinavica, 82*, 777-782.

Gavin, L., & Furman, W. (1989). Age difference in adolescents' perceptions of their peer groups. *Developmental Psychology, 25*, 827-843.

Gerard, H. B., Wilhelmy, R. A., & Conolley, E. S. (1968). Conformity and group size. *Journal of Personality and Social Psychology, 8*, 79-82.

Grotpeter, J. K., & Crick, N. R. (1996). Relational aggression, overt aggression, and friendship. *Child Development, 67*, 2328-2338.

Hanish, L. D., & Guerra, N. G. (2004). Aggressive victims, passive victims, and bullies: Developmental continuity or developmental change? *Merrill-Palmer Quarterly, 50*, 17-38.

Hawkins, D. L., Pepler, D. J., & Craig, W. M. (2001). Naturalistic observations of peer interventions in bullying. *Social Development, 10*, 512-527.

Hawley, P. H. (2003a). Prosocial and coercive configurations of resource control in early adolescence: A case for the well-adapted Machiavellian. *Merrill-Palmer Quarterly, 49*, 279-309.

Hawley, P. H. (2003b). Strategies of control, aggression, and morality in preschoolers: An evolutionary perspective. *Journal of Experimental Child Psychology, 85*, 213-235.

Higgins, E. T., & Bargh, J. A. (1987). Social cognition and social perception. *Annual Review of Psychology, 38*, 369-425.

Hogan, R., & Hogan, J. (1991). Personality and status. In D. G. Gilbert & J. J. Connolly (Eds.), *Personality, social skills, and psychopathology: An individual differences approach* (pp. 137-154). New York: Plenum.

Homans, G. C. (1958). Social behavior as exchange. *The American Journal of Sociology, 63*, 597-606.

Hymel, S., Rocke-Henderson, N., & Bonanno, R.A. (2005). Moral disengagement: A framework for understanding bullying among adolescents. *Special issue: Journal of Social Sciences, 8*, 1-11.

Jarvinen, D. W., & Nicholls, J. G. (1996). Adolescents' social goals, beliefs about the causes of social success, and satisfaction in peer relations. *Developmental Psychology, 32*, 435-441.

Keltner, D., Gruenfeld, D. H., & Anderson, C. (2003). Power, approach, and inhibition. *Psychological Review, 110*, 265-284.

Kipnis, D. (1972). Does power corrupt?, *Journal of Personality and Social Psychology, 24*, 33-41.

Krueger, J., & Clement, R. W. (1994). Memory-based judgments about multiple categories: A revision and extension of Tajfel's accentuation theory. *Journal of Personality and Social Psychology, 67*, 35-47.

Kumpulainen, K., & Rasanen, E. (2000). Children involved in bullying at elementary school age: their psychiatric symptoms and deviance in adolescence. An epidemiological sample. *Child Abuse Neglect, 24*, 1567-1577.

LaFreniere, P., & Charlesworth, W. R. (1983). Dominance, attention, and affiliation in a preschool group: A ninemonth longitudinal study. *Ethology and Sociobiology, 4*, 55-67.

Lease, A. M., Kennedy, C. A., & Axelrod J. L. (2002). Children's social constructions of popularity. *Social Development, 11*, 87-109.

Lorenz, K. (1966). *On aggression.* New York: Harcourt, Brace and World.

Manderino, M.A. & Berkey, N. (1997). Verbal abuse of staff nurses by physicians. *Journal of Professional Nursing, 13*, 48-55.

Mann, L. (1981). The baiting crowd in episodes of threatened suicide. *Journal of Personality and Social Psychology, 41*,

703-709.
Marks, G., & Miller, N. (1987). Ten years of research on the false-consensus effect: An empirical and theoretical review. *Psychological Bulletin, 102*, 72-90.
Mazur, A. (1985). A biosocial model of status in face-to-face primate groups. *Social Forces, 64*, 377-402.
Merten, D. E. (1997). The meaning of meanness: Popularity, competition, and conflict among junior high school girls. *Sociology of Education, 40*, 175-191.
Miller, C. E., & Anderson, P. D. (1979). Group decision rules and the rejection of deviates. *Social Psychology Quarterly, 42*, 354-363.
Moffitt, T. E. (1993). Adolescence-limited and life-course-persistent antisocial behavior: A developmental taxonomy. *Psychology Review, 100*, 674-701.
Mullen, B. (1986). Atrocity as a function of lynch mob composition: A self-attention perspective. *Personality and Social Psychology Bulletin, 12*, 187-197.
Myers, D. G., & Spencer, S .J. (2004). *Social Psychology*. Toronto: McGraw-Hill Ryerson.
Nansel, T. R., Craig, W., Overpeck, M. D., Saluja, G., & Ruan, W. J. (2004). Cross-national consistency in the relationship between bullying behaviors and psychosocial adjustment. *Archives of Pediatric and Adolescent Medicine, 158*, 730-736.
Nansel, T. R., Overpeck, M., Pilla, R. S., Ruan, W. J., Simons-Morton, B., & Scheidt, P. (2001). Bullying behaviors among US youth: Prevalence and association with psychosocial adjustment. *Journal of the American Medical Association, 285*, 2094-2100.
O'Connell, P., Pepler, D., & Craig, W. (1999). Peer involvement in bullying: Insights and challenges for intervention. *Journal of Adolescence, 22*, 437-452.
Olweus, D. (1977). Aggression and peer acceptance in adolescent boys: Two short-term longitudinal studies of ratings. *Child Development, 48*, 1301-1313.
Olweus, D. (1993). *Bullying at school*. Cambridge, UK: Blackwell.
Olweus D. (1999). Sweden. In P. K. Smith, Y. Morita, J. Junger-Tas, D. Olweus, R. Catalano, & P. Slee (Eds.), *The nature of school bullying: A cross-national perspective* (pp. 7-27). London: Routledge.
Patterson, G. R., Littman, R. A., & Bricker, W. (1967). Assertive behavior in children: a step toward a theory of aggression. *Monographs of the Society for Research in Child Development, 32*, 1-43.
Prinstein, M. J., & Cillessen, A. H. N. (2003). Forms and functions of adolescent peer aggression associated with high levels of peer status. *Merrill-Palmer Quarterly, 49*, 310-342.
Quine, L. (2002). Workplace bullying in junior doctors: Questionnaire survey. *British Medical Journal, 324*, 878-879.
Rodkin, P. C., Farmer, T. W., Pearl, R., & Van Acker, R. (2000). Heterogeneity of popular boys: antisocial and prosocial configurations. *Developmental Psychology, 36*, 14-24.
Rosenberg, L. A. (1961). Group size, prior experience and conformity. *Journal of Abnormal and Social Psychology, 63*, 436-437.
Rose, A. J., Swenson, L. P., & Waller, E. M. (2004). Overt and relational aggression and perceived popularity: Developmental differences in concurrent and prospective relations. *Developmental Psychology, 40*, 378-387.
Rubin, K. H., Bukowski, W., & Parker, J. G. (2006). Peer interactions, relationships, and groups. In W. Damon (Series Ed.) & N. Eisenberg (Vol. Ed.), *Handbook of child psychology: Social, emotional, and personality development* (Vol. 3, 5th ed., pp. 619-700). New York: Wiley.
Russell, B. (1938). *Power: A social analysis*. London: Allen and Unwin.
Salmivalli, C., Lagerspetz, K., Bjorkqvist, K., Östreman, K., & Kaukiainen, A. (1996). Bullying as a group process: Participant roles and their relations to social status within the group. *Aggressive Behavior, 22*, 1-15.
Salmivalli, C., & Voeten, M. (2004). Connections between attitudes, group norms, and behaviour in bullying situations. *International Journal of Behavioral Development, 28*, 246-258.
Savin-Williams, R. C. (1979). Dominance hierarchies in groups of early adolescents. *Child Development, 50*, 923-935.
Schachter, S. (1951). Deviation, rejection and communication. *Journal of Abnormal and Social Psychology, 46*, 190-207.
Schwartz, D. (2000). Subtypes of victims and aggressors in children's peer groups. *Journal of Abnormal Child Psychology, 28*, 181-192.
Smith, J. D., Schneider, B. H., Smith, P. K., & Ananaiadou, K. (2004). The effectiveness of wholeschool antibullying programs: A synthesis of evaluation research. *School Psychology Review, 33*, 548-561.
Smith, P. K., & Sharp, S. (1994). The problem of school bullying. In P. K. Smith & S. Sharp (Eds.), *School bullying* (pp. 1-19). London: Routledge.
Snyder, C. R., & Higgins, R. L. (1988). Excuses: Their effective role in the negotiation of reality. *Psychological Bulletin, 104*, 23-35.

Sofield, L., & Salmond, S.W. (2003). Workplace violence: A focus on verbal abuse and intent to leave the organization. *Orthopaedic Nursing, 22*, 274-283.

Sourander, A., Jensen, P., Ronning, J. A., Elonheimo, H., Niemela, S., Helenius, H., et al. (2007). Childhood bullies and victims and their risk of criminality in late adolescence. *Archives of Pediatrics & Adolescent Medicine, 161*, 546-552.

Sutton, J., & Keogh, E. (2000). Social competition in school: Relationships with bullying, Machiavellianism and personality. *British Journal of Educational Psychology, 74*, 297-309.

Sutton J., Smith P. K., & Swettenham, J. (1999a). Bullying and theory of mind: A critique of the social skills deficit view of anti-social behaviour. *Social Development, 8*, 117-127.

Sutton, J., Smith, P. K., & Swettenham, J. (1999b). Social cognition and bullying: Social inadequacy or skilled manipulation? *British Journal of Developmental Psychology, 17*, 435-450.

Symons, C. S., & Johnson, B. T. (1997). The self-reference effect in memory: A meta-analysis. *Psychological Bulletin, 121*, 371-394.

Tanner, J., & Wortley, S. (2002). *The Toronto Youth Crime and Victimization Survey: Overview Report*. Centre of Criminology, University of Toronto, Toronto.

Thibaut, J. W., & Kelley, H. (1959). *The social psychology of groups*. New York: Wiley.

Waller, W., & Hill, R. (1951). *The family*. New York: Dryden.

Vaillancourt, T. (2005). Indirect aggression among humans: Social construct or evolutionary adaptation? In R. E. Tremblay, W. H. Hartup, & J. Archer (Eds.), *Developmental origins of aggression* (pp. 158-177). New York: Guilford.

Vaillancourt, T., & Hymel, S. (2004). The social context of children aggression. In M. Moretti, M. Jackson, & C. Odgers (Eds.), *Girls and aggression: Contributing factors and intervention principles* (pp. 57-69). New York: Kluwer.

Vaillancourt, T., & Hymel, S. (2006). Aggression, social status and the moderating role of sex and peer-valued characteristics. *Aggressive Behavior, 32*, 396-408.

Vaillancourt, T., Hymel, S., & McDougall, P. (2003). Bullying is power: Implications for school-based intervention strategies. *Journal of Applied School Psychology, 19*, 157-176.

Zimbardo, P. G. (1971). *The psychological power and pathology of imprisonment*. A statement prepared for the U.S. House of Representatives Committee on the Judiciary, Subcommittee No. 3: Hearings on Prison Reform, San Francisco, Calif., October 25.

17
인종, 민족, 이민에 따른 학교폭력

TRACEY G. SCHERR & JIM LARSON

개네들은 우릴 별명으로 불러요. 예를 들면, 'ref[1]'라고 불러요. 그리고는 바나나 보트나 다시 타라는 식으로 말하죠. (과테말라에서 미국으로 이주한 고등학교 여학생)

아이들이 나한테 말은 잘 안 걸어요. 아마도 내가 덩치가 크고 내 피부색이 밝은 편이라 그런 것 같아요. (쿠바에서 미국으로 이주한 고등학교 남학생)

흑인 애들은 저 문 주변에서 늘 어슬렁 거려요. 난 정말 문제를 일으키고 싶지 않거든요. 그래서 이쪽 문으로 다니죠. 어차피 개네들도 이쪽으로는 안 오거든요. (미국에 사는 라틴계 고등학생)

본 챕터는 인종, 민족, 이민 상태가 학교폭력에 어떤 역할을 하는지 알아보고자 한다. 물론, 어떤 종류든 학교폭력을 당하는 것이 고통스럽긴 하지만, 특히 아이들의 인종적 배경 혹은 민족적 배경과 관련된 학교폭력은 더 특별할 수 밖에 없다. 이런 경우, 학교폭력의 대상은 한 개인에 국한되지 않는다. 그 피해 아이가 성장했던 집단의 소속감, 정체성, 문화, 신념 까지도 공격을 받는 것이다. 전세계적으로 이주가 늘어나고 있는 동시에 집단간 충돌할 소지도 점점 늘어나고 있다. 학교폭력과 관련해서 정착 국가에 도착해서 새로 겪게 되는 복잡한 경험들에 대해서 과학적으로 검증해야 되지만, 이런 노력은 이제 막 걸음마를 뗀 상태다. 하지만 이주와 관련된 학교폭력 패턴은 슬슬 확인되고 있는 중이다. 인종과 민족 별로 학교폭력 양상이 어떤지에 대한 연구는 많이 존재하지만, 주류집단 대 소수집단 간의 학교폭력 양상과 상관관계를 가지게 될 지는 의문이다. 본 챕터는 집단 간 학교폭력 양상에 대한 이론적 개념을 검토할 것이며, 사회적 인지 발달 문헌(Aboud, 2003) 및 사회적 정체성 발달 문헌(Nesdale, 2002)에 근거하여 가설을 제시하고자 한다.

---
[1] reffo의 약어로 추정되며 망명 이주자나 이민자를 경멸하여 부르는 말.

이론적 기초

이주 패턴

세계 역사를 볼 때 사람들은 다양한 이유에서, 또 다양한 패턴으로 이주를 해왔다. 하지만 최근 이주 패턴을 보면 국제적 이주의 비중이 더 높아지는 현상을 반영한다. 유엔의 국제이민에 관한 세계위원회(Global Commission on International Migration, GCIM, 2005)의 자료에 따르면, 대략 2억 명이 국제 이주를 하였으며, 이 수치는 25년 전의 2배에 달하는 것으로 밝혀졌다.

이주 패턴은 전세계적으로 다양하다. 구체적으로 유럽은 제일 많이 이민자를 받아들인 곳으로 5천6백만 명을 받았으며, 그 다음은 아시아로 5천만 명을 받았다. 그 다음 북미에서 4천 1백만 명을, 아프리카에서 1천 6백만 명을, 남미에서는 6백만 명을 받았다. 미국과 러시아 연방은 제일 많이 이민을 받은 국가였다. 미국, 호주, 캐나다, 뉴질랜드는 전통적으로 이민자에게 영주권이나 시민권을 많이 부여한 국가이기도 하다. 이민자들 중에서 중국 출신이 3천 5백만 명으로 제일 많았고, 그 다음 인도가 2천만 명, 필리핀이 7백만 명 순으로 많았다(GCIM, 2005).

출신 국가와 이민 희망 국가도 서로 다양하지만, 이민의 동기도 상당히 다양하다. 경제가 글로벌화 되고 교통수단이 발전한 것도 이민의 규모가 커진 주요 원인 중 하나다. 고용, 더 높은 연봉, 교육, 선진화된 공공보건 등이 고향을 떠나 다른 나라로 이주하게 되는 주요 이유가 되는 것도 물론이다(GCIM, 2005). 단, 가난은 이민 동기로 크게 작용하지 않았다. 이외에도 지나친 박해나 이에 대한 두려움 때문에 이주하는 경우도 있다.

2억명의 이민자 중에 9백만명은 난민에 해당된다(GCIM, 2005). 유엔에서는 난민을 자신의 원래 국적을 포기할 목적으로 조국을 떠난 사람으로 정의하고 있으며, 인종, 종교, 국적, 특정 사회적 집단 혹은 정치적 모임의 구성원이라는 다양한 이유로 박해를 받을 만한 현실적 이유가 충분히 있는 경우로 그 사유를 규정 짓고 있다(United Nations High Commissioner for Refugees, UNHCR, 2006). 주목할 점은 지난 수년 동안 전세계적으로 난민의 숫자는 줄어들었다(GCIM). 하지만 2005년 유럽, 아프리카, 아시아, 아메리카 대륙에 수용 신청 접수가 총 66만8천건에 달했다. 2004~2005년 수용 신청을 제일 많이 했던 사람들은 미얀마, 소말리아, 세르비아, 몬테네그로, 러시아 연방, 콩고 민주공화국, 중국 출신 거주민들이었다. 그리고 이런 수용 신청을 많이 받았던 국가로는 프랑스, 미국, 태국, 케냐, 영국, 독일이 있다(UNHCR, 2006).

비록 국제적 이민을 통해 더 발전된 문화와 경제 환경을 누릴 수도 있다는 장점이 존재하지만, 여전히 어려운 문제들도 있다. 한 지역 사회에 이민자가 존재한다는 것은 주어진 자원에 대해 경쟁이 심화된다는 인식이 생겨나고, 서로 다른 가치관을 지닌 사람들이 한 곳에 모이게 된다는 뜻도 된다. 테러리즘에 대한 안보 의식도 부각되면서 대다수의 국가에서는 이민자를 의심하는 시각이 번지는 것도 사실이다. 이민자를 수용하는 국가에서는 다양한 스펙트럼으로 반응을 하고 있는데, 배타적 정책을 동원해서 이민자를 사회에 통합되지 못하도록 하는 대응법에서 부터, 이민자가 본래 고유 문화를 포기하고 새 국가 정체성을 받아들이도록 하는 동화정책을 거쳐, 법의 테두리 내에서 자유롭게 문화의 다양성을 표현하도록 허용하는 자유로운 방식까지 다양하게 존재한다(GCIM, 2005). 이민 수용 국가도 이민자들에 의해 큰 영향을 받기도 하지만, 이민자 본인도 이민 경험을 통해 큰 영향을 받는다. 비록 완벽한 인구학적 자료를 동원할 수 없지만, 유엔에서는 인구학적 정보를 제공한 난민들 중 44%는 어린 아이들이라고 밝혔다(UNHCR, 2006).

가족 단위로 이민을 하는 경우는 이주를 하는 본인이나 이민 수용 국가의 교육자들에게 독특한 과제

거리가 된다. 특히 교육계 전문가들은 이민 온 학생들을 사회에 적응시켜야 할 의무가 있기 때문이다. 이민 이슈와 연관된 학교폭력 문제는 가-피해자 간의 인종 및 민족 차이 때문에 더 문제가 어렵기도 하고 또 위험할 수도 있다. 이민 학생들과 관계된 학교폭력 예방 업무를 맡은 전문가들은 이런 위험성에 대해서 잘 알고 있어야 한다.

이민자, 민족, 인종과 학교폭력

이민자 학생들과 다양한 인종과 민족적 배경을 지닌 비-이민자 계열 학생들이 마주하는 문제가 있다. 바로, 이들이 겪는 학교폭력 문제는 이런 서로의 차이점에서 비롯된다는 점이다. McKenney, Pepler, Craig, & Connolly(2006)에 따르면:

> 다른 사람들의 민족적 배경이나 문화적 정체성을 겨냥한 가해 행위는 어떤 식으로든 민족성과 관련된 학교폭력이라고 부른다. 이런 유형의 가해 행위는 인종에 대한 비웃음과 중상모략, 문화적으로 고유한 관습과 의복과 음식에 대한 폄하같이 직접적인 공격성도 포함되고, 민족 부류가 다르다고 주류 집단에서 배제시켜 버리는 간접적인 공격성도 포함된다(p.242).

상기 정의는 인종에 기반한 희롱도 민족과 관련된 가해 행위의 한 유형에 포함시켰다. 보통 인종은 공통된 조상 계보가 있다는 점이 특징으로, 예를 들면 어떤 사람을 아시아계 후손이라고 표현하는 것과 같다. 민족성은 문화적 기원과 이에 상응하는 신념 체계 및 행동 규범을 지니고 있는 경우로, 미국계 중국인을 예로 들 수 있겠다. 이런 구분법에도 불구하고, 학교폭력 문헌에서는 인종과 민족성을 자주 혼동해서 쓰고 있다. 결과적으로 실타래 같이 얽혀 있는 연구 결과들을 가지고 인종과 민족성 각각이 지니는 역할을 알아보기 위해서는 다시 한 올 한 올 풀어내야 하는 작업이 필요해졌다. 본 챕터 목적 상, '인종민족적(ethnoracial)'라는 용어를 쓸 것이다.

McKenney등(2006)의 민족성과 관련된 학교폭력 개념을 빌려오면, '이민자 학교폭력'은 다른 사람의 이민 상태나 이민의 가족력을 두고 비웃거나, 이민 과정에 대해 폄하하거나, 신체적으로 공격성을 보이거나, 사회적 조종을 하거나 배제를 시키는 것을 뜻한다.

일반적으로 널리 통용되는 학교폭력의 정의(McKenney 등, 2006; Olweus, 1993)에 따르면, 공격자와 피해자 사이에는 권력의 불균형이 존재한다. 인종민족적 및 이민자 학교폭력은 약자가 인종적, 민족적, 이민자적 집단 중에 영향력이 상황적으로 약한 집단에 속했다는 이유로 괴롭힘을 당하는 뜻이 된다. 여기서 '상황적으로 약하다'라는 표현이 중요한데, 더 큰 사회-문화적 상황의 질적 구성요소 속에서 학교폭력의 권력 관계가 규정되기 때문이다(Schwartz, Proctor, & Chien, 2001).

학교폭력에서 인종민족적 혹은 이민 상태에 따른 권력의 불균형은 마크로 단위나 더 작고 유동적인 마이크로 단위에서도 존재한다. 학교 건물 내 특정 집단은 어떤 조건에서는 권력자 지위를 누릴 수 있지만, 다른 조건에서는 취약한 상태가 될 수 있다(예: 라틴계 학생들이 점심 먹는 곳, 흑인 학생들이 드나드는 출입구). 이런 관계는 유동적이어서 그날 중에도 또는 그 학교 내에서도 이런 상대적 취약성 때문에 자주 상황이 바뀌는 것을 학생들도 체감할 것이다.

학교 건물 내에서 다양한 부류의 사람들이 있다는 것만으로 인종민족적 혹은 이민자 학교폭력이 발생되는 필수 조건은 되지 않는다. 하지만 여러 학생 집단들 사이에 비대칭적인 권력 구도가 생길만한 멍석은 깔린 셈이다. 일반적으로 널리 통용되는 학교폭력의 정의(McKenney 등, 2006; Olweus, 1993)에는 빈도와 시간 조건을 달고 있어, 부정적인 상호관계가 지속되고 예측가능할 정도가 되어야 하며, 단순한 충동 조절의 문제로 발생된 사건은 해당되지 않는다고 보고 있다. 이와 마찬가지로 인종민족적 및 이민자 학교폭력은 어쩌다가 한 번 씩 내뱉는 험담만으로는 인정되지 않는다. 그 보다 직접적 및 간접적 공격성이 오랜 시간 동안 체계적인 패턴을 형성했는지를 본다. 실질적으로 인종민족적 및 이민자 학교폭력은 일부 학교에서 또래 문화 중 하나로 자리 매김했을 수 있다.

이민 상태와 관련된 학교폭력

학교폭력 문제가 이민 상태, 인종, 민족성과 어떻게 관련되어 나타나는지 보여주기 위해, 우리는 우리 대학원생에게 간청하여 일화를 수집할 수 있었다. 사라의 어머니는 미국 출생이지만, 아버지는 이란에서 태어났다. 교육적 및 직업적 목적과 정치적 상황 변화와 그 외 개인적 사정으로, 사라의 가족은 몇몇 다른 나라에서 지낸 적이 있었다. 다음은 사라가 바라본 인종민족적 및 이민자 학교폭력 경험과 이에 대한 의견을 그대로 옮긴 것이다.

어떤 특징이든 간에 다르기만 해도, 아니면 주류 집단과 다른 특징이 있으면, 이런 것 가지고 아이들이 놀리기 시작합니다. 왜냐하면 뭔가 다르기 때문에 이상하고 기괴하다고 느끼기 때문이죠. 그래서 제가 이란에 있었을 때도 전 항상 미국 소녀라고 불리곤 했습니다. 여기 미국에서는 이방인 취급 받는데, 이란녀나 뭐라나… 왜냐하면 여기 미국에서 다른 점으로 보일 수 있는 부분이 바로 그것 때문이니까요. 전 이란 사람입니다. 어떤 국가를 가도 달라지는 것은 없어요. 소수를 겨냥한 학교폭력은 항상 똑같습니다. 이란이라고 다를 바는 없어요.

제가 1학년이었을 때에 우리 오빠는 2학년이었는데, 우리는 버스를 타고 등교했습니다. 우린 버스 안에서 엄청 놀림 받았어요. 우리는 버스에 타는 게 싫어졌을 정도였지요. 혁명이 생기고 난 직후, 거리에는 늘 폭동이 일곤 했었는데, 사람들은 '미국에게 죽음을!'하고 외치고 다니곤 했었습니다. 그래서 우리가 버스에 타면, 사람들이 우리 주변을 뺑 둘러싸고는 '미국에게 죽음을! 미국에게 죽음을!'하고 연신 외쳐대곤 했었죠. 사람들은 이런 질문을 우리한테 던졌습니다. '그래, 니들은 발가벗고 마약이나 하고 돌아다니지?' 안타깝지만 이게 이란 사람들이 미국인에 대해 가지고 있던 시선이었습니다. 그래서 이런 질문을 던지곤 했던 것입니다.

미국에서는 제가 이란에서 사람들이랑 대화하는 게 정말 편했다고 느끼게 될 정도였어요. 여기에서는 사람들은 곧바로 제 영어 발음 때문에 놀리기 시작했는데, 제 영어 실력이 형편없었기 때문이었죠. 아이들은 제 발음을 따라하면서 저를 놀렸습니다. 저는 선생님이 저를 호명해서 반 아이들 앞에서 발표시키는 것을 매우 불안해했었는데, 전 정말이지 사람들에게 제 발음을 들려주고 싶지 않았어요. 이런 문제는 결국 인기 문제라고 생각했습니다. 인기 있는 아이들은 결국 제 억양을 가지고 놀리는 방식으로 아이들의 주목을 이끌었습니다. 사람들은 인기 끄는 아이들을 말릴 생각이 없었어요. 왜냐하면 재미있으니까요. 그들한테는 어차피 농담거리니까요. 사람들은 제 주변을 지나가면서 내 억양을 흉내내려고 했어요.

제가 굶을 때는 정말 힘들었습니다. 분명, 점심 시간 때 제 오빠랑 저는 식사를 하지 않았습니다. 그러면 사람들은 우리 곁을 지나가면서, 우리가 굶고 있다는 걸 알아차렸어요. 어떻게 그걸 알았을까요? 참 이상해요. 그러면서 그들은 '아, 너 내 꺼 좀 줄까?' 하면서 우리를 놀렸어요. 그리곤 아이들은 키득키득 웃고 다니는 것이었습니다.

제 친구 중에 일본 출신이 있었어요. 얘는 영어를 전혀 하지 못했죠. 이 여자 아이는 점심 식당이 너무 두려웠던 나머지 어떻게든 빠져나가 화장실에서 점심을 먹곤 했습니다. 아이들은 지나다니면서 이 친구 머리를 사물함에 쾅 소리가 나도록 밀치곤 했습니다. 그러면서 일본에 대해 이러쿵 저러쿵 이야기하면서 놀리는 것이었어요. 그 아인 영어를 전혀 하지 못했기 때문에 더 힘든 나날을 보냈죠. 하루는 선생님한테 가서 이야기를 하려고 했지만, 선생님은 매우 지친 나머지 자기 말을 통역할 줄 아는 사람을 데려오던가, 영어를 좀 더 배우고 자기 앞에 나타나라고 답해 주더군요. 아니면 적어도 그런 투의 반응이었어요. 제 생각엔 우리 오빠랑 저는 상황이 조금 더 낫다고 여겼는데 우리는 영어를 할 줄 알았기 때문이었습니다. 우린 미국화되어 있었어요. 일단 제가 미국화되자, 전 인기를 얻기 시작했습니다. 그렇다고 해서 그들이 저를 더 반겨준 것은 아니었습니다. 단지 전 그들이 하는 대로 행동하기 시작했을 뿐이었습니다. 아니면 제가 그런 짓을 좀 더 많이 배운 탓이었겠죠. 이런 법칙은 전 세계 어디든 똑같습니다. 제가 보기에는 그랬어요. 제가 보기에는 미국이든 다른 나라든 별반 다르지 않아요.

테러가 터진 이후에, 우리 오빠랑 저는 매주마다 놀림을 받아야 했습니다. '오, 넌 우리한테 폭탄 터트릴 거냐?' 우리 오빠는 '모래 원숭이'라는 별명도 들었어요. 10대 때, 저는 정말 상처받았습니다. 요즘 우리는 이전과 달라져서 더 이상 진지하게 반응하지도 않고, 농으로 되받아치기도 합니다. 하지만 10대에는 이런 식의 말을 들으면, 감수성이 예민해서 쉽게 넘기기가 어려워요. 다른 방식으로 대응할 수 있지만, 이건 단지 좀 더 다른 발달학적 단계에 올라왔다는 정도의 의미로 보시면 됩니다. 물론, 어떻게 대응하느냐도 개인적인 이슈이기도 합니다. 하지만 미디어에서 하나의 고정된 이미지로 보도를 한다면, 당신은 미디어가 보내준 이미지가 빌미가 되어 놀림을 받게 됩니다. 앞으로 수 년 동안 전 폭탄 테러범 이미지로 놀림을 받겠죠. 그게 세상이 돌아가는 이치니까요.

학교폭력 연구

인종민족적 및 이민자 학교폭력과 관련해 사라의 경험담은 우리 마음을 매우 아프게 한다. 사라의 이야기에는 매우 중요한 정보와 본 유형의 학교폭력에 대한 통찰을 제공해준다. 다양한 사례 연구에서 중요한 질적 정보를 추출해내서 체계적으로 검증하지 않으면, 이런 개별 사례에서 충분한 데이터를 뽑아낼 수 없고, 그렇게 되면 근거 중심의 결론을 내리지 못하게 된다. 하지만 인종민족적 및 이민자 학교폭력과 연관된 경험적 연구물들이 조금씩 나오고 있으며, 이에 대해 우리가 검토해볼 것이다. 또한 가해자들의 편견이 어떻게 발생하는 지에 대한 이론적 설명도 검토해 볼 것이다.

학교폭력과 이민 상태 학교폭력의 한 요인으로서 이민 상태를 주목하기 시작한 것은 꽤 최근 일이다. 그리고 이와 관련된 자료도 뒤죽박죽 섞여있는 상태다. McKenney 연구진(2006)은 이민자 학생들이 어떤 괴롭힘을 당하는지 캐나다 도시를 상대로 연구했다. 연구 대상으로 7학년에서 11학년까지 포함시켰으며, 이중에는 캐나다 출생도 있고 이민 온 다른 민족 집단도 있다: 유럽계 캐나다인, 아시아계 캐나다인, 아프리카/캐러비안계 캐나다인, 남아시아계 캐나다인, 남미계 캐나다인, 중동계 캐나다인, 그리고 기타 민족으로 분류했다. 본 연구에서는 다양한 이민집단 사이에 학교폭력 피해률에 대해서는 유의한 차이가 발견되지 않았다. 하지만 전체 표본 중 14%는 자기 민족성 때문에 괴롭힘 당했다고 보고했다. 이런 유형의 괴롭힘은 1세대 캐나다인에서 제일 많이 나타났는데, 이들은 캐나다에서 출생했으나 부모가 다른 국가 출생인 경우다. 연구진은 이런 현상에 대해 이민 상태에 보다는 민족성 측면이 더 두드러지기 때문일 것으로 추정했다. 본 연구진의 연구 결과는 학생 개인의 이민 상태 뿐 아니라 가족의 이민 경력이 인종민족적 학교폭력을 당하는 소수 집단과 상관관계가 있는 것으로 해석해 볼 수 있다.

일부 이민자 학생들은 민족성 및 이민과 관련된 학교폭력의 피해자이기도 하지만, 이들은 다른 아이들을 비슷한 방식으로 괴롭히는 것으로도 나타났다. Pepler, Connolly, Craig(1999)는 캐나다 초등학교와 중고등학교 학생들의 10%는 민족성을 가지고 괴롭히는 것으로 밝혔다. 흥미롭게도, 다른 국가에서 태어난 부모를 둔 고등학교 학생들이 다른 집단의 학생들에 비해 민족성과 관련해 남들을 더 괴롭히는 것으로 나왔다. 연구진은 최근 가족 이민의 경력이 있는 학생들이 민족성에 근거한 가해 행위가 시간에 따라 변화하는 패턴을 보이는 것이 가족 이민 상태 혹은 민족성과 관련해서 과거나 현재에 괴롭힘을 당한 것에 대해 점점 더 분노가 늘어가는 것을 반영한 것이 아닌가 하고 추측했다.

더 자세히 알아보기 위해, 구소련에서 이스라엘로 이민 온 십대 폭력단에 대해 연구가 이루어졌다(Tartakovsky & Mirsky, 2001). 이들 학생들은 이스라엘의 종교 학교 혹은 일반학교 혹은 기숙학교에 입학했다. 학교폭력 행위는 이들 학생들이 보이는 여러 일탈 행위 중 하나에 불과했다. 연구진은 언어 장벽과 사회적 규범에 대해 잘 모른다는 점 때문에 이들 학생이 취약감과 불안감을 느낄 것이라고 추정했다. 이들 학생들로서는 폭력단을 형성하여 새로운 환경이 주는 불확실성에 맞서 자기자신을 보호하려고 한다고 여겼다.

오스트리아에서는 Strohmeier & Spiel(2007)은 6학년과 7학년 학생을 대상으로 또래지명법을 통해 오스트리아 본토 출생 학생과 유고슬라비아, 터키, 쿠르드 출신 이민자 학생과 그 밖의 다른 국가에서 온 학생들 사이의 학교폭력 양상을 밝히고자 했다. 분석 결과, 오스트리아 본토 학생들이 다양한 이민자 학생 집단에 비해 가해자와 피해자로 지명되는 경우가 많았다.

게다가 Strohmeier & Spiel(2007)은 사회적 수용과 친구의 수와 같은 사회적 위험요인과 사회적 조종 및 따돌림의 위험성을 예측할 수 있는 다문화 친구관계 패턴에 대해 조사했다. 본 연구에서는 터키와 쿠르드 이민자들이 또래 수용도가 상대적으로 낮고 학교에서 제일 외로우며 친구가 제일 없다는 위험 요인에 해당되어 제일 취약성이 높은 것으로 나타났다. 이와 대조적으로 유고슬라비아 학생들은 다른 모든 집단에 비해 다문화적 친구관계가 제일 많았다. 터키와 쿠르드 학생들의 어려움은 언어가 유창하지 못하고 행동 규범이 문화적으로 다르기 때문인 것으로 가정했다.

얼마 안되는 문헌만 찾아 보더라도 이민 학교폭력이 얼마나 복잡한 지 쉽게 알 수 있다. 학교폭력 가해나 피해는 본 거주자나 이민자 인구 집단 모두에서 다 존재하는 것으로 보인다. 특정 이민자 집단이 학교폭력의 피해 위험성을 지니고 있는데, 주류 집단과 문화적으로 비슷하거나 또는 차이가 난다는 이유일 수도 있고, 이민 국가의 주류 언어에 대해 얼만큼 숙달되어 있는지도 이유가 되기도 하며, 기타 우리가 밝혀내야할 다양한 이유에서 일 수도 있다. 이와 마찬가지로 이주민 학생들이 가해 행위를 하는 것도 상황적이거나 개인적인 동기에서 할 수 있겠지만, 아직 확인해내야할 부분이 많다.

인종민족적 가해 행위 인종 및 민족 집단끼리 혹은 집단 내 학교폭력에 관한 연구가 진행되고 있다. 캐나다 학생들을 대상으로 Pepler 연구진(1999)은 전체 초등학생의 17%와 전체 고등학생의 17%가 자신은 다른 민족 집단에게 괴롭힘을 당했다고 응답했다. 본 연구의 표본 내에서는 소수민족 집단 출신의 초등학생이 더 민족적 학교폭력 피해를 당하는 경향을 보였다.

네덜란드에서는 Verkuyten과 Thijs(2002)가 네덜란드, 터키, 모로코, 수리남 출신 중학교 학생들 사이에서 민족성과 관련된 학교폭력이 어느 정도 일어나는지 조사해봤다. 네덜란드에서는 수리남인, 모로코인, 터키인이 주요 소수민족 집단을 이루고 있다. 이런 현실을 바탕으로 Verkuyten와 Thijs는 주류집단인 네덜란드 중학생과 비교하여 학교폭력 양상을 조사하였고, 80개 학교를 대상으로 하였다. 전체 소수민족 학생들 중 42%가 민족집단과 관련된 별명으로 불렸던 경험이 있다고 한 반면, 네덜란드 학생은 21% 정도의 경험이 있었다. 그중 터키 출신 학생들이 좀 더 이런 별명으로 놀림을 받은 것으로 나왔다. 게다가 전체 소수집단 학생들 중 30%는 또래집단 내 사회적 따돌림으로 고통을 받았다고 응답한 반면, 네덜란드 출신 학생들은 21%만 경험을 하였다. 민족성과 관련된 학교폭력은 증가하였으며, 이는 네덜란드 본토 출신 집단 보다 높은 유병률이었다.

위 연구와 마찬가지로 Siann, Callaghan, Glissov, Lockhart, & Rawson(1994)는 런던과 글래스고의 학생들을 대상으로 연구한 결과, 주류민족 집단에 비해 소수민족 집단의 학생들이 더 많이 학교폭력에 시달리는 것으로 나타났다. 자기보고식 가해경험 조사상에서는 민족집단 끼리 유의한 차이를 보이지 않았고, 어떤 유형의 행동을 가해 행위로 간주하는 지에 대한 인식 차이도 발견되지 않았다. 하지만 가해경험과 관련하여 학교 마다 차이점은 발견되었으며, 민족성의 기능에 대한 인식 측면에서도 차이점이 드러났다.

가해경험과 관련하여 성정체성과 민족성 간의 상호작용 효과가 나타나기도 했다. 따라서, 가해 경험에 관한 자기보고식 결과가 민족 집단 별로 비슷하게 나왔어도, 소수집단에 속한 학생들은 주류집단 학생들 보다 소수 집단의 학생들이 더 피해를 받는다고 인식할 수 있다는 것이다. 또한 소수민족 학생들이 스스로 보고한 가해 행위는 학교 환경이나 성별에 따라 달라질 가능성도 있다.

영국에서 10대 힌두교인, 인도계 무슬림, 파키스탄 학생들을 대상으로 한 가해경험 연구에서, 민족성, 종교적 모임, 가해 행위 간 상호작용과 관련해 독특한 결과를 밝히게 되었다(Elsea & Mukhtar, 2000). 이 주제와 관련하여 학교 측에서 난색을 표한 경우가 있어, 연구진은 학교 외에도 사원이나 모스크에서 대상자를 모집했다. 각 집단의 학생들은 백인 학생들에게 비슷한 수준으로 괴롭힘을 당한 것으로 나타났다. 하지만 피해자들에 의하면 다른 종교나 민족적 배경을 지닌 다른 아시아계 학생들한테 더 많이 괴롭힘을 당한다는 식의 소문이 있었다. 힌두교 학생들은 파키스탄 학생들한테 괴롭힘을 당한다고 응답했고, 인도계 무슬림과 파키스탄 학생들은 힌두교 학생들한테 피해를 당한다고 보고했다. 게다가 파키스탄 남학생들은 자신들이 인도계 무슬림 학생들한테 제일 많이 괴롭힘 당한다고 했다.

추가적인 분석에 의하면 피해자 민족성과 괴롭힘 간에 유의한 상호작용이 나타났는데, 주로 별명, 피부색, 언어, 신, 예배장소, 종교행사, 음식, 옷이 괴롭힘의 초점이 되었다. 특히, 힌두교 학생들은 신, 별명, 예배장소와 관련하여 괴롭힘을 당했다고 하였다. 인도계 무슬림 학생들은 의복과 관련되어 괴롭힘을 당한다고 하였다. 파키스탄 학생들은 언어, 음식, 의복과 관련해서 괴롭힘을 당한다고 보고했다(Elsea & Mukhtar, 2000). 이 연구 결과에 의하면 현재까지 진행된 백인 위주의 표본 내에서는 민족성에 기반한 학교폭력은 인종민족적으로 서로 다른 집단 내에서 뿐 아니라 비슷한 집단 사이에서도 일어날 수 있다는 점을 알 수 있다.

인종차별적 별명 부르기의 유병률은 같은 주제의 다른 문헌에서도 발견된다. Mooney, Creeser, & Blatchford(1991)은 런던 초등학생 표본 중 65%는 학교 내에서 인종차별적 희롱 사건이 생기고 있다고 믿는다고 응답했다. 아이들이 어떤 방식으로 놀림을 당하는지 물었을 때, 17%는 인종에 대해서 언급했고, 8%는 그들 스스로 인종 때문에 놀림을 받은 적이 있다고 했다. 아프리카 캐러비언계 흑인 학생들이 백인 학생들에 비해 전반적으로 놀림을 더 많이 당했다고 보고했으며, 구체적으로는 자신의 인종에 대해서 놀림을 받았다고 응답했다.

좀 더 최근 연구로는 캘리포니아 큰 도심을 대상으로 한 연구를 들 수 있다. 이 연구에서는 소수민족 중

히스패닉 학생들의 26%가 인종, 민족성, 출신 국가 때문에 괴롭힘을 당한 적이 있다고 응답했으며, 아시아 학생은 22%, 다민족 학생은 18%, 아프리카계 미국 학생은 7%가 그렇다고 대답했다(Lai & Tov, 2004). 호주 학교 학생을 대상으로 한 조사에서도 인종 때문에 생기는 놀림이 있다고 밝혔다(Rigby, 2002). 호주 대륙 원주민 출신 학생은 전체 표본 중 2%를 차지해서, 호주 전 인구 중 원주민이 차지하는 비중과 대략 비슷했다. 호주 원주민 학생의 16% 가깝게 인종차별적 모욕에 자주 노출된 것으로 보고되었다. 이 수치는 비 원주민 학생들이 비슷한 경험 빈도에 대해 12.5%가 나온 것에 비해 통계적으로 유의하게 더 높은 수치다. 하지만, Lai와 Tov 연구에서 주류 집단인 코카시안 학생들이 같은 질문에 대해 36%가 그렇다고 응답했다는 사실도 지적하고 싶다. 따라서 이런 종류의 피해경험은 단순히 인종, 민족, 이민 상태적으로 소수 집단의 학생한테서만 발견되는 일이 아닌 것이다.

때로 어떤 상황에서는 학생들은 누굴 괴롭힐 지, 또 어떻게 그런 학생들을 괴롭힐 지 결정할 때 인종이란 개념을 동원한다. Boulton(1995)은 영국의 도심 지역 초등학생을 대상으로 연구했다. 백인 학생에 비해 아시아계 학생들이 인종 이슈에 대해 더 많은 괴롭힘을 경험했다고 응답했다. 하지만 다양한 학교폭력 유형을 고려했을 때, 아시아인과 백인 학생들은 비슷한 정도로 가해자와 피해자로 지명되었다. 게다가, 이런 일반적인 가해자-피해자 관계는 같은 인종 내에서 성립하는 경향을 보였다.

학교폭력 상황에서 학교 상황이 인종과 민족성과 상호작용할 수 있다. Hanish와 Guerra(2000)는 상기 관계가 존재함을 알아차렸는데, 미국의 두 도심 지역에서 인종과 관계된 피해경험을 추정하기 위해 또래 지명법을 실시한 것이 계기가 되었다. 히스패닉 학생들이 아프리카계 미국 학생이나 백인 학생들에 비해 학교폭력 피해 점수를 더 낮게 받았다. 두 후자 집단은 피해 경험 점수 면에서 비슷했다. 하지만, 학교 상황에 따라 피해경험 양상에 차이가 났다. 백인 학생이 다른 인종의 학생들이 주된 학교에 다닐 때에는 피해 위험률이 상승했다. 아프리카계 미국인 학생들이 아프리카계 미국인 학생들이 주류를 형성하고 있는 학교에 다닐 때에는 피해경험 위험률이 상승했다.

특정 학교 내에서, 소수 및 주류 인종과 민족집단은 학교폭력 양상에 영향을 미칠 수 있다. Graham과 Juvonen(2002)이 미국의 도심 중학교 학생들을 대상으로 연구했을 때, 아프리카계 미국인 학생과 라틴계 학생들이 숫적으로는 교내 주류집단을 형성하고 있었으며, 두 집단 모두 가해자로 제일 많이 지명되었다. 숫적으로 소수 집단이었던 백인, 페르시아인, 중동인, 아시아인, 폴리네시아인, 기타 출신들은 학교폭력의 피해자로 제일 많이 지명되었다.

인종과 민족과 관련된 학교폭력 문제에 대해 분명한 결론을 이끌어내는 것은 아직 불가능해보인다. 왜냐하면 관련 연구 결과를 보면 활용성이 제한되어 있기도 하고, 그 결과도 다양하기 때문이다. 하지만 경향은 파악 가능해 보인다. 다른 추가적인 변수와의 상호작용 때문에, 인종과 민족 변수를 따로 분리시켜 학교폭력 문제를 연구하는 것이 이해의 폭을 좁힌다. 예를 들어, Siann 연구진(1994)은 학교폭력 경험에서 민족에 따른 차이가 나는 경우는 학교 환경이나 성정체성을 각각 따로 관련지을 때 나타났다. 비록 인종 및 민족성과 관련된 학교폭력이 흔히 서로 다른 인종민족적 배경을 지닌 가해자와 피해자 사이에서 발생한다고 여기지만, 같은 인종 집단 내에서도 민족성과 관련된 학교폭력이 일어난 사례가 제시되기도 했다(예: Elsea & Mukhtar, 2000). 일부 학생들은 대단위적으로 봤을 때는 주류집단의 구성원일지라도 인종 문제로 괴롭힘을 당한 사례도 있었다(예: Lai & Tov, 2004). 다양한 연구에 걸쳐, 교내 인종 및 민족적 구성이 어떻게 되어 있는 지에 따라 학교폭력의 경험이 달라진다(예: Graham & Juvonen, 2002; Hanish & Guerra, 2000; Verkuyten & Thijs, 2002). 일부 연구에서는 교내에서 숫적으로 소수인종 및 민족집단을 이루는 학생들이 학교폭력을 제일 자주 경험했다.

이론적 설명 인종, 민족, 이민 상태 등으로 다른 아이들에게 학교폭력을 저지르는 현상은 인종에 대한 태도 혹은 선호도와 관련된 정상적 발달 과정에 근간을 두고 있을 가능성이 있다. 물론, 집단 동일시 과정에서 나타나는 현상일 수도 있다. Aboud 연구진(예: Aboud, 2003; Aboud & Doyle, 1996; Doyle & Aboud, 1995)은 어린 아이들이 자기와 똑같은 인종 집단에 대해 더 긍정적인 태도를 보였으며, 다른 사람들을 인종에 근거해서 분류하는 경향을 보였다는 점을 밝혔다. 아동청소년에서 인종 혹은 민족과 관련되어 편견을 보이는 데에는 집단의 동질성을 유지하려는 경향 때문에 다른 집단의 구성원에게는 비호의적으로 반응하도록 하는 소인이 있기 때문이라고 간주했다(Aboud, 2003). 편견은 5세까지 최고조에 달했다가, 아이들의 인지 처리 과정이 성숙하면서, 자기 집단과 거리가 있는 사람들에 대한 이해도가 개선되는 양상을 보였다(Doyle & Aboud, 1995). Brewer(1999)는 다른 인종집단에 대해 부정적인 태도를 보이는 것으로 여겼던 현상들이 실제로는 아이들이 자기 집단에 대한 호감 수준을 반영하는 것이라고 주장하기도 했다. Aboud(2003)는 이 결론에 대한 근거를 제시했으며, '집단에 속하지 못한 구성원은 노골적으로 적대감을 받는 것 보다 비교 때문에 더 고통을 받는다.'라고 첨언하기도 했다(p.56). Boulton(1995)은 이런 집단내 및 집단외 동일시가 궁극적으로 집단외 구성원에 대한 기계적인 부정적 태도를 발달시키는 주된 요인이라고 주장했으며, 이런 이유로 집단 간에 건강한 상호작용을 꺼려한다고 하였다. Graham과 Juvonen(2002)은 초등학교 기간 동안 집단 동일시 현상이 발달하는 것을 인식했지만, 이런 현상이 더욱 견고해진다고 결론 내렸다. 이 연구진에 따르면 아이들이 사춘기로 접어들어 중고등학교에 들어가면 학교폭력에 대해 더 의미를 느낀다고 하며, 아이들은 발달학적으로 특징적일 만한 또래문화를 통해 자신의 정체성을 규정짓고자하는 경향을 보인다는 것이다.

만약 자기 집단과 동일시하는 것이 일종의 정상적인 발달 과정이라면, 다른 집단에 대한 적대감이 생겨나는 데에는 어떤 조건이 혹은 어떤 이유가 작용할까? 왜 학생들은 처음에 자기 집단구성원들에 대한 단순한 호감에서 다른 집단에 대한 편견을 가졌다가 그리고는 가해 행위 표출로 옮겨가는 이유가 무엇일까?

Nesdale(2002)은 아이들을 편견 발달에 대한 설명을 제시했는데, 이 설명에는 Aboud와 다른 학자들의 사회적 인지 이론을 포함되어 있고 사회적 정체성 이론도 통합되어 있다. 사회적 정체성 이론은 한 개인이 자신의 자존감을 더 보강하기 위해 사회적 지위가 더 높은 사람들과 자기 자신을 동일시하고 싶어한다고 설명한다. Nesdale의 설명 체계상, 민족적 편견을 지닌 아이들은 다음 4가지 발달 단계를 거친다고 보고 있다.

1. **미분화 단계**: 걸음마 단계에서는 인종과 관련된 자극을 따로 구분해서 받아들이지 못한다. 아이들의 시선에 따라 아무 환경적 자극에 반응한다. 색깔에 대한 구분 능력을 획득한다.
2. **민족성 자각 단계**: 3세 전후로 발생하며, 다문화 지역사회에서는 더욱 더 이런 특징이 부각된다. 어른들이 집단외 구성원에 대해 지니는 시각도 아이들의 자각에 영향을 준다. 예를 들면 '저 사람은 피부가 검다. 저 사람은 아프리카계 미국인이야.' 이를 통해 아이들은 특정 집단에 소속되는 것이 중요하다는 점을 느끼게 된다. 이런 인식은 6~7세까지 견고해진다.
3. **민족성 선호 단계**: 아이들은 자기 집단에 속한 구성원에 대해 사회적인 선호도를 보이는 것으로 나타났다. 이런 선호도는 경한 편으로, 꼭 다른 집단에 대한 적개심을 동반한다는 뜻은 아니다. 친구관계와 놀이 관계 선호도는 꼭 민족성과 무관해 보이며, 성정체성에 비하면 민족성은 무시할 정도로 보인다.
4. **민족성 편견 단계**: 이 단계에는 3가지 중요한 요소가 들어가 있다.
    1) 민족 항상성 개념에 대한 획득, 또는 민족성이 영원하며 늙는다고 변하는 것이 아님을 깨달음.
    2) 다른 집단의 구성원들의 시각을 공유하거나 공감할 수 있는 능력 획득 실패.

3) 아이들이 속한 사회적 환경에서 만연하고 있는 믿음 체계가 주는 영향.

Nesdale(2002)은 아이들이 민족성 선호 단계에서 능동적 편견으로 이행할 때, 아이들을 둘러싼 사회적 환경 내에 얼만큼 편견적 시각이 만연한지가 중요한지를 관찰했다. 또한 아이들이 목격하는 집단간의 경쟁과 갈등 정도도 영향을 미치고, 아이들 집단에서 인식하는 사회적 위협 수준도 영향을 미친다. 물론, 현재 연구 자료들은 주로 어른들을 상대로 한 것이긴 하지만 말이다. 그럼에도 불구하고 이런 요인들은 영향력이 있다. 이 모델에서는 아이들이 지닌 민족성에 대한 시각은 자기 자신의 믿음과 태도를 반영한다. 이는 꼭 부모의 시각이나 사회적 환경 속 다른 구성원들의 시각을 반영하는 것은 아니다. 일부 아이들은 소수민족에 대한 부정적인 믿음이나 행동 체계를 따라가지 않겠다고 선택하는 경우도 있다. 일종의 도덕적 판단에서 말이다.

문제는 민족성과 관련된 학교폭력을 저지르는 사람들 대다수가 민족적 편견이 있는지 여부를 경험적으로 검증하지 않았다는 점이다. 편견은 지니고 있지만 민족성과 관련해서 학교폭력을 저지르지 않을 가능성도 존재한다. 반대로 편견은 없지만 다른 민족집단을 괴롭히는 쪽으로 선택할 수도 있는 것이다.

앞으로 연구 과제

넓게 보자면, 이민자와 인종민족적 학교폭력에 대한 연구가 더 많이 이루어져야 한다. 더 구체적으로 말하자면, 이런 유형의 가해 및 피해 사례의 유병률을 확립하기 위해서는 더 많은 자료가 수집되어야 한다. 분명, 본 유형의 학교폭력은 존재하지만, 다른 유형의 학교폭력에 비해서는 연구자들의 주목을 잘 받지 못했다. 자료를 수집해서 체계적으로 분석하기 위해, 이민자 학교폭력과 인종민족적 학교폭력 정의에 대해 서로 협의가 이루어져야 한다. 게다가 본 연구 주제에 해당되는 집단 정체성에 대해서도 가능한 한 구체적으로 명시되어야 한다. 본 연구의 저자들은 연구 대상자들의 정체성이 부정확해서 종종 개탄을 금치 못했었다.

가용한 자료에서 유추한 경향을 참고했을 때, 이민자 및 인종민족적 학교폭력은 다양하고 구체적인 변수들의 상호작용으로 생겨나는 것으로 보인다(예: 학교 건물 내에 주류 및 소수 민족의 규모, 언어 또는 문화적 차이 정도). 기여 요인 전반에 대해서 밝혀져야 하고, 그 각각의 변인들이 어떤 영향을 미치는지에 대한 연구도 필요하다. 특히, 이민 상태와 인종과 민족성에 대한 편견과 차별적 학교폭력 행위 간에 어떤 관계를 지니고 있는지 탐색해야 한다. 이론적으로, 학생들의 태도는 학생들을 둘러싼 사회적 환경의 영향을 받는다. 일부 연구자들은 사회에 만연하는 카스트 체계, 인종차별주의, 종교적 및 정치적 긴장상태가 아이들의 학교폭력 문제에 반영된 것으로 지적하기도 한다(Elsea & Mukhtar, 2000; Verkuyten & Thijs, 2002). 아이들은 이미 사회에서 통용되는 믿음 체계에 순응할 수도 있고, 도덕적 판단을 통해 사회적 통념에 맞설 수도 있다. 그렇다면 사회적 통념이 해당 지역에 거주하는 학생들의 편견과 그 행동에 얼만큼 영향을 줄까?

학교 상황도 이민자 및 민족성과 관련된 학교폭력에 잠재적인 영향을 주는 변인으로 지명되었다. 이런 유형의 학교폭력과 관련하여 학교 분위기와 학생 참여 양상에 대해 검증되어야 한다. 또한 학교와 학급 내 이민자, 인종, 민족 구성이 이런 유형의 학교폭력이 생겨날 수 있는 배경으로 작용할 수 있다. 아마 이민자 및 인종민족적 학교폭력의 양상이 도시와 시골이 서로 다를 수도 있다. 이런 가능성에 대해 앞으로 과학적인 탐색이 반드시 필요하다.

이민 상태, 인종, 민족성을 겨냥한 학교폭력이 좀더 개인적인 특징(예: 작은 키, 인식된 성정체성) 때문에 생기는 학교폭력에 선행하는 지는 미지수다. 비록 이 효과는 어느 정도 작아보이나, McKenney등(2006)은 민족성과 관련된 피해로 인해 내현화 및 외현화 행동 문제에 영향을 받는다고 하였다. 아마도 인종과 민족성은 고정불변이기 때문에 파괴적인 효과를 지닐 수 있다고 생각한다. 가해자와 가피해자들의 인종민족적 가해 행위가 부정적인 영향을 준다는 연구도 있으며, 이는 높은 수준의 내현화 및 외현화 문제를 안겨준다(Pepler 등, 1999). 이민자 학생들은 이런 종류의 학교폭력에 대해 더 큰 피해를 받는 것으로 보인다. 이들은 이민에 따른 직접적인 적응 외에도 새로운 문화에 대한 적응 문제와 세대간 갈등도 함께 겪게 된다.

실무를 위한 제언

일반적인 학교폭력에 대한 학교 기반 개입법은 이미 개발되어 그 효과성에 대해 검증을 받고 있다(Limber, 2006; Rigby, 2006). 하지만 이민자나 인종민족적 학교폭력에 대한 상기 개입법의 효과성은 아직 경험적으로 검증되지 못했다. 이 분야를 맡고 있는 전문가들은 복잡하고 상대적으로 잘 알려지지 않은 학교폭력 현상과 씨름하고 있으며, 각 개별 사례에 적용할 수 있게 하는 것이 필요하다. 교내 행동 규칙에는 본 챕터에서 제시한 인종민족적 및 이민자 학교폭력에 대한 정의도 공식적으로 포함되어야 한다. 사건 발생률에 대한 자료도 유지 관리되어야 한다. 이민자 학생과 소수인종/민족집단에 속한 학생들이 교내에 믿을 만한 어른이 최소한 한 명이라도 있다고 느낄 수 있도록 해야 한다. 이 직원은 이런 부류의 아이들 출신 문화에 익숙해야 하고 학생들이 쓰는 언어에도 능숙해야 한다. 또한 이런 유형의 직원은 학생들의 학교폭력 신고에 능숙하게 대응하고 조치를 취할 수 있어야 한다. 표 17.1은 실무를 위한 제언을 요약해놓은 것이다.

이민자, 소수인종 또는 민족집단 학생들이 존재한다고 해서 꼭 집단간 학교폭력이 발생하고 있다는 뜻은 아니다. 그래서 교사와 학교 운영자들은 구체적으로 기획된 학생 설문조사와 학생 포커스집단을 활용하여 국지적인 문제가 없는지 살펴봐야 한다. 학부모와 소수인종 혹은 민족집단과 친밀한 관계를 지니고 있는 지역사회 리더들은 학교 직원과 만날 기회를 가질 수 있어야 한다. 이를 통해 모든 학생 집단에 대해 안전하고 지지적인 학교 분위기를 조성할 수 있어야 한다. 다문화 교육을 통하여 소수민족의 문화, 언어, 전통에 대해 인지하고 납득할 수 있도록 하면 이들에 대한 이해와 수용의 폭을 넓힐 수 있을 것이다. 물론, 다문화 교육 체계에 있어서도 근거 중심의 실무가 이루어져야 하며, 이민자 및 인종민족적 학교폭력 문제애 대한 교육 효과도 모니터링할 수 있어야 한다. 상기 목적을 위해 국립사회연구위원회(The National Council for the Social Studies; www.socialstudies.org/positions/multicultural/)와 같은 신뢰할 만

표 17.1 인종, 민족성, 이민 상태에 따른 학교폭력 역동 : 실무를 위한 제언

1. 인종, 민족, 이민 상태와 관련된 학교폭력 유병률을 평가하라. 이를 위해 학생 설문조사와 포커스 집단 활용 등이 포함된 연구 절차에 포함되어야 한다.
2. 말투에 대한 부분도 교칙에 포함시켜야 한다. 특히, 인종, 민족성, 이민 상태와 관련된 언어 폭력을 하지 않도록 교칙을 정한다.
3. 기존 문헌에 근거를 둔 학교폭력 프로그램과 업무 절차로 시작하라. 각 학교와 지역에 맞게 적절하게 수정하는 것도 필요할 수 있다.
4. 학부모와 지역사회 리더에게 협력의 기회를 제공하라.
5. 교내에 지원군이 될 수 있도록 적정한 지식과 기술을 가진 어른이 누가 있는지 파악하라. 소수집단 학생들이 이 어른에게 학교폭력에 대한 근심을 털어놓을 수 있어야 한다.
6. 현재 진행되는 교과 과정을 평가하고, 가능하면 다문화 교육을 보강할 수 있는 만큼 보강하라.

한 기관의 가이드를 받을 수 있다.

◻ 알 림 ◻

본 저자들은 마이애미와 플로리다 고등학교 학생들에게 감사를 표한다. 학생들은 본 챕터 내용을 구성할 수 있도록 자발적으로 관찰 자료를 제공해주었다. 또한 우리는 우리 대학원 학생인 사라에게 감사드린다. 그녀는 인종민족적 및 이민자 학교폭력 경험을 정직하게 알려주었다. 그녀의 정직함, 용기, 회복탄력성 덕에 많은 이들이 영감을 받으리라 기대한다.

참고문헌

Aboud, F. E. (2003). The formation of in-group favoritism and out-group prejudice in young children: Are they distinct attitudes? *Developmental Psychology, 29*, 48-60.

Aboud, F. E., & Doyle, A. B. (1996). Does talk of race foster prejudice or tolerance in children? *Canadian Journal of Behavioral Sciences, 28*, 161-170.

Boulton, M. (1995). Patterns of bully/victim problems in mixed race groups of children. *Social Development, 4*, 277-293.

Brewer, M. B. (1999). The psychology of prejudice: In-group love or out-group hate? *Journal of Social Issues, 55*, 429-444.

Doyle, A. B., & Aboud, F. E. (1995). A longitudinal study of White children's racial prejudice as a social cognitive development. *Merrill-Palmer Quarterly, 41*, 210-229.

Elsea, M., & Mukhtar, K. (2000). Bullying and racism among Asian schoolchildren in Britain. *Educational Research, 42*(2), 207-217.

Global Commission on International Migration (GCIM). (2005, October). *Migration in an interconnected world: New directions for action*. Retrieved January 2, 2007, from http://www.gcim.org

Graham, S., & Juvonen, J. (2002). Ethnicity, peer harassment, and adjustment in middle school: An exploratory study. *Journal of Early Adolescence, 22*(2), 173-199.

Hanish, L. D., & Guerra, N. G. (2000). The roles of ethnicity and school context in predicting children's victimization by peers. *American Journal of Community Psychology, 28*, 201-223.

Lai, M., & Tov, W. (2004). *California Healthy Kids Survey 2002 Analysis*. Oakland, CA: Asian Pacific Islander Youth Violence Prevention Center, National Council on Crime and Delinquency.

Limber, S. P. (2006). The Olweus Bullying Prevention Program: An overview of its implementation and research base. In S. R. Jimerson & M. J. Furlong (Eds.), *Handbook of school violence and school safety* (pp. 293-307). Mahwah, NJ: Erlbaum.

McKenney, K. S., Pepler, D., Craig, W., & Connolly, J. (2006). Peer victimization and psychosocial adjustment: The experiences of Canadian immigrant youth. *Electronic Journal of Research in Educational Psychology, 9*(4), 239-264.

Mooney, A., Creeser, R., & Blatchford, P. (1991). Children's views on teasing and fighting in junior schools. *Educational Research, 33*(2), 103-112.

Nesdale, D. (2002). Social identity and ethnic prejudice in children. In D. Gabb & T. Miletic (Eds.), *Culture, race, and community: Making it work in the new millennium*. Retrieved January 17, 2007, from http://www.vtpu.org.au/resources/publications/ conferencepapers/crc.php.

Olweus, D. (1993). *Bullying at school: What we know and what we can do*. Cambridge, MA: Blackwell.

Pepler, D., Connolly, J., & Craig, W. (1999). Bullying and harassment: Experiences of immigrant and minority youth. (CERIS Report). Retrieved January 11, 2007, from http://ceris.metropolis.net/Virtual%20Library/RFPReports/Pepler1997.pdf

Rigby, K. (2002). *New perspectives on bullying*. London: Jessica Kingsley.

Rigby, K. (2006). What we can learn from evaluated studies of school-based programs to reduce bullying in schools. In S. R. Jimerson & M. J. Furlong (Eds.), *Handbook of school violence and school safety* (pp. 325-337). Mahwah, NJ: Erlbaum.

Schwartz, D., Proctor, L. J., & Chien, D. H. (2001). The aggressive victim of bullying: Emotional and behavioral dysregulation as a pathway to victimization by peers. In J. Juvonen & S. Graham (Eds.), *Peer harassment in schools: The plight of the vulnerable and victimized* (pp. 147-174). New York: Guilford.

Siann, G., Callaghan, M., Glissov, P., Lockhart, R., & Rawson, L. (1994). Who gets bullied? The effect of school, gender and ethnic group. *Educational Research, 36*(2), 123-134.

Strohmeier, D., & Spiel, C. (2007). Immigrant children in Austria: Aggressive behavior and friendship patterns in multicultural school classes. In J. E. Zins, M. J. Elias, & C. A. Maher (Eds.), *Bullying, victimization, and peer harassment: A handbook of prevention and intervention* (pp. 103-120). New York: Haworth.

Tartakovsky, E., & Mirsky, J. (2001). Bullying gangs among immigrant adolescents from the former Soviet Union in Israel: A psych-culturally determined group defense. *Journal of Interpersonal Violence, 16*, 247-265.

United Nations High Commissioner for Refugees (UNHCR). (2006, June). *2005 Global Refugee trends*. Retrieved January 2, 2007, from http://www.unhcr.org/statistics.

Verkuyten, M., & Thijs, J. (2002). Racist victimization among children in The Netherlands: The effect of ethnic group and schools. *Ethnic and Racial Studies, 25*, 310-331.

18

교실 너머의 학교폭력
스포츠의 역할

ANNEMATT L. COLLOT D'ESCURY AND AD C. M. DUDINK

학교폭력에 시달리는 아이들은 자기 보호 차원에서 스포츠를 찾는 경우가 많다. 하지만, 스포츠를 한다고 학교폭력으로부터 과연 안전할까? 아니면 더 안 좋아질까? 자기보호효과를 기대하고 많이 찾게되는 스포츠 중 하나로 유도가 있다. 한 학부모는 이렇게 말했다. '짐은 자신감이 더 필요해요. 유도가 적당할 것 같네요.' 정말로 유도 같은 것을 배우는 게 좋은 일일까? 아니면 되려 상황을 더 악화시킬까? 짐은 학교에서 학교폭력을 당하고 또 유도 교실에서 또 한번 더 왕따를 당할 수도 있지 않을까?

본 챕터에서 우리는 과연 스포츠는 학교폭력 보호효과가 있는지에 대해서 알아볼 것이다. 그간 스포츠 상황에서 학교폭력 문제가 연구되어 왔다(Endresen & Olweus, 2005). 그 결과, 우리 예측 대로 학교에서 괴롭힘을 당하는 아이들 대부분은 스포츠 상황에서도 괴롭힘을 당한다. 스포츠는 학교폭력으로부터 아이들을 꼭 지켜주는 것은 아니다. 오히려, 스포츠를 하는 것이 가해 행위 노출에 더 취약해 질 수 있다. 이는 학교 교사들이 학교폭력에 대해 관여하는 것만큼 스포츠 코치들이 학교폭력에 관여하지 않는 탓도 있고, 아이들도 코치랑 의사소통하는 경우가 상대적으로 더 적기 때문이다. 그래서 아이들 입장에서는 코치를 가해자로 느낄 수 있으며, 코치들은 일반 교사에 비해 학교폭력에 대한 인식수준이 낮을 수 있다(Endresen & Olweus, 2005). 스포츠 코치들 상대로 학교폭력의 징후와 그 개입법 홍보 활동이 스포츠 교실의 중요한 일이 되어야 한다. 만약 코치들이 학교폭력을 확인하고 대응을 하지 못한다면, 그래서 아이들이 스포츠 상황에서도 괴롭힘을 당한다면, 양을 사자굴에 집어 넣는 것과 다를 바 없다. 제일 중요한 점은 특정 스포츠 종목을 권유하는 것도 아이의 각 개성에 맞게 이루어져야 한다는 점이다.

학교폭력에 대한 개괄

학교폭력은 드문 현상이 아니다. 학교폭력에 연관된 아이들은 총 6~60%에 이른다(Espelage & Swearer, 2003). 이는 사실상 모든 학교와 교실 마다 적어도 2명 이상의 학생들은 학교폭력을 어떤 형태로든 경험한다는 뜻이다.

유병률 추정에 있어 이렇게 차이가 많이 나는 것은 학교폭력에 대해 연구자들이 서로 다른 정의, 분류 기준, 측정 도구를 사용했기 때문일 수 있다(Solberg, Olweus, & Endresen, 2007). 학교폭력은 자기보고 방식으로 측정되는 경우가 제일 많다. 학교폭력은 다음과 같이 정의한다: '한 사람이 지속적이고 반복적으로 다른 사람(들)에게 부정적인 행위를 당했을 때 괴롭힘을 당한다고 하거나 학교폭력 피해자가 되었다고 한다' (Solberg 등, 2007).

이 정의에 따르면 아이 한 명은 주로 같은 사람 혹은 집단에 여러 차례, 또 오랜 기간 동안 괴롭힘을 받아야 된다.

하지만, 괴롭힘을 당한다는 것은 일종의 주관적인 경험으로, 학교폭력의 몇몇 측면은 개인의 주관적 해석에 따라 달라질 수 있다. 예를 들면, '부정적 행위'라든지, '반복적으로' 같은 대목이 여기에 해당된다. 우리는 단 한번의 경험만으로도 매우 강렬하고 만성적인 영향을 줄 수 있다고 주장한다. 본 챕터를 통해 우리는 학교폭력의 피해자들은 매우 강렬한 감정을 경험할 수 있으며, 이런 감정은 수 년 간 지속될 수 있다는 점을 밝히고자 한다. 따라서, 이런 유형의 대상자도 연구 조사에서는 괴롭힘을 당한 것으로 나온다. 주관적 경험에 대해서 말하자면, 아이들 말이 맞을 지도 모른다. 왜냐하면 아이들은 자신이 계속 괴롭힘 당해왔다고 느끼기 때문이다. 만약 아이들이 정말로 공포를 느꼈다면, 또 아이들이 정상적인 사회적 기능을 함에 있어 큰 지장을 받았다면, 학교폭력은 상당한 기간 동안 상당한 영향력을 미친 셈이다. 물론, 똑같은 사람한테만 학교폭력을 여러 차례 당하지 않았더라도 말이다. 일정 기간 동안 지속적으로 괴롭힘을 당해온 피해자나 한 방에 큰 트라우마적인 학교폭력을 경험한 피해자나 그 결과는 똑같을 수 있다. 하지만, 서로 다른 종류의 학교폭력을 경험한 것일 수는 있다. 그래서 보고율이 서로 차이가 날 수 있다. 또한 관계적 폭력의 피해자는 신체적 및 언어적 폭력을 당한 피해자에 비해 서로 다른 유형 혹은 빈도로 응답할 수 있다(Terranova, Sheffield Morris, & Boxer, 2008).

아이들의 학교폭력 경험을 확인하기 위해서 교사들의 보고를 활용할 수 있다. 하지만, 교사들의 보고가 피해자의 경험과 감정을 확인하는 데 있어 항상 정확하다는 보장은 없다. 교사 입장에서는 가해자와 피해자 간에 스쳐 지나가는 미묘한 낌새를 감지하는 것이 어렵다. 그렇다고 교사를 비난할 것은 아닌 것이 가해자와 피해자 관계 안에서만 그 독특한 사회적 상호작용의 의미가 존재하기 때문이다. 그간 연구에 따르면 교사들의 보고는 아이들의 자기보고에 비해 좀 더 보수적인 경향이 있었다. 즉, 아이들의 자기보고에 비해 교사들은 축소 보고하는 경향이 있었다는 뜻이다. 따라서 아이들의 보고가 학교폭력을 측정함에 있어 제일 정직하고 진실한 방법이라고 간주할 수 있다. Olweus(1989)는 자기보고 측정법의 단점을 극복하기 위해 구체적인 질문을 던질 것을 조언한다. 예를 들면, 시간, 장소, 사람, 상황 등을 구체적으로 물어서 정보의 객관성을 높이는 것이다.

학교폭력 프로그램에 관한 개괄

학교폭력 개입 프로그램은 많다. 웹사이트(www.pesten.nl; www.bullying.uk)로 되어 있어 아이들이 소위 전자요법에 참여하여 의사소통을 할 수 있게 한 것 부터 좀 더 구조화된 개입 프로그램까지 다양하게 존재한다(Olweus, 2005). 학교폭력 문제에 대해 어떻게 접근해야 할 지에 대해 많은 권고 사항이 생겨났는데, 통합적으로 프로그램을 운영해야 효과를 보장할 수 있다고 대부분의 연구자들은 입을 모은다(Espelage & Swearer, 2003). 프로그램은 가해자와 피해자 뿐 아니라, 보조자, 협동자, 무고한 방관자나 학교폭력 사실을 알고 있는 아이들 집단까지도 포함시켜야 한다. 또한 프로그램은 학교, 가정, 지역사회를 포괄해야 한다.

통합적인 프로그램이 필요하나, 일부 개입 프로그램은 특별히 방관자에 집중하기도 한다. 예를 들어, 네덜란드(예: SIRE)와 일본(예: AC Collot d'Escury, Wychel & Driessen, 2002)에서는 방관자의 역할을 부각시키는 티비 프로그램이 개발되기도 했다. 이 프로그램에서는 전국적 영웅들이 나와 학교폭력 피해자였음을 밝히고 방관자들이 일어나서 능동적인 역할을 하도록 격려한다. 여기에는 개인들도 포함되어 있는데, 디스코 자키에서 스포츠 영웅까지 등장하여 학교폭력의 피해 사태에 대해 논의하고 자신에게 어떤 심리적 영향을 주었는지도 이야기한다. 결국, 중요한 메시지는 누구나 학교폭력의 피해자가 될 수 있다는 점이다. 디스코 자키나 국내 유명한 스모 선수같이 존경과 권위를 인정 받은 사람들조차 피해자가 될 수 있다는 이야기다. 이는 정말 피해자일 것 같지 않은 사람일지라도 실상은 학교폭력의 피해자가 될 수 있다는 주장을 뒷받침한다. 이런 노력을 통해 네덜란드와 일본은 학교폭력에 대한 인식 수준을 높일 수 있었다. 하지만 이런 인식 수준의 상승으로 학교폭력 문제가 감소했는지 증명하는 것은 어려운 문제다.

앞서 언급한 것처럼 학교폭력은 미묘하게 발생하기 때문에 감지해내기가 어렵다. 더 중요한 점은 아이들이 미묘한 폭력 행위를 알아내고 학교폭력의 부정적인 영향을 깨닫는다고 할지라도, 프로그램을 돌리기 위해서는 예산과 노력이 필요하다. 여기에는 아이들에게 어떻게 학교폭력 상황에서 대응해야될 것인지 가르치고, 어떻게 하면 가해자를 저지하거나 피해자를 지원할 수 있는지 알려주는 것도 포함된다. 이런 개입법의 또 다른 핵심 요소는 자기보존적 사고를 검증하는 것이다. 예를 들면, '내가 개입하면 나한테 무슨 일이 일어날 것인가?' 또는 '내가 과연 다음 피해자가 될 것인가?'와 같은 질문들이다. 비록 티비를 통해 학교폭력에 대한 일반적인 인식도는 증가하였으나, 행동을 바꾸려면 더 많은 노력이 필요하다(Collot d'Escury 등, 2002). 따라서 Olweus Bullying Prevention Programs처럼 일반적인 교육 프로그램을 고려하는 게 필요하다. 이 프로그램은 유명한 개입 프로그램으로 가해자/피해자 문제 감소에 효과가 있다고 주장하고 있다. 또한 능동적인 개입법으로 교사와 학생들이 학교폭력을 감소시키도록 노력하게 한다(Olweus, 2005).

가해자나 피해자를 겨냥한 프로그램은 방관자를 겨냥한 프로그램에 비해서 좀 더 직접적이다. 피해자를 겨냥한 프로그램들은 의사소통, 협력, 자신감, 자기주장에 대한 훈련이 포함된다. 그래서 학생들이 자기가 바라는 바를 명확히 표현할 수 있도록 하고, 효율적으로 주장할 수 있도록 하며, 효과적인 의사소통 기술을 활용할 줄 알며, 적절한 사회적 기술을 활용할 수 있고, 자기효능감을 증진시키도록 한다(Milsom & Gallo, 2006; Olweus, 2005). 이런 체계적인 노력에도 불구하고, 교육 받은 기술을 일상생활에 스스로 응용할 수 있도록 하는 것은 더 어려운 일이다. 일반적인 상황에서 자기 주장을 하는 것은 쉽게 가르칠 수 있지만, 학교 운동장에서 이런 기술을 응용하는 건 어렵다. 특히 가해자들이 활개치는 공간에서는 말이다(Camodeca & Goosens, 2005).

가해 행동을 저지르는 학생들을 겨냥한 프로그램은 종종 인지 왜곡과 인지적 기술 향상에 초점을 맞춘다. 특히, 사회 상황에서 다른 대안을 찾기, 역지사지하기, 인지적 재구성을 시도하기 등이 핵심 요소가 된다(Doll & Swearer, 2006). 또한 공감력 키우기, 사회적 행동의 다른 대안들을 배우기, 자신감 상승 및 분노 조절 전략 개발하기 등이 대다수 학교폭력 예방 및 개입 프로그램에 포함되어 있다(Espelage & Swearer, 2003).

놀랍게도 학부모를 적극적으로 개입시키는 학교폭력 예방 및 개입 프로그램은 거의 없다. 대부분의 임상 분야에서는 아이들한테 보이는 행동문제에 초점을 맞추고 있다. 대부분은 과잉행동주의력결핍장애(attention deficit-hyperactivity disorder, ADHD)와 품행장애와 반항장애다. 이렇게 임상 분야에서 행해지는 개입법을 보면 부모를 적극적으로 개입시키는 비합숙 훈련 프로그램들이 제일 성공적이라고 주장하는 근거를 찾아볼 수있다. 이런 노력은 아이들의 충동성을 감소시키고, 부모-자녀 간의 긍정적 관계를 증진시킬 수 있다. 또한 이런 훈련은 공격성을 감소시키는 데에 도움이 될 뿐만 아니라, 의사소통, 협력성, 참여 등과 같은 사회적 기술을 발전시키는 데에도 도움이 된다(Chronis, Jones, & Rahho, 2007; Pelham, Wheeler, & Chronis, 1998). 이런 임상적 중재와 가해 학생에 대한 개입의 목표가 서로 호환되기 때문에, 부모 지지와 부모 훈련을 통해서 가해 행위를 감소시키는 개입법이 가능할 것이다.

교실 너머의 학교폭력: 스포츠의 역할

자주 언급은 되었지만, 스포츠가 가지는 역할론은 상대적으로 학교폭력 분야에서 연구가 잘 이루어지지 않은 영역이다. 아이들은 다양한 동기를 가지고 스포츠를 하게 된다. 또한 스포츠는 보건 캠페인의 중요한 아이템이자 비만을 퇴치하는 주된 무기다. 스포츠는 심신의 건강을 향상시켜 주는 중요한 수단으로, 스포츠에 참여하는 아이들은 그렇지 않은 아이들에 비해 티비를 적게 보고, 알코올 섭취가 적고, 마약 사용도 적다. 개인 단위에서는 심리학적 강인함과 회복탄력성을 키우기 위한 수단으로 스포츠가 권장된다. 일반적으로 수줍고 위축되어 있으며 사회적 지위가 낮은 아이들은 스포츠를 통해 수줍음을 극복하고 자신감을 키우며 자기주장능력을 확대할 수 있다고 믿고 있다. 이런 시각에 따르면, 스포츠가 학교폭력의 보호요인이 될 법해 보인다.

스포츠에 참여하면 여러가지 혜택을 누릴 수 있다. 일단 운동하는 사람들끼리 서로 의사소통을 하게 된다. 예를 들면, '패스가 너무 느렸어.'라든지, '너무 높이 패스하셨어요.'라든지, '나이스 패스!' 같은 예다. 각자와 의사소통을 하면서, 운동하는 사람들은 서로의 존재를 자각하여, 팀이 승리로 이끌 수 있도록 팀워크를 활성화시킨다. 스포츠의 중요한 특성 중 하나는 신체적 및 정신적 회복탄력성이다. 이는 더 숙련된 팀을 상대하기 위해 투지를 불태워야 되는 상황도 포함될 수 있고, 자기팀 순위를 지키기 위해 신체적으로 계속 단련된 상태를 유지해야 된다는 상황도 포함된다. 이러한 스포츠의 특징은 가치 있는 덕목으로, 학교폭력 문제를 감소시키기 위해 고안된 각종 프로그램들이 지향하는 바이기도 하다(Olweus, 1994; Stevens, De Bourdeaudhuij, & Van Oost, 2000).

스포츠를 통해서 가해 행위를 줄이거나 예방할 수도 있다. 팀 스포츠에서는 학생들은 다같이 협동하고 팀원들을 지원해야 한다. 아무리 기술이 뛰어난 선수라도 혼자서 이길 수는 없다. 심지어 마이클 조던도 자기 힘만으로는 이길 수 없다. 물론 마이클 조던이라면 아마도 거의 혼자서 이기는 게 가능할지도 모르겠다. 팀으로서 계획을 세우고 협동을 해야 상대를 꺾을 수 있다. 어떤 선수든 참여를 못하게 따돌리거나 괴롭힐 순 없다. 왜냐하면 전체 팀의 경기력에 영향을 미치기 때문이다. 팀 스포츠에서 선수들은 자기 자신을 통제하고 분노를 조절하는 법을 배워야 한다. 만약 선수가 아무렇게나 공을 찬다면, 전체 경기의 질이 떨어질 수 있다. 만약 어떤 선수가 다른 사람을 발로 찼다면, 아무리 상대가 짜증나게 하고 분노를 자아내는 인물이라고 할 지라도, 그 선수는 퇴장 당할 수밖에 없다. 그 결과로 그 선수, 한 사람 때문에 팀 전체에 불이익을 당하게 된다. 물론 한 선수가 상대방에게 욕을 하거나 심판에게 대든다면, 이 역시 부정적인 상황을 초래하게 된다. 그러므로, 팀 스포츠를 통해 좌절을 극복할 수 있고, 협력하여 좋은 팀원이 될 수 있는 법을 배울 수 있다. 이런 스포츠의 목표는 학교폭력 예방 프로그램의 그것과 별반 다르지 않다.

학교폭력 문제에 대한 개입, 예방, 교정 수단으로서 스포츠를 부각시킬만한 이유는 아주 많다. 하지만, 스포츠가 학교폭력 문제에 도움이 될 소지가 많긴 하여도, 또 다른 측면도 고려해 봐야 한다. 사실, 한 아이가 왜 애초부터 학교폭력을 당하게 되었는지 딱 꼬집어서 설명하기 어렵다고 해도, 아이가 지닌 특성이 학교폭력 피해의 한 원인이 될 수 있다(Camodeca & Goossens, 2005). 스포츠 영역에서 성공적이었다면 학교폭력에 대한 보호요인이 될 가능성이 많다. 스포츠는 초등학교와 중고등학교 학생들 사이에서는 자신의 역량을 인정 받을 수 있는 중요한 영역 중 하나다. 아이들이 인정하는 가치 영역을 조사한 연구에서 스포츠는 단연 중요한 영역으로 꼽혔다(Harter, 2001). 스포츠를 잘하는 것은 아이들과 청소년들에게 매우 가치 있는 것으로 평가 받았으며, 또래들에게도 긍정적으로 평가 받을 가능성이 높아지는 것으로 밝혀졌다. 사회적 지위가 낮은 학생들은 뭔가 부실하거나 활동적이지 못하다는 시선을 받을 수 있다. 운동능력이 열등해서 사회적 지위가 낮아진 학생들은 스포츠 능력 부족이라는 명분을 통해 피해자 또는 가해자가 될 수 있다는 것이다. 대신 이런 학생들은 높은 사회적 지위를 쟁취하기 위해 가해자로 변할 수 있다.

스포츠가 지니는 긍정적 가치와 개인적 특성과 관련한 논의 외에도 좀 더 일반적인 관점에서도 스포츠의 역할에 대해서 의문을 품어 볼 수 있다. 스포츠는 협력 보다는 경쟁을 좀 더 조장할 수 있다. 예를 들면, 권투와 레슬링 같이 접촉 스포츠 계열은 실제로 공격성을 부추길 수 있다. 스포츠는 가해 행위를 저지를 만한 기회를 증가시키거나 조장할 수도 있는 것이다. 그리고 스포츠로 인한 만족감은 대체로 승리를 쟁취해야 얻을 수 있다. 하지만, 승리는 패배 없이 존재할 수 없다. 즉, 한쪽이 승리를 통해 즐거움과 만족감을 누린다면, 다른 쪽은 패배의 좌절감을 맛봐야 한다는 뜻이다. 스포츠는 내재적 자극 요소를 지니고 있지만-예를 들면, 라켓의 정가운데에 공을 맞히는 즐거움, 쇼트 트랙에서 풀 스피드로 코너링을 세련되게 빠져나가는 짜릿함 등이 있다-결국 승리가 최종 목표가 된다.

스포츠에 적용되는 많은 규칙들도 좌절감을 안겨줄 만한 바탕이 된다. 판정승과 같은 경기 내 심판들의 결정 사항들은 주관적 해석의 여지가 있어 받아들이기 어려울 때도 있다. 어떤 때는 한 선수가 다른 선수의 진로 방해를 한 것인지, 그저 공을 선점하려고 한 행위였는지 판단하기 힘들다. 또 난해하고 좌절스런 상황으로 스케이팅 같은 육상 경기에서 출발 상황과 관련된 판정도 예로 들 수 있다. 왜냐하면 심판의 해석에 근거해 판정을 내리기 때문이다. 경기 규칙과 판정은 청소년 경기에서 더욱 복잡할 때가 자주 있다. 예를 들면, 청소년기로 가면 경기 규칙이 바뀌는 경우가 있는데, 8세 미만 농구 경기에서는 드리블을 세번까지 허용하지만, 8세 이상부터는 드리블이 2번만 허용되는 것으로 바뀐다. 뿐만 아니라 물건도 바뀐다. 말랑말랑한 공에서 좀 더 단단한 공으로 바뀐다. 경쟁의 수위도 높아진다. 학년이 올라가면 더 큰 경기장에서 경기를 하게 되고, 규칙도 바뀐다. 이런 변화들 때문에 청소년들에게 불안정감과 좌절을 안겨 줄 수 있으며, 공격성과 학교폭력에 대한 명분이 될 수 있다.

스포츠에 참여하는 사람들이 학교폭력에 취약한 또 다른 이유로는 코치들의 특성을 들 수 있는데, 코치들은 학교폭력 예방과 개입 전략에 대해 훈련 받은 적이 거의 없기 때문이다. 코치들이 받는 교육은 주로 스포츠 지식, 테크닉, 경기 운영과 관련된 것이며, 사회적 역량 측면에서는 미숙할 여지도 있다. 네덜란드에서는 스포츠 교육에 대해 청소년의 사회적 기능에 더 관심을 기울이고 있는 추세다. 하지만 트레이너나 코치 교육 분야에서는 평가절하된 영역이기도 하다.

한편으로는 학교에 비해 스포츠에서는 학교폭력이 덜 생길 수도 있다. 스포츠에서는 선수들 간에 공통의 목적을 향해 협동하도록 하지만, 학교에서는 개별적인 목표를 주로 강조한다. 한편으로 스포츠에서는 학교폭력에 대한 위험성을 높일 만한 특징들이 많이 있다. 스포츠는 원래부터 경쟁적이고, 규칙은 항상 분명하지 않으며, 선발 과정은 악몽이 될 수도 있다.

학교폭력에 취약한 아이들한테 종종 권장되곤 하는 스포츠 중 하나는 유도다. 유도 창시자에 의하면 유도에는 두가지 원칙이 있다. 바로 '세이요쿠 제요' 및 '지타 쿄에이'라는 원칙이다. 첫번째 원칙은 기술적인 내용으로, 최소한의 노력으로 최대한의 효과를 끌어낸다는 뜻이다. 두번째 원칙은 도덕적인 내용으로, 유도를 통해 선수들이 더 나은 사람으로 성장할 수 있어야 한다는 뜻이다. 이런 원칙은 학교폭력 행위와 반대되는 것으로, 학교보다는 유도할 때 학교폭력이 덜 생길 것으로 기대된다. 솔직히 말하자면, 이런 원칙 대로라면 아이들이 가해자에 맞서서 학교폭력을 예방하는 주체가 될 수도 있다. 하지만, 유도 또한 고도로 신체적이고 접촉적인 스포츠다. 신체적 스포츠는 도덕적 판단과 음의 상관관계를 지니고 공격성과 양의 상관관계를 지니는 것으로 밝혀져, 유도에서 학교폭력의 위험성이 높아진다(Bredemeier, Weiss, Shields, & Cooper, 1986; Endresesn & Olweus, 2005; Smulders, 2002). 게다가 학교폭력의 피해자 및 잠재적 피해자에게도 유도를 권유받지만, 가해자와 잠재적 가해자에게도 권유가 간다는 점이다. 따라서 유도장에서 가해자와 피해자가 같이 존재한다는 뜻이 된다. Olweus(1994)에 따르면, 잠재적 가해자와 잠재적 피해자가 존재하는 것만으로도 학교폭력의 역동이 시작되기에 충분하다고 한다. 따라서 유도는 학교폭력이 싹틀 수 있는 잠재적 토양이 된다. 가해 행위는 다양한 집단 기전을 통해 자극될 수 있는데, 예를 들면 좌절감, 통제 상실감, 도덕적 규칙 등이다. 그리고 다른 기전을 통해서 이런 현상이 유지될 수 있는데, 예를 들면 침묵의 압력을 조장하는 음모 또는 책임의 분산 등이 있다. 하지만 잠재적 가해자와 피해자가 있다는 것만으로도 중요한 촉발 요인을 갖춘 셈이다. 또한 유도는 개인적인 스포츠로 팀 플레이의 특성이 없고 선수들간의 상호의존성도 없다. 따라서 학교폭력 문제를 억제시킬 긍정적 수단으로 유도가 각광을 받고 있지만, 유도에 참여한 아이들은 결국엔 학교와 유도장 양쪽에서 이중 피해자가 되는 그림으로 끝날 가능성이 있다.

스포츠와 학교의 중요한 차이점 중 하나는 스포츠 환경 구성과 학급 환경의 구성 차이점을 들 수 있다. 또한 대다수의 국가에서 학교 교사를 양성하는 과정과 축구 트레이너나 코치를 양성하는 과정은 서로 다를 수 있다. 학교는 꽤 구조화된 환경으로, 일과가 정해져 있으며 학급 구성과 담당 교사도 안정적으로 확보되어 있다. 이런 특징은 초등학교가 제일 두드러진다. 한편 스포츠에서는 이런 면에서는 상대적으로 느슨한 구조를 가지고 있다. 스포츠에 참여하는 아이들도 달라지고, 트레이너도 달라지며, 적수나 팀원이 바뀔 수 있다. 이런 점 때문에 학교보다 스포츠 상황에서 가해 행위를 적발해내는 것이 더 어려울 수 있다. 학교 교사는 사회정서적 발달에 대해 세세한 교육을 받는다. 예를 들면 관심 끌기 용도로써의 학교폭력 같은 개념 말이다. 코치와 트레이너들은 주로 다양한 스포츠에서 필요한 테크닉이나 경기 전략에 대해서 주로 교육을 받는다. 물론 코치들이 팀 내에서 긍정적인 사회적 상호작용이 일어날 수 있도록 신경은 쓰겠지만, 가해 행위를 알아볼 수 있는 안목을 갖출 수 있도록 훈련받지 않았거나 가해 사건을 인지했다고 하더라도 어떻게 개입해야 되는지에 대해 훈련을 받지 않는다. 따라서 스포츠가 건강한 삶에 지대한 공헌을 한다고 다들 알고 있지만-운동 발달, 민첩성, 심신의 체력, 팀워크, 자신감, 자기주장훈련, 충성심과 헌신, 우정 등 여러 측면에서 도움이 되지만-스포츠는 학교폭력을 조장할 만한 위험요인도 동시에 지니고 있다. 그래서 스포츠를 통해 오히려 자신감이 꺾이거나 순종적 혹은 경멸적 행동이 조장될 수 있다. 그래서 학교폭력과 관련해서 스포츠 분야의 잠재력을 잘 활용하려면 더 많은 연구가 이루어져야 한다.

그러므로 본 연구는 스포츠 내의 가해 사례에 대한 더 자세한 정보를 제공할 목적으로 이루어졌다. 본 연구에서는 네덜란드에서 제일 인기있는 팀 스포츠인 축구에서 생기는 가해 행위와 초등학교에서 아주 인기가 높은 개인 스포츠 종목인 유도에서의 가해 행위를 알아보고자 한다. 가해 사례는 다양한 정보원(예: 아이들과 트레이너 등)이 작성한 자기보고법을 이용해 평가하였다.

방 법

연구 대상자는 네덜란드 내 14개 축구 클럽과 12개 유도 클럽에서 모집하였다. 네덜란드에서 큰 도시인 할렘, 암스테르담, 틸뷔르흐에서 6개 클럽은 실무적인 이유로 연구에 참여하지 못했다. 대상자는 8개 축구 클럽에서 441명의 학생을 모집하였고, 10개 유도 클럽에서 481명의 학생을 모집하였다. 또한 15명의 유도 트레이너에게 질문지를 돌려 자료를 수집하였다.

측정 및 과정

본 연구를 위해 개발된 질문지는 Olweus(1987)의 질문지를 기반으로 하여, 네덜란드 언어로 번역하였다. 그리고 Mooij(1992)가 네덜란드 학교 인구를 상대로 타당도를 검증하였다. Olweus의 질문지에는 학교폭력에 관해 39가지 질문이 포함되어 있다. 여기에는 괴롭힘을 당한 경험, 남을 괴롭힌 경험, 학생들을 괴롭히는 교사 뿐 아니라 친구와 학급내 교우관계에 대한 내용도 포함한다. 예를 들어, 대상자는 다음과 같은 항목에 응답을 했다. '학교에서 아이들이 당신에게 못된 말을 얼마나 자주 합니까?' 이 질문에 대한 답은 5점짜리 리커트 척도로 구성되었고, '전혀 없음'에서 '일주일에 3~4번'까지 선택할 수 있다. 본 연구에서는 축구와 유도 상황을 묻는 질문으로 바꿨다. 그래서 질문 항목 중 4가지를 스포츠 상황에 맞게 구체적으로 변경하였다. 예를 들면, '당신은 당신 트레이너에 괴롭힘을 당한 적이 있습니까?', '누가 당신을 괴롭힙니까?'와 같은 질문으로 변경했다. 트레이너 질문지에는 트레이너 시각을 담은 방식으로 원 질문지와 같은 질문 항목을 이용했다. 예를 들면 '당신은 가해 사건이 생긴 것을 알아차렸을 때 무슨 조치를 취하십니까?'와 같다. 응답은 '이런 적이 없습니다.', '아무 것도 하지 않았습니다.', '사건에 연루된 아이들과 대화를 했습니다.', '모든 아이들에게 이야기를 했습니다.', '기타'와 같다.

스포츠 클럽을 통해 부모 동의를 확보했다. 클럽, 학부모, 아이들은 아주 긍정적으로 반응했는데, 질문지 작성 동의율이 75~80%에 이르렀다. 질문지는 각 개별 클럽 마다 비치했으며, 훈련이 끝나고서나 도장이나 탈의실이나 클럽내 매점에서의 폭력 경험에 대해서 알아보았다.

연구자 중 한 사람이 현장에 파견나가 있으면서, 대상자들의 개별적인 질문에 응답해주었다.

주로 질문을 건 대상자들은 어린 아이들로 질문지에 나와 있는 시간 개념에 대해서 많이 물어왔다. 예를 들면, '작년이 어떤 의미에요? 달력에 나오는 작년이에요? 아니면 스포츠 시즌을 이야기 하는 건가요?' 라든가 '그런데요. 작년에 유도 안 했으면 어떻게 답해야 되요?'라는 식이다. 모든 트레이너들이 질문지에 응답하지는 않았다. 트레이너들은 다른 팀을 또 훈련시켜야 되는 경우가 많았고, 아이들 훈련이 끝난 다음에 스스로 훈련하는 시간도 가지기 때문이다. 15명의 트레이너들에게 응답을 받았다(표 18.1).

결 과

학교폭력 질문지의 타당도

Olweus 질문지 개정판이 얼마나 타당한지 검증하기 위해 주요성분요소분석(principal components factor analysis, PCA)을 시행하여 6가지 요인들이 Olweus가 제시한 요인들과 밀접하게 유사하다는 점을 검증해 냈다. 본 질문지의 유도 및 축구 버전에 대해서도 요인분석을 실시하여 유사한 결과를 얻어냈다. 각 세부

표 18.1 스포츠 종목과 연령에 따른 대상자 구분

스포츠 종목		연령 7, 8, 9	연령 10, 11, 12
유도	48.1	215	266
축구	421	223	198

질문지 항목 척도에 대해 알파계수를 산출하였다(표 18.2). 학교용 질문지와 비교해서, 간접적 학교폭력 쪽 항목을 제외하면, 모든 척도들은 적어도 동등하거나 더 높은 수준의 내적 일관성을 확보한 것으로 분석되었다. 만약 두번째 세부 항목 중 탈의실 내 폭력에 대한 항목을 삭제하면, 알파값은 0.40에 이른다. 간접적 학교폭력에 대한 내적 일관성이 유독 낮게 나오는 이유는 스포츠 상황에서는 간접적 학교폭력이라고 판단하기가 상대적으로 더 어렵기 때문일 것으로 추정하였다.

스포츠 상황에서의 괴롭힘 당한 경험

본 연구 결과에 따르면 학교에서는 61%의 학생들이 가해 행위를 경험했다고 응답한 반면, 스포츠 상황에서는 25.5%의 학생들이 경험한 것으로 나왔다. 가해행위를 최소한 정기적인 사건으로 규정했을 때는 스포츠 상황의 가해 사건 경험률은 10%이며 학교에서는 23%로 나왔다(표 18.3).

축구와 유도 상황에서의 학교폭력 유병률은 거의 똑같다. 그림 18.1은 유도와 축구와 관련된 결과를 각각 제시하였다.

스포츠 집단에서 아이들은 대체로 일주일에 한두 번 정도 만났으며, 일부 사례에서는 다음 회기까지 기간이 길었고, 어린 대상자들은 질문에 응답할 수 있도록 도와준 경우도 일부 있었다. 하지만, 최근 5주간 학교폭력에 대한 경험에 구체적으로 초점을 맞추었을 때, 13%의 아이들은 스포츠 상황에서 학교폭력 당한 경험이 있는 것으로 응답하였다.

스포츠 상황에서 괴롭힌 경험

6%의 학생들이 스포츠 상황에서 다른 아이들을 괴롭힌 적이 있다고 응답하였다. 학교에서는 20%의 학생들이 능동적으로 학교폭력을 저지른 것으로 응답하였다. 스포츠 종목을 분리해서 봤을 때, 가해자의 규모는 유도가 나머지 영역에 비해서 다른 결과가 나왔다. 비록 괴롭힘을 당한 아이들의 비율을 거의 똑같았지만, 유도에서 가해자의 비율은 좀 더 낮았다(표 18.2).

표 18.2 스포츠와 학교용 질문지의 세부 항목에 대한 Cronbach 알파값

세부 항목	스포츠	학교
직접적 가해 행위	.81	.82
간접적 가해 행위	.21 (.40)*	.60
가해 행위	.85	.81
가해행위에 대한 입장	.54	.52
교사/트레이너의 가해 행위	.82	.59
개입/중재 전략	.62	.54

*9번 '탈의실 내 가해행위' 항목이 삭제되었을 때의 Cronbach 알파값.

표 18.3 스포츠와 학교에서의 가해 행위 비율

가해행위	스포츠	학교
전혀없다	74.5%	39%
한두번	16.6%	38%
정기적으로	3.5%	15%
일주일에 한번	3.3%	4%
일주일에 3~4차례	2.1%	4%

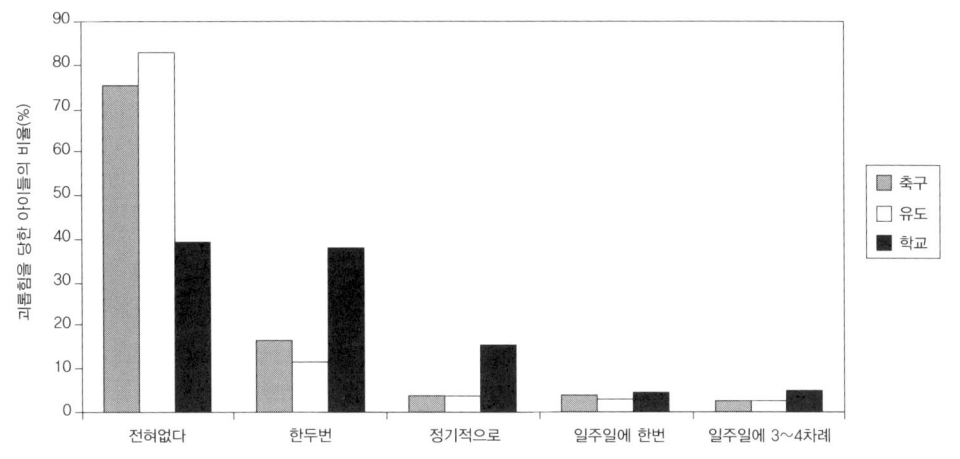

그림 18.1 축구, 유도, 학교별 학교폭력.

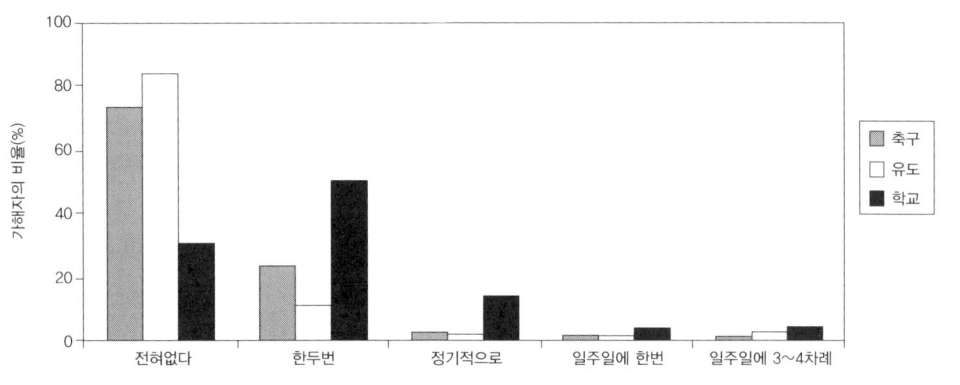

그림 18.2 축구, 유도, 학교 별 가해자.

방관자, 보조자, 방어자

학교 환경에서 아이들을 가해자, 피해자, 가피해자, 방관자로 분류할 수 있다. 방관자의 특성은 광범위하게 다양한데, 아무것도 안 하는 아이들도 있고, 아무것도 안 하긴 하지만 뭔가 나서야될 것 같다고 느끼는 아이들도 있으며, 학교폭력 상황에 개입하거나 방해하는 아이들도 있고, 학교폭력에 가담하는 아이들도 있다(그림 18.3).

스포츠 말고 다른 장소에서 괴롭힘 당하는 경우

스포츠 상황 외에도 아이들이 괴롭힘을 당한 적이 있는지 구분해내기 위해 다음과 같은 질문을 던졌다. '당신은 다른 곳에서 괴롭힘을 당한 적이 있습니까?' 이 질문 항목에 대한 응답 선택지로는 '난 다른 곳에서 괴롭힘을 당한 적이 없습니다.', '네, 내가 사는 동네에서 당했습니다.', '네, 학교에서 당했습니다.', '내가 사는 동네나 학교 말고 다른 곳에서 당했습니다.'

스포츠 상황에서 괴롭힘을 당했다고 응답한 아이들 중에, 65%는 다른 곳에서도 괴롭힘을 당했다고 하

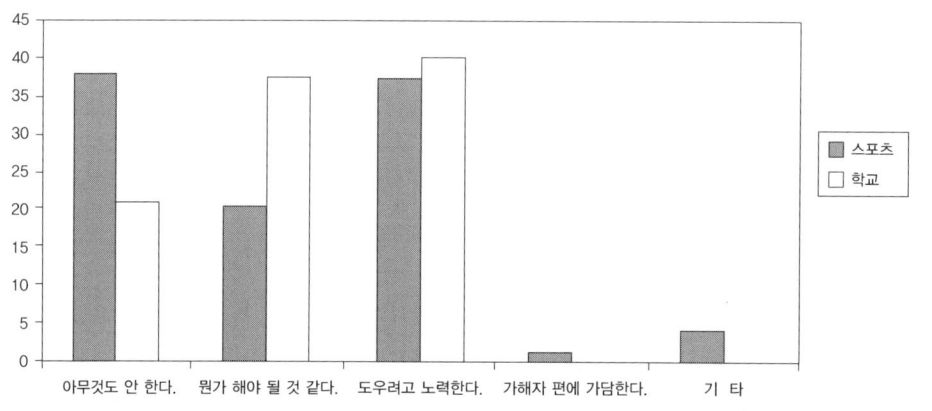

그림 18.3 기타 아이들의 특성 분포.

였고, 35%는 학교에서, 32.3%는 자기 동네에서도 당했다고 응답하였다. 학교용 질문지에는 다음과 같은 질문이 포함되어 있었다. '당신은 다른 곳에서도 괴롭힘을 당한 적이 있습니까?' 학교에서 괴롭힘을 당했다고 응답한 학생들 중 54%는 다른 곳에서도 괴롭힘을 당했다고 응답하였다. 구체적으로 제시하면, 35%는 자기 동네에서, 18%는 그 외 다른 곳에서 당했다고 하였다(학교용 질문지에서는 모든 아이들에게 이런 질문을 했다는 점을 주목하라. 여기에는 학교에서 괴롭힘을 당하지 않은 아이들도 포함된다. 따라서 다른 곳에서 괴롭힘을 당했다고 응답한 학생들의 비율이 학교에서 괴롭힘을 당했다는 아이들에 비해 어느 정도 높게 나올 수 있다). 오직 36%의 아이들만 학교에서든 스포츠 상황에서든 괴롭힘을 당하지 않았다고 응답했다. 즉, 이들은 다른 곳에서 괴롭힘을 당했다는 뜻이다; 23%는 학교에서 당했다고 하였으며, 13%는 자기 동네에서 당했다고 하였다(그림 18.4).

학교폭력과 우정에 대한 영향

학교폭력을 당한 아이들은 그렇지 않은 아이들에 비해 친구가 적고 외로움을 더 호소한다. 피어슨 상관관계 분석에 따르면, 학교폭력 피해경험과 외로움($p<.005$), 피해경험과 친구없음($p<.005$), 피해경험과 또래들의 호감획득실패($p<.005$)간에 유의한 관계가 확인되었다.

교사와 트레이너: 이들은 개입을 하는가?

아이들 중 20%는 교사들이 학교폭력 사건에 개입한다고 응답하였다. 70%는 학교폭력 사건이 생겼을 때 교사에게 이야기한다고 하고, 60%는 부모에게 알린다고 한다. 스포츠 상황에서는 7.6%의 아이들은 자기 트레이너가 개입한다고 응답하였으며, 14%의 아이들은 트레이너에게 이야기를 하고, 21% 아이들은 부모에게 알린다고 한다(그림 18.5).

트레이너

트레이너들에게는 스포츠 상황에서 얼만큼 학교폭력 사건이 일어난다고 생각하며, 얼마나 자주 개입했는지 물어보았다. 트레이너는 20%의 학생들이 괴롭힘을 당하며, 전체 사례 중 81%는 개입을 했다고 응

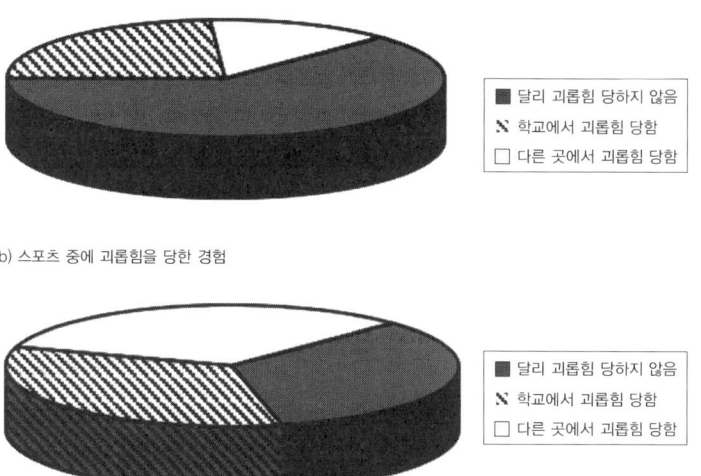

그림 18.4 다른 곳에서 괴롭힘 당한 경험.

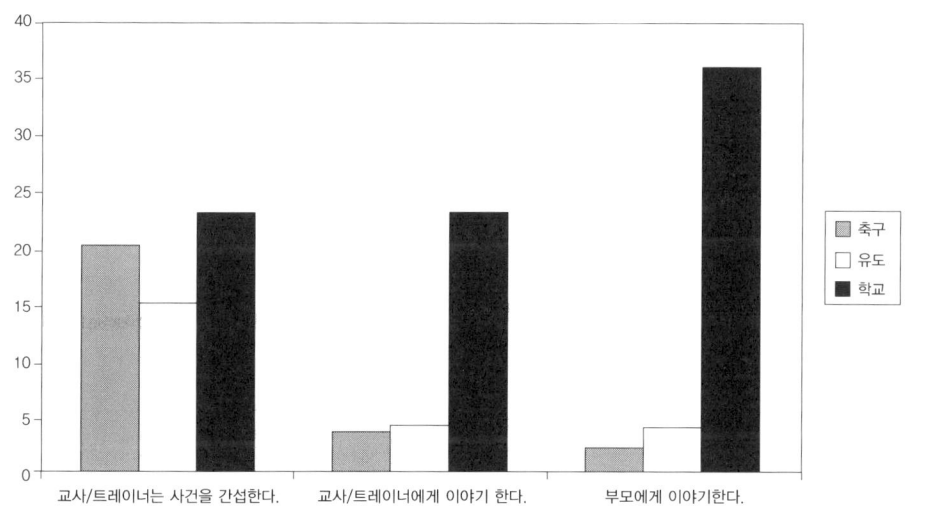

그림 18.5 교사와 트레이너의 간섭 비율, 교사/트레이너 및 부모와의 의사소통 비율.

답했다(그림 18.6).

고 찰

개정판 질문지는 스포츠 상황의 학교폭력 문제를 측정하는 데 타당한 도구로 보인다. 내적 일관성은 스포츠 상황이나 학교 상황에서도 거의 똑같았다. 이런 점은 스포츠 전반이나 유도 및 축구를 개별적으로

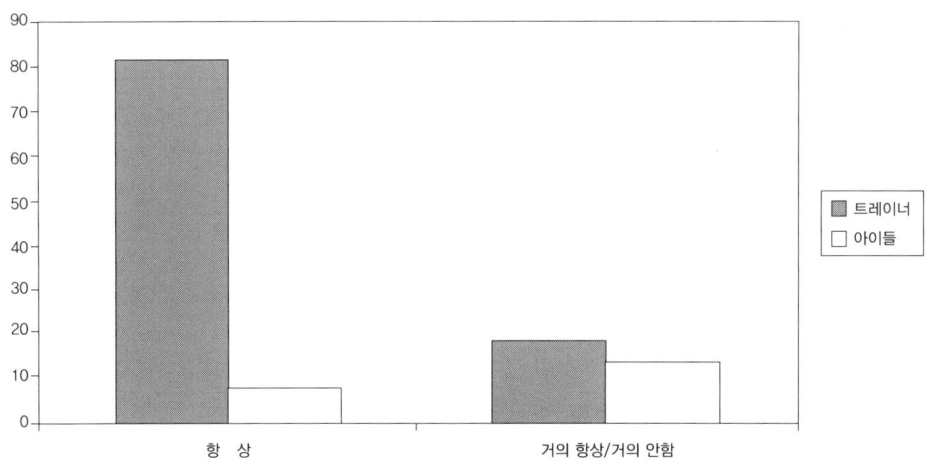

그림 18.6 트레이너와 아이들이 본 개입 정도.

분석했을 때도 비슷했다. 따라서 본 질문지는 스포츠 상황에서의 학교폭력 문제를 측정함에 있어 심리계측학적으로 괜찮은 도구라고 볼 수 있다.

전반적으로 스포츠 상황이나 학교 상황이 그리 다르게 보이지 않는다. 구체적으로 설명하자면, 양쪽 상황 모두 가해자와 피해자로 확인된 규모를 보면 비슷한 비율을 보인다. 하지만, 시간 조건 때문에 이 결과를 오해할 여지는 있다. 예를 들면, '학교에서 일주일에 한번 괴롭힘을 당했다.'라는 것은 5일 출석 중 하루를 뜻하는 것이겠지만, 스포츠 상황에서는 1~2일 출석 중 하루를 뜻한다. 어린 아이들 경우, 대부분 유도 시합에 나가지 않을 수 있기 때문에 또 상황을 달리 해석해야 될 수도 있다. 하지만, 본 연구 결과를 봤을 땐 학교에서 비해서 스포츠 상황이 꼭 안전하다고 볼 수는 없다.

학교폭력에 대한 방어는 반드시 교사와 트레이너들이 나서야 한다. 하지만 본 연구 결과를 보면 아이들은 트레이너들한테는 거의 이야기 하지 않는다. 오직 14%의 아이들만 트레이너에게 알리는 반면, 교사들에게는 70%의 학생들이 알린다. 아이들은 학교 보다는 스포츠 상황에서 괴롭힘을 당했을 때 부모에게 적게 알린다(스포츠 21% 대 학교 60%). 아이들은 교사에 비해 트레이너들이 훨씬 적게 개입을 한다고 응답했다. 아이들 중 20%는 자기 교사들이 개입을 했다고 응답한 반면, 트레이너들이 개입했다고 응답한 아이들은 7.6%에 불과하다. 아이들 응답과 대조적으로 트레이너들은 자신들이 가해 사례가 발생했다고 인지했다면 항상 또는 거의 항상 개입을 했노라고 응답했다(항상 81.7% 및 거의 항상 17.3%). 아이들 상당수는 자기 트레이너들이 자신을 괴롭혔다고 응답했다. 이 질문은 학교용 질문지에는 포함되지 않았다. 그러므로 스포츠를 통해 학교폭력 문제를 해결해보고자 하는 것은 시기상조다.

스포츠에 참여하는 아이들은 이중 타겟이 되는가? 한 상황에서 괴롭힘을 당하는 아이들은 확실히 다른 상황에서도 괴롭힘 당할 위험이 높다. 스포츠 상황에서 괴롭힘을 당하는 아이들 중 65%는 다른 곳에서도 괴롭힘을 당한다고 응답한 반면, 괴롭힘을 당하지 않은 아이들 중 36%에서만 다른 곳에서 괴롭힘을 당했다고 했다. 한 곳에서 괴롭힘을 당하면 다른 곳에서도 괴롭힘 당할 위험이 높아지는 것이다. 이런 원리는 학교에서도 똑같이 적용된다. 하지만 다른 곳에서 괴롭힘 당할 비율은 스포츠 상황에 비해 현저히 낮다. 이런 결과를 봤을 때 기존의 스포츠교육시스템이 학교폭력에 대한 보호 기능을 제공하고 있는지 의문이 들 수밖에 없다.

우리는 주로 최고의 선수들로 구성된 1군 팀과 2군 팀의 차이를 구별해보지 않았다. 이런 작업은 여러

가지 이유에서 중요할 것 같다. 첫째, 1군 팀에 배정되는 트레이너는 더 전문적인 사람들이다. 이들은 학교폭력에 대해 조금이라도 교육을 받은 사람들이다. 보통 1군 팀에는 배정된 직원 규모가 크다. 트레이너, 코치, 매니져 등이 붙어있지만, 2군 팀에서는 보통 한명의 코치 또는 트레이너가 배정된다. 2군 팀 또는 하위 팀에서는 상급 팀에 비해 지독감독을 해줄 어른들이 부족하기 때문에 학교폭력 사건을 더 많이 경험할 수 있다. 둘째, 1군 팀은 보통 더 경쟁적인 목표를 지니고 있고 적용되는 규정 또한 더 많다. 하위 팀에서는 규칙이 좀 더 느슨하게 적용되고 선수들 간의 차이도 더 크다. 규칙이 불명확할 수록, 학교폭력 사건은 더 잘 생길 수 있다. 마지막으로 괴롭힘을 당하는 이유는 운동 실력이 떨어지기 때문이다. 다르게 표현하자면 괴롭힘을 당하지 않은 이유는 스포츠 실력이 좋기 때문이다. 아이들이 스포츠 분야로 의뢰되는 이유 중 하나는 학교에서 괴롭힘을 당한다는 것인데, 보통 이런 경우 스포츠 선수로서의 능력은 부족하다. 이런 부류의 아이들은 결국 하위 팀원으로 끝날 가능성이 크고, 1군 팀으로 선발될 가능성도 적다. 따라서 취약한 아이들 집단(가해자든 피해자든)은 학교폭력으로 부터 보호기능을 제대로 갖추지 못하고 조직 구성이 상대적으로 더 엉성한 팀에서 활동하는 것으로 끝날 가능성이 높다.

스포츠 실력이 좋지 않은 학생들이 더 괴롭힘을 당할 가능성이 높다는 점을 다른 이유로도 생각해볼 수 있다. 그 중 하나로는 괴롭힘을 당하는 아이들은 인기가 없는 경우가 많다. 스포츠에 능하다는 것이 인기를 얻는 데에 중요한 자산임을 생각해보자(Harter, 1998). 스포츠 실력이 부족한 아이들은 실수가 잦거나 자기주장이 충분치 않을텐데, 이런 요소들은 괴롭힘에 취약한 요소가 된다(Monks, Smith, & Swettenham, 2005). 가해자에 관해서 교사들은 이들에게 협력성과 분노조절을 가르치고 싶어하겠지만, 이런 특성은 또 스포츠에서는 나름 필요한 기능으로 간주되기도 한다(Terranova 등, 2008).

아이들은 여러가지 이유로 스포츠에 참여하길 원한다. 스포츠는 비만과의 전쟁같이 건강 캠페인의 주요 아이템이다. 네델란드에서는 과체중 아이들과 축구 및 스케이팅 국가대표 선수와 계약을 맺는 방식으로 비만과의 전쟁을 성공적으로 이끌어내기도 했다. 앞서 언급했지만, 스포츠에 능동적으로 참여하는 아이는 티비를 적게 보고, 술을 적게 마시며, 흡연을 적게 하고, 마약을 거의 하지 않는다. 하지만 스포츠의 위험성을 고려했을 때, 이미 건강하고 스포츠를 좋아하고 또 잘 할 줄 아는 아이들만 스포츠의 혜택을 누릴 것으로 보인다. 만약 스포츠를 하기에는 실력이 어설프고 과체중인 경우에는 스포츠의 어두운 면을 더 경험할 가능성이 높다. 유도를 한 기간이 길 수록 괴롭힘을 덜 당한다는 사실은 괴롭힘을 당하는 아이들은 그만큼 유도를 빨리 포기해 유도장을 떠나간다는 뜻으로도 볼 수 있다.

스포츠 교육을 통해 트레이너는 엄청난 유익을 받기 때문에 학교폭력 같은 대인관계적 요인도 스포츠 교육에 핵심 주제로 넣어야 한다. 본 질문지 조사는 학교폭력에 대한 트레이너의 인식과 개입에 대한 필요성을 일깨운 계기가 되었다. 하지만 인식만으로는 충분치 않다. 왜냐하면 학교폭력 사건은 포착해내기가 어려운데, 소위 '스포츠폭력'은 더 포착해내기가 어렵기 때문이다. 운동 훈련 상황은 교실 상황 보다 훨씬 통제가 어려운 측면이 있기도 하고, 스포츠 자체가 통제성을 부여하기 어려운 측면도 있다. 의외로 통제가 잘 이루어지지 않는 상황 중 하나인 탈의실 상황은 학교폭력의 중요한 요인이 되지 않았다. 이런 결과는 아이들의 연령 때문일 것으로 보인다. 축구에서는 샤워하고 옷을 갈아입는 게 D팀(10~12세 반)에서 흔한 일이 아닌데다, C팀(12~14세 반)에서도 그리 자주 있지 않고 보통 스포츠 유니폼을 입고 바로 훈련장으로 나온다. 유도는 옷을 의무적으로 갈아입도록 하고 있어 탈의실 폭력이 축구에 비해 유의하게 높았다. 인식을 높이는 것 뿐 아니라, 트레이너는 스포츠폭력에 대한 구체적인 지식을 갖추도록 해야 한다. 개정판 질문지 조사 결과로 미루어보아 소위 '스포츠폭력'은 좁은 의미의 기존 학교폭력과 거의 비슷한 수준이다. 또한 본 연구 결과에 따르면 스포츠폭력은 어딘가 조금 다른 특성을 지니고 있으며, 스포츠 종목 마다 스포츠폭력에 대해 서로 다른 특징을 드러내는 것으로 보인다.

아이들을 스포츠에 참여하도록 의뢰하는 데에는 신체적 및 정신적 강인함을 키우기 위함이다. 하지만 스포츠가 자신감과 회복탄력성과 협력성과 좌절에 대한 인내심을 기를 수 있다는 생각만 가지고 스포츠를 권유하는데, 보통 아이들의 특성을 잘 모르고 조언을 하는 경우가 많다. 축구는 초등학교 학생들 사이에 방과후 활동으로 제일 많이 찾는 종목이다. 축구를 잘 못하는 아이들은 중도포기하는 경우가 많다. 소위 '정신적으로 강한' 친구들은 심판도 되고 스트라이커도 되고 준코치 같은 역할을 맡게 되는 반면, 내성적인 아이들은 더 위축되고 쉬는 시간에 혼자 고립되어 있으려는 경향을 보인다. 이런 아이들에게는 축구가 '자기 것이 아니다.'라는 인식을 가지게 될 것이며, 앞으로도 애착을 느끼지 못할 것이다. 물론 그렇다고 해서 모든 스포츠에 대해 '그들만의 것'이라고 여기진 않겠지만 말이다. 예를 들어, 축구와 크리켓을 비교해보자. 축구를 하려면 지속적으로 뛰어다녀야 하고 신체적 접촉도 많은 편이다. 반면, 크리켓은 많은 인내심과 고도의 집중력이 필요하다. 아이들에게 치료 혹은 개선 차원에서 스포츠를 권유하는 것이라면, 어떤 스포츠가 어떤 아이들에게 적합할 지 먼저 고민해보도록 해야 한다(Dudink, 1994).

실무를 위한 제언

1. 트레이너, 코치, 기타 스포츠 훈련과 관리에 포함된 사람들이 기존의 학교폭력과 같은 문제가 스포츠 상황에서도 발생할 수 있다는 인식을 갖출 수 있도록 한다. 질문지를 활용하는 것이 좋은 출발점이 될 수 있다.
2. 다양한 스포츠 종목에서 학교폭력 조장할 만한 구체적 요인들에 대한 지식을 확장해야 한다. 스포츠 상황에서의 학교폭력에 대한 연구가 필요하다.
3. 트레이너와 코치들의 학교폭력 개입 기술을 향상시킨다.
4. 스포츠 상황에서의 학교폭력이 대한 인식, 지식, 정신건강에 대한 홍보가 필요하다. 특히, 팀원, 또래, 학부모에게 필요하다. 노르웨이의 학교폭력 운동을 스포츠 환경에 맞게 수정해보는 것도 좋은 기회가 될 수 있다.
5. 스포츠에 필요한 아이들의 특성이 무엇인지 더 적극적인 고민과 관심이 필요하다.

□ 역자 설명 □

일반적으로 스포츠 폭력은 경기 중 선수들간의 마찰이나 관중들의 난동 등을 지칭하는 경우가 많다. 본 챕터에서는 학생들이 학교가 아닌 스포츠 상황에서 겪는 괴롭힘을 부각시키기 위해 일부 문맥에서 '스포츠폭력'이라는 용어를 썼으나, 학생들이 교육과정에서 겪는 폭력 경험이라는 의미를 부각시키고, 기존의 스포츠 폭력에 대한 개념과 혼동하지 않기 위해 대부분의 문맥에서 '학교폭력'이란 용어를 계속 유지하였다.

참고문헌

Bredemeier, B., Weiss, M., Shields, D., & Cooper, B. (1986). The relationship of sport involvement with children's moral reasoning and aggression tendencies. *Journal of Sport Psychology, 8,* 304-318.

Camodeca, M., & Goosens, F. A. (2005). Pesten op school: Recente ontwikkelinge en theoretische invalshoeken. [Bullying at school: recent developments and theoretical implications]. In A. Vuyt, M. v. Aken, J. Bosch, R.v.d. Gaag, & A. Ruijsenaars (Eds.), *Jaarboek ontwikkelingspsychologie, orthopedagogiek en kinderpsychiatrie* [Yearbook of psychology of development, psychology of education and child psychiatry] (pp. 82-97). Houten, The Netherlands: Editions Bohn Stafleu Van Loghum.

Chronis, A. M., Jones, H. A., & Raggi, V.L. (2007). Evidence based psychosocial treatment for children and adolescents with attention deficit hyperactivity. *Clinical Psychology Review, 26*(4), 486-502.

Collot d'Escury, A.M., Wychel, D., & Driessen, A. (2002). International research comparing non profit campaigns, AC in Japan and Sire in the Netherlands. Report published by the National Netherlands-Japan foundation.

Doll, B., & Swearer, S. M., (2006). Cognitive behavior interventions for participants in bullying and coercion. In R. B. Mennuti, A. Freeman, & R. Christner (Eds.), *Cognitive behavioral interventions in educational settings* (pp. 183-201). New York: Brunner-Routledge.

Dudink, A. C. M. (1994). Birth date and sporting success. *Nature, 368*, 592.

Endresen, I. M., & Olweus, D. (2005). Participation in power sports and antisocial involvement in preadolescent and adolescent boys. *Journal of Child Psychology and Psychiatry, 46*(5), 468-478.

Espelage, D. L., & Swearer, S. M. (2003). Research on school bullying and victimization: What have we learned and where do we go from here? *School Psychology Review, 32*, 365-384.

Harter, S. (1998). The development of self-representations. In W. Damon (Series ed.) & N. Eisenberg (Vol. Ed.), *Handbook of child psychology: Vol. 3, Social emotional and personality development* (5th ed., pp. 553-557). New York: Wiley.

Harter, S. (2001). *The construction of the self: A developmental perspective*. New York: Guilford.

Milsom, A., & Gallo, L. L. (2006). Bullying in middle schools: Prevention and intervention. *Middle School Journal, 37*, 12-19.

Monks, C. P., Smith, P. K., & Swettenham, J. (2005). Psychological correlates of peer victimisation in preschool: Social cognitive skills, executive function and attachment profiles. *Aggressive Behavior, 31*, 571-588.

Mooij, T. (1992). *Pesten in het onderwijs* [Bullying in education]. Instituut voor Toegepaste Sociale Wetenschappen, Nijmegen.

Olweus, D. (1987). Bully/victim problems among schoolchildren in Scandinavia. In J. P. Myklebust & R. Omundsen (Eds.), *Psykologprofesjonen mor ar 2000* [Psychology towards the year 2000] (pp. 395-413). Bergen, Norway: Universitetsforlaget.

Olweus, D. (1989). Prevalence and incidence in the study of anti social behavior: Definitions and measurement. In M. Klein (Ed.), *Cross-national research in self-reported crime and delinqeuncy* (pp. 187-201). Dordrecht, The Netherlands: Kluwer.

Olweus, D. (1994). Bully/victim problems among Schoolchildren: Basic facts & effects of a school based intervention program. *Journal of Child Psychiatry & Allied Disciplines, 35*(7), 411-448.

Olweus, D. (2005). A useful evaluation design, and effects of the Olweus Bullying Prevention Program. *Psychology, Crime & Law, 11*(4), 389-402.

Pelham, W.E., Wheeler, T., & Chronis, A. (1998). Empirically supported psychosocial treatments for attention deficit hyperactivity disorder. *Journal of Clinical Child Psychology, 27*(2), 90-205.

Smulders, R. (2002). *Judo verpest*. [Judo sport]. Doctoral dissertation. Amsterdam: University of Amsterdam.

Solberg, M. E., Olweus, D., & Endresen, I. M. (2007). Bullies and victims at school: Are they the same pupils? *British Journal of Educational Psychology, 77*, 441-464.

Stevens V., De Bourdeaudhuij, I., & Van Oost, P. (2000). Bullying in Flemish schools: An evaluation of anti-bullying intervention in primary and secondary schools. *British Journal of Educational Psychology, 70*, 195-210.

Terranova, A. M., Sheffield Morris, A., & Boxer, P. (2008). Fear reactivity and effortful control in over and relational bullying: A six-month longitudinal study. *Aggressive Behavior, 34*, 104-115.

19

사이버폭력
새로운 폭력에 대한 고찰. 학교 안과 밖에서

PETER K. SMITH AND ROBERT SLONJE

학교폭력은 의도적이고 공격적인 행위이면서 한 집단이나 개인이 피해자를 반복적이고 오랜 시간 동안 가해하는 현상으로, 피해자는 자기 자신을 효과적으로 방어하지 못하는 입장에 놓인다(Olweus, 1999). 가해 행위는 일종의 학대로, 권력 또는 힘의 불균형이 존재한다. 그래서 학교폭력의 가해 행위는 체계적인 권력 남용으로 간주할 수 있다(Smith & Sharp, 1994).

학교폭력 분야 그리고 더 넓게 봐서 공격성 분야까지, 대부분의 연구자들은 이런 가해 행위를 몇가지 유형으로 나눈다. 제일 흔한 분류는 신체적, 언어적, 간접적(혹은 관계적) 폭력으로 나누는 것이다. 신체적 및 언어적 공격성은 주로 직접적으로 이루어지기 때문에 서로 대면한 상황에서 이루어지는 경우가 많다. 1990년대에는 학교폭력에 간접적 공격성(제3자에 의한 공격성)과 관계적 공격성(친구 사이에 손상을 주는 공격성)까지 포함시키는 등 그 개념을 확대시켰다.

최근에는 새로운 종류의 폭력 혹은 공격성이 생겨났는데, 바로 사이버폭력이다. 사이버폭력은 전자제품을 통해서 발생하는데 특히 휴대폰과 인터넷을 통해 공격성을 드러내는 경우다. 본 챕터에서는 사이버폭력이라는 용어를 쓰고자 한다. 왜냐하면 이 연구 분야에서는 이미 널리 활용되고 있는 용어이기 때문이다. '전자 폭력(Electronic bullying)'은 똑같은 개념이지만 널리 쓰이고 있지는 않다. '디지털 폭력(Digital bullying)'은 디지털 기기로 하는 폭력에 국한되어 있으며, 아날로그적 기술로 이루어지는 폭력은 포함되지 않는다.

따라서 사이버폭력의 정의는 다음과 같이 내릴 수 있다. 의도적이고 공격적인 행위이면서 한 집단이나 개인이 피해자에게 반복적으로 오랜 시간 동안 전자적인 유형의 접촉을 통해 가해하는 경우로, 피해자는 자기 자신을 효과적으로 방어하지 못하는 입장에 놓인 경우이다.

사이버폭력에는 여러 유형이 존재한다. 현재 집필 중에는 7가지 유형이 많이 알려져있다(Smith 등, 2008).

1. 휴대폰
   - 휴대폰 통화 폭력(예: 학대적인 통화나 무반응 침묵 통화)

- 문자 메시지 폭력
- 사진/그림/동영상 첨부 폭력(휴대폰 카메라를 통해 폭력을 가할 의도로 누군가의 사진이나 동영상을 찍는 행위, 이를 다른 이에게 전송하거나 웹사이트에 업로드시키는 행위)

2. 인터넷
- 이메일 폭력
- 채팅방 폭력
- 쪽지 폭력(예: MSN같은 경우 메신저창에서 접속 여부를 확인할 수 있어, 폭력성 메시지를 주거나 받는 경우)
- 웹사이트 폭력 (예: 특정 개인을 겨냥한 폭력성 웹사이트 개설, 기존의 폭력성 웹사이트에서 자료나 정보 내려받기)

사이버폭력을 위와 같은 방식으로 정의하는 데에는 중요한 문제점이 있다. 전통적인 학교폭력 정의에서는 가해자의 행위는 반복적으로 이루어져야 한다(최소한 한번 이상). 사이버폭력의 본래 특성상, 가해자가 추가적인 노력이 없어도 가해 행위는 스스로 반복될 수 있다. 예를 들어, 휴대폰으로 폭력성 사진이나 동영상 촬영을 한번만 했다고 하더라도, 이런 자료를 전송 받은 사람이 다른 사람에게 포워딩해줄 때는 결국 반복성이라는 정의에 부합하게 된다. 또는 어떤 폭력성 자료가 웹사이트에 업로드되었을 때, 네티즌들이 클릭을 할 때 마다 가해 행위가 반복이 된다고 볼 수 있다. 결과적으로 심한 폭력을 알아내기 위한 기준 중 하나로 반복성을 활용해왔는데(Olweus, 1999), 사이버폭력에서는 반복적으로 가해 행위를 했느냐고 묻는 것 자체가 신뢰도가 떨어질 수 있다.

디지털 기술의 확산과 사이버폭력

지난 15년간 인터넷과 휴대폰은 매우 급속히 보급되었다. 이제 선진국에 사는 대부분의 사람들은 인터넷과 휴대폰을 자주 쓴다. 여기에는 어린 학생들도 포함된다. 미국 상무부(Department of Commerce)는 12세에서 17세 사이 컴퓨터를 활용하는 아이들은 전체의 90%에 달하며, 10세에 이르면 어른들보다 인터넷을 더 많이 쓰는 것으로 밝혔다(NTIA, 2002). 인터넷 공간과 미국생활프로젝트(Pew Internet and American Life Project, 2001)에 따르면, 미국 십대의 74%가 친구와 대화를 하기 위해 메신저를 사용한다. 영국에서는 16~24세 젊은이들 중 60%는 인터넷을 매일 사용하거나 거의 하루 종일 사용한다고 응답했으며, 26%는 적어도 일주일에 한 번, 9%는 한달에 한 번, 5%는 그보다 적게 사용한다고 답했다(ONS, 2007). 모바일 생활 리포트(the Mobile Life Report, 2006)는 영국의 10세 아이들의 51%가 휴대폰을 지니고 있으며, 12세의 경우에는 91%에 이른다고 밝혔다.

디지털 기술의 확산으로 사이버폭력이 싹틀 수 있는 토양이 형성되었다. 이런 실태는 각 나라마다 다른 발생률을 보이고 있지만, 아직까지 공식적으로 밝혀진 바는 없다. 영국에서 사이버폭력에 대해 인식하기 시작한 것은 2001년까지 거슬러 올라가볼 수 있다. 교육과학부(Department of Education and Science)의 학교폭력 국가 정책인 '침묵 속에서 고통받지 마라'(DfES, 2000)에서는 사이버폭력에 대한 언급이 없었다. 그러나 2002년 개정판에서는 '악의적 이메일을 보내거나 휴대폰으로 악의적 문자 메시지를 보내는 것은'이라는 구절이 등장한다(p.9). 사이버폭력에 대한 언론 보도도 이 시기를 전후해서 많아지기 시작했으며, 이메일과 문자 메시지 외에도 각종 다양한 방법들이 등장하기 시작했다.

물론 사이버폭력이 본격적으로 등장한 지 몇 년이 채 되지 않았다고 해도, 대부분의 국가에서는 아주 중요한 문제임은 틀림없다. 특히, 앞으로 그 이유를 본 챕터에서 차차 설명할 것이다. 연구 기반은 여전히 제한적이지만, 급속히 확장하고 있는 분야이기도 하다. 본 챕터에서는 이미 게재된 문헌 뿐 아니라 출판 중인 연구 자료도 검토해볼 것이다. 그간 진행된 연구 결과를 보면 전통적인 학교폭력과 유사한 부분도 많지만, 몇가지 측면에 대해서는 중요한 차이점을 보였다. 그리고 또 어떤 측면에서는 기술적으로나 사회적으로 급속히 변화하고 있기 때문에 단정짓기 어려운 측면도 있었다. 일단 우리는 다양한 국가에서 사이버폭력이 어떤 유형으로 드러나는지, 발생률이 어떠한 지 등 몇몇 주요 논문을 검토해볼 것이다. 그 이후 우리는 특정 이슈에 대해 논의를 할 예정인데, 사이버폭력과 관련된 학생들의 연령과 성별 차이, 사이버폭력 유형별로 피해자에게 각각 어떤 영향을 주는지에 대해 논의할 것이다. 그리고 사이버폭력에서만 주로 관찰되는 특징에 대해서도 알아볼 건데, 청중들의 범위, 가해자의 익명성, 사이버 공간에서 가해 행위가 발생했을 경우 안전한 도피처를 찾기가 힘들다는 점 등이 그 특징이다. 마지막으로 우리는 어떤 조치가 필요한 지에 대해 논의한다. 우리는 이 이슈에 대해 일부 학생들이 준 의견을 제시하고, 가이드라인과 도움을 받을 수 있는 소스도 일부 제공할 예정이다. 그리고 실무와 향후 연구를 위한 몇몇 제언으로 결론을 맺을 생각이다.

주요 연구 업적에 대한 일부 사례: 유형과 발생률

이 섹션에서 우리는 미국, 캐나다, 영국, 노르웨이, 스웨덴, 핀란드, 벨기에, 네덜란드, 그리스, 호주, 대한민국, 일본의 자료를 바탕으로 토의할 것이다. 대부분 연구에서 익명의 자기보고 질문지를 기반으로 사이버폭력 발생률과 그 유형에 대해 조사하였다.

미 국

Ybarra와 Mitchell(2004)은 인터넷을 정기적으로 활용하는 10~17세 청소년 1,501명을 대상으로 연구했다. 설문 시점 기준으로 전년도에 12%는 온라인상 누군가에게 공격적인 반응을 보였다고 응답하였고, 4%는 공격성의 대상이 되었다고 했으며, 3%는 공격자이기도 했고 공격 대상이 되기도 했다고 응답하였다. 연구진은 전통적인 학교폭력에서 피해를 당하는 청소년들이 인터넷을 이용해 다른 이들을 괴롭힐 것이라고 가정했다. 일종의 보상심리인 셈이다. 후속 연구에서 상기 연구진은 같은 연령대 1,153명을 대상으로 조사를 하였다(Ybarra, Mitchell, Wolak, & Finkelhor, 2006). 본인이 사이버폭력의 대상이 되었다고 응답한 경우는 전체의 9%로 2000년에 첫 연구 이래 50% 넘는 상승을 보였다.

Raskauskas와 Soltz(2007)는 13~18세 학생 84명을 대상으로 지난 학년동안 3가지 종류의 사이버폭력을 경험했는지 조사하였다. 전통적인 학교폭력 피해 경험은 71%인 반면, 거의 49%가 사이버폭력을 당했다고 응답했다. 제일 흔한 사이버폭력 유형은 문자 메시지로 32%가 경험이 있다고 응답하였다. 그 뒤로 인터넷/웹사이트와 관련된 피해 경험이 16%, 휴대폰 사진 전송이 10%를 차지했다. 또한 전체 21%가 사이버폭력 가해자라고 응답하였다. 전통적인 학교폭력에서는 64%가 가해자라고 응답하였다. 대다수의 사이버폭력 피해자는 전통적인 학교폭력의 피해자였으며, 대부분의 사이버폭력 가해자는 전통적인 학교폭력의 가해자이기도 했다.

캐나다

Li는 12~14세 학생(7~9학년) 264명을 대상으로 조사했으며, 대상자들은 캐나다 하급고등학교(junior high school; 우리나라의 중학교에 해당함) 세 군데에서 모집하였다(2006). 대상자에게 사이버폭력을 당했는지 물어보았고, 이메일인지 채팅방인지 휴대폰으로 당했는지 그 경로도 물어보았다. 하지만 더 자세한 규정은 따로 정하지 않았다. 대략 25%가 사이버폭력의 피해자였다고 응답했다. 이중 거의 2/3가 1~3차례 정도 사이버폭력을 당했다고 응답했으며, 나머지는 더 자주 겪은 것으로 보고했다. 사이버폭력에서는 성별 차이는 발견되지 않았다. 하지만 17%는 사이버폭력으로 남을 괴롭혔다고 했는데, 남자가 여자 보다 2배 이상 가해 행위를 하는 것으로 밝혀졌다. 7~9학년 432명을 대상으로 한 후속 연구에서, Beran과 Li(2005)는 사이버폭력 발생률이 상승했다고 보고하였다. 대상자들의 35%가 사이버폭력을 1~2차례 경험했다고 하였으며, 23%는 2~3번 이상 경험하였다고 응답했다. 사이버폭력 가해 경험은 22%가 1~2차례 해봤다고 하였으며, 4%가 2~3번 이상 해본 것으로 응답하였다. 여기에는 성정체성과 학년별로 차이는 없었다.

영 국

Oliver와 Candappa(2003)은 12~13세 학생들의 전반적인 학교폭력 연구와 관련해서 문자 메시지 폭력을 잠시 언급한 적이 있었다. 대상자 중 4%는 악성 문자 메시지를 받은 적이 있으며, 2%는 악성 이메일을 받은 적이 있다는 것이었다. 이와 마찬가지로 전반적 보건 관련 설문조사에서, Balding(2005)은 10~11세 학생 5000명 중에서 1%는 지난 달 휴대폰으로 폭력을 당했다고 보고하였다. 이 연구에서 전체 대상자 중 22%는 악성 별명으로 불린 적이 있었다고 답했다.

NCH(전 국립아동원; National Children's Home)는 영국에서 사이버폭력에 대해 연구 조사를 2번 시행하였다. 첫번째 조사(NCH, 2002)에서는 11~19세 학생들의 1/4이 휴대폰이나 개인 컴퓨터로 위협이나 괴롭힘을 당했다고 보고했으며, 16%는 이런 문자 메시지를 받은 것으로 나타났다. 문자 메시지 폭력을 당한 이들 중에서 29%는 아무에게도 자신이 폭력을 당했다는 사실을 알리지 않았다고 답했다. 후속 연구에서는 좀 더 정교해진 연구기획으로 11~19세 학생 770명을 상대로 진행되었다(NCH, 2005). 20%는 어떤 유형으로든 사이버폭력을 당한 것으로 밝혔고, 14%는 문자 메시지 폭력을, 5%는 채팅방을 통해서, 4%는 이메일을 통해서 사이버폭력 피해를 경험했다고 밝혔다. 또한 10%는 휴대폰 카메라에 찍혀서 위협을 느꼈다고 했으며, 이중 17%는 자기 사진이 다른 누군가에게 유출된 느낌을 받았다고 응답하였다. 그리고 11%는 다른 누군가에게 폭력적 혹은 위협적 메시지를 보낸 적이 있다고 밝혔다. 다른 주요 결과로는 사이버폭력을 당한 대상자 중 26%는 모르는 사람에게 폭력을 당했다고 보고했고, 사이버폭력을 당한 28%는 자신의 폭력 피해 경험을 누구에게도 알리지 않았다고 하였다. 양쪽 연구에서 구체적인 시간 구성은 없었다.

Noret과 Rivers(2006)은 2002~2005년까지 11,000명의 학생을 대상으로 조사하였다. 이 연구에서 대상자들은 위협적이거나 악성 문자 메시지 또는 이메일은 얼마나 자주 수신했는지 질문을 받았다. 전체적으로 6.5% 학생들이 적어도 '가끔 한번씩' 겪었다고 응답했고 1.3%는 자주 겪었다고 밝혔다. 여학생이 7.6%로 남학생 5.1%에 비해 자주 겪는 것으로도 나왔다. 4년간 발생률이 다소 상승하는 경향이 관찰되었는데, 5.8%, 5.9%, 7.4%, 7.0% 순으로 기록되었다. 이런 상승세는 여학생한테만 국한된 것으로, 실제로 남학생에 비해 여학생들 사이에서 사이버폭력 피해가 유의하게 더 증가하였다.

Smith 연구진(2006)은 11~16세 학생 92명을 상대로 조사했으며, 런던에 있는 14개 학교에서 모집하였다. 이 연구에서는 학생 22%가 지난 두어 달 동안 적어도 한 번 이상 사이버폭력을 당했던 것으로 나왔으며,

7%는 더 자주 겪은 것으로 밝혀졌다. 대부분의 사이버폭력은 1~3명 정도의 학생들이 저지르고, 대체로 동학년이나 동년배 사이에서 일어나는 경향이 있었다. 대체로 일주일 정도 지속되었고, 그보다 더 오래 지속되는 경우도 있었다. 전화 통화, 문자 메시지, 이메일이 제일 흔한 형태의 사이버폭력이었으며, 학교 안이나 밖에서 모두 발생되었다. 채팅방을 통한 폭력은 제일 적게 발생된 유형이었다. 사이버폭력 유병률은 학교 안 보다는 밖일 때 더 높았다.

Smith 연구진(2008)은 포커스 집단 연구에서 질적 자료를 보고했으며, 후속 연구로 영국 5개 학교 11~16세 학생 533명을 대상으로 조사하였다. 후속 연구에서는 17%의 학생들이 사이버폭력을 당했다고 하며, 5%는 지난 주나 지난 달에 당했고, 5%는 이번 학기, 4%는 지난 학년, 3%는 1년 전에 당한 것으로 응답했다. 대상자들에게 사이버폭력으로 다른 사람을 괴롭힌 시기를 물었을 때, 7%는 지난 주나 지난 달이라고 응답했고, 3%는 이번 학기, 2%는 지난 학년, 1%는 1년 전이라고 답하였다. 성별이나 나이에 따른 차이점은 발견되지 않았다. 이 연구에서는 사이버폭력과 전통적인 학교폭력 직접 비교했다. 대체로 전통적인 학교폭력은 학교 안에서 발생하지만, 사이버폭력은 주로 학교 밖에서 발생한다. 어른에게 피해 사실을 알리는 경우는 전통적 학교폭력의 경우 70%에 달하지만 사이버폭력의 경우에는 59% 정도로 낮은 편이다.

사이버폭력이 주는 영향은 전통적인 학교폭력에 견줄만하다. 단, 휴대폰 동영상 폭력은 훨씬 더 악영향을 미친다. 사이버 피해자가 된다는 것은 인터넷 사용과 상관관계가 있다. 하지만 사이버 가해자가 되는 것과 인터넷 사용은 상관관계가 없었다. 전통적인 학교폭력 피해자나 가해자가 되는 것은 사이버 피해자 또는 가해자가 되는 것과 상관관계가 있다. 또한 사이버 피해자 대부분은 전통적인 학교폭력 가피해자다.

노르웨이

Olweus(개인적 연락, 2007년 5월)는 2005년 오슬로 19개 학교에서 약 4천 명에 대한 자료를 확보했는데, 기존 학교폭력 질문지에 사이버폭력 질문 항목들을 추가해서 모은 자료였다. 전반적인 질문 항목이 두 종류 있었는데, 한 달에 2~3번 이상 전자적인 괴롭힘을 당하는 학생들 비중이 남학생은 3.6%였고 여학생은 2.0%였다. 나머지 한 질문은 같은 빈도로 전자적으로 남들을 괴롭히는 학생들 비중은 남학생 1.2%에 여학생은 0.4%였다. 남학생들이 사이버폭력이 더 잦기도 하고 더 많이 노출되기도 했다. 사이버폭력은 8~9학년(14~15세)일 때 정점을 찍는 것으로 보인다. 연이은 질문 항목을 통해 30~40%의 전자적 피해자들이 휴대폰을 통해서 피해를 겪으며, 30~40%는 인터넷을 통해, 20~30%는 양쪽 경로로 당한다고 했다. 전통적인 학교폭력과 사이버폭력 간의 일치율은 상당히 높았다. 사이버 피해를 당한 아이들의 대략 90%가 전통적인 학교폭력 피해를 경험했으며, 가해자의 경우는 85%에 달했다.

스웨덴

Slonje와 Smith(2008)는 12~20세 대상 스웨덴 학생 360명을 대상으로 사이버폭력에 대해 조사하였다. 제일 흔한 유형은 이메일과 사진/동영상 폭력으로 밝혀졌다. 그리고 이 다음으로 전화 통화 폭력과 문자 메시지 폭력이 근소한 차이로 뒤를 이었다. 거의 12% 정도가 사이버폭력 피해를 당했다고 응답했으며, 10% 정도는 다른 사람들을 사이버폭력으로 괴롭힌 적이 있다고 했다. 12~15세 사이에서는 사이버폭력 피해를 경험한 학생이 전체의 18%를 차지하다가 15~20세 구간에서는 3%까지 떨어졌다. 하지만 연령 증가에 따른 하향세는 사이버폭력 분야에서는 훨씬 덜 두드러졌는데, 12~15세 사이에서는 12%, 15~20세 사이에는 8%로 나왔다. 사이버폭력은 학교 안 보다는 밖에서 훨씬 더 많이 이루어졌다. 학생들이 보기에 어른들은 전통적인 학교폭력만큼 사이버폭력에 잘 알고 있지 못하는 것으로 보고하였다.

핀란드

Salmivalli 연구진(개인적 연락, 2007년 5월 24일)은 핀란드 내 여러 학교에서 대규모 자료를 수집하고 있다. 여기에는 사이버폭력에 대한 질문 항목도 포함되어 있다. 응답자들은 3~5학년 학생으로 현재까지 대략 6,500명에게 응답을 확보하였다. 한 달에 1~2번 이상 사이버폭력에 노출되었다고 응답한 학생은 전체의 2.2%로 남학생은 2.0%, 여학생은 2.4%였다.

벨기에

Vandebosch와 Van Cleemput(2009)는 플랑드르(Flanders)의 초등학생과 중고등학생들 2,052명을 상대로 조사하였다. 제일 흔한 사이버폭력 유형은 모욕 또는 위협, 기만, 소문 퍼트리기, 누군가의 컴퓨터에 침입해 비밀번호 바꿔놓기로 밝혀졌다. 지난 3개월 동안 62%의 학생들이 위와 같은 피해 경험을 겪은 것으로 조사되었으며, 53%는 사이버폭력을 저지른 것으로 응답했고, 76%는 방관자였다고 대답하였다. 이런 결과는 다른 연구 결과에 비해 상당히 높은 편인데, 아마도 사이버폭력 행동에 대한 정의가 다르기 때문일 것으로 생각한다. 예를 들면 본 연구에서는 기만도 사이버폭력의 일부로 포함되어 있다. 대부분의 학생들(64%)은 사이버폭력이 '큰 문제'라고 생각하고 있었다.

여학생보다 남학생이 다양한 인터넷 및 휴대폰 일탈 행위를 시도한 것으로 나왔다. 또한 인터넷 기술이 더 뛰어날 수록, 인터넷 및 휴대폰 일탈 경험에 노출될 가능성이 더 높았다. 가해자들은 다른 사람에 비해 자기 자신을 더 긍정적으로 여기는 경향이 있었으며, 그 부모들은 컴퓨터와 인터넷 사용에 간섭을 덜 하는 편으로 밝혀졌다. 마지막으로 오프라인에서 공격적인 행동을 실행하는 것과 온라인 상에서 공격적인 행위를 하는 것 사이에 양의 상관관계가 밝혀졌다.

사이버폭력 피해자를 예측할 수 있는 인자로는 여학생인 것과 가해자나 방관자로서 인터넷 및 휴대폰 상 일탈 행위를 보이는 것 두가지가 있었다. 또한 사회적 역량과 사이버폭력 피해 경험간의 양의 상관관계도 나왔다. 본 연구진은 마지막 예측 인자가 다소 뜻밖일 수 있다고 인정하면서도, 사회적으로 역량있는 청소년들이 온라인 대인관계도 활발하기 때문에 사이버폭력에 더 노출되는 것으로 볼 수 있다고 했다.

네덜란드

Van den Eijnden, Vermulst, Rooij, & Meerkerk(2006)은 2006년 11~15세 학생 4,500명을 대상으로 조사하였다. 온라인상 부정적인 경험을 겪은 사람은 매우 흔했으며(예: 35%는 모욕을 당했다고 함), 17%는 한 달에 한 번 이상 사이버폭력을 당했다고 하였고, 3%는 일주일에 하루 이상 겪는다고 응답하였다. 남학생과 교육 수준이 낮은 학생들은 사이버폭력 피해 위험성이 더 높았으나, 사이버폭력 상 제일 큰 위험요인은 기존의 학교폭력 피해 경험과 온라인상 사이버폭력 가해 경험과 낯선 사람과의 온라인상 접촉이 해당되었다.

그리스

Kapatzia와 Syngollitou(2007)는 14~19세 그리스 학생 544명을 대상으로 사이버폭력을 조사하였다. 질문지는 Smith 연구진(2006)이 활용했던 것을 변형했다. 피해자 유병률은 1~2번 경험 여부 기준으로는 15% 였고 한달에 2~3번 이상이면 6%로 측정되었다. 이와 마찬가지로 사이버폭력 가해자가 되어본 경험은 각각 9%와 7%로 측정되었다. 사이버폭력은 주로 휴대폰과 인터넷상에서 이루어졌으며, 학교 안 보다 학교 밖에서 더 많이 이루어졌다.

이 연구에서는 연령별 차이는 확인되었다. 특히, 어린 학생일수록 휴대폰을 통해 학교 밖에서 사이버폭력을 가할 경우가 더 많았다. 남학생이 여학생보다 사이버폭력으로 남을 괴롭힌 적이 있다는 응답이 더 많았으나, 여학생들은 인터넷 폭력에 더 많이 연루되는 것으로 밝혀졌다. 즉, 여학생들은 사이버폭력 가해자 및 피해자 양쪽으로 다 관계가 깊었다.

호 주

Campell과 Gardner(2005, Campell, 2005에서 인용됨)은 8학년(15세) 120명을 대상으로 조사했을 때, 14% 학생들이 사이버폭력을 당한 것으로 나타났다. 그리고 11%는 다른 사람들을 사이버폭력으로 괴롭혔다고 하였다. 제일 많이 쓰는 폭력 방법은 문자 메시지였고, 그 다음으로 채팅방 폭력과 이메일 폭력이 뒤를 이었다. 대상자의 절반 이상이 사이버폭력은 계속 늘어나고 있다고 여기고 있었다.

국제 연구

관련된 연구가 세가지 있고, 모두 인터넷을 기반으로 조사하였다. 대상자들은 다양한 국가와 배경을 지녔으나, 대체로는 미국 출신이었다. Patchin과 Hinduja(2006)는 2004년 조사를 하였고 9~26세 대상자들을 모집했다. 이 대상자들은 뮤지션이 이용하는 공식 웹사이트에 방문했던 청년들이었다. 이들 중 67%는 18세 미만이었고, 3/4는 여성이었다. 사이버폭력을 평생 한번이라도 경험한 적이 있는지에 대한 질문에서, 11%는 인터넷에서 남들을 괴롭힌 적이 있었으며, 30%는 인터넷 상에서 폭력을 당한 적이 있다고 하였다.

사이버폭력의 유형에 대해서는 제일 흔한 폭력 유형은 채팅방 폭력과 컴퓨터를 통한 문자 메시지였으며, 그 뒤로 이메일 폭력이 뒤따르고 있었다. 제일 흔하지 않은 유형은 뉴스그룹 상 휴대폰을 통한 문자메시지, 게시판, 이메일이었다. 제일 흔한 폭력 방식은 타인을 무시하기, 타인을 존중하지 않기, 타인에게 별명으로 부르기였고, 피해자 쪽에서는 위협적 행동, 소문 퍼트리기, 놀리기, 웃음거리로 만들기가 제일 흔한 피해 유형이었다.

Hinduja와 Patchin(2007a, b)는 6~17세 학생 중 인터넷을 자주 사용하는-매주 18시간 이상 사용하는- 학생 1,388명을 대상으로 온라인상 연구 조사를 진행했었다. 34%(남자는 32%, 여자는 36%) 정도는 사이버폭력을 당한 경험이 있으며, 24%는 채팅방에서, 19%는 컴퓨터 문자 메시지로, 11%는 이메일로, 8%는 게시판으로, 4%는 휴대폰 문자메시지로, 1%는 뉴스그룹에서 당했다고 하였다.

Burgess-Proctor, Patchin, & Hinduja(2008)는 8~17세 청소년 3,141명을 대상으로 사이버폭력을 조사하였다. 데이터는 온라인으로 수집하였다. 38% 정도가 사이버폭력을 당했다고 하였고 채팅방에서 당한 경우가 26%로 제일 흔한 유형이었다. 그 다음 컴퓨터 문자 메시지가 22%, 이메일이 14% 정도로 나왔다. 가장 흔한 폭력 행위는 별명 부르기로 예를 들면 못생긴 놈이나 뚱뚱한 놈 같은 방식이다. 그리고 소문 퍼트리기도 제일 흔한 행위 유형이었다. 피해자들이 사이버폭력에 어떻게 대응하는지 물어봤을 때, 거의 27%는 그 가해자에게 다시 되받아치는 방식으로 가해를 했다고 하고, 25%는 아무 대응도 안 했다고 하며, 17%는 오프라인 상태로 돌아갔다고 했다.

4개국에서 진행된 국제 연구

교육개혁 보고(Education Reform Report, NIER/MEXT, 2006)에 대한 국제적 심포지움에서는 2004~2005년 동안 컴퓨터/이메일과 관련된 피해 경험을 조사하였다. 표 19.1에서는 초등학교와 중고등학교 남학생과 여학생들을 대상으로 한 결과를 제시하였다. 대상자들은 6개월 간격으로 세번 질문지를 작성했으며, 사이버폭력 피해 경험을 두 가지 기준으로(가끔씩 경험하는 것은 괄호 안 수치로 표시함, 주 1회 이상) 작성하도록 하였다. 여러 나라간 표본을 엄격하게 비교해보는 건 무리가 있겠지만, 호주와 특히 캐나다는 유독 비율이 높아 보인다. 이에 비해 대한민국과 일본은 다소 낮아 보인다. 물론 이런 기준이 기존의 엄격한 빈도 기준 보다는 느슨하긴 하지만 말이다. 이와 같은 기준에서는 나이와 성정체성에 따른 차이점이 발견되었다. 물론 이런 차이도 국가 마다 다양했다.

유병률 연구 정리

지금까지 검토한 연구 결과를 바탕으로 다양한 범위의 발생률 수치를 확인할 수 있었다. 외견상 사이버폭력의 피해율은 영국의 1%(Balding, 2004)에서 부터 벨기에의 62%(Vandebosch & Van Cleemput, 2009)까지 다양했고, 사이버폭력 가해율은 노르웨이 0.8%(Olweus, 개인적 연락, 2007년 5월)에서 벨기에 53%(Vandebosch & Van Cleemput, 2009). 하지만 사이버폭력은 꽤 최근에 생겨난 연구 분야이기 때문에, 연구방법이 다른 분야에 비해 덜 규격화되어 있다.

이렇게 규격화되지 않은 측면 중의 하나는 사이버폭력의 정의이다. 어떤 연구에서는 Olweus가 제시한 정의를 활용했으며, 다른 연구에서는 딱히 정의를 내리고 연구하지는 않았다(Li, 2006). 또 어떤 연구에서는 일반적으로 통용되는 인터넷상의 공격성을 측정했으며(Ybarra & Mitchell, 2004), 사이버폭력 개념을 더 확장해서 조사한 연구도 있었다(Vandebosch & Van Cleemput, 2009). 어떤 연구는 광범위하게 다양한 수단들(이메일, 채팅방 등등)을 대상으로 연구(Smith 등, 2008)를 하였고, 또 다른 연구는 1~2 종류의 수단만 대상으로 연구하기도 했다(Noret & Rivers, 2006). 그리고 일부는 일반적인 용어(예: 사이버폭력, 전자적 폭력)로 연구한 반면, 어떤 연구는 휴대폰 폭력이나 인터넷 폭력 같은 구체적인 용어를 쓰기도 했다(Kapatzia & Syngollitou, 2007).

또 규격화되지 않는 부분에는 시간 설정도 있었다. 어떤 연구는 지난 달을 기준으로 삼았고(Balding, 2004), 또 어떤 연구는 지난 2~3개월로 했으며(Slonje & Smith, 2008), 심지어 평생 한번이라도 겪은 적이 있는지에 대해서도 물어본 연구도 있었다(Li, 2006). 일부에서는 시간 설정이 명시되어 있지 않은 경우도 있었다(NCH, 2002, 2005).

표본의 성질도 중요한 요인이 될 수 있는데, Ybarra와 Mitchell(2004) 및 Hinduja와 Patchin(2007a, b)과 같은 연구는 인터넷을 사용하는 사람들만 대상자로 하였다. 반면, 대부분의 연구에서는 학교 학생을 대상

표 19.1 4개 국가에서의 컴퓨터/이메일로 사이버폭력을 당한 학생들의 비율. 괄호 안 수치는 가끔씩 또는 그 이상에 대한 응답이며, 나머지는 일주에 한 번 이상임(NIER/MEXT, 2005에서 수정됨)

	초등학교 남학생	초등학교 여학생	중고등학교 남학생	중고등학교 여학생
일본	3.6 (1.1)	5.3 (0.9)	6.3 (1.2)	8.0 (1.0)
대한민국	4.8 (0.4)	5.9 (1.7)	4.2 (0.8)	6.0 (0.3)
호주	6.9 (0.0)	10.1 (1.2)	7.8 (1.6)	7.1 (0.7)
캐나다	13.0 (4.0)	17.4 (4.1)	20.7 (3.3)	20.5 (3.7)

으로 해서 일반 인구를 대표할 수 있었다.

마지막으로 조사 시점도 중요하다. 특히 IT 분야는 빠르게 성장하고 있기 때문이다. 예를 들어, Oliver와 Candappa(2003) 및 Balding(2004)이 보고한 영국 자료에서는 사이버폭력 발생률이 상대적으로 낮은데, 그 이유는 지난 5년간 영국에서는 사이버폭력 발생률이 계속 상승했기 때문이다. 여기에 대해서는 Noret과 Rivers(2006)의 연구에서 직접적인 근거를 찾을 수 있다. 사이버폭력 수단 별로 보이는 발생률도 빠르게 변화하고 있다. Smith 연구진(2006, 2008)은 메신저 폭력이 상대적으로 상승세인 것을 관찰했는데, 표본이 연구마다 차이가 나서일 수도 있지만 2005년에서 2006년으로 가면서 메신저의 인기를 반영한 것일 수도 있다.

학교 안과 밖

전통적인 학교폭력은 주로 학교 내에서 이루어졌다. 심지어 학교가 제일 주된 범행장소라는 근거도 있다(Olweus, 1999; Smith 등, 2008). 하지만 사이버폭력 대부분은 학교 밖에서 발생한다는 점은 확실하다. 사실 사이버폭력의 범행 장소는 전통적인 학교폭력에 비해 경계가 덜 명확하다. 폭력 행위(예: 이메일 보내기 또는 문자 메시지 전송하기)는 시간적으로나 공간적으로 피해자가 폭력행위를 수신하게 될 상황과 분리되어 있다. 게다가 대부분의 학생들은 학교 밖에서 휴대폰과 인터넷을 더 많이 쓴다. 그리고 대부분의 학교에서는 휴대폰과 인터넷 사용에 대해 규제하고 있다. 이런 부분에 대해 직접적으로 질의했을 때, 사이버폭력은 학교 밖에서 더 많이 발생하는 것이 확실하다(Smith 등, 2006, 2008; Kapatzia & Syngollitou, 2007; Slonje & Smith, 2008).

연령에 따른 차이

우리는 아이들이 언제부터 사이버폭력을 시작하는지 잘 모른다. 현 시점에서 영국 자료를 보면, 휴대폰 사용률은 8세 이하에서는 낮다가, 9~12세가 되면 갑자기 상승한다(Mobile Report, 2006). 대부분 연구는 중학교나 상급학교 학생들을 대상으로 하였다. 일부 연구에서는 연령별 차이를 발견하지 못했다. 예를 들어, Patchin과 Hinduja(2006)는 사이버폭력 피해자가 되는 과정에서는 연령별 차이를 발견하지 못했다고 했다. 미국의 Ybarra와 Mitchell(2004)은 15세 이상의 청소년들이 10~14세 학생들에 비해 인터넷 상 공격자인 경우가 더 많았다고 보고했다. 영국의 Smith 연구진(2008)도 비슷한 소견을 피력했는데, 14~16세 학생들이 11~14세 학생들보다 더 사이버폭력에 관여되어 있다고 밝혔다. 하지만 스웨덴의 Slonje와 Smith(2008)는 12~15세 학생들이 15~20세 학생들에 비해 더 심하게 사이버폭력을 피해를 당하는 경향이 있는 것으로 나왔는데, 15~20세 대상자들은 대학교 진학을 앞두고 있던 집단에서 모집했기 때문에 이런 차이가 날 수도 있다고 보았다.

성별에 따른 차이

성별에 따른 차이에 대해서는 좀 더 흥미롭다. 일견 사이버폭력은 전통적인 간접적 학교폭력 또는 공격성과 닮아 있다. 그래서 혹자는 사이버폭력은 여성과 좀 더 관련있을 것 같은 추측을 해볼 수도 있다. 일부 연구에서는 이에 대한 근거를 찾았다. 영국에서 피해 발생률을 봤을 때, Noret과 Rivers(2006)는 문자메시지와 이메일 폭력 피해 사례는 여성에서만 증가하는 경향을 보였다. 또한 Smith 연구진(2006)은 여학생들이 남학생들에 비해 문자메시지와 전화 연락 분야에서 더 많이 사이버폭력을 당하는 경향이 있다고 하였다. 핀란드의 Salmivalli(개인적 연락)는 여학생들 사이에서 사이버폭력 피해 경험이 더 많이 발생한다고 전달했다. 벨기에의 Vandebosch와 Van Cleemput(2000) 연구에서도 비슷한 결과가 나왔다. 스웨덴의 Slonje와 Smith(2008)는 여학생이 남학생보다 이메일 폭력을 더 당하는 경향이 있다고 하였다. Hinduja와 Patchin(2007b)도 여학생이 남학생 보다 이메일 폭력을 당할 가능성이 높다고 밝혔다. 하지만 대부분의 연구에서는 성정체성에 따른 차이점은 발견되지 않았다(예: Smith 등, 2008; Li, 2006; Patchin & Hinduja, 2006; Ybarra & Mitchell, 2004). Olweus(개인적 연락)는 노르웨이에서는 남학생이 사이버폭력 피해자일 경우가 더 많은 것 같다고 하였다. 이런 소견은 네덜란드 van der Eijnden 연구진(2006)의 소견과도 일치했다.

사이버폭력 가해 행위 측면에서는 대부분의 연구에서 성별 차이를 보이지 않았다. 이런 점은 흥미로운데, 전통적인 학교폭력에서는 남학생이 더 우세한 영역이었기 때문이다. 물론 일부 연구에서는 남학생이 사이버폭력을 더 많이 한다고 주장했다. Li(2006)는 남학생이 여학생에 비해 2배 가까이 사이버폭력으로 남을 괴롭힌다고 밝혔다. 또한 노르웨이에서는 남학생이 여학생에 비해 3배 가까이 사이버폭력을 자행한다고 하였다(Olweus, 개인적 연락). 스웨덴의 Slonje & Smith(2008)는 남학생이 여학생에 비해 문자 메시지 폭력을 더 많이 하는 것으로 나타났으며, 벨기에의 Vandebosch & Van Cleemput(2009)는 남학생이 더 일탈 행위를 할 위험이 높았다고 주장했다.

사이버폭력 수단 별로 성별 차이가 나타날 수도 있다. 흥미롭게도, 그리스의 Kapatzia & Syngollitou(2007)는 휴대폰 폭력에 있어서는 남학생(가해 행위만 고려했을 때)이, 인터넷 폭력은 여학생(가해 피해 모두)이 더 우세한 것으로 나왔다. 이 연구 결과는 상기 연구 결과들과 부분적으로 일치했다. 전자기기 사용과 관련해 문화적 차이가 있을 수도 있고, 이 분야가 워낙 빠르게 변화하고 있기 때문일 수도 있다.

어떤 사람이 사이버폭력에 관련 있는가?

때때로 사이버폭력의 피해자는 가해자가 누군지 모를 때가 있다. Smith 연구진(2006)은 피해자 1/5은 자기를 괴롭힌 사람이 누군지 모른다고 하였다. Slonje & Smith(2008) 연구에서는 이 수치가 1/3로 나왔다. 하지만 피해자가 가해자를 알고 있다면, 그 사람은 대체로 학교에서도 자신을 괴롭히던 가해자이다(예: Smith 등의 연구에서는 58% 2006; Slonje & Smith 연구에서는 54%, 2008). 가해자는 한 명이거나 그 이상일 수 있다. Smith 연구진(2006)은 피해자가 가해자를 알고 있는 경우에 대부분 가해자는 한 명이며, 피해자 24%는 가해자가 남학생 한 명이었다고 응답했고, 22%는 여학생 한 명이었다고 응답했다. 하지만 거의 1/4은 2~3명의 학생들한테 괴롭힘당한 것으로 보고했다. Slonje & Smith(2008) 연구에서는 사이버폭력 피해자의 36%는 남학생 한 명에게, 12%는 여학생 한 명에게, 5%는 2명 이상의 학생들에게 괴롭힘당한 것으로 응답했다.

위와 같은 연구 결과로 미루어 보아, 사이버폭력이 비록 학교 밖에서 자주 일어난다고 해도, 여전히 학교폭력과 관련있는 가해자와 피해자일 경우가 많으며, 서로 이미 알고 있는 관계인 경우가 대부분이다. 하지만 일부는 학교 밖의 인물이 관련되어 있기도 하다(예: Smith 연구진(2006) 연구에서는 22%로 확인됨). Vandebosch와 Van Cleemput(2009)는 가해자를 모르는 피해자는 절반 정도를 차지했고, 45% 정도는 오프라인에서 알던 누군가에게 폭력을 당했다고 하였다. 반면 14%는 온라인에서만 알고 지냈던 누군가에게 괴롭힘을 당했다고 했다.

사이버폭력과 상관 관계가 있는 것들

몇몇 연구에서는 사이버폭력과 전통적인 학교폭력과 서로 상관관계가 꽤 높다고 주장하고 있다(Raskauskas & Soltz, 2007; Smith 등, 2008; Olweus, 개인적 연락). Hinduja & Patchin(2007b)은 오프라인 폭력을 쓰는 청소년은 그렇지 않은 청소년에 비해 온라인 폭력을 쓸 가능성이 5배 높다고 밝혔다. 하지만, 전체적으로 모든 연구 결과들이 잘 일치되는 편은 아니며, 일부 연구에서는 사이버폭력과 관계된 위험 요인만 확인한 수준이었다.

한가지 확실한 요인은 인터넷 사용이다. Smith 등(2008)은 인터넷을 많이 사용할 수록 사이버 피해자가 될 가능성이 높아진다고 밝혔다. Hinduja & Patchin(2007b)도 인터넷 사용시간이 길어질수록 사이버폭력을 경험할 확률이 높아진다고 보았다. 그리고 이 연구에서는 사이버폭력 경험과 관련해 최근 학교 문제, 공격적 행동 및 물질 남용과도 상관관계 있다고 밝혔다. Vandebosch & Van Cleemput(2009)는 사이버폭력 피해자가 그렇지 않은 사람들에 비해 자기 자신이 사회적 기술이 뛰어난 편은 아닐 것이라고 응답하였다.

Ybarra & Mitchell(2004)은 문제 행동(절도, 폭행, 만행, 경찰 접촉 경험)이 있는 청소년들은 피해 경험만 있는 청소년에 비해서 사이버폭력의 가해자/피해자 경험을 해봤다는 경우가 4배에 이르렀다. 또한 이 연구진은 전통적인 학교폭력 피해자들이 일종의 보상 심리로 사이버폭력 가해자가 될 것이라고 주장했다. 면대면에서 복수할 수 없으니 전자기기로 앙갚음을 한다는 논리다. 하지만 Rauskauskas & Stoltz(2007) 연구나 Slonje & Smith(2008) 연구에서는 이런 가설을 지지할 만한 근거는 없었다. Smith 연구진(2008)은 전통적인 학교폭력 피해자가 사이버폭력 가해자가 되는 경향은 발견했지만, 42 사례 중에서 30개 사례에서는 사실 가피해자였다. 어쩌면 전통적인 학교폭력에서 피해자인 학생이 보상 심리로 사이버폭력 가해자가 된다기 보다, 사이버폭력 가해자가 되기 전에 이미 그 역할(가해자/피해자)이 정해져 있는 것이 아닐까 한다. 그래서 전통적인 학교폭력 가해자/피해자는 사이버 세계에서도 가해자/피해자가 될 위험이 특히 더 높을 것으로 보인다. 하지만 이 가설에 대해서도 연구가 필요하다.

사이버폭력이 피해자에게 끼치는 영향

Smith 연구진(2006)은 학생들에게 전반적으로 사이버폭력이 전통적인 학교폭력에 비해 부정적인 영향이 적은지, 똑같은 지, 더 큰 지 조사했다. 학생들이 주관적으로 인지하는 위험성은 사이버폭력 수단에 따라 다양했는데, 사진/동영상 폭력은 전통적 학교폭력 보다 훨씬 더 악영향을 미치는 것으로 인지하고 있었다. 일반적으로 다양한 의견이 있었는데, 어떤 학생들은 사이버폭력이나 학교폭력이나 피해자에겐 비슷한 영향일 것이라 답했다(예: '내 생각에는 둘다 똑같이 나쁠 것 같아요.', '둘 다 문제가 되죠.'). 또 다른 학생들은 더 나쁘다고 답했다(예: '인터넷에 올라와 있으면 엄청 많은 사람들이 볼 거 아니에요.', '인터넷에는 항상 있잖아요. 정말 헤어 나오기가 쉽진 않을 걸요?'). 물론 덜 해롭다는 시각도 있었다(예: '사이버폭력 보다는 면대면 폭력이 더 손상을 많이 주잖아요. 사이버폭력은 그냥 말에 불과하니까.', '학교폭력은 눈앞에서 실재로 일어나니까 피할 수 없잖아요. 문자는 씹으면 그만이죠.'; Smith 등, 2008 연구에서 포커스 집단 조사 사례 인용).

비슷한 질문으로 Kapatzia & Syngollitou(2007)는 다양한 응답을 받았는데, 휴대폰과 인터넷 폭력은 평균적으로 전통적인 학교폭력보다 악영향이 약한 것으로 인지하였다. Slonje & Smith(2008 연구 및 개인적 자료)는 수단 별로 인지된 악영향 수준이 다를 뿐 아니라 피해자냐 아니냐에 따라서도 다를 것이라고 주장했다. 비록 표본 중에 피해자의 비율은 상대적으로 적은 편이었지만, 사이버폭력 피해자는 일반 학생에 비해 더 악영향을 받는다고 인지하고 있었다.

많은 요인들이 이런 악영향 수준에 영향을 미친다. 악성 자료와 이를 원하는 청중들도 분명한 요인이 된다. 사진/동영상 폭력은 굉장히 해로운 자료로 여러 사람들이 돌려 볼 수 있으며 심지어 웹사이트에 업로드될 수도 있다. 가해자들의 익명성도 중요한 요소다: '너를 지지해줄 만한 친구들이 주변에 없어.' 피해자 쪽에서 가해자의 의도나 계획을 인지하고 있는지 여부랑 가해 행위가 개인적인 지 아닌 지 여부도 또 중요한 이슈다. 웹사이트에 폭력성 멘트를 올린 것은 계획적이기도 하고 개인적이지만, 예를 들어 악성 이메일 같은 경우는 아무에게나 보여줄 의도며 특정인을 겨냥하지 않는다.

전통적 학교폭력과 비교해서 사이버폭력이 어떻다 한들, 사이버폭력은 분명 해롭다. Ybarra 연구진(2006)은 사이버폭력 피해자 중 65%는 폭력 사건으로 걱정되거나 위협받는 느낌을 경험했다고 하며, 38%는 스트레스를 받았다고 하였다. Patchin & Hinduja(2006)는 피해자 중 43%는 사이버폭력으로 신경쓰이는 것은 없다고 했지만, 사이버폭력 피해와 관련된 흔한 정서적 반응들은 좌절감(43%), 분노(40%), 슬픔(27%)이었다. 이 연구진(2007a)은 피해자 중 35%는 사이버폭력으로 영향을 받은 건 없다고 하였지만, 34%는 좌절감을, 31%는 분노를, 22%는 슬픔을 느꼈다고 하였다. Burgess-Proctor 등(2008)은 피해자 중 41%는 좌절감을, 35%는 분노를, 29%는 슬픔을, 32%는 신경쓰이지 않는다고 응답했다. Beran & Li(2005)는 피해자 중 57%는 분노를 느꼈으며, 36%는 슬픔과 상처를 느꼈다고 한다.

사이버폭력과 관련하여 뜨고 있는 몇몇 이슈들

물론 전통적 학교폭력과 공통점이 있지만, 사이버폭력은 학교폭력과 구분되는 몇몇 독특한 특징들이 있다. 따라서 이런 차이점 때문에 영향이나 대처 전략에 대해서도 고려할 점이 생긴다. 일단 첫번째는 '숨을 곳은 없다.'라는 점이다. 한 학생이 지적한 대로, '사이버폭력에서 도망치거나 숨을 수는 없다.' 전통적 학교폭력에서는 피해자가 학교에 벗어나 집으로 가면 다음 날까지는 쉴 수 있지만, 사이버폭력은 쉽게 벗어날 수 없다. 사이버폭력 피해자는 어디에 있든지 계속 악성 메일, 문자 메시지, 게시물에 시달리게 된다. 두번째는 '관중의 범위'이다. 학교폭력에서는 폭력 사건을 즐기는 관중은 제한적이고 늘 비슷한 집단이기 마련이다. 하지만 사이버폭력에서는 이에 비해 훨씬 더 관중의 폭이 넓다. 예를 들어 웹사이트에 악성 게시물이 올라왔다고 하자. 많은 사람들이 이 게시물을 열람할 수 있다. 세번째는 '폭력 발생이 눈에 보이지 않는다.'라는 점이다. 사이버폭력은 학교폭력처럼 면대면 경험이 아니다. 사이버폭력은 폭력이 진행되는 동안에 어느 수준까지는 잘 드러나지 않으며 익명성을 띨 때도 있다. 온라인 상에서는 가명을 쓰는 경우도 많다.

네번째 측면은 '결과에 대한 인식 부재'이다. 전통적인 학교폭력에 비해서, 사이버폭력을 저지르는 사람은 자신이 행동이 어떤 결과로 이어질 지 잘 예측하기 어렵다. 즉, 사이버폭력의 이런 특성으로 갖가지 복잡하고 부차적인 문제들이 초래된다. 한편으로는 피해자가 상당히 곤란한 처지가 되기 때문에 가해자들이 더 쉽게 탈도덕화되면서 사이버폭력이 더 쉬워지는 문제도 생긴다(Hymel, Rocke Henderson, & Bonanno, 2005). 사이버폭력에서는 직접적인 피드백을 목격하기 어렵기 때문에 공감을 하거나 후회를 할만한 기회가 훨씬 적다. 게다가 방관자들이 폭력 과정 중간에 개입할 여지도 적다.

반면, 가해자 아이들 대다수는 피해자가 괴로워하는 것을 보고 즐기게 된다. 또한 가해 행위의 동기 중 하나가 목격자들의 눈 앞에서 자신의 권력과 힘을 보여줌으로써 자신의 사회적 지위를 드러내는 것이다(Salmivalli 등, 1996; Pellegrini). 사이버폭력일 경우, 가해자가 애써 다른 사람들에게 무슨 일이 있었는지 알리거나 대중들에게 사건을 공개하지 않는 한 위와 같은 상황을 연출하기가 상대적으로 어렵다.

폭력 상황을 '목격'한다는 것, 그리고 이와 관련된 참여자들의 역할 문제는 사이버폭력에서는 더욱 복잡한 양상으로 나타난다. 그래서 이 분야는 아직 더 많은 연구가 필요하다.

우리는 무엇을 해야 하는가? 학생들의 의견, 가이드라인, 권고 출처

분명, 기존 질문지와 또래지명법 도구에 사이버폭력에 관한 항목을 포함시키는 것이 중요하다. 예를 들면, 요즘 나오는 Olweus 학교폭력 질문지에는 사이버폭력 항목이 포함되어 있다. 일부 대규모 연구 조사에서는 사이버폭력을 하나의 분야로 뭉뚱그려 평가하기도 하는데, 사이버폭력 세부 종류에 따라 서로 다른 특징들이 발견될 가능성이 농후하다. 따라서 이런 저런 이유로 사이버폭력을 유형별로 나누어 분석하는 것이 중요해 보인다.

또 중요한 점으로는 그간 사이버폭력이 연구되어왔던 발자취와 관련된 점이다. 언론과 학계에서 사이버폭력을 자각하기 시작한 것은 약 5년 정도밖에 되지 않았다. 따라서 각 연구 및 조사 마다 어느 날짜에 시행된 것인지 확인하는 것이 중요하다. 관련 기술은 지금 이순간에도 계속 개발이 되고 있으며, 새로운 유형의 사이버폭력은 틀림없이 나타날 것이다. 이와 관련해서 기존 유형이 새로운 유형으로 어떻게 변환이 되고 생겨나는지 규명하는 것도 중요한 작업이 될 것이다.

실무를 위한 제언

학교와 학부모와 아동청소년을 아끼는 여러 사람들이 사이버폭력을 통제하고 줄이기 위해서 여러 중요한 제언을 드릴 수 있다(표 19.2). 일단 첫단계로 사이버폭력 이슈에 대한 인식 수준을 높이는 것이 필요하다. 교내 학교폭력 정책에 명시적으로 사이버폭력 이슈를 포함시켜야 한다. 정말로 교내에 휴대폰과 컴퓨터 등을 적절하게 사용할 수 있도록 하는 전담 부서나 별개의 정책이 있어야 될 수 있다. 학급에서 활용하고 있는 학교폭력 교재 안에 전통적 학교폭력 뿐 아니라 사이버폭력에 관한 내용도 반드시 포함되어야 한다. 교사 훈련용 교재에도 이런 이슈가 반드시 포함되어야 함은 물론이다. 또한 학부모를 위한 정보와 가이드도 제공되어야 한다. 최근 세대 보다 구세대 학부모와 교사들은 최근 전자 기술에 대해 잘 모르는 편이다. 그래서 젊은 사람들이야 말로 이 분야에서는 전문가일 수밖에 없다.

전통적 학교폭력에 대한 프로그램도 사이버폭력에 공통적으로 적용시킬 수 있다. 가해행위에 특화된 개입법 외에도 인간관계에 관한 일반적 교육, 타인에 대한 존중, 타인의 권리에 대한 인식, 비폭력적인 방

표 19.2 실무를 위한 제언

- 학부모, 교사, 학생들은 어떤 것이 사이버폭력인지 인지해야 한다. 또한 사이버폭력이 미치는 영향과 휴대폰과 인터넷 사용과 관련된 권리와 의무도 숙지하고 있어야 한다. 사이버폭력은 교내 학교폭력 정책과 개입 프로그램에 포함되어 있어야 한다.
- 전통적인 학교폭력을 줄이기 위한 방법 중 일부는 사이버폭력에서도 적용할 수 있다. 이런 공통사항에는 타인과의 관계 및 타인에 대한 존중에 관한 일반적 교육 과정이나 가해 행위에 특화된 개입법 등을 예로 들 수 있다.
- 사이버폭력에 특화된 별도의 개입법도 필요하다. 여기에는 휴대폰 회사와 인터넷 서비스 제공자와 접촉하는 방법도 포함되고, 인터넷 상 괴롭힘과 프라이버시와 관련된 법적 권리 안내도 포함된다.
- 연구자는 새로운 사이버폭력 유형이 발생하지 않는지 검사 도구나 연구 방법을 업데이트해야 한다. 그리고 이런 업데이트 사항은 교사 훈련용 모듈에도 포함되어야 하며, 학부모를 위한 지침에도 제시되어야 한다.

식으로 자기주장하기, 갈등관리 기술도 사이버폭력에 적용시킬 수 있는 프로그램들이다. 영국에 SEAL 프로그램(사회적 및 정서적 학습; Social and Emotional Aspects of Learning)은 이런 분야에서 초등학교를 상대로 선구자적인 역할을 하고 있으며 학교폭력에 관한 모듈을 제공하고 있다. 하지만 이 프로그램을 평가할만한 공식적인 대규모 연구는 아직 없다. 그래도 대부분의 교사들이 잘 수용하고 있는 프로그램이긴 하다. 중고등학교에 대한 프로그램은 현재 개발 단계에 있다.

하지만 사이버폭력에 좀 더 특화된 개입 프로그램도 필요할 것이다. 여기에는 휴대폰 회사와 인터넷 서비스 제공자에 연결할 수 있는 방법을 가이드 해준다던지, 휴대폰과 인터넷 사용과 관련된 법적 권리와 의무 사항을 안내해주는 과정도 필요하다. Willard(2006)는 유용하고도 일반적인 가이드를 제시하였다. 대부분의 국가에서는 사이버폭력에 대해 구체적인 가이드를 개발하고 있으며 인터넷 사용과 관련된 안전장치도 고안하고 있다. 예를 들어 영국에서는 DfES(교육기술부; Department of Education and Skills)가 2007년 후반에 다음과 같은 웹사이트에 가이드라인을 제시했다(http://www.teachernet.gov.uk/docbank/index.cfm?id=11910). 네덜란드에서는 '디지털 폭력을 멈추자(Stop Digital Bullying).'이라는 국가적 캠페인도 시행하고 있다(http://www.stopdigitaalpesten.nl).

사이버폭력은 최근에 등장한 도전과제이지만, 연구자와 실무자들 사이에서는 이미 이 이슈에 대해 경각심을 가지고 있다. 지난 20여 년간 일반적 학교폭력에 대한 경험이 있기 때문에 사이버폭력에 대한 대응도 긍정적으로 풀어나가리라 희망한다.

□ 알 림 □

본 챕터에 개제되지 않은 자료를 적극 공유해주신 Dan Olweus와 Christina Salmivalli에게 감사를 표한다. 문헌 검색에 노력해주신 Stan DePue과 조언을 아끼지 않은 Neil Tippett에게도 감사드린다.

참고문헌

Balding, J. (2005). *Young People in 2004: The health-related behaviour questionnaire results for 40,430 young people between the ages of 10 and 15*. Exeter, UK: Schools Health Education Unit.
Beran, T., & Li, Q. (2005). Cyber-Harassment: A study of a new method for an old behaviour. *Journal of Educational Computing Research, 32*, 265-277.
Burgess-Proctor, A., Patchin, J. W., & Hinduja, S. (2008). Cyberbullying and online harassment: Reconceptualizing the victimization of adolescent girls. In V. Garcia & J. Clifford (Eds.), *Female victims of crime: Reality reconsidered* (pp. 162-176). Upper Saddle River, NJ: Prentice Hall.
Campbell, M. A. (2005). Cyber bullying: An old problem in a new guise? *Australian Journal of Guidance and Counselling, 15*, 68-76.
Department for Education and Skills. (2000). *Bullying: don't suffer in silence: An anti-bullying pack for schools* (second edition, revised 2002). London: HMSO
Hinduja, S., & Patchin, J.W. (2007a). Offline consequences of online victimization: School violence and delinquency. *Journal of School Violence, 6*, 89-112.
Hinduja, S., & Patchin, J.W. (2007b). Cyberbullying: An exploratory analysis of factors related to offending and victimization. *Deviant Behavior, 29*, 1-29.
Hymel, S., Rocke Henderson, N., & Bonanno, R. A. (2005). Moral disengagement: A framework for understanding bullying among adolescents. *Journal of Social Sciences, 8*, 1-11.
Kapatzia, A., & Syngollitou, E. (2007). *Cyberbullying in middle and high schools: Prevalence, gender and age differences*. Unpublished manuscript based on M.Sc. Thesis of A. Kapatzia, University of Thessaloniki.
Li, Q. (2006). Cyberbullying in schools: A research of gender differences. *School Psychology International, 27*, 157-170.
Mobile Life Youth Report. (2006). *The impact of the mobile phone on the lives of young people*. Carphone warehouse. Retrieved Augustsy 15, 2007, from http://www.yougov.com/archives/pdf/CPW060101004_2.pdf.
NCH (2002). NCH National Survey 2002: Bullying. Retrieved from http://www.nch.org.uk.

NCH (2005). Putting U in the picture-Mobile phone bullying survey 2005. Retrieved from http://www.nch.org.uk.
NIER/MEXT (2006). *Save children from the risk of violence in school. Report of International Symposium on Educational Reform 2005*. Tokyo: National Institute for Educational Policy Research.
Noret, N., & Rivers, I. (2006, April). The prevalence of bullying by text message or email: results of a four year study. Poster presented at British Psychological Society Annual Conference, Cardiff, Scotland
NTIA (2002). A nation online: How Americans are expanding their use of the internet. Retrieved May 30, 2007, from http://www.ntia.doc.gov/ntiahome/dn/nationonline_020502.htm.
Office of National Statistics (ONS). (2007). Retrieved July 24, 2009, from http://www.statistics.gov.uk/pdfdir/inta0807.pdf
Oliver, C., & Candappa, M. (2003). *Tackling bullying: Listening to the views of children and young people.* Nottingham, UK: Department for Education and Skills.
Olweus, D. (1999). Sweden. In Smith, P. K., Morita, Y., Junger-Tas, J., Olweus, D., Catalano, R. & Slee, P. (Eds.), *The nature of school bullying: A cross-national perspective* (pp. 7-27). London: Routledge.
Patchin, J. W., & Hinduja, S. (2006). Bullies move beyond the schoolyard: A preliminary look at cyberbullying. *Youth Violence and Juvenile Justice, 4*, 148-169.
Pew Internet and American Life Project. (2001). Teenage life online: The rise of the instant-messaging generation on the internet's impact on friendships and family relationships. Retrieved May 30, 2007, from http://www.pewinternet.org/report_display.asp?r=36
Raskauskas, J., & Stoltz, A. D. (2007). Involvement in traditional and electronic bullying among adolescents. *Developmental Psychology, 43*, 564-575.
Salmivalli, C., Lagerspetz, K. M. J., Bjorkqvist, K., Östreman, K., & Kaukiainen, A. (1996). Bullying as a group process: Participant roles and their relations to social status within the group. *Aggressive Behavior, 22*, 1-15.
Slonje, R., & Smith, P. K. (2008). Cyberbullying: Another main type of bullying? *Scandinavian Journal of Psychology, 49*, 147-154.
Smith, P. K., Mahdavi, J., Carvalho, M., Fisher, S., Russell, S., & Tippett, N. (2008). Cyberbullying, its forms and impact in secondary school pupils. *Journal of Child Psychology and Psychiatry*.
Smith, P. K., Mahdavi, J., Carvalho, M., & Tippett, N. (2006). An investigation into cyberbullying, its forms, awareness and impact, and the relationship between age and gender in cyberbullying. Research Brief No. RBX03-06. London: Department for Education and Skills.
Smith, P. K., & Sharp, S. (Eds.). (1994). *School bullying: Insights and perspectives.* London: Routledge.
Willard, N.E. (2006). *Cyberbullying and cyberthreats.* Eugene, OR: Center for Safe and Responsible Internet Use.
Vandebosch, H., & van Cleemput, K. (2009). Cyber bullying among youngsters: prevalence and profile of bullies and victims. *New Media & Society, 11*, 1-23.
Van den Eijnden, R. J. J. M., Vermulst, A., Van Rooij, T., & Meerkerk, G-J. (2006). *Monitor Internet en jongeren: Pesten op Internet en het psychosociale welbevinden van jongeren* [Cyberbullying and the psychosocial well-being of adolescents]. Rotterdam: IVO Factsheet.
Ybarra, M. L., & Mitchell, K. J. (2004). Online aggressor/targets, aggressors, and targets: a comparison of associated youth characteristics. *Journal of Child Psychology and Psychiatry, 45*, 1308-1316.
Ybarra, M. L., Mitchell, K. J., Wolak, J., & Finkelhor, D. (2006). Examining characteristics and associated distress related to Internet harassment: Findings from the Second Youth Internet Safety Survey. *Pediatrics, 18*, 1169-1171.

2부
학교폭력의 평가와 측정

20
학교폭력의 평가
DEWEY G. CORNELL AND SHARMILA BANDYOPADHYAY

괴롭힌다는 것(bullying)은 무엇일까? 괴롭힘 또는 가해 행위는 자신 보다 약한 사람에게 반복적으로 굴욕을 주는 행위를 뜻한다. 굴욕을 주는 방법으로 신체적 위협이나 공격도 있고 상대방을 깎아 내리거나 조롱거리로 만드는 언어적 폭력도 있다. 좀 더 미묘한 방식으로 괴롭히기도 한다. 상대방을 사회적 활동에서 배제시켜 버리는 것으로 상대방에게 거절감과 열등감을 심어주는 것이다. 따라서 괴롭힘은 신체적, 언어적, 사회적인 형태로 나타날 수 있다.

가해자는 피해자에 대해 우월하거나 지배적인 위치에 있다. 특히 남학생들은 다른 학생에 비해 덩치가 더 크거나 힘이 세기 때문에 이런 지배력을 가질 수도 있고, 피해자에 비해 수적으로 유리하기 때문일 수도 있다. 여학생들은 덩치 보다는 사회적 지위와 인기도에 더 예민하다. 아무튼 어떤 경우라도 가해자는 피해자를 위협하여 피해자가 열등감을 느끼도록 한다. 괴롭힘 또는 학교폭력은 동등한 조건을 가진 사람들 사이에서 발생하지 않는다. 그래서 괴롭힘 또는 학교폭력은 또래들 간의 일상적인 갈등과는 구분되는 개념이다.

괴롭힘이라는 개념이 광범위하고 추상적인 탓에 다른 유형의 또래 공격성이나 놀이 문화와도 구분하기가 쉽지 않다. 예를 들어, 한 남학생이 다른 남학생을 밀쳐낸 경우, 만약 공격자가 피해자 보다 덩치가 크다면 괴롭힘 또는 학교폭력이라고 간주할 수 있다. 하지만 두 남학생의 덩치가 똑같을 때는 학교폭력이라고 부를 수 없다. 만약 이런 행동이 놀이의 한 과정이며 작은 남학생이 상처를 받거나 스트레스를 느끼지 않았다면, 이 사건은 야단법석 정도로 치부되지 학교폭력으로 간주되지 않는다. 게다가 더 큰 남학생이 악의적인 행동을 저지른 것이라고 할지라도 이 사건이 단 한 번만 발생했다면, 이 행위는 학교폭력으로 인정되지 않는다.

상기 예시처럼, 학교폭력 또는 괴롭힘이 성립되려면 3가지 필수 조건이 존재한다: 또래간 지배관계, 위해성, 빈도 조건이 갖추어져야 한다(Olweus, 1999). 첫째, 학교폭력은 동등한 지위에 있는 또래 간의 일상적인 마찰과 구별되어야 한다. 또래간 충돌이 생긴다고 모두 학교폭력으로 간주하지 않는다. 왜냐하면 피해자와 가해자 사이에는 지배력이나 우월성에서 차이가 존재하기 때문이다. 둘째, 한 학생은 다른 학생에게 반드시 신체적으로든 정서적으로든 해를 끼쳐야 한다. 단순히 놀리는 것이나 야단법석을 떤 것은 충분치 않다. 셋째, 학교폭력은 반복적이고 만성적인 행위로 일회성으로 끝나는 사건은 아니다(Olweus, 1993a). 한 학생이 좌절감과 성질에 못 이겨 더 작은 아이를 밀어 넘어뜨렸다고해서 학교폭력 가해자가 되는 것은 아닙니다. 학교폭력으로 성립되려면 이런 행위를 반복해서 상대 학생에게 굴욕을 줘야 된다.

학교폭력의 개념 체계가 이렇게 난해하지만, 학교폭력 연구에서는 이런 세가지 기준 보다 더 간단한 개념으로 진행하는 경우가 더 많다. 미국 국립 아동보건 및 인간발달원(the National Institue of Child Health and Human Development, NICHD)에서 시행한 대표적 학교폭력 연구(Nansel 등, 2001)에서는 세계보건기구(WHO)에서 개발한 조사법을 활용하였다. 이 연구에서는 학교폭력을 아래와 같이 정의하였다:

> 우리는 '어떤 학생이 괴롭힘 당하고 있다'고 표현할 때, 다른 학생이나 집단이 한 학생에게 악의적이거나 불쾌한 언행을 하는 경우를 지칭한다. 또한 한 학생이 본인이 좋아하지도 않는데도 반복적으로 놀림 당하는 경우를 지칭하기도 한다. 만약 서로 힘이 비슷한 수준인 두 학생이 다투거나 충돌하는 것은 괴롭힘 당하고 있다고 하지 않는다(Nansel 등, 2001, p.2095).

본 정의에서는 다른 또래간 마찰과 학교폭력을 구별하고 있다. 하지만 위해에 대한 기준에는 '악의적이고 불쾌한'이라는 표현을 썼는데, 기준이 애매모호할 뿐 아니라 학교폭력 수준에 미치지 않는 또래간 갈등도 포함할 여지가 있다.

NICHD 조사는 전국적으로 6~10학년 15,686명을 대상으로 시행되었다. 그 결과 미국 학생의 29.9%는 학교폭력의 피해자거나 가해자였다. 약 19.3%는 가해자로 확인되었고, 16.9%는 학교폭력 피해자로 분류되었다. 참고로 6.3%는 가피해자였다.

이외에도 뉴햄프셔대학의 아동범죄연구센터(Crimes Against Children Research Center)에서 개발한 청소년피해질문지(Juvenile Victimization Questionnaire, JVQ; Finkelhor, Ormrod, Turner, & Hamby, 2005)에서는 학교폭력을 평가하기 위해 두 가지 질문을 던진다.

1) 작년에 형제자매를 포함해 다른 아이가 너를 쫓아다니며 괴롭히거나 머리나 옷을 잡은 적이 있었나요? 아니면 네가 하기 싫은 것을 억지로 시킨 적이 있던가요?
2) 작년에 다른 아이들이 별명을 불러서, 나쁜 말을 해서, 아니면 꺼져버리라고 해서 무서웠거나 기분이 진짜 나빴던 적이 있었던가요?

첫번째 질문은 가해 행위를 측정하기 위한 것이고, 두 번째 질문은 놀리기 또는 정서적 폭력을 측정하기 위한 것이다. 위 질문들은 위해성 있는 행동 양상을 확인하고 있지만, 일상적인 또래 갈등과 학교폭력을 제대로 구분해주지 못하고 있으며 일회성 사건도 포함시키는 것으로 보인다. 이 연구는 전화 조사 방식으로 이루어졌으며 전국의 학생들을 상대로 하였다(Finkelhor 등, 2005). 그 결과 13~17세 학생의 14.7%는 첫번째 질문에 그렇다고 답을 하였으며 두번째 질문에는 20%가 그렇다고 답하였다. NICHD 연구와 JVQ 연구의 방법론이 다르기 때문에 직접적인 비교는 불가능하지만, 학교폭력의 유병률을 측정함에 있어 연구자들 사이에 다양한 시도가 이루어지고 있다는 점을 확인할 수 있는 사례였다.

이렇게 단순하고 과도하게 포괄적인 정의 방식을 극복하기 위해, 학교폭력의 기준을 낱낱이 제시하는 방법도 등장했다. 예를 들어 학생 조사에 제일 많이 쓰이는 질문지로 Olweus 가해자/피해자 질문지(Olweus Bully/Victim Questionnaire, BVQ; Olweus, 1996; Solberg & Olweus, 2003)가 있는데, 학생들에게 다음과 같은 정의를 제시하고 있다.

우리는 한 학생이 괴롭힘을 당하고 있다고 표현할 때는 다음과 같은 상황을 지칭한다.
다른 학생이나 집단이
- 악의적이고 상처주는 말을 하거나 그 학생을 웃음거리로 만들거나 악의적인 별명을 부를 때다.
- 친구들이 모여있는 데에서 완전히 무시하거나 따돌리거나 고의로 배제시킨다.
- 그 학생을 때리거나 걷어차거나 밀쳐내거나 위협한다.
- 거짓말을 하거나 거짓 소문을 퍼뜨리거나 악의적 메시지를 보내거나 다른 학생들이 그 학생을 싫어하게 만든다.
- 이 외에도 그 학생에게 상처가 될 수 있는 행동을 한다.

이런 일들은 자주 일어나며, 그 학생 입장에서는 방어하기 힘들다. 또한 학생이 반복적으로 악의적으로 상처가 되는 쪽으로 놀림을 당했을 때도 학교폭력으로 간주한다. 하지만 이런 놀림이 친근하고 놀이로 이루어질 때는 학교폭력이라고 부르지 않는다. 또한 두 학생이 힘과 권력이 비슷한 상태에서 서로 말다툼하거나 싸울 때도 학교폭력이라고 하지 않는다(Olweus, p.2).

BVQ에서는 학생들이 '지난 2~3개월 동안' 다른 학생을 괴롭히거나 다른 학생에게 괴롭힘을 당했는지 응답하도록 한다. 위와 같은 정의를 바탕으로 Solberg와 Olweus(2003)는 노르웨이 5~9학년 학생들 중 6.5%가 가해자였으며 10.1%는 피해자로 확인되었다.

Eslea 등(2003)은 7개 국가에서 가해 행위와 피해 사례 비율을 비교했는데, 모두 Olweus 질문지를 사용하였다. 그 결과 나라 마다 상당한 차이가 나왔는데, 각 국가별 차이점을 고려하더라도 큰 폭의 차이였다. 그래서 조사 응답 중에 어떤 요인의 영향을 받은 것으로 추측되는데 사전에 통제가 이루어지지 않았던 것으로 보인다. 가해자로 분류된 학생의 비중은 중국 2.0%에서 스페인 16.9%까지 측정되었다. 피해자로 분류된 학생들은 아일랜드 5.2%에서 이탈리아 25.6%까지 측정되었다. 이와 마찬가지로 학교폭력과 전혀 관계가 없었던 학생 비중도 아일랜드 91%에서 스페인 50.8%까지 다양했다.

학생 자기보고법의 정확성

물론 학생 조사가 학교폭력의 유병률을 측정하는 주된 방법이지만, 이에 대한 신뢰도와 타당도에 대해 잘 밝혀진 편은 아니다(Cornell, 2006; Cornell, & Loper, 1998; Griffin & Gross, 2004; Leff, Power, & Goldstein, 2004; Rosenblatt & Furlong, 1997). 일부 학교폭력 예방 프로그램에서는 학생 조사 도구를 제시하고 있지만 그 심리측정학적 성질과 관련된 정보는 거의 포함되어 있지 않다(Beane, 1999; Garrity, Jens, Porter, Sager, & Short-Camilli, 1994; Horne, Bartolomucci, & Newman-Carlson, 2003; Olweus, 2002).

Olweus BVQ(Olweus, 2002)는 학생 조사법 중에 전세계적으로 제일 중요하고 널리 활용되고 있는 도구이지만, 이에 대한 타당도나 신뢰도에 대해서 검증한 문헌은 거의 없는 실정이다. BVQ가 수록된 문헌 자료에서는 다음과 같이 설명하고 있다:

우리는 Olweus BVQ의 타당도와 내적 합치도(internal consistency), 검증-재검증 신뢰도에 대해 아주 많은 분석을 실시하였다. 또한 이런 분석에 5천명이 넘는 학생들을 표본으로 삼아 대표성이 있다고 보았다. 결과는 대체로 꽤 좋은 편이다. (중략) 하지만 안타깝게도 대부분 심리측정학적 자료들은 시간이 부족한 관계로 게재되지 않았다(Olweus, 2002, p.1).[알림 1)]

좀 더 최근에는 Solberg와 Olweus(2003)가 학교폭력의 가해자와 피해자를 확인하는데 쓰이는 질문 항목에 초점을 맞추었다. 이 연구에서 각 질문 항목 마다 빈도 기준을 '한달에 2~3번 이상'으로 잡을 때, 내현화 증상 척도 상 피해자와 비피해자 집단을 구분하는 게 가능했고, 외현화 증상 척도 상 가해자와 비가해자 집단을 구분하는 것이 가능했다. 이 분석의 최대 약점은 내현화 및 외현화 측정자료 모두 똑같은 조사 과정에서 수집된 것으로, 상관관계 도출 과정에서 방법공유분산(shared method variance)으로 인한 모종의 영향을 받았을 것이다. 게다가 학생들이 실제로 학교폭력에 관여했다는 독립적인 보완 증거도 제시 되지 않았다.

자기보고법에 대해 주의를 해야 될 이유는 많이 있다(Cornell, 2006; Cornell & Loper, 1998; Cross & Newman-Gonchar, 2004; Furlong, Sharkey, Bates, & Smith, 2004; Griffin & Gross, 2004; Leff 등, 2004). 자기보고 측정법은 학생들이 조사 질문지를 얼만큼 잘 이해하는지에 달려있고, 어쩌면 다시 떠올리기 싫은 사건들에 대한 기억을 얼만큼 다시 떠올려 줄지도 영향을 준다. 일부 학생들은 자기 경험을 과장하고 싶어할 수도 있는 반면, 다른 학생들은 학교폭력 경험을 축소하거나 부정할 수도 있다.

부주의하거나 의도적으로 뻥튀기한 응답은 학교폭력 추정치를 상승시킬 수 있다. 왜냐하면 이런 종류의 응답은 주로 소수의 학생들이 저지르는 데, 부주의한 응답으로 전체적인 빈도를 상승시킬 수 있다(예: 예/아니오 방식의 질문에서 무작위로 찍다보면 확률적으로 50%의 유병률이 생겨날 수 있다). 또한 도발적 성격의 소유자들은 제일 극단적인 선택지를 찾아 찍을 수 있는데, 이렇게 되면 학교폭력 발생률이 더 높게 측정된다. Furlong 연구진(2004)은 청소년위험행동조사(Youth Risk Behavior Surveillance, YRBS)에서 지난 달 동안 학교에 무기를 6차례 이상 들어왔다고 응답한(선택지 내에서 제일 높은 수준임) 학생들을 확인했다. 물론 이런 응답이 일부 사례에서는 믿을만한 소견일 수 있어도, 이런 청소년들은 건강 항목이든 고위험 항목이든 구별하지 않고 극단적인 선택지만 골라 찍는 경향을 보일 수 있다. 실제로 알아봤더니, 자칭 무기 소지 학생들은 매일 운동하고, 당근을 아주 많이 섭취하며, 우유를 많이 마신다고 응답했다. 게다가 이들은 자주 자살 시도를 하고 자주 헤로인 및 본드를 하며 자주 스테로이드를 복용한다고 응답한 것으로 드러났다.

타당도 선별 과정을 통해 싸움, 폭력단 참여, 마약 사용 등과 같은 고위험 행동 유병률 뻥튀기 현상을 상당히 감소시킬 수 있다. Cornell과 Loper(1998)는 중학교와 고등학교 학생 10,909명을 대상으로 조사한 결과, 1/4 정도가 타당도 선별 기준을 통과하지 못했다. 이 선별 기준에는 인구학적 정보를 기재하지 않은 경우, 모두 똑같은 번호에 마킹한 경우, 타당도를 묻는 질문에 부적절한 대답을 한 경우(예: '나는 이번 조사에서 진실만 알리겠습니다.'라는 항목에 '아니오'라고 답한 경우) 등이 있었다. 타당하지 못한 자기보고 응답을 버리고 나니 한 달 동안 교내 싸움 유병률은 28.7%에서 19.2%로 줄어들었다. 이와 마찬가지로 자기보고식 마약 사용률 추정치도 25.1%에서 14.8%로 감소했고, 등교시 칼을 소지한다는 응답도 18.4%에서 7.7%로 감소하였다.

Cross와 Newman-Gonchar(2004)는 서로 다른 학교 3군데에서 조사한 응답 자료를 검토했는데, 같은 내용에 일관되지 못한 응답을 한 경우를 선별해보았다(예: '몇 살에 폭력단에 참여했습니까?' 질문에 '전혀 그런 적 없다'를 선택했는데, '폭력단에 참여한 경험이 있습니까?'라는 질문에 '예'라고 답한 경우). 물론 굉장히 극단적 응답도 선별해냈다(예: 지난 달에 LSD를 20차례 이상 했다고 응답한 경우). 본 조사에서 3번 이상 일관되지 못하거나 극단적인 응답을 한 경우는 소위 '용의자'로 분류했다. 비록 이런 용의자 비율이 많은 편은 아니지만-한 표본에서는 2.7%였고 또 다른 표본에서는 4.4%였다-고위험 행동 유병률에는 큰 영향을 미쳤다. 용의자를 제외하고 나면 교내 권총 반입률은 30배나 차이가 났다. 즉, 3.2%에서 0.1%로 줄어든 것이다. 또 다른 조사에서는 타인을 신체적으로 괴롭히거나 공격한 비율이 15.8%에서 9.9%로 줄었으며,

학교에서 신체적으로 공격당했다고 응답한 비율도 37.8%에서 24.5%로 감소했다.

어느 한 고등학교에서 학교폭력을 당한 적이 있다고 응답한 학생이 전체 45.7%였지만, 용의자 선별 조사를 마친 후에는 25.0%까지 줄어들었다. 감소폭만 보면 45%는 족히 넘는 수준이다(Cross & Newman-Gonchar, 2004). 즉, 일관되지 못하고 극단적인 응답으로 조사 결과의 오류가 발생할 수 있으며-물론 기억력이나 집중력 같은 제한점을 고려하지 않았을 때이지만-이 오류 값은 대부분의 학교폭력 프로그램의 효과로 거둘 수 있는 감소폭 보다 훨씬 더 큰 폭으로 영향을 줄 수 있다(Smith & Ananiadou, 2003). 분명 연구자들은 조사 방법론에 따라 치료 기대 효과를 뛰어넘는 수준의 측정 오류를 만들어낼 수 있다는 점을 숙지해야 한다.

최종적으로 Cross와 Newman-Gonchar(2004)는 학급 내에서 시행되는 조사법이 규격화되지 않았다는 점을 우려했다. 교사들이 잘 준비되어 있도록 해야 하며, 조사 시행에 동기를 갖출 수 있도록 하고, 적당한 조사 시간을 확보하는 것은 물론, 조사 시행에 대해 정확한 안내를 제공해야 한다. 또한 교사들은 학생들에게 개입하려는 의지가 확실히 있어야 조사 시행을 진지하고 정확하게 마무리지을 수 있을 것이다. 조사 과정은 수고스럽지 않도록 해야, 학생들이 흥미를 잃지 않고 끝까지 집중을 해서 아무 응답이나 무작위로 찍는 일이 생기지 않아야 한다.

Cross와 Newman-Gonchar(2004)는 학교에서 훈련된 경우와 훈련되지 않은 경우, 조사 결과에서 얼마나 큰 차이가 나는 지 입증했다. 일부 사례에서 교사들은 적절한 안내를 제공받지 못했거나 자기 반에서 긴 설문조사를 시행할 거라는 통보를 받았다. 비록 대조군 연구는 아니었지만, post hoc 분석 결과는 놀라웠다. 훈련받지 않은 교사가 시행한 조사 결과 중 28%는 타당도 기준을 만족시키지 못한 반면, 훈련 받은 교사가 시행한 조사 결과에서는 3%만 기준 충족을 실패했다. 이 결과에 의하면 조사 결과는 학급 분위기와 조사 시행 과정에 민감하게 반응하는 것을 알 수 있다.

조사 익명성

학생 조사에서 위해성, 지배력, 빈도 기준을 분명하게 제시한 질문지를 활용했다고 하더라도, 또 학생들이 조사에 능동적이고 적절하게 동기를 갖추게 되었다고 하더라도, 학생들이 학교폭력이라는 난해한 개념을 잘 이해했는지, 또 자기 삶에 비추어 적절하게 적용했는지는 의문이다. 성인 관찰자에게 학교폭력 행위를 확인받는 연구 조사에서 정확하고 신뢰할 수 있는 측정을 위해 관찰자를 훈련시키고 검증하는 과정이 필수라고 다들 생각한다. 하지만 학생들의 자기보고에 의존한 연구에서는 이런 신뢰도 자료를 제공하지 않는다.

학생들의 자기보고 결과가 정확한 지 검증을 잘 하지 않은 주된 이유는 학교폭력 조사가 대부분 무기명으로 이루어지기 때문이다. 그래서 다른 방법으로 진실을 재검증해 낼 수 있는 방법이 없다. Solberg와 Olweus(2003)는 무기명 조사가 학교폭력에 대해 더 정확하게 보고할 수 있도록 장려한다고 주장하는데, 학생들이 자신이 학교폭력의 가해자인 지 피해자인 지를 밝혀야 된다는 부담이 없기 때문이라고 한다. 물론 이렇게 생각하는 것이 개연성 있고 다들 그렇게 수긍하기도 하지만, 이 또한 경험적인 검증이 필요하다.

Chan, Myron, Crawshaw(2005)는 무기명으로 조사할 때 가해 사례와 피해 사례를 더 많이 보고할 것이라는 가설을 검증해봤다. 본 연구진은 학교생활조사(the School life Survey, Chan, 2002)를 통해 30개 학급 562명을 대상으로 연구했으며, 대상자들을 무작위로 두 집단으로 나누었다. 한 집단은 조사를 익명으로 받았으며, 다른 한 집단은 자기 이름을 기재하도록 하였다. 통계적으로 두 집단 간에 가해나 피해 비율에 있어 유의한 차이는 발견되지 않았다. 본 연구 결과는 의미있지만, '학교폭력'이라는 용어를 쓰지않고 학생들에게 학교폭력을 묘사한 행동(예: 때리기, 놀리기, 거짓말하기 등)으로 물어봤다. 앞으로 학교폭력이라는 용어를 쓰는 BVQ 같은 조사법으로 이와 같은 연구가 나와야 한다.

또 다른 연구에서는 약물 사용과 범법행위(절도, 무기 소지 등)에 대해 무기명과 기명 조사 방식에 차이가 있는지 알아봤다(O'Malley, Johnston, Bachman, & Schulenberg, 2000). 이 연구는 전국적으로 미래동향조사(the Monitoring the Future Survey)를 받는 청소년들을 대상으로 절반은 익명으로, 나머지 절반은 이름과 주소를 기재하도록 하였다. 하지만 이름과 주소를 적어도 연구자 외에는 비밀 유지가 된다는 점을 안내했다. 이 연구에서도 민감한 정보 항목에 대해서는 의미 있는 차이가 발견되지 않았다(O'Malley 등, 2000). 본 연구 결과, 단지 비밀보장을 약속하는 것만으로도 범법행위를 알아내는 데에 민감할 뿐 아니라 충분하다는 것을 알 수 있다.

Ahmad와 Smith(1990) 연구를 보면 무기명 조사 방식을 더 옹호하는 것으로 보인다. 본 연구에서는 93명의 학생이 Olweus 질문지를 작성하고 난 후 면담을 받도록 하였다. 비록 학교폭력 피해자로 응답한 학생의 85%가 인터뷰 상황에서도 일관된 답변을 보였지만, 가해자로 응답한 학생의 절반은 면담 상황에서 가해자가 아닌 것으로 응답했다. 학생들은 대면 면담보다는 자기보고식 조사에서 학교폭력 가해 행위를 더 잘 인정하는 것처럼 보인다. 하지만 Chan 등(2005)은 연구자들이 두 가지 보고 중 어느 것이 정확한 지 검증하지 않았다는 예리한 지적을 남겼다. 학생들이 종이 질문지 조사에서는 부주의하거나 장난으로 작성하고, 면담 조사에서는 주의 깊게 임했을 가능성도 있는 것이다. 또한 학생들이 Olweus식 학교폭력 정의를 충분히 숙지하지 못해, 학교폭력 개념에 해당하지 않는 또래간 충돌이나 다툼을 응답으로 남겼을 가능성도 있다.

학교분위기 학교폭력조사(the School Climate Bullying Survey, SCBS; Cornell & Sheras, 2003)에 대한 학생들 반응을 최근에 검증한 적이 있는데, 학교폭력에 관한 자기보고식 조사에는 다양한 유형의 오류가 끼어들 수 있다는 점이 밝혀졌다. 이 조사에서는 기명으로 진행하되, 개인 식별 정보를 숫자로 코딩하여 비밀유지를 하는 방식으로 진행되었다(Cornell, McDade, & Biasiolli, 2007). 하지만 질문지 응답에 앞서 이번 조사를 통해 학교폭력 피해자로 분류될 경우, 연구자는 학교 상담교사 중 한 명에게 통보할 것이라고 학생들에게 고지했다. 그 결과, 19명이 지난 달 일주일에 한 번 이상 혹은 일주일에 3~4번 이상 학교폭력에 시달린다고 응답하였다. 학생들과 상담교사들은 Olweus 학교폭력 예방프로그램(Olweus Bullying Prevention Program)에 참여했기 때문에 학교폭력에 대한 개념은 익숙한 상황이었다. 면담 결과 19명 중 10명 만이 Olweus식 피해자 정의에 충족하였다. 아래는 자기보고식 조사에서는 학교폭력 피해자라고 응답하였으나 상담교사의 소견상으로는 피해자로 보이지 않았던 9명의 학생들이 내놓은 반응들이다. 우리는 학생들의 진술이 시사점이 있다고 생각한다.

- 한 명은 장난으로 틀린 선택지에 마킹을 했다고 함.
- 두 명은 절대 학교폭력에 시달린 적이 없는데 부정확하게 마킹을 했다고 함.
- 한 명은 올해 초 몇몇 남학생들이 복도에서 걷다가 자기를 치고 지나갔는데, 그 이후로는 이런 유의 사건은 더 발생되지 않았다고 함.
- 두 명은 작년에 학교폭력을 당했지만, 올해는 그렇지 않다고 함.
- 세 명은 장난스러운 놀림을 당한 적은 있으나, 위해성이나 또래 간 지배력 기준에 해당되지 않아 보였다고 함.

방법공유분산의 문제점

학생들의 자기보고식 조사법에 매달리는 중요한 이유가 있다. 바로 실무적인 이유로, 전학교의 대규모 자료를 단 시간에 수집할 수 있기 때문이다. 또한 조사가 무기명으로 진행되면, 연구자들은 학부모들에게 적극적으로 동의서를 구해야되는 문제에서 해방될 수 있을 뿐 아니라 표본의 대표성도 커지게 되는 이점도 있다. 그럼에도 불구하고, 자기보고식 무기명 조사법을 채택하면 학교폭력의 원인과 결과를 확인하는 데 있어 심각한 한계에 부딪히게 된다. 왜냐하면 자기보고식 조사로 확인된 가해 사건과 피해 사건은 그 당시 시점에만 상관관계가 성립되기 때문이다. 이런 연구 기획 때문에 연구자들이 학교폭력을 예방하고 이해할 수 있는 다양한 측면들을 놓치게 된다(예: 발달학적 배경, 가족 특성, 학업 성취, 개별 중재 프로그램의 효과성). 또한 일부 예방적 노력이 왜 무용지물이었는지 이해하는 데에도 도움이 되지 못한다(Cornell, 2006; Cornell, Sheras, & Cole, 2006).

자기보고식 무기명 조사법은 연구자들이 사실 관계를 파악하는 데 있어 한계가 있다는 점 외에도, 방법 공유 분산 때문에 연구 결과가 혼동된다는 문제도 있다. 방법 분산(method variance)은 개념적 구성 보다는 측정 도구나 측정 방법론 때문에 발생하는 점수 차이를 지칭한다. 특히, 행동학 연구 분야에서 제일 많이 맞닥뜨리게 되는 한계로 알려져 있기도 하다(Podsakoff, MacKenzie, Lee, & Podsakoff, 2003). 두 종류의 개념적 구성을 같은 방법으로 평가를 할 때-예: 자기보고식 종이 질문지, 교사 평점-개념 간의 상관관계가 과장되거나 축소될 수도 있는데, 여기에 방법공유분산이 작용한다. 학교폭력 연구 분야에서는 방법 공유 분산이 종종 간과되거나 무시되는 경향이 있지만, 다른 연구 분야에서는 아주 심각한 문제로 인식되는 경우가 흔하다(Podsakoff 등, 2003). Cote와 Buckley(1987)는 기존 연구 측정에서 나온 분산의 1/4 정도는 방법공유분산과 같은 측정오류 때문일 것으로 보고 있다. 그리고 이런 문제는 마케팅 분야나 사회학 분야에 비해서 교육학 분야에서 더 심각하다. 방법공유분산의 영향은 상당하다. 평균적으로 두 종류의 태도 척도 간의 상관관계는 실제로 0인데 관찰상 상관관계는 0.23까지 상승할 수 있으며, 실제로는 1.00인데 0.52까지도 축소될 수 있다고 한다(Podsakoff 등, 2003).

자기보고식 학교폭력 조사에서 방법 효과는 다양한 요인에 의해 발생할 수 있다. 예를 들면, 학생의 독해력, 조사 참여에 대한 감정이나 태도 수준을 들 수 있다. 사회적 바람직성 효과(social desirability effect)도 중요하다. 사회적 바람직성을 의식하는 학생들은 가해 행위 문제를 인정하지 않으려 하기 때문에 학교폭력과 관련된 변인에 대해서도 잘 인정하려 들지 않을 것이다. 예를 들면, 교칙 위반 같은 행동들 말이다. 반대로, 장난으로 대답하는 것에 재미를 느끼는 학생들은 사회적으로 바람직하지 못한 응답을 전 측정 항목에 걸쳐 마킹할 것이다. 특히, 조사가 익명으로 진행된다는 것을 알면 더욱 신이 나서 멋대로 응답할 지도 모른다. 이처럼 순응적 태도와 도전적 태도 모두 상관관계를 과장하는 측면이 있어 의심쩍은 결과를 양산할 가능성이 있다.

또 관련된 문제로 학생들은 자기보고식 조사에서 학교폭력을 거부하는, 일종의 요구 효과(demand effect)에 반응할 수 있다는 것이다. 학교폭력 예방 프로그램이 처음 출범할 때, 학생들은 일정 부분 학교폭력에 관계되어 있다고 인정할 수 있다. 하지만 학교폭력이 바람직하지 못한 행동이라는 점에 대해 반복적으로 교육을 받고 상기시켜주게 되면 학생들은 후속 연구에서 가해 사실을 부정하거나 숨기는 쪽으로 잔머리가 굴러 갈 수 있다. 물론, 학교폭력 행동은 전혀 개선되지 않으면서 말이다. 만약 자기보고식 조사가 학교폭력의 증감을 측정할 수 있는 유일한 수단이 된다면, 학교폭력의 감소가 학생들이 연구자들이 무엇을 원하는 지 알고서 일부러 반응을 조작하는 경우를 구분해 낼 방법이 없어진다.

또래 보고

또래 보고는 자기보고법의 한 대안으로 활용되고 있다. 또래보고 또는 또래지명법은 학생들이 주어진 묘사나 정의에 부합하는 또래를 지명하는 방식으로 진행된다(Pakaslahti & Keltikangas-Jarvinen, 2000; Ladd & Kochenderfer-Ladd, 2002; Nabuzoka, 2003; Cornell & Brockenbrough, 2004). 또래지명법의 변형된 형태로는 주어진 조건에 부합하는 또래 학생들 몇명 고정해서 지명하도록 하는 방식도 있고 교실 내 학생 개개인에 대해 빈도 평가(예: 절대 한 적 없다, 가끔 한다, 자주 한다)를 매기는 방식도 있다.

또래지명법은 그간 다양한 정서적 및 행동적 문제를 평가하는 데에 유용했다(Huesmann, Eron, Guerra, & Crawshaw, 1994; Weiss, Harris, & Catron, 2004). 특히, 또래공격성, 일탈 행위, 과잉행동, 불안, 우울증 같은 영역에서 쓰임새가 좋다. 또한 또래지명법을 이용해 직접적 공격성과 간접적 공격성과 사회적 따돌림, 대인관계 문제를 구분해내는 데에도 쓰인다(Crick & Bigbee, 1998; Hill, Zrull, & McIntire, 1998; Pakaslahti & Keltikangas-Jarvinen, 2000). 더욱 최근에는 학교폭력 가해 사례와 피해 사례를 구분하는 데에도 또래지명법이 유용할 수 있다는 점이 밝혀지기도 했다(Chan, 2006; Kim, Leventhal, Koh, Hubbard, & Boyce, 2006; Ladd & Kochenderfer-Ladd, 2002). 학교폭력 연구에서 본 챕터에서는 또래지명법이 어떤 가치를 지니고 있는 지 3~4편의 문헌을 통해 간략하게 알아볼 예정이다. 이 문헌을 통해 자기보고식 무기명 조사법에서는 밝혀낼 수 없을뻔한 귀중한 통찰을 얻을 수 있었다.

Olweus(1993b)는 부모 관계의 영향력을 알아보는 연구 중에 피해자를 확인해내기 위해 또래 평점과 교사 평점을 활용하였다. 그 결과 그는 수동적이고 자기주장능력이 부족한 남학생 집단을 밝혀냈는데, 이들은 어머니와 밀착된 관계를 가지나 아버지와의 동일시가 잘 되지 않았던 학생들이었다. 학생들이 23세가 되던 해에 후속 조사가 진행되었는데, 이들 남학생들은 더 이상 또래들로부터 괴롭힘이나 사회적 고립을 겪지는 않았지만, 상대적으로 높은 수준의 우울증과 자존감 저하를 지속적으로 겪는 것으로 나타났다.

한국(Kim 등, 2006)에서는 한국판 또래지명설문지(the Korean peer nomination inventory; Kim, Koh, & Noh, 2001; Kim, Koh, & Leventhal, 2004)를 활용하여 학교폭력과 정신병리 간의 인과관계를 연구했다. 정신병리는 한국판 청소년 자기행동 평가척도(the Korean Youth Self Report; Oh, Hong, & Lee, 1997)로 측정되었다. 이 연구는 7~8학년 학생들을 대상으로 10개월 간의 간격을 두고 2회 실시되었다. 일련의 광범위한 회귀분석을 통해 학생들의 정서적 및 행동적 부적응이 다른 요인보다는 학교폭력 문제의 결과라는 점을 밝혀냈다.

캐나다의 Chan(2006)은 학교폭력의 피해자에게 자기를 괴롭힌 학생의 이름을 물었다. 2개 학교 1~8학년 학생 중 피해자 266명은 총 435명의 가해자 이름을 보고했다. Chan은 연구와 실무에 있어 중요한 시사점이 될만한 소견을 발견했다. 그 중 제일 주목할만한 점은 94명의 학생이 연쇄 학교폭력을 자행했는데, 2명 이상의 피해자를 만들어냈다는 뜻이다. 연쇄 가해자는 전체 피해자의 70% 이상에게 영향을 미칠 뿐 아니라, 신체적 폭력을 제일 많이 쓰는 유형이기도 했다. 이들 부류의 학생들에게 노력을 집중할 수 있으면 학교폭력 예방 프로그램에서 큰 효과를 거둘 것으로 예상된다.

Thunfors와 Cornell(2008)은 미국 중학생들의 또래 인기도에 대해 조사하였다. 6~8학년 379명의 학생들은 SCBS(Cornell & Sheras, 2003)에 나와있는 또래지명법 양식을 채우고 난 뒤 자기 학년 내에서 제일 인기 있는 남학생 10명과 여학생 10명을 뽑도록 하였다. 적어도 두 명 이상에게 가해자로 지명된 학생들은 그렇지 않은 학생들에 비해 학기 중에 성적이 낮고, 교칙 위반을 더 많이 하고, 학교에서 정학 당할 가능성이 더 높았다. 하지만 가해자는 인기도가 훨씬 높았는데 평균 20.6점으로 피해자 집단은 3.6점, 이외의 학생들은 12.8점으로 나왔다. 이 결과는 기존의 학교폭력 가해자 통념과 대비되는 것으로, 그간 가해자들은 사회적 부적응자로 인기가 없는 학생으로 여겨졌다. 이 연구에서는 중학교에서 가해자 남학생과 여학생은 제일 인기가 많았으며, 수년간 학교폭력 예방 운동을 전체적으로 펼친 학교에서 이런 결과가 나왔기 때문에 큰 시사점을 준다고 볼 수 있다.

또래 보고의 제한점

또래 보고도 다른 모든 측정법과 마찬가지로 방법론적인 강점과 약점을 지니고 있다. 자기보고와 마찬가지로 또래 보고도 학생들이 학교폭력의 정의에 대해 정확하게 이해하고 적용시킬 수 있어야 한다. 하지만, 자기보고법 보다 또래 보고법이 더 나은 점이 하나 있는데, 바로 또래 보고는 다수의 정보원을 두고 있기 때문에 측정 오류를 줄이고 더 신뢰성 있는 결과를 얻을 수 있다는 점이다. 그럼에도 불구하고 학생들이 또래지명법에 나온 질문들을 이해하는 지를 제대로 입증하는 것이 필요할 듯하다.

아마도 또래지명법을 활용하는 데 있어 제일 망설여지는 점이 있다면 학생들 보고 다른 학생들에 대해 판단하도록 요청한다는 점이다. 교사들은 간혹 이런 류의 질문들이 학생들의 불안을 자극하거나 학생들끼리 서로 더 괴롭히는 분위기가 형성되지 않을까 우려를 표하기도 한다. 본 챕터에서 검토한 연구 중에는 이런 문제가 있다고 보고한 경우는 없었다. 아직까지는 또래지명법의 해로운 부작용이 있다는 증거를 게재한 문헌은 없다. 물론 이런 결론을 짓기에는 아직 충분히 연구된 것은 아니다.

또 다른 우려 사항으로는 학생들이 일종의 '고자질쟁이'처럼 취급받을 수 있기 때문에 또래지명법에 반대 급부가 생길 수 있다. 이런 경우에는 학생들에게 사리사욕을 위해 누군가에게 정보를 흘리는 것과 누군가가 해를 입지 않도록 예방하기 위해 노력하는 것 사이에 차이가 있다는 점을 교육하는 것이 도움이 될 수 있다. 이런 경우 또래-보고 방식과 교내 학교폭력 예방 노력에 대한 학생들의 전반적인 태도가 연구 결과의 완성도와 정확성에 중대한 영향을 끼칠 것이다. 만약 또래지명법에 대한 학생들 반응을 평가한다면 학교폭력 연구 분야에 중요한 업적이 될 것이다.

Solberg와 Olweus(2003)는 학교폭력 분야에서 또래지명법 활용을 반대했는데, 가해자/피해자 분류를 위해 필요한 절단점 혹은 최소한의 지명 횟수를 정하는 것이 임의적이라는 것이다. 이와 관련해, 최적의 절단점을 정하는 것은 학급 규모에 따라서 다르고, 조사 항목의 개수에 따라 달라지며, 학생들이 체계적으로 각 학급 또래에 대해 평점을 매기는 방식인지 아니면 명단에서 학생들을 몇 명 선택하는 방식인 지에 따라서도 달라진다는 것이다. 모두 기술적으로 합당한 지적들이다. 하지만 체계적인 연구로 해결할 수 있다고 본다. 많은 연구자들의 노력으로 신뢰도와 타당도를 확보한 또래-보고 측정법들이 고안되었다(Chan, 2006; Eron, Walder, & Lefk owitz, 1971; Kim 등, 2004; Pellegrini, 2001). 물론 학교폭력 유병률 측정에 있어 제일 유용한 도구가 어떤 것인지 비교 분석하여 공감대를 형성하는 작업이 남아있지만 말이다.

자기보고와 또래 보고의 비교

자기보고와 또래 보고 간에는 중등도의 상관관계만 있으며, 대체로 0.14~0.42 정도로 보면 된다(Achenbach, McConaughy, & Howell, 1987; Juvonene, Nishina, & Graham, 2001; Ladd & Kochenderfer-Ladd, 2002; Perry, Kusel, & Perry, 1988). Ladd와 Kochenderfer-Ladd(2002)은 유치원에서 4학년까지 아이들을 대상으로 피해 사례에 대한 자기보고와 또래 보고를 비교했으며, 여기에는 신체적 언어적 사회적 유형의 공격성을 포함시켰다. 그 결과 유치원 수준에서는 양쪽 보고법의 일치율은 사실상 0이었으나, 연령이 증가함에 따라 일치율이 상승해서 4학년이 되면 0.50에 이르는 것을 관찰했다. 이 연구진은 2~4학년을 상대로 후속연구(2002)를 실시하여 학교폭력 피해에 대한 자기, 또래, 교사 보고를 비교하였다. 그 결과 학년이 증가함에 따라 일치율이 상승하는 것을 또 한 번 관찰하였다. 4학년 학생 경우에는 자기보고와 또래 보고의 일치율은 0.47이었고 교사 보고와의 일치율은 0.30이었다. 교사와 또래 보고 간의 일치율은 0.47이었다.

Pellegrini(2001)는 Olweus 질문지 초창기 버전을 활용해 367명의 6학년 학생들을 상대로 또래지명법과 자기보고 평점 척도를 이용해 조사하였다. 훈련된 관찰자들이 전 학년도를 걸쳐 정기적으로 관찰하였다. 또 학생들은 매달 지난 24시간 동안에 학교폭력 피해 경험이 있는지 되돌아보는 일기를 쓰도록 하였다. 4가지 종류의 측정법 사이의 상관관계는 0.07에서 0.34까지 나왔다. 또래지명법이 다른 나머지 세가지 측정법과 모두 유의한 상관관계가 있는 것으로 밝혀졌다(0.21~0.32, 모두 $p<0.05$). Olweus 자기보고 척도는 일기와 0.34의 상관관계를 보였다. 직접적 관찰은 자기보고나 일기 측정법과 유의한 상관관계가 없었다. 이 연구 결과를 보면 어느 한 가지 학교폭력 측정법에 매달리는 것이 별로 도움이 되지 않는다는 점을 알 수 있다.

Juvonen 등(2001)은 자기보고와 또래 보고는 서로 상보적이며 서로 다른 개념적 구성을 반영하는 것이라고 주장했다. 자기보고는 학생의 자기 인식을 반영하는 것이고, 또래 보고는 그 학생에 대한 사회적 평판을 반영한다는 것이다. 일부 연구에서는 두 가지 방법을 다 활용하여, 학생들을 자기는 피해자라 인식하지만 남들은 그렇지 않게 보는 경우, 남들은 피해자라 생각하지만 자기는 그렇지 않다고 생각하는 경우, 자기 뿐 아니라 남들도 피해자라고 인식하는 경우 3가지로 분류하기도 했다(Crick & Bigbee, 1998; Graham, Bellmore, & Juvonen, 2003; Pellegrini, Bartini, & Brooks, 1999).

Branson과 Cornell(2007)은 355명의 중학생들을 상대로 자기보고와 또래지명법을 비교하였다. 가해 사례의 경우에는 자기보고와 또래지명법이 $r=0.18$로 낮은 상관관계를 보였으며, 피해 사례의 경우에는 0.32로 중등도의 상관관계를 보였다. 비록 일치율은 떨어지긴 하지만, 두가지 측정방식 모두 학교 부적응과는 상관관계가 있었다. 두가지 측정법 중 어느 하나라도 가해자로 분류된 학생들은 그렇지 않은 학생들에 비해 공격적 태도, 낮은 학업 성취, 교칙 위반으로 인한 훈계 조치에 더 해당되는 것으로 나타났다. 특히 교칙 위반과 관련해서는 또래 보고법이 0.52의 상관관계 계수가 나온 반면, 자기보고법에서는 0.28에만 그쳤다. 하지만 자기보고법과 또래 보고법의 점수를 다중회귀분석하였을 때, 양쪽 측정법 모두 공격적 태도, 성적, 교칙 위반에 대해 독립적이고 통계적으로 유의한 예측력을 보여줬다.

학교폭력 피해 사례에 대한 자기 및 또래 보고 모두 주관적 우울증, 학교 직원이 학교폭력에 기민하지 않다는 인식, 낮은 학업 성취와 관련된 것으로 밝혀졌다(Branson & Cornell, 2007). 자기보고와 또래 간의 유의한 차이는 잘 드러나지 않았다. 게다가 양쪽 측정법 모두 우울증과 학교폭력에 대한 직원 기민성과 학업 성취에 대해 각각 독립적이고 통계적으로 유의한 예측력을 가진 것으로 나타났다. 상기 연구 결과에 따르면 자기보고와 또래 보고는 학교폭력을 측정하는 데에 있어 활용도가 있는 것으로 볼 수 있다.

결 론

학교폭력을 측정함에 있어 무기명 자기보고법은 학교폭력 개입 프로그램이나 연구 업무에 지대한 영향을 미친다. 만약 학교 당국이나 연구자들이 무기명 자기보고법으로 학교폭력의 유병률 기준점을 파악하려고 할 때, 유병률은 구할 수는 있겠지만, 이 결과에 대한 정확성을 보장할 수 없다. 왜냐하면 누가 누구를 괴롭히는지 알 수 없기 때문이다. 게다가 누가 피해자고 가해자인지 모르는 상태에서는 학교폭력 개입은 당연히 교칙과 학교폭력과 관련된 교육 과정에 초점이 맞춰지게 된다. 또한 상담자 입장에서도 학교폭력 신고가 들어와야 행동할 수 있는 상황이 된다. 안타깝게도 대부분의 학생들은 학교폭력으로 도움을 요청하지 않는데다, 교사들은 학교폭력 사건을 잘 감지해내지 못한다(Unnever & Cornell, 2003, 2004).

또래지명법은 학교폭력 예방 노력 차원에 특히나 가치가 있는데, 왜냐하면 학교 담당자가 스스로를 가해자 또는 피해자로 인식하고 있는 학생들을 개별적으로 만나볼 수 있기 때문이다. 뿐만 아니라 학교폭력 사건에 어떻게 관계하고 있는지도 확인하여 그 특정 학생에 대한 적절한 조치를 취해 문제 해결로 이어질 수 있도록 하는 것도 가능하다.

본 챕터에서는 학교폭력 측정에 있어 무기명 자기보고법 활용에 대해 우려를 표하는 바이며, 또래지명법을 더 많이 활용해줄 것을 권장한다. 물론 양쪽 측정법 모두 그 각각의 활용에 대해 근거를 지니고 있으며, 일부 문헌에서는 상보적인 관계를 뒷받침하기도 한다. 두가지 측정법 모두 그 정확성에 대해 더 많은 연구가 필요하며, 독립적인 기준을 사용하여 가해자와 피해자 선별에 대한 타당도를 검증해야 한다. 아마도 제일 중요한 연구 과제는 학교폭력에 연루된 학생을 선별해낼 수 있는 소위 '황금률'을 개발하는 것이다. 비록 양쪽 측정법 모두 각각의 편리성이 있긴 하지만, 자기보고든 또래 보고든 정확성 면에서는 만족스럽지 못하다. 학생들이 단순한 또래 갈등과 학교폭력을 적절히 구분해낸다는 보장이 없는 탓이다. 궁극적으로 자기 및 또래 보고 결과는 반드시 관계된 학생이나 목격자를 면담하여 확인해봐야 한다. 그렇게 해야 실제로 학교폭력 사건이 생겼는지 확인이 가능하다.

□ 알　림 □

1) Olweus는 BVQ에 대해 다음과 같은 사항을 좀더 보완해서 알려달라는 요청을 하였다. '2003년 Aggressive Bahavior 학회지에 명시한 것 외에도 우리는 본 질문지의 심리측정학적 성질에 대해 아주 많은 분석을 시행하였지만, 이 중 학회지에 게재한 것은 거의 없었다. 우리는 대규모 정부지원 개입 프로젝트를 맡은 게 너무 많았다. 그래서 우리는 극히 일부를 제외하고는 우리 연구 업적을 게재하지 못한 것은 단지 시간이 부족한 탓이다.'(Dan Olweus, 개인적 연락, 2007년 5월 16일).

참고문헌

Achenbach, T. M., McConaughy, S. H., & Howell, C. T. (1987). Child/adolescent behavioral and emotional problems: Implications of cross-informant correlations for situational specificity. *Psychological Bulletin, 101*, 213-232.
Ahmad, Y., & Smith, P. K. (1990). Behavioral measures: Bullying in schools. *Newsletter of Association for Child Psychology and Psychiatry, 12*, 26-27.
Beane, A. (1999). *The bully-free classroom*. Minneapolis, MN: Free Spirit Publishing.
Branson, C., & Cornell, D. (2007). *A comparison of self and peer reports in the assessment of middle school bullying*. Unpublished report. University of Virginia, Charlottesville, Virginia.
Chan H. F. J. (2002). *The school life survey—A new instrument for measuring bullying and victimization*. Unpublished doctoral dissertation. University of Hull, UK.

표 20.1 실무를 위한 제언: 학교폭력 평가에 관한 권장 사항

1. 학교폭력과 단순한 또래 간 마찰을 분명히 구별할 수 있는 평가도구를 사용하라.
2. 학교폭력 평가 도구는 적정 수준의 신뢰도와 타당도를 확보해야 한다.
3. 무기명 자기보고 조사결과는 제한된 정보만을 제공하며, 그 결과가 정확하다는 보장이 없다. 익명 보다는 기밀 유지 방식의 조사법이 학생들의 프라이버시를 보호해주기도 함과 동시에 검증 가능한 정보를 얻을 수 있다.
4. 교사들은 조사 시행에 대해 잘 준비되어 있어야 하고 또 동기부여가 되어야, 학생들이 조사에 진지하게 참여할 수 있다.
5. 학생 조사 결과는 부주의하거나 과장된 반응 유무를 선별해야 한다.
6. 또래지명법은 가해자와 피해자 확인에 유용한 정보를 제공할 수 있다.

Chan, H. F. J. (2006). Systemic patterns in bullying and victimization. *School Psychology International, 27,* 352-369.
Chan, H. F. J., Myron, R., & Crawshaw, M. (2005). The efficacy of non-anonymous measures of bullying. *School Psychology International, 26,* 443-458.
Cornell, D. G. (2006). *School violence: Fears versus facts.* Hillsdale, NJ: Erlbaum.
Cornell, D. G., & Brockenbrough, K. (2004). Identification of bullies and victims: A comparison of methods. *Journal of School Violence, 3,* 63-87.
Cornell, D. G., & Loper, A. B. (1998). Assessment of violence and other high-risk behaviors with a school survey. *School Psychology Review, 27,* 317-330.
Cornell, D., McDade, L., & Biasiolli, E. (2007). *A comparison of student self-report of bullying and counselor interviews.* Unpublished report. University of Virginia, Charlottesville, Virginia.
Cornell, D., & Sheras, P. (2003). *School Climate Bullying Survey.* Charlottesville: University of Virginia, Virginia Youth Violence Project.
Cornell, D., Sheras, P., & Cole, J. (2006). Assessment of bullying. In S. R. Jimerson & M. J. Furlong (Eds.), *The handbook of school violence and school safety: From research to practice* (pp. 191-210). Mahwah, NJ: Erlbaum.
Cote, J. A., & Buckley, M. R. (1987). Estimating trait, method, and error variance: Generalizing across seventy construct validation studies. *Journal of Marketing Research, 26,* 315-319.
Crick, N., & Bigbee, M. (1998). Relational and overt forms of peer victimization: A multi-informant approach. *Journal of Consulting and Clinical Psychology, 66,* 337-347.
Cross, J., & Newman-Gonchar, R. (2004). Data quality in student risk behavior surveys and administrator training. *Journal of School Violence, 3,* 89-108.
Eron, L. D., Walder, L. O., & Lefkowitz, M. M. (1971). *Learning of aggression in children.* Boston: Little, Brown.
Eslea, M., Menesini, E., Morita, Y., O'Moore, M., Mora-Merchan, J., Pereira, B., & Smith, P. (2003). Friendship and loneliness among bullies and victims: Data from seven countries. *Aggressive Behavior, 30,* 71-83.
Finkelhor, D., Ormrod, R., Turner, H., & Hamby, S. (2005). The victimization of children and youth: A comprehensive, national survey. *Child Maltreatment, 10,* 5-25.
Furlong, M., Sharkey, J., Bates, M. P., & Smith, D. (2004). An examination of reliability, data screening procedures, and extreme response patterns for the Youth Risk Behavior Surveillance Survey. *Journal of School Violence, 3,* 109-130.
Garrity, C., Jens, K., Porter, W., Sager, N., & Short-Camilli, C. (1994). *Bully-proofing your school.* Longmont, CO: Sopris West.
Graham, S., Bellmore, A., & Juvonen, J. (2003). Peer victimization in middle school: When self and peer views diverge. *Journal of Applied Psychology, 19,* 117-137.
Griffin, R. S., & Gross, A. M. (2004). Childhood bullying: Current empirical findings and future directions for research. *Aggression and Violent Behavior, 9,* 379-400.
Hill, R. W., Zrull, M. C., & McIntire, K. (1998). Differences between self- and peer ratings of interpersonal problems. *Assessment, 5,* 67-83.
Horne, A. M., Bartolomucci, C. L., & Newman-Carlson, D. (2003). *Bully Busters: A teacher's manual for helping bullies, victims, and bystanders* (Grades K-5). Champaign, IL: Research Press.
Huesmann, L., Eron, L., Guerra, N., & Crawshaw, B. (1994). Measuring children's aggression with teachers' predictions of peer nominations. *Psychological Assessment, 6,* 329-336.
Juvonen, J., Nishina, A., & Graham, S. (2001). Self-views versus peer perceptions of victim status among early adolescents. In J. Juvonen & S. Graham (Eds.), *Peer harassment in school: A plight of the vulnerable and victimized* (pp. 105-124). New York: Guilford.
Kim, Y. S., Koh, Y. J., & Leventhal, B.L. (2004). Prevalence of school bullying in Korean middle school students. *Arch Pediatric Adolescent Medicine, 158,* 737-741.
Kim, Y. S., Koh, Y. J., & Noh, J. S. (2001) Development of Korean-Peer Nomination Inventory (K-PNI): An inventory to evaluate school bullying. *Journal of Korean Neuropsychiatry Association, 40,* 867-875.
Kim, Y. S., Leventhal, B. L., Koh, Y. J., Hubbard, A., & Boyce, W. T. (2006). School bullying and youth violence: Causes or consequences of psychopathologic behavior. *Archives of General Psychiatry, 63,* 1035-1041.
Ladd, G. W., & Kochenderfer-Ladd, B. (2002). Identifying victims of peer aggression from early to middle childhood: Analysis of cross-informant data from concordance, estimation of relational adjustment, prevalence of victimization, and characteristics of identified victims. *Psychological Assessment, 14,* 74-96.
Leff, S., Power, T., & Goldstein, A. (2004). Outcome measures to assess the effectiveness of bullying prevention programs in the schools. In D. Espelage & S. Swearer (Eds.), *Bullying in American schools: A social-ecological perspective on prevention and intervention* (pp. 269-293). Mahwah, NJ: Erlbaum.
Nabuzoka, D. (2003). Teacher ratings and peer nominations of bullying and other behavior of children with and with-

out learning difficulties. *Educational Psychology, 23*, 307-321.

Nansel, T., Overpeck, M., Pilla, R., Ruan, W., Simons-Morton, B., & Scheidt, P. (2001). Bullying behaviors among US youth: Prevalence and association with psychosocial adjustment. *American Medical Association, 285*, 2094-2100.

Oh, K. J., Hong, K. E., Lee, H. R. (1997). Korean-Youth Self Report (K-YSR). Seoul, Korea: Jungang Aptitude Research Center.

Olweus, D. (1993a). *Bullying at school: What we know and what we can do*. Oxford: Blackwell.

Olweus, D. (1993b). Victimization by peers: Antecedents and long-term outcomes. In K. H. Rubin & J. B. Asendorf (Eds.), *Social withdrawal, inhibition, and shyness in childhood* (pp. 315-341). Hillsdale, NJ: Erlbaum.

Olweus, D. (1996). The Revised Olweus Bully/Victim Questionnaire. Bergen, Norway: Mimeo, Research Center for Health Promotion (HEMIL), University of Bergen.

Olweus, D. (1999). Norway. In P. K. Smith, Y. Morita, J. Junger-Tas, D. Olweus, R. Catalano, & P. Slee (Eds.), *The nature of school bullying: A cross-national perspective* (pp. 28-48). New York: Routledge.

Olweus, D. (2002). *General information about the Revised Olweus Bully/Victim Questionnaire, PC program and teacher handbook* (pp. 1-12). Bergen, Norway: Mimeo, Research Center for Health Promotion (HEMIL), University of Bergen.

O'Malley, P. M., Johnston, L. D., Bachman, J. G., & Schulenberg, J. E. (2000). A comparison of confidential versus anonymous survey procedures: Effects on reporting of drug use and related attitudes and beliefs in a national study of students. *Journal of Drug Issues, 30*, 35-54.

Pakaslahti, L., & Keltikangas-Jarvinen, L. (2000). Comparison of peer, teacher and self-assessments on adolescent direct and indirect aggression. *Educational Psychology, 20*, 177-190

Pellegrini, A. D. (2001). Sampling instances of victimization in middle school: A methodological comparison. In J. Juvonen & S. Graham (Eds.), *Peer harassment in school: The plight of the vulnerable and victimized* (pp. 125-146). New York: Guilford.

Pellegrini, A. D., Bartini, M., & Brooks, F. (1999). School bullies, victims, and aggressive victims: Factors relating to group affiliation and victimization in early adolescence. *Journal of Educational Psychology, 91*, 216-224.

Perry, D., Kusel, S., & Perry, L. (1988). Victims of peer aggression. *Developmental Psychology, 24*, 807-814.

Podsakoff, P. M., MacKenzie, S. B., Lee, J. Y., & Podsakoff, N. P. (2003). Common method biases in behavioral research: A critical review of the literature and recommended remedies. *Journal of Applied Psychology, 88*, 879-903.

Rosenblatt, J. A., & Furlong, M. J. (1997). Assessing the reliability and validity of student self-reports of campus violence. *Journal of Youth and Adolescence, 26*, 187-202.

Smith, D., & Ananiadou, K. (2003). The nature of school bullying and the effectiveness of school-based interventions. *Journal of Applied Psychoanalytic Studies, 5*, 189-209.

Solberg, M., & Olweus, D. (2003). Prevalence estimation of school bullying with the Olweus Bully/Victim Questionnaire. *Aggressive Behavior, 29*, 239-268.

Thunfors, P., & Cornell, D. (2008). The popularity of middle school bullies. *Journal of School Violence, 7*, 65-82.

Unnever J., & Cornell, D. (2003). The culture of bullying in middle school. *Journal of School Violence, 2*, 5-27.

Unnever, J., & Cornell, D. (2004). Middle school victims of bullying: Who reports being bullied? *Aggressive Behavior, 30*, 373-388.

Weiss, B., Harris, V., & Catron, T. (2004). Development and initial validation of the peer-report measure of internalizing and externalizing behavior. *Journal of Abnormal Child Psychology, 30*, 285-294.

# 21
척도와 설문 조사
가해 행위 측정과 관련된 몇몇 문제

JAMES A. BOVAIRD

학교폭력 및 관련 행위는 모든 발달 단계에서 골칫거리가 되고 있다. 보통 학교폭력과 관련 행위(예: 관계적 공격성, 신체적 공격성 등)가 학교 환경에서 발생하는지 여부를 파악하는 것은 그리 어려운 문제가 아니다. 하지만 일단 이런 행위를 감지하고 난 후, 그 수준이나 심각도나 유병률을 구하는 것은 쉽지 않다. 게다가 이런 부정적인 행위들을 변화시키거나 근절시켜야 되기 때문에, 이런 변화 혹은 근절 정도를 정확히 측정해야 된다는 과제가 생기기도 한다. 따라서 학교폭력과 관련된 연구 상당 부분은 이런 행동의 '수준'과 학생 개인 별 행동 '변화' 수준을 평가하는 데에 할애하고 있다. 이런 작업은 학교폭력에 해당되는 학생을 찾아 재교육이나 교정적 훈육을 통해 학생의 부정적 행동 패턴을 긍정적으로 개선시킬 수 있다는 아이디어만큼 쉽게 들릴 수 있다. 좀 더 예방적 관점에서 학교폭력의 수준과 변화 정도를 측정한다는 것은 준실험적 디자인을 고안해서 주어진 학생 집단에서 학교폭력 프로그램 개입 사전 사후로 학교폭력의 수준을 측정해야 된다는 이야기와 같다. 발달학적 맥락에서는 연구자나 실무자는 학교폭력 행위의 자연적 경과가 어떻게 되는지 시간을 두고 추적해보는 데에 관심을 보일 수 있다.

개입 기반 연구든 횡적 관찰 연구가 되었든 연구 자체는 어렵지 않게 보이지만, 측정 도구의 특징에 대해서는 쉽게 간과하는 경향이 있다. 6하 원칙에 의거하여 본 챕터에서는 학교폭력 및 이와 관련된 행위에 대한 측정법들의 성질을 설정함에 있어 연구자와 실무자들이 마주하는 이슈에 초점을 맞추고, 경과에 따른 학교폭력의 수준과 변화 정도에 이런 이슈가 어떤 시사점을 갖는지 고찰할 것이다.

누가 측정을 담당하는가?

학교폭력 평가는 주로 자기 자신이나 또래나 학부모와 교사 등과 같은 권위적 위치에 있는 사람들의 시각에 따라 이루어진다. 하지만 학교폭력 측정은 누가 측정에 대해 반응을 해주는지에 따라 그 결과가 상이할 수 있다. 실제 연구 현장에서 쓰이는 학교폭력 정의가 다양한 만큼, 측정 도구도 다양하기 마련이고, 또 누가 그 측정을 하느냐에 따라서도 측정 결과가 달라질 수 있다. Shadish, Cook, Campbell(2002)은 이런 현상을 단일 방법 편향(mono-method bias)라고 불렀다. 내적 타당도에 대한 위협과 마찬가지로, 단일 방법 편향이 주는 시사점은 똑같은 수단을 동원한 모든 종류의 조작화(operationalization) 때문에 연구 방법 자체가 탐구 대상물의 한 부분으로 될 수 있다는 리스크를 가질 수 있다는 것이다. 그래서 '학교폭력'이라는 탐구 대상 구성체가 조작된다기보다, '학교폭력에 대한 또래인식'으로 조작되는 것으로 보는 게 더 정확하다고 볼 수 있으며, '학교폭력에 대한 또래인식'은 '학교폭력에 대한 자기보고식 관점'과도 다른 개념 구성체가 된다. 일부 연구자들은 다양한 정보원들이 보고한 학교폭력 조사 결과에 대한 일치도를 연구해왔으며, 그 결과 같은 표본 사이에서도 다양한 일치율이 존재한다는 점을 발견했다(Peets & Kikas, 2006; Graham, Bellmore, & Jovonen, 2003; Cornell & Brockenbrough, 2004; Tomada & Schneider, 1997; Swearer, Bovaird, Buhs, & Givens, 2007).

무엇을 측정하는가?

어떤 행위든 측정하기 위한 첫걸음은 현실에서 조작 가능하고 분명한 정의를 알아내는 것이다. 대부분의 연구자(예: Sveinsson & Morris, 2007; Tremblay, 2000; Underwood, 2003)들은 학교폭력과 이와 관련된 행동(공격성)에 대한 적절한 조작화 결여가 근본적인 문제라고 입을 모은다. 공격성이라는 개념 자체만 해도 오랜 역사를 지니고 있는데다 다양한 개념적 측면이 모여진 용어이다. 게다가 다양한 세부 유형도 포함하고 있으며 여기에는 적어도 다음과 같은 2가지 공통된 특징도 가지고 있다. 1) 공격자 입장에서 타인에게 해를 주고자 하는 의도로서의 공격성과 2) 피해자 입장에서 상처를 느낀다는 의미에서의 공격성이 있다. 학교폭력은 공격성의 하위 분류 중 하나로 볼 수 있는데, 문헌에서는 흔히 공격성과 동의어로 쓰이는 경향이 있다. 하지만 학교폭력은 능동적 공격성이라고 간주하는 게 제일 정확할 것 같다(Espelage & Swearer, 2003).

일부 연구자들은 학교폭력에 있어서 조작 가능하며 분명한 정의는 없다고 주장하고 있지만(예: Rigby, Smith, & Pepler, 2004), 다른 연구자들(예: Espelage & Swearer, 2003)은 Olweus(1995)가 제시한 정의를 지지한다. 이 정의에는 학교폭력 행위는 부정적이고 반복적이며 권력의 불균형을 포함하고 있다. Olweus(1994)는 학교폭력을 '타인에게 상처나 불쾌감을 일으키기 위한 시도나 의도를 지닌 부정적 행위'라고 정의하였다(p.1173). Olweus는 힘의 불균형과 반복성에 대해서도 덧붙였다. 최근에도 학교폭력에 대한 정의를 제시하고 있지만 이런 3요소를 포함한다는 점은 일치한다(VandenBos, 2007). 학교폭력 행위에 대한 다양한 정의와 그에 못지 않게 다양한 측정법이 존재하기 때문에 학교폭력에 대한 우리 인식에 큰 영향을 미칠 수 있다. 예를 들어, Espelage와 Swearer는 학교폭력의 유병률은 학교폭력의 정의와 연구자의 방법론에 따라 상당히 달라질 수 있다고 보고했다. 만약 학교폭력이나 공격성에 관해 강력한 조작 가능한 정의를 세우기 위해 관련 문헌을 철저히 검토하지 않으면, 실제 2요소 조작화 정의(공격성)와 3요소 조작화 정의(학교폭력) 측정에 있어 어떤 문제가 생기는지 알아보겠다.

측정은 어디서 일어나는가?

학교폭력을 평가하는 제일 흔한 도구 중 하나는 지명법 조사방식(Perry, Williard, & Perry, 1990)으로, 교사나 또래들은 학교폭력 문제를 겪고 있다고 인식한 그 누군가를 지명해내는 방식이다. 지명법 안에서도 다양한 세부 방식들이 존재하는데, 주어진 명단을 보고 대상자를 집어내는 방식이 있고(Perry 등, 1990), 또 다른 방식으로는 질문지 조건에 맞는 사람이면 자유롭고 개방적으로 서술할 수 있도록 하는 방식도 있다(Swearer 등, 2007).

학교 기반 연구에서 제일 흔한 쟁점은 연구 범위의 한계를 설정하는 것인데, 주로 학급 단위로 연구가 진행되는 점을 그 예로 들 수 있다. 같은 학급에 있는 학생들은 다른 학급에 속한 학생들에 비해 비슷한 수준의 기능을 발휘할 수 있다. 왜냐하면 같은 학급 내에서는 교사나 사회나 집단 역동의 영향을 공유하기 때문이다. 반면, 사회적 및 행동적 결과는 학급이라는 경계선에 상대적으로 덜 영향을 받는 편이기 때문에, 여전히 근본적인 쟁점은 남아있는 셈이다. 학교 기반 학교폭력 및 이와 관련된 행동 문제에 있어서는 교사의 영향력은 학생을 둘러싼 사회적 집단만큼 크지 않다. 학기 중 학교폭력 유병률에 대한 통계 자료가 다양하지만, 한 연구에서는 학기 중 어느 시점에 전체 학생의 76.8%가 학교폭력 문제를 경험했다고 제시하였다(Hoover, Oliver, & Hazler, 1992). 하지만 실제 학교폭력 문제는 어떤 한 시점에서는 소수의 학생들(50% 미만)이 겪는 경험이다. 예를 들어, Nansel 등(2001)은 전체 학생 중 29.9%만 빈도상 중등도 이상의 가해 행위를 자주 저지르는 것으로 응답했다. 이 연구에서 13%는 가해자라고 응답하였고, 10.6%는 피해자, 6.3%는 가피해자라고 응답하였다. 지명법을 시행하게 되면, 연구를 통해 알아내고자 하는 그 특정 행동이 상대적으로 드물게 발생하는 경우에는 평가자(교사, 또래)와 평가 대상 학생과 얼마나 자주 접촉했는지가 평가의 정확성을 담보하게 된다.

저학년에서는 학급이 학생들의 사회 생활을 형성하는 강력한 틀이 되기 때문에 학급이라는 테두리 내에서 연구를 진행하는 것이 적절한 접근일 수 있다. 하지만 학생들이 고학년으로 올라가면서 학생들의 사회적 활동 범위가 확대되면, 연구가 복잡해지게 된다. 고학년 아이들의 경우 학교폭력 조사는 사회적 파벌 별로 접근하거나(Kwon & Lease, 2007) 스포츠팀, 동아리, 밴드 같이 활동 유형에 기반한 집단 별로 접근하는 것이 적절할 수 있다. 고학년 학생들에 대한 또래지명법의 문제점으로는 공공장소(복도, 식당 등)에서 학교폭력 문제를 경험하는 학생들과 이보다 눈에 덜 띄는 방식으로 학교폭력을 경험하는 학생들과 똑같은 빈도로 문제를 경험하였다고 해도, 공공장소에서 문제를 겪었던 사람이 그렇지 않은 사람에 비해 더 많이 지명받을 수 있다는 점이다. 반대로 학급 내 학생 명단에서 골라내는 방식은 실제 학교폭력 문제와 연관된 학생을 전부 밝혀낼 수 없으므로 일종의 천장 효과를 불러일으킬 수 있다.

측정은 언제 일어나는가?

만약 연구자나 프로그램 개입 실무자가 직접 관찰하거나 바로 학교폭력 사건에 개입하는 경우가 아니면, 학교폭력 문제를 연구하거나 보고하는 작업은 대부분 후향적인 측정 과정으로 이루어진다. 즉, 부정적인 행동을 저질렀거나(자기보고식 가해자) 이런 행동을 목격하거나 경험한 사람(방관자 혹은 피해자)는 반드시 주관적인 자서전적 기억에 의존할 수 밖에 없다. 자기가 직접 경험하지 않았으나 누군가를 통해서 간접적으로 학교폭력 사건이 발생했다는 것을 인지한 정보제공자도 결국 주관적인 자서전적 기억에 의존해야 한다. 이런 기억들은 신뢰하기 어렵고 다양한 측면에서 부정확할 가능성이 높은 것으로 알려져 있다.

자서전적 기억(Autobiographical Memory)

인지 심리학에서는 인간의 기억은 재구성적(reconstructive)이라고 보고 있다. 왜냐하면 기억에서 정보를 추출하는 과정을 통해 원래 실제 경험에서 기억 조각들을 추출하여 원래 경험을 재구성하기 때문이다(Kolodner, 1983). 또한 인지 심리학에서는 기억은 구성적(constructive)이라고도 간주하는데, 이전 경험에 따라 과거 기억을 어떤 방식으로 회상할 건지, 또 무엇을 회상할 것인지를 결정하기 때문이다(Grand & Ceci, 2000).

학교폭력과 관련 분야 연구가 위의 인지 심리학의 이론을 무시할 수 없는 이유는 연구 방식이 개인의 자서전적 기억에 의존하기 때문이다. 자서전적 기억은 구성적인 속성이 있으므로, 그 개인은 항상 실제로 일어났던 일 그대로 기억하지 않는다. 오히려 사람들은 과거에 있었던 일에 대한 구성 혹은 재구성물로 기억하는 경향이 있다. 연구 참여자가 질문지에 응답을 할 때 모든 응답이 다 참여자가 직접 관찰한 내용을 바탕으로 한 것은 아니다. 오히려 응답은 가해자, 피해자, 방관자로서 직접적이고 개인적으로 관련되었던 경우가 바탕이 되었을 수도 있고, 누군가를 통해 건너 들은 이야기를 토대로 한 것일 수도 있으며, 심지어 소문을 바탕으로 했을 수도 있다. 개인적으로 경험은 없지만 특정 행동에 대해 응답하는 경우에는 특정 행동 문제 사건을 알게 되었는지에 대한 기억이 중요하게 작용할 수 있다. 일반적으로 자서전적 기억이 매우 정확하긴 하지만, 여전히 왜곡에 취약할 수 있다.

기억 왜곡(Memory Distortions)

개별 연구에서 연구 기간에 대한 서열위치설정(serial positioning)도 다양하고 연구 기간의 길이(예: '지난 30일 동안', '이번 학기 중에')도 다르기 때문에 응답자가 학교폭력을 정확히 측정할 수 있는 능력은 왜곡된 기억에 달려있을 수 밖에 없다고 볼 수 있다. 인지 심리학에서는 처음과 제일 최근 사건을 제일 선명하게 기억한다는 서열위치효과(serial position effect)가 존재한다고 줄곧 입증해왔다. 학교폭력 행동은 사회적 네트워크가 형성되고 확대되는 시기에 많이 발생하므로 학기 중 특정 시기에 유병률이 상승할 수 있는데, 핵심 기간과 평가 타이밍과 관계가 어떠하냐에 따라 서열 위치 효과의 영향을 받을 수 있다. 일부 연구에서는 이런 현상은 발달학적 단계에 따라 달라질 수 있다고 주장하기도 한다(Rubin, 1996).

Roediger과 McDermott(2000)는 사람들의 기억이 정말 왜곡되는 경향이 실제로 존재한다고 밝혔다. 예를 들어, 친구들한테 학교폭력 사건을 자세히 이야기하는 것 같이 누군가에게 무슨 일이 생겼다는 것을 말로 표현하기만 해도 그 사람은 진짜 그 사건이 생겼던 것처럼 기억하는 경향이 있다. 진실과는 상관없이 말이다(Ackil & Zaragoza, 1998). Schacter(2001)는 '기억의 일곱 가지 죄악'을 선보였는데, 기억 왜곡이 어떤 방식으로 일어나는 지 설명해주고 있다. 이 중 5가지는 학교폭력 개념과 분명히 연관성이 있다.[알림 1)] 첫째, 알아보고자 하는 사건 이후로 시간이 많이 지나버릴수록 더 많고 더 빠르게 기억이 사라진다는 점에서 기억은 한시적이다. 특히 또래 혹은 교사지명법은 기억 왜곡을 방지하기 위해 더 신경써야 될 조사 방법이다. 왜냐하면 응답자는 특정 학생이 학교폭력 관련 행동 문제가 있었다는 것은 제대로 기억할 수 있으나, 누가 공격자였고 누가 피해자였는 지에 대해 정확히 기억하는 능력은 손상되었거나 왜곡되었을 수도 있기 때문이다.

섬광전구 효과(flash-bulb effect)는 또 다른 기억 효과 중 하나로 사람들은 개인적으로 더 중요하거나 특별한 사건을 더 잘 기억한다는 것이다. 만약 어떤 학생이 학교폭력 사건을 경험하고 있는 중이라면, 그 학생은 과거에 아이들이 괴롭힘을 당했던 사건을 더 잘 기억할 것이다. 비록 그 아이들이 가해자였던 적이 있었더라도 말이다. 아니면 실제 사건에 관계없이 관련된 사건을 더 크게 기억할 수도 있다(편향 왜곡; bias distortion). 소문을 통해서나 다른 학생을 통해 사건을 간접적으로 접하는 것도 암시 왜곡(suggestibility distortion)을 일으킬 수 있다. 이와 마찬가지로 지명법 조사 중 학생들 명단에서 이름을 보고 있으면, 연구참여자들은 자기 자신이 직접 무언가를 목격하거나 들었다고 생각하게 해서, 참여자들이 자신이 직접 관찰하고 경험했다는 식으로 믿게 되는 효과가 생긴다. 즉, 어떤 사람이 '난 뭘 보거나 들은 것 같아.'라고 생각할 경우에, 자신이 실제로 그랬다고 믿게 될 가능성이 커진다. 즉, 오귀인 왜곡(misattribution distortion)인데, 이에 따르면 사람들은 특정 기억을 회상함에 있어 어떤 상황 혹은 맥락에서 형성된 기억인지 정확히 떠올리지 못한다는 것이다. 그래서 사람들은 실제로 경험한 것보다 자기가 기억하고 있는 내용과 개연성 있는 스토리만 기억하는 경향이 있다는 것이다. 오귀인성, 감수성, 암시성은 목격자 기억의 신뢰도와 타당도와 매우 밀접한 관련이 있다.

목격자 기억(Eyewitness Memory)

목격자 기억 연구를 통해 사람들은 목격 상황과 관련하여 기억 왜곡에 대한 대한 큰 감수성 또는 취약성을 지닌 것으로 밝혀졌다(Loft us, 1977). 사람들은 가끔 자신이 상상을 했거나 생각을 해본 것 만으로도 그 일을 기억한다고 생각하는 경향도 있었다(Garry & Loft us, 1994). Wells(1993)은 라인업(학교폭력 상황에서 지명법용 학생 명단과 비슷함) 때문에 그릇된 결론을 내릴 수 있다는 점을 보여줬다. 왜냐하면 응답자들은 어쨌든 라인업 내에 범죄자가 있을 것이라고 보기 때문이다. Bothwell, Brigham, & Malpass(1989)는 범죄자가 다른 민족이나 인종인 경우 목격자 기억이 더욱 취약하다고 입증했다.

인지 심리학 문헌에서는 어느 연령대든 목격자 기억의 타당도에 대해 의문을 가지고 있지만, 아이들의 목격자 기억의 타당도에 대해서는 특히나 더 의심스럽다. Ceci와 Bruck(1993)은 아이들은 유도 질문을 받으면 특히나 더 기억 왜곡에 취약하다는 점을 밝혔다. 이 연구진은 아이들이 더 어릴 수록 아이들의 진술을 더 신뢰하기 어렵다고 하였다. 만약 질문자가 강압적이거나 특정 대답을 더 강구하는 모습이 보이면, 아이들 전 연령대에서 그 질문자가 원하는 대답을 해줄 가능성이 꽤 높은 것으로 나타났다.

가해 행위는 어떻게 측정되는가?

일반적으로 가해행위 관련 행동을 평가하는 데에 세가지 기본적인 형식이 있다. 첫 번째는 평점 척도(rating scale)다. 흔히 리커트 방식이라고 알려져 있다. 이 형식은 연속적이고 양적 측정 방식으로 어떤 행위의 정도가 정규분포 곡선을 따른다는 전제가 깔려있다. 이 방법에 대한 반응 양상은 어떤 행동 특성이 낮은 점수에서 높은 점수까지 매길 수 있으며, 개념적으로 제일 높은 점수보다도 더 극단적인 행동 정도도 존재할 가능성을 남겨두고 있다. 이 형식은 정의적 요소를 반영할 때 적합하여, 부정적이고 공격적인 행동이 있어야 학교폭력 개념이 성립된다는 이론을 반영할 수 있다. 또한 공격성 정의 중 해를 끼치고자 하는 의도 요소와 상처 받은 느낌 요소를 평가하는 데에도 적절할 수 있다.

두 번째 측정 형식은 질적인 영역에 대해 이분법적 반응을 받아내는 것(qualitative binary format)인데, 어떤 질문에 대해 예/아니오로 대답하게 하거나 특정 상황, 행동, 특질 등이 존재하는지 여부를 체크해주는 형식이다. 덧붙이자면, 체크항목에 체크가 안 되어 있으면 그 상황, 행동, 특질 등이 존재하지 않는다고 해석하는 방식이다. 이런 형식의 예로는 '나는 다른 사람을 괴롭힌다-예/아니오'처럼 특정 행동에 대한 직접적 관찰 또는 보고가 있다. 또는 지명법 형식을 통해 응답자가 명단에 나와있는 사람들 중에 특정 행동에 해당되는 경우를 관찰했는지 여부를 보고하는 것이다. 이런 방식은 체크리스트에 예/아니오 방식을 통해 특정 행동이 있는지 확인하는 데에 유용하다(예: '다른 사람들을 조롱거리로 만든다.', '다른 아이들을 때린다.', '다른 아이들한테 별명으로 불린다.'). 이 방식의 확장된 형태로는 사지선다형 질문지로 학생들이 학교폭력 문제에 어떤 역할을 하는 지 확인할 때 유용할 수 있다(예: 가해자, 피해자, 방관자, 관계없음).

세 번째 형식은 특정 행동의 빈도(frequency counts)를 확인하는 것이다. 빈도 측정도 연속적 양적 측정 방법이긴 하지만 평점 척도와는 다르다. 빈도 측정법은 0에 대한 정확한계(true limit)가 상대적으로 더 낮은 편이기 때문이다. 학교폭력 문제 발생률이 실제로 어떻게 되든지, 대다수의 학생들은 이런 행동을 보이지 않거나 아주 간혹 보이기 때문에, 빈도는 사실상 0에 가깝다. 이런 유형의 데이터는 정의상 비정상에 해당되기 때문에 통계적으로 다른 방식으로 접근해야 한다. 발생 빈도 형식은 가해 행위의 반복성을 측정하기 위해 사용되거나 한 번 지명된 사람이 여러 조사에서 몇 번 반복해서 지명되는지 아니면 어떤 학생이 몇 번 지명되는지 집계하기 위해 사용되는 것이 적절하다.

측정법이 왜 중요한가?

측정 형식의 선택, 복잡한 학교폭력 개념 구성체로 인한 조작화 정의 설정 문제, 응답자의 특성, 내적 한계(기억 왜곡)와 외적 한계(학급 또는 또래집단) 문제가 서로 상호작용하기 때문에 연구자는 방법론에 대해 난해한 결정을 해야 한다. 본 챕터에서도 소개하겠지만, 이런 방법론적 결정에 따라 측정 결과가 달라지기 때문에 관찰 결과에서 일반적인 원리를 추론해내는 과정에서 오류를 범할 수도 있다.

가해 행위와 관련된 행동을 관찰하는 것을 검증이나 평가라고 부르는데, 이런 활동 자체가 표본을 수집하는 과정이라고 볼 수 있다. 행동 표본을 수집하는 것은 척도, 설문조사, 시험, 질문지라는 도구를 이용해서 특정 행동에 관한 양적 정보를 취득한다. 만약 직접적으로 관찰하거나 정확하게 보고하기만 하면, 피해자를 폭행한 것과 같은 행동은 단일 측정법만으로도 정확하게 측정될 수 있지만, 대부분의 학교폭력 관련 행동들은 직접 관찰하기가 매우 어려울 뿐 아니라 사건 자체가 매우 복잡하기 때문에 다양한 관찰 소스가 필요해진다. 그래서 우리는 항목, 질문, 지표 등을 활용하여 특정 행동을 포착하거나 그 수준을 파악하거나 다른 행동과의 관계를 살피게 된다. 본 챕터에서는 행동학적 관찰이란 용어를 쓸 때 또래 또는 교사 지명법, 자기보고식 평점 척도, 직접적 행동 관찰로 얻은 관찰 지표를 통틀어 언급하는 것으로 하겠다.

다양한 행동 양상을 한 도구를 이용해 정량화하려면 다양한 참여자들의 관찰이 있어야 그 행동의 범위가 전체적으로 어디까지인지 확인할 수 있고, 실제 관찰을 숫자로 된 정보로 환산하기 위해 명확한 정의 규칙이 있어야 한다. 측정법은 이 과정에서 행동의 정도를 차등화하기 위해 행동의 의미를 숫자로 전환시켜주는 도구가 된다. 그간 누적된 심리측정학적 연구에 의하면 일반적으로 평가라는 것이, 특히 변화에 대한 평가는 평가 도구의 측정 성질에 매우 영향을 받을 수 있다는 점을 밝히고 있다(Bovaird & Embretson, 2008; Embretson, 2007; Leite, 2007; Meade, Lautenschlager, & Hecht, 2005).

척도(Scales)

관찰된 행동을 숫자로 표현할 때는 숫자 하나에 한 단계의 행동 수준이 매칭되도록 명확하고 선명한 규칙이 필요하다. O라는 표본에 N만큼의 개별 대상자가 있다면, 어떠한 대상자든 진점수(true score) $t(o_i)$로 배정할 수 있다. 이후 각 대상자 o_i와 부정확한 수적 측정인 m_i 간에 짝을 지어볼 수 있다. 성공적 측정이 되려면 진점수 $t(o_i)$와 측정 $m(o_i)$ 간의 간격을 최소화하는 방법을 개발하는 것인데, 부정확성에 대한 가능성은 여전히 존재하기 마련이다. 왜냐하면 측정 오류는 시스템적 원인(예: 관찰자 편향)과 무작위적 원인(예: 조사 당시의 감정적 상태 등) 등이 존재하기 때문이다. 진점수 $t(o_i)$와 측정 $m(o_i)$의 관계성을 내포한 정보량에 따라 측정 척도는 전형적으로 4개 중 하나에 해당하게 된다: 명명 척도(nominal), 서열척도(ordinal), 동간척도(interval), 비율척도(ratio)(Steven, 1946). 용어가 설명해주는 대로, 명명척도는 개개인을 구별하기 위해 분류에 관한 정보만 담고 있다. 서열척도는 명명변인으로 분류된 개별 정보 간에 특정 순서를 매기는 방식인데, 서열 간에 얼만큼 차이 나는지에 대해서는 알려주지 않는다. 동간척도는 서열에 대한 정보도 포함될 뿐 아니라 결과값들 사이에 산술적으로 얼만큼 거리가 벌어져 있는지 알려준다. 마지막으로 비율척도는 0점 포인트에 대해 동간척도값이 어느 정도의 위치에 있는지 고정한다. 여기서 0점 포인트는 그 특질이 전혀 없는 상태를 지칭하게 된다. 동간척도와 비율척도는 대체로 연속형 자료로 분류되며, 명명척도와 서열척도는 범주형 자료로 분류될 수 있다. 학교폭력 자료에 대해 적절히 접근을 하기 위해서는 정확한 측정 형식을 선택하고 그 측정방식이 어떤 원리로 고안되었는지에 대한 이해도 필요하다.

관찰된 것과 잠재된 것

가해 행위는 관찰 가능한 외적 현상이지만 실제로는 직접 관찰되는 경우가 드물다. 대신 학교폭력 측정은 질문지나 척도나, 조사나 자기보고 같은 '직접적' 평가 방식을 통하거나 지명법이나 기관 의뢰와 같은 '간접적' 평가를 통하는 방법이 있다. 물론 간접적 방법은 문제 행동의 수준도 파악할 뿐 아니라 좀 더 심층적인 특성도 파악할 수도 있다. 여기서 잠깐 짚고 넘어가자면, 학교폭력은 단일 행위가 아니라 3가지 요소가 복합된 행위로-부정적 공격행동, 반복성, 권력의 불균형-시간적 구성체와 빈도 요소도 반드시 확인되어야 한다. 게다가 학교폭력은 한 명 이상의 정보원의 보고로 평가된다(예: 또래, 교사, 본인). 직접적인 관찰이 어렵고 다양한 요소 이루어져있다는 면에서 학교폭력과 관련된 행위는 잠재적인 측정 대상으로 간주해야 한다. 이런 잠재적 특성 때문에 학교폭력 문제를 어떤 방식으로 점수로 환산할 것이며 이와 관련된 행위들을 어떻게 측정할 것인가 하는 문제가 생긴다.

진점수 이론에 따르면(Novick, 1966), 부정확한 수치적 측정값 $m(o_i)$ 가능성을 전제하고 있기 때문에 표본 O에서 N명 만큼의 개별 대상자에 대해 진점수 $t(o_i)$로부터 측정 이탈 현상이 발생하는 것을 측정 오류 $e(o_i)$에 기인한다고 볼 수 있다. 진점수 $t(o_i)$는 고정값 또는 상수로 추정이 되는 반면, 관찰가능한 측정값 $m(o_i)$과 측정치의 부정확성을 나타내는 $e(o_i)$는 측정 상황마다 달라지는 무작위적 값으로 추정할 수 있다. 진점수는 고정되었다고 하더라도 직접적으로 관찰될 수 있지 않기 때문에 정의상 잠재적이라고 볼 수 있다.

최적의 지표(indicators) 개수 잠재적 변인을 적절히 측정하기 위해서는 얼마나 많이 행동 관찰을 실시해야 되는 지에 달렸다. 한 행동에 대해 측정이 한 번만 실시된 경우, 관찰에 대한 진점수와 오류가 각각 어느 정도의 기여를 했는지 구분해내는 것이 불가능해진다. 물론 연구 중에 부정확한 측정값이 있다고 알아내도 어느 정도 오류가 발생했는지 구분해내는 것은 어렵다. 하지만 똑같은 행동에 대해 2가지 이상의 측정법이 있다면 진점수와 오류의 상대적 기여도를 다각화하여 측량할 기회가 생긴다. 즉, 두 종류 이상의 관찰법에 공통으로 해당되는 분산은 잠재적 개념 구성체(진점수)에서 기인된 것으로 볼 수 있고, 나머지 분산은 측정 오류로 간주할 수 있다는 것이다. 똑같은 행동에 대해 3가지 이상의 측정법을 동원한다면 잠재적 구성체, 측정 오류, 개별 측정법 간의 상대적 질적 차이라는 3가지 요소가 주는 관찰불가한 기여도를 구별해내는 것이 가능해진다. 이런 이유로 심리측정학자들 사이에서는 잠재적 구성체를 적절히 측정하기 위해서는 최소한 3종류 이상의 관찰법을 동원해야 된다는 공감대가 형성되어 있다(Little, Lindenberger, & Nesselroade, 1999) 이에 대해 그림 21.1 중 제일 위쪽 도식으로 설명하였다. 잠재적 변인을 확인하기 위한 더 자세한 내용들은 Bollen(1989) 연구에서 확인하기 바란다.

형성적(formative) 측정과 반영적(reflective) 측정 일단 대표적인 행동 세트가 확인이 되었다면, 잠재적 구성체 본질의 이면에 깔린 이론적 모델에 대해 반드시 고려해야 한다. 그림 21.1의 아래 도식은 형성적 측정과 반영적 측정 모델을 구분해서 설명하고 있다. 아래 왼쪽 도식은 측정된 변인들이 원인이 되고 구성체가 결과가 된다. 측정된 행동들은 요인에 대해 외적 원인으로 작용하기 때문에 이들 측정값들은 원인 또는 형성적 지표로 명명할 수 있다. 형성적 측정에서는 행동 관찰값들의 수많은 조합으로 인해 똑같은 구성체 '점수'에 이르게 된다. 측정된 변인들 중 어느 것이라도 진점수를 벗어나지 않는다. 따라서 모든 측정은 완벽한 신뢰도를 바탕으로 이루어진다는 가정이 깔려있다. 모든 측정값들은 서로 상관관계를 가질 수도 있고 그렇지 않을 수도 있지만, 외인적 예측인자이기 때문에 왜 이런 인자들 사이에 상관관계가 있는지 인과론적 관계에 대한 분석은 하지 않는다.

그림 21.1의 아래 오른쪽 도식은 반영적 측정법이 소개되어 있는데, 측정된 변인은 구성체의 결과값이다. 여기서는 내인적 혹은 내재적 관찰이라고 부르며, 효과 혹은 반영적 지표라고 명명할 수 있다. 요인이 관찰된 행동에 대해 예측을 가지기 때문에, 이 모델에서는 불확실한 예측 가능성이 있으며, 이를 측정 오류라고도 한다. 반영적 측정에서는 관찰 가능한 행동들은 반드시 상관관계를 지녀야 한다. 왜냐하면 이들 관찰값은 똑같은 근원적 행위로부터 파생된 현상이기 때문이다. 그리고 이런 상관관계가 있는 행동들을 발생시키는 요인이 존재하고 이런 발생 기전에 대해서도 설명 가능해야 한다. 사회 및 행동 과학과 교육학에서는 이런 측정법에 대한 반영적 이론 체계가 아주 흔하고, 특히나 능력 혹은 성취도 검증 분야에서는 더욱 그러하다.

학교폭력이라는 잠재적 구성체를 반영적으로 조작해 낼 수 있으려면 학교폭력 행동들은 실제로 존재하는 것이라는 가정이 필요하고, 그래서 이런 행동으로 인한 파생 현상들을 체계적으로 관찰할 수 있어야 한다. 물론 이런 파생 현상은 실제 연구에서는 '관찰 가능한 행동 항목'으로 분류되어 측정된다. 높은 수준의 가해 행위를 저지르는 개개인은 서로 동일한 수준의 공격성을 드러낼 것으로 기대되며, 비슷한 횟수만큼 부정적인 행동을 저지르고, 권력의 불균형 면에서 비슷한 정도의 우월한 지위를 확보할 것으로 예상되어야 한다. 또한 이런 행동들이 정보원의 유형(본인, 또래, 교사 등)과 관계 없이 비슷한 정도로 관찰되어야 한다. 다양한 정보원들이 제공해주는 정보의 불일치도만큼 반영적 측정법이 형성적 측정법에 비해 더욱 부적절한 수단이 된다고 볼 수 있다.

형성적 측정도 사회 및 행동 과학에서 흔하긴 하지만 반영적 측정만큼이나 실제로 잘 적용되는 사례는 많지 않다. 학교폭력에 대해 형성적으로 조작하면 어떤 두 개인이든 똑같은 수준의 구성체를 획득할 수 있다. 하지만 이런 정보 획득 경로는 서로 다를 수 있거나 프로파일이 다를 수 있다. 즉, 한 개인은 덜 공격적이고 더 자주 반복하지만 상위 계층 중에 상대적으로 아래 지위를 획득하고, 이런 행동을 학교 운동장처럼 매우 공개적인 상황에서 저지를 수 있다. 반면 어떤 개인은 매우 공격적이고 아주 지배적인 지위를 획득했으나 가해 행동을 저지른 횟수는 얼마 되지 않고 잘 공개되지 않는 상황에서 가해 행동을 했을 수 있다. 양쪽 시나리오 모두 가해자는 잠재적 가해자 '점수'라는 측면에서 동등한 값으로 측정될 것이다.

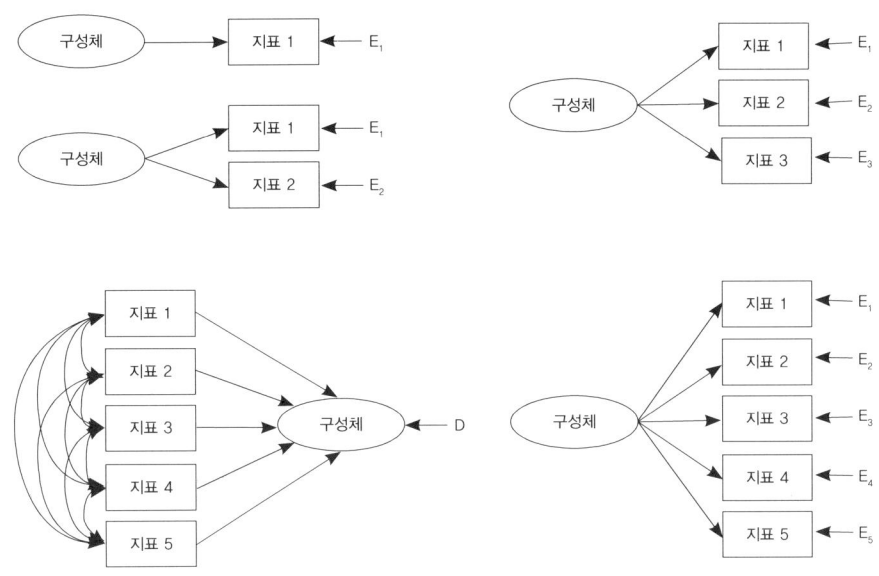

그림 21.1 다섯 경로에 대한 다이어그램. 잠재적 구성체를 측정하기 위해 관찰 활동(예: 지표)을 하나 활동 종류 수에 따라 가용 정보의 차이가 나타난다. 그리고 인과관계 방향이 형성적 측정법(아래 좌측)과 반영적 측정법(아래 우측)에 따라 차이가 있음을 나타냈다. 구성체는 진점수 $t(o_i)$를 나타내고 오류 용어(예: E수)는 주어진 측정값 $m(o_i)$에 대한 부정확성 $e(o_i)$을 나타낸다.

고전검사이론(Classical Test Theory)과 현대검사이론(Modern Test Theory)

진점수 이론은 고전검사이론이라는 측정도구의 심리측정학적 성질에 대한 접근 체계와 밀접한 관련이 있다. 고전검사이론은 심리측정학적 성질에 대한 또 다른 접근 체계인 문항반응이론(item response theory)과 종종 경쟁하는 체계로 소개되는데, 두 이론 모두 반영적 측정에 제일 적절하게 활용될 수 있으며 형성적으로 조작할 때는 덜 적절한 이론이다. 고전검사이론과 문항반응이론에 대한 개괄과 비교에 대해 흥미 있는 독자라면 Bovaird와 Embretson(2008)의 연구를 참고하기 바란다.

고전검사이론의 주요 특징으로는 이론 명칭이 의미하는 대로 개별 피험자 행동에 초점을 맞추는 체계라기 보다는 전체 검사 단위의 체계라는 점이다. 이 이론의 외적 가정으로는 측정 오류가 0점을 평균값으로 정규분포를 한다는 점과 측정 오류가 관찰된 값이든 잠재적인 값이든 다른 어떤 변인과도 관계가 없다는 점이다. 고전검사이론은 산술적인 효율성이 뛰어나서 응용 연구자들 사이에 굉장한 인기를 얻고 있다. 실제로 척도 점수는 반응의 총합을 내거나 평균으로 내기도 하고, 지명 여부/보고 여부/참 여부의 수나 비율로도 구할 수 있으며, 획득한 점수를 일련의 참고 기준과 비교하는 식으로도 구할 수 있다. 고전검사이론의 내적 합치도(internal consistency)는 검사 결과의 질과 관련해서 제일 많이 보고되는 통계적 이슈이기도 하다(Cronbach, 1951).

고전검사이론은 지표가 연속적 자료이거나 리커트 유형의 척도 자료일 경우는 꽤 정확하다고 알려져 있지만, 범주형 자료나 빈도형 자료에서는 몇몇 취약점을 드러내는 것으로 알려졌다. 세가지 주요 문제가 범주형 및 빈도형 자료에서처럼 선형 근사식(linear approximation)을 비선형 체계의 동간수준 자료에 적절하게 실행시키는 데에서 발생한다. 고전검사이론을 범주형 자료에 적용함에 있어 생기는 첫 번째 문제로는 범주형 자료를 활용하려면 양쪽 방향으로 무한히 뻗어나갈 수 있는 연속적 척도에서 측정이 되는 결과 자료에서 특정 반응으로 귀결되는 확률 체계(0 아니면 1이 되는)로 전환시켜야 되다는 점이다. 빈도형 자료에서는 제일 낮은 쪽 경계는 0이 있긴 하지만, 상위 경계는 무한하다. 이와 동시에 잠재적 구성체는 여전히 연속적 척도 상 잠재적으로 측정된다. 고전검사이론에서는 잠재적 구성체 분포 상 양극단에 위치한 응답자들은 확률 범위 바깥에 존재하는 것으로 처리된다. 범주형 자료에 고전검사이론을 적용하는 두 번째 문제로는 오류 분산은 진점수 변이에 독립적이라고 간주할 수 없다는 것이다. 특히 이분법적 자료에 대해서는 더욱 그러한 데, 빈도형 자료나 서열적 반응에서도 마찬가지다. 세 번째로 고전검사이론은 오류 분산이 모든 수준의 잠재적 구성체에 대해 항상 일정한 값을 갖는다고 가정하는데, 이는 현실적인 가정이라고 볼 수 없다. 이런 한계점들 때문에 문항반응이론과 같은 비선형 요인 모델처럼 문항요인분석(item factor analysis)도 대안이 될 수 있다(Bock, Gibbons, & Muraki, 1988).

고전검사이론은 외현적 가정을 두고 있지 않은 반면, 현대검사이론이라고도 불리는 문항반응이론은 두 가지 강력한 가정을 지니고 있다. 첫째, 지역독립성(local independence)은 모든 응답자가 적어도 한 잠재적 차원에서는 진점수를 지닌다는 점을 제시하는데, 잠재적 차원은 검사 수행을 통해 독립된 관찰 반응을 도출할 수 있다는 점을 설명한다. 둘째, 검사 수행과 잠재적 구성체와의 관계는 구체적 형태를 가진다는 점이다. 대부분 문항반응이론 모델은 근본적으로 일반화된 혼합 모델의 일반화로, 여기에선 지표 자료가 대체로 이분법적이기 때문에 확률 관계가 정규분포를 하기 보다 로지스틱한 성격을 띠게 된다(De Boeck & Wilson, 2004). 문항반응이론은 모델링과 관련 가정에 아주 강력하게 의존하기 때문에 문항반응이론은 적용 모델의 적합성에 영향을 받을 수 밖에 없어 거짓결론이 나올 수 있다(Embretson & Reise, 2000).

고전검사이론과 반대로 문항반응이론은 개별 지표에 반응한다는 의미에서 개별 행동에 초점을 맞추고 있다. 문항반응이론의 목적은 로지스틱 함수에 근거해 문항반응함수를 규정하는 것으로, 로지스틱 함수는 피험자와 지표 특성과의 관계를 극대화 한다. 그리고 또 다른 목적으로는 주어진 반응이 실제로 이루어질 가능성이 어느 정도인 지 규정하는 것도 있다. 이렇게 되면 행동(반응)은 구성체 중 피험자의 위치와 지표 특성 사이를 연결시켜주는 매개체가 된다. 지표 특성을 외현적으로 모델링함으로써 지표는 구성체에 대한 구심성 또는 전형성 측면에서 다양할 수 있다. 이런 현상을 보통 시험 중의 어려움이라고 부르고 있으며, 구성체와의 관계 혹은 질적인 면에 대해서 차별점(discrimination)이라고 부른다. 이상적으로 검사 도구는 여러 지표들로 포함된 지표 세트를 포함하고 있어 구성체에 대해 광범위하게 반영할 수 있도록 하고, 모든 지표는 응답자들을 구분할 수 있도록 강력한 차별점을 제공한다.

고전검사이론과 문항반응이론간의 개념적 차이 때문에 학교폭력 연구분야로의 응용성 측면에서 실질적인 차이가 드러난다. 고전검사이론은 전체 검사 수준에 초점을 맞추기 때문에 연구자의 설명 능력은 구성체 수준에 머물러 있다. 즉, 학교폭력 구조물에서 개별 차이는 설명이 되지만, 학교폭력 행동을 시사하는 개별 행동 표현에 대해서는 설명이 되지 않는다. 이에 반해 문항반응이론은 항목 수준의 체계이기 때문에 학교폭력이 단일 구성체로 존재한다는 가정을 통해 가해 행위가 어떤 사람한테서는 드러나고 다른 사람에서는 그렇지 않으며 서로 다른 빈도로 나타나는 현상에 대해 설명을 할 수 있다. 검사의 어려움 또는 특질 상의 위치로부터 구성체 지표들에 대한 차별점을 구해내기 때문에, 문항반응이론은 모든 관찰 가능한 학교폭력 행위가 이론적인 학교폭력 개념구성체을 위해 똑같이 중요할 수도 있지만(예: 차별점) 어떤 행동이 더 흔하게 드러나거나 더 전형적인 것(예: 여러움 혹은 위치)인지 알아낼 수 있다. 다음 섹션에서 문항반응이론과 고전검사이론의 실무적인 차이를 설명할 것이다. 이를 통해 학교폭력 측정에 관해 바람직한 성질을 구축하고, 구성체 내의 변화를 측정하는 데에 어떤 함의가 있으며, 추론을 위한 내적 타당도에 어떤 위협이 되는 지 알아볼 것이다.

검사의 성질

고전검사이론이든 문항반응이론으로든 어떤 식으로든 측정을 해도 4가지 근본적인 성질을 반영해야 한다. 측정값은 표준화된 검사 시행법을 통해 수집할 수 있어야 하며, 신뢰도와 타당도를 겸한 의미있는 계측 자료를 낼 수 있어야 한다. Bovaird와 Embretson(2008)은 문항반응이론에 따른 척도가 4가지 바람직한 측정도구 성질을 지니고 있기 때문에 매우 유용하다고 주장했다. 예를 들어 문항반응이론은 컴퓨터를 이용한 검사처럼 진보된 검사 양식을 활용할 수 있다(Weiss, 1982). 문항반응이론에서는 문항들을 신속하게 만들 수 있고, 인지심리학적 원리에 근거해서 문항을 만들 수 있다는 장점도 있다(Embretson, 1998).

문항반응이론은 일반적으로 불변성(invariance)이 있는 반면, 고전검사이론 점수는 표본이나 연구자에 따라 달라진다고 알려져 있다. 즉, 고전검사이론으로 산출한 총점은 오직 같은 표본 집단 내에서 같은 척도로 검사를 받은 응답자들 사이에서만 비교하는 것이 의미가 있다. 문항반응이론에서는 지표 특성이 모델 매개변수이고 인구집단 매개변수로 간주되기 때문에 서로 다른 표본에 속한 응답자들이 서로 다른 형태의 검사 도구로 수행했다고 해도 이들 점수는 바로 비교가 가능하다(Embretson & Reise, 2000). 문항반응이론의 불변성 덕분에 집단이나 하위 집단을 차별문항기능(differential item functioning)을 통해 더욱 의미 있게 비교할 수 있다(DIF; Lord, 1980). 그리고 똑같은 종류의 특질의 측정값들에 대해 더 잘 비교할 수 있으며 링킹(linking)과 동등화(equating) 작업을 통해 변화 측정도 가능해진다(Cook & Eignor, 1983).

고전검사이론에 비해 문항반응이론이 앞서는 부분은 신뢰도와 관련된 측면이다. 고전검사이론에서 제일 흔한 신뢰도 지표는 Cronbach(1951)의 알파 계수인데 모든 연구대상자에 대해 단일의 지표를 제공해 주니 편리하다. 하지만 측정 신뢰도로서의 정확성에 대해선 의문의 여지가 있다. 만약 구성체 공간이 단차원적이기 보다 다차원적이면 Cronbach의 알파계수는 구성체 신뢰도에 비해 과대추정되는 경향이 생기는 반면, 비평행적 측정값들을 과소추정되는 방식으로 나타나게 된다(Raykov, 1997). 대신 문항반응이론은 지표(그리고 도구) 정보에 초점을 맞추거나 지표(그리고 도구)가 주어진 잠재적 구성체의 수준에 따라 얼만큼 응답자들을 잘 구별해내는 지에 초점을 맞춘다. 이를 통해 구성체의 기능에 따라 오류 분산이 다양해질 수 있게 된다. 서로 다른 응답자들이 서로 다른 정확성을 가지고 응답한다는 면에서 이는 훨씬 더 현실적인 시나리오라고 보여진다.

일반적으로 문항반응이론에서 나온 구성체 점수와 고전검사이론에서 총합 점수 간에 상관관계는 매우 높다고 알려져 있다($r>0.90$). 문항반응이론이 다양한 수준의 구성체에서 차별적인 정확성을 허용한다는 특징 때문에 문항반응이론은 구성체 중 극단적 범위에 속한 응답자들을 더 잘 구별해낸다. 게다가 고전검사이론은 척도 조사에서 문제점을 드러낸 것으로 밝혀졌다. 여기에 대해서는 몇가지 이유가 있는데 다음 단락에서 다루겠다.

변화 대한 척도 조사의 영향

시간 경과에 따른 구성체 내의 변화 정도를 평가하는 전통적인 통계적 및 모델링 기법들에는 ANOVA, 회귀분석, 경로분석 등이 있는데 이들 기법은 제한된 가정 때문에 불편하다. 예를 들면 분산의 구형도(sphericity), 잔차(residuals)의 독립성, 신뢰할 수 없는 측정법이 존재했는 지 여부 등과 같은 문제점들이다(Rogosa & Willet, 1983). 이런 이유들 때문에 잠재적 성장 모델링은 권장된 틀을 따르는 경향이 있다(Little, Bovaird, & Slegers, 2006). 비록 전통적인 방법론이나 성장곡선 모델링은 본 챕터의 논의 범위를 넘어서는 문제이나, 포괄적인 검토에 관심있는 독자는 Little 연구진의 종설을 참고하기 바란다. 관찰된 행동 또는 행동상 변화 관찰에 대한 타당한 통계적 결론을 얻기 위해 어떠한 분석 과정을 취했든지 간에 결론은 척도 사용과 관련된 틀에 영향을 받는다.

Bereiter(1963)는 변화를 측정하기 위해 고전검사이론 기반 단순 점수차 방법을 활용하는 데에 3가지 기본적인 문제가 있다고 주장했다. 여기에는 검사-재검사 상관관계와 점수변화의 신뢰도 간의 역설적 관계, 초기 점수와 점수 변화 간의 음성적 상관관계, 분포상 서로 다른 지점 간의 점수 변화에 대한 해석능력의 일관성 부족이 있다. 4번째 문제는 점수 변화가 조건이 변화했기 때문에 발생한 실제 변화를 반영할지 아니면 그저 단순한 오류에 불과한지 여부다(Embretson, 1998). 상기 4가지 문제점은 문항반응이론에 성장곡선 모델링 활용을 조합했을 때에도 나타날 수 있다(Embretson & Reise, 2000).

임의적 측정 규준(arbitrary metrics)이 주는 영향

Blanton과 Jaccard(2006)는 표본 및 형식 의존적 고전검사이론 점수같이 임의적 측정 규준을 도입했다 해서 실제 연구 결과에 미치는 영향은 미미하다고 주장했다. 하지만 심리측정학 연구가 누적되면서 이런 주장은 계속 의문의 대상이 되고 있다. 이와 대조적으로 Embretson(2006)은 척도 자체 발생하는 인공적인 결과(scaling artifact)에 대해서 주장하면서, 적절한 연구 결과를 얻으려면 비임의적인 측정 규준을 통해 척도 조사를 해야한다고 주장했다. 현재까지 밝혀진 문제점의 대부분은 잠재적 구성체와 이를 관찰하는 측정법과의 관계 문제에서 비롯된다. Maxwell과 Delaney(1985)는 동등한 참/잠재적 집단을 지닌 두 집단이 있다는 뜻은 관찰 도구에 따라 통계적으로 유의한 차이를 낼 수 있다는 점을 주장했다. 물론 이 주장에는 관찰된 점수가 진점수와 서로 선형적으로 관계되지 않은 경우를 가정한다. 만약 결과 측정법이 원래부터 비정상이라면(예: 포아송, 검열, 이분법 등), 이는 정의상 옳지 않은 것이다. Embretson(1996)은 factorial ANOVA와 고전검사이론을 바탕으로 산출한 요약 점수에서 잠재적 상호작용이 존재하지 않을 때 거짓 상호작용을 드러낼 수 있음을 주장했는데, 원 점수와 잠재적 점수 간에 선형적인 대응관계가 존재하지 않기 때문이다. 게다가 Embretson은 제일 정확한 평균값차를 보이는 인구집단은 척도-곤란(scale difficulty) 혹은 구심성이 제일 적절한 경우였다. 즉, 높은 수준의 가해 행위를 드러내는 표본에서 높은 수준의 가해 행위를 드러내는 개인을 감지해내는 학교폭력 지표를 지닌 척도가 제일 큰 참 비교값(true comparison)을 갖는다. 또한 Embretson(1994, 2007)은 집단 내에서 변화와 경향을 측정할 때 관찰 점수와 잠재적 점수 간의 비선형적 관계에 영향을 받는다는 점을 입증했는데, 제일 많이 변화한 집단은 척도-표본 매치가 제일 적절한 경우였다.

Embretson(2007)은 더 나아가 점수 변화에도 주목해, 제일 많은 점수 변화를 이뤄낸 경우는 척도-표본 매치가 제일 적절했던 인구집단에서 발생하였다. 게다가 그는 시뮬레이션 방법을 통해 적정한 척도-표본 매치가 없는 상태에서 척도 점수들간에 통계적으로 유의한 차이를 보이는 경우에도 참/잠재적 점수변화는 사실상 동등했다고 밝혔다. 또한 횡적 경향 연구(longitudinal trend study)는 피험자 특성과 척도 성질 간의 미스매치에 부정적인 영향을 받을 것이라고 주장했다. 즉, 만약 구성체 본질의 질적 변화가 잠재적 구성체에 대해 다소 대략적으로 중심적이라도-학교폭력 행동 측면에서 학년에 따른 변화가 미묘할지라도-척도는 변하지 않으므로 척도-표본 매치도 변화하기 마련이다.

Davidson과 Sharma(1990)은 관찰 점수는 잠재적 변인에 영향을 받지만 type 1 및 type 2 오류 또한 생길 가능성이 있기 때문에 결론을 내리는 과정에서 영향을 받는다. 비록 이부분에 대해서는 공식적인 연구가 없지만, 기존의 연구에서 보면 잠재적 및 관찰된 변인간의 비선형적 관계와 척도 성질과 피험자 특성 간의 미스매치로 인한 딜레마가 보고되는 것으로 미루어 짐작할 수 있다. 이런 경우 평균값 차가 과도하게 확대되어 관찰될 수 있고, type 1 오류가 확대되며, 참 잠재적 차이가 과소평가되면서 type 2 오류도 확대된다.

내적 타당도에 대한 위협

외적 타당도가 심리측정학과 관련해 제일 흔히 거론되는 타당도 유형이지만, 다수의 측정법이나 연구 기획 특성들은 추론에 대한 내적 타당도 또는 학교폭력 조사에 따른 교정적 활동에 유의한 영향을 미치는 쪽으로 상호작용한다. 만약 연구자가 선호하는 반영적 측정법 모델을 활용하는 조건에서 잠재적 변인이 관찰된 행동에 대해 외인적 설명 기전을 담당한다는 이유로 잠재적 변인 측정 모델을 고려하고 있다면, 내적 타당도에 대한 공통적 위협 요소에 대해 반드시 세심하게 고려하는 것이 필요하다(Shadish 등, 2002). 이미 본 챕터에서 내적 타당도를 위협하는 몇몇 요소에 대해 간접적으로나마 소개한 바 있으나, 본 단락에서는 이 점에 대한 부분을 더욱 자세히 다뤄볼 예정이다.

횡적 학교폭력 연구는 구성체 자체 보다 구성체와 더불어 발생하는 연구 외 사건에 의한 역사 효과(history effect)에 민감할 수 있다. 예를 들어, 대다수의 횡적 조사법은 자료 수집량을 극대화하기 위해 코호트 디자인에 의존하는데, 코호트 연구는 학년이 바뀔 때마다, 학교폭력 무관용 정책의 의지를 재강조하는 학교에서는 특히 민감할 수 밖에 없다. 학교폭력을 근절시키기 위한 학교폭력 개입 프로그램이나 다른 정책들도 새 학년도에 학교 수뇌부가 바뀌면서 같이 강조되는 경향이 있다. 유의미한 싸움이나 주목할만한 유행성 사건도 연중 사회적 역동을 바꾸는 경향은 있으나 전년도에서 차기 년도로 이어지지는 않는다. 게다가 수학의 난이도가 학년에 따라 바뀌는 것처럼, 학교폭력과 관련된 문제 행동도 나이와 학년에 따라 바뀌는 경향이 있다. 학교폭력 행위 중 일부 유형은 학사 일정 동안에 유병률에 영향을 줄 수 있다. 이런 성숙효과(maturation effect)는 척도 동등화나 문항반응이론을 통해 링킹을 하는 방식으로 손을 볼 수 있다. 부정적 행동을 저지르는 학생들이 감소하는 것은 교정적 활동(정학 등) 때문이거나 전학 또는 퇴학 때문일 수 있다. 이 모든 이유 때문에 인공적으로 긍정 효과가 생겨날 수 있다.

시간이 지남에 따라 척도 사용은 자료 수집에 있어 그 효과성이 떨어지게 되는데, 검사 효과(testing effect)와 도구사용 효과(instrumentation effect) 때문이다. 응답자가 이전에도 같은 패러다임의 조사 방법을 반복 체험했다면 다른 평가의 결과에도 영향을 줄 가능성이 높아진다. 기억 연구 상 민감성과 암시성 왜곡과 서로 상호작용하여, 이전 조사에서 응답자가 누군가를 지명했다면 다음 조사에서도 동일 인물을 지명할 가능성이 높아진다. 실제로 지명 받는 인물에게 변화가 생겼는지 여부와 상관없이 말이다. 따라서 측정 기전은 시간 경과에 따라 부정확해진다. 특정인을 지명하는 것도 역시 '평균으로의 회귀'라는 부작용에서 시달릴 수 있다. 가해자로 낙인 찍힌 학생은 학교 운영자와 또래한테 받는 시선이 늘어난다. 그래서 실제 해당 가해학생의 학교폭력 문제 발생과 상관없이 미래에 지명을 또 받게 될 확률이 올라간다. 이와 마찬가지로 한번 가해자로 주목을 받으면 부정적인 행동을 저지른 학생들은 결과적으로 부정적인 행동을 줄일 수도 있다.

마지막으로 가해 행위와 관련된 행위는 자기 스스로 먼저 시작하기 때문에 선택 편향(selection bias) 문제를 피할 수 없다. 또한 학급이나 사회적 집단 연구 범위 경계를 짓는 것 때문에 상호작용적 효과(interactive effect)를 불러일으키는데, 특정 행동이 나타나는 조건을 설명해주는 매개 역할을 할 수 있다.

결론 및 실무를 위한 제언

학교폭력은 빈도, 의도, 활동을 포함하는 다면적 현상으로, 다양한 정보원이 필요할 뿐 아니라 적정한 조작화를 확보하기 위해서 복잡한 측정 체계가 필요하다. 즉, 한 번 관찰할 것만으로는 학교폭력 문제가 실제로 발생했다고 결론 내리기에는 신뢰도와 타당도가 충분치 않을 수 있다. 결과적으로 학교폭력 행동의 수준을 알아내고 프로그램 개입을 통해 행동의 변화를 얼마나 이끌어냈는지 평가하려면 다양한 심리측정학적 이슈와 마주해야 한다. 표 21.1은 본 챕터의 핵심 요약 및 실무를 위한 제언도 함께 제시되었다.

연구자들이 적절한 수준의 측정법과 반응양식이 무엇인지 결정해야되는 작업처럼 뻔한 이슈 외에도 본 챕터에서는 심리측정학적으로 많은 부가적 사안에 대해서도 다루었다. 자료 분석에 있어 이론적 측정 모델은 학교폭력이라는 복잡하고 다면적인 구성체의 잠재적 본질을 적절하게 반영할 수 있어야 한다. 또 다른 우려 사항으로는 관찰의 일관성과 정확성인데, 이런 부분을 우려하는 이유로는 다양한 정보원(또래, 교사, 자기 등)이 존재한다는 점, 상황적 한계(예: 학급, 또래집단 등)가 존재한다는 점, 직접적 학교폭력 경험을 회상하거나 간접적인 루트로 정보를 얻었다는 기억 여부에 대해 인간의 기억은 정확성이 부족하다는 점이 있다. 마지막으로 특질에 초점을 맞출 것인지 아니면 직접적 행동을 통해 그 특질이 표현되는 양상에 초점을 맞출 것인지 결정하는 것과 적절한 측정 틀을 선택하는 것은 질 좋은 점수를 이끌어내는 데에 결정적인 역할을 할 뿐 아니라 개입 또는 예방적 노력으로 얻은 자료를 일반화시키거나 타당한 추론을 이끌어내는 데에도 중요하다.

□ 알 림 □

1) Schacter(2001)의 7가지 죄는 덧없음(transience), 멍함(absent mindedness), 방해(blocking), 오인(misattribution), 암

표 21.1 실무를 위한 제언

	실무자와 연구자를 위한 권고 사항
누가?	• 2명 이상의 정보원 유형을 선택하라. 관찰 대상 행동에 대해 적당한 다각화된 평가도 가능하며, 구성체 측정에 있어 단일 도구로 인한 편향 효과도 최소화할 수 있다.
무엇을?	• 학교폭력 또는 공격성 구성체에 대한 분명한 조작화 체계를 확보하라. 이는 현실에서 드러나는 학교폭력의 3요소 또는 공격성의 2요소를 효과적으로 담아낼 수 있어야 한다. 학교폭력의 3요소는 행동의 부정적 공격성, 반복성, 권력의 불균형이 있으며, 공격성의 2요소는 공격자의 가해 의도, 피해자의 피해 인식이 있다.
어디서?	• 학급 또는 사회집단 효과가 주는 영향을 과소평가해서는 안된다. 이런 효과는 지명법에 대한 신뢰도와 타당도를 제한하거나 영향을 줄 수 있다. 저학년에서는 홈룸(지도교실)효과를, 고학년에서는 사회적 집단 효과를 배제해야 한다.
언제?	• 일관되고 최근 기간을 선택하여 후향적으로 학교폭력 및 관련 행위에 대한 보고를 모으도록 하라. 학기 중에 실시하도록 한다. • 평가는 객관적이고 규격화되어 있어야 한다. 그래야 목격자 기억 효과에 대한 민감성 또는 암시성을 최소화할 수 있다.
왜?	• 형성적 모델과 반영적 모델 중 적절한 이론적 측정 모델이 무엇인지 판단하라. • 구성체에 대해 적어도 지표는 3가지 이상 되어야 한다. • 적절한 척도 틀(고전검사이론 또는 문항반응이론)을 선택하라. 당신이 선택한 지표들이 갖는 수준(명명, 서열, 동간, 비율)에 따른 최적의 척도 틀을 선택해야 한다. • 내적 타당도에 위협이 될 만한 모든 요소에 대해 세심한 고려를 해야 한다.
어떻게?	• 제일 적절한 지표 양식 혹은 지표 양식의 조합을 결정하라. • 어떤 양식을 선택하느냐에 따라 수집한 자료를 개입 프로그램과 교정정책에 어떻게 활용 할 지가 결정된다는 점을 인식하고 있어야 한다.

시(suggestability), 편향(bias), 지속성(persistence)이다. 7가지 중 5가지는 학교폭력 회상과 관련이 있다. 명함과 지속성은 학교폭력 회상과 관련성이 떨어진다. 참고로 명하다는 것은 특정 행동을 반복하고 나서야 이미 그 행동을 저지른 뒤라는 것을 깨닫는 것이다. 또 지속성은 실제로 인과론적 관계가 부족한 것들을 더 인과관계가 있다고 기억하는 것이다.

참고문헌

Ackil, J. K., & Zaragoza, M. S. (1998). Memorial consequences of forced confabulation: Age differences in susceptibility to false memories. *Developmental Psychology, 34,* 1358-1372.

Bereiter, C. (1963). Some persisting dilemmas in the measurement of change. In C. Harris (Ed.), *Problems in measuring change* (pp. 3-20). Madison: University of Wisconsin Press.

Blanton, H., & Jaccard, J. (2006). Arbitrary metrics in psychology. *American Psychologist, 61,* 27-41.

Bock, R. D., Gibbons, R., & Muraki, E. (1988). Full-information item factor analysis. *Applied Psychological Measurement, 12,* 261-280.

Bollen, K. A. (1989). *Structural equations with latent variables.* New York: Wiley.

Bothwell, R. K., Brigham, J. C., & Malpass, R. S. (1989). Cross-racial identification. *Personality & Social Psychology Bulletin, 15,* 19-25.

Bovaird, J. A., & Embretson, S. E. (2008). Modern measurement in the social sciences. In P. Alasuutari, L. Bickman, & J. Brannen (Eds.), *Handbook of social research methods* (pp. 269-289). Los Angeles: Sage.

Ceci, S. J., & Bruck, M. (1993). Suggestivity of the child witness: A historical review and synthesis. *Psychological Bulletin, 113,* 403-439.

Cook, L. L., & Eignor, D. R. (1983). Practical considerations regarding the use of item response theory to equate tests. In R. K. Hambleton (Ed.), *Applications of item response theory* (pp. 175-195). Vancouver, BC: Educational Research Institute of British Columbia.

Cornell, D. G., & Brockenbrough, K. (2004). Identification of bullies and victims: A comparison of methods. *Journal of School Violence, 3,* 63-87.

Cronbach, L. J. (1951). Coefficient alpha and the internal structure of tests. *Psychometrika, 16,* 297-334.

Davison, M. L., & Sharma, A. R. (1990). Parametric statistics and levels of measurement: Factorial designs and multiple regressions. *Psychological Bulletin, 107,* 394-400.

De Boeck, P., & Wilson, M. (Eds.), (2004). *Explanatory item response models: A generalized linear and nonlinear approach.* New York: Springer-Verlag.

Embretson, S. E. (1994). Comparing changes between groups: Some perplexities arising from psychometrics. In D. Laveault, B. D. Zumbo, M. E. Gessaroli, & M. W. Boss (Eds.), *Modern theories of measurement: problems and issues* (pp. 211-248). Ottawa, Ontario, Canada: Edumetric Research Group, University of Ottawa.

Embretson, S. E. (1996). Item response theory models and spurious interaction effects in factorial ANOVA designs. *Applied Psychological Measurement, 20,* 201-212.

Embretson, S. E. (1998). A cognitive design system approach to generating valid tests: Application to abstract reasoning. *Psychological Methods, 3,* 300-396.

Embretson, S. E. (2006). The continued search for nonarbitrary metrics in psychology. *American Psychologist, 61,* 50-55.

Embretson, S. E. (2007). Impact of measurement scale in modeling developmental processes and ecological factors. In T. D. Little, J. A. Bovaird, & N. A. Card (Eds.), *Modeling contextual effects in longitudinal studies* (pp. 63-87). Mahwah, NJ: Erlbaum.

Embretson, S. E., & Reise, S. P. (2000). *Item response theory for psychologists.* Mahwah, NJ: Erlbaum.

Espelage, D. L., & Swearer, S. M. (2003). Research on school bullying and victimization: What have we learned and where do we go from here? *School Psychology Review, 32,* 365-383.

Garry, M., & Loftus, E. F. (1994). Pseudomemories without hypnosis. *International Journal of Clinical and Experimental Hypnosis, 42,* 363-378.

Graham, S., Bellmore, A., & Juvonen, J. (2003). Peer victimization in middle school: When self- and reer views diverge. *Journal of Applied School Psychology, 19,* 117-137.

Grant, E. R., & Ceci, S. J. (2000). Memory: Constructive processes. In A. E. Kazdin (Ed.), *Encyclopedia of psychology* (Vol. 5, pp. 166-169). Washington, DC: American Psychological Association.

Hoover, J. H., Oliver, R., & Hazler, R. J. (1992). Bullying: Perceptions of adolescent victims in the Midwestern USA. *School Psychology International, 13,* 5-16.

Kolodner, J. L. (1983). Reconstructive memory: A computer model. *Cognitive Science, 7,* 281-328.

Kwon, K., & Lease, A.M. (2007). Clique membership and social adjustment in children's same-gender cliques: The contribution of the type of clique to children's self-reported adjustment. *Merrill-Palmer Quarterly, 53*, 216-242.

Leite, W. L. (2007). A comparison of latent growth models for constructs measured by multiple items. *Structural Equation Modeling, 14*, 581-610.

Little, T. D., Bovaird, J. A., & Slegers, D. (2006). Methods for the analysis of change. In D. Mroczek & T. D. Little (Eds.), *Handbook of personality development* (pp. 181-211). Mahwah, NJ: Erlbaum.

Little, T. D., Lindenberger, U., & Nesselroade, J. R. (1999). On selecting indicators for multivariate measurement and modeling with latent variables: When "good" indicators are bad and "bad" indicators are good. *Psychological Methods, 4*, 192-211.

Loftus, E. F. (1977). Shifting human color memory. *Memory & Cognition, 5*, 696-699.

Lord, F. M. (1980). *Application of item response theory to practical testing problems.* Hillsdale, NJ: Erlbaum.

Maxwell, S. E., & Delaney, H. (1985). Measurement and statistics: An examination of construct validity. *Psychological Bulletin, 97*, 85-93.

Meade, A. W., Lautenschlager, G. J., & Hecht, J. E. (2005). Establishing measurement equivalence and invariance in longitudinal data with item response theory. *International Journal of Testing, 5*(3), 279-300.

Nansel, R. R., Overpeck, M., Pilla, R. S., Ruan, W. A. J., Simon-Morton, B., & Scheidt, P. (2001). Bullying behaviors among U.S. youth: Prevalence and association with psychosocial adjustment. *Journal of the American Medical Association, 285*, 2094-1200.

Novick, M. R. (1966). The axioms and principal results of classical test theory. *Journal of Mathematical Psychology, 3*, 1-18.

Olweus, D. (1994). Bullying at school: Basic facts and effects of a school based intervention program. *Journal of Child Psychology and Psychiatry, 35*, 1171-1190.

Olweus, D. (1995). Bullying or peer abuse at school: Facts and intervention. *Current Directions in Psychological Science, 4*, 196-200.

Peets, K., & Kikas, E. (2006). Aggressive strategies and victimization during adolescence: Grade and gender differences, and cross-informant agreement. *Aggressive Behavior, 32*, 68-79.

Perry, D. G., Williard, J. C., & Perry, L. C. (1990). Peers' perceptions of the consequences that victimized children provide aggressors. *Child Development, 61*, 1310-1325.

Raykov, T. (1997). Estimation of composite reliability for congeneric measures. *Applied Psychological Measurement, 21*, 173-184.

Rigby, K., Smith, P., & Pepler, D. (2004). *Bullying in schools: How successful can interventions be?* Cambridge, England: Cambridge University Press.

Roediger, H.L., III, & McDermott, K.B. (2000). Distortions of memory. In E. Tulving & F. I. M. Craik (Eds.), *The Oxford handbook of memory* (pp. 149-162). New York: Oxford University Press.

Rogosa, D. R., & Willett, J. B. (1983). Demonstrating the reliability of the difference score in the measurement of change. *Journal of Educational Measurement, 20*, 335-343.

Rubin, D. C. (Ed.). (1996). *Remembering our past: Studies in autobiographical memory.* New York: Cambridge University Press.

Schacter, D.L. (2001). *The seven sins of memory: How the mind forgets and remembers.* Boston: Houghton Mifflin.

Shadish, W. R., Cook, T. D., & Campbell, D. T. (2002). *Experimental and quasi-experimental designs for generalized causal inference.* Boston: Houghton Mifflin.

Stevens, S. S. (1946). On the theory of scales of measurement. *Science, 103*, 677-680.

Sveinsson, A. V., & Morris, R. J. (2007). Conceptual and methodological issues in assessment and intervention with school bullies. In J. E. Zins, M. J. Elias, & C. A. Maher (Eds.), *Bullying, victimization, and peer harassment: A handbook of prevention and intervention* (pp. 9-26). Binghamton, NY: Haworth.

Swearer, S. M., Bovaird, J. A., Buhs, E. S., & Givens, J. E. (2007, August). *Peer aggression and victimization: Patterns of change across middle school.* Paper presented at the American Psychological Association annual meeting. San Francisco, CA.

Tomada, G., & Schneider, B. (1997). Relational aggression, gender and peer acceptance: Invariance across culture, stability over time, and concordance among informants. *Developmental Psychology, 33*, 601-609.

Tremblay, R. E. (2000). The development of aggressive behavior during childhood: What have we learned in the past century? *International Journal of Behavioral Development, 24*, 129-141.

Underwood, M. K. (2003). *Social Aggression Among Girls.* New York: Guilford.

VandenBos, G. R. (2007). *APA Dictionary of psychology.* Washington, DC: American Psychological Association.

Weiss, D. J. (1982). Improving measurement quality and efficiency with adaptive testing. *Applied Psychological Measurement, 6*, 473-492.

Wells, G. L. (1993). What do we know about eyewitness identification? *American Psychologist, 48*, 553-571.

22
학교폭력 피해경험과 또래배척 경험에 대한 신경생물학

TRACY VAILLANCOURT, JEAN CLINTON, PATRICIA MCDOUGALL,
LOUIS A. SCHMIDT, AND SHELLEY HYMEL

학교폭력은 1970년대 이후로 과학적 조사 분야 중 하나로서 자리 매김하고 있다(Olweus, 1999). 지난 20~30년 동안 이 분야에 대한 관심이 급속히 성장하고 있다. 실제로 학교폭력 연구 정보를 국제적으로 교환하고 다국적 조사에 여러 나라가 동참하는 것도 전례가 없었던 일이다. 전세계적인 동참과 관심 덕에 단시간 내에 학교폭력이란 문제가 얼마나 복잡한 현상인지도 잘 이해하게 되었다. 학교폭력에 관한 대부분의 지식은 주로 발달심리학과 교육학에 바탕을 두고 있다. 본 챕터에서는 신경과학의 관점에서 학교폭력에 대한 이해를 확장하고자 한다. 그래서 새로운 연구 아이디어 창출 조성을 위해 기본 바탕이 될 만한 연구도 소개하고자 한다.

물론 또래를 괴롭히는 학생들에 대한 생물학적 연관 요인을 알아내는 것도 흥미롭기도 하고 또 중요하기도 하지만(van Goozen, Snoek, Fairchild, & Harold, 2007), 본 챕터에서는 학교폭력 피해를 당했거나 또래한테 배척 받는 이들의 심리와 신경생물학에 대해 초점을 맞추고자 한다. 이런 연유로 우리는 학교폭력 피해 경험과 또래 간 배척 경험에 대한 스트레스 호르몬 변화 및 두뇌 활동에 대한 연구에 더욱 초점을 맞출 것이다.

학교폭력 피해 및 또래배척 경험

학교폭력 피해 경험에는 3가지 주요 요소가 있다. 여기에는 의도성, 반복성, 권력의 불균형(Olweus, 1999)이 있다. 따라서 동등한 두 사람이 가끔 한 번 정도 싸우는 것은 학교폭력에 해당되지 않는다. 오히려 학교폭력은 피해자 보다 권력이 더 우월할 한 명 이상의 사람이 피해자에 대해 반복적인 압제와 모욕감을 주는 그림이 더 잘 맞다. 또래배척은 또래들이 한 개인에 대해 능동적인 혐오감을 표현하는 것이다(Hymel, Vaillancourt, McDougall, & Renshaw, 2002; McDougall, Hymel, Vaillancourt, & Mercer, 2001). 또래배척 경험과 학교폭력 피해 경험은 동의어가 아니다. 물론 폭력 경험을 당한 아이들 상당수는 또래에게 배척을 당하기도 하지만 모든 사례에 다 해당되지는 않는다. 하지만 그간 연구에 따르면 또래 배척과 학교폭력 피해 경험은 서로 상관관계가 있으며 부정적 영향에 대한 패턴은 거의 유사한 것으로 밝혀져있다. 예를 들어, 양쪽 모두 내현화 문제(예: 우울증, 불안, 외상후스트레스장애), 외현화 문제(예: 공격성, 물질 사용 및 남용; Hawker & Boulton, 2000; Hymel 등, 2002; McDougall 등, 2001), 신체적 증상 호소(Rigby, 1998; Slee, 1995)를 상승시키고 학업 성취도는 열악해지는 것으로 나타났다(Juvonen, Nishina, & Graham, 2000; Nansel, Haynie, & Simons-Morton, 2003; Schwartz, Gorman, Nakamoto, & Toblin, 2005). 최근에 시행된 학교폭력 피해 경험에 대한 횡적 연구들을 보면 학교폭력 사건이 다른 어려움과 함께 발생한다기 보다 학교폭력이 부적응을 일으키는 것으로 나타났다(Arseneault 등, 2006; Kim, Leventhal, Koh, Hubbard, & Boyce, 2006; Kumpulainen & Rasanen, 2000; Sourander, Helstela, Helenius, & Piha, 2000). 또한 또래 배척이 정신병리를 야기한다는 근거도 있다(McDougall 등, 2001; Parker & Asher. 1987). 물론 후자의 경우는 인과관계 아직 명확하게 밝혀지지 않았다는 제한점은 있다.

문제성 또래 경험과 이에 따른 정신병리 간에 상관관계가 있다는 것은 놀라운 소식은 아니다. 왜냐하면 인간에서 소속감은 근원적 동기 중 하나이며(Baumeister & Leary, 1995), 인간의 생존에 있어 사회적 유대는 상당히 중요하기 때문이다(Gilbert, 1992; MacDonald & Leary, 2005; Williams, 2007). 긍정적인 사회적 결속은 진화론적 뿌리를 가지고 있기 때문에 사회적 따돌림, 추방, 배척 등 어떤 유형의 사회적 불이익이든 스트레스로 다가오게 되는 것으로 보인다(MacDonald & Leary, 2005; Williams, 2007). 흥미롭게도 뇌영상 기술 영역에서 신경과학이 이론적으로나 방법론적으로 상당히 진보를 이뤄내면서, 연구자들은 심리학적 관점을 빌리지 않더라도 배척의 고통을 설명할 수 있게 되었다. 이들 연구에 의하면 사회적 배척에 따른 고통은 신체적 고통을 경험하는 것과 비슷한 수준이며, 심리적 및 신체적 고통 모두 비슷한 생리적 시스템을 통해 매개되는 것으로 밝혀졌다(MacDonald & Leary, 2005, p.210; Herman & Panksepp, 1978; Nelson & Panksepp, 1998; Thornhill & Thornhill, 1989). 예를 들어, 최근에는 기능적 자기공명영상 장치를 이용해 연구대상자들이 공을 주고 받는 게임을 하면서 뇌기능을 확인할 수 있다. 물론, 이 게임 중에 대상자는 결국 게임 내 무리에서 따돌림당하도록 설정되어 있다(Eisenberger, Liberman, & Williams, 2003, p.290). 연구대상자가 게임 내에서 따돌림을 당하면, 우측 복측전전두엽(right ventromedial prefrontal cortex)이 활성화되고 전방대상피질(anterior cingulate cortex)은 더 활성화되는 것을 관찰할 수 있다(Eisenberger 등, 2003). 우측 복측전전두엽은 고통으로 인한 스트레스와 부정적인 정서 조절에 관계된 부위다. 이 연구 결과는 우리가 또래관계에 대한 신경과학에 좀 더 관심을 가져야 한다는 점을 시사한다. 왜냐하면 생물학적 시스템이 갖는 역할은 일회성으로 그치지 않고 또래 학대와 사회적 따돌림에 대한 개인의 경험과 해석의 틀에 중요한 영향을 주기 때문이다.

문제성 또래관계의 신경생물학

학교폭력 피해 경험과 또래 배척으로 인한 심리학적 후유증은 광범위하게 연구가 이루어졌지만, 이들 문제성 또래관계에 대한 신경생물학적 후유증은 아직 연구된 바가 없다. 인간과 동물에서 초기 스트레스 노출에 따른 신경생물학적 변화에 대해 지난 수십년간 연구가 진행된 점을 생각해보면, 학교폭력 분야에서 신경생물학적 연구가 거의 없는 것이 참 의아하다. 사람의 생리적 스트레스 반응은 서로 다르지만 연결되어 있는 두 시스템의 지배를 받는다. 하나는 교감-부신수질 시스템(sympathetic-adrenomedullary system, 이하 SAM)이고 나머지 하나는 시상하부-뇌하수체-부신피질 시스템(hypothalamic-pituitary-adrenocortical system, 이하 HPA)이다(Gunnar & Quevedo, 2007). SAM 시스템은 에피네프린(아드레날린) 분비와 관련이 있고, HPA 시스템은 스트레스 호르몬인 코티솔(cortisol)과 같은 당질코르티코이드 분비와 관련 있다. 스트레스 유발 시에 에피네프린은 빨리 방출되지만, 당질코르티코이드는 합성해내는 데에도 시간이 오래 걸리고 혈액 내에 순환하는 데에도 오랜 시간이 필요하다. 인간에 대한 스트레스 신경생물학은 주로 HPA 시스템에 초점이 맞추어져 있으며, 주로 침과 같이 비침습적인 방식으로 코티솔 분비 수준을 측정한 연구들이 많다.

코티솔은 모든 사람에서 활성이 가능하고 분명한 일주기 리듬을 가진다. 코티솔 수준은 아침에 제일 높고 각성 시간 중에 점진적으로 하강한다(Kirschbaum & Hellhammer, 1989). 스트레스에 반응하면 시상하부에서 코르티코트로핀방출인자(corticotropin releasing factor, CRF)가 분비되고, 이 호르몬은 부신피질자극호르몬(adrenocorticotropin hormone, ACTH)이 분비될 수 있도록 뇌하수체를 자극한다. ACTH는 부신피질에서 당질코르티코이드가 분비되도록 자극한다. HPA 시스템에는 음성 되먹임기전(negative feedback)이 있다. 즉, 당질코르티코이드 수용체를 통해 당질코르티코이드와 광물코르티코이드가 혈액 내에 농도가 증가하면 CRF의 합성과 분비를 억제한다. 원래는 HPA 시스템은 위협을 받는 상황에서 축적된 에너지를 꺼내 사용할 수 있도록 하며 위협에 대처할 수 있는 일련의 행동적 반응을 이끌어 낸다.

코티솔에 대해 중요한 포인트는 첫째, 주된 목표 장기는 뇌라는 점, 특히 당질코르티코이드 수용체가 풍부한 부위가 우선적인 타겟이 된다(Gunnar & Quevedo, 2006, p.152). 둘째는 당질코르티코이드에 뇌가 과도하게 노출되면 해롭다는 점이다(Sapolsky, 1996, 2000; Sapolsky, Uno, Rebert, & Finch, 1990). 당질코르티코이드의 해로운 작용 때문에 신경 세포가 사망할 수도 있다(McEwan, 1998). 사실, 비정상적으로 코티솔이 많이 분비가 되면 뇌의 당질코르티코이드 수용체의 반응 성질이 변질될 수 있다. 그래서 수용체의 민감도가 상승하거나 하강하게 되면서 새로운 스트레스 자극원에 대해 HPA 시스템이 과활성화되거나 저활성화되기도 한다(Dienstbier, 1989). 과도한 당질코르티코이드에 노출되면 뇌의 구조적 변화 혹은 손상이 올 수 있는데, 특히 학습과 기억을 담당하는 해마(hippocampus)라는 부위가 민감하다(Squire, 1992; Sapolsky, 1996, 2000; Sapolsky 등, 1990). 해마에는 당질코르티코이드 수용체가 굉장히 밀집해있기 때문에 코티솔 상승에 매우 취약하다(McEwan, 1992). 이 모델은 동물과 비인간 영장류 실험으로 충분한 근거를 확보해 둔 상황이며(Sapolsky, 1996; Sapolsky등, 1990), 사람에 대한 근거도 누적되고 있다(Lupien 등, 2005). 예를 들어, 신체적 및 성적 학대를 받은 외상후 스트레스 장애 아동 및 성인들은 해마 부피가 감소했다는 연구도 나와 있다(Bremner 등, 1997; Koverola 등, 2005; Stein, Koverola, Hanna, Torchia, & McClarty, 1997). 주의할 점은 위 소견은 수많은 연구를 통해 반복적으로 입증이 되긴 했지만, 외상에 노출된 탓에 신경 세포가 죽어서 해마 부피가 작아진 건지, 원래 해마 부피가 작은 사람이 그렇지 않은 사람에 비해 외상 노출에 정신과적 문제가 잘 발병하는 것인지는 명확하지 않다(Stein 등, 1997). 사람한테는 이런 인과관계를 입증할만한 근거가 부족해도, 동물 연구에서는 인과관계가 명확하다. 즉, 당질코르티코이드가 혈액 내에 과도하게 존재하면 해마를 손상시킨다(Sapolsky, 1996; Sapolsky 등, 1990).

또래간 학대와 배척과 관련해 HPA 시스템을 고찰하는 것이 중요한데, 이미 일반 아동학대에 관한 문헌에서는 스트레스에 대한 노출과 영구적인 신경내분비적 변성이 서로 상관관계가 있다고 밝히고 있기 때문이다. 구체적으로 양육자에게 학대를 받은 아이들은 HPA 시스템의 변성이 발생했다는 점을 발견했으며, 주로 혈중 당질코르티코이드 수치를 측정해서 얻어낸 연구 결과였다(Bremner & Vermetten, 2001; Debellis, 2001; Kaufman & Charney, 2001). 하지만 이런 변성이 어떻게 일어나는 지에 대해서는 잘 알려진 바가 없는데, 보통 이런 영향이 단일한 방향으로 전달되지 않기 때문이다. 예를 들어, 어떤 연구자들은 아동학대에 노출되었을 때 코티솔이 다량 분비되는 등 HPA 시스템이 과활성화되는 것을 목격한 반면(Cicchetti

& Rogosch, 2001), 다른 연구자들은 만성적인 학대를 받은 경우 코티솔이 적게 분비되는 등 HPA 시스템의 저활성화를 목격했다(Hart, Gunnar, & Cicchetti, 1995; Bremner & Vermetten, 2001). 어쩌면 HPA 시스템이 장기적으로 활성화되어 있으면 일종의 적응적 과정으로 저활성화 시기가 찾아오는 것이 아닌가 싶기도 하다(Bremner & Vermetten, 2001; Dienstbier, 1989). 만약 이 추측이 사실이라면 일부 개인에서 스트레스 반응으로 코티솔이 적게 분비되는 것은 극단적이거나 만성적인 스트레스에 대한 반응 결과일 수 있다. 반면, 코티솔이 과다분비되는 사람은 급성 혹은 덜 심한 스트레스에 대한 반응과 연관이 될 수 있다. 이 가설은 저코티솔혈증에 대한 문헌 소견과 일치하는데, 이런 문헌에서는 만성적이거나 극단적인 외상 사건을 경험하고 결국엔 외상후스트레스 장애로 이행한 사람들에게서는 저코티솔혈증을 보인다고 밝히고 있다(Heim, Ehlert, & Hellhammer, 2000; Yehuda, 1997).

양육자에게 학대를 당하는 경험은 의심할 여지도 없이 스트레스가 된다. 또래한테 학대당하고 배척 받는 것 역시 스트레스가 된다. 그리고 최근 연구에 따르면 학교폭력 피해경험 및 또래 배척 경험과 HPA 시스템간의 관계가 학대받은 아동의 그것과 유사하다는 근거도 소개되고 있다. 예를 들어, Gunnar 연구진(Gunnar, Sebanc, Tout, Donzella, & van Dulmen, 2003)은 82명의 유치원생을 대상으로 하였을 때 또래 배척을 경험한 아이들은 높은 코티솔 수준을 보였다. Vaillancourt 연구진(2008)은 154명의 12세 아이들을 대상으로 하였을 때 또래 배척을 당한 아이들에게서 코티솔 수준이 낮아지는 것을 확인했는데, 이는 우울증, 불안, 성별, 연령, 사춘기 여부에 대한 혼란 변수를 통제한 상황에서도 저코티솔혈증 결과가 나왔다. 또한 아동 학대 경험, 위탁 양육 경험, 정신과 약물 복용 경험, 피임약 복용 경험, 또래나 가족들에 대한 공격성 표출 경험 등이 있는 아이들을 연구 조건에서 배제한 상태에서 나온 결과이기도 하다. 성별이 잠재적인 매개 변수가 될 수 있다고 간주하고 분석을 했더니, 남학생은 가끔씩 학교폭력 피해를 당하면 높은 코티솔 수준과 상관관계가 생겼지만, 여학생의 경우는 같은 상황에서 코티솔 수치가 감소하는 것과 상관관계가 있었다. Vaillancourt 연구진은 이런 성별 차이는 아이들의 사회적 목표가 성별로 다른 것과 관련 있을 것이라고 주장했다. 즉, 여학생은 남학생들에 비해 소속감을 더 높은 가치로 여기기 때문이다. 여기서 코티솔 분비 저하가 뜻하는 바는 더 심하고 만성적인 스트레스에 노출되었다는 뜻인데, 이 가정에 대해서는 타당도 있는 검증을 받지는 못했다.

위와 같은 주장은 학교폭력과 코티솔 분비와 관련된 일부 다른 연구와 소견이 일치한다. 학교폭력 피해 경험과 관련한 코티솔 연구에서, Kliewer(2006)는 폭력성이 높고 사회경제적 수준이 낮은 도심 지역에서 학교폭력을 당한 아프리카계 미국인 11세 학생들에서는 코티솔 분비가 낮은 수준이었다는 점을 밝혀냈다. 이 연구 결과는 나이, 성정체성, 내현화 증상과 주요 인생 사건 여부에 대해 통제하고 난 후의 결과였다. Hansen 등(2006)도 학교폭력 피해 경험과 코티솔 분비 저하 간의 상관관계가 있다고 보고했다. 437명의 스웨덴 근로자(평균 45.5세)들 경우에도, 직장폭력을 경험한 집단(22명)이 그렇지 않은 집단에 비해 오전과 오후 코티솔 수준이 더 낮은 것으로 밝혀졌다. 이와 마찬가지로 코티솔 분비 저하와 관련된 일반적인 연구들을 보면, 코티솔 분비 저하는 주로 극단적인 외상 사건 이후에 외상후스트레스 장애가 생긴 사람한테서 발견되기도 하고 끊임없이 스트레스를 견뎌온 사람한테서도 발견되는 소견이었다(Heim 등, 2000; Yehuda, 1997).

최근에는 열악한 또래관계 경험과 코티솔과의 관계를 검증한 연구가 4가지가 있다. 이 연구에서는 모두 HPA 조절 기능의 실패를 확인하였으며, 건강 불량과 또래 학대 및 배척과의 관계에 대해 새로운 의문점을 제시하였다(Rigby, 1998; Slee, 1995; Wolke, Woods, Bloomfield, & Karstadt, 2001). 즉, 폭력이나 배척을 당한 아이들이 호소하는 건강 문제가 단순히 정신신체적 문제가 아니라 오히려 면역학적 결손으로 인한 '알로스태틱 부하(allostatic load)' 문제 또는 면역 반응 과정의 변성이 유발된 것으로 해석한다는 것이다(McEwen, 1998). 알로스타시스(allostasis)는 변화 과정 속에 생리적 안정성을 유지할 수 있는 능력을 일컫는다(McEwen, 1998, p.171; Schulkin, Gold, & McEwen, 1998). 알로스태틱 부하는 스트레스 반응이 누적된 것으로, 건강 상 역작용이 생기거나 병리적인 결과를 초래할 수 있다(Heim 등, 2000; McEwen, 1998; Seyle, 1998). 학교폭력을 당한 아이들과 또래 배척을 당한 아이들이 어떤 건강 문제와 연관이 있을 지에 대해 추가적인 연구가 반드시 필요하다. 특히, 부정적인 사회 경험과 건강문제와 상관관계가 있다는 근거가 있기 때문에 이 분야에 대한 연구가 활발해져야 한다.

상기 연구를 통해 학교폭력 피해 및 또래배척을 당한 아이들이 학업성취도가 낮게 나오는 현상도 신경생물학적 관점에서 볼 필요가 있다는 점을 유추해 볼 수 있다(Buhs, Ladd, & Herald, 2006; Juvonen 등, 2000; Nansel 등, 2003; Schwartz 등, 2005; Wentzel & Caldwell, 1997). 우리는 학대 받거나 또래한테 배척 받는 스트레스가 HPA 시스템 변성과 관련 있다는 점을 알게 되었다(Gunnar 등, 2003; Hansen 등, 2006; Kliewer, 2006; Vaillancourt 등, 2007). 또한 우리는 스트레스 수준이 지속적으로 높은 경우에 코티솔을 통해 해마 내 뇌세포가 사망할 수 있다는 점을 알게 되었고, 해마 손상으로 인해 새로운 학습에 일부 지장을 받을 수 있다는 점도 알게 되었다(Sapolsky, 1996). 이런 지식에도 불구하고 낮은 학업성취도와 또래 학대 간의 상관관계에 대한 연구는 주로 심리학적 어려움이 부정적 또래 경험과 낮은 학업 성취도 사이를 매개한다는 이론이 주류를 이루고 있다(Buhs 등, 2006; Juvonen, 2000; Schwartz 등, 2005; Wentzel & Caldwell, 1997). 신경생물학적 근거를 살펴볼 때 대안이 될 만한 가설이 충분히 나올 수 있으리라 믿는다. 아마도 학교폭력 피해를 당한 학생들과 또래 배척을 당한 아이들이 학업 성취도가 낮은 이유는 HPA 시스템이 반복적으로 활성화되면서 지적 기능과 관련된 뇌부위가 구조적인 변성이 된 탓이라고도 볼 수 있을 것이다. 물론 이런 가설이 옳은 지는 앞으로 연구가 필요하다.

또래로부터 반복적으로 압제를 당하고 모욕을 받고 추방당하고 배척받는 경험은 스트레스가 된다. 그리고 또래 학대 및 배척과 신경생물학적 변성 간의 상관관계가 존재한다는 점은 놀랍지 않다. 현재까지 밝혀진 바로는 아동학대와 방임은 인생 초기에 각인되어 신경학적으로 구조적 및 기능적 변성을 겪게 된다는 것이다. 예를 들면, 몇몇 연구자들은 학대를 당한 아이들은 비정상적인 뇌파 패턴을 보이는 것으로 밝혀졌으며(Ito, Teicher, Glod, & Ackerman, 1998; Teicher, Ito, Glod, Schiffer, & Gelbard, 1996), 이런 패턴은 임상적으로 우울증과 불안증을 겪는 아동과 성인에서 관찰되는 양상이었다. 또한 이런 뇌파 패턴은 이런 정신병리 발병 고위험군 대상자에게서 발견된 소견과 유사했다(Davidson, 2000). 이런 뇌파 차이는 뇌의 전두엽(frontal lobe)과 측두엽(temporal lobe)에서 발견되었다. 이들 뇌 부위는 전뇌 변연계(forebrain limbic area)로 알려진 부위로부터 직접적인 신경 신호를 받는다. 변연계는 공포와 스트레스 조절을 담당하는 곳이다(Rosen & Schulkin, 1998). 흥미롭게도 내성적인 아이들은-이들은 또래한테 학교폭력 피해를 당하기 쉽고 배척도 잘 받는다-우측 전두엽상의 뇌파 활동이 상대적으로 크게 나타났으며(스트레스를 반영함), 사회적 스트레스에 대해 안정적이나 높은 심박수를 유지했고, 오전 코티솔 수준이 높게 나타났다(Kagan, 1994; Schmidt & Schulkin, 1999). 비록 내성적인 성격과 또래배척과 또래폭력과 정신병리 사이에 인과관계가 입증되지 않았으나, 내성적 성격과 또래폭력과 또래배척에 취약한 일부 아이들이 존재하는 것으로 보이며, 이런 취약성이 행동으로 표출될 뿐 아니라 정신병리로도 표출된다고 추측해볼 법하다. 다른 말로 하자면 일부 아이들은 기질상 또래배척 및/혹은 학교폭력에 취약할 수 있다는 뜻이다. 물론 지난 20년간 공격성을 예측할 수 있는 생물학적 관련 변인을 찾으려고 노력하였지만(Goozen 등, 2007), 학교폭력과 또래배척을 당할 위험 요인이 될 만한 특정 정신병리적 프로파일을 지닌 아이나 영유아가 앞으로 어떻게 자라나는 지 추적하는 횡적 연구가 필요하다.

스트레스 반응성을 넘어서: 옥시토신(Oxytocin)이 완충 역할을 해줄 것인가?

지금까지 건강문제와 학업 성취 문제와 관련해서 학교폭력/또래배척과의 신경생물학적 상관관계에 대해 알아보았다. 지금부터는 코티솔에서 아미노산 펩티드인 옥시토신으로 눈을 돌려보는 것이 유용하리라 믿는다. 옥시토신은 HPA 시스템과 관련 있을 뿐 아니라 사회적 결속과 애착행동에도 연관이 있다(Uvnas-Moberg, 1998; Carter, 1998; Carter, Devries, & Gertrz, 1995; Insel & Young, 2001; MacDonald & Leary, 2005; Pedersen, 2004; Uvnas-Moberg, 1998). 옥시토신은 시상하부의 시신경교차상핵(supraoptic nucleus)과 뇌실곁핵(paraventricular nucleus)에서 생산되어 뇌실곁핵의 확대세포성뉴론(magnocellular neuron)과 소세포성뉴론(parvocellular neuron)에서 혈액으로 방출된다(Carter, 1998; Uvans-Moberg, 1998). 옥시토신은 매우 흥미로운 펩티드인데 특정 장기에 대해서 호르몬으로 작용하고-수유기간 중에 모유 방출과 분만 중 자궁 수축을 하도록 한다-정서적 및 사회적 행동과 관련하여 뇌부위를 자극하기도 한다. 즉, 옥시토신은 일종의 신경전달물질로 역할을 하면서 사회적 유대감 형성과 모성적인 행동을 하는 데에 중요한 영향을 미친다.

대초원 들쥐(생쥐를 닮은 작은 설치류)에서는 옥시토신이 긍정적 사회적 행동을 증가시키는 것으로 나타났으며, 옥시토신과 사회적 상호작용은 HPA 시스템의 활성을 감소시키는 것으로 밝혀졌다(Carter, 1998). 이와 마찬가지로 Windle 등(2004)은 옥시토신이 고도로 부위 특정적인 신경 회로를 억제시킴으로써 스트레스로 유발된 HPA 시스템 활성을 완화시키고 불안 행동을 감소시키는 작용이 있다고 보고하였다. 최근 남자에 대한 연구에서 코 안으로 옥시토신을 뿌렸을 때 항불안 효과가 있는 것으로 나타났다(Heinrichs, Baumgartner, Kirschbaum, & Ehlert, 2003). 게다가 옥시토신과 죽마고우의 사회적 지지를 함께 제공한 후 실험실에서 스트레스를 가했을 때, 낮은 수준의 코티솔과 상관관계가 있었다. 실험적으로 코 안에 옥시토신을 주입했을 때도 사람들 사이의 신뢰감을 상승시키는 것을 관찰할 수 있었는데, 옥시토신은 배신에 대한 우려를 불식시키고 접근적 행동을 촉진시키는 역할을 하는 것으로 추측된다(Kosfeld, Heinrichs, Zak, Fischbacher, & Fehr, 2005).

또한 사회적 행동이 지닌 항스트레스 효과도 옥시토신이 매개할 것이라는 가설이 제시되기도 했다(Uvnas-Moberg, 1998). 즉, '사회적인 맥락에서 방출된 옥시토신'은 HPA 시스템 활성을 감소시켜주는 것으로 추정되며, 결과적으로 건강 수준을 향상시킨다(Carter 등, 1995; Heinrichs 등, 2003; Uvnas-Moberg, 1998, p.830). 이 가설은 흥미로운 점이 있는데, 사회적 지지와 긍정적 사회적 경험은 서로 건강과 행복에 양의 상관관계가 성립되기 때문이다(Knox & Ubnas-Moberg, 1998; Seeman & Syme, 1987). 사회적 지지를 받는 사람들은 친구나 친척이 거의 없는 사람에 비해 기분이 더 나은 경향이 있다. 사실 고립된 사람은 그렇지 않은 사람에 비해 사망률이 더 높다(Kaplan 등, 1994). 학교폭력 피해와 배척을 경험한 아이들은 건강하지 못한 때가 종종 있으며(Rigby, 1998; Slee, 1995), 코티솔 분비가 저하되어 있다(Vaillancourt 등, 2008). 만약 이런 관계에 옥시토신이 어떤 역할을 하는지 연구한다면 관계된 생물학적 기전에 대해 중요한 정보를 얻을 수 있을 것이다. 예를 들어, 최근 한 연구에서 학교폭력과 스트레스 증상 간의 상관관계가 밝혀졌는데, 고립이 중요한 매개체로 드러났다. 즉, 또래로부터 학교폭력과 고립을 당한 아이들이 스트레스 증상 수준이 제일 높았던 것이다(Newman, Holden, & Delville, 2005). 앞으로는 이런 분야에 대해서도 신경생물학적 연구가 이루어질 필요가 있다. 고립된 피해자가 그렇지 않은 피해자에 비해서도 HPA 활성이 크고 옥시토신 수준이 더 낮을까? 이런 신경생물학적 차이가 스트레스 증상 발생에 영향을 미칠까?

학교폭력 및 또래배척의 신경생물학: 새로운 과학적 개척지

학교폭력과 또래배척과 관련해서 상대적으로 짧은 기간 안에 상당한 지식을 축적하였다. 이제는 학교폭력을 당하거나 또래한테 배척 받은 아이들은 다양한 심리학적 이슈에 시달리는 경향이 있으며, 학업 성취도가 낮고 신체적 건강 또한 좋지 않다고 느끼는 경향이 있다는 사실을 알게 되었다. 하지만 아직도 학교폭력과 또래배척과 관련된 인과론이나 그 기전에 대해서는 알려진 것이 거의 없는데, 아마도 학교폭력에 대해 경험적으로라도 연구하기 시작한 것은 최근이기 때문이다. 인간은 특정 과학 분과가 담당하기에는 너무 복잡하고 광범위한 분야다. 우리에게 필요한 것은 통합적인 접근으로 환경과 생물학을 동시에 고려할 수 있어야 한다. 이런 방법을 통해 학자들은 부정적인 또래 경험과 이에 따른 결과(낮은 학업성취도, 열악한 신체 및 정신 건강)와 관련된 생물학적 역할에 대해 주목해야 한다. 하지만 유전자의 중요성을 이해하는 것도 역시 중요하다. 아마도 학교폭력/또래배척 문제를 더 복잡한 생물심리사회적 관점에서 접근하고자 한다면 우리는 학교폭력/또래배척을 당한다고 해서 꼭 모두가 나빠지지 않는 반면, 어떤 아이들에게는 아주 심각한 결과가 초래될 수 있는 이유에 대해 알 수 있을지 모른다.

　유전자와 환경의 상호작용에 대한 최근 연구를 보면 우리가 참고해야 될 지식이 얼마나 많은 지 알 수 있다. 그리고 발달 중인 아이들에게 학교폭력/또래배척이 진정 어떤 영향을 줄 것인지 이해하기 위해 앞으로 어떤 연구가 필요한 지도 알 수 있다. 이런 관점은 Capsi 연구진(2003)의 횡적 출생 전향적 연구 결과를 통해 이해해볼 수 있는데, 이 연구에서는 초창기 부정적 인생 사건(아동 학대)과 생물학적 소인(세로토닌)의 상호작용을 이해하여 우울증에 대한 예측력을 알아보았다. 세로토닌(5-HT)은 다양한 심리학적 및 생리학적 기전에 영향을 준다. 예를 들면, 심혈관 기능, 호흡, 식욕, 성행위, 공격성, 학습 등에 관여한다(Lucki, 1998). 이 연구진은 세로토닌 수송 유전자(5-HTT)를 구성하는 2개의 대립유전자 중 2개 모두 긴 대립유전자를 지닌 사람들보다 둘 중 하나만 짧은 유전자를 지닌 사람이 어린 시절 아동학대를 받았을 때 더 우울증에 잘 걸리는 것으로 나타났다. 만약 두 개 모두 짧은 대립유전자를 지닌 경우에는 취약성이 더 심해진다. 사실, 두 개의 긴 대립유전자를 지닌 사람은 아동 학대를 받는다고 하더라도 학대를 받지 않은 사람들 만큼이나 우울해하지 않는다는 점도 밝혀냈다. 생물학적 용어로 표현하자면, 세로토닌 수송 유전자의 촉진자(promoter) 부위에서 기능성 다형태(functional polymorphism)양상에 따라 인생 초창기 부정적 경험과 26세 시점의 우울증 발병과의 상관관계를 매개한다. 이 연구는 학교폭력/또래배척과 관련하여 유전자와 환경의 상호작용을 잘 보여주는 사례로 볼 수 있다. 아마도 학교폭력과 이에 따른 결과는 아마도 기저에 깔린 생물학적 체질(diathesis)에 영향을 받는 것으로 보인다. 일부 개인에게는 생물학적 취약성이 있다는 점을 이해한다면 더 좋고 의미있는 조기 치료가 가능할 것으로 기대된다.

　하지만 생물학이 꼭 최종 귀착지일 필요는 없다. 사실, 최근 후생유전학(epigenetic) 연구를 보면 또 정반대 방향의 결론을 제시한다. 후생유전학은 DNA 서열의 변화 없이도 게놈의 기능에 유전 가능한 변화를 주는 현상에 대한 학문이다. 한 예로 Meaney 연구진(Weaver 등, 2005)은 실험쥐를 통해 영유아기에 모친의 행동에 따라 나중에 성체가 되었을 때 스트레스 조절 능력 면에서 개인차를 만들어낼 수 있다는 점을 밝혀냈다. 구체적으로 말하자면, 모친의 새끼 핥아주기/그루밍 및 둥글게 몸을 말아 새끼 보듬어 주기(maternal pup licking/grooming, arched-back nursing, 이하 LG-ABN)같은 환경이 제공되면 메틸기(methyl group)가 유전자의 통제센터에 달라붙는다. 이런 메틸화(methylation)와 관련된 복잡한 분자적 및 세포학적 과정을 거친다. 그래서 이런 과정을 유전자가 활성화되지 못하게 안정적으로 침묵시키는 과정이라고 부른다(Sapolsky, 2004, p.791) 만약 어미 쥐가 덜 돌보게 되면(낮은 LG-ABN 수준), 이 새끼 쥐가 어른이 되었을 때 스트레스에 대해서 당질코르티코이드 방출성이 더 커지고 행동 반응 양상도 더 심해지는 경향이 생겼다. 하지만 LG-ABN의 수준이 낮은 어미쥐의 생물학적 자손과 LG-ABN의 수준이 높은 어미쥐의 생물학적 자손을 각기 반대 어미에게 맡겨 기르게 하면 위와 같은 효과가 역전된다. 즉, 어미의 행동으로 자손의 스트레스 반응이 분자 수준에서 행동 수준까지 평생토록 변화가 될 수 있다(Sapolsky, 2004, p.792). 실험 연구(Weaver 등, 2005)에서 특정 화합물을 통해 이런 영구적인 후생유전학적 변화를 바꿔 놓을 수 있다는 점이 밝혀져, 앞으로의 개입에 대해 전혀 새로운 가능성이 열렸다.

아이들의 유전자는 환경적 영향에 더 민감하기 때문에 학교폭력을 당한 경험이 아이들마다 서로 다르게 다가온다는 아이디어가 과연 개연성이 있을까? 일부 아이들은 자신의 유전자 구성 때문에 학교폭력의 부정적 영향을 안 받는 것도 가능한가? 유전자와 환경적 영향에 대한 최근 두 연구를 보면 서로 반대되는 근거가 제시되었다. 10세 쌍둥이를 지닌 1,116 가구에 대한 연구에서 Ball 연구진(2008)은 아이들이 또래한테 괴롭힘을 당하는 경향은 다분히 유전적인 이유로 생기며(분산의 73%), 일부에서는 각 쌍둥이에게 개별적으로 해당되는 특이한 환경적 요인의 영향을 받는 것으로 주장했다. 이 연구에서는 학교폭력을 평가하기 위해 어머니의 보고를 활용하였다. 역으로 6세 쌍둥이 506명을 대상으로 한 대규모 연구에서 Brendgen 등(2008)은 또래 아이들을 통해 학교폭력을 평가하였는데, 아이들의 유전적 소인과 관계 있다기 보다 환경적 요인과 관계 있는 것으로 밝혔다. 분산의 29%는 공통적 환경적 경험에 의한 것이었고, 79%는 비공통적인 환경적 경험에 의한 것이었다. 이렇게 상반된 연구 결과가 나왔다는 것은 앞으로 이 분야에 연구가 시급하다는 뜻으로 볼 수 있다.

실무를 위한 제언

본 챕터를 통해 학교폭력과 또래배척의 원인을 밝히는 데 있어 신경생물학의 중요성에 대해 강조하였다. 만약 우리가 학교폭력과 또래배척과 관련된 신경생물학적 기전과 결과에 대해 전적인 관심을 갖지 않는다면, 학교폭력의 영향에 대한 전체 그림을 파악하는 날은 오지 않을 것이다. 따라서 본 챕터의 취지는 단순히 향후 연구 과제 정도를 제시하는 데에 그치지 않는다. 사실, 본 챕터에서 검토한 연구 결과는 실무에 대한 중대한 함의를 지니고 있다(표 22.1). 예를 들어, 아동학대 문헌에서 제시되었던 소견들처럼 학교폭력과 또래배척 때문에 아이들의 뇌 발달에 구조적 및 기능적 변성을 일으킨다면, 학교폭력에 대한 학교측과 지역사회측의 노력은 훨씬 더 가속화되어야 한다. 우리는 학교폭력과 또래배척이 '인격 수양에 도움이 된다'든지 '인생의 한 통과의례'라는 오랜 통념은 더 이상 통용되어서는 안 된다. 이런 부정적 또래 경험이 HPA시스템 변성을 통해 한 개인의 스트레스 조절 역량에 의미 있는 영향을 미치고 각종 정신병리 발병 위험을 높인다는 증거가 있는 만큼, 이런 고정 관념에 맞서 싸우는 노력은 필수적이다(McEwen, 1998). 이런 부정적 또래 경험은 유전자 표현 양상도 바꿔놓을 수 있다(Weaver 등, 2004, 2005). 그래서 심리적인 잠재능력을 최대한 끌어내는 데에 걸림돌이 될 뿐만 아니라 건강하고 행복한 삶을 망쳐놓을 수도 있는 것이다. 한 개인에게 이런 영향이 가해지면 사회 전반의 비용을 증가시키게 된다. 그래서 건강 관리와 교육 분야에 영향을 주어 사회 전반의 생산성, 시민의식, 사회적 자본에도 영향을 주게 된다.

이를 위한 첫번째 실천법으로, 사람들에게 학교폭력과 또래배척의 장기적 결과에 대해서 교육하고 아이들을 어릴 때부터 이런 문제점에 대해 강조하고 알리는 것이 필요하다. 최근에야 비로소 전세계적으로 학교폭력 문제에 대해서 미디어에서 언급하고 있기 때문에, 평균적인 학부모와 교장과 아동 돌봄 서비스 제공자들은 최근에야 학교폭력 문제가 유의하고 영구적이며 장기간 후유증을 남길 수 있다는 점을 인식하기 시작했다. 물론 이런 인식은 필요하지만 우리가 아이들을 어떻게 지원할 것이냐 하는 문제에 대해서는 불충분한 수준이다. 예를 들어 교육학 분야에서 학교가 사회적 및 정서적 기능을 필수적인 교육 과정에 포함시켜야된다는 인식을 갖추기 시작한 것은 최근인데, 이런 기술 함양이 학생들의 당연한 권리라는 인식이 있어서이기도 하지만 학업성취에 절대적으로 필요한 필수 조건이라는 연구들이 최근에 계속 소개되고 있기 때문이기도 하다(Hymel, Schonert-Reichl, & Miller, 2006; www.casel.org)

하지만 학교폭력/또래배척과 신경생물학적 기능 간의 복잡한 상관관계를 이해할 수 있으면 왜 어떤 아이들은 부정적 또래 경험에 대해 다른 반응을 보이는 지를 이해할 수 있다. 일부 아이들은 이런 경험이 금방 망각되지만, 다른 아이들은 이런 기억에 평생 시달리면서 어른 때까지도 행복감에 대한 감각도 손상된다(Miller & Vaillancourt, 2007). 생물학과 인생 경험 간의 복잡한 상호작용을 더 충분히 이해할 수 있어야 사람마다 다양한 반응이 어떻게 생겨나는 지와 어떤 사람에게 평생토록 지워지지 않는 부정적 영향을 남길 수 있는 지에 대해 이해할 수 있을 것이다. 사람들은 자신의 어린시절을 되돌아보고는 학교폭력/또래배척 경험이 유쾌한 기억은 아니더라도 자기 인생을 더 망쳐놓은 것은 아니라고 마음 먹는 경우가 너무 많다. 이런 결론은 학교폭력과 배척 경험이 일종의 정상적인 경험이며 사회적 어려움을 다뤄낼 수 있는 역량과 회복탄력성을 키우는 데에 필수적인 요소라는 통념을 만들어낼 수 있다. 또한 이런 통념이 생기면 어른들은 학교폭력 또는 또래배척을 당한 아이들이 과장된 반응을 보인다는 시각을 가질 수 있다. 그래서 이런 어른들은 '좀 강해져라'라고 하든지 '극복하는 방법을 터득해봐'라는 식으로 아이들의 호소에 맞받아치게 된다. 하지만 시간 경과에 따라 생물학적 기능이 환경과 어떤 상호작용을 거치는 지 더 잘 이해하게 되면, 물론 일부 아이들이 확실히 회복탄력성이 있긴 하지만, 일부는 생물학적 취약성이 표출될 위험성이 더 크다는 점을 이해할 수 있을 것이다. 이런 이해가 바탕이 되어야 회의론자를 잠재우고 사람들이 학교폭력 및 또래배척 피해자를 위해 능동적인 개입을 할 수 있도록 촉구할 수 있다(Hazler, Carney, & Granger, 2006). 물론 생물학적 성취가 우리의 최종 목표는 아니다. 하지만 학교폭력과 또래배척 경험은 정말 '몸에 배이게 되면서', 한 개인이 스트레스를 조절할 수 있는 역량에 유의한 영향을 주며, 이들을 장기적인 부적응에 처하게 만드는 위험성을 상승시킨다. 앞으로는 이미 변성이 오기 시작한 개인에게 어떻게 하면 신경생물학적 과정을 역전시킬 수 있는 지에 대한 연구가 필요하다. 나쁜 소식은 아이 때 외상을 경험하면 뇌의 사회적 의사소통 시스템이 변성이 된다는 사실이다. 좋은 소식은 어떻게 가꾸어나가느냐에 따라 변화할 수 있다는 점이다. 뇌의 스트레스 시스템은 부정적 경험을 먹고 자라지만, 뇌의 관계적 시스템은 적절한 중재를 먹고 자란다(Perry & Szalavitz, 2007).

□ 알 림 □

본 챕터는 캐나다 사회과학 및 인류 연구 위원회(the Social Sciences and Humanities Research Council)에서 후원하는 지역사회-종합대학 연구동맹(Community-University Research Alliance)의 지원을 받았다. 우리는 본 챕터 편집에 대해 Amanda Krygsman에게 감사의 뜻을 표한다.

참고문헌

Arseneault, L., Walsh, E., Trzesniewski, K., Newcombe, R., Caspi, A., & Moffitt, T. E. (2006). Bullying victimization uniquely contributes to adjustment problems in young children: A nationally representative cohort study. *Pediatrics, 118*, 130-139.
Ball, H. A., Arseneault, L., Taylor, A., Maughan, B., Caspi, A., & Moffitt, T. E. (2008). Genetic and environmental influences on victims, bullies, and bully-victims in childhood. *Journal of Child Psychology and Psychiatry, 49*, 104-112.
Baumeister R. F., & Leary M. R. (1995). The need to belong: Desire for interpersonal attachment as a fundamental human motivation. *Psychological Bulletin, 117*, 497-529.
Bremner J. D., Randall, P., Vermetten, Staib, L., Bronen, R. A., Mazure, C., Capelli, S., McCarthy, G., Innis, R. B., & Char-

ney, D. S. (1997). Magnetic Resonance Imaging-based measurement of hippocampal volume in posttraumatic stress disorder related to childhood physical and sexual abuse—A preliminary report. *Biological Psychiatry, 41,* 23-32.

Bremner J. D., & Vermetten, E. (2001). Stress and development: Behavioral and biological consequences. *Development and Psychopathology, 13,* 473-489.

Brendgen, M., Boivin, M., Vitaro, F., Girard, A., Dionne, G., & Pérusse, D. (2008). Gene-environment interaction between peer-victimization and child aggression. *Development and Psychopathology, 20,* 455-471.

Buhs, E. S., Ladd, G. W., & Herald, S. L. (2006). Peer exclusion and victimization: Processes that mediate the relation between peer group rejection and children's classroom engagement and achievement? *Journal of Educational Psychology, 98,* 1-13.

Carter, C. S. (1998). Neuroendocrine perspectives on social attachement and love. *Psychoneuroendrocrinology, 23,* 779-818.

Carter, C. S., Devries, A. C., & Gertrz, L. L. (1995). Physiological substrates of mammalian monogamy: The prairie vole model. *Neuroscience & Biobehavioural Reviews, 19,* 303-314.

Caspi, A., Sugden, K., Moffitt, T. E., Taylor, A., Craig, I. W., Harrington, H., et al. (2003). Influence of life stress on depression: Moderation by a polymorphism in the 5-HTT Gene. *Science, 301,* 386-389.

Cicchetti, D., & Rogosch, F.A. (2001). Diverse patterns of neuroendocrine activity in maltreated children. *Development and Psychopathology, 13,* 677-693.

Davidson, R. J. (2000). Affective style, psychopathology, and resilience: Brain mechanisms and plasticity. *American Psychologist, 55,* 1196-1214.

Debellis, M. D. (2001). Developmental traumatology: The psychobiological development of maltreated children and its implications for research, treatment and policy. *Development and Psychopathology, 13,* 539-564.

Dienstbier, R. (1989). Arousal and physiological toughness: Implications for mental and physical health. *Psychological Review, 96,* 84-100.

Eisenberger, N. I., Lieberman, M. D., & Williams, K. D. (2003). Does rejection hurt? An fMRI study of social exclusion. *Science, 302,* 290-292.

Gilbert, P. (1992). *Human nature and suffering.* Hillsdale, NJ: Erlbaum.

Gunnar, M. R., & Quevedo, K. (2007). The neurobiology of stress and development. *Annual Reviews of Psychology, 58,* 145-173.

Gunnar, M. R., Sebanc, A. M., Tout, K., Donzella, B., & van Dulmen, M. M. (2003). Peer rejection, temperament and cortisol activity in preschoolers. *Developmental Psychobiology, 43,* 346-358.

Hansen, A. M., Hogh, A., Persson, R., Karlson, B., Garde, A. H., & Orbaek, P. (2006). Bullying at work, health outcomes, and physiological stress response. *Journal of Psychosomatic Research, 60,* 63-72.

Hart, J., Gunnar, M., & Cicchetti, D. (1995). Salivary cortisol in maltreated children: Evidence of relations between neuroendocrine activity and social competence. *Development and Psychopathology, 7,* 11-26.

Hawker, D. S., & Boulton, M. J. (2000). Twenty years' research on peer victimization and psychological maladjustment: a meta-analytic review of cross-sectional studies. *Journal of Child Psychology & Psychiatry, 41,* 441-455.

Hazler, R. J., Carney, J. V., & Granger, D. A. (2006). Integrating biological measures into the study of bullying. *Journal of Counseling & Development, 84,* 298-307.

Heim, C., Ehlert, U., & Hellhammer, D. H. (2000). The potential role of hypocortisolism in the pathology of stressrelated bodily disorders. *Psychoneuroendocrinology, 25,* 1-35.

Heinrichs, M., Baumgartner, T., Kirschbaum, C., & Ehlert, U. (2003). Social support and oxytocin interact to suppress cortisol and subjective responses to psychosocial stress. *Biological Psychiatry, 54,* 1389-1398.

Herman, B. H., & Panksepp, J. (1978). Effects of morphine and naloxone on separation distress and approach attachment: Evidence for opiate mediation of social affect. *Pharmacology Biochemistry and Behaviour, 9,* 213-220.

Hymel, S., Vaillancourt, T., McDougall, P., & Renshaw, P. D. (2002). Peer acceptance and rejection in childhood. In P. K. Smith & C. H. Hart (Eds.), *Blackwell Handbook of Childhood Social Development* (pp. 265-284). Oxford, UK: Blackwell.

Hymel, S., Schonert-Reichl, K., & Miller, L. D. (2006). Reading, 'riting, 'rithmetic and relationships: Considering the social side of education. *Exceptionality Education Canada, 16,* 149-192.

Insel, T. R., & Young, L. J. (2001). The neurobiology of attachment. *Neuroscience, 2,* 139-136.

Ito, Y., Teicher, M. H., Glod, C. S., & Ackerman, E. (1998). Preliminary evidence for aberrant corticol development in abused children: A quantitative EEG study. *Journal of Neuropsychiatry and Clinical Neurosciences, 10,* 298-307.

Juvonen, J. (2000). The social functions of attributional face-saving tactics among early adolescents. *Educational Psychology Review, 12,* 15-32.

Juvonen, J., Nishina, A., & Graham, S. (2000). Peer harassment, psychological adjustment, and school functioning in early adolescence. *Journal of Educational Psychology, 92*, 349-359.

Kagan, J. (1994). *Galen's prophecy: Temperament in human nature.* New York: Basic Books.

Kaplan G. A., Wilson T. W., Cohen R. D., Kauhanen J., Wu, M., & Salonen J. T. (1994). Social functioning and overall mortality: Prospective evidence from the Kuopio Ischemic Heart Disease Risk Factor Study. *Epidemiology, 5*, 495-500.

Kaufman, J., & Charney, D. (2001). Effects of early stress on brain structure and function: Implications for understanding the relationship between child maltreatment and depression. *Development and Psychopathology, 13*, 451-471.

Kim, Y. S., Leventhal, B. L., Koh, Y. J., Hubbard, A., & Boyce, W. T. (2006). School bullying and youth violence: Causes or consequences of psychopathologic behavior? *Archives of General Psychiatry, 63*, 1035-1041.

Kirschbaum, C., & Hellhammer, D. H. (1989). Response variability of salivary cortisol under psychological stimulation. *Journal of Clinical Chemistry & Clinical Biochemistry, 27*, 237.

Kliewer, W. (2006). Violence exposure and cortisol responses in urban youth. *International Journal of Behavioral Medicine, 13*, 109-120.

Knox, S. S., Uvnäs-Moberg, K. (1998). Social isolation and cardiovascular disease: An atherosclerotic Pathway? *Psychoneuroendocrinology, 23*, 877-890.

Kosfeld, M., Heinrichs, M., Zak, P.J., Fischbacher, U., & Fehr, E. (2005). Oxytocin increases trust in humans. *Nature, 435*, 673-676.

Koverola, C., Papas, M. A., Pitts, S., Murtaugh, C., Black, M. M., & Dubowitz, H. J. (2005). Longitudinal investigation of the relationship among maternal victimization, depressive symptoms, social support, and children's behavior and development. *Journal of Interpersonal Violence, 20*, 1523-1546.

Kumpulainen, K., & Rasanen, E. (2000). Children involved in bullying at elementary school age: Their psychiatric symptoms and deviance on adolescence. *Child Abuse & Neglect, 24*, 1567-1577.

Lucki, I. (1998). The spectrum of behaviors influenced by serotonin. *Biological Psychiatry, 44*, 151-162.

Lupien, S. J., Fiocco, A., Wan, N., Maheu, F., Lord, C., Schramek, T., & Tu, M. T. (2005). Stress hormones and human memory function across the lifespan. *Psychoneuroendicrinology, 30*, 225-242.

MacDonald, G., & Leary, M. (2005). Why does social exclusion hurt? The relationship between social and physical pain. *Psychological Bulletin, 131*, 202-223.

McDougall, P., Hymel, S., Vaillancourt, T., & Mercer, L. (2001). The consequences of childhood peer rejection. In M. Leary (Ed.), *Interpersonal rejection* (pp. 213-247). New York: Oxford University Press.

McEwen, B. S. (1992). Corticosteroids and hippocampal plasticity. *Annals of the New York Academy of Sciences, 746*, 134-142.

McEwen, B. S. (1998). Protective and damaging effects of stress mediators. *The New England Journal of Medicine, 338*, 171-179.

Miller, J., & Vaillancourt, T. (2007). Relation between childhood peer victimization and adult perfectionism: Are victims of indirect aggression more perfectionistic? *Aggressive Behavior, 33*, 230-241.

Nansel, T. R., Haynie, D. L., & Simons-Morton, B. G. (2003). The association of bullying and victimization with middle school adjustment. *Journal of Applied School Psychology, 19*, 45-61.

Nelson, E. E., & Panksepp, J. (1998). Brain substrates of infant-mother attachment: Contributions of opioids, oxytocin, and norepinephrine. *Neuroscience & Biobehavioural Reviews, 22*, 437-452.

Newman, M., Holden, G., & Delville, Y. (2005). Isolation and stress of being bullied. *Journal of Adolescence, 283*, 343-357.

Olweus D. (1999). Sweden. In P. K. Smith, Y. Morita, J. Junger-Tas, D. Olweus, R. Catalano, & P. Slee (Eds.), *The nature of school bullying: A cross-national perspective* (pp. 7-27). London: Routledge.

Parker, J. G., & Asher, S. R. (1987). Peer relations and later personal adjustment: Are low-accepted children at risk? *Psychological Bulletin, 102*, 357-389.

Pedersen, C. A. (2004). Biological aspects of social bonding and the roots of human violence. *Annals of the New York Academy of Sciences, 1036*, 106-127.

Perry, B.D. & Szalavitz, M. (2007). *The boy who was raised as a dog.* New York: Basic Books.

Rigby, K. (1998). The relationship between reported health and involvement in bully/victim problems among male and female secondary schoolchildren. *Journal of Health Psychology, 3*, 465-476.

Rosen, J. B., & Schulkin, J. (1998). From normal fear to pathological anxiety. *Psychological Review, 105*, 325-350.

Rubin, K. H., Stewart, S. L., & Coplan, R. J. (1995). Social withdrawal in childhood: Conceptual and empirical perspectives. In T. Ollendick & R. Prinz (Eds.), *Advances in clinical child psychology* (Vol. 17, pp. 157-196), New York: Plenum.

Sapolsky, R. M. (1996). Why stress is bad for your brain. *Science, 27*, 749-750.

Sapolsky, R. M. (2000). Glucocorticoids and hippocampal atrophy in neuropsychiatric disorders. *Archives of General Psychiatry, 57,* 925-935.

Sapolsky, R. M. (2004). Mothering style and methylation. *Nature Neuroscience, 7,* 791-792.

Sapolsky, R. M., Uno, H., Rebert, C. S., & Finch, C. E. (1990). Hippocampal damage associated with prolonged glucocorticoid exposure in primates. *Journal of Neuroscience, 10,* 2897-2902.

Schmidt, L. A., & Schulkin, J. (Eds.). (1999). *Extreme fear, shyness, and social phobia: Origins, biological mechanisms, and clinical outcomes.* New York: Oxford University Press.

Schulkin, J., Gold, P. W., & McEwen, B. S. (1998). Induction of corticotropin-releasing hormone gene expression by glucocorticoids: Implication for understanding the states of fear and anxiety and allostatic load. *Psychoneuroendocrinology, 23,* 219-243.

Schwartz, D., Gorman, A. H., Nakamoto, J., & Toblin, R. L. (2005). Victimization in the peer group and children's academic functioning. *Journal of Educational Psychology, 97,* 425-435.

Seeman, T. E., & Syme, S. L. (1987). Social networks and coronary artery disease: A comparison of the structure and function of social relations as predictors of disease. *Psychosomatic Medicine, 49,* 341-354.

Seyle, H. (1998). A syndrome produced by diverse nocuous agents. *Journal of Neuropsychiatry and Clinical Neurosciences, 10,* 230-231.

Slee, P. T. (1995). Bullying: Health concerns of Australian secondary school students. *International Journal of Adolescence & Youth, 5,* 215-224.

Sourander, A., Helstela, L., Helenius, H., & Piha, J. (2000). Persistence of bullying from childhood to adolescence-a longitudinal 8-year follow-up study. *Child Abuse & Neglect, 24,* 873-881.

Squire, L. R. (1992). Memory and the hippocampus: A synthesis from findings with rats, monkeys, and humans. *Psychological Review, 99,* 195-231.

Stein, M. B., Koverola, C., Hanna, C., Torchia, M. G., & McClarty, B. (1997). Hippocampal volume in women victimized by childhood sexual abuse. *Psychological Medicine, 27,* 951-959.

Teicher, M. H., Ito, Y., Glod, C. A., Schiffer, F., & Gelbard, H. A. (1996). Neurophysiological mechanisms of stress response in children. In C. R. Pfeffer (Ed.), *Severe stress and mental disturbances in children* (pp. 59-84). Washington, DC: American Psychiatric Press.

Thornhill, R., & Thornhill, N. W. (1989). The evolution of psychological pain. In R. W. Bell & N. J. Bell (Eds.), *Sociobiology and the Social Sciences* (pp.73-103). Lubbock: Texas Tech University Press.

Uvnäs-Moberg, K. (1998). Oxytocin may mediate the benefits of positive social interaction and emotions. *Psychoneuroendocrinology, 23,* 819-835.

Vaillancourt, T., Duku, E., deCatanzaro, D., MacMillan, H., Muir, C., & Schmidt, L. A. (2008). Variation in hypothalamic-pituitary-adrenal axis activity among bullied and non-bullied children. 294-305.

van Goozen, S. H. M., Snoek, H., Fairchild, G., & Harold, G. T. (2007). The evidence for a neurobiological model of childhood antisocial behavior. *Psychological Bulletin, 133,* 149-182.

Weaver, I. C. J., Cervoni, N., Champagne, F. A., D'Alessio, A. C., Sharma, S., Seckl, J. R., et al. (2004). Epigenetic programming by maternal behavior. *Nature Neuroscience, 7,* 847-854.

Weaver, I. C. J., Champagne, F. A., Brown, S. E., Dymov, S., Sharma, S., Meaney, M. J., et al. (2005). Reversal of maternal programming of stress responses in adult offspring through methyl supplementation: Altering epigenetic marking later in life. *Journal of Neuroscience, 25,* 11045-11054.

Wentzel, K. R., & Caldwell, K. (1997). Friendships, peer acceptance, and group membership: Relations to academic achievement in middle school. *Child Development, 68,* 1198-1209.

Williams, K. D. (2007). Ostracism. *Annual Review of Psychology, 58,* 425-452.

Windle, R. J., Kershaw, Y. M., Shanks, N., Wood, S. A., Lightman, S. L., & Ingram, C. D. (2004). Oxytocin attenuates stress-induced c-fos mRNA expression in specific forebrain regions associated with modulation of hypothalamo-pituitary-adrenal activity. *Journal of Neuroscience, 24,* 2974-2982.

Wolke, D., Woods, S., Bloomfield, L., & Karstadt, L. (2001). Bullying involvement in primary school and common health problems. *Archives of Disease in Childhood, 85,* 197-201.

Yehuda, R. (1997). Sensitization of the hypothalamic-pituitary-adrenal axis in posttraumatic stress disorder. *Annals of the New York Academy of Sciences, 821,* 57-75.

23

가해/피해 사건 평가
다양한 연구들 및 방법론의 비교성에 관한 문제점

SUSAN M. SWEARER, AMANDA B. SIEBECKER,
LYNAE A. JOHNSEN-FRERICHS, AND CIXIN WANG

학교폭력은 지난 30년간 어느 학교나 지역 사회에서도 흔히 발견할 수 있는 문제가 되었다. 처음에 연구자들은 학교폭력의 유병률, 위험요인, 심리학적 및 행동학적 상관관계를 조사하는 데에 초점을 맞추었다. 최근에는 주로 효과적인 예방법 및 개입법을 알아내는 쪽으로 관심사가 옮겨왔다. 하지만 어떤 개입법이 학교폭력을 효과적으로 감소시키는 지 확인하기 위해서는 연구자와 교육자들이 학교폭력을 정확하게 측정할 수 있어야 한다.

학교폭력의 정의, 학교폭력에 관여된 역할 유형, 학교폭력의 심리학적 및 사회적 파급 효과에 대해서는 상당한 공감대가 형성되었다(Espelage & Swearer, 2004). 하지만 학교폭력을 측정하는 데에 제일 효율적이고 신뢰성이 있으면서 타당도도 보장된 측정법이 무엇인지에 대해서는 이견이 남아있는 편이다(Cornell, Sheras & Cole, 2006; Swearer, Espelage, Vaillancourt, & Hymel 본 저서). 학교폭력 평가에 쓰이는 측정 방법들 마다 서로 유의한 차이가 있다. 대부분의 평가 도구는 자기보고식 질문지로, 질문 설정이나 학교폭력의 정의나 절단점은 제각각이다. 이런 다양성 때문에 문헌 마다 학교폭력 유병률이 서로 다르게 나온 것으로 보인다(Solberg & Olweus, 2003). 본 챕터는 이런 이슈에 대하여 학교폭력 문헌들을 조사하고, 서로 다른 절단점을 활용한 자료들을 검토해 절단점 설정이 학교폭력 평가와 상관관계 양상을 밝히는 데에 어떤 영향을 주는 지 설명하고자 한다.

학령기 학생들의 학교폭력에 대한 개괄

연구자들은 Olweus(1994)가 만든 학교폭력 정의가 제일 널리 보급된 방식이라는 점에서 다들 동의하고 있다(예: Camodeca & Goosens, 2005; Espelage & Swearer 2003; Griffin & Gross; Kokkinos & Panayiotou, 2004; Smith, 2004; Smith, Cowie, Olafsson, & Liefooghe, 2002; Unnever, 2005). Olweus는 학교폭력을 '다

른 사람에게 불쾌감, 상처, 해를 가하려는 시도나 해를 가하기 위해 의도적으로 행하는 부정적 행동'으로 정의했다. 또 그는 이런 행동이 반복되어야 하고 권력의 불균형이 있어야 한다고 덧붙였다(1994, p.1173). 이 정의에 근거하여 연구자들은 학교폭력의 3가지 핵심 요소를 추출해냈다

1) 의도성
2) 권력의 불균형
3) 지속성

학교폭력 내 역할 유형에 대해서도 공감대가 형성되어 있다. 구체적으로 학교폭력 내 역할 유형은 학생들이 학교폭력에서 다양한 역할을 한다는 점을 반영하는 것이며, 이런 역할은 연속된 스펙트럼 개념을 지닌다(Bosworth, Espelage & Simon, 1999; Espelage & Swearer, 2003). 일반적인 학교폭력 문헌에서는 5가지 역할이 있다고 알려져 있다: 가해자, 피해자, 가피해자, 방관자, 무관계자. 가해자는 가해 행동을 저지르는 학생이다; 피해자는 가해 행위의 대상이다; 가피해자는 가해 행동을 저지르기도 하면서 가해 행동에 당하기도 하는 학생이다; 방관자는 가해 행위를 지켜보는 학생이다; 무관계자는 어떤 형태로든 학교폭력에 관여된 적이 없다고 보고한 학생들이다. 본 챕터는 학교폭력에 관여되었다고 표현할 것인데, 이런 역할들이 유동적이고 시간 경과에 따라 변화할 수 있다는 특징을 반영하기 위해서다.

학교폭력의 정의

학교폭력의 정의에는 3가지 공통 요소가 있다(Olweus, 1994). 학교폭력은 의도적인 부정적 행위로 여기에는 언어적 폭력과 신체적 폭력도 포함되며, 힘과 권력 수준이 대등하지 않는 관계 속에서 지속적으로 발생하는 경우를 지칭한다(Olweus, 1994). 이런 힘과 권력의 불균형 때문에, 괴롭힘을 당하는 사람은 자기 자신을 방어하기가 어렵다. 일부 아이들은 자기가 원하는 목적을 이루기 위한 다른 적절한 대안이 없을 때 가해 행위에 의지하기도 한다. 이런 아이들은 자신의 욕구를 긍정적으로 성취할 수 있는 능력을 개발하고 다른 사람들과 원만하게 의사소통을 하기 보다, 위협과 조종으로 타인을 통제할 수 있다는 것을 배운다.

의도성 가해 학생은 다양한 방법으로 대상자를 신체적, 사회적, 정서적으로 상처, 위해, 손상을 준다. 구체적으로 이 학생들의 가해 행위는 해를 주기 위해 의도적으로 고안된 행위들이다. 피해자에게 가해진 위해는 그 특성상 신체적, 언어적, 사회적, 또는 관계적일 수 있다. 초창기에 진행되었던 학교폭력 연구에서는 신체적 수단(때리기, 밀치기, 싸우기 등)을 통해 다른 사람에게 상처를 주는 가해 유형의 특성과 이에 따른 합병증에 대해 초점이 맞추어졌다. 그리고 이런 연구는 또래에게 직접적이고 신체적인 방식으로 공격성을 드러내는 남학생들을 대상으로 이루어졌다. 하지만 최근 연구에 따르면 아이들은 다양한 방식으로 남들을 괴롭힐 수 있다는 것이 밝혀졌다(Crick & Grotpeter, 1995; Underwood, 2003). 여학생들은 관계적 공격성을 더 많이 활용하는 경향이 있다고 밝혀졌다. 참고로 관계적 공격성은 또래관계를 손상시키거나 조종하는 방식으로 남들에게 해를 가하는 행위다(Crick & Grotpeter, 1995, p.711). 관계적 공격성에는 소문 내기, 의도적으로 다른 사람 곁을 떠나기, 절교에 대한 위협 등이 있다. 하지만 남학생이라고 관계적 공격성에 해당사항이 없는 것은 아니다(Swearer, 2008). 그러므로 학교폭력의 정의는 신체적 및 관계적 유형의 의도적 공격성을 포괄할 수 있을 만큼 광범위해야 한다.

권력의 불균형 학교폭력 행위는 가해자와 피해자 사이에 권력의 불균형이 있을 때 발생한다(Smith & Sharp, 1994). 즉, 가해자가 피해자에 비해 권력이나 권위의 수준이 더 높다. 권력의 불균형은 물리적일 수

도 있고(예: 가해자가 피해자에 비해 몸집이 더 크던 힘이 더 세든) 심리적일 수도 있다(예: 가해자는 피해자에 비해 사회적 지위가 더 높거나 피해자의 사회적 지위를 즉각적으로 손상을 줄 수 있는 상태). 이런 권력의 불균형 때문에 피해자는 자기 자신을 방어하기가 힘들다. 연구자들은 학교폭력이 성립되기 위해 권력의 불균형이 충족되어야 한다는 점에서는 동의하나, 학교폭력과 관련된 권력의 수준을 경험적으로 어떻게 평가할 것인가에 대한 답은 매우 어렵다.

지속성 학교폭력 행위가 성립되려면 반복적으로 계속 발생해야 한다. 따라서 만약에 아이들이 가끔씩 마찰을 빚는 정도로는 학교폭력이 성립되지 않는다(Olweus, 1984). 하지만 학교폭력을 충족시키기 위한 최소한의 빈도 기준에 대해서는 연구자마다 제각각이다. 일부 연구자는 학교폭력 행위와 타인에 대한 다양한 공격적 행동까지 다 포함시키는 경우도 있다. 다른 연구자는 학교폭력 행위를 성립시키기 위해 타인에 대한 공격적 행동 종류를 특정화하고, 빈도 절단점을 특정한 경우도 있다. 물론 혹자는 학교폭력의 정의가 너무 엄격하면 축소보고될 것이고, 그 반대라면 과대보고가 되는 효과가 생길 것이라고 비판할 수 있다. 아무튼 현재까지 진행된 각종 연구에서 학교폭력의 정의가 일관되지 못한 것으로 보인다. 학교폭력이 성립되기 위해 반복성이 필요한 데 일회성 공격적 행동도 학교폭력 행위로 포함시킨 경우도 있다.

학교폭력의 역동에 대한 이해가 깊어지면서 학교 직원과 학생들에게 학교폭력을 어떻게 예방할 지에 대한 필수적인 정보를 알게 되었다. 학교폭력의 핵심 요소에 대해 교육을 받은 학교 직원은 학교폭력 사건이 발생했을 때 좀 더 정확하게 인지하고 좀 더 효과적으로 사건을 보고할 수 있다. 또한 정확한 측정법을 통해 근거 기반의 의사결정을 할 수 있다. 이런 근거를 통해 학교에서는 학생들이 겪는 관련성 있는 문제점에 대해서도 규명해볼 수 있다. 정확한 평가 시스템을 갖추게 된다면 학교는 학교폭력 문제에 대해 축소보고받는다든지 과대보고를 받지 않을 수 있다.

측정 이슈

학교폭력 연구에서 제일 주된 우려 사항은 일관성 없게 학교폭력 평가가 이루어졌다는 점이다. 이런 측정법의 정확성은 학교폭력 유병률 추정에 영향을 준다. 또한 서로 다른 측정 전략을 쓰면 다양한 연구 결과를 비교하기가 어려워 진다. 예를 들어, 일부 문헌에서는 학교폭력에 관여된 학생의 비율이 13%에서 75%까지 이른다(Demeray & Malecki, 2003; Hoover, Olver, & Hazler, 1992; Kaltiala-Heino, Rimpela, Rantanen, & Rimpela, 2000; Nansel, Overpeck, & Pilla, 2001; Salmivalli, Lappalainen, & Lagerspetz, 1998; Seals & Young, 2003; Solberg & Olweus, 2003; Unnever, 2005; Woods & White, 2005). 연구 마다 유병률 추정치가 다양하게 나오는 것은 부분적으로는 학교폭력 평가 방법 때문일 것이다. 현재 학교폭력을 측정하는 방법론에 대해 합의가 이루어진 것도 없고 일관된 방법이 있지도 않다. 즉, 평가는 어떤 정의를 썼는지, 정의 중 어떤 요소를 부각했는지, 절단점을 어떻게 잡았는 지, 신뢰도에 대한 정보 결여, 타당도 연구의 부재 등에 의해 다양한 유형으로 존재할 수 밖에 없다.

학교폭력의 개념에 대해 연구 대상자들에게 얼만큼 알려주는지도 학교폭력 평가 방식마다 다르다. 일부 연구자들은 연구 조사할 때 '학교폭력(bullying)'이라는 용어 자체를 쓰지 말아야 한다고 주장한다. 예를 들면, Espelage, Bosworth, Simon(2001)은 학교폭력이란 용어를 소개하고 학교폭력의 정의를 설명하는 방식이 최선은 아니라고 주장했다. 그 이유는 학교폭력에 해당되는 행동들이 아주 분명한 절단점이 존재하지 않기 때문이라고 설명했다(예: Bosworth 등, 1999; Chan, Myron, & Crawshaw, 2005; Espelage 등, 2001; Espelage, Holt, & Henkel, 2003; Kokkinos & Panayiotou, 2004). 이들 연구자들은 대상자가 학교폭력에 대한 조사임을 모르게 진행해야 된다고 주장하는데, 그렇지 않으면 대상자들이 좋게 보이려고 거짓 반응을 보일 것이라고 주장했다(Chan 등, p.452). 즉, 학생들의 정확한 반응을 얻으려면 학교폭력의 개념적 구성에 대해 학생들이 모르고 있어야 된다는 것이다.

한편 Solberg와 Olweus(2003)는 학교폭력을 정확히 측정하기 위해서 '학교폭력'이란 용어를 사용하고 정의를 알려줘야 한다고 주장한다. 연구자들은 학교폭력이 일반 대중들 사이에서 널리 쓰이고 있기 때문에 학교폭력이라는 용어가 정확하게 쓰이지 않을 가능성이 높다고 본다. 그래서 학교폭력에 대한 정확한 정의를 제공함으로써 자기 행동이나 타인의 행동에 대해 정확하게 보고할 수 있도록 해야 한다는 것이다. 학교폭력이라는 용어를 쓰면서도 어떤 연구에서는 이에 대한 정확한 정의를 제공하지 않는 경우가 있다. 이런 경우에는 연구 평가의 타당도에 문제가 생길 수 있다. 앞으로 학교폭력의 정의를 제공하는 것 여부가 응답의 정확성에 어떤 영향을 미치는지에 대한 연구가 필요하다. 물론 이런 연구의 타당도와 신뢰도를 확보하는 것도 필요하다.

학생들을 가해자에서 피해자 스펙트럼으로 분류하는 것에 대해서도 공감대가 거의 형성된 것이 없다(Espelage 등, 2001). 학생들을 가해자, 피해자, 가피해자, 방관자로 분류하는 절단점 면에서 연구마다 서로 상이하다. Solberg와 Olweus(2003)는 주 1회 이상 괴롭힘을 당했다고 보고한 학생들이 월 2~3회 이상 괴롭힘을 당했다고 보고한 학생들에 비해 다양한 심리사회적 적응 변인에서 더 부정적인 결과가 나왔다고 밝혔다. 그런데 이 연구진은 월 2~3회 괴롭힘을 당한 학생들과 평생 1~2회 정도 괴롭힘을 당한 학생에 비해서도 유의한 차이가 있다고 밝혔다. 이 연구 결과에 기반해서 Solberg와 Olweus는 '일주일에 한 번 이상'을 절단점으로 삼으면 위양성 결과의 규모가 커질 것으로 가정했다. 이 가정이 실제일 가능성이 높은 것이 한달에 2~3번이라고 응답한 사람들도 분명한 가해자/피해자 특성을 나타내기 때문이다. 그래서 가해자/피해자 상호작용에 영향을 받은 학생들 모두를 포착하기 위해서는 절단점이 최소한 한달에 2~3번 이상이어야 된다고 연구자들은 주장했다. 어떤 방법론은 반복성 해석에 대해 더 엄격하기도 하고, 다른 쪽에서는 '평생 한두 번' 정도로 느슨한 기준을 쓰기도 한다. 여러 학교폭력 연구에서 얼만큼 다양하게 절단점을 설정했는 지 보여주고 있는 것이다. 본 챕터에 소개된 연구들은 경험적 연구로 학교폭력에 초점을 맞추고 있고 측정법 평가가 가능할만큼의 충분한 정보를 담고 있으며 중학교 학생들을 대상으로 했다. 만약 학교폭력과 관련해 특정 집단만을 대상으로 한 연구(예: 가해자만 대상으로 한 연구)나 특정 인구집단(특정 인종 또는 민족 집단, 한쪽 성정체성만 대상으로 한 경우)만을 대상으로 한 연구들은 이번 챕터에 포함시키지 않았다.

학교폭력 정의와 절단점이 다양하다는 우려 외에도 학교폭력 평가법의 신뢰도 자료도 우려의 대상이다. 현재 대부분 학교폭력 평가법의 신뢰도에 대해 알 수 있는 자료가 거의 없는 실정이다. 대부분의 측정도구는 학교측과 지역사회 구성원들의 요구에 응답하느라 만들어진 것들이다. 그 결과로 심리측정학적 성실에 대해 적당한 주목을 받지 못한 것이 사실이다(Cornell 등, 2006). 대표적으로 학교폭력 측정법으로 제일 널리 활용되는 Olweus 가해자/피해자 질문지(1986)에 대한 매뉴얼에서는 신뢰도와 타당도에 대해 3~4회 정도의 분석을 쳤다고 하였지만, 그 어떤 분석도 게재된 적은 없었다(Furlong, Grief, & Sharkey, 2005). 더 나아가 대부분의 측정도구도 질문지 세트 규모가 작아 내적 합치도를 분석하기가 곤란하다. 학교폭력 연구 분야에 가용한 신뢰도 자료가 없다는 점은 또 다른 염려 사항이다.

이 뿐만 아니라 현행 구성체 타당도(construct validity)에 대한 근거도 부족하다는 점도 골치아픈 문제점이다. 즉, 이제는 연구자들은 자기들이 개발한 측정법이 학교폭력 구성체를 실제로 어떻게 측정하는 지 타당도에 대해 연구를 시작해야 하고, 이런 측정법들이 기존의 정립된 측정법과 얼만큼의 상관관계를 지니는지 밝혀야 한다. 가해 및 피해 사례에 대한 측정법의 타당도를 알아볼 수 있는 방법이 몇몇 있다.

표 23.1 각 학교폭력 평가별 전략 총정리

측정법	인용	대상자 연령/학년	절단점 점수	정의 활용 여부	평가된 요소	유병률 보고 내역
Olweus Questionnaire (독어 버전) Survey	Scheithaur 등, 2006	5~10학년	일주일에 한 번 이상 혹은 일주일에 3~4번 이상 한 폭력 사건에 관여함	예	지속성 권력의 불균형 의도성	12.1% 가해자 11.1% 피해자 2.3% 가피해자 25.5% 관여된 학생
Olweus Questionnaire (수정본)	Unnever, 2005	7~12학년	한 달에 2~3번	예	지속성 권력의 불균형 의도성	8.3% 가해자 20.7% 피해자 8.2% 가피해자 37.2% 관여된 학생
Olweus Questionnaire (이탈리아어 버전) Scale	Baldry와 Farrington, 2004	11~15세	지난 3달간 가끔씩	예	지속성 권력의 불균형 의도성	25.2% 가해자 29.4% 피해자 54.6% 관여된 학생
Olweus Bullying Questionnaire	Collins 등, 2004	Post-Primary Students	한 학기에 1~2번 혹은 한 달에 2~3번	예	지속성 권력의 불균형 의도성	26% 가해자 24% 피해자 50% 관여된 학생
Olweus Bully/Victim Questionnaire	Solberg와 Olweus, 2003	5~9학년 11~15세	7가지 항목 중 한 항목 이상에 해당되는 방식, 한 달에 2~3번 발생해야 해당됨	예	지속성 권력의 불균형 의도성	4.8% 가해자 8.3% 피해자 1.6% 가피해자 14.7% 관여된 학생
Olweus Questionnaire (이탈리아어 버전)	Baldry와 Farrington, 1999	11~14세	가끔씩 또는 그 이상	예	지속성 권력의 불균형 의도성	25.2% 가해자 29.4% 피해자 54.6% 관여된 학생
Two questions from the Olweus Questionnaire	Sutton과 Keogh, 2000	8~12세	가끔씩 또는 그 이상	아니오	지속성	6% 가해자 15% 피해자 4% 가피해자 25% 관여된 학생

표 23.1 각 학교폭력 평가별 전략 총정리 (continued)

측정법	인용	대상자 연령/학년	절단점 점수	정의 활용 여부	평가된 요소	유병률 보고 내역
WHO-HSBC Survey	Klomek 등, 2007	9~12학년	자주	예	지속성 권력의 불균형 의도성	8% 가해자 6.5% 피해자 14.5% 관여된 학생
WHO-HSBC Survey	Srabstein, McCarther, Shao와 Huang, 2006	6~10학년	일주일에 한 번 이상 혹은 그 이상	예	지속성 권력의 불균형 의도성	6.4% 가해자 5.7% 피해자 2.2% 가피해자 14.3% 관여된 학생
WHO-HSBC Survey	Volk, Craig, Boyce와 King, 2006	12~19세 6~10학년	일주일에 한 번 이상 그 이상	예	지속성 권력의 불균형 의도성	6.1% 가해자 7.6% 피해자 0.9% 가피해자 14.6% 관여된 학생
WHO-HSBC Survey	Nansel 등, 2001	6~10학년	일주일에 한 번 이상 혹은 그 이상	예	지속성 권력의 불균형 의도성	8.8% 가해자 8.4% 피해자 6.3% 가피해자 23.6% 관여된 학생
Peer Victimization Scale & Bullying Behavior	Houbre 등, 2006	5학년 9~12세	4점 중 2.5점	아니오	의도성	13% 가해자 18% 피해자 10% 가피해자 41% 관여된 학생
Unnamed Survey	Cassidy와 Taylor, 2005	12~15세	지속적	아니오	지속성	13% 가해자 16% 피해자 9% 가피해자 38% 관여된 학생
Status as a victim or bully	Ivarsson 등, 2005	14세	가끔 혹은 종종 혹은 매우 자주	무력공격 정의 사용함	의도성	18% 가해자 10% 피해자 9% 가피해자 37% 관여된 학생

표 23.1 각 학교폭력 평가별 전략 총정리 (continued)

측정별	인 용	대상자 연령/학년	절단점 점수	정의 활용 여부	평가된 요소	유병률 보고 내역
Bully Victim Questionnaire	Kokkinos와 Panayiotus, 2004	11~15세	75 퍼센타일	아니오	지속성	8.4% 가해자 21.5% 피해자 15.3% 가피해자 45.2% 관여된 학생
Bully Questionnaire	Demaray와 Malecki, 2003	6~8학년	25 퍼센타일	아니오	지속성 의도성	12% 가해자 16% 피해자 13% 가피해자 41% 관여된 학생
Peer Relations Questionnaire	Seals와 Young, 2003	7~8학년 12~17세	자주	아니오	지속성 의도성	10% 가해자 13% 피해자 1% 가피해자 24% 관여된 학생
The Bully Survey	Swearer와 Cary, 2003	6~8학년 11~15세	작년 동안 가해자 혹은 피해자 혹은 둘 다 해당된다고 응답한 경우	예	지속성 권력의 불균형 의도성	5% 가해자 39% 피해자 30% 가피해자 74% 관여된 학생

구체적으로 말하자면, 기관으로 의뢰되는 자료는 가해 행위같은 문제 행동을 확인하는 데에 신뢰할 만한 방법이라는 점이 밝혀졌다(Loeber, Green, Lahey, Frick, & McBurnett, 2000; Sprague, Hill, Stieber, Simonsen, Nishioka, & Wagner, 2001; Swearer & Cary, 2003). 그 결과 행정처리 방식이 학교폭력 평가의 타당도 검증 역할을 담당할 수 있다. 타당도를 확인할 수 있는 또 다른 방법으로는 공격성 측정법과 학교폭력 평가 간의 상관관계 확인을 통해 알아보는 방법도 있다(예: Aggression Questionnaire, Buss & Warren, 2000). 학교폭력 현상은 공격성의 한 형태로 간주된다. 따라서 공격성에 대한 측정법, 특히 신체적, 언어적, 간접적 공격성에 대한 하위 측정 항목들은 학교폭력 측정에 대한 근거가 될 수 있을 것이다.

또 다른 우려 사항으로 학교폭력 평가에 쓰이는 자기보고 측정법도 다양하다는 점을 들 수 있다. 구체적으로 가해 행위 자기보고법은 척도 형식이거나 설문조사 형식인 경우가 많다. 예를 들어, Demeray와 Malecki(2003); Houbre, Tarquinio, Thuillier, & Hergott(2006); Kokkinos와 Panayioutou(2004)는 학교폭력 관여 여부를 정하기 위해 척도를 채택했다. 한편, Ivarsson, Broberg, Arvidsson, & Gillberg(2005); Seals와 Young(2003); Scheithaur Hayer, Petermann, & Jugert(2006); Swearer & Cary(2003)는 설문조사를 선택했다. 가해 행위 척도에서는 학교폭력 관여 여부를 정하기 위해 특정 행동의 빈도를 중점적으로 물어보는 스타일이다. 반면, 설문조사는 학교폭력 사건 장소, 누가 어떻게 반응했는지 등 학교폭력과 관련된 다양한 경험에 초점을 맞추는 경향이 있다(Espelage & Swearer, 2003). 양쪽 방법들 모두 각각 장단점이 있다. 연구자는 평가의 목적을 반드시 고려하여 어떤 평가법이 제일 유용할 지 결정할 수 있어야 한다.

그런데 만약 연구 측정법에 따라 합치도가 결여된다면 문제가 드러나기 시작한다. 구체적으로, 어떤 학교폭력 평가법은 학교폭력의 정의를 제공하지 않지만, 주어진 질문 틀 안에서 학교폭력을 평가한다. 하지만, 이런 과정으로는 Olweus가 제시했던 3가지 기준(1993; 예: 의도성, 권력의 불균형, 지속성)에 대해 모두 평가하기가 어렵다. 일례로, Kokkinos와 Panayiotou(2004)는 오직 지속성 측면만 평가했으며, Houbre 외 3인(2006)은 오직 의도성만 평가했고, Demeray와 Malecki(2003)는 행동의 지속성과 권력의 불균형만 측정했다. 결론적으로 이들 학교폭력 평가법 중 정말 학교폭력 그 자체를 평가한 방법이 진짜 있긴 한 건지 의심스럽다. 본 챕터에서 검토한 평가법 대다수는 3가지 기준 모두에 대해 포괄하고 있다. 학교폭력 정의를 포함시켜야 응답자들이 학교폭력이 어떤 의미를 지니고 있는 지 납득을 할 것이다. 그 결과 응답 자료들이 학교폭력의 행동적 지표에 의존하는 양상으로 드러나기 보다 좀 더 실제적인 학교폭력 현상에 가깝게 나올 것이다. 하지만, 타당도 연구가 없으면 학교폭력 정의를 포함시켰다고 해도 학교폭력 현상을 실제 있는 그대로 반영했는지는 확신하기가 힘들다.

Solberg와 Olweus(2003)은 빈도에 근거하여 정확한 절단점을 제시하여 학교폭력 관여 유형을 정할 수 있도록 체계적으로 조사한 유일한 연구진이다. 물론 이 연구진의 업적이 중요하지만, 그래도 학교폭력 관여 여부를 확인하기 위해 빈도를 조사하는 것과 이와 관련된 파급 효과를 알아보기 위한 연구는 더 많이 필요하다. 게다가 학교폭력의 세 가지 요소가 주는 파급 효과에 대해 체계적으로 조사한 연구는 하나도 없다. 즉, 우리는 학교폭력 평가법이 실제 학교폭력 현상을 반드시 정확히 측정할 수 있도록 만들어야 한다. 그러므로 우리는 학교폭력 문제에 해당되는 지에 대한 적절한 절단점을 결정해야 하고, 권력의 불균형과 행동의 의도성이 미치는 각종 영향을 규명해야 한다.

학교폭력의 파급 효과

학교폭력 연구 분야에서는 학교폭력에 관여된 학생들이 부정적인 행동 및 심리적 영향을 받는다고 보고한 문헌들로 차고 넘친다. 특히, 가해자들은 학교폭력에 관여되지 않는 학생들에 비해 더 화가 나 있고

(Bosworth 등, 1999), 더 우울해하며(Austin & Joseph, 1996; Bosworth 등, 1999; Slee, 1995), 자아상이 더 열악했으며(Houbre, Tarquinio, Thuillier, & Hergott, 2006), 품행 문제를 더 많이 저지르는 것으로 알려져있다(Bosworth 등, 1999; Kokkinos & Panayiotou, 2004). 피해자는 우울증 발생률이 더 높고(Craig, 1998; Hawker & Boulton, 2000; Seals & Young, 2003) 불안도가 더 높으며(Craig, 1998; Hawker & Boulton; Olweus, 1994; Rigby, 2003; Slee, 1994), 인지적 문제를 더 많이 겪고(Houbre 등, 2006), 친구관계나 사회적인 문제를 더 많이 겪으며(Card, 2003; Ivarsson 등, 2005; Rigby; Storch, Brassard, & Masia-Warner, 2003; Rodkin, Farmer & Pearl, 2006), 반항적 행동을 더 많이 드러낸다고 알려졌다(Kokkinos & Panayiotou, 2004). 게다가 가피해자들은 가해자나 피해자에 비해 더 우울한 경향이 있고(Austin & Joseph, 1996; Ivarsson 등; Swearer, Song, Cary, Eagle, & Mickelson, 2001; Kaltiala-Heino 등, 2000), 더 불안해하며(Duncan, 1999; Swearer 등, 2001), 문제 행동을 더 많이 드러내고(Ivarsson 등; Kokkinos & Panayiotou), 정신신체적 증상을 더 잘 호소하는 것으로 알려져 있다(Houbre 등, 2006). 방관자에게 돌아가는 부정적 영향에 관한 연구는 거의 없다. 하지만 Nishina와 Juvonen(2005)은 어떤 학생이 학교폭력을 당하고 있는 것을 목격했을 때, 학교에 대한 혐오감 증가와 불안감 상승과 연관이 있다고 주장하였다. 이 연구 결과로 미루어 보건데, 학교폭력은 관계된 모든 학생들의 안녕에 부정적인 파급 효과를 미치는 것으로 짐작된다. 하지만 학교폭력 연구 기반에 한계점이 있는 탓에 이런 결과들은 타당한 측정법을 통해 조사가 이루어져야 한다. 게다가 이런 심리사회적 효과가 학교폭력을 더 자주 경험하는 학생들과 더 심한 권력의 불균형을 경험한 학생들에게 더 극단적으로 나타나는 건지도 불확실하다.

본 연구의 목적

본 연구의 목적은 학교폭력 해당 여부 및 학교폭력의 3가지 고전적 기준에 근거한 학교폭력 해당 여부에 대한 서로 다른 절단점들을 검토하기 위함이다. 학교폭력 설문조사(the Bully Survey; Swearer, 2001)에 대한 응답을 바탕으로 다섯가지 가해자-피해자 유형 분류(bully/victim involvement categories, BVIC)가 이루어졌는데, 서로 다른 절단점들이 활용되었고, 이에 대한 자세한 정보는 표 23.2와 23.3에 나와 있다. 이 표에서는 14개 서로 다른 절단점을 이용하여 분류된 학생들 유형의 수를 제시하였다. 대규모 학생 표본 활용과 학교폭력 평가와 관련해 서로 다른 절단점을 활용한 탓에 서로 다른 평가법에 따른 유병률 차이 비교가 가능해졌다.

　이런 연구를 하게 된 질문으로는 1) 어떤 분류 유형(예: 가해자, 피해자, 방관자 등)이 행정처리와 제일 높은 상관관계를 보이는가와 행정처리 자료는 자기보고법으로 분류된 유형에 대해 타당도 검증 근거로 활용될 수 있는가? 2) 어떤 분류 유형이 우울증 또는 불안증 또는 공격성과 제일 상관관계가 높은가? 3) 학교폭력 경험의 빈도와 권력의 불균형 정도의 차이에 따라 학생들간 유의한 차이가 존재하는가? 가 있다.

방 법

대상자

중서부지방 5개 중학교 6~8학년 학생들 1,000명 이상을 대상으로 자료를 수집하였다. 1999년에서 2004

표 23.2 가해자-피해자 관여 유형 분류(Bully/victim involvement categories, BVIC)

	가해자 설문조사 기준	내적 합치도
가해자 상태 1	가해자 상태 1: '당신은 이번 학년에서 다른 학생을 괴롭혔습니까' 항목에 '예'라고 표시한 경우	확인 불가
가해자 상태 2	가해자 상태 2: 예+빈도('하루에 한 번 이상' 또는 '일주일에 한 번 이상' 중 하나에 '예'라고 표시한 경우)	확인 불가
가해자 상태 3	가해자 상태 3: 예+빈도+학교폭력 유형 중 언어적 및 신체적 폭력 행동 리스트를 주고 각각에 대해 '자주 발생함' 또는 '항상 발생함' 중에 하나에 표시한 경우	.85
피해자 상태 1	피해자 상태 1: '당신은 이번 학년에서 괴롭힘을 당한 적이 있습니까?' 항목에 '예'라고 표시한 경우	확인 불가
피해자 상태 2	피해자 상태 2: 가해자 상태 2와 동일	확인 불가
피해자 상태 3	피해자 상태 3: 가해자 상태 3와 동일	.89
피해자 상태 4	피해자 상태 4: 예+빈도+ '자주/항상 발생함'+권력 수준 차이 측정 항목에 '종종 문제가 됨' 또는 '항상 문제가 됨'에 표시를 한 경우	.81
가피해자 상태 1	가피해자 상태 1: 가해자 상태 1+피해자 상태 2	확인 불가
가피해자 상태 2	가피해자 상태 2: 가해자 상태 2+피해자 상태 2	확인 불가
가피해자 상태 3	가피해자 상태 3: 가해자 상태 3+피해자 상태 3	확인 불가
방관자 상태 1	방관자 상태 1: '당신은 이번 학년에서 당신 자신 말고 다른 학생이 괴롭힘을 당하는 것을 목격한 적 있습니까?' 항목에 '예'라고 표시한 경우	확인 불가
방관자 상태 2	방관자 상태 2: 가해자 상태 2와 동일	확인 불가
방관자 상태 3	방관자 상태 3: 가해자 상태 3와 동일	.86
무관계자	무관계자: '당신은 이번 학년에서 다른 학생을 괴롭혔습니까', '당신은 이번 학년에서 괴롭힘을 당한 적이 있습니까?', '당신은 이번 학년에서 당신 자신 말고 다른 학생이 괴롭힘을 당하는 것을 목격한 적 있습니까?' 항목에 대하여 모두 '아니오.'라고 대답한 경우.	확인 불가

년까지 학생들은 매년 봄마다 전향적인 방식으로 일련의 검사 도구에 응답하도록 하였다. 다음과 같은 학생들이 본 연구에 참여하였다; 1999년 4월 6학년 학생 83명(남학생 36명과 여학생 47명); 2000년 4월 6학년 학생 51명(남학생 30명과 여학생 21명); 2001년 4월 6학년 학생59명(남학생 28명과 여학생 31명); 2001년 4월 7학년 학생 120명(남학생 55명과 여학생 65명); 2001년 4월 8학년 학생 80명(남학생 28명과 여학생 52명); 2002년 4월 6학년 학생 35명(남학생 14명과 여학생 21명); 2002년 4월 7학년 학생 138명(남학생 60명과 여학생 78명); 2003년 4월 6학년 학생 51명(남학생 21명과 여학생 30명); 2004년 4월 6학년 학생 124명(남학생 56명과 여학생 68명); 2004년 4월 7학년 학생 174명(남학생 85명과 여학생 89명); 2004년 4월 8학년 학생 140명(남학생 47명과 여학생 93명). 각가의 연구 참여 동의율은 다음과 같다; 1999년 4월 42%; 2000년 4월 30%; 2001년 4월 41%; 2002년 4월 25%; 2003년 4월 33%; 2004년 4월 24%. 부모 동의를 적극적으로 받은 학생들 중 32명은 연구 동의를 철회하였으며, 3명은 다른 지역으로 전학 갔고, 2명은 퇴학 당했으며, 1명은 언어 장벽으로 읽지를 못했다. 이런 양상은 보고된 참여자 비율에 반영하였다. 따라서 6학년 403명, 7학년 432명, 8학년 220명으로 총 1,055명의 학생이 본 연구에 참여하였다.

참여자의 인구학적 특성으로는 6학년 학생들의 연령대는 11~13세(평균 11.67세; 표준편차 0.55; 표본 403명), 7학년 12~14세(평균 12.60세; 표준편차 0.58; 표본 432명), 8학년 13~15세(평균 13.54; 표준편차 0.54; 표본 57명)이었다. 인종 분포는 75%가 코카시안, 6%가 아프리카계 미국인, 6%가 혼혈, 5%가 아시아인 또는 아시아계 미국인, 3%가 라틴계, 1% 가 동유럽계, 1% 중동계였다. 이런 인구학적 분포 양상은 전 학교에서 전반적으로 일치하였다.

표 23.3 서로 다른 절단점을 기반으로 한 각종 측정법으로 도출된 빈도, 비율, 평균, 표준편차

	가해자			피해자				가피해자			방관자			무관계자
	상태 1	상태 2	상태 3	상태 1	상태 2	상태 3	상태 4	상태 1	상태 2	상태 3	상태 1	상태 2	상태 3	
빈도	84	26	60	361	47	248	146	296	39	145	214	77	193	98
%	8	2.5	5.7	34.3	4.5	23.5	13.8	28.1	3.7	13.7	20.3	7.3	18.3	9.3
기관 의뢰	2.20	2.69	2.48	0.65	0.70	0.70	0.88	1.47	1.05	1.75	0.79	0.73	0.84	1.09
	(4.53)	(4.86)	(4.85)	(2.10)	(2.16)	(2.24)	(2.63)	(3.79)	(1.92)	(3.43)	(2.30)	(1.88)	(2.38)	(3.35)
표본수	84	26	60	361	47	248	146	293	39	145	214	77	193	96
우울증	10.56	8.50	10.96	9.38	12.75	11.01	12.76	11.49	16.00	13.71	5.51	3.00	5.43	5.48
	(7.74)	(6.36)	(7.66)	(7.51)	(8.33)	(7.84)	(7.91)	(8.66)	(11.31)	(9.68)	(4.96)	(3.29)	(5.03)	(6.65)
표본수	32	2	23	235	8	168	103	169	2	75	11.4	6	103	61
불안	33.93	46.00	30.14	46.26	47.86	49.25	53.49	44.01	20.00	46.42	38.23	37.33	38.77	38.72
	(15.58)	(14.14)	(13.16)	(18.91)	(22.87)	(19.46)	(18.79)	(16.00)		(16.42)	(16.77)	(21.49)	(16.72)	(17.01)
표본수	30	2	21	2.27	7	164	103	162	1	72	113	6	103	60
공격성 전체	95.69	88.50	96.21	79.64	88.14	84.00	86.18	89.35	117.00	95.45	69.13	70.33	69.80	69.09
	(23.82)	(28.99)	(26.14)	(21.35)	(15.49)	(21.80)	(22.17)	(20.76)	(4.24)	(19.65)	(17.97)	(14.54)	(18.28)	(19.38)
표본수	26	2	19	182	7	117	83	127	2	60	97	6	88	47
신체적 공격성	22.12	16.00	22.84	15.60	20.13	16.52	16.52	19.07	24.50	20.58	13.85	10.50	13.88	14.45
	(10.19)	(11.31)	(11.11)	(6.85)	(6.17)	(7.19)	(7.43)	(7.53)	(6.36)	(7.87)	(6.40)	(2.74)	(6.57)	(5.91)
표본수	26	2	19	183	8	132	84	128	2	60	97	6	88	47
언어적 공격성	16.73	14.50	16.74	13.16	13.00	13.81	14.13	14.24	18.50	14.92	11.69	12.00	11.92	12.02
	(4.03)	(4.95)	(4.48)	(3.89)	(3.00)	(4.12)	(4.39)	(4.21)	(6.36)	(3.87)	(4.06)	(1.90)	(4.12)	(4.15)
표본수	26	2	19	182	7	131	83	128	2	61	97	6	88	47
분노	19.62	18.00	19.95	15.88	15.00	16.76	17.08	17.98	24.50	19.23	13.46	14.00	13.46	13.66
	(6.11)	(3.66)	(6.70)	(5.51)	(7.60)	(5.74)	(6.04)	(5.30)	(0.71)	(5.06)	(4.70)	(5.96)	(4.78)	(4.78)
표본수	26	2	19	183	8	132	84	129	2	61	97	6	88	47
적개심	20.58	28.50	20.00	21.20	21.50	22.46	23.70	21.90	26.50	23.67	17.53	19.50	17.72	17.60
	(6.08)	(3.54)	(6.23)	(6.22)	(5.58)	(6.26)	(5.88)	(5.76)	(2.12)	(5.50)	(5.16)	(4.46)	(5.24)	(5.23)
표본수	26	2	19	183	8	132	84	129	2	61	97	6	88	47
간접적 공격성	16.65	11.50	16.68	13.68	14.38	14.23	14.38	16.01	23.00	16.75	12.61	13.83	12.83	11.36
	(4.18)	(3.53)	(4.58)	(4.50)	(3.30)	(4.76)	(4.95)	(4.25)	(7.07)	(4.58)	(3.63)	(3.66)	(3.63)	(3.55)
표본수	26	2	19	183	8	132	84	129	2	61	97	6	88	47

S1=예/아니오 응답으로 분류한 상태; S2=예/아니오 응답+빈도로 분류한 상태; S3=예/아니오 응답+빈도+행동예시응답으로 분류한 상태; S4=예/아니오 응답+빈도+행동예시응답+권력불균형 여부로 분류한 상태

측정법

학교폭력 설문조사(the Bully Survey; Swearer, 2001) 학교폭력 설문조사는 3가지 파트 및 31개 문항으로 구성되어 있고, 학생들에게 학교폭력에 대한 자신의 경험에 대해 조사하고 학교폭력에 대한 태도와 인식을 알아본다. 학교폭력 정의는 설문조사 각 파트마다 제시되어 있으며, 각 정의는 다음과 같다: '학교폭력은 놀리기 또는 나쁜 말 하기 또는 어떤 사람이든 집단에서 내쫓아서 신체적 공격에 노출되게끔 하는 것으로, 신체적 폭력에는 때리기, 밀치기, 발로 차기 등이 있다. 단 이런 사건이 한 사람 또는 한 무리가 다른 사람을 오랜 시간 동안 괴롭히는 경우를 지칭한다. 학교폭력은 주로 학교 안에서 발생한 사건을 가리키지만, 학교 담장 내에 발생하거나 등교나 하교 상황에 발생한 사건도 포함된다.' 설문조사 파트 A에서 학생들은 작년 어느 시점에 자신이 학교폭력의 피해자가 되었는지 응답하도록 하였다. 만약 대상자가 이 부분에 해당 사항이 없다면, 파트 A를 건너뛰고 파트 B로 가도록 안내하였다. 파트B에서는 작년 동안에 다른 학생들이 저지른 가해 행동을 목격했는지 응답하도록 하였다. 만약 대상자들이 파트 B에도 해당 사항이 없다면, 파트 C로 넘어가도록 하였다. 파트 C에서는 대상자가 작년 어느 시점에 다른 학생들을 괴롭혔는지 응답하도록 하였다. 만약 대상자가 여기에 해당 사항이 없다면 최종 파트를 작성하도록 안내하였다. 설문조사 마지막 파트에서는 학교폭력에 대한 태도를 측정하는 척도가 있다. 본 연구에서는 학교폭력 유형을 분류하기 위해 14개의 서로 다른 절단점을 활용하는 것에 대해 검토하였으며, 이는 이분법적 및 연속적 항목으로 정보를 수집하는 학교폭력 설문조사(Swearer, 2001)에서 나오는 설문 조사 항목을 기반으로 하였다.

가해자-피해자 유형 분류(BVIC)는 가해자-피해자 연속선(예: 가해자, 피해자, 가피해자, 방관자, 무관계자)에서 각 항목마다 서로 다른 절단점을 사용하여 만든 것이다. 절단점 점수는 각 가해자-피해자 분류에서 동일하게 활용되었다. 상태 1(status 1)은 '당신은 작년에 학교에서 괴롭힘을 당한 적이 있습니까?' 항목에 대해 예/아니오 응답을 기반으로 학교폭력 사건 관여 여부를 평가하는 것이다. 상태 2는 '당신은 올해 학교에서 괴롭힘을 당한 적이 있습니까? 항목에 대해 예/아니오 응답을 기반으로 학교폭력 사건 관여 여부를 평가하고, 만약 '예'라고 응답했으면 '하루에 한 번 이상' 혹은 '일주일에 한 번 이상' 중에서 빈도 선택을 하도록 하였다. 상태 3은 상태 2와 똑같은 방식으로 진행한 후에, 학교폭력 행위 예시를 제시하고(예: 그 누구도 나에게 말을 걸지 않는다, 나를 밀쳤다 등등) 각 행동 예시에 대해 '자주 발생함' 또는 '항상 겪는 일임'에 표시하도록 하였다. 상태4는 상태 3과 똑같은 방식으로 진행한 후에, 학교폭력으로 인한 심리사회적 파급 효과 예시를 제시하고(예: 위와 같은 사건으로 나는 슬프거나 기분이 나빠졌다; 학교에 나가지 않게 되었다 등등) 각 예시에 대해 '자주 그런 문제를 느낀다.' 또는 '항상 그런 문제를 느낀다.'에 표시하도록 하였다. 상태4에서 피해자로 응답한 학생들에게만 권력의 불균형 상태 여부를 확인하였다.

아동용 우울검사(Children's Depression Inventory; CDI; Kovacs, 1992) 이 검사 도구는 7세에서 17세까지 아동청소년에 대한 우울증을 자기보고식으로 측정하는 방식으로, 제일 널리 활용되는 측정법이다. CDI는 총 27항목으로 구성되어 있으며, 아동기 우울증 증상을 평가하도록 되어 있다. CDI는 고도로 상관관계가 높은 요인들 다섯가지 항목을 측정한다: 부정적 정동, 대인관계 문제, 비효과성, 무쾌감증, 부정적 자존감. 이 다섯가지 요인이 다 합쳐지면 아동기 우울증에 대한 하나의 상위 요인을 도출할 수 있다. 대상자들은 각 항목 마다 중증도를 체크하게 되는데, 검사 이전 2주간의 경험을 바탕으로 3점 단위(0~2점)로 체크하도록 하였다. 총점 16점 이상이면 우울증 가능성이 있는 것으로 해석할 수 있다(Stark, Brookman, & Frazier, 1990). CDI는 내적 합치도(internal consistency), 재시험 타당도(test-retest validity), 수렴

타당도(convergent validity) 면에서 합당한 수준으로 검증되었다(Kovacs, 1992). 본 연구에서 내적 합치도 신뢰도는 알파 계수 0.89로 나왔다.

아동용 다면적 불안 척도(Multidimensional Anxiety Scale for Children; MASC; March, 1997) 이 검사 도구는 8세에서 19세 아동청소년을 대상으로 불안의 주요 측면에 대해 자기보고식 체크리스트로 구성되어 있다. MASC는 39개 항목으로 구성되어 있고 총 4가지 기본적인 척도(신체적 증상, 위험 회피성, 사회적 불안, 분리 불안 혹은 공황)를 포함하고 있다. 이 척도가 합쳐져서 불안도 총점이 나온다. 대상자들은 각 항목마다 중증도를 체크하도록 했는데 4점 리커트 방식으로, '나에게 전혀 해당 사항 없음.'에서 '종종 나한테 해당되는 사항'까지 있다. T 점수가 65점일 경우 불안장애를 유무를 감별해 낼 수 있다고 밝혀졌다(March, 1997). MASC는 모든 주요 및 세부 요인에서 합당한 내적 합치도 신뢰도가 입증되었으며, 알파 계수 총점은 0.90이었다(March, Parker, Sullivan, Stallings, & Conners, 1997). 본 연구에서, 내적 합치도 신뢰도는 알파계수 0.91로 나왔다.

공격성 측정 설문지(Aggression Questionnaire, AQ; Buss & Warren, 2000) 이 검사 도구는 Buss-Durkee Hostility Inventory(Buss & Durkee, 1957)의 업데이트된 버전으로, 분노와 공격성을 측정하는 표준 도구로 알려져 있다. AQ는 자기보고식 측정법으로 34개 항목으로 되어 있으며, 9세에서 88세를 대상으로 분노와 공격성을 평가한다. AQ는 5가지 하위척도가 있다: 신체적 공격성, 언어적 공격성, 분노, 적개심, 간접적 공격성. 총점은 5개 척도 원점수를 합하는 방식으로 계산한다. 각 항목은 공격성과 관련된 특성에 대해 평가하도록 되어 있다. 대상자들은 각 항목에 대해 얼만큼 자기 자신의 상황과 비슷한 지 표시하도록 하였으며, 총 5점 척도로 1점(전혀 나와 같지 않다)에서 5점(완전히 나와 같다)까지 있다. 총점이 110점 이상(T 점수 60점)이면 공격성 수준이 높은 것으로 간주할 수 있다. 본 연구에서는 내적 합치도 신뢰도는 알파계수 0.91이다.

행정처분 각 학생 별로 학교 기록을 참고하여 얼만큼 행정처분 의뢰가 많이 되었는지 확인하는 방식으로 자료를 수집하였다. 학교 기록에서 획득한 정보는 다음과 같다. 1) 의뢰 횟수와 의뢰 유형(예: 불순종, 신체적 공격성, 언어적 공격성, 교칙 위반, 등) 2) 이에 대한 학교 당국의 조치 사항(예: 방과 후 벌칙, 정학, 퇴학 등). 또한 사건 유형도 기록했는데 의뢰된 행위에 대해 더 잘 이해하기 위해서 질적인 형식으로 정보를 획득하였다. 이렇게 획득한 자료는 실제 유형(가해자, 피해자, 가피해자, 방관자, 무관계자)과 학교폭력 설문조사(Swearer, 2001)를 바탕으로 분류된 유형과 얼마나 일치하는지 확인하는 데에 활용되었다. 그리고 이 결과는 표 23.3에 제시하였다.

결 과

대상자는 유형에 따라 분류되었다: 1) 가해자, 2) 가피해자, 3) 피해자, 4) 방관자, 5) 무관계자. 이들 분류는 학교폭력 설문조사(Swearer, 2001)의 응답에 따라 이루어졌다. 방법 섹션에서 언급된 것처럼, 가해-피해 사례를 구분하기 위해 14가지 서로 다른 기준을 활용하였다.

행정처분와 학교폭력 사건 관여

우리가 5개 집단 사이 행정처리 건수에서 차이가 있는지 검토하기 전에, 분산의 동질성 검정(Levene's test for homogeneity of variance)을 시행한 결과, 가설을 기각하였다($p<0.001$, $F_{max}>3$). 그 결과, 일원배치분산분석 대신 비모수 검증인 Kruskal-Wallis 검증을 사용하였다. 첫 번째 기준을 사용하였을 때(예/아니오에 기반한 BVIC), 5개 집단 사이에 행정처리 건수는 전체적으로 유의한 차이를 나타내었다, 카이 제곱(4, N=1048) = 27.071, $p<0.001$. Z 통계적 다중 비교 절차를 활용하여 가해자-피해자 연속선 내에 평균 순위 쌍들(mean rank pairs) 사이에서 나타나는 차이에 대해 post-hoc 분석을 한 결과, 가해자(평균 순위=603.51)는 피해자(평균 순위=494.52, $p<0.05$)나 방관자(평균 순위=492.33, $p<0.05$) 보다 행정처리 건수가 더 많았다. 똑같은 방법으로 봤을 때, 가피해자(평균 순위=562.63) 또한 피해자(평균 순위=494.52, $p<0.05$) 보다 더 행정처리 건수가 많았다.

두 번째 기준에 대해 분석했을 때도 5가지 집단 간에 행정처리 건수 면에서 유의한 차이가 나타났다(빈도에 근거한 BVIC), 카이 제곱(4, N=285)=10.73, $p=0.03$. 하지만 이후의 검증에서는 집단 간에 유의한 차이가 나타나지 않았다.

세 번째 기준에 대해 분석했을 때도 5가지 집단 간에 행정처리 건수 면에서 유의한 차이가 나타났다(특정 행동에 대한 빈도에 근거한 BVIC), 카이 제곱(4, N=742)=33.56, $p<0.001$. 이후 Z 통계적 다중 비교 절차를 통해 분석한 결과 가해자(평균 순위=443.05)가 피해자(평균 순위=346.47, $p<0.05$)와 방관자(평균 순위=346.45, $p<0.05$) 보다 행정처리 건수가 더 많았다. 이와 마찬가지로 가피해자 또한 피해자(평균 수위 = 346.47, $p<0.05$)와 방관자(평균 순위=346.45, $p<0.05$) 보다 행정처리 건수가 더 많았다.

독립표본 t 검정을 통해 네 번째 기준(권력의 불균형에 기반한 BVIC)을 분석하면 피해자와 무관계자는 행정처리 건수 면에서 유의한 차이는 발견되지 않았다[$t(240)=-0.56$, $p=0.58$].

불안과 학교폭력 사건 관여

5개 집단 내에 불안도의 차이를 검토하기 전에, 분산의 동질성 검정을 시행한 결과, 가설은 참이었다($ps>0.05$ 및 $F_{max}<3$). 집단간의 차이를 평가하기 위해서 일원배치분산분석을 시행하였다. 첫 번째 기준(예/아니오 반응에 근거한 BVIC)을 활용했을 때는 불안도 점수에 대해 집단 간 유의한 차이가 발견되었다[$F(4, 591)=7.17$, $p<0.001$]. Turkey-Kramer post hoc 검증 결과, 피해자는 가해자(평균 차=12.33, $p=0.003$)나 방관자(평균 차=8.03, $p=0.001$)나 무관계자(평균 차=7.55, $p=0.02$)보다 유의하게 더 높은 수준의 불안을 겪었다. 또한 가피해자는 가해자(평균 차=10.07, $p=0.03$)에 비해 유의하게 더 높은 수준의 불안을 보였다.

두 번째 기준(빈도에 기반한 BVIC)을 적용했을 때는 집단 간 불안 수준 차이가 없었다[$F(4, 75)=0.80$, $p=0.53$].

세 번째 기준(특정 행동 빈도에 기반한 BVIC)을 적용했을 때에는 집단 간에 유의한 차이가 발견되었다 [$F(4, 419)=10.73$, $p<0.001$]. Turkey-Kramer post hoc 검증 결과, 피해자는 가해자(평균 차=19.11, $p<0.001$)나 방관자(평균 차=10.48, $p<0.001$)나 무관계자(평균 차=10.53, $p=0.001$) 보다 유의하게 더 높은 수준의 불안을 겪었다. 또한 가피해자는 가해자(평균 차=16.27, $p=0.002$)와 방관자(평균 차=7.65, $p=0.04$)에 비해 유의하게 더 높은 수준의 불안을 보였다.

독립표본 t 검정을 통해 네 번째 기준(권력의 불균형에 기반한 BVIC)을 분석하면 피해자는 무관계자에 비해 불안 수준이 유의하게 높은 것으로 나타났다[$t(161)=5.01$, $p<0.001$].

공격성과 학교폭력 사건 관여

분산의 동질성 검정 결과, 분산이 동질하다는 가설이 충족되었기 때문에(ps>0.05, F_{max}<3), 집단 간 공격성 차이를 평가하기 위해서 일원배치분산분석을 두번 시행하였다. 첫 번째 기준(예/아니오 반응에 기반한 BVIC)을 적용했을 때 전반적으로 유의한 집단 간 차이가 발견되었다[F(4, 487)=20.56, p<0.001]. Turkey-Kramer post hoc 검증 결과, 피해자는 가해자(평균 차=16.05, p=0.002)나 가피해자(평균 차=9.71, p<0.001)에 비해서는 유의하게 낮은 수준의 공격성을 보였으나, 방관자(평균 차=10.51, p=0.001)와 무관계자(평균 차=10.56, p=0.02) 보다는 유의하게 공격성 수준이 높았다. 가해자는 방관자(평균 차=26.56, p<0.001)와 무관계자(평균 차=26.61, p<0.001) 보다 유의하게 높은 수준의 공격성을 보였다. 가피해자 또한 방관자(평균 차=20.22, p<0.001)와 무관계자(평균 차=20.27, p<0.001) 보다 유의하게 높은 수준의 공격성을 보였다.

세 번째 기준(특정 행동 빈도에 기반한 BVIC)을 적용했을 때에는 집단 간에 유의한 차이가 발견되었다 [F(4, 344)=21.26, p<0.001]. Turkey-Kramer post hoc 검증 결과, 피해자는 가피해자(평균 차=11.45, p=0.004) 보다 유의하게 공격성 수준이 낮았으나, 방관자(평균 차=14.20, p<0.001)나 무관계자(평균 차=14.91, p=0.001)에 비해서는 유의하게 공격성 수준이 높았다. 가해자는 방관자(평균 차=26.42, p<0.001)와 무관계자(평균 차=27.13, p<0.001)에 비해 유의하게 공격성 점수가 더 높았다. 가피해자 또한 방관자(평균 차=25.66, p<0.001)과 무관계자 평균 차=26.36, p<0.001)보다 유의하게 공격성 수준이 더 높았다.

독립표본 t 검정을 통해 네 번째 기준(권력의 불균형에 기반한 BVIC)을 분석하면 피해자는 무관계자에 비해 불안 수준이 유의하게 높은 것으로 나타났다[t(128)=4.42, p<0.001]. 피해자 집단에 대한 결과가 예상과 다르게 나왔기 때문에, 공격성 질문지 내 5 세부 항목인 신체적 공격성, 언어적 공격성, 분노, 적개심, 간접적 공격성은 각각 따로 검정하였다.

신체적 공격성 하위척도   분산의 동질성 검정 결과, 분산이 동질하다는 가설이 충족되지 않았다(p<0.001, F_{max}>3). 그 결과, 일원배치분산분석 대신 비모수 검증인 Kruskal-Wallis 검증을 사용하였다. 첫 번째 기준을 적용했을 때(예/아니오에 기반한 BVIC), 5개 집단 사이에 신체적 공격성 수준은 전체적으로 유의한 차이를 나타내었다[카이 제곱(4, N=481)=46.60, p<0.001]. Z 통계적 다중 비교 절차를 활용하여 가해자-피해자 연속선 내에 평균 순위 쌍들(mean rank pairs) 사이에서 나타나는 차이에 대해 post-hoc 분석을 한 결과, 가해자(평균 순위=319.54)는 피해자(평균 순위=227.02, p<0.05)나 방관자(평균 순위=189.11, p<0.05)나 무관계자(평균 차=208.65, p<0.05)보다 공격성 수준이 더 높았다. 똑같은 방법을 적용했을 때, 가피해자(평균 순위=296.23) 또한 피해자(평균 순위=227.02, p<0.05)나 방관자(평균 순위=189.11, p<0.05)나 무관계자(평균 순위=208.65, p<0.05)보다 유의하게 공격성 수준이 더 높았다.

세 번째 기준에 대해 분석했을 때도 5가지 집단 간에 공격성 수준 면에서 유의한 차이가 나타났다(특정 행동에 대한 빈도에 근거한 BVIC)[카이 제곱(4, N=346)=39.71, p<0.001]. 하지만 이후의 검증에서는 집단 간에 유의한 차이가 나타나지 않았다. Z 통계적 다중 비교 절차를 활용하여 가해자-피해자 연속선 내에 평균 순위 쌍들(mean rank pairs) 사이에서 나타나는 차이에 대해 post-hoc 분석을 한 결과, 가해자(평균 순위=226.21)는 방관자(평균 순위=135.03, p<0.05)나 무관계자(평균 순위=149.38, p<0.05)보다 신체적 공격성 수준이 더 높았다. 똑같은 방법을 적용했을 때, 가피해자(평균 순위=229.06) 또한 방관자(평균 순위=135.03, p<0.05)나 무관계자(평균 순위=149.38, p<0.05)보다 신체적 공격성 수준이 더 높았다.

독립표본 t 검정을 통해 네 번째 기준(권력의 불균형에 기반한 BVIC)을 분석하면 피해자와 무관계자는 신체적 공격성 수준에서 유의한 차이는 발견되지 않았다[t(129)=-1.65, p=1.02].

언어적 공격성 하위척도 분산의 동질성 검정 결과, 분산이 동질하다는 가설이 충족되었기 때문에(ps> 0.05, F_{max}<3), 집단 간 언어적 공격성 차이를 평가하기 위해서 일원배치분산분석을 두 번 시행하였다. 첫 번째 기준(예/아니오 반응에 기반한 BVIC)을 적용했을 때 전반적으로 유의한 집단 간 차이가 발견되었다 [$F(4, 480)$=13.43, $p<0.001$]. Turkey-Kramer post hoc 검증 결과, 가해자는 피해자(평균 차=2.93, p=0.03)나 방관자(평균 차=4.82, $p<0.001$)나 무관계자(평균 차=4.72, $p<0.001$)에 비해서는 유의하게 더 높은 수준의 언어적 공격성을 보였다. 피해자는 방관자(평균 차=1.89, p=0.008)에 비해서 유의하게 언어적 공격성 수준이 더 높았다. 가피해자는 방관자(평균 차=3.00, $p<0.001$)나 무관계자(평균 차=2.90, p=0.003)에 비해서 언어적 공격성 수준이 더 높았다.

세 번째 기준(특정 행동 빈도에 기반한 BVIC)을 적용했을 때에는 집단 간에 유의한 차이가 발견되었다 [$F(4, 345)$=9.74, $p<0.001$]. Turkey-Kramer post hoc 검증 결과, 가해자는 피해자(평균 차=2.98, p=0.03)나 방관자(평균 차=4.82, $p<0.001$)나 무관계자(평균 차=4.72, $p<0.001$)에 비해서는 유의하게 언어적 공격성 수준이 높았다. 피해자는 방관자(평균 차=1.84, p=0.01)에 비해 유의하게 공격성 점수가 더 높았다. 가피해자 또한 방관자(평균 차=25.66, $p<0.001$)과 무관계자 평균 차=26.36, $p<0.001$) 보다 유의하게 언어적 공격성 수준이 더 높았다. 가피해자 또한 방관자(평균 차=3.00, $p<0.001$)와 무관계자(평균 차=2.90, p=0.003) 보다 유의하게 언어적 공격성 수준이 더 높았다.

독립표본 t 검정을 통해 네 번째 기준(권력의 불균형에 기반한 BVIC)을 분석하면 피해자는 무관계자에 비해 유의하게 언어적 공격성 수준이 높은 것으로 나타났다[$t(128)$=2.69, p=0.008].

분노 하위척도 분산의 동질성 검정 결과, 분산이 동질하다는 가설이 충족되었기 때문에(ps>0.05, F_{max}< 3), 집단 간 분노 차이를 평가하기 위해서 일원배치분산분석을 두 번 시행하였다. 첫 번째 기준(예/아니오 반응에 기반한 BVIC)을 적용했을 때 전반적으로 유의한 집단 간 차이가 발견되었다[$F(4, 481)$=15.56, $p<$ 0.001]. Turkey-Kramer post hoc 검증 결과, 가해자는 피해자(평균 차=3.74, p=0.01)나 방관자(평균 차=6.15, $p<0.001$)나 무관계자(평균 차=5.96, $p<0.001$)에 비해서는 유의하게 더 높은 수준의 분노를 보였다. 피해자는 방관자(평균 차=2.42, p=0.003)에 비해서 유의하게 분노 수준이 더 높았다. 가피해자는 피해자(평균 차=2.10, $p<0.005$)나 방관자(평균 차=4.51, $p<0.001$)나 무관계자(평균 차=4.32, $p<0.001$)에 비해서 분노 수준이 더 높았다.

세 번째 기준(특정 행동 빈도에 기반한 BVIC)을 적용했을 때에는 집단 간에 유의한 차이가 발견되었다 [$F(4, 346)$=16.14, $p<0.001$]. Turkey-Kramer post hoc 검증 결과, 가해자는 방관자(평균 차=6.49, $p<0.001$)나 무관계자(평균 차=6.29, $p<0.001$)에 비해서는 유의하게 분노 수준이 높았다. 피해자는 방관자(평균 차=3.30, $p<0.001$)나 무관계자(평균 차=3.10, p=0.006)에 비해 유의하게 분노 수준이 더 높았다. 가피해자 또한 피해자(평균 차=2.47, p=0.02)나 방관자(평균 차=5.77, $p<0.001$)과 무관계자(평균 차=5.57, $p<0.001$) 보다 유의하게 분노 수준이 더 높았다.

독립표본 t 검정을 통해 네 번째 기준(권력의 불균형에 기반한 BVIC)을 분석하면 피해자는 무관계자에 비해 유의하게 분노 수준이 높은 것으로 나타났다[$t(129)$=3.34, p=0.001].

적개심 하위척도 분산의 동질성 검정 결과, 분산이 동질하다는 가설이 충족되었기 때문에(ps>0.05, F_{max}<3), 집단 간 적개심 차이를 평가하기 위해서 두 번 일원배치분산분석을 시행하였다. 첫 번째 기준 (예/아니오 반응에 기반한 BVIC)을 적용했을 때 전반적으로 유의한 집단 간 차이가 발견되었다[$F(4, 481)$= 11.66, $p<0.001$]. Turkey-Kramer post hoc 검증 결과, 피해자는 방관자(평균 차=3.67, $p<0.001$)나 무관계

자(평균 차=3.60, p=0.002)에 비해서는 유의하게 더 높은 수준의 적개심을 보였다. 가피해자는 방관자(평균 차=4.37, p<0.001)와 무관계자(평균 차=4.30, p<0.001)에 비해서 적개심 수준이 더 높았다.

세 번째 기준(특정 행동 빈도에 기반한 BVIC)을 적용했을 때에는 집단 간에 유의한 차이가 발견되었다 [F(4, 346)=16.61, p<0.001]. Turkey-Kramer post hoc 검증 결과, 피해자는 방관자(평균 차=4.75, p<0.001)나 무관계자(평균 차=4.87, p<0.001)에 비해서는 유의하게 적개심 수준이 높았다. 가피해자 또한 방관자(평균 차=5.96, p<0.001)과 무관계자(평균 차=6.08, p<0.001) 보다 유의하게 분노 수준이 더 높았다.

독립표본 t 검정을 통해 네 번째 기준(권력의 불균형에 기반한 BVIC)을 분석하면 피해자는 무관계자에 비해 유의하게 분노 수준이 높은 것으로 나타났다[t(129)=5.92, p<0.001].

간접적 공격성 하위척도   분산의 동질성 검정 결과, 분산이 동질하다는 가설이 충족되었기 때문에(ps> 0.05, F_{max}<3), 집단 간 간접적 공격성 차이를 평가하기 위해서 일원배치분산분석을 시행하였다. 첫 번째 기준(예/아니오 반응에 기반한 BVIC)을 적용했을 때 전반적으로 유의한 집단 간 차이가 발견되었다[F(4, 481)=17.82, p<0.001]. Turkey-Kramer post hoc 검증 결과, 가해자는 피해자(평균 차=2.98, p=0.006)나 방관자(평균 차=4.05, p<0.001)나 무관계자(평균 차=5.29, p<0.001)에 비해서는 유의하게 더 높은 수준의 간접적 공격성을 보였다. 피해자는 무관계자(평균 차=2.32, p=0.007)에 비해서 유의하게 간접적 공격성 수준이 더 높았다. 가피해자는 피해자(평균 차=2.33, p<0.001)나 방관자(평균 차=3.40, p<0.001)나 무관계자(평균 차=4.65, p<0.001)에 비해서 간접적 공격성 수준이 더 높았다.

세 번째 기준(특정 행동 빈도에 기반한 BVIC)을 적용했을 때에는 집단 간에 유의한 차이가 발견되었다 [F(4, 346)=14.22, p<0.001]. Turkey-Kramer post hoc 검증 결과, 가해자는 방관자(평균 차= 3.85, p=0.004)와 무관계자(평균 차=5.32, p<0.001)에 비해서는 유의하게 간접적 공격성 수준이 높았다. 피해자는 무관계자(평균 차=2.87, p=0.01)에 비해 유의하게 간접적 공격성 수준이 더 높았다. 가피해자 또한 피해자(평균 차=2.52, p=0.002)와 방관자(평균 차=3.92, p<0.001)와 무관계자(평균 차=5.93, p<0.001) 보다 유의하게 간접적 공격성 수준이 더 높았다.

독립표본 t 검정을 통해 네 번째 기준(권력의 불균형에 기반한 BVIC)을 분석하면 피해자는 무관계자에 비해 유의하게 간접적 공격성 수준이 높은 것으로 나타났다[t(129)=3.68, p<0.001].

우울증과 학교폭력 사건 관여

집단 간의 우울증 수준을 비교하기 앞서 분산의 동질성 검정을 시행하였으며, 그 결과 두 번째 기준(빈도에 근거한 BVIC)을 적용했을 때만 가설이 충족되었다(p>0.05). 두 번째 기준에 한해서 집단 간 우울증 수준을 비교하기 위해 일원배치분산분석을 시행하였다. 두 번째 기준에 대해서는 집단 전체적으로 유의한 우울증 수준의 차이가 발견되었다[F(4, 78)=3.51, p=0.01]. Turkey-Kramer post hoc 검증 결과, 피해자는 무관계자(평균 차=7.27, p=0.04)에 비해서는 유의하게 더 높은 수준의 우울증을 보였다. 첫 번째와 세 번째 기준에 대해서는 일원배치분산분석 대신 비모수 검증인 Kruskal-Wallis 검증을 사용하였다.

첫 번째 기준을 사용하였을 때(예/아니오에 기반한 BVIC), 5개 집단 사이에 우울증의 수준이 전체적으로 유의한 차이를 나타내었다, 카이 제곱(4, N=611) = 66.51, p<0.001. Z 통계적 다중 비교 절차를 활용하여 분석했을 때, 가해자(평균 순위=354.13)와 피해자(평균 순위=320.26)와 가피해자(평균 순위=366.73) 모두 무관계자(평균 순위=209.93, p<0.05)와 방관자(평균 순위=224.47, p<0.05)보다 우울증의 수준이 더 높았다.

세 번째 기준을 사용하였을 때(특정 행동의 빈도에 기반한 BVIC), 5개 집단 사이에 우울증의 수준이 전체적으로 유의한 차이를 나타내었다[카이 제곱(4, N=430)=81.76, p<0.001]. 이후 다중 비교 절차를 활용하여 분석한 결과, 가해자(평균 순위=249.09)와 피해자(평균 순위=247.33)와 가피해자(평균 순위=280.83) 모두 무관계자(평균 순위=143.56, p<0.05)와 방관자(평균 순위=151.12, p<0.05) 보다 우울증의 수준이 더 높았다.

독립표본 t 검정을 통해 네 번째 기준(권력의 불균형에 기반한 BVIC)을 분석하면 피해자는 무관계자에 비해 유의하게 우울증 수준이 높은 것으로 나타났다[t(143.43)=6.31, p<0.001].

고 찰

본 챕터의 목표는 학교폭력 연구 분야에서 측정법 이슈에 대한 이해를 더하는 것이었다. 학교폭력은 공격성의 하위 개념이긴해도, 학교폭력 경험적 연구 문헌 모두가 학교폭력의 3요소인 의도성, 권력의 불균형, 지속성을 다 평가한 것은 아니었다. 본 연구는 위에서 제시한 기준에 따라 행정처분, 우울증, 불안, 공격성 측면에서 가해자-피해자 유형을 분류하는 방식으로 측정법의 수수께끼를 풀고자 노력했다.

본 연구를 통해 집단 유형을 규정하는 방법이 다른 경우 행정처분 빈도에 상관관계가 있는 지와 학교폭력 유형을 측정하는 데에 있어 행정처분 자료가 정확하고 타당한 근거가 될 수 있는지 검토하였다. 본 연구 결과에 의하면 학교폭력 유형 분류의 타당도를 확보하기에 행정처분 자료가 유용할 수 있다는 점이 입증되었다. 특히, 모든 측정법에 걸쳐 가해자가 행정처분 수가 제일 많았으며, 그 다음으로 가피해자, 방관자, 피해자, 무관계자 순이었다. 이 결과를 통해 행정처분은 가해 행위와 연관되어 있으며, 가해 행위 평가에 있어 타당성을 보장한다고 볼 수 있다. 이는 행정처분이 학교폭력의 측정 근거로 사용 가능하다는 기존 연구 결과와 일치한다(Loeber 등, 2000; Sprague 등, 2001; Swearer & Cary, 2003). 우리는 학교폭력 연구를 할 때, 최소한 행정처분 자료를 수집해야 한다고 주장하고 싶다. 특히, 자기보고식 자료를 이용하는 학교폭력 연구에서 이런 점이 정말 중요하다.

기존 문헌에는 학교폭력 구성원 유형과 심리학적 어려움 간에 상관관계가 있다고 알려져 있는데, 본 연구도 서로 다른 학교폭력의 구성원 유형이 심리적 어려움과 상관관계가 있는지 알아보려고 하였다. 예를 들어, 학교폭력에 한 달에 한 번 처럼 덜 자주 관여된 학생들은 매일이나 매주마다 관여되는 학생들에 비해 심리적 어려움이 덜할까? 만약 우리가 학교폭력 관여에 따른 심리적 파급 효과를 규명할 수 있다면, 우리는 학교폭력 연구 마다 서로 다른 절단점을 활용하는 것에 대해 제언을 제공할 수 있을 것이다.

직관적으로도 자명한 일이지만, 절단점이 통일되지 않으면 당연히 학교폭력 구성원 유형에 대한 유병률이 연구마다 상이할 것이다(표23.3). 특히, 가해자의 비율은 2.5~8%이며, 피해자는 4.5~34.3%이고, 가피해자는 3.7~28.1%이며, 방관자는 7.3~20.3%에 달한다. 분명 절단점이 문제가 된다. 그리고 학교폭력 연구 마다 서로 다른 방법론을 사용했기 때문에 결과가 다양할 수밖에 없다는 점도 자명하다. 만약 연구자들이 학교폭력 평가의 제1 표준을 만들어내지 못하면, 이런 문제는 앞으로도 계속 이어질 수 밖에 없을 것이다.

불 안 본 연구의 결과를 볼 때, 피해자와 가피해자는 가해자와 방관자와 무관계자에 비해 높은 수준의 불안을 경험한다(Craig, 1998; Hawker & Boulton; Olweus, 1994; Rigby, 2003; Slee, 1994). 이 결과는 모든 종류의 측정법에서도 일치된 결과가 나왔다. 그리고 이런 차이는 매일 또는 매주 학교폭력에 관여된 경우에 특히 유의하게 나왔다. 따라서 자주 학교폭력에 관여되는 피해자와 가피해자는 유의하게 더 높은 수준의 불안을 보고하였다. 게다가 학교폭력 관여 빈도가 낮아도 불안도가 높은 것으로 나와, 학교폭력을 당하는 것 자체가 불안도 상승과 유의한 상관관계가 있는 것으로 볼 수 있다.

우울증 본 연구의 결과를 볼 때, 학교폭력에 관여한 학생들 사이에서 우울증이 만연하다는 점을 알 수 있었다. 우울증은 가해 행위와도 연관이 되고(Austin & Joseph, 1996; Bosworth 등, 1999; Slee, 1995), 피해를 당하는 것과도 연관이 되며(Craig, 1998; Hawker & Boulton, 2000; Seals & Young, 2003), 가해 피해 경험을 모두 경험하는 것도 연관이 된다(Austin & Joseph, 1996; Kaltiala-Heino 등, 2000; Swearer 등, 2001). 본 결과를 통해 볼 때, 가해자와 피해자와 가피해자는 방관자와 무관계자에 비해 우울증의 수준이 더 높은 것으로 응답했다. 이런 결과는 4가지 측정 기준에서 일치된 결과가 나왔다. 특히 피해자는 나머지 학교폭력 구성원 유형에 비해서 4가지 측정 기준 모두 유의하게 더 높은 수준의 우울증을 호소하는 것으로 밝혀졌다. 본 연구 결과는 학교폭력에 관여되면 우울증과 상관관계가 형성된다는 점을 입증한다.

공격성 예상대로 모든 측정 기준에서 가해자와 가피해자가 피해자와 방관자와 무관계자에 비해 유의하게 높은 수준의 공격성이 있다고 응답하였다. 하지만, 기존 연구 소견과 달리 피해자가 방관자와 무관계자에 비해 공격성 수준이 유의하게 더 높았다. 따라서 공격성 질문지(AQ; 신체적 공격성, 언어적 공격성, 분노, 적개심, 간접적 공격성)에 있는 하위척도에 대해서도 조사가 이루어졌다. 예상대로 가해자와 가피해자는 나머지 구성원들에 비해 유의하게 더 높은 수준의 신체적 공격성을 보였다. 피해자는 방관자와 무관계자에 비해 적개심, 분노, 간접적 공격성 면에서 유의하게 더 높은 수준의 공격성을 보였다. 아마도 피해자는 권력의 불균형 때문에 자신을 방어하기 힘들기 때문에 더 높은 수준의 적개심과 분노를 경험하는 것으로 볼 수 있다. 그 결과, 피해자들은 좌절감을 내재화하면서 타인에 대한 분노와 적개심이 상승한 것으로 보인다. 흥미롭게도 본 연구 자료에 의하면 피해자는 자신의 좌절감을 분출하기 위해 간접적인 방법을 활용하는 것으로 보인다. 간접적 공격성 하위척도에는 5가지 항목이 있으며, 피해자들은 이런 5가지 방법을 통해 자신의 좌절감을 표출하는 것으로 보인다(예: '나는 화가 끝까지 치밀어 오른 탓에 누군가를 방에 남겨두고 문을 쾅 닫고 나왔다.'; '다른 사람이 나한테 대장 노릇을 하려고 할 때, 나는 그 사람들이 시킨 일을 하는 척만 하면서 시간을 때운다.'; '다른 사람이 나를 정말 짜증나게 할 때, 난 그 사람에게 말한 마디도 하지 않는다.'; '나는 내가 싫어하는 사람에 대한 소문을 퍼트릴 때가 있다.'; '나는 못된 장난을 칠 때가 있다.'). 따라서 피해자는 괴롭힘 당한 것에 대해 간접적인 공격성을 활용하여 자신의 좌절감과 분노를 표현하는 것으로 추정된다.

14가지 서로 다른 학교폭력 관여 분류를 이끌어낸 목표는 학교폭력의 역동 내에 빈도, 중증도, 권력의 불균형 관점으로 서로 다른 차이를 보여줄 것인지를 규명하기 위함이다. 예를 들어, 권력의 불균형 요소를 포함한 기준을 썼을 때 피해자들이 더 우울하거나 불안한 것으로 결과가 나왔다면, 학교폭력 측정에서 권력의 불균형이 핵심적인 요인이라고 판단할 수 있다. 흥미롭게도 빈도를 분류 기준으로 삼는 것은 내현화 및 외현화 문제에 대해서 학교폭력 구성원 유형을 판단하는 데에 그리 효과적이지 않았다. 특히, 불안도 측면에서는 지속성 요소가 집단 간에서 유의한 차이를 주지 못했다. 하지만 좀 더 엄격한 절단점을 썼을 때 피해자가 무관계자에 비해 우울증과 불안의 수준이 더 높게 나왔다. 이 결과를 통해 심리적으로 더 손상된 소수를 확인해내기 위해서는 좀 더 엄격한 절단점 기준을 사용해야 된다는 점을 알 수 있다.

집단 간 차이점을 효과적으로 감지해내는 측정법으로는 이분법적 질문(예/아니오 반응)과 특정 행동에 대한 빈도를 묻는 질문이 있었으며, 이 두가지 방법의 효과는 동등하게 나왔다. 학교폭력의 폐해를 뚜렷하게 겪는 학생한테는 절단점을 덜 엄격하게 적용해도 효과적으로 감지해 낼 수 있었다. 하지만 설문조사 양식에서 학교폭력의 정의를 알려준 것이 응답자로 하여금 질문에 대한 답을 유도했을 가능성도 있다.

본 연구는 학교폭력 연구 분야에서 측정법 문제가 어떤 역할을 하는지에 대해 규명하는 첫 발자국이 되었다. 구체적으로 학교폭력의 유병률 범위가 광범위하게 나오는 문제는 우려스럽게도 계속 지속되고 있으며, 연구자들인 반드시 짚고 넘어가야할 중요한 문제다. 이 문제는 어떤 학교폭력 평가 방식을 취하느냐에 따라 계속 지속된 문제이며, 그 결과 또한 매번 상이하게 나올 것이다. 예를 들어 서로 다른 절단점을 사용하였을 때, 어떤 연구에서는 학생들 대부분이 학교폭력에 관여되어 있다고도 보고할 수 있고 다른 연구에서는 오직 소수의 학생들만 학교폭력 문제를 경험하고 있다고 보고할 수 있다. 따라서 학교폭력 유병률 측정법의 정확성과 방법론에 대해 반드시 연구가 이루어져야 한다.

마지막으로 집단 간 차이점을 확인하기 위해 빈도 기준을 적용하는 것은 우울증과 공격성 측면을 제외하면 그다지 효과적이지 못하다. 유의하게 나온 결과가 반복된 학교폭력 관여 경험 때문에 생긴 유의한 손상 때문에 나온 것인지 알 길이 없다. 하지만 만약에 자주 관여하는 학생이 더 손상된 경우라면, 제일 인색한 방법은 바로 선별검사로 이분법적 질문을 활용하는 것이 될 것이고, 만약 그렇다면 상당히 자주 관여한다고 응답한 학생을 좀 더 자세히 관찰하는 것이 필요하다.

한계점과 앞으로의 연구 방향

본 연구는 학교폭력 관여 경험에 대한 단면적 분석 연구였다. 따라서 심리학적 변인과 학교폭력 관여 경험 사이에 인과관계를 규명할 수는 없었다. 게다가 행정처리가 이루어진 이유에 대해서는 따로 반영되지 않아, 가해자와 가피해자가 기관에 의뢰된 사유를 알 수 없다. 아마도 이런 학생들은 자기 행실 때문에 곤란한 상황에 처했겠지만, 앞으로의 연구에서는 행정처리의 정확한 사유에 대해 평가가 이루어져야 한다. 본 설문조사 양식에서는 설문조사 연구 분야에서 문제가 되는 몇몇 이슈를 분석하기에는 제한점이 있었다. 예를 들어, 모든 학생들은 학교폭력 관여 경험에 대해 이분법적인 질문에 응답하도록 되어 있어서, 행동 지표(예: 척도 자료)를 단독으로 활용하거나 예/아니오 응답 양식이 더 타당한 측정 방법이었는지에 대한 분석은 어려웠다. 또한 본 연구의 평가 전략 특성 때문에 학교폭력의 정의를 제시하는 것과 정의를 제시하지 않고 행동 지표만 활용하여 은밀하게 학교폭력을 평가하는 것을 비교하는 것이 어려웠는데, 두 종류의 응답 양식이 동시에 적용되었기 때문이다. 마지막으로 이분법적 질문과 빈도에 관한 질문 세트들은 2~3개의 항목으로 구성되어, 일부 학교폭력 구성원 유형에 대해서는 내적 합치도에 대한 신뢰도를 산출하기가 곤란했다. 이런 제한점에도 불구하고 본 연구는 학교폭력 연구 분야에서 방법론적 이슈에 대한 이해를 진일보시킬 수 있었다.

향후 서로 다른 평가 방법론에 대한 타당도와 신뢰도를 경험적으로 분석해주는 연구가 필요하다. 또한 어떤 방법론이 학교폭력 측정에 있어 제일 정확한지 체계적으로 여러 평가법의 타당도와 신뢰도를 검정하는 연구가 필요하다. 그리고 신뢰도와 타당도 확보를 위해 행정처리는 좀 더 체계적으로 코드화하고 행동에 대한 관찰과 다양한 정보원을 활용하는 연구가 앞으로 필요하다. 마지막으로 학교폭력 평가에 대한 심리측정학적 분석이 좀 더 공격적으로 진행되어야 한다. 재검정 신뢰도, 내적 합치도, 구성체 타당도 자료가 있어야 우리 측정법들에 대한 질과 정확성을 규명할 수 있을 것이다. 일단 경험적인 근거가 확보된 학교폭력 평가 방법론이 확인되면, 이 분야 모든 연구자들은 그런 가이드라인을 고수하여 연구 결과 간의 비교와 해석이 가능할 수 있도록 해야 한다. 만약 학교폭력 평가 방법이 적절하게 학교폭력 개념 구성체를 측정하지 못한다면 지금껏 우리가 알게 된 학교폭력에 대한 지식은 쓸모 없을 수도 있다.

참고문헌

Austin, S., & Joseph, S. (1996). Assessment of bully/victim problems in 8- to 11-year-olds. *British Journal of Educational Psychology, 66,* 49-56.

Baldry, A. C., & Farrington, D. P. (1999). Brief report: Types of bullying among Italian school children. *Journal of Adolescence, 22*(3), 423, 426.

Baldry, A. C., & Farrington, D. P. (2004). Evaluation of an intervention for the reduction of bullying and victimization in schools. *Aggressive Behavior, 30*(1), 1-15.

Buss, A., & Durkee, A. (1957). An inventory for assessing different kinds of hostility. *Journal of Consulting Psychology, 21,* 343-349.

Buss, A. H., & Warren, W. L. (2000). *The Aggression Questionnaire.* Los Angeles: Western Psychological Services.

Bosworth, K., Espelage, D. L., & Simon, T. R. (1999). Factors associated with bullying behavior in middle school students. *Journal of Early Adolescence, 19*(3), 341-362.

Camodeca, M., & Goossens, F. A. (2005). Children's opinions on effective strategies to cope with bullying: The importance of bullying role and perspective. *Educational Research, 47,* 93-105.

Card, N. A. (2003, April). *Victims of peer aggression: A meta-analytic review.* Paper presented at Society for Research in Child Development biennial meeting, Tampa, Florida.

Cassidy, T., & Taylor, N. (2005). Bullying and victimisation in school children: The role of social identity, problemsolving style, and family and school context. *Social Psychology of Education, 12*(1), 63-76.

Chan, J. H., Myron, R., & Crawshaw, M. (2005). The efficacy of non-anonymous measures of bullying. *School Psychology International, 26,* 443-458.

Cornell, D. G., Sheras, P. L., & Cole, J. C. (2006). Assessment of bullying. In S. Jimerson & M. Furlong (Eds.), *Handbook of school violence and school safety: From research to practice* (pp. 191-210). Mahwah, NJ: Erlbaum.

Craig, W. M. (1998). The relationship among bullying, victimization, depression, anxiety, and aggression in elementary school children. *Personality and Individual Differences, 24,* 123-130.

Crick, N. R., & Grotpeter, J. K. (1995). Relational aggression, gender, and social-psychological adjustment. *Child Development, 66,* 710-722.

Demaray, K., & Malecki, C. (2003). Perceptions of the frequency and importance of social support by students classified as victims, bullies, and bully/victims in an urban middle school. *School Psychology Review, 32,* 471-489.

Duncan, R. (1999). Peer and sibling aggression: An investigation of intra- and extra-familial bullying. *Journal of Interpersonal Violence, 14,* 871-886.

Espelage, D. L., Bosworth, K., & Simon, T. R. (2001). Short-term stability and protective correlates of bullying in middle-school students: An examination of potential demographic, psychosocial, and environmental influences. *Violence and Victims, 16,* 411-426.

Espelage, D. L., Holt, M. K., & Henkel, R. R. (2003). Examination of peer group contextual effects on aggressive behavior during early adolescence. *Child Development, 74,* 205-220.

Espelage, D. L., & Swearer, S. M. (2003). Research on school bullying and victimization: What have we learned and where do we go from here? *School Psychology Review, 32,* 365-383.

Furlong, M. J., Greif, J. L., & Sharkey, J. D. (2005). *Assessing violence in our schools: Bullying.* Paper presented at the annual convention of the National Association of School Psychologists in Atlanta, GA.

Griffin, R. S., & Gross, A. M. (2004). Childhood bullying: Current empirical findings and future directions for research. *Aggression and Violent Behavior, 9,* 379-400.

Hawker, D. J., & Boulton, M. J. (2000). Twenty years' research on peer victimization and psychosocial maladjustment: A meta-analytic review of cross-sectional studies. *Journal of Child Psychology and Psychiatry, 41,* 441-455.

Hoover, J., Oliver, R., & Hazler, R. (1992). Bullying: Perceptions of adolescent victims in the Midwestern USA. *School Psychology International, 13,* 5-16.

Houbre, B., Tarquinio, C., & Hergott, E. (2006). Bullying among students and its consequences on health. *European Journal of Psychology of Education, 21,* 183-208.

Ivarsson, T., Broberg, A., Arvidsson, T., & Gillberg, C. (2005). Bullying in adolescence: Psychiatric problems in victims and bullies as measured by the youth self report (YSR) and the depression self-rating scale (DSRS). *Nordic Journal of Psychiatry, 59*(5), 365-373.

Kaltiala-Heino, R., Rimpela, M., Rantanen, P., & Rimpela, A. (2000). Bullying at school—and indicator of adolescents at risk for mental disorders. *Journal of Adolescence, 23,* 661-674.

Kokkinos, C. M., & Panayiotou, G. (2004). Predicting bullying and victimization among early adolescents: Associations with disruptive behavior disorders. *Aggressive Behavior, 30,* 520-533.

Kovacs, M. (1992). *Children's Depression Inventory*. Western Psychiatric Institute and Clinic: Pittsburgh PA.

Loeber, R., Green, S. M., Lahey, B. B., Frick, P. J., & McBurnett, K. (2000). Findings on disruptive behavior disorders from the first decade of the Developmental Trends Study. *Clinical Child and Family Psychology Review, 3*, 37-60.

March, J. (1997). *Anxiety disorders in children and adolescents*. New York: Guilford.

March, J., Parker, J., Sullivan, K., & Stallings, P. (1997). The Multidimensional Anxiety Scale for Children (MASC): Factor structure, reliability, and validity. *Journal of the American Academy of Child & Adolescent Psychiatry, 36*, 554-565.

Nansel, T. R., Overpeck, M., & Pilla, R. S. (2001). Bullying behaviors among US youth: Prevalence and association with psychosocial adjustment. *Journal of the American Medical Association, 285*(16), 2094-2100.

Nishina, A., & Juvonen, J. (2005). Daily reports of witnessing and experiencing peer harassment in middle school. *Child Development, 76*, 435-450.

Olweus, D. (1984). Aggressors and their victims: Bullying at school. In N. Frude & H. Gault (Eds.), *Disruptive behaviour in schools* (pp. 57-76). New York: Wiley.

Olweus, D. (1986). *The Olweus Bully/Victim Questionnaire*. Mimeo. Bergen, Norway: University of Bergen.

Olweus, D. (1993). *Bullying at school: What we know and what we can do*. Oxford, UK: Blackwell.

Olweus, D. (1994). Annontation: Bullying at school: Basic facts and effects of a school based intervention program. *Journal of Child Psychology and Psychiatry, 35*, 1171-1190.

Rigby, K. (2003). Consequences of bullying in schools. *Canadian Journal of Psychiatry, 48*, 583-590.

Rodkin, P. C., Farmer, T. W., & Pearl, R. (2006). They're cool: Social status and peer group supports for aggressive boys and girls. In J. E. Zins, M. J. Elias, & C. A. Maher (Eds.), *Bullying, victimization, and peer harassment: A handbook of prevention and intervention* (pp. 279-298). New York: Hawthorn Press.

Salmivalli, C., Lappalainen, M., & Lagerspetz, K. M. (1998). Stability and change of behavior in connection with bullying in schools: A two-year follow-up. *Aggressive Behavior, 24*, 205-218.

Scheithauer, H., Hayer, T., Petermann, F., & Jugert, G. (2006). Physical, verbal, and relational forms of bullying among German students: Age trends, gender differences, and correlates. *Aggressive Behavior, 32*, 261-275.

Seals, D., & Young, J. (2003). Bullying and victimization: Prevalence and relationship to gender, grade level, ethnicity, self-esteem, and depression. *Adolescence, 38*, 735-747.

Slee, P. T. (1994). Situational and interpersonal correlates of anxiety associated with peer victimization. *Child Psychiatry & Human Development, 25*, 91-107.

Slee, P. T. (1995). Peer victimization and its relationship to depression among Australian primary school students. *Personality and Individual Differences, 18*, 57-62.

Smith, P. K. (2004). Bullying: Recent Developments. *Child and Adolescent Mental Health, 9*, 98-103.

Smith, P. K., Cowie, H., Olafsson, R. F., & Liefooghe, A. P. (2002). Definitions of bullying: A comparison of terms used, and age and gender differences, in a fourteen-country international comparison. *Child Development, 73*, 1119-1133.

Smith, P. K., & Sharp, S. (1994). *School bullying: Insights and perspectives*. New York: Routledge.

Solberg, M. E., & Olweus, D. (2003). Prevalence estimation of school bullying with the Olweus Bully/Victim Questionnaire. *Aggressive Behavior, 29*, 239-268.

Sprague, J., Walker, H. M., Stieber, S., Simonsen, B., Nishioka, V., & Wagner, L. (2001). Exploring the relationship between school discipline referrals and delinquency. *Psychology in the Schools, 38*, 197-206.

Srabstein, J.C., McCarter, R. J., Shao, C., & Huang, Z. J. (2006). Morbidities associated with bullying behaviours in adolescents: School based study of American adolescents. *International Journal of Mental Health, 18*(4), 587-596.

Stark, K., Brookman, C., & Frazier, R. (1990). A comprehensive school-based treatment program for depressed children. *School Psychology Quarterly, 5*, 111-140.

Storch, E. A., Brassard, M. R., & Masia-Warner, C. L. (2003). The relationship of peer victimization to social anxiety and loneliness in adolescence. *Child Study Journal, 33*, 1-18.

Sutton, J., & Keogh, E. (2000). Social competition in school relationships with bullying, Machiavellianism and personality. *The British Journal of Educational Psychology, 70*, 443-456.

Swearer, S. M. (2001). *The bully survey*. Unpublished manuscript, University of Nebraska-Lincoln.

Swearer, S. M. (2008). Relational aggression: Not just a female issue. *Journal of School Psychology, 46*, 611-616.

Swearer, S. M., & Cary, P. T. (2003). Perceptions and attitudes toward bullying in middle school youth: A developmental examination across the bully/victim continuum. *Journal of Applied School Psychology, 19*, 63-79.

Swearer, S. M., & Espelage, D. L. (2004). A social-ecological framework of bullying among youth. In D. Espelage & S. Swearer (Eds.), *Bullying in American Schools: A social-ecological perspective on prevention and intervention* (pp. 1-12). Mahwah, NJ: Erlbaum.

Swearer, S. M., Espelage, D. L., Vaillancourt, T., & Hymel, S. (in press). What can be done about bullying?: The good, the bad, and the ugly realities of school-based bullying prevention and intervention. *Educational Researcher.*

Swearer, S. M., Song, S. Y., Cary, P. T., Eagle, J. W., & Mickelson, W. T. (2001). Psychosocial correlates in bullying and victimization: The relationship between depression, anxiety, and bully/victim status. In R. Geffner, M. Loring, & C. Young (Eds.), *Bullying behavior: Current issues, research, and interventions* (pp. 95-121). Binghamton, NY: Haworth Maltreatment and Trauma Press/The Haworth Press.

Underwood, M. K. (2003). *Social aggression among girls.* New York: Guilford.

Unnever, J. D. (2005). Bullies, aggressive victims, and victims: Are they distinct groups? *Aggressive Behavior, 31,* 153-171.

Volk, A. A., Craig, W., Boyce, W., & King, M. (2006). Adolescent risk correlates of bullying and different types of victimization. *International Journal of Adolescent Medicine and Health, 18*(4), 375-386.

Woods, S., & White, E. (2005). The association between bullying behaviour, arousal levels and behaviour problems. *Journal of Adolescence, 28,* 381-395.

24

학교폭력 평가
자기보고식 연구 방법에 대한 정확성 증대 필요

MICHAEL J. FURLONG, JILL D. SHARKEY, ERIKA D. FELIX,
DIANE TANIGAWA, AND JENNIFER GRIEF GREEN

학교폭력을 정확히 평가할 수 있어야 학교폭력 개입 기획과 학교폭력 예방 프로그램의 평가가 가능해진다. 하지만 학교폭력 분야에서는 평가 그 자체가 아킬레스 건이었다(Cornell, Sheras, & Cole, 2006). 전세계 연구자들은 오랫동안 학교폭력의 유병률을 정확하게 측정하려고 하고 국가간 비교를 하기 위해서 학교폭력의 정의를 내리고 또 연구에 조작화할 수 있도록 오랜 기간 동안 노력해왔다. 하지만 이런 노력에도 연구 마다 학교폭력 유병률은 제각각이었는데(Smith 등, 1999), 연구 표본 마다 학교폭력 비율이 드라마틱하게 다른 것인지 측정법의 부정확성 때문에 생긴 현상인지 의문이 든다. 측정법과 관련된 다른 이슈로는 연구 마다 다양한 학교폭력의 정의와 기간을 활용한다는 점도 있으며, 응답자에게 학교폭력 정의를 미리 알려주느냐 아니냐에 대한 점도 있다(Espelage & Swearer, 2003; Solberg & Olweus, 2003). 물론 자기보고와 또래지명법과 교사보고법 중 어떤 것을 쓸 것이냐 하는 문제도 있으며(Cornell 등, 2006; Solberg & Olweus, 2003) 현재 널리 보급된 측정법들이 학교폭력에 대한 과학적 정의에서 담아내고자 하는 실상을 잘 반영하고 있는지에 대해서도 의문이 든다(Greif & Furlong, 2006).

Cornell 연구진(2006)은 학교폭력 평가에 대한 연구는 아직 불충분하며, 이 때문에 학교폭력 행위를 평가하기에는 신뢰도와 타당도 확보가 제한적일 수 밖에 없다고 강조했다. 게다가 학교와 지역사회에서 학교폭력 유병률 측정을 위해 자기보고식 측정법을 많이 고안하였지만, 학교폭력 경험자나 이와 관련해 도움이 필요한 사람들에게 제공할 학교폭력 개입 서비스 기획 목적으로 설계된 것은 아니었다(Greif & Furlong, 2006). 전 세계적으로 학교폭력을 어떻게 규정할 것인가에 대한 컨센서스를 마련하고자 많은 노력이 있었다(Arora, 1996; Naylor, Cowie, Cossin, de Bettencourt, & Lemme, 2006; Rigby, 2004; Smith, Cowie, Olaffsson, & Liefooghe, 2002; Smith 등, 1999; Smorti, Menesini, & Smith, 2003). 이런 노력 덕에 학교폭력의 핵심 요소가 무엇인지에 대한 합의는 이루어졌다. 하지만 각 나라와 문화권 마다 학교폭력을 어떻게 측정할 것인지에 대한 합의는 이루어지지 않았다(Smith 등, 1999, 2002). 본 챕터의 목적은 계속 문제가 되었던 학교폭력의 정의와 측정법 이슈에 대해서 알아보고, 자기보고식 측정법 중 널리 보급된 측정법의 방법론적 및 심리측정학적 성질에 대해서 정리하며, 앞으로 이 분야 연구와 실무에 도움이 될 만한 제언을 하는 것이다.

학교폭력의 정의

연구자들 사이에 학교폭력 정의와 조작화에 대한 컨센서스가 광범위하게 이루어지면서, 모든 학교폭력 측정법의 질적 향상도 같이 이루어졌다. 많은 연구자들이 검토한 것처럼(Arora, 1996; Rigby, 2004), 'bullying'이라는 용어는 어원이 불명확한데다 다양한 상황에서 사용되곤 하는데, 'bully for you!(잘한다!)'처럼 긍정적인 의미로도 사용되는 경우도 있다. 'bullying'을 과도하고 불공정한 위협을 뜻하는 용어로 주목하기 전까지, 지난 세기에는 이런 현상이 지속되었다. 이 용어가 개인의 행동과 인격에 대해 부정적인 면을 반영하기 시작했기 때문에, 심리학자들이 이 용어를 일찍부터 받아들였다(예: Calkins, 1916; Hall, 1904; Thorndike, 1919). Parten(1933)은 이 용어를 유치원생 사이에서 보이는 공격적인 '리더십'이라고 지칭했다. 그후 1930년대와 40년대 연구분야에서 이 용어가 산발적으로 나타나기 시작했는데 읽기 능력 문제와 관련된 연구나(Vauhgn, 1941), 공격적 행위의 유형에 대한 연구나(Pearce, 1948), 호감과 비호감 수준이 제일 높은 학생들에 대한 사회측정학적 연구에서 발견되었다(Smith, 1950). 학교폭력 유사 행위들은 인류 역사 상 다양한 문화권에서 발생했으며, 심리학 분야에서는 수십년 동안 정확한 정의 없이 사용되기도 했다. 그러다가 1970년대에 이르러서야 학자들은 청소년 및 학교와 관련된 'bullying'에 대해서 관심을 집중하기 시작했다. 북유럽에서 열렸던 초창기 학회에서는 '무리공격'이라는 용어를 사용했는데, '질질 짜는 소년'(Olweus, 1978, 1987)을 두고 집단적으로 괴롭히는 현상(Heinemann, 1972; Pikas, 1975)으로 정의하였으며, 이 용어는 생물과학('Bullying' among birds', 1932)에서 빌린 개념이었다. 이와 동시에 영국의 Lowenstein은 학교에서 발생하는 폭력(1972, 1975)을 연구하기 시작했고, 이 연구 활동을 확장하여 'bullying'이란 용어도 포함시키게 되었다. PsychInfo에서 검색했을 때, 'bully'(또는 bullying, bullies, bullied)라는 용어가 1970년대 후반에 처음 발견되었다(Lowenstein, 1977, 1978; Olweus, 1978). 그 이후로 이 용어는 호주(Rigby & Slee, 1991), 일본(Komiyama, 1986; Prewitt, 1988), 아일랜드(O'Moore & Hillery, 1989), 영국(Sharp & Smith, 1991), 미국(Hoover & Hazler, 1991) 등 세계 각국에서 점진적으로 활용되기 시작했다. 'bullying'이라는 용어가 많이 보급된 것에 비해서는 이 용어가 어떤 요소를 담고 있는지에 대해서는 컨센서스가 불명확했다(Smith 등, 1999). Schuster(1996)은 무리공격(이 용어는 현재 해당 분야에서 더 많이 쓰이고 있다)와 학교폭력(bullying: 학교와 청소년 분야에 쓰인다)에 대한 종설을 제시하기도 했다. 이런 학교폭력 정의 이슈와 관련하여 우리는 Arora(1996)의 세심하고 현대적인 논증을 추천하는 바이다.

학교폭력을 어떻게 규정해서 측정할 것이냐에 대해서는 각 연구마다 상이하다(Espelage & Swearer, 2004). 학생들 스스로는 학교폭력을 본인이 원치 않는 언어적, 신체적, 사회적/관계적 공격성이라고 여기고 있다(LaFontaine, 1991; Smith & Levan, 1995). 하지만 이 분야의 선구자이자 주도적 연구자인 Olweus(1993)는 학교폭력이란 직접적 혹은 간접적 공격성으로, 의도성, 반복성, 권력의 불균형이 존재해야 한다. Olweus가 제공한 학교폭력 정의가 제일 널리 보급되어 있다.

> 우리는 다른 학생(들)이 한 학생에게 다음과 같은 행동을 할 때 학교폭력을 당하고 있다고 간주한다.
> - 못된 말이나 상처가 되는 말을 하는 경우, 그 학생을 조롱거리를 삼는 경우 또는 별명으로 부

르는 경우; 친구 집단에서 철저히 무시하거나 따돌리는 경우, 고의적으로 그 학생 곁을 떠나 버리는 경우.
- 때리고, 걷어차고, 밀치고, 밀폐된 공간에 가두어 버리는 경우
- 그 학생에 대해 거짓말을 하거나 거짓 소문을 퍼트리는 경우, 또는 못된 쪽지를 보내서 다른 학생들이 그 학생을 싫어하게끔 만드는 경우
- 기타 상처가 될 수 있는 행동을 하는 경우

이런 행위가 자주 발생하고, 괴롭힘을 당하는 학생 입장에서는 자기 스스로를 방어하기 힘든 상황이어야 한다. 하지만 우리는 학생들이 서로 친근하고 즐거운 분위기에서 서로 놀리는 것은 학교폭력으로 간주 하지 않는다. 또한 신체적 힘이나 권력 수준이 똑같은 학생 두 명이 서로 언성을 높이거나 다투는 것도 학교폭력으로 간주하지 않는다(Solberg & Olweus, 2003, p.246).

위와 같이 학교폭력은 또래 피해 경험의 하위 개념으로 볼 수 있다(Bjorkvist, Ekman, & Lagerspetz, 1982). 따라서 학교폭력과 다른 종류의 또래 피해 경험을 정확한 특이도와 민감도로 구별해내는 것이 쉽지 않다. 학교폭력 평가 방법 면에서 해결해야 될 과제로는 장난스러운 행동 같은 또래 피해 경험과 학교폭력을 구분해내는 것이다(Cornell 등, 2006). 많은 연구자들이 지적한 바이지만, 친구들끼리 놀리거나 과격한 장난을 하는 경우가 있는데, 외부 관찰자 시각에서는 학교폭력이라고 오해할 여지도 있다(Cornell 등, 2006; Rigby, 2004).

보편적이면서도 실용적인 학교폭력 정의가 필요하다는 인식으로 Rigby(2004)는 Olweus의 학교폭력 정의를 확장하여 7가지 요소를 제시하였다. 여기에는 의도성, 상대적 권력 불균형, 반복성도 포함되어 있고, 그 외에 상처를 주는 행동, 가해자가 가해 경험을 즐기는 것, 행위의 부당함, 피해자가 억압을 당했다는 느낌이 추가되었다. 더 일반적으로 이런 요소에 대해서 기존 연구자들은 학교폭력이 의도성, 반복성, 권력의 불균형과 관계된 모든 또래 피해 경험 유형에 포함되는 한 특수한 유형이라는 점에 공감대를 형성하고 있다(Greif & Furlong, 2006). 학교폭력이 상대적으로 최근에 들어와서야 연구 주제로 주목을 받기 시작했고, 학교폭력의 정의 또한 완전히 합의가 되지 않았기 때문에 연구자들은 학교폭력을 측정하기 위해 다양한 전략을 동원해왔다.

자기보고식 학교폭력 측정 접근법

자기보고식 평가법은 가장 널리 쓰이는 방법인데, 부분적으로는 연구자들이나 교육자 입장에서 다른 방법에 비해서 수행하기 쉬운 방법인 탓도 있다. 사실, 학교 안에서 학생들 사이에 어떤 상호작용이 발생하는지 집중적으로 관찰하는 것은 쉽지 않다. 연구자들은 또래지명법이나 타인의 관찰 기록에 비해 자기보고식 측정법의 상대적 이점에 대해 논박해왔다. Solberg와 Olweus(2003)는 학교폭력 유병률 측정에 있어 자기보고식 측정법이 제일 좋다고 주장했다. 다른 한편 Cornell 연구진(2006)은 현재 가용한 다양한 측정법 중에 적당한 신뢰도와 타당도를 확보한 것은 거의 없다고 지적하였다. 또한 이 연구진은 자기보고식 측정법은 학생 시각만 반영하고 있어, 어떤 피해자 학생은 자기 경험을 과장할 수도 있는 반면 다른 학생은 축소보고할 수 있다는 점을 지적했다. 그래서 이 연구진은 또래지명법이 더 타당한 정보를 제공한다고 주장했다. 자기보고식 측정법의 또다른 문제점으로는 부주의하고 정직하지 못한 응답 때문에 학교폭력 유병률이 뻥튀기 될 수 있다는 점이 있고(Cornell 등, 2006), 질문 내 기간 설정 때문에 학생들이 예상치 못

한 방향으로 응답할 가능성도 있다(Furlong & Sharkey, 2006).

이런 제한점 때문에 또래지명법(예: Chan, 2006; Chan, Myron, & Crawshaw, 2005)과 행동 관찰법(예: Cornell & Brockenbrough, 2004, 2004; Craig, Pepler, & Atlas, 2000; Craig & Pepler, 1997; Hawkins, Pepler, & Craig, 2001)과 같은 다른 측정법을 활용하자는 의견도 나왔다. 이런 측정법을 도입한 연구 결과를 보면 자기보고법만으로 획득할 수 없는 귀중한 자료를 수집할 수 있다. 하지만 Espelage와 Swearer(2003)가 지적한 대로, 또래지명법과 행동관찰법은 윤리적 문제와 논리적 문제가 있어 연구윤리위원회의 승인과 보호자의 동의를 받기가 어렵다는 점도 있다. 비록 자기보고식 측정법이 한계점이 있고 대안을 찾아야 된다는 피드백도 받고 있지만(Cole, Cornell, & Sheras, 2006; Cornell 등, 2006), 자기보고식 측정법은 지금껏 그래왔듯이 앞으로도 발달학적, 역학적, 중재 및 개입 프로그램 연구 분야 등에서 제1 측정 도구로 활용될 것이다. 따라서 학교폭력 자기보고식 측정법의 위치와 질에 대해서 검토해보지 않을 수 없다. 연구자들이 주로 활용하는 자기보고식 측정법에는 1) 학교폭력의 정의를 제공하고 응답자에게 이런 종류의 행위를 했는지 혹은 당했는지를 물어보는 방식과 2) 학교폭력의 구체적인 행위들을 나열하고 얼마나 자주 이런 행동을 했는지 또는 당했는지 응답하도록 하는 방식이 있다.

정의 기반 자기보고식 전략

학교폭력 평가법 중에서 학생에게 연구자가 규정한 학교폭력의 정의를 제공하는 경우가 종종 있는데, 이는 모든 연구 응답자들이 학교폭력에 대해 똑같은 의미를 가지고 응답에 임해주길 바라는 뜻이 내포되어 있다. 이런 질문지는 공격적 행동의 의도성, 양자 간의 권력 수준의 차이, 행동의 반복성을 보는 빈도 측정 문항 등이 포함되어 있다. 정신건강 예후와 관련 지어서 Solberg와 Olweus(2003)는 '한 달에 2~3번 이상'을 빈도 기준으로 삼고 있는데, 이 연구진은 '한 달에 2~3번 이상'이라는 기준점이 학교폭력 유병률을 예측하기에 제일 좋은 기준이며, 유병률 측정 목적으로 심리측정학적 성질을 검증했을 때 결과 재현이 잘 되고 해석하기가 쉬우며 합리적이라고 본다고 주장했다(p.242). 또한 이 연구진은 권력의 불균형을 포함하여 학교폭력의 정의를 제공하는 것이 다른 유형의 또래 피해 경험과 학교폭력을 구분하는 데에 도움이 된다고 주장했다. 물론 이에 대해 Arora(1996)는 국제적으로 타당하게 적용할 수 있는 정의 방식은 아직 없는 것으로 보인다고 주장했다. 정의 기반 자기보고식 측정법의 전략은 아래와 같다.

Olweus Bully/Victim Questionnaires(OBVQ)

OBVQ 원본(Olweus, 1986)이나 개정판 OBVQ(Olweus, 1996)나 기타 다양한 변형 버전들(예: Smith, 1991; Smith & Shu, 2000; Whitney & Smith, 1993)은 학교폭력 분야에서 가장 널리 쓰이는 자기보고식 측정법들이다. 이 측정법은 여러 국가로 보급되었는데, 여기에는 오스트리아(Strohmeier & Spiel, 2003), 중국(Zhang, Gu, Wang, Wang, & Jones, 2000), 네덜란드(Fekkes, Pijpers, & Verloove-Vanhorick, 2005), 아일랜드(O'Moore & Minton, 2005), 노르웨이(Kristensen & Smith, 2013), 미국(Dulmus, Theriot, Sowers, & Blackburn, 2004)이 있다. OBVQ에 제시된 학교폭력 정의에는 의도성, 반복성, 권력의 불균형이 포함되어 있다. 응답자는 질문지 응답 전에 학교폭력의 정의를 사전에 숙지하고, 학교폭력에 대한 인식, 관찰, 관여(가해자로서든 피해자로서든) 경험에 대해 응답하도록 하였다. 원본에서는 56개 항목이 실려 있고, 개정판에는 몇몇 보충된 질문을 포함해 36개 항목이 포함되어 있다. 양쪽 모두 응답자가 지난 석달간 얼만큼 자주 학교폭력을 당했는지 아니면 다른 학생을 괴롭혔는지에 대한 질문이 포함되어 있다. 응답에 대한 선택지는 다음과 같이 구성되어 있다. 1점= 전혀 그런 적이 없다, 2점=총 1~2차례 발생했다, 3점=한 달에 2~3번 이상 발생했다, 4점= 매주 한 번 이상 발생했다, 5점= 매주 2~3번 이상 발생했다. 7가지 학교폭력 유형에 대한 가해 및 피해 경험에 대해 똑같은 반응 척도로 질문지를 작성하도록 했다. 그리고 이 7가지 유형에는 언어적 폭력, 따돌림, 신체적 폭력, 거짓 소문 퍼트리기, 개인 소유물 절도 또는 손괴, 협박/강압, 인종과 관련된 희롱이 포함되었다. 일반적으로 응답 패턴에 따라 무관계자, 피해자, 가해자, 가피해자로 분류를 하게 된다(6월 1일, 2007, 본 3가지 용어로 PsychInfo에서 검색했으며 총 164 경로가 검색됨; Solberg & Olweus, 2003; Solberg, Olweus, & Endersen, 2007). Solberg와 Olweus(2003)은 지난 석달간 한 달에 2~3번 이상 피해를 당했거나 가해를 했다고 응답한 학생들은 만성적인 피해자 또는 가해자로 분류할 수 있다고 주장했다. 또한 피해자 집단 중 10~20%에 해당되는 소수의 학생들은 피해자인 동시에 가해자로도 분류할 수 있다는 연구 결과를 제시하기도 하였다(Solberg 등, 2007).

 OBVQ가 널리 활용되는 것에 비해서는 신뢰도와 타당도를 포함한 심리측정학적 성질에 대한 독립된 정보는 거의 없다. Olweus의 고학년 질문지(Senior Questionnaire, 1989; OBVQ의 11~16세 버전)를 가지고 Pellegrini, Bartini, Brooks(1999) 가해 사례와 피해 사례 각각에 대한 알파 계수가 0.76과 0.78로 산출되었다. Theriot, Dulmus, Sowers, Johnson(2005)은 나중에 한 달에 2~3번 이상 학교폭력을 경험하는 집단에 대해서는 알파 계수 0.84로 나왔고, 매주 1번 이상 경험하는 집단은 0.83으로 산출되었다는 점을 보고했다. Solberg와 Olweus(2003)는 이분법적 전체적 척도와 특정 가해행위 항목들과 상관관계를 검토한 결과 학교폭력 피해 경험에 대해서는 0.79, 가해 경험에 대해서는 0.77로 계산되었다.

 6~9학년 남학생에 대한 연구에서 타당도 근거가 발견되었는데, 가해자로 분류된 학생들 중 60%는 24세가 되던 시점에 범죄 경력이 생겼다(Olweus, 1992). 또 다른 연구에서는 한 달에 2~3번 이상 학교폭력 피해를 당한 학생은 학급 소속감과 부정적 자아상과 우울증 측면에서 유의한 차이를 보였다(Solberg & Olweus, 2003). 또한 한 달에 2~3번 이상 남들을 괴롭힌 가해자는 그렇지 않은 학생들에 비해 공격성 수준이나 반사회적 행동 수준이 유의하게 차이가 났다(Solberg & Olweus, 2003).

 최근에 Kyriakides, Kaloyirou, & Lindsay(2006)는 11~12세 그리스 키프로스 학생 335명을 대상으로 OBVQ 수정본의 심리측정학적 성질을 제일 정교한 방식으로 연구하였다. 라쉬 분석(Rasch analysis)을 통해 신뢰도, 타당도, 모델 일치(model fit), 의미를 분석하였다. 그 결과 항목 일치와 개인 일치도 좋았고 항목 문항 난이도(item difficulty)의 범위는 피해자 항목들에 대해서는 -2.08('내 인종 또는 피부색으로 못된 별명으로 불리는 방식으로 괴롭힘을 당한 적이 있다.')에서 3.04('때리고, 걷어 차고, 밀치고, 밀폐된 공간에 갇힌 적이 있다.')까지 나왔다. 가해자 항목들에 대해서는 -2.10('나는 성적인 의미를 담은 못된 별명으로 다른 학생들을 놀린 적이 있다.')에서 3.03('나는 다른 학생의 돈을 가로채거나 다른 사람의 물건을 망가트리거나 뺏은 적이 있다.')까지 나왔다. 이 분석을 통해 OBVQ가 하나의 구성체를 측정한다는 주장에 대한 근거를 확보되었으며, 이 연구진은 구성체 타당도는 입증이 되었다고 결론내렸다.

다차원적 또래 피해 경험(Multidimensional Peer-Victimization)

다차원적 또래 피해 척도(the Multidimensional Peer-Victimization scale, MPV scale)는 학교폭력 연구 분야에서 널리 활용되는 측정법 중 하나이다. Mynard와 Joseph(2000) 주장에 따르면, '학교폭력은 의도적이고 의식적으로 다른 누군가를 해치거나 겁을 주려는 욕망이다. 이 욕망은 신체적, 언어적, 심리학적 형태로 드러난다. 학교폭력 행위에 대해 많은 사례가 존재한다. 이 모든 사례에는 공통점이 있다. 바로 어떤 한 사람이 다른 이에게 불법적인 힘을 사용한다는 점이다. 예를 들면, 학교폭력은 폭력적인 협박이나 실질적인 신체적 위협으로 나타날 수 있다. 물론 언어적 폭력이나 사회적 배척으로도 나타날 수 있다.'(p. 170-171). 45개 원 항목 중에서 요인부하값(factor loading)이 제일 높은 항목은 총 4개 하위척도 항목으로, 신체적 피해 경험(알파=0.85), 언어적 피해 경험(알파=0.75), 사회적 조종(알파=0.77), 사유재산 침해(알파=0.73; Mynard & Joseph, 2000)가 있다. 한 연구에서 괴롭힘을 당한 경험이 있는 지 응답 여부에 따라 학생들은 피해자와 비피해자로 분류하였다. 일련의 t 검정을 통해 피해자와 비피해자 사이에 유의한 차이점들을 발견하였는데, 상기 MPV 척도의 4개 하위척도 항목에서 유의한 차이가 나와 본 측정법의 타당도에 대한 근거가 밝혀졌다(Mynard & Joseph, 2000).

학교폭력조사(Bully Survey)

학교폭력조사 개정판(Swearer, Turner, Givens, & Pollack, 2008)에서는 다음과 같이 학교폭력을 정의하고 있다. '학교폭력은 누군가가 다른 누군가를 고의적으로 상처를 주거나 겁을 주려고 하는 경우를 지칭하며, 학교폭력을 당하는 사람은 자신을 방어하는 데에 힘든 시간을 겪게 된다. 보통은 학교폭력은 자꾸 반복적으로 발생한다. 학교폭력의 예로는 때리기, 밀치기, 기타 신체적인 방법으로 해를 끼치는 행동이 있고, 나쁜 소문을 퍼트리는 것이나, 어떤 사람을 일정 집단에서 배척하는 경우도 포함된다. 또한 못된 방식으로 사람을 괴롭히는 경우도 있고, 사람들을 모아 폭력적인 세를 형성하는 것도 포함할 수 있다.'(p. 165). 이 정의에 따라 하위 척도는 가해 경험, 피해 경험, 학교폭력 사건에 대한 목격 경험, 학교폭력에 대한 태도로 구성되어 있다. 현재는 이 조사법의 심리측정학적 성질의 대부분은 학교폭력에 대한 태도 항목에서 나온다. Swearer, Song, Cary, & Mickelson(2001)에 따르면, 태도 항목에 대한 탐색적 요인분석과 확인적 요인분석을 실시하였을 때 단일요인해법(one-factor solution)을 뒷받침한다고 한다. 하지만 RMSEA는 0.09로(Swearer 등, 2001) 일반적으로 최소한이라고 간주되는 정도의 값이며(Mcdonald & Ho, 2002), 이 모델의 CFI는 0.76으로 낮은 편이다(Swearer 등, 2001). 또 다른 연구에서 태도 항목을 세차례 기간을 달리해서 측정했을 때 내적 합치도는 0.55~0.77로 적당한 수준의 내적 합치도를 보이는 것으로 나타났다(Swearer & Cary, 2003). 구성체 타당도를 검증한 연구는 거의 없어 결론을 내리기에는 충분하지 않다. 로지스틱 회귀분석 결과, 태도 항목과 학교 분위기 인식도와 서로 유의한 상관관계가 있는 것으로 나타났다(Swearer 등, 2006). 본 측정법의 구 버전을 가지고 불안도를 측정했을 때 가해자와 피해자와 가피해자와 기타 학생 사이에 유의한 차이가 발견되었다(Swearer, Song, Cary, Eagle, & Mickelson, 2001). 또한 Swearer와 Cary(2003)는 문제 행동으로 학교 사무실로 의뢰 여부와 가해자 분류 사이에 상관관계가 밝혀져 타당도에 대한 근거가 입증되었다고 주장했다. 학교폭력조사는 학생들의 학교폭력 경험에 대한 자세한 평가가 가능하며, 특히 대규모 캠퍼스를 대상으로 조사하는 데에 이상적이다.

정의 기반 접근법의 한계

연구자들은 학생들이 학교폭력 경험에 대해 응답하기 전에 학교폭력의 정의를 제시하는 것이 어떤 이점이 있는지 논박을 해왔다. 첫째, 학교폭력의 정의는 지난 20년간 계속 진화하면서 더 광범위한 피해 사례를 포함하게 되었다. 따라서 실제 측정에 있어 연구 마다 상이한 방식을 취했다. 이런 탓에 연구마다 유병률이 제각각이었고 아마도 가해자든 피해자든 중복으로 확인된 집단이 있을 것이라 예상된다. 특히, 연구 간에 결과 비교가 어려워졌다. 또한 학교폭력 정의에 대해 컨센서스를 형성한다고 하더라도, 응답자에게 피해자나 가해자라고 분류하는 것 자체가 응답자의 감정적인 반응을 일으켜, 가해자 또는 피해자로 분류된 응답자가 학교폭력 경험과 관련된 항목에 대해 제대로 응답하지 않도록 영향을 줄 수 있다는 주장도 제기되었다(Cornell & Brockenbrough, 2004; Grief & Furlong, 2006; Hamby & Finkelhor, 2000). 이런 경우 학교폭력 발생률은 과소평가될 것이며, 학교폭력 개입 프로그램 효과 측정도 부정확할 것이다.

일부에서는 학교폭력 피해자임을 인정하는 것이 단순히 피해 사건을 인지하는 데 그치지 않고 방어불능의 피해자라는 심리학적 개념을 어느정도 받아들인 것일 수도 있다는 가능성을 제기하였다(Grief & Furlong, 2006; Peskin, Tortolero, Markham, Addy, & Baumlet, 2007). 이와 관련된 예로 성인들을 대상으로 한 성희롱 연구에 따르면 연구 참여자 대부분은 성희롱의 법적 정의에 해당되는 항목은 다 해당이 된다고 응답하였으나 질문지 마지막에 성희롱에 대한 경험 여부를 묻는 항목에는 해당사항이 없다고 표시하였다(Schneider, Swan, & Fitzgerald, 1997). 덴마크에서 직장폭력에 대한 연구에서도 비슷한 결과가 나왔는데, 일련의 행동 묘사를 활용한 연구에 비해 직장폭력 정의를 활용한 연구에서는 폭력 유병률이 더 낮게 나왔다(Mikkelsen & Einarsen, 2001). 이런 연구 결과들을 보면 모든 가해자와 피해자들이 스스로를 가해자 또는 피해자라고 여기지 않기 때문에 이런 전략은 낙인효과로 유병률 추정이 부정확해질 여지가 있다. 이런 점은 특히나 학교폭력에 관한 복합적인 정의를 설명해주지 않은 채 학생들에게 얼마나 자주 단어 그대로 '학교폭력'을 당했는지 물어보는 연구에서는 문제가 될 수 있다(예: Kshirsagar, Agarwal, & Bavdekar, 2007; Scholte, Engels, Overbeek, de Kemp, & Haselager, 2007).

일부 학자는 다양한 유형의 공격성을 포함시킨 정의 기반 전략을 쓰게 되면 이질적인 자료들을 수집하게 되어 학교폭력 세부 유형 간의 경향이나 상관관계가 감춰질 가능성이 있다고 주장했다(Cornell 등, 2006). 더구나 정의에 기반한 측정법에서는 여러 다양한 학교폭력 행동들을 포괄하는 단일 질문을 하게 될 가능성이 있기 때문에, 여러 학교폭력 행동 유형들이 심리사회적 적응 양상에 각각 어떤 기여를 하는 지 평가하는 것이 어려워질 수 있다(Cornell 등, 2006). 사실, 심리사회적 적응 양상을 평가하기 위해서는 다양한 유형의 학교폭력을 구별해서 분석하는 것이 중요하다. 예를 들어, 한 연구에서는 도심 중학생을 대상으로 하였을 때 관계적 폭력에 비해 신체적 폭력과 성희롱이 심리사회적 적응 문제에 더 큰 상관관계를 나타내는 것으로 밝혔다(Felix & McMahon, 2006). 마지막으로 연구자들은 아이들이 문법적으로 복잡하면서도 긴 문장으로 된 학교폭력 정의를 읽고 기억해서 학교폭력 경험에 대한 질문에 응답하는 게 가능한지에 대한 근거가 부족하다는 점을 지적했다(Greif & Furlong, 2006).

행동 기반 자기보고식 전략

학교폭력을 평가하는 두 번째 전략은 1990년대에 일부 연구자들이 독립적으로 소개하면서 알려지기 시작했다. 이 방법에 따르면 학교폭력과 관련된 구체적인 행동 양상을 제시하고 응답자들이 이런 행동을 저질렀는지 아니면 당했는지 응답하도록 하였다. 여기에 나와있는 행동 양상으로는 때리기, 위협하기, 소문 퍼트리기 등이 있는데, 학교폭력이라는 용어를 사용하지는 않았다. 여기서는 학교폭력 피해 경험을 여러 개별 경험으로 쪼개서 측정하여 학교폭력과 관련된 편견이나 왜곡 현상을 최소화하려고 하였으며 연구자들이 각 피해 유형에 대한 빈도를 측정할 수 있게 하였다. 조사 결과는 총점과 가중치로 표시되며, 극단적인 응답을 한 경우에는 가해자나 피해자 등으로 분류되도록 하였다(DeSouza & Rineiro, 2005; Marini, Dane, Bosacki, & YLC-CURA, 2006).

또래 피해경험 척도(Peer Victimization Scale)

또래 피해경험 척도는 Neary와 Joseph(1994)가 개발한 도구로 총 6가지 항목으로 되어 있으며 강제선택법 형식을 취하고 있다. 응답자는 주어진 행동 묘사에 대해 '정말 나한테 해당되는 이야기이다.' 또는 '어느 정도 나한테 해당되는 이야기이다.'로 응답하도록 했다. 3~4개 연구에서 내적 합치도가 좋은 것으로 보고되었다(알파=0.82-0.83; Austin & Joseph, 1996; Callaghan & Joseph, 1995; Neary & Joseph, 1994). 공인타당도(concurrent validity)와 구성체 타당도(construct validity)에 대한 근거도 일부 연구에서 확보되었으며, 이 연구에서는 학급에서 괴롭힘을 당한다고 보고한 학생들이 그렇지 않은 학생보다 유의하게 점수를 높게 준 것으로 나타났다(Callaghan & Joseph, 1995; Neary & Joseph, 1994). 또한 또래 피해경험 척도와 우울척도, 학업성취도, 사회적 수용도, 신체적 외모, 품행 척도, 전반적 자기가치감, 외상적 스트레스와 유의한 상관관계가 있는 것으로 나타났다(Birleson, 1981; Callaghan & Joseph, 1995; Mynard & Joseph, 2000; Neary & Joseph, 1994).

또래관계 질문지(Peer Relations Questionnaire)

또래관계 질문지에서는 학교폭력 평가 전략이 혼합되어 있다. 첫째 이 질문지에서는 학교폭력과 관계된 행동에 대해 전반적인 관점에서 묻는 항목이 2가지가 있다. 1) '당신은 작년에 누군가를 괴롭히는 집단에 얼마나 자주 참여했습니까?'와 2) '당신은 작년에 본인 스스로 혹은 혼자서 얼마나 자주 다른 누군가를 괴롭혔습니까?' 여기에 대해서 5지 선다형으로 응답을 고를 수 있도록 되어 있다. 1) '절대 아님'에서 5) '매주 3~4차례 이상'까지 고를 수 있다. 둘째, 이 질문지에는 학교폭력과 관계된 행동을 묘사하는 항목들이 포함되어 있다. 예를 들면 '찌질한 아이들의 속을 뒤집어 놓는 것을 즐긴다.'와 '다른 아이들에게 겁 주는 것을 좋아한다.' 같이 가해 행위에 대한 질문도 있고, '남들이 나를 놀린다.'와 '남들이 나를 조롱거리로 삼는다.'와 같이 피해 경험과 관련된 질문도 있으며, '다른 사람을 돕는 것을 즐긴다.'와 '괴롭힘 당하는 아이들을 돕는다.'와 같이 친사회적 행위에 대한 질문도 있다(Rigby & Slee, 1993). 이 질문지에는 가해자, 피해자, 친사회성 3개 하위척도 안에 각각 4개 항목이 있으며, 이 질문지에 대해 요인분석을 실시하였다. 두 연구에서 각 하위척도에 대한 알파계수는 모두 0.70 보다 높게 나왔다(Rigby, 1993; Rigby & Slee, 1993). 상기 하위척도 3가지와 Smith(1991)가 만든 OBVQ 수정판과 비교했을 때 공인타당도 면에서 유의한 부분상관관계가 입증되었다(Rigby, 1993). 또한 이 질문지의 친사회성 하위척도와 상기 수정판에서 이타심에 관한 항목을 평가했을 때 부분상관관계는 남학생 0.42 및 여학생 0.43으로 나왔다(Rigby, 1993). Rigby와 Slee(1993)는 본 질문지와 자존감, 행복도, 학교생활 즐김 수준, 가족 기능 수준과 유의한 상관관계가 있음을 밝혀 구성체 타당도를 입증하였다. 이 질문지는 학교폭력에 관한 여러 연구에서 활용되었다(예: Morrison, 2006; Nguy & Hunt, 2004).

일리노이 공격성 척도(Illinois Aggression Scales)

Espelage 연구진은 포괄적인 학교폭력 측정 도구를 최근에 개발했다(Espelage & Holt, 2001; Espelage, Mebane, & Swearer, 2004). 질문지 항목 구성을 위한 초기 작업으로 학생들을 면담하고 문헌 검토를 실시하였으며, 21가지 항목을 설정해서 주축요인분석(principal axis factoring)을 실시하였다. 각 요인에 대해 요인부하값이 0.50이 넘는 항목과 다른 요인에서는 요인부하값이 0.30 미만인 항목을 추출하여 척도에 포함시켰다(Espelage & Holt, 2001; Espelage 등, 2004). 그 결과 일리노이 공격성 척도에는 세가지 하위 개념이 척도로 구성되었다. 1) 가해 행위(예: '난 다른 학생들을 놀린다'와 '나는 다른 학생을 조롱거리로 만들기 위해 그 학생의 감정을 자극한다.'), 2) 싸움(예: '난 몸싸움을 한 적이 있다.'와 '난 다른 학생을 때리거나 상처를 주는 방식으로 위협한 적이 있다.'), 3) 피해 경험 (예: '다른 학생들이 나를 조롱거리로 만든 적이 있다.'와 '다른 학생들이 나를 놀린다.') (Espelage & Holt, 2001). 세 가지 하위척도 모두 내적 합치도가 우수하다(알파=0.83~0.91; Esplegae & Holt, 2001; Espelage, Mebane, & Adams, 2004). 가해 행위 척도와 피해 경험 척도 사이에는 상관관계가 낮았으며(r=0.12) 가해 행위 척도와 싸움 척도 간에는 중등도의 상관관계(r=0.58)가 나와 내용타당도와 구성체 타당도가 입증되었다(Espelage, Bosworth, & Si-mon, 2001; Espelage & Holt, 2001). 확인적 요인분석으로 통해 이 세가지 하위척도를 분석했을 때 서로 다른 요인을 반영하는 것으로 밝혀졌다(Espelage 등, 2001; Espelage & Holt, 2001). 또한 청소년 자기보고법(the Youth Self-Report; Achenbach, 1991) 상 공격적 행동, 일탈 행동, 불안/우울, 위축행동 항목과 학교유대감, 폭력에 대한 태도, 성인으로부터의 친폭력적 메시지 노출 항목으로 평가했을 때, 본 질문지로 분류된 가해자, 피해자, 무관계자 간의 유의한 차이가 확인되었다(Espelage & Holt, 2001). 공감에 관한 두가지 측정법에 대해서도 가해자, 피해자, 가피해자, 무관계자 사이에 유의한 차이가 발견되었으며(Espelage 등, 2001), 또래지명법 학교폭력 측정법 결과에 비추어 볼 때 자기보고식 가해자와 그렇지 않은 학생들 간에도 유의한 차이가 발견되었다(Espelage & Holt, 2001; Espelage, Holt, & Henkel, 2003). 타당도에 대한 근거를 조사하고 발달시켰다는 점이 이 측정법의 강점이다.

Gatahouse 학교폭력 척도(Gatahouse Bullying Scale)

본 척도에서는 응답자가 4가지 공격적 행위(예: 놀리기, 소문 퍼트리기, 따돌림, 위협/상해)에 얼마나 자주 피해를 당했는지 확인하고 이로 인한 스트레스 정도를 측정한다(Bond, Wolf, Tollit, Butler & Patton, 2007). 기간을 3주로 설정하고 재검정 안정성을 측정했을 때 카파 통계치는 0.36에서 0.63으로 나왔고 스피어만의 로(Spearman's rho)는 0.44에서 0.65로 나왔다(Bond 등, 2007). 본 질문지의 총점과 또래관계 질문지 총점과 비교하였으며, 조사 전에 학교폭력의 정의를 제시하는 방식으로 공인타당도를 평가하였다. 그 결과 두 측정법간의 일치도는 75.6%에서 90.1%로 나왔으며, 카파 통계치는 0.42에서 0.58로 나왔다(Bond 등, 2007). 본 질문지를 활용한 연구 결과를 보면, 본 질문지에서 확인한 학교폭력 경험과 작년에 학교폭력을 당했다고 보고한 응답자들이 호소한 우울 및 불안 증상 수준과 유의한 상관관계가 발견되었다(Bond, Carlin, Thomas, Rubin, & Patton, 2001). 또한 학교폭력 피해 경험과 물질 남용 사이에도 유의한 관계가 발견되었다(Bond 등, 2004).

행동 기반 접근법의 한계

현재까지 개발된 학교폭력 행동 평가법을 보면 학교폭력의 3가지 기준을 모두 충족시키는 경우가 잘 없다. 이런 평가법에서는 행동을 나열하기만 하지 해당 행동이 발생하는 맥락에 대한 정보를 제공하지 않는다(De Los Reyes & Kazdin, 2005). 또한 이런 평가법에서는 권력의 불균형에 대해서 잘 명시하지 않는 경향이 있다. 가해자와 피해자를 구별하기 위해 행동 기반 접근법에서는 일반적으로 피해 경험을 극단적으로 많이 유발시킨 것으로 응답한 사람을 '가해자'로 분류하고, 이런 피해 경험을 특정 기준을 충족시키면 '피해자'로 분류한다(Espelage & Swearer, 2003). 이런 방법론과 관련해서 제기되는 문제점으로는 1) 극단적 응답의 기준이 연구마다 다르다는 점(Solberg & Olweus, 2003)과 2) 학교 기반 조사를 시행하는 교육자들은 학생들을 통계적 방법으로 분류하기 위해 복잡한 전산처리해야 되는데, 이런 작업이 실질적으로 거의 불가능하다는 점도 있으며 3) 다른 추가적인 항목이나 측정법이 없으면 행동 기반 측정법은 학교폭력의 한 가지 측면, 즉 반복성만 측정하게 되는 문제가 발생한다는 점이 있다.

자기보고식 전략의 이점

지금까지 자기보고식 전략의 한계점에 대해서 논의했지만, 자기보고식 측정법은 학교폭력을 이해함에 있어 여러 복잡한 이슈들을 규명할 수 있다. 첫째, 자기보고식 측정법은 효율적이며 학교, 지역사회, 실험실 환경에서 최소한의 예산으로 시행할 수 있다. 특히 웹기반 실행 기술과 접목되면 이런 효율성을 극대화할 수 있다. 둘째, 자기보고식 측정법은 각종 중요한 학교폭력 유형을 평가할 수 있다. 여기에는 직접적, 간접적, 관계적 공격성도 포함된다. 셋째, 자기보고식 측정법은 가해자와 피해자와 가피해자가 인식하는 권력의 불균형 수준을 평가할 수 있다. 넷째, 자기보고식 측정법을 활용하면, 또래지명법처럼 다른 참여자의 동의를 받지 않아도 된다. 다섯째, 자기보고식 측정법은 연구 참여자의 시각을 평가할 수 있다. 이는 가해자와 피해자 모두의 시각이 포함되며, 학교폭력의 의도성과 학교폭력의 심리사회적 기능에 대한 파급효과를 이해하는 데에 매우 중요하다. 마지막으로 자기보고식 전략은 서로 다른 유형의 학교폭력 행위를 구별함과 동시에 평가가 가능하여 각 유형별로의 파급효과를 더 잘 이해할 수 있다.

측정법과 관련하여 짚고 넘어갈 사안들

물론 자기보고식 측정법의 장점이 많기는 하지만 연구 분야의 발전과 예방 프로그램의 평가 능력을 높이기 위해서는 미해결된 사안에 대해 언급하고 넘어가야 한다. 다시 기초적인 부분으로 돌아가서 자기보고식 측정 도구의 핵심 측정 속성에 대해 다시 검증을 해야할 필요가 있다. 왜냐하면 이에 대한 심리측정학적 성질에 대해 연구되거나 검증된 바가 별로 없기 때문이다(Tarshis & Huffman, 2007).

권력의 불균형 수준을 측정하기 위한 대안도 모색할 필요가 필요하다. 그간 연구를 통해서 상대적으로 규모가 큰 피해자 집단과 상대적으로 소수인 가피해자 집단 사이에 중요한 구별점이 있다는 점이 알려졌다(Furlong, Felix, Sharkey, Greif Green, & Tanigawa, 2006; Greif Green, Felix, Furlong, & Taylor, 2007). 즉, 학교폭력이 아닌 또래 간 피해를 겪은 학생들에 비해 학교폭력을 당한 학생들이 심리적 건강 수준이 유의하게 더 열악했다. 따라서 반복되는 또래 피해 경험을 확인하는 것만으로는 학교폭력의 실상을 이해하는 데에 충분치 못할 수 있다. 그간 학교폭력의 권력 불균형 요소에 대해서는 방치된 감이 적지 않은데, 이 요소를 평가하기 위한 방법론을 연구해야 한다. 그래야 단순한 또래 피해 경험과 학교폭력으로 인한 피해 경험을 구별하는 것이 가능해질 것이다.

기존 학교폭력 자기보고식 평가법에 대한 심리측정학적 성질에 대한 연구가 필요하다. 학자들은 질문지 응답 중 부주의한 응답이나 솔직하지 못한 응답이나 사회적 규범에 부응하려는 응답이나 기타 타당성이 결여된 응답에 대해 더 연구를 할 필요가 있다. 왜냐하면 학교폭력 연구 분야에서는 이런 부정확한 응답이 어떤 영향을 주는 지를 규명한 경험적 연구가 거의 없기 때문이다. 또한 응답자의 인지적 수준도 고려해야 한다. 독해 능력, 기간 설정, 학교폭력 평가법의 응답 양식은 서로 상이하다. 학교폭력 평가 도구를 실제 연구에서 쓰기 전에 응답자의 독해 능력으로 소화가 가능한 지를 먼저 확인해야 한다. 질문지에 쓰이는 기간 설정(예: 지난 12개월 동안 있었던 일 또는 지난 30일 동안 발생했던 사건과 같은 표현)에 대한 연구를 보면, 이런 기간 설정도 학생들의 응답에 영향을 준다. 학생들 입장에서는 장기 기억을 바탕으로 학교폭력 사건을 회상해내는 것이 어려울 수도 있다(Furlong & Sharkey, 2006; Hilton, Harris, & Rice, 1998). 또한 학교폭력 경험에 대해서 질문하는 것 자체가 도덕적으로 바람직한 응답을 유도하여 타당치 못한 결과를 이끌어내는 지도 연구해야 한다(Espelage & Swearer, 2003). 학생들은 학교폭력에 관한 주홍글씨 때문에 학교폭력과 관련된 경험을 드러내지 않으려고도 할 수 있다. 또래지명법과 교사/학부모 보고, 직접 관찰 등을 겸하여 자기보고식 측정법을 활용하면 평가 및 연구간 타당도를 좀 더 확실하게 규명할 수 있을 것이다.

학교폭력에 관해 연구를 더 진행하기 앞서, 연구마다 유병률이 다르게 나오고 서로 반대 결과가 나오는 경우가 있기 때문에 학교폭력이 발생하는 사회적 맥락과 관계없이 학교폭력을 규정할 수 있는 법에 대해 학자들간 컨센서스를 형성해야 하고, 대부분 연구에서 적용하는 학교폭력 구성원 분류(가해자, 피해자, 가피해자, 무관계자)에 대한 기준에 대해서도 합의가 있어야 한다. 대부분의 최근 연구자들은 Solberg와 Olweus(2003)의 연구를 바탕으로 4분류 시스템을 적용시킨다. 물론 연구자들이 똑같은 연구 절차를 쓰거나 똑같은 학교폭력 측정 아이템 세트를 활용하는 것은 아니지만 한가지 학교폭력 항목에 대한 반응을 기반으로 이런 4가지 분류를 하는 것이 아주 흔하다. 비록 이런 분류 과정에 대해 제대로 검증이 된 적은 없지만, 최근에 Kyriakides 등(2006)은 Olweus 학교폭력 항목에 대해 라쉬분석을 실시하였으며, 그 결과 이런 항목들은 똑같은 수준의 항목 난이도를 보이지 않기 때문에, 이 분류 시스템상 두학생이 가해 행위 연속선상 서로 반대쪽 극단의 행동을 보고한 경우에도 둘 다 가해자 집단으로 분류될 수 있다는 점을 입증하였다. 피해자에 관해서는 Greif Green 등(2007)은 한 달 동안 겪은 서로 다른 피해 경험 유형의 개수(예: 언어적, 신체적, 성적)와 외상후 스트레스 점수가 임상적 범주 내에 들어온 학생들의 비율과 서로 강한 양의 상관관계를 지닌 것으로 보고하였다. 3~4 종류의 학교폭력 피해 경험을 자주 겪은 학생의 50% 이상이 임상적으로 의미 있을 만큼의 외상 후 스트레스 수준을 보인 반면, 한 종류만 경험한 학생은 20% 정도만이 임상적 수준의 외상후 스트레스 증상을 보고했다.

20년 넘게 연구자는 습관적으로 학생들에게 학교폭력의 정의를 제시하고, 이 정의에 따를 것으로 요구하였으며, 학생들 자신의 경험을 이 정의에 따라 개념화하도록 하였다. 확실히 이런 전략 덕분에 학교폭력 발생에 대한 중요한 통찰을 얻을 수 있었고, 만성적인 가해자와 피해자가 어떤 발달학적 영향을 받는지에 대해서도 알게 되었다. 만약 학교폭력의 정의가 잘 짜여져 있고, 단일 항목으로 되어 있으면서, 구체적인 응답 선택지가 있고, 논리적으로 타당한 심리측정학적 성질을 갖추고 있다면 전세계적으로 유병률 측정을 해도 결과 재현이 쉽고 해석이 용이할 수 있을 것이다(Solberg & Olweus, 2003). 이런 방식이 세계보건기구의 학령기 아동 건강행동 조사(the World Health Organization Health Behavior in School-aged Children Survey; Nansel 등, 2004)에서 취한 전략적 접근법이었다. 그럼에도 불구하고 단순히 유병률 측정을 위해 고안된 조사에서 학생들이 일관되게 응답을 할 것이라는 근거는 부족하다. 학생들 응답의 단기적 안정성이 과연 어떨지 세심하게 평가하는 연구가 필요하다.

현재 캘리포니아 학교폭력 척도(the California Bully Victimization Scale, CBVS; Furlong 등, 2006)를 개발하는 과정에서 일련의 타당도 연구들이 진행되고 있는데, 척도의 정확성을 높이기 위해서 학교폭력 측정에 영향을 줄 수 있는 변인들에 대해 체계적으로 조사하고 있다. CBVS는 학교폭력 정의를 제시하지 않는 방식인 행동 기반 접근법을 취하고 있으며, 그간 학자들이 확인해 낸 학교폭력 피해 경험 유형들에 대한 질문들로 구성되어 있다(예: 위협, 따돌림, 성적 희롱). 그리고 의도성을 확인하는 질문 항목도 있으며,

가해자와 피해자 간의 권력 수준의 차이를 측정하는 항목도 포함되어 있다. 게다가 사회적 지지 정도를 알아보는 항목도 추가되어 있으며, 학교폭력 경험에 대한 피해자의 정서적 및 심리적 대처 양상도 평가하였다. 우리가 시행한 초기 분석에서는 CBVS가 피해자로 분류할 때는 피해자가 한 달에 2~3번 이상 고의적인 피해를 한가지 이상의 방식으로 당했을 때와 부당한 권력의 불균형을 경험했을 때였다. CBVS에서는 다중 게이트 절차가 고안되어 있어 효율성 면에서 민감도와 특이도가 극대화될 수 있도록 되어 있다. 두 번째 게이트에서는 좀 더 심층적이며 구조화된 면담으로 되어 있어, 면담자가 학교폭력 경험에 대해 통찰

표 24.1 연구와 실무를 위한 제언: 학교폭력 평가에서의 쟁점 사안 및 시사점

쟁점 사안	연구와 실무를 위한 제안
실무에 적용할만한 학교폭력 정의를 개발하고 고민하기 위해 어느 정도의 시기를 갖도록 한다.	첫 단계는 그간 연구자들이 제시해왔던 각종 학교폭력의 정의를 검토해보는 것이다. 그리고 당신 상황과 제일 적합한 정의를 골라내도록 한다. 당신은 가해자와 피해자 중에 어떤 집단에 대해서 더 관심이 많은가? 아니면 두 집단 모두 다 관심이 있는가? 연구자들이 종종 간과하는 부분이 있다면, 집단적 학교폭력 양상에 더 초점을 맞출 것인지 아니면 개인적 양상에 더 초점을 맞출 것인지 결정하는 대목이다. 연구 조사나 개입 프로젝트를 실행하기 전에, 운용 가능한 학교폭력의 정의를 정해놓고 시작해야 한다.
학교폭력 평가 하려는 목적을 분명히 한다.	학교폭력을 평가해서 최종적으로 어떤 결과물을 얻고 싶은 지 결정하는 것이 매우 중요하다. 만약 학교나 지역사회가 시간 경과에 따라 학교폭력 관련 행동 추이를 보고싶어한다면, 정의 기반 접근법으로 된 간략한 질문지가 좋은 선택이 된다. 만약 좀 더 심층적인 정보를 원한다면, 당연히 좀 더 자세한 정보를 수집할 수 있는 도구를 선택해야 된다. 특히 학교폭력 사건이 언제, 어디서, 어떻게 발생했는지에 대한 정보를 수집할 수 있는 도구면 좋다. 만약 목표가 집단 수준의 경향을 파악하는 것이면, 일반적인 또래 피해 경험과 학교폭력을 구분해내는 정확성이 조금은 낮아도 별 상관없다. 이런 경우는 다양한 유형의 피해 사례가 전반적으로 감소하는 지 확인하는 것으로 충분하다. 만약 연구자나 실무자가 특정 피해자 혹은 가해자 집단에서 개입 프로젝트의 효과성을 평가하기 위해서 학교폭력 평가를 실시하고자 한다면, 반드시 타당도와 신뢰도가 확보된 도구를 선택해야 한다.
반응 시간을 검토한다.	학교폭력 질문지는 모두 특정 시간대 안에서 발생된 행동을 묻게 된다. 연구자와 실무자는 이런 시간 틀을 제시하는 것이 현장 상황에 적절하게 접목될 수 있는지 검토해볼 필요가 있다. 예를 들어, 당신은 아주 최근 사건에 관심이 있는가? 당신이 만약 학교폭력 예방 프로그램을 평가하기 위해서 작년에 있었던 일을 조사한다면, 최근 변화를 알아채기에는 시간틀 설정이 효과적이지 않다. 우리 시각에서는 학생들이 작년 같은 과거의 일보다 지난 달 같이 최근 일에 대해서 더 정확하게 응답할 수 있다. 게다가 매년 조사를 시행하는 것보다 자주 조사를 시행하는 것이 더 정확한 정보를 얻을 수 있다.
질문지에 포함시킬 학교폭력 유형을 정한다.	어떤 유형의 행동 문제를 포함시킬지도 중요한 사안이다. 예를 들면, 신체적 공격성을 포함시키느냐 아니면 사회적 고립을 포함시키느냐 등등. 질문지에 포함될 항목은 교내 사회적 및 문화적 상황에 적절한 것이어야 하고, 현재 실행되고 있는 연구나 프로그램이나 개입 사업에도 호환이 될 수 있어야 한다. 물론 문화적 및 발달학적 영향을 알아볼 수 있는 항목도 포함되어야 한다.
권력의 불균형을 조사하기 위해 필수적인 질문을 어떻게 구체화할 것인지 평가한다.	일반적인 설문조사 목적이라면, 대규모 집단 조사를 촉진시키기 위하여 정의 기반 조사법 중 하나를 채택하는 것이 실용적이다. 이런 질문들은 권력의 불균형 개념이 포함되어 있다. 하지만 일부 지역에서 소규모로 조사할 예정이라면, 실무자와 연구자는 포커스 집단에 학생들로 채워넣고 학교폭력 정의에 대해서 얼만큼 독해하고 어떤 반응을 보이는지 정보를 수집하는 것이 더 나을 수 있다. 만약 학교폭력 구성원의 경험을 더 잘 이해하고 싶다거나 맞춤형 개입 프로그램을 제공해주고 싶다면, 좀 더 심층적인 조사를 시행하는 것이 낫다. 또는 구조화된 면접을 실시하거나, 면접과 조사를 다중 등급화된 과정을 통해 시행해보는 것이 필요하다.
학교폭력의 목적과 기능을 평가한다.	마지막으로 맞춤형 개입 프로그램의 실행이나 평가를 할 때, 다른 정보원을 통해서도 평가를 하여 관련된 임상적 정보를 수집하는 것도 고려해볼 사항이다. 예를 들면, 내재화 및 외현화 문제 행동과 같은 항목을 포함하고 있으면서 심리측정학적으로도 괜찮은 도구들을 활용하는 것이다. 특히 가해자에 대해서는 기능적 평가를 실시하게 되면 자기 또래들을 괴롭히려는 행동 동기와 그 행동을 유지하는 데에 관련된 요인들을 찾을 수도 있다.

을 얻을 수 있도록 되어 있다.

CBVS 타당도에 관한 일차적인 연구 결과를 보면 학교폭력 연구자가 마주하고 있는 방법론적 문제에 대한 통찰을 부분적으로 얻을 수 있었고, 향후 추가적 연구 과제에 대한 방향도 짐작할 수 있었다. 예를 들어, 우리는 Swearer(2001)의 학교폭력조사(Bully Survey)에 수록된 전반적 가해자 피해자 항목 조사와 함께 CBVS를 시행하였다. Furlong 연구진(2006)은 2주간 피해자 분류 안정성은 CBVS(카파=0.690)가 정의 기반 접근(학교폭력의 정의를 제시하는 방식; 카파=0.456)보다 우수했다. CBVS와 정의 기반 접근법을 분류 비율로 비교해 보았을 때, 만성피해자로 분류된 비율이 각각 21.3%와 17.9%로 나타났다. CBVS상으로 만성 피해자로 분류된 학생 중 Swearer의 학교폭력조사에서도 만성 피해자로 분류된 학생은 44%만 해당되었다. 이와 마찬가지로 Swearer의 방식에서 만성 피해자로 분류된 학생 중 CBVS에서도 만성 피해자로 분류된 학생은 37%만 해당되었다.

이런 연구 결과를 보면, 원래 학생들의 학교폭력 유병률을 산출해서 학교폭력 경험을 서로 비교하기 위해 만든 측정법들이 과연 방법론적으로 부족한 점이 없는지 의문이 생기게 된다. 만약 학교폭력 평가의 목적이 가해자와 피해자와 가피해자를 분류하기 위함이라면, 분류 결과의 안정성을 이해하는 것이 매우 중요하다. 그리고 만약 이런 분류 결과가 바뀐다면, 왜 이런 현상이 발생하는지 이해해야 한다. 왜냐하면 학교폭력의 정의상 학교폭력 경험은 안정적인 경험이기 때문이다(Scholte 등, 2007). 만약 임상적 결과에 관한 연구가 목표라면, 학생을 분류하는 데 있어 정확성이 중요하다. 두 번째 예로, 우리는 CBVS와 학교폭력조사를 동시에 쓰면서, 아이들의 희망 척도를 비롯한 긍정심리학적 척도도 3~4개 같이 시행을 했었다. 그 결과 권력의 차이가 있다고 보고한 피해자와 그렇지 않은 피해자 간에 유의한 차이가 발견되었다. 사실 대부분의 척도에서는 피해자나 비피해자는 긍정적 건강 척도에서는 비슷한 수준이었으나, 권력의 불균형을 겪었다고 응답한 만성적 피해자는 유의하게 긍정심리학적 수준이 낮은 것으로 보고했다(You 등, 2008). 게다가 피해자와 만성 피해자 간의 결과 차이도 학교폭력조사 보다 CBVS에서 더 두드러졌다(Furlong 등, 2006). 이런 결과는 학생들의 심리적 기능을 이해함에 있어 행동 기반 접근법에서도 권력의 불균형 문제를 중요하게 다룰 수 있어야 한다는 점을 시사한다. 학교폭력 연구에서 방법론적 사안 계속 규명하려는 연구가 이어져야 한다. 표 24.1은 학교폭력 평가에서 쟁점이 될 만한 사안들을 열거하고, 연구자와 실무자에게 이와 관련된 시사점을 제공하였다.

결 론

학교폭력이란 용어에는 의도성, 반복성, 권력의 불균형 개념이 포함되어 있다. 하지만 학교폭력 평가 도구에는 이 세 가지 구성이 항상 포함되어 있는 것은 아니다. 그 간 연구 결과를 비추어보면, 이 세 가지 개념이 모두 알아야 어떤 학생이 제일 심각한 심리사회적 영향을 받고 있는지 파악할 수 있다. 그러나 전세계적으로 학교폭력과 단순한 또래 피해 사례를 잘 구분해주는 연구가 그리 많지 않다. 학교폭력 구성 요소를 측정하기 위해 국제적인 합의가 필요하다. 이런 합의가 바탕이 되어야 유병률 측정에서 부터 학생 개개인에 대한 정확한 평가까지 학문적인 진보를 이끌어낼 수 있다. 최근에 개발되는 학교폭력 평가법(예: Bond 등, 2007; Tarshis & Huffman, 2007)은 고전검사이론적 접근법을 택하여 신뢰도와 타당도와 안정성을 검증하고 있다. 물론 새로운 척도가 심리측정학적 이점이 있긴 하지만, 이런 행동 기반 전략에서는 권력의 불균형에 대해 구체적으로 평가를 하지 못하고 있다. 예를 들면, Tarshis와 Huffman(2007)은 새로운 도구로 자료를 수집해보면 대부분의 초등학교 학생들이 학교폭력에 참여하는 것으로 나타나고 있어,

학교폭력 평가에 있어 여전히 미해결된 사안이 있지 않나 하는 의문이 든다. 과연 연구자들이 바람직하지는 않지만 일상적인 또래 피해 사례와 학교폭력을 얼만큼 정확히 구분해 낼 수 있을까? 만약 다른 학생을 가해하는 것이나 만성적으로 피해를 당하는 것이 양쪽 집단 모두 발달학적 후유증을 남긴다면, 연구자와 교육당국 실무자는 단순히 또래 공격성에 관계된 학생과 학교폭력에 관계된 학생을 더 정확히 구별해 낼 수 있는 방법을 찾는 노력을 두 배로 더 늘려야 한다. 물론 학교폭력엔 대한 연구가 앞으로도 진전은 되겠지만, 더 정확한 측정법이 생긴다면 여러 나라에서 나오는 연구 결과를 통합하고 발전시키기가 더 쉬워질 것이다.

참고문헌

Achenbach, T. M. (1991). *Integrative guide for the 1991 CBCL/4-18, YSR and TRF Profiles*. Burlington: Department of Psychiatry, University of Vermont.

Arora, C. M. J. (1996). Defining bullying: Towards a clearer general understanding and more effective intervention strategies. *School Psychology International, 17*, 317-329.

Austin, S., & Joseph, S. (1996). Assessment of bully-victim problems in 8- to 11-year-olds. *British Journal of Educational Psychology, 66*, 447-456.

Birleson, P. (1981). The validity of depression disorder in childhood and the development of a self-rating scale: A research report. *Journal of Child Psychology and Psychiatry, 22*, 73-88.

Björkvist, K., Ekman, K., & Lagerspetz, K. (1982). Bullies and victims: Their ego picture, ideal ego picture and normative ego picture. *Scandinavian Journal of Psychology, 23*, 307-313.

Bond, L., Carlin, J. B., Thomas, L., Rubin, K., & Patton, G. (2001). Does bullying cause emotional problems? A prospective study of young teenagers. *British Medical Journal, 323*(7311), 480-484.

Bond, L., Patton, G., Glover, S., Carlin, J. B., Butler, H., & Thomas, L., & Bowes, G. (2004). The gatehouse project: Can a multilevel school intervention affect emotional wellbeing and health risk behaviours? *Journal of Epidemiology & Community Health, 58*, 997-1003.

Bond, L., Wolfe, S., Tollit, M., Butler, H., & Patton G. (2007). A comparison of the Gatehouse Bullying Scale and the peer relations questionnaire for students in secondary school. *Journal of School Health, 77*, 75-79.

"Bullying" amongst birds. (1932). *Nature, 129*, 395.

Calkins, M. W. (1916). *Volition and belief*. Will and faith. New York: MacMillan.

Callaghan, S., & Joseph, S. (1995). Self-concept and peer victimization among schoolchildren. *Personality and Individual Differences, 18*, 161-163.

Chan, J. H. F. (2006). Systemic patterns in bullying and victimization. *School Psychology International, 27*, 352-369.

Chan, J. H. F., Myron, R., & Crawshaw, M. (2005). The efficacy of non-anonymous measures of bullying. *School Psychology International, 26*, 443-458.

Cole, J. C. M., Cornell, D. G., & Sheras, P. (2006). Identification of school bullies by survey methods. *Professional School Counseling, 9*, 305-313.

Cornell, D. G., & Brockenbrough, K. (2004). Identification of bullies and victims: A comparison of methods. In M. J. Furlong, G. Morrison, R. Skiba, & D. Cornell (Eds.), *Issues in school violence research* (pp. 63-87). New York: Haworth Press.

Cornell, D. G., Sheras, P. L., & Cole, J. C. (2006). Assessment of bullying. In S. Jimerson & M. Furlong (Eds.), *Handbook of school violence and school safety* (pp. 191-210). Mahwah, NJ: Erlbaum.

Craig, W. M., & Pepler, D. J. (1997). Observations of bullying and victimization in the school yard. *Canadian Journal of School Psychology, 13*, 41-59.

Craig, W. M., Pepler, D., & Atlas, R. (2000). Observations of bullying in the playground and in the classroom. *School Psychology International, 21*, 22-36.

De Los Reyes, A., & Kazdin, A. E. (2005). Informant discrepancies in the assessment of childhood psychopathology: A critical review, theoretical framework, and recommendations for further study. *Psychological Bulletin, 131*, 483-509.

DeSouza, E. R., & Rineiro, J. (2005). Bullying and sexual harassment among Brazilian high school students. *Journal of Interpersonal Violence, 20*, 1018-1038.

Dulmus, C. N., Theriot, M. T., Sowers, K. M., & Blackburn, J. A. (2004). Student reports of peer bullying victimization in a rural school. *Stress, Trauma and Crisis: An International Journal, 7*, 1-16.

Espelage, D. L., Bosworth, K., & Simon, T. R. (2001). Short-term stability and prospective correlates of bullying in middle school: An examination of potential demographic, psychosocial, and environmental influences. *Violence & Victims, 16*, 411-426.

Espelage, D. L., & Holt, M. K. (2001). Bullying and victimization during early adolescence: Peer influences and psychosocial correlates. In R. A. Geffner, M. Loring, & C. Young (Eds.), *Bullying behavior: Current issues, research, and interventions* (pp. 123-142). Binghamton, NY: Haworth Maltreatment and Trauma Press/The Haworth Press.

Espelage, D. L., Holt, M. K., & Henkel, R. R. (2003). Examination of peer-group contextual effects on aggression during early adolescence. *Child Development, 74*, 205-220.

Espelage, D. L., Mebane, S. E., & Adams, R. S. (2004). Empathy, caring, and bullying: Toward an understanding of complex associations. In D. L. Espelage & S. M. Swearer (Eds.), *Bullying in American schools: A social-ecological perspective on prevention and intervention* (pp. 37-61). Mahwah, NJ: Erlbaum.

Espelage, D. L., Mebane, S. E., & Swearer, S. M. (2004). Gender differences in bullying: Moving beyond mean level differences. In D. L. Espelage & S. M. Swearer (Eds.), *Bullying in American schools: A social-ecological perspective on prevention and intervention* (pp. 15-35). Mahwah, NJ: Erlbaum.

Espelage, D. L., & Swearer, S. M. (2003). Research on school bullying and victimization: What have we learned and where do we go from here? *School Psychology Review, 32*, 365-383.

Espelage, D. L., & Swearer S. M. (Eds.). (2004). *Bullying in American schools: A social-ecological perspective on prevention and intervention*. Mahwah, NJ: Erlbaum.

Fekkes, M., Pijpers, F. I. M., & Verloove-Vanhorick, S. P. (2005). Bullying: Who does what, when and where? Involvement of children, teachers and parents in bullying behavior. *Health Education Research, 20*, 81-91.

Felix, E. D., & McMahon, S. D. (2006). Gender and multiple forms of peer victimization: How do they influence adolescent psychosocial adjustment? *Violence & Victims, 21*, 707-724.

Furlong, M. J., Felix, E. J., Sharkey, J. D., Greif Green, J., & Tanigawa, D. (2006). *Development of a multi-gating school bullying victimization assessment*. Paper presented at the Persistently Safe School Conference, Hamilton Fish Institute, George Washington University, Washington, DC, September.

Furlong, M. J., & Sharkey, J. D. (2006). A review of methods to assess student self-report of weapons on school campuses. In S. R. Jimerson & M. J. Furlong (Eds.), *Handbook of school violence and school safety* (pp. 235-253). Mahwah, NJ: Erlbaum.

Greif Green, J., Felix, E. D., Furlong, M. J., & Taylor, L. A. (2007, March). *The relationship between bullying and post-traumatic stress*. Paper presented at the Society for Research in Child Development, Boston.

Greif, J. L., & Furlong, M. J. (2006). The assessment of school bullying: Using theory to inform practice, *Journal of School Violence, 5*, 33-50.

Hall, G. S. (1904). *Juvenile faults, immoralities, and crimes*. New York: D. Appleton.

Hamby, S. L., & Finkelhor, D. (2000). The victimization of children: Recommendations for assessment and instrument development. *Journal of the American Academy of Child & Adolescent Psychiatry, 39*, 829-840.

Hawkins, D. L., Pepler, D. J., & Craig, W. M. (2001). Naturalistic observations of peer interventions in bullying. *Social Development, 10*, 512-527.

Heinemann, P. P. (1972). *Mobbning. Gruppvåld bland barn och vuxna* [Bullying. Group violence among children and grown ups]. Stockholm: Natur och Kultur.

Hilton, N. Z., Harris, G. T., & Rice, M. E. (1998). On the validity of self-reported rates of interpersonal violence. *Journal of Interpersonal Violence, 13*, 58-72.

Hoover, J. H., & Hazler, R. J. (1991). Bullies and victims. *Elementary School Guidance & Counseling, 25*, 212-219.

Komiyama, K. (1986). A study of the background factors related to bullying among junior high school students. *Reports of the National Research Institute of Police Science, 27*, 38-53.

Kristensen, S. M., & Smith, P. K. (2003). The use of coping strategies by Danish children classed as bullies, victims, bully/victims, and not involved, in response to different (hypothetical) types of bullying. *Scandinavian Journal of Psychology, 44*, 479-488.

Kshirsagar, V. Y., Agarwal, R., & Bavdekar, S. B. (2007). Bullying in schools: Prevalence and short-term impact. *Indian Pediatrics, 44*, 25-28.

Kyriakides, L., Kaloyirou, C., & Lindsay, G. (2006). An analysis of the Revised Olweus Bully/Victim Questionnaire using the Rasch measurement model. *British Journal of Educational Psychology, 76*, 781-801.

LaFontaine, J. (1991). *Bullying: The child's view*. London: Calouste Gulbenkian Found.

Lowenstein, L. F. (1972). *Violence in schools and its treatment*. Oxford, England: National Association of Schoolmasters.

Lowenstein, L. F. (1975). *Violent and disruptive behaviour in schools*. Oxford, England: National Association of Schoolmasters.

Lowenstein, L. F. (1977). Who is the bully? *Home & School, 11*, 3-4.

Lowenstein, L. F. (1978). The bullied and non bullied child: A contrast between the popular and unpopular child. *Home & School, 12*, 3-4.

Marini, Z., Dane, A., Bosacki, S., & YLC-CURA (2006). Direct and indirect bully-victims: Differential psychosocial risk factors associated with adolescents involved in bullying and victimization. *Aggressive Behaviour, 32,* 1-19.

McDonald, R. P., & Ho, M. R. (2002). Principles and practice in reporting structural equation analyses. *Psychological Methods, 7,* 64-82.

Mikkelsen, E. G., & Einarsen, S. (2001). Bullying in Danish work-life: Prevalence and health correlates. *European Journal of Work and Organizational Psychology. Special Issue: Bullying in the Workplace: Recent Trends in Research and Practice, 10,* 393-413.

Morrison, B. (2006). School bullying and restorative justice: Toward a theoretical understanding of the role of respect, pride, and shame. *Journal of Social Issues, 62,* 371-392.

Mynard, H., & Joseph, S. (2000). Development of the multidimensional peer-victimization scale. *Aggressive Behavior, 26,* 169-178.

Nansel, T. R., Craig, W., Overpeck, M. D., Saluja, G., Ruan, W. J., & Health Behaviour in School-aged Children Bullying Analyses Working Group. (2004). Cross-national consistency in the relationship between bullying behaviors and psychosocial adjustment. *Archieves Pediatriatric Adolescent Medicine, 158,* 730-736.

Naylor, P., Cowie, H., Cossin, F., de Bettencourt, R., & Lemme, F. (2006). Teachers' and pupils' definitions of bullying. *British Journal of Educational Psychology, 76,* 553-576.

Neary, A., & Joseph, S. (1994). Peer victimization and its relationship to self-concept and depression among schoolgirls. *Personality and Individual Differences, 16,* 183-186.

Nguy, L., & Hunt, C. J. (2004). Ethnicity and bullying: A study of Australian high-school students. *Educational and Child Psychology, 21,* 78-94.

Olweus, D. (1978). *Aggression in the schools: Bullies and whipping boys.* Oxford, England: Hemisphere.

Olweus, D. (1986). *The Olweus Bully/Victim Questionnaire. Mimeo.* Bergen, Norway: University of Bergen.

Olweus, D. (1987). Bully/victim problems among schoolchildren in Scandinavia. In J. P. Myklebust & R. Ommundsen (Eds.), *Psykologprofesjonen mot år 2000: Helsepsykologi, samfunnspsykologi og internasjonale perspektiver: Minneskrifttil bjorn christiansen* [Psychology profession toward the year 2000] (pp. 395-413). Oslo, Norway: Universitetsforlaget AS.

Olweus, D. (1989). *Senior Questionnaire for Students.* Unpublished manuscript.

Olweus, D. (1992). Bullying among school children: Intervention and prevention. In R. D. Peters, R. J. McMahon, & V. L. Quiney (Eds.), *Aggression and violence through the life span* (pp. 100-125). Thousand Oaks, CA: Sage.

Olweus, D. (1993). *Bullying at school: What we know and what we can do.* Malden, MA: Blackwell.

Olweus, D. (1996). *The revised Olweus Bully/Victim Questionnaire.* Mimeo. Bergen, Norway: Research Center for Health Promotion (HEMIL Center), University of Bergen.

O'Moore, A. M., & Hillery, B. (1989). Bullying in Dublin schools. *Irish Journal of Psychology, 10,* 426-441.

O'Moore, A. M., & Minton, S. J. (2005). Evaluation of the effectiveness of an anti-bullying programme in primary schools. *Aggressive Behavior, 31,* 609-622.

Parten, M. B. (1933). Leadership among preschool children. *Journal of Abnormal & Social Psychology, 27,* 430-440.

Pearce, J. D. W. (1948). The community and the aggressive child. *Journal of Mental Science, 94,* 623-628.

Pellegrini, A. D., Bartini, M., & Brooks, F. (1999). School bullies, victims, and aggressive victims: Factors relating to group affiliation and victimization in early adolescence. *Journal of Educational Psychology, 91,* 216-224.

Peskin, M. F., Tortolero, S. R., Markham, C. M., Addy, R. C., & Baumler, E. R. (2007). Related bullying and victimization and internalizing symptoms among low-income Black and Hispanic students. *Journal of Adolescent Health, 40,* 372-375.

Pikas, A. (1975). Treatment of mobbing in school: Principles for and the results of the work of an anti-mobbing group. *Scandinavian Journal of Educational Research, 19,* 1-12.

Prewitt, P. W. (1988). Dealing with ijime (bullying) among Japanese students: Current approaches to the problem. *School Psychology International, 9,* 189-195.

Rigby, K. (1993). School children's perceptions of their families and parents as a function of peer relations. *The Journal of Genetic Psychology, 154,* 501-513.

Rigby, K. (1996). *Manual for the Peer Relations Questionnaire.* Underdale, Australia: University of South Australia.

Rigby, K. (2004). What it takes to stop bullying in schools: An examination of the rationale and effectiveness of schoolbased interventions. In M. J. Furlong, M. P. Bates, D. C. Smith, & P. Kingery (Eds.), *Appraisal and prediction of school violence* (pp. 165-191). Hauppauge, NY: Nova Science.

Rigby, K., & Slee, P. T. (1991). Bullying among Australian school children: Reported behavior and attitudes toward victims. *Journal of Social Psychology, 131,* 615-627.

Rigby, K., & Slee, P. T. (1993). Dimensions of interpersonal relation among Australian children and implications for psychological well-being. *Journal of Social Psychology, 133,* 33-42.

Schneider, K. T., Swan, S., & Fitzgerald, L. F. (1997). Job-related and psychological effects of sexual harassment in the workplace: Empirical evidence from two organizations. *Journal of Applied Psychology, 82*, 410-415.

Scholte, R. H., Engels, R. C., Overbeek, G., de Kemp, R. A., & Haselager, G. J. (2007). Stability in bullying and victimization and its association with social adjustment in childhood and adolescence. *Journal of Abnormal Child Psychology, 35*, 217-228.

Schuster, B. (1996). Rejection, exclusion, and harassment at work and in schools. *European Psychologist, 1*, 293-309.

Sharp, S., & Smith, P. K. (1991). Bullying in UK schools: The DES Sheffield bullying project. *Early Child Development and Care, 77*, 47-55.

Smith, G. H. (1950). Sociometric study of best-liked and least-liked children. *Elementary School Journal, 51*, 77-85.

Smith, P. K. (1991). The silent nightmare: Bullying and victimization in school peer-groups. *The Psychologist, 4*, 243-248.

Smith, P. K., Cowie, H., Olafsson, R. F., & Liefooghe, A. P. D. (2002). Definitions of bullying: A comparison of terms used, and age and gender differences, in a fourteen-country international comparison. *Child Development, 73*, 1119-1133.

Smith, P. K., & Levan, S. (1995). Perceptions and experiences of bullying in younger pupils. *British Journal of Educational Psychology, 65*, 489-500.

Smith, P. K., Morita, Y., Junger-Tas, J., Olweus, D., Catalano, R., & Slee, P. (Eds.). (1999). *The nature of bullying: A crossnational perspective*. New York: Routledge.

Smith, P. K., & Shu, S. (2000). What good schools can do about bullying: Findings from a survey in English schools after a decade of research and action. *Childhood, 7*, 193-212.

Smorti, A., Menesini, E., & Smith, P. K. (2003). Parents' definitions of children's bullying in a five-country comparison. *Journal of Cross-Cultural Psychology, 34*, 417-432.

Solberg, M. E., & Olweus, D. (2003). Prevalence estimation of school bullying with the Olweus Bully/Victim Questionnaire. *Aggressive Behavior, 29*, 239-268.

Solberg, M. E., Olweus, D., & Endresen, I. M. (2007). Bullies and victims at school: Are they the same pupils? *British Journal of Educational Psychology, 77*, 441-464.

Strohmeier, D., & Spiel, C. (2003). Immigrant children in Austria: Aggressive behavior and friendship patterns in multicultural school classes. *Journal of Applied School Psychology, 19*, 99-116.

Swearer, S. M. (2001). *Bully Survey*. Unpublished survey. Lincoln: University of Nebraska-Lincoln.

Swearer, S. M., & Cary, P. T. (2003). Perceptions and attitudes toward bullying in middle school youth: A developmental examination across the Bully/Victim continuum. *Journal of Applied School Psychology, 19*, 63-79.

Swearer, S. M., Peugh, J., Espelage, D. L., Siebecker, A. B., Kingsbury, W. L., & Bevins, K. S. (2006). A socioecological model for bullying prevention and intervention in early adolescence: An exploratory examination. In S. R. Jimerson & M. J. Furlong (Eds.), *Handbook of school violence and school safety: From research to practice* (pp. 257-273). Mahwah, NJ: Erlbaum.

Swearer, S. M., Song, S. Y., Cary, P. T., Eagle, J. W., & Mickelson, W. T. (2001). Psychosocial correlates in bullying and victimization: The relationship between depression, anxiety, and bully/victim status. In R. A. Geffner, M. Loring, & C. Young (Eds.), *Bullying behavior: Current issues, research, and interventions* (pp. 95-121). Binghamton, NY: Haworth Maltreatment and Trauma Press/The Haworth Press.

Swearer, S. M., Turner, R. K., Givens, J. E., & Pollack, W. S. (2008). "You're so gay!": Do different forms of bullying matter for adolescent males? *School Psychology Review, 37*, 160-173.

Tarshis, T. P., & Huffman, L. C. (2007). Psychometric properties of the Peer Interactions in Primary School (PIPS) Questionnaire. *Journal of Developmental & Behavioral Pediatrics, 28*, 125-132.

Theriot, M. T., Dulmus, C. N., Sowers, K. M., & Johnson, T. K. (2005). Factors relating to self-identification among bullying victims. *Children and Youth Services Review, 27*, 979-994.

Thorndike, E. L. (1919). *Man's equipment of instincts and capacities: Responses to the behavior of other human beings*. New York: Columbia University Press.

Vaughn, C. L. (1941). Classroom behavior problems encountered in attempting to teach illiterate defective boys how to read. *Journal of Educational Psychology, 32*, 339-350.

Whitney, I., & Smith, P. K. (1993). A survey of the nature and extent of bullying in junior/middle and secondary schools. *Educational Research, 35*, 3-25.

You, S., Furlong, M. J., Felix, E. D., Sharkey, J. D., Tanigawa, D., & Grief Green, J. (2008). Relations among school connectedness, hope, life satisfaction, and bullying victimization. *Psychology in the Schools, 45*, 446-460.

Zhang, W., Gu, C., Wang, M., Wang, Y., & Jones, K. (2000). Gender differences in the bully/victim problem among primary and junior middle school students. *Psychological Science, 23*, 435-439.

25
다양한 학교폭력 유병률 추정치
국가 간 및 방법론적 분석

CLAYTON R. COOK, KIRK R. WILLIAMS, NANCY G. GUERA, AND TIA E. KIM

학교폭력은 특정 국가나 특정 사회적 환경에서만 일어나는 개별적 문제가 아니다. 되려 학교폭력은 국가를 초월하여 사람들이 상호작용하는 일상 속에 깊숙이 침투해 있는 행동 문제다. 학교는 사회적 환경의 한 종류로 전세계 거의 모든 국가에서 운영되고 있다. 그 결과 전 세계적으로 연구자들이 학교폭력을 이해하기 위해 상당한 관심과 에너지를 들이고 있다(Espelage & Swearer, 2004; Smith 등, 1999; Olweus, 1993; Rigby, 2002). 이는 Smith 연구진(1999)이 시행했던 학교폭력에 관한 연구 조사에서 알 수 있는데, 미국과 유럽과 아프리카와 아시아와 호주의 21개국을 상대로 연구했기 때문이다.

국제적으로든 국내에서든 학교폭력에 대한 연구가 많이 누적된 바, 학교폭력 유병률에 대한 비교 분석이 필요하다. 예를 들어 학교폭력의 유병률에 대하여 국가 간 얼만큼 차이가 나는 지 선명하게 답을 제시한 연구는 없었다. 게다가 연구마다 유병률 차이가 나는 것이 방법론적 측면 때문에 발생하는지에 대해서도 아직 밝혀진 바가 거의 없다. 누가 응답하는지가 중요한 지(예: 본인, 또래, 교사, 부모), 학교폭력을 어떻게 측정하느냐가 중요한 지(예: 정의 혹은 행동 기반), 또 학교폭력 행동 문제를 확인할 때 기간을 설정하는 때문인지(예: 지난주 동안, 지난 30일 동안, 작년에) 명확하지 않다.

본 챕터의 목적

본 챕터는 위와 같은 사안을 학교 기반 연구 결과를 비교 분석하는 방식으로 경험적인 검토를 해볼 것이다. 구체적으로 말하자면, 이런 류의 문헌을 바탕으로 유병률의 다양성을 알아보기 위해 메타분석을 실시할 것이며, 지리학적 위치를 포함하여 어떤 방법론적 특징들이 유병률 추정치의 다양성과 상관관계가 있는 지 확인할 것이다. 본 챕터에서 제시한 문헌은 더 큰 메타분석 연구에서 인용했는데, 주로 아동기 및 청소년기 학교폭력에 대한 개인적 및 상황적 예측인자에 대한 것이다(Cook, Williams, Guerra, Kim & Sadek, 출판 진행중). 이 대규모 메타분석 연구에는 총 128개의 독립된 연구 문헌이 포함되어 있고, 26개국 아동과 청소년에 대한 자료를 다루고 있다. 본 챕터에서는 22개국을 대상으로 한 82편의 문헌으로 줄여서 분석할 예정인데, 일부 문헌에서 유병률 추정치를 제시하지 않았기 때문이다.

국제적 시각에서 본 학교폭력

학교폭력은 의심할 여지 없이 국제적인 문제다. 그런데 각 나라마다 상황적 및 문화적 특징들이 학교폭력 유병률에 영향을 미칠 것이라 여겨지며, 국가마다 고유한 유형의 공격성이 존재할 것이다. 학교폭력이 성립되려면 지속적인 사회적 관계가 있어야 되며, 이런 관계는 장시간 반복되어야 한다. 그래서 이런 인간관계와 상호작용 양상은 국가마다 다를 가능성이 높기 때문에 학교폭력 유병률이 국가 마다 다양하게 나올 것으로 추정된다.

Eslea 등(2004)이 7개 국가를 대상으로 학교폭력의 유병률과 예측인자를 비교연구하였는데, 이 문헌이 본 챕터의 취지를 잘 대변한다. 이 문헌에서는 Olweus 학교폭력 질문지 표준판을 사용하여 국가별 학교폭력 구성원의 비율을 조사했는데, 국가별로 큰 차이가 존재하는 것으로 밝혀졌다. 가해 사례 유병률은 중국 2%에서 스페인 17%까지 나타났으며, 피해 사례 유병률은 아일랜드 5%에서 이탈리아 26%까지 나타났다. 국가별 유병률 차이를 제외하고도 이 연구진은 국가별로 성정체성과 사회적 지지 수준에서도 차이가 존재한다고 밝혔다. 물론 학교폭력이 모든 국가에서 존재하기 때문에 보편적인 현상이라고 볼 수는 있지만, 이 연구에 의하면 전세계적으로 학교폭력 유병률은 다양하다. 본 챕터에서는 학교폭력 유병률 추정에 영향을 주는 각 국가별 상황적 및 문화적 특징이 무엇인 지 지명하지는 않을 것이다. 다만, 학교 기반 연구에서 지리적 위치에 따라 가해자, 피해자, 가피해자 비율이 어떻게 다른 지 일차적인 분석을 시행할 것이다.

학교폭력의 측정

대부분의 연구자는 학교폭력이 개념화하기 어렵고 측정하기도 어렵다고 여기고 있다(Cornell, Sheras, & Cole, 2006; Griffin & Gross, 2004). Farrington(1993)이 남긴 지적이 오늘날 학교폭력 연구 분야에서 벌어지고 있는 측정 문제에 대해서 딱 적절하다. 즉, 신뢰도와 타당도 같은 심리측정학적 사안에 대해 그간 관심이 불충분했으며, 측정 도구 간의 비교 분석이 필요하다는 것이다. 물론 연구자들이 Farrington이 지적한 문제를 풀려고 노력하고 있지만(Chan, Myron, & Crawshaw, 2006), 측정방법이 얼만큼 유병률 추정치에 영향을 줄 것인지에 대해서 알려진 바는 거의 없다. 본 챕터에서는 신뢰도와 타당도 사안을 직접적으로 평가하지는 않고, 서로 다른 도구로 측정된 결과를 비교해볼 것이다. 구체적으로, 세가지 측정법과 관련된 사안에 대해서 다룰 것이다.

첫째, 연구마다 설정한 기간이 다르다. 설정된 기간을 바탕으로 응답자는 학교폭력 사건과 특정 행동 문제에 대한 기억을 떠올려야 된다. 학교폭력은 장시간 반복되는 문제이므로, 학교폭력 측정은 사실 기간 설정에 민감할 수 밖에 없다. 그렇다고 적정하다고 입증된 기간 값이 존재하는 것도 아니다. 예를 들어, 만약 설정 기간을 지난 주에서 작년부터라는 식으로 더 긴 기간으로 잡았을 때, 학교폭력 유병률이 더 증가할지 아니면 감소할 지 아직 알려진 바가 없다.

둘째, 학교폭력 행동을 보고하는 주체도 여전히 논란 거리다. 대다수 학교폭력 연구자는 자기보고식 측정법을 선호한다(Espelage & Swearer, 2003). 한편으로는 또래나 교사나 학부모 응답을 통해 학교폭력 발생을 확인해오기도 했다(Cornell 등, 2006). OBVQ(Olweus, 1996)와 또래관계 질문지(the Peer Relations Questionnaire; Rigby & Slee, 1993)가 자가보고식 측정법 중에서는 제일 널리 활용되고 있는 도구인데,

대부분의 학교폭력과 관련된 사건은 일반적으로 당사자가 아닌 어른들이나 또래들이 잘 모르기 때문이다. 그렇다고 해서 자기보고식 도구에 제한점이 없는 것은 아니다. 예를 들어, 다른 방법론과 비교했을 때 자기보고식 도구의 신뢰도는 의문스러운 측면이 있다(Ladd & Kochenderfer-Ladd, 2002). 가령 기억력 문제나 비밀 공개에 대한 의지나 응답의 정직성 같은 사안들이다. 그 결과 일부 연구자는 학급 단위 학교폭력 조사에서는 또래지명법을 활용할 것을 주장한다(Crick & Grotpeter, 1995; Pellegrini, Bartini, & Brooks, 1999). 또한 다른 연구자는 교사와 학부모 보고를 활용할 것을 주장하기도 한다. 다시 말하지만, 보고 주체에 따라 학교폭력 유병률 다양성에 어떤 영향을 주는 지 알려진 바는 거의 없다. 이런 영향 관계는 본 챕터에서 다룰 것이다.

셋째, 아동청소년들한테 흔히 발견되는 다른 유형의 공격성을 배제하면서 학교폭력만 측정하는 것이 어렵다(Cornell, Sheras, & Cole, 2006). 단순히 몸싸움하거나 별명을 부르거나 따돌림을 시켰다고 해서 학교폭력이 되지 않는다. 특정 개인이나 집단을 겨냥한 특정 유형의 공격적 행동이 이루어져야 하고, 이런 행동이 반복적으로 발생해야 하며, 가해자와 피해자 간에 권력의 불균형이 인정되어야 한다. 이와 같은 행동으로 학교 환경에서 집단내 혹은 집단외 계층 구조에서 자신의 지위를 유지하거나 형성한다. 이런 미묘한 뉘앙스를 포착하기 위해 일부 연구자는 학교폭력을 측정할 때 학교폭력의 정의를 알려주고 응답자로 하여금 자신이 가해자였는지 또는 피해자 등이었는지 응답하도록 하였다. 비록 일부 연구자는 학교폭력 측정에 있어 학교폭력 정의를 제시하는 것이 중요하다고 주장했지만(예: Solberg & Olweus, 2003), 다른 연구자들은 응답자로 하여금 의도치 않은 응답 왜곡을 불러일으킬 수 있다고 주장했다. 정의 기반 방식에 대한 대안으로 구체적 공격적 행동(예: 밀치기, 못된 말을 하기 등)을 열거하는 방식이 나오기도 하였다. 하지만 학교폭력의 정의나 용어를 명시하지 않으면, 학교폭력과 관련된 행동과 일반적인 공격적 행동을 구분하는 것이 어려워진다. 이런 측정 방법적 사안이 유병률의 다양성에 어떤 영향을 미칠 지에 대해서는 아직 결론이 없다.

방 법

문헌 검색 및 선별 과정

본 챕터는 학교폭력의 개인적 및 상황적 예측 요인을 검토한 대규모 메타분석 자료 일부를 바탕으로 하였다. 본 분석에서 활용된 문헌에는 학교 환경 내에서 발생한 학교폭력 사건에 대한 정량적 정보를 포함하고 있었으며, 1999년에서 2006년 중반까지 학술지에 개제된 문헌들이었다. 핵심 종설에 대한 도서목록적 분석법과 전자 데이터베이스를 활용하여 개제된 문헌의 대표적 표본의 위치를 파악하였다. 이런 방법으로 본 메타분석에 적합한 문헌을 잠재적으로 1,197편을 찾았다.

선별 기준   총 1,197편의 문헌을 대상으로 구체적 선별 기준에 맞는 지 면밀히 검토하였다. 본 분석에는 4가지 구체적인 기준을 적용했다. 1) 학교폭력의 유병률과 관련된 정량적 자료가 있을 것, 2) 일반적 공격성으로 인한 피해 사례가 아닌 학교폭력으로 인한 피해 사례를 분석한 문헌일 것, 3) 개입 프로그램용 연구가 아닐 것, 4) 어른이 아닌 아동과 청소년을 표본으로 삼은 연구일 것. 이 4가지 기준을 적용한 결과, 1,197편의 문헌 중에서 82편만 분석에 적합하였다.

코딩 작업 체계와 코딩 작업의 신뢰도

본 분석과 관련된 문헌의 특징을 코딩할 수 있도록 프로토콜을 만들었다. 두명의 독립된 연구자들이 문헌 특징들을 코딩했는데, 측정자간 신뢰도는 카파 통계법을 활용하여 계산되었다. Landis와 Koch(1977)에 따르면, 카파값이 0.01~0.20으로 나오면 '낮음'으로, 0.21~0.40으로 나오면 '수긍할 만한' 수준으로, 0.41~0.60으로 나오면 '중등도'로, 0.61~0.80이면 '상당한' 수준으로, 0.81~1.00이면 '완벽' 수준으로 분류하였다. 카파계수는 0.81(93% 일치율에서 1.0으로 나왔다. 다음은 본 분석에 코딩된 문헌의 특징들을 간략하게 정리한 것이다.

원문헌 특징

유병률 본 연구에서는 Solberg와 Olweus(2003)가 제시한 유병률 정의를 따른다. '유병률이란 흔히 특정 위험에 노출된 집단 혹은 인구 중에서 특정 질환을 지닌 사람의 수를 지칭한다'(p.239). 이에 따라 가해자, 피해자, 가피해자로 확인된 학생들 비율과 관련된 자료를 각 문헌에서 추출하였다. 일부 연구에서는 학교폭력의 빈도에 따라 유병률을 여러 종류로 잡은 것도 있었다. 이런 경우는 평균값을 취해 코딩하였다.

문헌의 지리적 위치 연구가 수행된 지리적 위치가 유병률에 영향을 주는 지 알아보기 위하여, 본 분석에서는 미국, 또는 유럽, 또는 기타 국가($_K$=1.00) 3가지 항목으로 나누어 분류하였다. '유럽'과 '기타 국가'는 서로 다른 나라들이 모여있는 곳이지만 이렇게 분류를 한 이유는 오직 3편 정도의 문헌에서만 본 표본에 나와있는 22개국 중에서 18개국에서 연구를 시행하였다. 그래서 이런 국가에서 측정한 유병률의 신뢰도에 대한 의문이 들었다.

정보원 두 번째 변인은 정보원의 유형으로, 정보원에 따라 유병률 영향을 받는지 알아보았다. 정보원의 유형에 따라 본인, 또래, 교사, 학부모 4가지로 분류하였다. 학부모 응답으로 기반으로 한 연구는 매우 드물어서, 정보원 유형은 본인, 또래, 교사에 국한되었다($_K$=0.92).

학교폭력 측정 방식 각 문헌에서 채택한 측정 방식은 '학교폭력' 또는 '공격성' 두 집단으로 분류했다. 만약에 문헌에서 학교폭력(bully)이라는 용어를 직접 명시하였거나 학교폭력의 정의를 제시하고 응답자에게 관련 행동을 보고하라는 식으로 되어 있는 문헌이면 '학교폭력' 측정 방식으로 분류하였다. 만약 학교폭력에 대해 명시하지 않고 단순히 공격적 행동 묘사를 제시한 문헌은 '공격성' 방식으로 분류하였다 ($_K$=0.87).

기간 설정 기간 설정은 가해자, 피해자, 가피해자 등으로 분류하기 위해 활용되는데, 본 분석에서는 5가지로 분류하였다. 지난 주, 지난 30일, 지난 6개월, 지난 해, 특정 기간 설정이 없는 경우($_K$=1.00)

효과크기 조정(effect size adjustment)과 이질성에 대한 검증

각 문헌에서 제시된 비율을 통합하기 전에, 우리는 분산을 안정화시키기 위해서 Freeman-Tukey Double Arcsin Equation(Westfall & Young, 1993)을 바탕으로 자료 변환하였다. 수식은 다음과 같다.

$\bar{p}=1/2\left(\arcsin\left[\sqrt{\frac{p}{n+1}}\right]+\arcsin\left[\sqrt{\frac{p+1}{n+1}}\right]\right)$ 수식에서 모자 쓴 p는 변환된 비율이고, p는 가해자, 피해자, 가피해자로 확인된 사람의 수이며, n은 각 문헌 상 총 표본 수이다. 이후 3가지 학교폭력 관여 유형(가해자, 피해자, 가피해자)과 서로 다른 문헌 특징에 따라 가중치를 적용한 평균 및 가중치를 적용하지 않은 평균을 계산하기 위해 이 비율 수치를 활용하였다. 역분산 $w=\frac{1}{g_p^2}$ 에 따라 모든 변환 비율 수치에 대해 가중치를 부여하였다. 유병률은 주어진 표본 중 해당되는 개인이 몇명인 지를 보는 지표이기 때문에 t검정이나 분산분석은 적합하지 않다. 대신 비율차에 대한 짝시험(pair-wise test)을 통해 지리적 위치나 측정 방식과 관련된 차이를 조사해보았다. 이와 관련하여 사용한 방적식은 $z=\frac{p_1-p_2}{S_{p1}-S_{p2}}$ 과 $S_{p1}-S_{p2}=\sqrt{\frac{p(1-p)}{n_1}+\frac{p(1-p)}{n_2}}$ 이다. 첫 번째 비율 간의 차이를 실질적으로 검증하는 방법으로 p_1과 p_2는 서로 다른 표본들의 비율들이며 s_{p1}과 s_{p2}는 비율들 간의 표준 오류 추정치이다. 통계 결과는 Z점수에 따라 분포하였다.

무작위 효과 분석 접근법도 활용하였는데, 이렇게 분석을 하게 된 논리는 다음과 같다. 고정된 효과 모델은 특정 메타분석을 위한 특정 문헌에 포함된 특정 표본에서 비롯되는 불확실성 수준 밖에 설명하지 못한다. 그결과 추론은 조건적인데, 메타분석에 포함된 문헌에만 기반을 두기 때문이다. 무작위 효과 모델은 연구 표본에 대해 무조건적 추론이 가능하며, 주어진 메타분석에 포함된 한정된 문헌 보다 더 다양한 특성을 보여줄 수 있다. Q 통계의 대부분은 동질성 가정을 기각하는 특징이 있고, 본 분석에 포함된 연구 범위를 뛰어넘는 추론이 필요하기 때문에, 무작위 효과 분석을 실시하였다. 따라서 본 분석 결과를 통해 다른 연구와 미래 연구 결과에 대해서도 일반화를 할 수 있다.

Conchran's Q를 활용하여 동질성 분석을 실시하여 유병률이 똑같은 인구 집단 평균을 추정하는 것인지 확인하였다(Hedges & Olkin, 1985): $Q=\sum w_i(\hat{q}_i-q)^2$. Q 통계법 결과가 유의한 것으로 보아 유병률은 이질적이다. 즉 다른 요인들이 전체 유병률 평균 전후하여 다양성을 조장한다는 것이다. 이 분석은 무작위나 고정 효과 분석 중에서 어떤 방법을 택해야 되는지를 알려주기 위해 실시하였다(Hedges & Vevea, 1998).

결 과

기술 통계

표 25.1에 82개 문헌에 대한 기술 통계 자료를 제시했다. 각 문헌별 표본 규모는 제각각이며, 최소 44명에서 최고 26,420명까지 달한다. 82개 문헌에는 3세에서 18세까지 총 100,452명을 대상으로 하였다. 대부분의 문헌에서는 5~11세 학생을 상대하였다(35%). 또한 문헌 절반 이상은 유럽에서 연구되었고(45편; 55%), 21편(26%)은 미국에서 진행되었다. 학술지 개제 년도 분포를 보면 대부분의 연구는 2003~2004년에 게재되었다. 학교폭력 측정 정보원 중 제일 많은 비중을 차지한 유형은 자기보고식으로 전체의 74%에 해당되었고, 또래가 16%, 교사가 10%를 차지하였다. 측정 방식 측면에서는 학교폭력 정의나 용어를 명시한 집단이 46%, 행동 묘사 방식이 54%로 거의 비슷한 분포를 보였다. 시간틀 측면에서는 1/3이 기간을 명시하지 않았고, 지난해로 설정한 문헌이 18%로 기간이 명시된 연구 중에서는 제일 많은 비중을 차지하였다. 이 다음으로 지난 30일간과 지난 6개월간이 뒤를 이었는데 각각 15% 정도씩 차지하였다.

22개국이 본 연구의 표본에 포함되어 있으며, 제일 많은 표본에서 적은 순으로 나열하면, 미국(21편, 26%), 잉글랜드(13편, 16%), 호주(7편, 9%), 핀란드(7편, 9%), 아일랜드(3편, 4%), 스코틀랜드(3편, 4%), 이탈리아(3편, 4%), 독일(3편, 4%), 네덜란드(3편, 4%), 그리스(2편, 2%), 캐나다(2편, 2%), 노르웨이(2편, 2%), 대한민

표 25.1 본 챕터에 포함된 문헌들에 대한 기술적 정보

기술적 변인	평균(범위)	빈 도	퍼센트
표본 규모	1607		
	(44–26,430)[a]		
표본 연령			
3~4세 (초기 아동기)		3	4
5~11세 (중기 아동기)		29	35
12~14세 (초기 사춘기)		20	24
15~18세 (사춘기)		10	12
혼합		20	24
연구 위치			
미국		21	26
유럽		45	55
기타 국가		16	20
개제 년도			
1999		5	6
2000		10	12
2001		11	13
2002		17	9
2003		9	11
2004		15	18
2005		15	18
2006		10	12
정보원			
자기보고식		61	74
또래 보고식		13	16
교사/학부모 보고식		8	10
측정 접근법			
정의 기반		38	46
공격적 행동 묘사 기반		44	54
시간틀 기간			
지난 주		7	9
지난 30일		15	18
지난 6개월		15	18
지난 해		18	22
명시되지 않음		27	33

알림: [a]두 문헌의 표본 규모는 8,000명을 넘는다. 집계와 분석을 위하여 이 수치는 두 번째로 높은 값인 8,000명에 대해 winsorized mean을 구하여 분석하였다.

국(2편, 2%), 스위스(2편, 2%), 뉴질랜드(2편, 2%), 일본(1편, 1%), 브라질(1편, 1%), 덴마크(1편, 1%), 프랑스(1편, 1%), 포르투갈(1편, 1%), 남아프리카 공화국(1편, 1%), 스웨덴(1편, 1%) 순이었다.

유병률

앞서 언급한 대로, 국가별로 분석하기에는 각 국가별 문헌 수가 대체로 적었기 때문에, 미국, 유럽, 기타

표 25.2 성정체성과 학교폭력 관여 유형에 따른 22개국 문헌의 유병률 정리

연구가 이루어진 지리적 위치	남학생 유병률			여학생 유병률			종합 유병률		
	가해자	피해자	가피해자	가해자	피해자	가피해자	가해자	피해자	가피해자
유럽 국가									
덴마크	8.5 (1)	13.4 (1)	14.1 (1)	8.0 (1)	19.0 (1)	5.5 (1)	8.2 (1)	16.4 (1)	9.5 (1)
잉글랜드	11.5 (3)	29.5 (6)	15.0 (1)	8.2 (3)	20.8 (6)	7.5 (1)	15.0 (9)	23.9 (12)	7.9 (6)
핀란드	22.48 (6)	20.1 (5)	10.5 (4)	12.5 (6)	16.8 (5)	3.5 (4)	16.2 (7)	16.8 (6)	6.2 (4)
프랑스	16.4 (1)	12.7 (1)	12.7 (1)	9.8 (1)	18.0 (1)	8.2 (1)	12.9 (1)	15.5 (1)	10.3 (1)
독일	15.0 (1)	11.8 (1)	–	9.1 (1)	10.4 (1)	–	16.3 (3)	12.0 (2)	15.0 (1)
그리스	–	–	–	–	–	–	9.1 (2)	15.5 (2)	13.4 (2)
아일랜드	–	–	–	–	–	–	6.0 (1)	26.2 (3)	–
이탈리아	34.4 (2)	53.1 (1)	–	38.6 (2)	64.6 (1)	–	43.0 (3)	42.9 (3)	7.4 (1)
네덜란드	45.1 (1)	45.8 (1)	–	29.9 (1)	43.5 (1)	1.8 (1)	18.8 (3)	22.9 (3)	7.6 (1)
노르웨이	9.8 (1)	8.1 (1)	4.5 (1)	3.7 (1)	6.7 (1)	–	6.0 (1)	11.3 (2)	7.2 (1)
포르투갈	18.3 (1)	23.1 (1)	–	10.0 (1)	17.6 (1)	–	15.8 (1)	20.4 (1)	–
스코틀랜드	–	24.0 (1)	–	–	12.5 (1)	–	20.3 (2)	16.4 (3)	6.1 (2)
스웨덴	6.9 (1)	–	2.3 (1)	3.0 (1)	–	0.7 (1)	4.9 (1)	–	1.5 (1)
스위스	11.0 (2)	5.7 (2)	8.2 (2)	5.5 (2)	6.7 (2)	4.2 (2)	10.3 (2)	6.7 (2)	8.8 (2)
아메리카									
미국	22.1 (12)	23.7 (14)	10.6 (6)	15.1 (12)	18.8 (14)	4.9 (6)	17.9 (16)	21.5 (17)	7.7 (7)
기타국가									
호주	18.5 (2)	37.5 (4)	7 (1)	13.5 (2)	34.7 (4)	10.0 (1)	15.8 (2)	32.5 (3)	9.0 (1)
브라질	–	–	–	–	–	–	14.0 (1)	–	–
캐나다	–	–	–	–	–	–	33.0 (1)	31.5 (2)	–
일본	–	–	–	–	–	–	16.5 (1)	10.4 (1)	–
뉴질랜드	49.0 (1)	–	–	39.0 (1)	–	–	44.0 (1)	42.5 (2)	32.0 (1)
남아프리카 공화국	29.0 (1)	35.0 (1)	–	15.5 (1)	26.0 (1)	–	22.0 (1)	29.0 (1)	–
대한민국	14.7 (2)	9.7 (2)	8.6 (1)	8.1 (2)	6.2 (2)	5.7 (1)	11.3 (2)	7.9 (2)	7.2 (1)

국가 3가지로 분류하여 분석하였다. 그럼에도 불구하고 자세한 기술을 위하여 82편 문헌 속에 나와있는 22개국 각 국가별로 학교폭력 유병률을 정리하여 표 25.2에 제시하였다. 아울러 학교폭력 관여 유형과 성별로도 분류하여 자료를 정리하였다. 이 표를 보면 나라마다 유병률이 상당히 차이난다는 점을 알 수 있다. 가해자의 유병률은 스웨덴 5%에서 뉴질랜드 44%까지 달하며, 이와 마찬가지로 피해자는 스위스 7%에서 이탈리아 43%까지, 가피해자는 스웨덴 2%에서 뉴질랜드 32%까지 달했다. 16개국 문헌에 대해서는 남녀별로 유병률 추정치를 제시하였다. 16개국 중 15개국에서는 남자가 여자 보다 가해자 유병률이 더 높았다. 여자 가해자 유병률이 더 높았던 국가는 이탈리아였다. 남녀 별로 피해자 유병률 추정치가 제시된 국가는 15개국 문헌이었으며, 이중 11개국에서 남자 피해자 유병률이 여자 보다 높았다. 여자 피해자가 더 많았던 국가로는 덴마크, 프랑스, 이탈리아, 스위스였다.

표 25.3에서는 성정체성(gender), 연령대, 학교폭력 관여 유형에 따른 성정체성 및 연령대 조합에 따라 가중치가 적용된 평균과 그렇지 않은 평균을 제시하였다. 남학생의 가중치 적용 평균을 보면 가해자, 피해자, 가피해자 모든 영역에서 여학생 쪽 해당 집단에 비해 높게 나왔다. 이 비율을 위험비(odds ratio)로 표현해보면 2.5로, 남학생이 여학생에 비해 학교폭력 사건에 연루될 가능성이 2.5배 높다는 뜻이 된다. 하지만 이 위험비는 가해자-피해자 역할 연속선 상 어떤 위치에 해당되느냐에 따라 다르다. 가해자는 1.74였고, 피해자는 1.1이었으며, 가피해자는 2.5였다. 이 결과는 학교폭력이 남학생에게 두드러지게 나타난다는 성정체성 효과를 주장했던 기존 연구와 상당히 일치되는 소견이다. 하지만 피해자의 위험비는 낮기 때문에 여학생은 남학생 만큼이나 피해자가 될 위험은 있다고 볼 수 있다. 연령대별 학교폭력 유병률도 기존 연구 결과와 일치한다. 구체적으로, 학교폭력 사례는 아동기(총 41%)에서 초기 사춘기(총 56%)까지 큰 폭으로 상승하기 시작하여 후기 사춘기(총 59%)까지 정점을 유지한다. 하지만 연령대별 패턴은 학교폭력 관여 유형에 따라 조금씩 다르다. 가해자 유병률은 아동기부터 후기 사춘기까지 일직선으로 상승하는 반면, 피해자와 가피해자는 초기 사춘기까지 상승하다가 후기 사춘기에서는 약간 감소세로 돌아선다. 연령대와 성정체성 요소를 통합했을 때, 평균적으로 전체 학생의 53%가 학교폭력에 관여된 적이 있으며, 대부분은 피해자로서 나머지는 가해자와 가피해자 순으로 학교폭력을 경험하였다. 본 분석에서 도출된 추정치는 학계의 상식으로 여겨졌던 30%에 비해 훨씬 더 높은 수치였다(Nansel 등, 2001; Solberg & Olweus, 2003). 본 분석 결과로 보면 학교폭력은 실질적으로 아이들의 발달과정상 흔하게 접하는 경험이라고 불 수 있다.

표 25.3 성정체성과 연령대에 따른 가해자, 피해자, 가피해자의 가중치 적용 및 미적용 유병률

	가해자			피해자			가피해자			가중치 총점
	가중치 유병률	가중치 미적용 유병률	95% 신뢰구간	가중치 유병률	가중치 미적용 유병률	95% 신뢰구간	가중치 유병률	가중치 미적용 유병률	95% 신뢰구간	
성정체성										
남학생	28.8	21.8	23.5~35.0	26.3	24.4	21.4~31.3	9.7	10.1	6.7~12.9	64.8
여학생	19.1	14.3	13.9~24.8	24.0	21.7	19.4~28.6	4.2	4.9	2.7~5.7	47.3
연령대										
3~11세	15.7	17.0	10.5~20.9	18.1	24.4	13.4~22.9	6.7	6.5	4.9~8.4	40.5
12~14세	19.5	23.1	9.6~29.9	26.2	25.8	21.5~31.6	10.0	13.7	1.8~18.1	55.7
15~18세	25.8	26.8	18.9~33.2	24.4	24.2	16.4~33.1	8.4	8.3	4.4~12.5	58.6
종합	21.3[a]	18.7	17.3~25.3	23.7[b]	22.5	20.3~27.2	8.4[c]	8.4	6.4~10.4	53.4

[a] 가해자 평균 유병률을 산출하기 위해 64개 문헌의 유병률을 사용하였음.
[b] 피해자 평균 유병률을 산출하기 위해 72개 문헌의 유병률을 사용하였음.
[c] 가피해자 평균 유병률을 산출하기 위해 34개 문헌의 유병률을 사용하였음.

줄기	잎
8	0[a]
7	
6	7
5	8 8
4	3 4
3	2 3 3 7 8
2	0 0 2 4 5 8
1	0 0 0 1 1 2 2 2 2 2 3 3 3 **4 4 4 4** 4 4 5 5 5 6 7 7 9
0	1 4 4 5 5 5 5 6 6 6 7 8 8 8 8 9 9 9 9

중앙값

알림: [a]본 분석에서는 평균 유병률을 산출하기 위해 두번째로 높은 값인 0.67에 대해 winsorized mean을 사용하였다.

그림 25.1 줄기잎그림 방식으로 본 가해자 유병률 분포.

유병률 다양성에 대한 설명

본 분석에서 인용된 문헌들의 유병률 분포는 굉장히 높은 수준이다. 예를 들어 그림 25.1의 줄기잎그림(stem and leaf plot)처럼 가해자 유병률 분포가 상이한 것을 볼 수 있다. 실로 이질성 검정을 했을 때, 가해자는 Cochran's Q(63)=2,213, 피해자는 Cochran's Q(71)=1,890, 가피해자는 Cochran's Q(33)=978로 이질성이 유의했다. 4가지 연구 특징도 체계적으로 분석하여 이들 요인이 유병률 추정치 다양성에 얼마만큼의 영향을 미치는지 알아보았다. 무작위 효과 분석이 활용되었기 때문에, 다음 분석의 통계적 검증력을 높이기 위해 가해자와 피해자와 가피해자의 유병률을 통합하여 분석하였다.

연구의 방법론적 특징들 본 분석에서 알아본 연구 특징들로는 정보원, 기간 설정, 측정 방식 총 3가지가 있었다.

표 25.4에 제시되어 있듯, 학교폭력 행위를 누가 보고해주느냐에 따라 가해자, 피해자, 가피해자 유병률 측정에서 유의한 차이를 나타내었다. 또래지명법은 가해자와 피해자 유병률 확인에 있어서는 자기보고식과 교사 보고식에 비해서 유의하게 유병률이 적게 측정되는 경향이 있었다. 하지만 가피해자에 대한 가중치 적용 평균 유병률에 대해서는 또래지명법이 다른 측정방식에 비해 더 높게 측정되는 경향이 있었다. 그러나 후자의 경우는 통계적으로 유의하지 않았으며, 이는 이 분류에 해당하는 문헌이 5편으로 적기 때문이다.

기간 설정도 유병률 측정 다양성에 유의한 영향을 미치는 것으로 나타났다(표 25.4). 흔히 기간이 길면 길수록 유병률 추정치가 더 높게 나올 것으로 예상한다. 물론 본 분석 결과 대체로는 예상대로 나왔지만, '지난해'를 기준으로 했을 때는 기존 예상과 달랐다. 실제로 유병률 추정치는 '지난 6개월'까지 길어질 수록 비례해서 증가한다. 하지만 '지난해'를 기준으로 한 연구에서는 '지난 6개월'보다 유병률 추정치가 유의하게 낮아졌으며, 그래도 '지난 주'에 비해서는 유의하게 높게 유지되었다.

측정 방식 또한 세 집단 모두에게 유의한 영향을 끼쳤다. 학교폭력 정의나 용어를 명시한 연구에서는 행동 묘사 방식을 택한 연구에 비해서 가해자에 관한 가중치 적용 평균 유병률 추정치 수준이 더 높게 나왔으며, 피해자와 가피해자에 대해서는 반대의 결과가 나왔다. 즉, 공격적 행동 묘사 방법을 택한 연구는 피해자와 가피해자의 유병률이 정의 기반 방식 연구에 비해 더 높게 보고하는 경향이 있었다.

지리적 위치 방법론적 특징이 아니더라도 연구가 진행된 지리적 위치가 학교폭력 유병률 다양성을 설명해줄 수 있는 요인으로 간주했었다. 이질성 검정 결과 국가별로 유의한 다양성이 확인되었다. 지리적 위치에 따라 국가를 3개 집단으로 분류했을 때, 미국이 유럽과 기타 국가에 비해 가해자 유병률이 유의하게 더 낮게 측정되었다. 피해자에 관해서는 기타 국가가 유럽과 미국에 비해서 더 높게 측정되었다. 미국과 유럽은 유병률 측정에 있어 유의한 차이가 발견되지 않았다. 가피해자에 대해서는 3개 집단 모두 서로에 대해서 다 유의하게 달랐다. 이 중 기타 국가의 유병률이 제일 높았으며, 미국, 유럽 순이었다(표 25.4).

고 찰

본 챕터의 목적은 메타 분석을 활용하여 각 연구마다 학교폭력 유병률이 상이한 현상에 대해 탐구하고자 하였다. 국가간 학교폭력 유병률을 비교 분석하는 것은 전세계적인 학교폭력 현상을 이해하는 데 있어 매우 중요한 작업이다, 비록 그간 밝혀진 자료들을 참고하면 학교폭력은 보편적인 현상이라는 데에는 이견이 없겠지만, 가해자, 피해자, 가피해자로 분류된 학생 비율은 국가마다 유의하게 천차만별이었다. 이런 다양성에 대해 두 가지 요인에 대해서 연구를 실시했다: 하나는 연구의 방법론적 특징들이었고 나머지 하나는 지리적 위치였다. 본 분석 결과 이 두가지 요인 모두 유병률 다양성에 영향을 끼치는 것으로 나타났다. 이 결과는 앞으로 학교폭력 연구 분야에서 중요한 의미를 지닐 것이다. 우리는 먼저 측정법에 관한 함의를 먼저 논의해 볼 것이다.

정보원에 따라 유병률 추정치가 천차만별일 수 있다는 점은 학교폭력 연구를 할 때 최적의 정보원 유형을 선택해야 된다는 점을 시사한다. 또래지명법이 자기보고식이나 교사 보고식 방법에 비해 유의하게 학

표 25.4 각 문헌의 방법론적 특징과 지리적 위치에 따른 영향

	가해자 유병률		피해자 유병률		가피해자 유병률	
	평균	z검정값	평균	z검정값	평균	z검정값
정보원						
자기보고식 (a)	21.9	b	25.8	b	8.2	b
또래지명법 (b)	9.7	a, c	7.8	a, c	9.9	–
교사/학부모 보고 (c)	21.2	b	25.3	b	7.3	–
시간틀의 길이						
지난 주 (a)	14.5	b, c, d	17.9	c, d	5.2	c, d
지난 30일 (b)	17.3	a, c	18.8	c, d	6.1	c, d
지난 6개월 (c)	31.3	a, b, d	30.9	a, b, d	10.0	a, b, d
지난 해 (d)	17.1	a, c	26.2	a, b, c	8.8	a, b, c
학교폭력 측정법						
정의/명시 기반 (a)	23.6	b	20.5	b	7.9	b
공격적 행동 묘사 기반 (b)	14.7	a	29.2	a	8.9	a
지리적 위치						
미국 (a)	17.9	b, c	21.5	c	7.7	b, c
유럽 (b)	20.9	a	20.7	c	6.4	a, c
기타 국가 (c)	20.5	a	30.5	a, b	14.6	a, b

알림: Z검정은 두 비율의 차이를 검정하기 위한 쌍쌍 비교 분석이다. 알파벳은 독립변인의 수준을 지칭하는 것으로 알파벳이 다르면 그 수준의 차이가 유의함을 뜻함.

교폭력 유병률이 낮았다. 흥미로운 점은 교사 보고식이 자기보고식에 비해서 유병률 추정치가 유의하게 다르지 않았다는 점이다. 학교폭력 사건이 어른들의 시야를 벗어나기 마련이라는 시각이 팽배하지만, 본 분석 결과에 의하면 또래 학생들도 학교폭력 사건을 놓치긴 마찬가지일 것으로 보인다. 사실, Solberg와 Olweus(2003)는 또래지명법이나 또래측정법은 학교폭력 유병률 추정에 적합하지 않으며 사용해서는 안 된다고 주장했는데, 그 이유로 지명횟수의 제한과 학급 규모가 주는 영향을 들었었다. 이에 대한 대안으로 이 연구진은 자기보고식 도구를 활용하되, 어느 정도의 시간 제한과 어느 정도 빈도 기준을 가지고 측정하자고 제안하였다. 자기보고식 방법이 학교폭력 측정에 있어 제일 널리 인정 받고 있는 표준 측정법이긴 하지만, 연구자는 자기보고식 방법의 한계점을 꼭 숙지하고 있어야 한다. 자기보고식 방법의 한계점으로는 위양성 편향이나 정직한 답변 대신 사회규범적으로 바람직한 답변을 하는 경우를 예로 들 수 있겠다(Gresham, MacMillan, Bocian, Ward, & Forness, 1998). 비록 정보원 유형에 따라 유병률 추정치가 달라질 수 있겠지만, 이에 대한 정확한 결론을 내리기에는 아직까지 측정법의 다른 측면들(예: 기간 설정, 정의 기반 혹은 행동 묘사 기반 등)을 통제한 연구가 아직 부족하다.

또한 본 분석을 통해 기간 설정과 측정 방식도 학교기반 연구에서 학교폭력 유병률의 차이를 주는 요인으로 파악되었다. 기존 연구에서는 이런 측정법적 차이가 학교폭력과 다른 유형의 공격성을 구별하는 데에 영향이 없을 것이라고 하였지만(Cook 등, 출판 진행중), 본 분석 결과로 봤을 때는 이런 측정법 차이가 학교폭력 유병률 측정에 차이를 주는 것으로 보인다.

지리적 위치가 갖는 의미도 생각해보아야 한다. 국제적인 시각에서 국가에 따라 학교폭력 유병률 추정치 차이를 비교해보았다. 예를 들어, 모든 나라 중에, 학교폭력 유병률이 제일 높은 국가는 뉴질랜드와 이탈리아로 각각 가해자 44%와 43%, 피해자 43%와 43%, 가피해자는 32%와 7%로 나왔다. 반면 제일 적게 나온 국가는 스웨덴과 노르웨이로 가해자 5%와 6%, 피해자 2%와 11%, 가피해자 2%와 7%였다. 이 결과는 Eslea 등(2004)와 Smith, Dowie, Olafsson, & Lieffoghe (2002)의 연구 소견과 일치하는데, 이들 연구진은 국가별로 유병률 차이를 확인해냈었다. 하지만 Eslea 등(2004)은 학교폭력 측정법에 따른 차이는 없는 것으로 밝혔다. 따라서 본 연구 결과에 의하면 학교폭력은 보편적인 현상이긴 하나, 국가마다 유병률은 꽤 상이하다.

앞으로는 각 나라의 상황적 및 문화적 특징이 학교폭력의 유병률에 어떤 차이를 주는지 연구가 이루어져야 한다(예: GDP, 문맹률, 인구유동률, 정치적 및 경제적 불안정성). 또한 앞으로는 학교폭력과 다른 유형의 공격성 혹은 폭력 현상과의 관계에 대해서도 연구가 이루어져야 한다. 이런 연구가 가능하다면, 우리는 학교폭력이 다른 공격성과 별개의 현상이어서 별도의 이론과 예방적 노력이 필요한 것인지, 아니면 일종의 연속선 상에 있는 현상인지 구분할 수 있다. 만약 후자가 맞다면, 어떤 유형의 공격성이든 폭력성을 감소시키는 데에 효과적인 방법을 찾아 학교폭력에 적시킨다면, 학교폭력 또한 개선될 것이다.

하지만 학교폭력에 관한 국가별 연구로 부터 이렇다할 만한 결론을 끌어내려면 연구자들이 학교폭력의 개념과 측정법에 대해 컨센서스를 형성해야 한다. 학교폭력이 다른 유형의 공격성과 개념적으로 다르다는 점이 입증되어야 학교폭력을 별도의 행동적 문제로 취급할 수 있다. 또 이런 차이가 입증이 되어야 별개의 신뢰도와 타당도를 갖는 측정법을 개발할 수 있다. 본 분석 결과가 시사하듯, 학교폭력을 측정하기 위해 고안된 도구들이 정보원의 유형이나 측정 전략 유형이나 기간 설정이나 학교폭력 경험의 빈도에 따른 반응 분류 면에서 통일되어 있지 않다. 또한 이런 측정 특징들 때문에 학교기반 연구에서 유병률 추정치를 산출할 때 다양성을 일으키는 요인으로 작용한다. 물론 경험 빈도에 따른 반응 분류 측면의 영향은 분석된 적이 없지만, 본 챕터에서 분석된 다른 측정 특징들처럼 유병률 다양성을 일으킬 가능성이 있다. 앞으로는 이런 특징에 대한 연구가 필요하다. 만약 이러한 요인들에 대해 연구가 되지 않는다면, '진짜' 학교폭력 유병률은 도대체 어느 정도인지에 대한 의문은 계속 가라앉지 않을 것이다.

결 론

본 챕터의 핵심 결론은 연구자들은 국가 간 학교폭력 유병률을 비교함에 있어 타당도와 신뢰도를 확보하기 위해서는 학교폭력의 정의와 그 측정방식에 대해 합의를 이루어야 한다는 것이다. 그렇다고 국가 별로 특수한 상황적 및 문화적 특징들이 주는 영향을 부정하는 것은 아니다. 우리는 각 국가별 특징 때문에 전세계 모든 국가가 동일한 유병률을 보일 것이라고 생각하지 않는다. 그럼에도 불구하고, 국가별 유병률 차이가 얼마만큼 학교폭력의 정의와 측정방식의 차이에 영향을 받는지 반드시 구분해내야 한다. 이런 구분이 가능해져야, 측정 방식 때문이 아닌 나라별 고유한 특징들이 주는 영향을 이해할 수 있을 것이다.

참고문헌

Chan, H. F. John, Myron, R. R., & Crawshaw, C. M. (2006). The efficacy of non-anonymous measures of bullying. *School Psychology International*, 26(4), 443-458.

Cook, C. R., Williams, K. R., Guerra, N. G., Kim, T. E., & Sadek, S. (in press). Predictors of bullying and victimization in childhood and adolescence: A meta-analytic investigation. *School Psychology Quarterly*.

Cornell, D., Sheras, P. L., & Cole, J. M. (2006). Assessment of bullying. In S. R. Jimerson & M. J. Furlong (Eds.), *Handbook of school violence and school safety: From research to practice* (pp. 191-209). Mahwah, NJ: Erlbaum.

Crick, N. R., & Grotpeter, J. (1995). Relational aggression, gender and social psychological adjustment. *Child Development*, 66, 710-722.

Eslea, M., Menesini, E., Morita, Y., O'Moore, M., Mora-Merchan, J. A., Pereira, B., et al. (2004). Friendship and loneliness among bullies and victims: Data from seven countries. *Aggressive Behavior*, 30, 71-83.

Espelage, D. L., & Swearer, S. M. (2003). Research on school bullying and victimization: What have we learned and where do we go from here? *School Psychology Review*, 32, 365-383.

Espelage, D. L., & Swearer, S. M. (2004). *Bullying in American schools*. Mahwah, NJ: Erlbaum.

Farrington, D. (1993). Understanding and Preventing Bullying. In M. Tonry (Ed.), *Crime and justice: A review of research* (p. 17). Chicago: University of Chicago Press.

Gresham, F. M., Macmillan, D. L., Bocian, K. M., Ward, S. L., & Forness, S. R. (1998). Comorbidity of hyperactivityimpulsivity inattention and conduct problems: Risk factors in social, affective, and academic domains. *Journal of Abnormal Child Psychology*, 26, 393-406.

Griffin, R. S., & Gross, A. M. (2004). Childhood bullying: Current empirical findings and future directions for research. *Aggression and Violent Behavior*, 9, 379-400.

Hedges, L. V., & Olkin, D. (1985). *Statistical methods for meta-analyses*. San Diego, CA: Academic.

Hedges, L. V., & Vevea, J. L. (1998). Fixed- and random-effects models in meta-analysis. *Psychological Methods*, 3, 486-504.

Ladd, G. W., & Kochenderfer-Ladd, B. (2002). Identifying victims of peer aggression from early to middle childhood: Analysis of cross-informant data for concordance, estimation of relational adjustment, revalence of victimization, and characteristics of identified victims. *Psychological Assessment*, 14, 74-96.

Landis, J. R., & Koch, G. G. (1977). The measurement of observer agreement for categorical data. *Biometrics*, 33, 159-174.

Nansel, T. R., Overpeck, M., Pilla, R. S., Ruan, J., Simons-Morton, B., & Scheidt, P. (2001). Bullying behaviors among U.S. youth: Prevalence and association with psychosocial adjustment. *The Journal of the American Medical Association*, 285, 2094-2100.

Olweus, D. (1993). *Bullying at school: What we know and what we can do*. Cambridge, MA: Blackwell.

Olweus, D. (1996). Bullying at school: knowledge base and an effective intervention program. *Annals of the New York Academy of Sciences*, 74, 265-276.

Pellegrini, A. D., Bartini, M., & Brooks, F. (1999). School bullies, victims, and aggressive victims: Factors relating to group affiliation and victimization in early adolescence. *Journal of Educational Psychology*, 91, 216-224.

Rigby, K. (2002). *New perspectives on bullying*. London: Jessica Kingsley.
Rigby, K., & Slee, P.T. (1993). Dimensions of interpersonal relating among Australian school children and their implications for psychological well-being. *Journal of Social Psychology, 133*(1), 33-42.
Smith, P., Dowie, H., Olafsson, R., & Liefooghe, A. (2002). Definitions of bullying: A comparison of terms used, and age and gender differences, in a fourteen-country international comparison. *Child Development, 73*, 1119-1133.
Smith, P. K., Morita, Y., Junger-Tas, J., Olweus, D., Catalano, R., & Slee, P. (Eds.). (1999). *The nature of school bullying: A cross-national perspective*. London: Routledge.
Solberg, M., & Olweus, D. (2003). Prevalence estimation of school bullying with the Olweus Bully/Victim Questionnaire. *Aggressive Behavior, 29*, 239-268.
Westfall, P. H., & Young, S. S. (1993). *Resampling-based multiple testing*. New York: Wiley.

Appendix A: Studies Included in Meta-Analysis

Adair, V. A., Dixon, R. S., Moore, D. W., & Sutherland, C. M. (2000). Ask your mother not to make yummy sandwiches: Bullying in New Zealand secondary schools. *New Zealand Journal of Educational Studies, 35*, 207-221.
Andershed, H., Kerr, M., & Stattin, H. (2001). Bullying in school and violence on the streets: Are the same people involved? *Journal of Scandinavian Studies in Criminology and Crime Prevention, 2*, 31-49.
Andreou, E. (2001). Bully/victim problems and their association with coping behaviour in conflictual peer interactions among school-age children. *Educational Psychology, 21*, 59-66.
Baldry, A. C. (2003). Bullying in schools and exposure to domestic violence. *Child Abuse and Neglect, 27*, 713-732.
Baldry, A. C., & Farrington, D. P. (1999). Types of bullying among Italian school children. *Journal of Adolescence, 22*, 423-426.
Baldry, A. C., & Farrington, D. P. (2005). Protective factors as moderators of risk factors in adolescence bullying. *Social Psychology of Education, 8*, 263-284.
Beran, T. N., & Tutty, L. (2002). Children's reports of bullying and safety at school. *Canadian Journal of School Psychology, 17*, 1-14.
Beran, T. N., & Violato, C. (2004). A model of childhood perceived peer harassment: Analyses of the Canadian National Longitudinal Survey of Children and Youth Data. *The Journal of Psychology, 138*, 129-147.
Berthold, K. A., & Hoover, J. H. (2000). Correlates of bullying and victimization among intermediate students in the Midwestern USA. *School Psychology International, 21*, 65-78.
Bond, L., Carlin, J. B., Thomas, L., Rubin, K., & Patton, G. (2006). Does bullying cause emotional problems? A prospective study of young teenagers. *British Medical Journal, 323*, 480-484.
Camodeca, M., & Goosens, F. A. (2005). Aggression, social cognitions, anger, and sadness in bullies and victims. *Journal of Child Psychology and Psychiatry, 46*, 186-197.
Camodeca, M., Goosens, F.A., Meerum-Terwogt, M., & Schuengel, C. (2002). Bullying and vicitimization among school-aged children: Stability and links to proactive and reactive aggression. *Social Development, 11*, 332-345.
Cassidy, T., & Taylor, L. (2005). Coping and psychological distress as a function of the bully victim dichotomy in older children. *Social Psychology of Education, 8*, 249-262.
Cerezo, F., & Ato, M. (2005). Bullying in Spanish and English pupils: A sociometric perspective using the BULL-S questionnaire. *Educational Psychology, 25*, 353-367.
Coggan, C., Bennett, S., Hooper, R., & Dickinson, P. (2003). Association between bullying and mental health status in New Zealand adolescents. *International Journal of Mental Health Promotion, 5*, 16-22.
Collins, K., McAleavy, G., & Adamson, G. (2004). Bullying in schools: A Northern Ireland study. *Educational Research, 46*, 55-71.
Curtner-Smith, M. E, Culp, A. M., Culp, R., Scheib, C., Owen, K., Tilley, A., et al. (2006). Mothers' parenting and young economically disadvantaged children's relational and overt bullying. *Journal of Child and Family Studies, 15*, 181-193.
Dao T. K., Kerbs, J. J., Rollin, S. A., Potts, I., Guitierrez, R., Choi, K., et al. (2006). The association between bullying dynamics and psychological distress. *Journal of Adolescent Health, 39*, 277-282.
DeSouza, E. R., & Ribeiro, J. (2005). Bullying and sexual harassment among Brazilian high school students. *Journal of Interpersonal Violence, 20*, 1018-1038.
Duncan, R. D. (1999). Peer and sibling aggression: An investigation of intra- and extra-familial bullying. *Journal of Interpersonal Violence, 14*, 871-886.
Eslea, M., & Mukhtar, K. (2000). Bullying and racism among Asian schoolchildren in Britain. *Educational Research,*

42, 207-217.

Espelage, D. L., Bosworth, K., & Simon, T. R. (2000). Examining the social context of bullying behaviors in early adolescence. *Journal of Counseling and Development, 78,* 326-333.

Espelage, D. L., & Holt, M. K. (2001). Bullying and victimization during early adolescence: Peer influences and psychosocial correlates. In R. A. Geffner, M. Loring, & C. Young (Eds.), *Bullying behavior: Current issues, research, and interventions* (pp. 123-142). New York: Haworth.

Fekkes, M., Pijpers, F. I. M., & Verloove-Vanhorick, S. P. (2005). Bullying: Who does what, when and where? Involvement of children, teachers, and parents in bullying behaviors. *Health Education Research: Theory & Practice, 20,* 81-91.

Flouri, E., & Buchanan, A. (2003). The role of mother involvement and father involvement in adolescent bullying behavior. *Journal of Interpersonal Violence, 18,* 634-644.

Fox, C. L., & Boulton, M. J. (2005). The social skills problems of victims of bullying: Self, peer and teacher perceptions. *British Journal of Educational Psychology, 75,* 313-328.

Glover, D., Gough, G., Johnson, M., & Cartwright, N. (2000). Bullying in 25 secondary schools: Incidence, impact, and intervention. *Educational Research, 42,* 141-156.

Hanish, L. D., & Guerra, N. G. (2004). Aggressive victims, passive victims, and bullies: Developmental continuity and developmental change? *Merrill-Palmer Quarterly, 50,* 17-38.

Hara, H. (2002). Justifications for bullying among Japanese schoolchildren. *Asian Journal of Social Psychology, 5,* 197-204.

Hunter, S. C., Boyle, J. M. E., & Warden, D. (2004). Help seeking amongst child and adolescent victims of peer-aggression and bullying: The influence of school-stage, gender, victimisation, appraisal, and emotion. *British Journal of Educational Psychology, 74,* 375-390.

Jeffrey, L. R., Miller, D., & Linn, M. (2001). Middle school bullying as a context for the development of passive observers to the victimization of others. In R. A. Geffner, M. Loring, & C. Young (Eds.), *Bullying behavior: Current issues, research, and interventions* (pp. 143-156). New York: Haworth.

Johnson H. R., Thompson, M. J. J., Wilkinson, S., Walsh L., Balding, J., & Wright, V. (2002). Vulnerability to bullying: Teacher-reported conduct and emotional problems, hyperactivity, peer relationship difficulties, and prosocial behaviour in primary school children. *Educational Psychology, 22,* 553-556.

Karatzais, A., Power, K. G., & Swanson, V. (2002). Bullying and victimization in Scottish secondary schools: Same or separate entities? *Aggressive Behavior, 28,* 45-61.

Kaukiainen, A., Salmivalli, C., Lagerspetz, K., Tamminen, M., Vauras, M., Maki, H., et al. (2002). Learning difficulties, social intelligence, and self-concept: Connects to bully-victim problems. *Scandinavian Journal of Psychology, 43,* 269-278.

Kim, Y. S., Leventhal, B. L., Koh, Y., Hubbard, A., & Boyce, T. (2006). School bullying and youth violence. *Archives of General Psychiatry, 63,* 1035-1041.

Kokkinos, C. M., & Panayiotou, G. (2004). Predicting bullying and victimization among early adolescents: Associations with disruptive behavior disorders. *Aggressive Behavior, 30,* 520-533.

Kristensen, S. M., & Smith, P. K. (2003). The use of coping strategies by Danish children classed as bullies, victims, bully/victims, and not involved in response to different (hypothetical) types of bullying. *Scandinavian Journal of Psychology, 44,* 479-488.

Kumpulainen, K., & Rasaen, E. (2000). Children involved in bullying at elementary school age: Their psychiatric symptoms and deviance in adolescence: An epidemiological sample. *Child Abuse and Neglect, 24,* 1567-1577.

Kumpulainen, K., Rasanen, E., & Puura, K. (2001). Psychiatric disorders and the use of mental health services among children involved in bullying. *Aggressive Behavior, 27,* 102-110.

Land, D. J. (2001). Teasing, bullying, and sexual harassment among adolescents. *Dissertation Abstracts International, 61,* 5029.

Landis, J R., & Koch, G. G. (1977). The measurement of observer agreement for categorical data. *Biometrics, 33,* 159-174.

Marsh, H. W., Parada, R. H., Craven, R. G., & Finger, L. (2004). In the looking glass: A reciprocal effects model elucidating the complex nature of bullying, psychological determinants, and the central role of self-concept. In C. E. Sanders & G. D. Phye (Eds.), *Bullying: Implications for the classroom* (pp. 63-109). New York: Elsevier.

Martin, J., & Gillies, R. M. (2004). How adolescents cope with bullying. *Australian Journal of Guidance and Counseling, 14,* 195-210.

Mills, C., Guerin, S., Lynch, F., Daly, I., & Fitzpatrick, C. (2004). The relationship between bullying, depression and suicidal thoughts/behaviours in Irish adolescents. *Irish Journal of Psychological Medicine, 21,* 12-116.

Monks, C. P., Smith, P. K., & Swettenham, J. (2005). Psychological correlates of peer victimization in preschool: Social cognitive skills, executive function and attachment problems. *Aggressive Behavior, 31*, 571-588.

Mouttapa, M., Valente, T., Gallaher, P., Rohrbach, L. A., & Unger, J. B. (2004). Social network predictors of bullying and victimization. *Adolescence, 38*, 315-335.

Nansel, T. R., Haynie, D. L., & Simons-Morton, B. G. (2003). The association of bullying and victimization with middle school adjustment. *Journal of Applied School Psychology, 19*, 45-61.

Natvig, G. K., Albrektsen, G., & Qvarnstrom, U. (2001). Psychosomatic symptoms among victims of school bullying. *Journal of Health Psychology, 6*, 365-377.

Nordhagen, R., Nielsen, A., Stigum, H., & Kohler, L. (2005). Parental reported bullying among Nordic children: A population-based study. *Child Care, Health and Development, 31*, 693-701.

Olafsen, R. N., & Viemero, V. (2000). Bully/victim problems and coping with stress in school among 10- to 12-year-old pupils in Aland, Finland. *Aggressive Behavior, 26*, 57-65.

Pereia, B., Mendonca, D., Neto, C., Valente, L., & Smith, P. K. (2004). Bullying in Portuguese schools. *School Psychology International, 25*, 241-254.

Perren, S., & Alsaker, D. (2006). Social behavior and peer relationships of victims, bully-victims, and bullies in kindergarten. *Journal of Child Psychology and Psychiatry, 47*, 45-57.

Perren, S., & Hornung, R. (2005). Bullying and delinquency in adolescence: Victims' and perpetrators' family and peer relations. *Swiss Journal of Psychology, 64*, 51-64.

Rigby, K. (2000). Effects of peer victimization in schools and perceived social support on adolescent well-being. *Journal of Adolescence, 23*, 57-68.

Rigby, K. (2005). Why do some children bully at school? The contributions of negative attitudes towards victims and the perceived expectations of friends, parents, and teachers. *School Psychology International, 2*, 147-161.

Salmivalli, C., & Nieminen, E. (2002). Proactive and reactive aggression among school bullies, victims, and bullyvictims. *Aggressive Behavior, 28*, 30-44.

Schafer, M., Korn, S., Brodbeck, F. C., Wolke, D., & Schulz, H. (2005). Bullying roles in changing contexts: The stability of victim and bully roles from primary to secondary school. *International Journal of Behavioral Development, 29*, 323-335.

Scheithauer, H., Hayer, T., Petermann, F., & Jugert, G. (2006). Physical, verbal, and relational forms of bullying among German students: Age trends, gender differences, and correlates. *Aggressive Behavior, 32*, 261-275.

Schuster, B. (1999). Outsiders at school: The prevalence of bullying and its relation with social status. *Group Processes and Intergroup Relations, 2*, 175-190.

Seals, D., & Young, J. (2003). Bullying and victimization: Prevalence and relationship to gender, grade level, ethnicity, self-esteem, and depression. *Adolescence, 38*, 734-746.

Shields, A., & Cicchetti, D. (2001). Parental maltreatment and emotion dysregulation as risk factors for bullying and victimization in middle school. *Journal of Clinical Child Psychology, 30*, 349-363.

Smith, P. K., Talamelli, L., Cowie, H., Naylor, P., & Chauhan, P. (2004). Profiles of non-victims, escaped victims, continuing victims and new victims of school bullying. *British Journal of Educational Psychology, 74*, 565-581.

Sourander, A., Helstela, L., Helnius, H., & Piha, J. (2000). Persistence of bullying from childhood to adolescence—A longitudinal 8-year follow-up study. *Child Abuse and Neglect, 24*, 873-881.

Sullivan T. N., Farrell, A. D., & Kliewer, W. (2006). Peer victimization in early adolescence: Association between physical and relational vicitimization and drug use, aggression, and delinquent behaviors among urban middle school students. *Development and Psychopathology, 18*, 119-137.

Sutton, J., & Keogh, E. (2000). Social competition in schools: Relationships with bullying, Machiavellianism and personality. *British Journal of Educational Psychology, 70*, 443-456.

Sutton, J., Smith, P. K., & Swettenham, J. (1999). Social cognition and bullying: Social inadequacy or skilled manipulation? *British Journal of Developmental Psychology, 17*, 435-450.

Theriot, M. T., Dulmus, C. N., Sowers, K. M., & Johnson, T. K. (2005). Factors relating to self-identification among bully victims. *Children and Youth Services Review, 27*, 79-994.

Toblin, R. L., Schwartz, D., Hopmeyer-Gorman, A., & Abou-Ezzeddine, T. (2005). Social-cognitive and behavioral attributes of aggressive victims of bullying. *Applied Developmental Psychology, 26*, 329-346.

Unnever, J.D., & Cornell, D.G. (2004). Middle school victims of bullying: Who reports being bullied? *Aggressive Behavior, 30*, 373-388.

Vogel, S. W. (2006). The relationship between bullying and emotional intelligence. *Dissertation Abstracts International, 66*, 4311.

Warden, D., & MacKinnon (2003). Prosocial children, bullies and victims: An investigation of their sociometric status, empathy and social problem-solving strategies. *British Journal of Developmental Psychology, 21,* 367-385.

Wild, L. G., Flisher, A. J., Bhana, A., & Lombard, C. (2004). Associations among adolescent risk behaviours and self-esteem in six domains. *Journal of Child Psychology and Psychiatry, 45,* 1454-1467.

Wilkins-Shurmer, A., O'Callaghanm M. J., Najmanm J. M., Bor, W., Williams, G. M., & Anderson, M. J. (2003). Association of bullying with adolescent health-related quality of life. *Journal of Pediatric Child Health, 39,* 436-441.

Wilson, C., Parry, L., Nettelbeck, T., & Bell, J. (2003). Conflict resolution tactics and bullying: The influence of social learning. *Youth Violence and Juvenile Justice: An Interdisciplinary Journal, 1,* 64-78.

Wolke, D., Woods, S., Stanfordm H., & Schulz, H. (2001). Bullying and vicitmization of primary school children in England and Germany: Prevalence and school factors. *British Journal of Psychology, 29,* 373-396.

Woods, S., & Wolke, D. (2004). Direct and indirect relational bullying among primary school children and academic achievement. *Journal of School Psychology, 42,* 135-155

Yang, S., Kim, J., Kim, S., Shin, I., & Yoon, J. (2006). Bullying and victimization behaviors in boys and girls at South Korea primary schools. *Journal of the American Academy Child and Adolescent Psychiatry, 45,* 69-78.

3부
연구 기반 예방과 개입

26

학교 분위기 개입 사업
가해자와 피해자보다 방관자에 초점을 맞추어 학교폭력을 감소시키다

Baylor 의과대학과 Menninger 클리닉의 평화로운 학교 만들기 프로젝트

STUART W. TWEMLOW, ERIC VERNBERG, PETER FONAGY, BRIDGET K. BIGGS, JENNIFER MIZE NELSON, TIMOTHY D. NELSON, AND FRANK C. SACCO

학교폭력은 아이들의 정신건강에 광범위한 영향을 미친다. 물론, 어릴 때부터 파괴적이거나 공격적인 행동 문제가 생길 수 있다는 점도 포함된다(Nansel, Overpeck, Hanie, Ruan, & Scheidt, 2003). 또한 학교에서 퇴학을 당하거나 물질 남용 문제를 겪을 수도 있고(Kumplainen & Rasanen, 2000), 우울감, 불안, 사회적 위축같은 증상도 생길 수 있다(Dill, Vernberg, Fonagy, Twemlow, & Gamm, 2004; Swearer, Grills, Haye, & Cary, 2004). 학교폭력은 학생들의 학업성취도도 갉아 먹으며(Greenberg 등, 2003), 아이들이 사회성을 발달시키는 능력에도 지장을 준다(Masten & Coatsworth, 1998).

300개 학교 기반 폭력 개입 프로그램을 메타분석을 했을 때, 기존 프로그램이 효과적인 것으로 밝혀졌다(ES=0.24-0.36; Mytton, DiGuiseppi, Gough, Taylor, & Logan, 2002; Wilson, Gottfredson, & Najaka, 2001; Wilson, Lipsy, & Devzon, 2003). 하지만 이들 프로그램은 대체로 적은 수의 고위험군을 대상으로 했다든지, 고도로 훈련된 교사가 참여하는 단일 집단 연구로 기획되어 있고, 상담요법, 학급 내 행동 관리, 사회적 역량 증진같이 반응적 측정법을 쓰고 있었다. 공격적 행동을 직접적으로 겨냥한 프로그램은 다른 사회적 관계에 초점을 맞춘 프로그램에 비해서 효과가 더 나은 적이 없었다. 게다가 개인에 초점을 맞춘 개입법이 환경변화에 초점을 맞춘 개입법에 비해 더 많이 시행되었음에도(비율 4:1), 둘다 효과는 비슷한 것으로 나타났다.

우리는 학교 분위기에 초점을 맞춘 접근법인 평화로운 학교 학습 분위기 만들기 프로젝트(Creating a Peaceful School Learning Environment; CAPSLE)의 효과성을 검증해보기로 했다. 우리는 이 프로젝트를 기존의 흔한 개인 중심 개입법과 비교하고, 일반 치료 집단을 대조군으로 삼아, 대상자들을 무작위로 각 집단에 배치한 뒤, 프로그램 적용 1년 이후까지 전향적으로 추적하였다. 개인 중심 접근법은 학교정신의학자문단(School Psychiatric Consultation, SPC)에서 만든 매뉴얼을 바탕으로 진행하였으며, 이 매뉴얼은 파괴적 행동 문제, 내현화 문제, 학업성취도가 열악한 학생들의 정신건강을 다루기 위한 내용으로 되어있다. 이 접근법은 수십 년 동안 학교 현장에서 시행되어 온 프로그램으로, 적응 문제가 뚜렷한 학생들을 대상으로 개인별 맞춤형 서비스를 제공하며, 이를 위해 아이들에 대한 평가 및 학급 내 행동 관찰을 실시한다. SPC과 비슷한 프로그램을 적용했던 35개 자문 결과 연구 결과를 보면 학생들의 학업성취도 개선이 있었고(Berkovitz, 2001), 아이들의 긍정적인 변화도 감지되었다(Pearson, Jennings, & Norcross, 2001).

이 프로젝트에는 9개 학교, 3,600명 이상의 학생들이 참여하였다. 세 학교는 CAPSLE에 배정하고, 다른 세 학교는 SPC에 배정했으며, 나머지 세 학교는 개입 서비스를 뒤늦게 받는 조건으로 참여하였다. 즉 마지막 세 학교는 연구 기간동안 개입 서비스를 받지 않지만, 만약 학교가 원할 시, 2년 후에 CAPSLE과 SPC 중 제일 효과적인 개입 프로그램으로 밝혀진 서비스를 받게 해주겠다고 약속하였다. 이는 단순히 비치료군으로 두기 보다는 대조군으로서 참여 동기를 가질 수 있도록 노력한 것이다.

CAPSLE은 가해자-피해자-방관자로 이루어진 학교폭력 역동에 초점을 맞추고 있으며, 이 챕터에서 자세히 다루겠지만 마음화(mentalization) 능력을 회복시키기 위해 방관자의 역동적 역할에 주력하는 방식이다. 마음화 능력은 심리상태를 반영하고, 공감할 수 있으며, 감정 표현을 조절하고, 경계 설정을 잘 할 줄 아는 능력으로 알려져있다(Fonagy, Gergely, Jurist, & Target, 2002). 이로운 방관자가 자연적 리더가 될 수 있도록 훈련시키고, 병리적인 역할을 파악하고 가해자와 피해자와 다른 방관자가 그런 병리적인 역할에서 벗어날 수 있도록 돕게 한다. 가해자-피해자-방관자 역동과 마음화 능력과 양립할 수 없다. 우리가 그간 진행했던 연구 결과를 보면 마음화 능력으로 학교폭력 역동을 정상화시킬 수 있으리라 기대할 수 있다.

이 프로그램은 초등학교에서 실시하는데, 인생 초기에 개입 프로그램을 적용시키는 것이 나중에 시작했을 때에 비해 남은 인생에 지속적인 영향을 더 줄 수 있을 것이라고 경험적으로 가정했기 때문이다. 아이들의 학습 곡선에서 초기에는 교사나 다른 롤모델과의 동일시 같은 복잡한 심리적 요인에 의해 영향을 받는다. 한 교육자는 무지가 질병이라면 교육만이 처방전이 될 것이라고 설득력 있게 주장했다. 그간 학습환경에서 발생하는 문제점들에 대해 지식적이고 지시적인 접근법에 너무 비중을 둔 탓에, 본의 아니게 교사들과 교과과정과 정책 기획자들은 회피형 및 기권형 방관자 역할을 맡은 꼴이 되었다. 그렇기 때문에 교사들과 교과과정과 정책 기획자들은 자신들이 아이들에게 보여줄 수 있는 심리적 영향을 과소평가하였고, 지식적, 사회적, 정서적 교육을 촉진시키는 데 있어 자신들이 중요한 롤모델이 될 수 있다는 점을 간과하였.

본 프로그램에 담긴 철학은 다음과 같다.

1. 긍정적 분위기 캠페인

이 캠페인은 상담사가 주도하여 토론 시간, 포스터, 마그넷, 책갈피, 기타 수단을 활용하여 교내 모든 직원과 학생들이 대화나 사고 방식에서 변화가 나타나도록 하는 활동이다. 이런 언어적 수단을 활용하여 아이들이 강압적인 권력 역동이 교내에 발생했을 때, 이런 상황을 파악하고 문제를 해결할 수 있도록 도와준다. 이 캠페인을 통해 아이들이 운동장 시설이나 도구를 평화적으로 공유한다든지, 점심시간에 서로를 밀치거나 팔꿈치로 치지 않고 가해자나 피해자나 방관자 중에 어떤 역할에 관여되게 되는지 대화를 통해 갈등 양상을 스스로 이해하도록 할 수 있다. 긍정적 분위기 캠페인은 학생들과 교사들 모두 학교폭력의 역동 형성에 중요하다는 점을 반복해서 알려준다. 이를 통해 자각이 없거나 다른 이의 마음 상태를 지각하지 못하는 참여자는 사실상 존재할 수 없다는 점을 일깨워준다.

가해자에게 초점을 맞추는 방식은 거의 성공하기 어렵다. 대신, 이 캠페인의 초점은 가해자와 피해자와 방관자와의 관계에 맞추어져야 한다. 이는 아이들과 교사들과 다른 직원들이 마음화 관점에서 서로의 대인관계에 대해서 성찰하도록 유도한다. 만약 학생들과 교사들에게 다른 참여자들의 마음 상태를 노골적으로 설명해주는 것은 되려 역효과가 날 수 있다. 이런 행위는 오히려 거짓-마음화 상태를 유도하게 되므로, 입으로는 마음화를 외치고 있지만 대상자들의 실질적인 경험은 실종된다.

2. 학급 관리(훈계 계획)

학급 관리를 통해 교사들이 특정 행동을 비판하고 벌을 내리기 보다 근본 문제를 교정하는 데에 초점을 맞추는 방식을 갖출 수 있도록 돕는다. 한 아이의 행동 문제는 가해자, 피해자, 방관자가 포함된 학급내 모두의 문제로 간주한다. 이를 통해 희생양 발생을 줄이고, 특정 행동에 대한 통찰이 깊어진다. 이 관점에 따르면, 아이들의 파괴적 행동은 집단 내 유효한 사회적 지위를 획득하려는 노력으로 볼 수 있다. 이런 행동이 발생할 때, 교사는 수업을 중단하고, 학급 토의 시간에 누가 가해자고 피해자고 방관자인지 배정할 수 있다. 가해자는 그 아이이고, 피해자는 그 교사이며, 방관자는 그 아이의 파괴적 행동에 대한 교사의 반응을 보고 키득키득 웃은 나머지 학생들이 된다. 만약에 그 아이가 비슷한 행동을 반복하면, 학급내 학생들이 집단적으로 갈등 양상에 대해서 청원할 수 있다. 즉, 모든 학생들은 표준화된 지침에 따라 가해자, 피해자, 방관자적 행동을 규명하는 데에 참여할 수 있다는 뜻이다. 추후에 그 학생이나 그 부모가 학교 상담사나 사회복지사랑 접견하도록 하여, 사건에 대한 이해를 증진시킬 수도 있다. 만약 교장의 중재가 필요할 정도로 교칙 위반 행위가 중하지 않으면 벌이나 징계는 최소화한다.

천성적으로 폭력적으로 타고난 아이는 이런 접근법을 통하여, 자기 경험에 대한 마음화 능력을 키워 비폭력적인 방식에 적응할 수 있도록 돕는다(Fonagy, Gergely, Jurist, & Target, 2002). 이 접근법의 핵심은 아이들 스스로 자기가 벌을 받고 있다는 인식을 가지지 않도록 한다는 것이다. 즉, 벌 받는다는 생각을 가지면 아이들은 마음화 과정을 촉진시키기보다는 억제하는 식으로 반응하게 된다. 따라서 상담 관계 내에서 마음화 과정이 장려될 수 있도록 생각 중심 환경을 만드는 것이 중요하다. 만약 아이를 교장에게 보낸다면, 학교 시스템 자체가 불안을 조성하기 때문에 아이의 마음화 능력을 억제하게 된다. 특히 교장도 학교 이사회와 학부모 민원에 매우 방어적이기 때문에 교장 자신도 마음화 능력이 억제된 경우가 많다. 따라서 교장과 학생을 이런 상황 속에 같이 두면, 역설적으로 마음화 이론을 바탕으로 한 심리적 반영 기능이 마비될 것이다. 본 접근법은 아이들이 학부모나 교사나 교장 등 다른 이의 관점으로 생각해 볼 수 있도록 격려하는 것이 핵심이다. 그간 경험으로 미루어보았을 때, 학생들의 행동 문제에 벌을 잘 주지 않으려는 교사가 학생들의 학업성취도를 더 높이고 징계 의뢰 건수가 더 적었다.

3. 또래 및 어른 멘토십

멘토십 접근법은 학급 외부에서 교실 관리 계획이 어떤 역할을 하는지 비춰준다. 이를 통해 학교 시스템에 포함된 모든 이들이 폭력적인 상호과정에 대해서 깨달을 수 있다. 멘토십 접근법은 남탓을 하지 않고 협력적으로 문제를 해결할 수 있는 방법이 있는지 모색할 수 있도록 도와준다. 아이들의 공격성이 많이 드러나는 운동장 상황에서는 특히 남성 멘토가 도움이 된다. 우리가 알아보기에는 효과적인 남성 멘토는 다소 이완되고 나이가 있는 사람으로, 인종과 상관은 없고 대체로 은퇴했으며 비경쟁적인 사람으로 본인도 아이들과 손주들을 두고 있는 사람이었다. 한 멘토는 마술을 보여줘서 주의를 돌리기도 하는 등 노련하고 재치있는 모습을 보였다. 그는 자기 자신을 완충자라고 부른다. 예를 들면 그는 아이들에게 '일단 정글짐으로 들어가보는 게 어때? 내가 너희들을 잡으러 다녀볼게.'라고 말한다. 그러면 싸움은 어느 새 게임이 되고, 이 멘토는 게임의 심판 노릇을 하는 것이다.

마음화 이론으로 멘토링을 보면, 멘토링을 위해서 제3의 시각이 필요하다는 것을 알 수 있다. 제 3의 시각이란 갈등적인 양자간 구도에서 벗어나, 제3자의 시각에서 서로가 서로를 어떻게 인식하는지 조망할 수 있는 능력을 이야기 한다(Ogden, 1994). 멘토는 갈등 속에 휘말린 각자가 멘토의 눈으로 상황을 조망할 수 있도록 도와준다. 위 멘토는 아이들이 갈등 상황을 잠시 벗어날 수 있도록 마술을 하고 마음화 작업을 시도함으로써 이행기 공간(transitional space)을 만들었다. 이 공간에서 가해자와 피해자와 방관자와 나머지 참여자들은 제3의 것에 대해 비로소 생각할 수 있게 된다. 그것도 마음화 과정에서 꼭 필요한 자발적 사고를 말이다.

4. 신사적 전사 체육 프로그램(the Gentle Warrior Physical Education Program)
　　이 프로그램은 대부분의 학교 시스템의 체육 교과 규정을 충족시키며, 역할 놀이와 이완법과 호신술 과정이 포함되어 있다. 이 프로그램을 통해 아이들은 자기 자신과 타인을 보호하되 비폭력적인 신체적 및 인지적 대처를 할 수 있도록 도와준다. 예를 들어, 가해자, 피해자, 방관자 역할에 주목하도록 하면 학생들이 싸움 말고 다른 대안을 선택하는 데에 도움이 된다. 남들에게 잡히거나 밀침을 당했을 때 신체적으로 자기 자신을 방어하는 방법 뿐 아니라 학급내 토론 과정을 가르침으로써 학생은 자기 자신에 대한 통제 뿐 아니라 타인에 대한 존경과 협력에 대해 배울 수 있다. 이런 자신감 상승 기술은 마음화 능력의 핵심 요소를 지원한다. 즉, 아이들이 생각할 수 있을만큼 충분한 자신감과 안전감을 부여하는 것이다. 만약 아이가 지나치게 불안해 하면, 생각할 수 있는 능력은 마비가 되고 피해자식 사고 방식을 갖게 된다. 이렇게 아이들의 사고 방식이 '응급 모드'로 들어가면, 도망치거나 아니면 순응하는 식으로 선택 양상이 단순해 진다. 뇌과학 관점에서 보면, 대뇌피질의 활동이 억제되고 뇌의 뒤쪽 부위와 피질하 부위가 활성화 되면서 싸움-도피 반응이 쉽게 일어나게 된다. 이런 반응은 마음화 과정과 모순 관계다(Frith & Frith, 2003). 마음화 이론 관점에서 볼 때 안전한 환경은 적어도 아이들이 상황에 대처할 수 있다는 인식을 갖도록 경험하게 해주는 것이다(Twemlow, Fonagy, & Sacco, 2002).

5. 반영시간
　　아들러(Adler; 1958)는 자연적 사회적 집단은 어떤 구성원이라도 배제시킬 수 있는 권리는 없다고 지적한 바 있다. 바꿔말하면, 집단 구성원 누구나 소속될 권리가 있다는 뜻이다. 아들러의 시각에서 보면 가해자와 피해자와 일부 방관자가 보이는 반응은 자기애적 손상으로 인한 것이며, 이런 반응은 사회 집단에 재진입하려는 시도이자 사회 집단에 인정받으려는 노력으로 볼 수 있다. 비록 교사들은 평화로운 학교 프로그램을 학생용 훈련 프로그램으로 보고 있지만, 실은 이런 훈련 과정을 통해 교사들이 아이들에 대해 마음화 능력으로 바라볼 수 있도록 하는 데에 있다. 학생과 학부모를 괴롭히거나 괴롭힘을 당하는 교사들 사례를 보면, 교사에게도 마음화 능력이 얼마나 중요한지 깨달을 수 있다(Twemlow, Fonagy, Sacco, & Brethour, 2006; Twemlow & Fonagy, 2005). 강압적이고 모욕적인 사회적 압력이 교사들에게 가해지면 마음화 능력이 붕괴되면서 교사들은 스트레스로 인한 충동적 행동을 저지르게 된다. 이런 프로그램을 통해 학교 구성원들이 마음화 능력을 발휘할 수 있게 되면 시스템 전체가 심리적으로 자각 수준이 높아져서, 마음화 이론에 기반한 교내 규칙과 규정과 정책이 생겨날 수 있다. 반영시간은 이런 목적을 달성하기 위한 한 방편으로 교사와 학생들의 마음화 능력을 증진시키기 위한 것이다. 반영시간은 약 10분간의 시간으로, 학교 마지막 시간에 학급 학생들이 가해자와 피해자와 방관자의 시각에서 그날 있었던 활동들을 토론하는 것이다. 이런 행동에 대해 토론을 한 후, 오늘 우리반은 좋은 하루를 보냈는지 표지판을 복도에 내걸지 결정한다. 교사는 아이들이 다소 자기 자신에 대해 비판적이며 교사들이 생각하는 것만큼 표지판을 내걸고 싶어하지 않는다는 점을 알 필요가 있다. 반영시간은 하루의 활동 내용을 정리하는 방식으로 운영되며, 아이들과 교사가 학급에서 어떤 일이 벌어지고 있는지 전체적인 시각으로 조망하는 연습을 한다. 여러모로 반영의 주제 보다는 반영을 하고 있다는 그 자체가 더 중요하다. 만약 학교 시스템이 이런 방식을 이해하지 못하면, 마음화 과정이 생겨날 수 없다. 자기자족을 위한 마음화 과정은 별 가치가 없다. 중요한 것은 학교 시스템 전체가 평화로울 수 있는 역량을 갖추는 것이다.

마음화는 왜 중요한가?

CAPSLE의 주된 목표는 마음화 능력을 촉진시켜서 가해자-피해자-방관자 문제를 감소시키는 것이다. 이 프로그램을 진행하게 되면 자기 자신에 대한 지각과 마음화의 복잡성을 느낄 수 있는데, 각 개인이 사회 시스템의 일부임과 동시에 그 시스템 속에서 자기 자신만의 의지를 가지며 분리감을 지니는 존재라는 개념을 이해하는 과정에서 개념적인 어려움을 느낄 수 있다. 대인관계이론과 현행 관계이론에서는 개인의 느낌은 사회 시스템에 의해 규정되며, 개인의 실재감은 타인의 실재감을 공유함으로써 생겨난다고 보고 있다. 우리는 외부 현실이 실재로 존재함을 알고 있는데, 그 이유는 다른 사람들이 우리의 반응에 일관되게 반응을 하기 때문이다.

발달 중인 개인에서 사회적 반응이 주는 놀라운 영향력은 정지된 얼굴 패러다임(still-face paradigm)을 이용한 6개월 아기를 대상으로 한 실험을 통해 체험할 수 있다(Weinberg & Tronick, 1996). 이 연구에서 6개월 된 아기는 자기 어머니와 상호작용을 하는데, 상호작용 중이나 지시가 있을 때 1분 동안 어머니 표정을 '멈추도록' 하였다. 어머니가 반응을 해주지 않은 채로 2~3초만 지나도 아기는 절망적인 심리 상태로 변하는 것을 관찰할 수 있다. 만약 정상적인 상호작용이 다시 시작되면 아기의 상태로 다시 회복하였다. 아기에 대한 이런 재앙적인 영향은 단지 돌봄 제공 대상(care-giving object)의 상실 때문만은 아니었다. 후속 연구에서 똑같은 개월 수 아기들을 대상으로 '완전 낯선 사람'과 상호작용하다가 표정을 멈추었을 때도 상당히 외상적인 영향을 불러일으켰다. 이런 외상적인 영향은 1년 후인 18개월까지 지속되어 그 낯선 사람 사진을 보여줘도 피하려는 모습이 관찰되었다(Weinberg & Tronick, 1996). 정지된 표정 패러다임은 모자관계에만 국한된 양상은 아니었다. 오히려 아기가 외부 현실에 대해 느낀 경험을 타인이 인정해주지 않았을 때에 대한 반응 양상이라고 볼 수 있었다.

미러링(mirroring), 이해력, 잘 조율된 사회는 Kohut(1984)와 다른 학자들이 지적한 대로 우리가 발달 초기에서 우리의 정체성을 획득해나가는 과정에서 필수적일 뿐 아니라, 아이가 다른 사람들과 외부 현실에 대해서 정확한 방향으로 공유하는 데에도 중요하다. 마음화 이론에서 보자면, 두 사람 사이에 공감대를 형성해야 외부현실에 대한 실재감을 형성할 수 있다. 만약 권력 역동이 힘과 벌을 앞세워 사회 통합성을 저해하는 사회 시스템이나 개인 정신병리를 통해서 사회적 실재감에 영향을 주면, 피해자와 가해자와 방관자 심리가 시스템 속에서 형성된다. 그러면 비마음화적인 사회 시스템 때문에 이들 구성원 사이에 위와 같은 기계적인 역할이 형성되는 것이다.

위 이야기와 덧붙여 이해를 돕기 위해 폭력적 환경에서 발견되는 만성적 마음화 실패 개념을 소개하고자 한다. 우리는 마음화 실패로 인해 권력 갈등을 목격한 방관자가 사디즘적 쾌락을 추구하는 것을 알아냈다. 아이가 남들의 고통을 목격하는 것을 즐길 수 있으려면, 그 아이는 반드시 타인의 내면적 세계로부터 거리를 띄울 수 있으면서 동시에 자기의 어두운 부분을 그 피해자에게 투사할 수 있다는 것이다. 방관자는 공감능력이 없는 것은 아니다. 왜냐하면 방관자는 피해자나 가해자에 대한 투사적 동일시를 통해서 자기 자신을 좀 더 완전하고 통합적인 존재로 느낄 수 있기 때문이다. 아이들은 방어 기제 중 분열과 공격성의 쾌락적 측면을 통해 대리만족으로 얻으며, 사디즘적인 측면은 투사시킨다. 따라서 권력 역동의 악순환 속 희생양이 되면서 통합적 자기감과 모순된 정서를 경험하게 된다.

안타깝게도 사람들이 피해자의 고통과 고뇌를 의식하지 않으려는 환경에서는 아이들의 마음화 능력은 제한될 수 밖에 없다. 물론 아이들에게 잘못은 없다. 마음화 능력은 초기 성인기가 되어야 온전히 갖춰질 수도 있는 능력이기 때문에 발달 과정 중에는 언제나 취약하다. 대부분의 사회적 상황에서 마음화가 이루어지려면 환경적 지원 뿐아니라 사회 시스템도 마음화를 촉진할 수 있는 제도나 시스템을 갖추어야 한다. 그리고 이런 마음화 작업은 자기와 타인의 마음을 포괄적으로 반영할 수 있도록 해야 하고, 중립적 마음 상태 뿐 아니라 고통스런 마음 상태도 다룬다는 점을 인식해야 한다(Fonagy 등, 2002).

시스템 속 개개인이 마음화적인 상호작용을 하면 개인은 개인으로 존재함과 동시에 사회 시스템 속 구성원으로도 존재할 수 있다. 이런 통합적 관점에서 보면 사회 시스템 속 마음화 중인 자기는 같은 순간 속의 타인의 경험과 함께 한다고 간주할 수 있다. 이런 상태에서는 권력 역동이 균형을 갖추고 있으며 자기와 타인에 대한 지적 및 정서적 경험에 온전히 도움이 되고 있다고 볼 수 있다.

평화로운 학교 프로젝트 결과

이 프로젝트의 복잡한 방법론적 구성과 분석적 전략은 다른 문헌에서 자세히 다루고 있다(Fonagy, Twemlow, Venberg, Sacco, & Little, 2005; Fonagy, Twemlow, Vernberg, Mize 등, 2009). 본 개입 프로그램의 결과는 학교폭력에 대한 또래 및 자기보고식 도구, 공격적 및 이타적 방관자 행동에 대한 또래 보고, 학교폭력 피해자에 대한 공감능력에 대한 자기보고식 도구, 공격성이 얼마나 합당한 지를 알아보는 자기보고식 도구, 파괴적 및 일탈 행동에 대한 학급 대상 관찰을 활용하여 측정하였다.

다른 두 조건과 비교하여 실험적 개입군이 대조군 학교에 비해 또래 보고식 학교폭력 피해경험($p<0.01$), 공격성($p<0.05$), 공격적 방관자 행동($p<0.05$)가 감소한 것으로 나타났다. 본 개입 프로그램은 공감 수준의 감소가 정신의학적 자문 집단($p<0.01$)과 대조군($p<0.01$)에 비해서 덜한 것으로 나타났다.

본 프로젝트는 일탈행동($p<0.001$)과 파괴적 학급내 행동($p<0.001$)에서도 유의한 감소를 보였으나, 정신의학적 자문 집단과 대조군에서는 행동 변화가 나타나지 않았다. 다음해까지 추적해봤을 때, 학교폭력 피해 경험($p<0.05$)과 공격성($p<0.01$)과 공격적 방관자 행동($p<0.01$)은 감소된 채로 유지되었다.

결론은 본 프로그램 철학은 아이들의 공격성과 피해 경험을 감소시키는 데에 유효했다는 것이다. 본 연구의 강점은 매우 세심하고 자세한 평가를 바탕으로 이루어졌다는 점이다. 아이들이 비폭력적이고 이타적인 방관자적 역할을 할 수 있도록 한다는 본 프로젝트의 취지 대로, 아이들은 본 프로젝트를 통해 공격성을 줄일 수 있도록 서로 도왔다. 이런 아이들은 피해자에 대해 마음화 능력을 발휘함으로써 가해자에 의해 피해를 당하지 않도록 서로 도왔다. 이런 자각을 통해 아이들과 교사들과 다른 학교 직원들은 학교 시스템 속에서 권력 역동이 정상화될 수 있도록 몸소 실천했다.

본 개입 프로젝트는 시간이 지남에 따라 아이들이 학교폭력 피해에 대해 무감각해지는 경향을 줄인 것으로 보인다. 다른 연구(Vernberg 등, 2009)에서는 남녀 고등학생들이 위험한 상황에 엮이지 않으려는 경향을 확인했는데, 아마도 골치아픈 일을 피하려는 동기가 작용한 탓으로 보고 있다.

'신사적 전사 프로그램'과 '학급 관리' 요소는 따로 분석했다. 3~5학년 학생 220명은 개입 3년 후 '신사적 전사 프로그램' 부스터 회기 사전 사후로 조사를 받았다. 그 결과 남학생에 대해서는 이 프로그램에 참여 수준이 높을 수록 공격성 수준이 낮아졌다. 여학생에 대해서는 유의한 결과가 나오지 않았다(Twemlow 등, 2007). '학급 관리' 프로그램 평가 결과를 보면, CAPSLE을 활용한 교사가 학생에 대한 공감 수준이 더 향상되었고, 공격성이 정당하다는 믿음이 감소하였으며, 개입 2년 후에 이타적 방관자 행위가 더 증진된 것으로 나타났다(Biggs, Vernberg, Twemlow, Fonagy, & Dill, 2008).

고 찰

본 프로젝트에는 수많은 핵심 요소들이 포함되어 있어 자세한 토의가 필요한데, 이 중 몇 가지는 아래와 같이 정리해보려고 한다.

'평화로운 학교'는 원래 미국에서만 연구가 이루어졌었고, 따라서 특정 문화적 요소가 포함되었을 것이라 추측한다. 하지만 자메이카 연구 결과를 보면 프로그램의 내용 보다는 프로그램을 어떻게 실행하느냐가 더 중요해보였고, 특히 교사들이 얼만큼 이 프로그램에 투자를 아끼지 않느냐가 중요했다. 유치원에서 6학년까지 보는 한 초등학교에서 포스터 공모, 교사 수필, 미국과의 인터넷 연결 사업을 시행해봤지만 효과는 없었다. 이 학교에서는 프로그램을 신뢰하지 않았고, 학교장이 자기 파괴적 행위 수준이 높게 나왔다는 사전 연구 결과가 잘못되었다고 고집하는 것이 주된 걸림돌로 작용했다. 이 학교는 프로그램에서 제공하는 인터넷 자원을 활용하긴 했지만 나머지 콘텐츠는 전부 평가절하하였다.

이 사건을 반면교사 삼아, 거의 똑같은 인구학적 특성을 지닌 다른 자메이카 학교에서 조금 다르게 접근해보았다. 양쪽 학교 다 '평화로운 학교폭력 척도(the Peaceful Schools Victimization scale)'를 시행하였다. 두번째 학교에서는 프로그램 개발자가 교사들을 경청하고 관찰하는 데에 더 많은 시간을 할애했다. 예술과 공예 활동과 긍정적 방관자 서약을 이용해서 계획을 세웠다. 그러자 연구는 차츰 진행되기 시작했고 지역 사회에서 지원에 대한 관심을 이끌어내기 시작했다. 그래서 프로그램 펀드와 지역사회 기부를 통해 새로운 공예센터를 건립하였다. 측정도 진행하였고 좀 더 심층적인 평화로운 학교 개입 프로그램을 계획하였다.

평화로운 학교 프로그램 핵심 요소는 모든 문화권과 언어권에서 적용 가능해 보였다. '신사적 전사' 프로그램은 '구슬 전사(Bead Warrior)'로 탈바꿈 시켜 무술 보다는 구슬 공예와 연관짓도록 했다. 대신 이런 활동이 강하고 용감한 스타일의 활동이라는 점을 강조하기 위해 전사라는 표현은 그대로 유지하였다. 프로그램 핵심요소는 일종의 도구적 성격으로, 이 프로그램을 신뢰하는 교사들이 적극 활용하는 수단이 되었으며, 교사들은 단순한 립서비스를 넘어서서 제대로 프로그램을 실행하였다.

지난 5년간 일리노이 오로라에서 우리 프로젝트와 비슷한 개입 활동이 이루어졌다. 평화로운 학교 프로젝트와 같이 매년 마다 변화를 평가하기 위해 질문지를 시행하였다. 여기에서는 긍정적 분위기 캠페인이 초점이 되었고, 이를 위해 평화깃발, 수업화 학교 프로젝트, 교내 히스패닉 학생들을 위해 조율된 콘텐츠 등이 활용되었다. 오로라 재단에서 펀드를 따왔으며, 이 재단으로서는 공립학교에 투자한 것은 처음이었다고 한다. 이 재단은 지역대학에 자금을 지원해왔는데, 양육자들로 부터 위험한 외상을 경험한 아이들을 돕기 위해 정상발달과 발달정신병리에 대한 교사 훈련 과정도 포함되어 있었다. 신사적 전사 프로그램은 적용시키지 않았다.

지역 특성에 맞추기 위해 프로그램을 일부를 손보긴 했지만, 이 프로젝트는 전반적으로 유용성이 뛰어나다는 점이 밝혀졌다. 다른 연구자(예: Rigby, 2006)는 프로토콜을 세심하게 준수해야 한다고 강조했다. 분명 연구에 있어서는 치료 매뉴얼이 중요하고 또 효과적인 치료법 보급에도 필요하지만, 우리는 CAPSLE

같이 방대한 프로그램을 곧이곧대로 학교가 이행할 필요는 없다고 본다. 실용적으로 활용하기 위해서는 유연성이 필요하다고 생각한다. 오히려 우리가 미국과 자메이카 여러 학교에서 CAPSLE을 시행해본 결과 각 학교에서는 각 학교 사정에 맞게 변형할 필요가 있다는 목소리들을 들어왔다. 실제로 매뉴얼화된 치료법을 유연하게 실행하는 것을 지지하는 연구도 있다(Kendall, 1998). CAPSLE을 성공적으로 시행하기 위해서, 프로그램의 핵심 뼈대에 대해서는 Twemlow와 Sacco(2008)의 논문에 자세히 나와 있다.

대부분 학교는 비싼 자문위원을 위촉하기에는 재정이 부족하기 때문에, 유용한 학교 개입 프로그램이 있을 수 있으면 좋을 것이라 본다. 특히 개입 프로그램이 유용해지려면 교사들이 보기에도 유용하고 또 교사도 그 프로그램 기획에 참여할 수 있어야 하며, 기존 학교의 가치 체계에 적합한 것이어야 하고, 예산 대비 사업 효율성이 좋아야 하며, 실용적이고 현실적이어야 된다. 이런 조건들은 평화로운 학교 프로젝트가 파일럿 연구 때나 실험적 연구 때 모두 갖추던 측면들이다. 파일럿 연구 때, 가해자와 피해자와 방관자 역할 규정이나 개입 프로그램 기획의 대부분은 교사들이 직접 도맡았다. 그렇기 때문에 처음부터 교사들이 이 프로그램 집행에 보인 열정과 노력이 상당했다. 세번의 파일럿 연구에서 교사들은 프로그램의 핵심 프로그램을 진행했을 뿐 아니라, 본인들이 프로그램의 효과성을 검증하고 평가 도구도 개발했다. 이 프로젝트를 세팅하는 데 있어 아무 문제가 없었는데, 그 이유는 직접 기획한 교사들을 포함해 프로젝트에 대한 헌신이 있었기에 이런 프로젝트에 대한 매입이 가능했다. 만약 외부 전문가가 이 프로젝트를 규정하고 시스템 전반에 부과하는 하는 방식이라면 이런 매입 과정에 분명 문제가 생길 것이다.

또한 본 개입 프로젝트에서는 어떠한 아이도 병자 취급하지 않도록 고안되었다. 메틸페니데이트(과잉행동주의력결핍장애 약물)와 그 계통의 약물 사용에 대해 우려가 있는데, 이런 약물 투여는 그 아이에 대한 편견으로 직결되기 때문이다. 보통 학교 보건간호사가 이 약물을 가져다 주는데, 아이들은 '미친놈' 취급 받으면서 괴롭힘당하기도 한다.

공립학교를 위한 프로그램은 되도록이면 비용이 적게 들어야 한다. 이 프로젝트는 재료 측면에서는 드는 돈이 실질적으로 없다고 봐도 된다. 본 프로젝트 연구에 대한 비용은 물론 매우 비싸지만, 개입 프로그램을 집행하고 전문적인 자문료로는 프로젝트 실행 3년 기간 동안 총 3,000달러가 채 들어가지 않았다.

효과적인 프로그램이 되기 위해서는 학교의 실재 모습 그 자체에 접근할 수 있어야 한다. 프로그램은 수업 과정을 방해해서도 안 되고, 교과과정에 너무 관여해서도 안 되며, 보충 수업 같이 추가적인 시간을 잡아먹어서도 안 된다. 이런 면에서는 CAPSLE이 모두 충족시키고 있다. 사실, CAPSLE은 체육 교실에서 호신술 과정을 제외하고는 보충 교과 시간을 따로 두지 않았다. 앞서 언급했지만, CAPSLE의 이런 부분은 기존 체육 수업 규정에 적합한 정도다. 게다가 체육 교사는 대체로 교실 교사보다는 교과가 덜 엄격한 편이며, 새로운 프로그램을 도입할 여지가 있다. 우리는 이 과정을 전수하기 위해 체육 교사를 훈련하는 데에 아무런 문제가 없었다. 왜냐하면 대부분은 진짜 무술을 위한 기술이라기보다 아이들을 가르치기 위한 기술이기 때문이다.

프로그램은 실용적이고 현실적이어야 한다. 설사 통제된 연구 조건 하에서 효과성을 검증해냈다고 하더라도, 각 학교 사정에 유연하게 접목시킬 수 있어야 한다. 이런 사항은 사실 실험적 프로그램이 마주하는 도전 과제이기도 하다. 만약 실험적 프로그램 모델이 실험적 연구 디자인에 너무 충실한 나머지 특정 학교의 요구를 무시하는 꼴이 된다면, 그 개입법은 무용지물이다.

학교 분위기를 정확히 파악하고 어떤 요소가 학교폭력 감소에 도움이 되었는지 파악하기 위해 연구 도구와 방법론 선정이 중요한데, 이 부분은 1992년에서 2003년까지 본 프로젝트에서 얼마간 자세히 연구하였다(Fonagy 등, 2009). 우리는 그간의 경험을 통해, 제일 중요한 평가 자료는 반드시 직접 수집하는 것이 정확한 프로그램 실행과 결과를 측정하는 데에 필요하다는 점을 알아냈다. 특히, 훈계 또는 징계 업무와 관련된 학교 기록은 믿기 어려운 것으로 드러났는데, 왜냐하면 학교 마다 기록 방식이 다르기도 하고 교칙 위반 기준도 다르기 때문이다. 예를 들어, 평화로운 학교 프로젝트에 참여한 한 학교에서는 전 학년 동안 훈계 조치 기록이 거의 없었던 반면, 다른 학교는 380건 이상 조회되었다. 그런데 우리가 두 학교를 대상으로 학교폭력 수준을 조사한 결과 비슷한 수준으로 드러났다. 한편, 학교 기록이 유용한 분야는 인구학적 정보를 수집할 때나 표준화된 학업 성적을 조회할 때였다.

또한 우리는 다양한 출처를 통해서 정보를 얻는 것이 좋다는 교훈도 얻었다. 학교폭력 경험과 공격성에 대한 태도를 자기보고식 도구로 수집하는 것은 제일 논란의 여지가 없는 방법으로 입증되었고, 또래지명법과 교사보고법과 같이 수집하기 어려운 방식에 견주어서도 적당한 신뢰도와 수렴도를 보였다. 프로그램 평가를 위한 측정 도구를 유용하게 활용하려면 익명으로 자료를 수집하기 보다 개별 학생의 응답을 추적하는 것이 훨씬 낫다. 이를 통해 시간 경과에 따른 개별 학생들의 변화를 분석할 수 있고(예: Dill 등, 2004), 발달적 추세와 학교폭력 관여 경로의 다양성을 서로 비교 확인할 수 있다(Biggs, Vernberg, Fonagy, Twemlow, Little, & Dill, 출판 진행중).

교사보고법도 분명 유용하지만 몇몇 측면에서는 문제가 될 수 있다. 예를 들어 교사 보고로 확인된 가해자와 피해자와 자기 내지는 또래 보고로 확인된 가해자와 피해자 간의 일치도가 경계선 수준이며, 년 단위의 시간적 영향을 받는다. 한 예로 3~5학년 학생들 중 가을 학기에 또래 또는 자기보고식으로 고도로 학교폭력 피해를 당했으나 공격적이지 않은, 즉 순종적 피해자로 확인된 인원은 총 12명이었으나, 교사 보고로 확인된 인원은 7명에 불과했다(Wright, 2004). 봄학기에는 또래보고와 자기보고 둘다에서 27명 아이들이 순종적 피해자로 확인되었으나, 교사 보고에서는 14명의 학생만 확인되었다. 여기에서 교사와 아이들의 특성이 학교폭력 문제 보고율에 영향을 미치는 것으로 나타났다. '평화로운 학교 프로젝트 데이터베이스'에서 한 예를 뽑아보면, 자기 학교 교사가 학생들을 위해 더 긍정적인 지원을 했다고 보고한 교사들은 자기보고법과 또래보고법 보다 더 많은 학교폭력문제를 발굴한 것으로 나타났다(Mize, Vernberg, Twemlow, Fonagy, & Little, 2006). 학생들의 부정적 행동 문제를 덜 보고하고 학교 안전 이슈에 덜 관심을 갖는 교사일수록 학생들 보고(자기보고 및 또래보고)에 비해서 학교폭력 문제를 덜 보고하는 경향이 있었다. 보고자 간의 차이는 학생의 성정체성과도 연관되어 나타났다. 즉, 교사는 학생 보고에 비해 여학생 간의 공격성을 더 많이 보고하였다. 또한 이런 보고자 간 차이는 소수인종과도 연관있었는데, 학생보고에 비해 교사는 소수인종 간의 공격성을 더 많이 보고하였다.

통제 조건의 중요성 또한 강조해도 지나치지 않을 것이다. 우리와 다른 연구자들은 가해자-피해자-방관자 문제 측정에서 연령에 따른 모종의 경향을 수차례 확인하였다(예: Salmivalli, 2002; Smith, Madsen, & Moody, 1999). 예를 들면, 아이들은 초등학교 고학년이나 중학교로 올라갈 수록, 학교폭력 피해자에게 덜 공감을 하려 하고 공격성을 드러내는 것이 괜찮다라고 생각하며 자기 스스로는 학교폭력 피해를 덜 입는 것으로 나타났다(Vernberg 등, 2009). 이런 경향은 공감력 증진과 공격성에 대한 부정적 인식을 추구하는 개입 프로그램 취지와 상반된 것이나, 자기 자신에 대한 피해 경험이 줄어든다는 것은 개입 프로그램의 효과를 지나치게 부풀리는 영향을 줄 수 있다. 그래서 개입 프로그램의 효과와 발달적 효과를 구분하기 위해 통제 조건 설정은 매우 중요하다.

분명, 프로그램 참여자들-특히, 교사들, 교장을 비롯한 관리자, 학교가 소속된 지역 교육청, 지역 사회-이 프로그램을 신뢰하고 적극 영입하는 것이 성공의 핵심이다. 이런 인식을 토대로 우리는 CAPSLE에 대한 교사들의 태도와 이와 관련하여 학급 관리에 있어 교사들 스스로 느끼는 CAPSLE 활용성을 조사해봤다. 그 결과 학교 마다 또 교사 마다 CAPSLE을 시행한 정도가 다양했다(Biggs 등, 2008). CAPSLE의 원칙과 매뉴얼을 지켰던 교사들이 제일 도움이 되었다고 보고하였다. 이 결과는 성공적인 사업 실행을 위해서는 참여자의 자발적 신뢰와 참여가 중요하다는 점을 시사한다.

현재 미국의 교육 정책은 학교의 기능을 평가하는 기준으로 학업성취도를 중요하게 본다. '뒤쳐지는 학생이 한 명도 없도록!'이라는 교육당국의 철학은 학업성취도에 대한 목표의식을 잘 드러낸다. 평화로운 학교 프로젝트에서 2년 이상 능동적으로 참여했던 학생들은 학업성취도 면에서도 괄목할만한 성장을 이루어냈다. 우리는 이 프로젝트의 일환으로 5년 동안 한 지역구 내 다섯 초등학교의 학업성취도에 어떤 영향을 주는지 조사하였다(1994~1999; Fonagy 등, 2005). 본 프로그램은 단계적으로 확장하여, 처음에는 한 학교에서 시행하다가 1996년에 1개 학교가 추가되었고 1999년에 3개 학교가 추가되었다.

첫 번째 학교는 문제가 있었던 학교로 확인되었고, 두 번째 학교는 인구학적으로 동일한 구성을 지닌 학교였다. 나머지 세 학교는 이 프로그램에 자원한 9개 학교 중 무작위로 선별하였다. 단계적으로 프로그램을 전개해나갔기 때문에 다양한 베이스라인 자료들이 나왔는데, 첫 학교를 제외하면 프로그램을 각 학교 분위기에 최적화시키지 않은 상태에서 집행했기 때문이다. 따라서 프로그램 소개 시점과 관련된 변화는 프로그램 자체로 인한 변화와 혼동되지 않을 것이다. 이들 학교를 대상으로 프로그램 적용 사전 및 사후에 1,106명의 학생들의 학업성취도 점수 변화를 추적하였다. 이 표본은 같은 지역구 학교 학생 중 프로그램에 참여하지 않은 1,100명의 학생들을 대조군으로 삼아 비교 분석되었다. 비교 분석 기간을 더 길게 잡기 위해, 나중에 프로그램을 참여한 학생과 대조군 학생들을 대상으로 1993~1995년도 학업성취도 점수 자료를 수집하였다.

평화로운 학교 프로젝트에 2년 연속 참여한 학생들은 대조군에 비해 표준화된 학업성취도 평가에서 더 나은 성적을 보였다. 이 연구 결과는 나이나 성정체성이나 인종이나 저소득층이나 프로그램 소개 시점과 관련된 우연한 변화 같은 인구학적 변인과 전혀 상관이 없었다. 다양한 베이스라인 기획를 때문에 학업성취도 향상은 평화로운 학교 프로젝트 시행과 관련있다고 볼 수 있었다. 또한 이 프로그램을 중도 포기한 학생들에서는 학업성취도의 저하가 유의했다.

결 론

학교는 늘 일정한 틀을 가진 지역사회 기능 중 하나로, 학교를 통해 어린 사람들의 사고방식을 변화시킬 수 있다. 왜냐하면 정부가 꼭 학교를 다니도록 요구할 뿐 아니라 교육 과정도 구조화해놨기 때문이다. 이런 점이 성인 사회로도 이어질 수 있는지는 흥미로운 대목이다. 아직 복잡한 성인 사회에서 신뢰도와 타당도를 갖춘 연구는 거의 없지만, 본 연구 결과를 보면 만약 성인도 이런 접근법-방관자 역할에 대한 반영, 마음화 능력, 권력 역동 등-에 대해 열린 시각을 지닐 수 있다면 사회 전반에 대한 긍정적 변화가 일어날 수 있다고 생각한다.

참고문헌

Adler, A (1958). *What life should mean to you*. New York: Putnam Capricorn Books.
Berkovitz, I. (2001). Evaluations of outcome in mental health consultation in schools. *Child and Adolescent Psychiatric Clinics of North America, 10*, 93-103.
Biggs, B. K., Vernberg, E. M., Twemlow, S. W., Fonagy, P., & Dill, E. J. (2008). Teacher adherence and its relation to teacher attitudes and student outcomes In an elementary school based violence prevention program. *School Psychology Review, 237*(4), 533-549,
Biggs, B. K., Vernberg, E. M., Fonagy, P., Twemlow, S. W., Little, T. D., & Dill, E. J. (in press). Peer victimization trajectories and their association with children's affect in late elementary school. *International Journal of Behavioral*

Development.

Dill, E., Vernberg, E., Fonagy, P., Twemlow, S., & Gamm, B. (2004). Negative affect in victimized children: The roles of social withdrawal, peer rejection, and attitudes to bullying. *Journal of Abnormal Child Psychology, 32,* 139-173.

Fonagy, P., Gergely, G., Jurist, E., & Target, M. (2002). *Affect regulation mentalization and the development of the self.* Other Press: New York.

Fonagy, P., Twemlow, S., Vernberg, E., Sacco, F., & Little, T. (2005). Creating a peaceful school learning environment: The impact of an anti-bullying program on educational attainment in elementary schools. *Medical Science Monitor, 11,* 317-325.

Fonagy, P., Twemlow, S., Vernberg, E, Mize, J., Dill, E., Little, T., & Sargent, A. J. (2009). A cluster randomized controlled trial of a child-focused psychiatric consultation and a school systems-focused intervention to reduce aggression. *Journal Child Psychology & Psychiatry, 50*(5), 607-616.

Frith, V., & Frith, C. (2003). Development and neurophysiology of mentalizing: Philosophical transactions of the royal society of London. *Biological Sciences, 358,* 459-473

Greenberg, M., Weissberg, R., O'Brien, M., Zins, J., Fredewricks, L., Resnik, H., & Elias, M. (2003). Enhancing school-based prevention and youth development through coordinated social, emotional and academic learning. *American Psychologist, 58,* 466-474.

Kendall, P. C. (1998). Directing misperceptions: Researching the issues facing manual-based treatments. *Clinical Psychology: Science and Practice, 5,* 396-399.

Kohut, H. (1984). *How does analysis cure?* A. Goldberg (Ed.). Chicago Ill., Chicago University.

Kumplainen, K., & Rasanen, E. (2000). Children involved in bullying at elementary school age: Their psychiatric symptoms and deviance in adolescence, an epidemiological sample. *Child Abuse Neglect, 24,* 1567-1577.

Masten, A., & Coatsworth, J. (1998). The development of competence in favorable and unfavorable environments. Lessons from research on successful children. *American Psychologist, 53,* 205-220.

Mize, J. A., Vernberg, E. M., Twemlow, S. W., Fonagy, P., & Little, T. D. (2006, March). *Victimization during preadolescence.* Paper presented at the Biennial Meeting of the Society for Research on Adolescence, K. S. Flanagan & S. A. Erath (chairs), Heterogeneity Among the Assessment and Experience of Peer Victimization and Aggression Throughout Adolescence.

Mytton, J., DiGuiseppi, C., Gough, D., Taylor, R., & Logan, S. (2002). School based violence prevention programs: Systematic review of secondary prevention trials. *Archives of Pediatrics & Adolescent Medicine, 156,* 752-762.

Nansel, T., Overpeck, M., Hanie, D., Ruan, W., & Scheidt, P. (2003). Relationship between bullying and violence in US youth. *Archives of Pediatrics & Adolescent Medicine, 157,* 348-353.

Ogden, T. (1994). *Subjects of analysis.* Northvale, NJ: Aronson.

Pearson, G., Jennings, J., & Norcross, J. (2001). A program of comprehensive school based mental health services in a large urban public school district: The Dallas model. *Child and Adolescent Psychiatric Clinics of North America, 10,* 207-231.

Rigby K. (2006). Ken Rigby interview. Retrieved from http://www.bullyingawarenessnetwork.ca/site.php?page=news, 53-54.

Salmivalli, C. (2002). Is there an age decline in victimization by peers at school? *Educational Research, 44,* 269-277.

Smith, P. K., Madsen, K. C., & Moody, K. C. (1999). What causes the age decline in reports of being bullied at school? Toward a developmental analysis of risks of being bullied. *Educational Research, 41,* 267-285.

Swearer, S., Grills, A., Haye, K., & Cary, P. (2004). Internalizing problems in students involved in bullying and victimization: Implications for intervention. In D. Espelage & S. Swearer (Eds.), *Bullying in American schools: A socialecological perspective on prevention and intervention* (pp 63-83). Mahwah, NJ: Erlbaum.

Twemlow, S. W., Biggs, B. K., Nelson, T. D., Vernberg, E. M., Fonagy, P., & Twemlow S. (2009). Effects of participation in a martial arts based antibullying program on childrens aggression in elementary schools. *Psychology in the Schools, 45*(10), 947-959.

Twemlow, S. W., Fonagy P, & Sacco, F. C. (2002). Feeling safe in school. *Smith College Studies in Social Work, 72*(2), 303-326.

Twemlow, S. W., Fonagy, P., & Sacco, F. (2004). The role of the bystander in the social architecture of bullying and violence in schools and communities. *Annals of New York Academy of Sciences, 1036,* 215-232.

Twemlow, S. W., & Fonagy, P. (2005). A note on teachers' who bully students in schools with differing levels of behavioral problems. *American Journal of Psychiatry, 163*(12), 2387-2389.

Twemlow, S. W., Fonagy, P., Sacco, F., & Brethour, Jr., J. R. (2006). Teachers who bully students: A hidden trauma. *International Journal of Social Psychology, 52*(3), 187-198.

Twemlow, S. W., & Sacco F. C. (2008). *Why school antibullying programs don't work.* New York: Jason Aronson imprint of Rowman & Littlefield.

Vernberg, E. M., Jacobs, A. K., Mize, J. A., Little, T. D., Twemlow, S. W., Fonagy, P., & Sacco, F. C. (2009). *Developmental trends in peer aggression, victimization, bystanding, and aggression-related attitudes.* Unpublished manuscript submitted for publication.

Weinberg, K. M., & Tronick, E. Z. (1996). Infant affective reactions to the resumption of maternal interaction after the still-face. *Child Development, 67,* 905-914.

Wilson, D., Gottfredson, D., & Najaka, S. (2001). School based prevention of problem behaviors: A meta analysis. *Journal of Quantitative Criminology, 17,* 247-272.

Wilson, S., Lipsey, M., & Devzon, J. (2003). The effects of school based intervention programs on aggressive behavior: A meta analysis. *Journal of Consulting & Clinical Psychology, 71,* 136-149.

Wright, M. P. (2004). *A longitudinal comparison of self- and other-identified submissive victims.* Unpublished doctoral dissertation, University of Kansas, Lawrence.

27

Olweus 학교폭력 예방 프로그램
20년간의 실행과 평가

DAN OLWEUS AND SUSAN P. LIMBER

1983년 노르웨이에서 청소년 학생 3명이 자살했다. 원인은 심한 학교폭력 때문일 것으로 추측했고, 노르웨이 교육부는 학교폭력 캠페인을 전국적으로 실시하게 되었다. 본 Olweus 학교폭력 예방 프로그램(the Olweus Bullying Prevention Program, OBPP)은 이런 맥락에서 개발되어 평가를 받았던 프로그램이었다.

본 챕터에서 우리는 본 프로그램의 기초적 개념을 기술하고, 첫 평가에서 얻은 조사 결과를 정리해서 제시할 것이다. 그 다음 우리는 미국에서 보편적으로 활용되는 프로그램의 내용들을 얼마간 구체적으로 기술을 하고, 주로 노르웨이와 미국에서 시행된 프로그램에 대한 사후 평가 결과를 요약할 것이다.

OBPP의 목표와 기본 원칙

OBPP의 목표는 이미 존재하고 있는 학교폭력을 감소시키고, 새로운 학교폭력 문제 발생을 예방하며, 학교에서 학생들이 더 나은 교우관계를 맺을 수 있도록 하는 것이다(Olweus, 1993a; Olweus, Limber, & Mihalic, 1999; Olweus 등, 2007). 우리는 이런 목표를 달성하기 위해 교내 사회적 환경을 재구성해주는 방식을 택했다. 우리는 재구성 작업을 통해 가해 행위에 대한 기회와 보상 요인을 감소시키고, 교내 환경 속에 포함된 학생들과 어른들이 공동체 의식을 함양시킬 수 있도록 기획하였다. 즉, 긍정적이고 친사회적 행동이 장려되고 또 보상받을 수 있도록 의도했다(Olweus, 1993a, 2001a; Olweus 등, 2007).

OBPP는 4가지 핵심 원칙을 담고 있다. 교내 어른들은 다음과 같이 행동해야 한다. 1) 학생들의 삶에 관여하면서 따스함과 긍정적 관심을 표현한다. 2) 용납할 수 없는 행동에 대해 엄격한 제한을 둬야한다. 3) 만약 학생들이 규칙을 어기면 비폭력적 및 비적대적인 방식으로 일관되게 불이익을 줘야 한다. 4) 권위에 맞는 행동을 하고 학생들에 대해 긍정적인 모델이 되어야 한다(Olweus, 1993a, 2001a; Olweus 등, 2007). 이런 원칙은 주로 문제 행동, 특히 공격적 행동에 대한 발달과 교정에 관한 연구 결과에서 이끌어낸 것이다(Baumrind, 1967; Loeber & Stouthamer-Loeber, 1986; Olweus, 1973, 1978, 1979, 1980). 상기 원칙은 특정 측정 도구에 반영하여 학교, 학급, 개인에 적용했으며, 일부 경우에서는 지역사회 수준의 사업에도 활용하였다. 이런 요소는 아래에서 조금 더 자세하게 다룰 것이다.

OBPP의 초기 평가

OBPP는 1차 베르겐 학교폭력 프로젝트(the First Bergen Project against Bullying)에서 처음 시행되어 평가를 받았다. 이 프로젝트는 1983년에서 1985년 2년반 동안 약 2,500명의 학생들을 추적했던 횡적 연구였다. 이 프로젝트는 전국적 학교폭력 캠페인의 한 콘텐츠로 진행되었기 때문에 실험군과 대조군을 나누어서 보는 실험적 연구는 불가능했다. 대신 같은 학교 출신 같은 연령의 학생들이 3가지 시점에서 변화 차이를 비교하는 확장형 선택 코호트(extended selection cohort) 디자인을 채택하였다(Olweus, 1991, 1993a, 1997, 2005). 첫 시점에서는 노르웨이 베르겐 내 14개 중학교와 28개 초등학교 출신 5~8학년 학생을 대상으로 하였다. 1983년에서 1984년 사이 각 시점(6~8학년)에서 참여한 학생들은 대략 각각 1,750명 즘 되었다. 이에 상응하는 1983~1985년 연구에서는 각각 1,210명의 학생을 대상으로 하였다.

평가 결과, 자기보고식 자료에서는 학교폭력 문제가 유의하게 감소하였다(이 분석은 Olweus 학교폭력 질문지 1986년 초기 버전으로 시행하였음). 1983~1984년 평가에서 학교폭력 피해 경험 감소율은 62.0%로 전체 10.0%에서 3.8%로 감소했고, 가해 경험 감소율은 33.0%로 전체 7.6%에서 5.1%로 감소하였다. 1983~1985년 평가는 7~8학년을 대상으로 하였고, 각각 64.0%(10.0%에서 3.6%) 및 52.6%(7.6%에서 3.6%)의 감소율을 보였다(Olweus, 1991, 1993a, 1997; Olweus & Alsaker, 1991). 이 결과는 학급 단위의 교사 보고식 학교폭력 척도 자료와 또래 보고식 척도 자료에서 얻은 결과와도 유사했다. 하지만 교사 자료를 바탕으로 했을 때는 이런 감소 효과가 좀 약한 편으로 나왔다. 본 평가에서는 양적 효과가 두드러지게 나타났는데($r=0.51$, $n=80$), 프로그램 핵심 내용(학교폭력을 반대하는 학급 규칙, 역할극 도입, 학급 회의)을 전부 다 집행한 교실에서는 더 큰 감소율을 보였다(Olweus & Alsaker, 1991; Olweus & Kallestad, 출판중). 마지막으로, 본 프로그램은 자기보고식 자료 상 일반적인 반사회성 행동(예술 파괴 행위, 절도, 일탈행동)을 감소시킨 것으로 나타났으며, 교실의 사회적 분위기 개선도 이루어냈다는 점이 밝혀졌다. 이는 학생들의 자기보고식 응답에서 학교 생활에 대한 만족감, 지시와 훈육 원칙에 대한 개선감, 사회적 관계, 학교 공부에 대한 태도에서 더 긍정적인 방향으로 나왔기 때문이다.

자료의 질에 대해 자세히 분석하고, 연구 결과에 대한 다른 해석이 가능한 지를 면밀히 검토한 뒤에 다음과 같은 결론을 내리게 되었다: 1) 축소 보고한 학생들의 응답, 2) 학교폭력 문제에 대한 학생들의 점진적 태도 변화, 3) 반복해서 이루어지는 측정, 4) 시간 경과 효과와 같은 다른 요인들의 동시다발적인 변화와 같은 4가지 요인 때문에 연구 결과를 해석해내기가 매우 어렵다라고 생각하게 되었다(Olweus, 1991).

프로그램 실행에 영향을 주는 요인들

그간 경험과 연구 결과를 미루어보면, OBPP 실행 역량은 교사와 학교에 따라 크게 다를 수 있다(Kallestad & Olweus, 2003; Limber, 2006; Olweus, 2004). 예방 프로그램 실행에 영향을 주는 요인에 대한 체계적 연구 사례는 거의 없지만 매우 중요하다. Biglan(1995)은 '효과적인 실행법 도입 그 자체가 과학연구에 필요한 행동이다.'라고 지적했다(p. 51).

OBPP 실행에 영향을 주는 교사 및 학교 단위 요인을 알아내기 위해, Kallestad & Olweus(2003)는 37개 학교에서 89명의 교사를 대상으로 응답을 분석했으며, 1차 베르겐 학교폭력 프로젝트에서 두 시점을 선정해 프로그램 실행 양상을 평가하였다. 비록 이 연구는 2003년이 되어서야 개제가 되었지만, 분석 결과는 출판 훨씬 전에 이미 알려져서 OBPP와 그 실행 모델에 이미 반영되었다. 이 연구 결과와 결론에 대해 논의하는 것은 본 챕터의 취지를 벗어나기 때문에 다음과 같은 참고문헌에서 확인하기 바란다(Kallestad & Olweus, 2003; Olweus, 2004). 여기에서는 몇몇 전체적인 결론만 언급하려고 한다.

연구 결과, 교사가 OBPP 실행과 적용에 있어 핵심 요소였다는 점이 밝혀졌다. 프로그램 결과에 영향을 미치는 교사 단위 요인으로는 '직원 중요성 인식도(교사 효능감)'와 '프로그램 매뉴얼을 읽어보았음'과 '애정 어린 개입(학교폭력 피해자와의 공감적 동일시)' 등이 있었다. 또한 학교 단위 요인도 상당한 영향을 미치는 것으로 나왔는데, 그중에 '직원과의 의사소통을 위한 개방성(변화에 대한 긍정적 태도)'과 '학교폭력 문제에 대한 학교측 관심도가 중요한 요인으로 밝혀졌다. 이 연구를 통해 프로그램 실행 과정에 있어 어떤 요인이 중요한지 더 이해가 깊어졌다. 또한 프로그램 자체와 실행 노하우 향상을 위해 어떤 방법이 필요한지에 대해서도 도움이 되었다.

문화별 최적화

물론 OBPP의 기본원칙과 핵심 요소는 대체로 보편적인 성질의 것이라 볼 수 있지만, 그간 연구와 경험으

표 27.1 OBPP의 구성 요소

학교 단위 요소
- 학교폭력 예방 조정 위원회를 설립하라.
- 위원 및 직원 훈련을 실행하라.
- Olweus 학교폭력 질문지를 학교 단위로 시행하라.
- 직원 토론용 집단 회의를 유지하라.
- 학교폭력을 지양하는 교칙을 선언하라.
- 교내 지도감독 시스템을 점검하고 개선하라.
- 프로그램을 시작하기 전에 개최 이벤트를 마련하라.
- 학부모를 관여시켜라.

학급 단위 요소
- 학교폭력을 지양하는 교칙을 게시하고 지켜지도록 한다.
- 학급 회의를 정기적으로 실시한다.
- 학부모와 회의를 한다.

개인 단위 요소
- 학생 활동을 지도감독한다.
- 모든 직원들은 학교폭력 사건이 생기는 그 현장 그 시점에서 개입할 수 있도록 한다.
- 학교폭력에 관여된 학생들과 진지한 대화를 실시한다.
- 학교폭력에 관여된 학생의 학부모와도 진지한 대화를 실시한다.
- 학교폭력 관여 학생에 대한 개별 개입 및 중재 계획을 세운다.

지역사회 단위 요소
- 학교폭력 예방 조정 위원회에 지역사회 구성원을 참여시킨다.
- 당신 학교 프로그램의 지원을 확보하기 위해 지역사회 구성원과 협력적인 관계를 맺는다.
- 학교폭력 반대 메시지가 퍼질 수 있도록 돕고, 지역 사회에서 최선의 프로그램 실행 원칙을 알린다.

로 미루어보면 현장에서 이 프로그램을 실행할 때 문화별로 어느 정도 수정 보완할 필요가 있었다. 예를 들어, 미국 교사의 현행 고용 조건을 보자면, 노르웨이 교사들에 비해 직원 토론용 집단 회의 시간이 적게 배정되어 있었다. 따라서 미국에서는 노르웨이에 비해 학교폭력 예방조정 위원회(the Bullying Prevention Coordinating Committee)에게 프로그램 실행에 있어 좀 더 다른 역할과 더 큰 책임을 부여하였다(Limber, 2004). 또한 양국가 간에 트레이너(북유럽에서는 교관이라고 부른다)를 훈련시키는 기관도 좀 다르다(Olweus 등, 2007; Olweus, 2001a, 2004). 이와 마찬가지로 미국에서는 학교 밖 등 좀 더 전반적인 범위에서 예방적 노력을 기울이려고 하는 전통이 있기 때문에 지역사회가 관여하는 것을 중시한다. 그래서 미국에서는 본 프로그램을 실행할 때 최근에는 학교에서 지역사회 수준의 사업 요소를 꼭 포함시키도록 하고 있다.

표 27.1은 각 4가지 단위(개인, 학급, 학교, 지역사회)에 초점을 맞춘 OBPP 핵심 요소를 정리했다. 이 표에서 나온 구성은 주로 미국에서 많이 활용하는 구성이다. 각 단위 별로 프로그램의 핵심 요소를 제시했다. 최근에 교사 가이드(a Teacher Guide; Olweus & Limber, 2007)와 학교 가이드(a Schoolwide Guide; Olweus 등, 2007)가 발간되었는데, 관심있는 독자는 이 두가지 매뉴얼에서 본 프로그램 자세한 내용들을 확인하기 바란다.

학교 단위 요소

대체로 다음 8가지 프로그램 요소를 학교 단위로 시행했다.

학교폭력 예방 조정 위원회(the Bullying Prevention Coordinating Committee, BPCC) 학교폭력 예방 조정 위원회는 학교에서 OBPP의 모든 요소들이 제대로 실행될 수 있도록 뒷받침한다. BPCC는 학교와 지역사회 출신 8~15명 정도로 구성되는 대표단으로, 학교 운영자, 각 학년별 교사, 학교 상담사 혹은 학교 정신건강전문요원, 비-교직원 대표(버스 운전기사, 교내 식당 종업원 등), 학부모, 기타 지역사회 대표(성직자, 방과 후 청소년 기관 대표 등)와 기타 전문성을 보유한 교내 직원(양호교사, 학교 사회복지사 등)이 포함된다. 만약 적절하다면 고등학생이나 중학생 위주로 1~2명의 학생 대표를 포함시키는 것도 좋다. 아니면 독립된 학생 감독 위원회를 두어서, 프로그램 실행과 기획에 학생들이 의미있게 참여할 수 있도록 할 수도 있다.

위원들의 의무 중에는 공인된 OBPP 트레이너의 2일간 집중 훈련에 출석하는 것, 본인 소속 학교에서 OBPP를 최적화시켜 실행할 수 있도록 하는 것, 직원과 학부모와 학생들과 프로그램 계획에 대해 논의하는 것, 본 프로그램을 교내 다른 예방적 사업과의 기획조정하는 것, 본 프로그램 시행에 대한 직원과 학부모와 학생들의 피드백을 얻어 필요한 경우 계획 수정하는 것, 지역 사회에 프로그램을 홍보하는 것 등이 있다(Olweus 등, 2007). BPCC는 대체로 현장에서 일하는 조정위원이 의장직을 맡도록 하는데, 학교 상담사나 행정가나 예방 전문가나 비교직원이 될 수도 있다. 위원회는 프로그램이 시행되는 동안 정기적으로 만나 회의를 해야 하며, 프로그램 시행 첫해에는 적어도 한 달에 한 번 만나도록 한다.

훈련 및 자문 2일간 집중 훈련 서비스 외에도 BPCC 구성원은 공인된 Olweus 트레이너로부터 최소한 1년간의 1:1 전화 자문 서비스를 받을 수 있다. 이를 통해 현장 위원들이 본 프로그램 모델에 충실하게 집행하고 또 필요한 경우 문제 해결에 도움을 받는다. BPCC 구성원 모두 프로그램 개시 전에 모든 학교 직원들을 대상으로 1일 훈련 과정을 제공한다. 특정 테마(예: 사이버폭력, 학급 회의 요령)에 대해 심층적으로 준비하기 위해 보충 훈련 과정도 실시할 수 있으며, 매년 신규 직원을 대상으로 한 오리엔테이션용 훈련 과정도 실시할 수 있다.

Olweus 학교폭력 질문지 시행 본 질문지는 자기보고식 설문 조사로 학교폭력에 대한 학생들의 경험과 태도를 조사하는 방법이며, 타당도 검증을 받았다(Olweus, 2007; Solberg & Olweus, 2003). 본 질문지는 프로그램 시행 사전에 실시하며 주로 익명으로 3~12학년을 대상으로 한다. 그리고 그 후에는 정기적으로 실시하며 주로 1년 단위로 실시한다. 질문지에는 학교폭력 정의를 자세하게 기술하고 있으며, 학생들에게 지난 2~3개월 동안 각종 학교폭력 경험을 얼마나 자주 목격 혹은 참여했는지 밝히도록 하고 있다. 현재 검색 가능한 질문지 버전은 2007년에 소개된 미국판 질문지로 40개 표준화된 질문이 포함되어 있고, 사이버폭력에 대한 학생 경험을 묻는 항목도 새롭게 포함되었다. 조사 결과는 학교로 전달되며, 성별과 학년 등에 따라 표, 그래프, 내러티브 형식으로 자세하게 정보를 기술한다. 학교는 이 자료를 바탕으로 학생들, 직원, 학부모들이 학교폭력에 대한 문제점에 대해 자각을 할 수 있도록 도울 수 있다. 또한 학교는 이 자료를 통해 OBPP의 구체적 실행 계획을 짤 수도 있고 시간 경과에 따른 변화 양상도 추적해 볼 수 있다.

직원 토론 집단 교사 및 기타 교직원 토론 집단을 통해 정기적으로 OBPP에 대해 배우고 또 심도있게 토론을 한다. 또한 이런 토론 과정을 통해 나온 의견들은 학교폭력 예방 노력에 반영한다. 이 모임은 최대 15명 정도로 구성하고 BPCC 구성원이 이끄는 구조로 운영한다. 프로그램 시행 첫해에는 매월 정기적인 모임을 갖는 것을 추천하고, 그 이후에는 회의 빈도를 조금 줄여도 된다.

교칙 및 상벌 시스템 본 프로그램을 통해 학교는 학교폭력에 관하여 다음과 같은 4가지 규칙을 도입하도록 한다.
1. 우리는 다른 사람을 괴롭히지 않는다.
2. 우리는 괴롭힘을 당하는 학생을 도울 것이다.
3. 우리는 따돌림당한 학생을 다시 품도록 노력할 것이다.
4. 누군가가 괴롭힘을 당하고 있다는 사실을 알게 되었을 때, 우리는 학교와 가정에 있는 어른들에게 이 사실을 알릴 것이다.

이 교칙은 직접적 가해 행위 뿐 아니라 사회적 고립이나 고의적 따돌림 같은 간접적 가해 행위에도 해당되는 규칙이다(Olweus & Limber, 2007). 이 교칙은 학교 구석구석 게시되어야 하며, 학생과 학부모가 이 규칙에 대해 논의할 수 있어야 한다. 교사와 기타 직원들은 이 교칙이 잘 준수되도록 어떤 방식으로 긍정적 및 부정적 피드백을 줄 것인지에 대해 훈련 받아야 한다.

지도감독 시스템 각 학교의 BPCC는 학교폭력 행위가 감소할 수 있도록 지도감독 시스템을 검토하고 개선시킨다. 여기에는 본 질문지를 통해 '뜨거운 감자'가 무엇인지 확인하고, 이런 핵심 사안에 대한 관리가 될 수 있도록 전략을 개발하며, 핵심 학교폭력 문제를 추적하고 보고할 수 있는 수단을 개발하고, 관리감독을 맡은 어른들의 태도와 기술력을 평가하며, 학교폭력을 감소시키기 위한 학교의 물리적 환경 혹은 시설 계획을 평가한다.

프로그램 개시 이벤트 각 학교는 프로그램을 개시할 때, 학교폭력에 대한 자각 수준을 올리기 위해서 학생들을 대상으로 한 개별화된 이벤트를 마련하여, 학생들에게 OBPP를 소개하고 학교폭력과 관련된 교칙과 처리 절차를 명확히 한다. 학교는 매년 신입생이 들어올 때마다 이런 개시 이벤트를 개최하여 학교폭력에 대한 예방적 노력을 보여줄 수 있도록 노력해야 한다.

학부모 참여 학교폭력 개입과 예방 측면에서 학부모는 중요한 파트너가 된다. 학부모가 OBPP에서 맡을 수 있는 역할이 다양한데, 학교 조정 위원회 구성원으로 활동할 수 있고, 프로그램 개시 이벤트나 학교 단위 학부모 회의에도 참여할 수 있으며, 학교폭력에 관한 정보를 정기적으로 수신할 수도 있다. 이를 위해 브로셔나 소식지 발간 및 인터넷 게시판 운영 등도 가능하다.

학급 수준 요소

표 27.1에 제시된 것처럼 OBPP에는 학급 수준 요소가 3가지가 있다.

학교폭력을 지양하는 교칙을 게시하고 지켜지도록 한다. 교사들은 자기 학생들에게 학교폭력에 관한 교칙을 상세히 알려주어야 한다. 그래서 학생들이 교칙이 어떤 내용으로 되어 있으며 어떤 취지를 가지고 있는지 명확하게 이해할 수 있어야 한다. 학생들이 쉽게 참고할 수 있도록 교칙은 모든 교실에 다 게시되어 있어야 하고, 학생들의 행동에 대해 긍정적 및 부정적 피드백을 일관되게 제공해야 한다. 이런 노력들이 모여서 학생들과 학부모들에게 학교가 학교폭력에 대해서 일관되고 잘 조율된 정책적 메시지를 보낸다고 여길 수 있게 된다. 그리고 학교폭력에 관한 교칙은 학교 징계 정책과는 별개의 사안이어야 한다(Olweus & Limber, 2007).

학급 회의 교사와 학생이 정기적으로-매주-학급 회의를 열어 학교폭력과 관련된 쟁점을 논의하는 것은 OBPP의 중요한 요소 중 하나이다. 학급 회의의 목적은 학급 응집력을 높여 공동체 의식을 향상시키고, 학교폭력에 대한 교칙에 대해 토론하고 교칙 위반 혹은 준수 시 어떤 방식으로 피드백을 줄 것인지를 논의하며, 학교폭력 저지와 예방에서 학생들이 어떤 역할을 해야 될 지 이해하는 시간을 갖는 것이다. 또한 학생들은 학교폭력 문제를 해결하기 위한 문제 해결 전략을 고민해볼 수 있다. 이런 회의의 일부분으로 학생들은 역할극을 담당해보는 것도 추천하는데, 이를 통해 공감능력과 역지사지 능력을 키울 수 있고, 학교폭력 상황에서 실제 적용 가능한 해법을 떠올려보며, 학교폭력 상황에 마주했을 때 건설적으로 해결할 수 있는 요령을 연습해볼 수 있다.

학부모와 함께 하는 학급 회의 학급 수준에서 교사들은 OBPP와 관련하여 학부모와 함께 학급 단위 회의를 개최하도록 노력해야 한다. 이 회의의 목적은 학부모가 학교폭력과 관련된 문제들을 이해할 수 있도록 돕고, OBPP를 통해 학교가 어떤 식으로 학교폭력 문제에 대응하려고 하는지 알리고, 프로그램에 학부모가 참여하고 개입할 수 있도록 장려하는 것이다(Olweus & Limber, 2007). 소규모 학급이라면 이런 회의를 통해 학부모가 교사들과 협력적인 관계를 맺고 같은 학급 학부모와도 알고 지낼 수 있도록 도울 수 있다.

마지막으로 OBPP의 학급 수준 핵심 요소는 아니지만, 학교는 전 교과 과정에서 학교폭력 예방적 메시지와 실제 실천 전략을 통합시킬 수 있도록 해야 한다.

개인 단위 요소

표 27.1에 제시된 것처럼, OBPP에서는 개인 단위 요소도 몇개 존재한다. 첫째, 교직원들이 학생에 대한 지도감독 수준을 높일 수 있도록 한다. 특히 교직원들이 학교폭력의 '뜨거운 감자'에 관심을 가지도록 하며, 학교폭력과 연관되었다고 알려진 학생이나 그럴 가능성이 있는 학생들을 중점적으로 모니터링할 수 있어야 한다. 둘째, 모든 교직원은 학교폭력을 목격하는 즉시 그 현장에서 개입 및 중재를 할 수 있도록 훈련받아야 한다. 또한 학급에서 학교폭력이 확인되었거나 의심이 되는 경우 가해자와 피해자 등에 대해 어떻게 대응할 지에 대해 구체적인 매뉴얼이 교직원들에게 제공되어야 한다. 이런 매뉴얼에는 학교폭력 문제가 의심되는 학생과 진지하게 대화하는 법 및 그 학생의 학부모와 대화하는 법이 포함되어 있다. 이때, 학교폭력 사건은 반드시 근절될 것이며, 계속 상황을 주시할 것이라고 분명하게 메시지가 전달되어야 한다(Olweus & Limber, 2007, pp.87-106). 일부 학교에서는 이런 모임을 상담사나 행정가들이 주도하고 있는데, 가능하다면 이런 모임은 그 학생의 담임교사나 제일 정서적으로 가까운 교직원이 주도하는 것을 추천한다. 마지막으로 학교는 학부모와 정신건강전문요원과 함께 학생 개인에 맞춤형 계획을 제공할 수 있어야 한다. 만약 적절하다면, 이런 계획을 통해 괴롭힘을 당한 학생에게는 지원과 기타 종류의 도움을, 다른 학생을 괴롭힌 학생에게는 행동 교정을 할 수 있어야 한다.

지역사회 단위 요소

학교폭력은 꼭 학교에서만 일어나는 것은 아니기 때문에, 지역사회 구성원 1~2명 즘은 꼭 BPCC에 참여시키는 것이 좋다. 그래서 지역사회 구성원이 학교폭력 예방 프로그램에서 어떤 방식으로 도울 수 있는 지 알아보고, 교내 학교폭력 예방 노력과 메시지가 지역사회 환경까지 확장될 수 있도록 한다.

OBPP 첫 평가 이후의 연구 결과

1차 베르겐 학교폭력 프로젝트에서 처음으로 OBPP를 평가한 이후, 노르웨이에서는 후속 연구로 6차례 평가가 이어졌다. 또한 본 프로그램은 미국의 다양한 지역사회에서도 평가되었는데, 여기에는 남캐롤라이나의 시골 지방(Limber, Nation, Tracy, Melton, & Flex, 2004; Melton 등, 1998)과 필라델피아 도심(Black & Jackson, 2007)과 캘리포니아의 출라 비스타 근교 지역(Chula Vista; Pagliocca, Limber, & Hashima, 2007)과 워싱턴주(Bauer, Lozano, & Rivara, 2007)가 포함되었다.

덧붙이자면, OBPP에 영감을 받아서 몇몇 학교 기반 학교폭력 프로그램이 시행되고 또 다양한 나라에서 평가 받기도 하였다. 여기에는 벨기에(Stevens, de Bourdeaudhuij, & Van Oost, 2000; Stevens, Van Oost, & de Bourdeauhuij, 2004)와 캐나다(Pepler, Craig, Ziegler, & Charach, 1994; Pepler, Craig, O'Connell, Atlas, & Charach, 2004)와 독일(Hanewinkel, 2004)과 영국(Whitney, Rivers, Smith, & Sharp, 1994; Eslea & Smith, 1998; Smith, Sharp, Eslea, & Thompson, 2004)이 포함되었다. 연구 마다 결과는 다양했다. 긍정적인 결과가 나온 것도 있었고 별다른 개선을 보이지 않은 결과도 있었다. 중요한 것은 상기 연구들은 OBPP를 재현한 것은 아니라는 점이다. 상기 개입 사업에서 활용된 프로그램들은 내용적인 측면이나 실행 모델이나 실질적인 운용 면에서 OBPP의 프로그램과도 상당히 다르다.

이 대목에서 노르웨이 로갈란 연구는 꼭 짚고 넘어가야겠다. Roland는 로갈란에서 베르겐 연구와 어깨를 나란히 하는 학교폭력 개입사업 연구를 했다고 주장했으며, 사업 시행 3년 후인 1986년 자료를 수집하여 분석한 결과, 부정적인 결론이 나왔다고 밝혔다. 몇몇 측면에서 이런 설명은 큰 오해를 불러일으킬 수 있다. 골자만 이야기하자면, 베르겐 연구와 로갈란 연구는 서로 다른 프로젝트로 기획, 데이터 질, 기간 설정, 학교와의 접선, 예상되는 결과 양상 등에서 많은 차이가 있었다는 점을 그간 누차 반복해서 제시하였다(Olweus, 1999a, 2004). 아직까지도 이 분야의 일부 연구자들이 로갈란 프로젝트가 OBPP의 부정적 평가 사례로 언급하는 경우가 있어서 확실히 언급해두고 넘어간다.

연구 방법론에 대한 우리 의견

기획 개별 연구 결과가 어떠한지 제시하기 전에, 방법론에 대해서 먼저 이야기를 꺼내는 것이 순서다. 신베르겐 학교폭력 프로젝트(the New Bergen Project against Bullying; Olweus, 1999b, 2005)와 남캐롤라이나 프로젝트(Melton 등, 1998)와 워싱턴주 연구(Bauer 등, 2007)는 랜덤화하지 않은 전통적 대조군 연구법을 활용했고, 이들 연구와 필라델피아 연구(Black & Jackson, 2007)를 제외하면 모든 평가 연구는 확장형 선택 코호트 디자인을 활용하였다(the extended version of the selection cohorts design; Olweus, 2005; Cook & Campbell, 1979; 간혹 age-cohort design이라고도 불린다, Judd & Kenny, 1981). 이 연구 디자인에서는 동등한 두 학년 혹은 두 학교 학생들의 데이터를 2회 이상의 시점에서 비교 분석하게 되어 있다. 한 코호트 자료는 시점1(개입 사업 사전) 자료를 제공하고, 다른 자료는 시점2(개입 사업 실행 8개월 후에서 1년 후) 자료를 제공한다. 나이나 자연적 성숙으로 인한 효과를 배제하기 위해서 다양한 시점에서 같은 연령대를 지닌 집단 또는 코호트 집단과의 비교를 통해 발달학적 변화를 통제하였다. 예를 들어 우리 연구에서는 시점2에서 7학년(개입군) 학생들은 시점2에서 같은 학교 같은 연령대의 7학년 학생들(통제군, 개입사업 전)과 비교를 하였다. 이런 식의 비교 분석을 OBPP의 주요 대상인 4~7학년까지 세팅을 했었다.

이 디자인의 강점은 다양한 학년 코호트에 속한 연구 대상자들이 대체로 안정적이고 똑같은 인구 집단에서 모집되었으며 또 3~4년 이상 똑같은 학교를 다닌 학생들이라는 점이다. 따라서 시점1에서 측정한 코호트 자료가 시점2에서 측정된 코호트 자료와는 아주 사소한 점에서만 차이가 난다고 간주할 수 있을 만큼 좋은 조건을 갖추고 있다. 또한 시점1은 비교 분석에서 기준 집단으로 삼을 수 있고 시점 2나 3에 측정된 자료는 개입 집단으로 삼아 분석할 수 있다는 이점도 있다. 이런 점 때문에 선택 편향 가능성도 부분적으로 제한될 수 있다(Olweus, 2005).

개입 프로그램의 효과를 평가하기 위해 고안된 연구에서, 연구자는 반드시 혼란변인과 관계없는 요인들로 설명될 수 있는 여지를 배제하도록 노력해야 한다. 이런 점은 연구가 무작위 실험적 연구나 준실험적 연구일 경우 잘 지켜져야 한다(Cook & Campbell, 1979).

확장형 선택 코호트 디자인의 로직(준실험적 연구)과 내적 타당도에 대한 잠재적 위협에 대해서는 다른 문헌에서 심층적으로 논의가 되었다(Olweus, 2005). 본 디자인에 특징적인 문제가 있다면 시점 2 또는 3의 결과 변수의 변화를 개입 사업과 무관하지만 개입 과정에서 동시에 발생한 요소 때문에 생긴 것으로 오해할 수 있다는 점이다. 즉, '역사 해석' 효과를 낳을 수 있다는 뜻이다. 단일 연구에서 이런 문제점의 가능성을 완전히 배제하기 어려울 수 있는 데, 특히 개입 사업 없이 똑같은 디자인의 결과 변수를 측정한 연구 자료가 거의 없으면 그러하다. 하지만 OBPP의 평가에서 정기적으로 활용되는 가해 및 피해 변인에 대해서는, 대규모 노르웨이 표본 중에 체계적인 개입 사업 없이 측정된 자료도 다수 있다. 이 자료에 의하면 여러해 연속으로 관찰한 결과, 가해 및 피해 변인은 변화가 없었거나 거의 없었다는 점을 확인할 수 있었다(Furre, Danielsen, Stiberg-Jamt, & Skaalvik, 2006). 이와 같은 근거 덕에 개입 사업이 긍정적인 효과를 발휘한다는 점을 확실히 입증할 수 있었으며, 이런 개선 효과가 시간 효과나 언론의 관심 덕이 아니라는 점도 분명해졌다.

게다가 적당한 사업 재현을 통해서도 반복적으로 긍정적인 결과를 얻을 수 있다면-물론 사업의 조건이나 시간대가 조금씩 다르더라고 하더라도-이 또한 역사 해석 효과를 배제할 가능성이 커진다. 또한 신국가주도 사업(the New National Initiative)에서 자료를 수집하는 구조 방식 덕분에 OBPP와 관련하여 역사 해석에 대한 우리 소견이 합리적이라고 주장할 수 있게 되었다. 이런 점에 대해서는 본 챕터에 후반부에서 다루도록 하겠다.

통계적 분석과 효과 규모 우리가 얼마간이라도 통제할 수 있었던 연구들까지 포함하면, 우리가 통계 분석을 할 때 자료를 계층적으로 구조화된 것으로 분석하였다. 즉, 학생들은 각 학급에 종속되어 있으며, 또 그 학급들은 각 학교에 종속되어 있는 식으로 이해했다는 뜻이다. 이런 분석 방식은 표준오차를 추정치를 되도록 정확히 파악해내는 데에 반드시 필요한데, 그래야 개입 사업 효과의 유의성에 대해 적절하게 검증해 낼 수 있기 때문이다. 이런 작업을 하기 위한 한 방법으로 표준오차의 정도를 더 높은 단위에 속한 학생들의 의존도에 상응하도록 조정하는 것이다. 즉, 일반 표준편차에 '디자인 효과 요인'을 곱해주는 방식으로 조정했다(Kish, 1987, p.203). 더 최근 프로젝트에서는 우리는 SPSS에서는 혼합모델을, HLM 및 MLwin 소포트웨어 패키지에서는 다중수준 모델(multilevel model)을 활용하였다. 만약 일반선형회귀모델과 표준 t 혹은 F 검정을 계층화된 자료에 적용하면-흔히 이런 방식으로 자료를 분석하는데-표준오차 값이 너무 작아지면서 유의한 결과가 너무 많아지게 된다. 이런 문제점은 지난 10~15년 동안 다수의 문헌에서 지적이 된 부분이다(예: Bryk & Raudenbush, 1992; Murray, 1998; Zucker, 1990). 하지만 대부분의 사업 실행자들은 이런 문제점을 잘 인식하지 못하는 것 같다. 그 결과 개입 사업 효과에 관한 문헌 대부분에서 부정확하게 결과 분석이 이루어졌고 긍정적인 방향으로 결과 분석이 왜곡된 것으로 보인다.

우리가 시행한 노르웨이 평가 연구 일부에서는 우리가 t- 또는 F 검정과 이에 따른 p값에 대한 통계적 분석에 대한 설명을 자세히 제공하지 않았다. 물론 표준 알파 수준이 0.05나 0.01이면 수집된 결과를 비교할 수 있는 기준이 된다고 여기지만, 우리 연구 같이 표본의 규모가 크면 이런 비교 분석이 의미 있다고 보기 힘들어진다. 이런 조건이라면 아주 작은 차이나 변화도 통계적으로 유의해진다. 그런데 우리 연구에 대해 소개한 다양한 문헌에서 우리는 개입 프로그램의 효과성에 대한 주요 결론 대목 전부에 대해 통계적으로 유의하거나 고도로 유의한 결과를 바탕으로 도출했다는 점을 지적했다(예: Olweus, 1991, 2005).

이런 맥락에서 우리는 개입 효과의 규모에 대한 일부 측정법에 주목해보는 것이 좋겠다고 판단했다. 일반적으로 흔히 쓰이는 효과 규모 측정법은 Cohen's d(Cohen, 1988)로 표준화된 평균차를 구하는 방식이다. 이 측정법은 다양한 목적과 상황에서 유용하게 활용할 수 있다. 하지만, 학교 같이 한 단위에 속한 모든 학생들을 대상으로 한 보편적 개입 프로그램에 대해서는 Cohen's d나 점 2 연상관(a point biserial correlation)이나 d의 변이형 같은 분석은 적절치 못한 방법 되는데, 그 이유는 추정치가 너무 작게 나오기 때문이다. 학교폭력 개입 연구에서는 대부분의 학생들, 즉 60~80% 정도는 학교폭력 문제에 직접적인 문제를 겪지 않기 때문에 가해 또는 피해 결과 변수와 관련된 항목에서 점수가 0으로 측정된다. 따라서 여기서 점수가 더 낮아질 수 없다. 일반적으로 개입의 효과는 개입 프로그램 노출 여부에 따라 '문제' 학생의 비중이 얼만큼 감소했는지를 본다. 하지만 보편적인 프로그램 연구에서는 '문제 없는 학생들'이 연구 표본의 대부분을 차지하게 되므로 Cohen's d와 같은 측정법을 활용하면 프로그램의 효과를 '희석'시켜버리는 꼴이 될 수 있다.

따라서 개입 사업의 효과를 추정하기 위해 우리는 상대적 변화량에 통제 조건 값을 나누는 방식으로 구했다. 여기서 상대적 변화량은 통제 조건(선택 코호트 연구에서의 시점1)에서 1년 후 개입 조건(시점1과 똑같은 학교와 학년에 속한 학생들에 대한 시점2 자료)에서의 문제학생 비율의 차이로 계산하였다. 수치를 퍼센트로 표현하기 위해서 계산값에다 100을 곱하였다. 예를 들어 시점1에서 6학년 학생 중 학교폭력 피해를 당한 학생이 전체의 20%를 차지하고 개입사업 8개월 후인 시점2에서 6학년 학생(8개월 전에는 5학년이었던 학생들) 중에 15%만 학교폭력 피해를 경험했다고 했을 때, 상대적 변화량은 (20-15)×100/20=25% 감소라고 본다는 뜻이다. 그런데 시점2에서 피해자 비율이 더 올라갔다면, 상대적 변화량은 음의 값으로 표현된다. 상대적 변화량 측정은 두 시점 사이에 대조군과 개입군 간의 표준화된 사전-사후 측정 방식으로도 구해볼 수 있다. 상대적 변화량 측정은 대부분의 역학 연구에서 나오는 상대적 위험비(상대적 위험이 낮다면 오즈비)와 밀접한 관계가 있다는 점을 지적하고 싶다(Fleiss, 1994). 이런 방식은 보편적 프로그램 분석에는 딱 맞는 방법이라고 볼 수 없지만, 실제로 얼마만큼의 변화를 성취해냈는지 추정을 해볼 때는 충분히 의미있고 좋은 방법이 될 수 있다. 이 방식은 절대적 변화량을 보거나 보고할 때 유용하다. 위와 같은 예에서는 감소폭의 절대값은 20%-15%=5%로 표현할 수 있으며, 피해자에서 정상 학생으로 편입된 학생의 수를 추정해 볼 수 있다.

결과 변수, 성정체성 차이, 학년 이해를 돕기 위해 우리는 대부분 가해자 및 피해자 분류를 '한달에 2~3번 이상'이라는 기준을 가지고 이분법적으로 분류하여 분석을 했다. 이런 분석 방식이 가지는 심리측정학적 성질에 대해 많은 논의가 있었고(Solberg & Olweus, 2003; Olweus, 2007; Kyriakides, Kaloyirou, & Lindsay, 2006), 이런 방식이 유병률 추정이나 변화 수준을 측정하는 데에도 적절한 것으로 밝혀졌다(Olweus, 본 저서 중). 그래도 연속변수나 단계적 변수를 이분법적으로 분류했을 때는 분석력이 떨어진다는 사실은 상식이다. 그래서 단계적 또는 연속적 변수를 있는 그대로 분석해 보았다. 그 결과 통계적 유의성은 더 강하게 나왔다. 이런 결과는 학교폭력 가해 또는 피해 수단에 관한 항목에 대해서도 분석을 해도 같은 패턴이 보였다.

또한 우리가 자세히 분석한 사례 중에서 학생들이 보기에도 학교측의 노력이 효과적이었다는 결과도 여러차례 나왔다는 점도 짚고 넘어가고 싶다. 이 자료에 의하면 개입 사업 때문에 긍정적인 결과가 나왔다고 해석할 수 있었다. 예를 들어, 시점2에서의 학생(개입군)은 시점1의 학생보다 교사와 또래 모두로부터 더 능동적인 개입을 받았다고 보고했다. 게다가 시점 2 학생이 지난 2~3개월 동안 담임교사가 학급내 학교폭력 문제를 해결하기 위해 더 많은 또는 더 나은 역할을 수행했다고 응답하였다. 지면 할애에 제한이 있기 때문에 본 저서에서는 이와 관련된 결과를 더 이상 기술하지는 않겠다.

노르웨이에서 우리가 시행한 평가 연구에서, 공식적으로 발표한 학교폭력의 상대적 변화량은 남녀가 서로 비슷한 수준으로 나왔다. 그래서 우리는 대부분의 결과는 남녀 자료를 통합했다고 간주해도 좋다.

앞서 언급했지만, OBPP의 주대상자는 4~7학년으로 노르웨이에서는 초등학생에 해당되며 형식상 연령은 10~13세다. 그래서 본 챕터에서 우리가 언급하는 자료는 다 4~7학년을 대상으로 한 결과라고 보면된다. 본 프로그램은 고학년에서도 시행되었는데, 중학생(8~10학년)을 대상으로 한 연구 결과는 초등학생 결과만큼 일관성은 좋지 않았다. 중학생에 대한 결과 논의는 다른 섹션에서 다루도록 하겠다.

연구 대상의 특성 노르웨이 연구 대상 학생에 대해 간단히 언급할 차례가 되었다. 흔히들, 특히 미국 연구자들이 더 그러한 데, 노르웨이 혹은 북유럽 학생이 미국 학생에 비해 더 순응적이고 덜 공격적이라고 여긴다. 즉, 북유럽 학생이 OBPP와 같은 학교폭력 프로그램에 혜택을 더 많이 볼 가능성이 있다는 시각이 담겨 있다고 볼 수가 있다. 만약 이런 비교가 미국 내에서도 도심에 있고 가장 열악한 학교와 비교했다면 이런 인식을 가질 만도 하다. 하지만 미국이나 노르웨이나 각 국가 평균적인 학생 집단을 대상으로 비교한다면 이런 인식을 뒷 받침할 만한 근거가 거의 없다. 실제로 이에 대한 연구가 몇몇 존재하는 데, 한 예로 국제적 학생 평가를 위한 국제프로그램(the International Program for International Student Assessment study, PISA)이 2002년부터 3년 간격으로 29개 OECD 국가의 15세 학생들 중, 각 국가를 대변할 수 있는 학생들을 대상으로 연구가 진행되었으며, 여기에는 미국도 포함되어 있었다. 이 연구는 학급내 소란행위와 소음 수준을 묻는 질문 세트가 포함되어 있었다. 노르웨이는 최악을 기준으로 했을 때 최고 순위와 거리가 멀었으며, 미국은 24등을 차지해 제일 점수가 낮은(제일 좋은) 국가인 일본과 가까웠다. 2000년 PISA 연구에서는 결과가 거의 비슷해서 국가별 특징이 시간 경과에도 불구하고 대체로 안정적인 것으로 볼 수 있었다(Kjaernsli, Lie, Olsen, Roe, & Turmo, 2004, 2006).

국제 학교아동 건강 및 행동 연구(the International Health & Behaviour of School Children, HBSC; Craig & Harel, 2004, 2001/2002년도 자료를 바탕으로 함)에서는 Olweus 학교폭력 질문지에서 전반적 질문 두 가지를 인용했는데, 학교폭력의 수준은 6학년과 8학년에서는 노르웨이랑 미국이랑 거의 비슷했다. 지난 12개월 동안 신체적 싸움을 3~4차례 이상 했는지에 대한 질문에서도 똑같은 결과가 나왔다. 이 연구는 4년 동안 국가를 대변할 만한 학생 표본을 바탕으로 한 연구였다. 지난 2회의 평가(2001/2002와 2005/2006)에서 30개국 이상이 연구에 참여하였다. 이 모든 자료를 참고했을 때 노르웨이 학생과 평범한 미국학생 간에 행동 양상이 차이가 크다는 시각은 상당히 과장되어 있어 재검토가 필요한 사안이다.

게다가 노르웨이의 수도 오슬로 학교에서는 전체 학생의 25% 정도가 이민자 출신이다. 이중 대부분은 비서구권 국가에서 온 학생들이다. OBPP는 오슬로 내 40개 학교에서 시행되었으며, 다른 나라에서 괜찮은 결과를 거둔 것처럼 여기에서도 동등한 수준의 긍정적 결과를 얻어냈다.

OBPP 1997~2000의 노르웨이 연구 결과

신베르겐 학교폭력 프로젝트(the New Bergen Project against Bullying) 본 프로젝트는 횡적 프로젝트로 Olweus(1999b, 2005)와 Olweus 학교폭력 예방 연구단 구성원들은 11개 개입학교 및 11개 대조군 학교에서 5~7학년 학생 2,400명을 대상으로 평가하였다. 본 챕터에서 연구간 결과를 서로 비교하기 위해서, 두 부류의 학교 자료는 두 가지 시점에 대해 두 가지 선택 코호트 디자인으로 분석하였다.

학교는 무작위 배정되지는 않았지만 연구 시작 시점(시점1, 1997년 5월)에서는 가해 및 피해 문제가 같은 수준을 보였다. 1년 후, 개입군에서는 학교폭력 피해 감소율이 23.6%(12.7%에서 9.7%)로 확인된 반면, 대조군에서는 4.7%로 소폭 상승하였다(10.6%에서 11.1%). 가해 사례의 경우 대조군에서 부정적인 결과가 두드러졌다. 대조군 학교에서는 시점2에서 36.6%의 증가율(4.1%에서 5.6%)을 보인 반면, 개입군에서는 21.4%의 감소율(5.6%에서 4.4%)을 보였다.

개입군 결과를 보면, 1차 베르겐 프로젝트보다 결과가 덜 두드러진다는 점을 알 수 있다. 하지만 개입군과 대조군의 결과를 통합하여 개입군 결과에서 대조군 결과를 빼는 방식으로 상대적 변화율을 구해보는 것이 합리적이라고 볼 수 있다. 그러면 학교폭력 피해 감소율은 28.3%(23.6+4.7)가 되고 가해 감소율은 58%(21.4+36.6)이 된다.

본 연구 결과에 대해서 두 번째 측정법이 자리 잡기 전에 OBPP가 시행된 기간은 6개월 미만이었다. 게다가 본 연구가 시행된 해에는 전국에 새로운 교과과정이 소개되면서 모든 노르웨이 교사들에게 정서적으로나 시간적으로 부담이 되었던 시기였다. 이런 점 때문에 개입 프로그램 수행의 질이 떨어졌을 수도 있다.

1차 오슬로 학교폭력 프로젝트 이 프로젝트는 이전에 오슬로 학교폭력 프로젝트(Olweus, 2004; Olweus 2001b, 2005)로 불렸는데, 일반적인 확장형 선택 코호트 디자인으로 되어 있다. 이 프로젝트는 2번 측정했으며, 1년 간격을 두고 있다(1999년 11월~2000년 11월). 5~7학년 학생 900명 정도를 대상으로 했으며, 학교폭력 문제가 두드러지게 감소한 것을 확인하였다. 남학생과 여학생 자료를 합해서 보자면, 상대적 변화율은 학교폭력 피해 감소율 42.7%(14.4%에서 8.3%)로 나왔으며, 가해 감소율은 51.6%(6.6%에서 3.1%)로 나타났다. 결과는 그림 27.1과 27.2에 제시하였다.

근거 중심 개입 프로그램이 필요한 이유

학교폭력 문제는 대부분의 국가에서 어느새 공식적인 학교 현안이 되었으며, 이에 따라 학교폭력 문제를 어떻게 다룰지 또는 어떻게 예방할지에 대해 다양한 제안들이 쏟아져나왔다. 이런 제안법과 접근법 중 일부는 오히려 역효과가 나타나는 것으로 보이며, 나머지는 의미도 있고 잠재적으로 유용할 것으로 보인다. 하지만 핵심 문제는 대부분의 이런 제안들이 긍정적인 효과를 입증하는 데에 실패했거나 체계적인 연구 평가를 받아본 적이 없다는 것이다. 따라서 어떤 프로그램이나 무슨 측정법이 실제로 효과적인지 여부를 분별하는 것이 어렵다.

위와 같은 상황은 다음과 같은 사실로 확인해볼 수 있다. 1990년대 중반부터 미국 전문가 위원회(청사진 위원회)는 600개가 넘는 폭력 예방 프로그램 혹은 문제행동 프로그램에 대해 체계적으로 평가하기 시작했다. 위원회의 승인을 받기 위해서는 프로그램은 다음과 같은 최소한의 기준을 충족해야 했다(Elliot, 1999):

1. 상대적으로 엄격한 과학적 평가를 통해 관련 대상 집단에 대한 긍정적인 효과를 입증할 것
2. 효과는 1년 이상 지속될 것

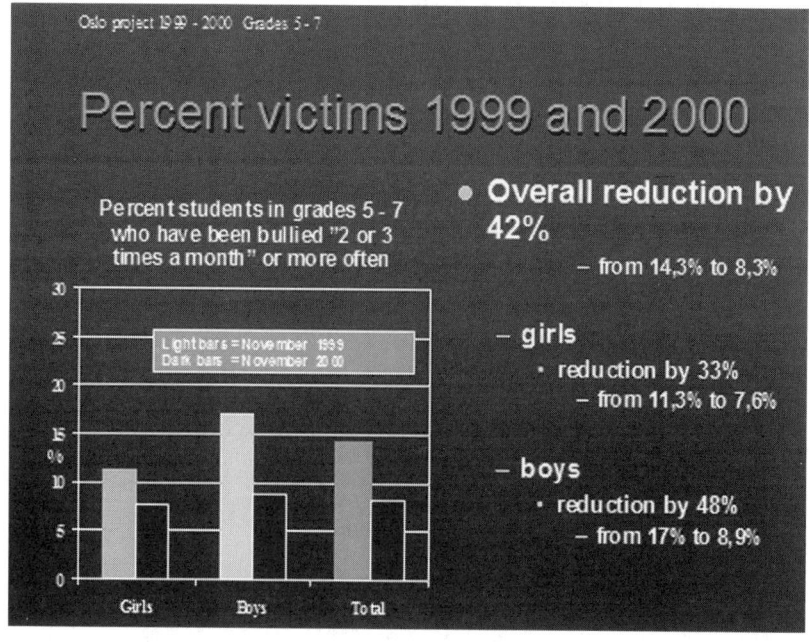

그림 27.1

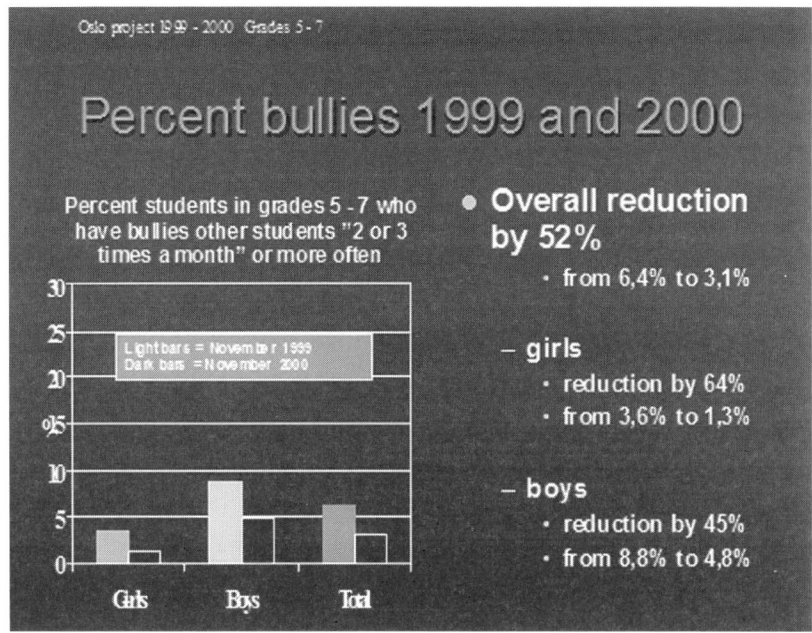
그림 27.2

3. 원연구 대상 지역 외에도 적어도 하나 이상의 다른 지역에서도 긍정적 효과를 입증할 것

2008년까지 오직 11개 프로그램만이 위 기준을 충족했으며, 이 프로그램을 '청사진 프로그램'이라고 부르게 되었다. 11개 프로그램 중 학교 기반 프로그램은 총 4개로, 그 중 하나만 학교폭력에 특화된 프로그램이었다. 2000년 노르웨이에서도 이와 비슷하게 공식적 위원회의 인증을 시행한 적이 있었다. 이때는 노르웨이 학교에서 실행되고 있었던 문제행동 예방 프로그램 25가지가 평가 대상이었다(Rapport, 2000). 이중 오직 한 프로그램만이 추가 인증 절차 없이 추천 프로그램으로 선정되었다.

OBPP는 11개 청사진 프로그램 중 하나로 선정된데다(Olweus 등, 1999), 노르웨이 인증 위원회에서도 선정된 프로그램이다. 이런 근거를 통해 OBPP는 이 다음에 소개할 전국적인 정부 지원 사업이 될 수 있었다.

노르웨이 신국가주도 학교폭력 사업(A New National Initiative Against Bullying in Norway)

2001년 교육연구부(the Department of Education and Research; UFD)와 아동가족사부(the Department of Children and Family Affairs, BFD)에서는 OBPP를 수년의 기간동안 대규모로 노르웨이 통합고등학교(comprehensive schools)에 제공하기로 했다. 2001년에서 2008년까지 500개가 넘는 학교가 본 프로그램을 시행하였으며, 125명 이상의 OBPP 강사가 본 프로그램 수행을 위해 전 훈련 과정을 마쳤다.

평가라는 측면에서 보자면, 신국가주도 학교폭력 사업 덕분에 OBPP의 효과를 일상적인 조건 내에서 대규모의 학생과 학교 표본에서 검증할 수 있었다(Flay 등, 2005). 여기서 일상적인 조건이란 본 프로그램 수행을 위해 별도의 직원이나 자원을 투입하지 않고 그 학교가 지닌 자원 내에서 해결했다는 뜻이다.

OBPP를 새로운 학교나 학교군에 적용시킬 때, 실제 프로그램을 돌리기 수개월 전에 Olweus 학교폭력 질문지를 시행하는 것부터 시작하였다(Olweus, 1996, 2007). 첫 측정이 끝나고 1년이 지난 후, 학교는 똑같은 질문지로 새로 설문조사를 실시하여 프로그램 시행 결과가 어떻게 나왔는지, 또 개별 학교들이 어떤 방향으로 노력을 더 기울어야 될지 알아보았다. 대부분의 학교는 첫 1년 이후 1~2년 이상 더 평가를 실시하였다.

6개월 간격을 두고 OBPP에 참여하는 학교들의 코호트 자료가 누적이 되었기 때문에, 개입 사업 효과에 과연 '역사 해석' 가능성이 있는지 검증하기 딱 좋은 상황이 되었다. 앞서 언급했지만, 역사 해석은 개입 사업 자체 보다 다른 무관한 요인에 의해서 영향을 받는다는 뜻으로, 보통 시간 경과에 따른 효과나 언론의 관심 같은 요인들이 있다. 한 예로 2002년 9월 노르웨이 정부, 아동 옴부즈맨, 교조 등을 포함한 주요 조직에서 학교폭력에 관한 성명서에 서명을 했으며, 이 사건은 언론의 주목을 꽤 많이 이끌었다. 2002년 마지막 날에 노르웨이 국왕과 총리는 티비와 라디오에서 학교폭력에 능동적으로 대처하는 것이 얼마나 중요한지 논증하였다. 나머지 평가 기간에서 이렇게 학교폭력이 언론의 주목을 받은 적이 별로 없었고, 대체로 산발적인 관심만 있었을 뿐이었다. 만약 성명서 발표와 이에 따른 언론의 집중이 노르웨이 학교폭력 문제에 영향이 있었다면, 이 사건 동시나 그 직후에 OBPP에 참여한 학교에서는 학교폭력 문제가 감소된 상태로 나타났어야 한다. 경험적 자료가 이런 가정을 얼만큼 뒷받침할지는 아래에서 검토해 보겠다.

연구 평가 측면에서 우리는 확장형 선택 코호트 디자인을 활용하여 자료를 분석했으며, 위에서 기술한 대로 이 디자인은 발달적 혹은 성숙 효과를 통제한다. 또한 질문지 자료를 수집한 주체는 학교 본인이었다는 점을 이 자리에서 꼭 짚고 넘어가고 싶다. 물론 질문지 시행에 관해 자세한 설명서를 첨부하긴 했지만 OBPP 저자는 가끔씩 OBPP 전문 강사 훈련에 참여한 것 빼고는 프로그램 시행 학교 업무에 참여하거나 접촉을 한 적이 없다는 점을 밝혀둔다. 대부분의 강사 훈련 프로그램은 베르겐대학 건강증진 연구센터 소속 Olweus 학교폭력 연구단 중 특별한 훈련을 받은 연구진이 수행한 것임을 알려둔다.

신국가주도 프로젝트의 주요 결과   핵심 결과는 그림 27.3과 그림 27.4에 제시하였다. 그림 27.3의 곡선 중 위에 있는 곡선은 5개 서로 다른 학교 4~7학년 학생들 사이의 학교폭력 피해 학생 비율로, 이들 학교가 2001년 10월에서 2003년 10월까지 사전 조사를 시행한 것을 그림으로 나타내었다. 예전 연구에서와 마찬가지로 학교폭력 피해자로 분류되기 위해서는 Olweus 학교폭력 질문지의 전반적 질문 항목에서 지난 2~3개월 동안 월2~3번 이상 학교폭력 피해를 당했다고 응답해야 한다.

지금까지 우리는 이 코호트 자료 중 첫 세 자료에 초점을 맞추어 평가 분석을 하였다. 그림 27.3에서는 1년 후에 학교폭력을 당했다고 보고한 학생들의 비율을 아랫쪽 곡선으로 표시하였다. 물론 학교가 OBPP를 시행한지 8개월 밖에 안 되는 시점이다. 각 학교의 코호트 자료들은 화살표로 연결하여 표시하였다. 첫 코호트 자료에서 피해자 비율은 15.2%(56개 학교, 표본수 8,388명)로 1년 후에는 10.2%(표본수 8,299명)로 줄어, 감소율은 33%로 계산되었다. 나머지 두 코호트 자료에서도 상대적 감소율은 거의 똑같았고, 양쪽 다 약 34%의 감소율을 보였다. 두번째 코호트 자료에서는 14.0%(46개 학교, 표본수 4,083명)에서 9.2%(표본수 4,089명)로 감소하였고, 세번째 코호트 자료에서는 13.2%(58개 학교, 표본수 8,238명)에서 8.7%(표본수 8,483명)로 감소하였다. 절대적 감소율은 각각 4.9%, 4.8%, 4.5%로 나타났다.

그림 27.4에서는 가해자 비율을 표시하였다. 마찬가지로 가해자가 되려면 지난 2~3개월 동안 월 2~3번 이상 다른 학생들을 괴롭혔다고 응답해야 된다. 대체로 그림 27.3에서 나타난 패턴과 아주 유사하게 나왔으며, 다만 수치가 더 낮게 나타났다는 것이 특징이다. 코호트 자료 3가지에서 나타난 상대적 감소율은 각각 37%(5.7%에서 3.6%), 48%(5.9%에서 3.1%), 49%(5.1%에서 2.6%)로 나타났다. 절대적 감소율은 각각 2.1, 2.8, 2.5 퍼센트로 집계되었다.

그림 27.3과 그림 27.4는 4~7학년 남녀 학생 모두에 대한 자료를 표시한 것이다. 성정체성 별로, 또 학년 별로 따로 분석을 해보아도 비슷한 결과가 나왔으며, 가해자와 피해자 분류 기준을 좀 더 엄격하게-매주

Olweus 학교폭력 예방 프로그램 • **413**

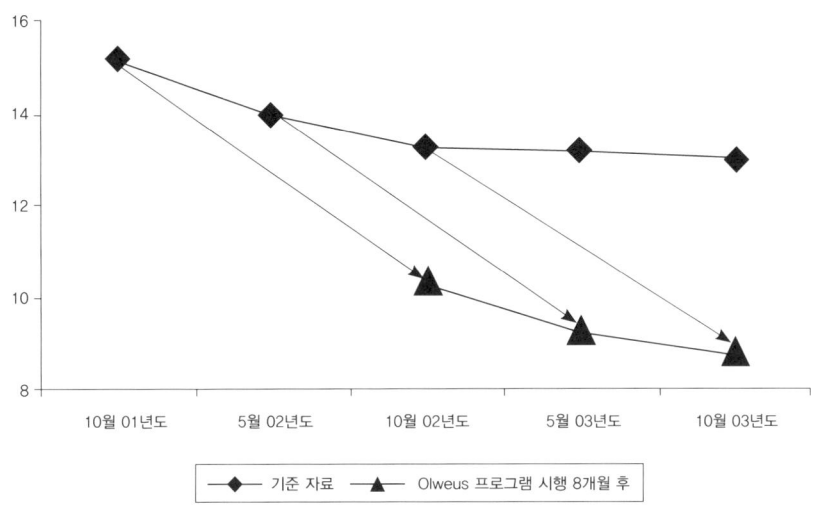

그림 27.3 2001~2003년간 피해 학생 비율(퍼센트). 초등학교 4~7학년 대상으로 사전(위쪽 곡선) 및 사후 결과(아래쪽 곡선). 저자로부터 허가받음.

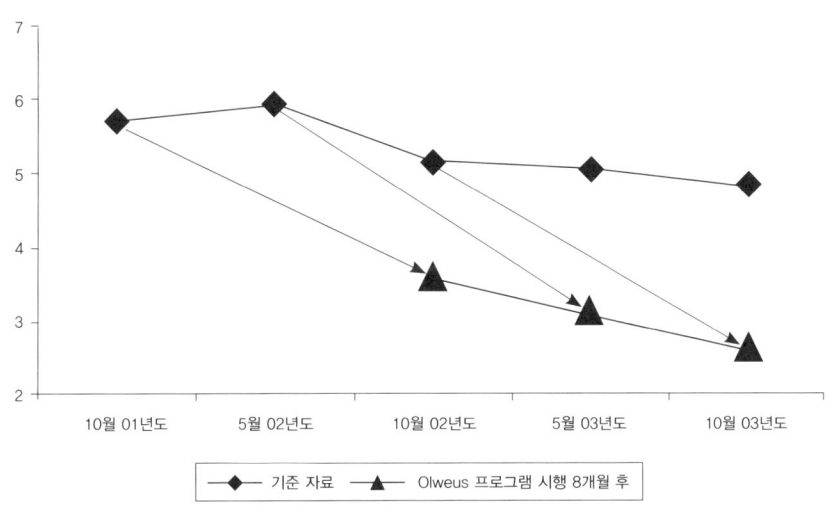

그림 27.4 2001~2003년간 가해 학생 비율(퍼센트). 초등학교 4~7학년 대상으로 사전(위쪽 곡선) 및 사후 결과(아래쪽 곡선). 저자로부터 허가받음.

한번 이상-설정해도 결과 패턴은 비슷했다. 따라서 좀 더 심각한 학교폭력 문제를 겪는 학생들(가해자든 피해자든)에 대해서도 본 프로그램은 명확한 효과를 발휘한다고 볼 수 있었다. 물론, 한달에 2~3번 이상 학교폭력 가해 또는 피해 경험을 지닌다는 것이 별 의미가 없다거나 사소한 일이라고 여긴다는 뜻은 절대 아니라는 점을 밝히는 바이며, 이에 대한 근거는 다음 문헌에도 제시된 바가 있다(Solberg & Olweus, 2003). 또한 여학생들에 자주 나타나는 사회적 고립, 소문 퍼트리기 등과 같은 관계적 폭력에 대해서도 비슷한 긍정적 결과가 나타났다.

본 분석에서 나타는 절대적 감소율은 1차 베르겐 학교폭력 프로젝트에서 나온 감소율과 거의 비슷하다는 점도 중요하다(p.378). 물론 베르겐 프로젝트에서는 사전조사 결과(시점1)가 낮게 나온 탓에 상대적 감소율은 더 크게 나온 경향은 있었다. 그리고 세 코호트 자료의 결과가 놀랍도록 비슷하게 나왔지만, 각 연구들은 서로 독립적으로 수행되었기 때문에 OBPP를 각각 별도로 재현한 연구 사업이라고 간주할 수 있다는 점도 매우 중요한 소견이다.

역사 해석은 합당한가? 앞서 언급한대로 선택 코호트 디자인을 차용하면 결과에 대한 역사 해석 가능성이 생기기 때문에 결론의 타당도에 문제가 될 수 있어, 이상적으로는 역사 해석의 가능성을 제거해야 한다. 세 코호트 자료는 노르웨이 내에서도 서로 다른 지역의 학교들에서 수집한 것이기 때문에, 역사 해석 가능성이 있다면 시간 경과 경향이나 전국적으로 이슈가 된 언론 활동이 해당될 가능성이 있다.

그림 27.3과 그림 27.4의 윗쪽 곡선은 5개 연속적 코호트연구에 대해 OBPP 사전에 측정한 학교폭력 문제의 수준을 반영한 그래프로, 곡선이 시간 경과에 따라 약간씩 하강하는 패턴을 볼 수 있다. 하지만 학교폭력 성명서를 발표하고 국왕과 총리가 언론에 나와서 담화하던 2002년 후반에서 2003년 초반까지 갑작스런 변화를 보이는 구간은 볼 수 없다. 만약 언론이 분명한 영향력을 지니고 있었더라면, 2002년 10월부터 2003년 5월까지 질문지 응답 상으로 나타나는 학교폭력 문제가 다른 시기에 비해 낮은 수준으로 나타났을 것이다.

게다가 만약 위와 같은 효과가 있다면 다양한 코호트 자료 마다 학교폭력 문제의 상대적 감소율 또한 두드러진 차이가 발견되었을 것이다. 특히, 2002년 10월에 시점2 평가가 이루어진 첫 코호트 연구 대상 학교들이 영향을 받았으리라 추측된다. 따라서 첫 코호트 자료는 다른 두 코호트 자료에 비해 상대적 감소율이 더 큰 폭으로 나타날 것이라 예상해 볼 수 있다. 하지만 그림에서 제시된 것처럼 위와 같은 예상은 맞지 않다.

우리가 수집한 데이터 패턴을 보면 언론의 관심이나 이와 관련된 사건들이 학교폭력 수준에 육안적으로 관찰될 만큼 영향을 주는지는 입증하기 어렵다. 하지만 성명서 발표와 이와 관련된 언론의 주목으로 학교와 지역사회가 OBPP 참여에 관심을 보이기 시작한 것으로 보인다. 2002년 가을에서 2003년 봄까지 OBPP 훈련에 참여한 학교는 총 220곳으로, 일년전 같은 기간에 우리 프로그램에 참여 의사를 신청한 학교는 119곳이었다.

시간 영향에 대해서 논의하자면, 개입 사업을 하지 않은 학교의 코호트 자료를 보면 서로 결과가 비슷한 것으로 나왔기 때문에 학교폭력 문제는 시간 경과에 따라 꽤 안정적으로 유지되는 경향을 확인할 수 있었다. 따라서 시간 경과에 따른 효과가 시사되지는 않았다. 또한 개입 사업을 시행하지 않는 개별 학교나 학교 집단의 자료를 보더라도 비슷한 수준으로 안정적으로 유지되는 것을 관찰하였다.

이런 맥락에서 존경받는 통계학자 Charles Reichardt가 'Cook & Campbell's Quasi-experimentation: Deisgn and Analysis Issues for Field Settings'(1979, pp.198-199) 중 본인이 집필한 챕터에서 (단순) 선택 코호트 디자인이 개입 사업 효과 평가에 도움이 된다고 여러차례 주장한 바가 있다. 또한 상기 저서의 개정판에서 Shadish, Cook & Campbell(2004, pp.151-153)은 추가적인 코호트 자료를 추가하는 방식으로 (단순) 선택 코호트 디자인의 검증력을 개선시킬 수 있다고 제안하였다. 이런 소견을 근거로 우리는 확장형 선택 코호트 디자인을 활용하게 되었다(Olweus, 1991, 2005). 학년 수준과 연속 코호트 연구의 개수 면에서 확장된 선택 코호트 디자인을 채용했기 때문에, 본 연구 디자인으로 효과 검증에 있어 의심할 여지 없이 높은 수준의 검증력을 지니고 있다고 볼 수 있다.

오슬로 5년 경과 추적 연구 첫 코호트 연구 대상 학교 중 오슬로 소재 학교는 총 24개 학교가 있었는데,

그 중 14개 학교는 2001년 10월부터 2006년 10월까지 총 5번의 후속 평가가 이루어졌다. 학교폭력 피해 경험률이 첫해는 14.0%로, 이듬해에는 9.8%까지 감소하였다. 이렇게 감소된 수준으로 유지를 하다가 2006년에는 8.4%까지 소폭 하강하였다. 첫 출발 시점과 비교하자면 상대적 감소율은 약 40% 정도에 달한다고 볼 수 있다.

가해 사례에 대해서는 2001년도 결과는 5.5%로 2002년에는 2.8%로 감소했고 2006년도에는 2.7%로 측정되었다. 상대적 감소율은 50.9%로 산출되었으며, 각 조사 분석에 포함된 대상자 수는 약 3,000명 정도에 달했다. 위 연구 결과는 중요한 의미를 담고 있는데, 다른 문헌(Beelman, Pfingstein, & Losel, 1994)에 의하면 대다수의 프로그램은 효과가 오래 가지 못했고, 장기적 효과 평가에서는 프로그램 종료 2개월 후에 그 효과가 급감한 경우도 많이 발견되었기 때문이다. 연구 결과를 보면 OBPP의 효과는 장기적으로 유지되어, 개입 사업을 시행한 학교는 교내 문화를 바꿀 수 있으며 영구적으로 학교폭력 문제에 대응할 수 있는 역량을 갖추게 되었다고 볼 수 있었다. 또한 2001년에 질문지에 응했던 학생 중에 2006년 평가에도 참여한 학생은 단 한명도 없다는 점도 주목할 만한 대목이다.

8~10학년을 대상으로 한 노르웨이 평가 연구

4~7학년 대상으로 OBPP를 체계적으로 적용했을 때 지속적으로 긍정적인 결과가 도출되었으며, 이런 기록은 국제적 시각에서 상대적으로 독특한 현상으로 간주되고 있다(Smith, Pepler, & Rigby, 1994; Ttofi & Farrington, 2009; Ttofi, Farrington, & Baldry, 2008). 8~10학년을 대상으로 해도 긍정적인 결과를 얻을 수 있었지만, 그 효과가 초등학생에 비해서는 적거나 결과가 일관되지는 않았다. 예를 들면, 첫 오슬로 프로젝트에서는 8학년을 대상으로 OBPP가 준수하게 수행되었고, 시점 2(9학년)에서 측정된 피해자 비율은 6.3%로 나왔다. 1년 전 시점 1에서 9학년 학생 중 피해자 비율은 9.2%로 나왔었기 때문에, 상대적 감소율은 32%로 측정되었다. 1차 베르겐 프로젝트에서도 8학년을 대상으로 8개월 개입 사업 및 20개월 개입 사업에서 긍정적인 결과를 얻을 수 있었다(예: Olweus, 1991, 1997, 본문의 7학년은 미국과 현재 노르웨이의 8학년에 해당함). 하지만 신국가주도 사업에서는 1년 경과(시점 2) 추적 연구 결과가 다양하게 나왔다. 어떤 학교는 긍정적인 결과가 나왔지만 다른 곳에서는 시점 1이나 시점 2에서나 기본적으로 학교폭력 문제가 그대로인 경우도 있었다.

하지만 2001년에서 2003년까지 2년간 8~9학년을 대상으로 14개 학교를 경과 추적한 연구에서는 20개월 사업 직후인 시점 3의 결과가 시점 1과 2의 결과가 뚜렷한 차이를 나타내었다. 피해자 비율은 시점 1에서 8.0%로 시점3에서는 5.8%로 감소하여 상대적 감소율은 27.5%였다. 가해자 비율은 시점 1 6.1%에서 시점 3 4.2%로 상대적 감소율 31%를 보여 피해자와 비슷한 패턴을 보였다. 시점 1과 시점 2 사이의 가해 및 피해 감소 비율은 상당히 작았다. 물론 소수의 학교에서 나온 자료를 바탕으로 한 결과이기는 하지만, 저학년보다는 8~10학년 학생들은 일관되게 좋은 결과를 얻기 위해서 더 오랜 기간 동안 개입사업을 해야 될 가능성이 있다는 점을 시사한다. 이 분야의 다른 연구자들도 중학생들의 학교폭력 문제를 감소시키는 것이 더 어려웠다고 밝히고 있다(예: Smith & Sharp, 1994; Smith 등, 본 저서; Stevens 등, 2000; Salmivalli, Kaukiainen & Voeten, 2005).

우리는 이런 사태에 대해 몇가지 이유가 있다고 생각한다. 아주 간단하게 설명하자면, 학생들의 개별 발달 상황 때문인데, 대부분의 학생들은 사춘기에 진입하고 부모의 영향을 벗어나 교사를 포함해서 권위에 대해 반항적인 태도를 갖는 시기이기 때문이다(Arnett, 1992). 더 중요한 이유는 중학교 교육 체계가 초등학교와 다르기 때문이다-적어도 노르웨이는 그렇고, 대부분의 서방 국가도 비슷한 것으로 알고 있다. 중학교에서는 교사들이 전문 과목에 더 치중하는 경향이 있으며, 초등학교와 같은 담임교사 역할을 해주는 교사가 없다. 이런 이유로 중학교 학년대에서는 프로그램이 잘 시행되리라 기대하기 힘들며, 이런 소견은 신국가주도 프로젝트의 예비분석에도 거론된 바 있다(Olweus & Kallestad, 출판 진행중). 따라서 다소 효과가 약하고 일관되지 못한 결과가 나오는 것이 이상하지 않다.

이제 우리는 노르웨이에서 8~10학년 학생들 대상으로 새롭고 특별한 개입 프로젝트를 기획하고 있다. 다양한 프로그램들이 좀 더 체계적인 방식으로 시행될 수 있도록 고안하고 있다.

미국 연구 결과

남캐롤라이나 미국에서 처음으로 OBPP 평가가 이루어진 것은 1990년대 중반으로, 6개 시골 학교 지역구에 포함된 초등학교와 중학교가 대상이었다. 이 지역구는 지리적 위치와 학생들의 인구학적 특성이 서로 쌍을 이루도록 매칭시켰다. 각 쌍에서 한 지역구 학교는 OBPP를 받도록 선발되었고(집단 A), 다른 지역구 학교는 1년간 대조군으로 선발하였다(집단 B). 프로젝트 첫해, 집단 A로 배정된 학교는 총 11개 학교였으며, 집단 B로 배정된 학교는 28개 학교가 있었다. 학교는 무작위로 배정되지는 않았다. 비록 프로젝트는 두 번째 해에도 진행되긴 했지만, 이 시기에 시행된 프로그램은 적당치 못했던 것으로 나타났다(Limber 등, 2004). 이런 이유로 우리는 프로젝트 첫해 자료에 대해서만 분석하고자 한다. 오직 첫해 2시점에 대한 결과 분석 만이 명확한 개입군 대 대조군 비교 분석이 가능했기 때문이다.

물론 각 학교별 인구학적 자료는 연구자가 수집할 수 없었지만, 지역구 인구학적 자료를 참고해보면 아프리카계 미국인 학생은 46~95%를 차지했으며, 백인 학생은 4~53% 차지하는 것으로 나타났다. 한 학교 지역구를 제외하면 나머지 모든 지역구에서 빈곤 수준을 알 수 있는 점심비용 복지(점심비용의 일부 또는 전액을 국가가 부담) 비율이 60~91%로 나왔다.

자료는 사전-사후 검정 방식으로 시점 1에서는 4~6학년을 대상으로, 시점 2(집단 A학교에서 프로그램 시행 7개월 후)에서는 5~7학년을 대상으로 수집하였다. 조사 평가에는 개별 학생의 사전 적응 자료가 배제되었기 때문에, 개별 학생들의 신원 정보를 따로 수집하지는 않았다. 따라서 최대 통계적 검증력 보다 낮은 수준으로 분석이 이루어졌기 때문에 결과는 다소 보수적일 가능성이 있다. 시점 1과 2에서 학생들은 Olweus 학교폭력 질문지 원본에 대한 영어번역본을 가지고 응답을 마쳤다(Olweus, 1986). 그리고 학생들은 기타 반사회적 행동을 평가하기 위해 Olweus가 고안한 42항목 질문지에 대한 응답도 마쳤다(Bendixen & Olweus, 1999). 그 결과 학생들은 지난 3개월 간 다양한 종류의 반사회적 행동(예: 물건이나 현금 절도, 무단 결석, 다른 학생과의 싸움)을 다양한 빈도로 나타내는 것을 확인했다. 이런 질문에 대한 응답을 바탕으로, 우리는 8가지 척도를 개발했는데, 여기에는 절도(Cronbach's alpha=0.81), 반달리즘(0.72), 폭력(0.69), 비행(0.90), 물질남용(0.79), 교내품행문제(0.81), 교내징계(0.74), 집단 비행(0.70)이 있었다(Melton 등, 1998).

결과에 따르면, 첫해 프로그램 시행으로 학생들의 학교폭력 경험과 반사회적 행위가 개선되었다. 몇몇 가해 행동 지표(지난 2~3달 간의 가해 행위 빈도, 지난 주 동안 학교에서의 가해 행위 빈도, 집단 가해 행위 참여 빈도)에 대해서 시간(시점 1 대 2)×집단(A 대 B) 상호작용에 일관성과 유의성($p<0.01$ 또는 .001)이 존재했다. 시점 1에서 집단 A 학교(표본수 2,025명)에서는 23.6%의 학생들이 3~4번 이상 다른 학생을 괴롭혀 본 적이 있다고 답하였다. 프로그램 시행 7개월 후, 이 비율은 19.9%로 감소하여 15.7%의 감소율을 보였다. 대조군에서는 시점 1에서 가해자 비율이 전체(표본수 4,229명)의 18.5%였지만, 7개월 후에는 20.7%로 비율이 상승하여, 20.7%의 상승률을 보였다. 따라서 개입 사업을 시행한 학교 학생은 학교폭력 가해 경험의 상대적 감소율이 27.6%로 산출되었다. 하지만, 학교폭력 피해 경험 응답에 대해서는 유의한 변화가 관찰되

지 않았다.

예상했던 대로, 자기보고식 반사회적 행동 지표에서 대조군은 시간 경과에 따라 점진적으로 상승하였지만, 개입군에서는 상승세가 없거나 있더라도 일탈($p<0.01$), 반달리즘($p<0.05$), 교내품행 문제($p<0.001$), 교내징계($p<0.005$) 지표에서 상승 속도가 둔화된 양상이었다. 따라서 본 프로그램은 나이에 따라 자연적으로 상승하는 반사회적 행동을 억제할 수 있는 것으로 보였다.

OBPP로 반사회적 행동에도 효과를 볼 수 있다는 점은 위에서 언급한 1차 베르겐 프로젝트에서도 확인이 되었다는 점을 강조하고 싶다(Olweus, 1991). 학교폭력이 반사회적 행동의 일종이라는 점을 염두에둔다면, 이 결과도 그다지 놀랍지 않다(Olweus, 1993b).

필라델피아   연구자들은 확장형 선택 코호트 디자인으로 필라델피아 도심에 있는 학교를 대상으로 OBPP의 효과성을 평가했다. Black & Jackson(2007)은 4년간 6개 큰 공립 초등학교와 중학교(각 학교별 표본수 456~1,295명)를 대상으로 프로그램의 효과성을 평가하였다. 학생들은 대부분 저소득층 가구 출신이며(67%), 주로 아프리카계 미국인(82%)과 라틴계열(10%)였다. 평가 측정법에는 Olweus 학교폭력 질문지(3~8학년 대상으로 시행), 학교폭력 사건발생 밀도(Bullying Incident Density; BID) 평가를 위한 관찰 도구, 프로그램 실행 충실도 측정이 포함되었다.

관찰 도구에는 학교폭력 행동 체크리스트로 구성되어 있어, 신체적, 언어적, 정서적 학교폭력을 측정하도록 되어 있다. 여기에는 별명 부르기, 때리기, 밀치기, 부적절한 스킨십, 소문, 침 뱉기, 관계적 따돌림, 놀리기, 저주하기, 조롱하기, 화나서 소리지르기, 위협적인 제스처 등이 포함되었다. 중학생은 점심시간에 관찰을 하였으며, 초등학생은 쉬는 시간에 관찰을 하였다. 이 지역이 선별된 이유는 익명질문지 조사 결과, 이 지역이 '뜨거운 감자'로 선정되었기 때문이다. 프로그램 실행 충실도는 매년 14개 핵심 프로그램 콘텐츠에 대해서 측정하였다(Olweus, Limber, Mihalic, 1999). 각 학교마다 충실도 총점은 시행한 핵심 콘텐츠 개수에 총 콘텐츠 개수를 나눈 값으로 하였다.

프로그램 사전에는 학교폭력 사건발생 밀도는 100 학생시간(student hours)당 65건으로 나왔다. 4년이 지난후 BID는 45% 감소되어 100 학생시간당 36건으로 측정되었다. BID 변화와 전반적인 프로그램 시행 충실도 간의 유의한 상관관계는 없었다. 하지만, BID 감소와 강한 상관관계를 보이는 프로그램 콘텐츠로는 학교폭력에 대한 교칙 게시, 긍정적 및 부정적 처분에 관한 일관된 집행, 학생 활동 지도감독을 위한 어른 훈련 과정으로 나왔다. 자기보고식 익명 조사로 본 학교폭력 피해 경험 응답 결과는 학교마다 상이했는데, 시점1에서 시점 4 까지 최대 10% 감소한 학교에서 부터 오히려 7% 상승했다고 보고한 학교도 있었다. 안타깝게도 시점 1에서 3,741명이 질문지 응답을 마친 반면, 시점 4에서는 오직 1,598명의 학생만 질문지 작성을 마쳤다. 표본수 손실이 큰 탓에, 자기보고식 피해 경험에 대해서는 분명한 결론을 이끌어낼 수 없었다.

워싱턴   Bauer 연구진(2007)은 워싱턴주에서 OBPP의 효과성을 평가하였다. 평가는 10개 공립중학교 6~8학년을 대상으로 하였으며, 무작위 선별이 되지 않은 대조군 시험 형태였고, 7개 학교는 개입군으로, 3개 학교는 대조군으로 삼았다. 개입군에서는 백인 학생이 제일 주된 인종 집단(40%)였고, 그 다음은 아시아계(24%), 아프리카계 미국인(12%), 마지막으로 히스패닉/라틴계(7%)가 차지하였다. 대조군에서의 인종 구성은 약간 다른데, 백인학생은 23%로 살짝 적었고, 아프리카계 미국학생이 28%로 더 많은 비중을 차지하고 있었다. 연구자들은 Olweus 학교폭력 질문지 중 4가지 구체적 질문 항목을 통해 관계적 및 신체적 피해 사례를 평가하였으며, 개입군이 대조군에 비해 백인 학생 내 관계적 피해 사례는 28% 감소하였고, 신체적 피해 사례는 37% 감소하였다. 하지만 다른 인종/민족군 학생들에서는 가해나 피해 면에서 이런 효과가 나타나지 않았다. 개입군 학생들은 대조군 학생들에 비해 다른 학생들이 학교폭력 사건에 더욱 능동적으로 개입하는 것으로 느끼는 경향이 있었다. 비슷한 방식으로 교사나 기타 어른들의 능동성에 대한 학생들의 인식을 분석했을 때 유의한 결과나 나오지 않았다. 이 연구진은 'OBPP를 효과적으로 실행하려면 학생들이 속한 가정과 환경이 주는 영향과 문화 및 인종과 관련된 영향을 고려해야 한다.'라고 지적했다(p.273). 이어서 '학교 직원들은 학생들의 행동에 영향을 주는 가정, 문화, 사회의 영향력을 숙지하고 있어야 하며, 이에 적절하게 예방적 조치를 마련해야 한다.'(p.273).

위의 지적과 관련해서, OBPP는 다양한 인종이 속한 여러 미국 학교 환경에서도 성공을 거둔 바가 있다는 점을 짚고 넘어가고 싶다(예: 필라델피아, 남캐롤라이나 근교, 캘리포니아 남부). 그럼에도 불구하고 본 프로그램 실행에 있어 각자의 독특한 사정에 맞는 세팅이 필요하다는 저자의 고견은 귀담아 들어야 할 만한 대목이며, OBPP의 개발자도 사실은 프로그램 시행을 위해 문화적 수정이 필요하다는 점을 강조한 바 있다.

Bauer 연구진(2007)은 OBPP를 지속적으로 활용할 것을 권하고 있는데, 연구진에 따르면 '본 프로그램은 통합적인 예방 프로그램으로서는 유일무이하며, 전학교적인 접근법을 취하고 있다.'라고 평가하고 있다(p.273). 또한 연구진은 본 프로그램이 학교가 학교폭력 문제를 규명하고 해결할 수 있는 틀을 제공하고 있으며, 학교폭력에 대한 통일된 메시지를 전달하는 데에 도움이 된다고 지적하였다. 연구진은 덧붙이길, 개입군에서 OBPP를 실행을 통해 광범위하고 정기적이며 일관된 업무 수행을 관찰할 수 있었다면서, 대조군 학교에서는 이런 특성을 발견하기 어려웠다고 하였다(p.273).

캘리포니아 Pagliocca 연구진(2007)는 선택 코호트 디자인으로 2년간 캘리포니아 남부 교외지역 초등학교 3군데를 대상으로 OBPP의 효과성을 평가하였다. 결과 측정법으로는 학생 자기보고식 도구인 Olweus 학교폭력 질문지(시점 1 표본수 1,174명, 시점 2 표본수 1,085명, 시점 3 표본수 1,119명)와 학부모 익명 보고(시점 1 표본수 761명, 시점 2 표본수 817명, 시점 3 표본수 411명)와 교사 익명 보고(시점 1 표본수 100명, 시점 2 표본수 72명, 시점 3 표본수 78명)가 포함되었다. 전반적으로 자기보고식 응답으로 본 학교폭력 피해 경험 비율은 프로그램 시행 1년 후에는 21% 감소율을 보였으며, 2년 후에는 14%의 감소율을 보였다. 감소율은 4학년에서 제일 두드러졌는데, 1년후는 32%, 2년후는 20%의 감소율을 기록하였다. 또한 가해 경험 비율은 프로그램 시행 1년 후에는 8% 정도 감소하였고 2년 후에는 17% 정도 감소하였다.

또 주목할 만한 결과로는 피해자 학생들이 교사들에게 얼만큼 자기 피해 경험을 알리느냐에 대한 것이 있다. 시점1과 시점3을 비교했을 때, 학생들은 교사나 기타 교내 직원들은 학교폭력을 근절하기 위해 실제로 노력한다는 인식이 67% 가량 상승하였으며, 학교폭력에 대해 교사들이 분명한 원칙을 가지고 있다는 인식도 78% 가량 상승하였고, 교사가 자신이 목격하거나 신고받은 학교폭력 사건에 대해 어떻게 대처하는 지 잘 숙지하고 있다는 인식도 78% 상승하였다. 교사 또한 학교폭력 정책에 대해서 학생들과 소통이 그런대로 잘 이루어졌거나 매우 잘 이루어졌다는 믿음도 97% 정도 상승하였고, 학부모와의 소통은 91% 가량, 다른 교사와의 소통은 72% 가량, 교사외 교직원과의 소통은 79% 가량 상승된 것으로 응답하였다. 마지막으로 학부모는 학교 운영자가 학교폭력을 근절하기 위해 매우 노력했다라는 인식이 시점1에서 시점2 사이에 18% 정도 증가하였는데, 교사들의 학교폭력 근절 활동에 대한 인식도에서는 유의한 차이가 발견되지 않았다.

미국 연구 결과 요약 정리 현재까지 미국 초등학교와 중학교, 또 다양한 환경에서 OBPP의 효과성을 평가해왔다. 일부 연구는 OBPP의 저자들이 진행했었고(Limber 등, 2004; Pagliocca 등, 2007), 다른 연구진이 평가를 진행한 경우도 있었다(Bauer 등, 2007; Black & Jackson, 2007). 그간 연구 결과를 참고했을 때 OBPP는 학생들 뿐 아니라 어른에게도 괄목할만한 효과를 발휘한다고 볼 수 있었다. 자기보고식 응답으로 본 결과로는 학교폭력 행위와 반사회적 행위가 감소했으며(Limber 등, 2004; Melton 등, 1998; Olweus, 1991), 학교폭력 피해 사례도 감소했고(Bauer 등, 2007, 백인 학생들에게서; Pagliocca 등, 2007), 피해자 학생이 학교폭력 피해 경험을 교내 어른에게 신고하려는 경향(Pagliocca 등, 2007)은 증가하였고, 학생들이 학교폭력을 스스로 근절하려고 노력한다는 학생들의 인식도 개선되었다(Bauer 등, 2007). BID와 같은 관찰적 도구로도 OBPP의 효과성을 평가했을 때 관계적 및 신체적 폭력이 유의하게 감소하였다(Black & Jackson, 2007). 마지막으로 학교폭력과 관련된 정책과 집행에 대한 성인들의 인식도를 조사한 한 연구에서도, 교사들은 OBPP를 집행한 학교에서 분명한 개선이 이루어졌다고 인식하였다.

물론 이 모든 결과가 고무적이긴 하지만, 모든 연구 결과들이 한결같이 모든 측면에서 긍정적인 것은 아니었다는 점도 숙지하고 있어야 한다. 또한 일부 연구에서 프로그램 실행의 충실도와 관련하여 좀 더 설명이 필요하거나 통제가 필요한 부분들도 있다. 그래서 현재 미국에서 진행 중이거나 기획 중인 연구에서는 다양한 세부 프로그램 콘텐츠에 대한 세세한 효과 분석을 할 것이며, 또 어떤 조건에서 해당 프로그램들이 제일 큰 효과를 발휘하는 지도 분석할 예정이다.

결론 및 실무적 제언

Olweus 학교폭력 예방 프로그램은 학교폭력이 절대 아동청소년의 정상적이거나 일상 경험이 되어서는 안 된다는 신념 하에 만들어졌다. 20년간 진행된 연구 결과를 토대로 볼 때-주로 북유럽과 미국을 주 대상으로 하였지만-전학교적으로 학교폭력에 대한 보상체계와 기회를 근절시키고 학생과 어른들이 공동체 의식을 확립함으로써 실제로 학교폭력을 실제로 감소시킬 수 있었다. 이렇게 학교 환경을 재구성하기 위해서는 상당한 헌신과 노력이 필요하며, 학교 운영자, 직원, 학생, 학부모 등의 참여가 필요하다. 하지만 학교폭력으로 많은 수의 학생들이 폐해를 경험하고 경제적 비용도 엄청나게 들어간다는 점을 생각하면-특히 학교폭력에 관여된 학생과 그 가족 뿐 아니라 학교 환경과 나아가 사회 전반을 생각한다면-이런 노력은 합리적이라고 볼 수 있는 정도를 넘어 필요한 정도라고 볼 수 있다.

OBPP 덕분에 학교폭력에 휘말리지 않게 되었을 학생도 상당할 것으로 본다. 좀 더 구체적으로 설명하기 위해서 노르웨이 연구 결과를 인용하고자 한다. 우리가 본 챕터에 소개된 노르웨이 대규모 평가 연구 6개 자료를 모두 합치면, 4~7학년 중 1년 동안 연구에 참여된 학생 수는 약 25,000명에 이른다. 우리 경험적 결과에 근거한다면, 이 학생들 중에서 평가 연구 기간 동안 프로그램을 통해 정기적으로 학교폭력 문제에 시달리는 경험에서 벗어난 학생-가해자든 피해자든-비율은 약 4%로 추산하고 있다. 이는 약 1,000명 정도의 학생들이 평가 기간 덕에 더 안전하고 더 긍정적인 학교 생활을 하게 되었다는 의미가 된다. 또한 우리는 같은 학교에 다니지만 연구 평가에 참여하지 않은 유치원에서 3학년까지 학생들 25,000명도 긍정적인 영향을 받았을 것이라 추측해도 무리가 없을 것이라 본다. 만약 저학년대에도 비슷한 영향을 받았다면, 학교폭력 문제에서 벗어난 학생 수를 약 2,000명까지도 추산해 볼 수 있다.

5년간 경과 추적용 오슬로 프로젝트 결과를 보면, 일부 개입군 학교에서는 연구 평가용 프로그램이 끝난 후에도 학교폭력 문제가 감소된 상태를 유지하는 경우도 있었다. 이런 관점에서 보면, 개입 프로그램 실행으로 인해 학교폭력 문제에서 구제된 학생들의 수를 다년간 추적해서 산출해보면 상당한 숫자가 나올 것으로 보인다.

본 연구 결과의 경제성과 관련해서 논의하자면, 본 프로그램은 사회 전반에 경제적 이득이 된다는 점은 분명해 보인다. 특히 본 프로그램으로 인해 정신과/심리학적 비용와 기타 관련 의료 비용을 절감할 것으로 보인다. 학교폭력 피해자들이 우울증, 불안증, 낮은 자존감, 자살 사고 등으로 고통을 겪는 경우가 많다고 입증한 문헌들은 넘쳐난다(예: Hawker & Boulton, 2000; Solberg & Olweus, 2003). 이런 부정적 영향은 24세 남성 중 7~10학년 동안 학교폭력 피해 여부에 따라 전향적으로 경과 추적한 연구에서도 입증되었다(Olweus, 1993b). 최근 노르웨이 연구 논문을 보면 생애 처음으로 정신과 진료를 찾은 젊은 성인 160명(평균 연령 35세) 중에 절반은 학교 다닐 때 학교폭력을 경험한 적이 있다고 하며, 그 중 학교폭력을 심하게 당했을 수록 정신과적 증상이 더 심한 것으로 나타났었다(Fosse, 2006).

비록 우리는 OBPP가 학업 성취도에 어떤 영향을 주는지 직접 평가를 한 적이 없지만, 학교폭력 감소로 인해 학업성취도가 개선될 것이라고 기대하는 것이 무리는 없을 것이다. 특히, 학교폭력 감소는 학교폭력의 피해자와 피해자들이 많이 속한 학급에서 학업성취도에 긍정적 영향을 줄 것이다. 한 예로, 1차 베르겐 프로젝트에서 일부 '사회적 분위기' 지표에서 프로그램 효과가 입증되었는데, 이 지표는 학업 성취도와 매우 관련이 깊다. 미국에서 나온 최근 횡적 연구를 보면, Buhs, Ladd, & Herald(2006)는 유치원에서 또래 배척을 경험한 아이들이 유치원에서 5학년까지 따돌림을 경험할 가능성이 높으며, 이는 학급 참여 감소와 연결되어 궁극적으로는 학업성취도가 손상되는 결과로 이어진다고 밝혔다.

젊은 성인에서 전과 기록을 보유한 사람 중에 학교폭력 가해자였던 남성들이 상당수를 차지하고 있다는 점을 밝힌 적이 있지만(Olweus, 1993; Sourander 등, 2007), OBPP로 성인기 범죄를 예방할 수 있는지는 아직 입증된 바 없다. 하지만 1차 베르겐 프로젝트와 남캐롤라이나 프로젝트에서 보면, 프로그램을 통해 절도, 반달리즘, 일탈 행동 등과 같은 반사회적 행동에 대해 분명한 효과를 지니고 있다는 점이 입증되었다. 그러므로 OBPP를 받아 학교폭력을 멈춘 학생들 중 적어도 일부는 분명 반사회적인 인생으로 빠지지 않았을 것이라는 점을 예측해볼 수 있다. 품행장애나 이에 준하는 품행 문제를 가진 사람들에 대해 막대한 비용이 들어가고 있다는 점을 생각하면(예: Cohen, 1998; Scott, Knapp, Henderson, & Maughan, 2001), 사회화된 사람의 수나 학교폭력을 중단한 사람의 수가 적을지라도, 사회 전반으로서는 막대한 비용을 절감하는 효과를 누릴 수 있을 것이다.

OBPP 평가는 노르웨이와 미국 등 전 세계적으로 이루어지고 있으며, 다양한 상황과 인구 집단에 대해 효과성을 검증 받고 있다. 특히 프로그램의 성공을 위해서는 프로그램에 어떤 요소와 내용이 담겨져 있는지가 중요하고, 프로그램의 실행을 위해서는 교사, 학교, 지역사회 수준의 변수가 중요하다. OBPP가 아동의 심리사회적 행복, 정신보건, 학업성취도, 반사회적 또래와의 교제, 범죄 정의 체계 등에 대해 어떤 차별화된 효과를 발휘하는지 파악이 된다면 얼마나 큰 사회적 비용을 절감할 수 있는지에 대해서 추산할 수 있을 것이다.

참고문헌

Arnett, J. (1992). Reckless behavior in adolescence: A developmental perspective. *Developmental Review, 12,* 339-373.
Bauer, N., Lozano, P., & Rivara, F. P. (2007). The effectiveness of the Olweus Bullying Prevention Program in public middle schools: A controlled trial. *Journal of Adolescent Health, 40,* 266-274.
Baumrind, D. (1967). Child care practices anteceding three patterns of preschool behavior. *Genetic Psychology Monographs, 75,* 43-88.
Beelmann, A., Pfingsten, U., & Lösel, F. (1994). The effects of training social competence in children: A meta-analysis of recent evaluation studies. *Journal of Clinical Child Psychology, 23,* 260-271.
Bendixen, M., & Olweus, D. (1999). Measurement of antisocial behaviour in early adolescence: Psychometric properties and substantive findings. *Criminal Behaviour and Mental Health, 9,* 323-354.

Biglan, A. (1995). *Changing cultural practices: A contextualist framework for intervention research.* Reno, NV: Context Press.
Black, S. A., & Jackson, E. (2007). Using bullying incident density to evaluate the Olweus Bullying Prevention Programme. *School Psychology International, 28,* 623-638.
Bryk, A. S., & Raudenbush, S. W. (1992). *Hierarchical linear models: Applications and data analysis methods.* Newbury Park, CA: Sage.
Buhs, E. S., Ladd, G. W., & Herald, S. L. (2006). Peer exclusion and victimization: Processes that mediate the relation between peer group rejection and children's classroom engagement and achievement? *Journal of Educational Psychology, 98,* 1-13.
Cohen, J. (1988). *Statistical power analysis for the behavioral sciences* (2nd ed.). New York: Academic.
Cohen, M. A. (1998). The monetary value of saving a high-risk youth. *Journal of Quantitative Criminology, 14,* 5-33.
Cook, T. D., & Campbell, D. T. (1979). *Quasi-experimentation: Design and analysis issues for field settings.* Chicago: Rand McNally.
Craig, W. M., & Harel, Y. (2004). Bullying, fighting and victimization. In C. Curry, C. Roberts, A. Morgan, R. Smith, W. Settertobulte, O. Samdal, et al. (Eds.), *Young people's health in context.* WHO report no. 4, Health Policy for Children and Adolescents (pp. 133-144). Geneva: World Health Organization.
Elliott, D. S. (1999). Editor's introduction. In D. Olweus, S. P. Limber, & S. Mihalic, (1999). *The Bullying Prevention Program: Blueprints for Violence Prevention, 9* (pp. xi-xxiii). Boulder, CO: Center for the Study and Prevention of Violence.
Eslea, M., & Smith, P.K. (1998). The long-term effectiveness of ant-bullying work in primary schools. *Educational Research, 40,* 203-218.
Flay, B. R., Biglan, A., Gonzalez Castro, F., Gottfredson, D., Kellam, S., Moscicki, E. K., et al. (2005). Standards of evidence: Criteria for efficacy, effectiveness and dissemination. *Prevention Science, 6,* 151-175.
Fleiss, J. L. (1994). Measures of effect size for categorical data. In H. Cooper & L. V. Hedges (Eds.), *The Handbook of Research Synthesis* (pp. 245-260). New York: Russell Sage.
Fosse, G. K. (2006). *Mental health of psychiatric outpatients bullied in childhood.* Doctoral thesis, Department of Neuroscience, Faculty of Medicine, Norwegian University of Science and Technology, Trondheim.
Furre, H., Danielsen, I.-J., Stiberg-Jamt, R., & Skaalvik, E. M. (2006). *Analyse av den nasjonale undersøkelsen "Elevundersøkelsen"* [Analysis of the national study "The Student Investigation"]. Kristiansand, Norway: Oxford Research.
Hanewinkel, R. (2004). Prevention of bullying in German schools: An evaluation of an anti-bullying approach. In P. K. Smith, D. Pepler, & K. Rigby (Eds.), *Bullying in schools: How successful can interventions be?* (pp. 81-97). Cambridge, UK: Cambridge University Press.
Hawker, D. S. J., & Boulton, M. J. (2000). Twenty years' research on peer victimization and psychosocial maladjustment: A meta-analytic review of cross-sectional studies. *Journal of Child Psychology and Psychiatry and Allied Disciplines, 41,* 441-455.
Judd, C. M., & Kenny, D. A. (1981). *Estimating the effects of social interventions.* New York: Cambridge University Press.
Kallestad, J. H., & Olweus, D. (2003). Predicting teachers' and school's implementation of the Olweus Bullying Prevention Program: A multilevel study. *Prevention & Treatment, 6,* Article 21, posted October 1, 2003, at http://www.journals.apa.org/prevention
Kish, L. (1987). *Statistical design for research.* New York: Wiley.
Kjærnsli, M. Lie, S., Olsen, R. V., Roe, A., & Turmo, A. (2004). *Rett spor eller ville veier?* [On the right or the wrong track?]. Oslo: Universitetsforlaget.
Kjærnsli, M. Lie, S., Olsen, R. V., Roe, A., & Turmo, A. (2006). *Norwegian reports from TIMSS and PISA 2003: Summary and conclusions.* Oslo: Institute for Teacher Education and School Development, University of Oslo.
Kyriakides, L., Kaloyirou, C., & Lindsay, G. (2006). An analysis of the Revised Olweus Bully/Victim Questionnaire using the Rasch measurement model. *British Journal of Educational Psychology, 76,* 781-801.
Limber, S. P. (2004). Implementation of the Olweus Bullying Prevention Program in American Schools: Lessons learned in the field. In D. L. Espelage & S. M. Swearer (Eds.), *Bullying in American schools: A social-ecological perspective on prevention and intervention* (pp. 351-363). Mahwah, NJ: Erlbaum.
Limber, S. P. (2006). The Olweus Bullying Prevention Program: An overview of its implementation and research basis. In S. Jimerson & M. Furlong (Eds.), *Handbook of school violence and school safety: From research to practice* (pp. 293-307). Mahwah, NJ: Erlbaum.
Limber, S. P., Nation, M., Tracy, A. J., Melton, G. B., & Flerx, V. (2004). Implementation of the Oweus Bullying Prevention Program in the Southeastern United States. In P. K. Smith, D. Pepler, & K. Rigby (Eds.), *Bullying in schools:*

How successful can interventions be? (pp. 55-79). Cambridge, UK: Cambridge University Press.

Loeber, R., & Stouthamer-Loeber, M. (1986). Family factors as correlates and predictors of conduct problems and juvenile delinquency. In M. Tonry & N. Morris (Eds.), *Crime and justice, 7* (pp. 219-339). Chicago: University of Chicago Press.

Melton, G. B., Limber, S. P. ,Cunningham, P., Osgood, D. W., Chambers, J. Flerx, V., et al. (1998). Violence among rural youth. Final Report. Washington, DC: U.S. Department of Justice, Office of Justice Programs, Office of Juvenile Justice and Delinquency Prevention.

Murray, D. (1998). *Design and analysis of group-randomized trials.* New York: Oxford University Press.

Olweus, D. (1973). Personality and aggression. I J. K. Cole, & D. D. Jensen (Eds.), *Nebraska Symposium on Motivation 1972* (pp. 261-321). Lincoln: University of Nebraska Press.

Olweus, D. (1978). *Aggression in the schools: Bullies and whipping boys.* Washington, DC: Hemisphere.

Olweus, D. (1979). Stability of aggressive reaction patterns in males: A review. *Psychological Bulletin, 86,* 852-875.

Olweus, D. (1980). Familial and temperamental determinants of aggressive behavior in adolescent boys: A causal analysis. *Developmental Psychology, 16,* 644-660.

Olweus, D. (1986). *The Olweus Bully/Victim Questionnaire.* Mimeo. Bergen, Norway: Research Center for Health Promotion, University of Bergen.

Olweus, D. (1991). Bully/victim problems among schoolchildren: Basic facts and effects of a school based intervention program. In D. J. Pepler & K. H. Rubin (Eds.), *The development and treatment of childhood aggression* (pp. 411-448). Hillsdale, NJ: Erlbaum.

Olweus, D. (1993a). *Bullying at school: What we know and what we can do.* New York: Blackwell.

Olweus, D. (1993b). Victimization by peers: Antecedents and long-term outcomes. In K. H. Rubin & J. H. Asendort (Eds.), *Social withdrawal, inhibition, and shyness* (pp. 315-341). Hillsdale, NJ: Erlbaum.

Olweus, D. (1996). *The Revised Olweus Bully/Victim Questionnaire.* Mimeo. Bergen, Norway: Research Center for Health Promotion, University of Bergen.

Olweus, D. (1997). Bully/victim problems in school: Facts and intervention. *European Journal of Psychology of Education, 12,* 495-510.

Olweus, D. (1999a). Norway. In P. K. Smith, Y. Morita, J. Junger-Tas, D. Olweus, R. Catalano, & P. Slee (Eds.), *The nature of school bullying: A cross-national perspective* (pp. 28-48). London: Routledge.

Olweus, D. (1999b). *Noen hovedresultater fra Det Nye Bergensprosjektet mot mobbing og antisosial atferd* [Some key results from The New Bergen Project against bullying and Antisocial Behavior]. Unpublished manuscript. Research Center for Health Promotion, University of Bergen, Norway.

Olweus, D. (2001a). *Olweus' core program against bullying and antisocial behavior: A teacher handbook.* Bergen, Norway: Author.

Olweus, D. (2001b). *Antimobbningprojekt i Oslo-skolor med meget gode resultater* [Anti-bullying project in Oslo schools with very good results]. Unpublished manuscript. Research Center for Health Promotion, University of Bergen, Norway.

Olweus, D. (2004). Bullying at school: Prevalence estimation, a useful evaluation design, and a new national initiative in Norway. *Association for Child Psychology and Psychiatry Occasional Papers, 23,* 5-17.

Olweus, D. (2005). A useful evaluation design, and effects of the Olweus Bullying Prevention Program. *Psychology, Crime & Law, 11,* 389-402.

Olweus, D. (2007). *Olweus Bullying Questionnaire: Scannable paper version.* Center City, MN: Hazelden.

Olweus, D., & Alsaker, F. D. (1991). Assessing change in a cohort longitudinal study with heirarchical data. In D. Magnusson, L. R. Bergman, G. Rudinger, & B. Torestad (Eds.), *Problems and methods in longitudinal research* (pp. 107-132). New York: Cambridge University Press.

Olweus, D., & Kallestad, J. H. (in press). The Olweus Bullying Prevention Program: Effects of classroom components at different grad levels. In K. Östreman (Ed.), *Indirect and direct aggression.* New York: Peter Lang.

Olweus, D., & Limber, S. P. (2007). *Olweus Bullying Prevention Program Teacher Guide.* Center City, MN: Hazelden.

Olweus, D., Limber, S. P., Flerx, V., Mullin, N., Riese, J., & Snyder. M. (2007). *Olweus Bullying Prevention Program Schoolwide Guide.* Center City, MN: Hazelden.

Olweus, D., Limber, S. P., & Mihalic, S. (1999). *The Bullying Prevention Program: Blueprints for Violence Prevention, Vol. 9.* Boulder, CO: Center for the Study and Prevention of Violence.

Pagliocca, P. M., Limber, S. P., & Hashima, P. (2007). *Evaluation report for the Chula Vista Olweus Bullying Prevention Program.* Chula Vista, CA: Chula Vista Police Department.

Pepler, D. J., Craig, W. M., O'Connell, P., Atlas, R., & Charach, A. (2004). Making a difference in bullying: Evaluation of a systemic school-based programme in Canada. In P. K. Smith, D. Pepler, & K. Rigby (Eds.), *Bullying in schools:*

How successful can interventions be? (pp. 125-139). Cambridge, UK: Cambridge University Press.

Pepler, D. J., Craig, W., Ziegler, S., & Charach, A. (1994). An evaluation of an anti-bullying intervention in Toronto schools. *Canadian Journal of Community Mental Health, 13,* 95-110.

Rapport (2000). *Vurdering av program og tiltak for å redusere problematferd og utvikle sosial kompetanse* [Evaluation of programs and measures to reduce problem behaviour and develop social competence]. Oslo, Norway: Kirke-, undervisnings-, og forskningsdepartementet.

Roland, E. (1989). Bullying: The Scandinavian research tradition. In D. P. Tattum & D. A.Lane (Eds.), *Bullying in schools* (pp. 21-32). Stoke-on-Trent, UK: Trentham Books.

Salmivalli, C., Kaukiainen, A., & Voeten, M. (2005). Antibullying intervention: Implementation and outcome. *British Journal of Educational Psychology, 75,* 465-487.

Scott, S., Knapp, M., Henderson, J., & Maughan, B. (2001). Financial cost of social exclusion: follow up study of antisocial children in adulthood. *British Medical Journal, 323,* 191-194.

Shadish, W.R., Cook, T. D., & Campbell, D. T. (2002). *Experimental and quasi-experimental design for generalized causal inference.* Boston: Houghton-Mifflin.

Smith, P. K., Pepler, D., & Rigby, K. (1994). *Bullying in schools: How successful can interventions be?* New York: Cambridge University Press.

Smith, P. K., & Sharp, S. (Eds.). (1994). *School bullying: Insights and perspectives.* London: Routledge.

Smith, P. K., Sharp, S., Eslea, M., & Thompson, D. (2004). England: the Sheffield project. In P. K. Smith, D. Pepler, & K. Rigby (Eds.), *Bullying in schools: How successful can interventions be?* (pp. 99-123). Cambridge, UK: Cambridge University Press.

Solberg, M., & Olweus, D. (2003). Prevalence estimation of school bullying with the Olweus Bully/Victim Questionnaire. *Aggressive Behavior, 29,* 239-268.

Sourander, A., Jensen, P., Rönning, J. A., Elonheimo, H., Niemela, S., Helenius, H., et al. (2007). Childhood bullies and victims and their risk of criminality in late adolescence. *Archives of Pediatrics and Adolescent Medicine, 161,* 546-552.

Stevens, V., De Bourdeaudhuij, I., & Van Oost, P. (2000). Bullying in Flemish schools: an evaluation of anti-bullying intervention in primary and secondary schools. *British Journal of Educational Psychology, 70,* 195-210.

Stevens, V., Van Oost, P., & de Bourdeaudhuij, I. (2004). Interventions against bullying in Flemish schools: programme development and evaluation. In P. K. Smith, D. Pepler, & K. Rigby (Eds.), *Bullying in Schools: How Successful can Interventions be?* (pp. 141-165). New York: Cambridge University Press.

Ttofi, M. M., & Farrington, D. P. (2009). What works in preventing bullying: Effective elements of anti-bullying programmes. *Journal of Aggression, Conflict and Peace Research, 1,* 13-24.

Ttofi, M. M., Farrington, D. P., & Baldry, A. C. (2008). *Effectiveness of programmes to reduce bullying.* Stockholm: Swedish National Council for Crime Prevention.

Whitney, I., Rivers, I., Smith, P., & Sharp, S. (1994). The Sheffield project: methodology and findings. In P. Smith & S. Sharp (Eds.), *School bullying: Insights and perspectives* (pp. 20-56). London: Routledge.

Zucker, D. (1990). An analysis of variance pitfall: The fixed effect analysis in a nested design. *Educational and Psychological Measurement, 50,* 731-738.

28

학교폭력

위기인가 기회인가?

KARIN S. FREY, LEIHUA V. EDSTORM, AND MIRIAM K. HIRSCHSTEIN

1999년 미연방 대법원 판사는 오랜 기간 또래 성희롱으로 고통받던 젊은 여성을 두고 변호사에게 이렇게 질문했다. '이런 경험은 보통 아이라면 다 겪는 것인가?' (Stein, 2003). 이 판사의 질문은 학교폭력 분야에서도 종종 인용한 적이 있다. 어른들 대다수는 아이들 사이에서 생기는 따돌림, 굴욕적 사건, 신체적 폭력도 하나의 정상적 인생 과정이며 성장 경험이 된다고 여기고 있다. 하지만 상당한 문헌들에서 학교폭력 때문에 일탈 행동이나 학업 중단 사례가 생기면서 아이들이 기본적인 교육을 받을 기회도 위협받게 되었다는 점을 밝히고 있다(Slee, 1994). 혹은 아이들은 정서적 트라우마에 대해 부적응적인 대처법을 익히게 된다(예: Graham & Juvonen, 1998). 학교폭력은 피해자만 영향을 받는 것은 아니다. 방관자는 공격적 행동이 도움이 된다고 배우게 되는 효과도 생긴다. 학교폭력을 지켜보는 대부분의 아이들은 공포, 쾌락, 죄책감, 도덕적 혼란 같은 감정들이 뒤죽박죽 섞이는 경험을 겪을 것이다(O'Connell, Pepler, & Craig, 1999; Jeffrey, Miller, & Linn, 2001).

이런 심각한 영향은 통계적으로 정상적이라고 분류된 행동을 해도 발생한다. 물론 이 영향의 수준은 낮은 편이긴 하다. 3~6학년 아이들을 학교 운동장에서 관찰했을 때, 77%가 다른 아이를 괴롭히거나 괴롭히는 것을 조장하고 있었는데, 피해자 학생은 나이, 체구, 또래 지지 관계 방면에서 괴롭힘을 당했다(Frey, Hirschstein, Snell 등, 2005). Espelage, Bosworth, & Simon(2000)은 중학교를 대상으로 한 연구에서 80%는 지난 달 누군가를 괴롭힌 적이 있다고 응답했다고 밝혔다.

학부모와 대화를 하는 중에 우리는 가끔씩 학교폭력을 2세 아동이 떼를 쓰는 것과 비교하곤 한다. 양쪽 다 영향력을 행사하기 위해 그 연령대에서 흔히 보일 수 있는 행동으로 볼 수 있지만, 만약 이 행동에 대한 행동심리학적 보상을 주거나 습관화 되면 정상적인 발달을 방해할 수 있다. 남들을 반복적으로 괴롭혀 온 사람들은 힘에 의존을 하면서, 긍정적이고 건설적인 관계 기술을 익히지 못할 수 있다. 그래서 힘으로 대인관계를 하려고 하는 습관이 연인관계나(Connolly, Pepler, Craig, & Taradash, 2000), 가족 관계나(Duncan, 1999), 직장 내 대인관계(Harvey, Heames, Richey, & Leonard, 2006)로 이어질 수 있다. 제일 극단적인 시나리오는 학교폭력이 물질 남용의 위험을 상승시키고(Nansel 등, 2001), 거리 범죄 상승으로 이어질 수 있다는 것이다(Andershed, Kerr, & Stattin, 2001).

　대법원 판례 이후로 학교 총격 사건이 반복되자 그 충격으로 학교폭력법 통과가 이루어졌다. 이 법안은 각 학교들이 조그만 학교폭력 사건도 좌시하지 않도록 하게 하였다(Stein, 2003). 하지만 배제적 조치로는 효과적으로 학교폭력을 제압하지 못했다(Skiba 등, 2006). 학교폭력이 학교 공동체 내의 모든 사람에게 영향을 미치는 만큼, 학교폭력을 조장하거나 억제하는 동력은 공동체내 모든 이에게 속했던 것이다(Frey & Nolen, 출판중). 예를 들어, 방관자는 가해자에게 우호적으로 접근하거나 관심을 집중시키는 방식으로 학교폭력에 대한 보상을 제공하는 꼴을 만든다(Craig & Pepler, 1995; Craig, Pepler, & Atlas, 2000; Salmivalli, 1990). 보편적 프로그램에서는 모든 이에게 건설적인 혜택이 돌아갈 수 있도록 교육자, 학부모, 또래집단이 지닌 역량을 이끌어내려고 한다. 한 개인의 긍정적 변화가 유지되기 위해서는, 그 개인을 둘러싸고 있는 사람들도 긍정적인 지지를 보내줄 수 있어야 한다. 따라서 대부분의 연구자들은 사회적 기전과 여러 수준의 시스템을 대상으로 하는 시스테믹한 학교폭력 프로그램을 추천한다(예: Olweus, 1993; Pepler, Craig, & O'Connell, 1999; Swearer & Espelage, 2004).

　본 챕터에서는 '존중을 향한 발자국' 프로그램의 개념적 구성과 구체적 실무에 대해 설명할 것이다(Committee for Children, 2001). 그리고 이 프로그램의 효과성에 대한 근거도 요약정리하여 제시하였다. 우리는 교사 실행 노력에 대해서도 평가했는데, 어른들이 리더십을 발휘하고 학생들의 행복을 보호해주지 않으면 어른들에 대한 신뢰와 학생들에 대한 멘토링 기회를 잃을 수 있다는 점을 주장하였다.

존중을 향한 발자국(the Steps to Respect) 프로그램의 개념적 구성

Frey & Nolen(출판 진행중)은 체계적인 변화를 독려하는 학교 기반 예방 프로그램의 교류 모델을 제시한 바 있다. 성공적인 개입 사업이 되려면 학교 공동체 전반에서 사회적 교류를 통해 사회적 규범이 바뀔 수 있어야 하고 개인 단위에서는 사회기술 향상 같은 부가적인 변화도 장려되어야 한다고 한다. '존중을 위한 발자국'은 공격성을 유지시키는 악순환을 끊기 위해 만들어진 복합적 프로그램이다. 본 프로그램에서는 학교 단위 환경 개입 사업(Olweus, 1993)과 인지행동적 교과 과정(Kendall, 1993)과 학교폭력 관여 개별 학생에 대한 선택적 프로그램도 제공한다(Skiba 등, 2006).

학교 단위 환경 개입 사업

학교 단위의 사업을 추진하는 목적은 어른과 학생 간의 파트너십을 키울 토대를 만들고 시민의식과 학습에 도움되는 분위기를 만들어내기 위함이다. 만약 학생들이 또래 학대에 대해서 정보를 줄 정도로 어른들을 신뢰하지 못하면, 어른들은 학교폭력을 저지할 수 없다. 역으로 어른들이 수용적인 태도를 지니고 있다는 점을 어필하지 못하면, 학교폭력에 관한 정보가 어른에게까지 당도하지 못한다(Unnever & Cornell, 2004). 따라서 '존중을 향한 발자국'을 소개하려는 학교 운영자는 학생들에게 학교폭력 신고에 대해서 독려하기 전에 학교의 인프라와 직원들의 역량을 개선시킬 필요가 있다. 또한 학교 단위 사업을 통해 학교폭력에 대한 보상을 근절시키고 친사회적 행동에 대해 체계적인 지지를 받을 수 있도록 하고자 한다. 만약 어른들이 효과적인 리더십과 지도감독을 행한다면, 학생들은 어른들의 가이드에 호응할 가능성이 높아진다.

학교 인프라　교사들의 프로그램 실행 능력이 개선되려면, 명확한 업무 분장과 절차, 적정 훈련(Payne,

Gottfredson, & Gottfredson, 2006), 합리적 동료 네트워크(Kallestad & Olweus, 2003)가 필요하다. 집단 참여 방식으로 정책과 업무 절차를 만들 수 있으면, 1) 학교 규범, 2) 규범 위반에 따른 처분과 절차, 3) 어른들의 책임 사항에 대해서 이해를 공유할 수 있다. 프로그램 목표를 달성하기 위해, 학교 운영자는 반드시 1) 프로그램 운용과 관련된 기획과 관리 측면과 2) 학급 운영의 질적 향상에 대한 영감 제공 및 멘토링과 3) 긍정적 변화의 증거 제시와 4) 직원들 간 응집력 있고 배려가 담긴 대인 관계를 장려하는 측면에 있어 리더십을 발휘해야 한다(Frey & Nolen, 출판 진행중).

직원 역량 어른들은 학생들에게 긍정적인 행동을 격려하고, 부정적인 행동을 지도하며, 공감적이면서 효과적이고 책임감 있는 행동의 본을 보여줌으로써 리더십을 제공해야 한다. 교사들 대다수는 학교폭력 문제에 대처할 준비가 되어 있지 않다고 호소한다(Boulton, 1997). 교사들은 학교폭력이 얼만큼 만연한지 혹은 어떤 부정적 결과를 초래할 수 있는 지 잘 모를 수 있다(Hazler, Miller, Carney, & Green, 2001). 교육자들은 생태학적 영향에서 자유롭지 않다. 예를 들어, 가해자를 옹호하는 입장을 지니게 되면, 짜증나게 하는 아이들이 학교폭력을 당해도 싸다라는 시각을 가질 지도 모른다. 이런 태도를 지니면서 행동해야 될 때 행동하지 않게 되면, 아이들은 자기 선생님들은 자신들에 대해 관심이 없다고 여기게 된다(Astor, Meyer, & Behre, 1999). 교사들이 자신에게 신경쓰고 있으며 학교는 안전하다는 인식이 강할 수록, 교사-학생 간의 관계가 개선되고, 학업성취도가 향상되며 징계조치가 줄어드는 경향이 확인되었다(Crosnoe, Johnson, & Elder, 2004; Hamre & Pianta, 2001).

사회규범과 사회정서 기술에 대한 교과 과정

학급 내 사회규범을 세우고 책임감 있고 효과적인 사회정서적 기술을 지도하는 일은 긍정적 어른-학생 동맹 관계를 구축하는 데 있어 생태학적으로나 교류적 접근에서나 매우 중요한 과정이다. 만약 교사들이 능동적으로 존중하는 자세와 학교폭력에 휘말리지 않는 기술을 장려하면, 학생들은 교사 집단을 더 나은 리더로 인식하는 경향이 있다(Frey, Hirschstein, Edstorm, & Snell, 2009). 교사의 역량과 마찬가지로 학생의 역량 향상도 못지 않게 중요하다. 학생이 자신의 문제를 스스로 감당하거나 학교폭력에 대해 긍정적인 또래 반응을 이끌어낼 수 있는 것이 중요하다(Craig & Pepler, 1995). 본 프로그램은 학생의 행동과 그 이면에 깔린 사회-정서적 기술을 개선시키기 위해 개발되었다(Crick & Dodge, 1994; huesmann, 1988; Kendall, 1993).

목표와 신념 목표와 신념은 개입 사업의 주요 대상으로, 상대적으로 안정된 특성을 보이는 점도 있고(Burks, Dodge, Price, & Laird, 1999), 실천에 대한 동기 부여를 하는 점도 있다. 학교폭력에서는 학생들이 우월감 이슈 때문에 굳이 자극받지 않고도 자발적으로 공격성을 표출하는 경우가 잦다(Ojanen, Gronoos, & Salmivalli, 2005). 학교폭력 가해자들은 평등주의적 신념이나 친사회적 목적 의식을 지닌 학생들에 비해 사회적 갈등을 해결함에 있어 힘에 더 의존하는 경향이 있다(Frey, Nolen, Edstrom, & Hirschstein, 2005). 만약 아이들이 학교폭력이 득이 된다고 여기면 학교폭력이 증가할 것이다(Egan, Monson, & Perry, 1988). 예를 들면 학교폭력을 통해 방관자 학생들이 자신에게 친해지고 싶어 먼저 다가오는 경우가 있다(Craig & Pepler, 1995). 교육자들이 더 자주 개입을 함과 동시에 학생들 또래 간에도 공격성에 대한 반감이 늘수록 공격성에 대한 인식을 개선하는 데에 효과적이다(Henry 등, 2000).

의사 결정 과정 학생들이 학교폭력에 잘 대응하기 위해서는 효과적인 의사 결정자가 될 수 있어야 한다.

상호작용 중에 학생 개개인은 구체적 목표를 세우고, 가능한 행동 방안에 대해 상상해보며, 성공 가능성에 대해 평가해 본다(Crick & Dodge, 1994). 의사 결정 자체는 자신과 타인에 대한 신념을 바탕으로 이루어진다. 예를 들어, 학교폭력에 대해 건강한 자기 주장 실천법을 연습하면 자기 역량 향상감이 좋아지고 공격적 보복 행동에 덜 의존하게 된다(Egan & Perry, 1988).

스스로 하는 감정 및 행동 조절 학교폭력은 가해자나 피해자 모두에서 자기 조절 능력을 감소시킨다(Vohs & Ciarocco, 2004). 학교폭력 사건을 목격하는 것만으로도 강한 감정적 반응을 불러일으켜 의사 결정 능력을 방해한다. 자기 감정 조절을 어려워하는 아이들은 가해자의 우월감을 충족시키는 방향으로 반응하는 경향이 있으며(예: 눈에 띄는 공포감, 울음, 효과적이지 못한 복수), 향후 계속 학교폭력 피해를 당할 위험이 커지게 된다(Egan & Perry, 1998). 피해자 쪽으로는 자기 조절 능력을 향상시키는 것이 교류적 효과를 불러일으킬 수 있는데, 아이들이 이런 아이들에 대해 '쉬운 먹잇감'이라는 인식이 줄어들기 때문이다.

학교폭력 관여 학생에 대한 개별 코칭

전체 학생 중 만성적으로 학교폭력 피해를 당하는 비율은 16.3%로 상대적으로 적은 비율을 차지했다(Nansel 등, 2004). 다른 학생을 자주 괴롭힌다고 보고한 학생들의 비율도 15%로 상대적으로 적었다(Espelage 등, 2000). 선택적 개입(Skiba 등, 2006)을 통해 향후 학교폭력과 이와 관련된 적응 문제 고위험군에 해당되는 아이들에게 적시에 도움을 제공한다.

존중을 향한 발자국 학교 단위 환경 개입 사업 설명

기획 및 실행 존중을 향한 발자국 프로그램의 매뉴얼과 훈련 회기를 통해 학생들을 보호하고 또 학생들이 미래의 문제를 피할 수 있는 인프라를 구축할 수 있다. 여기에는 학교폭력 정책과 징계 규칙과 보고 절차 등을 만드는 것이 포함된다. 또한 학교 교정 내 지도감독 증가와 어른들 역할 규정 등도 인프라 구축에 포함된다. 프로그램 실행 초기에는 관리자 2일 훈련 과정을 통해서 전략적 기획에 대한 안내를 받을 수 있다. 여기에는 운동장, 식당, 스쿨버스 내 안전지침과 유치원에서 2학년까지 대상으로 한 수업에 대한 동영상이 포함되어 있다.

어른의 자각 수준 증진 훈련과 이에 대한 효과성 지도감독 업무를 담당한 어른이 학교폭력을 인지하여 효과적으로 개입할 수 있도록 훈련시키고 동기 부여를 하는 것이 본 프로그램의 핵심 목표 중 하나다. 훈련 매뉴얼에는 모든 교직원을 대상으로 한 핵심 강좌에 쓰일 서면 교재와 동영상이 수록되어 있다. 그리고 교사, 운영자, 심리학자, 상담사 대상으로 한 심층 훈련 과정 2회기에 대한 내용도 담겨져 있다. 파트 1에서는 프로그램 개괄, 직접적 및 간접적 학교폭력 행위 알아보기, 학교폭력에 관한 흔한 오해(예: 학교폭력은 흔히 '문제 학생'으로 알려진 아이들이 저지른다.) 등을 소개한다. 파트 2에서는 학교폭력 신고 접수 시 대응 전략과 학교폭력에 관여된 학생들에 대한 코칭법을 알려준다. 파트 3에서는 학급 교과 과정에 대한 오리엔테이션을 제공한다. 운영자 지침에서는 사회적으로 책임감 있는 행동이 무엇인 지 어른들이 인식할 수 있게끔 전학교적인 조치를 어떻게 취하느냐에 대한 내용이 담겨 있다. 교직원을 대상으로 한 부스터 훈련 4회분에 대한 자료와 학부모 설명회의 밤에 대한 자료도 포함되어 있다. 훈련을 받다 보면, 교사들은 대조군에 비해 학교폭력에 대해 훨씬 더 준비되어 있다고 인식하게 된다(Hirschstein & Frey, 2006).

학급 교과 과정

학급 교과 과정은 주로 초등학교 후반 3개 학년을 대상으로 한다. 보통 이 시기에 학교폭력과 이에 대한 허용적 시각이 상승하기 때문이다(Frey & Nolen, 출판 진행중; Hanish & Guerra, 2004; Swearer & Cary, 2003). 공격성에 대한 관한 인식은 4학년부터 안정화되기 시작해서, 이 시기 이후에 인식을 교정하려면 더 많은 노력을 기울여야 한다(Huesmann & Guerra, 1997). 본 교과 과정에는 문학 작품과 실습으로 이루어져 있으며, 3개 학년의 발달적 수준에 따라 내용이 이어지도록 되었다. 강의에 도움을 주기 위해 동영상 자료, 이야기 자료, 실험적 활동 등이 준비되어 있으며, 토론, 작문 숙제, 기술 모델링, 리허설과 연습 등을 통해 학습한 기술을 마스터하고 일반화하며 정상적인 신념 체계를 갖출 수 있도록 하였다(Huesmann & Guerra, 1997).

해결책 파트나 문제 파트에서 구체적 기술(예: 인지, 거절, 학교폭력 신고)에 대해서 가르친다. 어떤 방관자가 긍정적인 또래 간 리더십을 발휘하는 것인지, 또는 사적인 목적으로 가해자를 지지하는 지에 대한 사례도 교육한다. 또, 아동 소설(예: Margaret Taylor의 The Well)을 통해 10가지 기술에 대해 교육한다. 이런 교육을 통해 사회정서적 학습목표(예: 공감능력)와 문학 콘텐츠와 통합된 교육이 가능하기 때문에, 건강하고 평등주의적 관계와 관련된 사안에 대해 토론할 기회가 생긴다. 학부모에게 보내는 편지를 통해 학부모가 본 프로그램의 핵심 개념을 이해할 수 있도록 하고 집에서도 학교에서 습득한 기술들을 강화할 수 있도록 한다.

신념과 목표 존중을 향한 발자국 프로그램에서는 학교폭력을 권력 수준이 더 높은 사람이 고의적으로 해로운 영향을 끼치기 위한 행동으로 규정하고 있다. 학생들과 교사들에게 공연히 문제를 일으키는 것과 사람들을 보호하기 위해 신고하는 것을 구분할 줄 알도록 하는 것이 본 프로그램의 핵심 목표 중 하나다. 교육을 통해 공감능력 증진을 독려하고 사회적으로 책임감있는 목표를 추구할 수 있도록 한다. 본 프로그램은 학교폭력이 윤리적으로 정당화될 수 있다는 신념에 도전한다(Gianluca, 2006; Rigby, 2005; Terasahjo & Salmivalli, 2003). 아이들이 학교폭력에 항거 하겠노라고 서약하면 프로그램에 대한 헌신을 고취시킬 수 있다. 이를 통해 자기 서약에 맞는 행동을 할 수 있도록 하여, 자기 자신에 대한 약속을 지킬 수 있는 것이다(Panigua, 1992). 사회적 규범을 바꾸고 지도감독을 늘리면, 반사회적 리더들이 학교폭력과 관련된 보상을 다시 원점에서 되짚어보게 되는 계기가 될 수 있다(Rodkin, Farmer, Pearl, & Van Acker, 2006; Vaillancourt, Hymel, & McDougall, 2003). 친사회적 리더들은 사회적 책임감으로 학교폭력 피해자들 더 보호해줄 수 있다.

의사 결정 과정 학교폭력 피해자들은 가끔 위험에 처할 때가 생긴다. 아이들이 안전 위험도를 평가하고 스스로 어떻게 대응할 수 있는 지 또는 도움을 요청할 것인지에 대한 요령을 교육하는 것이 필요하다. 또한 교우관계를 개선시킬 수 있도록 사회적 문제해결 전략을 가르친다. 왜냐하면 자신을 지지하는 친구들이 있는 아이들은 학교폭력을 당하는 경우가 적다는 연구 결과가 있기 때문이다(Hodges & Perry, 1999; Kochenderfer & Ladd, 1997). 역지사지 훈련 또한 친구들과 잘 어울릴 수 있도록 도와준다.

스스로 하는 감정 및 행동 조절 존중을 향한 발자국에서는 자기 스스로를 안정시킬 수 있는 요령과 당당하게 자기 주장을 할 수 있는 간단한 스크립트를 제공한다. 또한 학교폭력에 대한 동기를 떨어뜨리거나(Espelage, Bosworth, & Simon, 2001) 피해를 예방할 수 있는 기술(Camodeca, 2005; Schwartz, Dodge, & Coie, 1993)도 제공한다. 자기 주장 능력을 향상시키고 감정 조절 능력을 키울 수 있으면, 방관자들이 자신의 정서적 스트레스를 관리하여 좀 더 사회적으로 책임감 있는 리더십을 발휘할 수 있도록 할 수 있다(Eisenberg 등, 1996).

가해자 학생들은 사회적 기술 수준이나 자기 조절 잠재력 면에서 서로 상이하다. 화를 쉽게 내고 자기 조절 능력이 떨어지는 방식으로 행동을 표출하는 아이들은 가해자면서 동시에 피해자가 될 가능성이 높다(Olweus, 1993; Toblin, Schwartz, Gorman, & Abou-ezzeddine, 2005). 따라서 자기 안정화 요령은 학교폭력의 수준과 보복적 공격성을 억제시킬 수 있는 방법이 될 수 있다.

일반화를 위한 노력 본 예방법의 궁극적 목적은 일반화이므로, 본 프로그램을 통해 습득한 기술과 신념을 실제 세상에서도 적용할 수 있도록 다양한 활동과 조언을 제공하고 있다. 교사들이 프로그램 기술을 모델링하도록 장려하는데, 예를 들어 자기 자신이 화가 났을 때 남들 귀에도 들릴만큼 혼잣말을 하도록 연습한다. 학급 내 사회 역동 속에서 본 프로그램에서 배운 기술들을 적용하고 재현하고 서로 피드백을 주고 받을 수 있도록 한다. 또한 확장형 활동 시간을 통해 학습 내용과 사회-정서적 능력이 통합될 수 있도록 한다.

선별 학생 코칭하기

존중을 향한 발자국 프로그램에서는 학교폭력 사건을 겪은 개별 학생을 대상으로 단기 회기를 처방한다. 이는 단기적 및 장기적 학생 수요에 대해 문제-해결 중심 접근법을 제공하도록 고안되었다. 코칭 매뉴얼은 가해자를 위한 것과 피해자를 위한 것으로 구성되어 있으며, 사실 관계를 확립하고 학생들에게 미래의 문제를 피할 수 있도록 역량강화하며 그 효과성을 평가할 수 있도록 도와준다. 징계의 필요성을 무시하지 않는 태도를 지님과 동시에, 학생들에게 공감능력과 문제 해결 능력과 건강한 자기주장 능력에 대해서 가르쳐준다. 교육자는 아이들이 사회적 기술을 연마할 수 있도록 도와준다. 교육자와 학생은 학교 규범에 대해서 토론하고, 학교 전체의 안전에 대한 집단적 책임감에 대해서 의견을 나눈다. 일부 교육자들은 아이들이 자신의 행동 문제를 스스로 파악할 수 있도록 하는 절차를 세팅하여, 아이들이 행동변화에 대한 계획을 써서 부모에게 보여줄 수 있도록 한다. 명확한 기대 사항을 세팅하는 것 외에도, 행동에 초점을 맞추는 것이 중요하다. 즉, 아이들에게 인격적으로 모멸감을 줄 수 있는 호칭이나 단어를 쓰지 않는 것이 중요하다(Frey, Edstrom, & Hirschstein, 2005).

평가 연구

아마도 제일 엄격한 평가가 이루어지려면, 운동장같이 지도감독이 상대적으로 소홀한 영역에서 이루어지는 것이 옳을 것이다. 우리는 무작위로 개입군 또는 대조군으로 배치된 학교에서 자료 수집가들도 어떤 학교가 어느 집단에 속한 지 모르는 상태에서 운동장 상황을 관찰하도록 하였다. 우리는 학생 설문조사와 교사 평점 척도로 학생들의 태도와 사회적 기술을 측정하였다(표본수 1,127명). 교내 생태학 변화와 관리에 있어 어른들의 역할이 중요하다고 주장했기 때문에 우리는 교사들의 신념 체계와 실제 학급 내 실무

방식에 대해서도 조사하였다. 마지막으로 우리는 교사들의 코칭 여부가 나중에 학생들의 신념과 운동장에서의 행동에 어떤 영향을 미치는 지도 분석하였다.

6개월 후 학생 행동에 대한 집단 차이 가을과 봄 10주간 자료 수집가는 적어도 10가지 유형의 상황에서 총 544명의 학생들의 운동장 내 행동을 관찰하였다(Frey, Hirschstein 등, 2005). 학급 환경 공유에 대해 통제한 후 다층분석(multilevel analysis)을 통해 가을에서 봄 학기간 (6개월)의 변화를 분석하였다. 봄 학기에 운동장 내 공격성이 더 상승한다는 기존 연구와 같이, 본 분석에서도 6개월간 학교폭력 사건이 증가하였다(Grossman 등, 1997). 대조군 학교에서 드라마틱하게 상승했는데(63.0%), 가해자로 확인된 학생들이 더 많아졌다. 반면, 같은 기간 개입군 학교에서의 학교폭력 사건 상승률은 14.1%에 그쳤다. 전반적으로 다른 아이들을 괴롭히는 행동은 대략 한 시간에 한번 정도 관찰되었는데, 이 빈도는 개인 마다 편차가 컸다. 가해율의 집단차는 가을에 다른 아이들을 괴롭힌 학생들에게서 제일 크게 나타났다. 개입군에 속한 가을 가해자들은 가해율(43.8%)의 감소가 대조군(16.9%)에 비해 통계적으로 유의했다. 비학교폭력 공격성의 집단차는 6개월간 통계적으로 유의한 차이는 없었지만, 시비조의 행동은 대조군에 비해 상대적으로 감소한 양상이었다.

18개월 후의 행동 변화 3~4학년 학생들을 대상으로 2년 후까지 경과를 추적 조사했다(표본수 225명). 양쪽 학년 모두 첫해에는 레벨 1 학급 교과 과정을 거쳤으며, 4~5학년에서는 레벨 2 교과 과정을 받도록 하였다. 다층분석 결과 18개월간 운동장 내 반사회적 행동이 상당히 감소하였다. 학교폭력 사건은 34.5% 감소하였으며, 파괴적 방관자적 행동도 78.0% 감소하였다(그림 28.1). 비학교폭력적 공격성과 시비조의 행동도 각각 36.4% 및 32.3%의 감소율을 보였다(Frey, Edstrom, 등, 2009). 개인에 따라 다르긴 하지만, 프로그램이 문제 행동을 줄임과 동시에 미래의 문제 행동도 예방하는 것으로 보였다. 18개월 간의 개입 사업 이후, 사전 조사에서 학교폭력에 관여된 학생들의 행동 문제가 학교폭력과 무관한 학생들의 행동 수준과 다르지 않게 되었다. 참고로 학교폭력에 무관한 학생에서는 문제 행동 수준이 전혀 증가하지 않았다. 이와 대조적으로 대조군에 속한 학생들(표본수 399명)은 학년 진급에 따라 문제 행동 수준이 단계적으로 상승하였다(Frey, Hirschstein, 등, 2005).

신념 개입군에 속한 학생들이 학교폭력과 공격성에 대해 덜 허용적인 것으로 나타난 반면, 대조군에서는 연구 기간 내내 학교폭력에 대해 상대적으로 호의적인 태도를 보였다(Frey, Hirschstein, 등, 2005). 5~6학년 학생들은 개입 사업에 반응하여 학교폭력에 대해서 건강하게 대응할 수 있다는 자신감이 상승한 것으로 나타났다. 하지만 이런 자신감 상승은 3~4학년에서는 발견되지 않았다. 공격성과 피해 경험에 대한 학생 보고와 학생들간 상호작용 기술에 대한 교사 보고에서는 집단 간 유의한 차이가 발견되지 않았다.

교사 태도와 행동 직원 훈련 후에 개입군에 속한 교사들은 대조군 교사에 비해 학교폭력에 대해서 더 잘 대응할 수 있을 것이라 보고하였다. 학교폭력이 학교의 중요한 문제점이라는 인식에 대해서는 집단 간 차이가 발견되지 않았다(Hirschstein & Frey, 2006).

일반화 노력과 코칭 교사들의 보고에 따르면 학생들에게 행동 모델을 보여줄 수 있는 시간을 활용하는 것과 교사 행동 관찰 사이에 중등도에서 고도의 상관관계가 있는 것으로 나타났다(Hirschstein, Van Schoiack Edstrom, Frey, & Nolen, 2001). 이전 연구에서는 교사들의 사회-정서적 기술 모델링 제시법의

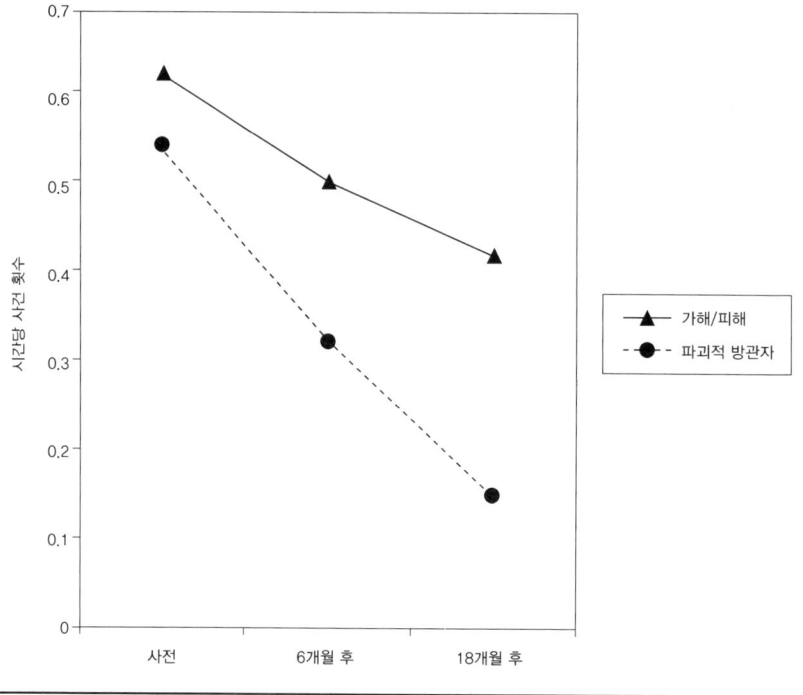

그림 28.1 운동장 행동관찰 결과(출처: Frey, Edstrom, et al., 2005 자료).

효과가 개입군과 대조군 학급에서 서로 다르게 나타난 것으로 보는데(Van Schoiack, 2000), 아마도 공식적인 강의가 동반되지 않는 즉석 모델링 제시는 사회적 규범 공유와 적절한 기술 접목에 도움이 되지 않기 때문일 것이다.

개입군 학급에 대한 분석에 따르면 학교폭력 대응 기술로써 즉석 모델링 접근법을 사용하면 5~6학년에서는 운동장 내 공격성이 줄어드는 것으로 분석되었다(Hirschstein, Edstrom, Frey, Snell, & MacKenzie, 2007). 그리고 교사가 학생들에게 자주 코칭을 시행하였을 때 고학년에서는 봄학기 공격성 수준이 더 낮아졌다. 코칭에 대한 교사들의 노력이 사전 평가시 피해자와 파괴적 방관자로 분류되었던 아이들한테서 중요하게 작용한 것으로 나타났다. 만약 코칭의 빈도가 더 높아지면 초기 평가 시 피해자였던 학생들이 6개월이 지난 시점에서는 학교폭력 피해자에서 벗어날 확률이 더 높아졌다(그림 28.2). 이와 마찬가지로 학교폭력을 부추기던 아이들도 부정적인 방관자 역할에서 벗어날 가능성이 더 높아졌다(Hirschstein 등, 2007).

한계점 및 향후 연구

존중을 향한 발자국 평가 연구에서는 학교폭력 문제를 평가하기 위해 관찰적 방법론을 채택했다는 점이 의미있었다. 교내 사회적 생태계에 본 프로그램이 어떤 영향을 미치는 지 정확히 알려면 더 큰 학교 표본이 필요하다. 예를 들어, 우리가 아는 범위 내에서는 학생 또래 간 사회적 구조의 변화를 측정한 평가 연구는 없는 것으로 안다. 개입 프로그램이 성공하려면 상하관계를 지양하고 민주적 상호작용을 더 장려하는 것이 필요할 것이다.

또한 변화 과정에 대한 횡적 관찰 연구가 필요하다(Eddy, Dishion, & Stoolmiller, 1998). 성공적인 개입

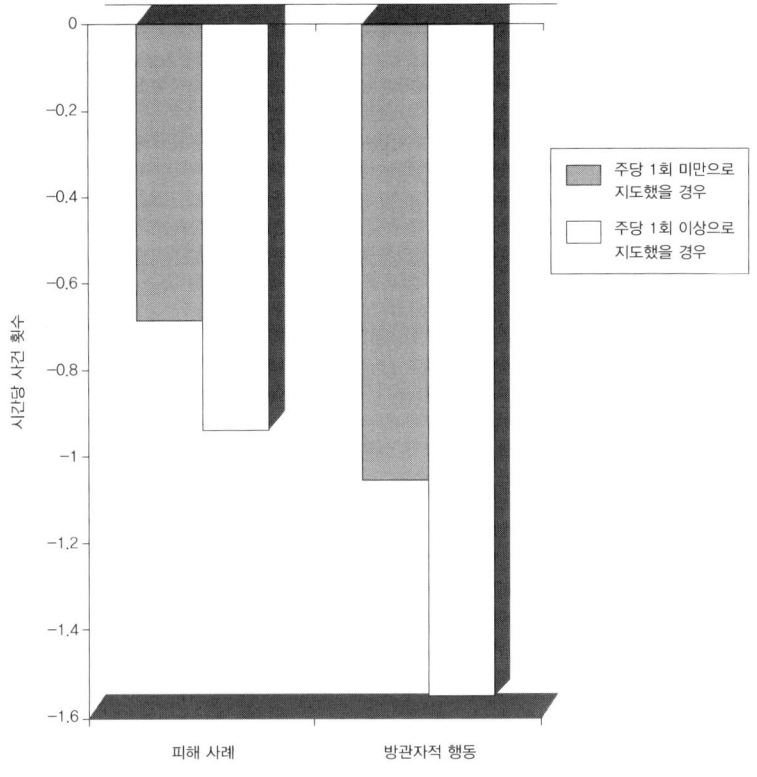

그림 28.2 사전 조사에서 학교폭력 피해 경험 혹은 방관자적 태도를 보였던 아동에서 교사 지도를 통해 가을에서 다음 봄 학기까지 해당 문제가 감소함을 알 수 있다(출처: Hirschstein et al., 2007 자료).

사업이라고 하더라도 항상 긍정 일변도로 흘러가지 않는다. 새로운 윤리적 잣대와 환경적 변화로 인해 기득권을 잃어버릴 위기에 처할 학생들이 생기게 마련이다(Frey & Nolen, 출판 진행중). 또한 기득권을 유지하려는 학생과 사업에 대한 '조기 적응자' 사이에 긴장 상태가 악화될 수도 있다. 이런 과정에 대한 이해를 증진시키면 교육자들이 책임감 있고 시민의식을 갖출 수 있는 방향으로 학생들을 지도할 수 있다.

사업 효과성에 대한 연구가 희박하기 때문에(Walker, 2004), 최고의 운영노하우를 찾는 것도 어렵다. 우리 연구 결과에 따르면 매뉴얼화되지 않는 프로그램 원리도 중요하다는 점을 알 수 있지만, 좀 더 큰 표본에서 실험적 연구로 검증될 필요가 있다. 예를 들어, 이런 작업은 교사들을 1) 단순 수업, 2) 개별 학생 코칭, 3) 전교적 프로그램 맥락 속에서 수업과 코칭 통합적 진행 과정 중에 무작위로 배정하여 훈련시켜 보는 방법이 있다.

또한 이런 연구는 코칭과 관련해 교사들이 어떤 의사 결정 경향을 보이는 지도 분석할 수 있어 사업 실무에 도움을 줄 수 있다. 교육자들은 가해자 학생들 수적 규모를 과소평가하는 경향이 있다(Cornell & Brockenbrough, 2004). 이들은 자극에 대해 공격적으로 반응하고 사회적 기술이 떨어지는 가피해자(Leff, Kupersmidt, Patterson, & Power, 1999)에 비해 행실이 반듯하고 사회적으로 영향력 있는 학생들로, 교육자들이 이들 집단을 과소평가하는 경향이 있다(Frey, 2005).

교사 코칭 대상이 주로 고학년에 몰려 있다는 점도 5~6학년에서 공격성 발생률이 높다는 점을 반영하는 것이라 볼 수 있다(Frey, Hirschstein, 등, 2005). 아니면 프로그램 심화 단계에서는 갈등 해소 측면이 강

표 28.1 실무를 위한 제언: 존중을 향한 발자국의 핵심 요소와 목표

프로그램 핵심 요소	프로그램 목표
어른들의 리더십	학생들이 보기에 어른들이 학교폭력에 대해 밝히고 세심하며, 효과적인 존재로 신뢰할 수 있도록 하라
	학생을 지도하는 능력을 독려하되, 윤리적인 면을 더 신경써라
전학교적 행동	정책에 대해서 토론하고 지지적인 절차를 만들어라
	학생과 어른이 파트너십을 가질 수 있도록 준비하라
	어른들이 리더십을 발휘하도록 실질적인 예를 제시한다.
학급 교과 과정	토론과 서약을 통해 개개인이 규범을 소화할 수 있도록 장려하라
	학교폭력에 대한 피해자와 방관자 대처 가이드라인을 제공하라
	사회-감정 기술 지도 훈련을 장려하라
	학생 교사간의 대화가 열려있어야 한다.
선별된 개입법	학교폭력 사건에 어른들의 반응이 일관되고 측정가능해야 한다.
	학생들의 자발적 신고를 장려하라
	미래의 문제를 예방하기 위해 지도와 지원을 제공하라
	시민의식, 정의, 존중이라는 규범을 실천하라

조된 탓일 수도 있다. 역으로 발달학적으로 더 성장한 학생들은 코칭 중에 학습한 기술을 더 잘 활용할 수 있다는 뜻으로도 볼 수 있다. 한 개인이 익숙하지 않은 사회적 행동을 시도할 때 자기 조절 능력이 더 필요해지는 법이다(Vohs, Baumeister, & Ciarocco, 2005). 따라서 어린 학생일수록 더 많은 연습이 필요하다. 마지막으로 고학년 학생들이 단순히 교사들의 언행 불일치에 대해 더 예민한 것일 수도 있다(Hirschstein 등, 2007). 학생들을 코칭하려고 노력하는 교사라면 배려와 책임의 원칙을 보여줄 수 있어야 한다. 우리 연구 결과에 따르면 조금이라도 이런 실천이 늘어나면 방관자뿐 아니라 피해자와 가해자에게까지 그 덕이 퍼져나간다. 실험적 연구 디자인을 통해 프로그램 콘텐츠와 발달학적 요인이 주는 개별 효과와 통합적 효과를 구분할 수 있을 것이다.

향후 연구에서 밝혀야할 과제로는 어른들의 개입이 저조할 때 미치는 영향에 대한 것이다(Craig 등, 2000; Frey, Hirschstein, Snell, 등, 2005). 우리는 이전 연구를 통해 어른들의 무관심으로 아이들이 강압적이고 학대 행동에 대해 체념하게 된다는 점을 제시했다(Frey & Hirschstein, 2008). 우리 운동장 관찰 연구에서 보듯이 또래 쪽에서는 어른들 쪽에서 긍정적인 개입 노력이 나온 경우는 극히 드물었다. 이런 일관성을 통해 사회적으로 책임감을 요구하는 리더십에 대해 저항하는 강력한 사회적 규범이 존재함을 알 수 있다(Jeffrey 등, 2001).

만약 어른들의 리더십이 실패하면 어떤 결과가 초래될까? 저학년 때 구체적인 지도를 해주지 못하는 것으로 인해 훗날 의도치 않았던 상황이 닥칠 수 있다. 만약에 어른들이 초등학교에서 무사안일 주의가 최고라고 여기던 중에 학생들이 무기를 학교에 반입하는 상황에 맞닥뜨리면 어떻게 될까? 어른들이 보호해주지 못하면 학생들은 어른들이 무능하고(Hoover, Oliver, & Hazler, 1992) 관심이 없다고 생각하게 된다(Astor 등, 1999). 학교폭력에 관대한 학교의 학생들은 어른에 대한 신뢰에 회의를 느낄 만한 기회가 생길까? 우리가 학생들과 면담했을 때는 학생들은 학교폭력을 중요한 사안으로 보고 있었다. 만약 어른들이 학생들의 근심에 무관심하다고 보여지면 학생들이 어른들의 지도를 덜 믿고 덜 찾게 될 것인가? 우리는 학교폭력 분야에서의 어른들 리더십이 학생들에 대한 교육자들의 긍정적 영향력과 멘토링에 어떤 영향을 주는지 연구가 필요하다고 생각한다.

결 론

학교폭력은 사회적 시스템이 토양이 되어 더 심해질 수 있다는 식견을 갖출 정도로 연구가 많이 확장되었다. 국제적 연구를 통해 문화적 요소가 학교폭력 발생률에 영향을 미친다는 점이 입증되었다. 이스라엘과 미국은 서유럽 국가 3군데에 비해 사춘기 학교폭력 발생률이 더 높은 편이다(Smith-Khuri 등, 2004). 발생 빈도가 문화에 영향을 받기 때문에, 학교폭력은 국가별로 거의 비슷비슷한 사춘기 문제 자체 보다는 생태학적 개입에 영향을 더 받는다. 우리는 과거 어느 시기에 학교폭력이 미국 아이들로서는 정상적 발달 과정 중 하나라고 주장했던 적이 있다. 미국은 학교폭력을 법적 제재로 풀어내려고 한다는 점에서 독특한 행보를 보인다고 볼 수 있다. 학교폭력에는 문화적 측면이 뿌리를 이루고 있기 때문에, 이런 징벌적 접근은 친사회적 행동 양식을 키우는데에 별 도움이 안 될 가능성이 높다.

이와 대조적으로 다양한 수준에서 개입을 하였을 때 학교폭력 피해 경험이나 공격성이나 시비조의 행동이나 파괴적인 방관자적 행동 감소에 도움이 되었다는 점을 우리 연구를 통해 확인할 수 있었다. 존중을 향한 발자국 프로그램은 학교 단위의 생태학적 개입과 교육학적 방법론-학급 교과 과정 및 선별 학생에 대한 코칭-을 결합시키고 있다.

코칭을 통해 교사들이 프로그램 속 규범을 적극 지지한다는 점을 보여준다. 우리는 무관용 정책에 비해 코칭에 근거한 훈계적 접근이 3가지 이유에서 더 낫다고 본다(Frey, Edstrom, 등, 2005). 첫째, 어른들이 학교폭력에 대해 수동적이지도 과도하게 예민하게 반응하지 않는다는 점을 보여줘서 학교폭력 신고를 장려한다. 방관자 뿐 아니라 피해자 조차 학교폭력은 대수롭지 않은 문제라거나 당해도 싸다는 믿음을 가지고 있을 수 있다(Graham & Juvonen, 1998). 따라서 문제 학생을 추방하는 방식은 부조화를 일으킬 수 있으며, 학생들이 또래로 부터 보복을 당할지도 모른다는 공포심을 조장할 수 있다. 이는 특히 가해자가 지위가 높은 경우에 더 그러하다(Limber & Small, 2003).

둘째, 코칭 모델은 일관되고 경제적이며 적시 개입을 가능케 한다. 무관용 정책(Skiba 등, 2006)을 펼치다보면 일관성이 사라지는 경우가 있는데, 이는 학교폭력에 관여된 학생이 많을 경우 정학 대상 학생 수가 많아지기 때문이다. 또한 합리적 의심을 넘어 죄책감을 확립할 필요도 있다. 엄청난 시간이 소요되었지만 필요한 증거는 발견될 기미가 보이지 않을 수 있어, 어른들이 상대적으로 무력한 입장에 처할 수 있다. 뭔가 확실한 증거를 캐내기 전에 이미 학생들은 학교폭력이 습관으로 굳어져버릴 수도 있다는 것이다.

셋째, 코칭 모델을 통해 중요한 교육학적 기회를 제공한다는 점이다. 편견을 조장하지 않는 어른들의 지도 편달을 통해 학교폭력 프로그램의 가치를 홍보할 수 있다. 학생들은 가해자가 되었든 피해자가 되었든, 학교폭력 문제에 대해 더욱 건설적인 대응을 할 수 있다. 학생들은 인생에서 자기가 지닌 힘이 어떤 의미를 갖는지 기꺼이 이해하고 싶어한다. 교육자들은 학생들이 필수적인 기술을 배우게 하고, 더 높은 수준의 시민의식과 책임감에 대해서 담론을 나눌 수 있다. 종합적으로 본 개입 사업에서 제시한 코칭 모델은 어른들이 효과적인 리더십을 발휘할 수 있도록 할 뿐 아니라 학생들이 긍정적인 방향으로 성장할 수 있도록 틀을 제공해준다.

참고문헌

Andershed, H., Kerr, M., & Stattin, H. (2001). Bullying in school and violence on the streets: Are the same people involved? *Journal of Scandinavian Studies in Criminology and Crime Prevention, 2*, 31-49.

Astor, R. A., Meyer, H. A., & Behre, W. J. (1999). Unowned places and times: Maps and interviews about violence in high schools. *American Educational Research Journal, 36*, 3-42.

Boulton, M. J. (1997). Teachers' views on bullying: Definitions, attitudes, and ability to cope. *British Journal of Educa-*

tional Psychology, 67, 223-233.

Burks, V. S., Dodge, K. A., Price, J. M., & Laird, R. D. (1999). Internal representational models of peers: Implications for the development of problem behavior. *Developmental Psychology, 35,* 802-810.

Camodeca, M. (2005). Children's opinions on effective strategies to cope with bullying: The importance of bullying role and perspective. *Educational Research, 47,* 93-105.

Committee for Children. (2001). *Steps to Respect:* A bullying prevention program. Seattle, WA: Author.

Connolly, J., Pepler, D. J., Craig, W. M., & Taradash, A. (2000). Dating experiences of bullies in early adolescence. *Child Maltreatment: Journal of the American Professional Society on the Abuse of Children, 5,* 299-310.

Cornell, D. G., & Brockenbrough, K. (2004). Identification of bullies and victims: A comparison of methods. *Journal of School Violence, 3,* 63-87.

Craig, W. M., & Pepler, D. J. (1995). Peer processes in bullying and victimization in the schoolyard. *Exceptionality Education Canada, 5,* 81-95.

Craig, W. M., Pepler, D., & Atlas, R. (2000). Observations of bullying in the playground and the classroom. *School Psychology International, 21,* 22-36.

Crick, N. R., & Dodge, K. A. (1994). A review and reformulation of social information-processing mechanisms in children's social adjustment. *Psychological Bulletin, 115,* 74-101.

Crosnoe, R., Johnson, M., & Elder, G. (2004). Intergenerational bonding in school: Behavioral and contextual correlates of student-teacher relationships. *Sociology of Education, 77,* 60-81.

Duncan, R. D. (1999). Peer and sibling aggression: An investigation of intra- and extra-familial bullying. *Journal of Interpersonal Violence, 14,* 871-886.

Eddy, J. M., Dishion, T. J., & Stoolmiller, M. (1998). The analysis of intervention change in children and families: Methodological and conceptual issues embedded in intervention studies. *Journal of Abnormal Child Psychology, 26,* 53-69.

Egan, S. K., Monson, T. C., & Perry, D. G. (1998). Social-cognitive influences on change in aggression over time. *Developmental Psychology, 34,* 996-1006.

Egan, S. K. & Perry, D. G. (1998). Does low self-regard invite victimization? *Developmental Psychology, 34,* 299-309.

Eisenberg, N., Fabes, R. A., Karbon, M., Murphy, B. C., Carlo, G., & Wosinski, M. (1996). Relations of school children's comforting behavior to empathy-related reactions and shyness. *Social Development, 5,* 330-351.

Espelage, D. L., Bosworth, K., & Simon, T. R. (2000). Bullying and victimization during early adolescence: Peer influences and psychosocial correlates. *Journal of Counseling and Development, 78,* 326-332.

Espelage, D. L., Bosworth, K., & Simon, T. R. (2001). Short-term stability and prospective correlates of bullying in middle-school students: An examination of potential demographic, psychosocial, and environmental influences. *Violence and Victims, 16,* 411-426.

Frey, K. S. (2005). Gathering and communicating information about school bullying: Overcoming 'Secrets and Lies.' *Health Education, 105,* 409-414.

Frey, K. S., Edstrom, L. V., & Hirschstein, M. K. (2005). The *Steps to Respect* program uses a multilevel approach to reduce playground bullying and destructive bystander behaviors. In D. L. White, M. K. Faber, & B. C. Glenn (Eds.), *Persistently safe schools 2005* (pp. 47-56). Washington, DC: Hamilton Fish Institute, George Washington University.

Frey, K. S., & Hirschstein M. K. (2008). Preventing school bullying and confronting moral issues in the lives of young people. In M. J. Adams-Heggins, L. W. Rodney & C. J. Kowalski (Eds.), *Violence prevention: Diverse approaches to family and community* (pp. 266-279). Boston: McGraw-Hill.

Frey, K. S., Hirschstein, M. K., Edstrom, L. V. & Snell, J. L. (2009). Observed reductions in bullying, victimization and bystander encouragement: Longitudinal evaluation of a school-based intervention. *Journal of Educational Psychology, 101,* 466-481.

Frey, K. F., Hirschstein, M. K., Snell, J. L., Van Schoiack-Edstrom, L., MacKenzie, E. P., & Bruschi, C. J. (2005). Reducing playground bullying and supporting beliefs: An experimental trial of the *Steps to Respect* program. *Developmental Psychology, 41,* 479-491.

Frey, K. F., & Nolen, S. B. (in press). Taking "Steps" toward ecological change: A transactional model of school-wide social competence and bullying intervention. In J. Meece & J. Eccles (Eds.), *Schooling effects on children: Theory, methods, & applications.* Mahwah, NJ: Erlbaum.

Frey, K. S., Nolen, S. B., Edstrom, L. V., & Hirschstein, M. K. (2005). Effects of a school-based social-emotional competence program: Linking children's goals, attributions, and behavior. *Journal of Applied Developmental Psychology, 26,* 171-200.

Gianluca, G. (2006). Social cognition and moral cognition in bullying: What's wrong? *Aggressive Behavior, 32,* 528-539.

Graham, S., & Juvonen, J. (1998). Self-blame and peer victimization in middle school: An attributional analysis. *De-*

velopmental Psychology, 32, 707-716.

Grossman, D. C., Neckerman, H. J., Koepsell, T. D., Liu, P. Y., Asher, K. N., Beland, K., et al. (1997). Effectiveness of a violence prevention program among children in elementary schools: A randomized controlled trial. *Journal of the American Medical Association, 277,* 1605-1611.

Hamre, B. K., & Pianta, R. C. (2001). Early teacher-child relationships and the trajectory of children's school outcomes through eighth grade. *Child Development, 72,* 625-638.

Hanish, L. D., & Guerra, N. G. (2004). Aggressive victims, passive victims, and bullies: Developmental continuity or developmental change? *Merrill-Palmer Quarterly, 50,* 17-38.

Harvey, M. G., Heames, J. T., Richey, R. G., & Leonard, N. (2006). Bullying: From the playground to the boardroom. *Journal of Leadership and Organizational Studies, 12*(4), 1-11.

Hazler, R., Miller, D., Carney, J., & Green, S. (2001). Adult recognition of school bullying situations. *Educational Research, 43,* 133-146.

Henry, D., Guerra, N. G., Huesmann, L. R., Tolan, P., VanAcker, R., & Eron, L. D. (2000). Normative influences on aggression in urban elementary school classrooms. *American Journal of Community Psychology, 28,* 59-81.

Hirschstein, M. K., Edstrom, L. V., Frey, K. S., Snell, J. L., & MacKenzie, E. P. (2007). Walking the talk in bullying prevention: Teacher implementation variables related to initial impact of the *Steps to Respect* program. *School Psychology Review, 36,* 3-21.

Hirschstein, M. K., & Frey, K. S. (2006). Promoting behavior and beliefs that reduce bullying: The *Steps to respect* program. In S. R. Jimerson & M. J. Furlong (Eds.), *The handbook of school violence and school safety: From research to spractice* (pp. 309-324). Mahwah: Erlbaum.

Hirschstein, M. K., Van Schoiack Edstrom, L., Frey, K., & Nolen, S. B. (2001). The Social-Emotional Learning Checklist (SEL-C): Technical report. Committee for Children, Seattle, WA.

Hodges, E. V. E., & Perry, D. G. (1999). Personal and interpersonal antecedents and consequences of victimization by peers. *Journal of Personality and Social Psychology, 76,* 677-685.

Hoover, J. H., Oliver, R., & Hazler, R. J. (1992). Bullying: Perceptions of adolescent victims in the Midwestern USA. *School Psychology International, 13,* 5-16.

Huesmann, L. R. (1988). An information processing model for the development of aggression. *Aggressive Behavior, 14,* 13-24.

Huesmann, L. R., & Guerra, N. G. (1997). Children's normative beliefs about aggression and aggressive behavior. *Journal of Personality & Social Psychology, 72,* 408-419.

Jeffrey, L. R., Miller, D., & Linn, M. (2001). Middle school and bullying as a context for the development of passive observers for the victimization of others. In R. A. Geffner, M. Loring, & C. Young (Eds.), *Bullying behavior: Current issues, research, and interventions* (pp. 143-156). Binghamton, NY: The Haworth Maltreatment and Trauma Press.

Kallestad, J. H., & Olweus, D. (2003). Predicting teachers' and schools' implementation of the Olweus Bullying Prevention Program: A multilevel study. *Prevention and Treatment, 6,* Article 21. Retrieved March 4, 2004, from http://journals.apa.org/prevention/volume 6

Kendall, P. C. (1993). Cognitive-behavioral therapies with youth: Guiding theory, current status, and emerging developments. *Journal of Counseling and Clinical Psychology, 61,* 235-247.

Kochenderfer, B. J., & Ladd, G. W. (1997). Victimized children's responses to peers' aggression: Behaviors associated with reduced versus continued victimization. *Development & Psychopathology, 9,* 59-73.

Leff, S. S., Kupersmidt, J. B., Patterson, C. J., & Power, T. J. (1999). Factors influencing teacher identification of peer bullies and victims. *School Psychology Review, 28,* 505-517.

Limber, S. P., & Small, M. A. (2003). State laws and policies to address bullying in schools. *School Psychology Review, 32,* 445-455.

Nansel, T. R., Overpeck, M., Pilla, R. S., Ruan, W. J., Simons-Morton, B., & Scheidt, P. (2001). Bullying behaviors among US youth: Prevalence and association with psychosocial adjustment. *Journal of the American Medical Association, 285,* 2094-2100.

O'Connell, P., Pepler, D., & Craig, W. (1999). Peer involvement in bullying: insights and challenges for intervention. *Journal of Adolescence, 22,* 437-452.

Ojanen, T., Grönoos, M., & Salmivalli, C. (2005). An interpersonal circumplex model of children's social goals: Links with peer-reported behavior and sociometric status. *Developmental Psychology, 41,* 699-710.

Olweus, D. (1993). *Bullying at school: What we know and what we can do.* Cambridge, MA: Blackwell.

Panigua, F. A. (1992). Verbal-nonverbal correspondence training with ADHD children. *Behavior Modification, 16,* 226-252.

Payne, A. A., Gottfredson, D. C., & Gottfredson, G. D. (2006). School predictors of the intensity of implementation of school-based prevention programs: Results from a national study. *Prevention Science, 7,* 225-237.

Pepler, D. L., Craig, W. M., & O'Connell, P. (1999). Understanding bullying from a dynamic systems perspective. In A. Slater and D. Muir (Eds.), *The Blackwell reader in developmental psychology* (pp. 440-451). Malden, MA: Blackwell.

Rigby, K. (2005). Why do some children bully at school? The contributions of negative attitudes towards victims, and the perceived expectations of friends, parents, and teachers. *School Psychology International, 26,* 147-161.

Rodkin, P. C., Farmer, T. W., Pearl, R., & Van Acker, R. (2006). They're cool: Social status and peer group support for aggressive boys and girls. *Social Development, 15,* 175-204.

Salmivalli, C. (1999). Participant role approach to school bullying: Implications for intervention. *Journal of Adolescence, 22,* 453-459.

Schwartz, D., Dodge, K. A., & Coie, J. D. (1993). The emergence of chronic peer victimization in boys' play groups. *Child Development, 64,* 580-588.

Skiba, R., Reynolds, C. R., Graham, S., Sheras, P., Conoley, J. C., Garcia-Vazquez, E. (2006). Are zero tolerance policies effective in the schools? An evidentiary review and recommendations. Retrieved June 19, 2007, from http://www.apa.org/ed/cpse/zttreport.pfd

Slee, P. T. (1994). Situational and interpersonal correlates of anxiety associated with peer victimization. *Child Psychiatry and Human Development, 25,* 97-107.

Smith-Khuri, E., Iachan, R., Scheidt, P. C., Overpeck, M. D., Gabhainn, S. N., Pickett, W., et al. (2004). A cross-national study of violence-related behaviors in adolescents. *Archives of Pediatric and Adolescent Medicine, 158,* 539-544.

Stein, N. (2003). Bullying or sexual harassment? The missing discourse of rights in an era of zero tolerance. *Arizona Law Review, 453,* 783-799.

Swearer, S. M., & Cary, P. T. (2003). Perceptions and attitudes toward bullying in middle school youth: A developmental examination across the bully/victim continuum. In M. J. Elias & J. E. Zins (Eds.), *Bullying, peer harassment, and victimization in the schools: The next generation of prevention* (pp. 63-80). New York: Haworth.

Swearer, S. M., & Espelage, D. L. (2004). A social-ecological framework of bullying among youth. In D. L. Espelage & S. M. Swearer (Eds.), *Bullying in American schools: A social ecological perspective on prevention and intervention* (pp. 1-12). Mahwah, NJ: Erlbaum.

Terasahjo, T., & Salmivalli, C. (2003). "She is not actually bullied." The discourse of harassment in student groups. *Aggressive Behavior, 29,* 134-154.

Toblin, R. L., Schwartz, D., Gorman, A. H., & Abou-ezzeddine, T. (2005). Social-cognitive and behavioral attributes of aggressive victims of bullying. *Journal of Applied Developmental Psychology, 26,* 329-346.

Unnever, J. D., & Cornell, D. G. (2004). Middle school victims of bullying: Who reports being bullied? *Aggressive Behavior, 30,* 373-388.

Vaillancourt, T., Hymel, S., & McDougall, P. (2003). Bullying is power: Implications for school-based intervention strategies. In M. J. Elias & J. Zins (Eds.), *Bullying, peer harassment, and victimization in schools: The next generation of prevention* (pp. 157-177). New York: Haworth.

Van Schoiack, L. (2000). Promoting social-emotional competence: Effects of a social-emotional learning program and corresponding teaching practices in the schools (Doctoral dissertation, University of Washington, 2000). *Dissertation Abstracts International, 61,* 2689.

Vohs, K. D., Baumeister, R. F., & Ciarocco, N. J. (2005). Self-regulation and self-presentation: Regulatory resource depletion impairs impression management and effortful self-presentation depletes regulatory resources. *Journal of Personality and Social Psychology, 88,* 632-657.

Vohs, K., & Ciarocco, N. J. (2004). Interpersonal functioning requires self-regulation. In R. F. Baumeister & K. Vohs (Eds.), *Handbook of self-regulation* (pp. 392-410). New York: Guilford.

Walker, H. M. (2004). Commentary: Use of evidence-based intervention in schools: Where we've been, where we are, and where we need to go. *School Psychology Review, 33,* 398-407.

29
효과적인 학교폭력 프로그램을 위한 문화적 다양성

RICHARD J. HAZLER AND JOLYNN V. CARNEY

인류 역사 동안 사람들은 자신의 권력을 다른 사람들에게 남용해왔다. 신체적으로든, 사회적으로든, 정서적으로든, 지적으로든, 언어적으로든, 타인 보다 더 재능 있는 사람들은 주변 사람들을 돕는 데에 재능을 쓰기도 했지만, 자신을 위해 타인을 희생시키는 방식으로 재능을 남용하기도 했다. 학교폭력은 약한 사람을 괴롭히는 행동으로, 권력 남용의 한 형태라고 볼 수 있다. 학교폭력(bullying)이라는 단어는 그간 아이들 사이의 문제를 지칭하는 용어였지만, 요즘은 직장폭력 같은 성인 및 국가 단위에서도 쓰이기도 한다. 지난 20년간의 학교폭력 연구를 보면, 학교폭력은 국제적 문제이며 어떤 문화권도 학교폭력에서 자유롭지 못하다는 점을 깨닫게 되었다(McEachern, Kenny, Blake, Aluede, 2005). 학교폭력을 예방하거나 감소시키려는 노력은 세계 각국에서 개발되고 있지만, 문화적 다양성 때문에 생기는 차이들도 생겨났다(Smith, Morita, Junger-Tas, Olweus, Caralano & Slee, 1999).

성공적인 학교폭력 예방법이 되기 위한 필수적인 공통 요소들이 있다(Hazler & Carney, 2006). 하지만 이런 공통 요소들은 서로 무관하지 않다. 문화는 공동 경험을 할 수 있는 토대가 되기 때문에 사람들은 문화를 통해 자신의 환경을 해석하고 또 어떻게 상호작용해야 될 지 결정한다(Cartledge & Johnson, 2004). 구체적으로 학교폭력은 개인주의 사회의 한 모습으로 나타나는데, 좀 더 집단 중심 사회에서는 조금 다른 양상으로 나타난다. 하지만 학교폭력의 일반적 정의, 학교폭력으로 인한 문제, 학교폭력에 대처하기 위한 일반적 모델은 모든 문화권에서 비슷하다(Rigby, 2002). 문화적으로 서로 차이가 나는 부분은 학교폭력 발생 상황, 학교폭력 문제에 대한 인식, 학교폭력에 어떻게 대응할 것인가에 대한 의사결정 및 그 방식이 있다(Smith, Morita, Junger-Tas, Olweus, Catalano & Slee, 1999).

학교폭력 예방 프로그램과 관련된 출판물은 1990년 이후로 폭발적으로 증가했는데, 그 이전에는 사실상 전무하다고 봐도 무방한 수준이었다(Hazler, Hoover, & Oliver, 1991). 이런 예방적 노력이 증가한 데에는 대중들의 인식이 커진 덕이 컸는데, 학생들이 자살하거나, 학교에서 총기를 난사하거나, 학교폭력으로 인해 사회 및 정서적 문제들도 생겨났기 때문이다. 지역사회 마다, 또 국가 마다 한때는 아이들의 장난이라 치부했던 학교폭력을 더 이상 좌시하지 않게 되었다(Hazler & Carney, 2000; Smith 등, 1999). 1990년대에 프로그램 대부분은 학생들에게 대인관계 기술을 가르치고 학생들 개인적으로 예방적 노력을 할 수 있도록 하는 데에 집중했었다. 이 모델은 좀 더 전통적인 방식으로, 훈계 모델을 더 확대시킨 것이며 조회 같은 전교생 집회를 마련하는 방법을 동원하기도 했다. 이런 방식은 과거에 주로 쓰이던 전략이었다(Scheckner & Rollin, 2003; Tolan & Guerra, 1994).

본 챕터는 학교폭력 예방 프로그램의 일반적 요소들이 각 문화권에서 효과적으로 구현되려면 어떻게 수정 보완 과정을 거쳐야 되는 지에 대해 설명하고자 한다. 일단 첫 섹션에서 기초적인 개념에 대해서 오리엔테이션을 하고 난 후, 세계 각국에서 확인된 문화적 차이점에 대해서 설명하겠다(Hofstede & Hofstede, 2005). 마지막 두 섹션에서는 광범위한 문화적 차이로 인해 실제 학교폭력 예방 프로그램 기획과 실행에서 어떤 영향을 받게 되는 지에 대해 설명하겠다.

개념적 기초

그간 지역사회 단위, 주 단위, 전국 단위로 학교폭력을 근절하기 위해 규칙을 만들고 입법하기도 하였으며 예방 프로그램을 개시하기도 했다(Furlong, Morrison, & Greif, 2003). 주어진 문화권에서 학교폭력 예방 노력을 시작하려면 일단 개인과 집단을 대상으로 한 규칙과 규정을 만드는 것으로 시작할 수 있다. 물론, 법률 제정이 필요할 수도 있다. 이런 프로그램은 대체로 규정 집행과 관련된 업무에만 제한되어 있다던가, 학교폭력 당사자들과 관련된 행동문제, 후유증, 재발 방지 등에만 지원한다. 또한 이 모델에서는 징계 및 처벌, 행동 변화 모델, 특정 학생을 대상으로 한 사회기술 훈련 등을 다루고 있으나, 학교 시스템 내외에 있는 다른 구성원들은 폭넓게 관여하지 않는다.

초창기에는 특정 학교폭력에 직접 관련된 학생만 대상으로 하다가, 사실 상 모든 학생들이 방관자로서 학교폭력 문제에 노출되어 있다는 점을 깨닫기 시작하면서 보편적 학교폭력 예방 프로그램이 자리를 잡기 시작했다. 학교폭력이 모두에게 광범위하게 노출되면, 누구에게나 불안전한 환경을 조성하게 되는 꼴이며, 구성원들은 가해자나 피해자나 방관자나 이 셋의 조합으로 영향을 받게 된다. 보편적 프로그램은 대부분의 학생들을 대상으로 전반적인 변화를 추구하도록 고안되었다. 이런 방식이 현재 제일 많이 보급된 방식이며, 따라서 본 챕터에서 제일 많이 초점을 맞출 모델이기도 하다.

문화권에 맞게 프로그램을 수정하는 업무 경향은 학교폭력 프로그램에 대한 질적 평가 연구가 많아지면서 발생하기 시작했다. 두가지 프로그램이 다양한 국가에서 번역과 문화적 특수성을 반영시킨 것으로 명성을 샀다. 하나는 노르웨이에서 나온 Olweus 학교폭력 예방 프로그램으로, 초창기 통합적 프로그램 중 하나이며 제일 많이 활용되는 콘텐츠이기도 하다(Kallestad & Olweus, 2003; Olweus, 2005). 이 프로그램은 호주, 캐나다, 독일, 아일랜드, 일본, 영국, 미국과 같이 다양한 국가에서 유의미한 사업 효과를 거두었다(예: Limber, Nation, Tracy, Melton, & Flerx, 2004). 미국 기반 아동 위원회(the America-based Committee for Children)는 프로그램 두 가지 개발했으며, 이는 노르웨이, 아이슬란드, 일본, 필리핀, 쿠르디스탄, 베네수엘라 등지에서 이목을 받기도 했다(Committee for Children, 1993, 2002; Grossman, Neckerman, Koepsell, & Liu, 1997; Samples & Aber, 1998). 두 프로그램은 서로 접근법이 다르다. 하지만 둘 다 공통적인 테마를 쓰고, 그간 연구와 이론을 근거로 한 요소를 중심으로 사업 실행을 한다.

세계 문화 차이

전 세계 모든 프로그램에 영향을 주는 문화적 차이를 규명한다는 건 이 책의 분량으로는 해결되지 않는다. 분명 문화적 차이는 전세계적으로 존재한다. 게다가 서로 다른 국가, 서로 다른 지역 사회, 심지어 문화권을 형성할 만큼의 하위 집단 내에서도 큰 차이가 존재한다. 지리, 언어, 민족, 종교, 계보 모두 문화적 차이를 만들어 내며, 이를 통해 어떤 사건이 발생하는 지, 사람들은 이를 어떻게 인식할 지, 또 사람들이 이런 인식에 어떤 반응을 보일 지에 유의한 영향을 미친다. 문화적 다양성은 무한하기 때문에 프로그램이 문화적으로 적절한 의미를 전달하기 위해서는 프로그램 대상자 집단의 세계관을 이해할 필요가 있다.

    본 섹션에서는 학교폭력 예방 프로그램의 개발, 실행, 평가에 영향을 미친 4가지 문화적 차이에 대해 집중 조명해보려고 한다. Geert Hofstede(2001)와 그의 아들 Gert Jan(Hofstede & Hofstede, 2005)은 세계 각국의 문화가 어떤 영향을 주는 지 설명하기 위해 다른 연구자의 연구는 물론 본인들이 수행한 광범위한 국제적 연구 성과를 종합하였다. 이들 연구의 핵심 개념은 어떤 방식으로 문화가 기관, 학교, 학생, 교사에게 영향을 미치는 지에 대한 내용이 담겨 있고, 또 문화적 다양성에 왜 서로 다른 접근법이 필요한 지에 대해서도 설명을 하였다. 이런 문화적 요소가 학교폭력 예방 프로그램의 핵심 테마, 과정, 결과 등에 어떤 방식으로 영향을 미치는 지 설명하기 앞서, 어떤 종류의 문화적 차이가 있는 지 간단히 설명하겠다.

작은 혹은 큰 권력 수준 차이

공식적 권력을 지닌 자와 그렇지 않은 자 사이의 권력 수준 차이가 문화권에 따라 작을 수도 있고 클 수도 있다. 권력 수준 차이가 큰 경우, 정부나 기관이나 권력자들이 권위주의적이거나 독재적인 행동을 하는 경우를 더 많이 관찰할 수 있다. 공식적 권력을 지닌 사람들은 자기들 선에서 의사결정을 내리고, 소위 하층 계급에 속한 사람들과는 정서적으로 거리를 둔다. 권력이 없는 사람들은 권력자에 상당히 의존적인 상태라, 순응하여 동화되거나 시스템에 저항하는 방식을 보이는데, 자문이나 협상의 여지가 거의 없다.

    권력 수준의 차가 적은 문화권에서는 공식적 권력과 영향력이 상대적으로 적은 사람들이 민주적이고 독립적인 활동을 할 수 있는 환경이 된다. 권력 수준이 높은 집단과 낮은 집단은 서로 동등한 관계로 대우하면서 더 다양한 아이디어와 실천법을 품을 수 있도록 해준다. 만약 어떤 사람이 이런 상황에서 권력을 갖게 된다면 그는 모든 집단이 최대의 성공을 얻을 수 있도록 헌신해야 한다.

    이런 권력 수준 차이 요인은 학교에서도 관찰할 수 있으며, 다양한 방식으로 프로그램에 반영할 수 있다. 큰 권력 수준 차이를 보인다는 것은 학교폭력 예방 프로그램이 권력을 지닌 소수의 사람들에 의해 결정된다는 뜻이 된다. 프로그램은 좀 더 리더 중심이 된다. 왜냐하면 리더와 추종자들이 이런 방식으로 학습하고 행동하는 쪽으로 익숙하기 때문이다. 권력 수준 차이가 적은 학교에서는 좀 더 능동적으로 사업 설명을 하고 모든 집단과 개인을 참여시키는 것이 가능하다. 이런 문화권에서는 사람들이 행동하고 생각하는 데 있어 협상이나 다양성 존중의 여지가 더 많다.

집단 대 개인 초점

문화적 다양성에 대한 핵심 사안 중 하나는 시스템 작동을 위해 개인이 더 중요한 지 아니면 집단이 더 중요한 지에 대한 인식이다. 개인주의적 사회에서는 개인 간의 연결이 느슨한 편이며, 일단 자기 자신에 대한 것을 추구한 뒤에 자기 가족을 챙기는 경향이 있다. 독립성과 개인적 목적의식이 보상을 받기 때문에,

구성원 간의 다양성도 크고 행동 결과 또한 극단적으로 긍정적일 수도 있고 부정적일 수도 있다. 집단 중심 문화권에서는 사람들이 강력하고 응집성 있는 집단으로 통합되는 데에 더 가치를 둔다. 개인의 가치도 집단이 안전을 제공해준다는 토대에서 비롯되며, 집단 전체가 혜택을 누리려면 구성원들의 무조건적 충성심이 필요하다는 인식이 있다. 현재 대부분의 사회는 개인 모델 보다는 집단 모델에 해당되는 경우가 더 많다. 물론 산업화된 자본주의식 서구 사회는 개인주의적 모델처럼 생활하도록 교육하고 있지만 말이다 (Hofstede & Hofstede, 2005).

학교폭력 자체도 이런 맥락에 따라 서로 다른 모습으로 표현되기도 한다. 개인주의적 문화권에서는 1 대 1 학교폭력이나 한 집단이 힘이 약한 다른 집단을 상대로 벌어지는 경향이 있다. 이 문화권에서 생각하는 '도움'이란 개인의 독립을 강조하는 방식으로, 개인 본인이 자신이나 타인에 대해 어떤 것을 할 수 있느냐에 대한 것이다. 집단주의 문화권에서는 더 큰 규모의 집단내 혹은 집단외 역동을 지니는 경향이 있다. 여기서는 더 큰 집단에서 배제시키는 방식으로 학교폭력이 일어나며, 그 개인이 집단에 잘 맞지 않는다는 명분으로 학대가 이루어진다. 따라서 집단주의 문화권에서는 집단이 특정 개인에 대해 어떻게 인식할 것인가에 대한 내용과 특정 개인이 집단에 얼만큼 잘 동화될 수 있는 지에 대한 내용에 초점을 맞출 수 있다.

개인주의 문화권에서 학교폭력 프로그램을 짠다면 그 개인의 배경과 관계없이 공평한 조치를 취하는 것이 낫고, 집단주의적 문화권에서는 주류 집단에 대한 특별한 조치가 취해지는 것이 낫다. 개인주의 문화권에서는 새로운 도전과 변화에 어떻게 대응할 것인지를 학습하는 데에 초점을 맞춘다면, 집단주의 문화권에서는 정보의 일관성과 어떻게 좋은 집단 구성원이 될 수 있는가에 더 초점이 맞추어져 있다. 공통점을 통해 조화를 이루는 것이 집단주의 문화권에서 핵심 포인트라면, 개인주의 문화권에서는 개인간의 다양성을 강조하는 것이 더 효과적일 것이다.

남성적 대 여성적 접근

본 섹션은 생물학적 성이나 성정체성에 대한 이야기는 아니다. 오히려 사고 및 행동 방식에 대한 이야기를 하고자 한다. 여기서 언급하는 남성성과 여성성은 전통적인 남성과 여성에 기대되는 사고 및 행동 방식을 말한다. 따라서 일부 문화권에서는 생물학적 성에 따라 이런 사고 방식과 행동 방식 명확하게 구분된 곳도 있지만, 다른 문화권에서는 이런 구분이 엄격하지 않거나 양성적인 사고 및 행동 방식을 가지도록 장려하는 곳도 있다.

자신을 낮추는 문화도 남성적 및 여성적 접근법과 밀접한 관련이 있다. 여성적 접근법에서는 자기 자신에 대한 겸손과 타인에 대한 배려를 중요하게 생각하는 반면, 남성적 접근법에서는 개인적 성공가도를 중요하게 생각한다. 여성적 모델에서는 힘이 없고 약한 자에게 동정심을 보여주는 경향이 있지만, 남성적 모델에서는 강한 자가 고군분투할 때 우선적으로 동정심을 가지는 경향이 있다. 여성적 모델에서는 타인 간의 단합을 강조하는 반면, 남성적 모델에서는 개인이 독보적으로 눈에 띄고 경쟁적인 이미지를 갖도록 강조한다.

학교폭력 프로그램에서는 일반적으로 공감능력 획득을 강조한다. 따라서 학교폭력 전문가는 문화권에 따라 누가 이런 관심을 필요로 하며 또 그런 사람이 얼마만큼의 관심을 받아야하는 지를 생각해야 한다. 누가 도움이 필요하며, 얼마만큼의 도움이 필요하고, 어떤 종류의 도움이 필요한지에 대한 결정은 약자 우선의 여성적 모델과 개인적 성공을 지향하는 남성적 모델에 따라 큰 차이가 날 수 있다.

불확실성 회피 및 수용 경향

어떤 문화권에서는 불확실성을 정상적 삶의 일부로 받아들일 뿐 아니라, 심지어 삶의 재미라고 생각하기도 한다. 이들은 삶에는 정해진 결말이 없으며, 알 수는 없지만 다양한 기회가 우리 인생 과정에서 생겨나기 때문에 이런 불확실성이 삶의 재미를 더해주는 요소라고 본다. 다른 이들은 이런 불확실성을 가능하면 제거하고 싶어 한다. 이들은 불확실한 상황에 대한 염려를 줄여서 특정 삶의 과제에 집중하려고 한다. 이 문화권에서도 진보와 개선을 원하지만, 좀 더 통제된 방식을 통해 계획에 맞게 삶이 이어지길 바란다.

불확실성에 대해 수용적인 문화권은 규칙의 수를 제한하고 행동의 다양성을 더 허용하는 경향이 있다. 불확실성 회피적 문화권일 수록 감정적인 규칙이 더 많으며, 이런 규칙이 제대로 작동하지 않더라도 지키려고 한다. 일단 사람들이 따라야 할 규칙이 존재한다는 이유만으로도 일상 생활 속 불확실성을 통제한다는 느낌을 가질 수 있다. 새롭거나 다른 아이디어를 허용하는 불확실성 수용적 문화권에서는 사고 방식이 비슷한 패턴을 따른다. 새롭거나 다르지만 똑같은 아이디어들이 나올 때 규범을 벗어난 것으로 취급받으면서 억압되는 경향이 생겨나며, 그 문화권이 불확실성 회피를 강조하면 더욱 저항을 받게 된다. 불확실성 회피 수준이 높은 문화권에서는 구성원들에게 꼼꼼하고 바쁜 삶에 대한 내적 충동을 지니도록 장려한다. 불확실성에 대해 더 낙관적인 문화권에 사는 사람들은 반대로 게으름을 즐기며, 꼼꼼하고 성실한 자세도 상황에 따라 필요할 수도 있고 아닐 수도 있는 것으로 간주한다.

학교폭력 예방 프로그램에 대한 참여도 이런 불확실성 수용 정도에 영향을 받는다. 예를 들어, 프로그램 초반에 규칙을 얼만큼 엄격하게 설계하여 집행할 것이냐도 이런 불확실성 수용 정도에 영향을 받는다. 만약 불확실성 회피 정도가 높다면 좀 더 엄격하고 경직된 규칙을 선호할 것이며, 수용 정도가 높다면 아이들에게 상대적으로 좀 더 관대한 규칙을 적용하기를 원할 것이다. 아이들이 규칙을 얼만큼 잘 따라올 것이냐하는 문제도 주어진 집단의 불확실성에 대한 문화적 특성과 밀접한 관련이 있다. 회피 성향이 높은 문화권에서는 명확한 프로그램 실행 계획안이 필요할 것이며, 수용 성향이 높은 문화권에서는 계획에 대한 압박을 덜 느끼고 프로그램 실행 중에 나타나는 문제점들을 다양한 관점으로 탐험하면서 해결하는 방식을 선호할 것이다.

프로그램 공통 테마에서의 문화적 다양성

지역사회에서 학교폭력 문제에 대한 인식이 생기게 되면, 보통 3가지 핵심 의문을 갖게 된다. 1) 우리는 학교폭력 문제를 겪고 있는가? 2) 이 문제의 본질은 무엇이며, 얼만큼 심각한가? 3) 우리는 이 문제에 어떻게 대처해야 하는가? 사람들은 이 질문들에 대해 명쾌한 대답을 얻기를 바란다. 그래서 학교폭력 예방과 개입 사업을 쉽고 간단하게 수행했으면 한다. 하지만 현실은 그리 간단치가 않다. 그간 연구 결과, 모든 사례에 똑같이 효과적으로 적용시킬 수 있는 요령은 없다. 꾸준히 효과를 유지하는 프로그램이나 기술을 보면 사회생태학적 관점, 공감적 개입, 고립된 사람들 및 아이디어 고립 규모 감소가 핵심 공통 요인으로 분석되었다(Hazler & Carney, 2006).

사회 생태학적 관점

학교폭력 예방 프로그램은 가능한한 지역사회 사람들이 많이 뭉쳐서 문제를 조율할 수 있도록 고안되었다. 이런 과정에서 문화적 차이와 같은 생태학적 맥락과 학교폭력 예방 프로그램이 어떻게 상호작용하는지 고민할 필요가 있다(Orpinas & Horne, 2006). 바로 이 대목이 지난 20년간 어떻게 학교폭력 문제에 접근해야 되는가에 대해 서로 시각의 차이를 보여왔던 부분이다. 생태학적 관점에서는 문화가 학교폭력에 긍정적 또는 부정적 영향을 주기 때문에 관계된 한두 명이 절대 단독으로 학교폭력 상황을 만들거나 유지할 수 없다는 인식을 지니고 있다. 오히려 개인들과 생태학적 상황의 조합을 통해 학교폭력을 조장하기도 또 억제하기도 한다는 것이다(Espelage & Swearer, 2006; Swearer & Doll, 2001). 이 테마는 학교폭력 예방 프로그램을 실행할 때 서로 다른 문화 때문에 발생하는 각기 다른 모습들을 이해하는 데 있어 꼭 필요한 식견이다.

학교, 지역사회, 국가가 비슷한 문화적 방향성을 가진 사람들끼리 모여 있다면, 구성원들을 연합시키는 것이 상대적으로 쉽다. 이들은 문제에 대한 접근법이나 해결법이 비슷하기 때문에 어떻게 일을 진행시킬지에 대한 공감대를 높일 수 있다. 문화적으로 다양한 집단에서는 서로의 생각을 소통하기 위해 더 많은 시간과 노력을 들여야 할 수도 있다. 다양성 때문에 프로그램이 개발이 훨씬 복잡하고 부담이 되겠지만, 인습적인 사고 및 행동 방식에서 벗어날 수 있는 기회가 되기 때문에 더욱 창의적인 변화 과정을 만들어낼 수 있다.

문제가 된다면, 한 문화권이 다른 문화권을 지배하고 있는 상황은 문제가 될 수 있다. 이런 상황 속에서는 한 집단을 위한 프로그램 개발 및 진행이 이루어지면서 다른 집단의 관점은 억압되거나 희생된다. 결과적으로 프로그램에 포함되지 않은 집단은 프로그램 헌신도가 바닥으로 떨어지든지, 공개적으로 저항한다든지, 아니면 수동공격적으로 나올 수 있다. 실패한 프로그램의 대부분은 문제와 해결책에 대해 서로 다른 관점을 지닌 집단들의 의견이 존중되지 않으면서 프로그램에 대한 헌신도가 떨어지기 때문이다. 다양한 집단과 조율하기 위해서 시간, 에너지, 감정적인 수고, 공감적 이해, 창의적 수정보완이 필요하다. 이런 시간과 에너지를 들이는 것이 중요한데, 모든 집단으로부터 헌신적인 노력을 확보해야 프로그램의 성공을 기약할 수 있기 때문이다.

공감적 개입

공감능력은 학교폭력에 대한 인식과 대응을 위해서 꼭 필요한 요소 중 하나이다(Espelage & Swearer, 2003). 타인이나 다른 집단과의 동일시를 통해 타인에 대한 이해를 증진시킬 수 있으며, 결국 다른 사람을 돕고자 하는 마음이 생길 수 있다. 타인에 대한 공감능력을 키울 수 있으면 학대적인 행동 또한 감소될 수 있다. 따라서 공감능력을 획득하는 것이 학교폭력 예방 프로그램 전반에서 제일 중요한 테마가 된다.

모든 문화권에서 공감을 표현한다. 다만 문화권마다 서로 다른 방식으로 표현한다. 어떤 문화권에서는 신체적인 표현은 삼가고 좀 더 정적이고 조용한 방식으로 표현한다. 이 문화권에서는 공감 표현을 두리뭉실한 언행으로 표현하지만, 그 문화권에서는 해당 상황에 적합한 지지와 이해를 표현하는 방법으로 통하는 방식일 수 있다. 어떤 사람에게 공감을 표현하기 쉽고 또 어떻게 의사소통해야 되는지에 대해서도 문화적 다양성이 존재한다. 권력 수준 차이가 큰 문화권에서는 남성적 접근법이 더 우세하여, 자기와 비슷한 사람에 대해 공감하거나 이해하는 경향이 있다. 반면 권력 수준이 낮은 사람은 좀 더 여성적인 접근이 공감을 발휘하는 데에 유리할 수 있다. 학교폭력 예방 프로그램이 성공하기 위해서는 학교폭력 문제와 관련된 모든 이들의 다양한 문화적 배경에 대해 상당한 공감적 이해가 선행되어야 한다는 인식을 가지는 것이 중요하다.

고립 감소

가해자는 개인이든 집단이든 피해자와의 상호작용을 노린다. 물론 이런 상황에서는 자신의 실력 행사에 대해 견제 받지 않는다. 가해자들은 권력의 균형을 깨뜨리는 사람들이 가해자-피해자 관계에 개입하는 것을 싫어하기 때문에 피해자들이 다른 사람들의 개입을 받지 못하도록 노력한다. 따라서 예방 프로그램이 성공하기 위해서는 사람들과 집단 간에 사회적 및 정서적 연결고리를 증가시켜서, 서로에 대한 이해를 촉진하고 개입 사업의 성공 확률을 높여야 한다.

집단 대 개인 요인에 대한 문화적 차이 때문에 문제에 대한 인식과 대응 방식이 확연히 달라진다. 집단주의적 문화권에서는 개인이 주류 집단에서 배제되는 방식으로 학교폭력이 발생하는데, 그 개인이 집단의 규범에 효과적으로 순응하지 않는다는 이유 때문이다. 개인주의적 문화권에서는 개인의 독립을 강조하기 때문에 집단의 규범을 따르는 것보다 개인의 강인함을 드러내는 것을 더 중요하게 본다. 따라서 개인주의 문화권에서 학교폭력은 한 개인이나 세부 집단이 다른 사람들에 대해 힘을 행사하는 식으로 나타난다.

학교폭력 개입 사업도 영향을 받는데, 개인주의적 문화권에서는 개인들이 다른 사람들을 지원하여 이들이 혼자서 갈등을 겪지 않도록 해야한다고 주장할 수 있다. 이런 경우 개입은 개인적인 결정 사항으로 간주되어, 개인이 특정 대인관계에 계속 남아 있을 건지 아니면 벗어날 지에 대해서 선택하도록 한다. 집단주의적 문화권에서는 반대로 먼저 개입 여부와 개입하게 된다면 어떤 방식을 취할 것인지에 대해 일반적인 집단적 협의를 먼저 이루어야 한다. 개별적이고 독립적인 의사 결정 보다는 집단적 공감대를 형성하는 것이 이 문화권에서는 적절한 상식으로 통한다.

잘 기획된 학교폭력 예방 프로그램이라고 하려면 표준 프로그램 테마를 각 문화적 상황에 맞게 잘 해석해 낼 수 있어야 한다. 학교폭력 예방을 위한 핵심 테마는 모든 문화권에서 공통되지만, 사람들은 이런 핵심 원리를 서로 다른 방식으로 문제를 해석하고 풀어내기 때문에, 프로그램 개발과 실행에 있어 수정 보완 작업이 반드시 필요하다.

프로그램 진행 과정 중 만나는 문화적 다양성

성공적 학교폭력 예방을 위한 세 가지 테마는 독립적으로 작용하기보다는 특정 실행 순서에 따라 통합적으로 작용해야 프로그램 성공에 도움이 된다. 프로그램의 진행 순서는 인식 수준 증진부터 시작하며, 그 후 정책 개발, 기술 개발, 지속적 개입, 평가 및 수정 순으로 진행된다. 이런 단계는 일회성으로 끝나는 구조라기보다 순환하는 구조를 띤다. 성공적으로 프로그램을 진행한다면 새롭게 다루어야 할 이슈가 생겨나면서, 이런 순환 과정을 거치게 된다. 하지만 한 단계가 끝나야 다음 단계로 넘어가는 과정으로 볼 필요는 없다. 오히려, 이 순환 구조는 전반적인 순서를 제시해주는 것으로 이해하면 되고, 각 단계에서 어떤 과제에 더 집중할지에 대한 안내로 이해하면 된다.

초기 인식 수준 올리기

사람들, 기관, 국가는 일단 전통적인 행동 패턴을 따라가려는 경향이 있다. 사람들은 기존의 행동 패턴을 뛰어넘어 새로운 예방 노력으로 향하게 하려면 상당한 동기 부여가 필요하다. 학교폭력 예방 프로그램이 시작하기 위해서는 학교폭력에 대한 이슈의 중요성을 납득시킬 수 있는 문화가 뒷받침되어야 한다. 예전이라면 상상도 못했을 학교폭력 관련 자살 사건과 교내 총격 사건 등이 행동을 위한 동기 부여가 되었다. 따라서 프로그램 기획은 사람들이 개인적으로 이 문제가 중요하다는 인식을 갖게 하여 더 큰 규모의 지역사회로 인식 수준을 높이는 활동부터 시작해야 한다. 학교폭력에 대한 위협을 인식하는 사람들이 던지는 질문에 대해 응답함으로써 학교폭력에 대한 인식 수준을 어떻게 올릴 수 있는 지에 대해 알 수 있다.

학교폭력에 위협을 받는 사람들의 질문에 대한 해답을 찾으려면 다음과 같은 질문이 필요하다. 이들 집단이 각 4개 문화 영역 스펙트럼 중에 어딘가에 해당될까? 예를 들어, 권력 수준 차이가 큰 문화권에서는 권력 수준이 낮은 자가 학교폭력 문제를 겪을 때와 권력 수준이 높은 자가 학교폭력 문제를 겪고 있을 때 인식 수준 증진에 상당히 다르게 대응할 수 있다. 이 시나리오에서는 영향력을 지닌 사람이 학교폭력 때문에 직접적인 고통을 받아야 예방 프로그램을 만들 개연성이 커지며, 만약 권력 수준이 낮은 사람들이 이런 문제를 겪고 있으면 프로그램 개발을 주저할 가능성이 높다. 만약 반대로 권력 수준 차이가 적은 문화권이라면 권력 수준이 높은 사람들이 권력 수준이 낮은 사람들의 문제에 대해 더 관심을 가질 것이며, 권력 수준이 낮은 사람들은 이런 프로그램 기획 과정에 좀 더 자기 뜻을 반영시킬 수 있는 환경이 된다.

첫번째 시나리오에서 인식 수준을 올리기 위해서는 권력 수준이 높은 사람들을 위한 공감능력을 발휘하여 이들이 개인적인 관점에서 학교폭력 문제를 바라볼 수 있도록 도와준다. 이런 발상이 권력 수준이 낮은 사람들이 보기에 아주 비정해 보일 수도 있지만, 권력 수준이 높은 사람들이 모두를 위해 뭔가 일을 벌릴 수 있도록 동기부여하기 위해서는 반드시 필요한 작업이다. 권력 수준 차이가 적은 문화권에서는 모든 집단에 대해 전반적으로 인식 수준을 제고하는 방향으로 가는 것이 좋다. 왜냐하면 이들은 해결책에 대한 의사결정을 공유하려 하기 때문이다.

하지만 상기 사안 단독으로 분석하는 것은 불가능한데, 다른 문화적 요소와 상호작용하기 때문이다. 예를 들어, 고도로 여성적 문화권에서는 약자에게 관심을 우선 줄 것이다. 만약 이 문화권이 권력 수준 차이가 큰 특성도 겸하고 있다면, 여성적이면서 권력 수준 차가 적은 문화권이나 남성적이면서 권력 수준 차가 큰 문화권과는 누구에게 먼저 관심을 보일 지에 대해 상당한 차이가 발생할 것이다. 광범위한 문화적 요소 간의 상호작용에 따라 어떤 인식 제고 방법이 최선일지가 달라진다.

인식 올리기를 위한 구체적 방법도 각 문화권에서 서로 다른 메시지를 어떻게 받아들이는 지에 따라 달라진다. 다양한 형태의 미디어로 필수 정보를 전달하고, 학교 운영자, 교사, 학부모, 학생들이 인식 증진 활동에 참여할 수 있도록 독려한다. 어떤 유형의 미디어가, 혹은 어떤 유형의 사람이 큰 영향력을 지니고 있는지는 문화권 마다 매우 다르다. 어른한테 먹히는 방법이 꼭 아이들에게 먹히는 것은 아니다. 분명하고 구체적인 해답을 원하는 문화권에서 제일 좋은 방법론이 이슈 탐색을 선호하는 문화권에서는 부적절할 수 있다. 아무튼 모든 경우에서 사람들에게 학교폭력이 학생과 학교와 지역사회의 안녕에 분명하고 지금 당장 존재하는 위험이라는 점을 인식시킬 수 있어야 한다.

정책 개발

학교폭력과 관련된 현행 정책을 개편하고 평가하는 작업은 사안의 중요성을 공식적으로 알리고 이런 중요성을 실무에 구현해낼 방법을 분명하게 제시하기 위해 반드시 필요한 과정이다(Limber & Small, 2003). 프로그램 기획 초반에 정책 개발이 이루어져야 하며, 되도록 다른 사람들을 많이 포섭할 수 있는 개인이나 집단을 두루두루 참여시켜야 한다. 각 문화적 요소는 이런 과정에 어떤 영향을 미치게 될까? 이 과정이 성공하려면 정책에 대한 폭넓은 지지가 필요하며, 정책이 일관성 있게 추진되어야 한다.

집단 대 개인주의적 문화, 높은 권력 수준 차이 대 낮은 권력 수준 차이 문화 등이 통합적인 정책 개발에 어떤 영향을 주는지 설명해보겠다. 집단주의적 문화권에서는 모든 사람들이 따라야할 정책을 기획하는 방향으로 관심을 가질 것이며, 개인주의적 문화권에서는 개인의 권리 문제로 갈등을 겪을 소지가 있다. 여기서 권력 수준 차이 요인을 더해서 생각하면, 권력 수준 차이가 큰 문화권에서는 정책 개발 책임을 담당한 소수에게만 의사결정의 권한이 돌아가면서 모든 집단이 능동적인 참여를 해주는 것을 주저할 수 있다.

이상적인 모델이 되려면 중등도 정도의 집단주의적 문화에 권력 수준 차이가 적은 문화가 복합된 문화권일 것이다. 그래야 사람들이 자동적으로 같이 협력하여 개개인을 고려하면서도 모두를 위한 정책을 만들 것이다. 이런 모델은 모든 집단이 정책 개발에 참여해야 된다는 기본적 욕구를 충족시키기는 하지만, 불안감을 즉각적으로 해소하고 해결책이 앞으로도 변치 않고 명쾌하기를 바라는 문화권에서는 적절치 않을 수 있다. 현실은 전문가들이 문화적 조합을 선택하지 않지만, 전문가들이 가능한한 서로 다른 지향점을 가진 사람들의 지지를 받을 수 있는 방향으로 정책을 개발하고 또 결과를 내야한다.

공감적 헌신

일단 지역사회가 학교폭력 문제를 인식하고 프로그램과 정책을 기획할 정도로 개입을 한다면, 다음 단계는 학교폭력으로부터 고통받는 사람들에 대한 공감적 이해를 확장시키는 작업이다. 사람들은 학교폭력 예방 프로그램을 운영에 찬성할 정도로 충분히 알고 있을 수 있지만, 개인적으로 엮이는 것은 꺼려할 수 있다. 국가가 되었든, 학교가 되었든 개인이 되었든, 기존의 행동 방식에서 벗어나기 위해서는 학교폭력으로부터 고통받는 사람에 대해 개인적인 연결고리가 생겨야 한다. 기술이나 프로그램 실행 요령을 개발하기 이전에, 학생들을 포함한 모든 사람들이 타인에 대한 개인적인 공감능력을 획득해야 학교폭력 사업에 대한 동기를 느낄 수 있다.

사람들이 타인에 대해 공감적으로 반응할 수 있도록 하려면 직접 실시간으로 체험하도록 하는 방법이 제일 일반적이다. 전국적인 주목을 받았던 학교폭력 신문 기사라든지 교내 자살 사건도 끔찍하긴 하지만 교육 재료로 활용하는 데에 적합한 것은 실제 있었던 사건들이다. 이런 사건들을 통해 사람들이 타인의 기분, 트라우마, 필요 사항 등에 대해 유대감을 가지고 관심을 가지도록 할 수 있다. 동영상, 청각자료, 집단 토의를 통해서도 학생들이 피해자 뿐 아니라 모든 학생들에 대한 기분과 정서에 관심을 가질 수 있다.

공감능력 고취 기술을 극대화시키고자 할 때도 문화적 상호작용 양상이 상당한 영향을 미친다. 사람들은 학교폭력 문제로 고통받는 이들에게 유감을 갖는 것이 일반적이긴 하겠지만, 자기도 언젠가 학교폭력 위험에 노출될 수 있다고 인식해야 행동으로 옮기게 된다. 사람들이 고통받는 이들의 상황과 자신의 상황을 가깝다고 느낄수록, 공감 수준이 더욱 상승하여 사람들이 현 상황에 안주하지 않고 의미 있는 행동을 보일 수 있다.

공감능력을 고취시키는 방법이 무엇이든 간에, 개인의 문화적 시각에 잘 맞아야 한다. 만약 남성주의적 신념을 지닌 사람들은 학교나 인생에서 실패한 사람들에게 더욱 감정을 이입시킬 것이며, 여성주의적 신념을 지닌 사람들은 사회에서 고립된 사람에게 더욱 관심을 기울일 것이다. 권력 수준 차이가 큰 문화권의 교사는 괴롭힘을 당하고 있는 교사의 고통을 목격하면 더욱 감정적으로 이입될 수 있다. 또는 다른 이들을 괴롭히는 교사를 보고도 동기부여가 될 수 있는데, 이는 이런 교사들이 학교폭력을 근절하기에는 부적절한 사람이라고 인식하기 때문이다. 권력 수준 차이가 큰 문화권의 학생들은 이런 교사간의 문제에 큰 영향을 받지 않겠지만, 자기 자신들에게 직접적으로 영향을 주는 사안들에 대해서는 더 잘 반응할 것이다. 권력 수준 차가 적은 문화권의 교사와 학생들은 반대로 서로의 상황에 대해 관심을 가질 가능성이 높은데, 이들은 양쪽 집단 간에 서로 긴밀한 연결고리를 지니고 있다고 인식하기 때문이다.

기술 개발

정책은 학교폭력의 규칙과 징계 사항에 대해서 강조하는 경향은 있지만, 학교폭력에 휘말리지 않는 방법을 가르쳐주지는 않는다. 일단 지역사회 구성원들이 학교폭력에 대해 공감적인 견지로 참여하기 시작했다면, 이제는 개인이나 집단 단위로 어떻게 해야 학교폭력을 근절할 수 있는지 방법에 대한 탐색을 시작할 수 있다. 학교폭력 예방 프로그램의 핵심은 공감적 동기 부여가 일단 이루어졌으면 사람들이 적절한 행동을 취할 수 있도록 기술 교육이 필요하다는 점이다. 이런 과정에서 어떤 행동이 적절한 의사 표현 방법이며, 어떤 사람이 어떤 역할을 하는 것이 적절한지는 각 문화권에 따라 달라질 수 있다.

예방 프로그램에서 가르치는 기술 유형은 일반적으로 사회 기술이라 불리는 것들이다. 사회 기술을 통해 사람들은 자기 자신과의 관계 뿐 아니라 타인과의 관계를 어떻게 꾸려나가야될 지에 대해 배울 수 있다. 이를 통해 사람들은 좀 더 안전하고 효과적으로 기능할 수 있는 환경을 조성할 수 있다. 자기 자신의 생각, 감정, 상황을 알아차리고 타인의 생각, 감정, 상황에도 주목하는 것이 사회 기술의 핵심 원리다. 이런 인식을 바탕으로 사회적으로 적절하고 생산적으로 의사표현을 하는 것이 가능해야 적절한 행동 방안에 대해서도 마스터할 수 있다.

사회 기술의 일반적 정의는 모든 문화권에서 비슷하지만, 이를 효과적으로 실천하기 위한 요령은 문화권 마다 상이하다. 예를 들어, 자신과 타인을 이해하는 방법은 개인주의적 문화권과 집단주의적 문화권 간에 온도차를 보인다. 집단주의적 문화권 사람들은 자기 자신을 전체와 연결된 일부로 보는 반면, 개인주의적 문화권의 사람들은 자기 자신을 독립된 단위로 보는 경향이 있다. 따라서 집단주의적 문화권에서는 집단 내 개인의 위치를 강조하는 반면, 개인주의적 문화권에서는 순수한 자기 자신에 대한 이해를 강조한다. 개인주의적 문화권에서는 개인적인 노력 이후에 집단 수준의 노력이 뒤를 잇는 방식으로 진행되는 반면, 집단주의적 문화권에서는 집단이 무엇을 해줄 수 있는 지에 대한 노력이 진행된 이후에 집단 내 개인이 무엇을 할 수 있는지에 대한 사안으로 넘어간다.

권력 수준 차이가 큰 문화권의 사람들은 반대 문화권의 사람들과 똑같은 방식으로 대인관계 능력을 평가하지 않는다. 권력 수준 차이가 클 수록, 예방 프로그램은 집단 간 상호작용을 하기 앞서 개별 집단에 먼저 주목해야 한다. 권력 수준차가 큰 문화권에서 교사들, 학부모들, 학생들이 서로 협력해줄 것으로 요구하면 모든 사람들을 동등하게 보는 반대 문화권에 비해 훨씬 더 작업이 어려워지게 된다.

물론 남성성/여성성 문화나 불확실성에 대한 문화도 영향을 준다. 예를 들어, 자기 의사 표현 방식도 사회적 적응적 태도를 지닌 여성적 문화권이나 경쟁적 태도를 지닌 남성적 문화권에서도 서로 다르게 나타난다. 불확실성 회피 수준이 높은 문화권에서는 최선은 아닐지라도 확실한 효과를 보일 수 있는 구체적이고 명확한 기술을 요구할 가능성이 높다. 반면 불확실성에 대한 수용도가 높은 문화권에서는 다양한 기술들을 시도해보고 각 기술에 대한 효과를 검증해보면서 항상 다른 대안이 있는지 탐색하는 것을 선호할 것이다.

지속적인 개입

학교폭력은 주어진 환경적 맥락 내 사회적 상호작용에서 발원하는 행동 양상이다. 이런 상호작용과 환경적 맥락은 늘 존재하며, 학생들이 복잡한 환경 속에서 끊임 없이 변화해 나가는 자신과 다른 사람들에게 적응하는 과정에서 이런 상호작용과 맥락도 끊임 없이 진화한다. 새로운 학생 집단은 사전 교육과 지원이 필요한 것도 물론이지만, 예방 프로그램을 받았던 학생들도 끊임 없이 새로운 상황과 새로운 스트레스

원을 맞이하기 때문에 지속적인 관리가 필요하다. 예방 프로그램이 질적으로 충실하려면, 참여자들이 끊임없이 학교폭력 근절에 대한 신념을 잃지 않도록 하면서 동시에 전반적인 대인관계나 학교 분위기도 이에 맞게 조성되어야 한다. 그래서 지속적으로 학교폭력 근절에 대한 인식 고취와 실천적 노력이 이어질 수 있도록 되어야 한다(Hazler, 1998). 이런 지속적 활동이 꼭 학교폭력 자체만 겨냥하는 것은 아니고, 학교 분위기나 안전이나 개인적 대인관계 등과 같은 광의의 학교폭력 사안에 관계하게 된다.

집단주의적 문화권이나 권력 수준 차가 적은 문화권에서의 지속적 활동이란 모든 구성원들이 정기적으로 협력을 하는 모양새가 될 가능성이 높다. 여기에서는 모든 이를 위한 지원체계가 강조되며, 토론을 통해 신념과 실천 방안에 대한 실무적 협의 방안을 모색한다. 개인주의적 문화권이나 권력 수준 차가 큰 문화권에서는 특정 집단이나 특정 개인들에게 혜택이 돌아갈 때 지속적인 활동이 이루어질 가능성이 높다. 물론 모든 문화권이 철저히 이분법적으로 나뉘어지지 않기 때문에 예방 프로그램 실무자도 주어진 지역사회에 어떤 문화적 시각이 더 두드러지는지에 대해 판단할 필요가 있다.

지속적으로 열정을 쏟는 게 현실적으로 어려울 수 있는데, 사람들은 대체로 문제를 딱 규정짓고서는 빨리 털어내려고 하기 때문이다. 이런 경향은 불확실성 회피도가 높은 문화권이나 남성주의적 문화권에서 더 두드러진다. 이 문화권은 반대 문화권에 비해 빨리 문제를 해결하고 다른 사안에 집중해야 된다는 압박감을 느끼기 때문이다. 안타깝지만 대부분의 사회 문제란 빠르고 쉽게 해결될 성질의 것이 아니다.

그래서 이들 문화권에서 지속적으로 사람들이 동기 부여가 되려면, 좀 더 구체적이고 단기적이며 도달 가능한 목표를 제공하여 일정 기간 내에 항상 뭔가 성취하고 성공하고 있다는 확신을 심어주는 게 필요하다. 이런 목표 세팅 및 성취 방법은 평가와 수정 보완 단계에서 매우 유용할 수 있다.

평가 및 수정 보완

학교폭력 예방 프로그램은 학생들이 학업적, 개인적, 사회적 발달에 좀 더 유리한 환경을 만드는 데에 주안점을 두고 있다. 하지만 프로그램 성공의 기준이 뭔지, 또는 성공의 수준을 어떻게 측정할 수 있는지는 사람들마다 시각이 다르다. 그럼에도 프로그램 활동에 대한 공식적인 평가법을 수립하고 실행 결과 지표도 공식적으로 기획되어 집행 중에 정기적으로 측정하면, 프로그램의 진척 사항을 객관적으로 평가할 수 있고 향후 과제를 위해 수정 보완이 가능하며 프로그램 내용을 개편할 수 있다. 지속적 활동 노력이 제대로 피드백이 되기 위해서는 구조화되고 통합적인 평가가 이루어져야 하며, 이 평가는 예방 프로그램의 실행 과정과 결과물에 대해서 측정되어야 한다(Benkofske & Heppner, 1999).

평가 절차는 프로그램 실행 전반에 걸쳐 구조화되고 통합적인 형태로 이루어져야 되지만, 평가 절차 기획은 프로그램 개발 초창기 목표 및 목적 설정 단계에서 이미 완성되어야 한다. 불확실성 회피도가 높은 문화권이나 남성주의적 문화권에서는 이런 평가 절차 기획을 프로그램 초반에 완성 짓고 싶어한다. 이에 반해 여성주의적 또는 불확실성 수용도가 높은 문화권에서는 이런 평가 절차 수립에 대한 압박감은 덜 느끼는 대신, 학교폭력 사안에 대해 토론하고 구성원들의 이해를 촉진하며 실천 개시에 더 큰 열의를 느낀다. 예방 프로그램 개발자는 이런 문화적 차이를 잘 이해하여, 각 집단의 문화적 수요에 맞는 방식으로 지원해야 한다. 그래야 구성원들이 동기 부여가 되어 행동할 수 있다.

평가 단계의 중요성에 대한 인식도 권력 수준 차이나 개인 대 집단 문화 양상에 따라 달라진다. 개인주의적 문화권에서는 처음에는 개인적인 진척 사항에 관심을 가진다. 개인주의적 문화권 사람들은 해당 개인의 정신의학적 또는 심리학적 진단에 관심을 가지는 반면, 집단주의적 문화권 사람들은 지역사회 전반이 얼마큼 개선되었는 지에 관심을 가진다. 권력 수준 차이가 큰 문화권에서는 다른 집단에 대해서는 문제점을, 자기 집단에 대해서는 개선점에 대한 평가에 관심을 가지는 경우가 많다. 평가 절차나 도구를 기획할 때, 각 문화적 요소와 그 상호작용에 대해 반드시 고려할 줄 알아야 앞으로의 계획에 유용하게 쓰일 타당한 자료를 수집할 수 있다.

결 론

지난 20년간 학교폭력 예방 프로그램은 놀라울 만한 성장을 경험해왔다. 북유럽 국가에서 처음 시작한 물결이 서구 사회로 확장되었으며, 지금 전 세계 방방곡곡에서 급속히 보급되고 있다. 장기적으로 효과를 발휘하는 프로그램이 소수이긴 하지만 지금은 개발된 국가에서 벗어나 각 문화권에 맞게 개편 및 채택이 이루어지고 있다. 이런 프로그램이 성공하려면 문화적 다양성이 얼마나 프로그램에 잘 통합되는 지가 관건이다. 본 챕터는 프로그램 성공을 위한 핵심 요소인 기본적인 프로그램 테마와 단계적 진행 과정과 실행법에 대해 안내하였으며, 문화적 다양성이 어떤 식으로 핵심 요소에 영향을 주는지도 고찰하였다. 표 29.1에 이런 내용을 요약하였다.

그간 연구를 통해서 3가지 테마가 프로그램 성공에 핵심적으로 작용한다는 점을 밝혀냈다. 일단 사회-생태학적 관점이 필요하다. 그래서 가해자와 피해자 간의 사적 문제로 볼 것이 아니라 지역사회가 광범위하게 연관되어 있다는 인식이 필요하다. 그 다음으로는 공감적 개입이 중요했다. 이를 통해 사람들은 학교폭력 문제에 대해 개인적이고 감정적인 연결 고리를 느낄 수 있다. 마지막으로 사람들이나 아이디어가 고

표 29.1 실무를 위한 제언: 문화와 효과적인 학교폭력 예방 프로그램 실행

프로그램 테마	실무적 지침	문화적 함의
사회-생태학적 관점	최대한 다양한 사람들을 지역사회 단위 기획과 실행에 편입시킨다	프로그램의 질과 성공을 극대화하기 위해 다양한 문화적 배경이 필요하다
공감적 개입	지식/정보 외에도 사람들이 감정적인 수준에서 서로 유대감을 가질 수 있도록 한다.	공감 표현 방식은 매우 다양하여, 신체적 대 언어적, 공개적 대 사적, 미묘한 방식 대 선명한 방식 등 다양하다.
사람과 아이디어 고립 감소	물리적 단절을 감소시키고, 정보 정서 아이디어 교류가 필요하다.	시각의 차이를 존중하고 타인과의 연결 고리를 강화한다
프로그램 진행 단계	실무적 지침	문화적 함의
인식 수준 고취	지식적인 인식과 감정적인 인식 모두 필요하다. 인식 고취를 통해 이해 증진, 이타적 욕구, 시의적절한 실천이 가능하다.	문화적 요인에 따라 주로 관심 갖는 학교폭력의 종류가 달라진다.
정책 개발	공통 가치, 이에 따른 행동 준칙 및 지원 활동, 집행 절차 등을 만든다. 이 때 되도록 다양한 교내 및 지역사회 참여자들을 포함시킨다.	가치와 행동 준칙은 불확실성과 기타 문화적 차이를 반영해야 한다.
기술 개발	다양한 사회 기술을 교육하여, 가해자, 피해자, 방관자 등이 공통 가치와 정책을 적절하게 실천할 수 있도록 돕는다.	자기 자신과 타인에 대한 시각 및 사회적으로 적절한 자기 의사 표현 방식이 다를 수 있다.
지속적 개입	학교 분위기, 긍정적 변화, 문제점, 새롭게 필요해진 조치 사항, 교육받은 기술의 활용 등에 대해 정기적 토론 시간을 가진다.	주어진 문화권에서 통하는 동기 부여 방식을 통해 프로그램 유지 노력을 관리한다.
평가와 수정 보완	프로그램 진척을 평가하고 수요 변화 여부를 확인한다.	문화권에 따라 평가 시기와 방법에 따라 이견이 있으며, 결과에 대한 대응 방식도 다르다.

립되지 않아야 한다. 이런 단절을 극복해야 다양한 아이디어, 정보, 타인의 감정 등에 노출될 수 있다.

프로그램을 특정 단계와 순서에 따라 진행할 때 효과가 극대화될 수 있다는 점도 입증되었다. 프로그램 시작 전에 모든 학생들과 어른들이 학교폭력에 대한 정서적 자각과 지식 축적이 이루어지는 것이 유용하다. 일단 인식 수준이 올라가고 사람들이 해결책을 찾기 시작했다면, 정책 개발 과정을 통해 공통 가치와 행동 준칙을 확인하고 공식화하는 작업에 집중한다. 세번 째 단계에서는 이런 가치와 원칙을 지원할 수 있는 기술을 개발한다. 하지만 프로그램을 짧은 기간에만 시행하고 끝난다면 그 효과가 지속될 수 없다. 그래서 지속적으로 개입하고 정기적으로 학교 분위기를 모니터링하여 학교폭력에 대해 지지적인 분위기가 생겨나는지 아니면 근절하고자 하는 분위기가 유지되는 지를 점검한다. 마지막으로 프로그램 진척에 대한 평가가 활발해져야 한다. 그래서 평가 결과를 통해서 변화를 이뤄낼 수 있어야 한다.

문화는 대륙, 국가, 민족 등 여러가지 기준으로 다양한 모습을 나타낸다. 그간 연구를 통해 문화적 차이를 설명하는 4가지 핵심 기준이 있다는 점을 밝혀 냈으며, 본 챕터에서 프로그램 개발자나 실무자들이 대상자에게 어떻게 적용할 지에 대해 설명했다. 예를 들어, 공식적 권력 수준 차이에 따라 협상을 누구와 어느 시기에 얼만큼 할 수 있는지가 달라졌다. 프로그램이 집단 중심적으로 갈지 아니면 개인 중심적으로 갈지도 여기 문화적 지향점이 어떤 지에 따라 달라진다. 물론 모든 문화권에서 전통적인 남성적 또는 여성적 역할을 곧이 곧대로 받아들이지는 않지만, 분명 그 집단에 내재된 전통적 사고방식, 감정 처리 방식, 행동 방식에 대해서는 숙지할 필요가 있다. 마지막으로 불확실성에 대한 입장도 문화권 마다 다르다. 어떤 문화권에서는 불확실한 상황을 기꺼이 수용하기도 하지만, 다른 문화권에서는 안정과 안전에 많은 노력을 기울인다. 이런 4가지 요인을 활용해 프로그램 기획과 실행에 접목한다면 어떤 프로그램이든 그 잠재력을 극대화시킬 수 있을 것이다.

참고문헌

Benkofske, M., & Heppner, C. C. (1999). Program evaluation. In P. P. Heppner, D. M. Kivlighan, Jr., & B. E. Wampold (Eds.), *Research design in counseling* (2nd ed., pp. 488-515). Belmont, CA: Wadsworth.
Cartledge, G., & Johnson, C. T. (2004). School violence and cultural sensitivity. In J. C. Conoley & A. P. Goldstein (Eds.), *School violence intervention: A practical handbook* (2nd ed., pp. 441-482). New York: Guilford.
Committee for Children. (1993). *Second Step: A Violence Prevention Curriculum*. Seattle, WA: Author.
Committee for Children. (2002). *Steps to Respect: A Bullying Prevention Program*. Seattle, WA: Author.
Espelage, D. L., & Swearer, S. M. (2003). Research on school bullying and victimization: What have we learned and where do we go from here? *School Psychology Review, 32*, 365-383.
Espelage, D. L., & Swearer, S. M. (2006). *Bullying in American schools: A social-ecological perspective on prevention and intervention*. Mahwah, NJ: Erlbaum.
Furlong, M. J., Morrison, G. M., & Greif, J. L. (2003). Reaching an American consensus: Reactions to the special issue on school bullying. *School Psychology Review, 32*, 456-470.
Grossman, D. C., Neckerman, H. J., Koepsell, T. D., & Liu, P. (1997). Effectiveness of a violence prevention curriculum among children in elementary school. *Journal of the American Medical Association, 277*, 1605-1611.
Hazler, R. J. (1998). Promoting personal investment in systemic approaches to school violence. *Education, 119*, 222-231.
Hazler, R. J., & Carney, J. V. (2006). Critical characteristics of effective bullying prevention programs. In S. R. Jimerson & M. Furlong (Eds.), *Handbook of school violence and school safety: From research to practice* (pp. 275-292). Mahwah, NJ: Erlbaum.
Hazler, R. J., & Carney, J. V. (2000). When victims turn aggressors: Factors in the development of deadly school violence. *Professional School Counseling, 4*(2), 1-5, 112.
Hazler, R. J., Hoover, J., & Oliver, R. (1991). Student perceptions of victimization in schools. *Journal of Humanistic Education and Development, 29*(4), 5-15.
Hofstede, G. (2001). *Culture's consequences* (2nd ed.). Thousand Oaks, CA: Sage.
Hofstede, G., & Hofstede, G.J. (2005). *Cultures and organizations: Soft ware of the mind*. New York: McGraw Hill.
Kallestad, J. H., & Olweus, D. (2003). Predicting teachers' and schools' implementation of the Olweus Bullying Pre-

vention Program: A multilevel study. *Prevention and Treatment, 6,* Article 0021a. Retrieved January 3, 2005, from http://jounrals.apa.org/prevention/volume6/pre0060021a.html

Limber, S. P., Nation, M., Tracy, A. J., Melton, G. B., & Flerx, V. (2004). Implementation of the Olweus Bullying Prevention Program in the southeastern United States. In P. K. Smith, D. Pepler, & K. Rigby (Eds.), *Bullying in schools: How successful can interventions be?* (pp. 55-79). New York: Cambridge University Press.

Limber, S. P., & Small, M. A. (2003). State laws and policies to address bullying in schools. *School Psychology Review, 32,* 445-455.

McEachern, A. G., Kenny, M., Blake, E., & Aluede, O. (2005). Bullying in schools: International variations. *Journal of Social Sciences, 8,* 25-32.

Olweus, D. (2005). A useful evaluation design, and effects of the Olweus Bullying Prevention Program. *Psychology, Crime, & Law, 11,* 389-402.

Orpinas, P., & Horne, A. M. (2006). *Bullying prevention: Creating a positive school climate and developing social competence.* Washington, DC: American Psychological Association.

Rigby, K. (2002). *New perspectives on bullying.* Philadelphia: Jessica Kingsley.

Samples, F., & Aber, L. (1998). Evaluations of school-based violence prevention programs. In D. S. Elliott, B. A. Hamburg, & K. R. Williams (Eds.), *Violence in American schools* (pp. 217-252). Cambridge, UK: Cambridge University Press.

Scheckner, S. B., & Rollin, S. A. (2003). An elementary school violence prevention program. *Journal of School Violence, 2,* 3-42.

Smith, P. K., Morita, Y., Junger-Tas, J., Olweus, D., Catalano, R., & Slee, P. (Eds.). (1999). *The nature of school bullying: A cross-national perspective* (pp. 1-4). New York: Routledge.

Swearer, S. M., & Doll, B. (2001). Bullying in schools: An ecological framework. *Journal of Emotional Abuse, 2,* 7-23.

Tolan, P., & Guerra, N. (1994). *What works in reducing adolescent violence: An empirical review of the field.* Boulder: University of Colorado Press.

30

방폭학교 만들기
존중과 배려의 지역사회 만들기

WILLIAM PORTER, AMY PLOG, KATHRYN JENS,
CARLA CARRITY, AND NANCY SAGER

개괄

방폭학교 만들기(Bully-Proofing Your School; '방탄'이라는 'bullet-proof'를 응용한 표현; 방폭학교 만들기)는 1994년 초등학교 단위에서 학교폭력을 감소시키기 위한 포괄적 예방 프로그램으로 개발되었다. 가해자와 피해자 집단만 추려서 개입하는 방식이 별 효과가 없다는 점을 확인한 후, 학교폭력 연구자들은 효과적인 학교폭력 프로그램에 대해 고찰했다. Olweus(1991)의 선구자적 발상으로 교사 훈련과 학생 교과 과정을 통한 학교 단위의 체계적 학교폭력 개입 사업이 개발되었다. 방폭학교 만들기의 핵심은 신체적, 언어적, 사회적 공격성을 허용하지 않는 교내 문화를 만들어 모두에게 안전한 학교 환경을 만드는 데에 있다. 이런 바람직한 환경은 그냥 생겨나지 않는다. 즉, 학생, 학부모, 교사, 직원 등이 힘을 합쳐 만들어내고 길러내며 또 유지해야 되는 것이다.

 물론 방폭학교 만들기는 원래 초등학교를 위한 프로그램이었지만, 이제는 모든 연령대에 접목이 가능하여 초기 아동기에서부터 고등학교까지 적용 가능하다. 이번 챕터에서는 지난 13년간 미국과 캐나다 초등학교에서 시행하면서 얻은 경험에 초점을 맞추어서 진행하겠다. 이 기간 동안 학교폭력의 역동, 교사와 행정가들의 피드백, 또 제일 중요한 학생들의 피드백을 통해 방폭학교 만들기 프로그램의 핵심 요소를 확인해 낼 수 있었다. 권력의 중심을 소위 '존중의 가치를 인식하는 대부분의 학생들'에게 옮겨주고 이들이 친사회적 기술을 활용할 수 있도록 하는 것이 이 프로그램의 핵심이다. 다음과 같은 방식으로 실행하면 문화적 개입 효과가 극대화 된다: 1) 학교 분위기 평가를 시행하고, 교직원 훈련 및 학교폭력 교칙을 개발한다. 2) 학생들에게 보호와 존중의 전략과 기술을 가르친다. 3) 학생들이 침묵의 집단에서 돌봄의 집단으로 변신할 수 있도록 긍정적 교내 분위기를 만들어 돌봄의 지역사회로 만든다. 본 챕터는 방폭학교 만들기 개념적 구성, 구체적 접근법, 연구 자료를 바탕으로 더 자세한 정보를 제공할 것이다.

개념적 구성

안전하고 포괄적이며 존중의 문화가 배움터에 안착하는 것이 방폭학교 만들기의 궁극적 목표다. 본 개입 사업은 아래에 정리된 6가지 원칙을 따른다. 이 원칙에 따라 교직원, 학부모, 학생은 서로 협력하여 이 목표를 현실에 구현시킨다.

원칙 1: 아이들이 신체적으로나 심리적으로 안전하게 배울 수 있는 환경을 만드는 것은 어른들의 책임이다. 그렇기 때문에 모든 교직원들이 참여해야 프로그램 성공을 기약할 수 있다. 이 점은 성공적인 학교폭력 예방 프로그램의 효과성을 검증해온 여러 문헌에서도 반복적으로 나타나는 소견이다(Elias, Zins, Graczyk, Weissberg, 2003; Michalic, Irwin, Elliot, Fagan, & Hansen, 2001; Nation 등, 2003; PPN, 2004). 교직원 전원 참여는 말이 쉽지 실천은 어려운 데, 모든 직원들이 학교폭력이 문제라는 인식을 가져야 되며 또 각자의 역할이 주어지기도 해야 한다. 그간 연구를 보면 안타깝게도 모든 직원들이 학교폭력이 문제가 된다고 보는 것은 아니며, 이에 대해 따로 업무분장을 항상 맡는 것도 아니었다. 특히, 이런 현상은 중학교 이상에서 더 두드러졌다(O'Moore, 2000). 게다가 교사들은 학교폭력 문제를 상대할 준비가 안 되어 있다고 느끼는 경우가 많았으며(Byrne, 1994), 어떻게 대응해야 효과적인지에 대해서도 더 많이 알고 싶어하였다(Boulton, 1997). 어른들이 적절하게 행동할 수 있어야 학생들이 어른들에게 학교폭력 문제를 알리지 않는 '침묵 상태'를 깰 수 있다. 이런 침묵 상태는 아이들이 학교폭력 문제에 대한 염려를 어른들이 잘 경청해주지 않는다거나 오히려 상황을 더 악화시킨다고 여길 때 더 조장된다(Bentley & Li, 1995; Hazler, 1996; Newman, Murray, & Lussier, 2001). 따라서 긍정적인 학교 환경을 만들기 위한 과정의 일부로 어른들의 인식과 기술도 포함된다는 점을 명심해야 한다.

원칙 2: 학교폭력은 '갈등'이나 '공격성'과 동의어가 아니다. 물론 학교폭력을 공격적 행위의 한 지류로 간주할 수 있으나, 학교폭력적 행위가 성립되기 위해서는 가해자와 피해자 간의 '권력의 불균형'이 제일 중요한 기준으로 회자되고 있다(Espelage & Swearer, 2003; Furlong, Morrison, & Grief, 2003; Glew, Rivara, & Feudtener, 2000; Juvonen, 2001; Limber & Small, 2003; Nansel 등, 2001; Olweus, 1997; Pellegrini, 2002; Rigby, 2000; Smith 등, 2002). 이런 점 때문에 기존의 갈등해결법으로는 학교폭력 문제가 해소되지 않고(Limber, Flerx, Nation, & Melton, 1998; Limber & Nation, 1991), 오히려 특별한 개입 방법이 필요하다. 여기에는 어른들이 개입해서 권력의 불균형을 뒤흔드는 것도 포함된다. 게다가 학교폭력은 다양한 형태를 띠기 때문에, 교직원들은 '일상적인 갈등'과 '학교폭력'을 구별할 수 있도록 적정한 교육 과정이 필요하다. 이런 이해가 바탕이 되어야 어른들이 적절하게 개입하여 피해자와 방관자들이 더 나쁜 상황에 빠지지 않도록 할 수 있다.

원칙 3: 돌봄의 지역사회(교내 어른들과 학생들이 단합이 된 사회)를 마주하면 가해자들은 뿔뿔이 흩어진다. 그간 연구를 보면 학교폭력 문제에 있어 방관자의 역할이 얼마나 중요한지 지속적으로 근거를 제시하였다(예: Craig, Pepler, & Atlas, 2000; Salmivalli, 1999). 학생 방관자의 역할이 매우 중요한데, 그 이유로는 1) 어른들은 학교에서 일어나는 학교폭력 사건에 대해 아는 바가 거의 없고(Cowie, 2000; Craig & Pepler, 1997; Gropper & Frochl, 1999), 2) 학생들은 학교폭력에 대해 아무 행동도 하지 않거나 오히려 상황을 더 악화시키며(Craig & Pepler, 1997; Craig 등, 2000; O'Connell, Pepler, & Craig, 1999; Salmivalli, 1999; Stevens, Van Oost, & De Bourdeaudhuij, 2000), 3) 방관자들의 행동 변화가 가해자나 피해자의 행동 변화 보다 더 쉽기 때문이다(Salmivalli, 1999). 물론 학생들의 역할도 중요하지만, 방폭학교 만들기에서는 학부모와 지역사회의 지원도 매우 중요하다. 아무튼 모두가 협력하여 가해자가 쥔 권력을 지역사회로 옮겨올 수 있도록 한다.

원칙 4: 징벌적 프로그램은 가해 행위만 초점으로 맞추고 싶을 때만 효과적이다. O'Connell, Pepler, & Craig(1999)는 가해자들에게 징계 조치로 끝내는 것만으로 적당치 않다고 경고했으며, Limber & Small(2003)은 학교폭력에 대한 징벌적 접근은 학교폭력 문제를 더욱 음성화시킬 수 있다고 지적했다. '침묵'은 깨져야 된다는 것이 방폭학교 만들기의 신념이다. 마지막으로 무관용 정책(크건 작건 어떠한 소동 행위도 상대적으로 비슷한 수준에서 처벌하는 것)은 긍정적 학교 분위기 형성에 그다지 효과적이지 않다는 점이 밝혀졌다(Furlong 등, 2003; Orpinas, Horne, & Staniszewski, 2003). 방폭학교 만들기는 징벌적 프로그램이 아니라 개입 사업을 통해 가해 행위에 대한 훈계를 제공함으로써 권력 갈등을 조정하려는 프로그램이다. 즉, 본 프로그램은 가해자에서 권력을 가져오고, 가해자들에게 친사회적 기술을 교육한다.

원칙 5: 방폭학교 만들기는 포괄적으로 시행했을 때 효과가 극대화된다. Roland(2000)가 노르웨이에서 15년간 학교폭력 프로그램 시행 과정을 관찰한 결과, 학교폭력 개입 사업을 좀 더 진지하고 통합적이고 체계적인 견지로 운영한 학교일수록 더 긍정적인 결과를 냈다. 게다가 대다수 연구자들은 개입 사업에 진정성을 가지고 임하는 것이 중요하다고 지적하기도 하고(Biglan, Mrazek, Carnine, & Flay, 2003; Blase & Fixsen, 2006; Kam, Greenberg, & Walls, 2003; Nation 등, 2003; Weissberg, 2004), 질적으로나 양적으로 적정 수준으로 서비스가 전달될 수 있도록 관리하는 것이 중요하다고 언급한다(Elliott, 2006). 방폭학교 만들기가 다양한 학교로부터 다양한 수준의 자원을 채택할 만큼 유연하지만, 단발성 실행하거나 연속성이 끊기면 프로그램 효과가 제한적일 수 있다. 프로그램의 각 요소는 중요하다. 그래서 모든 요소들이 잘 구현될 수 있도록 해야, 이 모든 게 조화를 이루어 안전한 학습 환경이 조성된다.

원칙 6: 목적을 이루기 위한 수단은 많은 법이다. 본 프로그램은 각 교직원들의 스타일과 강점과 경험을 알아보고 활용하는 것을 강조한다. 어떤 교직원은 가해자들을 상대하는 것이 더 편하고 실력 발휘를 잘 하기도 한 반면, 다른 사람들은 피해자에 대해 더 능력을 발휘할 수 있다. 각 개인 별로 맡은 역할들은 다 의미 있으며, 각자가 각자의 방식으로 방폭학교 만들기 프로그램 성공에 기여할 수 있다. 이와 마찬가지로, 초등학교에서는 학년마다 발달학적 특징이 다양하기 때문에, 학년에 따라 학교폭력 개입 프로그램 운영도 달리해야 될 수도 있다.

상기 6가지 원칙을 잘 숙지하고 어떻게 하면 잘 구현시킬지에 대해 고민한다면 돌봄의 지역사회를 구축할 수 있다. 방폭학교 만들기는 존중의 본보기 제시, 자기 역량 강화, 후손 돌봄에 대한 욕구 증진을 강조한다. 다음 단락에서는 학교폭력으로부터 아이들이 안전해질 수 있는 구체적이고 효과적인 방법에 대해 논의하겠다.

구체적 접근법

방폭학교 만들기는 학교 단위 프로그램으로 학생을 가르치는 교직원 전부를 훈련시키고 지역사회와 학부모를 프로그램 신념과 원리에 다 참여할 수 있도록 고안되었다. 학교는 시범사업을 통해 학교폭력이 문제라는 점을 인식할 수 있도록 하고, 특정 문제 영역에 대한 수요 조사를 실시하며, 기대 행동 사항과 훈계 계획에 대해 설정하도록 조언을 받을 수 있다.

실행 단계에서는 교직원 위원회가 아래에 기술된 프로그램 요소를 지도한다.

1. 교직원 훈련: 대개 하루 과정이며 다음과 같은 필수 정보를 전달할 수 있어야 한다.
   - 학교폭력의 정의 및 일상적 또래 갈등과의 차이점
   - 가해자, 피해자, 방관자의 역할과 특성
   - 학교폭력의 역동에 대한 교육, 여기에는 피해자 쪽으로는 학습에 대한 영향과 장기적 후유증(예: 우울증 및 자살 경향; Espelage & Swearer, 2003; Glew 등, 2000; Juvonen, Graham, & Schuster, 2003; Nansel 등, 2001; Solberg & Olweus, 2003; Rigby, 2000; O'Moore, 2000; Smith & Brain, 2000) 및 가해자 쪽으로는 향후 전과자 가능성과 가정폭력 가능성(Colvin, Tobin, Beard, Hagan, & Sprague, 1998; Limber & Nation, 1991; Olweus, 1991, 1993; Smith, Bowers, Binney, & Cowie, 1993).
   - 가해자, 피해자, 방관자에게 각각 제일 효과적인 어른들의 갈등 중재 유형
   - 상기 사항과 관련된 교육 과정 복습과 실습

2. 학생 지도: 저학년을 위한 6회기 강의와 중간 학년을 위한 6회기 강의가 포함된다. 다음은 학생들에게 반드시 전달되어야 할 사항이다.
   - 학교폭력의 정의 및 가해자, 피해자, 방관자 역할
   - 방폭학교 삼대 원칙
     - 우리는 다른 학생들을 괴롭히지 않는다.
     - 우리는 소리를 내거나 어른들의 도움을 요청하는 방법으로 괴롭힘 당하는 학생들을 돕는다.
     - 우리는 학교와 관련된 활동에 모든 학생들이 포함될 수 있도록 추가적인 노력을 한다.
   - HA HA SO(Help, Assert, Humor, Avoid, Self-talk, Own it; 돕고, 자기 표현 분명하게 하고, 유머를 활용하고, 피하고, 자기 자신과 대화하고, 인정한다)-이 6가지 요령을 통해 학생들은 학교폭력 상황에 감정적으로 휘둘리지 않고 자기 자신을 보호할 수 있다.
   - CARES(Creative problem-solving, Adult help, Relate and join, Empathy, Stand up; 창의적 문제해결, 어른들의 도움, 참여와 관계, 공감, 당당히 맞서기)-이 5가지 요령으로 학생들은 학교폭력을 당하고 있는 다른 학생을 도울 수 있다.
   - 고자질과 신고의 차이
   - 돌봄의 지역사회 조성 참여의 중요성-여기에는 돌봄 행위를 인정받고 합당한 보상이 주어진다는 사실을 알려준다.
   - 저학년 학생들에게는 친구 관계 기술에 대한 지도를 한다.

3. 피해자를 위한 맞춤형 개입
   - 친구 관계 기술에 대한 지도가 포함되어야 한다. 사회적 고립, 열악한 사회 기술, 학교폭력 피해 경험 간에 강한 상관관계가 있다(Demeray & Malecki, 2003; Juvonen 등, 2003; Nansel 등, 2001; Pellegrini, 2002; Solberg & Olweus, 2003).
   - 자존감과 의사소통 기술에 대한 지도

4. 가해자를 위한 맞춤형 개입
   - 반사회적 행동을 부르는 사고 오류에 대한 지도(Samenow, 1989) 및 이런 사고 오류의 대안을 찾는 전략
   - 분노 조절 훈련과 사회 문제 해결 지도

5. 학부모 및 지역사회 참여 유도: 다양한 방법을 동원할 수 있다(예: 뉴스레터나 가족의 밤 이벤트 개최 등)
   - 방폭학교 만들기의 개념과 소통 방식을 알려준다. 이를 통해 프로그램이 학교 안에서 뿐 아니라 등하교길에서도 통하도록 한다. 물론, 청소년 스포츠나 스카우트 활동이나 기타 지역사회 활동에서도 본 프로그램의 취지가 구현되도록 한다.
   - 학교폭력을 용납하지 않으며 친절함이 보상받는다는 철학에 부모가 동참하도록 한다.

상기 5가지 프로그램 요소를 통해 얻고자 하는 이상적인 결과물과 이에 따른 영향을 그림 30.1에 제시하였다.

이런 결과를 확실히 이끌어내기 위해서 방폭학교 만들기 프로그램의 효과성에 대한 평가도 중요하다. 평가는 본 프로그램의 마지막 단계에서 시행하여 유지 단계 내내 지속한다. 이 과정에서는 정기적인 교직원 위원회 회의가 필요하며, 프로그램이 활기를 띨 수 있도록 노력하고, 본 프로그램과 다른 프로그램들 및 이와 관련된 목표들도 서로 통합될 수 있도록 하며, 학생들에게 역량을 이양하고, 지속적으로 기술적 및 재정적 지원이 이루어지도록 한다.

관련 연구

방폭학교 만들기에는 그간 긍정적 분위기 변화 또는 학교폭력 감소에 필요하다고 검증된 요소들이 포함되어 있다. 구체적으로 그간 학교폭력 연구 결과에 따르면 대체로 교내 학교폭력 평가와 더불어 학교폭력 역동에 대한 인식 증진이 필요하다는 점을 강조하고 있다(Eslea & Smith, 1998; Olweus, 1991, 1997; Orpinas 등, 2003; Peterson & Rigby, 1999; Smith, 1997; Whitney, Rivers, Smith, & Sharp, 1994). 본 프로그램에서는 콜로라도 학교분위기 설문조사(the Colorado School Climate Survey, CSCS)를 활용하였다. CSCS는 학교폭력 행위, 안전에 대한 인식, 전반적인 학교 분위기를 평가하도록 고안되었으며, 이를 통해 교내 학교폭력 문제의 수위가 어느 정도인지 또 어떤 요인에 집중해야 될지에 대한 정보를 제공한다(예: 학교폭력이 발생하는 장소, 학교폭력 행위 유형, 학교폭력 경험 혹은 목격한 학생들의 반응). 학생, 교직원, 학부모 훈련 모두에서 학교폭력 역동에 대한 정보를 포함시켰다.

효과적인 학교폭력 개입을 위해서 검증된 두 번째 요인으로는 학교 단위의 체계적 접근법이 있다(Aro-

그림 30.1 방폭학교 만들기: 초등학교용 포괄적 접근법. 2판. Longmont, CO: Sopris West. Sopris West, Inc. Garrity, C. Jens, K. Porter, W. Sager, N., & Short-Camilli, C.(2004)로 부터 사용 승인받음.

ra, 1994; Eslea & Smith, 1998; Olweus, 1991, 1997; Orpinas 등, 2003; Peterson & Rigby, 1999; Pepler, Criag, Ziegler, & Charach, 1994; Smith, 1997; Stevens 등, 2000; Whitney 등, 1994). 본 프로그램은 체계적이고 포괄적인 분위기 변화용 프로그램으로 기획되었다. 학교폭력에 관한 규칙 및 정책 수립도 필수적인 학교폭력 개입 활동의 일환으로 포함시켰다(Arora, 1994; Eslea & Smith, 1998; Olweus, 1991, 1997; Orpinas 등, 2003; Pepler 등, 1994; Peterson & Rigby, 1999; Smith, 1997; Whitney 등, 1994). 또한 학교 단위의 훈계 조치 계획과 더불어 각 학급별 규칙도 수립하여서 좀 더 구체적으로 학교폭력 문제에 대응할 수 있도록 하였다. 그리고 그간 연구에 따르면 가해자와 피해자에 대한 개입 활동 역시 중요하다(Eslea & Smith, 1998; Pepler 등, 1994; Sharp & Smith, 1991; Smith, 1997; Stevens 등, 2000; Whitney 등, 1994). HA HA SO 모델도 학생들이 피해자로 빠지지 않도록 도움이 될 수 있다. 게다가 본 프로그램은 가해자에 대한 적절한 대응과 피해자에 대한 지원의 중요성도 강조하고 있다.

효과적인 학교폭력 개입 사업을 위한 마지막 요인으로는 또래 학생들의 참여가 있다(Cowie, 2000; Eslea & Smith, 1998; Naylor & Cowie, 1999; Orpinas 등, 2003; Pepler 등, 1994; Peterson & Rigby, 1999; Sharp & Smith, 1991; Smith, 1997; Stevens 등, 2000; Whitney 등, 1994). 앞서 언급한 대로 또래가 중요한 데에는 이유가 몇가지 있다. 일반적으로 학교폭력은 가해자와 피해자 양자간의 문제라고 생각하지 않고, 이들을 둘러싼 사회적 환경이 문제라고 본다(Espelage & Swearer, 2003). 이런 환경 속에 어른들은 학교폭력 문제에 대해서 잘 알지 못하는 경우가 많으나 또래 학생들은 그렇지 않다(Pepler 등, 1994). 게다가 학생들은 대체로 가해 행위에 대해 강경한 입장을 지니는 것으로 응답하고 있지만, 연구 결과를 보면 학생들은 학교폭력을 더 악화시키는 방향으로 행동하는 경우가 많다는 점이 입증되었다(Salmivalli, 1999). 본 프로그램에서는 방관자 학생들에게 학교폭력 대응 전략을 가르쳐주는 수업 과정도 포함하고 있다. 게다가 본 프로그램의 궁극적 목표인 돌봄의 지역사회를 구축하는 것도 전체 또래 네트워크의 중요성을 입증한 이런 연구 결과를 토대로 세워진 목표이기도 하다.

효과적인 프로그램 시행을 위한 탄탄한 이론적 근거 외에도, 본 프로그램의 효과성을 직접적으로 평가하기 위한 몇몇 예비 연구도 이루어졌다. Epstein, Plog, & Porter(2002)는 교외 초등학교를 대상으로 4년간 본 프로그램의 효과성을 연구하였다. 시간차 비교를 통해 같은 학교의 사전 상황을 대조군으로 삼아 비교했을 때, 4개 학교의 학교폭력 행위가 유의하게 감소하였으며 안전에 대한 인식도 개선되었다. 비록 이 연구에서 활용한 방법이 Olweus 학교폭력 예방 프로그램의 평가 연구와 비슷하지만(Olweus, 1991), 대조군을 포함시켰다는 점에서 본 프로그램의 효과성을 더 보장할 수 있게 되었다. Beran & Tutty(2002)는 개입군(본 프로그램의 수정판)과 대조군을 포함시켜 연구하였다. 그 결과, 개입군에서는 학교폭력 목격 보고가 유의하게 감소한 반면($t=3.84$, $p=0.001$), 대조군에서는 그렇지 않았다($t=1.45$, n.s.). 또한 대조군에서는 피해자에 대한 긍정적 태도가 감소한 반면($t=5.79$, $p<0.001$), 개입군에서는 그렇지 않았다.

한계점 및 향후 연구 방향

비록 예비 연구에서는 본 프로그램이 고무적인 것으로 나타났지만, 좀 더 엄격한 연구를 통해 본 프로그램의 효과성을 평가해야 한다. 폭력예방연구센터(the Center for the Study and Prevention of Violence)에서 여러 해 동안 다양한 기관에서 평가 연구를 진행하였으며, 곧 결과가 나올 예정이다. 이 연구 결과에 이어, 어떤 프로그램 요소가 긍정적 변화에 중요한 지 확인해내야 한다. 13년간 본 저자가 프로그램을 실행해 본 경험 상, 바람직한 프로그램 운영 방향과 실제로 운영되는 양상과 큰 간격이 벌어질 수도 있기 때문이다. 앞서 언급했듯이, 연구자들은 진정성을 가지고 프로그램을 실행하는 것이 중요하다고 강조한다(Biglan 등, 2003; Blasé & Fixsen, 2006; Elliott, 2006; Kam 등, 2003; Nation 등, 2003; Weissberg, 2004). 어떤 요소(예: 학교폭력 규칙, 방어적 전략, 돌봄의 지역사회)가 프로그램 성공에 결정적인 영향을 미쳤는 지 파악해야, 각 학교에서 어떤 요소는 수정해서 적용할 지 아니면 원래 의도했던 그대로 적용시켜야 할 지를 결정할 수 있을 것이다. 또한 본 저자의 경험에 미루어볼 때, 향후 연구가 필요한 과제 중 하나는 프로그램 유지와 관련된 요인을 분석하는 것이다. 학교에서는 환경이 지속적으로 변한다. 기관장, 교사, 프로그램 주무 등이 바뀌는 것은 일상다반사다. Elias 연구진(2003)은 이런 순환 체계가 문제가 될 수 있다는 점을 지적했다. 이런 순환 체계 때문에 학교에서 프로그램을 신선하게 활성화시킨 상태로 유지시키는 것이 어렵다. 또한 다른 행동 문제 프로그램을 돌리고 있는 학교에서 학교폭력 예방 프로그램까지 적용시키는 것은 어렵다. 학교폭력 예방 프로그램을 기존의 체계적 행동 개입 프로그램과 어떻게 효과적으로 통합시킬 수 있는지를 앞으로 연구해봐야 한다.

우리는 특정 개입 프로그램 자체도 중요하지만, 프로그램을 적용시키는 상황 또한 중요하다고 믿는다. 개입 프로그램을 적용시키는 이유와 같은 요인도 프로그램 실행 자체에 큰 영향을 미친다. 대부분의 학교폭력 프로그램은 자원은 부족하나 정치적 지원이나 강력한 리더십이 없는 상태에서 지나치게 확장된 지역사회에서 시행된다(Forgatch, 2003, p.2). 본 프로그램은 체계적이며 포괄적인 분위기 변화 프로그램으

표 30.1 실무를 위한 제언

학 교	교사/직원	학생 지도	돌봄의 지역사회
• 프로그램은 학교 단위의 작업이며, 프로그램 실행에 앞서 시스템적인 사안들을 먼저 다루어야 한다. • 행동 기대 사항과 훈계 정책이 분명해야 한다. • 개입 사업에 지원적인 행정이 이루어져야 한다. • 수 년간의 헌신이 필요하다 • 프로그램 실행에 앞서 프로그램 골격을 다져야 한다. • 모든 성인들-교직원, 학부모, 지역사회-이 참여한다 • 모니터링과 피드백이 상시 이루어져야 한다. • 본 프로그램은 다른 프로그램과 통합되어 운영한다.	• 정기적이고 일관된 개입을 할 수 있어야 한다. • 교직원은 학교폭력에 연루된 학생들 간의 권력 수준 차이를 식별할 수 있어야 하며, 일상적인 또래 갈등과 구분할 수 있도록 훈련 받는다. • 가해자에 대한 개입은 적절해야 하며 친사회적인 조치가 이루어져야 한다. • 피해자에 대해서는 지지적 개입이 이루어져야 한다. • 교육 타임을 정기적으로 활용한다.	• 모든 학생들은 자기 보호 기술과 배려 기술을 지도 받는다. • 행동 기대 사항이 분명해야 하며, 이에 대한 피드백이 일관되게 이루어져야 한다. • 침묵 상태가 생기지 않도록 한다. • 방관자는 변화의 주역이다. • 가해자의 사고 오류를 변화시킨다. • 피해자의 사회적 고립을 감소시킨다.	• 돌봄의 지역사회에 적절한 행동 사항을 확인한다. • 돌봄의 지역사회에 적절한 행동 사례를 발굴하고 보상하며 기릴 수 있어야 한다.

로, 진정성을 가지고 실행했을 때에는 학교폭력을 감소시킬 수 있다. 프로그램 성공을 위해 수년간 분위기 변화를 이어나가는 것이 중요하며, 이를 위한 방법은 후속 챕터에서 다루도록 하겠다.

참고문헌

Arora, C. M. J. (1994). Is there any point in trying to reduce bullying in secondary schools? A two year follow-up of a whole-school anti-bullying policy in one school. *Educational Psychology in Practice*, 10(3), 155-162.

Bentley, K. M., & Li, A. K. F. (1995). Bully and victim problems in elementary school and students' beliefs about aggression. *Canadian Journal of School Psychology*, 11(2), 153-165.

Beran, T. N., & Tutty, L. (2002). An evaluation of the Dare to Care: Bully Proofing Your School Program. Final report to RESOLVE Alberta, Canada: Author.

Biglan, A., Mrazek, P. J., Carnine, D., & Flay, B. R. (2003). The integration of research and practice in the prevention of youth behavior problems. *American Psychologist*, 58, 433-440.

Blase, K. A., & Fixsen, D. L. (2006, March). *Fidelity—why it matters and what research tells us*. Paper presentedat the Buleprints Conference, Denver, Colorado.

Boulton, M. J. (1997). Teachers' views on bullying: Definitions, attitudes and ability to cope. *British Journal of Educational Psychology*, 67, 223-233.

Byrne, B. J. (1994). Bullies and victims in a school setting with reference to some Dublin schools. *Irish Journal of Psychology*, 15, 574-586.

Colvin, G., Tobin, T., Beard, K., Hagan, S., & Sprague, J. (1998). The school bully: Assessing the problem, developing interventions, and future research directions. *Journal of Behavioral Education*, 8(3), 293-319.

Cowie, H. (2000). Bystanding or standing by: Gender issues in coping with bullying in English schools. *Aggressive Behavior*, 26, 85-97.

Craig, W. M., & Pepler, D. J. (1997). Observations of bullying and victimization in the schoolyard. *Canadian Journal of School Psychology*, 13(2), 41-60.

Craig, W. M., Pepler, D., & Atlas, R. (2000). Observations of bullying in the playground and in the classroom. *School Psychology International*, 21(1), 22-36.

Demaray, M. K., & Malecki, C. K. (2003). Perceptions of the frequency and importance of social support by students classified as victims, bullies, and bully/victims in an urban middle school. *School Psychology Review*, 23, 471-490.

Elias, M. J., Zins, J. E., Graczyk, P. A., & Weissberg, R. P. (2003). Implementation, sustainability, and scaling up of social-emotional and academic innovations in public schools. *School Psychology Review*, 32, 303-319.

Elliott, D. S. (2006, March). Improving the effectiveness of delinquency, drug and violence prevention efforts: Promise and practice. Paper presented at the Blueprints Conference, Denver, Colorado.

Epstein, L., Plog, A., and Porter, W. (2002, Summer). Bully-Proofing Your School: Results of a four-year intervention. *Emotional and Behavior Disorders in Youth*, 55-78.

Eslea, M. & Smith, P. K. (1998). The long-term effectiveness of anti-bullying work in primary schools. *Education Research*, *40*(2), 203-218.

Espelage, D. L., & Swearer, S. (2003). Research on school bullying and victimization: What have we learned and where do we go from here? *School Psychology Review*, *23*, 365-383.

Forgatch, M. S. (2003). Implementation as a second stage in prevention research. *Prevention & Treatment*, *6* (Article 24). Retrieved February 5, 2004, from http://journals.apa.org/prevention/volume6/pre0060024c.html.

Furlong, M. J., Morrison, G. M., & Grief, J. L. (2003). Reaching and American Consensus: Reactions to the special issue on school bullying. *School Psychology Review*, *23*, 456-470.

Glew, G., Rivara, F., & Feudtener, C. (2000). Bullying: Children hurting children. *Pediatrics in Review*, *21*(6), 183-189.

Gropper, N., & Froschl, M. (1999). *The role of gender in young children's teasing and bullying behavior.* Paper presented at the Annual Conference of the American Educational Research Association, Montreal, Canada, April 19-23.

Hazler, R. (1996). *Breaking the cycle of violence: Interventions for bullying and victimization.* Washington, DC: Accelerated Development.

Juvonen, J. (2001). Peer harassment as a personal plight and as a collective problem: Implications for intervention. *Psychological Science Agenda* (Sept./October), 6-7.

Juvonen, J., Graham, S, & Schuster, M. A. (2003). Bullying among young adolescents: The strong, the weak, and the troubled. *Pediatrics*, *112*, 1231-1237.

Kam, C. M., Greenberg, M. T., & Walls, C. T. (2003). Examining the role of implementation quality in school-based prevention using the PATHS curriculum. *Prevention Science*, *4*, 55-63.

Limber, S. P., Flerx, V. C., Nation, M. A., & Melton, G. B. (1998). Bullying among school children in the United States. In M. W. Watts (Ed.), *Crosscultural perspectives on youth and violence* (pp. 159-173). Stamford, CT: JAI Press .

Limber, S. P., & Nation, M. M. (1991). Bullying among children and youth, Juvenile Justice Bulletin. Retrieved from http://www.ojjdp.ncjrs.org/jjjbulletin/9804/bullying2.html

Limber, S., & Small, M. A. (2003). State laws and policies to address bullying in schools. *School Psychology Review*, *23*, 445-455.

Michalic, S., Irwin, K., Elliott, D., Fagan, A., & Hansen, D. (2001, July). Blueprints for violence prevention. OJJDP juvenile justice bulletin. Retrieved February 27, 2004, from http://ncjrs.org/html/ojjdp/jjbul2001_7_3/contents.html.

Nansel, T. R., Overpeck, M., Pilla, R. S., Ruan, W. J., Simons-Morton, B., Scheidt, P. (2001). Bullying behaviors among US youth: Prevalence and association with psychosocial adjustment. *Journal of the American Medical Association*, *285*, 2094-2100.

Nation, M., Crusto, C., Wandersman, A., Kumpfer, K. L., Seybolt, D., Morrissey-Kane, E., & Davino, K. (2003). What works in prevention: Principles of effective prevention programs. *American Psychologist*, *58*, 449-456.

Naylor, P., & Cowie, H. (1999). The effectiveness of peer support systems in challenging school bullying: the perspectives and experiences of teachers and pupils. *Journal of Adolescence*, *22*, 467-479.

Newman, R. S., Murray, B., & Lussier, C. (2001). Confrontation with aggressive peers at school: Students' reluctance to seek help from the teacher. *Journal of Educational Psychology*, *93*, 398-410.

O'Connell, P., Pepler, D., & Craig, W. (1999). Peer involvement in bullying: insights and challenges for intervention. *Journal of Adolescence*, *22*, 437-452.

Olweus, D. (1991). Bully/victim problems among schoolchildren: Basic facts and effects of a school based intervention program. In K. Rubin & D. Pepler (Eds.), *The development and treatment of childhood aggression* (pp. 411-448). Hillsdale, NJ: Erlbaum.

Olweus, D. (1993). Bully/victim problems among schoolchildren: Long-term consequences and an effective intervention program. In S. Hodgins (Ed.), *Mental disorder and crime* (pp. 317-349). Sage: Newbury Park, CA.

Olweus, D. (1997). Bully/victim problems in school: Facts and intervention. *European Journal of Psychology of Education*, *12*, 495-110.

O'Moore, M. (2000). Critical issues for teacher training to counter bullying and victimization in Ireland. *Aggressive Behavior*, *26*, 99-111.

Orpinas, P., Horne, A. M., & Staniszewski, D. (2003). School bullying: Changing the problem by changing the school. *School Psychology Review*, *23*, 431-444.

Pellegrini, A. D. (2002). Bullying, victimization, and sexual harassment during the transition to middle school. *Educational Psychologist*, *37*(3), 151-163.

Pepler, D. J., Craig, W. M., Ziegler, S., & Charach, A. (1994). An evaluation of an anti-bullying intervention in Toronto schools. *Canadian Journal of Community Mental Health, 13*(2), 95-110.

Peterson, L., & Rigby, K. (1999). Countering bullying at an Australian secondary school with students as helpers. *Journal of Adolescence, 22*, 481-492.

Promising Practices Network (PPN). (2004). What are key ingredients in successful implementation? Retrieved February, 2004, from http://www.promisingpractices.net/ssd/ssd3b.asp

Rigby, K. (2000). Effects of peer victimization in school and perceived social support on adolescent well-being. *Journal of Adolescence, 23*, 57-68.

Roland, E. (2000). Bullying in school: Three national innovations in Norwegian schools in 15 years. *Aggressive Behavior, 26*, 135-143.

Salmivalli, C. (1999). Participant role approach to school bullying: Implications for interventions. *Journal of Adolescence, 22*, 453-459.

Samenow, S. (1989). *Before it's too late: Why some kids get into trouble and what parents can do about it.* New York.

Sharp, S., & Smith, P. K. (1991). Bullying in UK schools: The DES Sheffield Bullying Project. *Early Child Development and Care, 77*, 47-55.

Smith, P. K. (1997). Bullying in schools: The UK experiences and the Sheffield anti-bullying project. *Irish Journal of Psychology, 18*(2), 191-201.

Smith, P.K., Bowers, L., Binney, V., & Cowie, H. (1993). Relationships of children involved in bully/victim problems at school. In S. Duck (Ed.), *Understanding relationship processes: Vol. 2. Learning about relationships* (pp. 184-204). Newbury Park, CA: Sage.

Smith, P. K., & Brain, P. (2000). Bullying in schools: Lessons from two decades of research. *Aggressive Behavior, 26*, 1-9.

Smith, P. K., Cowie, H., Olafsson, R. F., Liefooghe, A. P. D. (with A. Almeida, H. Araki, et al.). (2002). Definitions of bullying: A comparison of terms used, and age and gender differences, in a fourteen-country international comparison. *Child Development, 73*, 1119-1133.

Solberg, M. E., & Olweus, D. (2003). Prevalence estimation of school bullying with the Olweus bully/victim questionnaire. *Aggressive Behavior, 29*, 239-268.

Stevens, V., Van Oost, P., & De Bourdeaudhuij, I. (2000). The effects of an anti-bullying intervention programme on peers' attitudes and behaviour. *Journal of Adolescence, 23*, 21-34.

Weissberg, R. P. (2004). Statement before the subcomittee on substance abuse and mental health services, U.S. Senate committee on health, education, labor and pensions. Retrieved March 2006, from www.k12coordinator.org/testimony.pdf

Whitney, I., Rivers, I., Smith, P. K., & Sharp, S. (1994). The Sheffield Project: Methodology and findings. In P. K. Smith & S. Sharp (Eds.), *School bullying insights and perspectives* (pp. 20-56). Routledge: London.

가해자의 가해 행위를 강화시켰다. 다른 사람들은 조용히 무슨 일이 벌어지고 있는지 지켜보기만 하였으며, 이에 대해 가해자는 자신의 행동에 대해 별 반대가 없는 것으로 생각하였다.

대부분의 아이들은 학교폭력에 대해 확실하게 반감이 있다고 응답했음에도(Rigby & Slee, 1991; Salmivalli, 2001), 또래가 옆에 존재하고 있다는 것과 또래들의 품행 때문에 학교폭력을 끝내기 보다는 조장하는 쪽으로 움직이는 것으로 보인다. 다행히 피해자를 방어하고 지지해주는 학생들도 존재한다. Hawkins 연구진(Hawkins 등, 2001) 또래들이 개입했을 때, 58% 정도가 학교폭력 사건을 저지하는 데에 성공한 것으로 밝혔다. Hawkins 연구진이 관찰한 직접적 개입 외에도, 피해자를 위로해준다든지, 교사들에게 신고하는 방법 등도 도움이 될 것이다. 만약 또래집단이 문제의 한 부분이라면, 이 또한 해결책의 한 꼭지가 될 수도 있다.

왜 또래들은 피해자를 잘 돕지 않는 걸까? Juvonen & Galvan(2008)은 적어도 두 가지 동기 때문에 피해자 돕기를 주저한다고 보고 있다. 첫 번째 동기는 아이들이 좀 더 가해자처럼 권력 수준이 높은 사람으로 보여지기 원한다는 것이다. 집단 구성원들도 우월한 자 옆에 서길 원할 뿐 아니라, 지위가 낮은 사람들과도 거리를 띄우고 싶은 동기도 있다. 그 결과 피해자에게 돌아가는 지원은 거의 없으며, 피해자에 대한 배척과 피해의 악순환이 생겨난다(Hodges & Perry, 1999). 두 번째 동기는 자기 보호 욕구다. 가해자의 행위를 묵인함으로써 아이들은 다음 피해자로 지명되는 위험을 줄이려고 하거나 적어도 줄일 수 있다고 믿고 싶어한다(Juvonen & Galvan, 2008).

개입 사업 관점에서는 어떤 유형의 방관자를 움직여야 피해자를 도울 수 있는지를 분별하는 것이 중요하다. 이런 분별에 도움되는 요인으로 입증된 것은 무엇일까? 공감능력이 친사회적이고 이타적인 행위와 종종 연관되는 특성이다(메타분석 참고하려면, Eisenberg, 1987). 우리 연구진에서 진행된 예비 연구 결과를 보면(Caravita 등, 2009; Poyhonen & Salmivalli, 2007), 정서적 공감능력 또는 다른 사람의 정서적 상태를 자신의 것처럼 느낄 수 있는 능력이 피해자 방어와 지지에 도움이 되는 것으로 나타났다. 하지만 이런 상관관계가 아주 높은 수준은 아니었다. 그래서 공감능력만 가지고는 피해자 방어에 충분치 않다. 이런 점은 학교폭력 사건의 본질을 생각해보면 납득이 간다. 가해자는 영향력이 막강하며, 피해자는 배척받고 있고, 목격자들은 또래집단 내 자신의 사회적 지위와 안전에 대해서 걱정하느라 여념이 없기 때문이다.

방어에 대한 자기효능감은 아이가 방어 행동을 어떻게 펼칠 수 있다는 자기 인식을 지칭하며, 방어에 대한 자기효능감이 높은 아이들은 어떻게 방어를 펼쳐야 할 지 알고 이를 쉽게 구현해 낸다. 당연히 예상한 바이지만, 성별에 대한 영향(여학생들이 남학생 보다 방어를 더 많이 한다)과 공감능력(여학생들이 유의하게 더 높은 수준을 보인다)을 통제하면 방어에 대한 자기효능감이 피해자 지지와 양의 상관관계를 보였다. 이와 동시에 학교폭력 사건에서 빠져나와 아무 편도 들지 않는 행위와는 음의 상관관계를 보였다(Poyhonen & Salmivalli, 2007).

방어 행위의 또 다른 요인으로는 학급내 높은 지위가 있었다(Salmivalli 등, 1996). 특히 아동 중기에서는 피해자 방어가 사회적 호감도와 인기 인식도와 관련이 있었다(Caravita 등, 2009). 이 연구 결과를 보면, 또래집단 내 사회적 지위가 높으면 약자 편을 들 수 있는 여건이 된다고 볼 수 있다. 사회적으로 호감을 받는 아이들은 다른 사람 방어에 쉽게 나설 수 있는데, 자기 자신이 피해자로 전락할 가능성이 낮기도 하지만 집단 내 자신의 지위가 확보되었기 때문이다. 게다가 피해자를 방어하는 아이들은 자기 부모님이나 친구들이 그렇게 행동해주길 기대한다는 믿음이 있는 경우가 많다(Rigby & Johnson, 2006). 게다가 이들의 친구들도 피해자를 돕는 경향이 있다(Salmivalli, Huttunen, & Lagerspetz, 1997).

아이들이 학교폭력 상황에서 어떻게 행동하느냐는 개인의 성격에 영향받을 뿐 아니라 전체 학급의 규범에도 영향을 받는다. 어떤 참여 유형을 보일 지는 학급 분위기에 따라 지대한 영향을 받는다(Salmivalli

& Voeten, 2004). 예를 들면, 어떤 학급은 가해자의 행동을 강화시키는 경향이 강한 반면, 다른 학급은 피해자에 대한 지지가 두드러질 수 있다. 이런 다양성은 학급 수준에서 학생들의 전반적인 태도와 규범의 차이로 설명해 볼 수 있다. 이와 마찬가지로 학급 내 규범을 가지고 가해자에 대한 수용도를 설명할 수 있는데, 가해자에 대한 수용 수준은 학급마다 차이가 매우 크다(Sentse, Scholte, Salmivalli, & Voeten, 2007). 문제 행동 감소를 위한 일부 개입 프로그램에서는 지위가 높은 아이들을 활용하는데, 이들은 보통 또래지명법에서 '다른 아이들이 따르는 학생들은?'이나 '아이들 사이에서 트렌드를 이끄는 아이는?' 같은 질문에서 많이 뽑히는 경향이 있다. 요지는 집단 내 규범을 바꾸기 위해서는 가장 영향력 있는 구성원을 통해야 한다는 것이다. 우리는 지위가 높은 친사회적 학생을 학교폭력 프로그램에 활용할 수 있다고 믿는다. 만약 학교폭력 사건이 발발하면, 이런 학생이 특별히 선별되어서 특정 피해자에 대한 지지와 보호를 제공하도록 움직여 볼 수 있다. 대개 또래들은 지위가 높은 아이들과 청소년들을 따라가기 때문에, 또래 학생들이 학교폭력에 대해 저항하면서 피해자를 도울 수 있다.

연구와 실무의 통합: 학교폭력 프로그램의 예비 모델

우리는 학교폭력 프로그램의 목적으로 세 가지를 제시한다. 첫째, 현재 진행되고 있는 학교폭력이 근절되어야 한다. 둘째, 새로운 가해자-피해자 관계가 생겨나지 않도록 예방해야 한다. 셋째, 학교폭력 피해로 인한 후유증을 최소화할 수 있어야 한다.

학교폭력 방관자는 사회적 딜레마에 빠져있다. 이들은 학교폭력이 잘못되었으며, 학교폭력을 멈추기 위해 무언가 행동해야 된다고 생각한다. 하지만 한편으로는 또래집단 내에 자신의 지위를 안전하게 확보해 나가기 위해 노력하고 싶어하기도 한다. 성공적인 개입 사업이 되려면 방관자들이 이 딜레마에 빠지지 않도록 해야한다. 그렇다고 어른들이 특정 가해자만 관리해야 된다는 뜻은 아니다. 우리는 학교폭력 프로그램은 보편적인 활동과 지정 활동도 필요하다고 본다.

보편적 개입이란 집단 규범에 영향으로 주고, 모든 아이들이 건설적인 방식으로 행동할 수 있는 역량을 키워주며, 모두가 학교폭력을 근절할 수 있도록 책임감을 느끼도록 하는 것이다. 지정 개입이란 교직원이 학교폭력 사건 발생을 보고 받으면 그 특정 사례에 대해 개별적 및 집단적 토론으로 해결하는 것이다. 따라서 어른들은 가해자와 피해자 간에 벌어지고 있는 사건을 끝낼 책임이 있고, 피해자에게 필요한 지지를 제공할 의무가 있다. 또한 집단 구성원(학급 학생들)들을 차출하여 지정 활동에 동원하는 방식으로 피해자에 대한 지지를 제공하도록 한다.

보편적 개입 활동과 지정 개입 활동은 우리 모델에 포함되어 있으며, 표 31.1에 더 자세하게 기술되어 있다.

전체 학교를 대상으로 작업하기: 보편적 개입

학교폭력 프로그램은 학생들이 각자 학교폭력 사건에서 어떤 역할을 하고 있는 지에 대한 자각 수준을 올려야 하며, 피해자의 시각에서 이해할 수 있도록 공감능력을 증진시켜야 한다. 학생들이 자기 행동이 전체 문제의 일부를 차지하고 있기 때문에, 모든 이들의 안녕을 위협하는 부정적인 행위에 가담하고 있으며 피해자에게 고통을 주고 있다는 점을 깨닫게 해야 한다. 피해자의 시각에서 보면, 학교폭력에 대해서는

표 31.1 학교폭력 프로그램 모델: 보편적 및 지정 개입

	보편적	지정	
대상	모든 아이들	가해자 및 피해자 개인 +	선별된 학급 동료(친사회적 및 지위가 높은 학생)
목표	친폭력적 행동 감소 피해자를 위한 또래 지지 증진 학급 규범에 영향 주기	현재 진행형 학교폭력 제동 피해자 지지	피해자를 위한 또래 지지 증진
	어떻게?	어떻게?	어떻게?
	자각 수준 증진. 공감. 개입 효능 증진	학교폭력은 용납되지 않으며 즉각 근절되어야 한다는 점을 명시	지위가 높은 또래를 보호자 역할을 감당하도록 하며 다른 아이들의 본으로 삼기
수단	학생 수업	개별 및 소규모 집단 토론 및 경과 추적	소집단 토론
담당자	학급 담임 교사	학교 팀 구성원.	학급 담임 교사

아무도 관심을 가져주지 않는 것으로 받아들일 수 있다. 물론, 학생들은 피해자를 안전하게 도울 수 있는 전략을 안내 받아야 한다. 피해자를 돕는 행위가 안전하게 느껴지게 하려면, 이런 행위가 집단 내 모두의 결정과 헌신을 바탕으로 이루어져야 하며, 꼭 가해자들과 정면으로 맞서는 등 영웅적 행위로 표현해야 될 필요가 없다는 점을 알려줘야 한다. 피해자를 안전하게 돕기 위해서는 피해자 입장에 대한 이해를 소통하거나 피해자와 접촉을 줄이지 않는 등의 작은 실천만으로도 충분하다. 만약 학급내 보상 체계가 바뀐다면, 오히려 또래들이 피해자를 방어하고 지지하는 행동을 강화시킬 것이다.

따라서 보편적 개입 사업의 주된 목표는 친폭력적 행위를 감소시키는 것으로, 가해자를 돕거나 강화시키지 않도록 하면서 피해자에 대한 지원을 늘릴 수 있어야 한다. 이를 위해 학교폭력에 대한 아이들의 믿음과 실제 행동 간에 간극이 있다는 점을 자각시키고, 피해자에 대한 공감을 증진시키며, 피해자에게 안전하게 개입하고 지지해줄 수 있는 전략을 배우고 또 익히도록 한다.

방관자에 대한 개입이 가해자 행동 문제에 대한 개입보다 프로그램 성공에 더 이점이 있다고 믿는 데는 몇가지 이유가 있다. 첫째, 만약 가해 동기가 집단 내 가해자의 사회적 지위와 관련된 이슈라면, 집단 그 자체가 학교폭력을 다스리는 데에 핵심 열쇠가 된다. 예를 들어, 만약 학교폭력을 목격하는 아이들이 가해 행위를 강화시켜주지 않는다면, 그리고 집단이 학교폭력을 저지르는 학생이 높은 지위를 누릴 자격이 없다고 여기면, 가해 행위에 대한 중요한 보상이 사라져 버릴 것이다.

둘째, 방관자들의 행동을 바꾼다고 해서 이것이 가해자 행동 문제 변화로 즉각 이어지지 않는다고 해도, 피해자가 처하게 될 상황 만큼은 상당히 달라지게 된다. 학급 또래들이 피해자를 지지하도록 움직이는 것이 피해자가 겪는 후유증을 최소화시키는 데에 매우 중요하다. 이전에 피해자가 되어본 경험이 있는 학생과 인터뷰한 연구 결과를 보면, 학창 시절 제일 트라우마틱한 기억은 가해자의 행동 문제 그 자체 보다 공동체에서 배제되었다는 인식과 함께 학교폭력을 인정해주거나 신경 쓰지 않는다는 태도였다고 밝혀졌다(Terasahjo, 1997). 학교폭력은 피해자의 지위에 대한 공격이며 피해자의 소속 욕구를 좌절시키는 행위이기도 하다(Hawker & Boulton, 2001). 게다가 학급 내에 보호적인 친구 관계를 형성하는 것이 학교폭력 피해를 예방할 수 있을 뿐 아니라 내현화 문제 같은 후유증도 완충할 수 있다(Boultons, Trueman, Chau, Whiteland, & Amatya, 1999; Hodges, Boivin, Vitaro, & Bukowski, 1999).

방관자 개입이 필요한 세번째 이유는 아주 실용적인 측면에 대한 부분이다. 방관자들이 활동적이고 주도적인 가해자들 보다 개입하기가 더 쉬울 수 있기 때문이다. 방관자들은 학교폭력에 대해 강한 반감을 지니고 있다. 이들은 학교폭력이 잘못되었으며, 피해자에 대해 안타깝게 생각하고 있고, 뭔가 해줬으면 한

다고 보고하는 경우가 많다. 이런 태도를 실제 행동으로 옮기는 것도 고민해볼 도전 과제이기는 하나, 어른들의 당근과 채찍만으로는 가해자 개인에게 접근하는 것보다는 훨씬 더 현실적인 목표가 될 수 있다.

학교폭력 끝장내기: 지정 개입

지정 개입은 말 그대로 학교폭력 사건이 감지되었으며, 그 사례 중심으로 개별 조치를 취하는 것이다. 학급 전체에 대한 중재가 아닌 개인적인 개입 활동 형태를 띠며, 처음에는 가해자와 피해자 따로 따로 면담한 후 학교폭력은 절대 용납되지 않는다는 메시지를 명확히 전달하는 엄격한 토론 시간을 가진다. 토론 과정이 갖는 또 다른 기능은 피해자에게 주는 메시지다. 토론 과정을 통해 피해자는 어른들이 학교폭력 문제를 자각하고 있으며, 피해자의 감정을 이해하고 있고, 어른들이 피해자의 편에 있으며, 학교폭력 근절을 위해 최선을 다한다는 신호를 보여주는 것이다. 이런 토론 과정 후에는 후속 미팅 과정으로 이어질 수 있도록 하여, 어른들이 학교폭력 사건을 근절시켰다는 점을 명확히 입증해 보일 수 있어야 한다.

지정 개입 사건에서도 또래의 역할은 중요하다. 일부 친사회적이고 호감도 면에서 우월한 아이들을 선별하여, 학급 내 특정 피해 학생을 돕기 위해 이들이 무엇을 할 수 있는 지 고민하도록 유도하는 방법으로 참여시킬 수 있다. 이런 방식으로 피해자들은 두 가지 측면으로 도움을 받을 수 있다. 첫째, 지위가 높은 아이들은 다른 아이들에게 영향을 줄 수 있는 위치에 있기 때문에 허용 가능한 행동과 허용 불가한 행동의 기준을 제시할 수 있다(Juvonen & Galvan, 2008; Miller-Johnson & Constanzo, 2004). 이들의 행동은 다른 사람들의 본이 되기 때문에, 다른 아이들도 피해자에 대한 태도를 바꾸어 좀 더 긍정적으로 대우해줄 수 있게 될 수 있다. 즉, 일부 학급 내 또래들이, 특히 지위가 높은 또래들이 피해자를 수용해주고 친구 관계를 허락한다면, 피해자의 고통을 경감시키고 자기 자신에 대해 더 나은 자아상을 가질 수 있게 할 수 있다. 셋째, 지위가 높은 친사회적 또래들은 추가적인 학교폭력 피해 사건에 대해 보호 요인으로 작용한다(Hodges, Boivin, Vitaro, & Bukowski, 1999).

지위가 높은 아이들은 다른 학급 동기에 비해 학교폭력 피해를 당할 확률이 훨씬 더 낮기 때문에 피해자를 돕는 데 있어 더 즉각적일 수 있다. 방어적 행동 예측 요인에 관한 우리 최근 연구 결과가 이런 주장을 뒷받침한다(Caravita 등, 2009; Poyhonen & Salmivalli, 2007).

이론을 현실로 만들기: 핀란드 국가 주도 학교폭력 프로그램의 개발 과정

1990년대 초부터 핀란드에서는 학교폭력 문제에 대해 공론화하기 시작했다. 이와 동시에 학교 안전과 학교 폭력 정책에 관한 법률도 통과되기도 하였다. 1999년 핀란드 기초 교육 법률(the Finnish Basic Education Act)에서는 모든 학생은 안전한 학교 환경을 누릴 권리가 있다고 명시하였다. 교육 관련 종사자들은 학생들이 학교 생활 도중, 어떠한 폭력 경험이든 겪지 않도록 해야 될 의무가 있다. 기초 교육 법률은 2003년에 개정되어, 교육 서비스 제공자들은 학교폭력 및 희롱과 같은 폭력 행위로 부터 학생들이 안전하게 지낼 수 있도록 교과과정과 연동되는 계획을 짜고 실행하며, 이에 대한 지도감독을 받아야 된다는 조항이 추가되었다. 이 법안은 모든 교육 과정에 공히 적용된다.

하지만 학교폭력 문제에 대한 인식이 크게 개선되고 입법 활동도 이루어졌지만, 10년간은 학교폭력 피해 학생의 비율에는 변화가 없었다. 비록 핀란드가 학교폭력 분야 연구가 제일 활발한 국가 중 하나였지만, 전국적 규모의 개입 사업이 개발되거나 집행이 된 적은 없었다. 몇몇 평가 연구만이 국지적으로 시행되었으며, 그중 일부는 몇 년 전에 우리 연구진이 내놓은 것도 있다(Salmivalli, Kaukiainen, & Voeten 2005; Salmivalli, Kaukiainen, Voeten, & Sinisammal, 2004). 물론 우리가 고안한 개입 사업은 위에서 논의한 원칙에 기반을 두었고, 이와 관련된 내용은 표 31.1에 정리했지만, 모든 요소(예: 지정 개입 프로그램에서의 특정 학생 선별, 명확한 학생 강의 과정)가 포함된 것은 아니었다. 그렇지만 연구 결과는 매우 고무적이었다. 예를 들어, 자기보고식 학교폭력 피해 경험률은 감소 하였으며, 프로그램 실행률 수준이 높았던 학교에서는 사전 대비 4학년은 57%, 5학년은 46% 감소하였다. 프로그램 실행률 수준이 상대적으로 낮았던 학교에서는 각각 29%와 15%의 감소폭을 보인 것으로 나타났다. 또한 우리는 자기보고식 가해 행위 비율, 학교폭력에 대한 믿음과 태도, 학교폭력 참여 역할 유형 조사에서도 기대한 만큼 결과가 나왔다.

2006년 핀란드 교육부는 학생들의 행복한 학교 생활을 위해서 대규모 프로젝트를 발족시켰다. 이 프로젝트에는 전국적 학교폭력 프로그램을 개발해서 평가하는 것도 포함되어 있었으며, 이에 대해 교육부는 Turku 대학과 협약을 맺었다. 이 작업은 심리학 교실과 학습 연구 센터가 주관했으며, 본 챕터 제 1저자와 제 3저자가 책임을 맡았다. 이 프로젝트를 통해서 우리는 온전한 교육 교재와 매뉴얼을 갖춘 포괄적 프로그램을 개발할 기회를 얻게 되었고, 관련된 교사 교육 프로그램을 기획했으며, 대규모로 프로그램 평가 연구를 할 수 있게 되었다. 이 평가 연구에는 핀란드의 다양한 지역에서 100개 이상의 학교, 다양한 학년 수천명을 대상으로 진행되었다.

KiVa: 핀란드의 새로운 전국적 학교폭력 프로그램

KiVa는 'Kiusaamista Vastaan(폭력반대)'의 머리 글자를 딴 용어이긴 하지만, 핀란드 말로 'kiva'는 '멋진, 훌륭한, 귀여운'이라는 뜻을 가지고 있다. KiVa(www.kivakoulu.fi)는 근거 중심 프로그램으로, 학교폭력 업무에 관한 구체적인 자료를 제공한다. 본 프로그램은 앞서 언급했던 세 가지 목표에 초점이 맞추어져 있다. 본 프로그램은 현재 진행 중인 학교폭력을 멈추고, 새로운 가해자-피해자 관계가 발생하지 않도록 예방하며, 학교폭력 피해 경험으로 인한 후유증을 최소화하는 것이 목표다. 본 프로그램은 이 목표를 달성하기 위해 보편적 및 지정 개입법 모두 활용한다.

본 프로그램의 독특한 특징으로는 1) 학생, 학부모, 교사를 위한 구체적 자료가 상당히 다양하게 준비되어 있고, 2) 학교폭력에 관한 컴퓨터 게임 같이 인터넷과 가상현실 학습 환경을 활용할 수 있으며, 3) 방관자의 역할을 강조하여 방관자들이 학교폭력에 반대하고 피해자를 지지한다는 입장을 보여줄 수 있도록 격려한다는 점이다.

학생 수업

보편적 개입 파트에 20시간 짜리 학생 수업 과정이 포함되어 있다. 이 수업은 학급 담임 교사가 주관하며, 학교폭력에 관한 토론, 동영상 시청, 역할극 등을 한다. 수업 주제는 처음에는 집단 내 의사소통과 서로에 대한 존중이 중요하다는 일반적인 내용으로 시작하여 학교폭력과 그 기전 및 후유증 등에 대해서 다루게 된다. 동영상 시청 시간에는 학생 시절 학교폭력을 당했던 어른들의 인터뷰가 담겨져 있는데, 본인의 학교폭력 경험과 이로 인해 인생에 어떤 영향을 주게 되었는지 경험담을 들려준다. 어떤 수업 시간에는 방관자 집단이 학교폭력 조장과 억제에 어떤 영향을 주는 지 교육한다. 집단 프로그램 시간에는 피해자를 지지하고 도와줄 수 있는 방법에 대해 브레인스토밍하고 이를 실천할 수 있도록 연습한다. 각 수업이 끝난 뒤, 학급 규칙을 수정 보완하는데, 수업에서 나왔던 핵심 주제를 반영한다. 학년 말에 학급 규칙을 모아서 KiVa 만든다. 그리고 학생들 모두 이 서약서에 서명한다.

학생 수업의 핵심 목표는 집단이 학교폭력의 유지, 피해자에 대한 공감 증진, 피해자에 대한 지지 전략 촉진, 학교폭력 피해 경험에 대한 대응 등에 대해서 집단의 역할이 존재한다는 점을 인식시키는 것이다. 그래서 수업을 통해 학생들 스스로가 마주하고 있는 사회적 딜레마를 다뤄낼 수 있도록 하는 것이다(예: 옳다고 알고 있는 것을 실천하는 것과 집단 내에 정상적이라고 보여지는 것을 행하는 것을 구분하기 등).

학교폭력 컴퓨터 게임

KiVa 프로그램의 독창적 특징 중에 하나가 바로 학교폭력 컴퓨터 게임이 있다는 점이다(그림 31.1). 학생들은 수업 시간에 아래에 묘사된 게임을 한다. 게임은 총 5단계로 이루어져 있고, 한 단계가 마스터가 되어야 교사가 다음 단계로 진행시킨다. 게임은 3번째 수업 시간부터 시작하며, 그 다음 단계는 5번째 수업 시간 이후에 플레이가 가능하다. 이런 식으로 학년 내내 게임을 진행시킨다. 참고로 학생들은 집에서도 게임을 즐길 수 있다. 본 프로그램 게임은 3가지 요소가 포함되어 있는데, '나는 안다.', '나는 할 수 있다.', '나는 한다.'로 구성되어 있다.

'나는 안다.' 부분에서는 학생들이 학교폭력에 관한 새로운 사실을 배울 뿐 아니라 이에 대한 시험도 치른다. 학생들은 수업 시간에 배운 내용을 게임과 같은 형식으로 시험을 보며, 자기 자신이 학교폭력에 대해 어떤 특징을 가지고 있는 지도 점검한다(예: 당신은 얼만큼 집단적 압력에 잘 이겨낼 수 있는가; 당신은 어떤 유형의 학급 동료인가).

'나는 할 수 있다.' 부분에서는 학생들이 가상현실 속 학교 공간을 돌아다니면서 복도, 운동장, 식당 등에서 여러 상황을 마주하게 된다. 학생들은 각 상황에서 어떻게 대처할 지 결정을 내려야 한다. 예를 들면 어떤 말을 하고, 어떤 행동을 하는지 결정하고 자신의 선택에 대한 피드백을 받게 된다. 그리고 학생들은 자신의 언행 전후로 다른 캐릭터들이 어떤 감정과 생각을 갖게 되었을지에 대해서도 검토한다.

그림 31.1 KiVa 컴퓨터 게임에 등장하는 가상학교 캐릭터. 핀란드 교육부.

'나는 한다.' 요소는 학생들이 배운 지식과 기술을 실제 생활에 접목하도록 격려한다. 학생들은 각 게임 단계에서 자신이 배운 기술 중에 어떤 기술을 실제 생활에 써봤는지 질문을 받는다. 예를 들면, 다른 사람들을 존중과 배려로 대한 적이 있는지, 집단적 압력에 저항을 해본 적이 있는지, 아니면 학교폭력 피해를 당하고 있는 누군가를 지지해준 적이 있는지 여부를 대답한다. 다시 강조하지만, 학생들은 자신이 응답한 내용에 따라 피드백을 받는다.

본 프로그램은 첫 1년이 지난 후에도 지속되며, 학생들은 더욱더 능동적으로 프로그램에 참여하게 된다. 학생들은 서로 다른 학급에서 학교 프로젝트를 맡는데, 학생들 스스로가 학교폭력 자료와 계획을 만들어내며, 후배들을 위한 학교폭력 수업도 일부 진행한다. 단, 본 챕터에서 다루고 있는 KiVa 프로그램은 4~6학년을 대상으로 한 버전이라는 점을 알린다. 만약 1~3학년이나 7~9학년을 대상으로 적용하고 싶다면 개편이 필요할 것이다.

학교 운동장에서 학교폭력을 예방하기 위해, 쉬는 시간을 담당하는 교사들에게 특별한 조끼를 지급한다. 조끼 착용을 통해 학생들이 학교폭력 담당 교사가 누군지 쉽게 알아볼 수 있도록 하며, 또한 학생들에게 지도감독자가 상시 대기 중이라는 점을 보여줘 학교폭력에 대해 학교 당국이 진지한 입장을 취하고 있다는 메시지도 전달한다. 학부모도 보편적 개입 프로그램 과정에 참여할 수 있다. 학부모용 지침을 작성하여 각 가정 통신문으로 보내서, 학부모에게 학교폭력에 관한 정보도 알리고 학교폭력 근절과 관련된 조언도 제공할 수 있다. 첫해 프로그램 집행 일정은 표 31.2에 정리해서 제시했다.

지정 개입: 급성 사례에 제동 걸기

본 프로그램의 지정 개입 파트를 실행하기 위해, 각 참여 학교 마다 3명의 교사(혹은 다른 학교 교직원)로 구성된 팀이 있다. 이 팀이 학교폭력 사건이 발생했다는 신고를 접하면 학급 담임 교사와 함께 급성기 개입을 담당한다. 보통 팀원 중 1~2명이 가해자와 피해자를 데리고 개별 또는 집단 토론 과정을 열고, 체계적인 후속 모임을 갖는 방식으로 진행된다. 게다가 학급 담임 교사는 학교폭력을 당한 피해 학생을 지지해주기 위해 학급 동료 2~4명 정도와 함께 모임을 주선해주기도 한다. 학급 담임 교사는 자기 반 학생들에 대해서 제일 잘 알고 있으므로, 학급 내에서 호감도 면에서 지위가 높으면서도 친사회적인 또래를 선별할 수 있다. 피해자와 토론 시간을 가진 팀원도 피해자에게 학급 동료 중에 학교폭력에 가담하지 않으

표 31.2 학기 중 KiVa 프로그램(4~6학년) 실행 스케줄

월	학교 단위	학급 단위	양자간 단위	개인 단위	학부모
8월	교사 및 팀원 교육	레슨 1	급성기 사건 감지 및 즉각적 조치+경과추적	필요시 가해자/피해자 개별적 지지	
	사전 검증 결과 피드백				
9월	교내 전체 회의	레슨 2			학부모 회의
10월	학교 네트워크 회의	레슨 3+KiVa 게임			통지문 발송
11월		레슨 4			
12월		레슨 5+KiVa 게임			
1월	학교 네트워크 회의	레슨 6			
2월		레슨 7+KiVa 게임			
3월		레슨 8			
4월	학교 네트워크 회의	레슨 9+KiVa 게임			
5월	교내 전체 회의	레슨 10+KiVa 게임	↓	↓	학부모 회의

면서 우호적인 동료가 있는지 물어볼 수 있다. 또한 이런 정보를 토대로 학급 동료 선별 작업을 할 수 있다. 교사 매뉴얼과 안내서를 통해 토론과정을 어떻게 구체적으로 진행시켜야 될 지 상세한 설명을 제공하고 있다.

학교폭력은 어른들이 주변에 없을 때 잘 일어나므로 교사나 학부모 눈에 잘 띠지 않는 경우가 많기 때문에 학생들의 자발적인 학교폭력 신고를 장려하는 것이 중요하다. 우리는 아이들이 본 프로그램에 대해서 첫 수업 시간 부터 듣고 학년 내내 반복해서 상기시켜주면(예: 수업, 컴퓨터 게임, 포스터 등), 아이들은 학교에 있는 어른들이 학교폭력에 대해 진지하며 학교폭력 피해에 대해 도움을 받을 수 있을 것이라고 믿을 가능성이 높다. 결과적으로 그저 수수방관하던 학생이든 피해자든 학교폭력에 대해 신고할 가능성이 높아진다. 게다가 교직원과 학부모도 학교폭력에 대한 정보와 학교폭력 감지에 대한 조언도 받기 때문에, 학교폭력 발견과 자각에 더 능숙해질 것이다.

KiVa 실행에 대한 지원

그간 연구에서 효과적인 학교폭력 근절을 위해 프로그램 실행이 중요하다는 점이 입증되었기 때문에(Eslea & Smith, 1998; Olweus, 2004; Salmivalli, Kaukiainen, & Voeten, 2005), 교사들과 교내 프로그램 전담 팀이 본 프로그램을 실행함에 있어 지원받을 수 있는 방식이 몇몇 있다. 교사 지침과 자료들 모두 프로그램에 포함되어 있으며, 모두 바로 실전에 쓸 수 있도록 구성되어 있고 제공된 내용만 가지고도 업무가 충분히 수행 가능하도록 되어있다. 또한 본 프로그램을 실행하는 모든 교사들은 웹 기반 토론 포럼에 참여할 수 있어, 프로그램에 대한 경험과 아이디어를 공유할 수 있다.

지정 개입 프로그램을 지원하기 위해, 교내 전담팀 구성원들 간의 네트워크를 만들었다. 각 네트워크에는 3개 팀이 속해 있다. 즉, 총 9명의 교사나 다른 교직원으로 구성된다는 뜻이다. 이 네트워크는 자기 지방을 중심으로 학년 중 총 3번 정도 만나며, 네트워크를 가이드할 수 있도록 훈련된 핵심 인력과 함께 한다. 첫 단계에서는 프로그램 개발자가 핵심 인력 역할을 맡아서, 프로그램 실행에 따른 성공적 경험과 잠재적 어려움에 대해 알려준다. 본 프로그램이 충분히 보급되고 무르익었다면 새로운 핵심 인력을 훈련하여 배출한다.

본 프로그램의 평가

평가 연구의 목적   본 프로그램에 대한 평가 연구는 몇몇 목표가 서로 연관되어 있는데, 프로그램의 효과성을 조사하고 프로그램 콘텐츠에 대한 추가 개선 정보를 획득하며 향후 프로그램을 각 학교에 맞춤형으로 보급할 때 프로그램에 대한 충실도가 높아질 수 있는 방안 모색을 추구한다.

제일 주된 목표는 본 프로그램이 원래의 목적을 얼만큼 잘 반영하는지를 알아보는 것이다. 본 프로그램의 목적은 현행 학교폭력 근절, 새로운 학교폭력 사례 예방, 학교폭력 피해 후유증 최소화이다. 가해 행위 및 학교폭력 피해 사례 유병률 측정을 통해 핀란드 학교에서 이미 시행 중인 여러 학교폭력 사업과 본 프로그램의 효과를 직접 비교해 볼 수 있다. 따라서 본 프로그램의 가치 여부를 엄격하게 평가해야 한다.

평가 연구의 또 다른 목표는 본 프로그램이 어떤 방식으로 또 어느 시점부터 긍정적 변화를 일으키는 지 알아내는 것이다. 이전 연구 결과를 참고하면, 결과가 다양하게 나와 이런 요인에 대해 입증된 바가 거의 없다(Smith, Schneider, Smith, & Ananiadou, 2004). 본 프로그램에 대한 평가 연구를 시행하면 결과 변화에 대한 관련 기전을 일부 파악할 수 있을 것이다. 예를 들어, 학교폭력 참여 역할 유형과 이와 관련한 현행 학교폭력에 대한 영향에 대한 가설을 검증할 수 있다. 만약 학교폭력을 목격하는 것이 가해자에게 영향이 있다면, 또 방관자들이 새로운 학교폭력 사건 발생을 예방할 수 있다면, 또는 피해자의 고통을 완화시킬 수 있다면, 이런 점도 학교폭력 참여 역할 유형과 관련이 있을 것이다. 이와 마찬가지로 우리는 가해자-피해자 문제에 영향을 주는 개인적 단위, 학급 단위, 학교 단위 요인에 대한 가정도 검증해 볼 수 있다. 이런 정보를 토대로 좀 더 핵심적인 요소에 집중된 정확한 프로그램 설계가 가능해진다. 게다가 우리는 성공적인 프로그램 실행을 위한 최소한의 조건이 무엇인지 확정 짓기를 희망하고 있다.

또한 우리는 평가 연구를 통해서 어떤 요인이 교사들과 학교 단위에서 성공적인 프로그램 집행을 예측할 수 있는지도 조사할 것이다. 이를 통해 큰 맥락에서 어떤 유형의 교사 혹은 학교가 본 프로그램을 실행하게 만들 수 있는지 알면 그만큼 이점이 있을 것이다. 역으로 프로그램 실행에 적합치 않은 학교 유형을 확인할 수 있다면, 성공적인 프로그램 실행을 위해 구체적인 보완책을 준비할 수 있을 것이다. 지자체 교육 행정 기관과 각 학교들은 이 지식을 활용하여 프로그램 도입에 관한 결정 여부 및 이와 관련된 자원 지원에 대해 검토할 수 있다.

마지막으로 우리는 프로그램의 질을 높이기 위해 참여 학생과 교사들을 대상으로 피드백을 수집하였다. 프로그램 참여자들은 프로그램 각 요소별 및 프로그램 전체에 대해서 평가를 할 것이다. 프로그램 대상자에 더 적합하게 가다듬기 위해서는 참여 학생들과 교사들의 경험에 관한 정보가 반드시 필요하다. 위와 같은 4가지 평가 연구 목표를 달성하기 위해 아래에서 설명한 것과 같은 방법으로 광범위한 개입 사업에 대한 연구를 진행하고 있다.

표본, 연구 디자인, 평가 모든 핀란드 종합학교는 본 프로그램의 시범 사업에 참여할 수 있도록 초대받았다. 총 300여 학교가 참여 의사를 밝혔지만, 첫 단계 평가를 위해서 78개 학교가 대표 연구 표본으로 선택되었다(표 31.3). 층별 무작위 표본 수집(stratified random sampling)을 통해 39개 시범 사업 학교와 39개 대조군 학교로 분류했으며, 이들 학교는 모두 핀란드 각 지방을 대표할 수 있도록 분류되었다. 첫 단계에서 시범 사업 학교의 4~6학년 학생들(사전 자료는 이 학생들이 3~5학년을 마치는 시점인 봄에 수집되었다)을 대상으로 프로그램의 효과성을 평가하였다. 개입군과 대조군 모두 400개 학급에 7천명 이상의 학생들이 참여하였다. 두번째 단계에서는 1~3학년과 7~9학년을 대상으로 평가를 진행할 것이며, 평행 표본 수집(parallel sampling) 방식을 활용할 예정이다. 이로써 핀란드 종합학교 전학년이 본 연구에 포함될 것이며, 총 표본은 학생 20,000여명에 달하게 된다.

본 프로그램의 효과를 평가하기 위해 두가지 연구 디자인을 도입하였다: 무작위 실험적 디자인과 코호트-횡적 디자인에 인접 코호트를 겸한 방식이다(표 31.4). 이런 방식으로 두 개의 별개 대조군을 둘 수 있다. 이를 통해 코호트-횡적 디자인에서 나타나는 역사효과(history effect)같이 타당도에 불리하게 작용할 만한 요인들을 제거할 수 있다.

평가 연구의 목적에 맞게, 다양한 요인에 대해서도 평가하고 있다. 이 요인들은 전반적으로 크게 6가지 범주로 분류할 수 있다: 배경 정보(예: 학교, 학생 등에 관한 정보); 가해 경험과 피해 경험; 개인, 학급, 학교 단위에서의 가해/피해 문제와 관련된 잠재적 위험 요인과 결과; 프로그램 실행도(보편적 개입과 지정

표 31.3 프로그램 평가 단계

단계	년도	학년	시범 학교(수)	대조군 학교(수)
1	2007~08	4~6	39	39
2	2008~09	1~3	39	39
		7~9	39	39

표 31.4 코호트-횡적 디자인. 화살표는 비교가 이루어진 대상을 지칭함. 각 코호트에 속한 학생에 대한 사후검증 자료는 같은 학교 같은 연령대 학생 사전 자료와 비교가 이루어짐

코호트	검증 전	검증 후
1	–	1학년
2	1학년	2학년
3	2학년	3학년
4	3학년	4학년
5	4학년	5학년
6	5학년	6학년
7	6학년	7학년
8	7학년	8학년
9	8학년	9학년

알림: 상기 화살표는 본 평가 연구 1단계에서 이루어진 비교 분석을 지칭함.

개입); 프로그램 실행과 관련된 예측 인자(예: 교사의 자기 효능감); 프로그램 사용자의 경험. 대부분의 자료는 웹 기반으로 수집하였으며, 자료 유형은 자기보고식, 또래보고식, 교사 보고식 자료 모두 포함되었고, 특정 학생의 행동과 이와 관련하여 응답자가 생각하는 행동의 원인에 대해서 답하도록 되어 있다. 또한 교사들 본인의 실천 양상과 신념에 대한 응답도 받았다. 모든 연구 참여자들은 개별 연구 ID를 부여 받아, 질문지 응답을 할 때 로그인하도록 하였다. 한편, 연구자들은 누가 작성한 질문지인지 모르도록 처리되었다. 가해자-피해자 관계는 '누가 당신을 괴롭힙니까?(Who do you bully?)'나 '당신을 괴롭히는 사람은 누구입니까?'라는 질문을 통해 확인되었다. 우리는 특정 개인이 겪은 변화, 가해자-피해자 관계, 개입 사업 중의 상황 변화 등에 대해서 추적할 수 있도록 하였다.

대부분 기존 평가 연구가 학생들에 대한 결과 지표를 통해 결과를 제시했던 것을 생각하면, 진정한 횡적 연구 디자인이 적용된 점은 중요한 개선점이라고 볼 수 있다. 대부분 기존 학교폭력 연구는 결과 지표로써 가해 사건과 피해 사건의 수준을 측정하거나 가해자와 피해자의 비율을 측정하였다. 하지만 이런 디자인으로는 가해사건 비율 감소가 기존의 가해자들이 가해 행위를 중단하거나 감소한 것을 반영하는 건지, 아니면 앞으로 가해자가 될 아이들이 그저 가해 행위를 시작하지 않았던 것인지 구분하기 어렵다. 이와 마찬가지로 피해 사건 감소율이 기존 피해자들이 피해자 신세에서 벗어난 것인지 아니면, 잠재적인 피해자들이 연구 기간에서는 피해자가 아직 안되었을 뿐인지 구분하기 어렵다. 특정 인물을 평가 사전과 사후에 추적하면 이런 해석의 어려움을 극복할 수 있다. 이렇게 택일적이지만 상호 배타적이지 않은 조사 과정을 통해서 본 프로그램이 주로 예방적인 측면에서 힘을 발휘하는지 아니면 개입적인 측면에서 효과를 발휘하는지를 밝혀낼 수 있을 것이다.

결론

학교폭력은 또래집단의 상황 맥락에서 발생하고, 또래들이 학교폭력을 강화시키거나 유지시키는 데에 영향을 주기 때문에, 개입 프로그램은 가해자와 피해자에 국한짓기 보다 모든 학생들을 상대로 진행되어야 한다. 학생들은 집단 내 모든이들의 행복을 위한 책임감을 가질 수 있어야 할 뿐 아니라 학교폭력으로 피해를 입는 동료 학생들을 도와주고 지지해줄 수 있는 안전한 전략도 겸비하고 있어야 한다. 하지만 만약 학교폭력 사례가 발생하면, 사건과 관련된 개별 학생들에 대해 효과적으로 대응할 수 있어야 학교폭력을 멈

출 수 있다. 게다가 지위가 높은 학생들을 선별하여 급성기에 피해자들을 보호하고 지지해줄 수 있도록 고민하게 만들어 볼 수 있다.

　핀란드의 새로운 전국적 학교폭력 프로그램인 KiVa를 평가하기 위해서 우리는 가해 및 피해 사례 유병률을 시범 사업군과 대조군을 대상으로 3가지 시점에 걸쳐 비교 측정하였다. 뿐만 아니라 학교폭력 문제와 관련된 몇몇 위험 요인과 후유증에 대한 자료도 수집하였다. 게다가 코호트-횡적 연구 디자인과 인접 코호트 자료 비교를 통해 또 다른 방식으로 효과를 검증할 수 있다. 전통적인 자기보고식 및 또래보고식 질문지에 더해, 우리는 가해자와 피해자 양자간의 관계 자료도 수집하여 시간 경과에 따른 변화 추이를 추적할 수 있도록 하였다. 보편적 개입법과 지정 개입법 실행에 관한 자료는 다양한 방법으로 평가하여, 각 프로그램 효과성을 확인할 것이다. 중요한 사실은 우리는 교직원을 정기적으로 만나서 프로그램 사용자 경험 자료를 수집하고 있다는 점이다. 이를 통해 우리 프로그램을 더욱 더 정교하게 가다듬을 수 있을 것이다. 물론 이 시점에서 우리가 프로그램 효과에 대해 논할 처지는 안 되지만, 시범 학교에서는 교사들과 학생들의 열렬한 호응이 있었다.

참고문헌

Björkqvist, K., Ekman, K., & Lagerspetz, K. (1982). Bullies and victims: Their ego picture, ideal ego picture and normative ego picture. *Scandinavian Journal of Psychology, 23*, 307-313.
Boulton, M., Trueman, M., Chau, C., Whitehand, C., & Amatya, K. (1999). Concurrent and longitudinal links between friendship and peer victimization: Implications for befriending interventions. *Journal of Adolescence, 22*, 461-466.
Caravita, S., DiBlasio, P., & Salmivalli, C. (2009). Unique and interactive effects of empathy and social status on inovlvement in bullying. *Social Development, 18*, 140-163.
Cillessen, A., & Borch, C. (2004). Developmental trajectories of adolescent popularity: A growth curve modeling analysis. *Journal of Adolescence, 29*, 935-959.
Eisenberg, N. (1987). The relation of empathy to prosocial and related behaviors. *Psychological Bulletin, 101*, 91-119.
Eslea, M., & Smith, P. (1998). The long-term effectiveness of anti-bullying work in primary schools. *Educational Research, 40*, 203-218.
Hawker, D., & Boulton, M. (2001). Subtypes of peer harassment and their correlates. In J. Juvonen & S. Graham (Eds.), *Peer harassment in school: The plight of the vulnerable and the victimized* (pp. 378-397). New York: Guilford.
Hawkins, D. L., Pepler, D. J., & Craig, W. M. (2001). Naturalistic observations of peer interventions in bullying. *Social Development, 10*, 512-527.
Hawley, P., Little, T., & Card, N. (2007). The allure of a mean friend: Relationship quality and processes of aggressive adolescents with prosocial skills. *International Journal of Behavioral Development, 31*, 170-180.
Hodges, E. V. E., Boivin, M., Vitaro, F., & Bukowski, W. (1999). The power of friendship: Protection against an escalating cycle of peer victimization. *Developmental Psychology, 35*, 94-101.
Hodges, E. V. E., & Perry, D. G. (1999). Personal and interpersonal antecedents and consequences of victimization by peers. *Journal of Personality and Social Psychology, 76*, 677-685.
Juvonen, J., & Galvan, A. (2008). Peer influence in involuntary social groups: Lessons from research on bullying. In M. Prinstein & K. Dodge (Eds.), *Peer influence processes among youth* (pp. 225-244). New York: Guilford.
Juvonen, J., Graham, S., & Schuster, M. (2003). Bullying among young adolescents: The strong, the weak, and troubled. *Pediatrics, 112*, 1231-1237.
Miller-Johnson, S., & Costanzo, P. (2004). If you can't beat 'em…induce them to join you: Peer-based interventions during adolescence. In J. Kupersmidt & K. Dodge (Eds.), *Children's peer relation: From development to intervention* (pp. 209-222). Washington, DC: American Psychological Association.
Moffitt, T. (1993). Adolescence-limited and life-course-persistent antisocial behavior: A developmental taxonomy. *Psychological Review, 100*, 674-701.
O'Connell, P., Pepler, D., & Craig, W., (1999). Peer involvement in bullying: Insights and challenges for intervention. *Journal of Adolescence, 22*, 437-452.
Ojanen, T., & Salmivalli, C. (2007). *Motivation matters: Social goals predict peer-reported social withdrawal, aggression, and sociometric status during early adolescence.* Paper presented in the SRCD biennial meeting, March 29-April 1,

Boston.

Olweus, D. (2004). The Olweus Bullying Prevention Programme: Design and implementation issues and a new national initiative in Norway. In P. K. Smith, D. Pepler, & K. Rigby (Eds.), *Bullying in schools: How successful can interventions be?* (pp. 13-36). New York: Cambridge University Press.

Pöyhönen, V., & Salmivalli, C. (2007). *Cognitive and affective factors associated with defending the bullied victims.* Poster presented in the SRCD biennial meeting, March 29-April 1, Boston.

Rigby, K. & Johnson, B. (2006). Expressed readiness of Australian schoolchildren to act as bystanders in support of children who are being bullied. *Educational Psychology, 26,* 425-440.

Rigby, K., & Slee, P. T., (1991). Bullying among Australian school children: Reported behavior and attitudes toward victims. *Journal of Social Psychology, 131,* 615-627.

Rodkin, P., & Farmer, T. (2000). Heterogeneity of popular boys: Antisocial and prosocial configurations. *Developmental Psychology, 36,* 14-24.

Rodkin, P., Farmer, T., Pearl, R., & Van Acker, R. (2006). They're cool: Social status and peer group supports for aggressive boys and girls. *Social Development, 15,* 175-204.

Salmivalli, C. (2001). Peer-led intervention campaign against school bullying: Who considered it useful, who benefited? *Educational Research, 43,* 263-278.

Salmivalli, C., Huttunen, A., & Lagerspetz, K. (1997). Peer networks and bullying in schools. *Scandinavian Journal of Psychology, 38,* 305-312.

Salmivalli, C., & Isaacs, J. (2005). Prospective relations among victimization, rejection, friendlessness, and children's self- and peer-perceptions. *Child Development, 76,* 1161-1171.

Salmivalli, C., Kaukiainen, A., & Voeten, M. (2005). Anti-bullying intervention: Implementation and outcome. *British Journal of Educational Psychology, 75,* 465-487.

Salmivalli, C., Kaukiainen, A., Voeten, M., & Sinisammal, M. (2004). Targeting the group as a whole: The Finnish anti-bullying intervention. In P. K. Smith, D. Pepler, & K. Rigby (Eds.), *Bullying in schools: How successful can interventions be?* (pp. 251-273). New York: Cambridge University Press.

Salmivalli, C., Lagerspetz, K., Björkqvist, K., Österman, K. & Kaukiainen, A. (1996). Bullying as a group process: Participant roles and their relations to social status within the group. *Aggressive Behavior, 22,* 1-15.

Salmivalli, C., Ojanen, T., Haanpää, J., & Peets, K. (2005). "I'm O.K. but you're not" and other peer-relational schemas: Explaining individual differences in children's social goals. *Developmental Psychology, 41,* 363-375.

Salmivalli, C., & Voeten, M. (2004). Connections between attitudes, group norms, and behaviours associated with bullying in schools. *International Journal of Behavioral Development, 28,* 246-258.

Schwartz, D., Dodge, K., Hubbard, J., Cillessen, A., Lemerise, E., Bateman, H. (1998). Social-cognitive and behavioral correlates of aggression and victimization in boys' play groups. *Journal of Abnormal Child Psychology, 26,* 431-440.

Sentse, M., Scholte, R., Salmivalli, C., & Voeten, M. (2007). Person-group dissimilarity in involvement in bullying and its' relation with social status. *Journal of Abnormal Child Psychology, 35,* 1009-1019.

Smith, D., Schneider, B., Smith, P., & Ananiadou, K. (2004). The effectiveness of whole-school anti-bullying programs: A synthesis of evaluation research. *School Psychology Review, 33,* 547-560.

South, C., & Wood, J. (2006). Bullying in prisons: The importance of perceived social status, prisonization, and moral disengagement. *Aggressive Behavior, 32,* 490-501.

Sutton, J., Smith, P. K., & Swettenham, J. (2001). 'It's easy, it works, and it makes me feel good': A response to Arsenio and Lemerise. *Social Development, 10,* 74-78.

Teräshjo, T. (1997). *Mitä kuvaukset kertovat? Koulukiusaamisen pitkäaikaisseuraamuksien tutkimus esimerkkinä fenomenologisesta tutkimusotteesta* [A phenomenological sudy of the long-term consequences of victimization]. Unpublished master's thesis, University of Turku.

Troop-Gordon, W., & Broch, R. (2005). Peer-identified aggressor-victim dyads: Prevalence and associated adjustment outcomes. In N. Card & E. Hodges (Chairs), *Aggressor-victim relationships: Toward a dyadic perspective.* Symposium in the Biennial meeting of the Society for Research on Child Development, Atlanta, Ga.

Vaillancourt, T., Hymel, S., & McDougall, P. (2003). Bullying is power: Implications for school-based intervention strategies. *Journal of Applied School Psychology, 19,* 157-176.

32
교직원을 위한 학교폭력 근절법
비판적 시각으로

KEN RIGBY AND SHERI BAUMAN

전 세계 학교 전문가들은 지난 10여 년 동안 학교폭력에 대해 많은 점을 배웠다. 일반적으로 학교 전문가는 학교폭력이 모든 성별 및 연령대에서 만연해 있으며, 아이들 중 상당수가 학교폭력으로 인한 피해를 입고 있다고 인식하고 있다. 그리고 학교폭력에 관련된 정책이 필요하다는 점도 대체로 동의하고 있다. 이들 전문가는 정책안에 어떤 내용이 포함되어야 될지에 대해서 잘 알고 있다. 또한 학급 내에서 어떤 조치가 행해져야 하고 또 어떤 메시지를 전달해야 학교폭력을 예방할 수 있는 지에 대해서도 잘 알고 있다. 전문가들은 효과적으로 학교폭력에 제동을 걸기 위해서는 학교 교직원 모두가 협력해야 된다는 점에 대체로 동의하고 있다. 이를 전문가들은 '전학교적 접근(whole school approach)'이라는 가치로 인식하고 있다. 물론 다 좋은 말이다. 하지만 실제로 학교폭력 사건이 발생했을 때, 언제 무엇을 해야되는 지에 대해서는 종종 혼란스럽기만 하다. 본 챕터는 성공적인 개입 프로그램이 어떤 원리로 학교폭력을 줄이는 지에 대해 기존 문헌을 정리하고, 특히 개별 학교폭력 사례가 발생했을 때 학교가 어떤 조치를 취하는지에 대해 초점을 맞춰 논의할 것이다. 본 챕터에서는 좀 더 성공적인 개입 프로그램으로 만들어내기 위해 도움이 될 만한 점에 대해 제언을 하고자 한다.

학교폭력 개입 사업의 효과성

개입 사업의 효과성에 대한 근거를 평가함에 있어, 두 가지 사항을 구분해야 한다. 하나는 학교가 학교폭력을 예방하기 위해 어떤 전략과 프로그램을 접목시켰느냐다. 예를 들어 학교는 예방 일환으로 아이들에게 학교 교과 과정 속에 학교폭력에 관한 교육을 실시한 경우다. 또 하나는 특정 학교폭력 사건 발생을 교직원이 감지했을 때, 학교가 그 특정 사건을 해결하기 위해 어떤 조치를 취했느냐. 전자에 대해서는 현재는 문헌상 근거가 제한되어 있긴 하지만, 점점 근거가 축적되는 추세다(Baldry & Farrington, 2007; Smith, Pepler, & Rigby, 2004; Vreenam & Carroll, 2007). 평가 연구 결과를 보면, 프로그램마다 결과는 상이했다. 아마도 제일 유명한 학교폭력 프로그램 개발 및 평가 사례가 노르웨이의 Olweus(1993) 학교폭력 프로그램일 텐데, 보고된 바로는 30~50% 정도의 학교폭력 문제를 감소시킬 수 있는 것으로 알려져 있다. 하지만 노르웨이를 벗어나면, 프로그램 효과가 거의 없거나 일관성 있게 잘 나타나지 않는데, 그 예로 벨기에나 독일이나 남캐롤라이나 같은 지역에서의 사례를 들 수 있다(Smith 등, 2004). 평균적으로 학교폭력 프로그램 시행으로 얻을 수 있는 개선 효과는 대충 15% 내외로 보고 있다. 이렇게 개선률이 크지 않은 점을 부분적으로 프로그램을 철저하게 실행하지 않은 탓으로 돌릴 수는 있다. 일부 연구에서는 프로그램 실행이 좀 더 철저할 수록, 유의하게 더 나은 결과를 얻는 것으로 설명하기도 한다(예: Salmivalli, Kaukiainen, & Voeten, 2004).

본 챕터의 핵심 관심 사항은 특정 학교폭력 사례에 대한 개입 성공 경험에 관한 정보가 상대적으로 적다는 점이다. 이런 점은 개입 사업 자체가 대체로 다양한 요소를 포함하고 있다는 점으로도 설명할 여지가 있다. 예를 들면, 개입 사업에는 정책 개발, 학부모 관여, 학교폭력에 대한 학급 내 교육 등이 포함되어 있다. 따라서 평가 연구를 받은 프로그램 대다수의 성공과 실패 정도를 특정 요소 탓으로 단정 짓기가 힘들다. 특정 학교폭력 사례에 대한 개입 결과를 평가한 연구는 불과 몇 편밖에 존재하지 않는다.

이런 개입 사업 효과성을 확인하게 되는 상황이라면, 아마도 어떤 아이들이 자신이 학교폭력을 당했다고 교직원에게 알렸다가 나중에 어떤 식으로 마무리되었는지 알려주는 상황이 대부분일 것이다. 이런 아이들은 전체 피해 학생 중 아주 일부분만 차지한다. 학교폭력 대부분은 신고되지 않기 때문에 교직원이 학교폭력 사건 전체를 다 감지하고 있는 것은 아니다. 학생들을 대상으로 한 설문조사 연구에서(Smith & Shu, 2000; Rigby & Barnes, 2002) 학교폭력을 당한 아이들의 약 70% 정도는 교사에게 알리지 않는다. 따라서 교사들이 상대하는 사례는 전체 사례 중에서 극히 대표적이지 못한 일부 사례만 접하게 되는 것이다. 충분히 논의가 필요한 사안이긴 하지만 그래도 이런 사례들은 십중팔구 아이들이 교사들의 도움이 절실했을 만큼 급박했거나, 교사들과 평소에 사이가 좋아서 교사들이 자신을 도와줄 수 있을 것이라 믿는 경우일 것이다.

교사들이 성공적으로 처리한 피해자 신고 사례에 대한 연구가 두 편이 있다. 이 연구에서는 교사들이 직접 발견해낸 경우나 학부모 및 다른 관찰자가 보고해준 사례 등은 제외시켰다. 이 중 첫 연구는 Smith & Shu(2000)가 1996년 영국에서 시행한 설문조사 결과를 바탕으로 이루어졌다. 런던 내 19개 학교 10~14세 학생들 2,308명을 대상으로 학교폭력을 당한 적이 있는지 조사했으며, 만약 그렇다고 하면 이를 다른 사람에게 알렸는지 여부를 조사하였다. 학교폭력 피해를 당했다고 응답한 아이들 중, 약 30%는 교사들에게 알렸다. 이렇게 신고한 아이들 중 20%는 교사가 별 다른 조치를 취하지 않았다고 응답하였다. 약 80%는 교사가 학교폭력을 멈추기 위해 어떤 조치든 취하려고 노력했다고 응답하였다. 표 32.1은 연구 결과를 정리한 것이다. 그림 32.1에 따르면 교사들의 행동이 학교폭력 제동에 별 도움이 되지 않았다는 점이 자명하다. 학교폭력 제동에 도움이 된 경우는 전체 사례의 27% 정도였다. 물론, 비슷한 수의 학생들은 교사들 덕분에 상황이 좀 나아졌다고 응답하기도 했다. 안타까운 점은 28% 정도는 변화가 없어 같은 유형의 혹

표 32.1 교사, 가족, 또래 학생에게 학교폭력 사실을 알렸을 때의 결과(퍼센트)

	교사	가족	또래
학교폭력이 멈추었다	26.6	21.5	17.3
학교폭력이 덜 심해졌다	28.7	33.9	25.6
변한게 없다	28.3	31.6	46.6
학교폭력이 더 심해졌다	16.4	13.0	10.5

From Smith and Shu (2000)

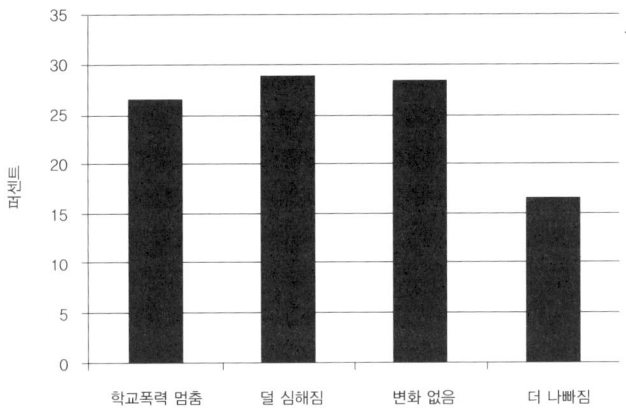

그림 32.1 교내에서 학교폭력 제동을 위한 교사 노력의 효과.

은 같은 강도의 학교폭력을 당하는 것으로 나타났고, 약 16%는 학교폭력 사건이 더 나빠졌다고 응답했다.

Smith & Shu(2000)는 교사가 보고를 받은 경우와 다른 사람이 보고 받은 경우를 비교한 결과도 제시했다. 이 결과는 표 32.1에 나와있다. 한가지 명심해야 될 것은 일부 학생은 아래에 표시된 사람들 여러 명에서 알리기도 했다는 점이다. 하지만 자료가 분명히 가리키는 것처럼, 피해자가 처한 상황을 개선시키는 데에 교사의 역할이 그다지 신통치 않다. 오히려 교사가 보고받았을 때, 학교폭력 상황이 이전보다 더 나빠졌다는 부정적인 결과가 더 조장되는 것으로 보인다.

호주의 Rigby & Barnes(2002)가 추가적인 연구를 시행했다. 표본 수는 이전보다 더 커져서 8~18세 학생 33,236명을 대상으로 설문조사했으며, 약 27%의 학생들이 학교폭력 피해 사실을 교사들에게 알렸다. 신고 결과를 보면 신고 성향은 학생들의 연령에 강하게 비례하는 것으로 나타났다(그림 32.2). 연령대가 증가함에 따라 긍정적 결과로 이어지는 사례는 점차 감소했다. 8~9세 학생들은 교사 개입의 덕을 보는 것으로 보였지만, 16~17세 학생들은 대체로 변화를 경험하지 못한 것으로 보고했다. 교사들의 개입으로 상황이 더 나빠졌다고 보고한 학생들이 전체의 10%로, 모든 연령대에서 고르게 나왔다.

호주 표본에서 얻은 결과는 영국에서 얻은 결과랑 매우 흡사했다. 따라서 교사들이 학교폭력 사례에 개입하는 것이 대체로 효과적이지 않은 것으로 보인다. 본 자료에 따르면, 교사들은 종종 별 효과를 내지 못하는 것으로 보인다.

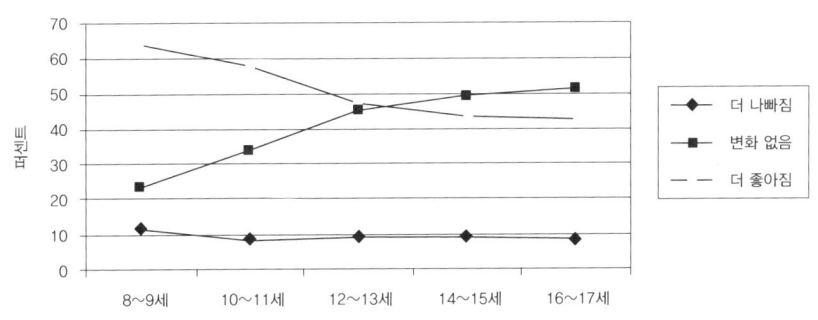

그림 32.2 학교폭력을 당했다고 학생이 알렸을 때의 추이 변화: 호주 학생 보고(Rigby & Barnes, 2001).

학교는 학교폭력에 대해 무슨 조치를 취하는가?

놀랍게도, 학교폭력 사건이 발생했을 때 교직원이 어떤 조치를 취하는지에 대한 자료가 거의 없다. 이에 대한 답을 얻기 위해, Bauman & Rigby(2007)는 최근에 전세계 다양한 국가(미국, 캐나다, 호주, 노르웨이)를 대상으로 온라인 익명 설문조사를 시행했다. 본 설문조사에 대한 응답 양상은 각 국가마다 비슷했다. 즉, 학교폭력 사건에 대한 학교 당국의 반응이 지리적 특성에 큰 영향을 받지 않았다는 점을 시사한다.

제일 큰 표본은 미국(N=715)으로 61.6%는 학교 상담사로 일하고 있다고 응답했다. 응답 양상은 학교폭력 인지 양상에 영향을 받는다는 점을 유념하면서, 아래에 묘사된 학교폭력 사건을 읽어보시기 바란다.

> 12세 학생이 반복적으로 놀림을 당하고 불쾌한 별명을 들어야 했다. 이 학생을 괴롭히는 학생은 더 영향력이 있어 다른 학생들이 이 학생을 가급적 만나지 않도록 설득해왔다. 그 결과, 이 행동의 피해자는 분노, 고통, 고립감을 종종 느끼게 되었다(Bauman, Rigby, & Hoppa, 2008, p.839)

위 사례는 중증도가 상대적으로 낮은 학교폭력 사례로 간주할 수 있다. 종합적으로 본 사례에 대한 24가지 대응 방식을 열거하고 기술하였다. 응답자들은 24가지 방식 각각에 대해 어느 정도로 동의하는 지 5점 척도로 표시하도록 하였다. 즉, '나라면 본 항목에 제시한 방법대로 당연히 대응하겠다'에서 '나라면 본 항목에 제시한 방법이 절대 맞지 않는다고 본다.'까지 선택할 수 있다(질문지 사본은 http://www.ed.arizona.edu/bullying 에서 열람할 수 있다). 응답 결과 점수에 대해 주성분분석(principal components analyses)을 시행한 결과, 다섯 가지 요인이 발견되었다(Bauman & Rigby, 2007). 여기에는 1) 사건을 무시한다. 2) 가해자에게 훈계한다. 3) 다른 어른들을 동원한다. 4) 피해자와 작업한다. 5) 가해자와 작업한다.가 있었다. 이 연구에서는 가해자 측이 좀 더 건설적인 행동 양상을 갖출 수 있도록 하는 측면이 강조된 프로그램이 있었다. 미국 설문조사 응답 결과는 표32.2에 정리하였다.

교직원 간의 동의 수준

교직원 간의 동의 수준은 각 질문 항목마다 서로 상이하였다. 위에서 제시된 사례에 대해 뭔가 조치를 취해줘야 된다는 점에서는 거의 이견이 없었다. 오직 6%만 이 사건을 무시해야 된다고 주장했거나 해당 학생이 알아서 해결해야 된다고 주장했다. 명심할 점은 예시로 든 사례가 상대적으로 경한 쪽에 속한다는 점이다. 혹자는 학교폭력 사건은 무시해도 좋다고 생각하는 미국 출신 교육자는 거의 없다고도 생각할 것이다.

훈계 조치

동의 수준이 제일 높았던 항목 중 하나는 학교폭력 사건에 대해 훈계 조치를 해야 된다는 응답이다. 실질적으로 거의 모든 응답자(약 97%)는 가해자에게 학교폭력 행위에 대해 좌시하지 않을 것이며, 약 71%는 일부 유형의 처벌을 줘도 정당하다는 입장을 보였다. 약 10% 미만의 응답자들이 이런 방식으로 문제를 접근하는 것에 대해 반대 의사를 표현했다. 분명, 경한 학교폭력 사례일지라도 징벌적인 접근법을 택해야 된다고 생각하는 교직원이 절대 다수이며, 아주 소수의 사람들만 이에 대해 반대했다.

표 32.2 질문지 항목별로 본 응답 유형(미국 표본)

	전적으로 동의함	동의함	잘 모르겠음	반대함	전적으로 반대함
사건을 무시한다					
나는 사건 발생을 무시하겠다	2	1	1	8	88
나는 해당 학생이 스스로 해결할 수 있도록 내버려두겠다	1	2	4	35	58
가해자를 훈계 조치한다					
나는 가해자가 반드시 적절한 처벌을 받을 수 있도록 하겠다	39	33	18	7	2
나는 가해자에게 학교폭력 행위는 절대 용납되지 않는다는 점을 명확히 할 것이다	53	34	1	1	1
다른 성인들 동원한다					
나는 교내 상급자에게 보고할 것이다	43	31	17	7	1
나는 가해자 학부모 또는 보호자가 아이의 학교폭력 행위를 멈출 수 있도록 조치를 취할 것이다	26	34	22	14	3
피해자와 작업한다					
나는 피해자에게 가해자에게 당당히 맞서라고 말해줄 것이다	11	25	24	29	11
나는 피해자에게 좀 더 자기주장을 확실히 해보는 것이 어떻겠냐고 제안할 것이다	18	41	18	17	5
가해자와 작업한다					
나는 학생들 모임을 소집해 볼 것이다. 여기에는 가해자 학생도 포함시켜 상황이 어떤지 알리고 학생들이 상황을 개선시키기 위해 어떤 방법을 추천해줄 수 있는지 알아본다	24	31	30	18	6
나는 피해자에게 생긴 일에 대한 염려와 관심을 가해자와 공유할 것이며, 가해자가 좀 더 사려깊고 책임감 있게 행동하도록 조치를 취할 것이다	42	37	10	8	2

다른 성인들 동원

전학교적 접근이라는 철학에 걸맞게 대체로는 학교폭력에 대응하기 위해 팀워크가 필요하다고 응답하였다. 응답자의 3/4은 교장이나 교감 같이 권한을 가진 사람에게 보고하겠다고 하였다. 그리고 응답자 상당수(60%)는 학교폭력 사건에 대해서 보호자나 학부모를 만날 것이라고 응답하였다. 그럼에도 불구하고 일부(17%)는 이런 조치에 대해서 부정적으로 응답하기도 하였다.

피해자와 작업하기

피해자와 작업할 것인지 또는 피해자와 어떤 방식으로 작업할 것인지에 대해서는 이견이 많았다. 피해자가 가해자에게 당당히 맞서야 된다고 가르칠 것이라는 사람이 전체의 46%를 차지했다. 한편 이런 조치에 반대하는 사람은 전체의 40%를 차지했다. 피해자에게 좀 더 자기주장을 분명히 하라고 가볍게 제안을 하는 정도의 조치에 대해서도 전체의 23%는 반대했다. 여기에서는 어떤 유형의 교직원이 진지하게 반대하는지가 중요한 사안이다.

가해자와 작업하기

적절한 징계를 내리는 것 말고, 건설적인 결과를 도출해내자는 접근법에도 응답자간 이견이 상당했다. 예를 들어, 24%는 가해자 문제를 해결하기 위해 학생 모임을 소집하는 것에 강하게 찬성했고, 24%는 이런 조치에 대해서 강하게 또는 중등도로 반대하였다. 하지만 여기서 주목할 대목은 상당수 교육자들은 단순히 '잘 모르겠다.'라는 입장을 밝혔다는 점이다. 약 37%는 문제를 해결하는 방법으로 가해자가 피해자의 고충을 공유하는 것이 과연 바람직한 지 잘 모르겠다고 답하였다. 이 결과는 교직원 상당수가 '관심 공유법(Method of Shared Concern)'과 같은 방법에 대해 들어본 적이 없거나 아직 나름의 결단을 하지 못한 상태로 볼 수 있다.

교사 및 상담사

상당수의 교사와 상담사가 이번 연구 표본으로 포함되어 있어 각자가 선호하는 대응법에 대해 비교해볼 수 있었다. 표 32.2에 나온 항목들과 관련하여, 학교폭력 사례를 무시할 지 여부에 대해서는 거의 비슷한 반응들이 나왔다. 양쪽 집단 모두 어떤 조치든 필요하다고 본 것이다. 또한 양쪽 집단 모두 다른 어른들을 동원한다든지 가해자와 작업을 해야된다든지 하는 부분에서는 의견이 비슷했다. 하지만 피해자와 작업하는 항목에서는 이견이 생겼는데, 특히 피해자가 자기주장을 독려하는 항목에서 의견이 상당히 갈렸다. 상담사 61%와 교사 39%는 이 접근법을 선호했다(카이 제곱=57.61, p<0.001). 또한 훈계 조치에 대해서도 의견이 일치하지 않았는데, 교사의 82%는 가해자에게 처벌을 내리는 것이 적절하다고 본 반면, 상담사는 67% 정도가 찬성했다. 이 차이는 통계적으로 유의했다(카이 제곱=21.79, df=2, p<0.001).

연구 결과 요약

다음과 같이 연구 결과를 요약해 볼 수 있다.
1. 그간 학술지에 개제된 평가 문헌을 보면 전 세계 학교폭력 프로그램은 전반적으로 학교폭력 수준 개선에 상대적으로 큰 효과가 없었다.
2. 이는 프로그램 실행의 충실도가 적당치 못했다는 점으로도 일부 설명이 된다.
3. 또 다른 이유로는 대부분의 학교폭력 사건을 교사들이 감지하지 못 한다는 점도 들 수 있다.
4. 교사들이 학교폭력 사건을 감지했을 때, 대체로 교사들은 학교폭력 사건에 제동을 걸지 못했으며, 어떤 경우는 더 상황을 악화시키기도 한다.
5. 개별 학교폭력 사건에 대응하는 것은 학생의 연령이 증가함에 따라 더욱 어려워진다.
6. 이런 어려움에도 불구하고 교내 교육자들은 경한 학교폭력 사건이라도 어떤 조치든 취해야 한다고 믿고 있다.
7. 우리가 개별 학교폭력 사건에 어떤 대응법을 선호하는지 봤을 때, 대부분의 교사들은 가해자를 처벌하는 것이 옳은 일이라고 믿고 있었다.
8. 학교 상담사는 처벌적 접근법에 대해서 상대적으로 주저하는 편이었다.
9. 비처벌적인 방법 활용에 대해서는 교사 간의 이견이 있었으며, 특히 피해자와의 작업이나 가해자와의 작업에서 그러했다.

왜 교직원은 본 연구 결과와 같은 방식으로 대응하는가?

첫째, 교직원은 경한 학교폭력 사건에도 모종의 조치를 취해야된다는 인식이 거의 무조건적으로 확산되어 있는데, 그 이유는 분명 대부분의 국가에서 기초적인 인권 차원에서 아이들은 학교에서 안전하게 생활할 권리가 보장되어야 한다는 인식 때문일 것이라 본다(Olweus, 1993). 게다가, 지난 20년 동안 반복적으로 학교폭력 피해를 당한 아이들이 받게 되는 심각한 정신 및 신체적 손상과 이와 관련된 유병률들이 연구를 통해 속속 밝혀진 탓도 있다(Rigby, 2003b). 하지만 학교에서 가해/피해 문제를 해소함에 있어 비처벌적 방식을 도입하는 것에는 상당한 이견이 여전히 존재하고 있다.

　엄격한 훈계적 조치를 통해 가해자의 행위를 직접 변화시키는 데에 초점을 맞추는 방식은 학교폭력에 대한 전통적 방식이다. 이런 접근법은 일부 영향력 있는 교육학자인 Olweus(1993)와 같은 학자들의 지지로 더 주목 받았는데, 학교폭력을 저지른 사람들에게 일상적으로 징계와 제재를 하는 방식이다. 이런 방식은 미국에서 널리 보급되었는데, 가해자에 대한 처벌 뿐 아니라 다른 사람들이 학교폭력으로 기울지 않도록 예방하고자하는 의도도 담겨 있다. 일부 전문가들의 호감을 얻은 방식으로는 주로 피해자에게 초점을 맞추는 방식으로 가해자에 대한 저항 역량을 키우는 데에 있다(Field, 1999). 이런 방법은 설득력이 있는데, 특히 누구나 어떠한 상황에서도 당당해질 수 있는 방법을 배울 수 있다고 믿는 사람들에게는 매력적으로 통한다. 하지만 가해자와 피해자 사이에는 권력의 불균형이 존재하기 때문에, 실질적으로 교사들은 이런 시각이 현실적이라고 생각하지 않고, 정도가 덜하긴 하지만 일부 상담사도 회의적으로 본다.

　지금까지 가해자나 피해자와 작업하는 방식과 같이 비처벌적 접근법에 대해서는 거의 주목을 받지 못했다. 그럼에도 불구하고 미국 표본의 응답자 상당수는 힘의 논리를 이용하지 않고도 가해자의 행동을 긍정적으로 변화시킬 수 있는 방법론에 대해서 지지적인 입장을 표하고 있다. 예를 들어, 표 32.2에 나온 것처럼 가해자를 포함한 학생들 모임을 소집해 상황 개선책을 찾는 것이나 피해자에 대한 상황을 공유함으로써 가해자가 좀더 책임감있고 사려 깊은 행동을 할 수 있도록 하는 것에 호의적인 응답을 주었다. 이런 대안적 방법에 대한 지식이 축적이 되면 될 수록, 처벌 일변도의 방법론에서 좀더 나은 대응법으로 옮겨가게 될 것이다. 이런 점에서 학교 상담사들이 대안적 방법에 대해 좀 더 열린 자세를 가지고 있다는 점에 주목할 필요가 있다. 아이들의 행동 문제를 다루는 교육 분야에도 전략적 접근을 통해 신뢰와 응용력을 확립할 수 있다는 점을 시사한다.

함의와 제언

교사 및 상담사 모두 학교폭력에 대응함에 있어 처벌적 방법론을 크게 선호하기 때문에, 대안적 방법을 받아들이려면, 전통적인 대응 방식의 한계점에 대한 인식이 상승하고 대안적 접근법이 가지는 메리트에 대해서 인지할 수 있어야 한다.

　현재로서는 학교폭력 문제에 대한 다른 유형의 치료법의 효과성을 입증할 만한 근거가 부족하다. 뿐만 아니라 학교폭력 프로그램도 다양한 요소가 담겨 있어, 전체 결과를 특정 요소와 연관 짓는 것도 무리다. 예를 들면, Olweus 학교폭력 프로그램에는 학교폭력에 대한 교사 교육과 학생들과 함께 하는 학급 토론 과정도 있어서 학생들이 서로 교우관계를 어떻게 맺어야 되는 지에 대한 규칙과 학교폭력에 어떻게 대응해야 되는지에 대한 조언도 제공한다. 학교폭력 사례를 징계와 벌칙으로 풀어내는 것이 효과적인 방법인지는 아직 검증되지 않았다. 이런 조치는 추측에 불과하며, 정확한 근거를 조사해봐야 한다. 특정 행동에 대한 징벌적 접근의 효과성을 다룬 연구 결과를 참고하면 그다지 고무적이지 않았다.

가해 행위로 지명된 아이들에 대한 처벌적 조치의 효과성

물론 심각한 범죄 행위에서 일부 처벌 유형이 정당화되던 시절이 있었고 또 일부 사례에서는 징벌적 접근이 범죄 억제책으로 통하기도 하였지만, 행동과 태도 변화에 있어 처벌적 접근은 대체로 그 효과가 제한적인 것으로 밝혀졌다(Laslett, 1992). 표 32.3에는 처벌의 효과성에 관련된 가설들을 제시했으며, 심리학 이론에 근거하고 있다. 또한 교내 가해 행위에 대한 제언은 이탤릭체로 표현하였다.

학교폭력 사건 해결법 개선을 위한 제언

제일 시급한 일은 대안적 접근법에 대한 인식을 고취시키는 것이다. 하지만 수많은 책과 논문을 통해 대안적 접근법에 대한 자료가 많이 쌓이고 있지만 현실은 그렇지 않다. 대안적 접근법에 대한 자료로는 Smith & Sharp(1994), Ross(2003), Rigby(1996, 2002, 2003a), Robinson & Maines(1997), Sullivan(2000), McGrath & Noble(2005) 등을 참고할 수 있다. 안타깝게도 현재는 교사들이 단과대학이나 종합대학에서 학교폭력 사례 해결과 관련해서 배울 수 있는 정보가 거의 없다(Bauman & Del Rio, 2005; Nicolaides, Toda, & Smith, 2002). 대안적 접근법과 관련된 지식과 훈련과정을 제공하는 교실은 그리 많지 않다. 하지만 해당 교실을 찾아가면 전문가가 주도하는 현직 직원들을 위한 세미나와 워크숍 일정을 제공한다.

학교폭력 사례 해결의 대안적 접근에 대한 간단한 소개

대안적 접근법 중 제일 유망한 방법으로는 1) 회복적 정의, 2) 사회적 집단 방법(the Social Group Method; 이전에는 '비난하지 않기 접근법; no-blame method'으로 불렸다), 3) 관심 공유 접근법(the Method of Shared Concern)이 있다. 숙련된 실무자에게는 각각의 접근법들이 모두 학교폭력 사례 해결에 효과적인 것으로 나

표 32.3 처벌의 효과성에 대한 잠재적 제한점과 교내 학교폭력 대응을 위한 제언

- 처벌은 처벌 대상 행동을 억제하는 경향은 있으나 대체로 일시적이다. 장기적 해결책 마련이 필요하다.
- 대상자 또는 대상 행위에 대한 처벌 효과는 부분적으로는 처벌에 대한 혐오감과—만약 행동이 반복될 경우—해당 행동 발견 확률에 영향을 받는다. 학교가 현실적인 수준에서 설정할 수 있는 처벌 수위는 대체로 경한 편이다. 정학이 일부 학생들에게는 굉장히 부정적인 느낌으로 다가올 수 있으나, 일부 학생은 정학을 매우 원할 수도 있다.
- 학교에서 설정한 처벌은 대체로 포괄적인 특징이 있어서, 특정 피해 유형과 연관되어 있지 않다. 따라서 학교 처벌 규칙만으로는 가해자들이 자신의 행위로 인한 피해 상황에 관심을 가지도록 유도하기가 쉽지 않다.
- 처벌을 받을 만한지 여부에 대한 결정은 가해자 본인이 하게 되는데, 이 결정에 따라 가해자의 반응이 결정된다. 가해자를 자극할 만한 요소가 충분히 존재할 수 있기 때문에, 외부 탓으로 비난하는 경우가 많다. 처벌받은 아이들은 적개심을 가지면서 더 악의적으로 행동하고픈 동기를 품게 된다.
- 처벌 받는 가해자의 반응 정도는 가해자가 처벌을 주관하는 사람 혹은 기관에 대해 얼만큼 존경심을 지니고 있는지에 따라 변한다. 반사회적인 행동을 보이는 아이들 대부분은 교사들의 비판에 아랑곳하지 않는다.
- 가해자가 저지른 행동과 이에 따른 처벌 내용에 대해 다른 학생들, 특히 친구들이 어떻게 반응하느냐가 후속 행동에 영향을 끼친다. 보통 학교가 못마땅하게 여겨도 또래들의 인정이 더 크게 다가오는 경우가 많다.
- 처벌이 다른 사람들한테도 억제책으로 작용하려면, 그 행동에 대한 적발 확률이 높아야 한다. 대부분의 학교폭력 사건은 교사 귀에 잘 흘러들어오지 않는다. 따라서 교사와 학생 간의 의사소통을 촉진시킬 수 있는 전략이 필요하다.
- 처벌을 받은 가해자는 좀 더 은밀한 방법으로 가해 행위를 지속해나가는 경향이 있어, 가해 행위 발견이 더 어려워진다. 간접적 가해 행위는 직접적 가해 행위보다 더 악영향이 클 뿐만 아니라 학교가 효과적으로 모니터링하기에도 더 어렵다.

타났다. 각 접근법들은 우열관계가 있기보다 각 상황별로 더 잘 맞는 유형이 있는 것으로 보인다.

회복적 정의 이 용어는 학교폭력을 포함해서 각종 부당한 사건에 대응하기 위해 나타났다. 회복적 정의는 인과응보나 억제책 수단으로 채찍을 드는 것을 되도록 피하고자 한다. 오히려 회복적 정의는 가해자가 자신이 저지른 피해 상황을 인식하게 하여 올바른 행동을 할 수 있는 여건을 조성하도록 한다. 예를 들면, 진지한 사과나 배상 같은 행위가 있을 수 있다. 회복적 정의의 목적은 복수 보다는 손상된 관계 회복에 초점을 맞춘다.

일반적으로 회복적 정의가 이루어지려면 피해자와 가해자와 기타 주요 지인과의 만남 과정도 포함된다. 이 자리에서 학교폭력 행위는 있을 수 없는 일이며 지역사회가 너그럽게 봐줄 일이 아니라는 점을 명확히 전달한다. 이와 같은 모임의 목적은 가해자 측이 적절한 수치심을 갖도록 유도하는 것이다. 그와 동시에 가해자를 존중의 자세도 대우하면서 지역사회에 다시 통합될 수 있는 기회를 제공하는 것이다.

호의적인 조건에서는 이런 접근법이 개별 가해자 입장에서 긍정적이고 지속되는 효과를 체험하는 것으로 나타났다(Burssens & Vettenburg, 2006). 특히 참여자들이 자기 역할에 대해 얼만큼 충실하게 임할 준비가 되어 있느냐에 따라 영향을 받는다. 피해자는 자기가 상처 받은 경험에 대해 잘 묘사해야 하고, 가해자는 잘 들어야 한다. 가해자와 피해자 양쪽 모두에 대해 신경 써주는 사람이 반드시 존재해야 하고, 이런 사람들의 활약으로 가해자와 피해자가 관심을 받고 있다는 인식을 가지게 되어 바람직한 결과로 이어진다. 가해자는 수치심을 느껴 올바른 선택을 하는 쪽으로 기대 받는다. 손상된 관계를 회복 시키고 거듭난 가해자가 지역사회로 통합될 정도로 성공적으로 문제 해결하기 위해서는 본 과정의 촉진자의 기술이 중요하다.

이런 접근법은 가해/피해 문제에서 정당한 해결책을 추구하면서도 사건에 관계된 모든 사람들이 관여하고 또 관심을 가져야 된다고 생각하는 사람들에게 매력적이다. 여기에는 노골적인 처벌적 접근법이 효과적이지 못하거나 오히려 역효과를 불러일으키기 때문에 학교폭력이 더욱 더 음성화되고 은밀한 방식으로 유도될 것이라는 인식이 깔려있다. 이런 불상사가 발생하지 않기 위해서는 가해자의 따뜻한 마음이 회복되고 이에 대해 피해자와 지역사회가 진지하게 수용해야 한다고 믿는다. 바람직한 변화는 달성하기 어려울 때가 있다. 그런데 가끔은 이렇게 수치심을 유발하는 과정으로 아이들이 적개심을 가지거나 낙인 찍혔다고 생각하는 경우가 발생한다. 의도치 않았다 하더라도 가해자는 벌 받았다고 '느낄'수 있다. 그리고 가해자는 사과하는 '척'할 수도 있는 것이다. 가해자와 피해자측 지지자들은 서로 화해했다는 느낌을 못 받을 수도 있다. 지역사회도 가해자를 다시 포용하는 것을 주저할 수도 있다. 비록 이 접근법 자체가 많은 사람들에게 설득력을 지니고 있으나, 분명 적절한 사례 선별과 성공적 프로그램 실행을 위해서는 상당한 노하우가 필요하다.

본 접근법의 실용적 측면에 대해서 더 알고 싶으면, Thorsborne & Vinegrad(2003) 연구를 참고하기 바란다. 본 접근법의 효과성에 대해서는 영국에서 포괄적으로 연구된 바 있으며, Bowles, Garcia Reyes, & Pradiptyo(2005) 연구를 참고하기 바란다. 후자 연구 결과를 참고하면 일부 성공적인 접목 사례에 대한 근거를 찾아볼 수 있는데, 그렇다고 전반적으로 이 접근법이 적용된 학교에서 학교폭력이 줄었다는 주장은 없었다.

지지 집단 접근법 이 접근법을 주창한 사람은 영국의 두 교육학자로 George Robinson과 Barbara Maines (2007)이 있다. 이 접근법은 학교폭력 개별 사례 대응에 있어 급진적인 방식으로, 많은 학교가 이 방식을 받아들였다. 회복적 정의처럼 이 방식은 갈등 관계를 겪는 개인들이 다시 좋은 관계로 회복할 수 있도록 도와주는 데에 관심이 있다. 이를 위해 학교 지역사회의 다른 구성원들의 도움을 구하는데, 특히 또래 학생들의 도움을 유도한다. 회복적 정의와 다른 점은 가해자가 꼭 수치심을 느껴야될 필요가 없고, 또 지역사회로 통합되기 전에 피해자와 관계 회복해야 된다는 가정은 없다.

일단, 피해자에게 학교폭력 피해 경험에 대해 직접적으로 정보를 수집한다. 이후 학생 모임을 갖는데, 가해자로 지명된 학생과 도움이 될 것 같은 다른 학생들도 같이 참석시킨다. 피해자가 꼭 참석할 필요는 없다. 피해자 고충에 관해 알게된 사실도 서로 공유한다. 일단 문제를 해결하기 위해 어떤 방법들이 도움이 되는지 긍정적인 제안들이 나오면, 교사는 그 자리를 떠날 수 있다. 피해자가 도움 받을 것이라는 확신이 들기 때문이다. 이후 상황이 어떤 식으로 전개되는지는 세심하게 모니터링 해야 한다.

이 접근법의 요지는 학교폭력에 관여하지 않는 학생들이 주는 압력을 잘 활용하는 것이다. 여기에는 이런 학생들이 피해자에 대해서 동정심을 느끼고 상황 개선을 위해 적극적이고 지지적으로 나올 것이라는 가정이 담겨 있다. 게다가 이런 또래의 압력으로 학교폭력에 책임 있는 아이들이 좀 더 긍정적인 방향으로 행동하도록 영향을 끼칠 것이다. 학생들이 상황 개선을 위해 건설적으로 협력할 때 교사가 그 자리를 떠나줌으로써, 교사가 아닌 학생들 스스로가 해결책을 만들어냈다는 자부심을 가질 수도 있다.

하지만 일각에서는 가해자 탓을 하지 않는다는 이 접근법이 합리적이지 못하며 비현실적이라고 주장한다. 그도 그럴 것이 원래 이 접근법의 이름은 '비난하지 않기(no-blame approach) 접근법'이었다. 그럼에도 불구하고, 만약 가해자가 가해 행위를 지속하고 싶은 마음이 사라지고 피해자에게 안전한 환경이 구축된다면 직접적 비난을 피하는 방식도 정당화될 수 있다. 좀 더 논란의 여지가 없도록 최근에는 '지지 집단 접근법(Support Group Method)'라고 개명하였다. 이 용어에서는 문제 해결을 위해 또래 역할이 중요하다는 점을 부각시키고 있다.

이 접근법의 활용성을 처음으로 제안한 사람은 Sue Young(1989)으로 학교폭력에 관한 '지지 집단 접근법(the Support Group Approach to Bullying in Schools)'에서 소개되었다. Smith 연구진(2007)은 영국 학교에서 교사들과 지방 정부에서 어떻게 잘 지원이 이루어졌는지에 대해 기술하였다. 특히, 초등학교에 적용한 사람들은 결과에 대해 상당한 만족감을 표현하였다.

관심 공유 접근법 이 방법론은 스웨덴 심리학자, Anatol Pikas가 고안했으며, 영국, 호주, 캐나다, 핀란드, 스웨덴 등 세계 각국에서 성공적으로 적용한 사례가 있다. 가해자에 대한 비난과 처벌을 추구하지 않는다는 면에서 지지 집단 접근법과 공통점을 가지고 있으나, 이 접근법에서는 학교폭력에 관여된 학생들이 서로 긍정적 관계 회복하고 특히 피해자가 안전하다고 느낄 만한 환경을 구축하는 데에 더 주안점을 두고 있다. 지지 집단 접근법과 달리, 본 접근법은 학교폭력에 관계된 모두, 즉 피해자와 가해자까지 다 참여시키며, 계획에 따라 개별 혹은 집단 모임을 갖는 과정이 있다.

일단, 학교폭력 사건에 대한 정보는 간접적으로 수집한다. 즉, 피해자와의 면담은 하지 않는다. 가해 용의자와 개별적으로 면담을 진행한다. 그리고 누구든 가해 행위 때문에 질책 받거나 비난 받지 않도록 진행한다. 실무자는 피해자의 고충과 관련된 관심과 염려 사항을 공유하고 1) 상황이 얼마나 나쁜지 일깨워주며, 2) 문제를 어떻게 풀어나갈 수 있는지에 대한 긍정적 제안을 준다. 이 후에 피해자와의 면담을 통해 피해자의 상황이 어떤지 알아본다. 그 다음 개별 아이들과 만남을 가지면서 진행 여부를 확인하고 긍정적 진척을 강화한다. 그 다음 단계는 모든 아이들과 함께 만나는 것이다. 마지막으로 피해자의 동의를 구한 다음, 피해자가 참석한 상황에서 모두와 함께 만남을 가진다. 이를 통해 아이들은 실무자와 함께 작업하여 최종 협의된 해결책을 도출한다.

이 접근법의 핵심 아이디어는 학교폭력은 일반적으로 집단 현상이며 집단의 각 구성원들이 개별적으로

나 집단적으로 제동을 걸 수 있다는 것이다. 이 접근법에서는 사람들을 처벌하거나 비난하는 것이 별 가치가 없다는 가정이 깔려있다. 그 이유로는 처벌을 한 이후에도 학교폭력은 이어지는 경우가 많다는 것도 포함되고, 학교폭력 행위가 이와 연관된 다른 구성원 혹은 집단의 압력에 큰 영향을 받기 때문인 것도 있다. 더 나아가 가해자 집단 별 보다는 개인별로 긍정적이고 존중의 관계를 구축할 수 있다면 문제 해결을 위해 진일보할 수 있다. 그리하여 가해자 개인도 피해자의 고충을 공유할 수 있게 된다. 일단 이 단계까지 도달했으면 피해자와 동석하여 적절한 해결책을 도출할 수 있다.

더 자세한 설명이 필요하다면, Pikas(2002)와 Rigby(2005)의 연구를 참고하길 바란다. Smith & Sharp (1994)는 대부분의 적용 사례에서 효과성에 대한 근거를 발견했다. 본 접근법 적용에 관해 교사 및 상담사 훈련 동영상은 Readymade 제작사의 Chris Faull을 통해 입수할 수 있다. 인터넷 주소는 http://www. Readymade.com.au/method 이다.

무슨 방식을 선택할 것인가?

첫째, 학교폭력 개별 사례 발생 시 이에 대응하는 것이 학교폭력을 줄이는 제일 주된 방법도, 또 유일한 방법도 아님을 인식하고 있어야 한다. 장기적인 시각에서 봤을 때, 예방적 및 교육적 방법이 더 기초적인 활동이다. 대다수 학교에서 이런 점에 대해 인식을 하고 있다. 물론 학교 공동체 내에서 긍정적이고 지지적인 관계를 촉진할 수 있도록 선한 의도가 잘 반영된 선한 프로그램 개발에 더 많은 노하우가 필요한 실정이긴 하지만 말이다. 본 챕터가 개별 학교폭력 사례에 대한 대응을 다루고 있긴 하나, 학교폭력 개별 사건을 다루는 것도 전체 사회적 및 교육적 맥락 내에서 적절히 이루어져야 한다는 점을 잊어서는 안된다.

마지막 분석 결과에서, 학교폭력 개별 사건에 제동을 걸기 위해 학교가 무엇을 할 수 있는 지 여부는 어떤 조치가 옳은지에 대한 교내 여론에 크게 좌우된다. 하지만 계몽적 혹은 근거 기반 접근법이 성공하려면, 그것을 실행하는 사람들이 제일 최선의 방법이라고 확신해야 가능하다. 만약 교내에 방법론이나 기술적인 측면에 있어 명확히 의견이 갈린다면, 프로그램 실행에 대한 동기부여가 잘 되지 않을 수 있는데다 심한 경우 역효과가 날 수 있다. 앞서 지적했듯이, 대부분의 학교는 강력한 훈계 조치와 처벌적 접근을 선호하는 경향이 있으며, 이런 경향은 학교폭력의 사건이 가벼울 때도 그러했다. 따라서 대안적 및 비처벌적 접근법을 도입하려면 이와 관련된 교육학적 프로그램과 적절한 훈련 과정도 같이 제시되어야 한다. 즉, 교내 교육자들은 이 새로운 접근법에 대한 긍정적 및 부정적 근거에 대한 설명을 제공 받을 필요가 있다. 그래서 비처벌적 접근 도입에 관한 토론이 이루어져서, 언제 어떤 방식으로 이런 접근법을 접목하는 것이 좋을 지 스스로 깨닫는 게 필요하다.

개입 사업 분야 혁신에 있어 한 가지 중요한 걸림돌이 있다면, 바로 모든 학교폭력을 똑같이 중증으로 여긴다는 것과 가해자들을 똑같은 수준으로 비난하면서 똑같은 대우를 받아 마땅하다는 인식이다. 학교폭력의 중증도를 일종의 연속선상 개념으로 간주해보는 것이 유용하다. 상대적으로 적게 발생하나 극단적으로 심한 경우에서 자주 발생하지만 그다지 심하지 않은 경우까지 생각해볼 수 있다(그림 32.3).

연습 삼아, 교직원에게 특정 학교폭력에 대해 중증도 1에서 10까지 점수를 매겨보라고 요청해보는 것도 도움이 된다. 여기에는 불쾌한 별명 부르기, 반복적으로 무시하고 따돌리기, 인종차별적 학대, 성적 강압, 모욕적 문자 메시지, 타인의 소유물 가로채기, 악의적 소문 퍼트리기 등이 포함될 수 있다. 또한 집단적 폭력이 더 중한지 아니면 개인적 폭력이 더 심각한 사안인지도 물어볼 수 있고, 일회성 학교폭력 대비 반복적으로 이루어지는 활동이 얼만큼 중요한지도 물어볼 수 있다. 서로 다른 학교폭력 유형 간에 차이점이 어떤지 파악하게 되면, 어떤 유형의 개입 프로그램 도입이 정당한지에 대해 논의할 수 있다.

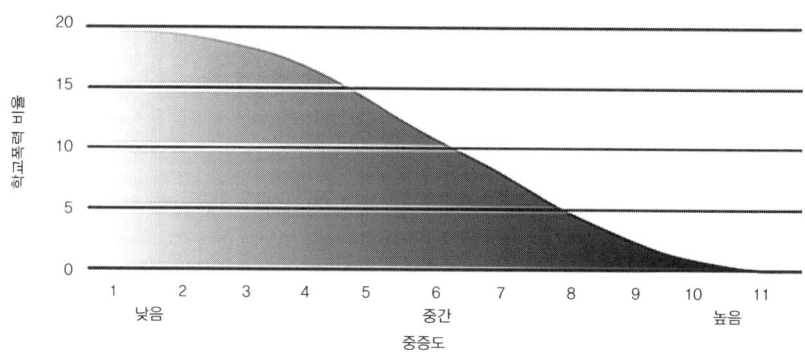

그림 32.3 학교폭력 중증도 연속선.

우리는 대체로 학교폭력 개별 사례에 대한 접근으로 비처벌적 방식을 선호한다. 하지만 학교폭력 사건이 매우 심각하고 범죄적인 형태로 발생했을 때는 징계나 벌칙을 포함한 강력한 제재가 필요하다고 본다. 학부모에게 이런 방식에 대해 정확히 알려줄 필요가 있다. 만약 해당 사항이 있다면 회복적 정의도 필요할 수 있다.

또한 학교폭력 사건이 매우 경한 편이어서 비공식적으로 처리를 해도 되는 경우도 있다. 예를 들면 교사가 누군가를 놀리는 경우를 발견하고 옳지 않은 행동임을 알려주는 식이다. 이상적으로는 지적 대상이 된 아이가 어떤식으로든 긍정적 행동으로 개선했다면 칭찬받아야 한다. 그리고 그 사례에 대해서 별도로 잘 모니터링해야 한다.

중등도의 학교폭력 사례에서는 위에서 언급한 대로 지지 집단 접근법이나 관심 공유 접근법을 적용해 볼 수 있다. 일단, 담당 실무자가 되고자 하는 사람은 반드시 각 접근법이 어떤 식으로 운영되는지 익숙해져 있어야 한다. 즉, 실무자가 될 사람은 각 접근법의 차이에 대해 명확히 알고 있어야 하며, 회복적 정의 접근법과도 어떤 차이점이 있는지 명확히 알고 있어야 한다(대부분 회복적 정의와 다른 접근법들을 잘 구분하지 못한다). 두번째는 어떤 접근법을 택할지에 대해서는 교직원 간에 협의가 충분히 있어야 한다. 학교는 학생들과 파트너십을 형성하는 것에 강한 헌신을 지녀야 하며, 학생들도 대표위원단 운영이나 또래 지지 프로그램 참여나 학교폭력 위원회 활동에 능동적이어야 이런 대안적 접근법 도입이 가능하다(Petersen & Rigby, 1999).

결 론

비록 대부분의 학교에서 학교폭력을 근절하기 위해 모종의 조치를 취해야 한다는 인식은 갖추고 있으나, 실질적인 문제 해결에 있어서는 성공적인 행보를 보이는 학교가 드물다. 학교폭력 개입 사업 만큼 교사들의 주목을 받은 분야도 없다. 학교폭력에 대한 제일 흔한 반응은 강력한 훈계 및 처벌 조치를 내리는 것이다. 하지만 이런 방식이 효과적이지 못하다는 근거가 쌓이고 있다. 비처벌적인 대안이 최소한 똑같은 정도의 성공을 거두는 것으로 보인다. 이들 대안적 접근법들은 잘 알려지지 않았으며, 제일 큰 과제는 교육자들 사이에서의 홍보다. 제대로 알려져야 학교는 각자 독특한 상황에 제일 잘 맞는 방법론을 선택할 수 있을 것이다.

참고문헌

Baldry, A. C., & Farrington, D. P. (2007). Effectiveness of programs to prevent school bullying. *Victims and Offenders*, 2, 183-204.
Bauman, S., & Del Rio, A. (2005). Knowledge and beliefs about bullying in schools: Comparing pre-service teachers in the United States and the United Kingdom. *School Psychology International*, 26, 428-442.
Bauman, S., & Rigby, K. (2007). *The handling bullying questionnaire: Insight into U.S teachers and school counselors' bullying interventions.* Manuscript submitted for publication.
Bauman, S., Rigby, K., & Hoppa, K. (2008). US teachers and school counsellors' strategies for handling school bullying incidents. *Educational Psychology*, 28, 837-856.
Bowles, R. A., Garcia Reyes M., & Pradiptyo R. (2005). *Monitoring and evaluation the safer school partnerships programme*. London: Youth Justice Board for England and Wales.
Burssens, D., & Vettenburg, N. (2006). Restorative group conferencing at school: A constructive response to serious incidents. *Journal of School Violence*, 5, 5-17.
Field, E. M. (1999). *Bully busting*. Lane Cove, New South Wales, Australia: Finch Publishing.
Laslett, R. (1992). *Effective classroom management*. Florence, KY: Routledge.
McGrath, H., & Noble, T. (Eds). (2005). *Bullying solutions*. Sydney, Austral: Pearson.
Nicolaides, S., Toda, Y., & Smith, P. K. (2002). Knowledge and attitudes about school bullying in trainee teachers. *British Journal of Educational Psychology*, 72, 105-118.
Olweus, D. (1993). Bullying at school. Oxford, UK: Blackwell.
Petersen, L., & Rigby, K. (1999). Countering bullying at an Australian secondary school. *Journal of Adolescence*, 22(4), 481-492.
Pikas, A. (2002). New developments in shared concern method. *School Psychology International*, 23(3), 307-326.
Rigby, K. (1996). *Bullying in schools and what to do about it*. Melbourne: Australian Council for Educational Research.
Rigby, K. (2002). *New perspectives on bullying*. London: Jessica Kingsley.
Rigby, K. (2003a). *Stop the bullying: A guide for teachers* (rev. ed.). Melbourne: Australian Council for Educational Research.
Rigby, K. (2003b). Consequences of bullying in schools. *The Canadian Journal of Psychiatry*, 48, 583-590.
Rigby, K. (2005). The method of shared concern as an intervention technique to address bullying in schools: an overview and appraisal. *Australian Journal of Counselling and Guidance*, 15, 27-34.
Rigby, K., & Barnes, A. (2002). To tell or not to tell: the victimised student's dilemma. *Youth Studies*, 21(3), 33-36.
Robinson, G., & Maines, B. (1997). *Crying for help: The no-blame approach to bullying*. Bristol, UK: Lucky Duck Publishing.
Robinson, G., & Maines, B. (2007). *Bullying: A complete guide to the support group method*. Bristol, UK: Lucky Duck Publishing.
Ross, D. M. (2003). *Childhood bullying, teasing and violence: What school personnel, other professionals and parents can do* (2nd ed.). Alexandria, VA: American Counseling Association.
Salmivalli, C., Kaukiainen, A., & Voeten, M. (2004). Targeting the group as a whole: the Finnish anti-bullying intervention. In P. K Smith, D. Pepler, & K. Rigby (Eds), *Bullying in schools: How successful can interventions be?* (pp. 251-273). New York: Cambridge University Press.
Smith, P. K., Pepler, D., & Rigby, K. (2004). *Bullying in schools: How successful can interventions be?* Cambridge, UK: Cambridge University Press.
Smith, P. K., & Sharp, S. (Eds.). (1994). *School bullying: Insights and perspectives*. London: Routledge.
Smith, P. K., & Shu, S. (2000). What good schools can do about bullying. *Childhood*, 7, 193-212.
Smith, P. K, Howard, S., & Thompson, F. (2007). Use of the support group method to tackle bullying, and evaluation from schools and local authorities in England. *Pastoral Care*, 25(2), 4-13.
Sullivan, K. (2000). *The anti-bullying handbook*. Oxford, UK: Oxford University Press.
Thorsborne, M., & Vinegrad, D. (2003). *Restorative practices in schools: Rethinking behaviour management*. Buderim, Queensland: Margaret Thorsborne and Associates.
Vreeman, R. C., & Carroll, A. E. (2007). A systematic review of school-based interventions to prevent bullying. *Archives of Pediatric Adolescent Medicine*, 161, 78-88.
Young, S. (1989). The support group approach to bullying in schools. *Educational Psychology in Practice*, 14, 32-39.

33

학교폭력과 또래 과정
예방과 개입 전략

DEBRA PEPLER, WENDY CRAIG, AND PAUL O'CONNELL

우리는 학교폭력을 연구하면서 학교폭력 문제는 관계 문제라는 점을 깨달았다. 그래서 문제 해결도 관계로 풀어나가야 된다(Pepler, Craig, Yuile & Connolly, 2004; Pepler, Jiang, Craig, & Connolly, 2008). 학교폭력 관계 역동에서 제일 핵심적인 특징은 가해하는 아이와 피해를 당하는 아이 간의 권력 수준 차이다. 학교폭력의 반복성은 이 관계에서 권력 수준 차이를 더욱 벌려놓기도 하고 더 공고히 만들어주기도 한다. 결과적으로 피해를 당하는 아이들은 이런 폭력적 관계 속에서 자력으로 탈출하기가 힘들어지는데, 피해자는 이 관계의 역동 속에서 힘의 균형을 옮길 수 있는 능력이 부족하기 때문이다(Pepler, Craig, & O'Connell, 1999). 우리가 진행했던 관찰적 연구 뿐 아니라 다른 학자들의 연구 결과를 보더라도 이제 학교폭력은 가해자와 피해자 만의 문제가 아니다. 즉, 학교폭력은 또래집단이 부여하는 관계적 상황 맥락 속에서 발생한다(Craig & Pepler, 1995; Olweus, 1993; Salmivalli, Lagerspetz, Björkqvist, Östreman, & Kaukiainen, 1996). 만약 학교폭력 과정에서 또래 역동이 필수라면, 학교폭력 개입 사업은 반드시 또래 역동 변화에 초점을 맞추어야 긍정적인 또래간 상호작용을 촉진할 수 있다. 본 챕터에서는 우리는 학교폭력과 관련된 또래관계 맥락에 대한 연구를 검토하고, 학교폭력 역동을 지속시키는 양방향 과정에 대해 설명하며, 또래 개입 프로그램이 지니는 잠재적 가치에 대한 연구 결과도 소개하겠다. 이런 연구 결과에 근거하여 우리는 학교폭력 예방과 능동적 개입에 대한 함의를 도출하고자한다.

발달학적 시스템 관점을 통해 우리는 학교폭력을 개인의 특성과 이에 관련된 또래집단간 관계 이슈로 생각할 수 있는 체계를 갖추게 되었다(Cairns & Cairns, 1991; Ford & Lerner, 1992; Magnusson, 1981, 1995). 또한 발달학 덕분에 우리는 각 연령대 별로 아이들이 지닐 수 있는 강점과 도전 과제가 무엇인지 알 수 있고, 또 이런 특성들이 학교폭력에 어떤 관련을 갖고 있는 지 유추해 볼 수 있다. 학교폭력의 또래 역동에 관해서는 발달학을 통해 학교폭력을 지속시키는 또래 과정에서 벗어날 수 있는 기술과 태도 및 학교폭력을 멈출 수 있는 친사회적 기술과 태도에 대해 배울 수 있다. 그리고 시스템적 관점을 통해 우리는 학교폭력에서의 대인관계 양상을 이해할 수 있는데, 학교폭력에 영향을 주는 또래집단 내 규범과 역동을 통해서 알 수 있다. 또한 교사들이 학급 학생들 사이에 피해자를 지지하는 등의 친사회적 규범을 만들고 가해자의 공격적 행동을 억제시키는 데에 있어 어떤 역할을 할 수 있는지도 알아볼 수 있다.

또래는 학교폭력의 맥락을 형성한다.

비록 연구 분야에서나 개입 사업 분야에서나 또래 역할에 대해 상당히 많은 관심을 가져왔지만(Cowie, 2004; Olweus, 1993; Salmivalli, Kaukiainen, Voeten, & Sinisammal, 2004), 학교폭력 사건에서 잠재적으로 중요한 또래 과정에 대해서 밝혀진 바는 거의 없다. 원격 마이크와 카메라를 동원해서 우리는 교실과 운동장에서 벌어지는 학교폭력 사건에서 아이들이 어떤 상호작용을 나타내는지 관찰할 수 있었다(Pepler & Craig, 1995). 우리가 관찰한 바에 따르면, 또래는 학교폭력 사건 유지, 악화, 억제 등에서 중요한 역할을 하는 것으로 나타났다(O'Connell, Pepler, & Craig, 1999). 학교폭력은 운동장과 교실에서 벌어지는 사회적 사건이다. 우리가 학교 환경에서 관찰한 바로는 학교폭력 사건의 85~88% 경우에서 또래 학생들이 사건 현장에 있었다(Atlas & Pepler, 1998; Criag & Pepler, 1995, 1997; O'Connell 등, 1999). 우리가 관찰했을 때, 또래들은 다양한 역할을 보였다. 방관자로서, 가해 공범으로서, 또 개입자로서 역할을 하였다. Salmivalli 연구진은 학교폭력 내 또래들의 역할에 대해 더 심층적으로 정리하였다. 이 연구진에 따르면 학교폭력 중 또래 역할은 크게 4가지로 분류할 수 있는데, 보조자, 강화자, 방어자, 구경꾼으로 분류했다(Salmivalli 등, 1996). 상당수의 아이들이 학교폭력에 관련되어 있는데, 가해자 또는 보조자 또는 강화자로 분류될 수 있는 학생들이 전체 40% 정도로 추산되며, 구경꾼으로 분류될 수 있는 아이들이 대략 30% 정도이다(Salmivalli, 2001). 우리는 또래 역할 분류를 학교폭력 내 또래 맥락의 일부로 간주할 것이다.

학교폭력은 일종의 사회적 힘으로, 힘을 가진 자는 사회적 집단이 보는 앞에서 힘을 과시하며 또 공고히 한다. 학교폭력의 역동을 생각하면 놀랍지도 않지만, 또래는 학교폭력 관객으로 금방 변신해서 권력의 불균형을 조장한다. 우리가 관찰한 결과를 보면, 학교폭력 사건당 평균 4.3명의 또래들이 참관한다. 최대 14명까지 참관한 사건도 있었다(O'Connell 등, 1999). 참관하는 아이들은 학교폭력이라는 연극의 관객이 되어준다. 우리는 학교폭력 관객 규모가 중요한 요인임을 입증해냈다. 즉, 참관하는 또래 수가 많을 수록, 학교폭력 사건은 오래 간다. 한마디로 계속 쇼가 이어진다는 것이다. 우리 관찰 연구 결과, 저학년 남학생들(1~3학년, 6~8세)이 제일 많이 참관하고, 저학년 여학생이 제일 적게 참관하는 경향이 있었다. 또래들의 관심이 가해자-피해자 간의 권력 수준 차이를 바로 반영한다. 학교폭력 사건에서 '관객'으로 역할하는 또래들은 사건 기간 절반 이상을 수동적으로 가해자의 행동을 구경하는 것으로 나타났다. 바로 이 아이들이 Salmivalli 연구진이 얘기한 '구경꾼'들이다. 또래들은 전체 시간의 1/4 정도를 공격성을 표출하거나 학교폭력에 참여하는 데에 소비한다. 이런 아이들은 Salmivalli 연구진 기준에서는 보조자 혹은 강화자로 분류할 수 있다. 또래는 전체 시간의 1/4 정도만 피해자 친구들에게 관심을 쓰거나 개입을 통해 도와주는 데에 할애한다. 이런 아이들은 방어자로 분류할 수 있다.

학교폭력은 면식이 있는 또래집단 사이에서 자주 발생하는 경향이 있다. Craig, Pepler, & Blais(2007)는 남학생이건 여학생이건 모두 자기가 속한 또래집단 내 누군가한테 괴롭힘을 당했거나 아니면 조금이라도 알고 있는 학생한테 당하는 것으로 밝혔다. 이와 관련해 두가지 우려 사항이 있다. 첫째, 서로 조금이라도 면식이 있는 또래들은 자기 친구들의 약점에 대해서 더 잘 알고 있다. 이런 점 때문에 학교폭력의 타겟이 될 수 있다. 만약 친구들한테 학교폭력을 당하면, 또래집단 내 역동이 변화하지 않는 한, 학교폭력의 고리로 부터 벗어나는 건 실질적으로 불가능하다. 게다가 가해자와 피해자 간의 관계가 가까우면 가까울 수록 피해자는 학교폭력을 멈출 여지가 없어진다. 이들은 반드시 필요한 친구를 잃게 되거나 또래집단과의 연결 고리를 잃어버리는 것에 대해 두려워할 수 있다. 따라서 친교 관계가 있는 또래와 그렇지 않은 또래 모두를 포함하는 개입사업이 또래 네트워크 내 부정적인 역동을 바꾸는데 중요하고, 대안적인 교우관계 집단을 제공할 수도 있으면 건강한 대인관계 개발에도 도움이 될 것이다.

최근에는 또래 역동의 부정적인 측면에 대한 근거가 축적되고 있다. Dishion 연구진은 어떻게 또래들이 부정적인 행동을 서로 강화하느냐를 설명해 보인 적이 있다. 이런 역동을 이 연구진은 '일탈 훈련'이라고 불렀다(Dishion, Andrews, & Crosby, 1995; Dishion, McCord, & Poulin, 1999). 이런 부정적인 측면이 친사회적인 측면 보다 더 주목을 받았다. 하지만 우리가 관찰한 바에 따르면, 또래 학생들의 개입 역시 학교폭력 역동 변화에 변화를 줄 만큼 잠재력을 지닌 것으로 밝혀졌다. 우리는 교사 보다 또래 학생들이 더 자주 개입한다는 사실을 발견했다(Craig & Pepler, 1997). 우리가 논의한대로, 또래 학생들의 개입은 절반 이상의 경우에서 학교폭력 제동에 효과적이었다(Hawkins, Pepler, & Craig, 2001).

학교폭력에서 또래 개입에 대한 설문 조사와 관찰 연구 결과를 보면, 또래 학생들이 중심적인 역할을 한다는 점을 알 수 있다. 학교폭력에서 또래간 상호작용에 관해 학교폭력의 역동을 좀 더 세밀하게 연구하여 학교폭력 사건을 유지시키고 악화시키며 중단시킬 수 있는 복합적인 과정을 이해하는 것이 중요하다. 다음 섹션에서 우리는 폭력을 시작한 아이들에게 또래 학생들이 미치는 영향에 대해서도 알아볼 뿐 아니라 또래에 대한 가해 학생들의 영향도 알아볼 것이다.

학교폭력의 양방향 과정

학교폭력 내 또래 과정에 대한 우리 관찰 연구는 사회 상호작용적 관점에 근거하고 있다(Cairns, 1979; Patterson, 1982; Patterson, Reid, & Dishion, 1992). 이런 관점에 따르면, 아동의 행동 패턴은 가족, 또래집단, 학교, 지역사회 내의 상호작용 과정 속에서 형성된다. 이런 영향력들은 서로 양방향으로 작용한다. 아이들의 행동은 자신이 지속적으로 상호작용하는 사회 상황 속에서 형성되면서, 이와 동시에 다른 사람들의 행동 양상을 형성하기도 한다. 따라서 학교폭력의 또래 역동 측면에서 우리는 또래에서 가해자로 향하는 과정에 대해서 검토하는 것에 그치지 않고 가해자 학생이 또래들에게 학교폭력 참여에 어떤 과정으로 영향을 미치는 지도 검토할 것이다. 우리는 이런 양방향 기전 때문에 또래집단 내에 권력의 수준차와 학교폭력의 역동이 유지되는 것이라고 생각한다.

학교폭력에 대한 또래 지지 학교폭력 사건 현장에 참관하는 또래는 다양한 역할을 하는데, 학교폭력 사건을 유지시키거나 악화시키기도 한다. 학교폭력의 제일 핵심적인 특징은 권력과 공격성을 활용한다는 것이다. 만약 어떤 아이가 자기 힘을 과시해야 될 것 같다는 생각이 들면, 자기 앞에 관객들이 있을 때 자기 힘을 보여주려는 동기가 발동할 것이다. 학교폭력 사건 지속 시간은 학교폭력 관중 머릿수와 유의한 상관관계를 보였다(O'Connell 등, 1999). 일부 또래는 방관자로 있으면 수동적으로 구경만 하기도 하지만, 이런 아이들도 참관하거나 웃거나 응원의 코멘트나 제스처를 날리는 방식으로 폭력 행위에 대한 긍정적인 피드백을 준다(Salmivalli 등, 2004). 다른 또래 학생들은 능동적으로 학교폭력 문제에 가담할 수 있는데, 보조자 역할을 자처하여 가해자와 한 패가 될 수 있다(Salmivalli 등, 1996). Salmivalli 연구진(2004)은 이런 아이들이 일단 학교폭력이 발생하면 열정적으로 가담한다고 밝혔다. 우리가 관찰한 바로는 또래 학생들이 학교폭력에 얼만큼 능동적으로 참여하느냐에 따라 학교폭력 역동이 변한다. 즉, 아이들이 능동적으로 학교폭력에 가담하면, 가해를 시작한 아이는 더욱 더 흥분하고 공격적으로 변한다(O'Connell 등, 1999). 따라서 학교폭력 현장에 서서 목격하는 학생들이면-수동적이건 능동적이건 간에-가해자 학생의 우월성과 공격성을 강화시켜주는 역할을 한다. 또래들의 시선과 개입의 부재 만으로도 가해자는 자신이 지지받는다는 신호로 받아들인다.

가해자와 또래 가담 권력 역동은 학교폭력의 정의 중 한 기준을 담당한다. 가해자 학생은 피해자 학생에 대한 권력을 쥐고 있을 뿐 아니라, 또한 학교폭력 관객층을 형성하는 아이들에 대해서도 권력을 쥐고 있다. 우리가 촬영한 동영상을 보더라도 많은 경우에서 가해자 학생이 다른 아이들에게 가담하라고 조롱거리를 만들거나 직접 요청하는 모습을 볼 수 있다. 가해자들이 다른 사람을 얼만큼 학교폭력에 참여시킬 수 있는지 알아보기 위해 우리는 가해자의 요청이나 코멘트에 또래들이 어떻게 반응하는지 관찰했다(O'Connell 등, 1999). 우리는 가해자 학생들이 요청을 하지 않았을 때 보다 요청을 하거나 선동적인 언급을 하면 또래 학생들이 유의하게 더 학교폭력에 가담하는 것으로 나타났다. 또한 가해자의 요청 여부와 상관 없이 남학생이 여학생 보다 학교폭력 현장에 관객으로 더 자주 자발적으로 참여하는 것으로 나타났다. 가해를 개시한 학생의 직접적인 액션이 일탈 훈련의 좋은 예시가 된다고 본다. 이들은 또래를 끌어들여서 학교폭력 행위를 강화시켜주는 것이다.

우리 관찰 결과를 통해서 Salmivalli(1996. 2004)의 또래 역할론이 타당하다는 점을 확인했다. 또한 또래 간의 복잡한 역동 양상에 대해서 알게 되었다. 대부분의 아이들은 학교폭력을 목격하는 것이 불쾌한 경험이라고 응답하면서도(Charach, Pepler, & Ziegler, 1995), 대부분의 학교폭력 현장에서는 관객들이 있었다. 학교폭력 목격자는 학교폭력 사건에 대하여 중립적으로 작용하는 경우는 거의 없었다. 이들은 학교폭력 가해자의 행동에 기민하고 또 강화시켜주는 역할을 한다. 그래서 목격자는 학교폭력의 파괴적 역동을 더 조장한다.

학교폭력에 대한 긍정적 또래 반응

물론 대부분의 학교폭력 사건에서는 가해자를 지지하고 지켜보는 데에 대부분의 시간을 쓰지만, 전체 시간의 25% 정도는 또래들이 피해 당하는 아이들을 지지하기 위해 적극적으로 개입하는 경우다.

대부분의 아이들이 학교폭력을 목격하는 것이 불쾌하다는 응답 결과와 더불어 피해자에게 관심을 가져준다는 관찰 결과로 미루어 봤을 때, 또래가 학교폭력을 감소시킬 수 있는 주체가 될 수 있다고 본다. 우리의 자연 경과 관찰 결과, 또래들의 노력으로 학교폭력을 멈춘 사례를 직접 목격했다(Hawkins 등, 2001). 우리가 관찰한 바에 따르면 전체 학교폭력 사건 중에 19% 정도에서 또래의 개입이 이루어졌는데, 이는 Salmivalli 연구진(1996)이 17% 정도의 아이들이 방어자나 개입 역할을 실천했다고 한 주장과 일치했다. 아이들이 개입하면, 전체 사건 중 57%에서 10초 안에 사건이 끝났다(Hawkin 등, 2001). 아마 누구라도 왜 이렇게 짧은 찰나에 학교폭력이 멈출 수 있었는지 짐작할 것이라 믿는다. 학교폭력 정의상 권력을 행사해야 되는데, 누군가가 피해자를 방어하기 위해 맞서면 가해자 입장에서는 어느 정도는 자신의 지위에 해가 된다고 생각하여 그 순간만큼은 공격적으로 권력을 쓰는 것을 멈춘 것으로 볼 수 있다. 역동 양상과 관계 없이, 우리 관찰 결과로 볼 때는 또래 측에서 이타적이고 지지적인 행동을 촉진할 수 있는 잠재력이 상당하다고 본다. 또래 학생들을 학교폭력 개입에 참여시키기 위해서는 몇 가지 주의사항과 특별한 훈련 과정은 필요하다. 우리가 관찰한 바에 따르면, 전체 또래 개입 사례 중 47%는 공격적으로 개입한 경우였다(Hawkin 등, 2001). 따라서 적절한 갈등 중재와 개입을 위해서는 모든 아이들이 적절한 훈련을 받아야 한다.

학교폭력 문제 해결에 대한 도전과제 및 딜레마

학교폭력은 복합적인 문제다. 학교폭력의 파괴적인 관계 역동과 관여 학생들의 심각한 후유증 때문에, 이 문제는 항상 모니터링이 필요하고 아이들과 청소년들이 건강한 관계와 발달 과정을 형성할 수 있도록 노력해야 한다. 유엔아동권리협약(1989) 29조항을 보면, 교육의 목표는 아동이 자유 사회에서 책임감 있는 삶을 살 준비를 할 수 있도록 하는 것이라고 명시하면서, 인종과 종교와 국적과 기타 조건과 상관 없이 이해, 평화, 박애, 성평등, 우호의 정신이 구현되도록 규정했다. 따라서 아이들에게 긍정적 태도와 행실을 교육하고 다른 이들을 괴롭히는 식으로 힘을 쓰는 것은 억제하도록 가르치는 것은 사회의 책임이다. 이런 사회적 기능은 아이들과 청소년과 함께 하는 부모와 교사와 지역사회의 어른들의 책임이다.

학교폭력 문제를 규명해서 모니터링하는 데에 제일 큰 딜레마는 아이들의 교육과 복지를 책임진 어른들이 학교폭력을 거의 인식해내는 경우가 없다는 것이다. 우리 관찰 결과를 보면 이런 딜레마에 대해 분명히 알 수 있는데 일종의 패러독스가 존재한다. 즉, 어른들에게 책임이 있지만, 학교폭력 현장에서는 거의 없다. 또래 학생들은 현장에 존재하지만 도움을 주지는 않는다. 또한 연구에 의하면 교사들 대부분은 학교폭력 문제에 대해 거의 대부분 개입한다고 응답했으나, 아이들 중 오직 소수만 교사들이 학교폭력을 멈추도록 개입한다고 응답했다(Charach 등, 1995). 이런 문제들 때문에 학교폭력 문제 규명과 해결이 결코 쉽지 않다. 우리 관찰 결과에 의하면 교사들은 운동장에서 발생한 학교폭력 사건에 대해서는 4% 경우만, 또 교실 내에서 발생한 문제에 대해서는 18% 정도만 개입하는 것으로 드러났다(Atlas & Pepler, 1998; Craig & Pepler, 1997). 물론 이 수치는 별다른 학교폭력 프로그램이 없을 때 경우다. 그런데 만약 학교폭력 예방 프로그램이 시행되면, 이 수치가 각각 10~11%(운동장) 및 14~25%(교실) 수준으로 상승하였다(Pepler, Craig, O'Connell, Atlas & Charach, 2004). 만약 어른들이 학교폭력의 문제의 범위를 모르고, 또 어른들이 자신들의 인식과 아이들의 현실과의 간극이 얼만큼 되는지 모른다면, 어른들은 가해자의 공격적인 행동을 감소시킬 수도 없을 뿐 아니라 피해를 당하는 아이들에게 안전한 환경을 보장해주지도 못한다.

위와 같은 딜레마와 도전 과제를 직면하다 보면, 어떻게 하면 어른들은 또래 학생들이 자신의 눈과 귀가 되도록 포섭해서 학교폭력 근절이라는 중요한 사회적 책임을 다할 수 있을 것이냐에 대한 의문이 자연스럽게 든다.

사회적 책임을 다하기 위해 무엇이 필요한가?

어른들은 아이들이 긍정적인 태도와 행실을 갖추고 타인을 괴롭히기 위해 힘을 남용하지 않도록 교육해야될 의무가 있다. 이런 의무를 다하기 위해, 아이들과 함께 살고 일하고 노는 어른들은 학교폭력 억제, 악화, 유지와 관련된 복잡한 또래 역동을 잘 이해하고 있어야 한다. 이런 이해가 바탕이 되면 어른들은 아래와 같은 전략을 구사할 수 있다.

1. 학교폭력에 관계된 개별 아이들(가해자, 피해자, 방관자)의 욕구를 파악한다.
2. 사회적 역동에 변화를 줄 수 있다. 이를 통해 1) 가해자의 행동을 강화하고 피해자를 소외시키는 기전을 감소시킬 수 있고, 2) 친사회적 상호작용, 사회정의, 또래 개입을 장려하는 기전을 증가시킬 수 있다.

비록 아이들과 청소년은 매일같이 현장에서 학교폭력을 경험하고 있지만, 학교폭력 감소라는 책임을 다할 수 있도록 변화가 시작되어야 하며 어른들의 삶 속에서 이런 방식이 유지될 수 있어야 한다. 본 챕터는 학교폭력 내 또래 역할에 초점을 맞추고 있기 때문에, 우리는 학교폭력 관객 노릇을 하게 될 또래 학생들의 사회적 기술, 감수성, 책임감을 기르는 노력에 초점을 맞추려고 한다.

긍정적 또래 역동 구축을 통한 학교폭력 예방

우리는 학교폭력을 관계에서 오는 문제로 이해했기 때문에 학교폭력 개입 전략도 관계에서 찾게 되었다. 즉, 우리가 추진하는 개입 사업에는 아이들에게 건강한 관계 맺음을 위한 기술, 태도, 행실에 대한 교육 내용이 포함되어 있다. 아이들에게 노련한 사회적 상호작용과 긍정적인 대인관계에 필수적인 품행과 통찰을 제공하는 것이 국어나 수학을 가르치는 일보다도 더 어렵고 도전적인 일이 될 수 있다. 따라서 건강한 사회성 발달을 이루기 위해 아동기 초기부터 노력을 시작하여 아이들이 각 발달단계나 다양한 사회적 상황에 직면했을 때 새로운 사회적 과제를 풀어낼 수 있도록 일관성 있게 지원해줘야 한다. 이 지원은 획일적인 해결책은 아니다. 효과적인 해결을 위해서는 아이들의 다양한 욕구와 역량에 맞게 맞춤형 지원이 이루어져야 하고, 특히, 아이들의 나이, 성정체성, 기술력, 배경을 고려해야 한다.

위와 같은 지원 방안을 어떤 식으로 제공해주든지 간에, 무엇보다 제일 중요한 원칙 한 가지가 분명 존재한다. 아이들은 어른들의 도움이 필요하다는 것이다. 즉, 어른들이 아이들로 하여금 학교폭력 문제를 깨닫게 하고 필수적인 사회 기술, 사회적 인지, 사회적 책임감을 갖출 수 있도록 지원해줘야 된다. 모든 아이들과 청소년들이 건강한 대인관계를 가질 수 있도록, 어른들은 반드시 긍정적 역동을 능동적으로 장려하고 또래 학생들간 부정적 역동이 생길 기회를 줄여야 한다. 발달학적 및 시스템적 관점에서 볼 때, 우리는 이런 작업이 아이들 개개인의 태도와 심리적 역량뿐 아니라 집단 규범, 사회적 기전, 권력 역동 등 많은 측면에 대해 관심이 필요하다는 점을 알고 있다. 학교폭력의 권력 역동 문제에 접근함에 있어, 목표는 또래 학생들 간에 이타적 행위를 장려하고 가해 동기를 떨어뜨리고 피해자들이 안전하고 집단 내에서 유대감을 유지하면서 지지 받을 수 있도록 권력 역동을 변화시키는 것이다.

또래에 대한 친사회적 역량 및 태도 기르기   아이들이 학교폭력 내 또래 역동을 인지하고 또래들 선에서 이런 학대를 멈추게하려면 이를 인지할 수 있는 기술, 태도, 실천법에 대해 어느 정도 명확한 교육이 이루어져야 한다. 아이들이 학교폭력을 멈출 수 있게 사회적 책임감과 또래 개입 장려하려면, 아이들은 자기 자신의 감정과 욕구를 이해할 줄 아는 능력을 키우고, 다른 사람들의 욕구를 인식하는 것과 기타 다양한 기술을 터득할 수 있어야 한다. 이와 함께 학교폭력에 맞서 책임감 있고 당당하게 행동하는 것이 왜 가치 있는지도 알 수 있도록 해야 한다. Caprara & Steca(2007)는 이런 특징을 친사회성의 기초라고 불렀다.

아이들이 학교 운동장 학교폭력 현장에 있을 때, 우리가 관찰한 바로는 대부분의 아이들이 촉각을 곤두세우고 참관할 뿐 아니라 능동적으로 관여하는 경우도 많았다(Craig & Pepler, 1997; O'Connell 등, 1999). 이런 관찰 결과를 미루어볼 때, 아이들이 친사회적 행동과 사회적 책임감을 가지기 위해서는 일단 자기 자신의 감정과 반응을 인지하는 능력이 필요하다. 이런 유형의 자기 인식은 타인의 감정을 이해하는 근간이자 공감능력의 원천이기도 하지만, 아이들이 학교폭력 상황에서 어떻게 반응할 지에 대한 분별능력을 기르는 기초가 되기도 한다. 대부분의 아이들이 학교폭력을 목격하는 것이 불쾌하다는 연구 결과가 있기 때문에 위와 같은 방법이 가능성이 있다고 생각한다. 아이들이 자신의 불쾌감을 알아차리고 이런 부담감에 대해 자유롭게 이야기할 수 있는 시간을 허용하는 것이 자신의 감정을 환기시키는 기회가 될 뿐 아니라 타인의 스트레스에 대한 감수성도 기를 수 있다. Salmivalli 연구진(2004)은 변화를 일으키려면 학생들이 학교폭력에 대한 부정적인 느낌 및 태도와 학교폭력 문제를 더 악화시키는 실제 행동 간의 간극을 자각하는 것이 도움이 된다고 주장했다.

또한 아이들은 다른 이에 대한 공감 능력과 행복에 대한 관심을 갖추는 것이 필요하다. 이런 능력은 자기 자신의 감정을 이해하는 것과 다른 사람들의 감정을 인지하고 해석하는 능력에 달려있다(Eisenberg 등, 1996). 아이들 대부분은 적어도 한두번 이상 학교폭력을 당한 경험이 있다. 그래서 학교폭력의 한쪽 극단에 서보는 경험이 어떻다는 것을 잘 설명할 수 있다. 피해자에 대한 공감 능력을 키울 수 있는 길은 많다. 책 읽기(예: Committee for Children, 2001)도 있고, 동영상 시청(Glazier, 2004), 역할극, 학교폭력 피해 경험에 관한 그림 그리기나 포스트 제작 등도 있다. 감정을 탐색하는 활동을 통해 회복적 과정을 거칠 수 있는데, 이런 전략은 학교폭력 문제 해결에 효과적이라는 연구 결과도 이미 나와 있다(Armstrong & Thorsborne, 2005; Morrison, 2007).

학교폭력 피해 목격과 관련하여 자기 자신의 불쾌감과 타인의 감정을 이해하는 것은 반드시 필요하다. 하지만 아이들이 실제로 피해 학생에게 손을 뻗게 하도록 만들기에는 충분치 않다. 아이들에게 언어적 기술, 사회 기술, 자기주장 능력, 자기효능감 등을 갖출수 있도록 도와줘야 아이들이 피해 학생들을 지지하고 위로하며 설득하고 또 보호할 수 있다(Caprara & Steca, 2007, p.233). 아이들이 알아서 친사회적 개입 기술을 터득해나가길 기대하는 것은 무리다. 우리가 관찰한 바에 따르면, 또래들이 직접 개입을 했을 때, 친사회적 방식이나 공격적 개입 방식 모두 비슷한 빈도로 활용했으며, 그 효과도 서로 차이가 나지 않았다(Hawkins 등, 2001). 따라서 아이들이 긍정적인 방식으로 개입하려면 어떤 말을 해야 할 지 어떤 기술을 활용해야 지에 대한 틀을 제공해주는 게 나을 수 있다. 어떤 아이들은 직접 개입할 만큼 사회적 자신감이 있기도 하지만, 다른 아이들은 당장 자신의 안전이 걱정되는 상황이라 개입을 주저할 수도 있다. 아이들은 학교폭력이 진행되고 있다는 점을 알아 차렸을 때 뭔가 조치를 취해야 한다는 사회적 책임이 있다는 점을 알아야 한다. 어른들은 아이들이 집단적으로 학교폭력에 맞서고 참여할 수 있도록 훈련시킬 수 있다. 한 명이라도 친사회적 편으로 넘어온다면, 학교폭력의 권력 역동을 변화시킬 수 있다. 즉, 힘의 균형을 가해자로 부터 가져와 피해 학생 지원으로 옮겨 둘 수 있다. 아이들이 가해자 학생들에게 직접 맞서는 것이 꺼려지더라도, 아이들은 어른들에게 학교폭력 사실을 신고할 수 있다는 점을 알려주고 또 격려해야 한다. 아이들이 어떤 상황이든 간에 학교폭력 문제에 대해 건설적으로 반응할 수 있도록 어른들이 반드시 책임지고 만들어야 한다.

긍정적 또래 지지 체계 만들기   긍정적 또래 역동이 작용할 만한 여건을 만들려면 아이들이 자신이 듣고 보고 경험한 학교폭력 사건에 대해 책임감 있게 신고할 수 있을 뿐 아니라 그 위험 부담도 느끼지 않도록 어른들이 여건을 마련해줘야 한다. 존중의 자세로 경청하며 관계적 해결책으로 응답해줄 수 있어야 아이들의 신뢰를 살 수 있는데, 이런 신뢰 없이는 사회적 정의감이 투철한 아이들 일지라도 차라리 신고 안 하는 쪽이 더 낫다고 여기게 된다. 핀란드의 한 학교폭력 예방 프로그램은 전체적 관점에서 또래집단에 초점을 맞추어 진행되었는데, Salmivalli 연구진(2004)은 교사들 훈련에 노력을 많이 기울였다고 밝혔다. 이 연구진의 주장은 교사들이 대부분의 학교폭력 사건을 감지하지 못했는데, 학교폭력 사건이 숨겨져 있는 탓도 있지만 대부분의 교사들이 학교폭력의 정확한 실체에 대해서 잘 모르고 있는 탓도 있다고 하였다. 또한 교사들이 학교폭력 사건을 감지하고 문제로 삼는다고 할지라도 이것을 해당 학생 개인적인 문제로 인식할 수 있다는 것이다.

상기 연구 결과를 검토해봤을 때, 우리는 또래 역동을 왜곡시킬 수 있는 방법을 몇 번이고 재현시킬 수 있다. 반대로 이런 점을 활용하여 또래 역동에 변화를 주어 학교폭력 문제를 감소시키기 위해 무엇이 필요한 지도 생각해 낼 수 있다(표 33.1). 학교폭력이 유지되고 악화되는 데에는 참관하는 또래 학생의 머리

표 33.1 학교폭력에서의 또래 작용과 실무를 위한 제언

또래 작용	예방과 개입 전략
또래 학생의 대다수는 방관자	- 어른들은 또래 역동에 대해 인식하고 개입할 준비가 되어 있어야 함. - 학교폭력에 대한 부정적인 느낌과 실제 행동과 관심의 간극을 자각시킴. - 학생들과 함께 학급 규칙을 개발함. - 토론, 역할극, 드라마 실습, 인문학 - Pikas 관심 공유 접근법 - 지지 집단 접근법
가해자 쪽으로 치우친 관심	- 어른들은 권력의 불균형에 대해서 인지하고 또래 학생들간 은밀한 힘의 남용에 대해 경계해야 함. - 학교폭력에 대한 부정적인 느낌과 실제 관심사의 간극을 자각시킴. - 지지적 역동에 초점을 맞춘 회복적 정의가 있음. - 긍정적인 집단 형성을 장려하고 부정적 집단 형성을 억제하는 사회 구조 접근법이 있음.
학교폭력 가담	- 어른들의 집단적 작용에 대해 인지하고 집단 수준에서도 개입할 수 있어야 함. - 학교폭력에 대한 부정적인 느낌과 실제 가담 행위 간의 간극을 자각시킴. - 토론, 역할극, 드라마 실습, 동영상, 인문학 - 학교폭력 피해 경험과 관련된 느낌을 시, 스토리, 그림 또는 포스터로 표현하기. - Pikas 관심 공유법 - 지지 집단 접근법
정서와 감정적 각성	- 어른들은 아이들의 감정에 주목하여, 어떤 감정인지 명명하고 공감능력을 촉진함. - 자기 자신의 감정에 대한 알아차림. - 타인과 피해 학생에 대한 감정 알아차림.
폭력 가담에 대한 사회적 압력	- 어른들은 또래 작용에 대해 알고 폭력에 참여하는 아이들의 동기에 대해 탐색함. - 아이들의 자각 수준은 토론, 역할극, 드라마 실습, 인문학 등을 통하여 높일 수 있음.
개입에 대한 망설임	- 어른들은 건설적으로 경청하고 반응함. - 매뉴얼, 사회 기술, 자기주장 기술, 자기 효능감, 타인을 돕는 것에 대한 가치 교육 - 토론, 역할극, 드라마 실습, 인문학 - 학생들과 학급 규칙 개발 - 공감능력 및 사회적 책임감 촉진 - 학교폭력에 맞설 수 있도록 코칭 - 학교폭력에 대해 신뢰할 수 있는 어른에게 신고 장려 - 지지적 역동에 초점을 맞춘 회복적 정의

숫자, 피해자 보다 가해자 쪽으로 균형이 더 쏠린 관심, 학교폭력 사건의 참여, 정서적 각성과 흥분, 폭력 행위에 가담해야될 것 같은 무언 또는 유언의 압력, 개입에 대한 주저함 등이 작용한다. 이런 또래집단 기전을 개선하기 위해서는 개별 학생에 대한 조치도 부분적으로 도움이 되는데, 자각 수준, 공감 능력, 사회적 관심, 사회 기술, 사회적 자기 효능감의 발달 같은 조치를 예로 들 수 있다. 하지만 집단 기반 접근법도 필요하다. 또래집단 내 가치 체계, 규범, 역동 등이 개선되어야 된다는 뜻이다. 학교폭력은 단순히 개인적 요인으로 설명될 뿐 아니라, 더 넓은 사회적 집단 내 태도와 행실 양상으로도 설명이 가능하다는 근거가 속속 드러나고 있다(Hymel, Schonert-Reichl, & Miller, 2006; Salmivalli & Voeten, 2004).

초창기 노르웨이 학교폭력 예방 프로그램에서는 교사들이 학급 학생들과 같이 작업하는 방식으로 학급 규범을 개선시키는 데에 주력했으며, 이를 통해 또래 학생들을 지원하는 개입 방식을 취했다(Olweus, 1993). 이후에는 정기적인 학급 회의, 역할극, 동영상 시청을 하고 이에 대한 학급 토론 시간을 갖는 방식을 제시하였다(Olweus, 2004). Salmivalli 연구진(2004)이 제시한 프로그램 또한 전 학급이 참여하는 방식을 지니고 있으며, 학교폭력에 대한 태도와 폭력 행위 참여에 대한 강력한 사회적 압력이 존재한다는 점

을 강조한다. 이런 접근법은 원래 교사들이 학교폭력에 참여자 역할로 관계되어 있다는 점을 교육하기 위함이며, 학급 토론, 역할극, 드라마 연습, 인문학적 자료도 제공해준다(Salmivalli 등, 2004). 일부 다른 프로그램에서는 학교폭력에 능동적으로 관여된 또래집단을 선별해 집중적으로 부정적 또래 작용을 규명하고 개선시키는 콘텐츠도 포함되어있다. 또래 학생들의 태도와 행실 변화에 초점을 맞춘 대표적인 예방 프로그램으로는 Pikas 관심 공유법(Pikas Method of Common Concern; Pikas, 1989)과 지지 집단 접근법(the Support Group Approach; Robinson & Maines, 1997)이 있다. 회복적 정의도 학교폭력 문제 해결에 효과적인 전략으로 부상하고 있다. 회복적 정의도 개별 학생들의 발달학적 필요 뿐 아니라 집단 내 지지적 역동에도 초점을 맞추고 있어 관계 회복을 돕고 있다(Morrison, 2007). 이런 방법들은 학교폭력에 대한 관계적 해결책을 추구하는 이상적인 방법이라고 볼 수 있다. '이런 접근법들은 선제적인 방식에서 상황대응적 방식까지 있는 데, 교내 대인관계 개선과 발달 그리고 문제해결 기술과 갈등 해소 기술에 대한 교육을 담당한다.'(Armstrong & Thorsborne, 2005, p.176).

상기 개입법들은 학교폭력 문제 해결에 효과적인 것으로 입증되었다. 하지만 부정적인 또래 역동 사례가 발견되었다면, 별도의 집중적 개선 노력이 필요하기도 하다. 우리는 그간 '사회적 구조'라는 은유법을 통해 교사들과 기타 어른들이 또래 학생들의 집단 구조를 긍정적인 또래관계로 경험할 수 있고 부정적인 관계를 무너뜨릴 수 있는 쪽으로 만들어야 한다고 주장했다(Pepler, 2006; Pepler & Craig, 2007). 교사들은 또래 학생들의 관계를 유심히 관찰하고 아이들 사이에 부정적인 관계 양상이 번지지 않도록 책임을 다 하는 방식으로 학교폭력의 권력 불균형 역동을 개선시킬 수 있다. 예를 들어, 교사는 두 아이에게 야구팀의 주장이 되어 각 팀원을 선발하라고 요청할 때, 교사는 아무런 개입 없이 아이들 알아서 해결하도록 내버려 둘 수 있다. 이렇게 되면 덜 노련한 아이들은 선발되지 않는 등의 모욕적인 경험을 할 수 있으며, 한쪽 팀으로 쏠려 배정되는 경우도 생길 수 있다. 사회적 구조 접근법에서는 교사가 무작위 선발 방식을 취하든 일정 전략에 따른 선발 방식을 취하든 모든 아이들의 참여가 보장되는 균형 잡힌 팀을 구성할 수 있다. 이런 방식으로 교사들은 다양한 또래 학생 집단과 긍정적인 상호관계를 맺을 수 있으며, 아이들에게 사회적 기술, 공감 능력, 사회적 책임감, 긍정적 집단 규범 발달을 촉진할 수 있는 기회를 줄 수 있다.

학교폭력 개입 사업 범위 내에서는 사회적 구조 접근법이 학생들의 집단 역동을 재구성시키는 데에 3가지 방향으로 작용하게 된다. 첫째, 사회적 구조 접근법을 통해 가해 학생을 피해자와 폭력 강화자 학생들의 주목과 참여 욕구로 부터 멀어지도록 한다. 가해자 학생은 이렇게 분리된 환경 속에서 대인관계 기술을 개선시킬 수 있도록 지원 받고 적개심이나 좌절감을 심어주는 배제적 훈계 조치는 되도록 지양한다. 가해 학생들은 긍정적인 대인관계 기술에 대한 지원이 필요하다. 이런 지원이 있어야 이 학생들도 또래집단에 재통합될 수 있다.

둘째, 사회 구조 접근법을 통해 피해 학생을 긍정적 또래 상황 속에 배치시킬 수 있다. 피해 학생들은 학교폭력 집단 역동 내에서는 종종 고립된 채로 살아간다. 사회 구조 접근법을 통해, 교사들은 고립된 학생들을 건설적이고 긍정적인 또래 상황 속에 배치시킬 수 있다. 세번째 기전은 사회적 집단 내에 긍정적이고 존중과 수용적 분위기를 일반화 시키는 것이다. 지지적 및 협력적 분위기와 존중과 협력에 대한 기대가 있는 사회에서는 방관자들도 학교폭력 개입에 대한 책임감을 살릴 수 있으며, 건설적인 학교폭력 문제 해결을 위해 어른들과 신뢰 관계를 맺을 수 있다. 물론 아이들의 사회적 책임감을 지원하기 위해서는 어른들이 아이들의 개입 노력 하나하나에 대해 다 신경쓰고 반응해줘야 한다. 아이들은 사회적 정의와 공정함에 대해 강력한 감각을 지니고 있다. 이런 노력을 통해 전체 학교 지역사회 내의 공정함에 대한 의식을 확장시킬 수 있다. 아이들은 어른들이 알아채기 훨씬 전부터 학교폭력 사건을 목격하고 듣는다. 따라서 어른들은 아이들과 협력적인 관계를 맺어서 아이들로부터 새로운 사건에 대해 정보를 얻고 또한 아이들의 근심에 응답해줘야 한다. 이런 문화적 변화는 반드시 어른들의 몫이 된다. 어른들이 아이들에게 건강한 대인관계에 대한 롤모델을 먼저 보여줘야 한다. 또한 어른들이 학생 집단의 사회적 구성 상황을 형성시켜줄 의무가 있다. 이런 노력으로 가해자, 피해자, 방관자 사이에 벌어지는 부정적 역동의 싹을 감소시킬 수 있다.

예방과 개입

학교폭력에서의 또래 작용에 관한 연구가 진척된 덕분에 개별 학생의 발달학적 필요와 품행 문제에만 시야를 좁힐 필요가 없게 되었다. 모든 아이들이 또래집단이라는 사회적 시스템 내에 속하고 있으며, 학교폭력을 유지시키고 악화시키는 또래 역동에 대한 이해가 부족하면 학교폭력 예방 및 개입 노력은 지속적인 효과를 내지 못할 것이다. 학교폭력 문제를 감소시키기 위해서는 어른들의 능동적이고 선제적인 노력이 중요하다. 어른들은 건강한 교우관계를 장려하고 피해자를 지지할 수 있는 긍정적 또래집단 문화 형성을 촉진해야 한다. 또한 어른들은 학교폭력 사건이 발생했을 때, 아이들 대다수가 가해자에게 들러붙어 폭력 행위를 강화시키지 않도록 노력해야 한다. 이를 위해서 아이들에게 학교폭력에 가담해야할 것 같은 압력을 이길 수 있도록 매뉴얼이나 틀을 제공해야 한다. 뿐만 아니라 아이들은 학교 공동체에 대한 사회적 책임이 있음을 알고 이를 충족시킬 수 있는 기술과 매뉴얼도 필요하다. 어른들은 아이들에 대해 리더십과 교육을 제공해야할 의무가 있다. 어른들은 이런 의무를 다하기 위해 학교뿐 아니라 가정, 스포츠 팀, 취미 활동, 이웃 사회에서도 이루어질 수 있도록 포괄적인 롤모델과 교육을 감당해야 한다. 또래 학생들이 이타적인 품행을 갖추고 권력을 공격적으로 남용하는 것을 억제하며 취약한 아이들에게 지지와 안전과 포용의 문화를 보여주도록 할 책임은 바로 어른에게 있다.

학교폭력에 관계된 아이들은 관계 문제를 가지고 있다고 간주할 수 있으며, 해결책 또한 관계에서 찾을 수 있다. 아이들과 청소년들의 대인관계 역량 및 사회적 책임감 발달을 지원하고 건강한 대인관계를 촉진하는 사회적 여건을 조성함으로써, 우리는 일생 동안의 건강한 적응과 긍정적 대인관계 맺음을 할 수 있는 초석을 다질 수 있다.

참고문헌

Armstrong, M., & Thorsborne, M. (2005). Restorative responses to bullying. In H. McGrath & T. Noble (Eds.), *Bullying Solutions: Evidence-based approaches to bullying in Australian schools* (pp. 175-188). Frenchs Forest, New South Wales, Australia: Pearson Longman.

Atlas, R., & Pepler, D. J. (1998). Observations of bullying in the classroom. *American Journal of Educational Research, 92*, 86-99.

Cairns, R. B. (1979). *Social development: The origins and plasticity of interchanges.* San Francisco: W. H. Freeman.

Cairns, R. B., & Cairns, B. D. (1991). Social cognition and social networks: A developmental perspective. In D. J. Pepler & K. H. Rubin (Eds.), *The development and treatment of childhood aggression* (pp. 411-448). Hillsdale NJ: Erlbaum.

Caprara, G. V., & Steca, P. (2007). Prosocial agency: The contribution of values and self-efficacy beliefs to prosocial behavior across ages. *Journal of Social & Clinical Psychology, 26*, 218-239.

Charach, A., Pepler, D., & Ziegler, S. (1995). Bullying at school: A Canadian perspective. *Education Canada, 35*, 12-18.

Committee for Children. (2001). *Steps to Respect: A Bullying Prevention Program.* Washington, DC: Author.

Cowie, H. (2004). Peer influences. In C. Sanders & G. Phye (Eds.), *Bullying: Implications for the classroom* (pp. 137-157). San Diego: Elsevier.

Craig, W., & Pepler, D. (1995). Peer processes in bullying and victimization: An observational study. *Exceptionality Education Canada, 5*, 81-95.

Craig, W., & Pepler, D. (1997). Observation of bullying and victimization in the schoolyard. *Canadian Journal of School Psychology, 13*, 41-59.

Craig, W., Pepler, D., & Blais, J. (2007). Responding to bullying: What works? *School Psychology International, 28*, 465-

477.

Dishion, T. J., Andrews, D. W., & Crosby, L. (1995). Antisocial boys and their friends in early adolescence: Relationship characteristics, quality, and interactional process. *Child Development, 65*, 139-151.

Dishion, T., McCord, J., & Poulin, F. (1999). When interventions harm: Peer groups and problem behavior. *American Psychologist, 54*, 755-765.

Eisenberg, N., Fabes, R. A., Murphy, B., Karbon, M., Smith, M., & Maszk, P. (1996). The relations of children's dispositional empathy-related responding to their emotionality, regulation, and social functioning. *Developmental Psychology, 32*, 195-209.

Ford, D. H., & Lerner, R. M. (1992). *Developmental systems theory: An integrative approach.* Newbury Park, CA: Sage.

Glazier, L. (Writer/Producer), & Flahive, G. (Producer). (2004). *It's a girl's world: A documetary about social bullying* [Motion picture]. (Available from the National Film Board of Canada, 360 Albert Street, Suite 1005, Ottawa, Ontario, K1A 0M9)

Hawkins, D.L., Pepler, D., & Craig, W. (2001). Peer interventions in playground bullying. *Social Development, 10*, 512-527.

Hymel, S., Schonert-Reichl, K. A., & Miller, L. D. (2006). Reading, 'riting, 'rithmetic and relationships: Considering the social side of education. *Exceptionality Education Canada, 16*, 149-192.

Magnusson, D. (1981). *Toward a psychology of situations: An interactionist Perspective.* Hillsdale, NJ: Erlbaum.

Magnusson, D. (1995). Individual development: A holistic, integrated model. In P. Moen, G. Elder, & K. Lüscher (Eds.), *Examining lives in context: Perspectives on the ecology of human development* (pp. 19-60). Washington, DC: American Psychological Association.

Morrison, B. (2007). Schools and restorative justice. In G. Johnstone & D. Van Ness (Eds.), *Handbook of restorative justice* (pp. 325-250). Portland, OR: Willan Publishing.

O'Connell, P., Pepler, D., & Craig, W. (1999) Peer involvement in bullying: Issues and challenges for intervention. *Journal of Adolescence, 22*, 437-452.

Olweus, D. (1993). *Bullying at school: What we know and what we can do.* Oxford, UK: Blackwell.

Olweus, D. (2004). The Olweus Bullying Prevention Programme: Design and implementation issues and a new national initiative in Norway. In P. Smith, D. Pepler, & K. Rigby (Eds.), *Bullying in schools: How successful can interventions be?* (pp. 13-36). New York: Cambridge University Press.

Patterson, G. R., (1982). *Coercive family processes.* Eugene, OR: Castalia.

Patterson, G., Reid, J., & Dishion, T. (1992). *Antisocial boys.* Eugene, OR: Castalia.

Pepler, D. (2006). Bullying interventions: A binocular perspective. *Journal of the Canadian Academy of Child and Adolescent Psychiatry, 15*, 16-20.

Pepler, D., & Craig, W. (1995). A peek behind the fence: Naturalistic observations of aggressive children with remote audiovisual recording. *Developmental Psychology, 31*, 548-553.

Pepler, D., & Craig, W. (2007, February). Binoculars on bullying: A new solution to protect and connect children. *Voices for Children Report.* Retrieved from the PREVNet website http://prevnet.ca/Downloads/tabid/192/grm2id/57/Default.aspx.

Pepler, D. J., Craig, W., & O'Connell, P. (1999.) Understanding bullying from a dynamic systems perspective. In A. Slater & D. Muir (Eds.), *Developmental Psychology: An Advanced Reader* (pp. 440-451). Malden, MA: Blackwell.

Pepler, D. J., Craig, W., O'Connell, P., Atlas, R., & Charach, A. (2004). Making a difference in bullying: Evaluation of a systemic school-based programme in Canada. In P. K. Simth, D. Pepler, & K. Rigby (Eds.), *Bullying in schools: How successful can interventions be?* (pp. 125-139). Cambridge, UK: Cambridge University Press.

Pepler, D., Craig, W., Yuile, A., & Connolly, J. (2004). Girls who bully: A developmental and relational perspective. In M. Putallaz & J. Kupersmidt (Eds.), *Aggression, antisocial behavior, and violence among girls* (pp. 90-109). New York: Guilford.

Pepler, D., Jiang, D., Craig, W., & Connolly, J. (2008). Developmental trajectories of bullying and associated factors. *Child Development, 79*, 325-338.

Pikas, A. (1989). A pure concept of mobbing gives the best results for treatment. *School Psychology International, 10*, 95-104.

Robinson, G., & Maines, B. (1997). *Crying for help: The no blame approach to bullying.* Bristol, UK: Lucky Duck Publishing.

Salmivalli, C. (2001). Group view on victimization: Empirical findings and their implications. In J. Juvonen & S. Graham (Eds.), *Peer harassment in school: The plight of the vulnerable and victimized* (pp. 398-419). New York: Guilford.

Salmivalli, C., Kaukiainen, A., Voeten, M., & Sinisammal, M. (2004). Targetting the group as a whole: The Finnish antibullying intervention. In P. K. Smith, D. J. Pepler, & K. Rigby (Eds.), *Bullying in schools: How successful can nter-

ventions be? (pp. 251-274). New York: Cambridge University Press.

Salmivalli, C., Lagerspetz, K., Björkqvist, K., Österman, K., & Kaukiainen, A. (1996). Bullying as a group process: Participant roles and their relations to social status within the group. *Aggressive Behavior, 24*, 205-218.

Salmivalli, C., & Voeten, M. (2004). Connections between attitudes, group norms, and behaviour in bullying situations. *International Journal of Behavioral Development, 28*, 246-258.

United Nations. (1989, November). *The convention on the rights of the child NRC.* New York: Author.

34

피스팩(PEACE Pack)
우리 학교 학교폭력 감소 프로그램

PHILLIP T. SLEE

개 괄

현재 국제사회는 학교폭력에 대해 진지하다(예: European Commission CONNECT project on Violence in Schools, http://www.gold.ac.uk/connect, International Observatory on School Violence, http://www.ijvs.com; Canada and North America, http://www.prevnet.ca.). 최근 호주에서는 국가가 개발한 웹사이트(예: Bullying. No Way, http://www.bullyingnoway.com.au)나 국가 주도 프로그램(예: National Safe Schools Framework, http://www.nssf.com.au)이나 주 예산을 지원받은 학교프로그램(예: Bullying, Out of Bounds, http://www.decs.sa.gov.au/schlstaff/pages/bullying)을 내놓고 있다. 이미 호주에서는 학교폭력 문제가 일상 생활에 깊숙이 침투된 문제로 인식되고 있어 해결책이 필요한 실정이다.

학교폭력: 국제적 연구

노르웨이의 Dan Olweus와 영국의 Peter Smith의 선구자적 개척과 실제 개입 프로그램의 성공에 힘 입어, 국제사회는 학교폭력 문제에 관심을 가지기 시작했다. Smith, Morita, 등(1999) 및 Smith(2002)는 다양한 국가에서 나온 학교폭력 문헌을 모아 정리하였다.

학교폭력의 정의

School Psychology Review 학회지 특집에서 Espelage & Swearer(2003)는 학교폭력의 정의의 중요성에 대해 강조하였다. 이들은 '이런 정의 문제가 학교폭력을 정확히 측정하는 데에 근본적으로 중요하다. 그리고 연구자들이 학교폭력의 복잡한 역동에 대해 파악할 때도 정의가 중요하다'고 밝혔다(p.369). 학교폭력의 본질은 시간이 흐르면서 변해왔다. 학교폭력의 초창기 개념을 더 이상 쓰지 않는다는 점을 밝히기 위한 것은 아니고, 지난 30년간 학교폭력 연구의 초점이 변해왔으며 연구자들도 학교폭력 문제에 어떻게 접근해야되는지에 점점 더 세련되어져 왔다는 점을 강조하고 싶다. 따라서 그간 연구 문헌들을 재검토해 본 결과, 학교폭력 연구 분야에서는 다음과 같은 이슈 변화가 있었다: 직접적인 행동 문제에서 간접적인 행동 문제로, 신체적인 폭력에서 언어적인 폭력으로 갔다가 심리적 폭력으로, 보이는 현상에서 보이지 않는 은밀한 현상으로 옮겨왔다. 학교폭력의 영역도 첨단 테크놀로지가 만들어낸 사적 영역으로 번져가고 있으며, 이를 사이버폭력이라고 부르게 되었다. 물론 학교폭력 행위의 발달학적, 문화적, 집단 역동적 및 관계적 측면 등에서 변화의 초점이 달라지고 있다(Slee, 2001).

학교폭력의 정의도 다양하다(Slee, Hee-og, S., Taki, M., & Sullivan, 2003; Smith, Cowie, Olafsson, & Liefooghe, 2002). 지난 30년간 학교폭력을 정의하는 방식이 다양했지만, 학교폭력이 굉장히 파괴적인 유형의 공격성이라는 점에서는 대체로 동의한다. 학교폭력은 신체적, 언어적, 심리적 공격 또는 위협 행위로 피해자에게 공포, 스트레스, 위해를 가하기 위한 의도가 담겨져 있다. 또한 가해자 쪽이 피해자 쪽보다 권력 수준이 더 높다. Taki, Slee, & Murray-Harvey(2002)는 학교폭력은 대인관계 상황 속에서 권력의 불균형이 있어야 하고, 가해 행위의 반복성이 있어야 하며, 피해자 쪽의 정신적 고통을 유발하려는 계획성 짙은 의도가 있는 행위라고 주장하였다. 물론 학교폭력 행위는 신체적, 언어적, 간접적 유형을 띠고 있지만, 학교폭력 정의에서 제일 중요한 포인트는 집단 속에서 다른 사람에게 모욕감을 주는 데에 있다. 대체로 학교폭력 사건은 일정 기간 동안 반복해서 발생한다.

호주의 학교폭력 연구: 성정체성

호주 내 학교폭력에 대한 초창기 연구는 Rigby & Slee(1991, 1992, 1993)가 시작했었다. 1994년 호주 연방 상원에서 학교폭력에 대한 실태 조사를 나선 것을 계기로 전국적인 학교폭력 근절 운동으로 확산되었다. 표 34.1에 나온 것처럼, 70개 학교 24,000명의 학생을 대상으로 한 호주 연구에서 20% 넘는 남학생과 15% 넘는 여학생이 일주일에 한 번 이상 괴롭힘을 당한다고 응답하였다(Rigby & Slee, 1999a).

표 34.1 연령대에 따른 학교폭력 피해 발생률; 호주 내 남녀공학 학교 학생이 '일주일에 최소한 한 번 이상' 학교폭력 피해 경험을 겪었다고 응답한 경우

나이	남학생 (N=13,977)			여학생 (N=10,560)		
	학교 수	%	학생 수	학교 수	%	학생 수
8	7	55.00	110	7	33.53	116
9	110	33.03	185	111	33.11	212
10	112	22.54	232	112	22.84	271
11	226	22.26	336	225	22.32	388
12	442	22.78	1193	442	22.21	1055
13	339	22.55	1807	440	22.09	1658
14	336	22.27	1675	335	11.32	1600
15	333	11.66	1510	332	11.22	1390
16	331	11.18	906	331	9.90	8/8
17	224	11.06	462	223	7.00	474
18	119	7.50	80	117	11.45	69

이후 호주에서 진행되었던 연구는 학교폭력과 성정체성과의 관계에 대해서 초점을 맞추었다(예: Owens, Daly, & Slee, 2005; Owens, Shute, & Slee, 2000, 2004; Shute, Owens & Slee, 2002). 이 연구의 주된 목적은 여학생들의 가해 행위 기저에 깔린 역동의 실상을 더 잘 이해하여 더 나은 개입 프로그램을 만드는 데에 있었다. 그래서 이 연구에서는 여학생과 관련된 학교폭력 특징에 대한 결과를 더 잘 알아볼 수 있다.

학교폭력과 신체 및 심리-사회적 영향

고등학생의 건강 실태를 조사한 연구(Slee, 1995)에서 학생들이 학교폭력 피해 경험과 신체적 건강 수준에 대해 응답하도록 하였다. 그 결과 제일 많이 괴롭힘을 당했다고 응답한 학생들(일주일에 한번 이상)이 신체적 건강 수준이 더 좋지 않았다(예: Espelage & Swearer, 2003; Davidson & Demaray, 2007). 자살 사고 및 자해 시도 지표 또한 자기보고식 및 또래보고식 학교폭력 조사 결과와도 유의한 상관관계가 있었다(Rigby & Slee, 1999b). 20년간 메타연구 결과를 바탕으로, Hawker & Boulton(2000)은 학교폭력 피해가 우울증, 외로움, 불안, 낮은 자존감, 사회적 자아상 손상과 양의 상관관계가 있는 것은 분명해 보인다고 주장했다. 학교폭력의 폐해에 대한 인식이 증가하자 이에 대한 법적 대응도 일어나기 시작했다.

학교폭력-법과 개입

지난 2~3년간 호주에서는 학교폭력과 관련하여 언론과 연구 분야에서 법적 대책에 대해 많이 언급하기 시작했다(Nicholson, 2006; Slee & Ford, 1999). 최근에 학교폭력을 당한 학생은 초등학교 내 학교폭력 경험을 가지고 주 정부 상대로 고소하여 1백만 호주 달러를 배상받게 되었다(The Advertiser, 2007). Fehring(1998, p.9)이 언급한 대로, '학교와 교사는 부모와 같은 역할을 하고 학생들은 이들의 돌봄을 받는다. 이것은 학교와 교사가 돌보던 학생이 심각한 위험에 노출되었다는 것을 알게 되면 어떠한 상황이던 간에 능동적으로 개입해야 할 의무가 있다고 이해할 수 있다. 이런 위험 상황에는 심리적 손상도 포함된다. 왜냐하면 심리적 손상이 남길 후유증에 대해서 우리가 충분히 근거를 알고 있기 때문이다.' 호주 국가 주도 프로그램인 안전학교체제(Safe School Framework)는 안전한 학습 환경 제공을 위한 업무를 담당하고 있다 (http://www.dest.gov/archive/schools/publications/2004/resourcepack.pdf). 이제 학교는 학교폭력 정책, 소원수리 절차, 개입 프로그램 개발을 의무적으로 요구받고 있다(Limber & Small, 2003; Slee & Ford, 1999).

학교 기반 학교폭력 개입 사업 평가 연구

학교 기반 개입 프로그램이 학교폭력 수준을 감소시키는 데에 효과적일 수 있다는 근거는 많이 있다 (Smith, Pepler, & Rigby, 2004). 제일 유명하면서도 평가가 잘 이루어진 연구로는 Olweus(1993), Smith & Pepler(1996), Craig, Ziegler, & Charach(2004) 연구를 꼽을 수 있다. 각 연구별 효과 규모는 Olweus(1993)는 50%로, Smith & Sharp(1994)는 17%로, Pepler 등(1994)은 30%로 , Clearihan 연구진(1999)은 30~40% 정도로 보고했다. Roland(1989)는 유의한 개선 효과를 찾아볼 수 없었다고 주장하기도 했다. 하지만 다양한 개입 사업 프로그램의 효과성을 비교하는 것은 쉽지 않기 때문에 결론을 속단해서는 안 된다. 각 개입 사업 마다 다양한 방법과 절차를 동원했기 때문이다(Stevens, Bourdeaudhuij, & Van Oost, 2000).

개입 사업의 핵심 요소는 근거 기반 접근법을 채택했다는 점이다. 이런 접근법을 통해 정책 입안자나 실무자들이 의사결정에 근거 자료로 활용할 수 있도록 해준다(Commonwealth of Australia, 2000). Mrazek & Haggerty(1994)가 제시한 모델에 따르면 개입 사업은 1) 모든 인구 집단에 대한 보편적인 사업이 되어야 하고, 2) 위험군에 대한 선별적인 작업도 이루어져야 하며, 3) 고위험군에 대해서는 지정적인 작업이 필요하다고 본다(Commonwealth of Australia, 2000에서 재인용). 1)과 2)에 대한 개입 사업은 주로 '예방'으로 불리는 반면, 3)은 '초기 개입'으로 명명할 수 있다. 개입 사업별로 발달학적 차이점에 대해서 고려되어야 한다. 효과적인 예방책과 개입 프로그램을 만들기 위해서는 폭력에 대한 아이들의 이해 수준이 성장에 따라 달라지기 때문이다(Smith, Madsen, & Moody, 1999).

이론적 근간

학교 공동체 내 학교폭력 근절하기: 피스팩 프로그램

본 프로그램에는 다양한 개념들이 근간을 이루고 있다. 여기에는 학교폭력은 더 넓은 지역사회 관점에서 바라볼 현안이라는 인식도 포함되어 있다(Slee, 2001). 전국 학교폭력 근절 연합(the National Coalition Against Bullying)은 학교폭력을 지역사회 현안으로 간주한다는 예 중에 하나이다(McGrath & Noble, 2006). 더 넓은 지역사회로 확장시키고자 하는 움직임은 저자 Etzioni(1995)의 작품이 바탕이 되었다. 여기에는 지역사회 내 사회적 네트워크 역할을 기술했는데, 개개인들이 연결되고 통합하여 서로를 아끼고 돌보는 집단이 이루어져서, 시민 사회 및 도덕적 질서가 유지되는 동력이 된다고 설명하고 있다. 이와 관련된 개념이 바로 '사회적 자본'이다.

사회적 자본

사회적 자본은 사회조직의 특징들을 가리키는데, 모두에게 이익으로 돌아갈 수 있도록 협력 조정을 이끌어내는 사회적 네트워크, 기대, 신뢰 등을 지칭한다(Coleman, 1988; Putnam, 1993). 사회적 자본은 대인관계의 산물이다. 또한 가족과 지역사회 내 사회적 책무, 사회적 기대, 정보 채널, 규범 등에서 비롯되는 산물이기도 하다. 사회적 자본은 대인관계와 사회조직 양상에서 존재하며, 개인은 긍정적인 적응과 각자의 관심사를 성취하기 위해 필요한 재료가 된다(Hetherington, 1999, p.177). 최근 연구 결과를 보면 사회적 자본과 학교 중퇴나 아이들의 문제 행동 증가 간에 상관관계가 있다는 근거들이 속속 밝혀지고 있다(Hetherington, 1999; Parcel & Menagham, 1993; Runyan 등, 1998; Slee & Murray-Harvey, 2007).

피스팩에 대한 구체적 접근법

본 프로그램은 시스템적 관점이 반영된 개입법으로(Slee, 2001), 각 알파벳은 학교폭력 감소 프로그램의 각 단계를 뜻한다. P는 준비(Preparation), E는 교육(Education), A는 활동(Action), C는 대처(Coping), E는 평가(Evaluation)를 뜻한다. 본 프로그램 자체로도 학교 입장에서 자신의 학교폭력 정책이 다른 정책이나 소원수리 절차나 교과과정이나 학생 사회 지원 프로그램과 어떤 관련이 있는지 스스로 평가해 볼 수 있다. 본 프로그램에서는 실무적인 자료들을 제공한다. 예를 들면 정책 사례나 수업 계획표 같은 것들이다.

이런 구체적 자료를 통해 각 학교는 자기 사정에 맞는 개입 프로그램을 개발할 수 있다.

Slee와 Shute(2003)의 주장대로, 본 프로그램은 이론적으로 시스템적 관점을 기반으로 두고 있다(Dixon, Smith, & Jenks, 2004). 이는 학교폭력 문제는 곧 관계 문제에서 찾을 수 있으며, 사회적 구성주의적 사고(Social constructivist)에서 이해할 수 있다는 뜻이 된다. 큰 흐름을 이해하자면, 일단 '1차적' 개입 사업이 있다. 여기에서는 가해-피해 악순환에 휘말린 학생들이 학교폭력 사건에 대한 대처 요령을 갖출 수 있도록 도와주는 것이다. 학교 시스템 자체는 변화가 없으면서, 가해자 학생은 '나쁜 사람'으로 여기면서

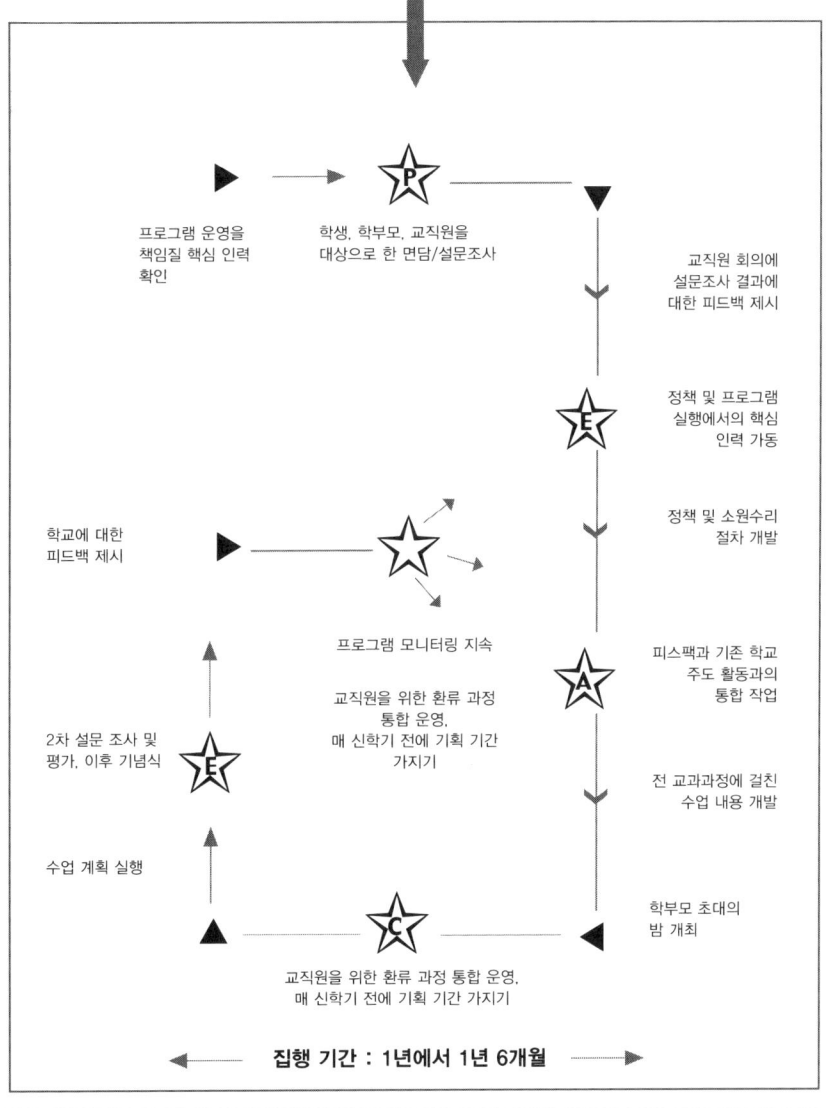

그림 34.1 피스팩 진행 순서. 상기 그림에 피스팩을 활용한 개입사업의 틀이 제시되어 있다. 더 자세한 사항을 원하면 http://www.caper.com.au를 참고 바람.

통제와 변화의 대상으로서 간주되고, 피해자는 도움과 보호가 필요한 대상이 된다. 만약 이런 시각이 정확하고 건설적이라면, 그래서 학생들에게 몇몇 새로운 기술만 가르쳐 주는 정도만으로도 충분하다면, '1차적' 개입 사업은 학교폭력 개입 프로그램의 한 콘텐츠가 될 수 있다(예: Owens, Shute, & Slee, 2004).

'2차적' 개입은 시스템 자체가 변화를 시작할 수 있도록 하는 것이다. 예를 들어 학교와 관련된 정책이나 실무 규정을 검토함으로써 학교는 학교폭력을 보존하거나 심지어 확대조장하는 현행 절차가 어떤 것인지에 대해 통찰을 갖출 수 있다. 학교 공동체가 학교폭력에 대한 태도, 지각, 믿음 체계를 바꿀 수 있으면 상당히 다른 관점에서도 학교폭력 문제에 접근할 수 있다. 좀 더 시스템적 관점으로 옮겨 올 수록, 학교 시스템의 전반적 변화를 이뤄낼 수 있다. 가해자의 나쁜 행동 또는 품행 문제나 피해자 지원에 집중하는 대신, 시스템 내 구성원들의 관계 양상, 역할, 상호작용, 의사소통 양식 등을 관여하여 학교폭력을 조장하거나 약화시킬 수도 있다. 만약 시스템 자체가 변화하거나 재조정되면, '2차적' 변화가 일어난다고 표현할 수 있다.

시스템적 사고 방식은 좀 더 보수적인 서구식 과학적 사고방식과 대조되는데, 기존 서구식 사고 방식은 개인의 취약점 및 결함과 이에 따른 교정과 교육을 강조한다(Slee & Shute, 2003). 이런 결함 중심적 접근법과 달리, 시스템적 접근법은 사회적으로 건설적인 의미를 구축함에 있어 개인의 능동적인 역할을 강조하며, 개인의 역량, 성공, 강점에 초점을 맞춘다. 시스템적 사고 방식은 사회성이라는 개념을 강조하기 때문에, 사회적 관계, 상호작용, 의사소통 방식에 따라 삶의 의미가 구축된다고 생각한다.

넓은 관점에서는 피스팩은 보편적으로 모든 인구 집단을 대상으로 삼고 있다. 물론 위험군을 위한 선별적 자료와 고위험군을 위한 직접적 자료도 포함하고 있다. 그간 연구를 보면 특별한 상황에 처해 있는 아이들(예: 아스퍼거 장애) 같은 경우는 학교폭력에 특히 더 취약한 것으로 밝히고 있다(Bottroff, 1998; Bottroff, Slee, & Michaelsen, 2007).

준비 단계 본 연구에서 4개 학교 모두 학교폭력 프로그램을 돌리길 원했지만 각자 조금씩 다른 방법을 선호하였다. 첫 단계로 각 학교 별로 각자의 학교폭력 문제 특성에 관해 배경 정보를 수집하는 데에 초점을 맞추었다. 각 학교는 각자 프로젝트팀을 꾸려서 학교폭력 문제를 알아보도록 했으며, 팀 구성은 각 학교별로 차이가 났다. 예를 들어, 한 학교는 교과과정에 참여하는 교사 집단으로 구성했으나, 다른 학교는 교사, 학생, 지역사회 복지사 등으로 구성하였다.

교육 단계 학교폭력에 대한 이슈를 교사, 학생, 학부모 등에 자세히 알리기 전에 익명 설문지를 통해 자료를 수집하였다. 한 학교에서는 학생 대표 위원회(Student Representative Council)가 매우 활발해서 학교폭력의 정의에 대해 학생들로부터 적극적으로 정보를 수집했다. 그리고 학생 대표 위원회는 학교폭력에 관련된 학교 정책 개발 임무를 맡게 되었다. 참고로, 정책 개발이 끝나면 개입 프로그램의 일환으로 지역사회에 배포할 예정이었다.

행동 단계 각 학교는 프로젝트 팀을 구성해서 개입 사업에 대한 계획과 실행을 담당시켰다. 보통 이 팀에는 학생, 학부모, 지역사회 복지사 등이 참여하였다. 4개 학교 대체로 학교폭력 사건과 환경적 요인 간에 기능적 관계 문제가 발견되었을 경우 징계나 처벌보다는 관계 문제에 기반으로 한 효과적 행동 지원 전략을 적용하였다. 그리고 모든 학생들의 개별적인 욕구를 최대한 충족시키기 위해서 개입 프로그램에도 단계로 나누어 적용하였다. 일단 처음에는 보편적 개입 프로그램을 적용했다. 여기에는 정책 개발, 소원수리 절차 개발, 효과적 교육법 활용 등이 있다. 그 다음에는 학생의 강점, 욕구, 행동 패턴 등에 따라 맞춤형 개입을 실행한다(예: 행동학적 사회 기술 교육)

대처 단계 각 학교에서 자료를 받아 분석한 결과, 우리는 아래와 같이 ABC 대처법을 개발할 수 있었다.
1. Attitude(태도) 4개 학교 모두 장기 목표는 학교 공동체 내에서 학교폭력 문제를 공개적이고 직접적으로 거론할 수 있는 태도를 발달시키는 것이다. 요지는 학교가 먼저 긍정적인 비전을 제시할 수 있어야 된다는 것이다. 이런 비전을 통해 학교폭력은 공동체의 사회적 자본을 갉아먹는 행위라는 인식을 토대로 안전하고 존중의 공동체를 조성하는 데에 집중한다.
2. Behavior(행동) 학교는 뚜렷한 행동적 전략에 초점을 맞춘다. 소원수리 절차 기록을 남긴다든지, 사건 보고를 한 후 경과 확인을 한다든지, 학교폭력에 대해 명확한 입장을 표명한다든지, 학생들이 학교폭력에 대해 안전하지 못하다고 자주 거론되는 장소를 수시로 모니터링하는 활동 등이 있을 수 있다. 요지는 이런 활동을 통해 학생들의 관계 문제를 개선시키는 것이다.
3. Curriculum(교과과정) 학교는 기존 교과 과정 속에 학교폭력과 관련된 수업 요소를 접목 시켰다. 예를 들면 국어 시간에 학교폭력에 관한 포스터를 제작하거나 수필을 쓰기도 하고 관련 책을 탐독하기도 했다. 수학 시간에는 학교 설문 조사 평가 방법론에 대해서 공부했으며, 체육 또는 보건 시간에는 학교폭력과 관련된 댄스 대회나 놀이를 하기도 하였다.

평가 및 축전 개입 사업이 종료되면, 학교는 다양한 방법으로 그간 사업을 경축했다. 학교 행사에서 그간 진척 사항을 발표하는 방식, 학급 편지를 통해 학교폭력 근절 이념과 성취 내역을 알리는 방식, 학교 방문의 날을 개최하거나 학교에서 만든 게시물을 지역사회 쇼핑 센터에 전시하는 방식도 있었다.

관련 연구와 효과성에 대한 근거

피스팩을 활용한 다양한 개입 사업이 호주와 외국의 많은 유치원(junior primary school)과 초등학교와 중등학교에서 시행되었으며 이에 대한 효과성도 평가되었다(Slee, 1994, 1996; Slee & Mohyla, 2007). 다음 단락에서는 최근에 피스팩을 바탕으로 개입 사업을 펼친 호주 초등학교에서 나온 연구 결과를 개괄적으로 제시했다(Slee & Mohyla, 2007).

이 연구에는 1년에서 2년 정도 시행한 개입 프로그램에 대한 결과이며, 총 954명의 학생으로 대상으로 하였고 남학생 458명, 여학생 496명이고 5~13세를 대상으로 하였다. 이 연구에 참여한 학교는 호주 남부 애들레이드 시 근교에 있는 4개 초등학교이며, 경제적으로는 중하위층에 해당되었다. 연구자는 개입 프로그램 개발을 위해 교장, 교사, 중앙교육부처에 다방면으로 자문을 구하였다.

측 정

1학기 중간에 학교 조사를 시행한 후, 각 학교는 공통 질문지를 개발했다. 여기에는 1) 인구학적 정보(성별, 연령 등), 2) 학교폭력과 관련된 학생들의 경험(예: 자기보고식 학교폭력 피해 또는 가해 경험의 빈도, 안전에 대한 주관적 감각), 3) 학교폭력 문제를 규명해내는 데에 필요한 학교 당국의 지식 수준, 4) 학교폭력 문제 규명에 대한 자신감, 5) 지난 해 학교폭력의 수준의 증감 여부 가 포함되었다. 이 질문지는 대체로 리커트 타입의 척도로 구성되어 있다(Slee, 2002). 이 질문지는 약 20분 정도 또는 수업 시간 내에 작성을 완료할 수 있다. 기본적으로 4개 학교 모두 똑같은 질문지를 매년 반복해서 자료를 수집하였다.

연구 설계

이 연구는 사전 사후 테스트가 있는 준실험적 설계(quasi-experimental design) 방식을 채택하였다. Grindell(1981)이 지적한 대로, 연구자가 독립변인을 조작할 수 있는 실험적 설계 방식을 취하지 못할 경우에는 준실험적 방식을 따를 수도 있다고 본다. 이런 절차를 통해 되도록 대다수의 내적 타당도 요인(internal validity factors)에 대해 통제하려고 하였으며, Olweus(2005)가 지적한 대로 준실험적 방식의 강점과 약점에 대해 밝힌 문헌도 상당히 많다. 조직과 관련된 규정이 있기 때문에 각 학교를 실험군과 대조군으로 설정한다든지, 학교 내 학급들을 각 프로그램 성격 별로 무작위로 배정하는 것과 같은 작업은 할 수 없었다.

결 과

그림 34.2에 제시된 것처럼 5~7세 아동을 대상으로 한 유치원에서는 1년간 개입 프로그램 적용 후 '덜' 괴롭힘 당하게 되었다고 응답한 남학생은 17%, 여학생은 19%로 나왔다. 유치원 학생들 사이에서는 학년이 올라갈 수록 사업에 대한 혜택을 받은 것으로 보이는데, 학생들의 응답에 따르면 1) 다른 아이들을 괴롭히는 데에 가담할 수 없었다(+4%), 2) 학교폭력 피해를 당하지 않는 방법을 더 잘 알게 되었다(+18%), 3) 괴롭힘을 당했을 때 누구에게 알리는 것이 나은 지 더 잘 알게 되었다(+13%), 4) 학교폭력 피해로 부터 안전하다고 느낀다(+22%)로 집계되었다.

전반적으로 초등학생(8~12세)은 남학생 29%, 여학생 20% 정도가 개입 사업 1년 후에 '덜' 괴롭힘당한다고 응답하였다. 초등학생들의 경우에는 학교폭력 피해를 당하지 않는 방법을 더 잘 알게 되었다는 항목과 누군가에게 알리는 것이 더 나은 지 알게 되었다는 항목에서 사업 효과를 본 것으로 나타났으며, 남학생과 여학생 모두 비슷한 수준의 효과를 본 것으로 밝혀졌다.

4개 학교 중 한 군데는 2년 동안 개입 사업에 대한 평가를 받았다. 이 학교에서는 전부 초등학생으로, 각각 32%와 33%의 학생들이 각 사업 기간 후에 괴롭힘을 '덜' 당하게 된 것으로 응답했다. 이 학교는 학교폭력 상태에 대해 심각하게 우려한 교사들의 주도로 프로그램을 도입하게 되었다. 당시 이 학교는 학교폭력과 관련된 정책도 없었으며 소원수리 절차도 마련되어 있지 않았다. 그래서 이 학교는 교사들의 적극적인 노력으로 학생들이 프로그램 개발, 연구, 정책 만들기, 소원수리 절차 만들기에 참여하게 되었고, 학교는 지역사회를 아우르는 개입 방식을 채택하여 학부모 뿐 아니라 경찰 같은 지역사회 행정기관도 참여하였다. 참고로 경찰내 지역사회 지원 부서에서 나와 학생들을 위해 보호 행동에 대한 강좌를 진행하였다. 학교

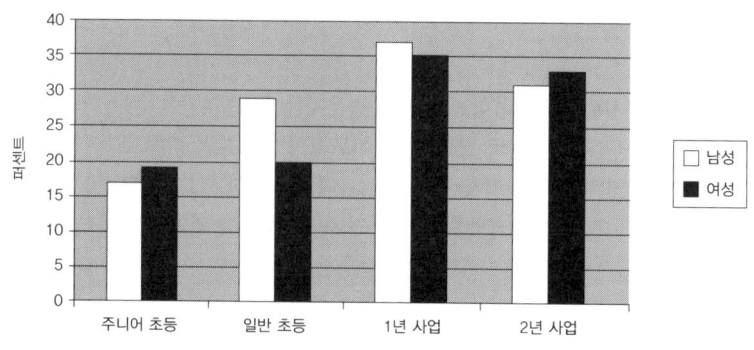

그림 34.2 1년 및 2년 단위 개입 사업 후에 학교폭력 피해 감소를 경험한 주니어 초등학교 및 일반 초등학교 학생 비율.

당국은 지역사회에 학교폭력 정책을 개시하면서 학교폭력 근절 메시지가 적힌 헬륨 풍선을 날리는 이벤트도 열었다. 바로 이런 부분들이 학교폭력이 지역사회 이슈라는 점을 상징적으로 홍보하는 활동이다. 사실 일부 풍선은 100킬로미터 밖으로 날아가기도 하였으며, 대중들이 풍선을 가지고 학교 당국에 대한 지원을 촉구하는 메시지를 퍼뜨리기도 하였다.

개입 후 학교폭력 피해 증감 여부

본 연구에 포함된 학교 A, B, C 자료에 대해 눈길이 가는 부분이 있다면 유치원생과 초등학생 중 소수가 개입 프로그램 이후 학교폭력 경험 수준이 높아졌다고 응답했다는 점이다. 98명의 학생들(12%)은 더 '많이' 학교폭력 피해를 당했다고 응답했고, 21%는 피해 경험이 감소되었다고 하였다. 나머지 학생들은 별 변화가 없었다고 응답하였다.

학교폭력 피해 경험이 더 증가했다고 응답한 학생들 중 1학년과 2학년이 제일 많았으며, 3~7학년이 평균 11%였던 것에 비해 이들 저학년은 21% 정도가 피해 경험 증가가 있다고 응답한 것이다. 학교폭력 피해 경험이 감소했다고 응답한 학생들 사이에서는 성 정체성에 따른 차이가 있었는데 남학생이 57%로 여학생 43%에 비해 더 많이 피해 감소를 경험한 것으로 나타난 반면, 학교폭력 증가를 경험한 학생들 사이에서는 성 정체성에 따른 차이가 발견되지 않았다.

그림 34.3에 제시된 것처럼, 카이제곱 검정에서 개입 이후 학교폭력 피해 감소를 경험한 학생들이 피해 증가를 경험한 학생들에 비해 유의하게 학교폭력 피해를 당하지 않는 방법을 알고 있다고 응답하였고(64% 대 47%), 학교폭력으로 부터 안전하다고 느낀다고 응답하였으며(66% 대 31%, $p<0.01$), 누군가에게 알려본 경험이 있다라고 응답하였다(63% 대 75%, $p<0.03$). 누군가가 학교폭력 사건을 멈추기 위해 도움을 주었다라는 항목에서는 두 집단 간 차이는 발견되지 않았다. 하지만 학교폭력 감소를 경험한 학생군에서 누군가에게 알려본 게 도움이 되었다고 응답한 비율이 더 높긴 했다(59% 대 43%).

피스팩에 대한 본 연구 결과를 보면, 개입 사업 이후 학교폭력 피해 경험이 증가했다고 호소한 학생들이 소수라고 할지라도 존재한다는 점이 중요했다. 이들 학생은 대체로 어리고 여학생일 가능성이 높으며,

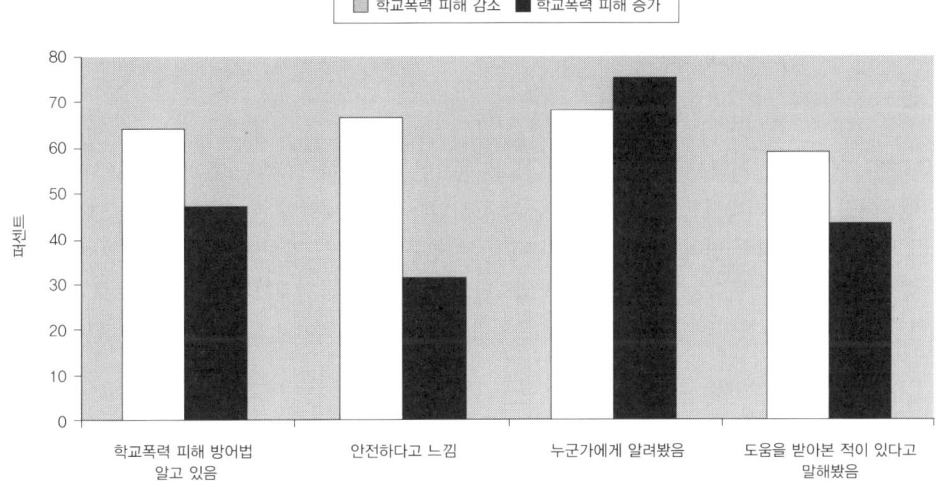

그림 34.3 년 단위 사업 후에 학교폭력 피해 경험 증감에 대한 A, B, C 학교 학생들 비율.

학교폭력을 피하는 방법을 잘 모르고, 안전하다는 느낌이 적으며, 누군가에게도 알려봤지만 별 도움이 되지 않았다고 느끼는 아이들이었다. Pepler, Jiang, & Craig(2006)는 모든 학생들이 균일하게 개입 프로그램의 혜택을 받는 것은 아니라고 판단하고, 학교폭력과 관련해 특정 학생 집단은 차별화된 서비스가 필요할 것으로 이해했다.

국제적으로 피스팩은 일본어로 번역되어 일본 내 여러 중학교에서 시행된 바 있다(Slee & Taki, 1999). 일본에서 학교 기반 프로그램을 1년 단위로 시행한 결과, 7학년에서 13%, 8학년에서는 29% 정도 따돌림이 감소한 것으로 나타났다. 일본 내 예비 연구 결과를 보면 피스팩이 학교폭력 감소에 있어 문화적으로도 호환이 될 수 있다는 기대를 가질 수 있었다.

제한점과 향후 연구 방향

Stevens 연구진(2000)과 Vreeman & Carroll(2007)이 지적한 대로 전반적으로 학교폭력 개입 사업에 대한 효과성 연구 결과는 매우 강력한 효과가 있는 것부터 전혀 영향력이 없는 것까지 다양하다. 피스팩은 1년간 프로그램 진행 후에 대략 20% 정도의 학생들에서 학교폭력 피해를 감소한 것으로 나타났고, 이 반응률은 다른 개입 프로그램에 대한 효과성 연구 결과와도 비슷한 수준이다. 콘텐츠 개발에 있어서 우리는 경직되고 융통성이 결여된 작업 절차를 바라지 않는다. 대신 우리는 학교의 사회문화적 배경에 맞추어 콘텐츠를 적절히 응용해서 운용해주길 바란다.

본 연구의 제한점으로는 준실험적 방식을 취했기 때문에 대조군이 없다는 점이다. 하지만 이런 점은 호주의 학교 운영 철학 때문인데, 호주에서는 모든 학교가 Safe School Framework를 따르도록 하고 있기 때문이다. 본 연구 자료는 철저히 학생들의 자기보고식 응답에 기초하고 있다. 따라서 교사 보고식 자료 같이 본 연구 자료를 보완해줄 수 있는 유형의 자료 수집도 필요하다. 성공적인 개입 프로그램 운영에 대해 파악하기 위해 해야 할 작업이 너무나 많지만, 특히 문화권마다 호환될 수 있는 세팅을 어떻게 갖출 수 있는지와 특정 학생군을 위한 차별화된 서비스 개발과 관련된 분야에서 더 우선적인 노력이 필요하다. 개입 프로그램은 반드시 실행되는 환경에 적절하게 접목되어야 하며, 맹목적인 재현 작업이 되지 않도록 노력해야 한다(Oxford-Kobe Seminars, 2007).

결 론

학교폭력은 개인, 학교, 지역사회의 경계를 넘나드는 중요한 현안이며, 그 파급 효과는 크고 이미 많은 연구가 이루어졌으며 심리학적으로도 큰 의미를 지니고 있다. 만약 개인과 지역사회의 관심사가 좌절되고 해소가 되지 않으면, 결국 법적 조치에 기대게 된다. 본 연구 문헌을 고찰하면서, 학교폭력 피해자들이 다양한 법적 대응을 하게 된다는 근거가 상당수 있었다. 피스팩에 관한 현재까지의 연구 자료로 볼 때, 가장 취약한 이들의 욕구를 헤아려주는 것이 더 넓은 의미에서 시민사회적이고 도덕적인 행위가 된다.

실무를 위한 제언

한 남학생의 어머니가 주치의 소개로 본 저자의 클리닉에 의뢰되었는데, 학교폭력이 방문 사유였다. 그 어

표 34.2 실무를 위한 제언

Dixon 등, 2004; Pepler 등, 2006; Slee, 2001	학교폭력은 시스템의 문제로 학생, 교사, 학부모, 지역사회와 관련된 문제이다.
Slee, 2001	학교 개입 사업은 다중 단계로 이루어진 작업으로 단기, 중기, 장기 목표가 필요하다.
Vreeman & Carrol, 2007	어떤 개입 활동이든 모든 학교 공동체 구성원들이 참여하는 것이 매우 중요하다. 학생들이 프로그램에 대해 주인의식을 갖추는 것이 특히 더 중요하다. 학교와 공동체 시스템 사이에 진정성 있는 파트너십을 유지하고 발전 시키도록 하여야 한다.
Bottroff 등, 2007	프로그램의 타겟이 누가될 지 고려하고 더 심층적인 개입이 필요한 학생군이 있는지 알아본다.
Smith 등, 1999; Owens 등, 2000	프로그램 실행에 있어 성정체성과 발달적 측면을 고려한다.

머니는 하루는 다음과 같은 말을 하였다.

전 변화를 원해요. 저는 제 아들이 폭력의 피해자로서 일정 과정을 받았으면 해요. 저는 이미 해당 정책이 있고 어떻게 대처해야 되는지 이미 제일 잘 알고 있다는 이야기 따위는 듣고 싶지 않아요. 저는 계속 관리 받을 수 있으면 좋겠어요. 전 제 분노를 확인 받고 또 존중 받고 싶어요. 특히 전 부모로서 참여하지 못하게 되는 상황이 생기지 않았으면 좋겠고, 제가 침묵한다고 폭력과 괴롭힘을 대수롭지 않아한다고 넘기는 것으로 오해하지 않았으면 해요. 저는 아이들과 학부모를 위한 프로그램이 개발되었으면 해요. 특히 학교폭력 현안을 다룰 수 있는 우리 지역사회용 프로그램도 있었으면 합니다.

이 어머니가 들려준 이야기에 우리 실무에 반영할 시사점이 담겨져 있다고 본다. 이 중 일부는 표 34.2에 제시하였다.

참고문헌

The Advertiser. (2007, May 15). Bullied student to get $1 million. *The Advertiser* (Adelaide. South Australia), pp.1-2.

Attorney-General's Department. (2002). *A meta-evaluation of methods and approaches to reducing bullying in preschools and early primary school in Australia* (K. Rigby, Ed.). Canberra: Commonwealth of Australia.

Bottroff, V. (1998). The development of friendship and the puzzle of autism. In P. T. Slee & K. Rigby (Eds.), *Children's peer relations* (pp. 91-10). Routledge: London.

Bottroff, V., Slee, P. T., & Michaelsen, K. (2007). *Perfect targets for bullying: Developing inclusive school communities by reducing bullying in mainstream education for students with autism spectrum disorders.* A keynote address for the biennial conference on Autismm Spectrum Disorders. Queensland, Australia, March 14-16.

Clearihan, S., Slee, P. T., Souter, M., Gascoign, Nichols, A., Burgan, M., et al. (1999). *Antiviolence bullying prevention project.* Victimology Conference Adelaide, May 25-26.

Coleman. J. S. (1988). Social capital in the creation of human capital. *American Journal of Sociology, 94*, 95-120.

Commonwealth Department of Health and Aged Care. (2000). *Promotion, prevention and early intervention for mental health*—A monograph. Mental health and special programs branch. Canberra, Australia: Commonwealth Department of Health and Aged Care.

Davidson, L. M., & Demaray, M. K. (2007). Social support as a moderator between Victimization and internalizingexternalizing distress from bullying. *School Review, 36*(3), 383-405.

Dixon, R., Smith, P. K., & Jenks, C (2004). Using systemic thinking to inform research on bullying. In K. Östreman & K. Bjorkqvist (Eds.), *Contemporary research on aggression.* Proceedings of the XVI World meeting of the International Society for Research on Aggression, Santorini, Greece.

Espelage, D., & Swearer, S. (2003). Research on School bullying and victimization. What have we learned and where do we go from here? *School Psychology Review, 32,* 365-385.

Etzioni, E. (1995). *New communitarian thinking, persons, virtues, institutions, and communities.* Charlottesville: University of Virginia Press.

Fehring, I. (1998). Responsibility for supervising students. *School Law.* Sydney: LAAMS Publications.

Grinnell, R.M. (1981). *Social work research and evaluation.* ITSACA, IL: Peacock

Hawker, S. J., & Boulton, M. (2000). Twenty years' research on peer victimisation and psychosocial maladjustment: A meta-analytic review of cross-sectional studies. *Journal Child Psychology & Psychiatry, 41*(4), 441-455.

Hetherington, M. (1999). Social capital and the development of youth from nondivorced, divorced, and remarried families. In W. A. Collins & B. Laursen (Eds.), *Relationships as developmental contexts* (part III, chapter 9). Mahwah, NJ: Erlbaum.

Keeves, J., & Watanabe, R. (Eds.). (2003). *The handbook on educational research in the Asia Pacific region.* Dordrecht, The Netherlands: Kluwer.

Limber, S. P., & Small, M. A. (2003). State laws and policies to address bullying in schools. *School Psychology Review, 32,* 445-455.

Ministerial Council on Education Training and Youth Affairs (MCEETYA). (2003). National Safe Schools Framework Report. URL. Retrieved from http://www.cecnsw.catholic.edu.au/National_Safe_Schools_Poster.pdf.

Nicholson, A. (2006). Legal perspectives on bullying. In H. McGrath, & T. Noble, (Eds.), *Bullying solutions: Evidence-based approaches to bullying in Australian schools* (pp 17-45). Melbourne, Australia: Pearson Longman.

McGrath, H., & Noble, T. (Eds.). (2006). Bullying solutions: Evidence-based approaches to bullying in Australian schools. Melbourne, Australia: Pearson Longman.

Olweus D. (1993). *Bullying at school: What we know and what we can do.* Oxford, UK: Blackwell.

Olweus, D. (2005). A useful evaluation design, and the effects of the Olweus Bullying Prevention program. *Psychology, Crime, and Law, 11,* 389-402.

Owens, L., Daly, T., & Slee, P.T. (2005). Sex and age differences in victimization and conflict resolution among adolescents in a South Australian school. *Aggressive Behaviour,* 1-12.

Owens, L., Shute, R., & Slee, P. T. (2000). 'I'm in and you're out': Explanations for teenage girls' indirect aggression. *Psychology, Evolution & Gender, 2,* 19-46.

Owens, L., Shute, R., & Slee, P. T. (2004). Girls' aggressive behavior. *The Prevention Researcher, 11*(3), 9-12.

Oxford-Kobe Seminars. (2007). *Measures to reduce bullying in schools.* Kobe Institute, Kobe, Japan May 21-25.

Parcel, T. L., & Menaghan, E.G. (1993). Family social capital and children's behavior problems. *Social Psychology Quarterly, 56,* 120-135.

Pepler, D., Jiang., D., & Craig, W. (2006). *Who benefits from bullying prevention programmes?* Paper presented at International Society for the Study of Behavioral development Meeting. Melbourne, Australia, 2-6 July.

Putnam, R.D. (1993). Bowling alone: America's declining social capital. *Journal of Democracy, 6,* 65-78.

Rigby, K., & Slee, P. (1991). Bullying among Australian school children: Reported behavior and attitude towards victims. *Journal of Social Psychology, 131,* 615-627.

Rigby, K., & Slee, P. T. (1992). *Bullying in schools* [Video]. Melbourne. Australia: Australian Council for Educational Research.

Rigby, K., & Slee, P. T. (1993). Children's attitudes towards victims. In D. P. Tattum (Ed), *Understanding and managing bullying* (pp. 119-133). London: Heinemann Books.

Rigby, K., & Slee, P. T. (1999a). Suicidal ideation among adolescent schoolchildren, involvement in bully/victim problems and perceived low social support. *Suicide and Life-Threatening Behaviour, 29,* 119-130.

Rigby, K., & Slee, P. T. (1999b). In P. K. Smith, Y. Morita, J. Junger-tas, D. Olweus, R. Catalano, & P. Slee (Eds.), *The nature of school bullying. A cross-national perspective* (pp. 324-440). London: Routledge.

Rigby, K (2002). *New perspectives on bullying.* London: Jessica Kingsley.

Roland, E. (1989). Bullying: the Scandinavian tradition. In D. P. Tattum & D. A. Lane (Eds.), *Bullying in schools* (pp. 21-32). London: Trentham Books.

Runyan, D. K., Hunter, M. H., Socolar, R. R., Amaya-Jackson, L., English, D., Landsverk, J., et al. (1998). Children who prosper in unfavorable environments: The relationship to social capital. *Pediatrics, 101,* 12-18.

Shute, R., Owens, L., & Slee, P. T. (2002). 'You just look at them and give them daggers': Adolescent girls use of nonverbal aggression. *International Journal of Adolescence, 10,* 353-372.

Slee, P. T. (1994). I'm a victim—stop bullying. In K. Oxenberry, K. Rigby, & P. Slee (Eds.), *Childrens peer relations: Cooperation and conflict.* Children's Peer Relationships Conference Proceedings. Adelaide, Australia, January 19-22.

Slee, P. T. (1995). Bullying: Health concerns of Australian secondary school students. *International Journal of Adoles-*

cence & Youth, 5, 215-224.
Slee, P. T. (1996). The PEACE Pack: A program for reducing bullying in our schools. *Australian Journal of Guidance and Counselling*, 6, 63-69.
Slee, P. T. (2001). *The PEACE Pack: A program for reducing bullying in our Schools*. Adelaide, Australia: Flinders University.
Slee, P. T. (2002). An Australian commentary on "Violence in schools: The response from Europe." P. Smith (Ed.), *Violence in schools: An Australian commentary* (pp. 301-317). London: Routledge.
Slee, P. T., & Ford. D. (1999). Bullying is a serious issue-it is a crime! *Australian & New Zealand Journal of Law and Education*, 4(1), 23-39.
Slee, P. T., Ma, L., Hee-og, S., Taki, M., & Sullivan, K. (2003). School bullying in five countries in the Asia-Pacific region. In J. Keeves & R. Watanabe (Eds.), *The handbook on educational research in the Asia Pacific region*. Dordrecht, The Netherlands: Kluwer.
Slee, P. T., & Mohyla, J. (2007). The PEACE Pack: An evaluation of interventions to reduce bullying in four Australian primary schools. *Educational Research*, 49, 103-114.
Slee, P. T., & Murray-Harvey R. (2001). A comparative study of Australian and Japanese student's school lives. Unpublished manuscript.
Slee, P. T., & Murray-Harvey, R. (2007). Disadvantaged childrens' physical, developmental and behavioral health problems in an urban environment: Links with social capital. *Journal of Social Services Review*, 14, 371-373.
Slee. P. T., & Shute, R. (2003). Child development. Thinking about theories. London: Arnold.
Slee, P. T., & Taki, M. (1999). Interventions to reduce bullying in Japanese schools: The PEACE Pack. Society for Research in Child Development. Alberquerque, New Mexico, April. 16-22.
Smith, P. K. (2002). *Violence in schools. The response in Europe*. London: Routledge Falmer.
Smith, P. K., Morita, Y., Junger-tas, J., Olweus, D., Catalano, R., & Slee, P. (1999). *The nature of school bullying: A cross-national perspective*. London: Routledge.
Smith, P., Cowie, H., Olafsson, & Liefooghe, (2002). Definitions of bullying: A comparison of terms used, and age and gender differences, in a fourteen-country international comparison. *Child Development*, 73, 1119-1133.
Smith, P. K, Madsen, K. C., & Moody, J. C. (1999). What causes the age decline in reports of being bullied at school? Toward a developmental analysis of risks of being bullied. *Educational Research*, 41, 276-285.
Smith, P. K., Pepler, D., & Rigby, K. (2004). *Bullying in schools: How successful can interventions be?* Cambridge, UK: Cambridge University Press.
Smith, P. K., & Sharp, S. (Eds.). (1994). *School bullying: Insights and perspectives*. London. Routledge.
Stevens, V., Bourdeauhij, I. D., & Oost, P. V. (2000). Bullying in Flemish schools: An evaluation of anti-bullying interventions in primary and secondary schools. *British Journal of Educational Psychology*, 70, 195-210.
Taki, M., Slee, P. T., & Murray-Harvey, R. (2002). *Life at school in Australia and Japan: Modeling the impact of stress and support on school bullying amongst girls*. Symposium. Paper presented International Society Study of Behavioural Development, August 16-19, Quebec, Canada.
Vreeman, R., & Carroll, A. (2007). A systematic review of school-based interventions to Prevent bullying. *Archives of Pediatrics and Adolescent Medicine*, 161, 78-88.

35

맥케이 학교 안전 프로그램
(McKay School Safety Program, MSSP)
두 문화권 출신, 2개 국어를 쓰는 아이들을 위하여

REBECCCA A. ROBLES-PINA, PAULETTE NORMAN, AND
CARRIE CAMPBELL-BISHOP

학교 예방 및 개입 프로그램은 그간 모든 학생들에게 학교폭력 안전 정보를 제공해줄 수 있는 표준 수단으로 역할했다(Samples, 2004). 왜냐하면 학교는 사회적 발달에 대해서는 제일 합리적인 구성을 갖췄기 때문이다(Bronfenbrenner, 1979; Juvonen & Graham, 2004). 하지만 학교 예방 프로그램이 모든 학생들에게 동등하게 영향을 줄 수 있다는 근거는 거의 없다. 특히 비주류 집단 출신인 학생들에 대해선 더 그렇다. 형평성 있는 프로그램이 되기 위해서는 다음과 같은 요인이 충족되어야 한다. 1) 2001년 학교 정책이었던 '소외되는 아이들이 없도록(No Child Left Behind)'에서는 차별 없이 인종별 자료를 수집하여 경험적 근거 기반의 프로그램을 개발 활용하였다. 2) 우리 학교에서는 상당히 다양한 히스패닉 계열 학생들이 존재한다(U.S. Bureau of the Census, 2002). 현재로서는 미국 학교 안전 예방 프로그램 중에 2개 국어 병용 히스패닉 아동을 위한 실무 매뉴얼은 없다.

기존 개입 프로그램들이 모든 학생의 수요를 다 충족시키는지는 아직도 논란의 여지가 있다. Tutty(1995)의 초창기 연구를 보면 성적 학대와 관련된 특정 현안에 대해 아이들을 상대로 조사를 할 때, 인종과 문화적 배경에 더욱 초점을 맞추어야 예방 프로그램이 각 문화권에 대해서도 효과를 발휘할 수 있다고 하였다. 그러면서 이 연구자는 '어린 아이들이 발달적 혹은 문화적 배경과 어긋나는 개념을 실제로 배울 수 있는지 여부는 아직도 규명이 필요한 분야'라고 지적한 바 있다(p.2). 제일 최근에 Ravitch는 이런 메시지를 학교 미션과 연결지어서 언급하였다. '효과적으로 일을 하려면, 학교는 교육과 학급이라는 근본적인 미션에 집중해야 한다. 그리고 학교는 모든 아이들을 위해 이 의무를 다해야 한다. 이는 21세기 모든 학교의 공통 목표이기도 하다'(2000, p.467).

교과과정 기반 학교 예방 및 개입 프로그램이 초등학교, 중학교, 고등학교 대상으로 이미 개발되어 있으며, 이중 일부는 중등도의 효과 규모가 있는 것으로 입증되기도 하였다(Wilson, Lipsey, & Derzon, 2003). 하지만 학교 기반 폭력 예방 프로그램 중 대다수는 엄격한 평가를 받은 적이 없다(Elliott & Tolan, 1999;

Farrell, Meyer, Kung, & Sullivan, 2001; Juvonen & Graham, 2004; Powell 등, 1996; Samples & Aber, 1998). 게다가 평가를 받은 프로그램 일부는 되려 실망스런 결과만 나온 경우도 있다(Gottfredson, 2001).

모든 예방 및 개입 프로그램의 목표 중 하나가 효과성을 입증하는 것이다. 일반적으로 효과성은 측정된 결과 지표를 가지고 전적으로 판단하는 경향이 있다. 하지만 다른 변수들도 고려해야 하는데, 예를 들면 발달적 적절성이나 학교 전학 및 진학이나 비용 대비 효과성 같은 것들이다(Nation 등, 2003). 게다가 주류 문화권과 다른 문화권에도 적합한 프로그램을 개발했다고 하더라도, 번역 같은 표면적인 문제에서부터 문화적 요인과 밀접한 관련이 있는 심층적 요인까지 고려된 평가가 진행되어야 한다는 점도 중요하다(Resnicow, Solar, Braithwaite, Ahluwalia, & Butler, 2000).

미국 교육부는 효과적인 학교 안전 프로그램을 위해 3가지 요소가 포함되어야 한다고 제안하고 있다. 첫째, 다양한 유형의 품행 문제가 다루어져야 한다. 예를 들면, 공격성, 학교폭력, 희롱과 같은 것들이다. 두 번째 성별, 성정체성, 인종/민족, 종교 등에 대한 차별이 있는 지 특별한 관심을 쏟아야 한다. 셋째, 프로그램은 아이들의 태도 변화, 신고의 자발성, 개인적 영역에 대한 자발적 존중감을 향상시키는 데에 주안점을 둬야 한다(Glover, Gough, & Johnson, 2000).

다음은 특정 학교 기반 예방 프로그램에 대한 설명으로, 프로그램 개발 대상 인구 집단의 성격, 목표, 효과성에 대한 정보를 제시하였다. 이것은 모든 프로그램을 일일이 나열해서 독자들의 진을 빼는 리스트는 아니다.

교과과정 기반 학교 예방 및 개입 프로그램

공통 교과 과정을 기반으로 한 학교 예방 프로그램 중 첫 모델은 심리학자 Dan Olweus가 1983~1985년 사이에 소개했던 '학교폭력 예방 프로그램'을 꼽을 수 있다(1991). 이 프로그램의 세 가지 목표는 1) 학교폭력에 대한 인식 수준을 높이기, 2) 학교폭력에 대한 어른들의 근절 의지 명확하게 표현하기, 3) 피해자에 대한 보호와 지지가 있었다. 그리고 이런 목표를 달성하기 위해 다양한 단위에서 실행되기 원했다(지역사회 단위, 학교 단위, 학급 단위, 개인 단위). 4학년에서 7학년 대상으로 42개 학교 112학급의 2,500명 학생을 대상으로 했을 때, 학교폭력 행위는 모든 연령대에서 50% 정도의 감소율을 보였다.

'학교폭력 예방 프로그램'은 영국(Smith & Sharp, 1994)과 독일(Olweus, Limber, & Mihalic, 1999) 버전으로 개편해서 그 효과성을 검증하였다. 영국에서는 이 개정판을 셰필드 프로젝트(Sheffield Project)라고 불렀는데, 여기에는 16개 초등학교(N=2,212)와 7개 2차 학교(N=4,256)가 포함되어 있었고 8세에서 16세까지가 대상이다. 효과성 연구 결과, 1) 가해-피해 문제가 유의한 수준으로 감소하였고, 2) 학생들 태도가 긍정적인 방향으로 영향을 받았으며, 3) 학교폭력 사건 발생률이 감소한 것으로 나타났다. 이와 마찬가지로, 독일판 학교폭력 예방 프로그램에서도 학교폭력 피해 감소 효과가 발견되었는데 2년 기간 동안 첫 해 18%, 이듬해 15% 정도 효과가 나타났었다.

핀란드에서 개발된 플랑드르 학교폭력 개입 프로그램(the Flemish Antibullying Intervention Project)은 다음과 같은 목표를 가지고 있다. 1) 프로그램 실행은 전학교적 관점에서 접근한다. 2) 학교폭력에 대한 무관용 정신을 강조한다. 3) 가해자와 피해자에 대한 지지적 환경을 제공한다(Stevens, Van Oost, & Bourdeaudhuij, 2000). 본 프로그램에 대한 효과성 평가 연구에는 10~12세 초등학생으로 11개 학교 55학급 728명의 학생들과 13~16세 이차학교 학생을 대상으로 136학급 1,456명의 학생들을 표본으로 삼았다. 2년 간의 개입 사업 후에 개입군의 평균 하한선과 대조군의 평균 상한선을 비교했을 때, 피해자에 대한 지지와 교사의 도움을 찾는 비율이 더 늘어났다.

　캐나다 토론토에서 개발된 라이온스-퀘스트 갈등 관리 프로그램(the Lions-Quest Conflict Management Program)은 3가지 주요 목적이 있다. 1) 학생들의 상호작용에 대한 태도 변화, 2) 갈등 해소에 도움되는 비폭력적 기술에 대한 지식 수준 상승, 3) 갈등 상황 속에 비폭력적 기술 접목하기가 있다. 효과성에 대한 자료는 중학생에 대한 것만 있다. 2년 프로그램 실행 후 7~8학년 1,900명 학생들을 대상으로 평가했으며, 개입군과 대조군으로 나누어 비교 분석하였다(Byrd, 1996). 연구 결과, 개입군에서 상대적으로 학업 성취도가 상승하였으며, 폭력 건수가 68% 가량 감소하였고, 학생들간의 친사회적 상호작용이 증가하였다.

　다양한 인종/민족 집단을 자기 연구에 포함시켰다고 밝힌 전학교적 예방 프로그램 연구는 몇 편 되지 않는다. 이런 몇 안되는 프로그램 중 하나가 'Cool Tools'를 꼽을 수 있는데, 노르웨이 학교폭력 예방 프로그램을 캘리포니아판으로 개편한 버전이다(Nishida, Juvonen, & de la Sota, 2000). 본 프로그램의 목표는 1) 학교폭력의 부정적 영향을 최소화하는 것과 2) 학교폭력 사건 중재에 필요한 대처 전략을 배우는 것이다. 효과성에 대한 예비 연구는 3~5학년 아프리카계 미국학생들을 대상으로 진행되었으며, 무작위로 개입군과 대조군으로 나누어 각각 31명과 35명을 배치하였다(Graham, Taylor, & Hudley, 2003). 이 예비 연구 결과에서 중등도의 효과성이 있는 것으로 밝혔지만, 연구 결과 해석에 대해 제한점 또한 많다고 언급하였다. 교사 측정법 자료에 의하면 부정적 사회적 행동과 문제 행동 감소 보다는 친사회적 기술 수준과 동기 부여 면에서 더 성공적인 것으로 나타났었다.

　다양한 인종 표본을 가지고 효과성 평가가 처음 이루어진 프로그램 중에서 텍사스의 학교폭력 예방 프로그램을 꼽을 수 있다(Sanchez 등, 2001). 이 프로그램의 목표는 학교 전체가 학교폭력과 성희롱과 성폭력에 대해서 대처하는 것이다. 대상자는 총 740명으로 전체 5학년 학생으로 구성되어 있으며, 16%(118명)가 아프리카계 미국인, 25%(185명)가 히스패닉, 59%(437명)가 백인이었다. 대상자 중 31%는 점심 비용 전액 혹은 일부를 지원받고 있었다. 평가 결과, 대조군에 비해 실험군에서 성희롱에 대한 지식 수준이 상승하였다. 하지만, 학교폭력에 관한 지식 수준 면에서는 대조군과 실험군 간의 차이가 발견되지 않았다. 흥미롭게도 포커스 집단 토론 시간 중에, 학생들 중 20%는 지난 주 동안 누군가를 괴롭힌 적이 있다고 응답하였다. 게다가 이 조사 결과를 가지고 경과 추적해봤을 때, 37% 학생들이 지난 3개월 동안 괴롭힘당한 적이 있다고 응답하였다. 이런 결과는 개입 사업 목표 맞지 않는 현상이었지만, 사전 조사에 대한 자료가 제시되지 않았기 때문에 1년간 프로젝트 결과로 학교폭력 수준이 증가했는지 감소했는지 판단할 수 없었다.

　다양한 인종을 포함하고 있는 4개 초등학교에서 5학년 학생 40명을 대상으로 '존중을 기대해요' 프로그램(Expect Respect Program)'에 대한 연구가 진행되었다(Khosropour & Walsh, 2001). 면담 자료에 따르면 개입군에 속한 학생들은 학부모 보다 교내 어른에게 학교폭력에 대한 해결책을 구하는 데에 낫다고 여기고 있었으며, 사실상 학교폭력에 대해 도움이 될 만한 것은 없다는 믿음을 가지고 있었다.

　스페인어를 기반으로 한 세비야 학교폭력 프로젝트(Seville Antibullying in School, SAVE)도 있다. 이 프로젝트는 스페인 내 학교폭력이 증가하고 있어, 이에 대한 대응으로 스페인 세비야에서 개발되었다(Ortega & Lera, 2000). 이 프로젝트의 목표는 1) 개념적 모델이 현실적으로 적합한지 검증하는 것과 2) Olweus 질문지를 번역하면서 스페인 문화에 맞게 개발하는 것과 3) 개입 프로그램을 개발하는 것이었다. 대상자는 세비야에 있는 초등학교에서 고등학교 까지 총 26개교 4,914명의 학생이었다. 자료 분석은 계속 진행 중이다.

　정리하면, 대부분의 교과과정 기반 및 전 학교적 학교폭력 예방 프로그램은 노르웨이의 Olweus가 개발한 학교폭력 예방 프로그램을 바탕으로 하고 있다. 노르웨이, 핀란드, 영국에서 시행한 프로그램 평가 결과는 학교폭력 감소에 꽤 만족스러웠다. 스페인 히스패닉 계통 학생을 대상으로 한 스페인어 버전 프로그램은 결과 분석 중이다. 텍사스 연구는 인종/민족별로 자료를 세분화해서 수집은 하였으나 학교폭력 지식 수준에 관해서 집단 간 차이는 발견하지 못했다. 결과적으로 위와 같은 현황에서는 다양한 문화권과 언어를 가진 학생들에게서 학교폭력 지식 수준 증가의 효과성을 측정할 수 있는 미국 학교 예방 프로그램 개발과 평가에 대한 강력한 근거가 된다.

조정 예방 프로그램의 효과적 특성

학교 예방 프로그램의 효과성을 파악하는 것은 중요한 과제이며, 반드시 평가에 들어가야 할 항목에는 다음과 같은 6가지 특성들이 반영되어 있어야 한다(Nation 등, 2003). 첫번째 특성은 근거 기반 위험 및 보호 요인 체계를 활용해야된다는 점이다. 이 체계에는 가족, 또래, 학교, 지역사회 등이 다양한 성과를 성취함에 있어 파트너십을 가진다는 관점을 취하고 있다. 즉, 생태학적인 관점으로 문제를 파악해서 보호요인과 위험요인을 분석하는 것이 제일 좋다는 뜻이 된다(Bronfenbrenner & Morris, 1998). 두 번째 특성으로는 프로그램이 장기적이어야 하고, 각 연령대에 맞춤형으로 적용되어야 하며, 문화적으로도 적절해야 된다는 점이다. 프로그램은 학교와 지역사회의 문화를 반영할 수 있어야 된다는 뜻도 되지만, 교내 모든 문화권 출신의 학생들과 직원들이 프로그램의 기획, 실행, 평가에 참여할 수 있도록 해야된다는 뜻도 포함된다(Schinke & Matthieu, 2003).

세 번째 특성은 일상 생활에서의 사회정서적 기술을 발달시킬 수 있어야 된다는 것이다. 사회적, 정서적, 윤리적 행동 습관을 키우려면 역할극, 모델링, 실습 등을 통해서 기를 수 있다(Bandura, 1995; Hawkins & Weis, 1985; Ladd & Mize, 1983). 그리고 학생이 거주하는 지역사회 내에서 문제 해결 전략을 활용할 수 있어야 사회정서적 기술 발달이 가능해진다.

네 번째 특성으로는 최적의 발달을 지원하는 정책, 행정 실무, 환경을 개발한다는 것이다. 따뜻한 손길을 내미는 어른들처럼 사회적 지지가 발달되어야 어려운 시기에 처해있는 아이들을 보호할 수 있다. 따라서 학부모와 지역사회 구성원들이 프로그램의 한 구성요소로 통합되어야 한다.

다섯 번째 특성으로는 담당 직원에 대한 대인관계 기술 훈련으로, 이를 통해 개입 프로그램을 효과적으로 실행할 수 있어야 한다. 어떤 프로그램이든 성공적인 성과를 거두기 위해서는 담당자의 대인관계 기술, 프로그램에 대한 이해도, 인간적인 정, 공감, 유머, 어린 학생들의 학습 방식에 대한 이해도가 잘 갖춰져야 된다는 점이 연구를 통해 입증되었다(Kumpfer & Alvarado, 2003).

여섯 번째 특성으로는 전략적 기획, 지속적 평가, 연속적 개선 등을 통해 지역사회의 수요를 충족시킬 수 있는 근거 기반 프로그램을 설계하는 것이다. 특히, '수요 조사'는 매우 중요하다. 이를 통해 학교의 문제점과 강점을 확인하고 다양한 개개인들의 관심사를 규명할 수 있다. 형성적 평가(formative evaluation)를 통해 1) 프로그램의 강점과 개선이 필요한 측면에 대해서 이해할 수 있고, 2) 비용-효과성을 검증하며, 3) 모든 이해관계자에게 어떤 혜택으로 돌아가는 지 파악할 수 있다(Tebes, Kaufman, & Connell, 2003; Wandersman & Florin, 2003).

히스패닉 학생의 문화와 언어로 풀어낸 학교 예방 프로그램이 거의 없다. 그래서 본 연구는 이런 간극을 규명하기 위해 시행되었으며, 이를 위해 학교 안전 예방 프로그램에 대한 경험적 자료를 제시할 것이다. 이 자료를 토대로 문화적으로 다양하고 잠재적 위험 상태에 처해있는 히스패닉 인구집단에서의 안전도에 대한 지식 수준을 높이고자 한다. 구체적으로 우리는 2개 국어로 되어 있고 2개 문화권을 반영한 맥케이 학교 예방 프로그램(MSSP)이 어떻게 개발되고 실행되었으며 또한 평가 결과가 어떠했는지 다양한 이해관계자 관점(학생, 교사, 학부모)에서 기술할 것이다.

방법

대상자

텍사스 주 큰 도심에서 학교를 다니는 242명의 4학년을 대상으로 자료를 수집하였다. 대상자는 남학생 106명(44%), 여학생 136명(56%)으로, 히스패닉은 184명(76%), 아프리카계 미국인은 53명(22%), 기타 5명(2%)로 구성되었다. 70% 넘는 학생들이 점심 급식비 전액 혹은 일부 지원을 받고 있었다. 대상자의 사전 사후 조사 응답률은 92%였고, 학부모는 106명 중 52명만 응답하여 49%의 응답률을 보였다. 그리고 15명의 학교 상담사 및 교사들이 포커스 집단으로 면담 조사에 참여해주었다.

설계

211개 초등학교 중, 4개 학교가 무작위로 선별되었다. 그 후 4학년 12개 학급을 무작위로 뽑아서 3가지 집단으로 배치하였다: A(75), B(88), C(67). A집단은 MSSP 사전-사후 검증, MSSP 교과과정, 동영상 자료를 받았다. 집단 B는 MSSP 사후 검증과 MSSP 교과과정과 동영상 자료를 받았으나, MSSP 사전 검증은 받지 않도록 했는데, 이는 사전 검증이 사후 검증에 미치는 영향 여부를 평가하기 위함이었다. 집단 C는 대조군으로 MSSP 사전 사후 검증을 받았으나 치료적 활동은 배제하였다.

교과과정 가이드

MSSP는 영어와 스페인어, 2개 국어로 이루어졌으며, 양쪽 문화권을 반영하는 프로그램이다. 본 프로그램은 9~11세 아이들을 대상으로 하였다. MSSP의 목표는 1) 2개 국어를 구사하는 히스패닉 학생들을 포함하여 사람들에게 학교 안전(학교폭력, 자존감, 사적 영역에 대한 존중, 사이버폭력, 성적 학대)이라는 개념에 대한 이해 수준을 증가시키는 것과 2) 학생들이 각자의 사생활을 방어하는 방법을 교육하는 것과 3) 위해를 가하고 싶어하는 사람을 선별해내는 것과 4) 학생들에게 자신을 괴롭히는 사람과 사적 영역을 침범하는 사람과 성적으로 학대하는 사람을 신뢰할 만한 어른들에게 신고하는 방법을 교육하는 것이다.

MSSP 목표가 실제 지역사회 내 언어와 문화적 요소와 일치하는지 확실히 확인 받기 위해 자문 위원회를 구성하였다. 위원회 구성원은 학교장이 임명하였고, 구성원은 프로젝트 디렉터, 교과 전문가, MSSP 트레이너, 교사 행정지원 주무, 학교 상담사, 학교 임상심리사, 공동 책임조사원, 마약 홍보 전문가, 경찰관, 기타 공인된 전문가, 일부 학부모로 구성되어 있다. 위원회가 수요 조사를 통해 6가지 테마를 확인하였고, 이는 MSSP의 교육 과정 속에 포함시켰다.

본 6가지 교육 주제로 3~5학년을 대상으로 한 교육 자료를 개발하였고, MSSP 교과과정에 다음 주제와 관련된 활동을 포함시켰다: 1) 자존감, 2) 인터넷 안전, 3) 낯선 사람을 경계하기, 4) 낯선 사람이 그렇게 이상하지 않을 때, 5) 학교폭력 근절, 6) 내 영역을 침범하지마.

또한 MSSP는 교과과정, 동영상 자료, 사전-사후 검증법, 6가지 주제에 맞는 교재 개발에 있어 3가지 이론에 기반을 두었다. 교재는 가정으로 보내져 학부모가 자녀들이 교재를 채우면서 학교 안전과 관련된 개념을 강화시키기 위해 개발되었다. 동영상 자료는 추상적인 개념을 좀 더 구체적으로 보여주기 위함인데, 동영상 속 배우가 어떤 식으로 문제를 해결하는 지 직접 시범을 보여준다. 게다가 동영상 자료는 열린 결말을 제공해서 학생들이 역할극을 통해 답을 해볼 수 있도록 하였다.

본 프로그램에 활용된 이론은 학생들의 사회-정서적 욕구를 충족시키면서도 문화적으로 적절한 방향으로 인지적 기술을 향상시키는 방향을 강조하는 관점을 지니고 있다. Bloom(1976)의 분류학적 이론을 바탕으로 비판적 사고 기술(지식, 이해력, 응용력, 분석력, 통합력, 평가 능력)를 키우는 교재를 개발하였다. 그리고 매슬로우의 욕구 단계 이론(Maslow, 1968)을 바탕으로 안전에 대한 욕구, 소속감과 사랑에 대한 욕구, 자존감에 대한 욕구, 자기 실현에 대한 욕구 등을 다루는 교재 및 훈련 과정을 개발하였다. Sue, Arredondo, & McDavis(1992)의 다문화 상담역량(multicultural counseling competencies)에 관한 이론에 근거해서 문화적으로 적절하게 지식, 기술 등의 전파와 획득이 가능해지도록 수업 과정을 개발하고 트레이너를 교육시켰다.

트레이닝 과정은 수요 조사와 자문 위원회의 조언에서 얻은 정보를 바탕으로 구성하였다. 과거에 아동을 대상으로 실무 경험 있는 3명의 트레이너들을 선발하였다. 첫 번째 트레이너는 전직 경찰관으로 12년 동안 청소년을 대상으로 근무한 경험이 있었고, 두 번째 트레이너는 초등학교 교사로 14년 이상의 근무 경험을 지니고 있었으며, 세 번째는 아동 박물관에서 근무하기도 했고 MSSP 시행 대상 학교에 재직 중인 분인데, 영어와 스페인어 양쪽 언어 모두 유창하게 구사할 수 있다.

공동 책임조사원은 2명으로, MSSP 교과과정에 얼만큼 충실하게 프로그램이 진행되는 지 확인하고 또 이에 필요한 수련 업무를 책임진다. 이중 한 명은 위험군 집단을 대상으로 20년 이상 커리어를 쌓은 교사로, 매슬로우와 블룸의 이론에 근거해 수업 콘텐츠를 개발하고, 트레이너들이 본 프로그램 교과과정에 충실하게 이행하는 지에 대한 모니터링과 이와 관련된 수련 업무를 맡았다. 나머지 한 명은 2개 국어에 능통한 심리학자로 13년간 2개 국어로 심리 평가와 테라피 경험이 있으며, 적절히 번역된 교재를 만들고 지역사회의 문화적 수요를 반영할 수 있도록 하였다. 동영상, 교재, 역할극 이름은 지역사회에 흔히 마주할 수 있는 용어를 사용하여 문화적으로 친근하게 접근할 수 있도록 하였으며, 위원회가 주어진 주제와 관련된 용어를 선택하였다. 참고로 두번째 책임조사원은 트레이너를 대상으로 한달에 두번 포커스 집단을 운영하여 대상 집단과 작업할 때 편견을 조장하는지 확인하였다.

도 구

MSSP에 대해 더 잘 파악하기 위해 사전 및 사후 검증을 시행하였다. 이 테스트는 4지 선다형으로 총 24개 질문으로 구성되어 있으며, 정답이 있는 구성이다. 인터넷 안전에 관한 질문을 예로 들자면, '내가 모르는 누군가가 나한테 공원에서 만나자고 메신저로 쪽지를 보냈다면, 나는 어떻게 대응할 것인가?'가 있다. 이 질문은 영어 뿐 아니라 스페인어 버전도 있다.

본 사전 사후 검증법은 심리측정학적으로 준수한 것으로 입증되었다. 본 표본에 대해 KR-20 공식을 활용하였을 때, 내적합치도에 대한 신뢰도 추정치는 0.89로 나왔다. 타당도 확보를 위해 다음과 같이 4가지 방법을 동원하였다. 1) MSSP 교과과정 중에 직접 질문지를 실시하였다. 2) 각각 다른 학교 안전 분야 전문가 4명에게 피드백을 구했다. 3) 4학년 학생 집단을 대상으로 예비 연구를 시행하였다. 4) 자문위원회의 도움을 얻어 특정 교육구 내에서 수요 조사를 한 결과를 바탕으로 하여 교과과정을 개발하였다. 학교 안전 분야의 전문가와 지역사회 구성원들의 권고 사항도 본 조사 연구에 수렴시켰다.

권고 사항 중 일부는 여기서 공개하겠다. 첫 번째, 자문위원회와 전문가는 수요 조사 결과에 근거하여 6가지 주제를 교과과정에 반영할 것을 권고하였다. 두 번째, 학교 안전 분야 전문가 일부는 주된 질문 항목들이 너무 길어서 학교 안전에 대한 지식 수준을 측정하기 보다는 오히려 독해 능력을 측정하는 꼴이 될 수 있다고 지적하였다. 세 번째, 전문가들은 좀 더 문화적 기반을 지닌 동영상 자료 및 활동을 개발하여 학생들이 추상적인 개념을 훨씬 더 현실적으로 이해할 수 있도록 하라고 권고하였다. 네 번째, 사전 사후 검사 때 도식과 그림을 이용해서 학생들이 쉽게 기억할 수 있도록 권고하였다. 다섯 번째, 지역사회에서 흔히 쓰이는 스페인어가 교재에 반영될 수 있도록 권고하였다. 모든 권고사항은 교과과정, 동영상 각본, 검증법에 다 반영하였다.

절 차

본 연구는 대학교 및 해당 교육구의 기관감사위원회로부터 승인을 받았다. 본 연구에 해당되는 학교는 2주간의 사전 검증을 실시하고 총 15주 동안 연구를 진행하였다. 나머지 13주 동안 2주 간격으로 1회기씩 수업을 진행하였고, 수업 시간은 매주 2시간 정도로 할애되었다. 교재를 이용해 숙제를 나눠줌으로써, 학생들은 부모의 지도에 따라 MSSP 안전 인식을 강화하도록 하였으며 아울러 부모도 학생들이 뭘 배우는지에 대해서도 인지하게끔 하였다. 동영상 자료를 통해 모범적인 문제 해결 기술을 본받을 수 있도록 하였고 학생들이 이에 대해 역할극을 할 수 있도록 하였다. MSSP에 참여한 학생들의 학부모를 대상으로 효과성에 대한 인식 수준이 어떤 지 평가하였다. 게다가 매 2주마다 교사와 학교 상담사로 구성된 포커스 집단을 운영하여, 각자가 느끼는 효과성에 대해서 자료를 수집하였다. 공동 책임조사원은 문화적으로 적절한 수련 과정과 치료 목적 충실도를 관리하였다.

결 과

MSSP 사전 사후 검증법은 영어와 스페인어 버전 둘 다 갖추었지만, 대부분의 학생들(97%)은 영어 버전을 선택하였기 때문에 영어 버전에 대한 결과만 분석하였다. 교사, 상담사, 트레이너들은 학생들이 질문지를 독해하는 것을 도왔으며, 테스트에 나와 있는 그림을 가리키면서 학생들이 수업 시간에 배운 내용을 쉽게 상기할 수 있도록 하였다.

과연 MSSP를 통해서 도심에 사는 4학년 히스패닉 위험군에서 안전에 관한 지식 수준이 향상되었는지 몇몇 단계를 거쳐 파악하였다. 첫째, 실험군 A와 대조군 C 사이에 사전 검증 상 지식 수준의 차이가 있는지 파악해보았다. 독립 t검정 결과 대조군(평균=73.45, 표준편차=14.57)이 실험군(평균=67.84, 표준편차=13.55)에 비해 5.61점 차이로 지식 수준이 유의하게 더 높은 것으로(t(1, 141)= −2.43, p=0.01) 나타났다. 따라서 대조군에 속한 학생은 처음에 MSSP 치료를 받지 않았지만 실험군에 비해 MSSP 안전 개념에 대해 더 많이 알고 있었던 것으로 볼 수 있다.

둘째, 사전 검증이 사후 검증 결과에 영향을 주는지 알아보기 위해 독립 t 검정을 활용하여 실험군 A와 B를 비교하였더니 유의한 차이는 발견되지 않았다. 각각 평균은 81.76에 표준편차 14.57 및 82.06에 표준편차 13.87로 나왔다. 이를 통해 사전 검증을 시행하는 것 자체가 사후 검증시 학생들의 지식 수준에 영향을 주지 않는 것으로 볼 수 있다.

셋째, 실험군과 대조군 사이에서 MSSP 사후 검증 결과 상 차이가 있는지 알아보기 위하여, 분산분석을 시행하였다. 그 결과, 통계적으로 유의한 차이가 발견되었다(F(2,229)=11.05, p<0.01, d=0.69, medium effect size). 각 집단의 평균을 보면, A군은 평균 81.76, 표준편차=14.59, B군은 평균 82.06, 표준편차=13.87, C군은 평균 72.06, 표준편차=15.05로 나왔다(표 35.1). 즉 실험군은 대조군에 비해 약 10점 정도 더 높은 성적을 거두었다. 특히, 사전 검증에서 대조군이 실험군에 비해 6점이 더 높았다는 것도 함께 고려해야 한다.

표 35.1 세 가지 조건으로 본 맥케이 학교 안전 프로그램 효과성(MSSP)(N=242)

학교 및 조건	사전평균(표준편차)	사후평균(표준편차)	차이
A(사전-사후 검증, MSSP 치료)	67.84	81.76	13.92
	13.55	14.59	
B(사후 검증, MSSP 치료)		82.06	No Pre-Test
		13.87	
C(대조군, 사전-사후 검증, 치료 없음)	73.45	72.05	198
	14.57	13.52	-1.40

알림: 통계적 유의성 <0.01 효과규모, d=0.69(MSSP)(N=52)평균(표준편차)

효과 규모를 계산하기 위해 실험군과 대조군의 점수차(분자)를 계산하였으며(Baker, 1993), 이후 2 표준편차 값에 가중평균을 계산하여 분모로 삼았을 때, 분자에 분모를 나눈 값은 0.69로 중등도의 효과 규모가 나왔다(Cohen, 1988). 이는 실험군에 속한 평균적인 학생(집단 내 점수 분포 중 50퍼센타일에 속하는 학생)이 대조군의 점수 분포 중 75퍼센타일에 해당된다고 볼 수 있다.

정리하면 본 연구 결과에 대해 몇 가지 짚고 넘어갈 점이 있다. 첫째, 처음에 대조군은 실험군에 비해 학교 안전 개념에 대해 더 지식이 많았던 것으로 확인되었다. 둘째, 사전 검증 자체가 지식 수준에 영향을 주지 않았다. 셋째, 실험군은 대조군에 비해 학교 안전 개념 면에서 통계적으로 유의하게 지식 수준이 더 높았으며, 중등도의 효과 규모를 나타내었다. 전반적으로 MSSP는 도심에 사는 4학년 위험군 히스패닉 학생들에게 학교 안전 개념 수준을 상승시키는 데에 효과적이었다.

MSSP에 참여한 4학년 학생들의 학부모들을 대상으로 자녀들의 학교 안전에 관한 지식 수준 인식도를 평가하였다. 106명의 학부모 중 49명이 응답을 하여 49% 응답률을 보였다. 대부분의 학부모들은 스페인어로 된 설문 조사에 응하였다(표 35.2). 전반적으로 학부모들은 자기 자녀들이 MSSP에서 제공하는 안전 개념을 학습한 것으로 응답하였다. 구체적으로 기술하면, 자기 자녀들이 1) MSSP 노출 후에 더 편안해지고 덜 무서워하였으며, 2) 학교에 나가고 잠 드는 것 보다 가출하는 것과 낯선 사람들을 만나는 것을 더 경

표 35.2 MSSP에 대한 학부모 설문조사 반응(N=52)

질 문	평균(표준편차)
당신의 자녀들은 MSSP시행 후 다음 중 어떤 반응을 보였습니까?	
편안해 한다	3.95 (1.17)
조심스러워 한다	3.80 (1.13)
안전하다고 한다	3.69 (1.41)
기분이 상했다고 한다	2.50 (1.58)
무서워한다	2.49 (1.55)
당신은 당신의 자녀들이 MSSP 시행 후에 다음 사항 중에 어디에 해당될 거라 걱정하십니까?	
낯선 성인 남성	3.38 (1.38)
낯선 성인 여성	2.87 (1.44)
가출	2.77 (1.43)
등교	2.45 (1.30)
잠자기	2.34 (1.07)
당신은 당신의 자녀가 좋은 사람과 나쁜 사람을 구분할 줄 안다고 보십니까?	41 (82%) 예
	9 (8%) 아니오
당신은 당신의 자녀가 좋은 스킨십과 나쁜 신체적 접촉을 구분할 줄 안다고 보십니까?	43 (80%) 예
	11 (20%) 아니오

계하였고, 3) 좋은 사람과 나쁜 사람을 구분할 줄 알게 되었으며, 4) 좋은 스킨십과 나쁜 신체적 접촉에 대해 분별하게 되었다고 했다.

대상자를 담당한 교사들과 상담사들은 포커스 집단 모임을 통해 매 격주마다 인식도를 측정 받았다. 그 결과, 첫째, 본 프로그램 참여 학생들은 자신의 사적 영역을 지키는 것에 대한 지식 수준이 증가하였다. 게다가 자신의 영역을 방어함에 있어 학생들은 자신이 불편해지는 상황에서 자기들이 사랑하고 신뢰하는 사람들의 진의가 무엇인 지 비판적으로 생각해보기 시작하였다. 둘째, 학생들은 신뢰할 수 있는 어른이 누구인지 분별할 수 있게 되었으며, 이 어른들과 학교폭력 문제, 성적 모욕감, 인터넷 사용에 대해서 서로 의사소통할 수 있었다. 셋째, 학생들은 MSSP 노출 이후에 학교폭력과 성적 모욕감에 대해서 학교 직원들에게 좀 더 공개적으로 알릴 수 있게 되었다.

정리하면, 본 프로그램은 지역사회의 수요 조사에 기반하여 구성된 것으로 스페인어와 영어로 이용 가능하며 다양한 학교 안전 개념들(인터넷 안전, 성적 학대, 학교폭력)을 조합하여 도심에 사는 위험군 히스패닉 학생 집단에 적용하였다. 그 결과 본 프로그램은 지식 수준 향상에 효과적이었다. 학부모도 MSSP 후에 자녀들이 학교와 지역사회에 대해 더 안전하다고 인식하게 되었다고 확인해주었다. 마지막으로 상담사와 교사들은 본 프로그램이 학생들에게 긍정적 영향을 끼쳤으며, 학교폭력과 성적 학대 사건에 대해서 더 공개하는 비율이 늘었다고 보고했다. 본 연구 결과에서 얻을 수 있는 시사점은 아래에 정리하였다(표 35.3).

고 찰

본 단락은 제한점, 효과적 프로그램 실행을 위한 이론적 토대, 결론 순으로 진행하겠다. 본 연구는 몇몇 제한점이 존재한다. 첫째, 학생들은 인구학적 자료를 조사하는 질문 항목에 응답하는 데에 어려움을 호소했다. 왜냐하면 초등학교 4학년 학생들은 자신들의 민족 정체성에 대해서 잘 모르고 있었다. 다행히 대부분의 담당 교사들이 학생들이 정확히 정보를 기입할 수 있도록 도울 수 있었다. 두번째, 최대한 학생들의 정규 수업 일정을 방해하지 않기 위해, 우리는 학급 인원을 40명이나 되는 큰 규모로 만들어서 진행했어야 되기 때문에, 역할극과 토론 시간이 제한적이었다. 운 좋게도 2개 국어를 구사하는 교사들과 상담사들이 소규모 집단으로 지도하겠다고 자원하여 영어로도 학교 안전 개념을 가르칠 수 있었다. 셋째, 예산 지원 문제로, 본래 트레이너를 담당하던 분들이 수련 업무를 중단하게 되었다. 하지만 본 프로그램을 유지하기 위해서, 이분들의 동의를 얻어 사진 촬영 등으로 인수 인계물을 받아서 상담사와 교사들에게 프로그램 실행법을 전수하였다.

본 프로그램의 효과성은 효과적인 프로그램이 갖추어야 할 6가지 특성으로 설명하겠다(Nation 등, 2003). 첫번째 특성은 근거 기반 위험 및 보호 요인 체계를 활용한 점으로 학생, 학부모, 지역사회 등 다양한 이해관계자들 사이에서 발생하는 다양한 성과에 초점을 맞추었다.

보호 요인을 극대화하면서 동시에 위험 요인을 최소화할 수 있는 근거도 다양한 방법으로 제시하였다. 첫째, 지역사회 구성원들이 위원회를 구성하여 본 프로그램을 개발하게 함으로써 보호 요인을 향상시켰다. 위원회의 역할로 1) 수요 조사를 시행하고, 2) 교과과정 가이드와 동영상 자료와 숙제용 교재를 검토하고 수정하며, 3) 프로그램의 진척 사항을 모니터링하고 수정에 대한 권고사항을 만드는 것이다. 더 나아가 효과성 평가에 있어 학생들, 학부모, 지역 사회 구성원 등 다양한 집단들이 평가하는 방식으로 보호 요인을 극대화시켰다.

두 번째, 본 프로그램은 다양한 문화권과 언어권 출신의 학생들을 상대로 위험요인을 감소시켰다. 이들 학생은 자기 자신을 안전하게 보호할 수 있는 법을 터득할 필요가 있다. 본 프로그램은 다양한 문화권에서 살면서 2개 국어를 구사하는 학생들이 효과적으로 학교 안전 개념을 익힐 수 있다는 경험적 근거를 제시한 첫 연구 문헌이다. 특히 이런 문제는 이전 연구에서도 지적된 바가 있었다(Tutty, 1995). 셋째, 본 프로그램은 실험적 디자인을 채택하여 엄격한 방식으로 학교 예방 프로그램의 근거를 제시했다는 점에서 보호 요인을 향상시켰다. 이 문제 또한 이전 몇몇 연구에서 지적했던 점을 해낸 것이다(Elliot & Tolan, 1999; Farrell 등, 2001; Juvonen & Graham, 2004; Powell 등, 1996; Samples & Aber, 1998).

넷째, 본 연구 결과는 기존 학교 예방 프로그램의 효과성 연구로 축적된 지식 수준에 보탬이 되었다. 예를 들면, 학생들의 자기보고식 자료에 근거 했던 유럽 연구 업적에 대해 보완 자료가 된다(Olweus, Limber, & Mihalic, 1999; Smith & Sharp, 1994; Stevens 등, 2000). 더 나아가, 본 연구 결과는 인종/민족 집단 별로 자료를 수집하여 연구를 시도했던 몇 안되는 미국 학교 예방 프로그램 연구 업적에도 보탬이 되었다(Nishina 등, 2000; Sanchez 등, 2001; Khospropour & Walsh, 2001). 단, 이 연구 결과를 보편적으로 적용하기 위해서는 같은 인종/민족 집단 학생들 뿐 아니라 다른 집단 학생 집단에도 적용하여 효과성을 확인해봐야 한다.

두 번째 특성으로는 예방 프로그램은 장기적이고, 각 연령대에 적합해야 하며, 문화적으로 또 발달학적으로도 적절해야 한다는 점이다. 본 연구에서는 본 프로그램이 어떻게 해서 문화적 및 발달학적 적절성을 갖추게 되었는지 입증하였다. 첫째, 본 프로그램은 인구 집단 대부분이 히스패닉이었기 때문에 스페인어와 영어 버전으로 개발되었다. 그리고 본 프로그램에 채택된 6가지 주제도 아이들이 살고 있는 지역사회 실상을 반영한 것이다. 둘째, 2개 국어로 된 자료를 개발함으로써 사회경제적으로 취약한 아이들 뿐 아니라 자기 보호를 위해 필요한 정보 조차 독해하는 데에 어려움을 지닌 아이들까지 학교 안전 프로그램을 제공할 수 있었다. 셋째, 본 프로그램의 발달학적 측면을 부각시키기 위해 블룸의 분류학(1976)과 문화적 역량 이론을 활용하였다(Sue 등, 1992). 블룸의 분류학은 주로 비판적 사고 방식을 촉진시키는 질문 유형을 개발하는 데에 활용되었으며, 사전-사후 검증과 과제물과 동영상 자료 개발에 쓰였다. Sue 등의 이론은 트레이너들의 문화적 선입견 처리에 활용되어 학생들에게 지식과 기술을 왜곡없이 전수할 수 있도록 하였다. 매슬로의 이론을 통해 안전감, 소속감, 자존감, 자기실현이라는 발달적 단계가 트레이너의 문화적 역량 및 인지적 기술(Bloom, 1976)에 통합될 수 있도록 하였다(Sue 등, 1992).

성공적 프로그램의 세번째 특성은 학생들이 일상 생활에서 자기가 배운 기술을 접목시킬 수 있도록 하는 것이다. 이 목적을 달성하는 방법이 한 가지 있다. 본 프로그램에서는 넉넉한 기회를 가지고 역할극에 참여하도록 하였다. 학생들은 동영상 자료를 보면서 문제해결 시나리오를 관찰하고, 동영상 말미에 해결되지 않은 딜레마를 두고 역할극을 통해 해결해보도록 하였다. 학생들은 다양한 문화적 방식으로 대응했다. 1) 영어나 스페인어로 말하기도 했고, 둘다 섞어서 말하기도 했다. 2) 기존의 환경을 이용하기도 했는데, 지역사회 내에 흔히 볼 수 있는 아지트 같은 환경을 이용하는 것이다. 3) 지역사회 구성원 이름을 활용하기도 했다. 4) 지역사회 내 유행하는 노래를 부르기도 했다. 그간 연구 결과에 의하면, 문제 해결 과정 교육을 역할극으로 진행했을 때, 학생들이 수업 내용을 자기 것으로 소화할 확률이 더 높아지면서 필요할 때 배운 기술을 더 잘 활용해내는 것으로 입증되었다(Bandura, 1995; Hawkins & Weis, 1985; Ladd & Mize, 1983).

효과적인 학교 예방 프로그램의 네번째 특성은 근거 자료를 제공한다는 점이다. 이 근거를 가지고 정책, 실무, 환경적 지원 체계를 수립할 수 있다. 본 프로그램의 경우 이런 근거가 충분히 보유하고 있다. 첫째, 분석한 자료에 의하면 다양한 문화권 출신의 2개 국어 사용자 학생들도 문화적 관점에서 개발된 프로그램을 이수하면 성공적으로 학교 안전 인식을 갖출 수 있었다. 둘째, 학부모로부터 얻어낸 자료에 의하면 자기 자녀들이 프로그램 덕에 개선이 되는 것을 확인했으며, 특히 안전에 대해 지식 수준이 올라가고 불안도도 낮아지는 것을 목격했다. 게다가 상담사는 본 프로그램 시행 후 학생들의 자발적 신고가 증가했는데, 이는 안전한 환경 조성에 반드시 필요한 요소다(Glover 등, 2000). 지금까지의 근거를 토대로 본 프로그램은 효과적인 프로그램이 될 수 있는 가능성이 분명 존재하며, 문화적으로 다양한 인구 집단에서 활용될 수 있는 잠재력을 갖추었다고 볼 수 있다.

효과적 프로그램의 다섯 번째 특성은 효과적으로 프로그램을 실행시키는 기술을 지닌 트레이너들이다. 본 프로그램에 채용된 트레이너 전부 다 아이들과 함께 작업한 경력만 수 년 이상이었다. 그리고 한 명은 2개 국어를 완벽하게 구사하였다. 트레이너 모두 활동적이고 노래 부르고 춤추며 연극하는 것을 좋아했다. 공동 책임조사원 중 한 명은 트레이너 모두가 본 프로그램의 교과과정에 대해 숙지하고 있었으며, 6가지 교육 주제에 대한 역량을 갖추고 있다고 인증하였다. 또한 트레이너는 자문위원회의 구성원으로서 본 프로그램 교육과정과 교재 개발에 참여하였고, 교과과정에 필요한 노래, 마임 등도 기획하기도 하였다. 학생들은 트레이들을 높이 샀으며, 교사들한테 트레이너가 언제 돌아오는지 종종 묻곤했다. 학부모, 교사, 상담사들은 트레이너들의 프로페셔널리즘과 높은 헌신도에 대해 칭찬을 아끼지 않았다.

여섯 번째 특성은 전략적 기획, 지속적인 평가, 끊임없는 개선을 통해 지역사회의 욕구를 충족시켜 나가야 효과적인 프로그램이 될 수 있다는 점이다. 본 프로그램도 몇 가지 방법을 통해 이를 구현시킬 수 있었다. 일단 본 프로그램은 다양한 지역사회 구성원들로 이루어진 자문위원회 주도로 수요 조사를 실시하였다. 둘째, 불시에 학교 점검을 실시하여 치료 충실도를 관리하였다. 셋째, 교육자를 대상으로 한 포커스 집단을 매 격주 마다 시행하였고. 평가자의 관리를 받도록 했다. 넷째, 외부 평가자를 동원하여 효과성에 대한 자료를 수집하고 분석하게 하였다. 학교 교육자와 수련 과정에서 얻은 정보는 위원회와 공동 책임조사원으로 전달되게 하여, 이들이 근거 기반 프로그램 수정 보완 작업을 할 수 있도록 하였다.

결론적으로 특정 학생 집단을 대상으로 적합한 안전 프로그램을 제공하려면 해야할 작업이 많이 남아 있다. 한 프로그램이 모든 학생들에게 다 통한다는 발상은 어불성설이다. 왜냐하면 모든 학교는 저마다 다른 문화권 및 언어권애서 생활하고 있기 때문이다. 본 프로그램과 같이 경험적 근거가 있어야 세상 모든 아이들이 안전한 학습 환경을 찾아낼 수 있는 연구를 할 수 있다.

□ 알 림 □

본 연구는 교육부의 마약안심학교(Safe and Drug Free Schools) 기금으로 운영되었다.

표 35.3 실무를 위한 제언

1. 학교폭력 프로그램에 나오는 학교폭력, 성적 학대, 자존감 등의 개념은 학교와 지역사회의 문화와 언어에 따라 달라질 수 있다.
2. 학교 안전 프로그램을 개발하기 위한 첫걸음은 문화적 시각을 갖춘 학교 직원이 수요 조사법을 개발하여 시행하는 것이다.
3. 스페인어로 개발된 학교폭력 프로그램은 지역사회 문화와 언어가 다양하기 때문에 모든 스페인어권 인구 집단에게 접목된다는 보장은 없다. 예를 들어. 스페인 현지에서 통용되는 스페인어와 텍사스 남부에서 통용되는 스페인어는 서로 다른 의미로 통할 수 있다.
4. 학교폭력 예방 과정 개발과 실행을 위해 특정 사투리나 지역사회 센터. 학교. 기관 이름이나 지역사회 내 구성원 이름 등이 포함될 필요가 있다.
5. 문화적 및 언어적 관점을 내포한 학교폭력 프로그램을 평가하기 위해서는 모든 파트너들이 포함되어야 한다. 나아가 해당 문화권과 언어를 잘 이해하는 사람도 평가에 참여해야 한다.

참고문헌

Baker, D. P. (1993). Compared to Japan, the U.S. is a low achiever...really: New evidence and comment on Westbury. *Educational Researcher, 22*(3), 18-20.
Bandura, A. (1995). *Self-efficacy in changing societies.* New York: Cambridge University Press.
Bloom, B. S. (1976). *Human characteristics and school learning.* New York: McGraw-Hill.
Bronfenbrenner, U. (1979). *The ecology of human development: Experiments by nature and design.* Cambridge, MA: Harvard University Press.
Bronfenbrenner, U., & Morris, P. A. (1998). The ecology of developmental processes. In W. Damon (Series Ed.) & R. M. Lerner (Vol. Ed.), *Handbook of child psychology: Vol. I. Theoretical models of human development* (5th ed., pp. 993-1028). New York: Wiley.
Byrd, B. (1996). *A comparison of two school-based conflict management programs-Lions-Quest and Second Step.* Toronto, Ontario: Lions-Quest Canada.
Cohen, J. (1988). *Statistical power analysis for the behavioral sciences* (2nd ed.). New York: Academic Press.
Drummond, R. J. (2000). *Appraisal procedures for counselors and helping professionals* (4th ed.). Columbus, OH: Merrill.
Elliott, D. S., & Tolan, P. H. (1999). Youth violence prevention, intervention, and social policy: An overview. In D. J. Flannery & C. R. Hoff (Eds.), *Youth violence prevention, intervention, and social policy* (pp. 3-46). Washington, DC: American Psychiatric Press.
Farrell, A. D., Meyer, A. L., Kung, A. M., & Sullivan, T. N. (2001). Development and evaluation of school-based violence prevention programs. *Journal of Clinical Child Psychology, 30*(1), 207-220.
Gottfredson, D. C. (2001). *Delinquency and schools.* New York: Cambridge University.
Glover, D., Gough, G., & Johnson, M. (2000). Bullying in 25 secondary schools: Incidence, impact, and intervention. *Educational Research, 42*(2), 141-156.
Graham, S., Taylor, A., & Hudley, C. (2003). *Best foot Forward: A motivational intervention for at-risk youth.* Manuscript submitted for publication.
Hawkins, J.D., & Weis, J. G. (1985). The social development model: An integrated approach to delinquency prevention. *Journal of Primary Prevention, 6,* 73-97.
Juvonen, J., & Graham, S. (2004). Research-based interventions on bullying. In C. E. Sanders & G. D. Phye (Eds.), *Bullying: Implications for the classroom* (pp. 229-255). San Diego, CA: Elsevier Academic Press.
Khosropour, S. C., & Walsh, J. (2001, April). *The effectiveness of a violence prevention program: did it influence how children conceptualize bullying?* Paper presented at the Annual Conference of the American Educational Research Association: Seattle, Washington.
Kumpfer, K. L., & Alvarado, R. (2003). Family-strengthening approaches for the prevention of youth problem behaviors. *American Psychologist, 58,* 457-465.
Ladd, G. W., & Mize, J. (1983). A cognitive-social learning model of social skill training. *Psychological Review, 90,* 127-157.
Maslow, A. H. (1968). *Toward a psychology of being* (2nd ed.). Princeton, NJ: Van Nostrand.
The McKay Foundation. (2004). *Curriculum Guide: A safer tomorrow begins with us today.* Conroe, TX: McKay Publishing. The guide includes units on Self-esteem, Internet Safety, When a Stranger Isn't So Strange, No Bullying Allowed, Stranger Beware, and Don't Invade My Space.
Nation, M., Crusto, C., Wandersman, A., Kumpfer, K. L., Seybolt, D., Morissey-Kane, E., et al. (2003). What works in prevention: Principles of effective prevention programs? *American Psychologist, 58,* 449-456.
Nishina, A., Juvonen, J., & de la Sota, A. (2000, Spring). Violence prevention in elementary school: A systemic safe school approach. *Connections,* 3-8.
No Child Left Behind Act of 2001, Subpart 14-Grants to improve the mental health of children, Sec 5541. Grants for the integration of schools and mental health systems of children, 20 U.S.C. §6301 et seq (2001).
Olweus, D. (1991). Bully/victim problems among school children: Basic facts and a school based intervention program. In K. Rubin & D. J. Pepler (Eds.), *The development and treatment of childhood aggression* (pp. 411-448). Hillsdale, NJ: Erlbaum.
Olweus, D., Limber, S. P., & Mihalic, S. F. (1999). Bullying prevention program. In D. S. Elliot (Ed.), *Blueprints for violence prevention.* Book Nine. Boulder, CO: Center for the Study and Prevention of Violence.
Ortega, R., & Lera, M. J. (2000). The Seville Antibullying in School Project. *Aggressive Behavior, 26*(1), 113-123.
Powell, K. E., Dahlberg, L. L., Friday, J., Mercy, J. A., Thornton, T., & Crawford, S. (1996). Prevention of youth violence. Rationale and characteristics of 15 evaluation projects. *American Journal of Preventive Medicine, 12*(5, Suppl.), 3-12.
Ravitch, D. (2000). *Left behind: A century of failed school reforms.* New York: Simon & Schuster.

Resnicow, K., Solar, R., Braithwaite, R., Ahluwalia, J., Butler, J. (2000). Cultural sensitivity in substance abuse prevention. *Journal of Community Psychology, 28*, 271-290.

Samples, F. (2004). Evaluating curriculum-based intervention programs: An examination of preschool, primary, and elementary intervention programs. In C. E. Sanders & G. D. Phye (Eds.), *Bullying: Implications for the classroom* (pp. 203-227). San Diedo, CA: Elsevier.

Samples, F., & Aber, L. (1998). Evaluations of school-based violence prevention programs. In D. S. Elliott, B. A. Hamburg, & K. R. Williams (Eds.), *Violence in American schools: A new perspective* (pp. 217-252). Cambridge, UK: Cambridge University Press.

Sanchez, E., Robertson, T. R., Lewis, C. M., Rosenbluth, B., Bohman, T., & Casey, D. M. (2001). Preventing bullying and sexual harassment in elementary schools: The Expect Respect Model. *Journal of Emotional Abuse, 2*(2/3), 157-180.

Schinke, S. P., & Matthieu, M. (2003). Primary prevention with diverse population. In T. P. Gullotta & M. Bloom (Eds.), *Primary prevention and health promotion* (pp. 92-97). New York: Kluwer Academic/Plenum.

Smith, P. K., & Sharp, S. (Eds.). (1994). *School bullying: Insights and perspectives.* London: Routledge.

Stevens, V., Van Oost, P., & Bourdeaudhuji, I. de (2000). The effects of an anti-bullying intervention programme on peers' attitudes and behaviour. *Journal of Adolescence, 23*(1), 23-34.

Sue, D. W., Arredondo, P., & McDavis, R. J. (1992). Multicultural competencies/standards: A call to the profession. *Journal of Counseling and Development, 70*(4), 477-486.

Tebes, J. K., Kaufman, J.S., & Connell, C. M. (2003). The evaluation of prevention and health promotion programs. In T. P. Gullotta & M. Bloom (Eds.), *Primary prevention and health promotion* (pp. 42-61). New York: Kluwer Academic/Plenum.

Tutty, L.M. (1995). The revised Children's Knowledge of Abuse Questionnaire: Development of a measure of children's understanding of sexual abuse prevention concepts. *Social Work Research, 19*(2), 112-119.

U.S. Bureau of the Census. (2002). Table 1. *People and families in poverty by selected characteristics: 2000 and 2001.* Retrieved October 10, 2004, from http://www.census.gov/hhes/www/poverty/poverty01.

Wandersman, A., & Florin, P. (2003). Community interventions and effective prevention. *American Psychologist, 58*, 441-448.

Wilson, S., Lipsey, M., & Derzon, J. (2003). The effects of school-based intervention programs on aggressive behavior: A meta-analysis. *Journal of Consulting and Clinical Psychology, 71*, 136-149.

36

학교폭력 버스터즈
교사와 학생의 행동 변화를 통해

ARTHRUR M. HORNE, SUSAN M. SWEARER, JAMI GIVENS, AND
CHRISTINA MEINTS

지난 반세기 동안 미국과 기타 국가에서 학교와 가정 내 공격성과 폭력 감소에 대한 연구가 많은 관심을 받았다. 1960년대와 1970년대, 상당한 프로그램들이 개발되어 아이들의 공격성과 폭력성 발달과 관련하여 평가되었으며, 학교와 가정 폭력을 효과적으로 감소시킬 수 있는지 여부에 대해 조사가 이루어졌다(Patterson, 1974; Reid, Patterson, & Snyder, 2002). 공격성이라는 넓은 연구 주제 내에서, 일부 연구자들은 좀 더 세부적인 반사회적 행동 연구에 초점을 맞추기 시작하였다: 가해자, 피해자, 방관자(Olweus, 1978).

조지아대학의 일부 연구진은 학급 내 교칙 위반 문제 감소를 위한 효과적 프로그램에 대해 연구하였고, 가해자로 확인된 학생 집단과 피해자 학생 집단을 대상으로 한 시간 제한적인 집단 개입 프로그램을 적용해보기로 하였다(Horne, Glaser, & Sayger, 1994; Horne & Sayger, 1990; Horne & Socherman, 1996). 어느 정도 예상가능했던 부분이지만, 개입 프로그램은 실패로 끝났다. 더 솔직히 말하자면, 가해자 학생들은 더 능수능란해졌다. 결국 우리 목표와 정반대 상황이 발생했다(Turpeau, 1998). 가해자 집단은 어떻게 하면 더 다른 사람들을 더 잘 괴롭힐 수 있는지 서로 서로에게 멘토링을 하였고, 피해자 학생들은 서로 서로의 무력감만 확인하면서 서로를 위로했다. 양쪽 집단 어느 쪽에도 바람직한 성과가 나타나지 않았다.

그 후 우리는 교사와 학생들을 면담하면서 배움을 시간을 가졌다. 면담을 통해 학교폭력 문제에 대응하기 위해 어떤 방법이 더 효과적일 지 파악해보았다. 우리는 이런 면담 자료와 품행장애 및 반항장애 청소년을 대상으로 했던 연구 경험(Fleischman, Horne, & Arthur, 1983; Horne & Sayger, 1990)과 기존 학교폭력 예방 프로그램의 핵심 원리를 참고하여, '학교폭력 버스터즈'라는 프로그램을 만들었다. '학교폭력 버스터즈'라는 용어는 상기 프로그램 시행 이후 2년 동안 같이 작업했던 교사와 학생들이 붙여준 이름이다. 학교폭력 버스터즈 중학교 버전은 2000년에 편찬하였다(Newman, Horne, & Bartolomucci, 2000). 그리고 초등학교 버전은 2003년에(Horne, Bartolomucci, & Newman-Carlson), 학부모 버전은 2008년에 출판하였다(Horne, Stoddard, & Bell).

본 프로그램은 생태학적 모델에 기초하고 있다. 따라서 아동 개인, 가정, 학교, 지역사회, 사회와 관련된 위험요인과 보호요인들이 학교폭력 행위에 영향을 미친다고 간주한다. 물론 모든 유형의 요인들이 중요하지만, 본 모델에서 제일 초점을 맞추고자 하는 것은 교사들이 영향을 줄 수 있는 요인들이다. 즉, 아동과 학교에 대한 측면이다. 학교폭력 버스터즈는 인지적 사회학습 모델로, 개인의 자각, 기술 개선, 윤리적 발달을 강조한다. 즉, 공감적 이해를 바탕으로 학생들의 깨달음을 촉진시키는 능동적 활동과 기술 함양과 교사를 위한 배경 지식 확대가 본 프로그램의 주된 내용이다. 생태학적 모델은 Bullying Prevention: Creating a Positive School Climate and Developing social competence(Orpinas & Horne, 2006) 또는 본 저서 제 4장에서 소개되었다.

대다수의 학교폭력 예방 프로그램이나 폭력 감소 프로그램은 학교 전체의 헌신이 필요하고, 학교 행정 내에서 제일 중요한 사업 중 하나가 되지 않으면 프로그램 실행이 어렵다. 우리가 작업한 학교에서는 상담사, 심리학자, 교사들이 재정적으로 감당하기가 편하고 별도의 프로그램 과정이 있는 프로그램이 있었으면 하고 바랬다. 또한 교사들은 개별 학급에서 시행 가능한 프로그램, 각 학년 별로 시행 가능한 프로그램, 전교생에게 보편적으로 적용되는 프로그램 등이 있었으면 좋겠다고 하였다. 학교폭력 버스터즈는 전교생을 대상으로 하는 개입 프로그램으로 개발되기도 하였지만, 담임 교사가 자기 학급 내 학교폭력 문제만 다루고 싶을 때는 개별 학급 단위에서 실행할 수 있도록 고안되었다.

학교폭력 버스터즈 중학교 버전은 공격성과 폭력성이 사회적 기술의 결핍, 타인에 대한 역지사지 혹은 공감능력의 부재, 타인을 모욕하는 도덕관 혹은 가치관으로 인해 발생한다는 전제를 깔고 있다. 우리 경험을 비추어보면, 공격성과 학교폭력 행위를 감소시키는 가장 효과적인 수단은 학생들과 교사들이 자각 수준, 지식 수준, 공격성과 학교폭력에 대응하는 법에 대한 자기 효능감을 향상시키는 것으로 알고 있다(Newman-Carlson & Horne, 2004). 이를 위해 교내 상담사, 심리학자, 사회복지사, 기타 트레이너들이 교사에게 심리교육학적 관점을 가지고 노하우를 전수하고, 교사들은 자기가 배운 내용을 자기 학급에 적용시키는 방식으로 효과를 낼 수 있다. 그리고 집단 프로그램으로 운용하는 것이 제일 흔한 운용법이다. 본 프로그램은 예방에 역점을 두고 있다. 따라서 교사, 학교 행정가, 학생들은 교내 학교폭력 근절 정신을 고취시키는 데에 능동적이어야 한다.

학교폭력 버스터즈 프로그램은 현재 3가지 요소로 구성되어 있다(고등학교 버전은 준비 중이다).

- 학교폭력 버스터즈: 가해자, 피해자, 방관자를 위한 교사 매뉴얼-6~8학년(Newman 등, 2000); 중학교 버전
- 학교폭력 버스터즈: 가해자, 피해자, 방관자를 위한 교사 매뉴얼-유치원~5학년(Horne 등, 2003); 초등학교 버전
- 가해자, 피해자, 방관자를 위하여: 학교폭력 버스터즈 학부모 가이드(Horne 등, 2008)

학교폭력 버스터즈 프로그램에서는 교사들에게 가해자 학생들의 발달 과정에 맞는 특정 기술을 가르칠 수 있도록 매뉴얼화 되어 있으며, 학급에서 실제로 어떻게 적용시킬 지에 대한 안내도 수록되어 있다. 본 프로그램에서 제공하는 활동 유형에는 학생들이 수록된 구체적인 질문을 통해 각 활동 과정으로 인한 영향이 어떨 지에 대해 숙고하도록 하였고, 전반적 및 각 단계별 성취도를 평가하기 위한 안내도 담겨 있다.

교내 학교폭력 문제 대응을 위한 인식 수준이나 준비도를 파악하기 위해, 본 프로그램은 두 단계의 평가를 진행한다. 첫 단계는 학교폭력 관리에 대한 교사들의 자기효능감을 측정한다. 두번째 단계에서는 학생들과 교사들이 작성하는 것으로, 교사들과 학생들이 자기 학교에서 얼만큼 학교폭력과 공격성이 만연한지 인식도를 측정하고 또 학교폭력 문제가 발생하는 장소에 대해서 조사한다. 이 결과는 학교 직원(교

사, 행정가, 지원단), 학부모, 이해관계자(지역사회 기관, 종교/영적 리더)에게 피드백된다.

학교폭력 버스터즈는 7가지 모듈을 제공하고 있으며, 각 모듈에는 3~4개 요소로 구성되어 있다. 1) 모듈 토픽에 대한 이론적 배경, 2) 본 토픽과 관련된 연구 결과, 3) 학생들을 대상으로 한 프로그램 활동 가이드라인, 4) 교사용 목표 달성 양식-이를 통해 교사는 세부 모듈과 관련된 목표를 정하고, 이와 관련해서 특별히 더 도움이 필요한 유형의 학생을 짚어본다. 5) 해당 콘텐츠에 대한 최종 점검-프로그램 실행에 앞서 본 토픽에 대신 교사 자신의 지식 수준을 점검하고, 프로그램 실행 성공 수준을 가늠하기 위해 목표 설정을 다시 검토한다. 6) 해당 모듈의 토픽에 대해 토론을 이끌기 위한 가이드라인 제공, 7) 학생용 활동 가이드라인-각 활동이 끝난 후 다음 단계 이행을 촉진하는 질문들이 수록되어 있다.

모듈 1은 학교폭력의 인식 수준을 높이기 위해 고안되었으며, 다음과 같은 섹션으로 이루어져 있다.

- 문제의 범위
- 학교폭력 기준: 권력의 불균형, 의도성, 반복성
- 학교폭력에 대한 교사들과 학생들을 위한 개인적 정의
- 학교폭력 근절을 위한 교사 역할
- 학교폭력 예방과 감소를 위한 핵심 조건
- 학교폭력 근절 활동

모듈 1에서 제공된 각본과 시나리오를 따라하면서 학생들은 건설적인 상호작용 방식을 역할극을 통해 배우게 된다. 특히, 학교폭력 문제에 대한 인식 수준 향상에 초점을 맞춘다.

모듈 2는 학교폭력이 어떻게 발생하여 어떤 유형을 띠게 되는지 검토한다.

- 학교폭력 행위의 발생
- 서로 다른 학교폭력 행위 유형
- 학교폭력에서의 남녀간 차이
- 학교폭력에 관한 진실과 오해

모듈 2에 포함된 활동에는 학교폭력 피해자나 가해자 캐릭터가 등장하는 동영상 자료나 영화를 시청하는 것이 포함되어 있다. 이 모듈은 학교폭력에 대한 흔한 오해에 대해 규격화된 토론을 거치는 것으로 마무리 짓는다.

모듈 3은 학교폭력의 피해자 인식에 대해 초점을 맞춘다.

- 학교폭력 피해 영향
- 학교폭력 피해와 관련된 진실과 오해
- 학교폭력 피해자 및 피해 사례를 알아보는 법
- 피해자의 유형
- 남성 피해자와 여성 피해자의 공통점과 차이점
- 피해자의 신고 의지를 꺾는 암묵적 침묵을 깨트리는 법

이 모듈의 핵심은 방관자가 학교폭력 근절 과정에 참여하도록 하는 것이다. 또한 이것이 학교폭력 버스터

즈 사업의 주된 요소이기도 하다. 교사들은 학생들이 암묵적 침묵을 깰 수 있도록 장려하여, 모든 학생들이 참여할 수 있도록 한다. 방관자를 개입시키는 것이 모든 학생들에게 더 안전한 분위기를 만들어줄 수 있다.

모듈 4는 학교폭력 없는 학급을 만드는 구체적인 전략에 대해서 다룬다.

- 랍포 형성하기
- 일반적인 개입 전략
- 행동 변화의 원칙
- 가해자를 위한 발달 과제
- 가해자와 피해자가 함께 하는 개입
- 가해자를 위한 평판 인식

이 모듈은 학급 관리와 관련된 특정 전략들을 다루고 있다. 예를 들면 교실 규칙을 정하는 것이나, 빠른 대응 같은 것들이다. 또한 교사들은 공감능력 기술 교육, 사회 기술 훈련, 분노 조절 기술 등에 대해서 배우게 된다.

모듈 5는 학생들의 기술 발전을 돕는 단계로 학교폭력 피해 경험을 지닌 학생들에게 개별 전략을 제공한다.

- 피해자 지지
- 피해자에 대한 일반적 개입 전략
- 피해자에게 행동 변화 가르치기
- 피해자 유형 별로의 개입 전략
- 피해자 자조 집단 만들기

이런 활동을 통해 모든 학생들이 각자의 강점을 자각하고, 자신을 긍정적인 태도로 볼 줄 알고, 다른 사람들과 교제할 수 있는 기술과 자신감을 쌓는다.

모듈 6은 교사들이 학교폭력 사건이 발생하고 나서 문제를 수습하기 보다 성공적인 예방 역할을 할 수 있도록 도와준다. 학교폭력 사건이 생기고 나서 해결하려고 노력하는 것 보다는 학교폭력이 잘 생기지 않는 예방적 환경을 갖춘 학급을 만드는 것이 중요하다. 모듈6는 다음과 같은 내용을 담당한다.

- 예방적 이슈와 접근법
- 평화로운 학교의 특징
- 학교폭력 감소를 조성하는 교사들의 특징
- 학교폭력 예방을 위한 권고사항: 학급, 학교
- 교사들이 만드는 지지 집단

학생들 활동은 갈등을 예방할 수 있는 기술에 초점을 맞춘다. 예를 들면, 문제 해결 기술, 의사결정 능력, 사회적 상호작용 기술 등이다. 이런 능력은 이전 모듈에서 배웠던 내용을 바탕으로 하여 키울 수 있다.

모듈 7은 이완 훈련, 스트레스 관리, 개인 감정 관리를 다룬다. 교사들은 처음 자기 자신에게 적용시켜

본 다음, 자기 학생들에게 적용시킨다.

- 스트레스 인식
- 스트레스 관리에 대한 일반적 권고사항
- 실생활에서 스트레스 관리하기
- 이완 및 대처 기술

이 프로그램은 교사들의 지식 수준과 자기 효능감에 대해 한번 더 평가하고 끝나도록 되어 있다. 또한 교사들과 학생들을 대상으로 교내 학교폭력에 대한 설문조사도 실시한다.

프로그램 평가

학교폭력 버스터즈 프로그램은 다양한 환경에서 평가가 진행중이며, 교사들의 평가는 대체로 긍정적인 편이다. Newman-Carlson & Horne(2004)는 본 프로그램을 대상으로 중학교 수준에서 학교폭력 행위가 감소하는 데에 효과적인지 파악해보았다. 그 결과, 본 프로그램은 교사들의 이해 수준과 개입 전략 활용 수준을 높였을 뿐 아니라, 학교폭력 관련 상황 속에서도 효과적으로 대응할 수 있다는 자기효능감도 상승한 것으로 나왔다. 게다가 학교폭력 사건도 프로그램 실행 전에 비해 감소하기도 하였다.

 Howard, Horne, & Jolliff(2002)가 두 번째 평가 연구를 진행했는데, 개입 프로그램이 학교폭력 개입 기술에 대한 교사들의 지식 수준, 교사들의 학교폭력 기술 활용도, 학생들을 상대하는 전반적인 자기효능감, 학교폭력 사건 발생률 감소에 효과적이었다고 입증했다.

 다른 연구 결과도 비슷한 양상이었는데, 대체로 교사들은 학교폭력 버스터즈 수련을 받고 난 후 그렇지 않은 교사들에 비해 학교폭력 사건에 대처하기가 수월해졌다고 하고 학교폭력 관리에 대한 자기효능감이나 지식 수준도 좋아지며 기관 의뢰 건수나 학급 내 문제 행동 발생도 줄어든다고 하였다(Bell, 2007; Browning, Cooker, & Sullivan, 2005; Howard 등, 2002; Newman-Carlson & Horne, 2004; Orpinas, Horne, & Staniszewski, 2003). 본 모델의 개정판도 연방 정부 펀딩을 받은 대규모 프로젝트에서 효과성 평가를 받았는데, 결과가 고무적이다(Orpinas, Horne, & Multisite Violence Prevention Program, 2004). 한편, 학생 평가 자료를 보면 공격성 감소 측면에서는 결과가 긍정적이지 못했다. 학생들을 대상으로 한 질적 면담 조사에서는 학생들이 학교폭력이 무엇인 지 더 잘 알게 되었다고 하며 학교폭력 사건에 대해서도 더 기민하게 알아차릴 수 있게 되었다고 응답했다. 게다가 학생들은 개입 사업에 대해 잘 이해하기 시작하면서 학교폭력 사건 신고도 늘었다. 또한 우리는 학생들이 자기 학급 내에서 학교폭력 사건이 감소했으며, 식당이나 운동장이나 학교 버스 같은 교실 외 상황에서 발생하는 폭력 사건에 대해서도 더 잘 인식하게 되었다고 면담했다. 뿐만 아니라 학생들은 자기 집에서도 가정폭력에 대한 인식도 증가했다. 이와 같은 면담 결과는 전학교적인 개입 사업이 다양한 상황에서 발생하는 폭력 유형에 대해서도 인식을 키운다는 점을 시사한다.

 비록 학교폭력 버스터즈 프로그램은 교사 대상으로 학교폭력에 대한 인식 수준 향상과 기술 기반 학교폭력 감소에 효과적인 것으로 나타났지만, 전 세계 다양한 학교 상황 속에서 본 프로그램이나 개정판이 효과적일지는 아직 검증한 자료가 거의 없다.

프로그램의 적용

학교폭력 버스터즈는 학급과 전 학교를 대상으로 한 집단 개입 프로그램으로 활용되고 있지만, 개인 인지 행동 개입 프로그램으로도 활용될 수 있다. 특히, 가해자를 위한 개별화된 프로그램으로도 쓸 수 있다 (Swearer & Givens, 2006). 학교폭력 개입 프로그램(the Bullying Intervention Program, BIP)는 다른 문헌을 통해 이미 소개되었으며(Espelage & Swearer, 2008), 본 챕터에서는 BIP의 개발 원칙과 BIP에 참여한 학생에 대한 사례 연구를 소개하고자 한다.

BIP 개발에 대한 이론적 근거

이미 아동심리학이나 사회복지 분야에서는 비슷한 행동 문제나 정서적 문제를 보이는 청소년들을 대상으로 한 집단 개입 프로그램이 많이 보급되어 있다(Dihion & Stormshak, 2007). 문제 있는 학생들을 따로 모아 집단 프로그램 돌리는 방식을 많이 선호하는데, 이는 문제 학생을 따로 빼는 것 자체가 학교나 지역 사회 내 혼란을 감소시킬 수 있으리라 기대되기 때문에, 일견 논리적이고 예산편성에 대해서도 설득력이 있다(Dodge, Dishion, & Lansford, 2006). 하지만 정부나 학교가 문제 학생들을 모아 동질 집단으로 만들어 대응하고자 하는 의도 자체는 좋다고 보나, 실제로는 기존 문제를 더 악화시키는 쪽으로 끝나게 된다(Dodge 등, 2006). 서로에게 폭력 경향이 전염되기도 하고 문제 행동을 더 배울 수도 있기 때문에 개입으로 인한 득 보다 실이 더 클 수 있다.

비행 청소년 또래에 노출 및 상호작용을 경험하면 치료적 세팅 내에서나 밖에서나 모든 경우 품행 문제를 일으킬 가능성이 높아진다(Dodge 등, 2006; Gifford-Smith, Dodge, Dishion, & McCord, 2005). 물론 일부 취약한 청소년들이 이런 세팅에서 본격적으로 비행 청소년으로 될 가능성 또한 더 높아진다(Dodge 등, 2006). 이를 가리켜 '또래 전염'이라고 칭한다. 반사회적 청소년들을 개입 활동에 참여시킬 목적으로 집단으로 묶어 놓으면 더욱 반사회적 행동을 장려한다는 가정이 담겨 있다. 예를 들어, 한 집단 내 한 개인이 그 집단에 마약을 어디서 구할 수 있는지 등과 같이 새로운 정보와 경험담을 알려줄 수 있다는 것이다 (Boxer, Guerra, Huesmann, & Morales, 2005).

그간 연구들을 참고하면, 비행 청소년 또래를 같이 묶어놓는 것 자체가 개입 프로그램의 잠재적 효과를 잠식시키고 도리어 부정적인 결과로 끝나는 경우가 많다는 점을 확인할 수 있다(Dodge 등, 2006). 특히, 이런 부정적인 결말은 비행 청소년 집단에 대한 지도감독이 열악하거나 집단 구성이 제대로 설계되지 않았을 때 더욱 두드러지는 것으로 나타났다(Dodge 등, 2006). Dishion, McCord, & Poulin(1999)은 개별화된 공격성 개입 프로그램에 대해 연구해왔다. 이들은 청소년을 대상으로 공격적 행동 감소 또는 예방 측면에서 시스템적 개입 프로그램은 오히려 역효과가 났다고 주장했다. 이들 연구진도 공격적인 청소년이 공격적인 청소년들과 상호작용하면 개입 프로그램의 긍정적인 영향력이 상쇄된다고 하였다.

비행 청소년은 또 다른 비행 청소년을 찾아나선다(Dodge 등, 2006). 이런 이유로 일탈 행동 훈련으로 귀결되기 쉽다. 일탈 행동 훈련 이론은 비행 청소년 또래들이 서로에게 영향을 주어 더욱 문제아가 된다는 아이디어에서 출발했다. 만약 반사회적 행동을 선보였을 때, 주변 아이들이 미소짓거나 웃는 등의 반응으로 그 행동이 강화될 수 있다. 이를 지켜본 또 다른 또래 학생들은 곧 바로 비슷한 행동을 보이면서 똑같은 보상을 얻어내려고 한다. 결국, 얼마 있지 않아 이 아이들 집단은 반사회적 행동을 모델링하고 서로 강화시켜 주는 문화를 형성하여 친사회적 행동을 학습할 기회가 밀려나게 된다(Dishion 등, 1999). Dodge 연구진(2006)은 비행 청소년을 모아두는 식의 프로그램은 그만 둘 것을 권고하고 있다. 비행 청소년들을 동질 집단으로 취급하게 되면, 청소년들은 자신의 개인적 문제에 대해서 인식하기가 어려워진다.

또래 전염 이론과 일탈 행동 훈련 이론에 근거하여 네브라스카 대학에서는 개별 가해자 학생을 위한 맞춤형 개입 프로그램을 개발했다(Swearer & Givens, 2006). Bloomquist & Schnell(2002)은 학교에서 긍정적 행동을 촉진시키기 위한 최선의 개별화된 개입 프로그램이 어떤 것인지 기술했다. 개별화된 개입 프로그램 적용 1단계는 문제 행동의 심각성을 정확히 평가해내는 것이다. 이는 문제 행동이 일어난 맥락까지 연관시켜 파악한다는 뜻이다. 그리고 목표 증상에 맞춰 개입 프로그램을 선택한다. 이 프로그램은 그 개인이 지닌 현재 문제점과 그 문제점을 둘러싼 맥락적 요인들에 적합해야 한다. 이는 개개인의 특성을 반영하지 않는 전학교적 및 전학급적 프로그램에 비해서 좀 더 이득이 될 수 있다.

평가가 끝나면, 수집한 정보를 바탕으로 학교폭력 버스터즈처럼 개입 유형을 선택한다. 평가 도중에, 학교 입장에서는 처벌을 한다고 믿었던 조치가 되어 학생에게는 보상으로 작용하는 경우가 있다. 예를 들면, 학교에서 정학 처분을 당해서 보내진 기관에 갔더니 다른 학교에서 정학 당해서 온 친구들이 모여 있는 경우다. 이런 경우에는 서로서로 문제 행동을 더 강화시킨다. 그래서 평가 기간 중에 긍정행동 혹은 부정적 행동 강화 패턴이 있는지를 확인해야 한다. 또한 대안 행동을 교육하기 위한 개입 프로그램도 역시 확인해봐야 한다. 예를 들어, 개입 프로그램을 통해 아이들은 공격성을 대체할만한 행동 유형을 익힐 수도 있고 분노 조절 기술을 향상시킬 수도 있다(Bloomquist & Schnell, 2002).

부모 개입도 개별화된 공격성 감소 프로그램에서 상당히 중요한 요소로 작용한다(Bloomquist & Schnell, 2002; Dishion & Stormshak, 2007; Horne 등, 2008). 예를 들어 가정통신문을 통해서 학부모와 교사간의 의사소통을 늘려서 아이의 문제 행동을 학교와 가정에서 동시에 관리할 수 있다. 지역 기관에 더 어울릴만한 요인들도 확인한다. 예를 들면 멘토링 서비스나 정신치료 서비스가 지역사회 내에서 소화 가능한지도 알아보는 것이다. 이런 지역사회 서비스는 미처 학교가 제공해주지 못한 서비스를 보완시켜 줄 수 있다(Bloomquist & Schnell, 2002). 위와 같은 가이드라인은 BIP 개발에 중요한 도구가 된다.

BIP 사례 연구

BIP는 3시간 짜리 개별화된 개입 회기로 학생과 테라피스트(학교 상담사 또는 학교 심리사 또는 학교 사회복지사)가 만나 인지행동 이론에 근거해 작업을 한다. 개입 회기 첫 시간에는 포괄적인 평가를 진행하고, 여기에는 학교폭력 가해 및 피해 경험, 우울증, 불안증, 인지 왜곡, 자아상, 학교 분위기 등에 대한 자기보고식 응답이 이루어진다. 1시간 정도 평가 작업을 완료하면, 학생은 테라피스트와 함께 Target Bullying project에서 개발한 30분 짜리 파워포인트 프레젠테이션을 보고 동영상 자료도 감상한다. 이 동영상 자료에는 'Let's Get Real'(www.groundspark.org), 'Stories of Us'(www.storiesofus.com), 'Bully Dance'(www.bullfrongfilms.org) 세 편이 있어서, 이 중 하나를 선택해서 시청하게 된다. 그리고 파워포인트 강의가 끝난 후 간단한 쪽지 시험 시간도 갖는다. 이후 학생들은 학교폭력 버스터즈에서 제공하는 교재를 채워가면서 학교폭력에 대한 교육을 받는다(Newman 등, 2000). 이 과정은 심리교육적인 요소가 담겨 있으며, 대략 2시간 동안 걸린다. 이 과정을 통해 학생들은 학교폭력의 본질과 학교폭력이 관계된 모든 사람에게 해를 끼친다는 점을 알린다.

개입 회기를 마칠 때 즘에 테라피스트는 학교폭력 개입 치료 보고서를 3~5페이지 정도 작성한다. 이 보고서에는 학생, 학교, 학부모 등이 응답한 질문지 자료를 기반으로 작성한 권고사항이 담겨 있다. 개입 회기 1~2주 후에 학부모와 교직원이 대면해서 문제 해결법을 찾는 회의 시간에 이 평가 결과를 공유한다.

이 든

이든은 12세 혼혈 남학생으로 BIP 참여 당시에는 6학년이었다. 이든이 BIP에 의뢰된 이유는 다른 아이들에게 신체적 및 언어적 폭력을 행사했기 때문이었다. 게다가, 이든이 시작한 학교폭력 행동 때문에 몇 차례 몸싸움이 터지기도 했다. BIP 평가 단계에서 이든의 심리 상태를 확인할 수 있었는데, 이든은 우울증상을 겪지는 않았지만 불안 증상을 겪는 것으로 나타났으며, 특히 분리불안과 걱정이 많았다. How I Think 질문지(Barriga, Gibbs, Potter, & Liau, 2001) 검사 결과, 이든은 뚜렷한 인지왜곡이 있는 것으로 확인되었는데, 사건의 중요성을 축소하거나 잘못 인식하는 경우도 있었고, 최악을 가정하는 경향도 있었으며, 다른 사람에게 거짓말을 하는 경향도 나타났다. 이든의 자아상은 전반적으로 평균 범위 내에 있었지만, 학업적 역량과 품행 분야에서는 평균보다 낮은 점수를 기록하였다. 학교폭력 경험에 관해서 이든은 지난 해 하루에 3~4차례 다른 학생들을 괴롭혔다고 응답하였다. 이든은 언어적 및 신체적 폭력을 썼다고 시인했다. 학교폭력 버스터즈 프로그램 동안, 몇몇 교재는 작성을 완료하였다. 이를 통해 테라피스트가 남들을 괴롭히는 것 외에 다른 대안적 행동이 있을 수 있다는 점을 알려주었다.

이든은 BIP 개입 과정을 수료했다. 그리고 이든은 행동이 드라마틱하게 달라졌다. 그림 36.1을 보면 개입 전에는 17차례 행정처분이 이루어졌지만, 개입 후에는 오직 1차례만 필요했다. 개입 이전 기간은 총 9개월로 8월에서 4월까지였다. 이든은 4월에 BIP를 수료하였고, 수료 직후 한 차례 행정처분을 받았다. 나머지 2개월 동안 이든은 행정처분을 받지 않았다. 이든에 대한 맞춤형 권고사항이 이루어졌으며, 여기에는 이든의 불안증상을 다룰 인지행동치료와 인재 왜곡 재구성 같은 작업이 진행되었다. 그리고 이든은 식당과 복도에서 자주 다른 아이들을 괴롭혔기 때문에, 식당과 복도를 이용하는 시간대에는 집중 감독을 하였다. 문제해결중심 회의에서 이든과 부모와 학교 측 모두 이든이 학교폭력 행동을 줄일 수 있도록 하는 데에 동의했다.

학교폭력 버스터즈 프로그램: 전 세계적인 실행 사례

본 프로그램은 미국 내 각 주뿐 아니라 다른 여러 나라에서 다양한 형태로 운용되었다. 일부 사례에서는 본 프로그램과 다른 프로그램을 서로 접목시켜서 실행하기도 하였다. Horne 연구진(2008)은 학교폭력 감

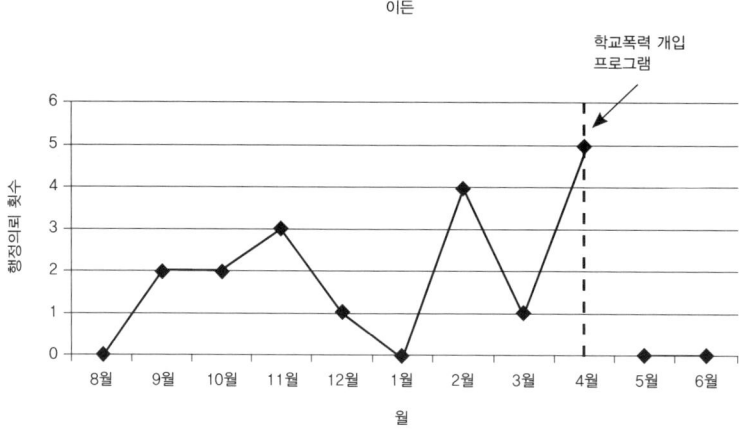

그림 36.1 개입 전과 후의 행청처분 횟수.

소 프로그램에 접근하는 데에는 두가지 방향이 있다고 하였다. 첫 번째는 모델을 강조하는 방식이고, 두 번째는 교과과정을 강조하는 방식이다. 모델을 선호하는 방식에서는 이론에 기반한 프로그램 구성과 이를 통해 평화로운 분위기 혹은 문화 조성에 관심을 가진다. 모델 접근법에서는 어떻게 프로그램을 실행할 것인지에 대해 조언과 제안을 제공하지만, 구체적인 실무에 대해서는 각 학교가 자기 사정에 맞게 구성하도록 한다. 두번째 접근법은 교과과정 접근법으로 구체적인 활동, 구조화된 학습 경험, 프로그램 실행 계획에 대해 강조한다. 만약 교사들과 학생들이 구체적인 학습 목표를 가지고 있다면, 모델 접근법과 학교폭력 버스터즈 프로그램에서 제공하는 활동 및 교재를 통합하여 성공적으로 운영해 낸 학교도 일부 있었다. 즉, 두가지 접근법 모두 같이 적용해도 가능하다는 뜻이다.

또 다른 사례에서는 누가 프로그램의 실무를 맡을 것이냐에 초점을 기울이기도 했다. 우리는 본 프로그램을 맡은 사람들이 대체로 교사, 상담사, 학교 심리사, 학교 사회복지사인 것을 알고 있고, 일부에서는 교감도 참여하는 것으로 알고 있다. 일부 사례에서는 전학교적인 사업으로 본 프로그램을 활용하였으며, 이는 우리가 늘 추천하는 방식이고, 다른 사례에서는 학년 단위로 실행하기도 하였다. 어떤 곳에서는 교육팀을 따로 두기도 했고, 또 다른 학교에서는 각 담임교사가 개별적으로 수련 받아 자기 학급에 적용시키기도 하였다.

실무를 위한 제언

1. 학교폭력 버스터즈 프로그램은 학교와 학급 환경에서 쉽게 적용시킬 수 있으며, 개인 치료 회기 용으로도 개편해서 이용할 수 있다.
2. 교사는 학교 현장 일선에 일차적으로 마주하게 되는 전문가로, 학교폭력 문제를 마주할 수 밖에 없다. 따라서 교사들의 지지를 얻는 것이 반드시 필요하다.
3. 학교폭력 버스터즈는 비용이 많이 들지 않고 사용자 친화적인 프로그램으로, 다양한 문화권과 생태학적 조건을 갖춘 집단의 수요를 충족시키도록 고안되었다.
4. 교사, 학생, 학부모가 서로 협력할 때 학교폭력이 감소한다.
5. 처벌 중심적인 접근법 보다 문제 해결 중심적 접근법이 학교폭력 감소에 더 효과적이다.

참고문헌

Barriga, A. Q., Gibbs, J. C., Potter, G. B., & Liau, A. K. (2001). *How I Think (HIT) Questionnaire Manual.* Campaign, IL: Research Press.

Bell, C. D. (2007). *Evaluation of an implementation of an abbreviated bully prevention program for reducing aggression in a middle school.* Unpublished doctoral dissertation, University of Georgia, Athens.

Bloomquist, M. L., & Schnell, S. V. (2002). *Helping children with aggression and conduct problems: Best practices for intervention.* New York: Guilford.

Boxer, P., Guerra, N. G., Rowell Huesmann, L., & Morales. (2005). Proximal peer-level effects of a small-group selected prevention on aggression in elementary school children: An investigation of the peer contagion hypothesis. *Journal of Abnormal Child Psychology, 33*(3), 325-338.

Browning, C. M., Cooker, P. G., & Sullivan, K. (2005). Help for the bully/peer abuse problem: Is bully busters in-service training effective? In G. R. Walz & R. K. Yep (Eds.), *Vistas: Compelling perspectives on counseling* (pp. 231-234). Alexandria, VA: American Counseling Association.

Dishion, T. J., McCord, J., & Poulin, F. (1999). When interventions harm—Peer groups and problem behavior. *American Psychologist, 54,* 755-764.

Dishion, T. J., & Stormshak, E. A. (2007). *Intervening in children's lives: An ecological, family-centered approach to men-*

tal health care. Washington, DC: American Psychological Association.

Dodge, K. A., Dishion, T. J., & Lansford, J. E. (2006). Deviant peer influences in intervention and public policy for youth. *Social Policy Report: Giving Child and Youth Development Knowledge Away, XX*(1), 1-20.

Espelage, D. L., & Swearer, S. M. (2008). Current perspectives on linking school bullying research to effective prevention strategies. In T. W. Miller (Ed.), *School violence and primary prevention* (pp. 335-354). New York: Springer.

Fleischman, M. J., Horne, A. M., & Arthur, J. L. (1983). *Troubled families: A treatment program.* Champaign, IL: Research Press.

Gifford-Smith, M., Dodge, K.A., Dishion, T. J., & McCord, J. (2005). Peer influence in children and adolescents: Crossing the bridge from developmental to intervention science. *Journal of Abnormal Child Psychology, 33*(3), 255-265.

Horne, A. M., Bartolomucci, C. L., & Newman-Carlson, D. (2003). *Bully Busters: A teacher's manual for helping bullies, victims, and bystanders (grades K-5).* Champaign, IL: Research Press.

Horne, A. M., Glaser, B., & Sayger, T. V. (1994). Bullies. *Counseling and Human Development, 27,* 1-12.

Horne, A. M., Raczynski, K., & Orpinas, P. (2008). A clinical laboratory approach to reducing bullying and aggression in schools and families. In L. L'Abate (Ed.), *Toward a science of clinical psychology: Laboratory evaluations and interventions* (pp. 117-131). Hauppauge, NY: Nova Science Publishers.

Horne, A. M., & Sayger, T. (1990). *Treating conduct and oppositional defiant disorders in children.* New York: Pergamon.

Horne, A. M., & Socherman, R. (1996). Profile of a bully: Who would do such a thing? *Educational Horizons, 74,* 77-83.

Horne, A. M., Stoddard, J., & Bell, C. (2008). *Helping bullies, victims, and bystanders: A parent's guide to bully busters.* Champaign, IL: Research Press.

Howard, N., Horne, A., & Jolliff, D. (2002). Self-efficacy in a new training model for the prevention of bullying in schools. In R. Geffner, M. Loring, & C. Young (Eds.), *Bully behavior: Current issues, research, and interventions* (pp. 181-192). New York: Haworth Press.

Newman-Carlson, D., & Horne, A. (2004). Bully Busters: A psychoeducational intervention for reducing bullying behavior in middle school students. *Journal of Counseling and Development, 82,* 259-267.

Newman, D. A., Horne, A. M., & Bartolomucci, C. L. (2000). *Bully Busters: A teacher's manual for helping bullies, victims, and bystanders.* Champaign, IL: Research Press.

Olweus, D. (1978). *Aggression in the schools: Bullies and whipping boys.* Washington, DC: Hemisphere Press.

Orpinas, P., & Horne, A. M. (2006). *Bullying prevention: Creating a positive school climate and developing social competence.* Washington, DC: American Psychological Association.

Orpinas, P., Horne, A. M., & Multisite Violence Prevention Project. (2004). A teacher-focused approach to prevent and reduce students' aggressive behavior—The GREAT Teacher Program. *American Journal of Preventive Medicine, 26,* 29-38.

Orpinas, P., Horne, A. M., & Staniszewski, D. (2003). School bullying: Changing the problem by changing the school. *School Psychology Review, 32,* 431-444.

Patterson, G. R. (1974). Interventions for boys with conduct problems: Multiple settings, treatments, and criteria. *Journal of Consulting and Clinical Psychology, 42,* 471-481.

Reid, J. B., Patterson, G. R., & Snyder, J. (Eds.). (2002). *Antisocial behavior in children: Developmental theories and models for intervention.* Washington, DC: American Psychological Association.

Swearer, S. M., & Givens, J. E. (2006). Designing an alternative to suspension for middle school bullies. Paper presented at the annual convention of the National Association of School Psychologists, Anaheim, CA.

Turpeau, A. M. (1998). *Effectiveness of an anti-bullying classroom curriculum intervention on an American middle school.* Unpublished doctoral dissertation, University of Georgia, Athens.

37

교내 시스템 측면에서의 학교폭력 예방
대립적 구조에서 구심적 관계로

PAUL E. DOWNES

개 괄

Fromm(1973)은 한 집단을 단합시키는 제일 쉬운 방법은 공동의 적을 만드는 것이라고 했다. 즉, 외부인에 대해 대립적 관계를 갖도록 집단을 조직한다는 뜻이다. Conquergood(1994)는 시카고 십대 남자 아이들이 여러 폭력단으로 편이 갈라져서 서로 대립각을 세우는 현상을 기술한 바 있다. 물론 인종, 사회경제적 수준, 민족, 종교 등과 같은 이유로 파벌이 나눠진 것도 아니다. 이 연구자가 3년간 현장에서 기술적 인종학적 연구를 진행한 결과, 그는 '시카고에는 갱단이 수백개 존재하는데, 그 모두가 두 파벌 중에 하나와 동맹을 맺고 있다: People파 아니면 Folks파다.'라고 정리했다(p.204). 이어서 그는 양쪽 파벌로 나누는 기준도 애매모호하다고 지적하였다(p.207).

Conquergood(1994)가 대립적 집단관계 구조(the diametric structure)는 개념을 제시했을 때, 교차문화적 연구를 통해 이와 대비되는 개념으로 Levi-Strauss(1962, 1963)가 제시한 구심적 관계 구조(concentric structure)라는 개념을 바트렸다. 본 챕터에서는 대립적 관계와 구심적 관계 간의 상호작용을 제시함으로써, 학교와 지역사회 시스템 수준에서 학교폭력을 예방하기 위해 인지적 및 공간적 구조 변화를 일으킬 수 있는 틀을 제공하고자 한다. 학교 분위기, 학교폭력, 교과과정에 대한 아동 중심적 연구가 진행되었으며, 아일랜드 더블린 내 서로 다른 지역에서 사회경제적으로 취약한 초등학교와 고등학교를 대상으로 하였다.

학교폭력에 대한 비교문화 연구 분야에서는 학교폭력 유병률 비교력을 높여야 한다고 강조하고 있다. 물론 서로 다른 문화권과 언어권에서도 학교폭력을 동질의 개념으로 이해시키도록 하는 방법이 쉽지 않다는 것은 인지하고 있다(Solberg & Olweus, 2003). 타당한 비교를 할 수 있는 경우가 별로 없다. 특히, 학교폭력에 대한 이해도나 학교폭력 문제에 대한 측정도 어떤 정의 방식을 택했는지 아니면 어떤 측정 도구를 선택했는지에 따라 달라진다(Kalliotis, 2000). 전체적이고 관계 중심의 보완적 비교문화적 연구 관점을 통해 대립적 및 구심적 비교문화구조에 대한 변화의 틀을 이해할 수 있다.

학교폭력 예방을 위해 시스템 단위의 다양한 측면을 평가하는 것은 다른 시스템 단위에 대한 지원과 함께 핵심적인 과정이라고 할 수 있다. Stevahn 연구진(1997)의 캐나다 연구에 대한 Johnson & Johnson(2000)에 따르면, 중학교와 고등학교 내 학급 단위에 대한 갈등 해소 통합 과정을 거치려면 빈번하고 지속적인 갈등해소 절차를 실행시켜야 된다고 한다. 그래서 학생들이 과도하게 학습된 상태가 되어 자동적인 행동 패턴이 나타나게 된다고 하였다(p. 704). Johnson & Johnson(2000)은 이 연구에서 일말의 자신감을 비쳤는데, 학생들을 각 집단에 무작위로 배치하였고, 집단 별로 교사들을 순환시켰는데, 이는 훈련 프로그램과 의존 변수의 정의가 명확했기 때문이다. 하지만 이런 연구의 초점은 영문학 교과과정에 제한되어 있으며, Stevahn 연구진(2002)의 연구는 사회학 과정을 대상으로 한 것이다.

새로 개정된 아일랜드 초등학교 교과과정(1999)에서는 단순한 형태의 프로그램 기반 학교폭력 예방 접근법을 넘어 다학제적 관점에서 통합적인 자동적 행동 가이드 패턴을 제시하는 정책까지 소화할 수 있도록 다양한 범주의 보완적 기회를 제공한다. 예를 들어, 드라마 과목에서는 학교폭력과 갈등해소와 관련된 역할극 기회를 제공한다. 국어 과정에서는 감정 표현과 언어 사용에 대한 기회를 제공하고, 역사에서는 공감 능력과 역지사지의 능력을, 또 종교 교과에서는 체험 기반을 둔 교육 기회를 제공한다. 이외에도 사회적, 개인적, 보건 교육(Social, Personal & Health Education, SPHE) 과정을 도입하였으며, 이 교육 과정도 학교폭력이 핵심 주제다. 또한 본 교과과정에서는 Vygotskyan의 사회적 상호작용을 통한 학습이론에 근거를 두고 있다. 협의 과정을 통해 집단 내 사람들간의 의사소통과 경청의 규칙을 개발하는 것과 같이, 공동체적 업무 과정을 통해 학교폭력으로 부터 안전한 학급 및 학교 분위기를 조성할 수 있다. 교내 마약 예방에 관한 다국적 연구를 검토한 Morgan(2001)의 견해도 학교폭력에 적용할 수 있는데, 효과적인 개입 사업이 되려면 충분한 강도와 기간을 가져야 된다는 것이다. 학교폭력 예방을 위한 통합적 교과과정도 충분한 사업의 강도와 유지 기간을 보장하는 데에 도움이 되는 요소다.

Johnson & Johnson(2000)은 다음과 같이 결론 내리고 있다

> 이 연구의 가장 큰 문제이자 제일 중요한 문제는 대부분 프로그램들이 이론적 근거가 부족하다는 것이다. 갈등해소 기술과 또래 중재 프로그램이 학교에서 자구책으로 동원하는 제일 흔한 방법이지만, 관련 이론이나 근거는 부족하다(p.714).

본 챕터에서는 대립적 구조에서 관계를 중시하는 구심적 구조로 관점을 옮겨가는 것이 왜 시스템 수준에서 학교폭력 예방의 이론적 근거가 될 수 있는지 설명할 것이다. 또한 아일랜드 내 사회경제적으로 취약한 학교와 지역사회 상황을 두고 좀 더 넓은 시각에서 시스템 이슈를 다루어볼 것이다.

개념적 근간

대립적 및 구심적 관계 구조: 관계성에 대한 비교문화적 내러티브

아메리카 원주민과 인도네시아인 표본 일부에 대해 언급하면서, 구조인류학자인 Levi-Strauss(1963)은 알려진 대로 두가지 반대되는 이항대립 유형을 제시하였다. 즉, 대립적 구조와 구심적 구조(diametric & concentric structures of binary opposition)이다(그림 37.1과 37.2). 대립적 및 구심적 구조라는 이분법적 개념의 핵심은 서로 상호작용한다는 점이 중요하다. 대립적 및 구심적 구조는 관계성을 설명하는 구조이기도 하지만 관계성 속에 존재하는 구조이기도 하다. 이 구조들은 단순히 각각 독립적으로 존재하지 않

그림 37.1 대립적 이분법(Diametric Dualism).

그림 37.2 구심적 이분법(Concentric Dualism).

고 근본적으로 서로 연관이 되어 있어 한쪽 구조가 증가하면 다른 쪽 구조가 작아지는 방식으로 보상 관계를 가진다. Levi-Strauss(1973) 본인은 이런 이분법적 구조가 '기능적인 관계' 속에서 공존한다고 주장했다(p.73). 덕분에 구조주의자는 단순한 용어가 아니라 관계의 차이 속에 의미가 존재한다는 통찰을 얻게 되었다. 구심적 구조와 대립적 구조가 서로 긴장감을 가지고 상호작용을 하기 때문에, 이들은 단순한 구조물이라기 보다 오히려 하나의 과정으로 보는 것이 맞다. 두 구조 간의 역동으로 공간적 관계와 명시적 시간 차원이 형성되기 때문에, 양쪽 구조로 서로 서로 변환할 수 있다. 따라서 이 두 구조 개념은 정적인 이미지가 아니라 양쪽 방향의 반대 극단으로 보는 것이 맞으며, 서로 간에 긴장적 역동이 존재한다고 볼 수 있다.

Levi-Strauss(1963)는 서로 다른 인류학자들이 관찰한 구심적 이분법적 양극단 개념의 사례를 다양하게 인용했다. 미시시피 계곡 하류 연구에 관해서, Levi-Strauss(1963)는 구심적 구조는 기본적으로 고대부터 존재했던 구조로, 이런 구조를 전수 받은 식민지인 전 페루와 볼리비아에서도 관찰되며, 북미의 수족 사회(the Sioux)와 남미의 일부 부족에서도 나타나는 특징이었다(p.143). 다른 구심적 구조는 이슬람, 러시아, 중국, 유대인, 동유럽 사회에서도 관찰된다(Downes, 2003a)

Conquergood(1994)은 Scholes(1985)의 대립적 이분법의 이항대립 개념을 인용하면서, 서구 문화의 의사소통 방식 내에 숨겨진 폭력성에 대해 설명하였다.

제일 원초적이면서 제일 폭력적인 대응은 어떤 차이점을 가지고 대립되는 두 집단으로 갈라버리는 것이다. 이것은 일종의 '이항대립'으로, 말의 음소적 본질이며 모든 서구적 사고 방식 내에 깊게 박혀 있는 현상이다(p.112).

Gilligan(1990)은 사춘기 여학생 경험과 경직된 대립적 이분법에 기반한 서구적 논리 사이에 벌어지는 긴장을 묘사한 적이 있다.

> 게일은 사춘기에 이것 아니면 저것이라는 논리를 배우고 있었다. 자기와 타인, 마음과 육신, 생각과 감정, 과거와 현재 같이 명확하게 분류하는 서구적 사고 방식과 만약 이렇다면 저렇게 될 것이다라는 선형적 논증 방식이 인간관계에 대한 게일의 지식을 잠식하고 있었다. 이런 사고방식은 감정의 논리를 밀어내고 있었던 것이다(p.18~19).

대립적 구조를 우선순위에 두는 서구적 문화를 관계를 중시하는 구심적 구조로 바꿀 필요가 있다.

Jahoda(1982)의 인류학 연구를 보면, '상징 분류 중 제일 쉬우면서도 흔한 유형은 바로 이분법적 분류다'(p.251). Levi-Strauss의 구조주의적 인류학 업적을 통해 기초적인 개념을 알게 되었지만, 대립적 구조와 구심적 구조는 근본적으로 서로 보완적인 상호작용을 하기 때문에, 학교폭력 예방을 위한 시스템적 및 근본적 개입을 할 수 있다. 게다가 이런 관계성의 구조는 언어가 탄생하기 이전부터 존재하였기 때문에 각 언어권 영향을 덜 받게 된다.

대립적 이분법 보다 구심적 구조에서는 분리 양상 추정보다 연결 양상 추정이 더 중요하다

비록 Levi-Strauss(1962, 1963)는 명시적으로 설명하지는 않았지만, 구심적 이분법의 외부 원과 내부 원은 근본적으로 서로 연결되어 있다. 외부 원은 내부 원의 주변에 있으면서 내부 원을 포함하고 있다. 외부 원 내에 있는 반대 구조물은 외부 구조로부터 떨어져나가지 못한다. 그리고 비록 외부 원은 내부 원으로 부터 분리되어 멀어지는 쪽으로 움직일 수 있지만, 그렇다고 완전히 내부 원과 분리될 수 있는 것은 아니다(내부 원이 외부 원에 비해서 아주 작아져도 분리되지 못한다). 만약 완벽히 서로 분리가 되려면 다른 원이 완전히 파괴되거나 유형을 바꿔야만 가능하다. 즉, 완벽히 분리가 되려면 이런 구심적 이분법적 구조 자체가 파괴되어야만 가능하다는 뜻이다.

이와 반대로 대립적 이분법 구조에서는 양쪽 반대 영역이 기본적으로 분리가 되어 있으며, 좀 더 큰 어려움 없이 더 분리되어 떨어질 수 있다. 이런 이분화 과정은 2차원적으로 보든 3차원적으로 보든 둘 다 가능한 현상이다. 구심적 이분법적 구조는 구조 내 모든 부분들이 서로 연결이 되어 있다고 가정하고 있어, 만약 서로 분리된다고 하더라도 모종의 연결 고리가 있으리라 추정한다. 반대로 대립적 이분법적 구조에서는 기본적으로 분리되어 있다고 가정하고 부분들 간에 연결고리가 있다면 이런 분리성을 근간으로 연결이 형성된 것으로 가정한다.

연결성 및 분리성 추정과 관련해서 심리학적으로 어떤 의미에서든 처음으로 통찰을 제시한 사람은 Gilligan(1982)으로, 관계적 상태가 도덕적 판단력을 형성한다는 연구를 주장하였다. 관계적 상태는 곧 추정된 연결성으로 자기와 타인의 관계를 뜻한다. 즉, 서로에 대한 윤리가 성립된다. Gilligan은 자기와 타인간의 분리를 가정하는 추상적, 계층적, 비인간적 정의 논리와 비교해서 추정된 연결성 모델을 설명한 바 있다. 예를 들면, 사고 방식과 인간 관계 방식이 다른 두 유형의 아이들이 있다.

제이크가 생각하는 책임감이란 자기가 원하는 것을 하지 않는 것이다. 왜냐하면 제이크는 다른 사람들을 생각하기 때문이다. 에이미는 자신이 원하는 것과 상관없이 다른 사람들이 자신에게 기대를 걸고 있는 것을 해내는 것으로 생각하고 있다. 에이미는 다른 사람들과 연결되어 있다고 생각하기 때문에 분리의 척도를 탐색하고 있고, 제이크는 서로 분리되어 있다고 생각하기 때문에 연결성에 대한 척도를 찾고 있는 것이다(Gilligan 1982, p.38).

Gilligan(1982)이 연결성과 여성의 경험 간에 연관성이 있다는 한 주장을 논란의 여지가 있다고 간주해도, 연결성 및 분리성 추정 모델간의 차이점은 유효하다.

Gergen(2000)은 Gilligan이 생각한 '관계의 네트워크'와 '돌봄의 유대'에 대한 개념을 도덕성에 대한 포스트모더니즘적 관점으로도 확장시켜 볼 수 있다고 보았다(p.168). 그는 관계적 자기가 점점 개인화된 자기를 대체할 것이라고 생각하면서, 관계가 결국 개인의 정체성을 창조해내고 또 재창조할 것이라고 보았다. 구심적 관계의 연결성 추정과 대립적 관계의 분리성 추정 간에 역동적 긴장이 발생하기 때문에, 자기에 대한 개념을 정적인 위치를 차지하고 있다고 보기 보다는 양극단 사이를 오가는 방향적 개념으로 이해할 수 있다. 자기에 대한 개념은 양극단의 연속선 상 어디든 위치할 수 있으며, 이런 다양성이 꼭 다양한 잠재적 자아상들간의 분열을 의미하지는 않는다는 점이 핵심이다. 문제는 관계의 질이다. 즉, 구심적 관계일 것이냐 아니면 대립적 관계일 것이냐 하는 문제가 핵심이다. 연결성을 기본 전제로 삼을지 아니면 분리성을 기본 전제로 삼을지에 대한 양 극단 속에서 자기의 위치는 다양하게 변할 수 있다.

연결성 추정 모델에서는 '가해자', '피해자', '고자질쟁이' 같은 정적인 분류를 거부하고, 지속적인 의사소통과 역동이 존재한다고 보고 있다. 구심적 및 대립적 관계 모델이 핵심 정체성을 심도 있게 설명해줄 뿐 아니라 정체성의 다양성에 대한 본질과 관계적 변화 양상에 대한 설명도 제공한다. 이는 학교폭력을 조장하는 아이들의 인지 구조에 대해 다시 한번 생각하게 되는 이론이다. 학교폭력을 조장하는 아이들은 자기와 타인과 분리되어 있으며 상호 배타적인 존재로 인식한다. 이런 인식은 Downes(2004)의 면담 결과에서도 알 수 있는데, 6학년 여학생은 '난 내 학교에 다니는 가해자 전부를 번데로 몰고 싶어요.'라고 했고, 5학년 남학생은 '학교폭력이 제일 큰 문제긴 하죠. 그런데 고자질쟁이가 되고 싶은 사람은 아무도 없을껄요?'라고 했으며, 다른 5학년 남학생은 '만약 머리 색깔이 다르잖아요. 아니면 체구가 작거나… 그러면 바로 별명이 붙어버리죠.'라고 답했다.

연결성 추정 모델을 도입하면 모든 사람들이 연결되어 있다는 것이 일종의 정상인 인식으로 여길 수 있다. 여기에 대해서 Kutnick & Manson(1998)은 아래와 같이 언급했다.

> 자신이 속한 사회 시스템(학교 등)에서 바람직한 행동 규범을 지키지 않는 아이들은 연구 대상이다. 정상의 기준에 대해 관심을 가진 연구 문헌은 매우 드물다. 정상의 기준이 무엇인지 기술한 문헌도 별로 없고, 정상적인 발달 과정에 대해서 제시한 문헌도 드물다. 정상이란 개념은 그저 임의로 정한 개념일 뿐이다(p.167).

어른들을 대체로 '정상'의 기준으로 간주하는 반면, 아이들은 '기타'로 본다. 구심적 관계 구조에서는 전통적인 교사와 학생간의 위계 관계에 의문을 품는다. 왜냐하면 교사와 학생 간의 위계적 관계는 분리성을 가정한 대립적 구조의 산물이기 때문이다.

SPHE의 '둥글게 타임(Circle Time)'에서는 학급 내 공간적 및 관계적 변화를 제시한다. 학생들은 대립적인 대형으로 앉지 않는다. 즉, 기존 교실처럼 열과 오를 맞추어 앉거나 서로 다른 테이블에 모여 앉지 않는다. 대신, 학생들은 원으로 빵 둘러앉는다. 이와 마찬가지로 교사 또한 이 원의 한 부분이 되기 때문에,

공간적인 배열에서 따로 떨어져 있지 않는다. 이 대형에서는 학생들 간 관계는 연결성을 가정한 구심적 모델에 따르기 때문에, 신뢰도를 담보하는 지지적 환경을 조성한다. 게다가 교사와 학생 간에 연결성이 존재한다고 가정하고 있기 때문에, 위계적인 대립적 구조에서 구심적 구조로 옮겨갈 수 있도록 변화를 일으킬 수 있다. 단, 구심적 관계를 지닌다고 해서 일원론적인 관계 정체성을 갖는다고 오해하면 안된다. 즉, 교사가 학생과 같다고 가정하면 안된다. 오히려 교사와 학생은 구심적 관계의 양극단으로 간주하고, 연결성을 전제한 가운데 분리에 대한 집단적 허용을 받은 것으로 간주한다(Gilligan, 1982).

이와 대조적으로 대립적 구조에서는 분리된 상태를 기본으로 보고 있으며, 서로 연결이 되어 있다고 하더라도 원래 분리된 상태를 바탕으로 이루어진 것으로 이해한다. 연결성 추정을 직접 표현해 보이자면, 교사는 원으로 둘러 앉은 학생들의 반응을 이끌어 내기 위해 본인이 직접 본보기를 보일 수 있다. '둥글게 타임'은 어른과 아이들로 대립적인 분열 관계를 조성하는 것에 대해 의문을 가진다. Devine(2001)은 어른과 아이들 사이에 특별한 권력 관계가 존재한다고 지적하면서(2001, p.146), 아이들은 학교에서 주인공이지만, 아이들은 학교 생활을 가지고 비판적으로 또 건설적으로 반영할만한 재량은 거의 없는 것으로 여기고 있다고 언급했다(2001, p.170). SPHE를 포함하여 개정판 아일랜드 초등학교 교과과정(1999)에는 Maxwell(1989)이 언급했던 '자기조절(self-regulation)'을 핵심 과제로 꼽는다. 즉, 학생들이 자기 삶에 대해서 직접 의사결정 과정에 참여함으로써 자기조절 능력을 함양할 수 있도록 한다. 이런 의사결정 과정을 통해 책임감, 자기원칙, 자기 주도적 행동을 발달시킨다.

전경과 배경의 상호작용은 대립적 이분법보다 구심적 구조의 특징이다

Levi-Strauss(1963)은 구심적 이분법 모델의 공간적 양식을 관찰하면서 또 다른 요지를 남겼다.

> 시스템 자체로만 충분하지 않다. 시스템과 관련된 기본틀은 항상 시스템을 둘러싼 환경일 수 밖에 없다. 아무것도 없는 땅(안쪽 원)과 폐허(바깥 원) 사이의 대립 관계가 성립되려면 제 3요소가 필요하다. 예를 들면, 숲이나 덤불같은 자연적인 땅이다. 이 제3요소는 이분법적 전체를 둘러싸고 있으면서 동시에 확장시키기도 한다. 따라서 아무것도 없는 땅과 폐허의 관계는 폐허와 자연적인 땅과의 관계가 된다로 할 수 있다(p.152).

물론 위와 같은 주장은 방금 제시한 예시에서는 쉽게 납득이 가지만, Levi-Strauss(1963)은 시스템 자체만으로 불충분하다는 점과 외부 환경에 눈을 돌려야 되다는 점은 대립적 이분법에 대해 구심적 구조 쪽의 일반적 특성이라고 볼 수 있다고 주장했다.

> 대립적 시스템에서는 반대로 자연적 땅은 서로 관련없는 요소들이 합쳐져 이루어진 것으로 본다. 각 구성요소를 구분하는 방식도 서로에 대한 대립관계를 가지고 설명하며, 이를 통해 명확한 대칭 구도를 만들어낸다. 그러면 정말로 폐쇄적 시스템이 존재하는 것 같은 착각을 불러일으킨다(p.152).

Levi-Strauss는 구심적 이분법의 폐쇄를 거부한다. 그는 배경과 이분법의 양극단은 이분법적 구도 그 자체에 의해서 좌우지 된다고 보았다. 배경과의 관계 양상은 이분법적 구조 내의 관계 양상과 다르지 않다고 본 것이다. 따라서 구심적 이분법적 양극단이 서로에 대해 연결이 되어 있다고 추정하는 것처럼, 배경 또한 이런 연결성이 있다고 가정할 수 있다. 배경에 대한 연결성도 존재한다고 가정하기 때문에 구심적 이분법에서는 폐쇄적 개념을 거부한다.

이와 대조적으로 대립적 이분법 내의 관계는 양극단이 서로 분리되어 있는 것을 보기 때문에, 배경에 대한 관계 역시 서로 분리되어 있다고 가정한다. 게다가 대립적 및 구심적 구조는 그 구조 만큼이나 과정 또한 역동적이다. 따라서 대립적 구조는 배경과의 상호작용 면에서도 대립적인 과정을 겪을 것으로 가정한다. 물론 구심적 구조에서는 배경과의 관계도 구심적인 과정을 겪을 것이라 생각한다. 배경과의 관계에 대해서 생각할 때, 구심적 이분법은 독립적이고 그 자체만으로 완비된 구조물이 아니다. 대립적 이분법에 비해서는 상대적으로 구심적 이분법에서는 전경과 배경이 더 가까운 관계를 가지고 있다. 비교를 하자면, 대립적 이분법은 훨씬 더 폐쇄적인 구조로 배경으로 부터도 멀리 떨어져 있다.

학교폭력 분야에서 배경 요인과 관련된 역동적 구심적 역할론은 학교폭력의 수동적 방관자 문제에 처음 적용되었다. Björkqvist 연구진(1982)은 가해자가 다른 집단 구성원들로 부터 종종 지지를 받는다는 점을 발견했고, O'Moore, Kirkham, & Smith(1997)는 아일랜드 학교를 대상으로 한 전국적 연구에서 초등학생 중 절반 정도와 중고등학생 중 절반 미만의 학생들이 학교폭력을 당하는 누군가를 도와주려고 노력한 적이 있다는 사실을 밝힌 적이 있다(p.164). 학교폭력에서 학급 내 나머지 학생이 실제로 핵심적인 역할을 한다는 이 연구 결과에 고무되어, Salmivalli 연구진(2000)은 핀란드 573명의 6학년 학생들을 대상으로 연구한 결과, 학교폭력은 집단적 현상으로 간주할 수 있으며 학급 내 대부분의 아이들은 학교폭력에 대해 분명히 어떤 역할을 맡게 된다고 밝혔다(p.586). 교과과정을 통한 학교폭력 예방 노력도 이전에 수동적이기만 했던 방관자들을 학교폭력 개입에 참여하도록 도움이 되고 있으며, 방관자들이 학교폭력이 학급 구성원 전체의 문제라는 인식을 심어주는 데에도 유용했다. 즉, 학교폭력 주도자는 능동적으로 개입하고자 하는 전체 집단이라는 배경 때문에 인지적으로 부조화를 느끼게 된다.

전경과 배경과의 관계를 수동적으로 보는 대립적 관점보다 구심적 관점에서 더 주목하는 분야가 있다. 바로 학생들이 실제 거주하는 지역사회라는 배경에서 발생하는 갈등 양상이다. 지역사회 분위기는 학교 분위기에 영향을 미친다. Byrne(1997)은 개인 스포츠 분야나 지역사회 청소년 클럽에서 발생하는 학교폭력도 신경써야 된다고 주장하였다(p.259). 또한 초등학교와 중고등학교 학교폭력 근절을 위한 아일랜드 교육부 지침(1993)에서는 학교폭력 문제를 지역사회 맥락 내에서도 점검하여 모든 지역 기관들이 학교폭력 현안에 대해 적절하게 대응하도록 지시하고 있다는 점도 역설했다. 더블린 Ballyfermot에 취약한 학교에 대한 연구 결과(Downes, 2004), 지역 학부모 일부를 대상으로 한 면담 조사에서 다음과 같은 관찰 소견을 얻을 수 있었다.

> 일부 학부모는 학교 뿐 아니라 거리 위 학교폭력 문제를 강조하였다. 그리고 누군가는 가해자 부모와 피해자 부모 간의 중재 역할을 맡을 필요가 있다고 제안하였다. 이유는 일부 부모는 방어적인데다 화도 나있어 아이들에게 맞받아치라는 식으로 가르치고 있는데, 자신도 학교에서 학교폭력을 당한 경험이 있기 때문이라는 것이다. 학부모들은 자기 아이들이 학교폭력 피해를 당했을 경우 어떻게 자녀들을 도와줘야 될지에 대해 전반적인 지원이 필요하다고 강조했으며, 물론 아이들도 자신이 피해를 당했다는 사실을 인정하는 경우도 점점 많아지고 있다고 했다.

대립적 관계 구조에서는 배경이 주는 상호작용적 영향을 가정하지 않지만, 배경적 요인을 고려하면 사회경제적으로 취약한 지역사회 상황 속에서 벌어지는 학교 밖 폭력 현안에 대해서 관심을 가지게 된다. 즉, 학교폭력 문제는 단순히 학교 안에 국한된 현상이 아니기 때문에, 학교폭력 프로그램은 학교 맥락 및 지역사회 맥락을 토대로 운영되어야 한다는 것이다. 이와 마찬가지로 아일랜드 교육취약층 법사위원회(the Irish Statutory Committee on Educational Disadvantage, 2005) 보고서에서는 학교가 지역사회 교육의 거점이 되어야 한다고 되어있다. 즉, 학교폭력에 영향을 미치는 지역사회 내 배경적 요인들을 규명하기 위해 학교와 지역사회는 서로 연결되어 있어 구심적인 구조를 이루어 있다고 봐야 한다. 대립적 구조에서 처럼 지역사회와 학교는 분리된 존재가 아니다.

관련 연구와 효과성에 관한 근거

비록 아일랜드 학교를 전국적으로 조사한 연구에서는 다른 학교군과 취약한 학교군 간에 학교폭력 피해자 비율이 통계적으로 유의하게 차이나지는 않았지만(O'Moore 등, 1997), 취약한 학교에 속한 학생들 중 가해자 비율은 더 유의하게 높았다(O'Moore 등, 1997). 영국에서는 Whitney & Smith(1993)는 취약 지역 학교에서 학교폭력 발생률이 더 높은 것으로 발표하여, 가정의 사회경제적 수준과 남학생의 공격성 수준 간에 상관관계가 없다는 스웨덴의 Olweus(1980) 연구 결과를 다양한 방법으로 반박하였다. 이런 결과가 나온 데에는 영국과 아일랜드에 비해 스웨덴이 상대적인 결핍이 더 적기 때문일 것으로 추측했다.

더블린 Ballyfermot의 취약 지역 학교에서 사회적 분위기 요인과 학교 지지에 대한 아동 중심적 연구에서, 일부 소수 학생들한테는 학교폭력 피해 경험과 등교 거부와의 상관관계가 명시적으로 입증되었다(Downes, 2004). 아일랜드 학교 심리학에 대해, Crowley(2006)는 이런 등교 거부가 취약 지역에서 유의하게 더 안좋은 것으로 나타났다고 밝혔다(p.179). 아동의 정서행동 문제가 사회경제적 수준이 더 낮고 취약 지역에 살고 있는 경우, 특히 가난하게 살고 있는 아이들에게서 더 두두러진다는 근거가 있다(Cooper, 2005, p.75; Schneiders 등, 2003).

1998년 교육법이 통과되면서, 아일랜드 학교는 학생의 개인적 및 사회적 발달을 촉진해야 하며 학생을 위한 보건 교육을 제공해야 된다(p.13). 이에 따라, SPHE가 1999년 새로운 초등학교 교과과정의 6가지 주요 과제 중의 하나가 될 수 있었다. 이후 2000~2003년 동안 고등학교 단위에서 SPHE를 단계적으로 소개하였다. 물질남용 예방을 위한 207개의 학교 기반 프로그램을 조사했을 때, SPHE와 같이 상호작용적인 프로그램들이 긍정적인 효과를 입증한 반면, 기존의 단순한 교실 수업 형태의 사업은 거의 효과가 없었다(Tobler 등, 2000). 참고로 상호작용적 프로그램은 목표 설정, 자기주장능력, 의사소통 기술, 대처 기술, 거절 기술 등을 다룬다. 아일랜드에서 Mind Out 프로그램을 평가했는데, 이 프로그램은 15~18세 청소년의 정신건강을 촉진하기 위해 개발되었다. 693명을 대상으로 조사한 결과, 단기적 효과를 확인할 수 있었는데, 여기에는 지원 서비스에 대한 인식 수준 향상, 스트레스 받는 청소년들에 대한 동정심과 이해도 상승, 자기와 타인의 도움을 구하는 과정에서 좀 더 건설적인 행동하기가 해당되었다(Byrne 등, 2004, 2005). 521명의 학생을 대상으로 한 학교 기반 평가 연구에서, 남학생들은 토론 중심 형식 보다 활동 중심적 형식을 훨씬 더 선호하는 경향을 확인하였고, 33명의 교사를 대상으로 조사했을 때, 인지적으로나 정서적으로 덜 발달된 학생일 수록 구조화된 활동 프로그램에서 더 이득을 느낀다고 답하였다(Byrne, 2007).

더블린 Blanchardstown 지역의 4개 초등학교 소속 교사 12명을 대상으로 면담 조사를 하였을 때, 사회경제적으로 취약한 지역의 학교에서는 교과과정을 통한 학교폭력 예방 노력이 중요하다고 답하였다(Downes, Maunsell, & Ivers, 2006). 학교폭력이 본인들 학급에서 문제가 되는지 여부에 대해 교사들에게 질의를 하였으며, 그 대답은 아래와 같다. 교사들의 대답을 통해 SPHE와 드라마가 핵심적인 역할을 했다는 사실을 알게되었고, 구체적으로는 둥글게 타임과 역할극이 주효했다.

- 학교폭력은 큰 골칫거리는 아니지만 발생한 적은 있다. 대부분은 학교 밖에서 발생했으며, 다행히 수

업 시간 내에 발생한 적은 없었다. 나는 무관용 원칙을 가지고 있고, 아이들도 이를 알고 수용하고 있다. 둥글게 타임과 역할극 등으로 많은 작업을 해왔다.
- 학교폭력이 일어난 적은 없다. 왜냐하면 학교폭력이 어떻게 심각한 결과로 이어지는 지 아이들이 알기 때문이다. 우리는 '둥글게 타임' 같은 활동을 많이 했고, 가해자는 겁쟁이라는 인식을 심어주기도 했다.
- 학교폭력은 별로 없는 편이다. 물론 지난 수년간 계속 발생하기는 했었다. SPHE 수업, 둥글게 타임, 역할극이 도움되었다.

또 다른 교사는 학교폭력 예방 노력과 국어 교과와 직접적으로 연결시켜서 대답을 해주었다. '학교폭력은 내 학급에서는 큰 문제가 아니에요. 우리는 수업 시간에 학교폭력 문제에 대해서 자주 토론하죠. 특히 읽기 수업에서 이런 주제가 많이 나와요.'

Blanchardstown 지역 학교에서 시행한 학생 질문지(Downes 등, 2006)에서는 더블린 Ballyfermot 내 취약 지역 학교에서 만큼 학교폭력 문제에 대해 다루지 않았다(Downes, 2004). Ballyfermot 내 6개 초등학교에 걸쳐 342개의 질문지를 완료한 결과, 학생들은 학교폭력을 중요한 문제로 생각하고 있으며 개방형 질의 항목에서 학교폭력 문제를 많이 언급했으나, 학교폭력 자체에 대해서 직접적으로 묻는 경우는 거의 없었다(Downes, 2004). 이와 대조적으로 Blanchardstown 내 4개 초등학교에서 230명의 학생들을 대상으로 질문지를 돌렸을 때, 직접 학생에게 학교폭력 이슈를 물어보지 않는 한 자발적으로 학교폭력에 대해 언급한 응답이 거의 없었다(Downes 등, 2006). 두 지역 간에 학교폭력 예방 노력과 관련해 SPHE 교과과정 실행 수준에서 서로 차이가 있었는지는 불분명했다.

최근에 더블린 내에서 사회경제적으로 취약한 제3의 지역을 선정했다. 그 곳은 도심의 남서부 쪽으로, 이 연구 결과, 일부 교사들이 SPHE 교과과정에 잘 참여하지 않으려는 현상이 발견되었다(Downes & Maunsell, 2007). 이런 현상은 긴 교과과정 소화에 따른 시간 소요 요인으로만 설명하기에는 부족할 수 있다. SPHE 교과과정에서는 교사는 학생들과 연결되어 있다는 구심적 구조 속에 있다고 가정하기 때문에, 교사가 권위적인 위치에 있다는 기존 관념에 정면으로 부딪힌다. 교사와 학생 간에 연결성이 존재한다는 가정은 교사는 일종의 사회경제적으로 취약한 학생들에 대한 사회적 및 정서적 지지 공급자 역할을 맡게 된다는 뜻이 된다(Levitt, 1991; Rutter, 1985; Antonucci, 1990).

더 넓은 시각에서 교사 역할을 규정해야되기 때문에, 해당 교사들은 감정과 이성을 대립적 구도로 나누어 생각하던 데카르트식 사고 방식을 극복해야 된다(Downes, 2003b). 그래서 교사들은 자신을 교육 전문가를 넘어 보건전문가 역할까지도 소화할 수 있어야 한다. 이런 점 때문에 개입 사업이 집행되기 전에 교사 교육이 선행되어야 하고, 사업 집행 중에도 교사를 위한 전문적인 역량 강화 과정이 있어야 한다. 학급 담임 교사는 학생들과 상호작용하는 밀도나 시간 면에서 다른 교사와 다르기 때문에, 담임교사는 학생들과의 의사소통 방식 변화를 주도할 수 있는 위치에 있다. 최근 아일랜드에서 성과 대인관계 교육(Mayock, Kitching, & Morgan, 2007) 집행한 보고서를 보면, 대부분의 교사들은 학생들의 정서적 수요와 관련된 교과과정 진행을 부담스러워 했다는 결과가 나왔다. 이와 비슷한 맥락으로 Farrelly(2007)는 아일랜드 교사들은 학교폭력 예방 노력이 아동 보호 측면에서 법적 의무라는 점을 잘 인지 못할 수도 있다고 주장하였다.

Solberg와 Olweus(2005, p.256)가 노르웨이에서 서로 다른 학교 간의 학교폭력 문제 다양성을 관찰했던 연구와 대조적으로, Downes 연구진(2006)은 더블린 Blanchardstown에서는 4개 학교 간의 학교폭력 수준의 다양성 보다는 같은 학교 6학년 학급 사이의 다양성이 훨씬 더 뚜렷했다고 밝혔다. 이와 마찬가지로

Ballyfermot 초등학교에서는 같은 학교 내 5학년 학급 사이에 학교폭력 수준이 학교간 다양성에 비해 훨씬 더 크게 다양했다(Downes, 2004). 같은 학교 내 같은 학년 사이에서도 학급간에 다양성이 크다는 연구 결과는 시스템 단위의 관점이 필요하다는 점을 시사하며, 대립적 양식 보다는 구심적 양식으로 바라봐야 된다는 점을 시사한다.

하이데거(1927)는 관계 양식을 '나란히 따로 떨어져 있는 상태'와 '같이 서 있는 상태'를 비교했다. 이런 구분법은 대립적 이분법과 구심적 이분법과 일맥상통한다고 볼 수 있다. Blanchardstown과 Ballyfermot 보고서를 보면, 각 학급은 학교폭력 예방에 있어 서로 대립적 구조로 임했다는 점을 알 수 있다. 특히, 모든 학급에서 학교폭력 예방을 위한 교과과정적 전략에서는 분리성이 가정되어 있다고 볼 수 있다. 따라서 연결성을 가정하여 시스템적인 접근을 할 필요가 있다. 그래야 학급 간에 학교폭력 예방 노력이 연결될 수 있다. Blanchardstown 보고서에서는 한 직원이 교내 학교폭력 예방과 근절에 대한 좋은 실무 전략을 전파할 수 있도록 조정을 담당해야 하고, 교내 다른 교사에 대한 지지자 혹은 멘토로서 활동할 것을 권고 했다(Downes 등, 2006). 또한 담당자는 교장에게 자문을 주어 전학교적인 학교폭력 정책을 집행할 수 있도록 함과 동시에, 학급 담임 교사와 교장 사이의 교량 역할을 담당할 수도 있다. 담임 교사는 이런 과정을 통하여 다른 동료(조정자 역할을 맡은 교사 등)에게 접근하여 학교폭력 개입 프로그램 실행에 관하여 비공식적 조언을 구할 수도 있다.

전 학교적인 학교폭력 예방을 위한 적절한 교과과정을 구성하기 위해 학급 간의 의사소통이 필요하다. 사실, 아일랜드 초등학교에서는 이런 일이 거의 없었는데, 담임 교사들은 각자 학급만 신경쓰는 구조로 되어 있어 서로 고립되어 일하는 방식이 만연하다. 취약점 해결을 위한 아일랜드 국가적 포럼(the Irish National Forum on Ending Disadvantage; Gilligan, 2003)에서 사회경제적 취약점을 극복하기 위해서는 교장들을 위한 리더십 훈련과정이 핵심 요소가 된다고 밝혔다. 교장이 학교 내 학급들 간의 대립적 구조를 벗어나는 데에 잠재적으로 제일 중요한 열쇠를 지고 있다고 할 수 있다.

지역사회 내 구심적 배경 요인이 지니는 상호작용에 초점을 맞춘 최근 연구가 있다(Downes & Maunsell, 2007). 더블린의 남쪽 구도심에서 고등학생 일부에 대해 학교폭력 경험을 조사한 연구로, 여기에서는 'Gillying(꽃배달)' 또는 'Gilly(꽃배달부)가 된다는 것'으로 통하고 있었다. 17~18세 대안학교 학생으로 꾸려진 포커스 집단을 대상으로 면담 조사를 했을 때, 이미 중학교 초반부터 마약 거래상과 소위 '꽃배달' 짓을 하는 아이들이 몇몇 있다고 하였다. 특히, 이런 아이들은 마약을 보관하고 있다가 나중에 마약을 팔기도 한다는 것이다. '꽃배달부(Gilly)'라는 말은 아일랜드어의 'Giolla'라는 말에서 유래했으며, 하인 또는 종이라는 뜻이다. 말뜻만 참고하면 소위 꽃배달짓 자체에서 강압적인 요소가 있다고 추정할 수 있었다. 또 면담 결과, 어떤 아이는 13~14에 꽃배달부가 되면 누군가가 자기에게 계속 물건을 공급해준다고 하며, 17~18세가 되면 마약 판매를 시작하게 되는데, 자신에게 꽃배달짓을 시키는 사람이 생긴다는 것이다. 그리고 만약 15~16세 정도인데 위에 아는 형이 있으면, 그 형이 모르는 사람에게 마약 판매를 시켜서 자기 집단을 보호하는 희생양으로 삼는다고 했다.

이 포커스 집단은 18세 미만 자살 문제로 조사가 이루어졌는데, 대체로 마약을 살려고 돈을 빌렸다가 빚독촉에 시달리는 과정에서 자살하는 것이다. 그런데 이런 포커스 집단 연구가 이루어지는 과정에서 학교폭력에 대한 이슈가 부각되었다(Downes & Maunsell, 2007). 사회경제적 취약점을 고려하여 고등학교에서 학교폭력에 대해 시스템적으로 개입하려면 학교 상황에서 폭력 사건을 조장할 수 있는 지역사회 내 배경 요인에 대해서 알고 있어야 한다. 이를 위해서는 지역사회 폭력과 관련된 예산 지원이 있어야 되며, 특히 이 경우에는 마약 관련 폭력이 된다. 예산지원의 소스는 다양한 정부 기관이 포함되는 게 좋은 데, 예를 들면 교육부, 보건부, 법무부 등이다. 사회경제적 취약성이 심각한 지역사회에서 학교폭력 예방 관련 프로그램을 돌리려면 당연히 지자체 정도의 레벨에서 주관하는 정신보건증진 전략의 일부가 되어야 한다. 즉, 단순히 교과과정만 바꾼다든지 학교 기반 전략보다 더 큰 시야에서 전략을 가져가야 된다는 뜻이다(Downes & Gilligan, 2007).

구체적 접근 방법에 대한 설명: SPHE 접근법

Ballyfermot 성라파엘 학교에 4학년 여학생을 상대로 포커스 집단 연구를 하였다(Downes, 2004b). 이 학교는 Ballyfermot 초등학교를 대상으로 한 첫 설문조사 연구에 포함되지 않았는데(Downes, 2004a), 학교폭력 예방에 교과과정 기반 개입 사업의 이점도 확인할 수 있었지만 좀 더 시스템적 접근이 더 강화될 필요성도 보여준 연구였다. Freiberg(1999)는 미국 실상을 염두해두고, '현장에서는 분위기 측정도구가 거의 없으며 그나마 이런 도구들이 학생들에게 간단한 피드백을 구하는 정도'라고 밝혔다(p. 209). 이와 대조적으로 아동 중심적 질적 연구에서는 포커스 집단의 학생 피드백을 자료로 활용하며, 학교폭력 예방 차원에서 학급 분위기와 관련된 다양한 주제에 대해서 피드백을 받도록 되어 있다. 포커스 집단 내 같은 학급 여학생들은 지난해에 학교폭력이 중요한 문제였다고 입을 모았다. 일부 학생들은 학교폭력의 원인으로 한 해에만 대체교사가 세번이나 교체되었다는 점을 꼽았다(Morgan & Kitching, 2007). 포커스 집단 내 같은 학급에 속한 모든 학생들은 학교폭력이 지난 해 매우 큰 문제였지만 상당한 개선이 이루어졌다고 답했다. 예를 들자면, 일부는 '한 동안 학교폭력이 없었어요.', '학교폭력이랑 싸움은 죄다 작년에 있었죠… 올해는 작년 보다는 낫네요.', '얼마 전까지만 해도 싸움이 생겼어요. 하지만 우리는 자랐어요. 좀 더 감을 잡게 된 거죠. 둥글게 타임에서 우리는 이런 의문점들을 상자에 넣어요.'와 같은 대답들이 나왔다. 제일 마지막 응답은 SPHE 교과과정을 도입한 새 담임교사의 역할을 보여주는 것이다. 담임 교사는 학교폭력 예방 의지를 표방하면서 학생들이 둥글게 타임을 가질 수 있도록 하였으며 익명의 상자를 준비해서 학생들이 자신의 고충을 알릴 수 있도록 하였다. 이런 포인트는 다른 학생의 응답에서도 확인할 수 있다. '활동실, 둥글게 타임, 우리는 학교에서 생기는 어떤 문제든지 알려요. 우리가 말하기 힘든 것들도 상자에 담을 수 있어요. 단, 실명만 적어내지 않으면 되요.'

또한 SPHE 교과과정은 의사결정 기술과 관련된 이슈들을 중요하게 생각한다. 이런 점은 학교폭력을 예방하는 데에 중요한 요인이 된다. 한 응답자의 말을 들어보면, '우리 반은 학교폭력을 당하지 않으려면 어떤 선택을 해야되는지 도와줘요.' 의사결정 기술은 교사와 학생이 서로 신뢰하는 지지적 환경이 필요하다. 즉, 학생과 교사 간에 연결성을 가정해야 가능하다는 뜻이 되기 때문에 구심적 구조가 필요하다는 이야기가 된다. 어떤 학생은 이런 관계를 통해 학생들이 학교폭력 문제를 털어놓는 것만큼은 선생님을 믿을 수 있다고 하였다. '난 선생님한테 알려요.', '속으로 삭히기만 하면요, 누가 날 괴롭히는지 정말 모를 수 있어요.', '만약 학교폭력을 당하잖아요. 그럼 바로 알려야 해요.' 다른 응답을 참고하면, 담임 교사가 실제 현장에서 학교폭력 예방 주제와 국어 수업과 SPHE까지 서로 잘 통합시켜서 효과를 거두는 것으로 보였다. '학교폭력 시짓기가 도움이 되었어요.'

주목할 만한 점은 성라파엘 학교 포커스 집단 대부분은 개선된 이유가 교과과정 개입과 교사를 신뢰할 수 있게 하는 관계적 접근 때문이라고 생각한다는 점이다(Downes, 2004b). 또한 응답자 두 명은 이런 개선 이유를 더 넓게 보았는데, '엄마들이 학교에 많이 찾아와서 좋아진 것 같아요.', '학교 분위기가 더 좋아진 것 같아요… 그게 밖에 감시하는 사람들이 항상 두 명씩 있잖아요.'라고 응답했기 때문이다.

학교폭력 이슈에 학부모 개입이 가능하려면 학부모와 학교 간에 의사소통의 다리가 있어야 된다. 즉, 학교와 학부모 간의 연결성을 가정해야 된다. 하지만 사회경제적으로 취약성을 지닌 상태에서는 학교와 학부모 간에 대립적 구조 보다 구심적 구조가 형성되어 있다고 쉽사리 가정하기 힘든데, 학부모들이 학생이었을 때 학교에 대한 부정적인 경험을 겪었을 수도 있기 때문이다. 그래서 학교와 가정 간의 분리성 가정을 극복해야겠다는 인식이 생긴 덕분에 취약학교를 지원하기 위한 아일랜드 가정-학교-지역사회-자문단이 형성되었다. Byrne(1997)이 지적한 대로 이 자문단은 학교폭력과 같은 문제 사안에 대해서 치료적이라기 보다는 예방적이라고 볼 수 있다(p.263). 성라파엘 학교에 본 자문단이 역할을 하게 되면서 어머니들의 학교 방문 분위기를 조성할 수 있었다.

야외 공간은 학교폭력 문제의 핵심 영역 중에 하나지만, 교과과정 기반 접근법의 효과가 미치지는 못한다. 또한 전학교적 접근법 처럼 시스템적 접근법에서도 따로 동떨어져 있는 현안이었다. O'Moore 등(1997)은 아일랜드 학교폭력에 대한 전국적 연구에서 초등학교에서는 운동장이나 학교 교정이 학교폭력의 주된 발생 장소라고 지적했으며, 피해자 74%는 운동장 같은 야외 공간에서 당했다고 응답했다. 이런 점은 교실 내에서 학교폭력이 주로 발생한다는 고등학생들 반응과 상당히 대조적이다. 참고로 고등학생 피해자 중 47%는 교실에서 당한다고 응답하였다.

학급 폭력에 대한 교과과정적 접근법이 더블린 남부 도심의 취약 지역의 한 초등학교에서 개발되었다 (Hegarty, 2007). 이 개입 프로그램은 학교 심리사가 수업 시간 중에 운영하도록 되어 있지만, 담임교사가 SPHE 교과과정의 일환으로 채택해서 직접 활용할 수도 있다. 또한 아일랜드 초등학교 교과과정의 다른 요소와도 통합해서 이용할 수 있다. Hegarty(2007)는 개입 사업 연구 경험에 대해 아래와 같이 요약해서 설명하였다. 일단 Hegarty의 목표는 아이들 사이에서 주로 회자되고 있는 고정관념에 대해서 바꾸는 것이었다. 특히, 가해자에 대한 평판과 명성에 대한 인식 변화가 중요했다. '학교 안에서 그다지 자기 존재감을 드러내지 못하는 아이들은 테라피를 받겠다고 하는 경우가 거의 없어요. 대부분 문제 행동을 저질러 버리거나 혼자 소외되지요. 그러면 학교 공동체 내에 이렇게 문제 가득한 이야기 보따리가 아이들 사이에서 돌아다니게 마련이에요.'

Hegarty는 아이들이 자신의 삶에 대해서 잘 표현할 수 있도록 새로운 방법을 제시했는데, White & Epson(1990, p.14)의 표현을 빌리자면 '자신의 경험을 이야기로 풀어나갈 수 있도록' 하였다. Hegarty(2007)가 주장한 내러티브 접근법은 문제를 밖으로 표현하는 데에 도움을 주는데, 여기에는 사람 그 자체는 문제가 아니라는 가정이 깔려있다. 문제가 문제다. Hegarty는 가해자 또는 피해자라는 정적인 분류에 회의를 품고 학생들간 관계 네트워크를 통해 서로 연결이 되어있다는 가정을 채택했다는 뜻이다. Gilligan(1982)의 표현을 빌리자면, Hegarty는 대립적 구조에 기반을 둔 '정의의 논리'에서 벗어나 구심적 구조에 근거한 존중의 윤리로 옮겨 왔다고 볼 수 있다.

두 학급 간의 폭력 사건을 예방할 수 있는 개입 프로그램을 개발하기 위해 Hegarty는 수업 시간에 각 학급별로 따로 만났다. 그리고 그녀는 둥글게 타임을 활용해 학생들에게 서로 잘 지내는 데에 도움이 되는 행동이 무엇인지, 또 어떤 행동은 방해만 되는지 탐색하는 시간을 가졌다. 그녀는 학생들에게 '얼만큼 학생들이 서로 잘 지냈는지 평가하도록 하였다. 각 교실은 자기 반 학생들과는 잘 지내는데 다른 반 학생들과는 잘 지내지 못한다고 응답하였다. 양 쪽 어느쪽에서도 이런 상태가 지속되는 것을 원하지는 않았다… 나는 집단간의 반목이 문제라고 봤기 때문에, 여학생이 문제가 된다고 생각하지 않았다. 여학생도 반목을 거두고 단합할 수 있기 때문이다.'

둥글게 타임은 학생과 어른들간에-교사가 되었든 심리사가 되었든-연결성을 전제로 구심적 구도가 형성될 수 있도록 하였다. 뿐만 아니라 둥글게 타임은 학생끼리도 서로 연결될 수 있도록 하였다. 그녀는 그 후로 두 학급 모두 같이 모여 만남의 시간을 가졌으며, 서로 다른 반 학생들과 무작위로 짝을 지어 있도록 하였다. 그녀는 이전 회기 때 작성했던 공통의 관심사를 서로 비교해보도록 하였다. 이런 과정에서 그녀는 편견에 관한 사회심리학적 연구에서 제시한 표준적인 접근 방법을 택했는데, 단순히 접촉하는 것만으로 편견이 없어지지 않고 공동의 임무를 부여하여 협력하도록 하였다. 이런 공동 임무를 통해 '우리 아니면 너네'라는 대립적 인지 구도를 극복하고 구심적 구도에 집중할 수 있도록 하였다. '절대 입을 열지 않던 아이들도 어느 새 운동이나 패션이나 유행가에 대해서 서로 대화를 주고 받게 되었다는 것을 깨달았죠. 서로 공통점이 많다는 것을 깨달은 겁니다. 결국 아이들은 서로가 적이 아니라 평화로운 이웃이라는 점을 깨달은 거죠. 그래서 그런지 아이들이 정말 서로 축하하는 듯이 악수를 하더군요.' 이후 그녀는 아이들 보고 새로운 평화를 오래 유지시키기 위해 어떤 것이 필요한 지 이야기를 적어보라고 하였다. '저는 아이들이 적어냈던 표현 그대로 인용해서 아이들한테 줄 상장에 넣었어요. 그리고 이벤트를 개최해서 학부모들 보는 앞에 상장을 수여했어요. 이런 방식으로 더 넓은 사회 내에서 새로운 우리의 이야기가 뿌리내릴 수 있도록 했습니다.'

Hegarty(2007)는 반목과 폭력은 다시 발생하지 않았다고 한다. 그리고 개입 사업 종료 수개월 후, 아이들로 구성된 포커스 집단 조사에서 이런 성과가 계속 지속된다는 점을 확인하였다(Downes & Maunsell, 2007). 다시 반복하자면, Hegarty가 시도한 모든 방법들이 SPHE 교과과정에서 말하는 원형적 접근법이라고 볼 수 있다.

제한점과 향후 연구 방향

성라파엘 학교(Downes, 2004b)와 Hegarty(2007)가 몸담은 학교에서는 학생들의 진술을 토대로 할 때, 학교폭력 수준이 현저하게 감소하였다. 아일랜드 내 사회경제적으로 취약한 지역에서 학교 및 학급 분위기를 후향적으로 평가했을 때나 자연적 조건에서 볼 때나 원형적 개입 방식이 분명하다는 점은 확인했다. 그럼에도 불구하고, 본 원형적 개입 방식에 대한 연구는 뚜렷한 한계가 있는데, 표본 수가 적고 대부분의 학생들이 여학생으로 구성되었다는 점이다. 구심적 구조로의 변화를 평가하는 데에도 제한점이 있었는데, 지역사회와 학교간의 인터페이스에 대한 미시적인 관찰 자료가 부족했고, 학교폭력과 관련된 다른 교과과정 주제와 SPHE 교과과정과 어떻게 통합해서 운영하는 지에 대한 자료도 부족했다. 교육학적 취약점과 관련해서, 학교폭력 예방을 위한 원형적 및 시스템적 접근의 효과에 대한 질적 및 양적 연구가 필요한데, 특히 프로그램 참여 학생 집단의 정서적 및 임상적 영향, 학교와 지역사회 내 사회적 및 정서적 지원 서비스 체계 가용도, 학생들의 학습 곤란 등등에 대한 영향을 파악할 필요가 있다.

대립적 관계에서 구심적 관계로 변화시키기 위해 전체적, 복합적, 시스템적 수준의 변화를 주도할 때에는 유념해야될 사항이 있다. 즉, 이전 개입과 이로 인한 변화를 일대일 대응으로 따로 분리해서 생각하려고 하면 행동주의적 심리학에 의존한다는 비판에 취약해 질 수 밖에 없다. 스키너의 행동주의 심리학에 따르면, 조작적 조건화의 조작은 곧 그 결과로 정의된 행동이다. Rachlin(1984)은 행동 하나와 이에 따른 결과 하나로 이어지는 단순한 일대일 대응 보다 조건화로 복합적인 행동패턴을 만드는 것이 훨씬 더 복잡하다.

어떤 행동적 기준을 가지고 정신건강을 평가할 것인지, 이런 기준들이 상황에 따라 어떻게 변할 지, 또 이런 기준들이 어떻게 상호작용하는 지를 결정하려면 심리학의 도움이 크게 필요할 것으로 보인다. 이런 작업을 하기 전에 조작행동의 개념을 스키너가 제시했던 것에 비해 좀 더 넓게 잡고

표 37.1 학교폭력 예방을 위한 구심적 관계적 및 통합적 교과과정

- 학교폭력 예방을 위한 교과과정적 접근은 학교와 학급에서 관계 시스템의 습관적 변화를 불러일으킬 수 있을 정도로 충분한 강도와 기간을 제공할 수 있다.
- 아일랜드 초등학교 교과과정안(1999)에서는 사회적, 정서적, 인지적 기술 개발과 관련하여 학교폭력 접근법을 어떻게 통합할 수 있는지 모델을 보여준다. 특히, 드라마, 국어, 역사, 종교 과목 뿐 아니라 사회적, 개인적, 보건 교육에서도 다루어진다.
- 원형적 접근은 전경에 있는 학교폭력 관여자와 배경에 있는 나머지 학생들 사이에 구심적인 관계 양식이 생길 수 있도록 기회를 제공한다. 이를 통해 배경에 있는 대다수의 나머지 학생들이 교실 내 학교폭력 문제는 개인적인 문제가 아닌 학급 전체의 문제라는 점을 인식할 수 있도록 하여 능동적인 역할을 하도록 한다.
- 교사들의 전문성 함양 및 사업전 교사 교육이 필요하다. 이를 통해 교사들이 이성과 감정을 구분하는 데카르트적 대립적 논리를 벗어나, 긍정적인 교실 및 학교 분위기를 촉진시킬 수 있어야 한다. 이런 작업은 본격적인 학교폭력 예방 업무가 진행되기 전에 이루어져야 한다.
- 교사들 간의 연결성을 가정한 구심적 구조가 이루어져야 한다. 이를 통해 같은 학교 내 각 학급 교사들은 학교폭력 예방 전략에 관해서 서로 서로 교과과정 실무 노하우를 지속적으로 교류가 이루어져야 한다. 교사들은 각 학급 별로 따로따로 일한다는 대립적 구도가 만연한데, 일단 교과과정 실무에 대해서는 이런 대립적 시각을 극복해야 한다.
- 학교 교장을 대상으로 한 리더십 훈련이 필요하다. 이런 훈련 과정은 사회경제적으로 취약한 지역에서 더 필요하며, 교장의 역할에 따라 교사들간에 팽배한 대립적 구도를 극복할 수 있고 모든 학급에서 교과과정적 실무를 지원할 수 있다.
- 학교폭력 예방을 위한 교과과정적 접근이 항시 원만하게 유지되기 위해서는 시스템 수준에서 교사들 간에 구심적 구조를 촉진시키는 담당 교사를 정하는 것이 필요하다.
- 학급 간 폭력에서 만연한 '우리 아니면 너네'식의 대립적 구도를 개선시키기 위해, 아이들 자체를 문제로 보기 보다는 학교폭력 문제를 문제로 볼 수 있도록 양 학급 간의 교과과정을 조정애야 한다. 협력적인 임무를 부여하여 기존의 대립적인 내러티브를 재구성할 수 있도록 하여 양 학급 간에 구심적인 내러티브를 갖출 수 있도록 한다.
- 연결성을 가정한 구심적 관계상은 교사와 학생들간의 위계적 관계를 부정하고, 학생들은 가해자 또는 피해자 등으로 정적인 용어로 분류하는 것도 반대한다. 교사들의 전문성 함양을 통해 비난 위주의 정의 논리에서 벗어나 존중과 돌봄의 윤리로 시각을 옮겨갈 수 있도록 해야한다. 이를 통해 학교폭력 문제는 관계의 문제로 학교 내 집단과 개인의 관계맺음과 개인의 정체성에 새로운 내러티브를 구성하도록 한다.

생각해볼 필요가 있다. 즉, 레버를 누르는 것과 같은 단순하고 별개의 행동에서 수일에서 수주간에 걸쳐 일어나는 복합적인 패턴의 사건으로 개념을 확장해 볼 필요가 있다. 그래서 강화라는 개념도 두개의 별개 사건의 상관성(반응과 보상)이라는 관점에서 더 확장된 기간 동안 발생하는 복합적인 상관관계라는 관점으로 확대해야 한다 (p.567).

학교와 지역사회 단위에서 시스템적으로 학교폭력을 예방하기 위해 전체적 개입 방법을 동원할 때는 여러 사건들의 복합적인 패턴을 고려해야되기 때문에, 시스템 단위의 개입과 학교폭력 사건 감소율 지표같이 일대일 대응 방식으로 따로 떼서 효과를 가늠하기가 어렵다. 유엔 인권 특별 조사 위원은 정신건강을 포함해

표 37.2 학교폭력 예방을 위한 더 넓은 구심적 시스템적 시각: 교과과정적 접근에 대한 보완

- 사회 경제적으로 취약한 지역에서는 좀 더 넓은 시각으로 시스템 문제를 접근해야 한다. 특히 단순한 교과과정 기반 접근법으로는 학부모와 학교 간의 연결성을 보장하기 어렵다. 학교와 가정이 서로 분리된 것으로 가정하는 관점이 있을 수 있는데, 특히 사회경제적 취약성이 높은 경우에 더 두드러진다. 이런 대립적 구도를 극복하기 위한 프로그램이 필요하다.
- 특히 사회경제적 취약성과 관련해서, 학교와 해당 지역사회 간에 구심적 구조를 개발하는 것이 더 필요한데, 지역사회가 학교 내정에 대해서도 능동적인 배경적 요인으로 역할을 할 수 있다는 점을 인지할 필요가 있다. 이를 위해 지역사회에서 학교폭력과 관련된 마약 문제 같이 프로그램 예산 지원이나 펀딩이 필요한데, 교육부나 보건부나 사법부 같은 다양한 정부 부처에서 지원받을 수 있다.

서 보건 권리-특히 학교폭력 분야에 대해서-지표를 구조 지표, 과정 지표, 결과 지표로 구분해서 본다. 유엔 인권 특별 조사 위원(UN, 2006)은 보건에 대한 권리는 사람들의 깨달음 수준에 비례하기 때문에 지속적으로 지표 개발하고 또 벤치마킹을 해야 한다고 덧붙였다. 학교폭력에 대한 원형적 및 시스템적 단위 개입 사업은 구조적 지표에 해당된다. 구조 지표를 평가할 수 있는 기틀을 개발할 필요가 있으며, 이 구조 지표는 단순한 결과 지표에 비해서 좀 더 광범위한 속성을 가진다. 즉, 결과 지표가 선행하는 조건과 그에 따른 결과 간에 연결성에 의존하는 경향이 있는데, 구조 지표는 좀 더 범위가 넓다(Downes, 2007). 시스템 수준에서 학교폭력을 예방하려면 학급과 학교 분위기 내에 다양한 과정과 절차가 수립될 수 있도록 해야 하며, 각 절차와 과정들이 특효약(magic bullet)처럼 단독으로 역할을 하지 않는다(Downes, 2007).

구조 지표 평가를 위한 기틀을 개발하는 것 외에도, 학교폭력과 관련하여 학교나 지역 사회 내에서 대립적 구조에서 구심적 구조로 변화시켜야할 분야가 또 어디 있는지 확인해보는 연구가 앞으로 필요하다. 구심적 이분법과 대립적 이분법의 상보적 관계에 대한 기틀이 서면 다른 문화권에서도 학교폭력 예방 분야에 이 원리를 적용할 수 있을 것이다.

참고문헌

Antonucci, T. C. (1990). Social supports and social relationships. In R. H. Binstock & L. K. George (Eds.), *Handbook of aging and the social sciences* (4th ed., pp. 205-226). Burlington, MA: Academic Press.

Bjorkqvist, K., Ekman, K., & Lagerspetz, K. M. J. (1982). Bullies and victims: The ego picture, ideal picture and normative ego picture. *Scandinavian Journal of Psychology, 23*, 307-313.

Byrne, B. J. (1997). Bullying: A community approach. *Irish Journal of Psychology, 18*, 258-266.

Byrne, M. (2007). Health for all. In P. Downes & A. L. Gilligan (Eds.), *Beyond educational disadvantage* (pp. 343-353). Dublin: Institute of Public Administration.

Byrne, M., Barry, M. M., Nic Gabhainn, S., & Newell, J. (2005). The development and evaluation of a mental health promotion programme for post-primary schools in Ireland. In B. B. Jensen & S. Clift (Eds.), *The health promoting school: International advances in theory, evaluation and practice* (pp. 383-408). Copenhagen: Danish University of Education Press.

Byrne, M., Barry, M. M., & Sheridan, A. (2004). Implementation of a school-based mental Health promotion programme in Ireland. *International Journal of Mental Health Promotion, 6*, 17-25.

Conquergood, D. (1994). For the nation: How street gangs problematize patriotism. In H. W. Simons & M. Billig, (Eds.), *After postmodernism: Reconstructing ideology critique* (pp. 200-221). London: Sage.

Cooper, P. (2005). Social, emotional and behavioural difficulties, social class and educational attainment: Which are the chickens and which are the eggs? *Emotional and Behavioural Difficulties, 10*, 75-77.

Crowley, P. P. (2006). School psychology in Ireland. In S. R. Jimerson, T. D. Oakland, & P. T. Farrell (Eds.), *The handbook of international school psychology* (pp. 177-188). London: Sage.

Devine, D. (2001). *Locating the child's voice in Irish primary education*. In A. Cleary & M. Nic Ghiolla Phadraig (Eds.), *Understanding children* (Vol. 1, pp. 145-174). Cork, Ireland: Oak Tree Press.

Downes, P. (2003a). Cross-cultural structures of concentric and diametric dualism in Levi-Strauss' structural anthropology: Structures of relation underlying the self and ego relation? *Journal of Analytical Psychology, 48*, 47-81.

Downes, P. (2003b). The new curriculum of social, personal and health education in Irish primary schools: Selfawareness, introversion and the role of the teacher. *Kwartalnik Pedagogiczny* [Journal of Education, Poland], 190, 93-112.

Downes, P. (2004a). *Psychological support services for Ballyfermot: Present and future*. Dublin: Commissioned Research Report for URBAN, Ballyfermot, in conjunction with Ballyfermot Drugs Task Force.

Downes, P. (2004b). *Voices from children: St. Raphaels Primary School Ballyfermot*. Dublin: Commissioned Research Report for URBAN, Ballyfermot.

Downes, P. (2006). Newtonian space: The 'blind spot' in Newell and Simon's information processing paradigm. *Journal of Cybernetics and Human Knowing, 13*, 25-55.

Downes, P. (2007). Why SMART outcomes ain't always so smart. In P. Downes & A.-L. Gilligan (Eds.), *Beyond educational disadvantage* (pp. 57-69). Dublin: Institute of Public Administration.

Downes, P., & Gilligan, A.-L. (2007). Beyond disadvantage: Some conclusions. In P. Downes & A-L. Gilligan (Eds.), *Beyond educational disadvantage* (pp. 463-491). Dublin: Institute of Public Administration.

Downes, P., & Maunsell, C. (2007). *Count us in: Tackling early school leaving in South West Inner City Dublin, An integrated response*. Dublin: South Inner City Community Development Association (SICCDA).

Downes, P., Maunsell, C., & Ivers, J. (2006). *A holistic approach to early school leaving and school retention in Blanchardstown: Current issues and future steps for services and schools*. Dublin: Commissioned Research Report for Blanchardstown Area Partnership.

Educational Disadvantage Committee. (2005). *Moving beyond educational disadvantage 2002-2005*. Dublin: Department of Education and Science.

Farrelly, G. (2007). Bullying and social context: Challenges for schools. In P. Downes & A.-L. L. Gilligan (Eds.), *Beyond educational disadvantage* (pp. 429-440). Dublin: Institute of Public Administration.

Freiberg, H. J. (1999). Three creative ways to measure school climate and next steps. In H. J. Freiberg (Ed.), *School climate: Measuring, improving and sustaining healthy learning environments* (pp. 208-218). London: Falmer Press.

Fromm, E. (1973). *The anatomy of human destructiveness*. Harmondsworth, England: Penguin

Gergen, K. J. (2000). *The saturated self: Dilemmas of identity in contemporary life*. New York: Basic Books.

Gilligan, A. L. (Ed.) (2003). *Primary education: Ending disadvantage, Proceedings and Action Plan of National Forum*. Dublin: Educational Disadvantage Centre, St. Patrick's College, Drumcondra.

Gilligan, C. (1982). *In a different voice*. Cambridge MA: Harvard University Press.

Gilligan, C. (1990). Preface. In C. Gilligan, N.P Lyons, & T. J. Hanmer (Eds.), *Making connections: The relational worlds of adolescent girls at Emma Willard School* (pp. 6-29). Cambridge, MA: Harvard University Press.

Hegarty, T. (2007). Towards a narrative practice: Conversations in a city centre school. In P. Downes & A.-L. Gilligan (Eds.), *Beyond educational disadvantage* (pp. 441-450). Dublin: Institute of Public Administration.

Heidegger, M. (1927). *Being and time* (J. MacQuarrie & E. Robinson, Trans.). Oxford, England: Basil Blackwell.

Irish Department of Education. (1993). *Guidelines on countering bullying behaviour in schools*. Dublin: The Stationery Office.

Irish Department of Education and Science. (1999). *The New Revised Primary School Curriculum*. Dublin: The Stationery Office.

Jahoda, G. (1982). *Psychology and anthropology: A psychological perspective*. London: Academic Press.

Johnson, D. W., & Johnson, R. T. (2000). Conflict resolution and peer mediation programs in elementary and secondary schools: A review of the research. In P. K. Smith & A. D. Pellegrini (Eds.), *Psychology of education: Major themes* (Vol. IV, pp. 671-727). London: Routledge.

Kalliotis, P. (2000). Bullying as a special case of aggression: Procedures for cross-cultural assessment. *School Psychology International, 27*, 47-64.

Kutnick, P., & Manson, I. (1998). Social life in the classroom: Towards a relational concept of social skills for use in the classroom. In A. Campbell & S. Muncer (Eds.), *The social child* (pp. 165-188). Hove, England: The Psychology Press.

Levi-Strauss, C. (1962). *The savage mind* (Trans. G. Weidenfeld 1966 Nicolson Ltd.). Chicago: Chicago University Press.

Levi-Strauss, C. (1963). *Structural anthropology vol. 1* (C. Jacobsen & B. Grundfest Schoepf, Trans.). London: Allen Lane. The Penguin Press.

Levi-Strauss, C. (1973). *Structural anthropology vol. 2* (M. Layton, Trans.). London: Allen Lane. Penguin Books.

Levitt. M. J. (1991). Attachment and close relationships: A life-span perspective. In J. L. Gewirtz & W. M. Kurtines (Eds.), *Intersections with attachment* (pp. 183-205). Hillsdale, NJ: Erlbaum.

Maxwell, J. (1989). Mediation in the schools: Self-regulation, self-esteem and self-discipline. *Mediation Quarterly, 7*, 149-155.

Mayock, P., Kitching, K., & Morgan, M. (2007). *Relationships and sexuality education in the context of social, personal and health education: An assessment of the challenges to full implementation of the programme in post-primary schools*. Dublin: Department of Education and Science.

Morgan, M. (2001). *Drug use prevention: Overview of research*. Dublin: National Advisory Committee on Drugs.

Morgan, M., & Kitching, K. (2007). Job satisfaction of beginning teachers. In P. Downes & A.-L. Gilligan (Eds.), *Beyond educational disadvantage* (pp. 367-378). Dublin: Institute of Public Administration.

Nisbett, R. E., Peng, K., Choi, I., & Norenzayan, A. (2001). Culture and systems of thought: Holistic versus analytic cognition. *Psychological Review, 108*, 291-310.

O'Moore, A. M., Kirkham, C., & Smith, M. (1997). Bullying behaviour in Irish schools: A nationwide study. *Irish Journal of Psychology, 18*, 141-169.

Olweus, D. (1980). Familial and temperamental determinants of aggressive behavior in adolescent boys: A causal analysis. *Developmental Psychology, 16*, 644-660.

Olweus, D. (1997). Bully/Victim problems in school: Knowledge base and an effective intervention program. *Irish Journal of Psychology, 18*, 170-190.

Quine, W. V. O. (1961). *From a logical point of view* (2nd ed.). New York: Harper

Rachlin, H. (1984). Mental yes. Private no. *Behavioral and Brain Sciences, 7,* 566-567.

Rutter, M. (1985). Resilience in the face of adversity: Protective factors and resistance to psychiatric disorder. *British Journal of Psychiatry, 147,* 598-611.

Salmivalli, C., Lagerspetz, K., Bjorkqvist, K., Östreman, K., & Kaukiainen, A. (2000). Bullying as a group process: Participant roles and their relations to social status within the group. In P. K. Smith & A. D. Pellegrini (Eds.), *Psychology of education: Major themes* (Vol. IV, pp. 574-592). London: Routledge

Schneiders, J., Drukker, M., Van der Ende, J., Verhulst, F. C., Van Os, J., & Nicolson, N. A. (2003). Neighbourhood socioeconomic disadvantage and behavioural problems from late childhood into early adolescence. *Journal of Epidemiology and Community Health, 57,* 699-703.

Scholes, R. (1985). *Textual power.* New Haven, CT: Yale University Press.

Solberg, M. E., & Olweus, D. (2003). Prevalence estimation of school bullying within the Olweus Bully/Victim Questionnaire. *Aggressive Behavior, 29,* 239-268.

Stevahn, L., Johnson, D. W., Johnson, R. T., Green, K., & Laginski, A. M. (1997). Effects on high school students of conflict resolution training integrated into English literature. *Journal of Social Psychology, 137,* 302-316.

Stevahn, L., Johnson, D. W., Johnson, R. T., & Schultz, R. (2002). Effects of conflict resolution training integrated into a high school social studies curriculum. *Journal of Social Psychology, 142,* 305-333.

Tobler, N. S., Roona, M. R., Ochshorn, P., Marshall, D. G., Streke, A. V., & Stackpole, K. M. (2000). School-based adolescent drug prevention programs: 1998 meta-analysis. *Journal of Primary Prevention, 20,* 275-337.

United Nations Economic and Social Council. (2006, March 3). Commission on Human Rights, Economic, Social and Cultural Rights. *Report of the Special Rapporteur on the right of everyone to the enjoyment of the highest attainable standard of physical and mental health, Paul Hunt.* New York: Author.

White, M., & Epson, D. (1990). *Narrative means to therapeutic ends.* New York: Norton.

Whitney, I., & Smith, P. K. (1993). A survey of the nature and extent of bullying in junior/middle and secondary schools in English schools. *Education Research, 35,* 3-25.

38
교사를 위한 학급 내 학교폭력의 관리
LAURA M. CROTHERS AND JERED B. KOLBERT

개괄

담임교사는 학교폭력 사건을 행동 관리 측면으로 이해하면 도움이 될 수 있다. 행동주의적 관점으로 학교폭력 문제를 권위적 훈계, 교과과정을 통한 지침, 교사-학부모 파트너십 등의 방법을 활용하여 학교폭력을 예방하거나 개입할 수 있다.

개념적 기초

교실 내에서 학생들의 품행을 성공적으로 관리할 수 있어야, 학생들에게 교육적인 환경을 제공할 수 있다. 재미있는 점은 학생의 품행 문제를 지적한 지는 역사적으로 오래되었다는 점이다. 훈계가 부족하다는 이슈는 제일 높은 비중을 차지하고 있어, 미국 학교 시스템 내에 가장 문제가 되는 이슈로 회자되고 있다(Bear, 1998). 특히, 아이들의 외현화 문제-반사회적 품행, 충동성, 공격성, 일탈 행위, 과잉 행동-는 학생과 교사 모두에게 파괴적이고 스트레스로 작용할 수 있다(Hinshaw, 1992).

학교폭력은 교실 내에서 교사와 학생 모두에게 골칫거리가 되는 외현화 행동 문제이다. 물론 학교폭력 피해 사례를 줄이기 위한 최선의 방법론을 두고 사람들 마다 이견이 갈린다. 학교폭력 개입 사업에 대한 교사와 학생들의 시각을 조사한 연구에서, 학생들은 어른들이 학교폭력 문제에 적극적으로 책임을 지는 전략 방식을 선호했다. 예를 들면, 학교폭력이 잘 생기지 않는 구조화된 학급 환경을 조성하는 것과 같은 전략이다. 교육자들은 자기주장능력 함양 훈련 같은 방법을 통해 가해자와 스스로 거리를 띄울 수 있는 방법을 터득하는 과정을 선호했다(Crithers & Kolbert, 2004). 즉, 아이들은 교육자들이 학교폭력 피해 사건에 대해 자신들을 안전하게 보호해주길 원하는 반면, 교육자들은 학교폭력 문제가 자신의 권한이나 책임 밖이라고 느끼는 모양새라서, 학생과 교사 간의 동상이몽을 확인할 수 있었다.

만약 교육자들의 역량을 강화시켜서 학교폭력에 개입할 수 있도록 만든다고 해도, 효과적으로 성과를 낼지는 확실하지 않다. Dake, Price, Telljohann, & Funk(2003)은 전국 단위로 학교폭력 예방과 개입에 있어 담임교사들의 인식과 실무에 대해 조사를 진행하였는데, 전체 연구 참여 교사들의 86.3%는 학교폭력 사건 발생 시 가해자와 피해자를 데리고 엄격한 대화를 나누는 방식을 택하고 있다고 응답한 반면, 학교 폭력에 대해 집단 토론하는 시간을 따로 만든다는 응답은 31.7%, 학생 전체를 참여시켜 학교폭력에 관한 교실 규칙을 만든다고 응답한 비율은 31.2%로 전체 표본의 1/3도 안되는 응답 수준을 보였다. 즉, 교사들은 학교폭력 개입에 효과적인 방법들을 충분히 활용하지 못하고 있다는 점을 알 수 있었다.

교사도 피해 유형(신체적, 언어적, 관계적)에 따라 학교폭력 사건에 대응하는 태도나 방식이 서로 다른 것으로 보였다. 교사들은 관계적 폭력을 덜 심각하게 보는 경향이 있어서, 즉각적인 개입을 덜 하는 편으로 나타났다. 이에 비해 언어적 또는 신체적 폭력에 대해서는 좀 더 즉각적인 대응을 보였다(Yoon & Kerber, 2003). Yoon(2004)은 아동 학교폭력 문제에서 교사들의 개입이 성공하려면, 교사의 행동 관리에 대한 자기 효능감, 피해자에 대한 공감, 학교폭력 사건에 대한 심각성 인식 수준이 중요한 요인으로 작용한다. 담임 교사가 대체로 학교폭력 사건을 마주하는 첫 인물이 되는 경우가 많기 때문에, 다음과 같은 전략을 통해 학교폭력 사건에 대한 예방 및 대응을 할 수 있다.

구체적 개입법

지도형 교과과정 접근법(Guidance Curricular Approaches)

전학교적 학교폭력 개입 프로그램에는 일반적으로 심리교육적 기법들이 포함되어 있어, 아이들에게 학교폭력에 대해 교육하고 가해자와 피해자에 대한 폐해를 알려준다. 물론 전학교적 프로그램 없어도 교사들은 각 학급에서 학교폭력에 대한 정보를 제공하거나 강화하기 위해 이와 비슷한 기법을 활용해 볼 수 있다. 전통적으로 지도형 수업은 학교 기반 정신보건 전문가들이 담당해왔지만, 교사들도 독서 토론, 예술 활동, 창의적 작문, 수필 활동, 학교폭력 역할극 등과 같은 활동을 통합할 수 있으며, 정규 교과과정 속에 적절한 해법 찾기, 동영상 시청, 메시지 토론과 같은 과정을 넣어볼 수 있다(Foschl, Sprung, & Mullin-Rindler, 1998; Whitted & Dupper, 2005).

학급 지도는 학생들의 행동과 태도를 개선시키는 데에 효과적인 것으로 입증되었다(Gerler & Anderson, 1986). 하지만 아이들의 사회정서적 기술 증진을 위해 고안된 활동들은 포괄적이면서도 발달학적 근거를 지니고 있어야 된다(Nicoll, 1994). 교사 입장에서 학생들에게 학교폭력을 알아보고 대응할 수 있도록 도와줄 수 있는 교육 교재로는 '가해자와 학교폭력: 사건을 파헤쳐보자(Bullies and Bullying: Deconstructing Events)'가 있다. 이 교재는 전미 미식축구연맹(National Football League), Scholastic 출판사, 비영리 교육기관인 '역사와 우리 자신과 마주하기(Facing History and Ourselves)'의 합작으로 출판되었다. '하나의 세계: 지역사회와 문화권과 교실을 잇는다.'라는 수업은 본 교과과정 중 하나이며, http://scholastic.com/oneworld 에서 무료로 다운로드 받을 수 있다(Curriculum Review, 2004).

연구에 의하면 아이들이 자신의 경험을 가지고 문제 해결 기술에 대한 통찰을 얻거나 제반응(abreaction) 및 카타르시스로 정서적 해소 경험을 하는 데에 있어 독서치료(bibliotherapy)가 효과적이라고 한다(Nicholson & Pearson, 2003). 특히, 어린 아이들의 경우 드라마, 예술 프로젝트, 독서, 토론 등으로 학교폭력에 관한 간접경험과 해결 실마리를 얻어갈 수 있다. 어린 아이들을 지도하는 교사들은 꼭두각시 인형극을 통해서 가해자와 피해자 시나리오를 보여줄 수 있다. 아이들이 사춘기로 접어들 만큼 성장하면 교사는 학교폭력에 관해 일기를 적어본다든지 학교폭력을 기술하는 작문 활동을 하도록 할 수 있고, 아이들이 자기 스스로 인형극을 구성해 볼 수도 있다.

교사들이 학생들에게 학교폭력에 대한 인식을 증진시키는 데에 동영상과 책도 도움이 될 수 있다. 책을 통해 아이들은 학교폭력이 흔한 문제라는 점을 이해할 수 있고 학교폭력이 개인에게 어떤 부정적인 영향이 있는지 알려 줄 수 있어 어른들의 도움을 적극 찾도록 도와줄 수 있다.

학급 관리 기술(Classroom Management Techniques)

효과적인 교사들의 특징을 살펴보면 권위적 훈계 스타일을 지니고 있는데, 다음과 같은 3가지 유형의 전략을 통합해서 활용하는 것으로 나타났다. '행동 문제 예방을 위한 학급 관리 및 긍정적 분위기 조성 전략', '행동 문제 통제 및 관리를 위한 조작적 학습 전략', '장기적인 자기 조절 능력 획득을 위한 사회적 문제 해결 전략'(Bear, 1998, p.23).

설명하자면, 학생들의 행동 관리에 능한 교사들은 학교폭력 피해 사건이 발생하기 힘든 학급 분위기를 조성하고, 학교폭력 사건이 발생했을 때 재빨리 대응하고 적절하게 행동주의적 전략을 활용하며, 향후 학교폭력 사건이 재발하지 않도록 아이들의 사회 기술과 갈등 관리 기술을 개선시키는 방식으로 학생들의 폭력 상황을 예방한다. 처음 두 권위적 훈계법에 대해서는 본 단락에서 다루고, 마지막 방법은 나중에 다루도록 하겠다.

학급 관리는 일종의 통제수단이라고 이해하기보다 학교 분위기, 지도 사항, 교과 과정의 일환으로 이해하는 것이 도움이 될 것이다(Levin & Nolan, 2004). 교사들은 자신이 모든 아이들이 존중 받고 학습이나 놀이 활동에서 소외되는 학생들 하나 없는 존중의 학급 분위기를 조성하는 데 있어 리더라는 점을 인식해야 한다(Gottfredson, 2001; Greene, 2006). Stomfay-Stitz & Wheeler(2006)는 평화로운 교실 모델(the Peaceable Classroom Model)을 연구하면서 학급 분위기를 통해서 학교폭력 문제를 규명하고 또 감소시키는 것이 중요하며, 이를 통해 아이들은 사회에서 제시하는 모델에 따라 반사회적 행동에 대한 평화적 대안을 배울 수 있다고 하였다(Levin, 1994). 학교폭력에 대한 대처 전략 1 순위 중 하나는 학교폭력을 금지하는 교실 규칙을 만드는 것이다. 학기 시작 전에 교사는 반 학생들과 같이 앉아서 협력적으로 교실 규칙을 개발할 수 있다. 물론 여기에 학교폭력에 대한 금지 규칙을 정하는 것이다. 아이들이 규칙을 제안하면, 교육자들은 아이들이 공격적 행동에 피해를 당했을 때의 심정을 서로 토론하도록 기회를 열어줄 수 있다. 이렇게 정한 규칙은 반 게시판에 붙여서 학년 내내 정기적으로 되짚어 봐야 한다. 이를 통해 수정할 사안이 있는 또는 새로운 행동 가이드라인을 추가해야되는지를 결정한다.

또한 학생들은 학교폭력 행위에 대해 어떻게 대응해야 되는지와 또래들과 교사 간에 적절한 관계는 무엇인지 또는 부적절한 관계는 어떤 것인지에 대한 정보를 제공받아야 한다(Boulton & Underwood, 1992). 이런 정보는 사회기술 훈련 교육 과정의 일환으로 학교 및 교실 규칙에 대해서 토론을 할 때 제공할 수 있다. 일반적 학급 관리 전략으로 교사는 학생들이 친사회적 행동을 실천하고 공격적 행동을 통제할 수 있도록 인센티브 시스템을 실행할 수 있다. 토큰 경제나 칭찬 등 긍정적 강화 원리를 이용한 또래 매개로 긍정적 행동 지원 프로그램이나 자가 모니터링 및 교사와 또래 모니터링도 학생들이 사회적으로 적절한 교실 행동을 보이는 데에 효과적인 것으로 입증되었다(Christensen, Young, & Marchant, 2004). 가해자에 대해서는 행동 계약서를 쓰도록 하는 방법도 있는데, 가해 학생이 다른 학생들을 희생양으로 삼지 않겠다고 맹세하는 방식이다(Smokowski & Kopasz, 2005).

효과적인 지도법은 강력한 학급관리 수단이다. 왜냐하면 학급 과정에 적극적으로 참여하는 아이들은 학교폭력에 기웃거릴 시간이나 의향이 잘 생기지 않기 때문이다. 아이들에게 자신의 생각을 물어보고 비판적 사고 방식을 활용하도록 격려하는 교과과정을 이용하면 가해자 학생이 장난칠 만한 기회나 지루해하는 상황을 조장하지 않을 수 있다. Katz & Chard(2000)는 프로젝트 유형의 수업 방식을 추천하는데, 아이들이 협력, 협동, 책임감 공유를 통해 관심 갖는 학습 주제에 대해 심층적인 조사를 하고 교실과 지역 사회 내에서 생기는 각종 사건들과 대상에 대해서 알아보도록 한다(Bullock, 2002). 참고로, 중복 활동을 만들어서 아이들이 지속적으로 학습 과제에 바쁘게 만드는 것도 아이들이 서로서로에게 세를 과시할 만한 기회를 감소시키는 방편이 될 수 있다.

교실 내 학교폭력을 줄이는 방법으로 교사가 학생들의 행동 전반에 대해서 주시하는 방법도 있다. 교사들은 학생들의 품행과 활동에 대해 잘 꿰고 있어야 되는데, 실제로 학교폭력 사건은 교실 내에서 벌어지는 데도 교사들이 잘 모르는 경우가 많다. 학교폭력과 같은 행동 문제는 구조화되지 않은 시간대에 발생하는 경향이 있는데, 예를 들면 쉬는 시간이나 체육관에서나 식당에서나 스쿨버스 안에서 발생하는 경향이 있다. 결과적으로 어른들이 이런 시간대에 학생들의 품행을 지도감독하도록 책임을 지도록 하고 학교폭력의 징후에 대해 교육을 받도록 한다. 물론 이 담당자가 학교폭력 사건이 의심될 경우 개입할 수 있는 권한도 부여받아야 한다.

협력적 학습 활동(Cooperative Learning Activities)

학생들이 다른 사람들을 받아들이고 익숙해지려면 협력적인 학습 활동에 참여시키는 방법이 있다. 특히, 각종 장애를 지니고 있는 학생들이 학교폭력의 피해 가능성과 사회적 기술 결여 위험성이 높은데, 여기에는 학습 장애, 정서행동 문제, 외상성 뇌손상 진단, 시력 손상 판정을 받은 학생들이 그러하다(Praeter, Bruhl, & Serna, 1998). 협력적 학습법은 학생들의 사회적 기술을 강화시키고 장애가 있는 학생들과 함께 하는 법을 터득하는 데에 활용될 수 있으며, 다양한 인종적 배경 및 특수반 출신 아이들과 관계를 맺는 데에 효과적인 것으로 입증되기도 했다(Boulton & Underwood, 1992; Cowie, Smith, Boulton, & Laver, 1994; Johnson & Johnson, 1994; Praeter 등, 1998; Vaughan, 2002).

교사는 협력적인 학습 그룹을 만들어서, 평소 같으면 거의 어울리지 않는 학생들이 서로 친사회적으로 어울리고 사회적 통합을 이룰 수 있도록 보상을 제시할 수 있다(Hoover & Hazler, 1991; Johnson & Johnson, 1994). 교육자는 개인 성취에 초점이 맞추어진 경쟁적 활동과 집단적 성취에 초점이 맞추어진 협력적 활동 간에 균형을 잘 가지고 가야한다(Hazler, 1996). Foschl & Gropper(1999)가 제안한 교육 프로그램으로는 교사가 학생들로 하여금 블록을 쌓도록 하는데 이 블록에는 서로 친구가 되기 힘든 이유를 적게 한다. 그리고 이런 저항 요소들을 줄일 수 있는 방법을 서로 제안해보도록 문제 해결 과정을 거치도록 한다.

하지만 교사는 학급 내 협력적 활동 기획에 있어 아이들 간의 권력 차이를 고려해야 한다. 학교폭력은 암묵적인 유형의 권력(부, 매력, 스포츠 능력)뿐 아니라 외현적 권력(신체적 공격성 및 관계적 공격성)과 깊은 상관관계가 있으므로, 교육자는 집단 간에 권력 수준의 차이가 명확하게 발생하지 않도록 구성원 조성을 해야 한다(Vaillancourt, Hymel, & McDougall, 2003). 또한 교사들은 자연적으로 가해자와 피해자를 한 집단으로 묶는 쪽으로 의중이 기울 수 있기 때문에, 사회적 권력 상 서로 크게 차이가 나지 않는 아이들끼리 그룹을 형성하도록 고려해 보는 것도 좋을 수 있다. 아니면 가해자들이 대체로 권력 수준이나 사회적 지위가 높은 경우가 많기 때문에, 교육자들은 가해자가 아니지만 지위가 높은 아이들이 피해자의 편에서 개입을 하도록 호소해 볼 수 있다. 만약 지위가 높은 학생이 다른 학생들을 옹호해주는 게 적절하다면, 교사는 이런 조합으로 그룹을 형성하는 것이 부담스럽지 않을 것이다(Vaillancourt 등, 2003).

피해자를 위한 자기 주장 능력, 자존감, 사회기술 훈련(Assertiveness, Self-Esteem, Social Skills Training)

학교폭력 예방 프로그램에는 장기적인 개입 프로그램도 종종 포함되는데, 학교폭력 피해자가 공통적으로 겪는 문제점들을 해결하기 위한 프로그램들이다. 그간 연구에 의하면 미숙한 사회 기술이 학교폭력 피해의 주된 위험요인으로 밝혀져서, 사회기술 훈련이 필요하다(Boulton, Trueman, Chau, Whitehand, & Amataya, 1999; Hodges, Boivin, Vitaro, & Bukowski, 1999). 또한 가해자들이 사회적으로 고립된 사람들이 또래로부터 도움을 잘 받아내지 못하는 것을 알기 때문에 사회적으로 고립된 사람들을 학교폭력 대상자로 선호하는 경향이 있다는 점도 한 근거가 된다. 게다가 우정을 키울 수 있으면 고립된 학생이라도 낮은 사회적 지위로 인한 고통을 경감시켜 줄 수 있어 정서적인 지지가 된다. 교사는 피해자 아이들이 자신이 지닌 강점을 인지할 수 있도록 도와줌으로써 자존감을 높여줄 수 있으며, 이런 강점을 활용하여 친구들과 사귈 수도 있다.

첫째, 교사는 학생들이 부정적인 자기 발언을 줄이고 좀 더 긍정적이고 현실적인 발언으로 대체할 수 있도록 하여 아이들의 자신감을 개선시키고 사회불안을 줄이도록 지도할 수 있다. 학교폭력 피해를 당한 학생들은 종종 친구들과 사귀는 것에 대해 현실적이지만 염세적인 태도를 보이는 경우가 많다. 연구에 의하면 피해 학생의 사회적 지위는 대체로 부정적인 편인 동시에 꽤 안정적인 것으로 나타났다(Boulton & Smith, 1994; Salmivalli, Lappalainen, & Lagerspetz, 1998). 따라서 학교폭력 피해를 당한 아이들과 청소년은 사회적 관계를 구축하는 부담을 감수할 수 있도록 후원해줄 필요가 있다. 교사는 피해 학생들이 친구를 만들었다는 결과 보다는 친구를 만들어나가는 과정에 집중하도록 도와줄 필요가 있다. 왜냐하면 우정이 형성되려면 시간이 많이 걸리기 때문에 단기간에 성공하기 힘들기 때문이다. 더 나아가 일부 피해 학생들은 사회적 지능이 부족한 탓에 친구 사귀기에 어려움을 겪기도 한다. 예를 들어, 피해 아동이나 청소년은 다른 학생들의 사회적 지위를 잘 파악하지 못하거나 이해하지 못해서 제일 인기가 많은 학생에게 접근하는데, 인기가 많은 학생은 정작 호응을 안해줄 가능성이 높다. 이런 경우 교사는 피해 학생에게 누가 친구를 원하는지 생각하도록 지도할 수 있다. 그러면서 인기 있는 학생들은 이미 친구가 많은 관계로 새로운 친교 관계에 더 투자할 만한 시간이 부족하다는 점을 설명해줄 수 있다.

피해 학생 지원을 위한 장기적 개입 프로그램으로 Fox & Boulton(2003)이 연구한 8회기 형식 사회적 기술/자기주장 훈련 프로그램을 한 예로 들 수 있다. 이 프로그램은 집단 프로그램 형식을 띠고 있으며, 사회 기술 파트와 자기주장 능력 파트로 나누어져 있다. 사회적 기술 파트에서는 학생들에게 경청, 대화, 또래집단에 참여하는 기술 등 다양한 기술을 가르친다. 자기주장 능력 파트에서는 자신감 있는 바디 랭귀지, 이완 기술, 학교폭력에 대응하는 인지적 및 언어적 전략을 가르친다. 이 연구진은 본 프로그램을 통해 피해자의 자존감을 유의한 수준으로 개선 시켰으며 3개월간 그 효과가 유지되는 것으로 밝혔으나, 피해자의 친구수, 또래 수용도, 우울증, 불안증 수준에서는 유의한 효과가 없었던 것으로 기술하였다. 또한 역할극을 동원했을 때 집단 프로그램 효과가 극대화되는 것으로 밝혔으며, 특정 모범 행동 사례를 보여준 뒤 또래들이 지도감독하는 범위 내에서 실습을 하는 방식으로 진행되었다.

사회기술 훈련은 오랫동안 학습, 정서, 행동 장애가 있는 학생들에게 다양하고 질적으로 우수한 사회 기술 교육을 제공하는 표준 교육법으로 역할을 해왔다(Lewandrowski & Barlow, 2000). 최근에 특수 교육 분야에서는 장애가 있는 학생에게는 사회기술 획득을 통해 또래 학교폭력 피해 위험성을 낮출 수 있다고 하였다. 물론 연구가 제한적이지만 학습, 정서, 행동 장애와 또래들에 의한 학교폭력 피해 경험과 양의 상관관계가 있다는 근거가 있기 때문이다(Flynt & Morton, 2004; Nabuzoka, 2003). 단 학습 장애 학생이 학교폭력에 휘말렸을 경우, Mishina(2003)는 특수 교육자는 일반 교육 교사와 함께 협력할 것을 권고하고 있는데, 그 이유는 특수 교육 담당자가 해당 장애 학생의 결점을 파악하여 적절한 사회 기술 훈련을 제공할 능력이 된다고 하여도, 이들 학생들은 다른 상황에서 배운 행동 기술들을 일반화하여 응용하는 데에 서투르기 때문에 일반 교사도 학생들이 배운 사회 기술이 일반적 상황에서도 강화될 수 있도록 노력해야 된다는 것이다(예: Kavale & Forness, 1996).

학교폭력 피해자와의 건설적 대화

학교폭력 사건을 멈추기 위해서 교사들이 무슨 조치를 취하는지 물어보면, 학생들은 교사들이 자신들이 원하는 것보다 덜 개입하는 것으로 응답했다(Crothers & Kolbert, 2004). 피해자들은 자신 보다 가해자 학생들이 실질적으로 더 교사들의 관심을 받는다고 느낄 수 있다. 학교폭력 피해를 자주 당하는 학생들은 불안과 사회적 고립과 상관관계가 높다는 특징이 있다(Goldbaum, Craig, Pepler, & Connolly, 2003; Hodges 등, 1999; Olweus, 1993). 또한 이들 학생은 우울증과 자존감이 낮은 경향이 있으며(Boivin & Hymel, 1997; Egan & Perry, 1998; Olweus, 1993), 학업성취도가 낮을 가능성이 높다(Olweus, 1993).

학교폭력 피해를 자주 겪는 학생들을 돕기 위해서는 단기적 및 장기적 개입 사업 모두 필요할 수 있다. 단기적 개입은 특정 학교폭력 사건에 대한 조치인 반면, 장기적 개입은 학교폭력 대응에 대한 자신감을 구축하고 향후에 벌어질 학교폭력 피해 사례를 예방하는 차원에서 이루어진다. 피해자들은 상황을 더 악화시키거나 보복 당하게 될까 두려워하기 때문에 학교폭력 경험을 잘 신고하지 않는 경향이 있다. 그래서 학교폭력 사건을 조사하는 과정에서 피해자 학생들이 겪는 높은 수준의 불안감을 경감시켜주도록 반드시 노력해야 한다(예: Goldbaum 등, 2003). 교육자는 학생에게 어떤 사연을 공개하더라도 비밀로 부칠 것이며, 이와 동시에 라포를 쌓아 피해자에게 어떤 감정을 느끼고 있는지 확인해 나갈 것이라고 알려줘야 한다. 또한 아이들에게 이전에도 비슷한 사건에서 성공적으로 프로그램을 이끌었다는 경험을 알려줄 수도 있다. 피해자들은 종종 학교폭력 문제를 속으로 삭히는 경향이 있는데, 자신의 어떠한 결점 때문에 또래들이 자신을 배척한다고 생각한다(Hodges 등, 1999). 따라서 피해자가 학교폭력을 스스로 초래하지 않았다고 깨닫게 하는 것이 중요할 뿐 아니라, 피해 경험으로 분노나 두려움을 느끼는 것이 정상적이며 충분히 납득 가능하다는 점을 강조해야 한다.

학교폭력 행위에 대한 정보를 일단 수집했으면, 피해자에게 이렇게 수집한 정보로 교사가 어떤 조치를 취할 것인지 설명해주는 것이 중요하다. 여기에는 목격자와 가해자와 대화를 한다든지, 가해자에게 어떤 처분을 내릴지 결정한다든지, 다른 교사에게 알려서 학교폭력에 관계한 학생들을 좀 더 주의깊게 모니터링하는 것 등이 있을 수 있다. 만약 거론된 사건이 심각한 수준이거나 계속 지속되고 있는 것으로 시사된다면, 교사는 해당 사건을 목격한 다른 학생들을 통해 추가적인 자료를 수집할 수 있다. 교육자는 피해자를 통해 피해자의 친구가 아닌 학생들이 누군지 확인해볼 수 있고, 해당 사건을 목격한 가해자들이 누가 있었는지도 확인할 수 있다. 물론, 이들 목격자를 만날 때 어떤 과정으로 자신들이 지명되었는지는 밝히지 않겠다고 피해자에게 설명해줘야 한다. 대체로 피해자들은 수개월 동안 피해를 당해온 경우가 많아, 피해자들은 학교폭력 사건을 목격한 학생들이 누군지 바로 지명할 수 있다. 그리고 피해자들이 학교폭력을 당하면 교사에게 다가올 수 있도록 장려해야 한다.

가해자 학생과의 건설적 대화

학교폭력을 자주 행사하는 학생들에 대한 연구를 보면 이들 아이들과 청소년들 사이에서 몇가지 공통점을 확인할 수 있다. 학교폭력 행위를 저지르는 가해자들은 공감 능력이 부족한 경향이 있고(Maeda, 2004; Olweus, 1993; Warden & Mackinnon, 2003), 또래의 행동 때문에 자신들이 호전적인 태도를 갖는다고 여기고 있었으며, 충동성이 높고, 공격성을 드러내는 것도 갈등 해소를 위한 한 방법으로 문제 없다고 여기고 있으며, 지배 욕구가 강한 편이었다(Graham & Juvonen, 1998; Olweus, 1993; Ross, 1996). 학교폭력 피해를 자주 경험하는 학생들은 대체로 또래들 사이에 인기가 저조한 반면, 학교폭력 가해자들은 인기가 평균 이상이다(Vaillancourt 등, 2003). 물론 가해자들의 인기 수준은 고등학생이 되면 한 풀 꺾이는 양상을 보이긴 한다(Olweus, 1993).

교사가 가해자로 의심되는 학생과 처음 만남을 가질 때, 단호한 태도를 보여주면서 해당 학생의 부적절한 행동 때문에 이런 자리가 생겼다는 점을 알려준다. 그 다음 교사는 해당 학생이 교칙이나 교실 규칙 중 어떤 조항을 위반했으며, 또 이로 인해 어떤 처분에 해당되는지 알려 준다. 가해자의 신뢰를 얻으려면, 가해 행위를 명시하고 해당 행동으로 인한 결과를 이야기하는 쪽으로 방향을 잡는 것이 최선일 것이라 믿는다. 왜냐하면 이런 단도직입적인 방법으로 가해자가 자기 입장에서 사건을 설명하느라 거짓말로 뒤범벅될 우려가 적어지기 때문이다. 따라서 교사는 가해자를 만나기 전에 반드시 다른 목격자 학생들을 만나 구체적인 증거를 수집하는 작업을 해야 한다.

이후 교사는 좀 더 관심 어린 태도로 바꾸면서, 가해자가 무비판적으로 자기 행동이 자신이 추구하는 방향과 잘 일치하는지 되돌아보게 한다. 어른들이 흔히 착각하는 것 중에 하나가 가해자 학생들은 흔히 자존감이 낮고 자기 만족으로 위해서 남들을 괴롭히는 것으로 알고 있다는 점이다(Olweus, 1993). 가해자의 자존감을 높이려고 시도하기 보다, 교사는 가해 학생의 강점과 매력을 인정해주는 방향으로 작업할 수 있다. 가해자가 우월감에 대한 욕구가 크다는 근거가 있는 바, 해당 학생의 높은 사회적 지위에 대한 토론을 할 수 있으면 가해 학생의 관심을 끌어낼 수 있다(Graham & Juvonen, 1998; Olweus, 1993; Ross, 1996).

이상적으로 이런 전략을 통해서 가해자들이 사회적 지위를 높이기 위해 굳이 또래 학생을 괴롭힐 필요가 없다는 것을 깨닫게 할 수 있다. 또한 이런 작업을 통해 교사-학생 관계를 구축할 수 있어, 학생들이 자기 평가에 몰입해 볼 수 있는 가능성을 높일 수 있다. 학생이 교육자에 대한 신뢰감이 커지기 시작하면, 교사는 좀 더 분명하게 타인에 대한 존중의 중요성을 부각시킬 수 있다. 이를 통해 가해 학생이 피해자가 어떤 감정을 겪을지, 어떤 방법으로 피해자의 회복을 도와줄 수 있는지를 생각하도록 하여 공감 능력을 증진시켜 볼 수 있다(예: Warden & Mackinnon, 2003). 초기 사춘기 학생에게는 토론 과정을 통해 학교폭력으로 인한 부차적 영향에 대해서 다루는 것도 도움이 된다. 즉, 고등학교 들어가면 공격적인 학생들의 인기가 줄어든다는 점을 말해주는 것이다(Olweus, 1993).

비록 가해자에 대한 장기적 개인 개입법 근거가 제한적이지만, 가해자의 공감 능력을 증진시키는 전략이 고무적인 편이다. 가해 학생들도 어른들이 이타적 행위에 대해 칭찬을 하거나 기타 보상을 제시하면, 어른들의 지도감독 아래 장애가 있는 학생이나 어린 학생들을 도와주는 활동에 참여할 수 있다. 한 연구에 의하면 어른들의 경우 이런 이타적 역할 경험을 통해 공감 수준을 상승시킬 수 있었다(Reiman, 1998). 더 나아가 가해 학생에게 가치 있는 역할을 맡기는 것 자체가 그들의 사회적 지위를 더 높여주는 역할을 할 수도 있다(예: Graham & Juvonen, 1998).

학부모-교사 협력관계

물론 대부분의 개입 사업들이 성공적으로 진행되고 있지만, 가해자와 피해자의 가족을 끌어들이는 것이 매우 중요하기도 하고 종종 필요하기도 하다. 실제로 그간 연구에 의하면 부모의 양육 방식과 학교폭력 간에는 유의한 상관관계가 존재한다. Baldry & Farrington(2000)은 가해자로 분류된 중학생들은 권위적인 부모를 두고 있는 경우가 많았고 부모와 자주 반목하는 것으로 나타났다. 그리고 Flouri & Buchanan (2003)은 부모의 개입 수준이 낮을수록 사춘기 학교폭력 행동과 유의한 상관관계가 있다는 점을 밝혔다. Myron-Wilson(1999)은 부모의 양육방식과 학교폭력 관계 유형을 파악해 보았다. 참고로 학교폭력 관계 유형은 1) 가해자, 2) 강화자, 3) 보조자, 4) 방어자, 5) 방관자, 6) 피해자로 분류하였다. 연구 결과, 강화자 가해자는 다른 유형에 비해 부모가 덜 온정적이었으며 더 징벌적인 양육 방식을 지니는 것으로 응답하였으며, 보조자 가해자는 부모가 방임한다고 응답한 경향이 있었다. 가해자 아동의 부모들은 학교폭력 행위를 문제 삼지 않은 경우가 많은 데, 자기 집안 내에서도 권력 수준의 차이가 막대하기 때문이다. 즉, 가해 행동은 가해 아동의 학부모 입장에서는 정상적이고 효과적인 방법으로 비춰질 수 있다. 따라서 학교 교무실에서 해당 자녀의 학교폭력 행위를 문제 삼았을 때, 가해자 부모는 감정적으로 반응하는 경우가 생길 수 있다는 점을 교사는 주지하고 있어야 한다.

학교폭력 문제를 해결하기 위한 최선의 방법은 가해자의 학부모를 참여시켜서 문제점을 확인시키고 해결하도록 하는 것이다. 하지만 가해자 부모는 교직원과 함께 담론을 나누는 것에 대해 회의적인 태도를 보일 수 있는데, 자기 자녀한테도 힘의 논리로 양육하는 경우가 많기 때문이다(예: Baldry & Farrington, 2000). 따라서 학교폭력 문제를 진지하게 생각하지 않을 가능성이 있다. 이런 경우 교사들이 학부모에게 이메일이나 전화 연락을 통해서 학교폭력 문제가 지속되고 있는지 여부를 알려주도록 장려할 수 있다. 사실, 진지하지 못한 가해자 학부모를 대할 때는 최소한 학부모가 자녀들에게 학교 교칙은 지킬 필요가 없다는 식으로 가르치지 않도록 하는 정도의 지지를 이끌어내는 것이 현실적이다.

가해자 학부모와 회담을 할 때, 교사는 사건에 대한 사실을 전달하되, 납득을 못하겠다는 투의 감정적 표현은 자제해야 한다. 그리고 청문회 같은 공격적 질의를 한다든지, 토론 자체를 길게 끈다든지, 학부모의 항의를 불러일으킬 만한 말투도 피하도록 해야 한다. 학교폭력 가해자 학생과 마찬가지로, 가해자 학부모는 학교폭력 사건의 중요성을 부정하거나 축소하려는 경향을 보인다. 이런 경우, 담당 교직원은 해당 사건에 대해 내러티브하게, 즉 이야기식으로 설명하는 것이 좋다. 그리고 교사는 가해자의 학부모에게 자기 자녀가 해당 행동을 지속했을 경우 어떤 결과로 이어질 수 있는 지 설명하는 편이 좋다. 예를 들면, 정학을 당한다든지, 또래들 사이에 인기가 떨어질 수 있다든지 하는 식이다(Olweus, 1993). 단, 이런 대화를 진행할 때는 감정을 절제하고 존중하는 자세로 임해야 한다. 또 다른 효과적인 방법으로는 학부모가 느끼는 자녀의 강점을 교사도 인정하면서, 학부모에게 이 시점에서 자녀가 어떤 점을 배워나가야 되는 지를 묻고 자녀에게 적용할 수 있도록 장려하는 것이다.

장기적인 개입이 필요한 피해자들도 부모 개입으로 인한 혜택을 볼 수 있다. 이미 일부 연구에서는 피해자 학생은 처벌적이거나 권위적인 부모를 두고 있는 경우도 있으며(Baldry & Farrington, 2000; Myron-Wilson, 1999), 너무 간섭이 많거나 과잉보호하는 부모를 둔 경우도 있다(Olweus, 1993; Smith & Myron-Wilson, 1998). 과잉보호를 하는 학부모는 자녀들이 학교폭력 피해 사실을 알게 되었을 경우에는 더욱 과잉보호하는 경향이 있다. 예를 들어, 과잉보호 부모는 자기 자녀의 제일 절친한 친구가 되고자 노력하는 과정에서 다양한 사회적 활동참여를 통해 일시적으로는 자녀의 유대 욕구를 만족시킬 수 있지만, 장기적으로는 자녀가 친구를 사귀는 능력을 제한해버리는 역설적인 상황이 발생한다. 이런 경우, 교사들

표 38.1 실무를 위한 제언과 요약

지도형 교과과정 접근법 　예술 프로젝트 　학급 지도 수업 　창의적 글쓰기 　드라마 　일기 쓰기 　독서 토론 　동영상 시청	Curriculum Review (2004) Foschl, Sprung, & Mullin-Rindler (1998) Gerler & Anderson (1985) Nicholson & Pearson (2003) Nicoll (1994) Whitted & Dupper (2005)
학급관리기술 　학급 분위기 　학급 규칙 　효과적 지도 　중복 수업 　긍정적 품행 지원 　교사 지도감독	Bear (1998) Boulton & Underwood (1992) Bullock (2002) Christensen, Young & Marhant (2004) Gottfredson (2001) Greene (2006) Katz & Chard (2000) Levin (1994) Levin & Nolan (2004) Smokowski & Kopasz (2005) Stomfay-Stitz & Wheeler (2006)
협력적 학습 활동	Boulton & Underwood (1992) Cowie, Smith, Boulton, & Laver (1994) Foschl & Gropper (1999) Hazler (1996) Honma (2003) Hoover & Hazler (1991) Johnson & Johnson (1994) Pink & Brownlee (1988) Praeter, Bruhl, & Serna (1998) Vaillancourt, Hymel, & McDougail (2003) Vaughan (2002)
학교폭력 피해자를 위한 자기주장훈련, 자존감 훈련, 사회적 기술 훈련	Boulton & Smith (1994) Boulton, Trueman, Chau, Whitehand & Amataya (1999) Flynt & Morton (2004) Fox & Boulton (2003) Hodges, Boivin, Vitaro, & Bukowski (1999) Kavale & Forness (1996) Lewandrowski & Barlow (2000) Mishna (2003) Nabuzoka (2003) Salmivalli, Lappalainen, & Lagerspetz (1998)
학교폭력 피해자와의 건설적 대화	Boivin & Hymel (1997) Crothers & Kolbert (2004) Egan & Perry (1998) Goldbaum, Craig, Pepler, & Connolly (2003) Hodges et al. (1999) Olweus (1993)
학교폭력 가해자와의 건설적 대화	Graham & Juvonen (1998) Maeda (2004) Olweus (1993) Reiman (1998) Ross (1996) Vaillancourt et al. (2003) Warden & Mackinnon (2003)
학부모-교사 협력관계	Baldry & Farrington (2000) Bowers, Smith, & Binney (1994) Flouri & Buchanan (2003) Myron-Wilson (1999) Olweus (1993) Smith & Myron-Wilson (1998)

은 학부모가 자녀의 친교 욕구에 대해 적절하게 대응할 수 있도록 도와줄 수 있다. 또한 교사들은 부모가 아이의 적절한 사회적 발달을 위해 어떤 중심적인 역할을 할 수 있는지 공유하고, 피해자 아동의 부모들이 아이의 사회적 발달을 증진시키기 위해 어떤 노력을 할 수 있는지 탐색해 볼 수 있도록 할 수 있다. 이를 위해 학부모들이 친교에 도움되는 자녀의 강점을 발견할 수 있도록 도와줄 수도 있고, 아이의 발달 수준에 현실적으로 소화할 수 있는 몇몇 대인관계 기술을 가르칠 수 있도록 도와줄 수도 있다.

학부모는 자기 자녀들이 친구들을 집에 초대하도록 격려해 볼 수 있으며, 자녀들의 강점 개발과 관련된 사회조직에 참여해 볼 수 있다. 피해자 아이들은 그다지 쾌활한 편은 아니기 때문에 팀스포츠에 참여하도록 하면 더욱 사회적 고립과 배척을 유발할 수 있다. 따라서 피해자 학부모는 개인 스포츠(카라테, 자전거, 수영, 육상)를 통해서 아이들이 신체적 발달을 먼저 이룰 수 있도록 돕는 것이 낫다. 학부모는 아이들이 사회적 상호작용은 분석할 수 있도록 하여 아이들의 사회적 인지 기능을 증진시킬 수 있고, 아이들로 하여금 얼굴 표정, 발언, 행동 등으로 미루어 또래 아이들이 어떤 생각을 하고 있는지 유추해 볼 수 있도록 격려할 수 있다. 또한 학부모는 역할극으로 통해서 아이들이 다양한 사회적 상황에 대처할 수 있도록 연습할 수 있다. 예를 들면, 학교폭력 상황에 대응하는 것이라든지, 다른 학생에게 친구하자고 접근하는 것이라든지, 친구들 간에 갈등이 있을 때 대처하는 것 등에 대해 연습해 볼 수 있다.

고찰 및 향후 연구 방향

교사는 학교폭력 해결에 제일 중요한 위치를 차지한다. 하지만 교사들이 제대로 안내가 안 되거나 불완전하거나 그다지 열정적이지 못한 프로그램 실행 때문에 학교폭력 예방과 개입 노력을 과소평가할 수 있다는 점도 인식하는 것이 중요하다(Vernberg & Gamm, 2003). 이런 점 때문에, Espelage(2004)는 개입 사업을 할 때는 학교폭력에 대한 교사들의 태도 평가도 포함되어야 하고 이런 태도가 학생들에 대한 행동 양상에 어떤 영향을 미치는 지 평가해야 한다고 지적했다(p.5). 따라서 교육자는 학교폭력 예방과 개입 노력에 있어 교사들의 역량과 자신감을 증진시킬 수 있도록 해야 한다(Bauman & Del Rio, 2006; Espelage, 2004). 궁극적으로 교육자는 학교폭력 문제를 해결을 선도하는 중심축이 되기 위해서 역량 강화를 해야 하며, 이를 통해 교내 심리적 및 신체적 안전 모두를 확보해야 한다.

참고문헌

Baldry, A. C., & Farrington, D. P. (2000). Bullies and delinquents: Personal characteristics and parental styles. *Journal of Community and Applied Social Psychology, 10*, 17-31.

Bauman, S., & Del Rio, A. (2006). Preservice teachers' responses to bullying scenarios: Comparing physical, verbal, and relational bullying. *Journal of Educational Psychology, 98*, 219-231.

Bear, G. G. (1998). School discipline in the United States: Prevention, correction, and long-term social development. *School Psychology Review, 27*, 14-32.

Boivin, M., & Hymel, S. (1997). Peer experiences and social self-perceptions: A sequential model. *Developmental Psychology, 33*, 135-145.

Boulton, M. J., & Smith, P. K. (1994). Bully/victim problems in middle school children: stability, self-perceived competence, peer-perceptions and peer acceptance. *British Journal of Developmental Psychology, 12*, 315-329.

Boulton, M. J., Trueman, M., Chau, C., Whitehand, C., & Amataya, K. (1999). Concurrent and longitudinal links between friendship and peer victimization: Implications for befriending interventions. *Journal of Adolescence, 22*, 461-466.

Boulton, M. J., & Underwood, K. (1992). Bully victim problems among middle school children. *British Journal of Educational Psychology, 62*, 73-87.

Bowers, L., Smith, P. K., & Binney, V. (1994). Perceived family relationships of bullies, victims, and bully/victims in middle childhood. *Journal of Social and Personal Relationships, 11,* 215-232.
Bullock, J. R. (2002). Bullying among children. *Childhood Education, 78,* 130-133.
Christensen, L., Young, K. R., & Marchant, M. (2004). The effects of a peer-mediated positive behavior support program on socially appropriate classroom behavior. *Education and Treatment of Children, 27,* 199-234.
Cowie, H., Smith, P., Boulton, M., & Laver, R. (1994). *Cooperation in the multi-ethnic classroom.* London: David Fulton.
Crothers, L. M., & Kolbert, J. B. (2004). Comparing middle school teachers' and students' views on bullying and antibullying interventions. *Journal of School Violence, 3,* 17-32.
Curriculum Review. (2004). Get the drop on bullying. *Curriculum Review, 44,* 7-8.
Dake, J. A., Price, J. H., Telljohann, S. K., & Funk, J. B. (2003). Teacher perceptions and practices regarding school bullying prevention. *Journal of School Health, 73,* 347-355.
Egan, S. K., & Perry, D. G. (1998). Does low self-regard invite victimization? *Developmental Psychology, 34,* 299-309.
Espelage, D. L. (2004). An ecological perspective to school-based bullying prevention. *The Prevention Researcher, 11,* 3-6.
Flynt, S. W., & Morton, R. C. (2004). Bullying and children with disabilities. *Journal of Instructional Psychology, 31,* 330-333.
Flouri, E., & Buchanan, A. (2003). The role of mother involvement and father involvement in adolescent bullying behavior. *Journal of Interpersonal Violence, 18,* 634-644.
Foschl, M., & Gropper, N. (1999). Fostering friendships, curbing bullying. *Educational Leadership,* 72-75.
Foschl, M., Sprung, B., & Mullin-Rindler, N. (1998). *Quit it! A teacher's guide on teasing and bullying for use with students in grades K-3.* New York: Educational Equity Concepts, Inc., Wellesley College Center for Research on Women, and NEA Professional Library.
Fox, C. L., & Boulton, M. J. (2003). Evaluating the effectiveness of a social skills training programme for victims of bullying. *Educational Research, 45,* 231-247.
Gerler, E. R., & Anderson, R. F. (1986). The effects of classroom guidance on children's success in school. *Journal of Counseling and Development, 65,* 78-88.
Goldbaum, S., Craig, W. M., Pepler, D., & Connolly, J. (2003). Developmental trajectories of victimization: Identifying risk and protective factors. In M. J. Elias & J. E. Zins (Eds.), *Bullying, peer harassment, and victimization in the schools: The next generation of prevention* (pp. 139-156). New York: Haworth.
Gottfredson, D. C. (2001). *Schools and delinquency.* New York: Cambridge.
Graham, S., & Juvonen, J. (1998). A social cognitive perspective on peer aggression and victimization. *Annals Child Development, 12,* 21-66.
Greene, M. B. (2006). Bullying in schools: A plea for measure of human rights. *Journal of Social Issues, 62,* 63-79.
Hazler, R. J. (1996). *Breaking the cycle of violence: Interventions for bullying and victimization.* Bristol, PA: Accelerated Development.
Hinshaw, S. P. (1992). Externalizing behavior problems and academic underachievement in childhood and adolescence: Causal relationships and underlying mechanisms. *Psychological Bulletin, 111,* 127-155.
Hodges, E. V. E., Boivin, M., Vitaro, F., & Bukowski, W. M. (1999). The power of friendship: Protection against an escalating cycle of peer victimization. *Developmental Psychology, 35,* 94-101.
Hoover, J. H., & Hazler, R. J. (1991). Bullies and victims. *Elementary School Guidance and Counseling, 25,* 212-219.
Johnson, R. T., & Johnson, D. W., (1994). An overview of cooperative learning. In J. S. Thousand, R. A. Villa, & A. I. Nevin (Eds.), *Creativity and collaborative learning: A practical guide to empowering students and teachers* (pp. 31-44). Baltimore: Brookes.
Katz, L., & Chard, S. (2000). *Engaging children's minds: The project approach* (2nd ed.). Stamford, CT: Ablex.
Kavale, K. A., & Forness, S. R. (1996). Social skills deficits and learning disabilities: A meta-analysis. *Journal of Learning Disabilities, 29,* 226-237.
Levin, D. E. (1994). *Teaching young children in violent times: Building a peaceable classroom.* Preschool-grade 3 violence prevention and conflict resolution guide. Cambridge, MA: Educators for Social Responsibility.
Levin, J., & Nolan, J. F. (2004). *Principles of classroom management: A professional decision-making model.* New York: Pearson.
Lewandrowski, L. J., & Barlow, J. R. (2000). Social cognition and verbal learning disabilities. *Journal of Psychotherapy in Independent Practice, 4,* 35-47.
Maeda, R. (2004). Empathy, emotion regulation, and perspective taking as predictors of children's participation in bullying. *Dissertation Abstracts International Section A: Humanities and Social Sciences, 64,* 3957.
Mishna, F. (2003). Learning disabilities and bullying: Double jeopardy. *Journal of Learning Disabilities, 36,* 336-347.
Myron-Wilson, R. (1999). *Parenting style: And how it may influence a child's role in bullying.* ERIC (No. ED429731).

Nabuzoka, D. (2003). Teacher ratings and peer nominations of bullying and other behaviour of children with and without learning difficulties. *Educational Psychology, 23*, 307-321.

Nicholson, J. I., & Pearson, Q. M. (2003). Helping children cope with fears: Using children's literature in classroom guidance. *Professional School Counseling, 7*, 15-21.

Nicoll, W. G. (1994). Developing effective classroom guidance programs: An integrative framework. *School Counselor, 41*, 360-364.

Olweus, D. (1993). *Bullying at school: What we know and what we can do.* Cambridge, MA: Blackwell.

Praeter, M. A., Bruhl, S., & Serna, L. A. (1998). Acquiring social skills through cooperative learning and teacherdirected instruction. *Remedial and Special Education, 19*, 160-172.

Reiman, A. J. (1998). The evolution of social role-taking and guided reflection framework in teacher education: Recent theory and quantitative synthesis of research. *Teaching and Teacher Education, 15*, 597-612.

Ross, D. (1996). *Childhood bullying and teasing.* Alexandria, VA: American Counseling Association.

Salmivalli, C., Lappalainen, M., & Lagerspetz, M. J. (1998). Stability and change of behavior in connection with bullying in schools: A two-year follow-up. *Aggressive Behavior, 24*, 205-218.

Smith, P. K., & Myron-Wilson, R. (1998). Parenting and school bullying. *Clinical Child Psychology and Psychiatry, 3*, 405-417.

Smokowski, P. R., & Kopasz, K. H. (2005). Bullying in school: An overview of types, effects, family characteristics, and intervention strategies. *Children in Schools, 27*, 101-110.

Stomfay-Stitz, A., & Wheeler, E. (2006). Welcome again to the peaceable classroom. *Childhood Education, 83*, 32E-33E.

Vaillancourt, T., Hymel, S., & McDougall, P. (2003). Bullying is power: Implications for school-based intervention strategies. *Journal of Applied School Psychology, 19*, 157-176.

Vaughan, W. (2002). Effects of cooperative learning on achievement and attitude among students of color. *The Journal of Educational Research, 95*, 359-364.

Vernberg, E. M., & Gamm, B. K. (2003). Resistance to violence prevention interventions in schools: Barriers and solutions. *Journal of Applied Psychoanalytic Studies, 5*, 125-138.

Warden, D., & Mackinnon, S. (2003). Prosocial children, bullies and victims: An investigation of their sociometric status, empathy and social problem-solving strategies. *British Journal of Developmental Psychology, 21*, 367-385.

Whitted, K. S., & Dupper, D. R. (2005). Best practices for preventing or reducing bullying in schools. *Children and Schools, 27*, 167-175.

Yoon, J. S. (2004). Predicting teacher interventions in bullying situations. *Education and Treatment of Children, 27*, 37-45.

Yoon, J. S., & Kerber, K. (2003). Bullying. *Research in Education, 69*, 27-35.

39
관심 공유법
KEN RIGBY

학교폭력에 대응하는 방법 중에서 아마 학생들 간의 이상적인 대인관계 원칙이나 덕목을 강조하는 방식이 제일 흔할 것이라 생각한다. 여기에는 사람을 수단이 아닌 목적으로 대하라는 발언도 포함된다. 즉, 개인은 무한한 가치를 지닌 존재이며, 어떤 사람이든 간에 존중과 수용을 받아야할 자격이 있다는 뜻이다. 이와 같은 맥락에서 2005년 호주 연방 정부는 호주 학교에서 반드시 가르쳐야 될 가치를 리스트로 만들어서 발표했다. 이 중, 일부는 대인관계와 관련된 덕목도 포함되어 있다. 예를 들면, 존중, 자비, 관심, 공평함, 책임감, 이해, 관용, 포섭이 제시되었다. 현재까지 이런 덕목에 대한 교육을 통해 호주 학생들 대인관계 양상이 얼만큼 개선되었지 가늠할 수 있는 근거가 제시되지 않았다. 미국에서는 학생들의 대인관계를 개선시키는 데에 교내 학생 유대관계 속에 존재하는 덕목을 강조하는 것이 핵심 방법이라는 주장도 나왔다(Cunningham, 2007). 스페인에서는 'conviviencia' 덕목을 강조한다. 이 덕목은 '단결, 의리, 협동, 조화, 상호이해, 어울림에 대한 정신'이라고 해석되고 있다(Ortega, Del Rey, & Mora-Merchan, 2004, p.169). 문제는 이런 이상주의자들이 제시한 덕목을 바탕으로 현실에서 프로그램을 실행시키는 방법인다.

가끔 실행가능할 법한 프로그램들이 우리 눈에 띄기도 한다. 제일 잘 알려진 방식은 우리가 근절하고 싶은 행동 유형을 파악해서, 부정적인 피드백 및 처벌을 하고 우리가 증진시키고 싶은 행동에 대해서 긍정적으로 강화하고 보상을 주는 방식이다. 이런 사고 방식은 오래전부터 이어져왔는데, 1920년대 Watson의 업적이 효시가 되었다. 그리고 1950년대 스키너가 이 개념을 더 발전시켰다. Olweus(1994)가 제안한 학교폭력 근절 사업 방식도 이 이론에 기초하고 있으며, 특히 Olweus 추종자와 미국에서 이 이론에 강한 신념을 가지고 있다. 아마 이 이론을 제일 깔끔하게 반영하는 프로그램을 꼽자면 오리곤주에서 실행되고 평가된 프로그램을 들 수 있겠다. 여기에서는 중학생들이 적절한 사회적 행동에 대해서 교육을 받는다. 학생들은 규칙을 관찰함으로써 사회적 행동에 대해 강화시키고, 규칙을 위반했을 때는 경하지만 일정 정도의 부정적 처분을 적용받는다. 사업 결과를 세심하게 평가했을 때, 학생들의 응답에 따르면 학생들의 신체적 또는 언어적 공격 사건이 유의하게 감소하지는 않았다(Metzler, Biglan, & Rusby, 2001).

교직원이 적절한 행동 강화 방법을 통해 학교폭력을 근절하겠다는 식의 접근법은 그 한계가 분명해졌다. 여기에 대한 한 가지 이유는 대부분의 학교폭력이 잘 감지가 되지 않는다는 것이다. 대부분의 학교폭력 사건은 교사들의 레이더망 내에 들어오지 않는다. 하지만 학교는 학생들에게 학교폭력을 당하면 언제든지 즉각 알리라고 열심히 다그친다. 따라서 대부분의 학교폭력 사건에 대해서는 부정적인 피드백을 넣을 수 없다. 더 나아가 교사들이 문제 행동에 대해 충분히 효과적인 피드백을 집행할 수 있는 역량이 되지 않는다는 것도 이유 중에 하나다. 학생들 입장에서는 다른 학생들을 지배할 수 있고 지지 집단에서 동경심을 이끌어내서 얻는 만족감이 제한된 처벌 수단만 행사할 수 있는 학교 당국이 주는 영향력 보다 훨씬 클 것이다. 학교폭력 근절을 위해 처벌적인 접근을 시도하였으나 결과가 만족스럽지 못하자, 대다수 교육자들은 이 문제를 해결할 수 있는 좀더 효과적인 방법을 찾아나서기 시작했다.

그래서 교육자 대다수는 학생들 간의 긍정적 대인관계 증진에 역점을 두기 시작했다. 가해자/피해자 문제에 종종 휘말리는 아이들이 대체로 협력성 면에서 부족하다는 근거가 제시되었다(Rigby, Cox, & Black, 1997). 그래서 이런 문제는 학교에 협력적 학습법을 도입하면 해결될 수 있다는 주장도 나오고 있다(Cowie, Smith, Boulton, & Laver, 1994). 이를 통해 학교폭력에 취약한 학생들은 다른 사람들과 좋은 관계를 맺고 협력할 수 있다면 자신의 개인적인 목적도 더 효과적으로 달성할 수 있다는 점을 깨닫게 할 수 있다. 학생들 중 또래 지지자로 선발해서 학교생활에 어려움을 겪는 다른 학생들을 돕게 한다면, 이 또한 교내 배려 문화를 이끌어내는 데에 도움이 된다(Menesini, Codecasa, & Benelli, 2003). 학교폭력 방관자들도 학교폭력 상황에서 효과적으로 중재할 수 있게끔 훈련시킬 수도 있다(Rigby & Johnson, 2006; Rigby). 일부 학교에서는 이미 이런 전략을 도입하여 학생들의 대인관계를 개선시키고자 노력하고 있다.

하지만 학교폭력 감소를 위해 교육적 및 예방적 노력을 세심하게 기울이고 있지만, 막상 교사들이 학교폭력 사건을 마주하면 효과적으로 대응해내지 못하거나 심지어 역효과가 발생하는 경우도 있다. 학교폭력 피해를 입고 교사들에게 신고한 영국 학생들 반응을 들어보면, 45%는 학교폭력 사건을 막지 못했다고 응답했으며, 16%는 오히려 더 악화된 것으로 응답했다(Smith & Shu, 2000). 호주에서도 비슷한 연구가 진행되었는데, 초등학교보다 중고등학교에서 훨씬 결과가 부정적으로 나왔다(Rigby & Barnes, 2002). 아이가 나이가 들수록, 교사들이 학교폭력 피해자를 도와주는 것이 훨씬 더 어려워진다.

교사가 학교폭력 사건을 마주했을 때 어떤 조치를 취해야 되는지에 대해서는 아직 정립된 바가 없다. 요약하자면, 덕목과 이상향을 강조하는 것만으로는 답이 되지 않는다. 규칙을 규정해 놓고 이에 따라 상벌로 다스린다는 제일 '흔한' 방법론도 실질적으로 효과적이지 않았다. 협력적 학습법을 통한 협력성 증진, 또래 지지자 훈련, 방관자에 대한 개입 등은 학생들의 대인관계 개선에 있어 효과적이나 제한적이다. 그래서 만약 상담사나 교사가 학교폭력 사건을 마주하거나 학교 당국이 학교폭력에 관해 행동을 보이기 시작한다면, 무엇을 해야할까?

가해 학생의 심리

학교폭력 사건에 대응하기 위해서, 우리는 가해자들이 어떤 사람들인지에 대해 현실적인 그림을 갖고 있어야 한다. 사실 가해자가 어떤 인물인지에 대해서는 의견이 분분하다. 심지어 일부에서는 굉장히 단순하고 오해가 많이 포함되어 있는 경우도 있다. 대체로 가해자는 사악하고 가증스러우며, 사회적 기술이 부족하고, 자존감이 낮으며, 공감 능력이 부족하고, 겁쟁이에다 양심의 가책도 못 느끼며, 처벌로 위협하지 않으면 통제되지 않을 것이라는 시각이 지배적이다. 하지만 절대 용서할 수 없는 괴물 같은 이미지는 그리 근거가 없다. 일부 아이들은 실제로 학교폭력을 그만둔다. 그리고 좀 더 명확히 해야 될 부분이지만, 가해 학생들은 사회적 기술이 결여되어 있고 적절하게 행동할 능력이 되지 않는다는 시각도 흔한 오해 중 하나다. 물론 일부 사례에서는 맞는 이야기지만, 대부분의 학교폭력 가해 사례의 경우, 특히 은밀하고 간접적인 유형의 경우에는 상당히 높은 수준의 사회적 기술이 필요하다. 그리고 대부분의 교육자와 기타 전문가들은 가해 학생들이 자존감이 낮다고 믿고 있지만 이 또한 사실이 아닐 가능성도 높다(예: Slee & Rigby, 1993; Callaghan & Joseph, 1995). 아부 같은 말로 가해 학생들의 기를 살려줌으로써 다른 아이들을 괴롭히지 않도록 유도한다는 전략은 상당히 착오적인 전략이라고 본다. 가해 학생들이 공감 수준이 낮고, 특히 피해자에 대해서는 더욱 그러하다는 근거가 있기 때문에, 이런 전략이 쉽게 통할 것이라 믿지 않도록 해야 한다. 마지막으로, 우리는 처벌적인 방법으로 가해 학생들을 따로 관리하는 것이 효과적이지 않다는 점을 목격해왔다.

논란이 되고 있지만, 교사가 누군가를 괴롭힌 학생을 독대했을 때, 심리학 연구에서 통계학적 방법으로 일반화된 가해자 이미지를 가지고 대응하는 것은 효과 면에서 제한적일 뿐만 아니라 일부 사례에서는 부적절할 수 있다. 차라리 어느 누구라도 특정 상황에 맞물리면 다른 학생을 괴롭힐 수도 있다고 가정하는 것이 더 낫다. 물론 일부 아이들은 학교폭력 행위에 더 유전적으로 취약한 듯한 경향을 보이기도 하지만(Ball 등, 2008), 사회적 또는 문화적 또는 또래집단이 주는 영향력 때문에 가해 행위에 취약하지 않은 아이들이라고 하더라도 가해 행위를 저지르는 경우가 생길 수 있다. 물론 가해 학생을 무조건 용서해주라는 뜻은 아니다. 그보다 이런 관점을 지니고 있으면 개별 학생들의 시각을 이해하는 데에 도움이 된다는 정도로 받아들이면 된다.

우리가 더 생각해야 될 점으로는 가해 학생이 피해자에 대해 갖는 태도다. 가해 학생들은 피해자에 대해 항상 고정적이고 똑같은 태도를 지니고 있는 것은 아니다. 실제로는 당시 기분이나 상황에 따라서 기복이 있다. 물론 이런 점은 우리 모두한테도 해당되는 말이다. Ouspensky(1950)의 주장대로, 개인은 다양한 자아상을 가지고 있어서, 여러 버전의 자아상이 모여 비로소 '나'라는 개념을 이룬다. 따라서 상황에 따라 세부적인 자아상을 선별적으로 활성화시킨다는 것이다. 이런 특성은 청소년의 경우 특히나 더 잘 해당된다. Logan Pearsall Smith(1931)는 다음과 같이 말했다. '젊은이들을 비웃는 척 하지 마라. 그는 자신의 진짜 모습을 찾기 위해서 한 모습에서 다른 모습으로 기만하려는 과정에 있을 뿐이다.'

우리는 가해 학생에 대해 고정된 이미지를 갖고 싶어하고 또 그 학생에 대해 이미 다 파악했다고 믿고 싶은 유혹이 생겨난다. 물론 우리가 통찰력 있는 사람일 수는 있지만, 가해 학생을 파악하는 데에 있어서는 그렇지 아니하다. 왜냐하면 가해 학생은 끊임 없이 변하고 있기 때문이다. 아마도 이런 변화의 가장 중요한 요인 중 하나는 가해 학생의 친구나 지지 집단이 존재하는지 여부다. 물론 물리적으로 존재할 수도 있고, 물리적으로 당장에 지지해주는 사람이 없더라도 이 사건을 영웅담처럼 들어줄 사람들이 존재할 것이라고 믿는 경우도 포함한다. 안타깝게도 우리는 가해 학생이 개별적인 존재라고 착각하려는 경향이 있다. 실제로 가해 학생은 어떤 집단에 소속되어 있으면서 자신의 정체성을 형성하고 또 유지한다. 가해 학생을 잘 이해하기 위해서는 친구들, 가족, 학교, 지역사회 내 지인 등과 같은 가해 학생의 주요 지인들과의 관계를 잘 파악해야 한다. 한 학생의 사고방식은 이들 지인한테 영향을 받았을 가능성이 높다. 물론, 가해 학생이 자기가 생각하는 타인의 기대에 영향을 받는 것은 사실이지만, 그렇다고 해서 실제로 그 다른 지인들이 가해 학생처럼 믿는 것은 아닐 수도 있다는 점은 꼭 기억해야 한다. 많은 사람들이 소위 '다원적 무지(pluralistic ignorance)'로 고통받고 있다. 다원적 무지는 어떤 집단 구성원들이 대부분 자기 마음속으로는 어떤 규범을 인정하지 않지만, 다른 대부분의 사람들은 그 규범을 수용하고 있다고 잘못 여기는 경우를 뜻한다(Miller, 1987). 한 사람을 이해하기 위해서 우리는 그 사람이 어떤 식으로 다른 사람들의 사고방식을 이해하고 있는 지 알아야 한다.

그리고 학교폭력을 저지르는 아이들이 한 가지 이유만으로 가해 행동을 멈춘다고 보는 것도 오해다. 실제로는 여러 동기가 섞여있다. 보통 가해 행위로 인한 이득보다 손해가 더 많다고 지속적으로 느꼈을 때 그만둔다고 본다. Kelman(1958)이 제시한 대로 지속적으로 지도감독 하에 가해 학생을 두고 있으면 당연히 행동 변화가 일어나면서 순응하게 된다. 하지만 일반 학교 환경에서 이런 밀도 있는 지도감독을 하는 것은 대체로 불가능하다. 또 다른 방법으로는 학교폭력을 반대하는 신념을 지닌 사람과 동일시하는 것이다. 이를 통해 가해 아동이 피해자 입장에서 공감을 할 수 있게 되면 다른 사람들을 더 이상 괴롭힐 수가 없다. 오히려 피해자를 지지하는 쪽으로 실천하는 사람을 굉장히 동경하게 될 수 있다. 이런 존경심이 유지되는 한 학교폭력은 더 이상 지속되지 않는다. 결국 아이들은 타인에 대한 관용이나 수용 같이 학교폭력과 거리가 먼 덕목을 내재화하여 학교폭력을 자발적으로 그만두게 될 것이다.

가해 학생과 관계 맺기

가해 사실이 있는 학생들을 마주했을 때, 대응하는 방법을 몇가지로 구분해 볼 수 있다. 지난 수십 년간 제일 흔한 대응 방식은 어떤 일이 있었는지 조사하고, 비난을 하고 죄책감을 심어주며, 엄격한 판단과 이에 따른 처분을 내리는 것이었다. 지금도 교사들이 아이들이 다시는 학교폭력을 저지르지 않도록 지배하려 들거나 위협하는 장면을 심심찮게 목격할 수 있다. 이런 접근법이 효과적이며 반응이 빨리 나타난다는 오해도 퍼져있다. 우리가 알아본 바로 효과적인 경우가 거의 없었다. 특히, 고학년 학생일 수록 더 그러하고, 이런 방법이 성공하려면 처벌 받은 학생들을 감시하는 데에 상당히 많은 노력과 시간을 들여야 하기 때문에 소모적인 모임을 자주가지게 된다. 두 번째 방법은 가해 학생에게 지은 죄를 인정하고 자신이 한 행동으로 초래된 결과를 받아들이라는 방식이다. 여기에서는 가해 학생이 피해자에게 사과든 배상이든 관계 회복을 위해 뭔가 조치를 취해야 한다. 이 방법의 요지는 가해자에게 고통을 더하게 하는 것보다 손상된 관계를 회복시킨다는 것이다. 소위 '회복적 정의'라고 불리는 방법으로 전통적인 방법에 비해서는 한 걸음 진일보한 것으로 보인다. 하지만, 죄책감을 인정하고 수치심을 표현하는 것도 보통 교사들이 정교하게 유도하기 때문에 가능하다. 따라서 죄책감의 진정성이 부족할 수도 있고 행동 개선이 잘 유지되지 않을 수도 있다. 물론 교사 입장에서는 처벌한다는 의도는 없을지라도, 회복적 정의 과정을 소화하는 학생 입장에서는 처벌로 느낄 수도 있다. 무엇보다 교사는 가해 학생의 모습을 현실적으로 파악하고 있지 않기 때문에, 가해 행동으로 이끄는 여러 밑바탕 동력을 이해하는 데에 실패하게 된다.

경 청

교사와 강사들은 큰 맥락에서 보면 자신이 배운 것과 해야 되는 것을 다른 사람에게 전달하는 역할로 훈련받은 사람들이다. 안타깝게도, 이런 습관은 다른 사람을 도와주는 데 있어 반드시 필요한 '이해 과정'을 방해하는 꼴이된다. 옛날 실존주의 작가 키에르케고르는 우리가 누군가를 도와주기 위해서 필요한 것들에 대해 이렇게 말했다(Bretall, 1973, pp.333-334).

> 만약 어떤 사람에게 명확한 입장을 갖추게 하도록 성공적으로 이끌기 위해 노력하고자 한다면, 무엇보다도 그 사람이 어디에 있으며 또 어떻게 해서 거기서부터 있어왔는지를 알아내기 위해 수고를 아끼지 않아야 한다.

이렇게 수고를 아끼지 않는 사람은 거의 없다. 가해 학생과의 첫만남은 대체로 이렇게 시작한다. '잘 봐!

니가 무슨 잘못을 했는지! 앞으로 어떻게 할꺼야?' 키에르케고르의 대답은 아래와 같다.

> 다른 이를 효과적으로 돕고자 한다면 나는 그 사람 본인보다 더 잘 이해하고 있어야 한다. 물론 이 과정이 제일 우선이다. 나는 그가 이해하고 있는 것을 반드시 이해해야 한다. 만약 이런 이해 과정이 없다면, 내가 그 사람보다 더 큰 지혜를 지니고 있다고 하더라도, 그 사람에게는 전달되지 않는다. 그런데 내 지혜가 더 크다고 자위하려고 한다면, 내가 도움이 되지 않았거나 내가 자만에 빠져있기 때문이다. 그래서 내 마음 깊은 곳에는 그를 도와주고자 하는 마음 대신, 내가 존경받고 싶은 마음이 자리잡게 된다. 진정 효과적인 도움을 주고자 한다면, 먼저 나를 낮추어야 한다. 도움을 주고자 하는 사람은 자신에 대해서 겸손해져야 한다. 이를 바탕으로 도움은 그 사람의 주인이 되고자 하는 것이 아니라 봉사하는 것임을 깨달아야 한다. 또한 도움은 야망을 품는 것이 아닌 인내하는 과정이며, 그 사람이 타인이 이해하는 것을 이해하지 못하면서 자신은 곤란한 처지에 있다는 비방과 책임 전가를 하는 시간을 인내하는 것이다.

마지막으로 키에르케고르는 곤란에 빠져있으면서 몹시 화가 난 이들에게 눈을 돌린다. 여기서는 가해 학생으로 간주할 수 있다.

> 열정적으로 화가 나 있는 사람 한 명을 예로 들어보자. 그리고 그 사람이 정말 곤란한 처지에 있다고 가정해보자. 당신이 아닌 그 사람이 당신을 가르쳐야 될 것 같은 분위기에서 대화를 시작할 수 없다면, 또 그 사람이 당신 말을 듣기에는 너무 조급해서 그 사람이 먼저 말하도록 놔두도록 하지 않는다면, 그래서 그 사람이 당신이 사근사근하게 또 매력적으로 자기 이야기를 들어준다고 느끼지 않는다면, 당신은 결코 그 사람을 도와줄 수 없을 것이다.

교사는 가해 학생을 비난하기 위한 이유를 찾아내는 것이 진정한 목적이 아니라는 점을 반드시 숙지하고 있어야 한다. 만약 가해 학생과 이야기하는 과정에서 경청의 기술을 발휘하지 못한다면, 그 교사는 자기 눈 앞에 실재하는 그 학생과 상대하고 있는 것이 아니다. 오히려 그 교사는 현실 근거가 약한 모종의 추상적 관념과 씨름하고 있는 것이다.

학교폭력에 대응하는 기술: 관심 공유법

위에서 추정해본 가해 학생의 본성과 부합하면서도 기존 방식을 대체할 방법으로 관심 공유법(the Method of Shared Concern)이 있다. 이 방법은 Anatol Pikas(1989, 2002)의 업적을 바탕으로 이루어졌다. 이 방법론에 대한 자세한 설명을 찾으려면 Smith & Sharp(1994)와 Rigby(2002, 2005)의 연구를 참고하기 바란다.

요약하자면, 관심 공유법은 다음과 같이 작동한다. 일단 학교폭력 사건은 중등도의 심각성을 지닌 사건으로 인식한다. 즉, 별 것 아니라는 입장도 취하지 않고, 대단한 범죄 행위 같이 심각한 입장도 취하지 않는다. 신고 내용이나 직접 관찰한 소견을 근거로 학교폭력에 관여되었을 것이라 추정되는 사람들을 개인적으로 면담한다. 이때 면담하는 사람은 관심 공유법 실무자로, 보통 학교 상담가나 심리사가 맡게 된다. 실무자는 해당 학생이 겪는 스트레스에 대해 관심과 염려를 공유하고, 그 학생이 학교폭력 상황에 대해서 어떤 것을 알고 있는지 또 어떤 상황이었는지 묘사하도록 한다. 중요한 것은 무비판적인 자세를 유지하는 것이다. 일단 해당 상황에 대해 어느 정도 정보가 파악되었으면, 스트레스를 받은 학생에게 어떤 조치를 취해줄 수 있는지에 주목한다. 학생이 직접 해결책을 제안할 수도 있고 이를 따뜻하게 수용한다. 이후 후속 모임을 통해 상황이 어떻게 돌아가는지 모니터링한다. 실무자는 세심하게 경청하면서 피해자에게 호의적인 태도를 유지한다. 그러면서 그 학생이 어떤 방식으로든 갈등을 촉발시켰는지 여부도 확인한다. 확실한 진척을 이뤄내기 위해서 가해 용의자 학생들도 개별적으로 만남을 이어간다. 만약 실무자가 느끼기에 충분한 진척이 이루어졌으면, 가해 용의자들로 구성된 집단 모임 시간을 가질 수 있다. 이 모임에서 실무자는 그간 용의자들이 이뤄낸 긍정적인 행위에 대해서 인정하고, 피해 학생과 함께 하는 마지막 모임 시간에 대해 준비할 수 있도록 한다. 피해 학생들이 허락하는 범위 안에서, 피해 학생은 가해 학생들의 모임에 초대 받아서 학교폭력을 끝낼 수 있는 최종적인 해결책을 도출한다.

예 시

다음은 가상의 사례를 가지고 본 방법론을 설명하고자 한 것이다. 진수라는 학생이 다른 남학생 3~4명한테 괴롭힘 당하고 있다고 상황을 가정해 봤다. 이 예시에는 각 상황에 대한 코멘트와 관찰 정보도 포함되어 있다.

> 관심 공유법 실무자 눈에는 사춘기 청소년 진수가 분명히 학교폭력을 당하고 있으며, 가해자나 방관자로 있었던 학생들이 다수 있었다. 그래서 해당 학생들이 이 문제를 풀 수 있을 것이라는 생각이 들었다.
>   모든 학생을 순서대로 돌아가며 개인적으로 면담을 했다. 제일 처음에는 주도자로 의심되는 학생부터 면담을 시작했다. 면담은 방해받지 않을 만한 개인적인 공간에서 진행했다. 학생들과 원만하게 접촉하고 학생들한테 쓸데없는 의심을 사지 않기 위해, 면담 중에는 노트같이 기록할 만한 물건들을 지참하지 않았다.
>
> **실무자**: 최근에 진수가 힘든 시간을 보내고 있다고 하더구나. 난 진수가 꽤 걱정되더라. (실무자는 왜 진수가 힘든 나날을 보내고 있는지 이유를 계속 설명했다. 그리고 학생에게 직접 물어본다: 너는 알고 있었는지 궁금하네? 비난을 암시할 만한 발언은 조금이라도 하지 않았다.)
> **학생**: (오랜 침묵, 실무자는 기다린다!) 걔는 요즘 거의 혼자 지내긴 하더라구요. 최근 며칠 동안은 기운 없어 보이긴 해요. (진수한테 뭔가 문제가 생겼을 거란 의견에 전면 부정할 때도 있을 수 있다. 만약 이런 부정하는 반응이 나타나면, 실무자는 해당 학생이 진수를 마주하는 상황이 어떤지 탐색해봐야 한다. 또한 이런 상황 속에서 해당 학생은 진수와 어떻게 어울리며 또 어떤 식으로 상호작용하는지도 탐색한다. 보통은 해당 학생은 피해자 친구와 관계가 썩 좋지 않았다는 점을 밝히게 된다. 또한 지금 사례의 경우 진수 같은 피해 학생은 최근에 생긴 사건 때문에 불행하다고 느낄 수도 있다는 점도 밝힐 수 있다. 중요한 점은 이런 소감이 면담 도중 자연스럽게 나타나야지 압력을 넣어서 얻어내는 꼴이 되어서는 안 된다.)
> **실무자**: 진수 입장에서는 별로 좋지 않겠어.
> **학생**: 아마 그럴 거에요. (해당 학생은 진수한테 했던 행위에 대해서 변명하거나 합리화할 수 있다. 이때 실무자는 그냥 경청하기만 한다.)

진수의 고충에 대해 충분히 서로 인지가 되었으면, 실무자는 다음 단계로 넘어간다. (만약 실무자가 누군든지 벌을 주려고 하는 것이 아니라는 점을 명확히 밝히면 해당 학생과 좀 더 협력적으로 일을 할 수 있다.)

실무자: 진수가 더 나아지기 위해 너나 내가 해줄 수 있는 게 뭐가 있는 지 궁금해.
학생: (오랜 침묵) 글쎄요. 제가 진수랑 카톡해서 어떻게 지내는지 물어볼 수는 있을 것 같은데요… (침묵) 아니면 최근에 진수를 좀 놀려댔던 친구가 있는데, 그 애랑 얘기를 좀 해볼 수 있을 것 같아요. 걔 때문에 진수가 좀 괴로워했거든요. (이 단계에서 해당 학생은 개인적으로 자기가 다른 사람을 괴롭혔다는 것을 인지하지 못하는 경우가 많다. 이런 때 실무자가 가해 행위를 인정하라고 압력을 넣어서는 안 된다.)
실무자: (인색한 느낌 없이 시원하게 긍정적으로 반응하면서) 좋은 방법인 것 같아. 그러면 나도 진수한테 도움을 줄 수 있는 학생들 좀 찾아서 대화를 해봐야겠어. 그리고 너랑도 다음에 또 만나서 진수랑 어떻게 지내는지도 이야기 들어볼게. (해당 학생과 약속을 잡아서 하루나 이틀 뒤에 다시 만나도록 한다.)

이 외의 방식

물론, 이런 상호작용은 다른 방향으로 전개될 수도 있다. 예를 들면, 가해 용의자는 진수의 고충을 부정하거나 진수와의 관계에 대해서 토론하는 것을 일체 거부할 수도 있다. 이런 반응은 정말로 몰라서 그런 것일 수도 있지만, 대부분의 경우는 협조하기 싫어하기 때문이다. 물론 처벌하지 않겠다고 분명히 약속해도 비협조적으로 나올 수 있다. 이런 경우 실무자는 관심 사항을 다시 반복할 필요가 있다. '아무튼 오늘은 이런 이야기를 하고 싶지 않나 보구나. 나중에 다시 이야기하자.' 그리고 그 다음 면담 약속을 잡아야 한다.

가끔 학생들은 노골적으로 피해자와 개인적인 관계가 전혀 없으며 다른 누군가가 진수를 괴롭히고 있다고 말할 수 있다. 이런 경우 실무자는 '글쎄, 넌 '갑'이라는 학생한테 영향력이 있다고 하던데? 선생님은 네가 학생 갑이랑 얘기나눠볼 수 있지 않을까 생각해. 다른 사람은 몰라도 학생 갑은 니 얘기를 들어줄 수 있을 것 같거든.'라고 대응해 볼 수 있다.

일부 사례에서는 해당 학생들이 자신이 어떻게 해서 면담에 뽑히게 되었는지 물어볼 수 있다. 이 대목에서 실무자는 진수가 해준 이야기를 토대로 해당 학생을 부른 것이 아니라 해당 학생이 진수를 알고 있기 때문에 진수의 문제를 해결하는 데에 좀 더 개연성 있는 정보를 얻을 수 있을 것이라 기대해서 면담하게 되었다고 분명히 밝혀야 한다.

이후 학교폭력에 연루되었을 것이라 의심되는 학생들을 모아서 다같이 면담을 한다.

피해자와의 면담 피해자 면담은 가해자 모두와 면담을 다 끝낸 다음에 실시한다. 면담자는 관심을 표현하는 것으로 면담을 시작해야 하며, 지난 일에 대한 공감과 지지를 표현한다. 피해자는 대체로 가해자에 대한 비난을 꺼려하는데, 오히려 상황을 더 악화시킬 수 있을 지 몰라 걱정하기 때문이다. 하지만 그 누구도 이런 면담으로 처벌 받지 않는다는 점을 피해자가 알게 되면 이런 걱정을 덜 수 있다. 이후 피해자 스스로 학교폭력 상황을 자초한 행동을 했는지 알아본다. 이런 경우 자극적 피해자(provocative victim)라고 볼 수 있다. 하지만 이런 과정에서 절대 피해 학생을 비난하는 발언을 해서는 안 된다. 이후 면담자는 가해 학생들 각각 모두 만나서 면담했으며 결과적으로는 서로 다 협력해주기로 했다는 점을 알려준다.

각 가해 학생과의 후속 면담   후속 면담은 그간 진척이 있었는지 확인하고, 없었으면 진척이 이루어지도록 작업한다. 만약 실무자가 진척 상황이 만족스럽다고 느끼면, 가해 용의자들과의 집단 면담에 연결시키도록 한다.

전체 집단과의 모임   이 모임을 통해 각 학생들은 그간 이룬 진척 사항에 대해서 칭찬과 인정을 받고, 각 학생들이 제시한 제안에 대해서 반응을 해준다. 또한 마지막 모임에 피해자 학생을 초대하는 제안도 나올 수 있다. 만약 이런 제안이 자발적으로 나오지 않으면, 실무자가 피해자를 초대하자고 제안한다. 이 과정을 통해 마지막 모임에서는 학생들의 자발적인 협력을 통해 문제를 해결할 수 있다는 전제를 깔고 있다. 가해 용의자들에게 거듭 안심시켜 줌으로써 가해 용의자 학생들이 피해자에게 긍정적인 방식으로 행동할 수 있도록 한다.

피해자와의 후속 면담   진수는 마지막 모임에 초대받는다. 이 때 불쾌할 만한 일은 없을 것이며, 학생들 모두 문제 해결을 위해 노력할 것이라고 안심시켜준다. 그렇다고 해서 피해자에게 억지로 이런 모임에 나오라고 강요하는 꼴이 되어서는 안 된다. 실무자와의 신뢰관계가 형성되어 있으면 자연스럽게 가능해진다.

최종 집단 모임   이 모임에서는 모든 갈등이 해소되고, 모든 학생들은 문제 해결에 대한 성취감을 느낀다. 단, 피해자가 자극적으로 행동해서 학교폭력을 유발할 경우, 양쪽 모두가 행동 양상을 수정하는 쪽으로 실무자가 중재해줘야 한다. 즉, 실무자는 중재자로서의 역할을 잊어서는 안 되고, 학생들이 서로 협의를 할 수 있도록 돕는다 (절대 강요하는 방식으로 가서는 안된다). 만약 가능하다면 이런 협의 사항을 일종의 계약서처럼 작성하여, 앞으로 서로 과거와 같은 방식으로 대우하지 않겠다고 한다.

관심 공유법의 전제

본 방법론의 토대가 된 전제가 여러 가지가 있다.

1. 가해 학생은 다른 아이들처럼 자신의 행위에 대한 중요성을 판단하는 방식이 유동적이다. 상황이 달라지면, 또 시간이 흐르면 가해 행위에 대한 시각이 달라진다. 예를 들면, 피해자의 행동에 대해서 피해자 스스로가 자초한 일이라고 합리화했다가, 잔인한 행동이었다고 생각했다가, 그냥 장난으로 한 행동이라고 여겼다가, 심각하게 잘못된 행동이었다고 느낄 수 있다. 치료적인 면담을 진행하다 보면, 아이들이 자신의 생각을 되돌아 볼 수 있도록 도울 수 있다. 이를 통해 아이들은 좀 더 사회적으로 바람직하고 안정적이고 현실적으로 자기 생각과 감정의 흐름을 조망할 수 있다.
2. 실무자가 1:1로 만나게 되면 좀 더 즉각적으로 가해 학생에게 영향을 줄 수 있다. 만약 가해 학생들을 집단적으로 만나게 되면, 또래집단 규범에 순응하려는 무언의 압력 때문에 변화를 일으키기 힘들다. 따라서 본 방법론에서는 가해자로 추정되는 학생들을 개별로 만나서 면담하는 것으로 시작하며, 이를 통해 사건이 어떤 식으로 발생했는지 개개인 별로의 관점을 파악한다.
3. 만약 해당 학생들이 학교폭력 행위에 대해서 비난 받으면, 대체로 방어적으로 변하면서 건설적으로 생각하려는 동력이 사라진다. 피면담자의 욕구를 이해한다는 기조와 일치되도록, 실무자는 무비판

적인 견지를 유지한다. 학교폭력 피해 학생의 행복에 대한 진정성 있는 관심의 메시지를 전달한 뒤, 실무자는 무판단적인 태도로 경청한다.
4. 처벌이나 처벌에 대한 위협을 표현하는 것은 통합적이고 영속적인 해결책 수립에 별 도움이 되지 않는다. 폭력을 행사하고 싶은 욕구는 계속 잔존하는 경우가 많고, 폭력 방식도 더 은밀해지고 간접적인 양상으로 변모하기 때문에 모니터링하기 어려워진다. 관심 공유를 통해 문제 해결에 대한 자발적인 협의를 이끌어내서, 그 해결책이 오랫동안 유지될 수 있도록 한다.
5. 공감 능력이 없는 학생은 거의 없다. 이는 학교폭력에 가담한 학생들의 경우에도 마찬가지다. 물론 가해 학생들의 공감 능력이 제한적일 수도 있지만, 실무자는 피해자 학생의 고충을 일으키는 조건들에 초점을 맞추면서, 해당 학생이 피해 학생의 고충을 인지 할 수 있는 방향으로 작업한다.
6. 학생들은 자신의 행동에 대해 내적 갈등이 있다. 학교폭력에 가담하는 학생들은 또래집단의 규범에 따라야 될 것 같은 압력을 느끼는 경우, 마음이 종종 불편해지는 경험을 겪는다. 면담을 통해서 학생들이 이런 사회적 압력에서 벗어나 자유롭게 자신의 관심사를 탐색할 수 있도록 도울 수 있다.
7. 만약 고충을 인지했으면, 이를 극복했노라고 말하고 싶어지는 것이 자연스런 반응이다. 실무자와 해당 학생이 협력해서 고충을 경감시킬 수 있도록 노력할 수 있다. 보통 학생 쪽에서 먼저 제안이 나오게 되며, 면담자는 이를 강화시킬 수 있다.
8. 만약 피해자가 가해 집단에 불리한 정보를 제공해줬다는 인식이 있으면, 면담에 대해서 비협조적으로 나오게 된다. 따라서 피해자를 먼저 만나지 않도록 유의한다. 학교폭력 사건에 대한 정보는 일단 가해자들을 개별적으로 만나서 수집한 뒤에, 제일 마지막에 피해자를 만나서 그간 수집한 정보를 좀더 명확하게 확인해보는 정도로 작업한다.
9. 가해 학생들이 면담 후에 실제로 도움이 되는 행동을 하는 지에 대한 근거를 수집해야 한다. 이런 근거를 바탕으로 진척 여부를 결정한다. 따라서 진척 상황 평가는 세심하게 이루어져야 한다. 이런 과정으로 진척을 확인하고 나서야 집단 모임을 주선한다.
10. 학교폭력은 주로 집단적 맥락에서 발생한다는 점을 유념한다. 따라서 학교폭력의 동력은 집단이 갖는 영향력에서 비롯된다. 따라서 집단 내 모든 학생들이 문제 해결에 대해서 협의가 이루어져야 하고, 이를 위해 집단 모임을 만든다. 처음에는 가해 용의자들로 구성했다가, 나중에는 피해자를 포함해 모든 관계된 학생들이 모임에 참석한다.
11. 긍정적 강화는 처벌 보다 훨씬 더 효과적이고 더 사회적으로 바람직하기도 하다. 학생들이 건설적인 행동 방침을 스스로 제시하거나 실천하는 등 긍정적인 행위를 하면, 학교폭력이 근절되는 방향으로 강화를 해준다. 이를 통해 학생들은 좀 더 긍정적인 행동 방식에 대해 동의할 수 있게 되고, 해결책 또한 오랜 기간 지속될 수 있다.
12. 갈등을 해소하기 위해서는 가해자와 피해자 모두 행동 방식이 변해야 된다. 학교폭력의 씨앗이 될 만한 조건들을 실무자의 중재법을 통해서 제거하도록 한다. 일단 서로 앞으로 어떻게 행동해야 될 지에 대해 협의가 이루어지면, 학교폭력 사건은 재발할 가능성이 떨어진다.

관심 공유법의 평가

지금까지 살펴본 대로 관심 공유법에서는 가해자의 본성에 대한 이해와 학교폭력에 관계된 아이들에 대한 대우 방식이 독특한 전제를 바탕으로 하고 있다는 점을 알게 되었을 것이다. 이런 점은 다른 접근법에서도 마찬가지이다. 예를 들면, 처벌적인 접근을 취하는 훈계적 방법론에서 아이들을 대우하는 고유의 방식이 있으며, 이 방식으로는 학교폭력을 근절하기가 어렵다. 회복적 정의에서는 아이들이 자신의 행동에 대해서 부끄러워하고 자신이 저질러 놓은 짓에 대해 반성하게 되면 학교폭력이 멈출 것이라고 가정한다. 하지만 이들 접근법의 효과성에 대해 결론을 내릴 수 있을만큼 아직 확고한 근거는 나오지 않았다. 하지만 관심 공유법은 영국에서 두 연구를 통해 평가를 받은 적이 있으며, 대부분의 사례에서 효과적인 것으로 나타났다(Smith & Sharp, 1994; Duncan, 1996). 관심 공유법은 다양한 프로그램에 접목되어 활용되고 있으며, 호주와 스페인 내 선별된 학교들의 자료를 보면 유의한 수준으로 학교폭력이 감소했다(Ortega & Lera, 2000). 물론 이런 긍정적인 결과는 핀란드 학교에서도 나타났다(Salmivalli, Kaukiainen, Voeten & Sinasammal, 2004). 그럼에도 불구하고 여전히 효과성 연구가 부족하다. 본 저자는 본 방법론의 효과성을 검증하기 위해 호주 연방 정부의 지원을 받아 호주 20개 학교에서 연구를 진행 중이다.

실무를 위한 제언

위에 인용한 대로, 관심 공유법이 학교폭력 해소에 도움이 된다는 근거가 계속 축적되고 있다. 하지만 관심 공유법을 도입하기 전에 몇가지 갖추어야 할 조건이 있다(표 39.1)

첫째, 실무자는 관심 공유법을 실행하는 절차에 대해서 완벽하게 숙지해야 한다. 어떤 문제에 대해 서로 관심을 공유한다는 발상 자체가 직관적으로 와닿기는 하겠지만, 단순히 관심을 공유하는 데서 그치지 않는 경우가 많다. 사실, 이 방법론을 감당하기 위해서는 더 많은 것들을 갖출 수 있어야 한다. 관심 공유법은 일정 절차가 있으면서 논리적인 순서를 따르고 있기 때문에 이에 대한 훈련이 필요하다. 이상적으로는 본 방법론을 학교에서 성공적으로 수행해봤던 사람이 가르쳐 줄 수 있으면 좋다. 사실, 관심 공유법의 원작자인 Anatol Pikas로 부터 교육을 받고 활동하는 트레이너가 다수 배출되었으며, 스웨덴과 영국과 호주에서 실시했던 워크숍에서 원작자의 수련을 받은 트레이너도 있다. 물론, 관심 공유법의 수련 과정을 담은 교재와 DVD도 나왔다(Readymade Productions, 2005).

본 방법론의 기초는 바로 실무자의 태도다. 만약 실무자가 화를 잘 내거나 복수심에 쉽게 빠지는 경향이 있다면, 성공적으로 관심 공유법을 실행하기가 어렵다. 제일 중요한 점은 피해자에 대해서 진정 어린 관심을 가질 수 있으면서 이를 다른 사람에게 잘 전달할 수 있는 능력이다. 이런 메시지 전달이 반드시 명확할 수 있어야 한다. 동시에 실무자는 가해자를 만남에 있어 비난과 비판 보다는 상황에 대한 이해를 중시하고, 가해자가 경청할 수 있도록 유도하는 능력을 지닐 수 있어야 한다. 실무자는 판단적인 반응을 드러내고 싶은 충동을 반드시 자제할 수 있어야 하며, 학생들이 서로 합의할 수 있는 해결책을 끌어내는 데에 중재자 역할을 할 준비가 되어 있어야 한다.

비록 교육 현장에서는 관심 공유법을 어느 정도 변형해서 적용시킬 수 밖에 없을 것인데, 그래도 관심 공유법에 어떤 내용은 접목되어서는 안 되는 지, 또 어떤 내용이 본 방법론의 맥락과 맞지 않는지에 대한 가이드라인이 일부 나와있다. 당연한 이야기겠지만, 다른 학생을 괴롭혔다고 해당 학생을 비난하거나 부적절하게 행동했다고 언급하는 방식을 지닌 프로그램은 본 방법론의 철학과 맞지 않다. 그리고 가해자로 의심되는 학생들에게 어떤 식으로 처분될지도 모른다는 식으로 위협하는 방식 또한 본 방법론과는 어울리지 않는다.

물론 관심 공유법을 원만히 수행하려면, 학교도 학교폭력에 대해서 반드시 처벌해야 된다는 믿음을 고수해서는 안된다. 범죄 행위와 관련된 학교폭력, 심한 폭력이 반복되는 학교폭력 사례 경우에는 처벌적인 조치가 물론 필요하다. 따라서 처벌적 처분이 꼭 필요한 학교폭력 사례와 그렇지 않은 사례를 구분하는 기준에 대해서는 서로 각자 판단이 다를 수 있다. 관심 공유법을 학교에 본격적으로 도입하기 이전에, 교직원들은 처벌적 처분에 대한 적용 기준 설정에 대해 서로 논의가 있어야 한다. 만약 본 방법론으로 피해자를 학교폭력으로부터 보호하는 데에 충분치 않다면, 좀 더 훈계적 접근법이 보완되어야 한다.

가능한 한, 학교폭력 사건에 대한 정보는 되도록 피해자로 부터 직접 듣지 않도록 해야 한다. 이는 피해자가 고자질을 명분으로 더 추가적인 피해를 받지 않도록 하기 위한 예방적 조치다. 또한 관심 공유법을 적용하는 학교는 학생들 사이에 어떤 일들이 생기고 있는 지 아주 기민하게 살펴봐야 한다. 학생들 품행에 대해 세심한 지도감독도 필요하다. 또한 특정 학생이 힘든 시간을 보내고 있으며 도움이 필요할 것 같다고 생각하면 누구든지 교직원에게 선뜻 말해줄 수 있는 분위기가 되어야 한다. 물론 이런 대화는 당연히 비밀로 유지되어야 한다. 이런 분위기를 활성화하려면 또래 지지 집단이 형성되어 활동하도록 지원하면 된다(Rigby, 2007). 아니면 학생들이 학교폭력 위원회를 구성해서 활동하는 방법도 있다. 하지만 무엇보다 중요한 점은 그 누구도 예외적인 경우가 아니면 처벌 받지 않는다는 메시지가 잘 퍼져 있어야 한다.

관심 공유법을 도입한다고 해서 학생들을 도울 수 있는 다른 방법들을 소홀히 해도 된다는 뜻은 아니다. 본 방법론과 잘 호환이 되는 프로그램으로는 질관리 모임(Quality Circle; Sharp, 1996)이 있다. 이 프로그램은 교사가 학생들 모임을 여러 차례 연속적으로 주선하여 학생들이 자신들과 관련된 현안들을 제기하고 탐색한다. 이를 통해 학생들은 개인적으로 또는 집단적으로 현안을 파악하여 어떻게 하면 문제를 극복할 수 있는 지 알아본다. 공격적이거나 순응적인 행동이 아닌 친사회적이고 갈등 해소적인 기술을 장려하는 교실 활동 또한 도움이 된다. 특히, 이런 교실 활동이 기본적으로 갖추어져 있으면, 본 방법론의 마지막 단계에서 해결책 도출 과정을 더 쉽게 소화할 수 있다.

관심 공유법은 기본적으로 학생들 스스로 자신들의 또래 대인관계 문제를 해결하도록 도와주는 도구라고 볼 수 있다. 즉, 본 방법론은 교육적이며 문제 해결 활동으로 구성된다고 보면 된다. 본 방법론 상 비난이나 고소를 하지 않기 때문에, 학교는 학부모 동의 없이도 합법적으로 운용할 수 있다. 그럼에도 불구하고, 학부모 개입이 필요한 사례가 생길 수 있는데, 학교폭력 사건이 너무 심각한 나머지 학부모 개입이 불가피하거나, 학부모가 학교에다가 문제를 제기했을 경우다.

일부 학교폭력 사례에서, 학부모가 자기 자녀가 학교에서 어떤 일을 당했는지 언급하면서 가해자를 처벌해달라고 합리적인 선에서 분노를 표현하는 경우가 있다. 이런 상황에 학교가 어떻게 대응할 것인지는 학교 내에서 어떻게 정책적으로 협의를 했는지도 중요하고 학교폭력 사건의 반복성과 심각성과 같은 다양한 요인들도 중요하게 작용한다. 만약 학교 당국이 관심 공유법이 적절할 것이라고 판단했다면, 학부모에게 가해자를 처벌하는 것을 원하는지 아니면 자기 자녀가 안전하게 학교 다니는 것을 원하는 지 물어볼 수 있다. 학부모는 보통 후자를 선호한다. 그리고 보통은 가해자를 처벌해도 자녀들이 안전하게 학교 다니는 데에 꼭 도움이 되지 않는다는 점도 이해한다. 그렇지만 학부모에게 관심 공유법에 대한 설명은 반드시 제공해줘야 한다. 즉, 가해자들 사이에 진정성 있는 협의가 이루어질 것이며, 당신의 자녀는 학교폭력으로 부터 안전해질 수 있다는 점을 납득시켜야 한다. 따라서 관심 공유법을 실행하기 위해서는 교사가 학부모에게 본 방법론의 본질과 효과성에 대해서 교육할 수 있는 역량이 되어야 한다.

본 방법론을 도입하고자 한다면, 학교 당국이 제일 앞장설 수 있어야 한다. 교직원들에게 본 방법론의 본질과 철학에 대해서 잘 이해시켜야 한다. 또한 본 방법론은 교육적이며 문제 해결 중심 접근법을 취하고 있으며, 본 방법론을 적용시킬 수 있는 상황들에 대해 명확한 기준을 가지고 있다는 점에 대해 납득이 이루어져야 한다. 학부모 모임도 개최하여 본 방법론에 대해서 토론하고 적절한 근거 문헌을 배포해야 한다.

학교 당국은 관심 공유법을 도입하기 위해 필요한 자원들을 배치해줘야 한다. 여기에는 예비 실무자들이 수련을 받을 수 있는 시간을 제공해주고, 나머지 교직원들이 서로 논의할 수 있는 시간을 제공해주는

표 39.1 실무를 위한 제언: 관심 공유법 도입 이전에 갖추어야 할 조건들

- 실무자는 반드시 관심 공유법 실행과 관련된 절차를 충분히 숙지하고 있어야 한다. 본 프로그램은 일정한 논리적 순서에 따라 진행되도록 고안되었으며, 프로그램 진행을 위해 어느 정도의 수련이 필요하다. 수련용 DVD도 출시되어 있다 (www.readymade.com.au/method)
- 실무자의 태도가 중요하다. 피해자에 대한 관심과 염려 메시지가 진정성 있게 전달되어야 한다. 그리고 가해 용의자의 시각도 무비판적 관점에서 이해할 수 있어야 한다.
- 본 방법론에 융합시킬 수 있는 콘텐츠에는 분명한 기준이 있다. 예를 들어, 학교폭력 사건에 대해서 비난하거나 학생의 행동이 부적절하다고 언급하는 유형의 방식은 본 방법론의 철학과 맞지 않는다.
- 학교폭력 사건은 무조건 단죄해야 된다고 믿는 학교는 관심 공유법과 맞지 않다. 관심 공유법 도입에 앞서 교직원들과 학교폭력에 대한 대응 철학에 관한 공감대가 형성되어야 한다.
- 가능한 한, 학교폭력 사건에 관한 정보 수집은 피해자부터 시작하지 않도록 한다. 피해자가 고자질을 했다는 명분으로 더 학교폭력 피해를 당하게 해서는 안 된다.
- 관심 공유법을 채택했다고 해서 다른 학생 지원 방안을 소홀히 해도 된다는 뜻은 아니다. 친사회적 태도, 갈등 해결 기술, 자기주장능력을 개발시킬 수 있는 학급 활동은 본 방법론에 도움이 된다.
- 관심 공유법은 학생들이 또래 대인관계 문제를 풀 수 있도록 도와주는 도구라고 보면 된다. 본 프로그램은 교육적이며 문제 해결 중심 활동이다.
- 관심 공유법을 실행하려면, 교사는 학부모가 본 접근법의 본질과 효과성에 대해서 교육해줄 역할을 담당할 수 있어야 한다. 학부모는 가해자에 대한 처벌을 원할 수 있으나, 가해자들 간의 진정성 있는 협의 과정을 통해 학교폭력 문제를 해결하여, 궁극적으로 자녀들이 안전하게 학교를 다닐 수 있다는 점을 설명할 수 있어야 한다.
- 학교 당국은 관심 공유법의 적용 기준을 명확하게 정해 놓아야 한다.
- 학교 당국은 관심 공유법을 실행하는 데에 필요한 자원들을 조달할 수 있는 준비가 되어야 한다. 특히, 수련 시간과 프로그램 실행 시간과 결과 평가를 위한 시간에 대한 고려가 필요하다.

것도 포함된다. 물론, 교직원 전반이 본 방법론 실천에 대해서 합의가 이루어져야 하고 호의적인 입장을 갖출 수 있어야 한다. 관심 공유법을 실행시키는 데에 시간이 필요하다는 점도 반드시 고려 사항이다. 관련된 학생들과 여러 차례 만나야 효과를 거둘 수 있다는 점을 숙지하고 있어야 한다. 본 방법론 활용에 대한 결과도 정기적으로 평가해야 한다. 여기에는 본 개입 프로그램이 지향하고자 하는 원래 목적을 얼만큼 달성했는지 확인하는 것도 포함되는데, 피해자 입장에서 학교폭력 사건이 더 이상 발생하지 않는지, 또 얼만큼 학교폭력으로부터 안전하다고 느끼는지가 평가되어야 한다.

참고문헌

Australian Commonwealth Government. (2005). *National Framework for Values Education in Australian Schools*. Canberra: Australian Commonwealth Government.

Ball, H. A, Arseneault, L., Taylor,A., Maughan,B., Caspi, A., & Moffitt, T.E. (2008). Genetic and environmental influences on victims, bullies and bully-victims in childhood. *Journal of Child Psychology and Psychiatry, 49*, 104-111.

Bretall, R. (Ed). (1973). *A Kierkegaard anthology* (R. Bretall, Trans.). Princeton, NJ: Princeton University Press.

Callaghan, S., & Joseph, S. (1995). Self-concept and peer victimisation among school children. *Personality and Individual Differences, 18*, 161-163.

Cowie, H, Smith, P., Boulton, M., & Laver, R. (1994). *Cooperation in the multi-ethnic classroom*. London: David Fulton.

Cunningham, J. (2007). Level of bonding to school and perception of the school environment by bullies, victims, and bully victims. *The Journal of Early Adolescence, 27*, 457-478.

Duncan, A. (1996). The shared concern method of resolving group bullying in schools. *Educational Psychology in Practice, 12*(2), 94-98.

Kelman, H. C. (1958) Compliance, identification, and internalization: Three processes of attitude change. *Journal of Conflict Resolution, 2*, 51-60.

Menesini, E., Codecasa, E., & Benelli, B. (2003). Added Enhancing children's responsibility to take action against bullying: Evaluation of a befriending intervention in Italian middle schools. *Aggressive Behavior*, 10-14.

Metzler, C. W., Biglan, A., & Rusby, J. C. (2001). Evaluation of a comprehensive behavior management program to improve school-wide positive behavioral support. *Education and Treatment of Children, 24*, 448-479.

Miller, D. T. (1987). Pluralistic ignorance: When similarity is interpreted as dissimilarity. *Journal of Personality and Social Psychology, 53*(2), 541-550.

Olweus, D. (1994). *Bullying in schools*. Boston: Blackwell.

Ortega, R., Del Rey, R., & Mora-Merchan, J. A. (2004). SAVE Model: An antibullying intervention in Spain. In P. K. Smith, D. Pepler, & K. Rigby (Eds.), *Bullying in schools: How successful can interventions be?* (pp. 167-186). Cambridge, UK: Cambridge University Press.

Ortega, R., & Lera, M. J. (2000). Seville anti-bullying school project. *Aggressive Behaviour, 26*, 113-123.

Ouspensky, P. (1950). *The psychology of man's possible evolution*. New York: Hedgehog Press.

Pikas, A. (1989). The Common Concern Method for the treatment of mobbing. In E. Roland & E. Munthe (Eds.), *Bullying: an international perspective* (pp. 91-104). London: David Fulton in association with the Professional Development Foundation.

Pikas, A. (2002). New developments in Shared Concern Method. *School Psychology International, 23*(3), 307-326.

Readymade Productions. (2005). *The Method of Shared Concern: A staff training resource for schools*. Retrieved from http://www.readymade.com.au/method

Rigby, K. (2005). The Method of Shared Concern as an intervention technique to address bullying in schools: An overview and appraisal. *Australian Journal of Counselling and Guidance, 15*, 27-34.

Rigby, K. (2007). *Bullying in schools and what to do about it* (rev. ed.). Melbourne, Australia: ACER.

Rigby, K (2008). *Children and bullying: How parents and teachers can reduce bullying in schools*. Boston: Blackwell-Wiley.

Rigby, K., & Barnes, A. (2002). To tell or not to tell: the victimised student's dilemma. *Youth Studies, Australia, 21*(3), 33-36.

Rigby, K., Cox, I. K., & Black, G. (1997). Cooperativeness and bully/victim problems among Australian schoolchildren. *Journal of Social Psychology, 137*(3), 357-368.

Rigby, K., & Johnson, B. (2006). Expressed readiness of Australian school children to act as bystanders in support of children who are being bullied. *Educational Psychology, 26*, 425-440.

Salmivalli, C., Kaukiainen, A., Voetin, M., & Sinasammal, M. (2004). Targeting the group as a whole: The Finish antibullying intervention. In P. K. Smith, D. Pepler, & K. Rigby (Eds.), *Bullying in schools: How successful can interventions be?* (pp. 251-275). Cambridge, UK: Cambridge University Press.

Sharp, S. (1996). The role of peers in tackling bullying in schools. *Educational Psychology in Practice, 11*, 17-22.

Slee, P. T,. & Rigby, K. (1993). The relationship of Eysenck's personality factors and self-esteem to bully/victim behaviour in Australian school boys. *Personality and Individual Differences, 14*, 371-373.

Smith, L. P. (1931). *Afterthoughts*. London: Constable and Company.

Smith, P. K., & Shu, S. (2000). *What good schools can do about bullying. Childhood, 7*, 193-212.

Smith, P. K., & Sharp, S. (Eds.).(1994). *School bullying: Insights and perspectives*. London: Routledge.

40
학교폭력 개입 및 예방 프로그램의 유지
AMY PLOG, LAWRENCE EPSTEIN, KATHRYN JENS, AND WILLIAM PORTER

개 괄

본 저서를 읽고 나면, 전 세계적으로 학교폭력 예방 연구와 프로그램 개발에 엄청난 노력이 들어갔다는 점을 알 수 있다. 하지만 효과적인 학교폭력 예방 프로그램이 존재한다는 단순한 이유 만으로 학교폭력 근절이라는 장밋빛 미래가 보장되지 않는다. 일단 효과적인 프로그램을 개발했다면, 그 다음은 교육 현장에 적용을 하고 오랜 시간 동안 유지될 수 있도록 하는 것이다. 사실 이런 작업이 힘든 것이 상황에 따라 개입 사업이 활성화된다는 특징이 있기 때문이다. 즉, 학교가 우선적으로 신경써야 될 교육적 현안이 자주 바뀐다는 것이다. 실제 여러 연구(예: Limber & Nation, 1991; Roland, 2000; Whitney, Rivers, Smith, & Sharp, 1994)에 의하면, 학교폭력 예방 프로그램을 더 오래 그리고 더 충실하게 유지할 수록, 학생들의 품행이나 학교 분위기 측면에서 더 긍정적인 변화를 이끌어낼 수 있다는 결과가 나왔다. 그 만큼 학교폭력 근절 노력을 오랫동안 잘 유지하지 못하는 것도 문제가 된다.

본 집필진은 방폭학교 만들기(the Bully-Proofing Your School program, BPYS) 프로그램 개발을 맡았던 사람들이다. 다양한 국가의 학교에서 프로그램을 수련시키면서 관찰한 결과, 각 학교마다 프로그램 실행 충실도가 제각각이었으며, 학교가 장기적으로 프로그램의 질을 유지하는 능력도 제각각이었다. 어떤 학교는 BPYS를 현장에 도입하여 5년이 지난 지금도 여전히 열정적으로 활용하고 있다. 다른 학교는 성공적으로 프로그램을 발족하였으나, 교직원이 바뀌면서 프로그램이 중단되었다. 또 다른 경우에는 실제로 프로그램을 시작시키지도 않았다. 우리는 이런 경험과 예방의 성공적 실행에 대한 연구 결과를 토대로, 4단계 모델을 아래와 같이 제시했다. 연구 결과에 의하면 BPYS에 대해서만 각 학교가 다양한 업무 처리 방식을 보이는 것도 아니고 다른 학교폭력 프로그램에 대해서도 아니었다. 오히려 프로그램의 내용이 어떠하든지 간에 학교 예방 개입 사업은 다 비슷한 양상을 보였다.

비록 '실행'이라는 용어를 위에서는 일반적인 뜻으로 사용하긴 했지만, 지금부터는 이 '실행'을 4단계로 나눠서 논의할 것이다. 이 모델의 첫 단계는 실행전 단계이다. 두번째 단계는 프로그램 선택 단계이다. 이 단계에서는 성공적인 성과를 내는 데에 적합한 프로그램 성질이 어떤 것인지에 대해서 초점을 맞춘다. 세번째 단계는 실행 단계이다. 개입 사업이 질적으로 잘 실행되기 위해 필요한 여러 세부적인 단계에 초점을 맞춘다. 마지막 단계는 실행 유지 단계이다. 여기에는 개입 사업이 항구적으로 유지될 수 있도록 초점을 맞추는 단계다.

학교폭력 예방 프로그램은 이 프로그램이 실행되는 방식에 따라 효과가 달라진다. 물론 효과적인 프로그램이 되려면 프로그램 자체도 좋아야 하지만, 교직원과 시간과 예산 같은 변수의 영향도 받는다. 행정적인 지원과 적절한 자원과 전담 직원이 보장되지 않으면서 성공적인 성과를 거둔 프로그램은 단 하나도 없다(McGuire, 2001). 물론 위와 같은 상황적 조건들은 일종의 규칙이라기 보다 예외적인 상황으로 볼 수 있다(Forgatch, 2003). 더 나아가, 위와 같은 상황이면 개입 사업에 대한 수요 자체가 축소된다고도 주장할 수 있다. 즉, 해당 학교의 대부분의 구성원은 예방 및 개입 서비스를 원하고 있으나, 그런 서비스를 제공해줄 수 있는 능력이 거의 없는 상태의 학교라고도 간주할 수 있다(Gottfredson, 1997). 따라서 본 모델의 목표는 제한된 자원에도 불구하고 성공적인 실행에 도움되는 핵심적인 요인들을 선별해내는 것이다. 왜냐하면 학교는 예산이나 시간 등이 여유 있는 경우가 별로 없기 때문이다. 참고로, 다른 학자들도 다중단계로 이루어진 실행법을 제안한 적이 있다(예: Graczyk, Domitrovitch, Small, & Zins, 2006; National Implementation Research Network website). 본 모델은 BPYS를 학교에서 실행해본 본 저자의 경험과 위에 인용한 연구 결과를 수렴한 모델이다.

1단계: 실행 전 단계

실행 전 단계는 대체로 시스템 요인에 대한 작업이라고 볼 수 있는데, 특정 개입 사업을 채택하거나 집행하기 전에 반드시 고려할 사항에 대해 초점을 맞춘다. Elliot 등(2003)은 근거 기반 개입 사업을 채택할 때는 해당 학교의 상황적 맥락을 고려해야 한다고 지적했다. 실행 전 단계에서 고려해야 할 구체적 요인은 다음과 같다.

- 행정적 지원
- 담당 직원 영입
- 수요 조사
- 학교의 교육 철학 및 학업 계획

개입 사업을 성공적으로 이끌어내기 위해서 제일 보편적으로 거론되고 있는 필수적 맥락적 요인으로 행정적 지원을 꼽고 있다(Elliott, 2006; Gottfredson & Gottfredson, 2002; Kam, Greenberg, & Walls, 2003). 학교 안에서는 교장의 지원이 매우 중요하다. 특히, 교장은 학교의 자원을 통제하고(예: 재정, 인사, 시간; Elias, Zins, Graczyk, & Weissberg, 2003), 교장의 태도에 따라 개입 사업에 대한 교직원의 태도도 영향을 받는다. 또한 교장은 특정 사업에 대해 장려할 수도 있고 학교 행정에 대해 모니터링을 할 수 있다(Han & Weiss, 2005). 행정적 지원의 두번째 단계는 지역구 단위의 행정이다. 물론 학교 이사진과 학교 간부들의 지원이 상당히 도움이 되는 것은 사실이지만, 우리가 경험한 바애 따르면 학교는 지역에서 통제를 해주길 바라는 경향이 있기 때문에 지역구에서 학교 행정에 영향을 주는 것이 사업 실행에 도움이 되지 못할 때도 있다. 만약 행정 당국의 지원이 강압적이거나 일방적이라면, 두번째 실행전 단계 목표를 적절하게 달성하는 것이 더욱 어려워진다.

실행 전 단계의 두번째 요소는 교직원 영입이다. 교직원의 주인의식, 교직원간의 공감대 형성, 이해관계자의 지지는 모든 예방 연구 문헌에서 다 중요하게 다뤄졌던 요소들이다(D'Andrea, 2004; Elias 등, 2003;

Fixsen, Naoom, Blae, Friedman, & Wallace, 2005; Weissberg, 2004). 물론 교사 집단이 개입 사업 시작 전에 지지를 하도록 하는 것이 중요하기는 하지만, 사실 교사 집단은 변화에 저항할 수도 있다(Elias 등, 2003; Elliott, Kratochwill, & Roach, 2003). 다행히 새로운 개입 사업 수용에 도움이 되는 요인들에 대해 조사한 연구 문헌도 있다(Flannery 등, 2003; Gottfredson, 1997; Han & Weiss, 2005; Kallstead & Olweus, 2003; Rogers, 2003). 이 요인에는 문제의 심각성도 포함되어 있다. 즉, 문제가 더 심할 수록, 교사들은 더 개입 사업을 환영할 것이라는 것이다. 이외에도, 개입 사업의 특성에도 영향을 받는데, 프로그램의 집행 기간과 복잡성 등에 대해서도 영향을 받는다. 그리고 프로그램의 기초 철학에 대해 교사들이 얼마나 친숙한지, 개입 사업 내 교사들의 역할에 대해서 얼만큼 감당이 가능한지, 일반적인 교직원들의 도덕적 수준도 포함이 된다. 우리가 학교와 작업하면서 느낀 바로는 교사들이 이 개입 사업을 통해서 일이 얼만큼 더 쉬워질 것인지 또는 자신이 더 직장에서 성공하는 데에 얼만큼 도움이 된다고 느끼는지에 따라 새로운 개입 사업에 대한 수용도가 달라졌다.

그 다음 실행 전 요인으로 수요 조사가 있다. 이런 수요 조사를 통해서 교직원 영입을 유도할 수 있는 근거 자료를 확보할 수 있다. 또한 조사 자료를 이용해서 학교폭력 문제를 정확하게 파악하고 개입 사업이 얼만큼 필요한지에 대해 확인할 수 있다(Kallstead & Olweus, 2003; Promising Practices Network(PPN), 2004). 수요 조사는 측정 가능한 변화 지표를 설정하는 데에도 매우 중요하다. Fixsen 등(2005)은 혁신을 단행하기 전에 지역사회의 욕구와 강점을 먼저 파악해야 한다고 주장했다. 수요 조사로 확보된 자료는 개입 사업 실행에 대한 효과적인 지침이 될 수 있다.

실행 전 마지막 요소는 학교의 교육 철학 및 학업 계획이다. 무엇을 가르칠 것이며 어떻게 교육 과정을 평가할 것인지에 대해 분명하고 일관된 계획이 중요하다. 그리고 학생 품행에 대한 기대 수준, 친사회적 행위에 대한 인지와 기념 방식, 행동 규칙 위반에 대한 처분 등에 대한 사항은 공식적으로 밝혀야 한다. 교육 철학과 학업 계획이 누구나 눈으로 쉽게 확인할 수 있어야 학교 운영이 안정된다. 이런 안정성을 기반으로 질적 수준이 높은 프로그램을 소화해낼 수 있다(Elliott, 2006).

2단계: 프로그램 선택

프로그램 선택 단계에서는 성공적인 결과로 이어질 수 있는 특징을 갖춘 프로그램들을 숙고해보는 것이다. 일반적으로 핵심 요소가 분명하게 잘 정의된 프로그램일 수록, 실제 현장에서 바로 집행하기가 수월하다(Fixsen 등, 2005). 이와 관련하여, 프로그램 실행 방법론과 준비물을 표준화시킬 수 있으면 프로그램 실행의 질을 높일 수 있다(Elliott, 2006; Gottfredson & Gottfredson, 2002). 물론 위와 같은 일반적인 담론도 중요하지만, 이 단계에서 필요한 예방 프로그램 성공을 위한 특징으로는 다음과 같다.

- 이론 및 근거 기반의 예방적 프로그램
- 발달학적으로 적절하며 동기를 부여할 수 있는 프로그램
- 시스템적 관점을 지닌 프로그램
- 적용 가능한 프로그램
- 학교의 미션과 목표에 연동되는 프로그램

효과적인 프로그램은 예방적인 특징을 지녀야 한다. 정의 대로라면, 예방적 프로그램은 아이들이 본격적으로 어떤 현안을 마주하기 전에 최대 효과를 지니도록 되어 있다(Greenberg 등, 2003; Leadbeater, Hoglund, & Woods, 2003; Nation 등, 2003). 그리고 좋은 프로그램은 이론 및 근거에 뿌리를 둔다. 효과적인 프로그램은 과학적으로 검증된 것이어야 하며, 이론적으로 건전해야 한다(Elliott, 2006; Nation 등, 2003). 예를 들어, 학교폭력 연구 문헌에서 일관되게 학교폭력 역동 내에 속한 또래 관찰자의 중요성을 지적해왔다(Cowie, 2000; O'Connell, Pepler, & Craig, 1999; Orpinas, Horne, & Staniszewski, 2003; Stevens, Van Oost, & De Bourdeaudhuij, 2000). 따라서 성공적인 학교폭력 예방 프로그램이 되기 위해서는 또래 관찰자에게 영향을 미칠 수 있는 요소를 포함해야 한다. 프로그램을 뒷받침하는 이론 자체만으로는 충분치 않다. 이론적으로 건전해야 할 뿐 아니라, 프로그램 기획 대로 효과를 거둘 수 있는 근거까지 같이 확보되어야 한다. 물론, 가능한 한 경험적 근거가 뒷받침된 프로그램을 선택하는 것도 도움이 된다(Elliott, 2006).

프로그램 선택할 때 고려해야 할 두 번째 요인은 발달학적인 적절성이다. 효과적인 프로그램은 대상자 연령대에 잘 맞아야할 뿐만 아니라 문화적으로 적절해야 한다(Weissberg, 2004). 프로그램이 다양한 연령대를 아우르려면 각 학년에 맞는 교재와 교과과정을 준비해야 하며, 각 연령대가 소화할 수 있는 언어와 개념으로 구성되어 있어야 한다. 예를 들어, 아이들은 사춘기에 접어들면 어른들에게 학교폭력 사건을 신고하는 경우가 줄어들었다(Newman, Murray, & Lussier, 2001; Whitney & Smith, 1993). 어린 학생들한테 학교폭력을 당했을 때 어른에게 알리라고 장려하는 것이 효과적일 수 있지만, 사춘기 이후의 학생들은 이런 경우 어른보다 자기 또래한테 먼저 찾아가기 때문에 학교폭력 개입 사업에 또래 학생을 포함하는 것이 효과적일 수 있다(Peterson & Rigby, 1999). 교재는 문화적으로 밀접한 내용이어야 한다. 예를 들어, 도심에 사는 학생들은 시골 지역을 배경으로 한 일러스트나 시나리오에 몰입을 하기 힘들다. 프로그램 내용과 관계 없이, 건전한 프로그램이 되려면 다양하고 참여적이며 상호작용을 경험할 수 있는 교육적 과정으로 구성되어 있다. 이런 과정을 통해 학생들은 여러 가지 기술들을 실생활에 접목시켜 볼 수 있다(Elias 등, 2003; Greenberg 등, 2003; Nation 등, 2003).

프로그램 선택을 위한 세 번째 요인은 시스템적 관점이다. 학생들의 기술을 효과적으로 발달시키기 위해서는 환경적 변화가 뒷받침되어야 한다(Elliot, 2006; Gottfredson, 1997; Greenberg 등, 2003; Weissberg, 2004). 환경적 변화를 일으키기 위해 기존에 자리 잡고 있던 개입 사업과 새로운 개입 사업을 조정하여 학교 전체 상황적 맥락에 맞도록 한다. 또한 교사를 훈련시키고 교칙을 명확하게 하여 전교생이 공유할 수 있도록 교칙을 게시하는 등의 노력도 필요하다. 시스템적 관점에서 보면, 학부모와 전 교직원과 지역사회도 개입 사업에 포함되어야 할 요소다. 학교 공동체의 모든 핵심 구성원들을 포함시키는 것이 효과적인 프로그램 실행을 위한 한 방법이다(Greenberg 등, 2003).

네 번째 선택 기준은 적용 가능성이다. 프로그램은 각 학교의 독특한 욕구를 충족시킬 수 있어야 한다. 지역사회의 수요에 맞춤형으로 개입 사업을 변형을 줄 때, 프로그램의 전체적인 완결성과 균형을 이루도록 해야 한다 한다(Elias 등, 2003; Elliott, 2006; Nation 등, 2003; Weissberg, 2004; Weisz, Sandler, Durlak, & Anton, 2005). 프로그램 실행의 충실도를 높이기 위해, 해당 프로그램의 핵심 요소를 잘 살려내야 한다. 만약 해당 개입 프로그램이 어떤 조건에서 효과를 발휘하는 지, 또 어떤 사람들에게 효과가 나타날 지 파악한다면 좀 더 전략적으로 프로그램을 소화해낼 수 있다. 이렇게 프로그램을 개편해야 되는 상황을 예로 들자면, 비영어권 지역에서 영어로 된 프로그램을 도입하기 위해 번역을 해야되는 경우가 있고, 관계적 공격성이 중요한 여학교에서 해당 학교폭력 유형 위주로 프로그램 내용을 선별적으로 활용하는 경우가 있다(Crick & Bigbee, 1998).

마지막 요인으로는 학교의 미션과 목표에 맞는 프로그램이다. 효과적인 개입 사업이 이루어지려면, 기존의 교과과정의 방향성과 맞으면서, 지역사회가 추구하는 가치와도 일치하며, 학교의 정책 방향과도 맞아야 한다(Elias 등, 2003; Han & Weiss, 2005; Leadbeater 등, 2003). 학교의 제일 주된 미션은 학업 성취도이기 때문에 프로그램의 성과가 직접적이든 간접적이든 학업 성취도와 연결되도록 하는 것이 중요하다. 현재 학교폭력 개입 프로그램과 학업성취도 간의 연관성을 직접적으로 뒷받침할 수 있는 근거는 없지만, 사회정서적 학습과 학업성취도 간의 관계를 입증한 여러 최근 연구 결과가 도움이 될 것이다(Graczyk 등, 2000; Weissberg, 2004). 프로그램의 목표가 명확하고 이 목표를 측정할 수 있는 지표가 있다면 학교의 목표와 연동시키기가 쉬울 것이다. 또한 프로그램의 목표가 명확해야 프로그램 덕분에 이끌어낸 변화인지 여부를 명확히 할 수 있다. 예방 프로그램이 효과적으로 실행되기 위해서는 이 모든 요인들이 중요하게 작용한다.

3단계: 실행

실행 전 단계에 필요한 요인들을 갖추고 적절한 프로그램을 채택했다면, 개입 사업을 시작할 수 있다. 위에서 언급했지만, 교직원들은 유행에 그칠지도 모르는 개입 사업을 하는 것을 싫어하는 경우가 많다. 그리고 프로그램의 제일 마지막 과정에 참여해달라고 부탁하면, 교직원 눈에는 그리 성공적으로 보이지 않기 때문에 회의적으로 반응하는 경우가 많다. 프로그램이 효과적이지 못한 것으로 보이거나 조기 중단되는 이유는 프로그램 자체가 효과적이지 못해서가 아니다. 오히려 교직원들이 프로그램의 성공 가능성을 이끌어낼 만한 상황적 요인들을 능동적으로 파악해내지 않기 때문인 경우가 많다. 성공적으로 프로그램을 실행하기 위해서 필요한 요인들을 그간 경험과 연구 문헌을 토대로 확인해보았다.

- 프로그램 선임/위원회
- 장기적 목표(3~5년)
- 적정한 교직원 및 학생 수련 과정
- 지역사회 학부모와의 의사소통
- 실행 충실도
- 지속적인 평가

개입 사업을 처음 시작할 때, 열정적이고 헌신적인 사람들로 위원회를 조직해야 한다. 보통 이 위원회에 속할 사람들은 해당 프로그램의 전문가에게 이미 훈련을 받은 이들로 구성되며, 개입 사업이 시작되면 다른 일반 교직원들의 수련을 담당할 사람들이다. 이 위원회는 되도록 매달 정기적으로 만남을 가져야 한다. 이 모임을 통해 위원회는 프로그램 실행 현황을 점검하고 문제 해결을 담당하며 모멘텀이 유지될 수 있도록 한다(Elias 등, 2003; PPN, 2004). 하지만 교직원 인사 발령이 있을 수 있기 때문에, 이 위원회에는 프로그램 선임이 늘 3~4명 정도 존재하도록 해두도록 한다(Elliott 등, 2003). 우리 경험 상, 해당 프로그램에 열정적인 사람 혹은 선임이 있으면 시작은 강력하나, 그 사람이 떠나면 용두사미가 되는 경우를 많이 봤다. 헌신적인 구성원을 3~4명 이상 확보해 둘 수 있으면, 핵심 인원을 잃어버리는 리스크를 줄일 수 있다. 따라서 학교 당국은 위원회 선정을 할 때, 순환 근무나 발령에 대해서 고려하여 선발하는 것이 현명하다.

두번째 요인은 장기적 목표다. 장기적인 관점을 가지고 운용해야 예방적 프로그램이 효과를 나타낼 수 있다(Weissberg, 2004). 모멘텀을 유지하는 것 또한 위원회의 중요한 역할 중 하나이다(이 부분은 4단계에서 다시 논의할 것이다). 분위기 변화 프로그램은 통상적으로 3~5년 정도 걸려야 프로그램이 학교 문화에 정착을 한다고 보고 있다(Elliott 등, 2003). 이런 이유로, 기획 위원회는 장기적인 계획 및 타임테이

블을 세워야 한다. 제한된 자원을 놓고 다른 사업과도 경쟁해야 되기 때문에, 학교 당국은 프로그램이 제대로 영향력을 발휘하기 전에 프로그램을 중도 포기하게 될 가능성에 대해서도 염두해두어야 한다. 그리고 시간이란 자원도 제한되어 있기 때문에, 교직원은 실행 과정을 서두르는 경향이 있다. 그래서 '바쁠수록 돌아가라'라는 격언이 시사하는 바가 크다. 만약 학교 당국이 프로그램 초기 기획에 시간과 고민을 많이 기울인다면, 프로그램이 성공할 가능성이 더 높아진다. 하지만 학교가 초기 기획 과정에서 서두르게 되면, 사상누각을 짓는 꼴이 될 수 있음은 물론, 학교폭력 문제는 계속 이어질 것이며 교직원들도 프로그램을 계속 가져갈 만한 사업으로 보지 않을 것이다.

그 다음 중요한 요소로 적정한 교직원 및 학생 수련 과정이 있다(Elias 등, 2003; Leadbeater 등, 2003; Weissberg, 2004). 효과적인 것으로 입증된 프로그램을 연구해 보면, 프로그램의 실행 충실도를 높일 수 있는 사람들이 투입되었다는 점을 알 수 있다(Biglan, Mrazek, Carnine, & Flay, 2003; Blasé & Fixsen, 2006; Kam 등, 2003; Nation 등, 2003; Wiessberg, 2004). 만약 교직원이 프로그램의 기본적인 원리를 이해하지 못한다면, 프로그램의 핵심적인 요소를 그저 귀찮거나 시간만 잡아먹는 잡무라고 생각할 것이다. 즉, 기획된 대로 프로그램이 실행되지 않는 것이다(Leadbeater 등, 2003). 교직원들은 구체적인 절차에 대해서도 숙달되어야할 뿐 아니라 프로그램 진행 논리도 이해해야 하며, 나아가 프로그램에 대한 배경지식과 철학에 대해서도 조예를 갖출 수 있어야 한다. 이런 준비가 되어야 교직원들은 본 프로그램을 접목할 때 언제, 어디서, 어떻게, 누구에게 도움이 될 수 있을지 판단할 수 있다(Fixsen 등, 2005). 성공적인 프로그램이 되기 위해서는 교직원들의 직관에 반하는 방법이나 기존의 능력으로 해결하기 어려운 새로운 접근법들을 소화해내야 하는 경우가 많다. 적정한 교직원 수련을 통해 실무적인 기술 외에도 동기 부여나 사기 진작이나 담당 교직원 영입이나 프로그램에 대한 지지도와 같은 현안도 다루어볼 수 있다(D'Andrea, 2004; Nation 등, 2003).

일단 교직원에 대한 수련이 이루어졌으면, 학생들에 대한 수련도 필요하다. 학업적 지도와 마찬가지로 품행에 대한 지도 사항에서도 학생들에게 직접 가르칠 수 있는 일련의 기술 세트가 마련되어 있어야 한다. 학생들은 이런 기술들을 배울 수 있어야, 학교폭력 예방 프로그램의 중요한 역할 하나를 소화했다고 할 수 있다. 예를 들어, 방관자들은 교내에 학교폭력 행위가 번져나가지 않도록 하는 데 있어 중요한 위치를 차지하고 있다(Cowie, 2000; Craig & Pepler, 1997; Gropper & Froschl, 1999; O'Connell 등, 1999; Salmivalli, 1999; Stevens, 등, 2000). 학생들은 학교폭력 예방에서 중요한 역할을 감당하고 있다는 점도 반드시 배워야겠지만, 학교폭력 상황을 목격했을 때 어떤식으로 개입을 해야되는지에 대해 구체적인 실천 전략을 배우는 것도 중요하다. 또한 학생들은 이런 기술을 마스터할 수 있는 기회가 반복적으로 주어져야 하고, 일상 생활에서 그간 배운 기술을 접목시켜 본 경험에 대해서 서로 논의할 수 있는 기회도 마련되어야 한다. 일상 생활에서 제일 유용하게 활용할 수 있는 기술로는 사회 정서적 기술이 있다(Leadbeater 등, 2003; Weissberg, 2004).

성공적인 분위기 변화를 이뤄내기 위해 중요한 또다른 요소로는 학부모 및 지역사회의 참여가 있다(Leadbeater 등, 2003; Weissberg, 2004). 학부모도 프로그램의 철학이나 목적을 잘 이해하면 해당 프로그램을 지지해줄 가능성이 높다. 따라서 학부모가 지지해준다면, 학생들이 학교에서 배운 기술을 학부모가 가정에서 한 번 더 강화시켜줄 수 있다. 또한 학부모가 참여함으로써 학부모가 학교 당국이 프로그램 실행에 대해서 책임을 다하는지에 대해 관심을 가져줄 수 있다. 학부모는 자녀들이 안전한 학교 환경에서 지내길 원하기 때문에, 학부모는 개입 사업을 지지하는 중요한 동력이 될 수 있다.

그리고 프로그램 실행에 있어 제일 중요한 요소는 어쩌면 프로그램 실행의 충실도를 높이는 것이다(Biglan 등, 2003; Blasé & Fixsen, 2006; Kam 등, 2003; Nation 등, 2003; Weissberg, 2004). 이론적으로,

효과가 입증된 프로그램을 도입해서 똑같이 긍정적인 성과를 재현해내고자 한다면, 원래 기획된 대로 충실하게 프로그램을 실행시켜야 된다는 논리로 이어진다(Elliott, 2006). 물론 학교 입장에서는 프로그램을 수정해야 될 때도 있다. 물론 이런 일부 수정은 얼마든지 납득 가능하다. 해당 지역사회 문화에 맞게끔 교재를 수정해야 되기 때문이다. 하지만 시간이 부족하다는 이유로 개입 사업의 규모를 축소시켜버리는 등의 수정을 하는 경우도 많다. 이런 조치를 취하는 학교는 개입 사업의 효과성을 잠식시키는 위험을 초래한다고 볼 수 있다. 그래서 다양한 예방적 프로그램에서 프로그램 실행 충실도가 높을 수록 결과가 더 긍정적으로 나온다는 연구 결과도 나와 있다(Blasé & Fixsen, 2006; Kam 등, 2003). 프로그램이 충실하게 진행되고 있는지 늘 눈으로 확인을 하는 것이 중요하며, 실행 체크리스트를 활용해 필수적인 요소들을 빠짐 없이 시행되고 있는지 보장하도록 하는 작업도 도움이 된다(Biglan 등, 2003; Blase & Fixsen, 2006; Elias 등, 2003). 실행 상 문제와 효과성 문제를 구분하기 위해서, 사람들이 무슨 일을 하고 있는지와 어떻게 해당 업무를 수행하고 있는지를 파악하는 것이 중요하다(Blasé & Fixsen, 2006).

마지막 실행 단계 요소로 지속적인 평가를 꼽을 수 있다. 지속적인 평가는 여러 측면에서 중요한 요소다. 첫째, 학교 교직원이 프로그램이 긍정적 영향을 주고 있다는 인식을 갖도록 할 수 있어야 한다. 그래서 지속적인 평가를 통해 학교의 수요에 맞게 프로그램을 맞추고 이를 통해 프로그램의 효과성을 극대화시킬 수 있다. 예를 들어, 방폭학교 만들기 프로그램을 실행하고 있는 학교에서 학생들을 상대로 조사했더니, 교실과 식당에서는 더욱 안전했다고 응답한 반면, 운동장 같은 장소에서는 그렇지 않다는 조사 결과가 나왔다고 가정해볼 수 있다. 이런 경우, 교직원들은 학생들이 방관자와 관련된 기술 교육을 더 증대하여 운동장에서 벌어지는 학교폭력 문제를 감소시켜 볼 수 있다. 또한 평가는 프로그램의 영향력을 가늠할 수 있는 중요한 도구가 된다. 단순히 프로그램 실무자들의 소감 만으로는 프로그램이 효과를 발휘하고 있는 지 여부를 정확히 알 수 없다. 특히, 다른 근거 기반이 없는 프로그램의 경우에는 더욱 그러하다(Elliott, 2006). 위에서 언급한 대로, 과정 지표와 결과 지표 모두 수집하여 프로그램 실행의 효과성과 충실성을 모두 평가할 수 있어야 한다. 일반적으로 효과적인 예방 프로그램은 평가 요소를 포함하고 있어, 평가 결과를 통해 의사 결정을 짓는 방식으로 구성되어 있다(Leadbeater 등, 2003).

학교폭력 예방 프로그램에서는 학교에서 학교폭력 행위를 평가하는 것이 중요하다. 학교 입장에서는 행정처분 조치 의뢰 건수를 지표로 삼고 싶은 유혹이 생기겠지만, 아이들이 항상 어른들의 도움을 찾는 것은 아니라는 연구 결과들이 있기 때문에 이런 방식은 교내 학교폭력 현황을 가늠하기에 적당한 방법이 되지 못한다(Newman 등, 2001). 게다가 어른들은 실제로 벌어지는 학교폭력 사건의 일부만 알고 있는 경우가 많다(Cowie, 2000). 비록 학교폭력 행위를 평가하는 최선의 방법이 무엇인지에 대해서는 이견이 존재한다. 예를 들면, 또래 보고식이냐 아니면 자기보고식이냐(Juvonen, Graham, & Schuster, 2003; Solberg & Olweus, 2003)에 대한 논쟁도 있고, 학교폭력의 정의를 질문지나 조사 양식에 제시를 하느냐 마느냐에 대한 논박도 있다(Austin & Joseph, 1996; Bosworth, Espelage, & Simon, 1999; Smith 등, 2002). 물론 학생들의 응답을 익명으로 설문조사하는 방식도 개입 사업의 효과성 평가에 필요한 정보를 제대로 전달해줄 지 여부에 대한 논의도 이루어 지고 있다.

4단계: 실행 유지

4단계에서는 예방적 노력이 지속될 수 있도록 하고 학교의 문화에 잘 녹아 들어갈 수 있도록 한다. 이 기간에는 프로그램에 대한 신념과 실무가 학교의 한 축을 형성하게 된다. 앞선 세 단계는 초창기 노력이 헛되지 않도록 프로그램이 지속할 수 있도록 준비하는 단계로 볼 수 있다. 즉, 프로그램을 선택하고 실행하는 작업 기저에는 해당 프로그램을 앞으로도 지속시킬 수 있는지에 대해서 생각해봐야 한다. 일단 프로그램을 발족시켰으면, 오랜 시간 동안 프로그램이 유지될 수 있도록 관련 변인들에 대해 신경 쓸 수 있어야 한다. 프로그램은 상황에 맞춰 개편될 수 있어야 하고, 위원회는 해당 프로그램이 교육 현장의 일상이 될 수 있도록 지속적으로 모임을 가져야 할 뿐 아니라 학교 문제에 대해 수동적으로 반응하기 보다는 능동적으로 예방적 노력을 기울여야 된다.

실행 유지 단계와 관련된 요인들은 아래와 같다.

- 교사, 교장, 위원회, 프로그램 선임 인사 변화에 대한 조정 업무
- 개입 사업의 통합
- 지속적인 수요 조사와 평가-변화 기념에 필요한 수요 및/또는 프로그램 개편에 대한 수요
- 지속적이고 정기적인 위원회 모임
- 지속적인 기술 지원 및 수련
- 학생에 대한 역량 이양

프로그램 유지를 위한 제일 기초적인 작업은 인사 변화에 대한 조정 작업이다(Elias 등, 2003). 교직원과 학교 행정 담당자들은 매년 순환된다. 따라서 봄 학기에 가을 학기에 시행할 '신규 인사를 위한 오리엔테이션과 수련 과정'에 대한 기획 준비가 매우 중요하다. 이와 관련하여 학교 행정 책임자가 계속 지지적 입장을 이어나가는 것이 절대적으로 중요하다. 또한 프로그램 선임은 항상 제자리를 지키도록 하여 위원회가 정해진 스케줄에 따라 만남을 가지도록 하는 것도 중요하다.

이 시점에서 흔히 간과하고 있지만 반드시 챙겨봐야 할 요소로 신념적인 불편을 감수하고 해당 프로그램의 실행을 맡고 있는 교직원이다. 물론, 프로그램 채택 단계에서 각 개입 사업별로 어떤 철학을 지니고 있는 지 고려하는 기회가 있지만, 개입 사업을 실제로 시작하기 전에는 각 교직원들의 신념 체계가 잘 드러나지 않는다. 각 교직원들이 개입 사업에서 요구 받는 업무 철학이 그들 자신이 믿고 있는 아이들의 발달상이나 인간 행동에 대한 이해와 충돌할 수 있다. 예를 들어, 본 챕터의 네번째 저자는 방폭학교 만들기 프로젝트에 참여했는데, 일부 교직원들은 아이들이 자신의 행동에 대해 스스로 책임지는 방식에 대해서 난색을 표했다. 그들은 아이들이 반듯하게 행동하려면 공포와 처벌이 필요하다고 믿었기 때문이다. 각 교직원의 의견에 대해 기민하게 살피고 이런 시각의 차이를 능동적으로 해소하려고 해야 해당 프로그램이 지속적으로 유지될 수 있다.

그 다음 단계는 개입 사업의 통합이다. 이미 뿌리를 내린 다른 개입 사업과 새로 도입할 사업이 서로 통합될 수 있어야 한다는 뜻이다(Elliott, 2006; Gottfredson & Gottfredson, 2002; Greenberg 등, 2003; Weissberg, 2004). 새로운 프로그램을 소개하면, 교직원들은 자기 업무 분장에 일거리가 하나 더 늘어난 것에 대해 압도되는 느낌을 받는다. 실제로, 예방적 노력들을 잘 조정하지 않으면, 학교 행정의 체계가 손상될 뿐 아니라 원래 의도된 효과가 안 나타날 위험이 있다(Greenberg 등, 2003; Weissberg, 2004). 만약 여러 프로그램들이 이미 자리 잡고 있다면, 개입 사업들 간의 공통점이 무엇인지 식별해내는 시간을 가질 수 있어야, 실질적으로 똑같은 업무로 중복으로 시행하는 일이 사라진다. Sugai(2006)는 비슷한 목표로 일하는 위원들(예: 안전, 학교폭력, 인성 교육 등)을 한데 같이 묶는 것도 방법이라고 제안했다. 이런 방식으로 조합된 위원회는 다양한 프로그램들을 기획 및 조정할 수 있으며 업무를 효율화시킬 수 있다. 서로 다른 프로그램들 간의 통합 노력에 더 나아가, 예방적 노력이 교직원들의 업무 일상과 잘 맞아떨어지면, 앞으로도 예방적 노력을 유지시켜 나가기가 훨씬 수월해진다. 이를 위해 개입 사업 초창기부터 시작하여

사업 진행 중에도 계속 신경을 써야 하며, 이런 과정에서 좀 더 세부적인 전략들에 대한 아이디어가 떠오를 것이다. 예를 들면, 학교 건물 전반에 규칙, 기대 사항, 전략들을 게시할 수 있고, 학교의 미션 중 하나로서 학교폭력 예방 계획을 알릴 수도 있으며, 사업 구호를 개발해서 활용할 수 있고, 이 구호를 티셔츠와 가방과 책갈피와 다이어리에 새겨 넣을 수도 있다. 뿐만 아니라 학교 달력을 보급하여 그 안에 지역사회 모임 날짜와 학부모와 지역사회 주민들을 위한 학교폭력 안내 팁을 담을 수도 있다. 이런 활동을 통해 학교의 공식적인 노력으로 제도화할 수 있으며, 학교와 지역사회의 신념 체계 및 실무의 한 축으로 통합될 수 있다. 개입 사업이 학교의 일상 업무로 통합될 수 있는 정도가 실행의 질적 수준을 가늠하는 지표가 될 수 있다(Elliott, 2006; Gottfredson & Gottfredson, 2002).

세 번째 단계는 자료와 평가체계를 활용하는 것이다. 이는 사업 결과를 확인하기 위한 목적도 있지만 성과에 대해서 사람들이 인지하고 기념할 수 있도록 하기 위한 목적도 있다. 교사들이 지속적으로 프로그램을 지지하게 하려면, 본인이 한 행동이 얼마만큼 긍정적인 기여를 하게 되었는지를 눈으로 확인해줄 수 있으면 도움이 된다(Han & Weiss, 2005). 교직원들이 자신의 노력의 결과물을 재미있고 긍정적이며 정기적으로 확인할 수 있도록 뒷받침해주는 것이 중요하다. 하지만 실상에서는 자료 수집과 평가 작업이 정기적으로 또 실용적으로 이루어지는 경우가 별로 없다. 학생, 교직원, 학부모 등에 대한 설문조사를 통해 정기적으로 자료를 수집하고 행정처분에 대한 기록도 점검하며 이와 관련하여 토론을 진행할 수 있어야 모멘텀을 유지할 수 있다. 또한 자료 수집이 뒷받침되어야 변화하는 교내 수요에 맞춰 프로그램을 개편할 수 있다.

네 번째 실행 유지 요소로는 지속적인 위원회 모임이 있다. 위원회는 프로그램을 늘 신선하게 유지할 책임이 있고, 새로 부각되는 문제에 대해 대응해야 된다. 이런 위원회 구성원들은 고도로 투명해야 하며 행정적 지원 능력이 뛰어나야 된다. 위원회는 늘 정기적으로 만나야 한다. 물론 골칫거리도 늘 발생한다. 위에서 언급한 대로 인사 발령이 있거나 학기가 바뀔 때는 프로그램 운영에 구멍이 나지 않도록 공동 리더를 두는 것도 좋은 방법이다. 리더가 많으면 시너지 발생을 기대할 수도 있고 아이디어도 더 많이 확보할 수 있다.

다섯 번째 요인으로 지속적인 기술 지원이 있다. 해당 프로그램의 외부 전문가를 모셔오는 방법으로 해결할 수 있다. 외부 전문가는 해당 프로그램의 실행 충실도를 평가하고, 장애물을 효과적으로 극복하기 위한 전략을 개발하며, 역량 강화 수요에 대해 부응한다. 지속적으로 기술 지원을 제공하면 프로그램 실행 충실도 개선과 상관관계가 있다는 연구 결과도 있다(Blasé & Fixsen, 2006). 기술 지원은 반드시 정기적이고 능동적인 방식으로 일정을 짜놓고 있어야 한다. 최대 효과를 끌어내기 위해 역량 강화 과정은 항상 지속적으로 이루어져야 한다(Biglan 등, 2003). 또한 다른 학교 출신 위원회와 선임과 간담회를 열어 성공과 실패 사례를 공유하는 방식으로 기술 지원을 할 수 있다. 이렇게 동료 간 상호작용을 유도하면 집단적인 지식과 전문성을 키울 수 있을 뿐 아니라 실무자들의 사기를 진작시킬 수도 있다.

마지막으로 예방 프로그램 유지를 통해 학교를 좀 더 긍정적으로 만드는 데에 중요한 요소로 학생들에 대한 역량 이양(empowerment)이 있다. 사실, 이 요소는 본 프로그램 외에도 모든 유형의 예방적 노력에 두루두루 적용되는 요소라고 할 수 있다. 성공적인 개입 사업과 긍정적인 결과를 이끌어내기 위해 존중과 지지적인 대인관계 문화를 조성하는 것이 중요하다(Greenberg 등, 2003; Leadbeater 등, 2003; Nation 등, 2003). 그리고 체계적으로 긍정적 행동에 대해 보상을 부여하고 지지 체계를 가동하는 것도 중요한 부분이다(Greenberg 등, 2003). 이런 바탕이 이루어져야, 학생들은 자기 학교를 좀 더 안전한 환경으로 만들고자 하는 동기를 가지게 될 것이다. 학생들은 몇 가지 측면에서 강력한 자원이 될 수 있다. 일단, 학생들은 학교에서 일어나는 사건을 제일 잘 아는 사람들이다. 따라서 학생들의 자발적 노력으로 개입 사업의 성

표 40.1 실무를 위한 제언

	시스템 수준	교직원	학생	지역사회	자료 수집
1단계 실행전	• 전 학교적인	• 원칙/학업 계획	• 행정적 지원 • 직원 영입		• 수요 조사
2단계 프로그램 선택	• 예방적	• 학생 교직원 지역사회의 수요에 대한 적용 가능성			• 근거 및 이론 기반
	• 발달학적으로 적절 및 연령대에 맞는 동기 부여				
	• 시스템적 접근				
	• 학교 목적과 미션과의 연동				
3단계 실행	• 장기적 관점	• 프로그램 선임/위원회	• 적정한 학생 수련	• 학부모 지역사회 참여	• 충실도
	• 실행 충실도	• 적정한 직원 훈련			
4단계 실행 유지	• 학교 및 다른 프로그램과의 통합	• 교직원 인사 변경에 대한 조정	• 학생 역량 강화		• 지속적 평가
	• 지속적 기술 지원	• 정기적 위원회 모임			

공에 도움이 된다. 게다가, 모든 학생들은 학교폭력 역동 구조에서 어떤 방식으로든 역할을 하는 것으로 입증되었다(Cowie, 2000; O'Connell 등, 1999; Orpinas 등, 2003; Stevens 등, 2000). 그래서 학생들이 학교폭력에 맞서 일어설 수 있어야 존중과 돌봄의 학교 분위기를 일궈 낼 수 있다.

결론

지금까지 학교가 예방적 혹은 분위기 변화 프로그램을 선택하고 개시하며 유지하는 데에 필요한 요소들을 알아보았다. 이 요소들을 파악하는 목적은 학교폭력 예방 프로그램의 효과성을 높이고 오랫동안 유지시킬 수 있기 위함이다. 실제로 학교폭력 예방 프로그램이 절실한 학교는 대부분은 가용 자원이 제한되어 있기 때문에, 유지 노력에 대한 발상은 매우 중요하다(Forgatch, 2003). 효과적인 프로그램 실행에 방해되는 요인을 숙지하고 있는 것도 적절한 프로그램 목표를 설정하고 긍정적인 효과를 보장하는 데에 도움이 된다. 그리고 프로그램 실행 업무가 지속적이고 복합적이며 여러 단계의 과정을 거친다는 점과 일회성으로 끝나는 별개의 활동이 아니라는 점을 자각하고 있으면 긍정적인 결실을 맺을 수 있다.

참고문헌

Austin, S., & Joseph, S. (1996). Assessment of bully/victim problems in 8 to 11 year-olds. *British Journal of Educational Psychology, 66*, 447-456.

Biglan, A., Mrazek, P. J., Carnine, D., & Flay, B. R. (2003). The integration of research and practice in the prevention of youth behavior problems. *American Psychologist, 58*, 433-440.

Blase, K. A., & Fixsen, D. L. (2006, March). *Fidelity—Why it matters and what research tells us.* Presentation at the Blueprints Conference, Denver, Colorado.

Bosworth, K. Espelage, D. L., & Simon, T. R. (1999). Factors associated with bullying behavior in middle school stu-

dents. *Journal of Early Adolescence, 19*, 341-362.
Cowie, H. (2000). Bystanding or standing by: Gender issues in coping with bullying in English schools. *Aggressive Behavior, 26*, 85-97.
Craig, W. M., & Pepler, D. J. (1997). Observations of bullying and victimization in the schoolyard. *Canadian Journal of School Psychology, 13*(2), 41-60.
Crick, N. R., & Bigbee, M. A. (1998). Relational and overt forms of peer victimization: A multiinformant approach. *Journal of Consulting and Clinical Psychology, 66*, 337-347.
D'Andrea, M. (2004). Comprehensive school-based violence prevention training: A developmental ecological training model. *Journal of Counseling & Development, 82*, 277-286.
Elias, M. J., Zins, J. E., Graczyk, P. A., & Weissberg, R. P. (2003). Implementation, sustainability, and scaling up of social emotional and academic innovations in public schools. *School Psychology Review, 32*, 303-319.
Elliott, D. S. (2006, March). *Improving the effectiveness of delinquency, drug and violence prevention efforts: Promise and practice*. Presentation at the Blueprints Conference, Denver, Colorado.
Elliott, S. N., Kratochwill, T. R., & Roach, A. T., (2003). Commentary: Implementing social-emotional and academic innovations: Reflections, reactions, and research. *School Psychology Review, 32*, 320-326.
Fixsen, D. L., Naoom, S. F., Blase, K. A., Friedman, R. M., Wallace, F. (2005). *Implementation Research: A Synthesis of the Literature*. Tampa, FL: University of South Florida, Louis de la Parte, Florida Mental Health Institute, The National Implementation Research Network (FMHI Publication # 231).
Flannery, D. J., Vazsonyi, A. T., Liau, A. K., Guo, S., Powell, K. E., Atha, H., Vesterdal, W., & Embry, D. (2003). Initial behavior outcomes for the PeaceBuilders universal school-based violence prevention program. *Developmental Psychology, 39*, 292-308.
Forgatch, M. S. (2003). Implementation as a second stage in prevention research. *Prevention & Treatment, 6* (Article 24). Retrieved February 2004, from http://journals.apa.org/prevention/volume6/pre0060024c.html
Gottfredson, D. (1997). School-based crime prevention. In L. W. Sherman, D. Gottfredson, D. Mackenzie, J. Ect, P. Reuter, & S. Bushway (Eds.), *Preventing Crime: What Works, What Doesn't, and What's Promising*. Retrieved March 2006 from http://www.ncjrs.gov/works/chapter5.htm
Gottfredson, D. C., & Gottfredson, G. D. (2002). Quality of school-based prevention programs: Results from a national survey. *Journal of Research in Crime & Delinquency, 39*(1), 3-35.
Graczyk, P. A., Matjasko, J. L., Weissberg, R. P., Greenberg, M. T., Elias, M. J., & Zins, J. E. (2000). The role of the Collaborative to Advance Social and Emotional Learning (CASEL) in supporting the implementation of quality school-based prevention programs. *Journal of Educational and Psychological Consultation, 11*(1), 3-6.
Graczyk, P. A., Domitrovitch, C. E., Small, M., & Zins, J. E. (2006). Serving all children: An implementation model framework. *School Psychology Review, 35*, 266-274.
Greenberg, M. T., Weissberg, R. P., O'Brien, M. U., Zins, J. E., Fredricks, L., Resnick, H., et al. (2003). Enhancing school-based prevention and youth development through coordinated social, emotional, and academic learning. *American Psychologist, 58*, 466-474.
Gropper, N., & Froschl, M. (1999). The role of gender in young children's teasing and bullying behavior. Paper presented at the Annual Conference of the American Educational Research Association (Montreal, Canada, April 19-23).
Han, S. S., & Weiss, B. (2005). Sustainability of teacher implementation of school-based mental health programs. *Journal of Abnormal Child Psychology, 33*, 665-679.
Juvonen, J., Graham, S., & Schuster, M. A. (2003). Bullying among young adolescents: The strong, the weak, and the troubled. *Pediatrics, 112*, 1231-1237.
Kallstead, J. H., & Olweus, D. (2003). Predicting teachers' and schools' implementation of the Olweus Bullying Prevention Program. *Prevention & Treatment, 6* (Article 21). Retrieved February 2005, from http://journals.apa.org/ prevention/volume 6/pre0060021a.html
Kam, C-M., Greenberg, M. T., & Walls, C. T. (2003). Examining the role of implementation quality in school-based prevention using the PATHS curriculum. *Prevention Science, 4*, 55-63.
Leadbeater, B., Hoglund, W., & Woods, T. (2003). Changing context? The effects of a primary prevention program on classroom levels of peer relational and physical victimization. *Journal of Community Psychology, 31*, 397-418.
Limber, S. P., & Nation, M. M. (1991). Bullying among children and youth, Juvenile Justice Bulletin. Retreived from http://www.ojjdp.ncjrs.org/jjjbulletin/9804/bullying2.html
McGuire, J. (2001). What works in correctional intervention? Evidence and practical implications. In G. A. Bernfield, D. P. Farrington, & W. Lescheid (Eds.), *Offender rehabilitation in practice: Implementing and evaluating effective programs* (pp. 25-43).
Nation, M., Crusto, C., Wandersman, A., Kumpfer, K. L., Seybolt, Morrisey-Kane, E., et al. (2003). What works in pre-

vention: Principles of effective programs. *American Psychologist, 58,* 449-456. National Implementation Research Network. Retrieved from http://nirn.fmhi.usf.edu/

Newman, R. S., Murray, B., & Lussier, C. (2001). Confrontation with aggressive peers at school: Students' reluctance to seek help from the teacher. *Journal of Educational Psychology, 93,* 398-410.

O'Connell, P., Pepler, D., & Craig, W. (1999). Peer involvement in bullying: insights and challenges for intervention. *Journal of Adolescence, 22,* 437-452.

Orpinas, P., Horne, A. M., & Staniszewski, D. (2003). School bullying: Changing the problem by changing the school. *School Psychology Review, 23,* 431-444.

Peterson, L., & Rigby, K. (1999). Countering bullying at an Australian secondary school with students as helpers. *Journal of Adolescence, 22,* 481-492.

Promising Practices Network (PPN). (2004). What are key ingredients in successful implementation? Retrieved February 2004, from http://www.promisingpractices.net/ssd/ssd3b.asp

Rogers, E. M. (2003). *Diffusion of Innovations* (5th ed.). New York: Free Press.

Roland, E. (2000). Bullying in school: Three national innovations in Norwegian schools in 15 years. *Aggressive Behavior, 26,* 135-143.

Salmivalli, C. (1999). Participant role approach to school bullying: Implications for interventions. *Journal of Adolescence, 22,* 453-459.

Smith, P. K., Cowie, H., Olafsson, R. F., Liefooghe, A. P. D. (with A. Almeida, H. Araki, et al.). (2002). Definitions of bullying: A comparison of terms used, and age and gender differences, in a fourteen-country international comparison. *Child Development, 73,* 1119-1133.

Solberg, M. E., & Olweus, D. (2003). Prevalence estimation of school bullying with the Olweus bully/victim questionnaire. *Aggressive Behavior, 29,* 239-268.

Stevens, V., Van Oost, P., & De Bourdeaudhuij, I. (2000). The effects of an anti-bullying intervention programme on peers' attitudes and behaviour. *Journal of Adolescence, 23,* 21-34.

Sugai, G. (2006). *School-wide Positive Behavior Support: Getting started.* Retrieved November 2007, from http://www.pbis.org/pastconferencepresentations.htm

Wiessberg, R. P. (2004). Statement before the subcomittee on substance abuse and mental health services, U.S. Senate committee on health, education, labor and pensions. Retrieved March 2006, from http://www.k12coordinator.org/testimony.pdf

Weisz., J. R., Sandler, I. N., Durlak, J. A., & Anton, B. S. (2005). Promoting and protecting youth mental health through evidence-based prevention and treatment. *American Psychologist, 60,* 628-648.

Whitney, I., Rivers, I., Smith, P. K., & Sharp, S. (1994). The Sheffield Project: Methodology and findings. In P. K. Smith & S. Sharp (Eds.), *School bullying insights and perspectives* (pp. 20-56). London: Routledge.

Whitney, I., & Smith, P. K. (1993). A survey of the nature and extent of bullying in junior/middle and secondary schools. *Educational Research, 35*(1), 3-25.

41
학교폭력 예방 및 개입에 관한 국제적 시각

SHANE R. JIMERSON AND NAN HUAI

전 세계 학자들은 학교폭력 행위의 선행 조건과 파급 효과에 대해서 더 심층적으로 이해하려고 노력했을 뿐 아니라 학교폭력을 감소하기 위한 예방 및 개입 프로그램을 개발하고 실행해왔다(예: Jimerson, Swearer, & Espelage, 2009; Smith, Pepler & Rigby, 2004). 이런 국제적 노력이 있었기에 우리는 학교폭력에 관한 집단적인 노하우를 발전시킬 수 있었다. 예를 들어, 학교폭력의 정의에 대해서도 공감대를 형성하였다. 이제 학교폭력은 반복적인 공격적 행동으로 양자간 권력의 불균형이 내포된 현상이라고 받아들이고 있다. 더 나아가 학교폭력 행위는 직접적이고 노골적일 수도 있으며, 더 은밀하거나 간접적인 모습을 나타낼 수 있다는 점도 일반적인 시각이 되었다. 전세계 많은 국가에서 학교폭력 현상이 규명되었기 때문에(예, 호주, 브라질, 캐나다, 덴마크, 영국, 핀란드, 프랑스, 독일, 그리스, 아일랜드, 이탈리아, 일본, 네덜란드, 뉴질랜드, 노르웨이, 포르투갈, 스코틀랜드, 남아프리카 공화국, 대한민국, 스웨덴, 스위스, 미국), 오히려 전 세계 동료 학자로부터 배울 수 있는 기회가 열렸다고 생각한다.

본 챕터의 주된 목적은 전 세계 학교폭력 예방 및 개입 프로그램에 대한 핵심 사항을 공유하고 이해의 깊이를 더 하며 실무에 대한 함의를 찾아볼 것이다. 또한 문화적 및 상황 맥락적인 사항에 대해서도 논의할 것이다. 첫 단락은 학교폭력 근절을 위해 이미 전세게 다양한 국가에서 이미 실행된 적이 있는 예방 및 개입 프로그램에 대해 간략하게 소개할 것이다. 두번째 단락에서는 국제적 학교폭력 예방 및 개입 프로그램 보고서에서 부각된 사안에 대해서 다룰 것이다. 여기에는 1) 상황 맥락적 고려 사항, 2) 공통 결과 평가법, 3) 그간의 도전 경험과 실행 경험으로 얻은 교훈을 바탕으로 한 제언이 포함된다.

국제적 학교폭력 예방 및 개입 프로그램의 예

본 단락에서는 전세계 다양한 국가에서 시행되었던 학교폭력 예방 및 개입 프로그램을 간략하게 소개하고자 한다. 여기에는 프로그램이 언제 시작되었는지, 각 프로그램 별로 핵심 요소는 무엇인지, 관련 참고 문헌으로 어떤 것들이 있는 지 알리고자 한다. 물론, 전세계 모든 프로그램을 일일이 소개하는 것은 소모적일 뿐 아니라 이 책에서 모두 담을 수도 없다. 하지만 아래 제시된 프로그램은 대표적인 사례가 될 수 있다. 지난 30년간 유럽, 캐나다, 호주의 연구자들과 실무자들은 학교폭력에 대한 이해와 프로그램 노하우 축적을 주도해왔다. 아래에 제시된 프로그램은 호주, 캐나다, 영국, 핀란드, 독일, 아일랜드, 노르웨이, 스페인, 스위스, 미국에서 개발되었다.

Olweus Bullying Prevention Program

학교 기반 학교폭력 예방 프로그램 중 전 세계적으로 제일 유명한 모델이 바로 노르웨이에서 개발된 Olweus 학교폭력 예방 프로그램이다(Olweus, 1991, 1993a, 1993b; Olweus, Limber, & Mihalic, 1999). 1970년대 Olweus는 학문적 업적을 인정받아, 1980년대 본 프로그램으로 전세계 처음 학교폭력 예방 모델을 소개하였다. Olweus 프로그램은 노르웨이 각지에서 시행되었는데, 여기에는 1983~1985년 42개 개입 학교를 대상으로 한 베르겐 학교폭력 프로젝트, 1997~1998년 14개 개입 학교를 대상으로 한 신베르겐 학교폭력 프로젝트, 1999~2000년 10개 학교를 대상으로 한 오슬로 학교폭력 프로젝트, 2000년에 발족된 노르웨이 국가 주도 학교폭력 근절 프로젝트를 예로 들 수 있다. Olweus 프로그램에서는 학교 환경을 개선시키는 것을 핵심으로 본다. 이를 위해

1) 어른들은 아이들에 대해 따뜻하고 능동적인 참여적 실천을 한다.
2) 행동에 대한 명확한 규칙이 있어야 한다.
3) 규칙이나 규범을 위반했을 때, 일관되고 비폭력적인 제재가 지속적으로 적용되어야 한다.
4) 어른들은 권위를 행사하는 주체이자 아이들의 긍정적 본보기로서 역할을 담당해야 할 의무가 있다 (Olweus, 1993b; Olweus 등, 1999).

Olweus 프로그램은 학교 단위, 학급 단위, 개인 단위 별 개입 전략을 제공한다. 최근에는 미국에서 Olweus 프로그램이 좀 더 많이 활용되는 경향이 있다(Limber, 2006). 아래는 노르웨이에서 실행된 Olweus 학교폭력 예방 프로그램에 대해서 간단히 설명하고, 아울러 다른 나라에서 시행한 개정판에 대해서도 소개하겠다.

노르웨이 모델 학교 단위, 학급 단위, 개인 단위에 대한 각 개입법을 요약하였다(Olweus 등, 1999). 학교 단위 개입법의 핵심은 다음과 같다.

1) 익명의 설문지로 학교폭력 문제에 관한 학생들의 시각, 학교폭력 발생 장소, 학교폭력에 대한 태도 등을 조사한다.
2) 학교폭력 예방 조정 위원회를 구성하여 정기적으로 개입 및 예방 활동과 이와 관련된 정보를 검토한다.
3) 학교폭력이 제일 자주 발생하는 장소에 학생들을 지도감독할 수 있는 어른들을 투입한다.
4) 교내 정례 모임을 조직하여 교직원들이 설문조사의 결과를 공유하고 Olweus 프로그램에 대해 친숙할 수 있도록 해주며 실행에 대한 구체적인 계획과 대안을 제시할 수 있도록 한다.
5) 학부모 회의를 개최하여 설문조사 결과를 공유하고 개입 계획을 논의하며 모든 실행 단계에서 학부모가 참여할 수 있도록 한다.
6) 교직원 토론 집단을 구성하여 정기적으로 프로그램에 대해 교육을 받을 수 있는 기회가 되도록 할 뿐 아니라 서로 실패와 성공 사례담을 공유할 수 있도록 한다(Olweus, 2004).

학급 단위 개입법의 핵심 요소는 다음과 같다.

1) 학교폭력에 관한 규칙을 만들고 집행한다.
2) 정기적인 학급 회의를 통해 학생들이 학교폭력과 대인관계와 이와 관련된 학급/학교 규칙에 대해 토론할 수 있도록 할 뿐 아니라, 학생들이 효과적인 학교폭력 감소 전략과 학교폭력의 결말을 이해할 수 있도록 역할극과 다른 활동에 참여시킨다.
3) 학급 단위 학부모 회의를 시행하여 학교폭력에 관한 정보와 폭력 행위 감소를 위한 전략을 제공한다(Olweus, 1993b; Olweus 등, 1999).

개인 단위의 개입법은 다음과 같다.
1) 가해 학생과 피해 학생과의 모임을 별도로 가진다. 이를 통해 학교폭력이 중단될 수 있도록 하며 학생들이 필요로 할 수 있는 가이드나 지원을 제공한다.
2) 교직원 회의를 열어서 학교폭력에 관계된 학부모들에게 효과적으로 알리고 학교폭력 행위 근절에 능동적으로 동참할 수 있도록 한다.
노르웨이에서 시행된 Olweus 프로그램 실행에 대한 연구 결과가 다수 나와 있다(예: Olweus, 1993b, 1994, 2004).

국제적 모델 Olweus 학교폭력 예방 프로그램은 여러 나라에서 수많은 개정판이 개발되기도 했고 시행되기도 했으며 평가도 받았다. 1994~1996년 독일에서 개정판 프로그램으로 37개 학교를 대상으로 시행 평가가 이루어졌다. 이 개정판에는 다음과 같은 요소가 포함되어 있었다.
1) 학생들에 대한 학교폭력 행위 설문조사
2) 리더십 활동을 감당하기 위한 조정위원회
3) 학교 운동장 재구성하기
4) 학교폭력에 대한 학급 규칙 제정
5) 교사 수련 과정
6) 피해자와 가해자간의 의사소통
7) 학교폭력에 관한 정기적 학급 토론
8) 하교 시간 지도감독 강화
9) 학교폭력에 관계된 학부모와의 대화
10) 협력적 학습 경험
11) 공통 수업 활동
12) 교사와 학부모간 협력(Hanewinkel, 2004)

1992~1995년 캐나다에서 시행된 개정판은 3개 초등학교에서 평가가 이루어졌으며 다음과 같은 핵심 요소를 포함했다.
1) 교직원 수련
2) 품행 규칙
3) 학교 운동장 지도감독 강화
학교, 학부모, 학급, 개별 학생 단위의 세부적인 전략을 알고 싶으면 다음과 같은 문헌을 참고하기 바란다(예: Pepler, Craig, Ziegler, & Charach, 1994; Pepler, Craig, O'Connell, Atlas, & Charach, 2004).

미국 모델 최근 10년 동안에는 Limber, Nation, Tracy, Melton, & Flerx(2004)가 미국에서 Olweus 프로그램을 처음으로 대규모로 시행하고 평가하였다. 미국 현지 학교 시스템의 특성에 맞춰 일부 요소가 수정 보완되었다(Limber, 2006). 여기에는 다음과 같은 사항이 수정되었다.

1) 학교폭력에 대한 학교 단위의 규칙을 만들어 모든 교실이 일관되게 적용받도록 하였다(원래는 학급 단위 규칙이었다).
2) 위원회 구성원과 교직원 대상으로 한 심층적 수련 과정이 포함되어 있으며, 적어도 1년 이상 현장 조정자에게 지속적인 자문을 받도록 하였다.
3) 새로운 지원 아이템을 개발 및 적용시켰다(예: 학급 회의를 위한 토픽 수업 계획 등).
4) 교내 및 지역사회 학교폭력 문제를 다루기 위해 지역사회 구성원들을 참여시키기.

Limber(2006) 연구를 참고하면, 미국 내 Olweus 학교폭력 예방 프로그램 활용에 대한 자세한 사항을 알 수 있다.

PEACE Pack Bullying Intervention Program

피스팩은 준비(preparation), 교육(education), 실천(action), 대처(coping), 평가(evaluation) 과정으로 구성되어 있다(Slee, 1994, 2001, 본 저서). 본 프로그램은 시스템적 관점을 통해 학교 정책, 소원수리 절차, 교과과정, 학생들의 사회적 지지 프로그램과 관련해서 학교폭력 정책의 상태를 평가한다. 또한 피스팩은 실무적인 자원도 제공한다. 예를 들면 정책이나 수업 계획 예시 같은 것들이다. 피스팩은 시스템 수준의 영향력을 강조한다. 그래서 피스팩은 다음과 같은 과정으로 진행된다.

1) 학교폭력의 본질에 대한 고려와 준비를 한다. 예를 들면, 이해관계자로 구성된 위원회를 설립한다.
2) 정보를 수집하거나 설문조사를 시행하는 등 현안에 대한 파악과 관련된 교육을 진행한다.
3) 학교폭력 감소를 위한 전략을 개발하여 실천한다. 예를 들면 정책을 개발하고, 소원수리 절차를 개설하며, 단계적 개입전략을 도입한다.
4) 교직원, 학생, 학부모를 위한 대처 전략을 제시한다. 예를 들면 학생들의 태도와 행동에 영향을 주는 교과 과정을 개발한다.
5) 프로그램 실행을 평가 및 검토하여, 기념할 수 있는 활동을 한다.

예를 들면 학생회에서 프로그램 실행 성취를 공유한다든지, 가정통신문을 발송한다든지, 지역사회 집단 또는 언론매체에 홍보하는 방법이 있다. 이 모델에서는 해당 학교 특유의 시스템과 잘 조화를 이루는 개입법을 선택하도록 되어 있다. Slee는 본 저서 중 다른 챕터에서 가해자의 문제 행동 변화시키고 피해자를 도와주는 쪽에만 초점을 맞출 것이 아니라 더 시스템적 관점을 통해 학교 시스템 속의 의사소통 방식, 대인관계 방식, 역할 양상 등을 바꾸어서 학교폭력을 조장하거나 억제시킬 수 있다고 주장한다. Slee 연구진은 다음과 같은 문헌을 통해 피스팩에 대한 자세한 설명 및 관련된 결과 분석을 제시하였다(Slee, 1996, 2001, 2005, 본 저서; Slee & Mohyla, 2007).

The Method of Shared Concern to Prevent Bullying

스웨덴 심리학자 Anatol Pikas(1989, 2002)가 처음 개발했던 방법이다. 1990년대 학교폭력과 관련하여 첫 적용 사례가 나왔으며, 이후에 영국의 Smith & Sharp(1994)와 호주의 Rigby(2002, 2005, 본 저서)가 더 발전시켰다. 관심공유법은 호주, 영국, 캐나다, 핀란드, 스웨덴 등 여러 나라에서 활용된 바가 있다(Rigby, 2009). 관심공유법은 가해한 학생을 처벌하거나 비난하지 않는다. 다만 학교폭력에 관계 되었던 학생들끼리 긍정적인 대인관계를 재정립할 수 있도록 강조하며, 무엇보다 피해자가 안전하다고 느낄만한 대인관계적 상황을 만들어내는 데에 목표가 있다. 본 접근법의 핵심은 학교폭력은 대체로 집단 현상이며, 집단내 구성원들과 개별적 및 집단적 의사소통 과정을 통해 학교폭력 문제를 해결할 수 있다는 점이다. 관심공유법에서는 학교폭력에 관계되었을 것이라 추측되는 학생들 모두가 일련의 계획된 모임에 참여하도록 한다. Rigby(2009)는 다음과 같은 절차로 진행된다고 설명하였다.

1) 학교폭력 사건에 대한 정보는 간접적으로 수집하며, 피해자와 면담하지 않는다.
2) 가해 용의자와 개별적으로 면담을 진행한다. 이를 통해 집단 모임을 갖기 전에 가해 용의자들이 긍정적이고 협력적이며 존중이 보장되는 관계를 형성할 수 있도록 한다.
3) 이후 피해자와 면담을 개시한다. 피해자의 관점에서 사건이 어떠했는지 알아본다.
4) 이후 가해자와 피해자 학생들을 모아 놓고 모임을 진행하여 본 과정을 강화시킨다.
5) 최후 모임에서는 피해자와 가해 용의자들이 프로그램 실무자와 같이 작업하여 최종적으로 해결책을 도출하고 협의를 한다.

관심공유법 수련용 동영상 자료는 Readymade Productions(http://www.readymade.com.au/method)에서 구할 수 있다.

Sheffield Bullying Prevention Project

1990년 Olweus 질문지로 조사를 끝낸 후에 1991년 영국에서 셰필드 프로젝트를 시행하였다(Smith, Sharp, Elsea, & Thompson, 2004). 쉐필드 프로젝트에서는 23개 참가 학교 모두 '핵심 개입법'을 도입하도록 하였다. 핵심 개입법에는 학교폭력에 대한 기초적인 전 학교적 정책들이 포함되어 있다. 학교 정책은 다음과 같은 사항을 강조한다.

1) 학교폭력에 대한 인식 수준을 증가시킨다.
2) 학교를 통한 자문을 실시한다.
3) 정책 콘텐츠를 개발한다.
4) 정책을 되도록 널리 보급한다.
5) 정책을 집행한다.
6) 정책의 효과성을 평가한다.

이외에 선택 사항도 있다.
1) 교과과정 기반 전략(예: 동영상, 드라마, 문학; 15개 학교)
2) 학생들과 함께하는 직접 서비스(예: 피해자를 위한 자기주장훈련, 관심공유법 활용을 통한 가해자 개입, 학교 재판소, 또래 상담; 12개 학교)
3) 학교 운동장 및 점심 시간 운영 변화(예: 점심 시간 지도감독자 배치, 운동장 환경 재설계; 18개 학교)

Smith 연구진(2004)의 연구를 참고하면 본 프로젝트에 대한 자세한 설명 및 관련 결과 분석을 알아 볼 수 있다.

Bully-Proofing Your School Prevention Program

방폭학교 만들기 프로그램은 미국에서 개발되어 1994년에 개제되었다(Garrity, Jens, Porter, Sager, & Short-Camilli, 1994, 2000). 방폭학교 만들기 프로그램은 초등학교와 중학교를 대상으로 한 학교폭력 예방 프로그램으로, 학교폭력 문제를 시스템적 관점에서 접근한다. 본 프로그램의 취지는 대다수의 학생들이 존중과 돌봄의 주체가 되어 안전한 학교 공동체 조성을 이끈다는 것이다. 본 프로그램은 학급 교과과정, 교직원 수련, 가해자와 피해자와 방관자에 대한 개입, 존중과 돌봄의 학교 공동체 조성을 위한 전략을 제공한다. 방폭학교 만들기 프로그램은 3단계를 통해 실행된다.
1) 학교 분위기 평가 후, 학교폭력 문제에 대한 인식을 조성한다. 이를 위해 교직원 수련을 통해 학교폭력에 대한 정보를 제공하고 학교폭력에 관한 규칙과 정책을 만든다.
2) 학생들이 폭력 행위에 대응하고 피해 방어를 위한 전략을 배울 수 있도록 보호 기술을 가르친다.
3) 돌봄과 존중의 학교 공동체 분위기를 만들어낸다.

이를 위해 대다수의 학생들이 어른들의 지원을 받을 수 있다는 믿음을 토대로 피해자를 위해 학교폭력에 맞설 수 있도록 장려한다. 본 프로그램의 효과성에 대해 몇몇 연구가 진행되었다(예: Epstein, Plog, & Porter, 2002; Menard, Grotpeter, Gianola, & O'Neal, 2008).

Flemish Anti-Bullying Intervention Program

플랑드르 학교폭력 개입 프로그램은 쉐필드 프로젝트와 노르웨이식 Olweus 프로그램에 영감을 받아 개발되었다(Stevens & Van Oost, 1994). 본 프로그램은 1995년에서 1997년까지 24개 학교를 대상으로 실행되었다. 본 개입 프로그램의 핵심 요소는 다음과 같다.
1) 학교 환경에 대한 개입을 한다. 예를 들면 학교폭력에 대한 전 학교적 정책, 학교 공동체 구성원의 인식 수준 및 자문, 정책 개발과 홍보, 표적 집단에 대한 수련 과정 제공 등이 있다.
2) 또래집단에 대한 개입을 한다. 예를 들면 학교폭력에 직접 관련되지 않은 학생들을 대상으로 4회기 집단 프로그램을 실시하여, 피해자에 대한 긍정적인 태도를 갖출 수 있도록 하고 또래가 학교폭력 사건에 더 능동적으로 개입하는 방식으로 학교폭력 사건을 감소시킨다.
3) 가해자와 피해자에 대한 지원을 한다. 예를 들면 교사 등을 위한 학교폭력 사건 인식 전략, 사회기술 증진과 또래 갈등 상황 시 자기주장능력 개발을 위한 피해자 지원 체계를 제공한다.

Stevens, Van Oost, & de Bourdeaudhuij(2004) 연구를 통해 본 프로젝트의 자세한 설명 및 관련 결과 분석 결과를 알아볼 수 있다.

Sevilla Anti-Violencia Escolar(SAVE) Anti-Bullying Intervention Program

SAVE 학교폭력 개입 프로그램은 1995~1996학년도 스페인에서 5개 학교를 대상으로 시행되었다(Ortega, 1997; Ortega & Leer, 2000). 본 프로그램의 핵심 원리는 'convivencia' 정신으로, 단결, 협동, 조화, 화목, 상호이해의 가치를 표방하며 비폭력적인 대화를 통해 갈등을 해결하고자 한다. 이 정신을 바탕으로 교내 서로 다른 사람들(교사, 학생, 가족)이 유대가 된다는 것이다(Ortega, Del Ray, & Mora-Merchan, 2004). SAVE 프로그램의 핵심 요소는 다음과 같다.
1) 민주적인 대인관계 관리

2) 협력적인 집단 활동
3) 덕목, 태도, 감정을 통한 대한 교육
4) 학교폭력에 관계된 학생 및 고위험군 학생에 대한 개입
5) 가족과 함께 하는 활동
6) 교사 수련
Ortega 연구진의 연구를 통해 본 프로젝트에 대한 자세한 설명 및 관련된 결과 분석을 알아볼 수 있다.

Bernese Program Against Victimization

1997~1998학년도 스위스에서 8개 유치원을 대상으로 시행된 프로그램이다. 본 프로그램의 핵심 원칙은 교사들이 학교폭력 문제를 다룰 수 있는 역량을 키우는 데에 있다. 따라서 교사들에게 4개월 동안 심층적인 지도감독을 받도록 제안한다. 모든 교사 모임마다 다음과 같은 공통 스케줄을 소화한다.
1) 학교폭력 피해 사례와 그 예방과 관련된 구체적인 정보
2) 학교폭력 사례와 그 예방을 위한 지식 응용
3) 구체적인 실행 과제에 대한 안내
4) 실무적인 전략을 실행하기 위한 소규모 분임 활동
5) 다음 모임 전까지 교육 현장에서 일부 실무적 전략 실천 시도 장려
6) 이후 모임에서는 그간의 실행 경험에 대한 교사들간의 노하우 공유 및 토론

이외에 다음과 같은 4가지 요소들도 도움이 된다.
1) 유연한 실행
2) 자문가, 교사, 학부모 간의 협력
3) 현실적인 중간 목표
4) 집단 토의 및 상호협력적 지원의 활용
Alsaker(2004)의 연구를 통해 본 프로젝트에 대한 자세한 설명 및 관련된 결과 분석을 알아볼 수 있다.

Donegal Primary School Anti-Bullying Intervention Project

도니골 초등학교 학교폭력 개입 프로젝트는 1998년에 시행되었으며, 1993년 아일랜드 전역을 대상으로 학교폭력 설문조사가 시행되고 아일랜드 교육부에서 학교폭력을 예방하고 대응하기 위한 지침이 발간되면서 개발되었던 프로그램이다. 도니골 초등학교 프로젝트는 1998~2000 년동안 42개 초등학교를 대상으로 실행되었다. 본 아일랜드 프로그램은 1996년 노르웨이 Olweus 모델의 핵심요소 4가지에 기반하여 개발되었다.
1) 학교와 지역사회에 리더십을 발휘할 것으로 기대되는 전문가 집단을 대상으로 한 수련과정
2) 긍정적 분위기 형성, 학급 관리, 학교폭력에 관한 지식에 관한 교사 수련 및 교직원, 행정부, 학부모, 교사들 간의 협력
3) 학교폭력 유병률, 유형, 원인, 학교폭력 행위의 파급효과, 개입 전략 등에 관한 학부모 훈련
4) 학생들을 대상으로 한 학교폭력 무관용 분위기 조성, 인식 개선, 폭력행위 예방 및 대응
O'Moore & Minton(2004)의 연구를 통해 본 프로젝트에 대한 자세한 설명 및 관련된 결과 분석을 알

아볼 수 있다.

Finnish Anti-Bullying Intervention Program

핀란드 학교폭력 개입법은 1999~2000년 동안 핀란드 16개 학교에서 시행되었다. 본 프로그램의 초점은 교사 수련에 맞추어져 있으며, 다음과 같은 요소를 제공한다.
  1) 사전 설문조사 결과를 토대로 해당 학급 상황에 대한 피드백 제공
  2) 학교폭력 연구로 밝혀진 사실들
  3) 학교폭력 개입 방법의 대안, 특히 학급 단위의 개입법 강조
  4) 효과적인 개입을 위한 노하우 공유
  5) 교사들이 어려워하는 개별 사례에 대한 자문

명확하게 규정된 표준 개입법과는 대조적으로 본 프로그램은 학교폭력 예방과 개입 전략에 대해 일반적인 정보와 아이디어를 제공한다. 이를 바탕으로 교사들은 자기 학급에 잘 맞는 방식으로 응용하여 적용시킨다. 학급 계획을 세울 때 3가지 일반적인 원칙을 고려한다.
  1) 인식 개선
  2) 학교폭력 상황에서 각자 행동에 대해 되돌아보기
  3) 학교폭력 행위 근절에 대한 헌신(학급 규칙에 포함시킨다)

수련 과정 중에 개인 단위 개입법에 대해서도 토론하는데, 여기에는 No Blame 접근법(Smith & Sharp, 1994)과 Farsta 방법론(Ljungstrom, 2000)이 있다. 물론 학부모와의 협력과 체계적인 경과 추적도 중요하다. 학교 단위에서는 학교폭력 행위에 대응하기 위한 학교 정책의 중요성을 강조한다. Salmivalli, Kaukiainen, Voeten, & Sinisammal(2004)의 연구를 통해 본 프로젝트에 대한 자세한 설명 및 관련된 결과 분석을 알아볼 수 있다.

Friendly Schools Project

친근한 학교 프로젝트는 2000~2003년 호주에서 15개 학교를 대상으로 시행되었다. 주로 4~5학년 학생들이 참여하였다. 본 프로젝트는 전학교적, 복합요소, 복합단계 개입법을 기획하여 실행하였으며, 성공적인 학교폭력 감소 업무를 위한 원칙(the Principles of Successful Practice for Bullying Reduction in Schools, Pintabona, Cross, Hamilton, & Hall, 2000)을 활용하였다. 친근한 학교 프로젝트의 핵심 요소는 다음과 같다.
  1) 학교 공동체 전체를 대상으로 한다. 특히 전담 위원회를 구성하여 학교폭력을 근절시킬 정책과 역량을 개발한다.
  2) 학생들의 가족들을 대상으로 한다. 예를 들면, 인식 개선을 하고 자기효능감을 개선시키는 기술을 향상시킨다.
  3) 4~5학년 학생들과 담임 교사들을 대상으로 한다. 특히 교사 수련과정과 포괄적인 교육 지원물을 제공한다.

친근한 학교 프로젝트에서는 9회기로 이루어진 학급 교육 과정을 제공한다. 이 교육과정은 다음과 같은 사항을 증진시킨다.
1) 학교폭력 행위와 근절의 필요성에 대한 이해
2) 또래와 어른과 학교폭력 경험에 대해 이야기하는 기술
3) 학교폭력 피해 시 대처 요령
4) 학교폭력 피해자에 대한 또래 및 어른들의 지지 방법
5) 학교폭력 행위에 대한 억제

Cross, Hall, Hamilton, Pintabona, & Erceg(2004)의 연구를 통해 본 프로젝트에 대한 자세한 설명 및 관련된 결과 분석을 알아볼 수 있다.

Steps to Respect Bullying Prevention Program

존중의 발자국 프로그램(Committee for Children, 2001)은 보편적 및 복합단계적 프로그램으로 2001년에 발간되었다. 본 프로그램은 초등학교에서의 학교폭력 문제를 감소시키기 위해 고안되었다. 본 프로그램은 사회-인지적 교과과정을 통해 전학교적 환경 개입을 조정하기 위한 내용이 담겨 있다. 환경적 개입을 통해 어른들과 아이들이 학교폭력 근절을 위한 체계적 지원, 절차, 지침을 받을 수 있도록 하였고, 교내 모든 구성원들이 친사회적 행동에 대한 동기 부여가 되도록 하였다. 교실 수업과 실습(주로 3~6학년 대상)을 통해 학교폭력에 대한 아이들의 일반적 믿음을 개선하도록 하였으며 사회정서적 기술을 증진시켜 건강한 대인관계 능력을 함양하고 학교폭력에 맞설 수 있도록 하였다. 환경적 개입법으로 다음과 같은 요소가 포함되어 있다.
1) 전 학교적 학교폭력 정책 및 절차를 개발하여 홍보한다.
2) 학교폭력 사건에 대한 어른들의 인식 개선, 반응성 개선, 대응을 위한 지침을 제공한다.
3) 친사회적 행동에 대한 지원 체계를 향상시킨다(Hirschtein & Frey, 2006).

사회-인지적 학급 교과과정을 통해 다양한 경로로 학생들의 행동에 영향을 준다.
1) 구체적인 학교폭력 예방 기술을 갖춘다.
2) 전반적인 사회-정서적 기술을 증진시킨다.
3) 학교폭력과 관련된 또래집단의 규범과 믿음 체계를 규명하고 사회적으로 책임감 있는 신념 체계를 갖추도록 장려한다(Hirschtein & Frey, 2006).

프로그램 지침을 참고하면 본 프로그램에 대한 개괄, 목적, 콘텐츠, 근거 자료 등을 확인할 수 있으며, 학교폭력 정책 및 절차 개발을 위한 틀도 제공한다(Committee for Children, 2001).

관련된 프로그램으로 '예방을 통한 학생 성공' 프로그램이 있다(Second Step; Committee for Children, 2008). 이 프로그램은 원래 사회정서적 기술을 발달시키고 폭력을 예방하기 위해 고안된 프로그램이다(Fitzgerald & Van Schoiack Edstrom, 2006). 최근에는 6~8학년 과정이 개정되기도 했으며, 학교폭력 예방 뿐 아니라 물질 남용 예방까지 시야를 확대했다. 현재 중학교에서 이루어지고 있는 프로그램은 학교폭력 분야도 포함해서 아직 효과성이 연구되지 않았다.

Expect Respect-Bullyproof Prevention Program

'존중을 기대해요' 프로그램은 1998~2000년 미국에서 6개 초등학교에서 시행되었고, 주로 5학년을 대상으로 하였다. 본 프로그램은 학급 단위 사업으로 활용되었다(Sjostrom & Stein, 1996). 담당 교사는 4~5학년 학생들 사이에서 벌어지는 폭력 문제나 놀리기 행동에 대한 교육을 한다. 담당 교사는 11회기 분의 수업을 진행하며, 학급 토론, 역할극, 사례 연구, 작문, 독서, 예술 활동, 숙제 등이 포함되어 있다. 본 프로그램의 핵심 요소는 다음과 같다.
1) 아이들에게 놀리기와 폭력 행사 간의 연결고리를 탐색할 수 있도록 이론적 틀과 공통의 용어를 알려준다.
2) 학교폭력 사건이 발생했을 때 방관자들이 개입할 수 있도록 의지와 역량을 강화한다. 이를 통해 학교폭력을 수긍하는 사회적 분위기를 감소시킨다.

'존중을 기대해요' 프로그램의 또다른 요소들도 있다.
1) 인식 개선과 학교폭력 사건에 대한 효과적 대응을 위해 교직원 수련 과정을 실행한다. 예를 들면, 행정가와 교사와 상담사의 전문성 강화를 위한 6시간 교육과정을 시행하고, 이후에는 매학기 마다 3시간씩 진행한다.
2) 학교폭력 행위 신고가 꾸준하게 이루어질 수 있도록 정책적 개발 및 뒷받침을 확실히 한다. 예를 들면, 정책 철학에 대해 홍보하고, 학교폭력에 대한 정의를 알리며, 학교폭력 사건 발생 시의 대처 요령도 밝힌다. 그리고 학교폭력 가해자나 목격자나 피해자에게 불이익이 가지 않도록 기밀을 유지하고자 하는 태도가 유지될 수 있도록 한다.
3) 학부모 교육을 통해 지지 체계를 마련하고 본 프로젝트에 학부모가 참여하도록 한다. 예를 들면, 본 프로젝트 안내를 위해 매년마다 2회 설명회를 개최한다. 또한 이 자리에서 학교폭력 사안을 논의하기 위한 최소한의 공통의 용어를 소개하고 학교폭력에 관계된 아이들을 돕는 전략을 알려준다.
4) 가해자 및 피해자 지원을 위해 학교 상담사가 진행하는 서비스를 마련한다.

Rosenbluth, Whitaker, Sanchez, & Valle(2004)의 연구를 통해 본 프로젝트의 자세한 설명 및 관련된 결과 분석을 알아볼 수 있다.

Bully Busters Bullying Prevention Program

학교폭력 버스터즈 프로그램은 미국에서 개발된 프로그램으로 2000년에 Newman, Horne, & Bartolomucci가 6~8학년 대상으로 한 연구를 개제했고, 2003년에 Horne, Bartolomucci, & Newman-Carlson이 유치원에서 6학년까지를 대상으로 한 연구를 발표했다. 학교폭력 버스터즈 프로그램은 심리교육적 프로그램으로, 교사들이 학교폭력 행동에 대한 인식, 지식, 개입 전략에 대해서 잘 숙지할 수 있도록 고안되었다. 본 프로그램에서는 아이들의 행동 변화에 교사들이 중요한 역할을 맡고 있다고 가정하기 때문에, 학교폭력 버스터즈 프로그램은 학교폭력 문제에 있어 교사들의 역할에 초점을 맞춘다(Newman-Carlson & Horne, 2004). 본 프로그램은 위에서 언급한 대로 유치원에서 5학년을 대상으로 한 버전과 6~8학년을 대상으로 한 버전, 두 가지 버전으로 매뉴얼이 준비되어있다. 각 매뉴얼에는 학습 모듈을 담고 있는데, 교사들이 알아야 될 필수 지식 파트와 일련의 학급 활동 매뉴얼 파트가 담겨져 있다. 학급 활동은 학생들이 학교폭력 예방과 근절에 자발적으로 참여하도록 구성되어 있다. 또한 교사들이 학교폭력 문제에 대한 자기 효능감을 증진시키고 학생-교사 관계를 강화시키는 내용도 포함되어 있다. 예를 들면, 6~8학년용 학교폭력 버스터즈 프로그램에는 다음과 같은 7가지 모듈이 포함되어 있다(Newman, Horne, & Bartolomucci, 2000).

1) 학교폭력에 대한 인식 수준을 높인다.
2) 가해자를 식별한다.
3) 피해자를 식별한다.
4) 학교폭력 행위에 대한 개입을 시행한다.
5) 피해자를 위한 개입과 권고 사항을 제시한다.
6) 예방적 역할을 제시한다.
7) 이완법과 대처 기술을 제공한다.

최근에는 학부모용 매뉴얼도 개발되었다(Horne, 2008). Newman-Carlson & Horne(2004)의 연구를 통해 본 프로젝트에 대한 자세한 설명 및 관련된 결과 분석을 알아볼 수 있다.

학교폭력 예방 및 개입 프로그램의 종합

지난 20여 년 동안 세계 각국의 연구자들은 다양한 학교폭력 예방 및 개입 프로그램을 진행시켜 왔다(Smith, Pepler, & Rigby, 2004). 학교폭력 분야의 선구자인 Dan Olweus가 노르웨이 모델을 성공시키면서, 세계 각국에서는 노르웨이 모델을 개편하여 시행하였다. 여기에는 미국(Limber 등, 2004), 독일(Hanewinkel, 2004), 벨기에(Stevens, De Bourdeaudhuij, & Van Oost, 2000), 영국(Smith, Sharp, Eslea, & Thompson, 2004), 호주(Cross, Hall, Hamilton, Pintabona, & Erceg, 2004), 캐나다(Pepler 등, 1994), 핀란드(Salmivalli, Kaukiainen, & Voeten, 2005), 아일랜드(O'Moore & Minton, 2004)가 포함된다. 물론 오리지널 Olweus 프로그램과는 거리가 있지만, Olweus 프로그램의 핵심 요소 일부를 접목한 프로그램으로는 스페인의 SAVE 프로그램(Ortega 등, 2004), 호주의 피스팩(Slee, 2005), 미국의 존중의 발자국 프로그램(Frey 등, 2004), 미국의 방폭학교 만들기(Garrity 등, 2000), 미국의 학교폭력 버스터즈 프로그램(Newman-Carlson & Horne, 2004), 미국의 '존중을 기대해요' 프로그램(Rosenbluth 등, 2004; Sjostrom & Stein, 1996)이 있다. 다음 단락에서 우리는 다양한 사회문화적 환경에서 프로그램을 시행하면서 부각된 몇몇 이슈에 대해 논의할 것이다. 또한 프로그램의 철학, 콘텐츠, 평가 결과, 향후 과제 등에 대해서도 설명할 것이다.

학교폭력 예방과 개입과 관련된 이슈

Olweus 학교폭력 예방 및 개입 프로그램(Olweus, 1993b)은 모든 학교폭력 프로그램의 청사진이 되어주었다. 분명 Olweus 프로그램이 다른 프로그램에 끼친 영향을 자명하다. 예를 들어, 학교폭력의 3가지 정의 방식(빈도, 기간, 의도적 위해성)은 이제 널리 보급되어 모든 문헌에서 차용하고 있다. 또한 시스템적 예방 및 개입 프로그램이 Olweus의 오리지널 프로그램의 원칙들을 수용하는 것도 놀랍지가 않다. 한편, 프로그램 마다 전체적 프레임이나 각 개별 요소마다 차별화된 부분도 존재한다. 다음 단락에서 우리는 다음과 같은 이슈에 대해 논의할 것이다.

1) 모든 프로그램의 공통된 이슈로서의 맥락적 모델
2) 결과 평가와 관련된 사안

3) 각 프로그램 시행 경험을 통해 얻은 교훈과 도전 과제가 지니는 함의

우리는 토론의 초점을 유지하기 위해, 특히 첫째 이슈와 두 번째 이슈에 대해서, 우리는 일단 다양한 프로그램 간에 공통된 주제 또는 원칙에 대해서 먼저 설명하겠다.

맥락적 요인: 몇몇 공통된 특성

학교 단위 및 학급 단위 정책: 단계 설정에 관하여   제일 중요한 부분이기도 하면서 제일 먼저 다루고 싶은 점은 지금까지 검토한 프로그램들은 학교폭력 현상이 사회적 환경에서 발생한다는 점을 전제로 하고 있다는 것이다. 이 사회적 상황 속에서 또래, 교직원, 학부모, 물리적 조건들이 서로 상호작용한다. Swearer & Espelage(2004)는 한발 더 나아가 지역사회와 더 광범위한 문화권을 아우르는 사회-생태학적 틀을 제시했다. 이는 애초 Olweus 프로그램이 제시했던 또래 역동, 어른과 아이들의 상호작용, 부모 교육과 같은 요소들을 더 넘어서는 것이다. 학교폭력 문제가 맥락적인데다 상호작용적인 속성이 있는 탓에 연구자들은 '가해자를 말로 타이르겠다'거나 처벌을 하는 것 같은 단순하고 고립된 해결책을 배격한다. 변화는 사회적 환경의 재구성에서 비롯된다(Stevens, De Bourdeauhuij, & Van Oost, 2001; Swearer & Espelage, 2004). Olweus 학교폭력 예방 프로그램과 영국판, 독일판, 호주판, 벨기에판 개정판은 전학교적 정책이 포함되어 있어, 모든 학교폭력 예방 및 개입 활동에 대한 광범위한 인프라로 작용한다. 일부 사례에서는 학교 조직 스타일 때문에 구조화된 전학교적 정책은 필수 요소가 되지 못한다고 하더라도, 학급 규칙이나 품행 규범을 통해 분명한 행동 지침을 제시한다(예: Salmivalli 등, 2005).

교사와 직원: 행동 변화 관리에 관하여   상황이론(contingency theory)에 근거한 대인관계 행동 유형을 조성하고 관리한다. 학교에서는 교사, 직원, 기타 인력들은 학교 규칙을 따를 것이라고 생각한다. 하지만 학교 교직원들이 학교폭력에 대한 정확하고 심층적인 이해와 식별 능력을 가지고 있어서 책임감 있게 개입할 수 있는가? 이전 연구에 따르면 교사들은 학생들에 비해 학교폭력 사건이 덜 발생한다고 인식하고 있었다(Stockdale, Hangaduambo, Duys, Larson, & Sarvela, 2002). 또한 교사들은 노골적인 신체적 및 언어적 폭력만 인지하는 경향이 있으며, 은밀한 관계적 공격성은 거의 인식하지 못했다(Bauman & Del Rio, 2005). 이를 근거로 연구자들은 프로그램을 본격적으로 실행하기 앞서 교직원을 교육시키는 것이 필수적이라고 역설했다. 대다수 프로그램에서는 학생들이 응답한 학교폭력 조사 결과를 바탕으로 교사들에게 학교폭력 문제가 얼만큼 만연한지 알려준다. 이외에도 수련용 자료나 워크숍을 통해 교사들이 학교폭력 사건에 대응하거나 학급 규칙을 제정할 수 있는 역량을 증진시킨다. 또한 일부 프로그램에서는 지속적인 자문 서비스를 제공하여 교사들이 꾸준히 프로그램을 유지할 수 있도록 한다(Hanewinkel, 2004; Limber 등, 2004).

또래: 능동적인 동반자   또래 학생들은 학교폭력 현상에서 반드시 참여자가 될 수 밖에 없다. 또래 역동은 아이들의 행동 양상에 영향을 주는 제일 중요한 요인이자 제일 직접적인 요인이기도 하다(Bronfenbrenner, 1979; Lewin, 1943). 위에서 우리가 논의한 프로그램들 모두 또래 생태학적 관점을 중요하게 다루고 있다. 이 요소를 더 자세히 알아보면, 학교폭력에 대한 교육이나 인식 개선 활동이 행동 변화의 선행 조건이라고 간주한다. 또한 학생들 스스로가 학교폭력 상황에 대처할 수 있도록 역량을 이양시키는 것도 프로그램들이 지향하는 바다. 그래서 다양한 교재와 활동을 제시하고 있는데, 여기에는 동영상, 소설, 드라마, 집단 토론, 역할극이 있다(Stevens 등, 2001). 주목할 점은 모든 프로그램들에서 좀 색다른 대인관계

및 역동 측면을 강조해왔다. 예를 들면, '존중의 발자국' 프로그램(Frey 등, 2005)은 사회적으로 책임감 있는 신념 체계와 사회적 기술을 갖추도록 하고 있다. 한편, 핀란드와 플랑드르 학교폭력 프로그램(Salmivalli 등, 2005; Stevens 등, 2004)에서는 방관자의 행동을 변화시키고자 한다. 즉, 이 프로그램은 방관자를 움직여서 학교폭력 가해자들을 옹호하는 듯한 분위기를 없애고, 피해자에 대한 공감을 증진시키며, 학교폭력 사건에 개입할 수 있는 기술을 발달시킨다. 다른 프로그램에서는 사회적 기술 교육과 방관자 행동 변화를 적절히 조합한다(예: Cross 등, 2004; Ortega 등, 2004). 우리가 검토한 프로그램들 간의 공통점을 더 찾자면, 모든 프로그램들에서 다양한 교육학적 방법을 동원해 학교폭력과 관련된 또래 요인을 해결하고자 한다는 점이다. 구체적으로, 동영상, 드라마, 역할극, 동영상 교재를 바탕으로 한 집단 토론 활동은 이미 널리 쓰이고 있는 방법이다.

학무모: 학교 담장 너머까지 발달학과 생태학적 연구를 통해 가족 역동과 아이들의 사회적 행동과 관련이 있다는 점이 밝혀졌다. 물론 학교폭력도 포함된다(Franz & Gross, 1996). 프로그램 대부분은 학부모 개입에 대한 과정이 있다. 단, 핀란드 프로그램(Salmivalli 등, 2005)과 영국 프로그램(Smith 등, 2004)은 예외다. 보통 학부모 참여 과정은 학교폭력 인식 증진 또는 교육 과정에 포함되어 있다(Frey 등, 2005; Hanewinkel, 2004; Olweus, 1993a; Pepler 등, 1994; Stevens 등, 2004). 그리고 가해자와 피해자 부모는 개인 단위 개입 활동에서 종종 마주치게 되어 있다. 호주의 친근한 학교 프로그램(Cross 등, 2004)과 존중의 발자국(Frey 등, 2005)은 프로그램 실행 내내 학부모에게 통신문을 발송한다. 학부모는 가정에서도 학교에서 배운 기술과 행동 변화를 추가적으로 강화시켜줄 수 있다.

다른 맥락적 요인: 프로그램간의 다양성

개인 Olweus 노르웨이 모델(Olweus, 1993b)과 몇몇 개정판(Hanewinkel, 2004; Pepler 등, 1994; Stevens, De Bourdeaudhuij, 등, 2000)에서는 여러 단위에서 개입 활동을 하는 틀을 가지고 있어서 개인 단위의 개입도 포함되어 있다. 가해자와 피해자는 개인적으로 교사들 및/또는 학부모와 함께 만나 개인적인 문제를 해결한다. 물론 프로그램 내 집단 활동에 참여하는 과정은 별도로 존재한다. 하지만 일부 프로그램에서는 오직 집단 활동을 통해서만 학생 개별 문제를 다루도록 하고 있기도 하다(예: Frey 등, 2005; Smith 등, 2004).

물리적 환경과 어른들의 지도감독 일부 프로그램(Limber 등, 2004; Olweus, 1993b; Pepler 등, 1994; Smith 등, 2004)에서는 학교 전체의 분위기를 변화시키기 위해 물리적 환경을 재구성하는 정책을 펼치기도 한다. 특히, 잘 구조화되지 않은 활동이 일어나는 곳인 운동장과 식당 같은 곳을 물리적으로 개조하는 것이다. 이를 통해 어른들이 쉽게 지도감독할 수 있도록 가구나 시설들을 재배치한다. 다른 프로그램(Hanewinkel, 2004; Salmivalli 등, 2005; Stevens 등, 2000)에서는 환경적 요인에 대한 개입은 철저히 사회적인 측면만 고려하기도 한다. 예를 들면, 학교 정책이나 품행 규칙 제정 같은 작업이다. 이런 차이가 나타나는 이유 중 일부는 해당 학교 마다 처해 있는 조건이 다르다는 점으로 설명할 수 있다. 예를 들면, 자원이나 스케줄이나 학교의 조직 구성 등이다. 참고로, 영국의 셰필드 프로젝트는 지방 정부 기관을 동원하여 학교 운동장을 리모델링했지만, 다른 프로그램에서는 예산 부족으로 이런 활동은 할 수 없었다(예: Hanewinkel, 2004).

프로그램 평가

Olweus의 첫 프로그램 때부터 결과 평가와 관련된 항목들이 존재했다(Olweus, 1993b). 완벽한 프로그램 평가 방법론에 대해서 논하는 것은 본 챕터의 범위를 벗어나는 일이다. 관심 있는 독자들은 본 저서 2부의 학교폭력의 평가와 측정에 대해서 읽어보길 바란다. 여기서는 연구 디자인과 자료 분석과 프로그램 결과에 대한 공통적인 사안에 대해서 요약 정리하고자 한다.

연구 디자인 연구 디자인과 관련하여, 결과 변인에 대한 다수준 분석(multilevel analysis) 방법을 취한 다는 점이 여러 프로그램의 공통점이다. 시스템적 학교폭력 개입/예방 프로그램은 서로 다른 생태학적 레벨의 요소들을 포함하고 있기 때문에, 개인적 단위, 학급 단위, 학교 단위 등 몇몇 수준과 단위에 따라 결과 평가가 이루어진다.

다양한 프로그램에서 교차-코호트 디자인과 혼합형 디자인(집단간 비교 방식 및 개입 프로그램 사전 사후 비교 방식)이 많이 활용되었다. 학교폭력 행위의 본질과 실무적 요인이 경험적 연구 방식에서 연구자들이 연구 디자인을 채택하는 데에 제일 중요한 기준이 된다. 예를 들어, Olweus(1993a, 1993b), Smith 등(2004), Pepler 등(1994), Salmivalli 등(2005)은 학교폭력의 발달학적 변화 양상을 통제하기 위해 교차-코호트 디자인 방식을 채택했다. 이 측정 방식은 개입 프로그램의 효과성과 아이들 성장에 따른 자연스런 개선 효과를 구별하기 위한 방법이다. 즉, 같은 연령대의 아이들을 개입 여부에 따라 두 집단 이상으로 나눈 다음에 각 측정 시점 마다 효과성을 측정한다. 교차 코호트 방식은 실무적인 환경에서 진행하기 쉬운 연구 디자인이다. 일부 연구자(Cross 등, 2004; Frey 등, 2005)는 개인개인의 사전 사후 변화 뿐 아니라 실험-대조군 방식을 모두 합쳐서 연구하기도 했다. 실험-대조군 연구 방식은 학교폭력 프로그램 효과성을 검증하는 방식으로는 제일 엄격한 방식이다(Smith, Schneider, Smith, & Ananiadou, 2004). 하지만 실무적인 사안 때문에 이런 연구 방식을 고수하는 데에 어려움이 생길 수는 있다. 예를 들면, Pepler 등(1994)은 학교마다 '진정한 대조군' 역할을 감당하기에는 각자 사정이 매우 다르기 때문에 진정한 비교 분석이 어렵다고 호소하였다. 게다가 소위 '대조군'에서 개입 사전에 자료를 수집하는 행위 자체도 대상자들에게 학교폭력에 대한 인식에 영향을 줄 수 있으며, 심지어 능동적인 행동 변화를 유도할 수 있기 때문에 사실상 대조군으로 보기에 타당치 않다는 것이다.

결과 변인의 출처 아이들의 자기보고식 질문지나 설문조사 응답 결과를 결과 측정 자료로 활용하는 방식은 이제 루틴이 되었다(D. J. Smith 등, 2004). 학교폭력 문제가 보통 어른들의 시야나 인식 범위 밖에서 발생하는 개인적인 경험이라는 점 탓에 자기보고식 자료 수집 방법이 필수라는 인식이 자리 잡았다. 하지만 자기보고식 방법이 완벽한 것은 아니다(D. J. Smith 등, 2004). 일단 자기보고식 측정법은 다른 유형의 측정법과 상관관계가 잘 드러나지 않는데, 특히 독립적인 관찰 방법이나 교사 측정법이 그러하다(Hirschstein, Van Schoiack Edstromm, Frey, Snell, & MacKenzie, 2007; Pellegrini & Bartini, 2000). 아이들의 주관성과 사회-인지적 발달 수준도 자기보고식 응답의 정확성에 영향을 미친다. 학교폭력 프로그램의 효과성을 충분히 파악하기 위해서는 다양한 출처 및 다양한 방법론으로 자료를 수집해야 된다.

훈련된 전문가가 관찰 결과를 몇가지 코드로 분류해서 결과 자료를 내는 방식도 좋은 방법으로 부각되고 있다. 직접적인 관찰 방법은 비용과 자원이 많이 들어가는 탓에 대규모 학교폭력 프로그램에서 현실적으로 소화해내는 데에는 부담이 되는 방법일 수밖에 없다. 하지만 적절히 기획된 방식으로 관찰 결과를 수집하면 주관적인 자기보고식 자료의 객관성을 높이는 방법이 될 수 있다. 이는 학교폭력 예방과 개입과 관련된 복합적인 과정과 여러 측면들을 이해하는 데에 매우 유용한 자료가 된다. 예를 들어, Pepler 등 (1994)은 훈련된 전문가가 관찰한 바에 따르면 학교폭력 발생률이 감소하였지만, 아이들의 자기보고식 응답 자료 상으로는 발생률이 증가하는 양상을 발견했다. Hirschstein 등(2007)은 연구에 참여한 아이들이 응답한 자료 상에는 학교폭력 피해 사례가 증가하지 않는 것을 발견하기도 했다. 다양한 출처의 정보를 종합적으로 고려하면, 학교폭력 프로그램 자체 때문에 학교폭력 사안에 민감해지면서 발생하는 과장된 주관적 응답을 분별할 수 있다.

실행 요인   시스템적 예방/개입 프로그램은 다양한 집단이 참여하고 다양한 수준 및 단위에서 프로그램이 실행되기 때문에, 실행과 관련된 변인들이 어떻게 결과에 영향을 미치는지 분석하는 것이 중요하다 (Hirschstein 등, 2007; Kallestad & Olweus, 2003; Salmivalli 등, 2004; Smith 등, 2004; Stevens 등, 2000). 특히 이런 변인들은 주로 프로그램 실행의 충실도나 질과 관련되어 있다. 실행 완성도 자료를 추가로 수집하여 다중회귀분석을 실시하였을 때, 실행 완성도(질)와 결과 간의 관계를 더 잘 이해할 수 있었다. 예를 들어, Smith, Sharp 연구진(2004)은 프로그램 실행의 질적 수준과 아이들이 바라보는 학교측의 학교폭력 대응 노력과 긍정적 변화 여부에 대해 유의한 양의 상관관계가 나타났다. 게다가 교직원의 능동적 참여가 아이들의 자기보고식 학교폭력 문제 개선과 유의한 상관관계를 드러냈다. Salmivalli 등(2004)은 프로그램 실행 충실도가 높은 학교일 수록 개입 효과가 더욱 두드러진다고 결론지었다. 하지만 높은 수준의 프로그램 실행 충실도와 바람직한 결과 간의 양의 상관관계가 절대적이지 않다는 점은 유의해야 한다. 즉, 유의한 상관관계를 입증하지 못한 연구도 있었으며, 오히려 반대 결과가 나온 연구도 존재한다. Hirschstein 등(2007)의 연구에서는 프로그램 실행의 질적 수준이 교사 측정법으로 본 사회적 기술 수준 개선과 관련있는 것으로 나타난 반면, 자기보고식 응답으로 본 학교폭력 피해 수준은 증가하고 더 많은 아이들이 학교폭력 사건에 당당하게 대응하는 것을 어려워한다는 결과가 나왔다. 연구자들은 이런 어리둥절한 결과를 설명할만한 가설을 몇가지 세워봤다. 첫째, 사전 학교폭력 피해 조사 결과는 학교폭력에 대한 편견 때문에 축소 보고가 되었을 가능성이 있다. 그래서 '존중의 발자국' 수업이 진행되면서 학교폭력에 대한 편견이 감소하게 되면서, 사후 학교폭력에 대한 응답이 증가했다는 것이다. 마지막으로 방법론적 시각에서 봤을 때, 수업 실행의 질과 충실도에 초점을 맞추는 탓에 자료 수집의 범위가 제한되어 개입 노력의 효과를 잘 감지하지 못했을 가능성이 있다.

  Hirschstein 등(2007)은 말로만 하는 실행 방식과 행동으로 옮기는 실행 방식과 비교한 적이 있다. 예를 들면, 존중의 발자국 프로그램에서 강의의 충실도와 질적 수준을 보는 것이 말로 하는 실행 방식을 본 것이라면, 학교폭력 수업 외에서 전반적인 교사 지원을 이끌어내는 것을 행동으로 옮기는 실행 방식으로 간주했다. 비교 결과 양쪽 실행 방식에 따라 결과가 다르게 나왔는데, 말로만 하는 실행법은 결과가 일관되지 않으나, 행동으로 옮기는 실행 방식은 반사회적 행동, 학교폭력 피해 사례, 방관자의 파괴적 행위가 감소하는 것으로 관찰되었다.

결과   Olweus의 최초 학교폭력 프로그램은 성공적인 결과를 일궈낸 것으로 알려졌다. 구체적으로 살펴보면, 프로그램 효과성 연구 결과를 보면 Olweus(1993b)는 50% 감소율을 보고했고, Smith & Sharp(1994)는 17% 감소율을 보고했으며, Pepler 등(1994)은 30% 감소율을 보고했고, Clearihan 등(1999)은 30~40%의 감소율을 보고했다. 하지만, 그 이후에 평가가 이루어진 프로그램 대다수는 노르웨이 모델 만큼 드라마틱한 결과를 보여준 적이 거의 없었다(Smith 등, 2004). 전반적으로 보면 연구 결과들이 일관되지 않는다. 예를 들어, 캐나다의 Pepler 등(1994)은 자기보고식 자료에 근거했을 때 일부 학교에서는 학교폭력 문제가 점진적으로 감소하였지만 다른 학교는 그렇지 않았다고 발표했다. 미국에서는 Frey 등(2005)은 자기 보고식 자료로 본 학교폭력과 공격성 문제는 유의한 변화가 없었으며, 학교폭력 피해 경험에 대해서는 유의하게 감소하였다고 밝혔다. 하지만 엄격한 관찰 및 코딩 방법을 동원했을 때, Frey 등(2005)은 학교폭력 피해 문제 감소가 유의하지 않았다고 밝혔다. 반대로, 사전 단계에서 가해자로 분류되었던 학생들의 폭력 행위 및 공격성은 유의하게 감소하였다고 밝혔다. 방관자에 대해서는 Stevens & De Bourdeaudhuij 등(2000)은 초등학교의 경우 실험군에서는 학교폭력에 관여하는 방관자의 수가 소폭 줄었다고 보고했다. 하지만 중고등학생으로 이루어진 실험군에서는 학교폭력에 관한 방관자의 태도, 자기효능감, 대처 행동에 개선이 이루어진 것으로 보고되었다. 호주에서는 Cross 등이 피해자에 대한 태도와 사회적 지지 인식 수준 측면에서 대조군과 실험군 사이에 유의한 차이가 없었다고 밝혔다.

결과가 혼란스럽게 나온 데에는 학교 단위의 예방 및 개입 프로그램의 복잡성을 반영한다고도 볼 수 있다. 학교폭력 프로그램 실행에는 사회문화적 요인과 정치적 분위기가 영향을 미친다. 비록 오리지널 Olweus 프로그램을 현지화하는 과정에서 이론적인 틀과 핵심 요소를 살려냈다고 하더라도(Smith 등, 2004; Stevens 등, 2001), 각 나라 별로 사회적, 정치적, 행정적 특성이 다르기 때문에 실행 과정에 영향을 받을 것으로 보인다. Smith 등(2004)은 Olweus 프로그램이 성공한 이유로 개입 사업 시작 즈음에 국가적으로 중대 사건이 있었고(예: 학교폭력 피해로 인한 학생 자살 사건에 대한 전국적 보도), 학급 규모가 작았으며, 교사 수련이 질적으로 이루어졌고, 국가 주도 사업에 대한 전통이 있었다는 점을 꼽고 있다. 사회문화적 및 정치적 요인들이 학교 운영자와 교직원이 학교폭력에 대해 지니는 시각에 영향을 주는 것은 자명하다. 이런 점 때문에 프로그램 실행의 완성도와 질적 수준에 직접적인 영향을 미쳤을 것이다(Hanewinkel, 2004; Smith 등, 2004; Stevens 등, 2004). 재정적인 측면을 봐도, 사회문화적 및 정치적 요인도 학교폭력 프로그램에 들어가는 예산 및 자원 편성에 영향을 준다. 학교폭력 예방/개입 프로그램은 장기적인 지원이 필요하기 때문에, 지속적인 행정적 지원 없이는 학교폭력 프로그램의 효과가 사라질 수 밖에 없다(Limber 등, 2004).

한편, 방법론적 문제 때문에 학교폭력 프로그램 효과 연구 결과 해석을 더 어렵게 하기도 한다. 첫째, 프로그램 효과를 이해하기 위해서는 다양한 유형의 자료를 수집해야 된다. 아이들의 자기보고식 자료와 어른들의 측정 자료와 관찰 자료와 관련성이 부족하기 때문에, 다양한 유형의 자료를 취합할 수록 학교폭력 프로그램의 효과성을 더욱 입체적으로 이해할 수 있다. 둘째, 자료 수집과 분석의 질적 수준이 높아져야 프로그램의 효과를 심층적으로 이해할 수 있다. 현재 결과 변인과 이에 따른 분석은 다분히 양적인 측면이 강하다. 극소수 연구에서 교사 보고와 면담 자료를 바탕으로 질적 자료를 수집하였으며(Salmivalli 등, 2005; Smith 등, 2004), 자료 수집의 초점은 실행 완성도와 질적 수준에 맞추어져 있었다. 이런 자료는 코드화되어 양적 분석에 투입된다. 이런 양적 분석을 통해 '프로그램은 효과적인가?'나 '유의한 변화가 있었는가?'에 대한 답을 얻어낸다. 하지만 이런 분석 방식을 통해서 얻은 결론이 일관되지 않았기 때문에, 심층적인 면접 조사와 같은 질적 연구야 말로 '왜 해당 프로그램이 효과적일까?' 아니면 '어떻게 그런 변화가 가능했을까?'와 같은 질문에 대한 답을 얻을 수 있을 것이다. 즉, 엄격한 질적 분석이 이루어져야 학교폭력 프로그램의 기전과 과정을 이해할 수 있을 것이다.

마지막으로 학교폭력 관련 행동 문제를 측정하기 위해 쓰는 자기보고식 질문지/설문조사는 타당도 검증이 더 필요하다. 타당도 문제는 자기보고식 조사법의 통계적 성질 측면 보다는 질문 항목의 단어 선택이나 질문 구성 측면에 더 중요하다. Greif & Furlong(2006)은 학교폭력 설문조사/질문지 구성과 학교폭력 정의가 서로 잘 맞지 않는 부분이 있다고 지적한 바 있다. Olweus(1993b)는 가해자와 피해자 간의 권력 수준의 불균형, 반복성, 기간, 위해 의도성을 학교폭력의 특징으로 꼽았다. 하지만 대부분의 질문지에서는 특정 행동이 일정 기간 동안 얼만큼 자주 발생했는지만 탐색한다. 예를 들면, '지난 크리스마스 이후에 얼만큼 자주 별명으로 놀림 받았는가?'와 같은 방식이다. 이 질문 방식에는 당사자 간의 권력 수준의 불균형이 있었는지, 위해에 대한 의도성이 있는지는 규명하지 않았다. 정상적인 아이들의 발달 과정에서는 단순한 놀리기와 사고뭉치 같은 놀이 방식이 흔하다(Schwartz, Dodge, Petit, & Bates, 1997). 당연히 이런 행동들은 학교폭력과 구분해야 한다. Grief & Furlong(2006)은 응답자가 상대방이 더 강하고, 더 똑똑하며, 더 인기 있는 지 물어보도록 질문지를 구성했으며, 행동의 의도성도 묻는 질문도 포함시켰다. Davidson & Demaray(2007)는 Grief & Furlong(2006) 설문조사를 개편하여 각 행동 항목에 대해 의도성과 권력 수준 차를 동시에 물어보는 방식으로 구성하였다. 예를 들어, 응답자는 학교에서 별명으로 얼마나 자주 놀림 받는지 체크하도록 한다. 그 다음 응답자는 이런 놀림이 '그냥 장난'이었는지 '나를 괴롭히기 위함'인지를 체크한다. 그 다음, 응답자는 놀림 받는 것에 대해 느낌이 어땠는지 선택하도록 한다. 예를 들면, '나쁘지 않았다.', '기분이 좀 나빴다.', '정말 기분 나빴다.' 중에 선택하는 것이다. 그리고 응답자는 다음과 같은 질문에 예/아니오로 답하게 되어 있다. '당신을 놀린 그 학생은 당신보다 더 인기있는가? 더 힘이 센가? 더 똑똑한가?' 마지막으로 응답자는 놀림 받는 것 때문에 걱정되거나 겁을 먹게 되었는지 체크한다. Davidson & Demaray(2007)는 개정판 설문조사를 가지고 학교폭력 유병률을 다양한 방식으로 조사했는데, 1) 빈도만 가지고 측정, 2) 빈도와 의도성만 가지고 측정, 3) 빈도와 권력 수준차만 가지고 측정, 4) 빈도, 의도성, 권력 수준차 모두 측정하는 방식으로 결과를 분석하였다. 물론 이런 행동에 대한 아이들의 정서적 반응(예: 기분이 나빴다. 겁 먹었다. 걱정이 된다 등)도 같이 계산하였다. 분석 결과, 측정 방식에 따라 유병률이 상당히 다양하게 도출되었다. 예를 들어, 빈도 기준만 적용했을 때는 51%의 응답자가 한달에 2~3회 놀림을 받은 적이 있는 것으로 집계되었다. 여기에 의도성 기준은 더하면 유병률은 14%로 떨어진다. 그리고 모든 기준을 다 적용하면 9%로 집계된다. 이런 방법론적 사안에 대한 연구 덕에 측정 도구의 타당도 개선 문제에 신경 써야 된다는 주장이 나올 수 밖에 없다. 그래야 프로그램의 효과성을 제대로 파악할 수 있다.

메타분석 결과 최근에 학교폭력 개입 프로그램의 효과성을 평가한 메타분석 연구는 두 편 있다(Smith 등, 2004; Merrell, Guelder, Ross, & Isava, 2008). Smith, Schneider 연구진(2004)은 14개 연구에 대한 메타분석을 끝냈다. 이 14편의 문헌은 1989년에서 2003년 사이에 개재되었으며, 학교 단위 학교폭력 프로그램을 시행하고 나서 얻은 자료를 바탕으로 하였다. 또한 이들 문헌은 10개국(호주, 벨기에, 캐나다, 영국, 핀란드, 독일, 이탈리아, 노르웨이, 스위스, 미국)에서 시행된 프로젝트를 대상으로 하였다. 연구진은 학생들의 자기보고식 자료를 토대로 분석하면 프로그램 대다수는 유의한 효과가 나타나지 않은 것으로 결론내렸다. Merrell 연구진(2008)은 1994년에서 2003년 개재된 16편 문헌에 대한 메타분석을 실시했고, 이 연구에서는 다양한 단위 및 수준에서 이루어진 프로그램들(예: 소집단, 학급, 학교 단위 등)을 대상으로 하였다. 16편의 문헌은 총 6개국에서 시행된 프로젝트를 대상으로 하였다(예: 벨기에, 캐나다, 이탈리아, 노르웨이, 영국, 미국). 이 연구에서도 유의한 개선 효과가 나타나지 않은 것으로 드러났다. 게다가 연구진은 학교폭력 개입 프로그램은 학교폭력에 대한 지식, 태도, 자기 인식 수준에 영향을 미치는 경향은 있되, 실질적인 폭력 행위에 대해서는 영향이 미미하다고 밝혔다. 이 결과는 전세계 학교폭력 예방 및 개입 프로그램을 개발하여 실행하고자 하는 사람들에게 냉정한 정보로 다가온다.

결론과 제언

학교폭력은 전세계, 어느 문화권에서나 만연한 현상이다(Nishina, 2004). 학교폭력은 피해자나 가해자 모두에게 단기적 및 장기적 악영향을 끼친다. Olweus 학교폭력 예방/개입 프로그램이 성공하면서 이후 세계 각국의 다양한 프로그램들의 초석이 되었다. 다른 시스템적 학교폭력 프로그램도 생태학적 관점을 받아들였다. 하지만 현존하는 평가 연구 결과를 참고하면 대부분의 프로그램은 효과성 면에서 의미가 없거나 일관되지 못한 결과를 보이고 있다(Galloway & Roland, 2004; Smith 등, 2004).

일부 학자들은 기대 이하의 연구 결과를 설명하기 위해서, 부분적으로 사회생물학/진화론적 관점을 빌리기도 했다(Nishina, 2004). 이 관점에 따르면 또래간 공격성은 일종의 사회화 과정으로 때로는 인류와 일부 영장류 사이에서는 적응적인 사회적 기능을 감당하여 집단에 진화론적 이득을 제공한다는 것이다. 예를 들어, 또래간 공격성은 사회 위계질서를 명확히 하여 또래집단을 안정화시키고 집단 내 결속을 증진시키며, 구성원들간 소속감을 강화시킨다는 것이다. 이렇게 형성된 사회적 위계(예: 공격자는 존경과 수용과 집단 구성원들의 지지를 받는다)가 공격성을 강화시킨다. Nishina(2004)는 '또래간 괴롭힘을 완전히 없애기에는 힘들다. 물론 아예 불가능하지는 않겠지만…'(p.50). 하지만 그는 '학교폭력 문제는 좀 더 함의가 깊어서… 이런 현상은 우리 민주주의 사회의 근간을 실제로 잠식할 수 있다는 우려가 든다. 즉, 민주주의의 근간이란 모든 개인은 반복되고 의도적인 모욕과 압제로부터 자유로울 권리를 가지고 있으며, 학교도 하나의 큰 사회로서 이런 권리가 보장되어야 한다는 점이다'(p.48; Olweus, 1993b). 비록 학교폭력이 우리 인간의 본성 중 하나일지라도, 또 연구 결과가 일관되지 못하다고 할지라도, 학교폭력 프로그램에 대한 연구는 계속 이어져나가야 한다.

현존하는 대부분의 연구 결과상 프로그램의 효과가 제한적이기 때문에, Smith, Schneider 연구진(2004)은 '추후 평가 연구가 이루어지기 전에는 학교 단위 학교폭력 프로그램을 지속하라고 권고하기에는 조심스럽다고 밝혔다(p.558). 결과 평가에 관해서는, 다양한 출처(예: 교사 측정법, 아이들의 자기보고식 응답, 관찰, 또래지명법)에서 자료를 수집해야된다는 근거가 무수하게 쌓이고 있다. 자료 수집에 관해서는 질문지 구성 또한 중요하다. 학교폭력 프로그램의 효과성을 제대로 측정하기 위해서는 학교폭력의 정의에 잘 맞도록 단어 선택과 질문 항목을 구성하는 것이 중요하다. 게다가 실행 완성도와 질적 수준도 결과에 영향을 주는 중요한 변인 중 하나다. 따라서 연구 자료 분석 면에서나 경험적 실무 측면에서 다 중요하다. 또한 앞으로의 연구에서는 질적 자료도 수집하여 분석하는 과정이 필요하다. 이를 통해 프로그램이 학생들 사이에 혹은 학생들과 교사들 사이에 어떤 상호작용이 발생했는지 알아볼 수 있어야 한다. 과정 지향적인 자료를 수집할 수 있어야 행동 변화를 촉진하거나 억제하는 기전에 대해서 이해할 수 있다. 마지막으로 프로그램 디자인 측면에서, Galloway & Roland(2004)는 학교폭력 행위가 다른 문제 행동과 연관되어 있는 경우가 많다고 주장했다. 교사와 학교 앞으로 배정된 자원이 제한되어 있기 때문에, 학교폭력만 다루는 프로그램 보다 전반적인 품행 관리 프로그램이 좀 더 유의하면서 영속적인 결과를 도출하는 데에 도움이 될 것이다. 앞으로는 광범위한 학교 기반 행동 프로그램을 운영해서 학교폭력을 포함한 학생들 간의 상호작용에 어떤 영향을 미치는지 검증해보는 작업이 도움될 것으로 보인다.

우리는 서로 다른 국가의 연구와 지식을 알아보기 위해서 본 저서를 집필하였다. 하지만, 본 저서에서 인용된 대부분의 연구는 서구화된 국가를 대상으로 한 문헌임을 알리고 싶다. 아시아, 아프리카, 동유럽을 대상으로 한 학교폭력 예방/개입 프로그램에 대해서는 상대적으로 알려진 것이 거의 없다. 사회문화적 요인과 정치적 요인이 학교의 자원, 조직 구성, 분위기 등에 강력한 영향을 미친다. 따라서 학교폭력 프로그램의 기획과 실행 방식은 상이할 수밖에 없다. 그럼에도 불구하고 세계 각국의 다양한 프로그램을 비

표 41.1 학교폭력 예방 및 개입에 관한 국제적 시각 및 실무를 위한 제언

학교폭력 예방 및 개입 활동을 조성하기 위한 인프라 구축
- 학령기 초기에 활동을 시작하여 지속하라.
- 강력한 리더십이 필요하다 (예: 행정 당국의 의지와 위원회 구성)
- 프로그램 기획과 실행에 있어 학부모와 지역사회의 참여는 필수적이다.
- 교직원의 지속적인 헌신이 필수적이다.
- 프로그램을 개선 및 유지를 위해 교직원 역량 강화와 수련 과정이 지속적으로 이루어져야 한다.
- 프로그램은 학생들의 다양성에 잘 맞게 문화적으로 민감해야 한다(예: 맥락적 고려)
- 프로그램은 발달학적으로 적절하게 이루어져야 한다(예: 학생들의 사회적, 정서적, 인지적 발달을 고려)

학교 단위/수준 학교폭력 예방 및 개입 활동
- 학생 질문지 조사부터 시작한다. 이를 통해 해당 학교의 학교폭력 실태와 범위를 가늠할 수 있으며, 향후 프로그램으로 인한 변화 수준을 측정하기 위한 기초 자료가 된다.
- 지속적인 리더십을 제공하기 위해 학교폭력 예방 및 개입 조정 위원회를 구성하는 것이 매우 중요하다. 여기에는 교사, 행정가, 상담사, 학부모 대표, 관련 지역사회 리더/전문가, 타학교 교직원 등이 포함된다.
- 질문지 조사 결과를 공유하고, 교내 학교폭력 문제를 논의하며, 학교폭력 예방 및 개입 활동 개발에 필요한 자원을 확인한다.
- 프로그램 발족을 위해 학교 단위의 이벤트를 개최한다.
- 교내 폭력에 취약한 장소에 대한 지도감독을 강화한다.
- 학교폭력에 대한 교칙과 규정을 제정하여 홍보한다.
- 또래간 긍정적이고 친사회적인 품행이 조성되고 강화될 수 있도록 학교측 지원 방안을 마련한다.
- 학교 활동에 학부모 참여를 독려한다.
- 정기적인 학급 회의를 마련하여, 교사들로 하여금 학생들이 토론, 역할극, 학교폭력 예방과 관련된 창의적 활동에 동기를 가질 수 있도록 한다.

개인 단위/수준 학교폭력 예방 및 개입 활동
- 교직원들이 모든 학교폭력 사건에 대해 즉각적인 대응과 개입을 하도록 한다.
- 적절하다고 판단 되면, 가해자와 피해자 학부모를 참여시켜 갈등을 해소할 수 있도록 도와준다.
- 학교폭력 피해자로 이루어진 지지 집단을 구성하여, 긍정적인 또래간 대인관계와 친사회적 기술을 발전시킬 수 있도록 한다.
- 적절하다고 판단 되면, 학교 상담사나 정신보건 전문가의 도움을 받는다.

지역사회 단위/수준 학교폭력 예방 및 개입 활동
- 지역사회 리더들의 모임을 주선하여, 지역사회에 널리 홍보될 수 있도록 한다. 또한 지역사회 언론 매체가 학교측의 노력에 대해서 잘 보도할 수 있도록 한다.
- 학교폭력 근절 활동에 지역사회 구성원을 참여시킨다.
- 지역사회 구성원, 학생들, 교직원 등이 지역사회 내에서 학교폭력 근절 노력에 참여할 수 있도록 한다.

학교 운영자를 위한 제언
- 담당 학교의 학교폭력 문제 실태와 인식 수준을 평가하기 위해 학생과 교직원 설문조사를 실시하라.
- 운동장, 교실, 복도, 화장실, 식당, 학교폭력이 발생할 수 있는 기타 장소에 대해 면밀히 지도감독하라.
- 학교폭력 문제에 대한 인식 수준을 개선하고 학교폭력에 대한 무관용적인 관점을 명확히 하기 위해 학교 단위의 회의체 구성이나 교직원 수련 과정을 제공한다.
- 모든 학생들을 대상으로 명확한 행동 기준을 제시하고 공표하라. 이런 기준을 일관되고 지속적이며 공정하게 적용하라.
- 교내 학부모 센터 공간을 마련하여 학부모 참여를 독려하라. 이 센터를 통해 학부모들이 교육 과정에 참여하고 학교 활동 및 프로젝트 보조에 자원할 수 있도록 한다.
- 비밀 신고 시스템을 마련하여, 아이들이 학교폭력 사건에 대해 소상히 보고하도록 하고 이를 자세한 기록으로 남길 수 있어야 한다.
- 담당 학교가 성차별 문제에 대해 법적 필수 정책 및 소원수리 절차를 갖추고 있도록 하라. 이런 절차가 있다는 점을 학부모와 학생들에게 고지하라.

(continued)

표 41.1 학교폭력 예방 및 개입에 관한 국제적 시각 및 실무를 위한 제언 (continued)

- 학부모가 학교폭력을 신고할 때, 수용적으로 경청하고 접수하도록 하라. 학교 측에서 공식적인 신고 접수 절차를 마련하여 효율적으로 학교폭력 사건을 조사하고 해결할 수 있도록 하라.
- 긍정적이고 친사회적인 품행을 보이는 학생에게 보상을 하는 방법을 개발하라.
- 학생들이 자존감을 높일 수 있도록 특별한 재능, 취미, 관심사 등에 초점을 맞춘 학급 활동 또는 학교 단위 활동을 제공하라. 이를 통해 아이들이 서로 다름에 대해 이해하고 받아들일 수 있도록 격려한다.

교사를 위한 제언

- 학생들에게 학교폭력에 대해서 이야기할 수 있는 기회를 제공하고, 학생들이 학교폭력을 받아들여서는 안 될 행동으로 규정하도록 지원하라
- 학교폭력 근절을 위한 학급 규칙을 제정하는 데에 학생들을 참여시킨다. 여기에는 학교폭력 사건이 발생했을 때, 교사 스스로가 딴 눈 팔지 않고 사건 본질에 집중하겠다는 서약도 들어가야 한다.
- 학교폭력과 관련된 활동과 토론을 제공한다. 학교폭력이 초래하는 폐해를 알리고, 학교폭력을 감소시킬 수 있는 전략을 제공한다.
- 학생들이 학교폭력 사건을 목격했을 때, 어떻게 대응해야 되는지 잘 숙지하도록 실천 방안을 개발하도록 한다.
- 협력이 필요한 과제를 배정하여 협동을 가르친다. 이런 협동을 통해 학생들은 떼를 쓰지 않고 서로 협상하는 능력을 배울 수 있다. 분임 구성원이 다양해질 수 있도록 구성하고, 각 분임 마다 참여 학생들이 어떤 대우를 받는지 잘 모니터링한다.
- 학교폭력 사건을 목격하면 즉각 행동을 취한다. 모든 교사와 교직원들은 아이들로 하여금 어른들이 학생들에게 관심이 있으며 그 누구도 부당한 대우를 받도록 좌시하지 않는다는 점을 명확히 실천한다. 가해자에 대해 즉각적이고 직접적인 개입을 통해, 어른들은 피해자와 목격자를 지지한다는 메시지를 전달하도록 한다.
- 가해자는 개별적으로 독대하라. 친구들이 보는 앞에서 가해자에게 대응하면 가해자의 사회적 지위만 올려주는 꼴이 되어 결과적으로 공격성을 더 조장하게 된다.
- 가해자와 피해자를 대면하게 되는 경우, 해당 학부모에게도 알린다. 이는 학교에서 효율적으로 학교폭력 문제를 해결하기 위함이다.
- 적절하다고 판단되면, 가해자와 피해자를 상담사에게 의뢰하라.
- 필요하면 언제든지 피해자에게 보호 서비스를 제공하라. 여기에는 친구 시스템도 포함된다. 특정 친구나 선배를 붙여서 믿고 의지할 수 있도록 하는 시스템으로, 학급일정을 챙겨주고 학사와 관계된 일을 상의할 수 있다.
- 학교폭력 사건을 신고하는 학부모 이야기를 수용적으로 경청하라. 그리고 학교가 즉각적이고 적절하게 행동을 취할 수 있도록 신고 받은 사건을 조사하라.
- 학교폭력 상황을 중재하려 들지 않도록 유념한다. 피해자와 가해자 간에 권력 수준의 차이가 형성되어 있기 때문에 중재 과정에서 피해자가 추가적인 피해를 더 입게될 수도 있으며 피해자가 뭔가 잘못했다고 느끼게 될 수도 있다.

학생을 위한 제언

- 학생은 자신이 처한 상황과 성향에 따라 다음과 같이 대처할 수 있다.
- 어른들에게 즉각적인 도움을 요청한다.
- 교직원에게 학교폭력 가해/피해 사건을 신고한다.
- 다른 학생이 학교폭력 피해를 당하는 것을 목격한 경우 피해자를 지지해주거나 가해자에 맞서 볼 수 있다. 예를 들면 피해자가 떨어트린 책을 주워준다거나 손을 내밀어 볼 수 있다.
- 친절과 위로의 말을 상처받은 학생에게 개인적으로 전달한다.
- 학교폭력 행위에 가담하지 않는 방식으로 학교폭력에 대한 근절 의사를 표현한다. 예를 들면 비웃거나 놀리거나 소문을 퍼트리는 행위 등에 동참하지 않는다.
- 혼자서든 모여서든 문제 상황을 해결하려고 한다. 예를 들면 가해자 편으로부터 물러나서, 가해자에게 진정하라고 한다.

학부모를 위한 제언

- 학교폭력 문제를 겪는 아이를 둔 부모가 해줄 수 있는 최선의 방법은 자기 아이들이 용기와 독립심을 갖출 수 있도록 하는 것이다. 또한 필요한 상황에서는 부모가 적극적으로 개입하겠다는 의지를 표현하는 것도 있다.

(continued)

표 41.1 학교폭력 예방 및 개입에 관한 국제적 시각 및 실무를 위한 제언 (continued)

- 현재 학교폭력 피해를 당하고 있는 아이에게 아이 본인에게 뭔가 잘못된 것이 있다든지 그런 대접을 받아도 마땅하다는 메시지가 전달되지 않도록 유념한다. 만약 아이가 자기 친구들한테 학대를 당하고 있을 경우, 아이의 사회적 기술 부족이나 결함을 탓하는 것은 옳지 않다. 존중은 기초적인 권리이다. 모든 아이들은 공손하고 정중한 대우를 받을 권리가 있다. 당신 아이들에게 아이 본인은 문제가 없으며, 가해 행위 자체가 문제의 근원이라는 인식을 알려주라.
- 당신 아이가 피해자 혹은 가해자 신분으로 문제에 휘말리면 학교와 의사소통을 하는 것이 적절하다. 이런 문제를 논의하기 위해 학교 직원들과 협력적으로 작업하도록 한다. 학교폭력 사건에 대한 기록을 잘 갖추도록 한다. 그래야 당신은 학교 교직원들과 구체적으로 당신 아이의 학교폭력 문제에 대해 논의할 수 있다.
- 당신은 교사나 교장이나 상담사와 회의를 할 수 있다. 직원을 통해 당신과 당신 아이에게 도움되는 조언을 얻을 수 있다. 또한 직원은 학교폭력과 관계된 당사자들과 직접적으로 접촉하여 개입할 수 있다. 교직원은 갈등 상황을 목격한 첫 증인일 수도 있기 때문에, 당신 아이가 진술하는 학교폭력 사건의 정황을 더욱 공고하게 뒷받침해줄 수 있다. 따라서 가해자나 가해자 부모가 가해 행동을 부정하더라도 이를 반박할 수 있는 결정적인 증언이 될 수 있다.
- 가해자나 해당 학부모와 대화를 갖는 것이 중요할 때가 많지만, 당신의 접근 방식에 대해서는 유념해야 한다. 가해자에게 직접 대화를 거는 것은, 당신 아이가 나약해 빠졌다는 신호를 보내는 것으로 비춰질 수 있다. 그리고 가해자 학부모에게 직접 대화를 신청하는 것도 실질적으로 아무 도움이 안 될 수도 있다. 왜냐하면 아이들 일에 관심이 없는 것이 보통 가해자 학부모의 특성이기 때문이다. 또한 가해자 학부모는 가해 행위에 어떤 측면이 잘못되었는지 이해하지 못하는 경우도 많다. 해당 학부모는 가해 행위가 당당해지는 것과 같은 개념이라고 생각하는 경향이 있다.
- 당신 아이를 지지하되, 당신에게 의존하도록 조장하지 말라. 아이가 스스로 마주해야 할 인생의 과제와 책임을 대신 해결해주는 것이 아이의 자립을 도와주는 길이 아니다. 아이가 결단을 내려야할 선택의 기로가 많을수록, 아이들은 자립할 수 있는 기회가 많아진다. 또한 이런 과정을 통해 아이들은 자기 확신을 갖출 수 있다.
- 당신 아이가 보복을 하거나 공격적으로 나가라는 식으로 조장하지 말라. 사실 당신 아이가 타고난 품성 상 그러지 못했을 수도 있다. 대신 아이가 효과적인 자기주장능력을 갖출 수 있도록 지도하라. 가해자는 종종 위협이나 협박이 먹힐 만한 대상을 물색하는 경향이 있다. 눈물을 흘리거나 수동적으로 수긍하는 행위는 가해자의 행위를 더 강화시킨다. 가해자가 원하는 방향대로 움직여주지 않는 대상은 피해자로 낙점될 가능성이 적어진다.
- 인내심을 가진다. 아이들 간의 갈등은 하루아침에 해결되지 않는다. 그리고 아이가 새로운 관심거리를 개발하거나 기존의 재능을 더 키우도록 하여 자존감을 개선시킬 수 있도록 도우라. 또한 아이가 친구를 더 만들 수 있도록 도우라. 친구들이 있으면 학교폭력의 피해를 줄일 수 있다.
- 만약 문제가 해결되지 않거나 더 심해지면, 전문가를 찾거나 법적 자문을 구하거나 해당 서에 도움을 구할 수 있다. 학교나 지역사회는 학교폭력에 대해 좌시해서는 안된다. 학생들은 어른들이 직장 폭력을 감내하는 것만큼 학교폭력을 감내할 필요가 없다.

교 분석함으로써 학교폭력 문제에 대해 좀 더 심층적이고 입체적으로 이해할 수 있을 것이다.

참고문헌

Alsaker, F. D. (2004). Bernese programme against victimization in kindergarten elementary school. In P. K. Smith, D. Pepler, & K. Rigby (Eds), *Bullying in schools: How successful can interventions be?* (pp. 289-306). Cambridge, England: Cambridge University Press.

Bauman, S., & Del Rio, A. (2005). Knowledge and beliefs about bullying in schools: Comparing pre-service teachers in the United States and the United Kingdom. *School Psychology International, 26*(4), 428-442.

Bronfenbrenner, U. (1979). *The ecology of human development: Experiments by nature and design.* Cambridge, MA: Harvard University Press.

Clearihan, S, Slee, P. T., Souter, M., Gascoign, Nichols, A., Burgan, M., & Gee, J. (1999, May). *Antiviolence bullying prevention project.* Paper presented at the Victimology Conference, Adelaide, Australia.

Committee for Children. (2001). *Steps to Respect:* A bullying prevention program. Seattle, WA: Author.

Committee for Children. (2008). *Second Step: Student Success Through Prevention.* Seattle, WA: Author.

Cross, D., Hall, M., Hamilton, G., Pintabona, Y., & Erceg, E. (2004). Australia: The Friendly Schools project. In P. K. Smith, D. Pepler, & K. Rigby (Eds), *Bullying in schools: How successful can interventions be?* (pp. 187-210). Cambridge, England: Cambridge University Press.

Davidson, L., & Demaray, M. (2007). The "My Experiences with Classmates at School" Bullying Survey Revision. *Paper presented at the National Association of School Psychologists Annual Convention*, New York.

Epstein, L., Plog, A., & Porter, W. (2002). Bully proofing your school: Results of a four-year intervention. *Emotional and Behavioral Disorders in Youth*, 2(3), 55-56, 73-77.

Fitzgerald, P., & Van Schoiack Edstrom, L. (2006). Second Step: A violence prevention curriculum. In S. R. Jimerson, & M. J. Furlong, *The handbook of school violence and school safety: From research to practice* (pp. 383-394) Mahwah, NJ: Erlbaum.

Franz, D. Z., & Gross, A. M. (1996). Parental correlates of socially neglected, rejected, and average children: A laboratory study. *Behavior Modification*, 20(2), 170-182.

Frey, K. S., Hirschstein, M. K., Snell, J. L., Van Schoiack Edstrom, L., MacKenzie, E. P., & Broderick, C. J. (2005). Reducing playground bullying and supporting beliefs: An experimental trial of the Steps to Respect Program. *Developmental Psychology*, 41(3), 479-491.

Galloway, D., & Roland, E. (2004). Is the direct approach to reducing bullying always the best? In K. Rigby (Ed.), *Bullying in schools: How successful can intervention be?* (pp. 37-54). Cambridge, England: Cambridge University Press.

Garrity, C., Jens, K., Porter, W., Sager, N., & Short-Camilli, C. (1994). *Bully-Proofing Your School: A comprehensive approach for elementary schools.* Longmont, CO: Sopris West.

Garrity, C., Jens, K., Porter, W., Sager, N., & Short-Camilli, C. (2000). *Bully-Proofing Your School: A comprehensive approach for elementary schools* (2nd ed.). Longmont, CO: Sopris West.

Greif, J. L., & Furlong, M. J. (2006). The assessment of school bullying: Using theory to inform practice. *Journal of School Violence*, 5, 33-50.

Hanewinkel, R. (2004). Prevention of bullying in German schools: an evaluation of an anti-bullying approach. In K. Rigby (Ed.), *Bullying in schools: How successful can interventions be?* (pp. 81-97). Cambridge, England: Cambridge University Press.

Hirschstein, M. K., Van Schoaick Edstrom, L., Frey, K. S., Snell, J. L., & MacKenzie, E. P. (2007). Walking the talk in bullying prevention: Teacher implementation variables related to initial impact of the Steps to Respect Program. *School Psychology Review*, 36(1), 3-21.

Hirschtein, M. K., & Frey, K. S. (2006). Promoting behavior and beliefs that reduce bullying: The Steps to Respect Program. In S. R. Jimerson & M. J. Furlong, *The handbook of school violence and school safety: From research to practice* (pp. 309-324). Mahwah, NJ: Erlbaum.

Horne, A. M. (2008). *A parent's guide to understanding and responding to bullying: The Bully Busters approach.* Champaign, IL: Research Press.

Horne, A. M., Bartolomucci, C. L., & Newman-Carlson, D. (2003). *Bully Busters: A teacher's manual for helping bullies, victims, and bystanders* (grades K-5). Champaign, IL: Research Press.

Kallestad, J. H., & Olweus, D. (2003). Predicting teachers' and schools' implementation of the Olweus Bullying Prevention Program: A Multilevel Study. *Prevention & Treatment*, 6(1).

Lewin, K. (1943). Psychology and the process of group living. *Journal of Social Psychology*, 17, 113-131.

Limber, S. P. (2006). The Olweus bullying prevention program: An overview of its implementation and research basis. In S. R. Jimerson & M. J. Furlong (Eds.), *The handbook of school violence and school safety: From research to practice* (pp. 3-19). Mahwah, NJ: Erlbaum.

Limber, S. P., Nation, M., Tracy, A. J., Melton, G. B., & Flerx, V. (2004). Implementation of the Olweus Bullying Prevention programme in the Southeastern United States. In K. Rigby (Ed.), *Bullying in schools: How successful can interventions be?* (pp. 55-79). Cambridge, England: Cambridge University Press.

Ljungström, K. (2000). *Mobbing i skolan* [Bullying in Schools]. Ordkällan, Sweden: Pedaktiv.

Menard, S., Grotpeter, J., Gianola, D., & O'Neal, M. (2008). *Evaluation of Bullyproofing Your School: Final report.* U.S. Department of Justice Document 221078. Retrieved October 1, 2008, from http://www.ncjrs.gov/pdffiles1/nij/grants/221078.pdf

Merrell, K. W., Guelder, B. A., Ross, S. W., & Isava, D. M. (2008). How effective are school bullying intervention programs? A meta-analysis of intervention research. *School Psychology Quarterly*, 23, 26-42.

Newman-Carlson, D., & Horne, A. M. (2004). Bully Busters: A psychoeducational intervention for reducing bullying behavior in middle school students. *Journal of Counseling and Development*, 82(3), 259-267.

Newman, D. A., Horne, A. M., & Bartolomucci, C. L. (2000). *Bully Busters: A teacher's manual for helping bullies, victims, and bystanders.* Champaign, IL: Research Press.

Nishina, A. (2004). A theoretical review of bullying: Can it be eliminated? In G. D. Phye (Ed.), *Bullying: Implications for the classroom* (pp. 35-62). New York: Elsevier.

Olweus, D. (1991). Bully/victim problems among schoolchildren: Basic facts and effects of a school based intervention program. In D. J. Pepler & K. H. Rubin (Eds.), *The development and treatment of childhood aggression* (pp. 411-448). Hillsdale, NJ: Erlbaum.

Olweus, D. (1993a). Bully/victim problems among schoolchildren: Long-term consequences and an effective intervention program. In S. Hodgins (Ed.), *Mental disorder and crime* (pp. 317-349). Thousand Oaks, CA: Sage.

Olweus, D. (1993b). *Bullying at school: What we know and what we can do.* Cambridge, MA: Blackwell.

Olweus, D. (1994). Annotation: Bullying at school: Basic facts and effects of a school based intervention program. *Journal of Child Psychology and Psychiatry, 35*, 1171-1190.

Olweus, D. (2004). Bullying at school: Prevalence estimation, a useful evaluation design, and a new national initiative in Norway. *Association for Child Psychology and Psychiatry Occasional Papers No. 23*, 5-17.

Olweus, D., Limber, S. P., & Mihalic, S. (1999). *The Bullying Prevention Program: Blueprints for violence prevention, Vol. 10.* Boulder, CO: Center for the Study and Prevention of Violence. .

O'Moore, A. M., & Minton, S. J. (2004). Ireland: The Donegal Primary Schools anti-bullying project. In P. K. Smith, D. Pepler, & K. Rigby (Eds), *Bullying in Schools: How successful can interventions be?* (pp. 275-288). Cambridge, England: Cambridge University Press.

Ortega, R. (1997). El proyecto Sevilla Antiviolencia Escolar. Un modelo d intervencion preventiva contra los malos tratos entre inguales [The Seville school antiviolence project: A model intervention and prevention program to prevent abuse among youth]. *Revista de Educacion, 313*, 143-160.

Ortega, R., & Leer, M. J. (2000). Seville anti-bullying school project. *Aggressive Behavior, 26*, 13-123.

Ortega, R., Del Rey, R., & Mora-Merchan, J. A. (2004). SAVE model: An anti-bullying intervention in Spain. In P. K. Smith, D. Pepler, & K. Rigby (Eds.), *Bullying in Schools: How successful can interventions be?* (pp. 167-186). Cambridge, England: Cambridge University Press.

Pellegrini, A. D., & Bartini, M. (2000). An empirical comparison of methods of sampling aggression and victimization in school settings. *Journal of Educational Psychology, 92*, 360-366.

Pepler, D. J., Craig, W. M., O'Connell, P., Atlas, R., & Charach, A. (2004). Making a difference in bullying: Evaluation of a systemic school-based program in Canada. In P. K. Smith, D. J. Pepler, & K. Rigby (Eds.), *Bullying in Schools: How successful can interventions be?* (pp. 125-140). Cambridge, England: Cambridge University Press.

Pepler, D. J., Craig, W. M., Ziegler, S., & Charach, A. (1994). An evaluation of an anti-bullying intervention in Toronto schools. *Canadian Journal of Community Mental Health, 13*(2), 95-110.

Pikas, A. (1989). The Common Concern Method for the treatment of mobbing. In E. Roland & E. Munthe (Eds.), *Bullying: an international perspective* (pp. 91-104). London: David Fulton in association with the Professional Development Foundation.

Pikas, A. (2002). New developments in shared concern method. *School Psychology International, 23*(3), 307-326.

Pintabona, Y., Cross D., Hamilton, G., & Hall, M. (2000). *A Delphi study of successful practice in the prevention, reduction and management of bullying in schools.* Bentley, Western Australia: Curtin University of Technology, Western Australian Centre for Health Promotion Research.

Rigby, K. (2002). *New perspectives on bullying.* London: Jessica Kingsley.

Rigby, K. (2005). The method of shared concern as an intervention technique to address bullying in schools: an overview and appraisal. *Australian Journal of Counselling and Guidance, 15*, 27-34.

Rosenbluth, B., Whitaker, D. J., Sanchez, E., & Valle, L. A. (2004). The Expect Respect project: preventing bullying and sexual harassment in US elementary schools. In P. K. Smith, D. Pepler, & K. Rigby (Eds), *Bullying in Schools: How successful can interventions be?* (pp. 211-250). Cambridge, England: Cambridge University Press.

Salmivalli, C., Kaukiainen, A., & Voeten, M. (2005). Anti-bullying intervention: Implementation and outcome. *British Journal of Educational Psychology, 75*(3), 465-487.

Salmivalli, C., Kaukiainen, A., Voeten, M., & Sinisammal M. (2004). Targeting the group as a whole: The Finnish anti-bullying intervention. In P. K. Smith, D. Pepler, & K. Rigby (Eds.), *Bullying in Schools: How successful can interventions be?* (pp. 251-274). Cambridge, England: Cambridge University Press.

Schwartz, D., Dodge, K. A., Pettit, G. S., & Bates, J. E. (1997). The early socialization of aggressive victims of bullying. *Child Development, 68*(4), 665-675.

Sjostrom, L. & Stein, N. (1996). *Bullyproof: A teacher's guide on teasing and bullying for use with fourth & fifth grade students.* Wellesley, MA: Center for Research on Women.

Slee, P. T. (1994, January). I'm a victim—stop bullying. In K. Oxenberry, K. Rigby, & P. Slee (Eds), *Childrens peer relations: Cooperation and conflict.* Conference proceedings (pp. 19-22). Adelaide, Australia.

Slee, P. T. (1996). The P.E.A.C.E. Pack: A program for reducing bullying in our schools. *Australian Journal of Guidance and Counselling, 6*, 63-69.

Slee, P. T. (2001). *The PEACE Pack: A program for reducing bullying in our Schools (3rd ed.).* Adelaide, Australia: Flinders

University.
Slee, P. T. (2005). The P.E.A.C.E. Pack: Evaluation of a program for the successful reduction of school bullying. In H. McGrath & T. Noble (Eds.), *Bullying solutions. Evidence-based approaches to bullying in Australian schools*. Sydney: Pearson.
Slee, P. T., & Mohyla, J. (2007). The PEACE Pack: An evaluation of interventions to reduce bullying in four Australian primary schools. *Educational Research*, 49, 103-114.
Smith, P. K., Pepler, D., & Rigby, K. (Eds.). (2004). *Bullying in schools: How successful can interventions be?* New York: Cambridge University Press.
Smith, D. J., Schneider, B. H., Smith, P. K., & Ananiadou, K. (2004). The effectiveness of whole-school antibullying programs: A synthesis of evaluation research. *School Psychology Review*, 33(4), 547-560.
Smith, P. K., & Sharp, S. (Eds.). (1994). *School bullying: Insights and perspectives*. London: Routledge.
Smith, P. K., Sharp, S., Eslea, M., & Thompson, D. (2004). England: The Sheffield project. In P. K. Smith, D. Pepler, & K. Rigby (Eds.), *Bullying in Schools: How successful can interventions be?* (pp. 99-124). Cambridge, England: Cambridge University Press.
Stevens, V., De Bourdeaudhuij, I., & Van Oost, P. (2000). Bullying in Flemish schools: An evaluation of anti-bullying intervention in primary and secondary schools. *British Journal of Educational Psychology*, 70(2), 195-210.
Stevens, V., De Bourdeaudhuij, I., & Van Oost, P. (2001). Anti-bullying interventions at school: Aspects of programme adaptation and critical issues for further programme development. *Health Promotion International*, 16(2), 155-167.
Stevens, V., & Van Oost, P. (1994). *Pesten op School: Een actieprogramma* [Bullying at school: An action program]. Kessel-Lo, The Netherlands: Garant Uitgevers.
Stevens, V., Van Oost, P., & de Bourdeaudhuij, I. (2000). The effects of an anti-bullying intervention programme on peers' attitudes and behavior. *Journal of Adolescence*, 23(1), 21-34.
Stevens, V., Van Oost, P., & de Bourdeaudhuij, I. (2004). Interventions against bullying in Flemish schools: Programme development and evaluation. In P. K. Smith, D. Pepler, and K. Rigby (Eds), *Bullying in Schools: How successful can interventions be?* (pp. 141-166). Cambridge, England: Cambridge University Press.
Stockdale, M. S., Hangaduambo, S., Duys, D., Larson, K., & Sarvela, P. D. (2002). Rural elementary students', parents', and teachers' perceptions of bullying. *American Journal of Health Behavior*, 26(4), 266-277.
Swearer, S. M., & Espelage, D. L. (2004). A social-ecological framework of bullying among youth. In S. M. Swearer & D. L. Espelage (Eds.), *Bullying in American schools: A social-ecological perspective on prevention and intervention* (pp. 1-12). Mahwah, NJ: Erlbaum.

편집자 소개

Shane R. Jimerson 박사는 산타바바라의 캘리포니아 대학 교수다. 이뿐만 아니라 그는 홍콩 대학, 에스토니아 Tallinn 대학, 인도 Tirupati의 Sri Venkateswara 대학, 뉴질랜드 Massey 대학, 파키스탄 이슬라마바드의 Bahira 대학, 영국의 맨체스터 대학에서도 겸직을 하고 있다. Jimerson 박사는 국제학교심리학협회(the International Institute of School Psychology)의 공동창립자이기도 하다(http://education.ucsb.edu/jimerson/IISP). 그는 여러 학문적 저서 집필과 발표 활동을 통해, 학교폭력과 학교안전, 학교 위기 예방과 개입, 학업 성공 및 실패의 발달학적 경로, 조기 예방 및 개입 프로그램의 효과성 연구, 국제적 학교심리학, 발달학적 정신병리 분야에서 중요한 통찰을 제공했다. 특히, 여러 저서 중 그는 'The Handbook of School Violence and School Safety: From Research to Practice(2006, Erlbaum)'와 'The Handbook of International School Psychology(2007, Sage)'와 'The Handbook of Response to Intervention: The Science and Practice of Assessment and Intervention(2007, Springer Science)'의 주편집자로 역임했으며, 'Best Practices in School Crisis Prevention and Intervention(2002, National Association of School Psychologists)'의 공동 편집자이기도 하다. 또한 그는 'School Crisis Prevention and Intervention: The PREPaRE Model(2009, National Association of School Psychologists)', 'The Mourning Child Grief Support Group Curriculum(2001, Taylor and Francis)', 'Identifying, Assessing, and Treating Autism at School(2006, Springer Science)', 'Identifying, Assessing, and Treating Conduct Disorder at School(2008, Springer Science)', 'Identifying, Assessing, and Treating PTSD at School(2008, Springer Science)', 'Identifying, Assessing, and Treating ADHD at School(2009, Springer Science)', 'Promoting Positive Peer Relationships(P3R): Bullying Prevention Program(2008, Stories of Us)'의 공동저자이다. 그는 학술지 'The California School Psychologist'의 편집자 및 학술지 'School Psychology Review'의 부편집장으로 역임하고 있다. 뿐만 아니라, 'Journal of School Psychology and School Psychology Quarterly'를 포함한 다수의 학술지 편집국에서 역할을 맡아 왔다. 그는 주, 미연방, 국제적 단위의 여러 자문단과 위원회의 위원 혹은 장으로서 역임을 해왔으며, 그중 Convention Affairs and Public Relations of Division 16(School Psychology) American Psychological Association의 부회장, 국제학교심리학회 연구위원회장, Division 16(School Psychology) conference proceeding for the American Psychological Association의 협의회장, 학교심리학 연구협력회장 등을 역임했다. 그의 학문적 성과와 공로는 여러 수상 이력으로 확인된 바 있으며, 대표적으로 학교심리학회 올해의 최고 연구상, 'School Psychology Review' 학술지의 학교심리학회에서 수여하는 올해의 우수논문상, 인간발달학 분야의 미교육연구학회에서 수여하는 젊은 연구자상, 학교심리학 캘리포니아 지부학회에서 수여하는 올해의 우수논문상, 미국심리학회 분과 16(학교심리학)에서 수여하는 the Lightner Witmer 젊은 연구자 공로상 등이

있다. 그는 연구를 통해 초기 인생 경험이 후속 발달과정에 주는 영향력을 강조하고 있으며, 아이들의 사회적 및 인지적 역량을 강화할 수 있는 전문적인 실무 체계를 위한 연구를 강조하고 있다.

Susan M. Swearer 박사는 링컨시 네브라스카대학의 학교심리학과 부교수이다. 또한 동 대학의 상담과 학교심리 클리닉(Counseling and School Psychology Clinic)의 지도심리학자로 활동하고 있으며, 미국심리학회에서 인증받은 NICPP(Nebraska Internship Consortium in Professional Psychology)의 디렉터이자 'Bullying Research Network(http://brnet.unl.edu)'의 공동 디렉터이기도 하다. 그녀는 50편이 넘는 저서 활동을 했으며, 대부분은 학교폭력에 관한 것이다. 그녀는 지난 10년 동안 우울증, 불안증, 외현화 문제 간의 상관관계에 대해 연구를 진행해왔으며, 아동청소년의 심리적 문제와 연관된 공존질환, 내현화 정신병리와 외현화 행동문제와의 관련성, 청소년과 그 가족에 대한 인지행동적 개입법에 대해 통찰을 제공했다. 현재 그녀는 학교폭력에 대한 학령기 아동의 장기적 영향과 학교폭력에 관한 국제적 비교 연구와 가해 행위에 대한 개별적 접근법의 효과성 검증을 진행하고 있다. 그녀는 행동 및 정서 장애가 있는 특수반 고등학생들을 지도하였으며, 전문자격상담사로서 거주시설과 정신병원 입원 및 외래 환자와 그 가족들을 치료하고 있다.

〈저서 활동〉
- 'Bullying in American Schools: A Social-Ecological Perspective on Prevention and Intervention(2004, Routledge)' 공동 편집
- 'Bullying Prevention and Intervention: Realistic Strategies for Schools(2009, Guilford)' 공저
- 'Promoting Positive Peer Relationships(P3R): Bullying Prevention Program(2008, Stories of Us)' 공저

〈학술 활동〉
- 'Journal of Anxiety Disorder', 'School Psychology Review', 'Journal of School Violence', 'Journal of School Psychology' 편집위원.

Dorothy L. Espelage 박사는 일리노이 대학의 아동발달학 교수이자 동 대학 교육심리학부의 부학과장이다. 그녀는 미국심리학회 분과 17(상담심리학)의 대학교수이자 선임연구원이다. 그녀는 1997년 인디애나 대학에서 상담심리학으로 박사학위를 취득했다. 또한 그녀는 지난 16년 동안 학교폭력 연구를 진행해왔다. 그 결과, 그녀는 국제학회에 정기적으로 참석하고 있으며, 70편이 넘는 저술활동을 보이기도 했다. 그녀는 수백회의 워크숍을 주관했고 미국 전역에서 교사, 행정가, 상담사, 사회복지사를 위한 역량강화 세미나를 진행했다. 그녀는 주로 경험적 근거를 예방과 개입 프로그램 설계에 반영하였다. 그녀는 대중매체에도 자주 출연했는데, The Today Show, CNN, CBS Evening News, The Oprah Wnifrey Show에서도 출연하였고, Time Magazine, USA Today, People 지에 기고하기도 했다.

〈저서 활동〉
- 'Bullying in American Schools: A Social-Ecological Perspective on Prevention and Intervention (Routledge)' 공동 편집
- 'Bullying Prevention and Intervention: Realistic Strategies for Schools(2009, Guilford)' 공저
- 'Promoting Positive Peer Relationships(P3R): Bullying Prevention Program(2008, Stories of Us)' 공저

〈학술 활동〉
- 'Journal of Counseling and Development', 'Journal of Counseling Psychology', 'Journal of Educational Psychology', 'Journal of Youth and Adolescence' 편집위원

기고자 소개

Francoise D. Asaker, Ph.D., Professor of Developmental Psychology, University of Bern, Switzerland. alsaker@psy.unibe.ch

Sharmila Bandyopadhyay, Doctoral student in the Curry Programs in Clinical and School Psychology, University of Virginia. sharmila@virginia.edu

Sheri Bauman, Ph.D., Associate Professor, Department of Educational Psychology, University of Arizona, Tucson. sherib@u.arizona.edu

Bridget K. Biggs, Ph.D., Assistant Professor in the Clinical Child Psychology Program, University of Kansas. biggsbk@ku.edu

Catherine Bohn, Assistant Professor of Educational Psychology, Wichita State University. bohn0066@umn.edu

Rina A. Bonanno, Ph.D., School of Education, Dowling College. BonannoR@Dowling.edu

James A. Bovaird, Ph.D., Assistant Professor of Educational Psychology, University of Nebraska-Lincoln. jbovaird2@unl.edu

Eric S. Buhs, Ph.D., Assistant Professor of Educational Psychology, University of Nebraska-Lincoln. ebuhs2@unl.edu

Carrie Campbell-Bishop, M.A., School Counselor, Barbara Bush Elementary, Woodlands, Texas. cbishop@conroeisd.net

JoLynn V. Carney, Ph.D., Associated Professor of Counselor Education, Pennsylvania State University. jcarney@psu.edu

Jean Clinton, M.D., Department of Psychiatry and Behavioural Neurosciences, McMaster University. clintonj@mcmaster.ca

Annematt L. Collot d'Escury, Ph.D., Assistant Professor Clinical Developmental Psychology, University of Amsterdam, The Netherlands. acollotdescury@fmg.uva.nl

Clayton R. Cook, M.A., Pre-octoral interna at Girls and Boys Town in Omaha, Nebraska. 심리학 박사 수료, University of California, Riverside. clayton.cook@email.ucr.edu

Dewey G. Cornell, Ph.D., Professor of Education in the Curry Programs in Clinical and School Psychology, University of Virginia. dcornell@virginia.edu

Wendy Craig, Ph.D., Professor of Psychology, Queen's University, an Scientific Co-Director of PREVNet, Kingston Canada. wendy.craig@queensu.ca

Laura M. Crothers, D.Ed., Associated Professor in the Department of Counseling, Psychology, and Special Education, Duquesne University. crothersl@duq.edu

Paul E. Downes, Ph.D., Director of the Educational Disadvantage Centre and Senior Lecturer in Psychology in the Education Department, St. Patrick's College, Drumcondra, (A College of Dublin City University), Dublin, Ireland. paul.downes@spd.dcu.ie

Ad C.M. Dudink, Ph.D., Associated Professor Developmental Psychology, University of Amsterdam, The Netherlands. A.C.M.Dudink@uva.nl

Danielle Dupuis, Ph.D., Student in Educational Psychology at the University of Minnesota, Twin Cities Campus. dupui1004@umn.eu

Leihua V. Edstrom, Ph.D., School Psychologist, Bellevue School District, Washington. leihuave@yahoo.com

Lawrence Epstein, Ph.D., Trainer and researcher with Creating Caring Communities, creators of the Bully-Proofing Your School program, and a School Psychologist with the Cherry Creek School District in Greenwood Willage, Colorado. lepstein@cherrycreekschools.org

Dorothy L. Espelage, Ph.D., Professor of Educational Psychology, University of Illinois, Urbana-Champaign. espelage@illinois.edu

Erika D. Felix, Ph.D., Assistant Researcher in the Counseling, Clinical, and School Psychology Department of the Gevirtz Graduate School of Education, University of California, Santa Barbara. efelix@education.uscb.edu

Peter Fonagy, Ph.D., FBA., Freud Memorial Professor of Psychoanalysis, UCL, London, England; Director, The Anna Freud Centre, London, England. PFonagy@compuserve.com

Karin S. Frey, Ph.D., Research Associate Professor, Educational Psychology, University of Washington. karinf@u.washington.edu

Michel J. Furlong, Ph.D., Professor of Counseling, Clinical, and School Psychology, University of California, Santa Barbara. mfurlong@education.ucsb.edu

Claire F. Garandeau, M.A., Doctoral canidate in the Department of Educational Psychology, University of Illinois, Urbana-Champaign. cgarand2@uiuc.edu

Carla Garrity, Ph.D., Author with Creating Caring Communities, creators of the Bully-Proofing Your

School Program, and a child psychologist in independent practice with The Neuro-Developmental Center in Denver, Colorado. Caria_Garrity@hotmail.com

Jami Givens, M.A., Doctoral candidate in School Psychology, University of Nebraska-Lincoln in Lincoln, NE. jamigivens@yahoo.com

Jennifer Greif Green, Ph.D., Postoctoral Research Fellow in the Department of Health Care Policy at Harvard Medical School. green@hcp.med.harvard.edu

Nancy G. Guerra, Ed.D., Professor of Psychology, University of California, Riverside. nancy.guerra@ucr.edu

Eveline Gutzwiller-Helfenfinger, Ph.D., Lecturer and Researcher, Teacher Training University of Central Switzerland, Lucerne. eveline.gutzwiller@phz.ch

Richard J. Hazler, Ph.D., Professor of Counselor Education, Pennsylvania State University. hazler@psu.edu

Natalie Rocke Henderson, Ph.D., Candidate, Department of Educational and Counselling Psychology, and Special Education, University of British Columbia. rockel@telus.net

Sarah L. Herald-Brown, Ph.D., Assistant Professor of Human Development and Environmental Studies, Iniana University of Pennsylvania. Sarah.Brown@iup.edu

Meghan Hickey, Ph.D., Student in Educational Psychology, University of Minnesota, Twin Cities Campus. hick0146@umn.edu

Miriam K. Hirschstein, Ph.D., Research Scientist, Center on Infant Mental Health and Development, University of Washington. mir@u.washington.edu

Arthur M. Horne, Ph.D., Dean of the College of Education and Distinguished Research Professor of Counseling Psychology, University of Georgia, Athens, GA. ahorne@uga.edu

Nan Huai, Ph.D., Researcher, University of Wisconsin, Madison. nhuai@wisc.edu

Shelley Hymel, Ph.D., Department of Educational and Counseling Psychology and Special Education, University of British Columbia. shelley.hymel@ubc.ca

Kathryn Jens, Ph.D., Author, trainer, and researcher with Creating Carting Communities, creators of the Bully-Proofing Your School program, and a school psychologist with the Cherry Creek School District in Greenwood Village, Colorado. kjens@cherrycreekschools.org

Shane R. Jimerson, Ph.D., Professor at the University of California, Santa Barbara. jimerson@education.ucsb.edu

Lynae A. Johnsen-Frerichs, M.A., Doctoral Candidate at the University of Nebraska-Lincoln. lynae.frerichs@gmail.com

Antti Kärnä, M.A., Department of Psychology, University of Turku, Finland. antti.karna@utu.fi

Tia E. Kim, Ph.D., Post-Doctoral Fellow with the Southern California Academic Center for Excellence in Youth Violence Prevention. tia.kim@ucr.edu

Jered B. Kolbert, Ph.D., Associated Professor in the Department of Counseling and Development, Slippery Rock University. jered.kolbert@sru.edu

Gary W. Ladd, Ed.D., Full Professor of Psychology and Family and Human Development, Arizona State University. Gary.Ladd@asu.edu

Jim Larson, Ph.D., Professor of Psychology and Coordinator of the School Psychology Program, University of Wisconsin-Whitewater. larsonj@uww.edu

Susan P. Limbar, Ph.D., Professor at the Institute on Family and Neighborhood Life, Clemson University. slimber@clemson.edu

Jeffrey D. Long, Ph.D., Associate Professor of Educational Statistics, University of Minnesota, Twin Cities Campus. longj@umn.edu

Patricia McDougall, Ph.D., Department of Psychology, St. Thomas More College, University of Saskatchewan. patti.mcdougall@usask.ca

Christina Meints, Ed.S., School psychologist with the Omaha Public Schools in Omaha, NE. christina_meints@hotmail.com

Danielle Mele, M.S., Doctoral student in School Psychology, University at Albany, State University of New York. Meled15@yahoo.com

Rosalind Murray-Harvey, Ph.D., Professor in Education at Flinders Univesity, Adelaide, Australia. rosalind.murray-harvey@flinders.edu.au

Timothy D. Nelson, M.A., Graduate student in the Clinical Child Psychology Program, University of Kansas. tdnelson@ku.edu

Jennifer Mizer Nelson, M.A., Graduate student in the Clinical Child Psychology Program, University of Kansas. jmize@ku.edu

Amanda B. Nickerson, Ph.D., Assistant Professor of School Psychology in the Department of Educational and Counseling Psychology, University at Albany, State University of New York. anickerson@uamail.albany.edu

Paulette Norman, M.A., President, The McKay Foundation Conroe, Texas. mpme5095@yahoo.com

Paul O'Connell, Ph.D., C.Psych. Psychologist with the Toronto District School Board, Toronto Canada.

Dan Olweus, Ph.D., Research Professor of Psychology, University of Bergen, Bergen, Norway. olweus@psyhp.uib.no.

Pamela Orpinas, Ph.D., Professor in the Department of Health Promotion and Behavior, University of Georgia, Athens, GA. porpinas@uga.edu

Kristina M. Osborne-Oliver, C.A.S., Doctoral student in School Psychology, University at Albany, State University of New York. Surrealist326@yahoo.com

Anthony D. Pellegrini, Ph.D., Professor of Educational Psychology, University of Minnesota, Twin Cities Campus. pelle013@umn.edu

Debra Pepler, Ph.D., C. Psych. Professor of Psychology, York University, Senior Assoicate Scientist, The Hospital for Sick Children, and Scientific Co-Director of PREVNet, Toronto Canada. pepler@yorku.ca

Amy Plog, Ph.D., Director of Research for Creating Caring Communities, creators of the Bully-Proofing Your School Program, and a research psychologist with the Cherry Creek School District in Greenwood Village, Colorado. aplog@cherrycreekschools.org

William Porter, Ph.D., Director of Creating Caring Communities, creators of the Bully-Proofing Your School Program. williamporter@creatingcaringcommunities.org

Elisa Poskiparta, Ph.D., Head of the Center for Learning Research, University of Turku, Finland. elisa.poskiparta@utu.fi

Ken Rigby, Ph.D., Adjunct Professor in the School of Education, University of South Australia, Adelaide, South Australia. Ken.rigby@unisa.edu.au

Revecca A. Robles-Piña, Ph.D. Assoicate Professor in the Department of Educational Leadership & Counseling, Sam Houston State University, Huntsville, Texas. edu_rar@shsu.edu

Philip C. Rodkin, Ph.D., Associate Professor of child development in the Departments of Educational Psychology and Psychology, University of Illinois, Urbana-Champaign. rodkin@uiuc.edu

Cary Roseth, Ph.D., Assistant Professor of Educational Psychology, Michigan State University. Rose0528@umn.edu

Frank C. Sacco, Ph.D., President, Community Services Institute, Boston & Springfield, Massachusetts; Adjunct Professor, Western New England College, Springfield, Massachusetts. FCSacco@aol.com

Nancy Sager, M.A., Author, consultant, and trainer for Creating Caring Communities, creators of the Bully-Proofing Your School Program. nancy4848@mac.com

Christina Salmivalli, Ph.D., Professor of Psychology, University of Turku, Finland, and Center for Behavioural Research, University of Stavanger, Norway. tina.salmivalli@utu.fi

Tracey G. Scherr, Ph.D., Assistant Professor of Psychology, University of Wisconsin-Whitewater. scherrt@uww.edu

Louis A. Schmidt, Ph.D., Department of Psychology, Neuroscience & Behaviour, McMaster University. schmidtl@mcmaster.ca

Kimberly A. Schonert-Reichl, Ph.D., Department of Educational and Counselling Psychology, and Special Education, University of British Columbia. kimschon@interchange.ubc.ca

Jill D. Sharkey, Ph.D., Academic Coordinator in the Counseling, Clinical, and School Psychology Department, University of California, Santa Barbara. jsharkey@education.ucsb.edu

Amanda B. Siebecker, M.A., Doctoral Candidate, University of Nebraska-Lincoln. mandasiebecker@yahoo.com

Phillip T. Slee, Ph.D., Professor in Human Development, Flinders University, Adelaide, Australia. phillip.slee@flinders.edu.au

Robert Slonje, Doctoral student of Psychology, University of London, England.

Peter K. Smith, Ph.D., Professor of Psychology and Head of the Unit for School and Family Studies, Goldsmiths College, University of London, England. p.smith@gold.ac.uk

David Solberg, Ph.D., Student in Educational Psychology, University of Minnesota, Twin Cities Campus. solb0031@umn.edu

Shafik Sunderani, Hons, B.A., Department of Psychology, Neuroscience & Behaviour, McMaster University. sundersa@mcmaster.ca

Susan M. Swearer, Ph.D., Associate Professor of School Psychology, University of Nebraska-Lincoln. sswearer@unlserve.unl.edu

Mitsuru Taki, M.A., Principal researcher, guidance and counseling research centre, National Institute for Educational Policy Research, Tokyo, Japan. a000110@nier.go.jp

Diane Tanigawa, Doctoral student in the Counseling, Clinical, and School Psychology Department, University of California, Santa Barbara. dtanigaw@education.ucsb.edu

Stuart W. Twemlow, M.D., Professor of Psychiatry, Menninger Department of Psychiatry, Baylor College of Medicine. Houston, Director Peaceful Schools and Communities Project and Medical Director HOPE unit, The Menninger Clinic, Houston Texas. stwemlow@menninger.edu

Tracy Vaillancourt, Ph.D., Faculty of Education and School of Psychology, University of Ottawa and Department of Psychology, Neuroscience & Behaviour, McMaster University. tracy.vaillancourt@uottawa.ca

Eric Vernberg, Ph.D., Professor of Clinical Child Psychology, University of Kansas. vernberg@ku.edu

Cixin Wang, M.S., Doctoral Student, University of Nebraska-Lincoln. cixinwang@gmail.com

Kirk R. Williams, Ph.D., Professor of Sociology and Co-Director of the Presley Center for Crime and Justice Studies, University of California, Riverside. kirk.williams@ucr.edu

Travis Wilson, Doctoral candidate in the Department of Educational Psychology, University of Illinois, Urbana-Champaign. wilson2@uiuc.edu

색 인

ㄱ

가명, 278
가정 생활, 66
가족 시스템, 199, 201
가치 설정, 51
가피해자, 202, 204, 212, 225, 259, 328, 344
가해 학생의 심리, 572
가해 행위 인센티브, 150
가해/피해 문제, 11
가해자, 193, 202, 256, 259, 328, 344, 566
가해자-피해자 관여 유형 분류, 336
가해자-피해자 유형 분류, 335, 338
가해자 인기, 131
가해자/피해자, 11
가해자와 학교폭력: 사건을 파헤쳐보자, 560
가해행위, 303
간접적 개입, 205
간접적 및 관계적 공격성, 23
간접적 폭력성, 164
간접적(혹은 사회적) 괴롭힘, 38
갈등해소, 56
감정, 54
강점과 문제점에 대한 인식 능력, 51
강제선택법, 358
강화자, 492, 566
개념적 틀, 176
개인분산요소, 16
개인 식별 정보, 290
개인주의적 문화권, 445
개입, 478
개입법, 5
개입 프로그램, 39

건설적 대화, 564
검사 효과, 311
검증-재검증 신뢰도, 287
결핍, 217
결함, 217
결함 중심적 접근법, 508
결합도, 217
경로 모델, 178
경로분석, 309
경쟁, 255
경쟁 행위, 212
경쟁적 시각, 169
경제성, 420
경청, 574
경험률, 2
경험적 연구, 25
경험적인 근거, 23
계층적 회귀분석, 219
고등학교, 453
고립, 460
고립 감소, 445
고자질, 456
고전검사이론, 307, 312
고전적 가해자, 231
공감, 109
공감 능력, 444, 565, 579
공감의 뿌리, 119
공감적 개입, 444
공격성, 300, 341, 345
공격성 감소, 214
공격성 측정 설문지, 339
공격성의 정의와 적용, 23

629

공격성의 형태, 126
공격적 피해자, 204
공격적 행동, 94
공격적 행동 감소 경향, 214
공리주의, 227
공인타당도, 358
공통 요소, 439
과잉보호, 566
과잉행동주의력결핍장애, 253
과테말라, 237
과학적 사고방식, 508
관객, 493
관계 맺기, 574
관계 문제, 491
관계의 근간, 223
관계적 권력, 224
관심 공유 접근법, 484
관심 공유법, 482, 571, 575, 582, 601
관심 공유법의 전제, 578
관찰 결과, 494
관찰된 것, 305
관찰적 방법론, 432
교감-부신수질 시스템, 316
교과 과정, 153
교과과정 기반 학교 예방 및 개입 프로그램, 518
교내 공격성: 가해 학생과 질질 짜는 소년들, 10
교사, 220, 478
교사 가이드, 402
교사 교육, 549, 554
교사 노력, 479
교사 매뉴얼, 532
교사 지원, 53
교사 참여, 154
교사들이 보는 폭력 교사에 대한 시각, 83
교사보고법, 395
교사의 역할, 138
교실 너머, 251
교육개혁 보고, 274
교육과학부, 268
교육연구부, 411
교육 철학, 587
교직원, 477, 592
교직원 간의 동의 수준, 480
교직원 영입, 586
교직원 위원회, 456

교차-코호트, 610
구경꾼, 492
구성적, 302
구성체, 300, 312
구성체 타당도, 330, 358
구심성, 310
구심적 관계, 541
구심적 구조, 554
구심적 시스템적 시각, 554
구심적 이분법, 543
구형도, 309
국가 간 분석, 369
국가 주도 프로그램, 503
국가별 특징, 380
국립 기구 창설, 2
국립 아동보건 및 인간발달원, 286
국립보건연구원, 182
국립사회연구위원회, 247
국립아동원, 270
국제 연구, 273
국제 학교아동 건강 및 행동 연구, 409
국제이민에 관한 세계위원회, 238
국제적 시각, 370, 597
국제적 심포지움, 274
국제적 학교폭력 조사 프로젝트, 163
국제적 학교폭력 프로젝트, 163
국제적 학생 평가를 위한 국제프로그램, 409
국제적인 분석, 4
권력, 223, 439, 460, 464
권력 구조, 221
권력 불균형, 13
권력 역동, 230, 392
권력의 불균형, 11, 315, 328
권력의 비대칭, 223
권력의 오남용, 231
권위적 스타일, 201
권위주의자, 201
귀인이론, 203
규격화, 274
규범적 믿음 체계, 118
규범적 영향, 228
그리스, 269, 355, 373, 597
근거 중심 개입 프로그램, 410
근거 중심 예방, 5
근거 기반 접근법, 505

글래스고, 243
급성기 개입, 471
급식비, 521
긍정적 강화, 579
긍정적 기대, 53
긍정적 또래, 68
긍정적 부모 역할, 67
긍정적 분위기 캠페인, 388
긍정적 시각, 54
기간 설정, 379
기간 조건, 13
기권형 방관자, 84
기능성 다형태, 321
기명 조사, 290
기술 지원, 593
기술 통계, 373
기억 왜곡, 302
기억력 문제, 371
기억의 일곱 가지 죄악, 302
기준, 106
기준변인, 219
꽃배달, 550
꽃배달부, 550

ㄴ
나쁜 친구의 매력, 463
낙인효과, 357
난민, 238
남녀간 차이, 128
남미, 238
남성적 대 여성적, 442
남아프리카 공화국, 374,597
남캐롤라이나, 416
남캐롤라이나 프로젝트, 406
낯선 상황 실험, 199
내러티브, 554
내러티브 접근법, 552
내성적, 264
내성적인 성격, 319
내적 갈등, 579
내적 권력, 224
내적 타당도, 312
내적 타당도 요인, 510
내적 한계, 304
내적 합치도, 287,307,330

내현화 문제, 316
네덜란드, 242,255,269,354,373,597
네브라스카, 537
노르웨이, 147,269,354,373,399,440,455,478,480,503,519,597,598,607,613
노르웨이 국가 주도 학교폭력 근절 프로젝트, 598
노르웨이 신국가주도 학교폭력 사업, 411
논문, 105
뇌, 317
뇌과학, 390
뇌기능, 316
뇌실곁핵, 320
뇌영상, 316
뇌파, 319
뉴질랜드, 238,374,597
뉴햄프셔대학, 286
능동적, 211
능동적 편견, 246

ㄷ
다른 성인들 동원, 481
다문화 교육, 247
다문화 상담역량, 522
다문화 친구관계, 242
다소 덜 안정적인 행동 특성, 17
다수준 분석, 610
다원적 무지, 573
다중수준 모델, 407
다중회귀분석, 294,611
다차원적 또래 피해 경험, 355
다층분석, 431
단일 방법 편향, 300
단행본, 106
당질코르티코이드, 317
대립유전자, 321
대립적 관계, 541
대립적 구도, 554
대립적 구조, 541
대립적 이분법, 543
대법원 판례, 426
대안적 접근법, 484
대응 방식, 480
대인관계, 38
대인관계 증진, 572
대인관계이론, 391

대한민국, 269,597,373,374
댓가, 213
데이트 폭력, 192,204
데카르트, 549,554
덴마크, 357,374,597
도구사용 효과, 311
도구적 공격성, 211
도니골 초등학교 학교폭력 개입 프로젝트, 603
도덕성 발달, 107
도덕적 일탈, 107
도덕적 작용에 관한 사회인지 이론, 111
도덕적 정당화, 112
도덕적 판단 능력, 108
도전, 213
도피처, 269
독서치료, 560
독일, 147,238,373,405,440,518,597,599,607,613
돌봄, 453
돌봄 제공 대상, 391
동간수준 자료, 307
동간척도, 305
동등화, 309
동성 간 학교폭력, 190
동영상 폭력, 271
동유럽, 614
동의서, 291
두 문화 이론, 186
두려움, 223
둥글게 타임, 545
디자인 효과 요인, 407
디지털 폭력, 267
디지털 폭력을 멈추자, 280
따돌림, 176,181
따돌림이 지니는 역할, 180
또래 가담, 494
또래 과정, 491
또래 멘토십, 389
또래 배척, 176,181
또래 보고, 292
또래 보고의 제한점, 293
또래 압력, 150
또래 역동, 491
또래 역할, 492
또래 영향, 175
또래 인정, 175
또래 작용, 498
또래 전염, 536
또래 중재자, 232
또래 지지, 493
또래 지지 시스템, 156
또래 지지 체계, 497
또래 지지 프로그램, 38
또래 지지에 대한 회의론, 151
또래 피해경험 척도, 358
또래간 따돌림, 175
또래간 배척 행위, 175
또래관계, 91
또래관계 질문지, 358,370
또래들의 인정, 99
또래지명법, 354,371,395
또래지명법의 신뢰도, 19
또래집단, 228

ㄹ

라이온스-퀘스트 갈등 관리 프로그램, 519
라틴계, 237
러시아, 238
런던, 243
로갈란 연구, 405
로지스틱, 308
리더, 224,561
리더십, 97,434,554
리커트 방식, 303
링킹, 309

ㅁ

마약, 550
마음 이론, 76
마음화, 388
마음화 개념, 76
마음화 능력, 76
마이크로 단위, 239
마이크로시스템, 136
마크로 단위, 239
마키아벨리, 217
마키아벨리식 가해자, 231
만성적 학교폭력, 179
매슬로, 526
맥락적 요인, 161
맥케이 학교 안전 프로그램, 517

맥케이 학교 안전 프로그램 효과성, 524
메타 분석, 2, 369, 387, 613
메틸기, 321
메틸페니데이트, 394
메틸화, 321
멘토십, 389
명명 척도, 305
모로코, 242
모바일 생활 리포트, 268
목격자 기억, 303
목격자 기억 효과, 312
몬테네그로, 238
몰개성화, 113
무관계자, 328, 344
무관용 정책, 435
무기명, 12, 289
무리, 9
무리공격, 9, 163, 352
무비판적, 576, 578, 579, 582
무슬림, 243
무작위 실험적 디자인, 473
무조건회귀모델, 218
문자 메시지, 270
문항반응이론, 307, 308, 312
문항요인분석, 308
문화, 132, 237, 450
문화 별 학교폭력의 정의, 37
문화권, 525, 527
문화별, 401
문화적 다양성, 439, 445
문화적 역량 이론, 526
물리적 환경, 53
물질 사용 및 남용, 316
미국, 238, 269, 352, 354, 373, 393, 399, 416, 440, 480, 518, 571, 597, 600, 602, 606, 607, 613
미국 기반 아동 위원회, 440
미국화, 241
미래동향조사, 290
미러링, 391
미분화 단계, 245
미얀마, 238
민감성, 312
민족, 237
민족성 선호 단계, 245
민족성 자각 단계, 245

민족성 편견 단계, 245
민족적 편견, 246
민주주의, 614
밀착성, 203
밀착성/그물화, 201

ㅂ

반달리즘, 416
반복성, 11, 315
반사회적 행동, 152
반사회적 행위, 149
반영시간, 390
반영적 모델, 312
반영적 측정, 306
반영적 측정법, 307
반응적, 212
반응적 공격성, 212
반항장애, 253, 531
발견 확률, 484
발달 단계, 245
발달학적, 588
발달학적 변화, 148
발달학적 시스템, 491
방관자, 193, 228, 259, 328, 344, 387, 426, 440, 460, 466, 498, 534, 547, 566, 572, 606
방관자 역할, 75
방관자 역할에 대한 연구, 81
방관자 정의, 76
방관자적 태도, 433
방법, 65
방법공유분산, 288, 291
방법 분산, 291
방법론적 측면, 369
방어자, 492, 566
방폭학교 만들기, 453, 585, 607
방폭학교 만들기 프로그램, 602
배경, 546
배려, 52, 460
배려 행위, 49
범주형 자료, 307
법적 제재, 221
베네수엘라, 440
베르겐 학교폭력 프로젝트, 400
베르겐대학 건강증진 연구센터, 412
벨기에, 148, 269, 405, 607, 613

변성, 323
변연계, 319
변화, 299, 309
변화 수준 측정, 21
병리적인 방관자 역할, 77
보고 주체, 370
보상, 230, 467
보조자, 492, 566
보편적 개입, 466, 467
보편적 학교폭력 예방 프로그램, 440
보호 요인, 219, 254, 255
복잡한 조직 구성, 153
복측전전두엽, 316
복합적 구성, 37
본성, 232
부모, 199
부모-자녀 관계, 199
부모 개입, 537
부모 변수, 66
부모 역할, 201
부모 훈육법, 63
부신피질자극호르몬, 317
부적응, 182, 323
부정적인 영향을 무시하거나 왜곡시키려는 경향, 113
부패, 226
북미, 238
북유럽, 408
분노, 24, 55
분류학, 526
분리 양상 추정, 544
분리성, 544
분산의 동질성 검정, 340
분위기 조성 전략, 561
분화, 201
불변성, 309
불안, 316, 340, 344
불안정 애착, 199
불확실성, 443
불확실성 회피 수용, 443
브라질, 374, 597
블룸, 526
비교 분석, 369
비교 조사, 161
비교문화 연구, 541
비교문화적 내러티브, 542

비난하지 않기 접근법, 484, 486
비밀 공개, 371
비밀 보장 형태, 12
비선형 체계, 307
비용, 394
비율척도, 305
비인간화, 114
비처벌적 방식, 488
비처벌적 접근법, 483
비행 모음집, 84
빈도형 자료, 307
뻥튀기, 288

ㅅ

사이버 가해자, 271
사이버 피해자, 271
사이버폭력, 114, 202, 267, 279, 504
사이버폭력 개념, 274
사이버폭력 발생률, 269
사이버폭력 영향, 277
사이버폭력 유형, 267
사이버폭력의 정의, 267, 274
사춘기, 132, 216
사회-정신역동적 관점에서의 지역사회 건강 모델, 87
사회 구조 접근법, 499
사회 상호작용적 관점, 493
사회 생태학적 관점, 443
사회 생태학적 이론, 61
사회경제적 지위, 134
사회경제적 지표, 178
사회기술 훈련, 563
사회적 결속, 316, 320
사회적 관계, 38
사회적 교환의 불평등, 230
사회적 교환이론, 230
사회적 구성주의적 사고, 507
사회적 구조, 214
사회적 규범, 214
사회적 기대, 128
사회적 기술, 57, 211
사회적 딜레마, 470
사회적 목표, 128
사회적 문제 해결 전략, 561
사회적 바람직성 효과, 291
사회적 배제, 181

사회적 상호작용을 통한 학습이론, 542
사회적 압력, 229
사회적 위축, 96
사회적 응집성, 214
사회적 인정, 99
사회적 인지, 191
사회적 인지 발달 문헌, 237
사회적 인지 이론, 245
사회적 자본, 506
사회적 정체성 발달 문헌, 237
사회적 정체성 이론, 245
사회적 지능, 106
사회적 지배력, 211
사회적 지위, 126,278,464
사회적 지지, 64,169,199,200
사회적 집단 방법, 484
사회적 평판, 180
사회적 행동, 91
사회적 호감도, 126
사회적, 개인적, 보건 교육, 542
사회화, 200,214
살해, 84,105
삼원적 관점, 76
삼원화, 77
상무부, 268
상호작용적 효과, 311
상황이론, 608
새끼 핥아주기/그루밍 및 둥글게 몸을 말아
　　새끼 보듬어 주기, 321
생각과 행동 A to E, 55,56
생물학적 체질, 321
생물학적 취약성, 323
생존 경쟁, 226
생태학적 학교 개입법, 140
서구의 학교폭력 개념, 38
서구적 논리, 544
서양 문학사, 105
서열, 212
서열위치설정, 302
서열위치효과, 302
서열척도, 305
선택 편향, 311
선택적 공격성 활용, 213
선형 근사식, 307
설문조사, 334

섬광전구 효과, 302
성, 126,196
성 불평등 인식, 133
성격, 57
성공적인 학교폭력 감소 업무를 위한 원칙, 604
성별, 23,128,318
성별 결합도, 218
성정체성, 186
성정체성 이슈, 193
성별 차이, 24,185,269
성별과 공격성과의 관계성, 186
성숙효과, 311
성적 공격성, 132
성정체성, 504
성정체성 사회화, 188
성향 차이, 22
성희롱, 132,189,425
성희롱 파악, 133
세계보건기구, 286
세계보건기구의 학령기 아동 건강행동 조사, 361
세로토닌, 321
세로토닌 수송 유전자, 321
세르비아, 238
세비야, 519
세이요쿠 제요, 255
셰필드 프로젝트, 147,601
소극적 피해자, 14
소말리아, 238
소설, 105
소세포성뉴론, 320
소속감, 42,237,316
소수인종, 395
소수집단, 237
소심한 행동, 96
소외, 176
소외 현상, 176
소외되는 아이들이 없도록, 517
수동적 피해자, 13
수련 과정, 590
수련용 DVD, 582
수리남, 242
수요 조사, 520,587
수용체, 317
순수 피해자, 13
순응도, 150

쉽고, 효과적이고, 행복해지는 법, 463
슐레스비히홀슈타인 프로젝트, 147
스스로 반복, 268
스웨덴, 269, 318, 374, 486, 548, 580, 597, 600, 601
스위스, 374, 597, 603, 613
스코틀랜드, 373, 597
스키너, 553, 571
스트레스, 161, 316
스트레스-스트레스 요인 모델, 167
스트레스-스트레스 요인 모델의 효과성, 172
스트레스-완충 가설, 200
스트레스 조절 역량, 322
스트레스 증상, 168
스페인, 370, 519, 527, 580, 602
스페인 SAVE 프로그램, 607
스페인어, 521, 527
스포츠, 251, 257, 258
스포츠 경기, 86
스포츠 실력, 263
스포츠 역할론, 254
스포츠 클럽, 257
스포츠의 역할, 255
스포츠폭력, 263, 264
승리, 255
시간 경과, 213
시간 경과 경향, 414
시상하부, 317
시상하부-뇌하수체-부신피질 시스템, 316
시스템 요인, 586
시스템적, 588
시스템적 관점, 506
시신경교차상핵, 320
시카고, 541
신경내분비적 변성, 317
신경생물학, 315
신경전달물질, 320
신고, 132, 456, 472, 478
신고 문제, 220
신국가주도 사업, 407
신념, 237
신뢰도, 287, 309, 312, 329, 355, 370
신베르겐 학교폭력 프로젝트, 406, 409, 598
신사적 전사 체육 프로그램, 390
신체적인 체벌, 202
실무를 위한 제언, 30, 45, 102

실무자의 태도, 580
실행, 589
실행 강도, 3
실행 4단계, 585
실행 유지, 591
실행 전 단계, 586
실행의 충실도, 590
심각한 악영향, 2
심리사회적 적응 변인, 330
심리사회적 효과, 335
심리적 및 사회적 적응, 15
심리적 파급 효과, 344
심리적인 영향, 177
심리측정학적, 330, 370, 408
심리측정학적 성질, 287, 355
심리측정학적 이슈, 312
심리학적 비용, 420
심리학적 후유증, 316
싸움-도피 반응, 390

ㅇ

아동가족사부, 411
아동범죄연구센터, 286
아동용 다면적 불안 척도, 339
아동용 우울검사, 338
아동학대, 203, 321
아들러, 390
아시아, 614
아일랜드, 215, 352, 354, 370, 373, 440, 541, 597, 603, 607
아일랜드 교육취약층 법사위원회, 548
아일랜드 초등학교 교과과정, 542
아일랜드 초등학교 교과과정안, 554
아프리카, 238, 614
아프리카계, 135
아프리카계 미국인, 318
악영향, 277
마약안심학교, 527
안전한 이웃, 68
안정 애착, 199
안정되게 나타나는 개성, 16
알로스타시스, 319
알로스태틱 부하, 318
알코올, 68
암묵적 피드백, 227
암시 왜곡, 303

암시성, 312
애착, 199
애착 관계, 63
애착 이론, 63
애착행동, 320
약물 사용, 68
양육자, 317
양질의 교수법, 50
어른, 434
어른 멘토십, 389
어른들 영향, 62
언론, 412
언어권, 525
업무 분장, 592
에피네프린(아드레날린), 317
여학생을 괴롭히는 남학생, 130
역량 이양, 593
역사 해석, 406, 412, 414
역사 효과, 311, 473
역효과, 536
연결 양상 추정, 544
연결성, 544
연구 결과, 482
연구 기반, 463
연구자료, 106
연령, 269
연령대, 504
연속성, 220
연애, 192
연인 관계, 192, 204
영국, 147, 148, 215, 238, 268, 269, 352, 405, 440, 478, 485, 486, 503, 518, 548, 572, 580, 597, 600, 601, 607, 613
영어, 521
영향이 미치는 과정, 129
예방 프로그램, 102
예방을 통한 학생 성공, 605
예방적, 587
예측변수, 219
오귀인 왜곡, 303
오류 분산, 308
오리곤, 571
오스트리아, 242, 354
오슬로 5년 경과 추적 연구, 414
오슬로 학교폭력 프로젝트, 410, 598
오프라인 폭력, 277

옥시토신, 320
온라인 폭력, 277
온정, 201
완곡한 표현으로 명명하기, 112
완충, 219
완충제, 170
왕따, 163
왜곡된 자기 인지, 227
외상후스트레스장애, 316
외적 권력, 224
외적 타당도, 311
외적 한계, 304
외현화 문제, 316
요구 효과, 291
요인들 간의 인과 관계, 169
우리 학교 학교폭력 감소 프로그램, 503
우열, 212
우울증, 55, 227, 316, 321, 343, 345, 355, 505, 564
우정, 97, 99, 230, 260
운동장, 432, 471
운영자, 220
워싱턴, 417
워싱턴주 연구, 406
원저, 106
원형적 접근, 554
웹사이트, 2
위계질서, 212
위압적 권력, 224
위양성, 330
위원회, 593
위험 감수 행동, 152
유고슬라비아, 242
유대, 316
유대감, 67, 320
유도, 251, 259
유럽, 238
유럽계, 135
유리한 방향으로 비교하기, 112
유병률, 20, 274, 327
유병률 뻥튀기, 288
유병률 추정치, 369
유병률의 다양성, 369
유엔, 238
유엔 인권 특별 조사 위원, 554
유엔아동권리협약, 495

유의미한 결과, 3
유전자, 321
유치원, 91
유치원생, 213, 216
유형, 12
유형별 공격성, 126
음성 되먹임기전, 317
응집성, 201, 223
의도, 11
의도성, 315, 328
의존적, 203
이득, 213
이란, 240
이로운 방관자, 77
이론적 근간, 4
이론적 기반, 91
이메일, 270
이민, 237
이민 상태, 241
이민자 학교폭력, 239
이분법적 반응, 303
이분법적 분류, 544
이성, 216
이성 간 학교폭력, 190
이성 관계, 216
이성간 폭력, 131
이성이 인식하는 공격적인 또래의 사회적 지위, 130
이스라엘, 242, 435
이원적 관점, 76
이원화, 77
이주, 237
이주 패턴, 238
이중 전략 통제자, 225
이중 타겟, 262
이중 피해자, 256
이지메, 163, 164
이질성, 372
이타적, 77
이타적 평화주의자, 79
이탈리아, 370, 373, 597, 613
이항대립 유형, 542
이행기 공간, 390
이행성, 213
익명성, 269, 278, 289
인간 본성, 226

인공적인 결과, 310
인과관계, 161, 317
인과론, 167
인구학적 변수, 66
인기, 99, 202, 223, 240, 263, 465
인기도, 127, 219
인기에 대한 서로 다른 생각, 128
인도, 238
인식 부재, 278
인식 수준, 445
인접 코호트, 473
인종, 133, 237
인종민족적, 239
인종민족적 가해 행위, 242
인종적 맥락, 134
인종적 정체성, 137
인지 심리학, 302
인지부조화, 114
인지적 재구성, 112
인지행동 개입 프로그램, 536
인터넷, 267
인터넷 공간과 미국생활프로젝트, 268
일리노이, 393
일리노이 공격성 척도, 358
일반화 이론, 16
일본, 35, 164, 241, 269, 352, 374, 440, 512, 597
일본-호주 연구 협력 사회 시스템 관점, 36
일본-호주 연구 협력 심리-병리적 관점, 36
일본-호주 연구 협력 유병률, 36
일본 국립교육정책연구원, 35
일본과 호주가 연합하여 연구, 39
일시적인 상승세, 216
일정 기간을 두고 유병률을 추정해내는 방식, 20
일치율, 17
일치율 저하에 영향을 준 요인들, 17
일탈 행동, 67, 109
일탈 행동 훈련 이론, 537
일탈 훈련, 493
임의적 측정 규준, 310
잉글랜드, 373

ㅈ

자각, 54
자극성 피해자, 14
자극성향의 피해자, 204

색 인 • **639**

자극적 피해자, 212,577
자극적/공격적 피해자, 13
자기 왜곡적 인지, 227
자기 주장 능력, 563
자기공명영상 장치, 316
자기보고, 15
자기보고법, 288
자기보고법 정확성, 287
자기보고식, 353,395,400
자기보고식 무기명 조사법, 291
자기애적 리더, 79
자기조절, 546
자기주장능력, 96
자메이카, 393
자산, 263
자산 교환, 230
자살, 35,105,211,229,399,439,505,550
자서전적 기억, 301,302
자아상, 573
자연적 리더, 78,388
자원 쟁취, 212
자원을 얻기 위한 공격성 유형, 216
자존감, 227,563
자해, 505
작은 권력, 441
작품, 105
잔차, 309
잠재된 것, 305
잠재적 가해자, 256
잠재적 구성체, 306,307
잠재적 변인, 305
잠재적 성장 모델링, 309
잠재적 피해자, 256
장기적 목표, 589
장기적 영향, 180
재구성적, 302
쟁점 사안, 362
저코티솔혈증, 318
적대적 공격성, 212
적발 확률, 484
적용 가능성, 588
적정 실행 수준, 3
전경, 546,554
전국 학교폭력 근절 연합, 506
전뇌 변연계, 319

전두엽, 319
전략적, 212
전방대상피질, 316
전자 폭력, 267
디지털 기술, 268
전자제품, 267
전통적인 학교폭력, 277
전파자, 232
전학, 212
전학교적 접근, 477
전환 기간, 212
절단점, 327,329
점 2 연상관, 407
정보원, 312,378
정서적 분위기, 199,201
정서지능, 54
정신건강, 42,57,191,388
정신병리, 231,316
정의, 1,11,286,300,327,352
정의 기반 방식, 371
정의 기반 자기보고식 측정법, 354
정의 기반 접근법, 356
정의 확장, 353
정지된 얼굴 패러다임, 391
정책, 52
정책 개발자, 220
정체성, 237
정확성, 351
정확한계, 304
제반응, 560
조건, 285
조작, 300
조작적 학습 전략, 561
조작화, 300,312
조절 모델, 220
조절변수, 219
조정 예방 프로그램, 520
조지아대학, 531
조직 변화, 149
존경, 223
존중, 52
존중을 기대해요, 606
'존중을 기대해요' 프로그램, 607
존중을 향한 발자국, 426,434
존중의 발자국 프로그램, 605,607

주도적, 213
주류, 223
주류 집단 대 소수 집단, 135
주류집단, 237
주성분분석, 480
주요 효과 가설, 200
주요성분요소분석, 257
주축요인분석, 358
준실험적 디자인, 299
준실험적 설계, 510
준실험적 연구, 406
중고등학교, 213
중국, 238, 354, 370
중동인, 244
중등학교, 145, 156
중등학교에서 개입 프로그램 효과가 더 낮은 이유, 148
중학교, 215
중학생들, 217
지도형 교과과정 접근법, 560
지리적 위치, 378, 379
지명법, 300
지배 욕구, 565
지속성, 329
지속적인 평가, 591
지역 사회 폭력 현상, 86
지역독립성, 308
지역사회, 547
지역사회의 참여, 590
지위 상실, 228
지정 개입, 467, 468
지지 집단 접근법, 486, 499
지타 쿄에이, 255
지표, 312
직장폭력, 318, 357
진점수, 304, 307
진척, 579
진학, 212
진행 과정과 연관성, 176
진화론적, 316
진화론적 관점, 614
질관리 모임, 581
질적 연속성, 220
집단 개입 프로그램, 531
집단 내 지위, 150
집단 대 개인, 441

집단 전염 효과, 180
집단 현상, 117
집단내 과정, 137
집단의 동질성, 245
집단적 맥락, 579
집단적 성취, 562
집단적인 공격성, 9
집단주의적 문화권, 445
징계, 455
징벌적 접근, 483

ㅊ

차별문항기능, 309
차별점, 308
참 비교값, 310
채팅방, 270
책임, 52
책임분산, 112, 154
책임전가, 112
처벌, 484, 579
척도, 304, 312, 334
척도-곤란, 310
청사진 프로그램, 411
청소년위험행동조사, 288
청소년피해질문지, 286
체계적인 권력 남용, 223
체벌, 203
초등학교, 145, 213, 388, 453, 486
초등학생, 125
초창기 연구, 23
초창기 연구시절, 9
촉발 요인, 256
촉진자, 321
총격 사건, 426
총기, 202, 211, 439
최소 이해 관계의 원칙, 230
최적의 지표 개수, 305
축구, 258, 259
출간물, 106
취약 아동의 조기 발견, 102
취약점 해결을 위한 아일랜드 국가적 포럼, 550
측두엽, 319
측정 도구의 타당도, 613
측정 오류, 293
측정 이슈, 329

색 인 • **641**

측정도구 성질, 309
측정법, 4, 65, 338
층별 무작위 표본 수집, 473
친구 관계 불안, 150
친사회적-긍정적 아이들, 221
친사회적 역량, 496
친사회적 행동, 95
침묵, 321, 453, 460

ㅋ

카메라, 270
카타르시스, 560
카파 통계법, 372
캐나다, 164, 238, 241, 269, 373, 405, 440, 480, 486, 519, 597, 599, 601, 607, 613
캘리포니아, 243, 418, 519
캘리포니아 학교폭력 척도, 361
컴퓨터 게임, 470
케냐, 238
코딩 작업, 372
코르티코트로핀방출인자, 317
코치, 251
코티솔, 317
코호트-횡적 디자인, 473, 474
코호트 연구, 311
콜로라도 학교분위기 설문조사, 457
콩고, 238
쿠르드, 242
쿠르디스탄, 440
쿠바, 237
크리켓, 264
큰 권력, 441
큰 규모, 153
키에르케고르, 574

ㅌ

타당도, 287, 309, 312, 329, 355, 370
타인들의 반응, 13
탈개인화, 229
탈도덕화, 115, 228
탈의실, 258
태국, 238
태평양 연안 연구 프로젝트, 43
터키, 242
테러리즘, 238
테러범, 241
텍사스, 519, 527
통제, 201
통합, 592
투사적 동일시, 392
트라우마, 467
트레이너, 256, 260, 261, 262
특정 행동의 빈도, 304
팀스포츠, 568
팀워크, 481

ㅍ

파급 효과, 334
파키스탄, 243
패배, 255
페르시아인, 244
펩티드, 320
편견, 245
편향 왜곡, 303
평가, 4, 285, 351, 449, 579
평가 도구, 327
평가체계, 593
평균 일치율, 17
평균으로의 회귀, 311
평생-지속형 공격자 모델, 231
평점 척도, 303
평행 표본 수집, 473
평화로운 교실 모델, 561
평화로운 학교, 393
평화로운 학교 학습 분위기 만들기 프로젝트, 387
평화로운 학교폭력 척도, 393
폐해, 191
포괄적, 455
포르투갈, 374, 597
폭력, 76
폭력단, 229, 242
폭력예방연구센터, 459
폴리네시아인, 244
품행장애, 253, 531
풍선, 511
프랑스, 238, 374, 597
프로그램 선임, 592
프로그램 선택, 587
프로그램 시행시간, 3
플랑드르 학교폭력 개입 프로그램, 148, 518, 602

피스팩, 503, 600, 607
피스팩 진행 순서, 507
피해자, 193, 202, 256, 259, 328, 344, 566
피해자 비난하기, 114
피해자 스키마, 204
피해자 인기, 131
피해자가 되는 과정, 93
피해자에 대한 부정적인 태도, 151
피해자에 대한 지지, 129
핀란드, 269, 373, 464, 486, 497, 519, 580, 597, 601, 604, 607, 613
핀란드 국가 주도 학교폭력 프로그램, 468
핀란드 기초 교육 법률, 468
핀란드 학교폭력 개입법, 604
필라델피아, 417
필라델피아 연구, 406
필리핀, 238, 440
핑크빛 물결 운동, 232

ㅎ

하나의 세계: 지역사회와 문화권과 교실을 잇는다, 560
하이데거, 550
하향세, 214
학교 가이드, 402
학교 만들기 프로젝트, 387
학교 변수, 67
학교 부적응, 177
학교 분위기, 49, 67
학교 분위기 개입 사업, 387
학교 사회적 역량, 49
학교 요소, 50
학교 전환기, 211
학교분위기 학교폭력조사, 290
학교생활조사, 289
학교정신의학자문단, 387
학교폭력 개념 구성체, 346
학교폭력 개입 프로그램, 536
학교폭력 근절, 226
학교폭력 기준, 11
학교폭력 버스터즈, 531
학교폭력 버스터즈 프로그램, 606, 607
학교폭력 사건발생 밀도, 417
학교폭력 설문조사, 335, 338
학교폭력 예방조정 위원회, 402
학교폭력 정의 차이, 38
학교폭력 프로그램, 3, 145

학교폭력 프로그램 실행, 154
학교폭력 피해자 양산 억제, 3
학교폭력 행위 감소, 3
학교폭력/공격성, 107
학교폭력은 곧 권력, 463
학교폭력의 재정의, 77
학교폭력의 정의, 163, 239, 328, 504
학교폭력의 형태, 106
학교폭력조사, 356, 363
학교폭력조사 개정판, 356
학급 관리, 389
학급 관리 기술, 561
학급 지도, 560
학부모, 524
학부모 가이드, 532
학살, 211
학생 대표 위원회, 508
학생들의 의견, 279
학생시간, 417
학습장애, 57
학업 계획, 587
학업성취, 42
학업성취도, 175, 316, 319, 387, 420, 564
한계 설정, 301
한국, 164
한국판 또래지명설문지, 292
한국판 청소년 자기행동 평가척도, 292
해리, 77
해마, 317
핵심 요소, 3, 328
핵심 원칙, 399
행동 관리, 559
행동 기반 자기보고식 전략, 357
행동 기반 접근법, 359
행동관찰법, 354
행동에 대한 태도, 179
행동주의적 관점, 559
행동주의적 심리학, 553
행정처분, 339, 344, 538
허용주의자, 201
헌신, 57
혁신적 접근법, 86
현대검사이론, 307
협력적 학습 활동, 562
협력적 학습법, 562, 572

협력적 행동, 95, 214
형성적 모델, 312
형성적 측정, 306
형성적 측정법, 307
형성적 평가, 520
형태, 1
호감, 99, 465
호르몬, 320
호주, 35, 164, 238, 269, 352, 373, 440, 479, 480, 486, 503, 504, 509, 512, 571, 580, 597, 601, 607, 613
혼동, 239
홈 오피스 프로젝트, 148
화, 24
확대세포성뉴론, 320
확인적 요인 분석, 37
확장형 선택 코호트, 400
확장형 선택 코호트 디자인, 406
환경 개입 사업, 426
회귀분석, 309
회복적 정의, 484, 574
회복탄력성, 254, 323
횡적 경향 연구, 310
횡적 연구, 219
횡적 조사, 163
효과크기 조정, 372
후생유전학, 321
후유증, 467
후향적, 301
훈계 조치, 480
훈육 방식, 199, 201
휴대폰, 267
히스패닉, 244, 521
힌두교인, 243
힘의 논리, 202, 566

기타

1차적 개입, 507
2차적 개입, 508
5-HTT, 321
7가지 죄, 312
ABC 대처법, 509
Bronfenbrenner가 제시한 생태학적 모델, 61
Bronfenbrenner의 사회생태학적 모델, 107
Cronbach의 알파계수, 309
Expect Respect 프로그램, 519
Farsta 방법론, 604
Gatahouse 학교폭력 척도, 359
How I Think 질문지, 538
KiVa 프로그램, 471
Menninger 클리닉, 387
Mind Out 프로그램, 548
No Blame 접근법, 604
Olweus 가해자/피해자 질문지, 286, 330
Olweus 질문지, 287
Olweus 질문지 개정판, 257
Olweus 트레이너, 402
Olweus 학교폭력 연구단, 412
Olweus 학교폭력 예방 프로그램, 290, 399, 440, 459, 598
Olweus 학교폭력 질문지, 11, 279, 403
Olweus 학교폭력 질문지 표준판, 370
Olweus 학교폭력 프로그램, 483
Olweus의 질문지, 257
Pikas 관심 공유법, 499
Pikas 관심 공유 접근법, 498
SAVE 학교폭력 개입 프로그램, 602
SEAL 프로그램(사회적 및 정서적 학습), 280
Seville Antibullying in School(SAVE) 프로젝트, 519
Sheffield 프로젝트, 518
Type 1 오류, 310
Type 2 오류, 310
Zimbardo의 고전적 연구 모델, 225

A

A New National Initiative Against Bullying in Norway, 411
A point biserial correlation, 407
Abreaction, 560
Adrenocorticotropin hormone(ACTH), 317
Age-cohort design, 406
Aggression in the schools: Bullies and Whipping Boys, 10
Aggression Questionnaire(AQ), 334,339
Allostasis, 319
Allostatic load, 318
Allure of a Mean Friend, 463
America-based Committee for Children, 440
Anatol Pikas, 486,575,600
ANOVA, 309
Anterior cingulate cortex, 316
Arbitrary metrics, 310
Assertiveness, 563
Attachment, 199
Attention deficit-hyperactivity disorder(ADHD), 253
Attribution, 203
Autobiographical Memory, 302

B

Ballyfermot, 547
Bergen Project against Bullying, 400
Bernese Program Against Victimization, 603
BFD, 411
Bi-strategic controller, 225
Bias distortion, 303
Bibliotherapy, 560
Blanchardstown, 548
BPCC, 402
Buffer, 170
Bullies and Bullying: Decon-structing Events, 560
Bully-Proofing Your School Prevention Program, 602
Bully-Proofing Your School program(BPYS), 585
Bully Busters Bullying Prevention Program, 606
Bully Questionnaire, 333
Bully Survey, 333,335,338,356,363
Bully Victim Questionnaire, 333
Bully/victim, 11
Bully/victim involvement categories(BVIC), 335,336
Bullying, 163,352
Bullying Incident Density(BID), 417
Bullying Intervention Program(BIP), 536
Bullying is Power, 463
Bullying Prevention Coordinating Committee, 402
Bullying, Out of Bounds, 503
Bullying. No Way, 503
Bullying' among birds, 352
Buss-Durkee Hostility Inventory, 339
BVIC, 338

C

California Bully Victimization Scale(CBVS), 361
Canada and North America, 503
Care-giving object, 391
CARES, 456
Center for the Study and Prevention of Violence, 459
Children's Depression Inventory(CDI), 338
Circle Time, 545
Classical Test Theory, 307
Classroom Management Techniques, 561
Coercive power, 224
Cohen's d, 407
Cohesion, 201
Colorado School Climate Survey(CSCS), 457
Committee for Children, 440,497
Concentric Dualism, 543
Concentric structure, 541
Concurrent validity, 358
Confirmatory factor analysis, 37
Construct validity, 330,358
Constructive, 302
Contingency theory, 608
Conviviencia, 571
Cook & Campbell's Quasi-experimentation: Deisgn and Analysis Issues for Field Settings, 414
Cool Tools, 519
Cooperative Learning Activities, 562
Corticotropin releasing factor(CRF), 317
Cortisol, 317
Creating a Peaceful School Learning Environment (CAPSLE), 387
Crimes Against Children Research Center, 286
Criterion variable, 219

D

Dan Olweus, 503,518
Deindividuation, 229

Demand effect, 291
Department of Children and Family Affairs, 411
Department of Commerce, 268
Department of Education and Research, 411
Department of Education and Science, 268
Diametric Dualism, 543
Diametric structure, 541
Diathesis, 321
DIF, 309
Differential item functioning, 309
Differentiation, 201
Digital bullying, 267
Discrimination, 308
DNA, 321
Donegal Primary School Anti-Bullying Intervention Project, 603

E
Education Reform Report(NIER/MEXT), 274
Electronic bullying, 267
Empowerment, 593
Enmeshment, 201, 203
Epigenetic, 321
Equating, 309
Ethnoracial, 239
European Commission CONNECT project on Violence in Schools, 503
Expect Respect-Bullyproof Prevention Program, 606
Extended selection cohort, 400
Eyewitness Memory, 303

F
Factorial ANOVA, 310
Family system, 199
Finnish Anti-Bullying Intervention Program, 604
Finnish Basic Education Act, 468
Flash-bulb effect, 302
Flemish Anti-Bullying Intervention Program, 602
Flemish Antibullying Intervention Project, 519
Forebrain limbic area, 319
Formative, 306
Formative evaluation, 520
Freeman-Tukey Double Arcsin Equation, 372
Frequency counts, 304
Friendly Schools Project, 604

Frontal lobe, 319
Functional polymorphism, 321

G
Gatahouse Bullying Scale, 359
Gentle Warrior Physical Education Program, 390
Gilligan, 544
Gilly, 550
Gillying, 550
Global Commission on International Migration(GCIM), 238
Group contagion effect, 180
Guidance Curricular Approaches, 560

H
HA HA SO, 456
Hierarchical regression model, 219
Hippocampus, 317
History effect, 311, 473
Hypothalamic-pituitary-adrenocortical system(HPA), 316, 317

I
Illinois Aggression Scales, 358
Indicators, 305
Instrumentation effect, 311
Integration, 217
Interactive effect, 311
Internal consistency, 287, 307
Internal validity factors, 510
International Bullying Survey Project(NIER Project), 163
International Health & Behaviour of School Children, (HBSC), 409
International Observatory on School Violence, 503
International Program for International Student Assessment study(PISA), 409
Interval, 305
Invariance, 309
Irish Na-tional Forum on Ending Disadvantage, 550
Irish Statutory Committee on Educational Disadvantage, 548
It's Easy, It Works, and It Makes Me Feel Good, 463
Item factor analysis, 308
Item response theory, 307

J
Juvenile Victimization Questionnaire(JVQ), 286

K
Kiusaamista Vastaan, 469
KiVa, 464
Kohut, 391
Korean peer nomination inventory, 292
Korean Youth Self Report, 292

L
Let's Get Real, 537
Levene's test for homogeneity of variance, 340
Levi-Strauss, 542
Linear approximation, 307
Linking, 309
Lions-Quest Conflict Manage-ment Program, 519
Local independence, 308
Longitudinal trend study, 310

M
Magnocellular neuron, 320
Main effect hypothesis, 200
Maternal pup licking/grooming, arched-back nursing (LG-ABN), 321
Maturation effect, 311
McKay School Safety Program(MSSP), 517
Memory Distortions, 302
Mentalization, 388
Method of Shared Concern, 482,484,575
Method variance, 291
Methyl group, 321
Methylation, 321
Mirroring, 391
Misattribution distortion, 303
Mobbing, 9
Mobile Life Report, 268
Moderator variable, 219
Modern Test Theory, 307
Monitoring the Future Survey, 290
Mono-method bias, 300
MSSP, 524
Multicultural counseling competencies, 522
Multidimensional Anxiety Scale for Children(MASC), 339
Multidimensional Peer-Victimization, 355

Multilevel analysis, 431,610
Multilevel model, 407

N
National Children's Home, 270
National Coalition Against Bullying, 506
National Institue of Child Health and Human Development (NICHD), 286
National Safe Schools Framework, 503
NCH, 270
Negative feedback, 317
New Bergen Project against Bullying, 406,409
New National Initiative, 407
No-blame approach, 486
No-blame method, 484
No Child Left Behind, 517
Nominal, 305
Normative influence, 228

O
OBQ, 25
OECD, 409
Olweus, 215,483,548,571
Olweus Bully/Victim Questionnaires(OBVQ), 286,331,354
Olweus Bullying Prevention Program(OBPP), 253,290,399,598
Olweus Bullying Qestionnaire(OBQ), 11,331
Olweus Questionnaire, 331
Olweus Questionnaire Survey, 331
Operationalization, 300
Ordinal, 305
Oxytocin, 320

P
Parallel sampling, 473
Paraventricular nucleus, 320
Parvocellular neuron, 320
Pathway Project, 182
Pathways to Victimization(PTV), 93
PEACE Pack, 503
PEACE Pack Bullying Intervention Program, 600
Peaceable Classroom Model, 561
Peaceful Schools Victimization scale, 393
Peer Relations Questionnaire, 333,358,370
Peer Victimization Scale, 358

Peer Victimization Scale & Bullying Behavior, 332
Person variance component, 16
Peter Smith, 503
Pew Internet and American Life Project, 268
Pikas, 487
Pikas Method of Common Concern, 499
Pluralistic ignorance, 573
Predictor variable, 219
Principal axis factoring, 358
Principal components analyses, 480
Principal components factor analysis(PCA), 257
Principle of least interest, 230
Principles of Successful Practice for Bullying Reduction in Schools, 604
Promoter, 321
Provocative victim, 577
PsychInfo, 352

Q
Qualitative binary format, 303
Quality Circle, 581
Quasi-experimental design, 510

R
Rating scale, 303
Ratio, 305
Readymade Productions, 601
Reconstructive, 302
Referent power, 224
Reflective, 306
Residuals, 309
Right ventromedial prefrontal cortex, 316
Roots of Empathy(ROE), 119

S
Safe and Drug Free Schools, 527
SAFE School Framework, 505, 512
Scale difficulty, 310
Scales, 304
Scaling artifact, 310
SCBS, 292
School Climate Bullying Survey(SCBS), 290
School life Survey, 289
School Psychiatric Consultation(SPC), 387
School Psychology Review, 503

Schoolwide Guide, 402
Secondary school, 145
Selection bias, 311
Self-Esteem, 563
Self-regulation, 546
Senior Questionnaire, 215, 218
Serial position effect, 302
Serial positioning, 302
Sevilla Anti-Violencia Escolar(SAVE) Anti-Bullying Intervention Program, 602
Sex, 196
Shared method variance, 288
Sheffield Bullying Prevention Project, 601
Social and Emotional Aspects of Learning, 280
Social constructivist, 507
Social desirability effect, 291
Social Dominance, 211
Social exchange theory, 230
Social Group Method, 484
Social Skills Training, 563
Social support, 199
Social, Personal & Health Education(SPHE), 542
Socioeconomic index(SEI), 178
Sphericity, 309
Status as a victim or bully, 332
Steps to Respect, 194, 426
Steps to Respect Bullying Prevention Program, 605
Still-face paradigm, 391
Stop Digital Bullying, 280
Strange Situation, 199
Stratified random sampling, 473
Stress-buffering hypothesis, 200
Student hours, 417
Student Representative Council, 508
Suggestibility distortion, 303
Support Group Approach, 499
Support Group Method, 486
Supraoptic nucleus, 320
Sympathetic-adrenomedullary system(SAM), 316

T
Target Bullying project, 537
Teacher Guide, 402
Temporal lobe, 319
Testing effect, 311

The Method of Shared Concern to Prevent Bullying, 600
The National Council for the Social Studies, 247
Transitional space, 390
True comparison, 310
True limit, 304
True score, 304
Two questions from the Olweus Questionnaire, 331

U
UFD, 411
Unconditional regression model, 218
United Nations High Commissioner for Refugees(UNHCR), 238

V
Vygotskyan, 542

W
WHO, 286
WHO-HSBC Survey, 332
Whole school approach, 477
World Health Organization Health Behavior in School-aged Children Survey, 361

Y
Youth Risk Behavior Surveillance(YRBS), 288